Cuba

Brendan Sainsbury

geoPlaneta

LA HABANA (p. 81)
Antiguos fuertes, museos fascinantes y un animado ambiente caribeño nocturno

GOLFO DE MÉXICO

LAS TERRAZAS (p. 211)
Pueblo modélico, con alojamientos que respetan el medio ambiente, situado en un área reforestada reconocida por la Unesco

VARADERO (p. 224)
Playas magníficas, complejos turísticos de lujo con instalaciones de primera clase

SANTA CLARA (p. 267)
Recuerdos del Che y un panorama cultural muy vivo

Trópico de Cáncer

VIÑALES (p. 199)
Acantilados espectaculares de roca caliza, tupidos y fértiles tabacales, y una amplia red de cuevas

ESTADOS UNIDOS (Florida)   Cayos de Florida

Canal de la Florida

Archipiélago de Sabana

Playas del Este   Varadero
LA HABANA
Matanzas ◉   ◉ Cárdenas

Archipiélago de los Colorados

Las Terrazas
Soroa
Autopista La Habana-Pinar del Río
◉ Viñales
Surgidero de Batabanó
Pinar del Río ◉

Autopista Nacional
Carretera Central

Santa Clara ◉

◉ Cienfuegos

Ciénaga de Zapata

Nueva Gerona
Archipiélago de los Canarreos
Isla de la Juventud

Topes de Collantes
◉ Trinidad

Cayo Largo del Sur

PUNTA FRANCÉS (p. 181)
Pecios, caídas, cuevas y arrecifes de coral convierten a este lugar en uno de los mejores del Caribe para bucear

CIÉNAGA DE ZAPATA (p. 247)
Fauna abundante en el mayor páramo de Cuba

TOPES DE COLLANTES (p. 300)
Numerosas montañas y cascadas para realizar excursiones en contacto con la naturaleza

TRINIDAD (p. 287)
Casas de la música y museos en esta joya colonial de Cuba

Pequeño Caimán

Caimán Brac

Gran Caimán   ISLAS CAIMÁN (RU)

GEORGE TOWN

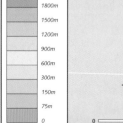

ALTITUD

1800m
1500m
1200m
900m
600m
300m
150m
75m
0

MAR CARIBE

0   100 km

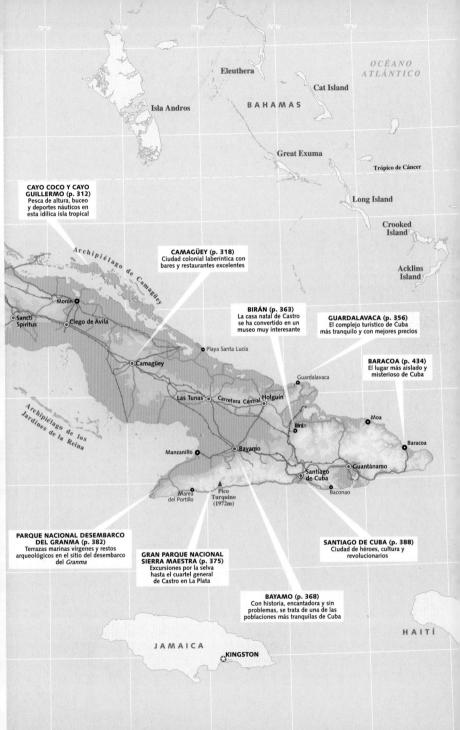

CAYO COCO Y CAYO GUILLERMO (p. 312)
Pesca de altura, buceo y deportes náuticos en esta idílica isla tropical

CAMAGÜEY (p. 318)
Ciudad colonial laberíntica con bares y restaurantes excelentes

BIRÁN (p. 363)
La casa natal de Castro se ha convertido en un museo muy interesante

GUARDALAVACA (p. 356)
El complejo turístico de Cuba más tranquilo y con mejores precios

BARACOA (p. 434)
El lugar más aislado y misterioso de Cuba

PARQUE NACIONAL DESEMBARCO DEL GRANMA (p. 382)
Terrazas marinas vírgenes y restos arqueológicos en el sitio del desembarco del *Granma*

GRAN PARQUE NACIONAL SIERRA MAESTRA (p. 375)
Excursiones por la selva hasta el cuartel general de Castro en La Plata

SANTIAGO DE CUBA (p. 388)
Ciudad de héroes, cultura y revolucionarios

BAYAMO (p. 368)
Con historia, encantadora y sin problemas, se trata de una de las poblaciones más tranquilas de Cuba

OCÉANO ATLÁNTICO

Eleuthera

Cat Island

BAHAMAS

Isla Andros

Great Exuma

Trópico de Cáncer

Long Island

Crooked Island

Acklins Island

Archipiélago de Camagüey

Morón

Sancti Spíritus

Ciego de Ávila

Playa Santa Lucia

Camagüey

Archipiélago de los Jardines de la Reina

Las Tunas

Carretera Central

Holguín

Guardalavaca

Moa

Birán

Baracoa

Manzanillo

Bayamo

Guantánamo

Santiago de Cuba

Baconao

Marea del Portillo

Pico Turquino (1972m)

JAMAICA

KINGSTON

HAITÍ

Destino: Cuba

Bienvenidos a Cuba, una tierra de embargos comerciales, vehículos viejos y destartalados, asistencia médica gratuita y un ambiente de alegría y sensualidad tales que hasta los escépticos terminan buscando todo tipo de placeres y bailando salsa.

Casi medio siglo después de que Fidel Castro entrara triunfante en La Habana, Cuba conserva su fama de políticas malogradas, un dudoso historial de respeto a los derechos humanos y un sistema de transporte público anclado en la década de los cincuenta.

Sin embargo, un rayo de luz se filtra a través de esta gruesa capa de severidad. Junto a las azules aguas del Caribe, el destino se ha conjurado con las gentes más audaces, alegres, contradictorias y sorprendentes que jamás hayan existido.

Poco faltó para que el resultado fuera muy distinto; pero, pese a la guerra, la revolución, la invasión, el colonialismo, el neocolonialismo y el desastre económico, este país ha sobrevivido arrastrando todos sus males. La anacrónica Cuba, el reino de la inspiración, el estado socialista más longevo de Occidente es una isla de rica herencia histórica que flota en el tiempo como el *Titanic* en un mar de creciente globalización.

Para el viajero que la visite por primera vez, la experiencia será desafiante e instructiva. Este país inclasificable alberga una sociedad particular y compleja con mil matices. Conocerlo exige al menos dos semanas, profundizar algo más requiere un par de meses, pero para llegar a comprenderlo se necesita toda una vida. Aquellos que vayan con la mente abierta regresarán con muchas preguntas sin contestar. La aventura no será sencilla pero sí fascinante, siempre que se tenga fe, esperanza, comprensión y una capacidad innata para involucrarse y descubrir cosas. Hay que visitarlo mientras el legado se mantenga intacto.

ANTERIOR: VERONICA GARBUTT · ALFREDO MAIQUEZ

Ritmo y color

CHRISTOPHER P BAKER

Asistir a un espectáculo de cabaré en el famoso club Tropicana (p. 146) de la capital.

Escuchar a algunos trovadores (p. 66) que recorren las calles de La Habana.

OLIVIER CIRENDI

Disfrutar de un auténtico puro cubano (p. 106) con la abuela en La Habana.

OLIVIER CIRENDINI

Visitar una plantación de tabaco (p. 195) en la provincia de Pinar del Río.

CHRISTINE OSBORNE

OTRAS PROPUESTAS

- Aunque el béisbol (p. 56) sea el deporte nacional, la pasión de los cubanos es el dominó y el ajedrez (p. 56).
- Darse un capricho de productos locales con una copa de ron Havana Club (p. 76) y un aromático puro Cohiba (p. 459).
- Cuba tiene ritmo propio, y la música (p. 64), el baile y el movimiento son partes fundamentales de su cultura y sociedad.

Paisajes urbanos

CHRISTOPHER P BAKER

Admirar los encantos de la Plaza Mayor (p. 288) de Trinidad, declarada Patrimonio Mundial.

Contemplar los distintos estilos de la arquitectura cubana (p. 61) en Santa Clara.

RICHARD I'ANSON

CHRISTOPHER P BAKER

Pasear por el Malecón (p. 104) de La Habana para ver cómo rompen las olas.

Compartir un café con los lugareños en La Habana Vieja (p. 89).

ALFREDO MAIQUEZ

OTRAS PROPUESTAS

- Salvo por su excelente colección relacionada con el Che, Santa Clara (p. 267) es uno de los lugares menos apreciados del país.
- Santiago de Cuba (p. 388) ha realizado una fabulosa contribución al mundo del arte, la música, la poesía y la literatura.

Siguiendo el rastro de la historia

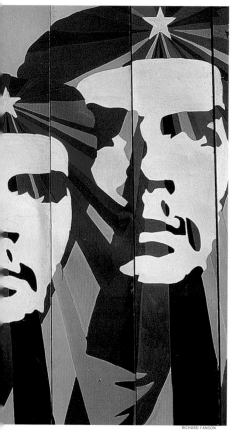

RICHARD I'ANSON

Encontrarse frente a un colorista Che Guevara (p. 270) en Matanzas.

Seguir los pasos del general Antonio Maceo (p. 397) en Santiago de Cuba.

RICK GERHARTER

CHRISTOPHER P BAKER

Contemplar el monumento a un mártir del ataque al cuartel Moncada (p. 397) en Santiago de Cuba.

MARTIN LLADÓ

Visitar los vestigios de otro tiempo: una torre para vigilar a los esclavos en Manaca Iznaga (p. 299), en la provincia de Sancti Spíritus.

OTRAS PROPUESTAS

- Admirar la imponente fachada del museo de la Revolución (p. 98) y la magnificencia del Capitolio Nacional (p. 95), en La Habana.

- Descubrir tesoros coloniales en Trinidad (p. 287), que parece estar anclada en el pasado, mientras otros secretos históricos esperan al viajero en Sancti Spíritus (p. 282), Camagüey (p. 318) y Cienfuegos (p. 253).

- Sumergirse en un reducto de paz por las tranquilas calles de Bayamo (p. 368) y Holguín (p. 343).

RHONDA GUTENBERG

Detenerse ante un gigante: el monumento a José Martí (p. 101) en la plaza de la Revolución de La Habana.

Sentir la vida (p. 52) de la Cuba socialista en el parque Maceo, en La Habana.

TOM SMALLMAN

Sueños acuáticos

Escapar de la ciudad y pasar el día en Santa María del Mar, en las Playas del Este (p. 158), La Habana.

RHONDA GUTENBERG

Encontrar un rincón fresco en el elegante Cayo Largo del Sur (p. 182), en la isla de la Juventud.

ALFREDO MAIQUEZ

SIMON FOALE

Disfrutar de excelentes inmersiones en María la Gorda (p. 196), en la provincia de Pinar del Río, o simplemente tumbarse en la playa.

Probar suerte con la pesca (p. 448) al estilo cubano.

PETER PTSCHELINZEW

OTRAS PROPUESTAS

- Seguir la leyenda de Iréné Dupont hasta Varadero (p. 224) para charlar ante unos mojitos en la mágica Mansión Xanadú (p. 234).

- Salir de pesca de altura con el espíritu de Ernest Hemingway por las aguas del exótico Cayo Guillermo (p. 315).

- Disfrutar de la auténtica soledad en la playa Maguana, frente a la Villa Maguana (p. 441), o en el solitario Cayo Sabinal (p. 330).

Aventuras al aire libre

Visitar la cuna de los cigarros puros cubanos en la provincia de Pinar del Río (p. 185).

Contemplar las vistas espectaculares del valle del Yumurí (p. 231), en la provincia de Matanzas.

Adentrarse en el océano desde María la Gorda (p. 196), en la provincia de Pinar del Río.

Visitar los verdes campos cubanos de la provincia de Pinar del Río (p. 185).

Página siguiente:
Zambullirse en las aguas de La Habana (p. 81).

OTRAS PROPUESTAS

- Cuba cuenta con algunos de los mejores arrecifes de coral del mundo, y entre ellos destacan los que se encuentran en las cristalinas aguas de Cayo Francés (p. 278).

- Ascender en grupo al pico Turquino (p. 422), el más alto de Cuba, o intentar otro más fácil, la Gran Piedra (p. 415).

- Dar un paseo por los resbaladizos torrentes del salto del Caburni (p. 300) o El Rocío (p. 302) en la sierra de Escambray.

Deleitarse con las nieblas matinales sobre el valle de Viñales (p. 198), en la provincia de Pinar del Río.

Bucear en uno de los mejores enclaves (p. 447) del Caribe, en la provincia de Pinar del Río.

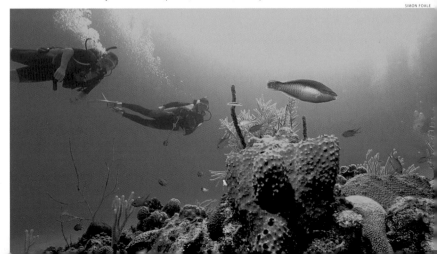

Sumario

CIUDAD DE
LA HABANA
p. 86

LA HABANA
p. 165

MATANZAS
p. 214

VILLA CLARA
p. 266

PINAR DEL RÍO
p. 186

CIENFUEGOS
p. 253

SANCTI
SPÍRITUS
p. 281

CIEGO DE
ÁVILA
p. 306

ISLA DE LA JUVENTUD
(MUNICIPALIDAD ESPECIAL)
p. 174

CAMAGÜEY
p. 318

LAS
TUNAS
p. 334

HOLGUÍN
pp. 344-345

GRANMA
p. 367

SANTIAGO
DE CUBA
p. 386

GUANTÁNAMO
p. 426

Los autores

BRENDAN SAINSBURY

Durante la época en que no estaba relatando sus viajes por sitios recónditos para *Africa Geographic*, este escritor autónomo, de origen británico y residente en la Columbia Británica (Canadá), ha recorrido Mozambique en autoestop, ha enseñado inglés en Tailandia, ha construido letrinas en Angola y ha trabajado como guía en viajes de aventura por España y Marruecos.

Brendan descubrió Cuba en 1997. Su fascinación por la curiosa mezcla entre la trova de los cantautores y la iconografía del Che Guevara le hizo regresar en 2002 y en años posteriores. Desde entonces, inició varios viajes culturales y rutas ciclistas por la isla, y ya no ha dejado de volver.

Mi ruta favorita

Cuando planeo un viaje, primero me quedo un tiempo en La Habana (p. 81) y luego me dirijo al oeste, al pueblo de Viñales (p. 198), por una carretera que zigzaguea entre la tranquila población de Las Terrazas (p. 211) y las salvajes playas de Cayo Levisa (p. 207). Después cambio de dirección y me encamino hacia el Oriente. Tras una parada rápida en Trinidad (p. 287), descanso en la pacífica localidad de Bayamo (p. 368), a dos largos días de carretera.

Al llegar a la zona este de la isla, mi ruta se adentra por el Gran Parque Nacional Sierra Maestra (p. 375) para volver a salir en Las Cuevas, después de una caminata que acaba con la ansiada vista de las azules aguas del Caribe.

A continuación, pernocto en Chivirico (p. 421), tomo prestada una bicicleta, la subo a un camión y me apeo en el seco y cálido Cajababo, desde donde recorro sobre dos ruedas los últimos 55 km hasta Baracoa (p. 434), cruzando los abruptos senderos de La Farola, y llego sudando y agotado en una suerte de bienvenida al hogar.

CONTRIBUCIONES ESPECIALES

El **Dr. David Goldberg,** responsable del capítulo de *Salud*, cursó sus estudios de medicina interna y enfermedades infecciosas en el Columbia-Presbyterian Medical Center en Nueva York, donde ejerció de profesor voluntario. En la actualidad es el editor jefe de la página de Internet MDTravelHealth.com.

LOS AUTORES DE LAS GUÍAS LONELY PLANET

¿Por qué nuestras guías ofrecen la mejor información turística del mundo? Muy sencillo: nuestros autores son viajeros independientes y entregados por completo a su trabajo. Sus métodos de investigación no se limitan al teléfono y a Internet, ni aceptan regalos a cambio de reseñas favorables. Viajan con plena libertad por los lugares más populares y por los menos transitados. Visitan personalmente miles de hoteles, restaurantes, cafés, bares, salas de exposiciones, palacios, museos… y se enorgullecen de conocer y transmitir fielmente cada detalle. Para obtener más información sobre los autores de las guías Lonely Planet se puede consultar la página web www.lonelyplanet.com.

Puesta a punto

Cuba es un país único con muchas características distintivas. Recorrerlo no sólo exige tener pasaporte, dinero y una mochila resistente, sino también flexibilidad, creatividad, buen humor, paciencia y un sano sentido de la aventura.

Resulta sencillo viajar por este país y son pocas las barreras que impiden al viajero ir donde le plazca. La tristemente célebre Resolución 10, aprobada por la Asamblea Nacional cubana en 2005, ha sido interpretada por algunos como una forma de impedir que los cubanos se relacionen con extranjeros y que acepten propinas por su trabajo. Sin embargo, la realidad es mucho menos dramática. Esta ley va dirigida sobre todo a los funcionarios del sector turístico y los diplomáticos que viajan fuera del país por asuntos oficiales y que, según el Gobierno cubano, son más propensos a aceptar sobornos, caer en la corrupción y gastar de forma innecesaria. En cambio, en el dinámico sector turístico nacional se encuentran serviciales camareros y limpiadoras de habitaciones amables y habladoras, que sabrán sacar el máximo partido a una pequeña propina que complemente sus exiguos salarios.

Para obtener más información véase "Clima" en la p. 450.

Una ley estadounidense de reciente aprobación ha complicado aún más si cabe la normativa que regula la entrada de ciudadanos de Estados Unidos en Cuba. Para obtener más información sobre cómo viajar legalmente a la isla es conveniente consultar la página web del Centro de Estudios Cubanos www.cubaupdate.org. También se ofrecen más consejos al respecto en la p. 463.

CUÁNDO IR

La mejor época para ir a Cuba es entre diciembre y abril, después de las lluvias torrenciales de la temporada de huracanes y antes del calor pegajoso de los meses de verano. Los inconvenientes de viajar a la isla en temporada alta

---

INDISPENSABLE

Hay artículos de primera necesidad que se encuentran por todas partes, por ejemplo pasta de dientes, papel higiénico o jabón; sin embargo otros, como preservativos, aspirinas, hilo dental, protector solar, repelente de insectos, líquidos para lentillas o crema hidratante son difíciles de conseguir.

Es conveniente llevar ropa adecuada, puesto que, aparte de las típicas camisetas del Che Guevara, las prendas de playa son muy caras o de muy mala calidad. También podría ser útil llevar material de buceo propio, una linterna para los apagones, un despertador para las salidas de autobuses al amanecer, un tapón universal para lavabos y bañeras y un poco de detergente. Los que duerman en campismos (camping nacional) necesitarán sábanas, porque no siempre se incluyen.

Es difícil encontrar comida para llevar, aparte de escasas raciones de galletas y sándwiches pasados. Las bebidas en polvo, las barritas energéticas y de cereales, los frutos secos y otros productos parecidos proporcionan energía además de un descanso al constante círculo de pizzas, helados y pollo frito que se sirven de tentempié. Véase también "Alimentarse bien" (p. 75) para obtener más información.

En cuanto al dinero, lo mejor es disponer de efectivo, preferentemente dólares canadienses, euros o libras esterlinas. Es conveniente evitar utilizar dólares estadounidenses porque las comisiones que se cobran al cambiarlos a pesos convertibles cubanos son muy altas. Las tarjetas de crédito son un recurso útil para emergencias y los cheques de viaje de bancos que no sean estadounidenses suelen aceptarse en todos los bancos. Sin embargo, no hay prácticamente ninguna tarjeta de débito extranjera que funcione en los cajeros automáticos de los bancos cubanos.

son el aumento de los precios del alojamiento en casi un 20% (p. 444) y la mayor afluencia de personas, especialmente en las zonas turísticas, aunque en los puntos más apartados es poco probable que haya problemas para encontrar alojamiento en una casa particular.

Aparte del tiempo, en Cuba hay pocos obstáculos para el viajero. Los amantes de la cultura deben estar atentos al calendario artístico anual (p. 453), donde se anuncian festivales y otros acontecimientos; los aficionados al béisbol no querrán perderse la liga de final de temporada, entre abril y mayo; y los adictos a la política podrán asistir a importantes celebraciones del calendario socialista como el Día de los Trabajadores, el 1 de mayo, o el Día de la Rebelión Nacional, el 26 de julio.

DINERO

Viajar por Cuba puede ocasionar dificultades monetarias a los viajeros de presupuesto reducido. No existe una red de albergues baratos para mochileros y no hay mucho margen para el regateo. De hecho, en comparación con países como Guatemala o Perú, es fácil encontrarse con problemas de dinero en Cuba. Además, el país tiende a concentrar a los extranjeros en una única zona turística bajo control estatal, donde todos realizan las mismas excursiones organizadas y disfrutan de las mismas "experiencias" culturales empaquetadas. Si se elige esta opción, los gastos aumentan con rapidez.

No obstante, con un poco de astucia y cierta flexibilidad se pueden evitar los hoteles caros y los derroches con las tarjetas de crédito. Al contrario de

PRESCINDIR DE LA GUÍA

En Lonely Planet entendemos que la mayor aventura es "volar con alas propias" y, desde hace ya varias décadas, las sucesivas ediciones de nuestras guías han defendido con ardor la idea del viajero independiente.

En lugar de proporcionar al lector un itinerario y guiarle a través de los distintos obstáculos que se encuentre en el camino, preferimos animar, sugerir, apuntar o proponer, pero nunca llevar a alguien de la mano.

En Cuba existen muchas oportunidades de traspasar la línea oficial que existe entre los complejos turísticos con todo incluido y la isla de espíritu revolucionario. A lo largo de la presente guía intentaremos ofrecer distintas posibilidades para cruzar esta barrera, aunque en muchas ocasiones la información será deliberadamente imprecisa y en otras se animará al viajero a dejar la guía durante un par de días y aventurarse por su cuenta con valentía. No obstante, hay que tener en cuenta las consideraciones siguientes:

- Cuba es un país grande, con unos 11,3 millones de habitantes, y es difícil condensarlo en un manual tan pequeño. En vez de considerar esta guía como "palabra sagrada", es mejor utilizarla como punto de partida y llenar sus huecos, cambiar sus itinerarios, modificar sus reseñas y después escribirnos para avisarnos de lo que falta.

- Los autobuses pueden estropearse, los hoteles cierran, los restaurantes cambian de cocinero y los viejos revolucionarios terminan por morir. Una guía es como una plantilla que refleja lo que debe ocurrir, pero lo que ocurre en realidad suele ser muy distinto y depende principalmente del viajero.

- No existen horarios para los rituales de santería, ni para las peleas de gallos, las sesiones espontáneas de rumba, los atardeceres espectaculares o cualquier otro asunto que tenga que ver con un tren cubano. Hay que estar ojo avizor, seguir a la gente y no tener miedo a experimentar cosas nuevas.

- Las mejores agencias de viajes de Cuba son las casas particulares. Hay miles esparcidas por todo el país y cada una tiene potencial suficiente para ser una guía de viajes de Lonely Planet repleta de datos.

lo que la mayoría de los guías turísticos cuenta, Cuba esconde suficientes alternativas baratas como para llenar una guía de viajes. En lo que respecta al alojamiento, la amplia oferta de casas particulares consigue reducir los gastos a más de la mitad, y la compra de alimentos o el compartir con los lugareños camiones, autobuses, trenes o bicicletas, abre las puertas de un mundo nuevo lleno de comidas interesantes y oportunidades de transporte.

Los que se inclinen por la comodidad y el servicio de lujo están sujetos a precios muy variables, desde los 50 CUC por persona del alojamiento más barato de Varadero con todo incluido, hasta los 200 CUC por persona de un elegante complejo turístico en la playa Esmeralda. Quienes estén interesados en pasar unas vacaciones en la playa deben tener en cuenta que en Europa los paquetes de avión y hotel suelen ser mucho más baratos (una semana en Varadero desde Madrid por menos de 900 €) que comprar el billete de avión y reservar el hotel por separado. Casi todos los hoteles y complejos ofrecen descuentos para niños menores de 12 años, que además pagan un 50% menos en los autobuses Viazul y en muchos museos y atracciones. Véase *Transporte* para obtener más información sobre las agencias de viajes que trabajan con Cuba.

Como ocurre con la mayor parte de las islas, Cuba tiene problemas de suministro de alimentos y los precios lo reflejan, particularmente en productos importados como el maíz enlatado o los frutos secos. Los *paladares* (restaurantes caseros privados) y las casas particulares suelen ofrecer buena comida por un precio ajustado: enormes platos que incluyen una chuleta de cerdo con arroz, frijoles, ensalada y patatas fritas por unos 8 CUC. Si se le suma un par de cervezas, el postre y la propina, se come por unos 12 CUC. En cambio beber es mucho más barato que comer: un mojito bien cargado cuesta 2 CUC en un bar que no sea para turistas y un zumo recién hecho o una cerveza, 1 CUC.

Para recorrer la isla existen muchas posibilidades de transporte con su correspondiente variedad de precios. Por ejemplo, desde La Habana a Santiago de Cuba (861 km), un billete de avión de ida en la compañía Cubana cuesta unos 114 CUC; un billete de tren, entre 50 y 62 CUC, y viajar en autobús, entre 41 y 52 CUC. Los alquileres de automóviles van desde los 35 CUC diarios por un pequeño Fiat hasta los 220 CUC diarios por un Audi descapotable, aunque lo normal es pagar alrededor de los 65 CUC por una semana de alquiler de un Toyota Yaris.

Existe una doble economía en la que los pesos convertibles (CUC) y los pesos cubanos (CUP) circulan de forma simultánea. En teoría los turistas deben manejar sólo pesos convertibles, pero en la práctica no hay nada que les impida entrar en una *cadeca* (casa de cambio) y cambiar sus convertibles por moneda nacional, pesos cubanos. La tasa de cambio es de 24 pesos cubanos por un peso convertible, lo que brinda excelentes oportunidades de ahorro si se está dispuesto a sacrificar a veces poco y a veces mucho en calidad, servicio o comodidad. Por ejemplo, una *pizza* en un establecimiento de comida rápida cuesta 1 CUC pero las *pizzas* en la calle cuestan 7 CUP, menos de 0,25 CUC. Los pesos son necesarios también para el transporte público y algunas actividades culturales como el cine. Prácticamente todo lo demás se vende sólo en pesos convertibles para los extranjeros; los conciertos, el teatro, el transporte interprovincial o los taxis son algunos ejemplos donde los cubanos pagarán en pesos, pero los extranjeros deberán utilizar convertibles.

Antes de indignarse por la diferencia de precios, es conveniente recordar que la doble economía funciona en ambas direcciones: mientras los cubanos a veces pagan menos que los extranjeros por los mismos servicios, también se ven obligados a hacer colas, frecuentar las tiendas de racionamiento y dormir en hoteles llenos de moscas donde un extranjero ni siquiera metería

¿CUÁNTO CUESTA?

Habitación en
una casa particular:
15-30 CUC

Entrada de un museo:
1-5 CUC

Carrera en taxi: 2-4 CUC

Alquiler de una bicicleta
por un día: 3-5 CUC

Conexión a Internet por
hora: 6 CUC

Véase también "Precios
de referencia", en la
contracubierta anterior.

las narices. Y lo que es más, los cubanos, que ganan entre 190 y 325 CUP mensuales (entre 8 y 13 CUC), tienen que sobrevivir en un sistema económico completamente diferente al de los extranjeros, un campo de minas financiero donde el acceso a los valiosos convertibles es una lucha diaria de propinas, sagacidad personal y contactos.

Los cubano-americanos que viajan legalmente a Cuba para visitar a su familia tienen prohibido gastarse más del equivalente a 50 dólares estadounidenses diarios en la isla. Esta cantidad fue reducida en junio de 2004 por el Gobierno de Bush desde los 167 dólares que se permitían antes. Asimismo, se establecieron nuevas restricciones del dinero que los cubano-americanos pueden enviar a la isla desde EE UU.

LITERATURA DE VIAJES

Enduring Cuba (2002), de Zoë Bran, es un libro excelente y revelador donde se refleja la escasez, el empobrecimiento y la lucha diaria en Cuba a través de una mirada que cuida el detalle. *Cuba Diaries* (2002) de Isadora Tatlin trata con similar interés un asunto tan contradictorio y provocador.

En lo que respecta a los viajes, se recomienda el estupendo relato de Tom Miller *Trading with the Enemy: A Yankee Travels through Castro's Cuba* (1992), donde se describen con exuberancia las tradiciones cubanas vividas durante ocho meses de atento viaje por el país. Éste es probablemente el mejor libro de viajes sobre Cuba que se ha escrito. Miller recogió también las 38 narraciones de *Travelers' Tales Cuba: True Stories* (2001), un conjunto de opiniones, experiencias y visiones sobre la isla.

La obra de Pedro Juan Gutiérrez *Trilogía sucia de La Habana* (1998) es un fascinante repaso a la vida en La Habana durante los días del Período

---

CUBA CON BAJO PRESUPUESTO

El alojamiento y el transporte son servicios que los extranjeros tienen que pagar en pesos convertibles, lo que hace que los gastos suban con rapidez; además, la comida es una necesidad que tiende a romper el presupuesto. A continuación se proponen algunas ideas para controlar gastos:

- Si se viaja en familia, quienes alquilan habitaciones suelen ofrecer descuentos por los niños, al igual que en muchos hoteles.

- Al ocupar habitaciones privadas, se puede intentar conseguir descuentos por estancias de varias noches o llegar al acuerdo de no utilizar el aire acondicionado.

- No se recomienda presentarse en ningún sitio con un jinetero. Esto siempre incrementa el precio de la habitación en 5 CUC por noche.

- Los alojamientos más baratos son las cabañas de campismo, que normalmente se pagan por persona en vez de por cabaña; recomendables para personas que viajen solas o con automóvil o bicicleta.

- Los autobuses Astro son más baratos que los Viazul, y los camiones, aún más. Si se le presenta la ocasión, el viajero ahorrará pactando una botella (viaje económico o gratuito) con los "amarillos"; es decir, los encargados de buscar pasajeros en vehículos vacíos, uniformados con chaquetas de ese color. Con este sistema se consigue ahorrar mucho.

- Es conveniente aprenderse el funcionamiento del sistema de transporte público, alquilar una bicicleta o caminar.

- La comida más económica es la que se compra con pesos: el pan de la Empresa Cubana del Pan, las frutas y verduras en los agropecuarios o mercados de productos agrícolas, o los platos adquiridos en la ventana de una casa particular, como *pizzas* o "cajitas" (comida para llevar).

- Otra opción barata y divertida consiste en preparar algo en casa.

MEJORES PROPUESTAS

Lugares para descubrir la Cuba verdadera

Las colas interminables, los aseos sucios, los omnipresentes jineteros, los autobuses abarrotados y la comida espantosa dificultan en muchas ocasiones el encuentro con la Cuba verdadera. Pero se puede hallar, brillando con luz cegadora, en...

- Una fiesta callejera de fin de semana: la Fiesta de Cubanía (p. 371), Bayamo
- Por las vías de estilo cubano: el tren de Hershey (p. 166), provincia de La Habana
- Cualquier domingo: un partido de béisbol (p. 351) en Holguín
- Una experiencia con los lugareños: Puerto Padre (p. 340)
- Una alternativa de playa: Guanabo (p. 158), playas del Este
- La cultura del campismo: La Sierrita (p. 377), Granma
- La fiebre del rodeo: Feria de Ganado (p. 338), Las Tunas
- Los mercados: el agropecuario El Río (p. 322), Camagüey
- Una charla sobre arte: Centro Cultural Uneac (p. 351), Holguín
- Una casa particular: Nueva Gerona (p. 177), isla de la Juventud

Playas

Desde un enclave de lujo a un paraíso desierto, cualquiera de las 300 playas de Cuba es perfecta para descalzarse, aparcar las preocupaciones y pasar un día o dos de descanso y tranquilidad. La lista que se ofrece a continuación debería proporcionar suficientes pistas al viajero:

- Playa Ancón (p. 297), Sancti Spíritus
- Varadero (p. 224), Matanzas
- Playa Santa Lucía (p. 330), Camagüey
- Playa Maguana (p. 442), Baracoa
- Cayo Levisa (p. 207), Pinar del Río
- Playa Pilar (p. 316), Ciego de Ávila
- Playa Guardalavaca (p. 359), Holguín
- Playa Boca Ciega (p. 161), playas del Este, La Habana
- Playa Sevilla (p. 421), Chivirico, Santiago de Cuba
- Playa de los Pinos (p. 330), Cayo Sabinal, Camagüey

Rutas en bicicleta

Este país es uno de los mejores del mundo para los aficionados a la bicicleta, que se sentirán acompañados por los 500.000 ciclistas que se estima existen sólo en La Habana. Para salirse de las rutas habituales y descubrir rincones de la isla adonde nunca llegan las excursiones organizadas, se recomienda subirse sobre dos ruedas y realizar algunos de los siguientes trayectos:

- De Marea del Portillo a Chivirico: una montaña rusa al lado del mar
- De Cajababo a Baracoa: para enfrentarse a La Farola, con curvas que rompen los nervios de cualquiera
- Valle de Viñales: para serpentear tranquilamente entre los mogotes
- De Bartolomé Masó a Santo Domingo: el ascenso más duro del país, incluso para la guerrilla. No apto para cobardes
- De Guardalavaca a Banes: ondulaciones con bellas vistas que comienzan en un complejo turístico y acaban en un pueblo cubano
- De Baracoa a la playa de Maguana: la ruta al paraíso
- De Camilo Cienfuegos al valle de Yumurí: de La Habana a Matanzas por la puerta de atrás
- De Morón a San José del Lago: para despertarse con el canto del gallo y acostarse en un lujoso spa
- De Bayamo a El Saltón: pueblos anclados en el tiempo y bucólicos bohíos al pie de la sierra Maestra
- De Trinidad a la playa de Ancón: desde las montañas al mar en una bajada continua

Especial contado desde dentro con el estilo intransigente y directo de Irvine Welsh o Charles Bukowski; por el contrario, Carlos Eire en *Esperando la nieve en La Habana* (2003) recuerda con nostalgia su niñez en los tumultuosos días de la Revolución cubana.

Entre los clásicos de la literatura se incluyen obras de Hemingway como *El viejo y el mar* (1952) e *Islas a la deriva* (1970), esta última menos conocida pero igual de irresistible; de Graham Greene, que captura la esencia de La Habana prerrevolucionaria en *Nuestro hombre en La Habana* (1958), o de Elmore Leonard, que documenta los acontecimientos que rodearon a la explosión del *Maine* y la posterior guerra entre España, Cuba y EE UU con brillantez y emoción en *Cuba libre* (2000).

Por otro lado, abundan las biografías del Che Guevara, aunque en lo referente a calidad y legado literario no hay duda de que la mejor es *Che Guevara: una vida revolucionaria* (1997) de Jon Lee Anderson, quizá una de las biografías más innovadoras que se han escrito nunca. Durante el período de documentación para la escritura de esta obra, el autor inició el proceso gracias al cual se encontró el cuerpo del Che en Bolivia y se trasladó a Cuba en 1977. Las biografías no autorizadas de Castro son igualmente interesantes, en particular *Fidel* (2000), de Volker Skierka.

Otros libros interesantes sobre Cuba son *El decoro del mundo: Che Guevara visto por Fidel Castro* (2000), escrito por el propio Fidel; *Fin de siglo en La Habana* (1994), de J. F. Fogel y B. Rosenthal, dos periodistas franceses que pasaron bastante tiempo investigando en la isla; *La Habana* (1984), del hispanista Hugh Thomas; *Y Dios entró en La Habana* (1999), de Manuel Vázquez Montalbán, un interesante relato ambientado en La Habana durante la visita de Juan Pablo II.

INFORMACIÓN EN LA RED

AfroCuba Web (www.afrocubaweb.com). Todo lo imaginable sobre la cultura cubana, con noticias sobre conciertos en todo el mundo, talleres de danza y tambor, así como seminarios y encuentros en la isla.

Boomers Abroad (www.boomersabroad.com). El icono de Cuba de la página principal tiene abundantes enlaces sobre temas muy diversos, desde espeleología hasta el Che Guevara.

Cubacasas.net (www.cubacasas.net). Página canadiense, muy ilustrativa y actualizada con regularidad, que proporciona información sobre casas particulares y mucho más.

Ciencia Cubana (www.cubaciencia.cu). Portal sobre las instituciones y la comunidad científica cubana.

Cubarte (www.cubarte.cult.cu). Todo sobre el arte cubano: patrimonio cultural, museos, plástica, música, cine o literatura.

Cubatravel (www.cubatravel.cu). Página del Ministerio de Turismo con datos y enlaces sobre la isla.

Cubaweb (www.cubanaweb.com). Realizada por el Estado cubano, cuenta con información y enlaces.

Descubra Cuba (www.descubracuba.com). Oficina de turismo de Cuba para España y Portugal.

Directorio Cuba (www.dtcuba.com). Bases de datos para localizar hoteles, restaurantes, discotecas o parques naturales.

Gobierno cubano (www.cubagob.cu). Página oficial con datos estadísticos del Gobierno cubano, documentos, etc.

Granma Internacional (www.granma.cu). Página del periódico oficial del Partido Comunista Cubano con noticias del país en cinco idiomas.

Instituto de Meteorología de Cuba (www.met.inf.cu). Pronóstico actualizado del tiempo y alerta sobre posibles ciclones.

Lonely Planet (www.lonelyplanet.com; www.lonelyplanet.es). Extractos sobre viajes a Cuba, el boletín *Thorn Tree*, noticias y enlaces a otras páginas de turismo útiles.

Ministerio de Relaciones Exteriores de Cuba (www.cubaminrex.cu). Información, servicios consulares, representaciones, etc.

Universidades cubanas (www.ugr.es/~inrel/noeurope/univcub.htm).

Itinerarios
CLÁSICOS

LA HABANA
De dos semanas a un mes

Entre los museos imprescindibles de la ciudad se encuentran la colección cubana del **Museo Nacional de Bellas Artes** (p. 98) y el **Museo de la Revolución** (p. 98), ambos en Centro Habana; el **Museo de Armas y Fortificaciones** (p. 155), al norte de la bahía de La Habana; el **Museo Hemingway** (p. 154), interesante a pesar de tanta taxidermia, y la fascinante **Fundación La Naturaleza y el Hombre** (p. 139) en Miramar.

Para descansar de los museos lo mejor es encaminarse hacia las azules aguas y la arena blanca de las **playas del Este** (p. 158), dar un paseo a caballo entre la espesura del **parque Lenin** (p. 147) o recuperarse con el aroma de las flores en el **Jardín Botánico Nacional** (p. 148), en la zona del parque Lenin.

Cuando sale la luna, La Habana se pone melancólica. Los amantes de la música podrán disfrutar en el **Jazz Club La Zorra y El Cuervo** (p. 127) o en el **teatro Amadeo Roldán** (p. 131), sede de la orquesta sinfónica nacional, ambos en Vedado; también podrán dirigirse a la **Casa de la Trova** (p. 127) en Centro Habana o sencillamente pasear por el **Malecón** (p. 104) de La Habana Vieja. Para escuchar salsa hay que ir a la **Casa de la Música Centro Habana** (p. 129) o en Miramar (p. 146); para bailar existen discotecas o establecimientos de rumba legendarios, como el **Callejón de Hamel** (p. 110) en Vedado, y, por supuesto, el fabuloso espectáculo que tiene lugar cada noche en el famoso **Club Tropicana** (p. 146) en Mariano.

En la ciudad se encuentran diversas posibilidades de transporte; véase *Cómo desplazarse* (p. 147).

Canal de la Florida

Playas del Este

Vedado · Habana Vieja
Miramar · Centro Habana · *Bahía de La Habana*
Marianao

Museo Hemingway

Parque Lenin

La Habana no es sólo una ciudad; es un camaleón, un acertijo, una extravagancia cultural. Intentar conocerla entera en una semana es como aglutinar las obras completas de Shakespeare en un solo acto. Se necesitan al menos quince días para visitarla, pero para explorarla en profundidad hay que contar con un mes.

RECORRIDO RÁPIDO

De dos semanas a dos meses

Tras admirar la increíble arquitectura de **La Habana** (p. 89), el visitante puede encaminarse a **Santa Clara** (p. 267) para ver el **monumento a Ernesto Che Guevara** (p. 269), con su magnífico mausoleo. Después, puede dirigirse al sudoeste hasta el encantador **Cienfuegos** (p. 253) y conocer su bahía grande y tranquila, así como sus nobles edificios neoclásicos, antes de bajar por la costa hasta **Trinidad** (p. 287). En esta localidad colonial, declarada Patrimonio Mundial, se puede pasar una semana haciendo senderismo por **Topes de Collantes** (p. 300), montando a caballo en el **valle de los Ingenios** (p. 299) o descansando plácidamente en la **playa Ancón** (p. 297). La risa termina por contagiarse en las laberínticas calles de **Camagüey** (p. 318), donde el bullicioso ambiente de los bares hace perder la cabeza a cualquiera. **Guardalavaca** (p. 356) constituye uno de los mejores centros turísticos y un estupendo enclave para practicar submarinismo o parapente, e investigar un poco sobre la historia de los nativos locales.

En la **provincia de Holguín** (p. 342), con su agradable capital, se encuentra el pueblo natal de Fidel, **Birán** (p. 363). Vale la pena dejar tiempo para conocer **Santiago de Cuba** (p. 388) y sus atractivos, como **El Cobre** (p. 419), **la Gran Piedra** (p. 415), el **castillo de San Pedro del Morro** (p. 399), el **cuartel Moncada** (p. 397) y, por descontado, su vibrante **ambiente musical** (p. 407) nocturno.

La mayor parte de los vuelos internacionales se dirigen a La Habana o Santiago de Cuba, pero también se puede iniciar el recorrido en **Varadero** (p. 224) o en **Holguín** (p. 343).

Con dos semanas y un vehículo se puede ver mucho de Cuba, pero si se utiliza el transporte público se tendrá además una buena experiencia. En dos meses se puede recorrer la isla por completo.

Canal de la Florida

GOLFO DE MÉXICO

LA HABANA

Santa Clara

Cienfuegos — Topes de Collantes — Valle de los Ingenios

Trinidad

Camagüey

Guardalavaca

Birán

Santiago de Cuba

MAR CARIBE

ALTERNATIVOS

UNA CUBA MENOS CONOCIDA
Un mes

Se puede evitar La Habana y optar o bien por las **playas del Este** (p. 158), donde abundan las residencias privadas y los atardeceres espectaculares, o bien por **Santa Cruz del Norte** (p. 166), a un paseo de la dorada arena de Jibacoa. A continuación, el viajero se puede encaminar hacia el oeste bordeando la bella y desierta costa norte hasta **Puerto Esperanza** (p. 206) para pasar allí unos días de descanso, reflexión y retiro antes de salir hacia **Sandino** (p. 198), muy cerca de María la Gorda. La zona de la bahía de Cochinos está repleta de casas en las que alojarse, al igual que la espléndida **playa Larga** (p. 248). Desde ese punto, se puede rodear el litoral con facilidad hasta **Rancho Luna** (p. 262) y **La Boca** (p. 299), donde las viviendas particulares ofrecen una alternativa ideal a los complejos hoteleros de Cienfuegos y Trinidad. La larga carretera que discurre hacia el este presenta muchas oportunidades para sortear el ajetreo de Ciego de Ávila y Camagüey. No hay que perderse la desconocida **Florida** (p. 328), con sus típicos molinos azucareros, o la bulliciosa localidad de **Guáimaro** (p. 328), de impresionante tradición constitucional. Después, si se gira a la izquierda en **Las Tunas** (p. 335), se toma el desvío hacia la solitaria zona "turística" de la **playa Las Bocas** (p. 341), en la costa norte. Ya en la provincia de Holguín, el viajero debe acercarse a **Banes** (p. 361) y, desde allí, visitar Guardalavaca y hacer una última escapada a Santiago de Cuba, donde la paz y la tranquilidad esperan al viajero en la aletargada **Siboney** (p. 413).

Estos pueblos desconocidos tienen dos cosas en común: algunas casas particulares, que funcionan como alojamientos de forma legal, y muy pocos visitantes. Si se está dispuesto a ignorar las incomodidades del transporte público, a charlar con la gente o a leer esta guía a la luz de las velas, esta ruta es recomendable.

LA RUTA MUSICAL

De dos semanas a un mes

La música cubana es famosa en el mundo entero, pero, si se desea conocer algo más que las canciones del *Buena Vista Social Club* que suenan en las salas cubanas, hay que arriesgar un poco. Este breve itinerario recoge algunos de los espectáculos musicales más variados del país.

Comienza plácidamente en la **iglesia de San Francisco de Asís** (p. 131) de La Habana, donde los delicados ecos de la música clásica resuenan por los claustros de una iglesia restaurada del s. XVIII. Dos manzanas al oeste, en el **mesón de la Flota** (p. 113), las voces ásperas del flamenco invitan al viajero a descubrir el llamado "duende", el momento de mayor intensidad y sentimiento para un cantaor. Sin embargo, quien busque algo con un sabor más cubano puede visitar la **Casa de la Música** (p. 129), en el centro, o dirigirse hacia el oeste al venerable Viñales, cuna de la guajira y sede del reciente **Centro Cultural Polo Montañez** (p. 202). En la desconocida Matanzas, los espectáculos de rumba en directo suenan en la **plaza de la Vigía** (p. 218) y en Santa Clara, a una hora o dos de distancia, el **Club Mejunje** (p. 273) combina ritmos y fuertes golpes de bajo en una de las instituciones culturales más trepidantes, pero menos valoradas del país. En el **Palenque de los Congos Reales** (p. 295), en Trinidad, se escucha la trova, balada poética tradicional; el son, música popular cubana, y mucho más. El largo trayecto hacia el este, hasta la sencilla **Casa de las Tradiciones** (p. 408), supone un viaje musical hacia los orígenes, similar a la bajada por el Misisipí hasta Nueva Orleans. Cuando la cabeza empiece a dar vueltas, conviene reservar un espectáculo con tambores haitianos y ritmos de vudú en la **Tumba Francesa Pompadour** (p. 431) de Guantánamo, antes de dirigirse hacia la sierra Puril para asistir a un apoteósico final de frenéticos bailes cubanos en la **Casa de la Trova** (p. 431) de Baracoa.

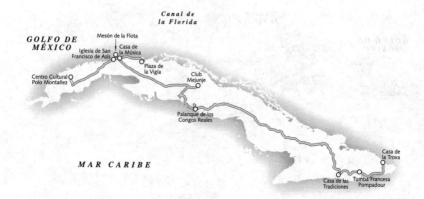

A LA CARTA

PEREGRINACIÓN
De dos semanas a un mes

Nadie puede meterse en la piel del Che, Camilo o Fidel, pero sí seguir sus pasos recorriendo lugares emblemáticos de la Revolución Cubana. Esta ruta sigue cierto orden cronológico (véase mapa pp. 42-43).

En Santiago de Cuba hay que visitar la **Granjita Siboney** (p. 414) y el **cuartel Moncada** (p. 397) para acercarse después a la **playa Las Coloradas** (p. 368), donde los rebeldes desembarcaron desde el *Granma*. Los más tenaces pueden ir a **El Uvero** (p. 422), enclave del triunfo rebelde más importante, subir hasta la cima del **pico Turquino** (p. 422) y bajar por la otra ladera hasta la **Comandancia La Plata** (p. 378). Otro lugar importante es **Yaguajay** (p. 303), en la provincia de Sancti Spíritus, donde tuvo lugar una de las últimas batallas lideradas por Camilo Cienfuegos. Cualquier viajero necesita descanso, y las prístinas arenas de **Cayo Santa María** (p. 277) ofrecen el entorno ideal. Después puede continuar hasta **Santa Clara** (p. 267), donde se produjo una victoria decisiva del Che, y **La Habana** (p. 81), donde finalmente se proclamó. Aparte de su relevancia histórica, la **playa Girón** (p. 249) y la **bahía de Cochinos** (p. 250) albergan excelentes arenales y buenas oportunidades para bucear. La última parada puede realizarse en la **isla de la Juventud** (p. 173), donde Fidel fue encarcelado tras el asalto al cuartel Moncada.

El transporte público en la costa de Santiago de Cuba es escaso y no hay servicios a Cayo Santa María. Si se desea ir a la isla de la Juventud, hay que tomar un barco o un avión. Véase *Transporte* (p. 467) para más información.

OBSERVACIÓN DE AVES EN CUBA
De dos a tres semanas

Equipado con unos buenos prismáticos, el viajero puede adentrarse en el frondoso **valle de Viñales** (p. 198), donde se pueden divisar negritos o animados pibíes cubanos. Las playas vírgenes y la densa vegetación de la **Parque Nacional Península de Guanahacabibes** (p. 196) atrae a muchas aves, desde espatulillas comunes a colibríes de garganta roja. También merece una visita la **Reserva Sierra del Rosario** (p. 211) donde se puede ver hasta un 50% de las especies de aves endémicas de Cuba. El **Gran Parque Natural Montemar** (p. 247) es una enorme extensión protegida que acoge el mayor pantano del país, y donde, tras horas o días de paciente espera, pueden divisarse zunzunes, las aves más pequeñas del mundo. En **Topes de Collantes** (p. 300) habita el pájaro nacional cubano, el tocororo de vivos colores rojos, blancos y azules, y en **Cayo Romano** (p. 329) algunos de los más de trescientos mil flamencos de la isla. En la **hacienda La Belén** (p. 327), una reserva cercana a Camagüey, es posible encontrarse con periquitos cubanos, pitirres reales y vencejos antillanos. Y aunque el viaje parezca largo y el camino penoso, el itinerario no estará completo sin una visita al paraje casi virgen del **Parque Nacional Alejandro de Humboldt** (p. 442) para observar cotorras cubanas, milanos pico de garfio y los esquivos carpinteros reales, avistados aquí por última vez a principios de la década de 1980.

Panorama

En un país que no acostumbra profetizar sobre el futuro, la pregunta "¿qué ocurrirá después de Fidel?" se suele responder con un gesto de desdén. Pero la salud de Castro empeora y ya no se puede dejar de lado el debate sobre la adaptación y la transición de este país socialista, anclado en la década de los sesenta desde hace más de cincuenta años.

El Gobierno de George W. Bush, omnipresente y expectante, no ha tenido reparos a la hora de intervenir en el asunto. En 2003 el presidente del Gobierno de EE UU fundó la Comisión para la Ayuda a una Cuba Libre con el entonces secretario de Estado Colin Powell para preparar "el día feliz en el que el régimen de Castro deje de existir", tal como declaró Bush.

La Comisión no tardó en elaborar un informe difamatorio de 500 páginas. Una de las estrategias de presión que Bush utiliza desde hace un tiempo consiste en empobrecer el régimen de Castro, apretando un poco más el nudo del embargo. En mayo de 2004 utilizó el documento de la Comisión como excusa y anunció nuevas iniciativas, como severas restricciones de viaje y estrictas limitaciones económicas sobre el dinero que muchos cubano-americanos envían a sus familias a la isla.

Más perseverante que nunca, el combativo Fidel respondió de forma enérgica. En noviembre de 2004 derogó la circulación del dólar estadounidense, moneda de curso legal en Cuba desde 1993. Esta medida no sólo hizo daño a los cubano-americanos, sino también abrió un agujero en el bolsillo de los más de dos millones de turistas que visitan la isla al año.

En medio de todos estos asuntos políticos, se encuentran los pacientes cubanos, una sociedad orgullosa (p. 52) y cansada del duro embargo (p. 47), que sufre por la costumbre del Gobierno de dar con una mano y quitar con la otra. La vida en Cuba es una compleja dicotomía entre la penuria económica y un cauto optimismo por el futuro. En la sociedad cubana se perciben los efectos del odiado bloqueo, a pesar del floreciente comercio con India y China, y de la política de izquierdas de Hugo Chávez en Venezuela y Evo Morales en Bolivia. Sin embargo, sigue siendo inquietante que más de un centenar de personas, consideradas disidentes por criticar al Gobierno (p. 49), se consuman en las cárceles.

Aunque en las calles de La Habana se oyen algunas protestas, es muy difícil que salte la chispa de la insurrección. Es más, los observadores de EE UU tienen que admitir que el nacionalismo es muy potente en Cuba y que la dimisión de Castro es tan factible como que George "Dubya" (pronunciación tejana de la letra w) juegue al golf en Varadero. Hasta con defectos, Castro siempre será el gran liberador de la isla, su George Washington, la única persona en quinientos años que ha conseguido que su pueblo se sienta realmente cubano.

El Período Especial (p. 49) ha pasado factura desde el punto de vista cultural. Quienes viajen a Cuba difícilmente evitarán toparse con los estafadores que acechan a los turistas en las calles de Vedado o encontrarse con algún médico que ha tenido que dejar su carrera para ganar propinas como camarero. Contagiado por el capitalismo a través del turismo, el "hombre nuevo" de Che Guevara ha dejado de ser una novedad y el espíritu de la juventud cubana está cambiando. Los cubanos se sienten orgullosos de su revolución y respetan a su Gobierno, que ha enviado 2.000 médicos de apoyo para paliar los efectos de un terremoto en la región de Cachemira; sin embargo, las ganas de cambio son potentes. Por eso ya no se debe hablar de las posibilidades de cambio, sino de cuándo se producirá.

DATOS BÁSICOS

Población: 11,3 millones

Extensión: 110,860 km²

PIB: 33.920 millones US$

Esperanza de vida: 75 (hombres), 79 (mujeres)

Tasa de alfabetización en adultos: 97%

Nombre completo de la capital: La Villa de San Cristóbal de la Habana

Número total de visitantes de Varadero en 2004: 826.000

Media médico/paciente: 1/170

Primer trasplante de corazón en Cuba: 1985

Historia

Salpicada de hazañas revolucionarias y acechada por ejércitos de invasores extranjeros, la historia cubana ha alcanzado una importancia desproporcionada en relación con el tamaño de la isla. Gracias a su posición estratégica en medio del Caribe y a la proximidad geográfica con EE UU, sus vecinos del norte, los anales de este país a veces son más propios de una película de acción hecha en Hollywood que de un aburrido trabajo de final de curso; así que merece la pena seguir leyendo.

HISTORIA PRECOLOMBINA

De acuerdo con la datación por carbono, la especie humana ha habitado Cuba desde hace más de cuatro mil años. La primera civilización conocida que se asentó en la isla fueron los guanahatabey, que vivieron en las cuevas de Viñales, provincia de Pinar del Río, durante la Edad de Piedra y sobrevivieron como cazadores-recolectores. En algún momento, a lo largo de los dos mil años siguientes, los guanahatabey fueron desplazados por la tribu siboney, perteneciente a la cultura precerámica. Los siboney eran pescadores y agricultores, y se asentaron de forma pacífica en la costa sur más protegida.

La tercera civilización precolombina es la más importante: el pueblo de los taínos. Relacionados con los indios arawak de las Antillas, llegaron en oleadas alrededor de 1.100 d.C. y concluyeron un proceso migratorio que había empezado siglos antes en el delta del río Orinoco en Sudamérica. La cultura taína estaba mucho más desarrollada y era más sofisticada que sus predecesores, en las que los adultos aplastaban el cráneo de sus hijos, cuando aún estaba blando, porque consideraban la frente plana un símbolo de belleza. Los taínos fueron buenos granjeros, cesteros y constructores de barcos. Su compleja sociedad contaba con un sistema de gobierno participativo supervisado por los caciques locales. Se cree que estos nativos son los responsables de la introducción del 60% de los cultivos que existen hoy en Cuba, así como los primeros que cuidaron la delicada planta del tabaco y la prepararon para que se pudiera fumar.

Aunque jamás alcanzaron la complejidad de la civilización azteca mexicana o la inca sudamericana, los taínos han dejado una marca indeleble en la isla. Los tradicionales guajiros (palabra que significa "uno de nosotros" en taíno y designa a la gente del campo) trabajan laboriosamente la tierra. Todavía hay pruebas de ascendencia india en las líneas de sangre cubanas de los pueblos del este de Guantánamo. Además, igual que sus predecesores adictos al tabaco, aún se conserva toda una generación de aficionados que siguen fumando cohíbas por su aroma y sabor. Si se quiere disfrutar con el aroma de esta pasión nacional, se pueden visitar las tabaquerías de La Habana (p. 106) y de Santa Clara (p. 269).

Para ampliar conocimientos sobre la Cuba actual se puede entrar en *Havana Journal* (www.havanajournal.com, en cinco lenguas diferentes).

DE LA COLONIA A LA REPÚBLICA

Cuando Colón avistó Cuba el 27 de octubre de 1492, la describió como "la tierra más hermosa que han visto jamás ojos humanos" y le puso por nombre Juana, en honor a la heredera española. Sin embargo, al encontrarse

CRONOLOGÍA

1100 d.C.	1492
Los taínos empiezan a llegar a Cuba	Cristóbal Colón descubre Cuba y le pone por nombre Juana

poco oro en la isla, Colón la abandonó en beneficio de La Española, actual Haití y República Dominicana.

La colonización de Cuba comenzó veinte años después, cuando en 1511 Diego Velázquez de Cuéllar dirigió una flota de cuatro barcos y cuatrocientos hombres desde La Española con la intención de conquistar la isla para la Corona española. Atracó cerca de Baracoa y de inmediato los conquistadores fundaron siete asentamientos pioneros por toda la colonia: Baracoa, Bayazo, Trinidad, Sancti Spíritus, Puerto Príncipe (Camagüey), La Habana y Santiago de Cuba. Desde la seguridad de sus bohíos (cabañas de paja), la dispersa población taína los observaba con una mezcla de fascinación y miedo.

Pese a los intentos de Velázquez por proteger a los nativos de los excesos de los soldados españoles, la situación se le escapó de las manos y pronto tuvo que hacer frente a una rebelión. El cabecilla era el enérgico Hatuey, un influyente cacique taíno, modelo de la resistencia cubana, al que capturaron y dieron muerte en la hoguera por atreverse a desafiar la férrea ley española.

En cuanto vencieron a los insurgentes, los españoles se dedicaron a extraer el oro y los minerales que encontraron, utilizando a los nativos como mano de obra. Dado que un edicto del papa prohibía la esclavitud, los españoles introdujeron un terrible sistema de encomiendas, por el cual miles de taínos se vieron obligados a trabajar para los terratenientes a cambio de ser evangelizados. Este régimen de esclavitud se prolongó durante veinte años hasta que el apóstol de los indios, fray Bartolomé de las Casas, pidió a la Corona española un trato más humano para los nativos y en 1542 se abolieron las encomiendas. Por desgracia para los taínos, fue demasiado tarde: los que no habían muerto en las minas de oro sucumbieron a causa de enfermedades europeas como la viruela. En 1550 sólo quedaban unos cinco mil supervivientes.

Sabor a azúcar

En 1522, debido a la alta mortandad de nativos, llegaron los primeros esclavos de África a través de La Española. Aunque el tráfico de esclavos nunca es justificable, hay que decir en favor de los españoles que su trato hacia los africanos era mucho menos cruel que el de los terratenientes del norte, lo que ha dejado su impronta en la cultura y la música de la isla. Los españoles permitían a los esclavos africanos mantener los grupos tribales y conservar algunos elementos de su cultura indígena; además, a diferencia de sus vecinos de Haití o EE UU, les fueron reconocidos determinados derechos legales, como la propiedad, el matrimonio e incluso la compra de su libertad.

Los esclavos trabajaban en ranchos, plantaciones de tabaco y cultivos de caña, que empezaban a multiplicarse. Durante el siglo siguiente, formaron parte del cambio lento y gradual de la economía de subsistencia colonial a la empresa comercial. Pero este camino no iba a tener una sola dirección.

Desde mediados del s. XVI a mediados del s. XVIII, Cuba se convirtió en el objetivo de una violenta disputa entre los ricos comerciantes españoles y los piratas que enarbolaban la bandera Jolly Roger. Para los corsarios era demasiado tentador resistirse al abundante botín de oro y plata del Nuevo

En EE UU existen 815 vehículos de motor por cada 1.000 habitantes; en Cuba sólo, 23.

Otra buena fuente de información actualizada es el sitio web de la BBC. Se debe entrar en www.bbc.co.uk y, si se teclea "Cuba" en el motor de búsqueda, se encuentra una larga lista de artículos nuevos.

1508	1511
Sebastián de Ocampo rodea Cuba en barco, lo que demuestra que se trata de una isla y no de una parte de Asia como pensaba Colón	Diego Velázquez de Cuéllar desembarca en Baracoa; Hatuey, el primer rebelde cubano, muere quemado en la hoguera

Mundo cubano. En 1554 saquearon Santiago de Cuba. Un año después, atacaron La Habana. Esto llevó a los españoles a construir impresionantes fortificaciones en los puertos más vulnerables. No sirvió de nada. A mediados del s. XVII, toda una nueva generación de piratas, liderados por el astuto gobernador galés de Jamaica, Henry Morgan, puso de manifiesto las brechas de la debilitada defensa naval. En Europa, la metrópoli estaba en constante amenaza, por lo que el futuro económico de la colonia quedaba en entredicho.

Espejo de paciencia, escrito por Balboa en 1608 es la obra literaria más antigua de Cuba.

En 1762 España apoyó a Francia contra Gran Bretaña en la Guerra de los Siete Años, lo que constituyó un mal presagio para Cuba. Los británicos se mantuvieron en sus posiciones frente al enemigo y vieron la oportunidad de trastocar el lucrativo imperio caribeño español. El 6 de junio, 20.000 soldados británicos ubicados en La Habana desembarcaron en Cojímar y tomaron el inexpugnable castillo de El Morro por la retaguardia. Tras dos meses de asedio, los españoles, agotados y diezmados, entregaron La Habana a los británicos, que se convirtieron en los nuevos caciques de la ciudad y de la isla.

Esta ocupación resultó ser breve pero intensa. Los ingleses acamparon dentro de la imponente muralla de la ciudad durante once meses, abrieron las puertas al libre comercio y establecieron un nuevo flujo de importaciones de manufacturas y bienes de consumo. Como era de esperar, la industria del azúcar fue la que más se benefició de esta liberación económica. En los años posteriores a 1763, tras la firma del Tratado de París (mediante el cual se intercambió Florida por La Habana) la producción de caña de azúcar gozó de un auge nunca visto.

El sistema ferroviario cubano se inauguró en 1837. España, la potencia colonizadora, no tuvo ferrocarril hasta once años después.

En la década de 1790, la industria experimentó otro estímulo cuando una cruenta rebelión de esclavos en Haití provocó que 30.000 colonos franceses huyeran al oeste y buscaran asilo en Cuba. Estos nuevos inmigrantes, que controlaban el complicado proceso de producción del azúcar y el café, no tardaron en dominar el difícil terreno y plantaron cafetales en las regiones montañosas de Pinar del Río y de la sierra Maestra. La cultura francesa caló en la música, el mobiliario, la arquitectura y el carácter cubanos, en particular en las ciudades de Cienfuegos, Santiago de Cuba y Guantánamo. Véase recuadro en p. 262.

En la década de 1820, Cuba era el mayor productor de azúcar y EE UU, recién fundado y aficionado al azúcar y las especias, era su principal mercado. El azúcar cubano era tan importante para los estadounidenses que durante el s. XIX surgió un movimiento que reclamaba al Gobierno la anexión de la isla. En 1808 Thomas Jefferson fue el primero de los cuatro presidentes de EE UU que se ofrecieron a comprar Cuba a los cada vez más atribulados propietarios españoles. En 1845 el presidente Polk dobló la oferta hasta la desorbitada cifra de 100 millones de dólares estadounidenses por la perla del Caribe.

En 1824, el cura Félix Varela publicó en Filadelfia un periódico independiente llamado El Habanero. Se consideró la primera publicación revolucionaria cubana.

Para bien o para mal, España se negó a vender y prefirió importar esclavos y acumular pesetas. En 1840 había 400.000 esclavos en la isla, la mayoría de origen africano.

Desde el punto de vista político, el auge del azúcar evitó que surgiera un movimiento independentista potente antes de 1820. Resulta curioso que en la década de 1820 Cuba no se sumara a la gran liberación de Sudamérica encabezada por Simón Bolívar y que prefiriera ser fiel a la Corona

1522	1607
Llegan a Cuba los primeros esclavos de África	La Habana es declarada capital de Cuba

junto con Puerto Rico, Guam y Filipinas. Sin embargo, el descontento no tardaría en llegar.

La Guerra de Independencia

Los terratenientes criollos de Bayazo comenzaron una rebelión a finales de la década de 1860, alentados por la política reaccionaria española y la envidia del nuevo sueño americano de Lincoln. La chispa saltó el 10 de octubre de 1868, cuando Carlos Manuel de Céspedes, poeta en ciernes, abogado y propietario de una plantación de azúcar, provocó un alzamiento desde su hacienda La Demajagua, cerca de Manzanillo en Oriente (véase p. 379). Pidió la abolición de la esclavitud y, como muestra de solidaridad, liberó a los suyos. Céspedes proclamó el famoso "Grito de Yara", canto a la libertad por una Cuba independiente, y animó al resto de los separatistas desilusionados a que se le unieran. La administración colonial de La Habana consideró la rebelión una traición y un audaz intento de arrebatarle el control de sus incompetentes y resbaladizas manos; España, por su parte, reaccionó con furia.

Por suerte para los mal organizados rebeldes, Céspedes había hecho sus deberes militares: en cuestión de semanas el abogado se había convertido en general, había levantado un ejército de 1.500 hombres y había marchado desafiante por Bayazo, tomando la ciudad en pocos días. Pero el éxito inicial pronto llegó a un punto muerto. La decisión táctica de no invadir la zona oeste de Cuba, aliada de los peninsulares (nacidos en España que viven en Cuba), condujo a Céspedes a una situación de desventaja.

De la mano del general mulato Antonio Maceo, santiaguero apodado "Titán de bronce" por su habilidad para desafiar a la muerte, y del formidable dominicano Máximo Gómez, le llegó una ayuda temporal a Céspedes; sin embargo, a pesar de la maltrecha situación económica y la destrucción de los campos de azúcar, los rebeldes no contaban con un líder político capaz de coordinarlos bajo una misma causa ideológica.

Tras la derrota de Céspedes en 1874, la guerra se alargó cuatro años y destrozó la economía cubana, además de dejar 200.000 cubanos muertos y otros 80.000 españoles. Al final, en febrero de 1878, se firmó el Pacto del Zanjón entre los intransigentes españoles y los exhaustos separatistas. El acuerdo fue mediocre e insatisfactorio para los rebeldes, puesto que ni solucionó ni aportó nada. Maceo, disgustado y desilusionado, expresó sus sentimientos en su "Protesta de Baraguá". Tras un intento frustrado de retomar la guerra en 1879, Maceo y Gómez se exiliaron durante bastante tiempo.

En la década de 1880 se abolió la esclavitud, se produjo un auge en la construcción del ferrocarril y Cuba entró en la peor crisis económica del siglo. El precio del azúcar cayó en el mercado mundial y la oligarquía terrateniente isleña se vio obligada a vender la producción a un competidor nuevo e imparable: EE UU. A finales del s. XIX, el comercio entre EE UU y Cuba era mayor que con el resto de América Latina. Cuba se convirtió en el tercer socio de EE UU tras Gran Bretaña y Alemania. La economía de monocultivo de la isla, un grave problema desde tiempos inmemoriales, se convirtió en un monopolio de EE UU, mientras que algunos terratenientes cubanos volvían a defender el viejo argumento de la anexión.

Uno de los libros más exhaustivos sobre historia cubana es la obra de Hugh Thomas: *Cuba. La lucha por la libertad*. Aunque hayan pasado treinta y cinco años desde su publicación, sigue siendo un clásico.

El ajedrez es importante en Cuba, y uno de sus más famosos defensores fue Carlos Manuel de Céspedes. Entre los objetos personales de Céspedes, que murió en combate en 1874, se encontró un juego de ajedrez.

Se funda la Universidad de La Habana

España apoya a Francia en la Guerra de los Siete Días; La Habana es entregada a los británicos

La Guerra Hispano-Estadounidense

En este contexto, apareció José Martí, poeta, patriota, visionario e intelectual. En los años siguientes a su exilio de 1870, se convirtió rápidamente en una figura de proporciones bolivarianas no sólo en Cuba, sino también en toda América Latina. Tras su detención a los 16 años durante la Primera Guerra de Independencia por un delito menor, Martí desarrolló sus ideas revolucionarias a lo largo de veinte años en diversos países como Guatemala, México y EE UU. Aunque quedó impresionado por las dotes para los negocios y la capacidad de trabajo de los estadounidenses, aborrecía su materialismo consumista; por eso quería proponer una alternativa viable para Cuba.

Martí se dedicó apasionadamente a la resistencia y escribió, habló, solicitó y organizó sin descanso la independencia durante más de una década. En 1892 convenció a Maceo y a Gómez de que volvieran del exilio bajo el amparo del Partido Revolucionario Cubano (PRC). Por fin, Cuba había encontrado a su Bolívar.

Martí y sus compatriotas se dieron cuenta de que era el momento de realizar otra revolución. En abril de 1895 emprendieron rumbo a Cuba y desembarcaron en Baracoa dos meses después de las insurrecciones apoyadas por el PRC que habían comprometido a las fuerzas españolas de La Habana. Los rebeldes reunieron un ejército de 40.000 hombres, se dirigieron hacia el oeste y entraron en combate por primera vez el 19 de mayo en un lugar llamado Dos Ríos. Martí, ataviado con traje negro, se disponía a cargar contra las filas españolas sobre su llamativo caballo blanco; entonces un disparo lo abatió y murió en este campo de batalla. De haber vivido, habría llegado a primer presidente de Cuba; en lugar de eso, se convirtió en héroe y mártir, cuya vida y legado han inspirado a generaciones de cubanos.

Gómez y Maceo, conscientes de los errores cometidos durante la Primera Guerra de Independencia, se dirigieron hacia el oeste, donde practicaron una política de tierra quemada que redujo a cenizas desde el Oriente hasta Matanzas. Estas victorias tempranas condujeron a una ofensiva sostenida. En enero de 1896 Maceo hizo pedazos Pinar del Río, mientras Gómez intentaba derrotar a las fuerzas españolas de La Habana. Los españoles respondieron con el terrible general Valeriano Weyler, que construyó fortalezas de norte a sur para limitar el movimiento rebelde. Con la intención de desarticular la resistencia clandestina, se decidió recluir a los guajiros en campamentos en un proceso llamado "reconcentración"; además, cualquiera que apoyara la rebelión se exponía a la ejecución. Estas tácticas empezaron a surtir efecto. El 7 de diciembre de 1896, los mambises (rebeldes del s. XIX contrarios a España) sufrieron un duro golpe cuando Antonio Maceo fue abatido en el sur de La Habana mientras intentaba fugarse hacia el este.

En esa época, la situación en la isla era caótica: miles de muertos, el país en llamas, y William Randolph Hearst y la prensa amarilla estadounidense avivando la llama bélica con artículos sensacionalistas, a menudo inexactos, sobre las atrocidades españolas.

Aun así, el acorazado estadounidense *Maine* fue enviado a La Habana en enero de 1898 con la excusa de proteger a los ciudadanos estadounidenses. Tal vez ya esperaran lo peor. El destino quiso que su misión nunca

En 1976 el libro *Cómo fue hundido el acorazado Maine*, de Hyman G. Rickover concluyó que la explosión del navío en La Habana en 1898 se produjo por una combustión espontánea del carbón.

Importación masiva de esclavos africanos | Thomas Jefferson hace una oferta a los españoles para comprar Cuba

JOSÉ MARTÍ

Para millones de cubanos, esta figura heroica y emblemática es un potente símbolo unificador de una nación dividida por la economía, la ideología y 150 km de océano infestado de tiburones. En Florida, una cadena de televisión lleva su nombre; en La Habana, Castro lo pronuncia prácticamente con fervor religioso; en toda Cuba no debe existir una ciudad o pueblo que no tenga una calle, una plaza o una estatua en su honor. El hecho de que José Martí, que murió de forma prematura a los 42 años dirigiendo una carga suicida contra los españoles, residiera un tercio de su vida fuera de su amada tierra natal no tiene importancia.

Nació en La Habana en 1853 de padres españoles. Martí maduró rápidamente y editó su primer periódico, *Patria Libre*, a los 16 años. Sus artículos provocadores, de una prosa vehemente y una poesía llena del lirismo que lo harían famoso, pronto le dieron problemas. En 1870 fue juzgado por criticar en una carta a un amigo que había asistido a un mitin a favor de los españoles durante la Primera Guerra de Independencia. Lo condenaron por traición y lo sentenciaron a seis meses de trabajos forzados en la cantera de La Habana. Durante ese año, gracias a la influencia de su padre, lo trasladaron a la isla de Pinos y en 1871 lo exiliaron a España.

Martí era de complexión pequeña, llevaba un bigote daliniano bien encerado y elegantes trajes negros. Durante sus años de formación no ofrecía precisamente la típica imagen de un héroe. Se licenció en Derecho por la Universidad de Zaragoza y en 1874 se trasladó a la Ciudad de México, donde empezó una discreta carrera como periodista.

Durante los siguientes siete años Martí fue de un lado para otro. Vivió sucesivamente en Guatemala, España, Francia, Venezuela y Cuba, de donde en 1879 lo exiliaron por segunda vez por conspiración y declaraciones anticolonialistas.

Atraído por EE UU, el escritor errante se instaló en la Gran Manzana y allí residió durante catorce años con su mujer y su hijo. En Nueva York consagró su tiempo a la poesía, la prosa, la política y el periodismo. Era el corresponsal de dos periódicos latinoamericanos: *La Nación*, de

se llevara a cabo. El 15 de febrero el barco explotó en el puerto, con el resultado de 266 marineros muertos. Un monumento de homenaje al *Maine* adorna el Malecón de la ciudad (p. 105). La verdadera causa de la explosión continúa siendo uno de los grandes misterios de la historia, ya que el casco del barco se hundió en aguas profundas en 1911.

Tras la debacle del *Maine*, EE UU luchó por el control de la isla y le ofreció a España 300 millones de dólares; cuando la oferta fue rechazada, pidió la retirada total. La confrontación entre EE UU y España, forjada poco a poco durante décadas, acabó en guerra.

La única batalla importante del conflicto tuvo lugar el 1 de julio. El Ejército de EE UU atacó el destacamento de la colina de San Juan (p. 398) al este de Santiago de Cuba. Aunque los españoles eran menos, estaban limitados y tenían peor armamento, lucharon durante más de veinticuatro horas hasta que el futuro presidente Theodore Roosevelt atacó con la caballería de los Rough Riders: esto fue el principio del fin. El 17 de julio de 1898, los españoles se rindieron incondicionalmente ante los estadounidenses.

El 12 de diciembre de 1898 se firmó un tratado de paz en París que puso fin a la Guerra Hispano-Estadounidense; después de tres años de sangre, sudor y sacrificio, ningún representante cubano fue invitado. EE UU llevaba un siglo intentando comprar Cuba a España; así que, a pesar de las recelosas voces de los nacionalistas cubanos, intentó apaciguar la situación concediendo a la isla un estado de semiindependencia

1850	1868
Narciso López iza la bandera cubana por primera vez en Cárdenas	Céspedes organiza un alzamiento y proclama el "Grito de Yara", canto a la libertad que inicia la Guerra de Independencia

Buenos Aires, y *La Opinión Nacional*, de Caracas. Más tarde fue nombrado cónsul de Uruguay, Paraguay y Argentina en esa ciudad.

Siempre criticó y quiso evitar la homogeneización que representaba el crisol de culturas americano. Por eso, Martí mostraba una profunda desconfianza hacia el sistema de gobierno de EE UU, basada en su propia experiencia y en sus astutos cálculos políticos. Pidió a voces la independencia cubana y expuso con coherencia que las ambiciones neocoloniales de los estadounidenses no eran más legítimas que las de los españoles. "He vivido dentro del monstruo y conozco sus entrañas", declaró con solemnidad.

Martí no quería quedarse sólo en las palabras y en 1892 se marchó a Florida para fundar el Partido Revolucionario Cubano y las bases del movimiento político que constituyeron la punta de lanza de la Segunda Guerra de Independencia (1895-1898). En 1895, llegó a Cuba, a la remota zona de La Playita en la provincia de Guantánamo. La campaña de Martí duró treinta y ocho días. Como era más un hombre de palabras que de acción, murió durante una refriega el 19 de mayo en Dos Ríos. Fue una de las primeras bajas de la guerra y se convirtió en mártir al instante.

Aunque nunca fue realmente socialista, Martí reivindicó los valores de la libertad, la igualdad y la democracia en su manifiesto por una Cuba independiente. Estaba en contra del racismo y el imperialismo. Creía en el poder de la razón y estableció vínculos estrechos con los españoles que apoyaban la independencia cubana, pero declaró la guerra a quienes no lo hacían.

El espíritu de José Martí sigue vivo en Cuba. Es difícil imaginarse la inconfundible cultura cubana y sus sistemas educativo y sanitario sin él. El alcance artístico de Martí es inabarcable en cuanto a su labor como escritor. Tanto él como su obra, desde las elocuentes teorías políticas a los *Versos sencillos* o la revista infantil *La Edad de Oro*, constituyen un modelo cultural sin parangón en América Latina. Por eso no sorprende que los cubanos simplemente lo llamen "El Maestro".

que calmaría el descontento interno al tiempo que mantendría a los posibles gobiernos cubanos al margen. En noviembre de 1900, el gobernador estadounidense de Cuba, el general Leonard Wood, reunió a los delegados cubanos, que redactaron una Constitución parecida a la de EE UU. Orville Platt, más tarde senador por Connecticut, añadió una enmienda a la Ley sobre Apropiaciones del Ejército de 1901, según la cual EE UU podía intervenir militarmente Cuba cuando lo considerara oportuno. El presidente McKinley la aprobó, y a los cubanos se les dio a elegir entre aceptar la enmienda Platt o permanecer bajo ocupación militar de forma indefinida. EE UU utilizó su gran influencia para establecer una base en la bahía de Guantánamo con el fin de proteger sus intereses estratégicos en el canal de Panamá.

ENTRE LA REPÚBLICA Y LA REVOLUCIÓN

El 20 de mayo de 1902, Cuba pasó a ser una república independiente. Pero, como no estaba preparada para asumir el sistema democrático que EE UU había planeado, el país se sumió en cinco décadas de caos y altibajos, y en una sucesión de gobiernos débiles y corruptos que pedían la intromisión del vecino del norte cada vez que aparecía la mínima señal de revuelta. EE UU intervino militarmente tres veces durante los siguientes años (véase recuadro en p. 41), oscilando entre la posibilidad de ser considerado un aliado benevolente o un extranjero entrometido. De todos

1886	1898-1902
Abolición oficial de la esclavitud	El Gobierno militar de EE UU controla Cuba

modos, en esta etapa se produjeron varios éxitos, como la erradicación de la fiebre amarilla, gracias a las hipótesis del doctor cubano Carlos Finlay, y la transformación de la isla en un gigante del azúcar tras la ruina económica que supuso la guerra.

El crecimiento de la economía durante la posguerra no fue sorprendente. En la década de 1920, las empresas estadounidenses eran propietarias de dos tercios de las tierras de cultivo cubanas y de gran parte de sus minas. La industria azucarera estaba en auge. Con la Ley Seca vigente entre 1919 y 1933, la mafia se trasladó a La Habana y gánsters como Al Capone levantaron un lucrativo sector turístico basado en el alcohol, el juego y la prostitución. Cuando el precio de las materias primas cayó tras la Gran Depresión, Cuba se hundió en el caos como muchos otros países occidentales. Gerardo Machado Morales, presidente convertido en dictador (1925-1933), organizó una campaña de terror para deshacerse de sus detractores; vencido por su propio plan, fue derrocado durante una huelga general espontánea en agosto de 1933. En su lugar, Fulgencio Batista, un sargento del Ejército aparentemente inofensivo y que no participó en el derrocamiento de Machado, ocupó el vacío de poder.

Batista, negociador astuto y perspicaz, lideró los mejores y los peores intentos de establecer una democracia en Cuba durante las décadas de 1940 y 1950. Desde 1934, sirvió como jefe del Ejército y en 1940, en unas elecciones relativamente libres y justas, fue elegido presidente. Tras obtener el mandato oficial, Batista promulgó una amplia variedad de reformas sociales y emprendió la redacción del borrador de la Constitución más democrática y liberal de Cuba hasta la fecha. Pero ni el sueño democrático ni el buen humor de Batista durarían mucho tiempo. Dimitió en 1944, y el poder pasó a manos de Ramón Grau San Martín, un presidente políticamente incapaz. Desde ese momento, la corrupción y la ineficacia reinarían como nunca.

Consciente de su popularidad y de la posibilidad de enriquecerse, Batista cerró un trato con la mafia estadounidense en Daytona Beach (Florida) y preparó el terreno para su retorno a la política cubana. El 10 de marzo de 1952, tres meses antes de las elecciones que seguramente perdería, Batista dio un segundo golpe de Estado, condenado ampliamente por los políticos de la oposición y reconocido por el Gobierno de EE UU dos semanas después. Batista pronto dejó claro que esta segunda etapa no sería tan próspera como la anterior.

LA REVOLUCIÓN CUBANA

Tras el segundo golpe de Batista, se constituyó un círculo revolucionario en La Habana en torno a la carismática figura de Fidel Castro, abogado cualificado, gran orador y candidato en las elecciones de 1952 que fueron canceladas. Apoyado por su hermano menor Raúl y respaldado intelectualmente por su teniente de confianza Abel Santamaría (más tarde torturado hasta la muerte por los hombres de Batista), Castro no vio otra alternativa más que el uso de la fuerza para liberar Cuba de aquel dictador detestable. Con pocos efectivos pero decidido a realizar una declaración política, el 26 de julio de 1953, Castro dirigió a 119 rebeldes en un ataque contra los barracones del Ejército en Moncada, de gran importancia estratégica (véase p. 397). El atrevido plan de asalto, mal organizado,

Fidel Castro acogió al asesino de Trotsky, Ramón Mercader, tras su liberación de una cárcel mexicana en 1960. Pasó la vida entre la Unión Soviética y el país caribeño, y murió en La Habana en 1978.

1903	1925
EE UU toma la base naval de Guantánamo	Julio Antonio Mella funda el Partido Comunista Cubano

UNA HISTORIA DE INTERVENCIÓN ESTADOUNIDENSE

En 1823 el secretario de Estado John Quincy Adams, ideólogo de la osada doctrina Monroe, según la cual el hemisferio occidental debía caer bajo la influencia de EE UU, declaró que si Cuba cortaba sus relaciones con España, la isla quedaría bajo su influencia de forma natural. Para los estadounidenses, la proclamación sentaba un precedente aunque fuese de carácter extraoficial. Durante los ciento setenta y cinco años siguientes, las relaciones entre EE UU y Cuba han pasado de ser abiertas a encubiertas, para acabar siendo turbias.

- Durante el s. XIX, los presidentes Jefferson, Polk, Pierce y Buchanan intentaron comprar Cuba a España.

- Tras la independencia en 1902, EE UU intervino militarmente en la isla en tres ocasiones: en 1906 para restablecer el orden tras una revuelta armada, en 1912 tras un alzamiento efímero, y en 1917 después de una huelga general.

- En 1946 la mafia estadounidense celebró una reunión en el Hotel Nacional de La Habana; convirtió Cuba en el patio de recreo de ricos y famosos, y La Habana en la ciudad del pecado. La presencia de la mafia provocó el golpe de Estado del general Batista apoyado por EE UU en marzo de 1952.

- En abril de 1961, en la bahía de Cochinos, se produjo un desembarco respaldado por la CIA que fue aplastado por el Ejército cubano en setenta y dos horas.

- La Operación Mangosta, también conocida como Proyecto Cuba, fue un plan secreto iniciado por el Gobierno de Kennedy en 1961 para derrocar desde la misma isla el régimen comunista y eliminar a su líder Fidel Castro de forma encubierta. Dentro de dicha operación se urdieron casi treinta conspiraciones entre 1961 y 1965, con la esperanza de extender el descontento en la población cubana. Entre los planes que se llegaron a barajar se encontraban destruir los cultivos de caña, dinamitar los puertos y poner sales de talio en el calzado de Castro, una táctica que pretendía causarle la caída del pelo y la barba para, de esta forma, ridiculizarlo.

- Las sucesivas leyes aprobadas tras la Revolución, como la *Cuban Democracy Act* (Ley de la Democracia Cubana) de 1992 y la Ley Helms-Burton de 1996, le han dado otra vuelta de tuerca a los cuarenta y cinco años de embargo.

fracasó estrepitosamente cuando los revolucionarios, procedentes de La Habana, giraron en el lugar equivocado debido a las mal señalizadas calles de Santiago. Entonces, se dio la voz de alarma.

Engañados, superados en número y vencidos, 64 insurrectos se encontraron rodeados por el Ejército de Batista y fueron brutalmente torturados y ejecutados. Castro y algunos más consiguieron escapar hacia las montañas cercanas, donde días más tarde fueron localizados por el compasivo teniente Sarría quien tenía órdenes de acabar con ellos. Al encontrarse a Castro y a sus agotados camaradas, se dice que Sarría les gritó: "¡No disparéis! ¡No se pueden matar las ideas!". En lugar de acabar con Castro, lo apresó y le salvó la vida y por este motivo Sarría –hombre previsor y de grandes principios– arruinó su carrera militar. Uno de los primeros actos de Fidel tras la victoria de la Revolución fue liberar a Sarría de la cárcel en la que Batista lo había encerrado y darle un puesto en el Ejército revolucionario. La captura de Castro se convirtió en noticia de alcance nacional, y el líder revolucionario fue llevado a juicio ante los medios de comunicación. Abogado de profesión, Castro se defendió a sí mismo con

1934	1952
Derogación de la enmienda Platt y ampliación del arrendamiento de la base de Guantánamo a noventa y nueve años	Golpe militar de Batista

un elocuente discurso titulado "La historia me absolverá", que después se convertiría en un extenso manifiesto político. Satisfecho por su nueva legitimidad y respaldado por un sentimiento de creciente inquietud hacia el régimen en todo el país, Castro fue condenado a quince años de cárcel en la isla de Pinos, la actual isla de la Juventud. Cuba estaba en camino de tener un nuevo héroe nacional.

En febrero de 1955, Batista ganó la presidencia gracias a unas elecciones fraudulentas y, con la intención de conquistar el favor de la oposición interna, accedió a amnistiar a los presos políticos, Castro entre ellos. Al enterarse de que el verdadero objetivo de Batista era asesinarlo una vez liberado, Castro huyó a México y dejó al maestro de escuela Frank País a cargo de una campaña secreta de resistencia que los veteranos de Moncada bautizaron como Movimiento 26 de Julio (M-26-7).

Escondido en México, Fidel y sus compatriotas seguían conspirando y atrajeron a su causa a nuevas figuras clave: Camilo Cienfuegos y el médico argentino Ernesto Che Guevara. Ambos añadieron fuerza y brillantez a la naciente milicia de rebeldes. Tras escapar de la policía mexicana, Castro y sus 81 camaradas decidieron apoyar el levantamiento que Frank País había planeado para finales de noviembre de 1956 en Santiago de Cuba; así pues, partieron hacia la isla el 25 de noviembre en un viejo yate llamado *Granma*. Después de siete días de dura travesía, el 2 de diciembre lle-

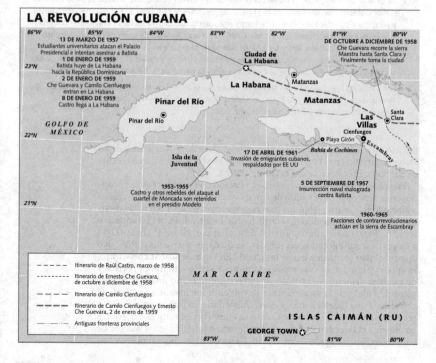

LA REVOLUCIÓN CUBANA

13 DE MARZO DE 1957
Estudiantes universitarios atacan el Palacio Presidencial e intentan asesinar a Batista

1 DE ENERO DE 1959
Batista huye de La Habana hacia la República Dominicana

2 DE ENERO DE 1959
Che Guevara y Camilo Cienfuegos entran en La Habana

8 DE ENERO DE 1959
Castro llega a La Habana

DE OCTUBRE A DICIEMBRE DE 1958
Che Guevara recorre la sierra Maestra hasta Santa Clara y finalmente toma la ciudad

1953-1955
Castro y otros rebeldes del ataque al cuartel de Moncada son retenidos en el presidio Modelo

17 DE ABRIL DE 1961
Invasión de emigrantes cubanos, respaldados por EE UU

5 DE SEPTIEMBRE DE 1957
Insurrección naval malograda contra Batista

1960-1965
Facciones de contrarrevolucionarios actúan en la sierra de Escambray

GOLFO DE MÉXICO

MAR CARIBE

ISLAS CAIMÁN (RU)

GEORGE TOWN

- – – – Itinerario de Raúl Castro, marzo de 1958
- ········· Itinerario de Ernesto Che Guevara, de octubre a diciembre de 1958
- — — Itinerario de Camilo Cienfuegos
- ▬▬▬ Itinerario de Camilo Cienfuegos y Ernesto Che Guevara, 2 de enero de 1959
- —·—·— Antiguas fronteras provinciales

Ciudad de La Habana · La Habana · Matanzas · Pinar del Río · Las Villas · Santa Clara · Cienfuegos · Playa Girón · Bahía de Cochinos · Escambray · Isla de la Juventud

1953	1956
Castro lidera un grupo de rebeldes durante un ataque al cuartel de Moncada	Ernesto Che Guevara se une a Fidel y sus compatriotas en México

garon a la playa Las Coloradas cerca de Niquero en Oriente (véase p. 381) con dos días de retraso. El desembarco fue desastroso o, como más tarde comentaría Guevara, "no fue un desembarco sino más bien un naufragio". Tres días más tarde, los soldados de Batista los avistaron y persiguieron por un campo de caña de azúcar en Alegría de Pío.

De los 82 insurgentes que habían llegado de México, sólo 12 consiguieron escapar. Se separaron en tres pequeños grupos y los supervivientes vagaron durante días desesperadamente, muertos de hambre, heridos y asumiendo que el resto de sus compañeros habían sido asesinados en la contienda. "Era el comandante de dos personas", comentó Fidel años más tarde. Sin embargo, con la ayuda de los campesinos locales, los guerrilleros pudieron reunirse dos semanas después en Cinco Palmas, una zona despejada dentro de la frondosa sierra Maestra. Allí, un Fidel que rozaba el delirio pronunció un entusiasta aunque algo prematuro discurso de victoria. "Ganaremos esta guerra", proclamó muy seguro. "Estamos empezando la batalla".

La reaparición llegó el 17 de enero de 1957 cuando las guerrillas lograron una importante victoria al atacar un puesto fronterizo del Ejército, llamado La Plata, en la costa sur (véase p. 422). A este hecho le siguió en febrero un gran golpe de efecto propagandístico, ya que Fidel convenció a Herbert Matthews, periodista del *New York Times*, de que lo entrevistara

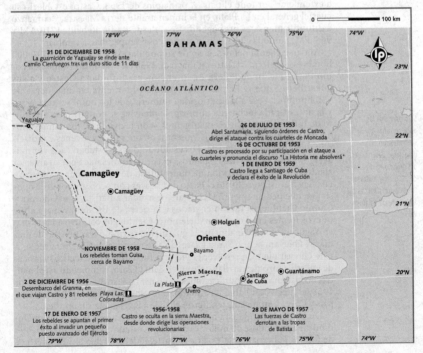

1959	1960
Castro pronuncia un discurso triunfal tras el éxito de la revolución	Cuba nacionaliza los bienes de EE UU

en la sierra Maestra. El artículo hizo famoso a Castro en todo el mundo y se ganó muchas simpatías entre los liberales estadounidenses. Basta decir que en aquel momento no era el único agitador antibatista. El 13 de marzo de 1957, estudiantes universitarios encabezados por José Antonio Echeverría atacaron el Palacio Presidencial de La Habana (actual museo de la Revolución; véase p. 98) en un intento fallido de asesinar a Batista. De los 35 atacantes, 32 fueron alcanzados por los disparos mientras huían. Las represalias llegaron a las calles de La Habana como una nueva venganza. Cuba se descompuso en un estado policial, dirigido por matones entrenados en la disciplina militar.

En septiembre de 1957 se desencadenó otro conflicto: algunos oficiales de Marina protagonizaron una revuelta armada en la tranquila ciudad de Cienfuegos y distribuyeron armas entre el pueblo. Tras diversas luchas puerta a puerta, la insurrección se controló brutalmente y se atrapó y ejecutó a los cabecillas. Pero, para los revolucionarios, la situación estaba clara y los días de Batista estaban contados.

De vuelta en la sierra Maestra, en mayo los rebeldes vencieron a 53 soldados de Batista en el puesto militar de El Uvero y se hicieron con numerosas provisiones. El movimiento parecía estar tomando impulso, a pesar de haber perdido en julio al respetado líder Frank País a manos de un escuadrón de la muerte del Gobierno; además, el apoyo y las simpatías empezaban a extenderse por todo el país. A principios de 1958, Castro estableció su cuartel general en La Plata, en la impenetrable sierra Maestra, y comenzó a difundir mensajes propagandísticos desde Radio Rebelde (710 AM y 96.7 FM) por toda Cuba, con lo que las cosas empezaban a cambiar.

Al darse cuenta del descenso de su popularidad, Batista envió 10.000 hombres a la sierra Maestra en mayo de 1958 en una misión conocida como Plan FF (Fin de Fidel). La intención era liquidar a Castro y a sus guerrilleros, que se habían convertido rápidamente en una fuerza de 300 hombres. Pese a la inferioridad numérica de los hombres de Castro y la desesperada lucha que libraron, la ofensiva se convirtió en un punto de inflexión, ya que los insurgentes –con la ayuda de los campesinos locales– pudieron detener los violentos ataques de los jóvenes e indisciplinados soldados de Batista. Los estadounidenses estaban cada vez más avergonzados a causa de la espantosa ola de terror desatada por su anterior aliado cubano, y Castro vio una oportunidad de transformar la situación en ofensiva; así pues, firmó el Pacto de Caracas con otros grupos de la oposición, que pedían que EE UU dejara de ayudar a Batista. Che Guevara y Camilo Cienfuegos fueron enviados a la sierra de Escambray para abrir nuevos frentes en el oeste: en diciembre, Cienfuegos contuvo a las tropas en Yaguajay, donde finalmente la guarnición se rindió tras un sitio de diez días, y Guevara ocupó Santa Clara; de este modo, el final se veía cerca. A Che Guevara le tocó resolver la victoria final; mediante tácticas clásicas de guerrilla hizo descarrilar un tren en Santa Clara, rompiendo así el maltrecho sistema de comunicaciones del país. La víspera de Año Nuevo de 1958, el juego casi había terminado: una sensación de alegría inundó el país y Che y Camilo emprendieron el viaje a La Habana sin oposición.

De madrugada, Batista huyó en un avión privado a la República Dominicana llevándose 40 millones de dólares estadounidenses procedentes de fondos gubernamentales. Por su parte, Fidel apareció el 1 de enero en

Uno de los antepasados de Che Guevara, cuyo nombre de familia es Guevara Lynch, fue Patrick Lynch, de origen celta. Nacido en Galway (Irlanda) en 1715, emigró a Buenos Aires desde Bilbao en 1749.

Sólo cuatro de las doce personas que sobrevivieron al desastroso desembarco del *Granma* en diciembre de 1956 viven todavía: Fidel Castro, Raúl Castro, Juan Almeida y Ramiro Valdés.

Santiago de Cuba y pronunció un discurso por la victoria desde el Ayuntamiento del parque Céspedes; a continuación se subió a un *jeep* y emprendió viaje hasta La Habana con un desfile digno de un emperador. El triunfo de la Revolución había llegado. ¿O no?

LA CONSOLIDACIÓN DEL PODER

El 5 de enero de 1959, Manuel Urrutia, un juez que había defendido a los prisioneros del M-26-7 durante el proceso de Moncada, asumió la presidencia cubana, aunque el liderato y el poder seguían recayendo indiscutiblemente sobre la figura de Fidel. En la cresta de la ola popular, el autoproclamado líder máximo comenzó a impartir justicia revolucionaria con mano de hierro y, en cuestión de semanas, cientos de seguidores de Batista y otros militares fueron acorralados y ejecutados en la fortaleza de La Cabaña. EE UU tenía sus sospechas acerca de la inclinación comunista de Castro y consideró alarmantes estos cambios tan evidentes. Cuando Fidel se reunió con Richard Nixon en la Casa Blanca con motivo de una visita de Estado en abril de 1959, el vicepresidente le organizó una recepción fría y breve.

Entre las más de mil leyes y planes aprobados por el Gobierno revolucionario en su primer año, se hallaba la reducción del coste de la electricidad y el alquiler, la abolición de la discriminación racial y la aclamada primera Ley de Reforma Agraria. Este hito legislativo nacionalizó unas 400 Ha de terreno rural sin indemnizar a los propietarios, lo que enfureció a los principales terratenientes de Cuba, en su mayoría estadounidenses. Al fundar el Instituto Nacional de Reforma Agraria (INRA), el Gobierno comenzó a unir poco a poco a las asociaciones rurales que más tarde resultarían decisivas para fomentar un ambicioso programa de alfabetización y sanidad.

Mientras, en la escena política, diversas entidades con intereses en Cuba se volvían más belicosas. Molestos ante el estilo intransigente de Castro y cada vez más preocupados por su giro gradual y nada sutil hacia la izquierda, los disidentes empezaron a marcharse. Entre 1959 y 1962, unos 250.000 jueces, abogados, directivos y técnicos abandonaron Cuba para instalarse sobre todo en EE UU. Todas las profesiones de mayor nivel en Cuba comenzaron a sufrir una fuga de talentos que influyó en la debilidad económica. Por su parte, Fidel contraatacó con severas restricciones en la prensa y con la amenaza de detener y encarcelar a cualquiera que criticara el nuevo régimen.

La crisis se acentuó y en junio de 1960 las refinerías de Texaco, Standard Oil y Shell en Cuba se negaron a refinar petróleo soviético ante la presión de EE UU. Con la convicción de que podía marcarse un tanto diplomático en detrimento de sus resentidos rivales estadounidenses, Castro nacionalizó las petroleras. Al presidente Eisenhower le quedaban pocas opciones y recortó la cuota de azúcar cubano en 700.000 toneladas para ajustar cuentas. La situación se volvió preocupante durante la Guerra Fría, ya que esta medida puso a los cubanos en manos de la URSS cuando, tras la visita de Che Guevara en 1959, el Gobierno soviético se comprometió a comprar el azúcar cubano al mismo precio. La guerra del ojo por ojo que caracterizaría las relaciones entre Cuba, la URSS y EE UU durante los treinta años siguientes acababa de comenzar.

El 2 de enero de 1959, el Gobierno cubano anunció que del 50 al 60% de los beneficios de los casinos debían destinarse a programas de bienestar.

1967	1972
Ernesto Che Guevara es ejecutado en Bolivia	Cuba ingresa en el Council for Mutual Economic Assistance (COMECON, Consejo de Ayuda Mutua Económica)

La crisis diplomática se acentuó en agosto cuando Cuba nacionalizó las compañías de teléfono y electricidad que eran de propiedad estadounidense, así como 36 azucareras cuyo valor ascendía a 800 millones de dólares estadounidenses. Indignado, el Gobierno de EE UU forzó una resolución de la Organización de los Estados Americanos (OEA) para que condenara la intervención "extracontinental" (soviética) en el hemisferio occidental. Cuba respondió estableciendo relaciones diplomáticas con la China comunista y acercándose más a su nuevo aliado soviético, gracias a un acuerdo armamentístico firmado de forma apresurada.

En octubre de 1960, 382 empresas cubanas, la mayor parte de los bancos y todo el mercado de alquiler se nacionalizó, y tanto EE UU como Castro empezaron a prepararse para un enfrentamiento militar que parecía inevitable. Apretando más las tuercas, EE UU impuso un embargo parcial sobre el comercio con la isla, al que Che Guevara, ministro de Industria, respondió nacionalizando el resto de las empresas. En tan sólo tres años, Fidel pasó de ser el camarada de los liberales estadounidenses al enemigo público número uno: el escenario estaba preparado.

En enero de 1959, el Dr. Rafael Díaz-Balart, excuñado de Fidel, fundó La Rosa Blanca, primer movimiento anticastrista nacido en EE UU.

LA INTENSIFICACIÓN DE LA GUERRA FRÍA

La gota que colmó el vaso llegó a principios de 1961 cuando Castro ordenó reducir el número de personal en la embajada de EE UU en La Habana. Los estadounidenses no podían disimular su ira y rompieron las relaciones diplomáticas, prohibiendo a sus ciudadanos viajar a la isla y cancelando la cuota de azúcar. Al mismo tiempo, el Gobierno de EE UU, con la complicidad de la CIA, puso en marcha un programa encubierto de acción contra el régimen de Castro con planes de invasión, asesinatos y actos de sabotaje. Muchas de estas conspiraciones fueron ideadas junto con bandas contrarrevolucionarias que, adoptando una de las tácticas de Fidel, se asentaron en la sierra de Escambray para iniciar una lucha de guerrillas contra el Gobierno. En el centro del conflicto se hallaba la famosa invasión de la bahía de Cochinos (véase recuadro en p. 250), una conspiración militar mal planteada, que reunió a 1.400 exiliados cubanos en Guatemala y los convirtió en una fuerza militar factible. Se creían lo suficientemente armados e inteligentes para combatir; por eso, el 14 de abril de 1961 partieron escoltados por la Marina de EE UU desde Puerto Cabeza (Nicaragua) hasta la costa sur de Cuba. Sin embargo, la gloria militar nunca llegó. Al atracar en la playa Girón y la playa Larga tres días después, la expedición apoyada por EE UU sufrió una tremenda derrota en parte porque el presidente Kennedy suspendió la cobertura aérea durante el desembarco, una decisión que ha sido objeto de numerosos análisis revisionistas y que probablemente le costó la vida.

Conmocionados y avergonzados por esta derrota militar grave y muy cara políticamente, EE UU declaró el embargo total al comercio con Cuba en junio de 1961 y en enero de 1962 utilizó la presión diplomática para expulsar a la isla de la OEA. Para su sorpresa, México y Canadá se negaron a romper por completo las relaciones con Cuba y tendieron un puente muy valioso al país, que en el caso de Canadá se mantiene hoy. Castro se acercó más a la esfera soviética, comenzó a establecer relaciones sólidas con Krushev y las estrechó aún más en abril de 1962 al aceptar la instalación de misiles soviéticos de medio alcance en la isla,

1976	1977
Grupos terroristas detonan una bomba en un avión cubano y matan a 73 pasajeros	EE UU establece su Sección de Intereses Estadounidenses en La Habana; Cuba instala otra en Washington DC

aprovechando la debilidad estadounidense tras el descalabro de la bahía de Cochinos.

Los estadounidenses estaban furiosos y ansiosos por no volver a quedar en ridículo en la esfera internacional. El Gobierno de Kennedy decidió actuar de forma rápida y decidida, y el 22 de octubre de 1962 ordenó a sus fuerzas navales que interceptaran los barcos soviéticos que se dirigían a Cuba para determinar si llevaban misiles. Esta operación desencadenó la Crisis de los Misiles, que estuvo muy cerca de ocasionar un conflicto nuclear. Seis días después, tras recibir la garantía por parte de Kennedy de no invadir Cuba, Krushev dictaminó desmantelar los misiles. Castro no fue consultado ni informado hasta que el acuerdo no se cerró. Según cuentan, se enfureció y destrozó un espejo llevado por la ira; así que la mala suerte estaba por llegar.

LA CONSTRUCCIÓN DEL SOCIALISMO EN EL MUNDO

El proceso de aprendizaje fue rápido durante la primera década de la Revolución. La economía, que pasaba por horas bajas a pesar de la ayuda soviética, se regía por la incoherencia, la disminución de la producción, la pérdida de calidad y la excesiva burocracia. Guevara, como presidente del Banco Nacional y posterior ministro de Industria, abogó por la centralización y los incentivos morales para los trabajadores, en lugar de los alicientes materiales. Pero, a pesar de los intentos incansables de servir como modelo y promover el trabajo voluntario durante los fines de semana, todos los empeños por crear el "hombre nuevo" demostraron ser insostenibles. El esfuerzo por producir 10 millones de toneladas de azúcar en 1970 se planteó de forma errónea y casi desembocó en una catástrofe económica, puesto que el país lo abandonó todo para perseguir una única obsesión.

Decidido a aprender de sus errores, el Gobierno cubano optó por la diversificación y la mecanización tras 1970, con lo que se entró en una década de crecimiento estable y de prosperidad económica relativa. Al descentralizar el poder, se permitió el florecimiento de una pequeña economía de mercado; así, la calidad de vida de los cubanos empezó a mejorar. Por primera vez, comenzaron a vivir de forma más cómoda debido al creciente comercio con el bloque soviético que aumentó hasta un 65% a principios de 1970 y hasta el 87% en 1988.

Con el país despertando de un profundo sueño, Castro centró su atención en el escenario internacional y en su visión de Cuba como líder de una coalición del Tercer Mundo. La idea no era nueva, ya que, en secreto, Cuba había estado financiando las actividades de la guerrilla en Sudamérica y África desde principios de 1960, y en 1965 Che Guevara había pasado nueve largos e infructuosos meses en la República del Congo para apoyar el levantamiento popular de una facción de rebeldes contra el Gobierno. Frustrado, Guevara abandonó sus planes y reapareció un año después en Bolivia, donde lanzó otra campaña para que los campesinos bolivianos se sublevaran contra el opresivo Gobierno militar. Sin embargo, el modelo cubano no cuajó dentro de la realidad boliviana y las tropas de este país, con un gran apoyo estadounidense, capturaron a Guevara el 8 de octubre de 1967. Al día siguiente fue ejecutado por un verdugo borracho y pasó a la historia como un mártir, igual que Martí.

Castro tiene admiradores en todo el mundo. En 2005 hasta el ex secretario de Estado de EE UU Colin Powell admitió en una comparecencia que "ha hecho cosas buenas por su pueblo".

1991	1993
Se derrumba la URSS: futuro incierto para Cuba.	Legalización del dólar estadounidense.

Los restos de Che Guevara fueron descubiertos en una fosa común de un aeropuerto boliviano treinta años más tarde y fueron devueltos a Cuba con grandes ceremonias. Ahora descansan en un mausoleo adyacente a la plaza de la Revolución en Santa Clara, ciudad cubana de adopción del argentino (véase p. 270).

La implicación de Cuba en la Guerra de Angola resultó una aventura intensa y costosa. El líder angoleño Agostinho Neto pidió a Cuba que enviara tropas a Luanda en noviembre de 1975 y pronto Cuba se vio envuelta en una larga y compleja batalla que enfrentó a las tribus y al Movimiento Popular de Libertação de Angola (MPLA, Movimiento Popular de Liberación de Angola) contra el régimen del *apartheid* en Sudáfrica. Famosos por su tenacidad en la batalla y alabados por su valentía bajo fuego enemigo, los cubanos se batieron otros diez años con resistentes armas soviéticas junto a las fuerzas poco entrenadas del MPLA. Pero, a pesar de la victoria militar sobre el *apartheid* en 1988, el precio de la aventura angoleña fue demasiado alto. Apenas mencionado en los libros de historia cubanos, entre 1975 y 1991 se reclutaron 300.000 hombres para esta guerra, de los que murieron 14.000. El resultado final fue insignificante. La guerra en Angola continuó hasta 2002 dejando un millón y medio de muertos y un país sumido en el caos.

Volviendo al panorama cubano, en 1976 se redactó una tercera Constitución, aprobada mediante referéndum, y Fidel Castro sustituyó a Osvaldo Dorticós en la presidencia.

LA CRISIS TRAS LA CAÍDA DEL MURO

Después de casi veinticinco años de economía al estilo soviético, la calidad se resentía y las cuotas no se ajustaban a la realidad. En 1986 se inició la "rectificación de errores", un proceso que pretendía reducir la burocracia y aumentar la capacidad de decisión en el ámbito local para asegurarse el control. Cuando el proceso empezaba a dar beneficios, el bloque soviético se vino abajo tras los sucesos que siguieron a la caída del Muro de Berlín. El comercio y los créditos, que alcanzaban los 5.000 millones de dólares, se desvanecieron de la noche a la mañana del horizonte cubano, y Castro, para evitar correr la misma suerte que el líder de Alemania del Este, Erich Honecker, o el presidente rumano Ceausescu, declaró un Período Especial de cinco años que condujo a una nueva realidad económica en Cuba a partir de 1991. Se trataba de un programa de austeridad que originó el descenso del nivel de vida y un sistema de racionamiento tan severo que los sacrificios realizados durante la guerra mundial en Europa resultaron nimios en comparación. Cualquier cubano mayor de 25 años puede contar terribles historias de aquella época, en la que se comían pieles de uva fritas y granos de arroz minúsculos, y se criaba a los cerdos en el baño.

En 1992 EE UU promulgó la Ley Torricelli (aún vigente), que prohíbe a las filiales extranjeras de empresas estadounidenses comerciar con Cuba, e impide a los barcos que hayan hecho escala en la isla atracar en puertos de EE UU durante seis meses. El 99% de los productos afectados por esta ley son alimentos, medicamentos y equipos médicos. Por ello, la American Association for World Health (Asociación Americana para la Salud Mundial) concluyó que "el embargo impuesto por EE UU ha provocado

La longevidad es cosa de familia. Los seis hermanos de Fidel Castro siguen vivos: desde Ángela, tres años mayor; a Agustina, once menor.

En 1999 el presidente estadounidense Bill Clinton concedió permiso a GlaxoSmithKline para desarrollar la vacuna contra la meningitis B cubana.

1995	1996
Aprobación de la inversión extranjera directa; el turismo se convierte en la principal fuente de ingresos	Aviones de Hermanos al Rescate son derribados por la fuerza aérea cubana

un aumento significativo del sufrimiento –incluso de la mortandad– en Cuba". En agosto de 1993, con el país rozando la quiebra económica y La Habana al borde de la revuelta, se legalizó el dólar estadounidense, lo que permitió que los cubanos tuvieran divisas y abrieran cuentas en dólares. Promovidas por Raúl Castro, se emprendieron otras reformas liberales para conseguir el progreso de la economía, como la creación de empresas privadas, aunque con limitaciones; el empleo por cuenta propia, la apertura de los mercados de productos agrícolas y la expansión del sector turístico, entonces casi inexistente.

LOS DERECHOS HUMANOS EN CUBA

El cumplimiento de los derechos humanos en Cuba siempre ha sido un tema candente. La ONU le ha llamado la atención y Washington amonesta constantemente al Gobierno cubano. El partido tuvo un mal comienzo en enero de 1959, cuando el Gobierno revolucionario, bajo los auspicios de Che Guevara, detuvo a los sicarios de Batista y los ejecutó sumariamente en el fuerte de La Cabaña en La Habana sin apenas abogados. En cuestión de meses, se silenció a la prensa mientras los espectadores del Gobierno de Eisenhower clamaban al cielo preocupados.

Desde entonces, se han sucedido numerosos reproches, pero no parece que nada haya cambiado. Desde la perspectiva occidental, la falta de libertad de expresión y la carencia de libertades civiles básicas de la Cuba socialista huelen a represión. Por un lado, Amnistía Internacional está presionando a las autoridades del país para que liberen a unos cien presos de conciencia por haber criticado al Gobierno antes de que empezaran las ofensivas de marzo de 2003 y julio de 2005; para justificar su actuación, los cubanos alegan que los disidentes habían recibido dinero de la Sección de Intereses Especiales estadounidense. Por otro lado, la organización internacional también ha pedido que se acabe con el embargo, puesto que ejerce un efecto negativo sobre los derechos humanos.

Como siempre, el tema es complejo. Comparar a Cuba con la Unión Soviética estalinista o con dictaduras más recientes apoyadas por EE UU, como la de Ríos Montt en Guatemala, es complicado incluso para los críticos más inflexibles del régimen. En Cuba no hay desapariciones en plena noche ni está institucionalizada la tortura como en los días de Batista, una pura marioneta de la mafia.

Para comprender la actitud de Cuba hacia los derechos humanos conviene tener en cuenta el contexto. En primer lugar, la filosofía socialista tiende a hacer hincapié en los deberes por encima de las libertades individuales, y en las necesidades básicas como salud, educación y vivienda gratuitas por encima del derecho a poseer un vehículo. En segundo lugar, tras cuarenta y cinco años de sabotaje, espionaje e intentos de asesinato mal tramados por EE UU, un vecino agresivo y cada vez más poderoso, Cuba se ha visto obligada a desarrollar una mentalidad de gran fortaleza para protegerse de sus enemigos y mantener a su población controlada.

Pero nada de esto puede ocultar la dura realidad: en Cuba, hablar mal del régimen es un delito serio y duramente castigado que, si no lleva a la cárcel, puede conducir al estancamiento laboral, el hostigamiento y el ostracismo social. Por si fuera poco, en abril de 2005 Cuba declaró que no colaboraría bajo ningún concepto con el enviado de la ONU para investigar los posibles abusos a los derechos humanos en la isla. Esta declaración llegó un par de años después de que el Gobierno impusiera la pena de muerte a un grupo de hombres que secuestraron un barco e intentaron llegar hasta Florida. Paradójicamente, la situación se complica aún más si miramos a través de la alambrada de la base naval de Guantánamo, donde EE UU ha cometido por su cuenta unos cuantos abusos contra los derechos humanos, bajo la mirada impotente de la comunidad internacional.

1998	2002
El papa Juan Pablo II visita la isla	Se celebra en La Habana la primera exposición de productos estadounidenses de la industria agroalimentaria

Pero la recuperación trajo problemas: reaparecieron las diferencias entre clases porque los que poseían dólares tenían acceso a los bienes y servicios que no estaban disponibles en pesos; además, vendedores y prostitutas, llamadas jineteras, se asentaron en las zonas turísticas donde acosaban a los extranjeros buscando emular su modo de vida capitalista.

Aunque los peores períodos de escasez se superaron gracias a la inversión de los beneficios del turismo en servicios públicos, el Período Especial dejó una gran cicatriz. Para desgracia popular, el Gobierno anuló algunas de sus anteriores medidas de liberalización con el fin de restablecer una ortodoxia socialista desfasada.

En noviembre de 2005, con 182 votos a favor y 4 en contra, la Asamblea de la ONU estableció que EE UU debía acabar con el embargo impuesto a Cuba durante cuarenta y cuatro años. Junto con EE UU votaron en contra Israel, Palau y las islas Marshall.

Tras la crisis de los balseros de 1994 (véase p. 242) y después de unos cuantos conflictos diplomáticos entre EE UU y Cuba, que duran ya varias décadas, los estadounidenses endurecieron el embargo en 1996 con la Ley Helms-Burton. La comunidad internacional la condenó ampliamente y Castro la tachó de terrible herramienta propagandística. Esta ley faculta a los inversores estadounidenses para emprender acciones legales en los juzgados de su país contra las empresas extranjeras que utilicen las propiedades que les fueron confiscadas en Cuba. También impide que cualquier presidente de EE UU pueda levantar el embargo hasta que se establezca un gobierno de transición en La Habana.

LA ENTRADA DEL NUEVO MILENIO

Cuba empezó el nuevo milenio con el drama de Elián González, una trágica crisis familiar que se convirtió en la alegoría del sinsentido sobre inmigración en el enfrentamiento entre Cuba y EE UU.

Después de la victoria electoral de George W. Bush con el controvertido recuento de votos en el estado de Florida, donde los exiliados conservadores cubanos tienen un papel muy importante, su gobierno arremetió con fuerza en noviembre de 2000, tras el fallido intento de sus predecesores por "deshacerse" de Castro.

En 2005 Human Rights Watch condenó las restricciones de viaje impuestas por Cuba y EE UU, y declaró: "Ambos países están sacrificando la libertad de las personas para estimular políticas sin futuro".

Bush prometió tomar duras medidas para luchar contra los abusos a los derechos humanos que se cometen en Cuba. Su retórica se tornó virulenta después del 11 de septiembre cuando el presidente comenzó a hablar del régimen de Castro en los mismos términos que utilizaba al mencionar a Corea del Norte o Irak. Posteriormente, la política de EE UU pasó a parecerse a la de los peores momentos de la Guerra Fría con rígidas trabas para viajar, restricciones económicas y una política dura en la que no había un claro respeto de los compromisos.

En lugar de aprovecharse económicamente de la beligerancia de Bush, Castro optó por echar piedras sobre su propio tejado, arrestando a disidentes que habían sido supuestamente financiados por James Cason, jefe de la Special Interests Office (Sección de Intereses Estadounidenses) para que extendieran el malestar social por la isla. Sea o no cierto, los juicios y las sentencias dictadas sobre más de un centenar de personas suscitaron la protesta de grupos de derechos humanos, desde Amnistía Internacional hasta el Vaticano; la extremada mano dura de Castro fue condenada por todo el mundo.

La situación empeoró en abril de 2003, cuando algunos cubanos que querían entrar en EE UU perpetraron tres secuestros. Los delincuentes, armados con pistolas, cuchillos y, en un caso, granadas, tomaron dos

2002	**2003**
Se cierra la mitad de las refinerías azucareras cubanas, lo que marca el fin de una época	George W. Bush impone prohibiciones más estrictas a los ciudadanos estadounidenses para viajar a Cuba

aviones y un transbordador. Tres de los secuestradores apresados en Cuba fueron procesados, condenados a muerte y ejecutados, lo que desencadenó una avalancha de críticas internacionales por parte de intelectuales, defensores de los derechos humanos y líderes políticos y religiosos.

Aunque la situación había mejorado en Cuba en comparación con los oscuros días del Período Especial, la economía mixta dejó una profunda huella. Al conocer el pueblo cubano el sistema capitalista a través del turismo, la empresa privada y la legalización del dólar estadounidense (de 1993 a 2004), el ideal del "hombre nuevo" cubano quedó dañado irremediablemente.

Pero no todo fueron malas noticias. En la escena internacional, Cuba consiguió liberarse de su fatal dependencia de la caña de azúcar y diversificó sus actividades hacia nuevas áreas. A la cabeza de un leve renacimiento económico se encuentran algunas actividades recientes como el turismo o la extracción de níquel, que lamentablemente han causado daños medioambientales, y el sector médico de la isla, conocido a nivel mundial. De hecho, este último servicio ha desempeñado un gran papel en la actual alianza política y económica con Venezuela puesto que, a cambio de los médicos y profesores cubanos que se necesitan para impulsar importantes reformas sociales en Venezuela, el presidente Hugo Chávez ha suministrado a Cuba millones de dólares en petróleo. Pero esto no acaba aquí. Gracias a un novedoso programa de intercambio médico, conocido como Misión Milagro (véase p. 445), esta cooperación se ha extendido a otros países de la zona y evidencia una nueva ola izquierdista en la política latinoamericana que un día puede poner a prueba la hegemonía de EE UU.

Pero ¿qué se puede esperar del futuro? Durante décadas, el heredero elegido por Fidel ha sido su hermano menor Raúl, jefe de las Fuerzas Armadas, comunista de pro y superviviente de la funesta expedición del *Granma* y la lucha en las montañas. Paciente y algo más tolerante que su antojadizo hermano mayor, Raúl Castro es un negociador cauteloso y diplomático que no comparte el odio patológico de su hermano hacia EE UU, un factor que podría ser importante en la reapertura del diálogo entre ambos países.

De cualquier modo, dejando aparte sus habilidades negociadoras, no es probable que Raúl pueda gobernar solo, dada su falta de carisma y su escaso apoyo popular. Lo que parece más probable es la formación de algún tipo de gobierno colectivo apoyado por otras figuras clave, como el vicepresidente Carlos Lage, gurú de las finanzas y responsable de sacar a la economía cubana de la oscura situación padecida durante el Período Especial.

La preocupación sobre cómo reaccionarán los exiliados cubanos residentes en Florida no carece de fundamento. El rencor debido al requisamiento de propiedades privadas por valor de millones de dólares a principios de 1960 se sigue palpando en Miami, y la Ley Helms-Burton de 1996, que da a los estadounidenses el derecho de llevar a juicio en su país a quienes saquen provecho de las propiedades confiscadas, ha agravado el problema.

La clave para que se pueda desarrollar una transición de poder pacífica se halla en la moderación de ambos gobiernos, así como en la comprensión de que muchos avances conseguidos tras la Revolución (asistencia sanitaria y educación, por nombrar sólo dos) deben ser preservados. Si esto es posible o no, sólo el tiempo lo dirá.

Cuba inició sus proyectos de asistencia médica al Tercer Mundo enviando 56 médicos a Argelia. Ahora cuenta con programas en 58 países.

En 2001 el estado de Maine (EE UU) fue el primero que aprobó una resolución para acabar con el bloqueo comercial contra Cuba y con las trabas para viajar a la isla.

2004	**2006**
Se deroga la circulación del dólar estadounidense	Castro cede temporalmente el poder a su hermano Raúl

Cultura

LA SOCIEDAD CUBANA

Divertidos, graciosos, generosos, sensibles y difíciles de enfadar, los cubanos son considerados los irlandeses de América. Se trata de un país pequeño con una personalidad muy grande, donde el ron siempre acompaña el bullicio de las calles. Si el viajero se toma el tiempo suficiente para conocer a este pueblo en su propio territorio, estará a un paso de comprender el país más complejo y contradictorio del Caribe.

Los cubanos son supervivientes por naturaleza y necesidad, y han demostrado tener una habilidad infinita para hacer flexibles las normas y solucionar los problemas. Desde los callejones de Baracoa hasta los majestuosos rascacielos de La Habana, nadie tiene miedo a intentar lo que sea necesario en este país, donde todo es ilegal, pero a la vez todo es posible.

Las palabras más utilizadas en su vocabulario son *conseguir* y *resolver*, y los cubanos son expertos en ambas cuestiones. Como consecuencia de las necesidades económicas, tienen una gran intuición para adaptarse a todo tipo de situaciones y para sacar de la nada lo que haga falta. Este pequeño país se mueve en contra de la realidad sociopolítica. El salario mensual más alto es de unos 20 US$, por lo que la propia supervivencia puede llegar a depender de la imaginación de cada uno para complementar los ingresos. Si se pasea por cualquiera de las desconchadas calles de Centro Habana, es fácil ver a muchas personas que intentan conseguir y resolver cualquier cosa. Se puede ver a un barbero afeitando a navaja en el patio de su casa o una mujer vendiendo huevos de puerta en puerta. También se adivinan otras situaciones un tanto fraudulentas, como la "compañera" que se guarda el aceite de cocinar de su lugar de trabajo para después revenderlo por su cuenta. Los mayores conocen la forma más popular de ganar algo de dinero, que no es otra que hacerlo con los turistas.

En Cuba, el peso cubano es la moneda fuerte, sobre todo porque es el único modo de adquirir los pequeños lujos que hacen la vida más llevadera en esta república socialista tan austera. Resulta irónico el hecho de que con la doble economía de 1993 se haya desarrollado el sistema de clases contra el que tanto luchó la Revolución; así que, ya no es extraño ver a cubanos con acceso a convertibles (pesos que sustituyeron al dólar) revendiendo ropa de marca, mientras otros molestan sin descanso a los turistas por algo de dinero suelto. El resurgir del tener o no tener es uno de los temas más peliagudos a los que se enfrenta la isla.

TURISMO RESPONSABLE

■ Si el viajero se aloja en un complejo hotelero, es interesante salir para descubrir cómo viven, trabajan y se divierten los cubanos.

■ Conviene recordar que Cuba es un país con racionamiento; por eso, hay que ser tolerante con la escasez, el servicio lento, la falta de productos y la gran cantidad de burocracia.

■ Dado que las leyes cubanas tienen algunos puntos oscuros, se recomienda no hacer propuestas "ilegales" abiertamente, como ir a un *paladar* no autorizado o reunirse más de dos personas en una casa particular. Estas acciones pueden poner en un aprieto a los anfitriones cubanos, más que al propio turista.

■ Se recomienda mostrarse abierto y desechar los prejuicios que se tengan de Castro, el Che o el comunismo: es mejor mirar más allá y descubrir el país cordial e insólito que hay detrás.

Otros rasgos típicos de la vida en la isla, propiciados por la Revolución, son más altruistas y menos excluyentes. En Cuba, compartir es lo más natural; por eso, ayudar a un compañero llevándolo a algún sitio, invitarle a una buena comida o prestarle unos pesos cuando está en apuros se considera un deber nacional. Y así lo percibirá el viajero en el modo de comportarse en las colas, en los cruces o al hablar con el dueño de su casa particular, que siempre remitirá al viajero a un amigo, aunque a veces se encuentre en la otra punta del país.

En este sistema tan igualitario, la noción de justicia suele ser sagrada y, aunque la imagen del "hombre nuevo" de Che Guevara está un poco pasada de moda, aún sigue intacta la cohesión social que caracterizó los años malos del Período Especial, nombre con el que se conoce la realidad económica cubana tras 1991. Un claro ejemplo de este vínculo entre la gente es la típica discusión, en la que no sólo participan dos personas, sino medio pueblo, sobre si alguien se ha colado en algún sitio.

La vida en Cuba es abierta, y a los cubanos les gusta cultivar las relaciones personales. Cuando llegan las diez de la noche, todos salen con su mecedora a la calle y hablan sobre el dominó, los puros, el ron barato o los omnipresentes programas de televisión. La familia es muy importante; de hecho, es frecuente ver a varias generaciones viviendo bajo el mismo techo, lo que no siempre resulta fácil. Estos lazos familiares hacen más difícil preguntar sobre el embargo, puesto que una de las consecuencias más tristes de la relación cubano-estadounidense son las familias rotas. Empujados por las políticas de inmigración de Washington y la intransigencia de Fidel, muchos cubanos han abandonado su hogar en busca de nuevos horizontes y prácticamente todos tienen una hermana, un primo, un gemelo o una tía prosperando, o no, allende los mares.

Pero no todo son malas noticias. En abril de 2005, Fidel Castro anunció planes para doblar los salarios de 100 CUP mensuales (unos 4 US$) hasta 225 CUP (unos 9 US$), debido al acercamiento comercial con Venezuela y China. Aunque el aumento es irrisorio para el estándar occidental, la medida benefició a 1,6 millones de trabajadores, desde granjeros a fontaneros.

Para informarse sobre el arte cubano, se debe entrar en www.cubarte. cult.cu, una web con noticias y enlaces sobre patrimonio cultural, artes escénicas, museos, plástica, música, cine o literatura.

FORMA DE VIDA

El sistema socialista cubano se desarrolla con un ritmo propio. Aunque la vivienda es gratuita, la escasez obliga a que tres o, incluso, cuatro generaciones compartan el mismo apartamento, que resulta diminuto si sólo dispone de dos habitaciones. Para los cubanos, esta situación, que destruye cualquier proyecto de vida en común, constituye la razón por la que su país cuenta con el mayor índice de divorcios. Los homosexuales y las lesbianas viven en una situación complicada, puesto que no les está permitido casarse ni formar una familia. Normalmente, en una casa donde habita tanta gente siempre hay una persona que se ocupa de los niños y los enfermos, y de realizar la compra para los que trabajan.

Las mujeres cubanas gozan de acceso a todo tipo de educación; de hecho, configuran el 66,4% de los profesionales técnicos. Sin embargo, muchos ámbitos, como el de la política, todavía les son ajenos; de la misma manera que el hogar sigue estando bajo su responsabilidad, lo que se traduce en una jornada de trabajo doble. Gracias a ciertas políticas, como el año de baja por maternidad o el día libre para cuidar a los hijos, es más fácil ser madre y profesional a la vez. En Cuba los niños están por todas partes (teatros, iglesias, restaurantes, conciertos) y asisten a todo tipo de actividades sociales o culturales, ya que los cubanos no cambian su estilo de vida cuando se convierten en padres.

Algo que resulta inquietante es que ciertas mujeres ejerzan la prostitución (jineteras) o seduzcan a los extranjeros para ganar dinero extra o comprarse algún capricho. Se trata de una situación complicada que puede desconcertar a los viajeros.

Muchas casas no cuentan con teléfono ni ordenador, muy pocas tienen acceso a Internet, y los ingresos de que disponen son muy variables. La diferencia entre Cuba y zonas como Bolivia o los Apalaches se halla en los subsidios del Gobierno, sobre todo en el terreno cultural: La Habana reúne 200 teatros-salas de cine, cuya entrada cuesta 2 CUP (0,08 US$), una butaca de primera fila en el Gran Teatro de La Habana sale por 10 CUP (0,40 US$), acudir a un concierto de *rap* vale 2 CUP y un asiento en la grada del estadio de béisbol supone sólo 1 CUP (0,04 US$). El problema es que no existe un buen servicio de transporte para asistir a todo. Además, ¿quién se acuerda del béisbol o el *ballet* si puede jugar al dominó o tocar la guitarra disfrutando de una botella de ron con los amigos?

ECONOMÍA

EE UU gasta 4.176 US$ anuales por persona en salud, mientras que, en la Cuba del embargo, el Gobierno gasta 186 US$ por persona. Sin embargo, la esperanza de vida o el índice de mortalidad infantil son prácticamente los mismos en ambos países.

Tras la caída de la URSS en los años noventa, la economía quedó prácticamente destruida, pero desde entonces ha desafiado toda lógica. En 1993 se creó un plan de recuperación que incluía la legalización del dólar estadounidense, abolida en 2004; la apertura limitada del sector privado, y la promoción turística desenfrenada de complejos hoteleros como Varadero y Cayo Coco. Aunque se han hecho algunos avances lentos, los beneficios todavía no han llegado a los ciudadanos de a pie de La Habana o Santiago. La economía cubana se ha liberado de su dependencia del azúcar y el tabaco, y ha dado un giro irremediable hacia América Latina, en este sentido, cabe destacar la firma de nuevos acuerdos comerciales como el ALBA de 2004 (Alternativa Bolivariana para América Latina), según el cual se establece un intercambio de médicos cubanos por petróleo venezolano. Los otros pilares de la economía cubana moderna son la extracción de níquel, con la que la isla se ha convertido en la tercera productora mundial, y la industria farmacéutica.

POBLACIÓN

El comercio de esclavos y el triunfo de la Revolución son los dos factores que explican la mezcla racial en Cuba. La cultura afrocubana forma parte de la identidad nacional, como se observa a través de la santería o del argot popular (*¿qué bolá asere?* significa "¿qué pasa, hermano?"). Los datos del censo elaborado en 2002 no se han publicado todavía, pero se calcula que Cuba está constituida por un 51% de mulatos, un 37% de blancos, un 11% de negros y un 1% de chinos. Aparte del obvio legado español, muchos blancos son descendientes de los franceses que llegaron a la isla en varias oleadas durante buena parte del s. XIX. La verdad es que en el origen de las ciudades de Guantánamo, Cienfuegos y Santiago la influencia de los emigrantes de procedencia francesa fue notoria. La mayor parte de los cafetales y las plantaciones de azúcar les deben su desarrollo.

La diáspora negra también originó una curiosa mezcla. En la década de 1920 numerosos haitianos y jamaicanos llegaron a Cuba para trabajar en las plantaciones y trajeron consigo muchas de sus costumbres y tradiciones. Sus descendientes, que aún practican ritos de vudú, se encuentran en Guantánamo y Santiago, en la provincia de Oriente; o en municipios como Venezuela, en la provincia de Ciego de Ávila. Otra ciudad con una inmigración notable es Baraguá, también en Ciego de Ávila, famosa por su comunidad antillana angloparlante, que celebra el Día de la Libertad con una partida de *cricket*.

Tras la Revolución, el hecho de que la educación fuera gratuita hasta los estudios universitarios dio lugar a que mucha gente del campo emigrara a la

LA LIBRETA

La cartilla de racionamiento, conocida como la libreta, se creó en 1962 para proporcionar una seguridad social básica a la población y evitar la venta de productos de primera necesidad en el mercado negro. Durante los años setenta y ochenta, que fueron relativamente buenos gracias a los subsidios soviéticos, pareció que la libreta no era necesaria, pero durante la crisis de la década de los noventa volvió a ser útil.

La cesta de la compra de 30 productos, a la que tienen derecho los cubanos cada mes, incluye 2,7 kg de arroz, 1,5 kg de azúcar refinado y 1 kg de azúcar moreno, 0,25 kg de frijoles, una pequeña cantidad de café, 2 kg de sal, 0,25 l de aceite y 1,5 kg de pasta. Todo el mundo recibe un rollo de papel higiénico al día, jabón y pasta de dientes. El pollo, los perritos calientes, el pescado y las verduras se reparten según la temporada. Otros 29 productos, como harina de maíz, pastas alimenticias, galletas saladas y tomates en conserva, se distribuyen en función de las necesidades de cada familia. Hasta 1 año de edad, los niños reciben dos botellas de leche fresca o condensada al mes y yogur de soja cada dos días, y hasta los 7 años perciben una asignación de leche en polvo. Los pensionistas, las mujeres embarazadas, los enfermos crónicos y quienes siguen alguna dieta (por ejemplo, para controlar el colesterol) obtienen raciones especiales.

Los productos racionados se venden en las llamadas bodegas o almacenes del Gobierno a precios subvencionados, que no han cambiado en años. Si esos productos se compran sin libreta en granjas cuestan veinte veces más. A menudo, las bodegas ofrecen productos libres, lo que significa que cualquiera, incluso el turista, puede comprarlos, aunque no tenga libreta. Mantener este sistema de racionamiento es un lastre; pero, de lo contrario, muchos cubanos vivirían en una situación muy precaria, debido a las diferencias de clase que ha originado la circulación de dos monedas desiguales. En realidad, la ración mensual es más un suplemento que otra cosa.

ciudad; por eso la población urbana constituye el 75% del total. Para invertir esta tendencia, el Gobierno ofreció incentivos en forma de tierras durante el Período Especial con el fin de repoblar las zonas rurales. Desde mayo de 1998, los cubanos necesitan un permiso oficial para instalarse en La Habana.

A pesar de las diferencias económicas que se iniciaron durante el Período Especial, no existe una separación entre clases sociales. Cuba es uno de los pocos países del mundo donde no hace falta quitarse el sombrero ante el jefe y donde no hay gente que se crea de una posición social más elevada.

DEPORTES

Dado que se considera un derecho del pueblo, tras la Revolución se prohibió practicar deporte profesionalmente, lo que contribuyó a la mejora de todas las especialidades. Desde 1959, el palmarés olímpico cubano ha experimentado un enorme impulso. El mejor momento llegó en 1992 cuando Cuba ganó 14 medallas de oro y acabó quinto en la clasificación general, y eso que se trataba de un país de 11 millones de habitantes y que, en la lista de países que se elabora según su riqueza, se sitúa en el número 172, entre Mongolia y la República Centroafricana. Una prueba de las altas expectativas deportivas que se generan en Cuba es que el puesto 11 conseguido en Atenas 2004 se interpretó como un fracaso nacional.

La obsesión por el deporte empieza desde arriba. Es bien conocido que Fidel Castro es buen bateador de béisbol, así como su compromiso personal en la creación de un currículo deportivo nacional al alcance de todos. En 1961 se fundó el Instituto Nacional de Deportes, la Educación Física y Recreación, a través del cual se instauró un sistema que erradicara la discriminación e integrara a los niños desde una edad temprana. En los años setenta, esta institución consiguió multiplicar por diez la participación popular, gracias a que se ofreció tiempo libre pagado y descuentos en las entradas a los acontecimientos deportivos. El efecto de esta medida es obvio.

La pelota, nombre con que se conoce el béisbol cubano, se ha convertido en un deporte tradicional. Todo el mundo sigue la liga de octubre a marzo y, de forma especial, la final, que se juega en abril. En la plaza mayor de cada capital de provincia, se puede ver a los seguidores discutiendo sobre el partido con bromas y gritos de júbilo; a estos grupos se les conoce como peña deportiva o esquina caliente. Estos rincones se tienen por los más dogmáticos del país y sin duda la esquina del parque Central de La Habana (p. 97) resulta divertida, sobre todo después de la temporada cuando se ofrecen guirnaldas fúnebres y *orishas* (deidades de la santería) a los equipos eliminados. A menudo, en EE UU seducen a los deportistas cubanos, como a José Ariel Contreras, jugador del equipo Pinar del Río. En la actualidad gana millones jugando con los Chicago White Sox, antes jugaba con los Yankee. Sin embargo, otros rechazan el dinero y la oportunidad de jugar en los mejores estadios y se quedan con sus salarios equivalentes a 13 US$ mensuales. Sin duda alguna, este tipo de decisiones hace que sus logros deportivos sean aún más admirables.

En Cuba también existe gran afición por el boxeo, como revelan los campeones Teófilo Stevenson, que ganó el oro en los Juegos Olímpicos de 1972, 1976 y 1980, y Félix Savón, que cuenta con tres medallas, la última obtenida en 2000. Todas las ciudades, por pequeñas que sean, disponen de una sala polivalente donde tienen lugar los grandes combates, mientras que los entrenamientos y las competiciones menores se realizan en los gimnasios, donde con frecuencia se preparan los ganadores olímpicos. Si se quiere asistir a combates de boxeo, se debe preguntar en la sala polivalente local o estar atentos a los carteles de los próximos encuentros. Como en el caso de todos los acontecimientos deportivos de la isla, la entrada para un combate de la categoría profesional, aunque técnicamente es *amateur,* resulta muy barata y se puede conseguir sin ningún tipo de problemas.

El baloncesto, el voleibol, cuyo equipo nacional femenino logró el oro en los Juegos Olímpicos de Sydney de 2000, y, en menor grado, el fútbol, son deportes populares en Cuba; aunque el dominó y el ajedrez constituyen las pasiones nacionales. José Raúl Capablanca, el mejor ajedrecista de todos los tiempos, se convirtió en campeón mundial en 1921, por eso resulta común ver partidas de ajedrez en la calle y leer reseñas sobre los maestros en la sección deportiva de los periódicos. El dominó también está muy extendido y es fácil distinguir en cualquier barrio grupos de cuatro, ancianos y jóvenes, jugando con entusiasmo y bebiendo chupitos de ron. En marzo de 2003 La Habana acogió el Primer Campeonato Mundial de Dominó. El certamen reunió a 10 países y miles de participantes, y, durante las finales, disputadas en la ciudad deportiva, Cuba quedó ganadora en todas las categorías. Aunque las peleas de gallos son ilegales, se siguen organizando espectáculos clandestinos (véase p. 204); este tipo de actos atrae a un gran número de hombres que llegan a apostar muchos pesos de ese sueldo tan difícil de ganar.

MULTICULTURALISMO

A pesar de que el racismo se abolió por ley tras la Revolución, Cuba aún se enfrenta al difícil desafío de establecer una igualdad racial duradera en una sociedad tan cosmopolita y multicultural. Aunque en las grandes ciudades no hay ni guetos ni bandas, si se echa un vistazo a los jineteros y jineteras de Vedado y La Habana Vieja, es obvio que la mayoría de las personas son negras. La otra cara de la moneda se refleja en que el 90% de los exiliados cubanos son descendientes de blancos y casi todos los soldados del victorioso ejército que tomó el control del Gobierno en 1959 son de herencia mulata, Juan Almeida resulta un buen ejemplo.

En 1992 Cuba ganó la medalla de oro en béisbol en las Olimpiadas de Barcelona, tras derrotar a EE UU en la semifinal y a Taiwán en la final.

Los hijos de Baraguá (1996) es un documental realizado por la directora cubana Gloria Rolando sobre el gran número de ciudadanos antillanos de Jamaica y Barbados que repoblaron Ciego de Ávila en Baraguá.

MEDIOS DE COMUNICACIÓN

En un país repleto de escritores, periodistas y poetas, los medios de comunicación constituyen el gran fracaso de la Revolución. El único diario nacional que se publica es un austero tabloide llamado *Granma,* que ofrece una aburrida y amplia información política sólo con el punto de vista de los todopoderosos ministros del Partido Comunista de Cuba.

Tras su llegada al poder en 1959, uno de los primeros pasos de Castro fue silenciar la prensa, debido a las críticas que propinaba al régimen. En el verano de 1960, prácticamente todos los periódicos independientes habían cerrado o habían quedado bajo el control del Gobierno. Muchos intelectuales corrieron el mismo destino. En 1965 Guillermo Cabrera Infante, uno de los escritores cubanos más respetados, se vio condenado al exilio en Londres después de haber desempeñado el cargo de agregado cultural en Bruselas. Tres años más tarde, el gurú periodístico de Castro, Carlos Franqui, que se encargó de fundar el periódico *Revolución* en la sierra Maestra, se ganó un puesto en la lista negra por oponerse públicamente a la invasión de Checoslovaquia.

De los 110 periodistas encarcelados en todo el mundo durante 2005, 23 fueron detenidos en Cuba.

A pesar de que en esta sociedad se potencia el arte, la música y la cultura, los escritores de todos los géneros tienen sus limitaciones. Los conformistas como el poeta Nicolás Guillén gozan de prestigio, apoyo y cierta libertad artística, mientras que los disidentes como Franqui o Herberto Padilla se enfrentan a la opresión, la encarcelación y la certeza de que la reputación que tanto les ha costado ganar se borrará de un plumazo de la historia cubana; o bien a la muerte en el exilio, como Infante o Arenas.

Tras las duras décadas de 1970 y 1980, hubo cierta relajación en cuanto a las restricciones en los medios. Sin embargo, los periodistas deben trabajar bajo leyes de prensa muy estrictas que castigan el uso de propaganda antigubernamental y la ofensa a los cargos oficiales en público con tres años de cárcel. Otras limitaciones que existen son la prohibición de poseer aparatos electrónicos y el contrato de periodistas locales por parte de empresas extranjeras sin el visto bueno gubernamental.

La mayoría de los observadores extranjeros, tanto de dentro como de fuera, están de acuerdo en que los medios de comunicación cubanos son un desastre absoluto. Además, en 2005, el Comité para la Protección de los Periodistas hizo público que Cuba es uno de los países que más periodistas ha encarcelado.

RELIGIÓN

Se trata de uno de los aspectos más complejos y peor entendidos de la cultura cubana por parte de los críticos de Castro. Antes de la Revolución, el 85% de la población se confesaba católica, aunque sólo el 10% era practicante. Los protestantes también constituían un grupo relevante, al igual que los musulmanes y judíos, que siguen estando representados en la isla. Con la Revolución, 140 clérigos católicos fueron expulsados acusados de participar en actividades políticas reaccionarias y otros 400 se exiliaron de forma voluntaria. Por el contrario, la mayoría de los protestantes, que integraban el sector social más pobre, se quedaron en el país, dado que tenían menos que perder.

Cuando el Gobierno se declaró marxista-leninista y ateo, la vida para los creyentes se complicó, aunque los servicios religiosos no se prohibieron ni se anuló la libertad de credo. Los cristianos fueron enviados a Unidades Militares de Ayuda a la Producción (UMAP), donde se esperaba que el trabajo duro les hiciera reconsiderar sus creencias; los homosexuales y los vagabundos tuvieron el mismo destino. El período de política soviética más extremista fue aún peor para las personas devotas, puesto que se les excluía del Partido

RELIGIONES CUBANAS DE ORIGEN AFRICANO

Los complejos ritos religiosos de la Regla de Ocha, más conocida como santería, constituyen una ventana abierta a las antiguas tradiciones, que impregnan la Cuba moderna de un espíritu africano. Estas prácticas se iniciaron durante los ss. XVII y XVIII, cuando miles de esclavos yoruba, procedentes de las Antillas, importaron un sistema de creencias animistas que ocultaron bajo un caparazón católico. Los españoles bautizaron a sus nuevos hermanos nada más llegar y, sin darse cuenta, permitieron la prosperidad y persistencia de las religiones africanas al mantener a todas las tribus juntas para que se enfrentaran entre ellas. La supervivencia dependió de la convergencia de las creencias yoruba con las católicas, lo que en la práctica se conoció como santería, término un tanto despectivo.

En el s. XVIII, se dio permiso a las tribus arará, lucumí y congo para organizarse en cabildos, que servían para entretenerse con música y danza los días en que se celebraba alguna festividad católica. Mientras tanto, los esclavos practicaban su culto de forma bastante rudimentaria sustituyendo cada santo católico por una *orisha* yoruba equivalente (divinidad de la santería).

Entre las *orishas* más importantes destaca el dios creador Obatalá, andrógino, vestido de blanco y asociado a Cristo o a Nuestra Señora de la Merced. La mujer de Obatalá, Odudúa, divinidad del mundo terrenal, se vincula con la Virgen. El hijo de Obatalá, Elegguá, es la deidad del destino y se relaciona con san Antonio. Yemayá, diosa del océano y madre de todas las *orishas*, se representa de color azul y coincide con Nuestra Señora de Regla. Changó, divinidad yoruba del fuego y la guerra, ataviado de rojo, vive en lo alto de una palma real, controla la luz y encarna a santa Bárbara. Su hijo Aggayú Solá es el dios de la tierra y protector de los viajeros, y está asociado a san Cristóbal. Ochún, mujer de Changó y compañera de Yemayá, es la deidad del amor y los ríos. Se trata de una *orisha* muy poderosa, que se corresponde con la patrona de Cuba, la Virgen de la Caridad del Cobre, cuyo color simbólico es el amarillo. Por último, Ogún se vincula a san Juan Bautista, y Babalú Ayé, *orisha* de la enfermedad, se relaciona con san Lázaro.

Es muy probable que en Cuba se encuentren más seguidores de las religiones afrocubanas que practicantes de la católica. La más difundida es la Regla de Ocha, una fusión entre catolicismo y creencias yoruba, en la que todos los santos y las imágenes de la Virgen presentan una correspondencia con las *orishas*. A diferencia de los santos católicos, las *orishas* no constituyen el ideal de perfección, sino que comparten con los humanos flaquezas y debilidades. Los conceptos de pecado original y juicio final son desconocidos; en cambio, existe el culto a los ancestros.

Los rituales de la santería son dirigidos por un sacerdote que recibe el nombre de *babalawo* o *babalao*. Se calcula que debe de haber unos 4.000, a los que se acude para solicitar consejos, curar enfermedades o garantizar protección, a cambio de ofrendas que se depositan en una pequeña capilla instalada en su casa. Aunque las imágenes de los santos católicos custodiadas en los oratorios representan a las divinidades *orishas*, la evocación más poderosa reside en las piedras con que se adornan los rosarios. Estas piedras albergan los espíritus de las *orishas* a quienes se alimenta con comida, hierbas y sangre. Durante los rituales se sacrifican animales (pollos, gaviotas y cabras), y el *babalao* escupe ron sobre el altar.

Los cubanos se muestran muy abiertos con respecto a los cultos de la santería y permiten a los viajeros que vean los altares de las casas y presencien los ritos; pero, para descubrir la verdadera esencia de Regla de Ocha, el viajero tiene que profundizar un poco. Puede hablar con los habitantes de una casa particular, moverse por las bulliciosas localidades de Guanabacoa en La Habana o Matanzas, y salir a la calle siguiendo el sonido de los tambores. Es importante no olvidarse llevar una ofrenda para las *orishas*.

Comunista, no podían ocupar puestos políticos y les resultaba casi imposible ir a la universidad, en especial si querían licenciarse en Humanidades.

Actualmente, las cosas han cambiado y en 1992 la revisión de la Constitución eliminó las referencias al Estado cubano como marxista-leninista y se recuperó la idea de gobierno laico. Esto supuso una apertura civil y política que propició reformas como la de que los creyentes pudieran ser miembros del Partido. El catolicismo cubano cuenta con el favor papal gracias a la visita

de Juan Pablo II en 1998; desde entonces, los oficios religiosos han recibido un nuevo impulso. En las iglesias no sólo se observa una fuerte presencia de gente joven, sino que 400.000 católicos y 300 protestantes de 54 congregaciones se declaran practicantes. Asimismo, otras comunidades evangélicas, como los adventistas y los pentecostales, son cada vez más numerosas.

Las creencias religiosas de los africanos, llegados a Cuba como esclavos, se mezclaron con la iconografía y la doctrina católicas para originar nuevas formas de fe (véase el recuadro de la p. 58). La santería es la representación más extendida y está tan presente en la vida cotidiana que en muchas casas se coloca un altar en un rincón. La santería se ha popularizado tanto que ha relegado a los nuevos museos y a los espectáculos de *ballet* y de tambores a un segundo plano. Es frecuente ver por la calle a los iniciados vestidos de blanco; sin embargo, hay quien se aprovecha de la situación y de los viajeros curiosos que acaban consultando su futuro a unos *babalaos* (sacerdotes) mas interesados en sus dólares que en sus dudas.

ARTE

En comparación con otros países comunistas, la fama de Cuba como benefactora del arte y la cultura es asombrosa. Cada pueblo de provincia, sin importar su tamaño, tiene una casa de cultura que organiza de todo, desde música tradicional de salsa hasta innovadoras noches de humor; además de innumerables teatros, organizaciones e instituciones que acercan el arte a la gente de forma gratuita.

La calidad de lo que se ofrece también es impresionante. Los cubanos tienen por costumbre reproducir cualquier estilo artístico a la perfección. En el lugar más recóndito se puede asistir a un espectáculo de flamenco, *ballet*, música clásica o representaciones de Shakespeare de primera categoría, por no mencionar las obras de Lorca, el cine alternativo y las brillantes interpretaciones de novelas al más puro estilo de García Márquez o Carpentier.

Muchas de las organizaciones gubernamentales de todo el país supervisan el trabajo de escritores y artistas, como la Casa de las Américas, la Unión Nacional de Escritores y Artistas de Cuba (Uneac) y su homóloga para la juventud, la Asociación Hermanos Saíz.

Para más información sobre música cubana, véase también *Música* en p. 64.

En 1930 el poeta español Federico García Lorca escapó de Nueva York y se instaló en La Habana. Llegó como lector invitado a la universidad y más tarde describió su estancia de tres meses en la isla como "la mejor época de su vida".

Literatura

En un país donde las imágenes son tan abundantes, las de José Martí (1854-1995) ganan por mayoría. Visionario, patriota y rebelde, es el escritor más célebre, cuyas piezas de teatro, ensayos y poemarios conforman 30 volúmenes. Exiliado de Cuba antes de cumplir los 20 años a causa de sus escritos, Martí vivió la mayor parte de su vida en el extranjero, principalmente en EE UU. Su último poemario, *Versos sencillos*, está compuesto por estrofas exquisitas y de gran naturalidad. Los ensayos, recogidos en *Nuestra América* y *Los Estados Unidos*, presentan una gran modernidad ideológica, a pesar de estar escritos hace más de un siglo, y proporcionan los fundamentos para entender la autodeterminación latinoamericana frente a la hegemonía de EE UU. Para más información sobre la figura de Martí como líder independentista, véase *Historia* (p. 38).

Al igual que Martí, Nicolás Guillén (1902-1989), poeta universal, se instaló en la vanguardia del movimiento afrocubano con poemas llenos de ritmo como *Sóngoro Cosongo* (1931). Comunista acérrimo, que creía en la igualdad social y racial, vivió exiliado durante el régimen de Batista. En ese período escribió *Elegía a Jesús Menéndez* (1951) y *La paloma de vuelo popular* (recopilación de elegías, 1958). Una interesante obra recopilatoria

es *En algún sitio de la primavera: elegía; Amor y revolución permanente: nueva poesía de amor de Nicolás Guillén* (Fundación Sinsonte, 2006).Tras la Revolución regresó a su país, fundó la Unión Nacional de Escritores y Artistas de Cuba (Uneac) y fue considerado poeta nacional hasta su muerte.

Los cubanos aman la poesía y son capaces de recitar versos de Dulce María Loynaz (1902-1997), ganadora del Premio Cervantes; de Eliseo Diego (1920-1994), poeta de poetas, cuyas palabras dan alas al alma humana, o del cantautor Silvio Rodríguez, buen guitarrista y gran trovador (véase p. 169).

Por lo que a narrativa se refiere, la bibliografía cubana es impresionante. El novelista Alejo Carpentier (1904-1980), también exiliado, regresó después de la Revolución para escribir *El recurso del método* y su obra maestra, *Concierto barroco*, ambos publicados en 1974. Los amantes de La Habana disfrutarán con su *Ciudad de las columnas* (1970), de prosa perspicaz acompañada de fotografías en blanco y negro de detalles arquitectónicos de la ciudad.

La obra clásica *Paradiso*, de José Lezama Lima (1910-1976), supuso un escándalo en 1966 por sus escenas eróticas homosexuales. Poeta y ensayista, fundó la revista *Orígenes* en 1944.

Otros dos autores notables que abandonaron Cuba después de la Revolución son Reinaldo Arenas, singular poeta, cuya autobiografía *Antes que anochezca* (1943-1990) fue adaptada al cine; y Guillermo Cabrera Infante (1929-2005) que en *Tres tristes tigres* (1967) describe la decadencia cultural de la era de Batista. Para acabar, el novelista extranjero y residente en Cuba más famoso es Ernest Hemingway, cuya obra *Por quién doblan las campanas* fue compuesta en el Hotel Ambos Mundos de La Habana (p. 113).

Cine y televisión

Desde su fundación en 1959, el Instituto Cubano de Arte e Industria Cinematográficos (ICAIC) produce películas de calidad. Su veterano director, Alfredo Guevara, y productores influyentes, como Tomás Gutiérrez Alea (alias Titón, 1928-1996), conforman la espina dorsal del cine cubano. Algunos asuntos que no se tratan en otros ámbitos de la sociedad cubana (la burocracia, la homosexualidad y la misoginia) encuentran su espacio en el cine. Esta capacidad de crítica, gracias al ICAIC, es casi única; ya que, aunque la nueva trova es bastante incisiva, pocas canciones son tan explícitas como la película *Fresa y chocolate*.

La cultura cubana también se sirve de la animación y el vídeo, que se encuentran en pleno apogeo, aunque disfrutan de menor reputación. En el Festival Internacional del Nuevo Cine Latinoamericano de La Habana, que se celebra anualmente, se pueden ver películas, cortos, vídeos y animaciones de todo el mundo (p. 454). Los cubanos son entusiastas del cine, tanto que durante el Festival un tropel de admiradores de Steven Spielberg casi se amotinó cuando intentaba acudir al estreno de *Minority Report* en 2002. Los interesados en asistir a alguna proyección deben hacer cola.

Viva Cuba (2005), escrita y dirigida por Juan Carlos Cremata Malberti, es una de las apuestas cinematográficas más recientes con proyección internacional. La película se está promocionando como una mezcla entre una historia de amor al estilo de *Romeo y Julieta*, y una estrafalaria *road movie* para adultos. Cuenta la historia de dos niños de orígenes totalmente diferentes que viajan por todo el país en busca de un familiar perdido con una mezcla de humor y patetismo; asimismo, habla claramente de la emigración, recoge diferentes aspectos de la vida cubana y, según Cremata, "es la historia de todo lo que ocurre hoy en Cuba".

La televisión cubana es especial, no sólo porque acoge a la gente menos atractiva de Cuba, sino porque sólo cuenta con tres canales estatales, no se

El verdadero nombre del actor de Hollywood Andy García, que participó en *Los intocables de Eliot Ness*, *El padrino III* y *Ocean's Eleven*, es Andrés Arturo García. Nació en La Habana en 1956, pero se trasladó a Miami con su familia cuando tenía 5 años.

emiten anuncios ni aparecen alusiones frívolas. La programación nocturna cierra con la recomendación: "Consume sólo lo que sea necesario". Durante el día, predomina lo educativo con Universidad para Todos, que ofrece cursos variados, desde astronomía hasta montaje de películas; y Canal Educativo, dirigido a estudiantes de nivel elemental y secundario. Los boletines de noticias están repletos de las maravillas cubanas (la cosecha de tabaco o el envío de médicos a África) y, sobre todo, de las maldades de EE UU en Oriente Medio y de las actividades de sus empresas. En el programa nocturno *Mesa Redonda*, diversos invitados opinan sobre asuntos de interés nacional y mundial. Con todo, los melodramas constituyen la obsesión nacional y, cuando empieza una telenovela, todo se paraliza.

En 1983 los exiliados de Miami detuvieron el rodaje de la película de Brian de Palma *El precio del poder*, después de que Oliver Stone rechazara sus peticiones de incluir escenas de actividades anticastristas en el guión.

Arquitectura

Estilísticamente hablando, Cuba es una mezcla de estilos arquitectónicos con influencias que van desde el arte musulmán español al barroco colonial, pasando por el neoclasicismo francés. Ciudades como Camagüey, Santiago y La Habana han salido relativamente ilesas de las tres guerras revolucionarias; ya que han llegado al s. XXI con la mayor parte de sus elementos coloniales prácticamente intactos. A esta conservación ha ayudado que Trinidad, Cienfuegos y La Habana Vieja hayan sido declaradas Patrimonio Mundial por la Unesco.

Entre las construcciones cubanas más antiguas e interesantes se encuentran las fortificaciones españolas que se erigieron por todo el país durante los ss. XVI y XVII para evitar los ataques de piratas a las ciudades costeras. Un buen ejemplo de ello es el castillo de la Real Fuerza de La Habana (p. 92), el segundo más antiguo de América; el laberíntico castillo de San Pedro del Morro en Santiago (p. 399), diseñado por el arquitecto militar Giovanni Bautista Antonelli, y la gran fortaleza de San Carlos de la Cabaña frente a la bahía de La Habana (p. 155), la más grande de América.

El paisaje urbano de la Cuba de los ss. XVI y XVII estaba dominado por la arquitectura religiosa, como muestran el noble claustro del convento de Santa Clara de La Habana (p. 94), construido en 1632, y la magnífica catedral de San Cristóbal (p. 89), erigida un siglo más tarde y considerada el monumento barroco más destacado del país. La mejor arquitectura de este período se puede contemplar en La Habana Vieja, cuya disposición alrededor de cuatro plazas principales, cada una con su función social o religiosa específica, la diferencia de otras capitales coloniales españolas.

Con una economía en expansión, gracias a las abundantes cosechas de azúcar, a principios del s. XIX, los terratenientes de la ciudad de Trinidad disponían de grandes cantidades de dinero. Instalados al sur del fértil valle de los Ingenios e influidos por la exquisita arquitectura italiana, francesa e inglesa, los productores de azúcar invirtieron sus beneficios en dar vida a una ciudad llena de mansiones distinguidas y de negocios de estilo barroco y neoclásico, que contrastaban con la arquitectura cubana tradicional de rejas de madera, techos altos y postigos pequeños. Trinidad está situada en la costa sur y está protegida por ley, porque forma parte del Patrimonio Mundial de la Unesco. Las calles del s. XIX de esta ciudad siguen siendo las mejor conservadas de América Latina.

A mediados del s. XIX, en ciudades burguesas como Cienfuegos y Matanzas, lo habitual era construir edificios neoclásicos de líneas simétricas llamativas, fachadas grandiosas y filas de columnas imponentes que sustituían las recargadas decoraciones barrocas de la primera época colonial. Este estilo alcanzó su esplendor en un trío de teatros fastuosos: La Caridad, en Santa Clara (p. 271); Sauto, en Matanzas (p. 218), y Tomás Ferry, en Cienfuegos (p. 256). En las décadas de 1920 y 1930, se vivió un

Castro y Hemingway sólo se vieron una vez en 1960 durante un trofeo de pesca organizado por este último en La Habana. A nadie le extrañó que el combativo Fidel ganara el primer premio.

renacimiento del neoclasicismo y se levantaron varios rascacielos en La Habana, el monumental Hotel Nacional (p. 99), inspirado en el Capitolio de Washington (p. 95), y la universidad de La Habana (p. 100), con elementos de inspiración griega.

Desde 1902 y en adelante, el eclecticismo se ha impuesto en cuanto al estilo arquitectónico; ya que, al combinarse el neogótico, el neobarroco, el neorrenacentista y el neomusulmán, ha surgido una mezcla de edificios innovadores tan vistosos como estrafalarios. Si se quiere realizar un circuito completo para conocer este tipo de arquitectura, se debe empezar por el Museo de Ciencias Naturales Tranquilino Sandalio de Noda en Pinar del Río (p. 190), el Palacio Presidencial (ahora Museo de la Revolución) en La Habana (p. 98) o el palacio de Valle en Cienfuegos (p. 260), mitad bizantino mitad islámico.

Entre el eclecticismo y el modernismo, se desarrolló el espléndido estilo *art déco*, cuyo mejor exponente es el edificio Chrysler de Nueva York, pero que en Cuba también puede apreciarse en el opulento edificio Bacardí (p. 98), en La Habana, o en algunas de las iconografías de la necrópoli Cristóbal Colón (p. 101).

El modernismo llegó a La Habana en la década de los cincuenta, cuando emergieron los rascacielos prerrevolucionarios que eliminaron las florituras decorativas y combinaron sin problema forma y función. Los visitantes pueden contemplar este legado arquitectónico en el hotel Habana Libre (p. 100), con forma cúbica, o el llamativo edificio Focsa (p. 100) que, según cuenta la leyenda, se construyó sin grúas.

Pintura y escultura

Tanto una como otra gozan de un buen estado de salud, a pesar de las más de cuatro décadas de censura asfixiante. Desde las pinturas arcaicas de la cueva de Punta del Este en la isla de la Juventud hasta el cartelismo de La Habana de los años sesenta, en Cuba se ha apoyado una amplia gama de tendencias artísticas a través de las escuelas de arte, el patrocinio estatal y una combinación de influencias interculturales, que se puede apreciar en los murales de Diego Rivera o en las vanguardias europeas.

El arte cubano moderno, comprometido y visceral, articula el colorido chillón afro-latinoamericano con la cruda realidad de una Revolución que ya dura cuarenta y siete años. Para los extranjeros amantes del arte resulta un brebaje único y peligroso. Desde el punto de vista cultural, las restricciones de la Revolución han dejado el arte a un lado, pero los artistas se han percatado de que, cooperando con el régimen socialista, las oportunidades académicas y el fomento artístico son casi ilimitados. En este clima, el concepto de arte gráfico en Cuba, de reconocido prestigio antes de la Revolución, empieza a crecer de manera exponencial.

A principios del s. xx, se utilizaba la serigrafía, aunque esta técnica de impresión no empezó a despuntar hasta los años cuarenta, cuando tuvo una gran difusión debido a su utilización en el cine y la política. Esta forma de arte tuvo su gran momento tras la Revolución de 1959, cuando instituciones como el Instituto Cubano de Arte e Industria Cinematográficos (ICAIC) y la Editora Política, de carácter netamente propagandístico, fueron seleccionadas por el Gobierno de Castro para diseñar miles de carteles informativos con el fin de conseguir el enorme desafío de construir la nueva sociedad cubana. Los cartelistas cubanos evitaron el realismo soviético y mezclaron las influencias propias de América Latina con la llamativa imaginería pop de la década de 1960 para crear un nuevo subgénero. Este tipo de cartelismo se puede admirar en el taller de serigrafía René Portocarrero en La Habana Vieja (p. 132).

Un grupo de directores contemporáneos, entre los que se encuentra Martin Scorsese, ha rescatado, por su travelín y su poético guión, la coproducción cubano-soviética del cine clásico *Soy Cuba*, de 1964.

En el ámbito internacional, el arte cubano está dominado por la prolífica figura de Wilfredo Lam, pintor, escultor y ceramista, en cuyos orígenes se mezcla sangre china, africana y española. Nació en Sagua Grande, provincia de Villa Clara en 1902, y estudió Arte y Derecho en La Habana antes de marcharse a Madrid en 1923 para desarrollar sus ambiciones artísticas en la Europa de entreguerras. En 1937 se trasladó a Francia a causa del estallido de la Guerra Civil española. Allí entabló amistad con Pablo Picasso y se relacionó con el padre del surrealismo, André Breton. Tras impregnarse de las ideas surrealistas y cubistas, Lam volvió a Cuba en 1941 donde pintó *La jungla*, considerada una de las obras de arte más representativas del Tercer Mundo.

La herencia artística de Lam ha sobrevivido en el Centro de Arte Contemporáneo Wilfredo Lam (p. 89) y en el Instituto Superior de Arte (p. 142) en Cubanacán. La capital también cuenta con el espléndido Museo Nacional de Bellas Artes (p. 98), que se ubica en dos edificios distintos. Fuera de La Habana, también se puede encontrar trabajos interesantes en las comunidades artísticas de ciudades como Santiago, Camagüey y Baracoa. Los entusiastas pueden descubrir obras de arte de importancia en Las Tunas, conocida como la ciudad de las esculturas.

Teatro y danza

Las coreografías de la bailarina más famosa del *ballet* cubano, Alicia Alonso, fundadora del Ballet Nacional de Cuba, continúan representándose en la actualidad. Abarcan desde temas clásicos, como *Don Quijote* o *Giselle*, hasta montajes sorprendentes. El Festival Internacional de Ballet (p. 454) se presenta en La Habana cada dos años y ofrece una matiné de *El lago de los cisnes* y una sesión nocturna de *Carmen*. El Ballet de Camagüey cuenta con bailarines de talento y un repertorio más arriesgado.

La danza contemporánea, mezclada con la clásica, el folclore y la sensualidad, es competencia de DanzAbierta y Así somos, compañías fundadas por la estadounidense Lorna Burdsall en 1981. En esta misma línea se encuentra Danza Teatro Retazos, a cargo de la ecuatoriana Isabel Bustos, que organiza el "Encuentro Internacional de Danza en Paisajes Urbanos", con el que compañías nacionales e internacionales toman las calles de La Habana Vieja. Danza Contemporánea de Cuba, también fundada por Burdsall, combina lo clásico con ritmos contemporáneos y otros más comerciales. Aun así, esta compañía presenta coreografías impecables, y vestuarios y argumentos de gran frescura. La compañía de Lizt Alfonso, cuyo trabajo *Elementos* es muy recomendable, ha causado gran impacto con su fusión de ritmos cubanos, africanos y españoles.

El repertorio del Conjunto Folclórico Nacional de Cuba, fundado en 1962, constituye un compendio de danza popular cubana, que pone en pie al público del teatro Mella una y otra vez. Todos los sábados en El Gran Palenque de La Habana (p. 127), se puede bailar la rumba con los miembros del conjunto. La Colmenita, reputada Compañía Nacional de Teatro Infantil, está integrada por niños y niñas de 7 a 15 años, que interpretan clásicos como *El sueño de una noche de verano* de Shakespeare.

Obviamente, Cuba es también salsa. Los niños forman parejas desde que pueden tenerse en pie y, aprendidos los pasos básicos, se suman a la rueda donde dos círculos giran en direcciones opuestas: los chicos en el exterior, las chicas en el interior. Cada pareja hace un giro antes de perderse en la rueda y encontrarse con alguien nuevo. Es tan difícil como parece, por lo que se recomienda tomar clases al llegar (p. 450).

Como respuesta al terremoto de Cachemira de 2005, Cuba envió 2.260 sanitarios a Pakistán, de los que 1.400 eran médicos. Allí atendieron a más de 200.000 pacientes.

Música

"En Cuba la música fluye como un río", escribió Ry Cooder en sus anotaciones para el espléndido CD *Buena Vista Social Club*. "Te mima y te renueva desde dentro."

Rica, vibrante, con multitud de matices y genios, la música cubana ha ejercido desde hace tiempo como origen de los sonidos y ritmos que emanan de Iberoamérica. Desde los pobres muelles de Matanzas a los campestres pueblos de la sierra Maestra, el son, la salsa, la rumba, el mambo, el chachachá, la charanga y el danzón deben parte de su existencia al mágico dinamismo musical de esta isla.

Aparte de las evidentes raíces españolas y africanas, la música cubana ha tenido distintas influencias importantes de manera intermitente durante su desarrollo. A una mezcla ya exótica, se unieron géneros procedentes de Francia, EE UU, Haití o Jamaica; además, ella misma desempeñaba a la vez un papel notable en el impulso de varios estilos y movimientos de otras partes del Nuevo Mundo. En España este hecho se ha denominado proceso de "ida y vuelta" y se hace especialmente evidente en una forma del nuevo flamenco llamada guajira. En otros lugares el "efecto cubano" se identifica con músicas tan distintas como el *jazz* de Nueva Orleans, la salsa neoyorquina o el *afrobeat* de África occidental.

RAÍCES FOLCLÓRICAS

El son, una marca cubana reconocible al instante, surgió en las montañas de la región del Oriente en la segunda mitad del s. XIX, aunque los primeros testimonios conocidos datan de 1570. El etnólogo cubano Fernando Ortiz lo definió en una frase ya famosa como "una historia de amor entre el tambor africano y la guitarra española" y, en verdad, las raíces de esta música rural ecléctica de intrincadas influencias se halla en dos subgéneros distintos: la rumba y el danzón.

Mientras que en las colonias de América del Norte se prohibió terminantemente tocar el tambor, los españoles fueron más permisivos con sus hermanos africanos y consintieron que los esclavos cubanos preservaran muchas de sus tradiciones musicales gracias a los influyentes cabildos de la santería, hermandades religiosas que recreaban antiguas músicas africanas de percusión con sencillos tambores *batá* o cascabeles *chequeré*. Esta música rítmica que, aunque destinada al baile, goza de gran textura, se interpretaba en fiestas anuales o durante las festividades católicas como muestra de devoción religiosa hacia las *orishas* o divinidades.

Con el tiempo, el toque ritual de tambores de la santería evolucionó hacia un género más complejo conocido como rumba. Esta fórmula musical se gestó primero en la zona portuaria de La Habana y Matanzas durante la década de 1890, cuando los esclavos, expuestos a influencias extranjeras itinerantes, empezaron a palmear rítmicamente sobre las viejas cajas de carga durante su tiempo libre. Más tarde se añadieron voces, surgieron los bailes y muy pronto se convirtió en un modo de expresión colectivo para los negros afrocubanos.

En la actualidad, la rumba cuenta con tres formas básicas: el guaguancó, una danza abiertamente sexual; el *yambú*, un baile lento de pareja, y la *columbia*, que suele realizarse con antorchas y machetes, y presenta un carácter masculino, rápido y agresivo.

En el otro extremo se encuentra el danzón, un refinado baile europeo estrechamente relacionado con el *contredanse* francés o el *country dance*

Fue un hola y un adiós. En enero de 2000, Paul McCartney se convirtió en el único miembro de los Beatles que había visitado la isla al hacer una parada de cuatro horas en Santiago de Cuba durante unas vacaciones en las islas Caicos. En la Casa de la Trova disfrutó de una breve sesión de música tradicional antes de comer en el cercano restaurante El Morro.

inglés del s. XIX. Durante la década de 1880, en manos del innovador músico de Matanzas Miguel Failde, el danzón cubano empezó a desarrollar un ritmo sincopado propio, que debía mucho a la influencia de los esclavos haitianos, y comenzó a incorporar elementos como las congas o las voces. A principios del s. XX, el danzón cubano pasó de ser una noble danza de salón tocada por la típica orquesta a un ritmo de *jazz* libre y popular, conocido también como charanga, *danzonete* o *danzón chá*.

Al fundirse la rumba y el danzón, ambos allanaron el camino que por último conduciría al son, una curiosa mezcla de percusión africana y guitarras melódicas, sobre la que el cantante improvisa a partir de una décima, estrofa tradicional española de 10 versos.

En su estilo más puro, el son era interpretado por un sexteto compuesto por guitarra, tres (guitarra con tres juegos de cuerdas dobles), contrabajo, bongo, y dos cantantes con maracas y claves (dos baquetas que marcan el contratiempo). Desde las abruptas montañas del Oriente cubano surgió la primera formación de este nuevo género, el legendario Trío Oriental, que fijó la agrupación del sexteto en 1912 cuando se rebautizó con el nombre de Sexteto Habanero. Otro de los primeros cultivadores del son fue el cantante Miguel Matamoros, que compuso clásicos como el "Son de la loma" o "Lágrimas negras", de obligada interpretación para los cantantes cubanos que actúan por todo el mundo.

En la década de los treinta, el sexteto se convirtió en septeto. Al añadirse una trompeta y nuevos e interesantes músicos, como el compositor ciego Arsenio Rodríguez, intérprete de tres y considerado por Harry Belafonte como el padre de la salsa, se daba paso al nacimiento del mambo y el chachachá.

EL BÁRBARO DEL RITMO

En los años cuarenta y cincuenta, las bandas de son pasaron de siete a ocho miembros, y fueron en aumento hasta convertirse en grandes orquestas con secciones completas de viento y percusión que tocaban rumba, chachachá y mambo. El rey del mambo fue Benny Moré, que, con su aterciopelada voz y su espectacular orquesta de 21 músicos negros, fue bautizado como El Bárbaro del Ritmo.

Moré nació en Santa Isabel de las Lajas, provincia de Cienfuegos, en 1919, y fue el mayor de una familia de 18 hermanos. Pronto se convirtió en referencia de casi cualquier nuevo sonido cubano que surgía y fue el responsable de que la música cubana se difundiera por todo el mundo. Durante la década de los cincuenta recorrió México, Venezuela, Haití y EE UU, y dominó el son, el mambo, el bolero, la guaracha, el afro y el guaguancó. Su Banda Gigante, una orquesta de 40 miembros, actuó incluso en la ceremonia de entrega de premios de la Academia de Hollywood. Pocos cubanos le niegan su papel en la historia de la música, y como dijo Compay Segundo años más tarde: "Fue probablemente el artista más grande de todos. Nadie se le acerca".

El tatarabuelo de Benny Moré, el rey del mambo, era el soberano de una tribu del Congo que fue capturado por traficantes de esclavos y vendido a un terrateniente cubano.

SALSA Y 'JAZZ'

La salsa nació en el prolífico panorama latino del Nueva York de los años sesenta y setenta, cuando el *jazz*, el son y la rumba se fundieron para crear un nuevo sonido más metálico. En EE UU, Celia Cruz, la peculiar reina de la salsa, fue la representante principal de este estilo; mientras que en Cuba el grupo más famoso fue y sigue siendo Van Van, formado por Juan Formell en 1969. Este conjunto, que sigue actuando por toda la isla, alcanzó su máxima popularidad en 2000, cuando ganó un Grammy por su álbum clásico *Llegó Van Van*.

El *jazz*, considerado la música del enemigo en la época más dogmática de la revolución, ha bebido siempre de la fuente de los ritmos cubanos. Irakere, la agrupación que Jesús "Chucho" Valdés constituyó en 1973, amplió el panorama musical cubano fusionando el *jazz* y el son con los impetuosos tambores afrocubanos. El *jazz* también se mezcló con el *rap* y la salsa para dar vida a un nuevo estilo llamado *timba*, representado por NG La Banda, formada en 1988. Otros músicos relacionados con el *jazz* cubano son el pianista Gonzalo Rubalcaba, Isaac Delgado y Adalberto Álvarez y Su Son.

LOS TROVADORES

Durante los primeros años del s. XX, los trovadores eran cantautores de música tradicional que viajaban por toda la isla como los antiguos juglares itinerantes. Iban de pueblo en pueblo con el espíritu libre de los gitanos, armados con sencillas guitarras y un repertorio aparentemente ilimitado de rítmicas baladas de carácter bucólico. Entre los primeros representantes de este género se encuentran Sindo Garay, Nico Saquito y Joseíto Fernández, responsable del mayor éxito cubano de todos los tiempos: *Guantanamera*. Durante la década de los sesenta este estilo fue desarrollándose, y aparecieron nuevos nombres como Carlos Puebla, de Bayazo, que le imprimió tintes políticos más comprometidos a composiciones como *Hasta siempre comandante*, una oda romántica y algo servil dedicada a Che Guevara.

Por su parte, la llamada nueva trova fue en gran medida un producto de la revolución y siguió los pasos de la música folk estadounidense y la

---

LA TROVA: LAS CASAS DE LA MÚSICA CUBANA

En marzo de 1968, poco después de la publicación de los discos *Sargent Pepper's Lonely Hearts Club Band* de los Beatles y *Highway 61 Revisited* de Dylan, el Gobierno de Castro abrió la primera Casa de la Trova en la ciudad oriental de Santiago de Cuba. La idea era que quien pudiera cantar o tocar un instrumento tuviera allí un escenario para demostrarlo; por eso, estas legendarias casas se convirtieron rápidamente en un fenómeno nacional y en pocos meses se extendieron por otras localidades, como Camagüey, Guantánamo y Trinidad.

Además de ofrecer un espectáculo musical de primer orden, estas casas tenían dos claros objetivos: mantener viva la herencia cultural cubana y transmitir sus conocimientos y habilidades a generaciones futuras.

Desde la década de los sesenta hasta hoy, estas casas han seguido prosperando a pesar de los retos que han supuesto otros géneros emergentes como el *reggaeton* (hip-hop cubano).

De hecho, en Santiago de Cuba la actuación en una casa de la trova se considera todavía un gran honor, y hasta viejas estrellas como Eliades Ochoa, inspirador del *Buena Vista Social Club*, actúan con regularidad en ellas por el módico precio de 2 CUC.

Para los cubanos, estos espectáculos tienen muchos atractivos: en las salas de baile cargadas de humo o los atractivos patios coloniales, típicos de estos lugares atemporales, se puede beber, hablar, flirtear y discutir con libertad. Aquellos que sobreviven con lo mínimo pueden bailar salsa hasta el amanecer y olvidarse por unas horas de las dificultades y privaciones cotidianas desde la instauración del Período Especial.

Culturalmente hablando, en cada región hay varias casas que albergan diferentes tipos de música. En la cosmopolita Santiago de Cuba predomina el son; mientras que 100 km al este, en la provinciana Guantánamo, se escucha un género con más ritmo llamado *chagú*, y más al oeste, hacia Pinar del Río, se llega a la tierra de la guajira.

Desde principios de los noventa, las casas de la trova dan la bienvenida a viajeros extranjeros cada vez en mayor número. Para obtener información sobre los espectáculos más populares se recomienda consultar el apartado dedicado a cada población.

UN PAÍS DE 'HIP-HOP'

El *hip-hop* cubano, nacido en los horrorosos barrios de hormigón de Alamar, en La Habana, tiene orígenes pobres y humildes igual que su gemelo estadounidense.

Se escuchó por primera vez en el país a principios de la década de los ochenta, cuando desde las antenas colocadas en los tejados se sintonizaba la música de bandas de *rap* de EE UU que programaban las emisoras de radio en Miami. El nuevo género musical fue ganando terreno entre la población negra de las ciudades, que se fue redefiniendo culturalmente durante los angustiosos momentos del Período Especial. En los años noventa, grupos como Public Enemy o NWA eran de referencia obligada en las calles de Alamar y en 1995 había suficiente *hip-hop* en Cuba como para organizar un festival.

Templado por el influjo latino y censurado por el estricto pensamiento revolucionario, el *reggaeton* ha desarrollado un carácter propio y peculiar. Por lo que se refiere a la instrumentación, utiliza los tambores *batá*, de forma cónica y con dos caras, los congos y el bajo eléctrico; en cuanto a las letras, trata importantes asuntos nacionales, como el turismo sexual o las dificultades de la estancada economía cubana.

En la actualidad existen en el país más de ochocientos grupos de *hip-hop* y el Festival de Rap, que se celebra anualmente en agosto, entra en su segunda década de vida. Este evento incluso tiene patrocinador, la Agencia Cubana de Rap, un organismo gubernamental creado en 2002 para respaldar oficialmente este floreciente espectáculo musical alternativo.

---

incipiente nueva canción que tomaba forma en Chile y Argentina. Desde el punto de vista estilístico, este género estaba influido de modo indirecto por la rica tradición de la *chanson* francesa que habían llegado a Cuba a través de Haití durante el s. XIX. De naturaleza política, pero de alma melódica, la nueva trova apareció en las ciudades orientales de Manzanillo y Bayamo a principios de los años setenta y se hizo grande gracias a ilustres nombres como Silvio Rodríguez o el bayamés Pablo Milanés. Esta música influyó mucho en los países de habla hispana durante las décadas de los sesenta y setenta e inspiró canciones protesta en todas las poblaciones empobrecidas y marginadas de Latinoamérica, ya que muchas de ellas buscaban en Cuba el liderazgo espiritual de una época de dictaduras corruptas y de hegemonía cultural estadounidense. Esta solidaridad recíproca se refleja en muchos de los clásicos de Silvio Rodríguez aclamados internacionalmente, como *Canción urgente para Nicaragua*, escrita para apoyar a los sandinistas; *La maza*, en apoyo de Salvador Allende en Chile, y *Canción para mi soldado*, para animar a los soldados cubanos en Angola.

CORRIENTES MODERNAS

La escena musical cubana es una interesante mezcla de tradición, sonidos modernos, músicos veteranos y sangre nueva. Con unos costes de producción bajos y unos sólidos temas urbanos, el *hip-hop* y el *rap* se han popularizado entre las generaciones más jóvenes. Grupos como Obsession, 100% Original, Freehole Negro y Anónimo Consejero ofrecen conciertos con regularidad. También se los puede ver en el Festival de Rap que se lleva a cabo en el barrio de Alamar, en La Habana, cada mes de agosto (véase recuadro).

Resulta difícil calificar al grupo Interactivo, un conjunto de jóvenes con talento, liderado por el pianista Robertico Carcassés. Su mezcla de *funk*, *jazz* y *rock* es el éxito de la temporada. Yusa, bajista de Interactivo, es una joven negra que debutó con un álbum epónimo, en el que se reveló como una de las creadoras más innovadoras de la escena cubana.

En cuanto a la música clásica, Cuba cuenta con músicos como Fran Fernández, Ramón Valle y Aldo López-Gavilán. Con suerte, se les puede

En 2001 la banda galesa Manic Street Preachers se convirtió en el primer grupo de *rock* occidental que actuaba en directo en Cuba. Después del concierto, celebrado en el teatro Karl Marx de La Habana, Castro comentó que consideraba esta música "más ruidosa que la misma guerra".

escuchar interpretando a Ernesto Lecuona (1895-1963), quizá el mejor compositor cubano de todos los tiempos.

Mientras, en EE UU el virtuoso de la guitarra Ry Cooder impulsó de forma inesperada el son cubano hace diez años a través del excelente CD *Buena Vista Social Club*. Reunió en él a media docena de mitos retirados de los años cuarenta y cincuenta, como Compay Segundo (1907-2003), autor del segundo éxito más interpretado de la canción cubana, "Chan Chan"; o el pianista Rubén González, considerado por Cooder como el mejor intérprete de este instrumento que había oído jamás. Lo único que tuvo que hacer el productor estadounidense fue sentarse despreocupadamente en el estudio y dejar que este grupo de entrañables jubilados obrara su magia. Después de vender más de dos millones de álbumes, el público europeo y norteamericano todavía sigue atrapado por esta música.

Medio ambiente

EL PAÍS

Cuba es la isla más grande del Caribe, con 1.250 km de este a oeste, entre 31 y 193 km de norte a sur y una superficie total de 110.860 km². Aunque el país es en realidad un archipiélago, situado al sur del Trópico de Cáncer y compuesto por 4.195 islotes y arrecifes de coral, la mayor parte del territorio se concentra en la isla grande y su hermana pequeña, la isla de la Juventud, de 2.200 km².

El paisaje cubano, modelado por una explosiva mezcla de actividad volcánica, placas tectónicas y erosión, resulta una combinación variada y exuberante de cuevas, montañas, llanuras, mogotes y extraños cerros de cima plana. La cumbre más alta es el pico Turquino (1.972 m), situado al este entre los sublimes picachos de la sierra Maestra; mientras que más al oeste, en la no menos majestuosa sierra de Escambray, crestas y cascadas marcan los límites de las provincias de Cienfuegos, Villa Clara y Sancti Spíritus. Las violáceas sombras de la cordillera de Guanguanico se alargan 175 km en el horizonte hacia el oeste y albergan la Reserva Sierra del Rosario y los característicos montes redondeados del valle de Viñales.

Los 5.746 km de costa que bañan las azules aguas del Caribe por el sur y las agitadas olas del océano Atlántico por el norte están bordeados por más de trescientas playas naturales y una de las mayores extensiones de arrecifes de coral del mundo. Allí viven más de 900 especies de peces y 410 variedades de esponjas y corales, lo que convierte este litoral virgen en un paraíso subacuático que seduce a viajeros de todo el mundo.

El fondo marino de las islas Caimán, de 7.200 m de profundidad, conforma la frontera natural entre las placas tectónicas de América del Norte y del Caribe. Sus desplazamientos causaron una inclinación de la isla, que originó los acantilados de caliza en la costa norte y los pantanos del sur, donde crecen los mangles. La erosión de los ríos subterráneos ha tallado formas peculiares de interés geológico, como los collados de Viñales, y ha excavado más de 20.000 grutas por todo el país.

El archipiélago de Cuba se compone de miles de islas y cayos, la mayor parte deshabitados, divididos en cuatro grupos: el archipiélago de los Colorados, frente a la costa norte de Pinar del Río; el de Sabana-Camagüey, también llamado Jardines del Rey, frente a la costa norte de Villa Clara y Ciego de Ávila; el de los Jardines de la Reina, frente a la costa sur de Ciego de Ávila; y el archipiélago de los Canarreos, en los alrededores de la isla de la Juventud. Los viajeros suelen conocer una, o a veces varias, de estas idílicas islas, puesto que casi todos los complejos turísticos, las excursiones para bucear y las playas vírgenes se encuentran en estas zonas.

Dado que se trata de una isla estrecha, que nunca supera los 200 km de norte a sur, su capacidad para albergar ríos y lagos es muy limitada y el aprovechamiento hidroeléctrico es imposible. El río más largo del país es el Cauto, con 343 km de longitud, que nace en la sierra Maestra y traza un gran meandro hasta el norte de Bayazo. Sólo es navegable a lo largo de 80 km con embarcaciones pequeñas. Para compensar esta carencia, se han construido 632 embalses con una longitud total que supera los 5 km, con el fin de irrigar y abastecer a la población; de este modo, se complementa el casi ilimitado número de acuíferos que alberga el subsuelo calizo de Cuba.

La ubicación de la isla en la región de huracanes del Caribe le ha hecho sufrir golpes devastadores en años recientes, especialmente en 2005: *Dennis* y *Wilma*.

La temperatura más alta registrada en Cuba fue de 38,6°C en Guantánamo el 7 de agosto de 1969.

Dennis se anticipó a la temporada de huracanes y el 7 de julio arrasó la costa sur desde Santiago de Cuba a Cienfuegos, produciendo daños por valor de 1.400 millones de dólares, destrozando 120.000 viviendas y cobrándose 16 vidas. Por su parte, la furia incontrolada de *Wilma,* que llegó a La Habana el 22 de octubre, tuvo como consecuencia graves inundaciones en los deteriorados edificios que jalonan el famoso Malecón. Aunque más de 700.000 personas fueron evacuadas antes de la llegada del huracán, los servicios de rescate cubanos tuvieron que utilizar vehículos anfibios especiales para ayudar a cientos de ciudadanos atrapados.

FAUNA Y FLORA
Fauna

Aunque es evidente que Cuba no es el Serengeti, cuenta con una interesante fauna autóctona, y los amantes de los animales no se sentirán defraudados. El mayor atractivo reside principalmente en las aves (véase p. 31), ya que la isla acoge a más de 350 especies, 70 de las cuales son endémicas. Los manglares de la Reserva Ciénaga de Zapata, cerca de la bahía de Cochinos, o la península de Guanahacabibes en Pinar del Río son los mejores lugares para ver al rápido zunzuncito, el pájaro más pequeño del mundo: con sus 6,5 cm no resulta mucho mayor que un palillo de dientes. En estas zonas habita también el tocororo, pájaro nacional de Cuba, que exhibe los colores rojo, blanco y azul de la bandera cubana. Entre otras especies populares destacan el flamenco, que se cuenta por miles, así como el cartacuba, la garza, la espátula, el periquito y el raro búho pigmeo cubano.

La caza de mamíferos terrestres ha sido feroz. La especie autóctona de mayor tamaño es la jutía, la rata de los árboles, un roedor comestible de 4 kg que sobrevive en cayos aislados. Existen otros animales excepcionales, aunque muchos son tan infrecuentes que sólo se pueden ver en reservas o museos: la mariposa de cristal, uno de los dos tipos del mundo que es transparente; el manjuarí, un insólito pez caimán, considerado un fósil viviente; y la polimita, un caracol de tierra que se distingue por sus bandas de color amarillo, rojo y marrón y que se usa para realizar collares en Baracoa.

Los reptiles son bastante abundantes: cocodrilos, iguanas, lagartos y 15 especies de serpientes, ninguna venenosa. La mayor es la majá, una boa común parecida a la anaconda, que mide hasta 4 m, es nocturna y pocas veces se acerca al hombre.

La vida marina es más rica que la terrestre. El manatí habita en la bahía de Taco y en la península de Zapata, mientras que de agosto a noviembre los tiburones frecuentan el área de María la Gorda, en el extremo este de la isla. En aguas cubanas habitan también la anguila morena, que con unos 2 m es la más larga de la zona, y cuatro especies de tortugas (la gigante, la mordedora, la verde y la de mar), que desovan todos los años en cayos apartados o en las protegidas playas occidentales de la península de Guanahacabibes.

ESPECIES AMENAZADAS

Debido a la pérdida de su hábitat y la caza continua, gran parte de la fauna autóctona se encuentra en peligro de extinción. Es el caso del cocodrilo cubano, un temible reptil, cuyo entorno se limita únicamente a las ciénagas de Zapata y Lanier, en la isla de la Juventud; o la jutía, que fue objeto de una despiadada caza durante el Período Especial (situación económica cubana a partir de 1991), ya que su carne era muy apreciada; todavía hoy se considera un manjar. Otras especies muy vulnerables son la boa arbo-

El peor huracán de la historia de Cuba, que azotó la costa sur de la provincia de Camagüey el 9 de noviembre de 1932, causó una elevación de la marea de 6 m y dejó más de 3.000 muertos.

rícola, una especie cubana que habita áreas boscosas en rápido retroceso en la actualidad, y el tímido carpintero real, avistado por última vez en el Parque Nacional Alejandro de Humboldt, cerca de Baracoa, a finales de la década de 1980, tras un paréntesis de cuarenta años.

El manatí de las Indias Occidentales se encuentra seriamente amenazado a pesar de que está protegido de la caza furtiva; sin embargo, continúa sufriendo amenazas por parte del hombre, sobre todo debido a golpes contra las hélices de los barcos, ahogamiento en las redes de pesca o envenenamiento a causa de los residuos que las fábricas azucareras vierten a los ríos.

La ranita de Cuba, de 14 cm de longitud, es la más pequeña del mundo, y el zunzuncito, de 6,5 cm, el pájaro de menor tamaño del planeta.

Cuba sostiene una actitud muy ambigua con respecto a la caza de tortugas. La tortuga carey está protegida por la ley, pero un artículo permite la caza de 500 ejemplares anuales en algunas zonas, como Camagüey y la isla de la Juventud. De vez en cuando, los viajeros pueden encontrar tortuga en el menú de algunos restaurantes de Baracoa, pero se aconseja no pedirla, puesto que ha sido cazada de forma ilegal.

Flora

Cuba es sinónimo de palmera, un árbol con el que se halla fuertemente vinculada a través de canciones, símbolos, paisajes y leyendas. El árbol nacional de Cuba es la palma real, que aparece en los uniformes militares y, además, es el logotipo de la cerveza Cristal. Con unos 20 millones de ejemplares, esta palmera puede elevarse hasta 40 m y se distingue, a lo largo de la carretera y en las montañas, por su tronco flexible y sus hojas verdes. En la isla también crecen los cocoteros, las palmas barrigonas, con su característica protuberancia, y la rarísima palma corcho, que se remonta al Cretáceo, entre 65 y 135 millones de años, y es apreciada como fósil viviente. Esta especie se puede admirar en los jardines del Museo de Ciencias Naturales Tranquilino Sandalio de Noda (p. 190) o en La Ermita, ambos en Pinar del Río (p. 200). En total se cuentan 90 variedades de palmeras en la isla.

Otra especie presente en la isla es el mangle, cuyas raíces forman bosques intricados que protegen la costa cubana de la erosión y proporcionan

---

PATRIMONIO MUNDIAL Y RESERVAS DE LA BIOSFERA DE LA UNESCO

En la actualidad Cuba cuenta con seis Reservas de la Biosfera y ocho parajes declarados Patrimonio Mundial por la Unesco. El último en incorporarse ha sido la ciudad de Cienfuegos, cuyo casco histórico neoclásico, espléndidamente conservado, mereció esta designación en julio de 2005.

Las zonas establecidas formalmente son: la Reserva Sierra del Rosario (25.000 Ha, declarada en 1985) y la Reserva Península de Guanahacabibes (101.500 Ha), ambas en Pinar del Río; la Reserva Ciénaga de Zapata (628.171 Ha, declarada en 2001), en Matanzas; la Reserva Buenavista (313.500 Ha, declarada en 2000), que abarca parte de Villa Santa Clara, Sancti Spíritus y Ciego de Ávila; la Reserva Parque Baconao (84.600 Ha), en Santiago de Cuba; y la Reserva de Cuchillas de Toa (127.500 Ha), en Guantánamo. La mayor parte de estos sectores fueron declarados Reserva de la Biosfera en 1987. Su tipología, servicios y administración varían bastante; así, la península de Guanahacabibes se halla celosamente protegida, mientras que en el Parque Baconao habitan pequeñas comunidades y cuenta con instalaciones turísticas.

Además de todo esto, Cuba se enorgullece de sus ocho áreas distinguidas como Patrimonio Mundial: el casco histórico de La Habana Vieja (1982), Trinidad y el valle de los Ingenios (1988), en Sancti Spíritus; el castillo de San Pedro de la Roca, conocido como El Morro (1997), y las primeras plantaciones de café, en Santiago de Cuba (2000); el Parque Nacional Desembarco del Granma (1999), en la provincia del mismo nombre; el valle de Viñales (1999), en Pinar del Río; el Parque Nacional Alejandro de Humbolt (2001), en Guantánamo, y el centro histórico urbano de Cienfuegos (2005), en la provincia homónima.

un hábitat muy adecuado a los peces y las aves pequeñas. Los manglares ocupan un 26% de la masa forestal y cubren casi un 5% de la costa; así pues, Cuba es el quinto país del mundo en cuanto a la densidad de sus manglares, y los más extensos están situados en la Reserva Ciénaga de Zapata.

Los pinares más grandes se encuentran en la isla de la Juventud, llamada anteriormente isla de los Pinos; en la zona occidental de Pinar del Río, al este de Holguín, más concretamente en la sierra Cristal, así como en el centro de Guantánamo. Estos bosques son especialmente propensos a los incendios y la reforestación supone un problema constante para los ecologistas.

Los bosques tropicales alcanzan altitudes de 500 a 1.500 m en la sierra del Escambray, la sierra Maestra y el macizo de Sagua-Baracoa. Las especies autóctonas son el ébano y la caoba, aunque en la actualidad, debido a la reforestación, conviven con el eucalipto, que es elegante y aromático, pero agresivo.

Además, toda la isla está salpicada de cientos de especies de helechos, cactus y orquídeas, muchas de ellas endémicas. Las mayores concentraciones de los dos primeros se hallan en el jardín botánico de Santiago de Cuba (p. 415), mientras que las últimas crecen sobre todo en Pinar del Río (p. 209). Casi todas las orquídeas florecen entre noviembre y enero, y uno de los mejores lugares para verlo es en la Reserva Sierra del Rosario. La flor nacional es la mariposa, caracterizada por sus pétalos blandos y su fuerte aroma.

Las plantas medicinales se encuentran también muy extendidas por todo el territorio, debido sobre todo a la escasez permanente de medicamentos provocada por el embargo de EE UU. Las farmacias están bien provistas de remedios, como el aloe para el resfriado y la congestión, o el extracto de propóleos para cualquier problema intestinal o infección respiratoria. En todas las casas, suele haber una maceta de orégano con el que se elabora un reconstituyente para el catarro, mezclando sus hojas planas y gruesas con zumo de lima, miel y agua caliente.

PARQUES NACIONALES

En 1978 se fundó en Cuba el Comité Nacional para la Protección del Medio Ambiente y los Recursos Naturales (COMARNA), que intentó poner fin a cuatrocientos años de deforestación y pérdida de entornos naturales, mediante el establecimiento de cinturones verdes y la puesta en marcha de ambiciosas campañas de reforestación. Se cree que cuando en 1492 Colón llegó a la isla, el 95% estaba cubierto de bosques vírgenes, pero en 1959 esta superficie había quedado reducida a un 16%. Los programas de reforestación a gran escala y la declaración de parques naturales en amplias extensiones del territorio han elevado la cifra a un 20%, aunque todavía queda mucho trabajo por hacer.

Hasta 2006 se han declarado seis parques nacionales: el Parque Nacional Península de Guanahacabibes y el Parque Nacional Viñales, ambos en Pinar del Río; el Gran Parque Natural Montemar, en Matanzas; el Gran Parque Nacional Sierra Maestra y el Parque Nacional Desembarco del Granma, en las provincias de Granma y Santiago de Cuba; y el Parque Nacional Alejandro de Humboldt, en Guantánamo. De ellos, Desembarco del Granma y Humboldt son a la vez Patrimonio Mundial de la Unesco.

En este país, el Estado protege los monumentos nacionales y las zonas de especial belleza natural para beneficio de la población. La Ley 239 aprobada en 1959 propuso la creación de nueve parques nacionales y expresó el deseo de fomentar el turismo. En la década de 1990 el plan se hizo

Las exportaciones de cigarrillos y puros cubanos suponen unos ingresos de 200 millones de CUC anuales; sin embargo, cada año 6.000 cubanos mueren de enfermedades relacionadas con el tabaco.

En 1991 Cuba inició un proyecto pionero, el Programa de Agricultura Urbana, gracias al cual amplias zonas de la ciudad sin uso definido se convirtieron en productivos campos de cultivo de alimentos orgánicos para consumo doméstico.

ZONAS PROTEGIDAS

Parque	Características	Actividades	Mejor época para visitarlo	Página
Parque Nacional Península de Guanahacabibe	mangles y playa: tiburones, tortugas marinas, aves exóticas, pocos visitantes	submarinismo, excursiones, observación de aves	jun-oct (para nidos de tortugas),	p. 196
Parque Nacional Viñales	valle frondoso: grutas, montañas abruptas, plantaciones de tabaco, centro de visitantes	espeleología, excursiones, paseos a caballo y escalada	todo el año	p. 202
Gran Parque Natural Montemar	pantanos: mangles, 190 especies de aves, manatíes, cría de cocodrilos, reproducción de poblado taíno	observación de aves, pesca, paseos en barca	nov-abr	p. 247
Gran Parque Nacional Sierra Maestra	montañas: cuartel general de la Revolución Cubana, selva, picos, vistas, museos	*trekking, camping*	oct-may (estación seca)	pp. 375 y 422
Parque Nacional Desembarco del Granma	bosque tropical/playa: arrecifes, senderos, reproducción del *Granma*, cactus, faro, cuevas, petroglifos	excursiones, espeleología, natación, pesca	sep-jun	p. 382
Parque Nacional Alejandro de Humboldt	mangles y bosque: bahía protegida, especialistas en excursiones por la zona, centro de visitantes, manatíes, senderos	navegar, observación de aves	todo el año	p. 442

realidad y en la actualidad la política medioambiental está dirigida por el COMARNA, que actúa como coordinador de 15 ministerios y asegura el cumplimiento eficaz de la legislación nacional e internacional sobre la materia. Esto incluye la adhesión a varios tratados internacionales como la Convención sobre la Protección del Patrimonio Mundial, Cultural y Natural o el Programa del Hombre y la Biosfera, ambos de la Unesco.

CUESTIONES MEDIOAMBIENTALES

En Cuba, los problemas medioambientales se agravan a causa de una economía débil, en la que el turismo se ha convertido en la única esperanza de aumentar los ingresos. Esto ha llevado a una política de medio ambiente contradictoria, incapaz de hacer compatibles las necesidades de la población y el control ecológico. Uno de los peores desastres fue la construcción del *pedraplén* (calzada empedrada) de 2 km a lo largo de la costa, para unir Cayo Sabinal y la orilla de Camagüey. Este proyecto consistió en apilar enormes piedras en el mar para levantar una vía que ha impedido el paso de las corrientes marinas y ha causado un daño irreparable a las aves y los ecosistemas marinos. El perjuicio ecológico que han originado otras calzadas aún más largas, que conectan el archipiélago Jardines del

Rey y Ciego de Ávila (27 km de longitud, p. 315), no se sabrá hasta dentro de diez años o más.

Las nuevas carreteras y los aeropuertos, el turismo en masa hacia zonas de valiosa riqueza ecológica y paisajística, y la edificación frenética en las playas vírgenes, acrecienta el conflicto entre la actividad humana y la protección del entorno; las grandes extensiones de tierra usurpadas a la Reserva Ecológica Varahicacos en Varadero son sólo un ejemplo. Otro asunto denunciado por los activistas es el encierro de delfines para el negocio turístico. La pesca descontrolada, que afecta también a tortugas y langostas, la actividad agraria, la contaminación y el inadecuado sistema de alcantarillado han deteriorado los bancos de coral, infectados por las enfermedades de la banda amarilla y de la banda negra, así como por algunas algas.

Al llegar a La Habana o a Santiago de Cuba, se aprecia la polución ambiental causada por el humo negro de viejos coches y los residuos procedentes de la combustión de basura, entre otras cosas. También contribuyen al desastre las cementeras, las refinerías de azúcar y la industria pesada, como las minas de níquel en Moa, que marcarán un precedente, ya que este enorme y bello paisaje se está convirtiendo en tierra yerma.

A pesar de todo, el Gobierno ha demostrado un interés real por la reforestación y la protección de parajes naturales, y un deseo de enmendar los errores del pasado: el puerto de La Habana, el más contaminado en otro tiempo, y el río Almendares, que cruza la ciudad, han sido saneados; las emanaciones de azufre de los pozos de aceite cerca de Varadero se han reducido; el Ministerio de Ciencia, Tecnología y Medio Ambiente ha aprobado diversas medidas, y el reglamento sobre pesca es ahora más estricto. Así pues, uno de los desafíos a los que se enfrenta Cuba es encontrar el equilibrio entre las necesidades inmediatas del país y el futuro de su entorno natural.

Gracias al Plan Manatí de reforestación, el Gobierno cubano plantó unos tres billones de árboles, de los cuales murieron la mitad. Por eso, se ha puesto en marcha otro programa con el fin de recuperar un millón de hectáreas para 2015.

Comida y bebida

Por lo general, nadie viaja a Cuba por la comida. La gastronomía cubana tiene fama de mediocre; sin embargo, los cocineros suelen ser creativos y la cocina, casera. Sea en una casa particular o en un *paladar*, es abundante y sabrosa, aunque algo aceitosa: todo el que tenga el colesterol alto debería ir de vacaciones a cualquier otro sitio.

Sin embargo, la comida de los complejos turísticos es muy distinta. En los hoteles con pensión completa se sirven tomates en agosto y queso todo el año. Salvo las opciones mencionadas, cuando se trata de comer fuera, las posibilidades se reducen mucho y puede ser que el turista pase un poco de hambre alguna vez durante su recorrido. Para evitar una situación así, véase el recuadro que se presenta más adelante.

PRODUCTOS TÍPICOS Y ESPECIALIDADES

La comida cubana o criolla se elabora con congrí (mezcla de frijoles con arroz, que en la zona este de la isla recibe el nombre de moros y cristianos, o congrí oriental si los frijoles son rojos), banana frita y ensalada (cualquier hortaliza cruda, sobre todo tomate, pepino o col).

El cerdo constituye la fuente básica de proteínas: el lomo ahumado y aromatizado, las chuletas gruesas y jugosas, y el fricasé con pimiento y cebolla. El filete uruguayo es un trozo de cerdo empanado, relleno de jamón y queso.

ALIMENTARSE BIEN

En Cuba, se le llama *jamaliche* o comilón a quien se pasa el día comiendo. Aunque se haya contratado un viaje organizado y las comidas estén incluidas, siempre hay momentos en que apetece picar algo. A continuación se presentan algunas ideas para esos momentos.

- Se recomienda llevar siempre algunos pesos, que se cambian con facilidad en las *cadecas*. Los pesos son buenos para comprar diversos productos, como helados, cacahuetes, bocadillos de tortilla, batidos, pan, frutas, verdura y sobre todo *pizzas* al peso.

- Se aconseja ir provisto de una bolsita de plástico para cargar con lo que se adquiera si se pasa por una pastelería o un mercado.

- Los puestos de 24 horas, que ofrecen una gran variedad de productos en pesos, se instalan cerca de los hospitales.

- Si se tiene la suerte de comer en un bufé libre, al terminar conviene llevarse las sobras envueltas en un servilleta para tomarlas más tarde.

- Los ciclistas, los aficionados al ejercicio o los *jamaliches* deben ir provistos de barritas energéticas, frutos secos o cualquier otro alimento ligero pero de alto valor nutritivo.

- Hay que hacerse a la idea de que se va a comer mucho frito, puesto que es lo que más se encuentra por la calle.

- Merece la pena aprovisionarse de galletas cuando se pase por una tienda de alimentación.

- Se recomienda adquirir yogures de calidad en gasolineras y cafeterías, en especial en la cadena El Rápido.

- Se aconseja alquilar una habitación con derecho a cocina, localizar los agropecuarios y comprar alguna vez para organizar una cena con los amigos.

- Hay que tomar ejemplo de los cubanos y no desperdiciar absolutamente nada.

- No hay que olvidarse llevar algunas golosinas.

El sándwich cubano es un clásico que se encuentra más fácilmente en Miami que en La Habana. Consiste en una loncha de cerdo asado, jamón serrano y una loncha fina de queso suizo aderezado con pepinillos en vinagre y mostaza amarilla.

A veces da la impresión de que los pollos cubanos ya nacen fritos y de que cualquier pescado viene de aguas lejanas; sin embargo, en ocasiones se puede probar el pargo, la tortuga roja y la langosta o las gambas, ambas al ajillo o enchiladas (con salsa de tomate). Los ostiones, pequeñas ostras preparadas con salsa de tomate y zumo de lima, también son muy conocidos. El ganado vacuno está controlado por el Gobierno, así que su carne sólo se sirve en restaurantes estatales. Los locales de comida rápida venden hamburguesas, aunque probablemente se hagan con carne de cerdo.

La yuca y la calabaza por lo general se toman con mojo, un condimento elaborado con aceite, ajo y naranja ácida. También es frecuente hallar judías verdes, remolacha y aguacate, sobre todo en temporada (de junio a agosto), aunque es más fácil encontrar las verduras en el mercado que en los platos.

Muy pocos establecimientos preparan desayunos, aunque existen cadenas como Pain de Paris y Doña Nely, donde se puede comprar todo tipo de bollería; por eso, si para el viajero es importante empezar bien el día, se recomienda localizar un hotel con bufé o alguna de esas casas particulares donde ofrecen estupendos y abundantes desayunos (huevos, tostadas, zumos naturales, café y fruta) por 2 o 3 CUC.

Cuba es famosa por sus mojitos, de modo que quien se canse de tanto arroz con frijoles, este suave cóctel de ron, menta, azúcar, agua mineral y zumo de lima fresco puede ser una buena alternativa para cenar.

Postres

Durante los peores años del Período Especial (1990-1995), los adultos cubanos perdieron entre 2,25 y 4,5 kg debido a la escasez de alimentos.

Los cubanos, que son fanáticos del helado, cuentan con 14 marcas diferentes como mínimo. El helado de Coppelia es legendario, pero por todas partes pueden encontrarse tarrinas de otras marcas por un precio insignificante (440 g por 1 CUC); incluso el helado de máquina por 1 CUP no es nada malo. A cualquier hora del día o de la noche, el viajero se puede encontrar a alguien devorando un enorme helado de Nestlé o disfrutando de un cornete antes de que se derrita. Para más información, véase el recuadro "Un helado en Coppelia" (p. 125).

Otros postres de interés son el flan con caramelo, que se sirve en porciones individuales; el de calabaza y el de coco, ambos de origen hispano. Siempre existe una buena excusa para degustar una enorme y empalagosa tarta, que probablemente haya recorrido toda la ciudad en una bicicleta inestable. La capital y las ciudades grandes cuentan con buenas pastelerías. En los restaurantes baratos y en los hoteles de Islazul el postre habitual, y casi siempre único, es la mermelada con queso, hecho con mermelada de bote y queso rancio.

BEBIDAS
Alcohólicas

El ingrediente estrella de la comida cubana es la langosta, y nadie está más preparado para hablar de ella que Gilberto Smith Duquesne, presidente de la Asociación Culinaria de la República de Cuba. Merece la pena su clásico manual *El Rey Langosta*, con 60 recetas fabulosas.

La más extendida es el ron, que se sirve de maneras muy diversas: en el mojito, en el cubalibre (con Coca-Cola), en el daiquiri y en el cubanito (con zumo de tomate), con o sin hielo. El más famoso es Havana Club, y el más barato Silver Dry, y el que se suele utilizar en los cócteles es Carta Blanca, de tres años. El Carta de Oro, de cinco años, y el Añejo, de siete, se toman en chupitos. El mejor, sin duda, es Matusalem Añejo Superior, que se elabora en Santiago de Cuba desde 1872. Otras marcas reconocidas son Varadero, Caribbean Club y Caney, obtenido en la vieja destilería de Bacardí en Santiago de Cuba y cuyo nombre se prohibió desde que la familia en el exilio demandó al Gobierno cubano, acogiéndose a las leyes del embargo de EE UU.

El aguardiente, procedente de la caña fermentada, resulta muy fuerte y se vende a granel en las bodegas por 20 CUP (0,60 €/1,5 l); se recomienda

llevar la botella para rellenar. Los aguardientes envasados más populares son Santero y El Niño. Los cubanos también obtienen vinos con diversas frutas, como el mango, la piña o la uva. Los supermercados de las ciudades suelen ofrecer una modesta variedad de caldos españoles, chilenos y cubanos. Las cervezas más conocidas son Mayabe y Hatuey (3,8 y 5% de alcohol respectivamente), pero el monopolio lo tienen Cristal (4,9%), muy suave, y Bucanero (5,4%). Lagarto, Bavaria y Heineken se encuentran entre las marcas importadas más comunes.

Sin alcohol

El café cubano o cafecito es fuerte, negro y muy dulce. Normalmente, el café que se vende en pesos lleva el azúcar incorporado. El mayor placer matutino consiste en un gran tazón de café con leche caliente o un chocolate a la taza muy empalagoso. En Cuba no suele prepararse té, aunque en los hoteles y restaurantes es factible pedir una taza de agua caliente; asimismo, las bolsitas se pueden adquirir en los supermercados donde cobran en convertibles.

En cualquier lugar donde sirvan mojitos, también preparan limonadas. Los zumos naturales, los refrescos y los batidos se ofrecen en puestos callejeros por pocos pesos. No se recomienda tomar este tipo de bebidas si se tienen problemas de estómago, puesto que están elaboradas con agua o hielo.

El guarapo es un zumo de caña de azúcar muy popular (p. 359) y el *prú* es una bebida destilada sin alcohol típica de la región de Oriente con especias, yuca fermentada y otros ingredientes secretos que los fabricantes nunca darán a conocer.

El agua del grifo no siempre es de buena calidad, por lo que se recomienda beberla embotellada o hervida, que resulta más barata. También se pueden utilizar gotas de cloro Gotica, que se pueden adquirir en establecimientos que admitan convertibles por 1,25 CUC: una gota de cloro por tres litros de agua. Este método funciona en provincias, pero si se está en La Habana, es conveniente hervir el agua o comprar botellas, puesto que existe el riesgo de contraer giardiasis u otras disenterías amébicas. El agua en Santiago de Cuba es famosa por su suciedad, por lo que se recomienda no emplearla ni siquiera para cepillarse los dientes.

CELEBRACIONES

Un cumpleaños, una reunión familiar, la Nochevieja y, para muchos, la Nochebuena siempre se festejan con lechón asado. Una vez limpio y salpimentado, el cerdo se asa a fuego de leña y, con frecuencia, el lento proceso va acompañado de bromas, ron, baileteo y dominó. La guarnición suele ser yuca con mojo, congrí y ensalada. Durante el Carnaval de Holguín (p. 349) también es frecuente ver puestos callejeros que ofrecen este asado en grandes fuentes.

DÓNDE COMER Y BEBER
Restaurantes públicos

El horario de los restaurantes suele ser de 11.00-23.00 todos los días, aunque a veces los camareros se escapan sin avisar para comer o están demasiado ocupados haciendo inventario para servir a los clientes. Los restaurantes públicos pueden ser de los que cobran en pesos o en convertibles. Los primeros tienen la mala reputación de presentar un extenso menú cuando en realidad lo único que les queda es pollo frito. Evidentemente el cliente debe enterarse telepáticamente y, aun así, tendrá que esperar media hora antes de que se lo confirmen, mientras la camarera se queda

A quien la comida cubana le parezca aburrida cambiará de opinión después de conocer el libro *Three Guys from Miami Cook Cuban* (Tres tipos de Miami preparan comida cubana) de Glenn M. Lindgren, Raúl Musibay y Jorge Castillo.

Los *paladares* cubanos sólo pueden servir a 12 comensales al mismo tiempo; además, tienen prohibido servir langosta y carne de vacuno, ya que ambos alimentos constituyen un monopolio estatal.

dormida, se despierta, responde al teléfono, se pinta las uñas, limpia la barra con un trapo sucio y se vuelve a quedar dormida. Sin embargo no todo es tan lamentable. Algunos preparan platos de calidad y, además de ser muy baratos, constituyen la única opción fuera del circuito turístico, por lo que se recomienda tenerlos en cuenta (sobre todo la cadena nacional Doña Yulla). A veces, en los comedores donde se paga en pesos, los camareros o no muestran la carta al cliente para cobrarle de más o establecen una falsa equivalencia entre pesos y convertibles, con lo que la comida sale mucho más cara. Por eso, antes de pedir se recomienda comprobar la moneda en la que se están consultando los precios: un menú suele oscilar entre 15 y 25 pesos. Hay establecimientos que disponen de dos menús, uno en pesos y el otro en convertibles, con precios razonables.

Los restaurantes que cobran en convertibles son más fiables; pero, al no existir la competencia, el hecho de que sea más caro no significa que ofrezca más cantidad o mejor calidad y servicio. De hecho, después de una semana o dos recorriendo las calles de las ciudades menos turísticas, el viajero se dará cuenta de que los restaurantes cubanos constituyen el talón de Aquiles de la revolución socialista. La comida, sosa y poco apetitosa, es servida por camareros aburridos y desinteresados que parecen salidos de un *sketch* de los Monty Python. No obstante, en un panorama tan sombrío, destacan algunas luces. El grupo Palmares gestiona una amplia variedad de restaurantes excelentes por todo el país, desde una pequeña cabaña en la playa de Maguana, Baracoa, hasta El Aljibe en Miramar (La Habana), elogiado incluso en el *New York Times*. Otro establecimiento seguro, aunque poco atractivo, es El Rápido, versión cubana de McDonald's, que ofrece un menú fijo de microondas a base de *pizzas*, perritos calientes, sándwiches y, a veces, un yogur excelente. Al país le vendría muy bien que se abrieran más restaurantes como La Vicaria, donde el servicio es siempre bueno, los precios justos y la comida agradable. Evidentemente en La Habana el panorama es muy distinto, puesto que existen muchos restaurantes estatales de excelente calidad en el centro histórico. Todos sus empleados ganan un sueldo que oscila entre 8 y 13 CUC mensuales, por tanto las propinas se agradecen enormemente (p. 79).

'Paladares'

Con la aparición de estos restaurantes privados en 1995, el panorama de la hostelería mejoró de forma considerable. Legalmente, sólo pueden servir a 12 personas y no pueden incluir en su carta ni carne de vacuno ni langosta ni gambas; sin embargo, los *paladares* no sólo ofrecen la comida que se les prohíbe, sino que las puertas de la cocina se abren a pequeños recintos donde se puede acomodar a más de 12 clientes.

Al estar ubicados en residencias privadas, cada comedor, por el que los dueños pagan un impuesto mensual fijo, goza de una atmósfera distinta. El viajero puede encontrar desde un comedor romántico, situado en un jardín, hasta una habitación sin ventanas con el aire acondicionado al máximo. Algunos *paladares* disponen de menú escrito, otros no; algunos aceptan pesos, pero casi todos quieren convertibles. Para saber en qué moneda se presenta el menú, se recomienda comprobar cuánto cuesta una cerveza, y si vale alrededor de 10 CUC quiere decir que éste se halla en pesos, por tanto la comida saldrá bien de precio; conviene tener muy presente que los convertibles y los pesos utilizan el mismo símbolo. Una buena ración cuesta entre 4 y 12 CUC. Se aconseja mirar los precios antes de pedir, pues algunos *paladares* son demasiado caros. Es una mala señal que no los especifiquen en la carta, ya que muchos locales guardan la misma carta escrita varias veces con precios distintos, y mostrarán una u otra dependiendo

Los moros y cristianos es un plato típico cubano compuesto de arroz y frijoles negros. El congrí oriental consiste en arroz con frijoles rojos y en ocasiones con trozos de cerdo crujientes.

Nitza Villapol, cocinera cubana y personalidad televisiva, sigue recuperando imaginativas recetas de los días más oscuros del Período Especial. Dicen que su programa de televisión fue prohibido después de que intentara presentar un innovador plato llamado "dulce de frijoles negros".

de lo que intuyan que el cliente puede pagar. Además, suelen fijarse en los conocimientos de español del comensal y en si deben pagar al jinetero que lo llevó al establecimiento, lo que aumentará el precio.

Esta guía muestra una lista muy completa de *paladares*. Sin embargo, éstos cambian constantemente, debido a que muchos cierran cuando el dueño emigra o no puede pagar los impuestos. La política del Gobierno es cada vez más severa y tanto la concesión de autorizaciones como las inspecciones hacen que resulte muy difícil abrir uno. En algunas de las ciudades más grandes, como Cienfuegos, sólo existen uno o dos. Siempre hay quien prepara comidas de forma clandestina, pero las multas son muy fuertes, por lo que se aconseja ser discreto.

Para que el viajero sepa distinguir entre establecimientos privados y públicos, se llamará a los primeros *paladares*, y a los segundos, restaurantes.

Comida rápida

Al igual que los demás negocios privados, las cafeterías, controladas por el Gobierno, aunque tengan un aspecto algo sucio, no presentan ningún problema de carácter higiénico. En los puestos callejeros, se vende la legendaria *pizza* con queso picante, batidos, asado, empanadas de cerdo, cócteles de frutas y helados, sin olvidar el pan con todo tipo de rellenos, desde una simple tortilla hasta la llamada pasta, una especie de mayonesa muy densa.

Se aconseja tener en cuenta los puestos de comida criolla, donde se compran las denominadas *cajitas* (con cuchara de cartón incluida), menús completos para llevar con ensalada, verduras al horno, congrí y chuletas de cerdo por 1 CUC.

Cualquier tipo de comida que se adquiera en la calle se paga en pesos. Para más información, véase el recuadro (p. 75).

VEGETARIANOS Y 'VEGANOS'

Los vegetarianos, que no comen ni grasa ni carne ni pescado, lo tienen difícil en Cuba, donde la dieta es carnívora. Los cubanos en realidad no comprenden a los vegetarianos, o si lo hacen o dicen que lo hacen, resumen la cuestión en una palabra: huevos, en tortilla o, haciendo un esfuerzo, revueltos. No obstante, el segundo problema es la preparación. Incluso si la tortilla se hace sin carne, no debe presuponerse que se haya preparado conforme a los gustos o las exigencias de los vegetarianos. Con frecuencia

La carne picada al estilo cubano se aliña con ajo, laurel, cebolla, pimentón, tomate, orégano, pimienta, aceitunas y pasas, y se sirve con un huevo frito encima.

PROPINAS Y RESERVAS

En Cuba es importante dar propinas. En un país donde los médicos trabajan de camareros y los camareros se pluriemplean como músicos para tocar ante turistas que beben mojitos mientras prueban de un plato de moros y cristianos, un par de pesos convertibles al final de la comida suponen una gran ayuda para el presupuesto semanal de una familia. Hay que tener en cuenta que la mayoría de estas personas gana un sueldo en moneda nacional; es decir, en pesos, que suele oscilar entre 10 y 25 US$ mensuales. El acceso a una moneda más estable y valorada es imprescindible para evitar el déficit; por tanto, independientemente de la calidad del servicio, la propina no es sólo un signo de gratitud, sino una contribución fundamental a la economía local.

Un 10% de propina es suficiente, y el mínimo en restaurantes que aceptan convertibles suele estar en 1 CUC. En los restaurantes donde se paga en pesos no es obligatorio dejar propinas, pero se agradece enormemente. En general, no es necesario reservar en los establecimientos como La Guarida de La Habana, salvo si se trata de un grupo grande o se quiere cenar en un *paladar* de moda.

En Cuba todo el mundo disfruta con el sabor del anaranjado mamey hasta el punto de que el nombre de esta fruta se ha incorporado al vocabulario coloquial como superlativo. Por ejemplo, describir a una mujer como un "mamey" es el mayor halago que se le puede brindar.

la alimentación vegetariana se confunde con la ausencia de carne, de modo que en algunos establecimientos se servirá como vegetariano el mismo plato que come todo el mundo sin los trozos de carne. Sin embargo, recientemente, la aparición de restaurantes vegetarianos en La Habana (véase el recuadro p. 122) y la campaña educativa llevada a cabo por el Gobierno indican la existencia de una tendencia basada en este tipo de dieta. Algunos cocineros de casas particulares se dedican a cocinar sin carne; sólo hay que preguntar.

En cuanto a los *veganos* no les queda otro remedio que cocinar para sí mismos. Hay quien alquila habitaciones con derecho a cocina o pequeños apartamentos; esta guía proporciona información sobre las distintas opciones que ofrecen las casas particulares. Tanto unos como otros también pueden recurrir a:

Agropecuarios – mercados de verduras donde se vende arroz, frijoles y fruta (para más información sobre los mejores mercados de La Habana, véase p. 124).

Organopónicos – tiendas de productos biológicos.

Proteína vegetal – en especial de soja, también de venta en bodegas.

'Spirulina' – microalga en polvo de cualidades nutritivas excepcionales que contiene una alta tasa de proteínas y vitaminas.

Yogur de soja – de venta en las bodegas; el yogur común se puede comprar en establecimientos que cobren en convertibles.

A PEDIR DE BOCA

ajiaco – estofado de pollo con patatas, calabaza, malanga, bananas, maíz, carne, salsa de tomate, especias, cerveza añeja, zumo de limón y todo lo que se quiera añadir.

bocadito – bocadillo elaborado con un panecillo redondo.

café cortado – un café exprés con un poco de leche.

cajita – comida para llevar que viene en una pequeña caja.

caldosa – guiso parecido al ajiaco.

chicharitas/mariquitas – rodajas finas de patata frita; también se prepara con patata o malanga.

chicharrones – piel de cerdo frita.

crema de queso – crema de queso muy pesada con la misma cantidad de queso que de harina; tiene variaciones como la crema Aurora y la crema Virginia.

entremés – aperitivo o comida ligera que se come con los dedos, normalmente compuesto de lonchas de jamón y queso acompañadas por aceitunas verdes. A veces las raciones son abundantes.

filete Canciller – pescado empanado relleno de jamón y queso.

filete Monte Toro – pescado empanado relleno de queso.

filete uruguayo – carne de cerdo rellena de jamón y queso, enrollada y empanada.

Gordon Bleu – pollo con jamón y queso; simpática adaptación de Cordon Bleu.

guarnición – acompañamiento al plato principal.

hígado a la italiana – víscera cocinada con salsa de tomate, pimientos y cebolla.

lomo ahumado – pieza de lomo de cerdo ahumada.

potaje – frijoles negros ligeramente especiados cocinados con huesos de cerdo.

ropa vieja – carne de ternera cocida y desmenuzada, acompañada de tomate y cebolla; sólo se sirve en restaurantes, no en *paladares*.

mesa 1, 2, etc. – distintos tipos de menú, que se distinguen por el número y se componen de un plato principal, ensalada, acompañamiento y postre, normalmente en pequeñas cantidades.

tamal en cazuela – maíz hervido con carne y especias, que se presenta en un recipiente; también se llama tamal a una especie de empanada con rellenos variados envueltos en hojas de mazorca.

tostones – pastelillos de plátano frito.

macedonia de vegetales – zanahorias y judías verdes muy cocidas, naturales o de lata.

vianda – cualquier tubérculo (patata, yuca, melanga, boniato, banana) que se sirve frito como acompañamiento.

La Habana

La Habana es única. Desde las viviendas que se desmoronan en Centro Habana hasta los imponentes edificios coloniales de La Habana Vieja, la mayor y más vital ciudad del Caribe embruja y seduce, confunde y frustra. Federico García Lorca la elogió, Hemingway la eligió como residencia permanente y el novelista británico Graham Greene se enamoró abiertamente de su turbio y sórdido ambiente nocturno. No fueron los únicos conversos. En los últimos cinco siglos La Habana ha enamorado a toda clase de personas, de bucaneros holandeses a turistas españoles con camisetas del Che Guevara.

Cuesta determinar la esencia y el ambiente de la ciudad. La Habana ejerce su magia lentamente, penetrando poco a poco bajo la piel con una mezcla incombustible de música, pasión, espíritu y casualidad. Pero su mayor atractivo quizá sea su cruda autenticidad. No se trata de un complejo turístico retocado ni de una pieza de museo restaurada. Las tiendas de racionamiento son auténticas y los Pontiacs prehistóricos que congestionan las calles cercanas al parque de la Fraternidad no son artículos de coleccionismo conservados con mimo, son una necesidad.

Las oportunidades de perderse entre la muchedumbre son infinitas. Los fanáticos de la arquitectura tienen el Gran Teatro, de estilo barroco, o el edificio Bacardí, *art déco*. Los amantes de la música disfrutarán con la rumba y la salsa, la trova y el son, la música popular de Cuba por antonomasia. Hasta al más recalcitrante de los escépticos le costará resistirse a los sensuales atractivos de Vedado o a las columnatas del Malecón bañadas por el sol del atardecer.

LO MÁS DESTACADO

- **Arquitectura**
  Explorar la hermosa ciudad colonial de La Habana Vieja (p. 89)
- **El Malecón**
  Absorber la impresionante vista de La Habana al ponerse el sol (p. 104)
- **Música**
  Salsa en la Casa de la Música (p. 129) y rumba en el callejón de Hamel (p. 110)
- **Buena mesa**
  Descubrir los matices de la cocina cubana en el *paladar* La Guarida (p. 120), La Cocina de Lilliam (p. 120) y El Aljibe (p. 120)
- **Museos**
  Explorar la historia y la cultura de Cuba en el Museo de la Revolución (p. 98) y en el Museo de la Ciudad (p. 92)

El Malecón
Paladar La Guarida,
La Cocina de
Lilliam, El Aljibe
★ ★ Museo de la Revolución
★ ★ La Habana Vieja;
Museo de la Ciudad
La Casa de la
Música y callejón
de Hamel

| ☎ 7 | POBLACIÓN: 2,2 MILLONES | SUPERFICIE: 740 KM² |

HISTORIA

El conquistador español Pánfilo de Narváez fundó San Cristóbal de La Habana en 1514 en la costa sur de Cuba, cerca de la desembocadura del río Mayabeque. Las plagas de mosquitos hicieron que la ciudad, que tomó su segundo nombre de un famoso cacique taíno, cambiara de ubicación en dos ocasiones durante sus primeros cinco años de vida. Su emplazamiento actual no fue definitivo hasta el 17 de diciembre de 1519. Según se cuenta, la primera misa se celebró bajo la sombra de una ceiba en la actual plaza de Armas.

La Habana es la más occidental y aislada de las villas originales de Diego Velázquez y en los primeros años tras su fundación la vida no fue fácil en ella. No mejoraron las cosas cuando los corsarios franceses arrasaron la ciudad en 1538.

Hizo falta que los españoles conquistaran México y Perú para que cambiara la suerte de La Habana. La situación estratégica de su puerto, en la entrada al golfo de México, la convirtió en el lugar perfecto para que se reunieran las flotas comerciales hispanas antes de partir hacia el este. Desde ese momento su ascensión fue rápida y decidida, y en 1556 reemplazó a Santiago de Cuba como sede de la colonial Capitanía General. La primera gran flota partió hacia España desde La Habana en 1564 y durante los siguientes 200 años el suyo sería (junto al del Callao y el de Veracruz) uno de los puertos más importantes de las Américas, la llave del vasto Imperio colonial español. En 1592 La Habana recibió el título de ciudad y en 1607 la capital de la colonia se trasladó allí oficialmente.

Pero tanta riqueza despertó la avaricia corsaria y la ciudad fue saqueada de nuevo por piratas franceses, liderados por Jacques de Sores, en 1555. Como protección se construyeron las fortalezas de La Punta y El Morro entre 1558 y 1630, reforzando así su ya formidable cinturón defensivo. Entre 1674 y 1740 se añadió una robusta muralla alrededor de la ciudad. Si bien estas defensas lograron frenar a los piratas, sirvieron de poco cuando España se enzarzó en la Guerra de los Siete Años con Gran Bretaña, la mayor potencia marítima de la época.

El 6 de junio de 1762, la armada británica, bajo el mando del conde de Albemarle, atacó La Habana, desembarcando en Cojímar y siguiendo tierra adentro hasta Guanabacoa.

Desde allí los ingleses se dirigieron hacia el oeste hasta que el 30 de julio asaltaron El Morro desde la retaguardia. Por La Chorrera, al oeste de la ciudad, penetraron más tropas, y el 13 de agosto los españoles fueron rodeados y obligados a rendirse. Los británicos dominaron La Habana durante once meses. Esta guerra también le costó a Francia (aliada de España) casi todas sus colonias en Norteamérica, entre ellas Quebec y Louisiana, lo que supuso un cambio del statu quo.

Un año más tarde, cuando España recuperó la ciudad a cambio de Florida, se construyó una nueva fortaleza, La Cabaña, en el frente desde el que los británicos habían bombardeado El Morro. Al finalizar las obras en 1766, La Habana se había convertido en el baluarte de las Indias.

Como consecuencia de las reformas borbónicas, España levantó el monopolio comercial que pesaba sobre sus posesiones americanas y La Habana se abrió al libre comercio. En 1765 se le concedió el derecho a comerciar con siete ciudades de la Península (hasta entonces todas las mercancías procedentes de América sólo podían arribar a Sevilla remontando el Guadalquivir) y, a partir de 1818, se le permitió exportar azúcar, ron, tabaco y café directamente a cualquier puerto del mundo. El s. XIX supuso una época de crecimiento con la llegada del ferrocarril (1837), la iluminación pública de gas (1848), el telégrafo (1851), un sistema de transporte urbano (1862), el teléfono (1888) y finalmente la electricidad (1890). A finales del s. XVI La Habana tenía unos 4.000 residentes; en 1774 había crecido hasta 76.000, la mitad de la población de la isla. La capital se mantuvo casi intacta tras las devastadoras guerras de independencia y en 1902 contaba con un cuarto de millón de habitantes.

La Habana entró en el s. XX en la cúspide de una nueva era. Tras la independencia lograda en 1902 la ciudad se había expandido con rapidez por el Malecón y Vedado. Los estadounidenses llegaron en masa durante el período de la Ley Seca en su país, trayendo consigo una época de vacas gordas. Hacia mediados de los años cincuenta, La Habana era una decadente capital del juego que se divertía en fiestas que duraban hasta el amanecer.

A ojos de Fidel Castro todo aquello era una aberración. Cuando alcanzó el poder en 1959 el nuevo Gobierno revolucionario no

tardó en cerrar todos los casinos y purgar a todo el que osara cuestionar sus ideas. Así empezaba el largo ocaso de La Habana.

Hoy la ciudad está en restauración permanente, en una lucha estoica contra la adversidad en un país donde la escasez forma parte de lo cotidiano. Desde 1982, Eusebio Leal, historiador de La Habana, está restaurando La Habana Vieja calle a calle y plaza a plaza con ayuda de la Unesco y de múltiples inversores extranjeros. De forma lenta pero segura la antigua estrella va redescubriendo su lustro de antaño.

ORIENTACIÓN

La ciudad de La Habana, rodeada por la provincia homónima, está dividida en 15 municipalidades (véase plano abajo).

La Habana Vieja, también conocida como La Habana Colonial, se encuentra al oeste del puerto. Las murallas del s. XVII que la rodeaban, y que discurrían por las actuales avenidas Bélgica y Misiones, fueron derruidas en 1863, de manera que la ciudad se extendió en dirección oeste, hacia Centro Habana. Ambas municipalidades quedaron separadas por

la concurrida avenida San Rafael, aunque la frontera todavía es confusa. En la zona occidental, se encuentra Vedado, el distrito turístico por excelencia, que se desarrolló tras la independencia de 1902. Cerca de la plaza de la Revolución, entre Vedado y Nuevo Vedado, se erigió en la década de 1950 un enorme complejo administrativo. Al oeste del río Almendares se sitúan Miramar, Marianao y Playa, barrios residenciales de moda antes de la Revolución de 1959.

Entre 1955 y 1958, en la entrada del puerto se excavó un túnel de 733 m que une La Habana Vieja y La Habana del Este. Desde 1959 la urbanización ha aumentado en La Habana del Este, como prueban Cojímar (antiguo pueblo pesquero) y Alamar, al nordeste del puerto. Al sur de los interminables bloques de pisos de La Habana del Este, se localizan las ciudades coloniales de Guanabacoa, San Francisco de Paula y Santa María del Rosario. En la parte oriental del puerto se hallan las antiguas y agradables Regla y Casablanca.

La clase trabajadora de La Habana habita en la parte meridional de Centro Habana,

MUNICIPALIDADES DE LA HABANA   0   10 km

en municipios alejados del circuito turístico como Cerro, Diez de Octubre y San Miguel del Padrón. Más al sur se sitúan Boyeros, distrito industrial que acoge el campo de golf, el zoológico y el aeropuerto internacional, y Arroyo Naranjo, con el parque Lenin.

Los viajeros suelen pasar la mayor parte del tiempo en La Habana Vieja, Centro Habana y Vedado. La calle más importante de La Habana Vieja es Obispo, una vía peatonal que atraviesa el centro. En Centro Habana se encuentran el elegante paseo Martí (también llamado Prado), del s. XIX; la avenida Italia (Galiano), considerada por los cubanos el principal eje comercial de esta zona; y el Malecón, un ancho bulevar litoral. En Vedado destaca la calle 23 (la Rampa), llena de tiendas.

Muchas avenidas de La Habana cuentan con dos nombres: el nuevo, que aparece en las señales y en esta guía, y el antiguo, usado por los lugareños. Para evitar confusiones, véase recuadro.

NOMBRES DE LAS CALLES DE LA HABANA

Nombre antiguo	Nombre actual
Zulueta	Agramonte
Someruelos	Aponte
Avenida del Puerto	Avenida Carlos Manuel de Céspedes
Egido y Monserrate	Avenida Bélgica
Vives	Avenida España
Galiano	Avenida Italia
Av de Rancho Boyeros	Avenida Independencia (Boyeros)
Monserrate	Avenida Misiones
Cristina	Avenida México
Carlos III (Tercera)	Avenida Salvador Allende
Reina	Avenida Simón Bolívar
Teniente Rey	Brasil
La Rampa	Calle 23
Avenida Presidentes	Calle G
Cárcel	Capdevila
Estrella	Enrique Barnet
Paula	Leonor Pérez
Avenida de Maceo	Malecón
Monte	Máximo Gómez
Belascoaín	Padre Varela
Paseo del Prado	Paseo Martí
San José	San Martín

Este capítulo se inicia con un recorrido por La Habana Vieja, Centro Habana y Vedado y continúa por los alrededores de la ciudad (Playa, Marianao, parque Lenin, Santiago de las Vegas) y las zonas situadas al este del puerto.

Planos

El mejor de la zona colonial es *La Habana Vieja Guía Turística*, publicado por el Instituto Cubano de Geodesia y Cartografía (GeoCuba). Contiene 35 planos de la ciudad antigua y 222 páginas de referencias y descripciones. Se puede encontrar en las tiendas de algunos hoteles.

GeoCuba también publica *Ciudad de La Habana Mapa Turístico*, que abarca detalladamente las 15 municipalidades, con buenos gráficos del centro y de las playas del este. La desplegable *Guía de carreteras*, con mapas de todo el país y de la ciudad de La Habana, es muy útil si se quieren visitar otras provincias, teniendo en cuenta que en los alrededores de La Habana las señales son escasas o inexistentes. **Infotur** (plano p. 90; ☎ 33 33 33; Obispo, entre Bernaza y Villegas) dispone de una selección de buenos mapas de la ciudad.

CENTRO DE LA HABANA

Para mayor simplicidad, se puede dividir el centro de La Habana en tres partes principales: La Habana Vieja, Centro Habana y Vedado. En ellas se encuentran casi todas las atracciones turísticas. La céntrica Habana Vieja, cargada de encanto, es la joya histórica de la ciudad; Centro Habana, al oeste, ofrece una visión realista de la Cuba actual, mientras que Vedado es el majestuoso distrito repleto de hoteles, restaurantes y animada vida nocturna, famoso por haber sido el favorito de la mafia.

INFORMACIÓN
Librerías

Librería Alma Mater (plano pp. 102-103; ☎ 870-2060; San Lázaro esq. con L, Vedado). Situada cerca de las escaleras de la universidad, cuenta con libros de texto y de poesía.
Librería Centenario del Apóstol (plano pp. 102-103; ☎ 870-7220; calle 25, nº 164, Vedado; ☼ 10.00-17.00 sa, 9.00-13.00 do). Gran surtido de libros de segunda mano.
Librería Grijalbo Mondadori (plano p. 90; O'Reilly 4, palacio del Segundo Cabo, plaza de Armas, La Habana Vieja; ☼ 9.00-17.00 lu-sa). Estupenda variedad de revistas, guías, libros de consulta, política y arte.

Librería La Internacional (plano p. 90; ☎ 861-3283; Obispo 526, La Habana Vieja; ☒ 9.00-19.00 lu-sa, 9.00-15.00 do). Buena selección de guías, libros de fotografía y literatura cubana. En la contigua librería Cervantes se venden libros antiguos.

Librería Luis Rogelio Nogueras (plano p. 96; ☎ 863-8101; av. Italia 467, entre calles Barcelona y San Martín, Centro Habana). Literatura cubana y revistas literarias.

Librería Rayuela (plano pp. 102-103; ☎ 55 27 06; Casa de las Américas, calle 3 esq. con calle G, Vedado; ☒ 9.00-16.30 lu-vi). Literatura contemporánea y CD; dispone de guías.

Moderna Poesía (plano p. 90; ☎ 861-6640; Obispo 525, La Habana Vieja; ☒ 10.00-20.00). Una de las mejores de la ciudad.

Mercado de libros usados de la plaza de Armas (plano p. 90; Obispo esq. con Tacón, La Habana Vieja). Libros viejos, nuevos y curiosidades.

Centros culturales

Casa de las Américas (plano pp. 102-103; ☎ 55 27 06/07; calle 3 esq. con calle G, Vedado). Organizan conferencias, exposiciones, presentaciones de libros y conciertos, todo ello relacionado con la cultura cubana y latinoamericana. El programa de actos se puede consultar en la biblioteca. El premio literario que concede anualmente tiene cierto renombre, aunque está muy sesgado por su clara intencionalidad política. En agosto celebra un seminario internacional sobre cultura afrocubana.

Casa de la Cultura Centro Habana (plano pp. 102-103; ☎ 878-4727; av. Salvador Allende 720); Habana Vieja (plano p. 90; ☎ 863-4860; Aguiar 509); Vedado (plano pp. 102-103; ☎ 831-2023; Calzada 909). Se programan conciertos y festivales de calidad.

Fundación Alejo Carpentier (plano p. 90; Empedrado 215, La Habana Vieja; ☒ 8.00-16.00 lu-vi). Se recomienda asistir a alguno de los actos celebrados en este palacio barroco, antigua propiedad de la condesa de la Reunión, que fue construido en la década de 1820 y en el que Carpentier situó su novela *El siglo de las luces*.

Instituto Cubano de Amistad con los Pueblos (ICAP; plano pp. 102-103; ☎ 55 23 95; Paseo 406, entre calles 17 y 19, Vedado; ☒ 11.00-23.00). Una elegante mansión de 1926 donde se celebran actividades culturales y musicales; cuenta con restaurante, bar y tienda de puros.

Unión Nacional de Escritores y Artistas de Cuba (Uneac; plano pp. 102-103; ☎ 832-4551; calle 17 esq. con calle H, Vedado). Barómetro de la actividad artística de la Cuba oficialista. Punto de referencia para los interesados en la poesía, la literatura, el arte o la música no disidente.

Urgencias

Ambulancias (☎ 40 50 93/4)

Asistur (plano p. 96; ☎ 33 85 27, 33 89 20; asisten@asisten.get.cma.net; Martí 212, Casa del Científico, Centro

---

CÓMO LLEGAR DESDE EL AEROPUERTO

El aeropuerto de La Habana es famoso por ser inaccesible en transporte público. Si se visita la isla por primera vez, se recomienda tomar un taxi. Hay que negociar el precio en la terminal de llegadas; una tarifa aceptable estaría en torno a 20 CUC.

Los más resueltos o mejor informados pueden esperar el esporádico autobús que conecta las terminales (un vehículo rojo, blanco y azul que indica "Conexión" en la parte delantera) y que por 1 CUC deja cerca de la avenida Boyeros, donde un taxi Lada de color blanco o amarillo (los más económicos) puede llevar hasta el centro por 10-15 CUC.

Habana; ☒ 8.30-17.30 lu-vi, 8.00-14.00 sa). Servicio de emergencia 24 h.

Centro de toxicología (☎ 260-1230, 260-8751)

Acceso a Internet

Biblioteca Nacional de Ciencias y Técnica (plano p. 96; Martí esq. con Brasil, Capitolio Nacional, Centro Habana; ☒ 8.15-17.00 lu-vi). Se accede por las escaleras situadas a la izquierda de la entrada principal.

Cibercafé Capitolio (plano p. 96; ☎ 862-0485; Martí esq. con Brasil; 5 CUC/h; ☒ 8.00-20.00). Por la entrada principal.

Cibercorreos (plano p. 90; Obispo 457, entre Villegas y Aguacate; ☒ 8.00-6.00; 4,50 CUC/h)

Etecsa Centro (plano p. 96; Aguilar 565; ☒ 8.00-9.00); Habana Vieja (plano p. 90; Habana 406). No se puede dejar de ver este magnífico edificio.

Centros de negocios en hoteles Hotel Habana Libre (plano pp. 102-103; calle L, entre calles 23 y 25); Hotel Inglaterra (plano p. 96; Martí 416); Hotel Nacional (plano pp. 102-103; calle O esq. con calle 21, Vedado); Hotel NH Parque Central (plano p. 96; Neptuno esq. con Martí y Zulueta, Centro Habana). Suelen ser más caros, pero también más fiables y rápidos.

Lavanderías

Lavandería Alaska (plano p. 90; ☎ 863-0463; Villegas 256; ☒ 6.00-17.00 lu-sa). Cobran 3 CUC/carga, incluido el secado.

Bibliotecas

Los extranjeros con carné de estudiante pueden solicitar la tarjeta de cualquier biblioteca (cada una posee la suya propia), que debe llevar dos fotos. Las listadas a continuación

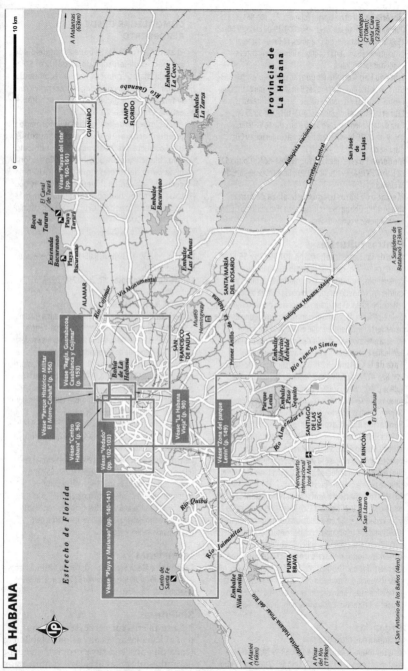

se hallan abiertas al público; la consulta de algunas obras en la Casa de las Américas requiere un pase especial.

Biblioteca José A. Echevarría (plano pp. 102-103; ☎ 832-6380; av. Presidentes 210, en Casa de las Américas). Contiene la mejor colección de arte, arquitectura y cultura en general; no se permite sacar libros.

Biblioteca Nacional José Martí (plano pp. 102-103; ☎ 55 54 42; av. Independencia, plaza de la Revolución; ☷ 8.00-17.45 lu-sa). Es la más grande de La Habana; suele haber presentaciones de libros y revistas.

Biblioteca Rubén M. Villena (plano p. 90; ☎ 862-9038; Obispo 59 esq. con Baratillo, La Habana Vieja; ☷ 8.00-21.00 lu-sa, 9.00-16.00 sa). Dispone de agradables salas de lectura y de un jardín.

Medios de comunicación

Los cubanos son muy aficionados a escuchar la radio, por lo que sus emisoras ofrecen desde salsa hasta Supertramp, retransmisiones deportivas en directo y seriales. La radio también difunde la programación de conciertos, teatro, cine y danza.

Radio Ciudad de la Habana (820 AM y 94.9 FM). Canciones cubanas de día, pop extranjero de noche y buena música de la década de los setenta (ju-vi, 20.00).

Radio Metropolitana (910 AM y 98.3 FM). *Jazz* y boleros; el festival de *rock* los domingos por la tarde es estupendo.

Radio Musical Nacional (590 AM y 99.1 FM). Música clásica.

Radio Progreso (640 AM y 90.3 FM). Series y humor.

Radio Rebelde (640 y 710 AM, y 96.7 FM). Noticias, entrevistas, música y béisbol.

Radio Reloj (950 AM y 101.5 FM). Noticias, además de dar la hora cada minuto del día.

Radio Taíno (1290 AM y 93.3 FM). Turismo nacional, música, cartelera y entrevistas. A las 17.00 y 19.00 se revisa la actualidad de la ciudad.

Asistencia médica

Muchos hospitales especializados en pacientes extranjeros se encuentran en La Habana; véase www.cubanacan.cu para más detalles. Para un listado de las farmacias y los hospitales donde se atiende a la comunidad diplomática, véase "Playa y Marianao", en este capítulo (p. 138).

Centro Oftalmológico Camilo Cienfuegos (plano pp. 102-103; calle L 151 esq. con calle 13, Vedado). Tratan problemas de visión; también disponen de una excelente farmacia.

Droguería Johnson (plano p. 90; ☎ 862-6870; Obispo 260, La Habana Vieja; ☷ 24 h). Farmacia anticuada donde se paga en pesos.

Farmacia Homeopática (plano pp. 102-103; calle 23 esq. con calle M, Vedado; ☷ 8.00-20.00 lu-vi, 8.00-16.00 sa)

Farmacia Hotel Habana Libre (plano pp. 102-103; ☎ 55 45 93; calle L, entre calles 23 y 25, Vedado). La farmacia del hotel; cobra en pesos convertibles.

Farmacia Taquechel (plano p. 90; ☎ 862-9286; Obispo 155, La Habana Vieja; ☷ 99.00-18.00). Emplazada cerca del Hotel Ambos Mundos.

Hospital Nacional Hermanos Ameijeiras (plano pp. 102-103; ☎ 877-6053; fax 33 50 36; San Lázaro 701, Centro Habana). Servicios especiales si se paga en divisas fuertes; consultas (25 CUC), hospitalización (75 CUC/noche) y cirugía plástica. El acceso se sitúa en el sótano, debajo del aparcamiento, junto a Padre Varela (hay que preguntar por "CEDA", sección N).

Dinero

Banco de Crédito y Comercio Vedado (plano pp. 102-103; ☎ 33 76 33; Línea esq. con Paseo); Vedado (plano pp. 102-103; ☎ 870-2684; calle 23, edificio de las compañías aéreas); Vedado (plano pp. 102-103; ☎ 879-2074; av. Independencia 101). Esta última, en la oficina de correos, entre la terminal de ómnibus y la plaza de la Revolución, también expide prórrogas de visados; puede haber colas.

Banco Financiero Internacional. La Habana Vieja (plano p. 90; ☎ 860-9369; Oficios esq. con Brasil); Vedado plano pp. 102-103; ☎ 55 44 29; Hotel Habana Libre, calle L, entre calles 23 y 25).

Banco Metropolitano. Centro Habana (plano p. 96; av. Italia esq. con San Martín); Vedado (plano pp. 102-103; ☎ 55 33 16/7; Línea esq. con calle M, Vedado).

Cadeca Centro Habana (plano p. 96; Neptuno esq. con Agramonte; ☷ 9.00-12.00, 13.00-19.00 lu-sa); La Habana Vieja (plano p. 90; Centro Oficios y Lamparilla; ☷ 8.00-19.00 lu-sa, 8.00-13.00 do); Vedado (plano pp. 102-103; calle 23, entre calles K y L; ☷ 7.00-14.30, 15.30-22.00); Vedado (plano pp. 102-103; mercado agropecuario, calle 19, entre calles A y B; ☷ 7.00-18.00 lu-sa, 8.00-13.00 do); Vedado (plano pp. 102-103; Malecón esq. con calle D). Facilita dinero en efectivo y cambia cheques de viaje con una comisión del 3,5% entresemana y del 4% los sábados y domingos.

Cambio. La Habana Vieja (plano p. 90; Obispo 257; ☷ 8.00-22.00). El mejor horario de la ciudad.

Correos

DHL Vedado (plano pp. 102-103; ☎ 832-2112; entre calles 2 y 4, nº 818; ☷ 8.00-17.00 lu-vi); Vedado (plano pp. 102-103; ☎ 55 00 04; calle O esq. con calle 21, Hotel Nacional).

Oficinas de correos. Centro Habana (plano p. 96; San Martín esq. con Martí, junto al Gran Teatro); La Habana Vieja (plano p. 90; Oficios 102, plaza San Francisco de Asís); La Habana Vieja (plano p. 90; Unidad de Filatelia, Obispo 518; ☷ 9.00-19.00); Vedado (plano pp. 102-103; Línea esq. con Paseo; ☷ 8.00-20.00 lu-sa); Vedado (plano pp. 102-103; calle 23 esq. con calle C; 8.00-18.00 lu-vi, 8.00-12.00 sa);

Vedado (plano pp. 102-103; av. Independencia, entre plaza de la Revolución y terminal de ómnibus; ⊗ venta de sellos 24 h). Esta última ofrece también revelado de fotos y cuenta con un banco y una sucursal de Cadeca. El Museo Postal Cubano (☎ 870-5581; entrada 1 CUC ⊗ 10.00-17.00 sa-do) dispone de una tienda de filatelia. La oficina de correos de Obispo, en La Habana Vieja, también vende sellos para coleccionistas.

Teléfono

Etecsa Centro Habana (plano p. 96; Aguilar 565; ⊗ 8.00-21.30); Habana Vieja (plano p. 90; Habana 406 esq. con Obispo). Hay también un Museo de las Telecomunicaciones (⊗ 9.00-18.00 ma-sa).

Lavabos

Los lavabos públicos limpios no son especialmente abundantes, así que lo mejor es colarse discretamente en algún hotel elegante. Los siguientes son bastante tolerantes al respecto.
Hotel Ambos Mundos (plano p. 90; Obispo 153). Se recomienda dar propina al encargado.
Hotel Habana Libre (plano pp. 102-103; calle L, entre calles 23 y 25). En la planta de arriba, junto a los ascensores.
Hotel Nacional (plano pp. 102-103; calle L, entre calles 23 y 25). Justo en el vestíbulo y a la izquierda, pasando los ascensores.
Hotel Sevilla (plano p. 96; Trocadero 55, entre Martí y Agramonte). En el vestíbulo, a la derecha.

Información turística

Buró de Convenciones de Cuba (plano pp. 102-103; ☎ 66 20 15; calle M, entre calles 17 y 19, Vedado; ⊗ 8.00-17.00 lu-vi, 8.00-12.00 sa). Informan sobre conferencias, acontecimientos especiales y festivales.
Infotur Aeropuerto (plano p. 149; ☎ 66 61 01; aeropuerto internacional José Martí, terminal 3; ⊗ 24 h; Expocuba (plano p. 149; ☎ 66 43 96; ctra. de Rocío, km 3,5); La Habana Vieja (plano p. 90; ☎ 33 33 33; Obispo, entre Bernaza y Villegas); La Habana Vieja (plano p. 90; ☎ 63 68 84; Obispo esq. con San Ignacio; ⊗ 10.00-13.00, 14.00-19.00). Realizan reservas de excursiones, venden mapas y tarjetas telefónicas, y disponen de los horarios de transportes.

Agencias de viajes

Muchas de estas empresas disponen de oficina en el vestíbulo de llegadas internacionales de la terminal 3 del aeropuerto.
Cubamar (plano pp. 102-103; ☎ 831-3151; www.cubamarviajes.cu; calle 3 esq. con Malecón, Vedado; 8.30-17.00 lu-sa). Realiza reservas en centros de Campismo Popular de todo el país; también alquila caravanas.
Cubanacán Vedado (plano pp. 102-103; ☎ 873-2686; calle O esq. con calle 21, en el Hotel Nacional; ⊗ 8.00-19.00); Vedado (plano pp. 102-103; calle 23, entre calles N y O). Si el viajero desea pescar o practicar submarinismo en Marina Hemingway debe acudir aquí o al Hotel NH Parque Central, en Centro Habana.
Cubatur (plano pp. 102-103; ☎ 33 31 70/1; calle 23 esq. con calle M, debajo del Hotel Habana Libre, Vedado;

LA HABANA EN...

Dos días

Para empezar bien se puede desayunar temprano en el elegante **Hotel Sevilla** (p. 113) y disfrutar de las vistas panorámicas de la ciudad desde su famoso restaurante de la novena planta. El **Museo de la Revolución** (p. 98) ocupará casi toda la mañana, pero un paseo revitalizador por **La Habana Vieja** (p. 89), recorriendo las cuatro plazas coloniales del s. XVI, ayudará al viajero a despejarse antes de comer en **El Patio** (p. 119). La tarde se puede dedicar al **Museo Nacional de Bellas Artes** (p. 98), y para cenar, el **Mesón de la Flota** (p. 113), en Mercaderes.

El segundo día se aconseja ir hacia el oeste por Centro y parar en el **callejón de Hamel** (p. 110) por el camino. No se puede pasar sin tomar un helado en el **Coppelia** (p. 124) y un mojito en el **Hotel Nacional** (p. 99). Se puede regresar paseando hacia el Prado por el **Malecón** (p. 104) viendo la puesta de sol. Allí mismo se puede tomar un taxi a La Cabaña para ver la **ceremonia del cañonazo** a las 21.00 (p. 110) y volver a tiempo para cenar en **La Dominica** (p. 119).

Cuatro días

Tras seguir las recomendaciones anteriores, el tercer día se dedicará a la **plaza de la Revolución** (p. 101) y la **Real Fábrica de Tabacos Partagás** (p. 106). Después habrá que comprar un ejemplar de *Cartelera* para ver la programación nocturna de la **Uneac** (p. 133) o de la **Casa de la Música** (p. 129) antes de dirigirse a los *paladares* de Miramar (p. 145), donde disfrutar de una sabrosa cena. El cuarto día lo mejor es solazarse en las **Playas del Este** (p. 158).

(☼ 8.00-20.00). Muy eficaz a la hora de encontrar habitaciones, pese a la actitud relajada de sus empleados.

Havanatur (plano pp. 102-103; ☎ 830- 8227; calle 1 esq. con Paseo, Vedado, en Galerías de Paseo).

Agencia de Viajes San Cristóbal (plano p. 90; ☎ 861-9171/2; www.sancristobaltravel.com; Oficios 110, entre Lamparilla y Amargura, La Habana Vieja; ☼ 8.30- 17.30 lu-vi, 8.30-14.00 sa, 9.00-12.00 do). Pertenece a Habaguanex, que gestiona hoteles ubicados en edificios históricos de La Habana Vieja; los ingresos se destinan a la restauración de inmuebles.

Sol y Son (plano pp. 102-103; ☎ 33 32 71; fax 33 51 50; calle 23, nº 64; ☼ 8.30-19.00 lu-vi, 8.30-12.00 sa). Gestiona vuelos de Cubana.

PELIGROS Y ADVERTENCIAS

La Habana es una ciudad bastante segura y los delitos con violencia son poco frecuentes. Una intensa presencia policial en las calles y duras penas de cárcel para delitos como robo o asalto disuaden a ladrones potenciales y mantienen a raya al crimen organizado.

Pero esto no significa que no se produzcan incidentes. De hecho, la delincuencia contra turistas va en aumento en la ciudad, donde los tirones de bolsos por jóvenes en bicicleta son una preocupación particular.

Se recomienda llevar siempre el dinero en una faltriquera o cinturón especial bajo la ropa y bien ajustado.

En los hoteles se recomienda usar siempre la caja de seguridad (si la hay) y no dejar nunca dinero, pasaportes o tarjetas de crédito por la habitación durante el día. Los robos en habitaciones de hotel eran especialmente frecuentes en La Habana cuando se redactó esta guía, dado lo tentador que puede resultar ganar de golpe tres veces el salario de un mes.

En bares y restaurantes se aconseja comprobar siempre el cambio. Cobrar a propósito más de la cuenta, sobre todo a turistas algo ebrios, es cansinamente frecuente.

Los visitantes también deberán estar pendientes de aceras que se desmoronan, socavones en el suelo, conductores demasiado entusiastas, ciclistas que giran sin avisar, bolas de béisbol mal lanzadas y asuntos de semejante jaez. Las cascadas que producen las olas al estrellarse en el Malecón pueden parecer románticas, pero los charcos resbaladizos que dejan tras de sí han plantado bochornosamente a más de un viajero en el suelo, Lonely Planet en mano.

Véase recuadro en p. 110 para más información sobre las estafas más frecuentes.

PUNTOS DE INTERÉS
La Habana Vieja

La Habana colonial está repleta de museos, galerías de arte, iglesias, restaurantes y bares; mucho más de lo que se puede ver en dos o tres días, aunque se pueda llegar a pie a casi todas las atracciones. Para una introducción rápida a lo más destacado de la ciudad, véase los paseos recomendados en p. 106. Otra opción es callejear por los alrededores de las cuatro plazas principales: de Armas, Vieja, San Francisco y de la Catedral.

PLAZA DE LA CATEDRAL

La **catedral de San Cristóbal de La Habana** (San Ignacio esq. con Empedrado; ☼ antes de 12.00), flanqueada por dos asimétricas torres, fue descrita por Alejo Carpentier como "música convertida en piedra". Su espléndida fachada barroca, diseñada por el arquitecto italiano Francesco Borromini, le da un ambiente inigualable, en especial por la noche, cuando la música y la risa se mezclan en la plaza. Los jesuitas empezaron a construirla en 1748 y, pese a ser expulsados en 1767, el trabajo continuó hasta su finalización en 1787, cuando se creó la Diócesis de La Habana. Un año después, la ciudad se convirtió en sede del Obispado y el templo fue elevado a la categoría de catedral, una de las más antiguas de América. El mejor momento para conocerla es durante la misa de los domingos a las 10.30; los oficios se celebran de lunes a viernes en la capilla contigua a las 20.00.

Cerca de la catedral, se sitúa el **Centro Wilfredo Lam** (☎ 862-2611; San Ignacio esq. con Empedrado; entrada 3 CUC; ☼ 10.00-17.00 lu-sa), que además de muestras de artistas locales e internacionales, acoge la obra del pintor cubano que le da nombre. De origen chino y africano, Lam estuvo muy influido por Picasso, a quien conoció en 1936. Entre otros edificios que se asoman a la plaza, se halla el **palacio de los Marqueses de Aguas Claras** (1760; San Ignacio 54), cuyo restaurante El Patio, con mesas al aire libre, es muy popular.

Al otro lado de la plaza, se encuentran la **casa de Lombillo**, erigida en el s. XVIII, y el **palacio del Marqués de Arcos** (1746), que en la actualidad funciona como oficina de Telecorreo Internacional, donde también venden sellos a buen precio. El buzón de piedra con

LA HABANA

LA HABANA VIEJA

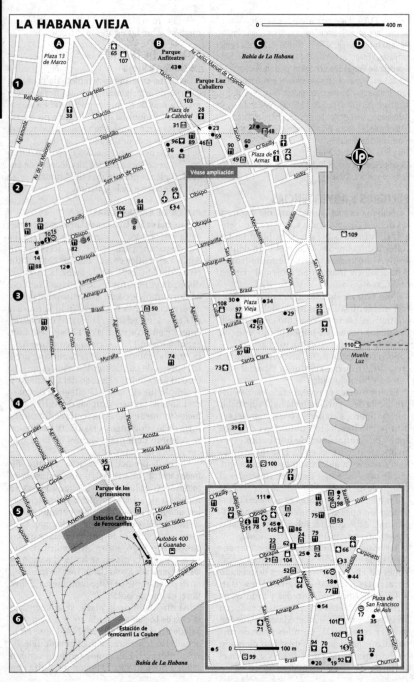

0   400 m

forma de máscara de este edificio, utilizado como oficina principal de correos a mediados del s. XIX, aún cumple su cometido.

En el **palacio de los Condes de Casa Bayona** (1720), la mansión más antigua de la plaza, ubicada en el sector sur, se encuentra el **Museo de Arte Colonial** (☎ 862-6440; San Ignacio 61;

sin/con guía 2/3 CUC, cámara fotográfica 2 CUC; ⏱ 9.00-6.30), dedicado al mobiliario y la decoración de época. Uno de los lugares más vibrantes en la zona, obviando a las mulatas que posan para ser fotografiadas, es el **Taller Experimental de Gráfica** (☎ 862-0979; tgrafica@cubarte.cult.cu; callejón del Chorro 6; entrada gratuita; ⏱ 10.00-16.00 lu-vi), al que

se llega por la calleja que sale de la esquina sudoeste de la plaza de la Catedral. Allí se pueden ver y comprar obras originales recién pintadas. Este taller acepta estudiantes interesados en perfeccionar el arte del grabado (véase "Cursos", p. 109).

PLAZA DE ARMAS

Este encantador lugar, en la actualidad bazar de libros, fue la sede del poder en Cuba durante cuatrocientos años. Desde 1582 ha existido una plaza aquí, aunque la actual data de 1792. En el centro, rodeada de imponentes palmeras, se alza la estatua de **Carlos Manuel de Céspedes** (1955), que inició las guerras de independencia en 1868. La música del entorno y la brisa procedente del Malecón la convierten en un sitio muy agradable.

En su parte oeste, se erige uno de los edificios más majestuosos de Cuba, el **palacio de los Capitanes Generales,** de estilo barroco, con vidrieras y grandes lámparas de araña. Su construcción se inició en 1776 en el emplazamiento de la antigua iglesia parroquial, y desde 1791 hasta 1898 fue la residencia de la Capitanía General colonial. Entre 1899 y 1902, los gobernadores militares norteamericanos vivieron en él y, después, el edificio se convirtió en palacio presidencial. En 1920 el presidente se trasladó al inmueble que en la actualidad alberga el Museo de la Revolución, y la mansión se convirtió en el Palacio Municipal. Finalmente, las autoridades locales se marcharon en 1967 y desde 1968 acoge el **Museo de la Ciudad** (☎ 861-6130; Tacón 1; con/sin guía 3/4 CUC, cámara fotográfica 2 CUC; ☾ 9.00-18.00). En su interior hay pavos reales paseándose por el patio, una cripta espeluznante y un estremecedor Cristo; además, las bañeras de mármol son maravillosas. Los circuitos guiados conducen al viajero hasta las entrañas del palacio y muestran su exuberante colección. Se recomienda llegar pronto para no toparse con los grupos de turistas en viaje organizado.

En la esquina noroeste de la plaza se halla el **palacio del Segundo Cabo** (1772; O'Reilly 4; entrada 1 CUC), otra belleza barroca, antiguo cuartel del vicegobernador colonial. Posteriormente se convirtió en Corte Suprema y, en la actualidad, alberga el **Instituto Cubano del Libro.** Vale la pena echar una ojeada al patio interior porticado y visitar la excelente librería, que dispone de aire acondicionado. Los aficio-

nados al *pop art* deberían pasarse por la **Sala-galería Raúl Martínez** (☾ 9.00-18.00 lu-sa).

En el nordeste de la plaza de Armas se encuentra el **castillo de la Real Fuerza,** el bastión colonial más antiguo de América, construido entre 1558 y 1577 en el lugar donde se levantaba un fuerte arrasado por los corsarios franceses en 1555. La torre occidental está coronada por **La Giraldilla,** una veleta de bronce que Jerónimo Martínez Pinzón modeló en La Habana en 1632 y que se asocia popularmente con doña Inés de Bobadilla, esposa del explorador Hernando de Soto. La Giraldilla original, que se guarda en el Museo de la Ciudad, también aparece en las etiquetas del ron Havana Club. Los capitanes generales coloniales residieron en esta fortificación durante doscientos años hasta que se construyó el palacio frente a la plaza. En la actualidad, alberga el **Museo de la Cerámica Artística Cubana** (☎ 861-6130; entrada 2 CUC; ☾ 9.00-6.00) en la planta baja, donde se exponen obras de artistas contemporáneos cubanos. El piso superior ofrece una estupenda vista del puerto.

En 1519 se fundó la villa de San Cristóbal de La Habana en el lugar marcado como **El Templete** (entrada 2 CUC; ☾ 8.30-18.00), una capilla neoclásica dórica erigida en 1828 en la zona oriental de la plaza de Armas. La primera misa se ofició debajo de una ceiba, similar a la que existe en la actualidad frente al edificio. Dentro de la capilla cuelgan tres cuadros de Jean Baptiste Vermay, que representan el acontecimiento. Junto al Templete se encuentra el **palacio de los Condes de Santovenia,** de finales del s. XVIII, donde se ha instalado el Hotel Santa Isabel, de cinco estrellas y con 27 habitaciones. Cerca, se halla el **Museo Nacional de Historia Natural** (☎ 863-9361; Obispo 61; entrada 3 CUC; ☾ 9.30-19.00 ma-do), que exhibe muestras de la flora y fauna cubanas. El bar-restaurante del primer piso ofrece una fabulosa panorámica del otro lado de la bahía.

Tal vez una de las atracciones más curiosas de La Habana sea el pequeño pero loable **Museo del Automóvil** (Oficios 13; entrada 1 CUC; ☾ 9.00-19.00), con antiguas Harley Davidson y automóviles Ford modelo T, la mitad de los cuales, si no más, se conservan en mejor estado que los renqueantes vehículos que se ven por las calles. Tienen incluso el automóvil que condujo el Che Guevara (muy mal, cuentan) una vez fue colocado al frente del Banco Nacional tras el triunfo de la Revolución.

MERCADERES Y OBRAPÍA

Este tramo está lleno de insólitos lugares como el **Museo de Arte del Lejano Oriente** (☎ 863-9740; Mercaderes 111; 🕘 10.00-18.00 ma-sa, 9.00-13.00 do) y el **Museo del Tabaco** (☎ 861-5795; Mercaderes 120; 🕘 10.00-17.00 lu-sa), donde se exponen pipas indígenas e ídolos relacionados con esta planta. La **maqueta de La Habana Vieja** (Mercaderes 114; sin/con guía 1/2 CUC; 🕘 9.00-18.00) es una reproducción a escala 1:500 de esta zona, con banda sonora auténtica incluida, que pretende reproducir un día cualquiera en la vida de la ciudad. Muy detallada, es una forma excelente de familiarizarse con la geografía del centro histórico. Un buen punto de partida. En la **casa de la Obra Pía** (Obrapía 158; entrada 1 CUC, cámara fotográfica 2 CUC; 9.00-16.30 ma-sa, 🕘 9.30-12.30 do), a la vuelta de la esquina, se puede ver a alguna joven celebrando su fiesta de 15 años, el tradicional festejo que conmemora la entrada de las chicas en la pubertad. La casa en sí, una antigua residencia aristocrática, fue edificada en la primera mitad del s. XVII y reconstruida en 1780, poco después de la ocupación británica. La fachada exterior presenta una bonita decoración y entre los dos patios interiores hay una espléndida sala. Al otro lado de la calle se halla la **casa de África** (☎ 861-5798; Obrapía 157), que custodia objetos recogidos por Fidel Castro en su gira africana de 1977 y otros relacionados con la santería pertenecientes a la colección del etnógrafo Fernando Ortiz. Cuando se escribía este libro se estaban realizando obras en el inmueble.

En la esquina de Mercaderes con Obrapía se erige una **estatua** de bronce del libertador latinoamericano Simón Bolívar; cerca, se ubica su **museo** (☎ 861-3988; Mercaderes 160; se aceptan donativos; 🕘 9.00-17.00 ma-do). La **casa de México Benito Juárez** (☎ 861-8166; Obrapía 116; entrada 1 CUC; 🕘 10.15-17.45 ma-sa, 9.00-13.00 do) expone arte popular mexicano en un palacio del s. XVIII; la biblioteca está especializada en ese país. Al este se encuentra la **casa Oswaldo Guayasamín** (☎ 861-3843; Obrapía 111; se aceptan donativos; 🕘 9.00-14:30 ma-do), antiguo estudio del gran pintor ecuatoriano, convertido en museo, donde se celebran exposiciones de arte cubano e internacional. El retrato de Fidel realizado por Guayasamín se puede contemplar en la Fundación la Naturaleza y el Hombre (p. 139).

PLAZA SAN FRANCISCO DE ASÍS

Situada a la orilla del mar y dominada por la abovedada **lonja del Comercio,** erigida en 1909 y restaurada en 1996, constituye otro bello y pintoresco rincón. Se trata de un antiguo mercado de materias primas para los negocios con empresas extranjeras cuya cúpula central es deslumbrante. Enfrente de la lonja se halla la **fuente de los Leones,** de mármol blanco, esculpida en 1836 por el italiano Giuseppe Gaginni. La franja sur de la plaza está ocupada por la **iglesia y monasterio de San Francisco de Asís,** edificados en 1608 y reconstruidos en estilo barroco entre 1719 y 1738. Fueron adquiridos por el Estado español en 1841 como consecuencia de la Desamortización de Mendizábal, dejando de funcionar como iglesia. En la actualidad se ha convertido en **sala de conciertos** (🕘 17.00 o 18.00) con programas de música clásica, coral y de cámara, y **museo** (☎ 862-3467; entrada 1 CUC, cámara fotográfica 2 CUC; 🕘 9.00-17.30), instalado en los dos grandes claustros. El precio de la entrada permite el acceso a la torre de la iglesia, la más alta de Cuba.

MUSEO DEL RON

Este curioso recinto (☎ 861-8051; San Pedro 262; entrada con guía 5 CUC; ☎ 9.00-17.00 lu-vi, 10.00-18.00 sa y do), en la Fundación Havana Club, bien merece una visita. A través del circuito guiado, en que se muestran antiguos artefactos para producir el licor y objetos curiosos, como una petaca de terracota, se explica todo el proceso de elaboración: desde la recogida de la caña hasta la cata del añejo reserva de color ámbar en la sala de degustación. La maqueta de la fábrica La Esperanza, con su tren y todo, es estupenda. Dicen que las clases de baile allí son excelentes (véase "Cursos", p. 109).

PLAZA VIEJA

Se trata de uno de los espacios públicos más deslumbrantes de La Habana Vieja. Fechada en el s. XVI, está rodeada por varios lugares de interés. Aunque hasta 1835 fue un mercado al aire libre y durante el régimen de Batista un espantoso aparcamiento subterráneo, desde mediados de la década de 1990 se ha hecho un esfuerzo para devolver a la plaza su grandeza. En la esquina noroeste se sitúa la **cámara oscura** de La Habana (entrada 1 CUC; 🕘 9.00-17.00 ma-sa, 9.00-13.00 do) que, desde una torre de 35 m, proporciona vistas de toda la ciudad: sábanas ondeando, viejos coches circulando con parsimonia y un maestro explicando las bellezas arquitectónicas de la

capital. En la arcada contigua se encuentra la **fototeca de Cuba** (☎ 862-2530; Mercaderes 307; entrada gratuita; ☻ 10.00-17.00 ma-vi, 9.00-12.00 sa), que acoge fascinantes exposiciones fotográficas de artistas locales e internacionales.

Al sur de la plaza se halla el estrafalario **Museo de Naipes** (Muralla 101; entrada 1 CUC; ☻ 9.00-18.00 ma-do), que cuenta con una colección de unas 2.000 barajas (que representan desde estrellas del *rock* a marcas de ron). Al lado se sitúa la **Casona Centro de Arte** (861-8544; Muralla 107; ☻ 10.00-17.00 sa-vi, 10.00-14.00 sa), con grandes espectáculos de prometedores artistas cubanos como Abel Barroso, así como la **Galería de Arte Diago** (☎ 863-4703). En la zona oeste de la plaza, instalado en un bello edificio colonial, está el **Centro de Desarrollo de las Artes Visuales** (☎ 862-2611; San Ignacio 352; entrada gratuita; ☻ 10.00-17.00 ma-sa), que exhibe notable arte contemporáneo cubano.

A la vuelta de la esquina, el **Centro Cultural Pablo de la Torriente Brau** (☎ 861-6251; www.centropablo.cult.cu; Muralla 63; entrada gratuita; ☻ 9.00-17.30 ma-sa) programa exposiciones, lecturas de poesía y conciertos acústicos de guitarra. También es conocido su revolucionario Salón de Arte Digital.

Al desviarse por Brasil se llega al **Museo de la Farmacia Habanera** (Brasil esq. con Compostela; entrada gratuita), fundado en 1886 por el español José Sarrá y en su día considerada la segunda farmacia más importante del mundo. Reformado por Habaguanex en 2004, tiene una elegante recreación de una botica antigua, con interesantes explicaciones históricas. Sigue funcionando como comercio.

IGLESIAS

Al sur de la plaza Vieja, se localizan impresionantes e importantes templos. La **iglesia y convento de Santa Clara** (1738-1943; ☎ 866-9327; Cuba 610; entrada 2 CUC; ☻ 9.00-16.00 lu-vi) dejó de estar consagrada en 1920, para convertirse más tarde en Ministerio de Obras Públicas; en la actualidad, acoge al equipo de restauración de La Habana Vieja. Se puede visitar el enorme claustro y el cementerio de las monjas o incluso pasar la noche (hay que reservar con bastante antelación; véase p. 112). La **iglesia parroquial del Espíritu Santo** (☎ 862-3140; Acosta 161; ☻ 8.00-12.00, 15.00-18.00, es la más antigua de la ciudad (de 1640, aunque fue reconstruida en 1674) y cuenta con muchas sepulturas en su cripta. La **iglesia y convento de Nuestra Señora**

LA RESTAURACIÓN DE LA HABANA VIEJA

Repleta de joyas arquitectónicas de todas las épocas, La Habana Vieja ofrece una de las mejores colecciones de arquitectura urbana del continente americano. En una estimación modesta, sólo en La Habana Vieja hay más de 900 edificios de importancia histórica, con multitud de ejemplos que van de las filigranas del barroco al deslumbrante *art déco*.

Desde que la Unesco incorporó La Habana Vieja a su Lista de Patrimonio Mundial en 1982, se ha puesto en marcha un enorme proyecto de renovación dirigido por el veterano historiador de la ciudad Eusebio Leal.

Haciendo tándem con Habaguanex, compañía gestionada por el Gobierno, la restauración se está llevando a cabo en etapas, priorizando aquellos edificios que una vez renovados generen suficientes ingresos a través del turismo para financiar otros programas de rehabilitación.

Las operaciones combinadas de Habaguanex dan trabajo a más de 10.000 personas y generan unos beneficios que alcanzan el equivalente a 160 millones de dólares al año, un 45% de los cuales se reinvierten en nuevos proyectos, mientras que el 30% se destina a programas sociales y el 25% restante se incorpora a las reservas del Estado para programas "de interés" en otras partes de la ciudad.

Pero el proyecto va más allá de la remodelación de edificios. "Nos hemos decantado por un centro histórico vivo", afirma la arquitecta del plan, Patricia Rodríguez.

La renovación también incluye importantes beneficios sociales y culturales para los 70.000 habitantes de La Habana Vieja, que padecen desde hace tiempo las malas condiciones de conservación de sus viviendas. Un 45% de los vecinos todavía reside en inmuebles que no se consideran habitables.

Entre los proyectos sociales patrocinados por la institución en los últimos años se encuentran una maternidad, la renovación de 10 escuelas y un centro de rehabilitación para niños con enfermedades del sistema nervioso central.

de la Merced (Cuba 806; 8.00-12.00 y 15.00-17.30), de 1775, pero restaurada en el s. XIX, contiene bellos altares dorados, bóvedas con frescos, cuadros antiguos y un tranquilo claustro.

La **iglesia de San Francisco de Paula** (41 50 37; Leonor Pérez esq. con Desamparados) constituye una de las más bonitas. Completamente restaurada en 2000, formaba parte del hospital de mujeres de San Francisco de Paula, de mediados del s. XVIII. Iluminada por la noche, cuando se celebran conciertos como los del grupo de música medieval Ars Longa, las vidrieras, la enorme cúpula y la fachada barroca le otorgan un aire encantador.

MUSEO-CASA NATAL DE JOSÉ MARTÍ

Si sólo se va a visitar una casa natal en Cuba, la elección debe recaer en el **Museo-Casa Natal de José Martí** (861-3778; Leonor Pérez 314; entrada 1 CUC, cámara fotográfica 2 CUC; 9.00-17.00 ma-sa). El apóstol de la independencia cubana nació el 28 de enero de 1853 en esta humilde vivienda y en el museo se exponen cartas, manuscritos, fotos, libros y otros recuerdos de su vida. Cerca, al oeste por la avenida Bélgica, surge el tramo más largo conservado de la **antigua muralla de la ciudad,** cuya construcción se inició en 1674; una placa de bronce muestra el trazado original. Al oeste, en la enorme Estación Central de Trenes de La Habana, se expone *La Junta,* la locomotora de vapor que inauguró la línea La Habana-Matanzas en 1843.

Centro Habana
CAPITOLIO NACIONAL

Este edificio (863-7861; con/sin guía 3/4 CUC; 9.00-20.00), cubierto de mármol que domina la capital, se parece mucho a su homólogo de Washington, aunque es más rico en detalles. A esta joya arquitectónica se accede por una monumental escalinata, situada en su lado este; se recomienda realizar la visita guiada.

Iniciado en 1929 por el dictador Gerardo Machado, el Capitolio necesitó el trabajo de 5.000 hombres durante 3 años, 2 meses y 20 días, así como un total de 17 millones de dólares. Hasta 1959 funcionó como sede del Congreso cubano y en la actualidad alberga la Academia de Ciencias de Cuba y la Biblioteca Nacional de Ciencia y Tecnología. Para apreciar su grandeza se recomienda entrar a través del vestíbulo abovedado, con enormes puertas de bronce donde se han grabado importantes acontecimientos de la isla.

En el típico pórtico de mármol, se alza la estatua de la República, representada por una mujer de 17 m de altura y 49 toneladas de peso. Se trata de la tercera estatua de bronce bajo techo más grande del mundo: sólo el Buda de Nava, en Japón, y el monumento a Lincoln en Washington D. C. son mayores. Bajo la cúpula del Capitolio, de 62 m de alto, se ha colocado la réplica de un diamante de 24 quilates, que marca el kilómetro 0 de las carreteras del país. También se puede echar un vistazo a la biblioteca, recubierta de caoba, y a las antiguas habitaciones de los senadores y diputados. Constituye una extraordinaria construcción que permite pasar la tarde admirando sus detalles arquitectónicos, tomando café en el encantador balcón de la cafetería (véase p. 123) o paseando por el exuberante patio interior.

Detrás del Capitolio se encuentra la **Real Fábrica de Tabacos Partagás** (862-0086; Industria 520, entre Barcelona y Dragones; visitas cada 15 min entre 9.30-11.00 y 12.30-15.00); para más información sobre los circuitos a las factorías de puros de La Habana, véase recuadro en p. 106.

PARQUE DE LA FRATERNIDAD

La **fuente de la India,** una rotonda con dragones cerca de Máximo Gómez, al este del parque, fue esculpida por Giuseppe Gagini en 1837 en mármol blanco de Carrara. La escultura, que rinde homenaje al patrimonio viejo y nuevo, representa a una niña indígena sentada sobre cuatro delfines, símbolo de La Habana, abrazando el escudo de armas de la ciudad.

Al este de la estatua, por el paseo Martí, se halla la **Asociación Cultural Yoruba de Cuba** (863-5953; Martí 615; entrada 6 CUC; 9.00-16.00 lu-sa), con una estupenda muestra sobre la santería. Cada dos viernes a las 16.30 se accede gratuitamente al museo y se improvisa una ceremonia de tambores. Debe tenerse en cuenta que se trata de una ceremonia religiosa, por lo que no se permite entrar con pantalón corto o camiseta.

Al otro lado de la calle se encuentra el frondoso **parque de la Fraternidad,** creado en 1892 para conmemorar el cuarto centenario del descubrimiento de América; en 1928 fue remodelado para acoger la Conferencia Panamericana. La gran ceiba que domina el parque se plantó con tierra de todos los países americanos, y en sus alrededores se

LA HABANA

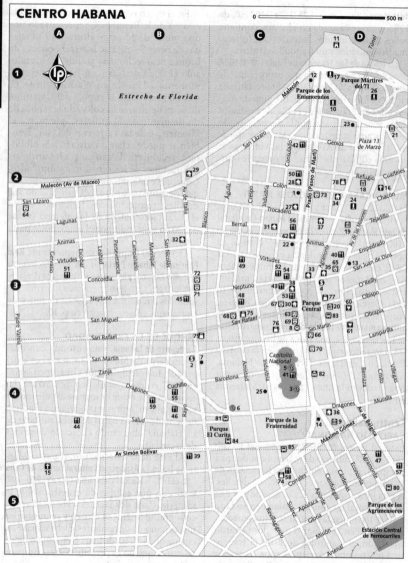

CENTRO HABANA

0 ━━━━━━━━━━━ 500 m

colocaron los bustos de destacados personajes del continente, entre ellos Abraham Lincoln, considerado un héroe en Cuba. En la actualidad, se ha convertido en parada de varias rutas de autobuses; asimismo, en sus soleadas calles se pueden ver viejos coches norteamericanos restaurados que funcionan como colectivos.

Algo apartada, pero aun así merecedora del paseo, se encuentra la **iglesia del Sagrado Corazón de Jesús** (av. Simón Bolívar, entre Gervasio y Padre Varela), evocadora creación de mármol con un llamativo campanario blanco. El silencio y frescor del templo permite disfrutar de unos valiosos minutos de contemplación apartados del trajín de la calle. Esta iglesia es

merecidamente famosa por sus magníficas vidrieras de colores: la luz que penetra en su interior por la mañana, cuando está vacía, dota al edificio de una cualidad casi etérea.

GRAN TEATRO Y ALREDEDORES

Al norte del Capitolio, el neobarroco **Centro Gallego** (Martí 458) se fundó como club social de los emigrantes gallegos entre 1907 y 1914. Edificado sobre el teatro Tacón, se inauguró durante el Carnaval de 1838 con cinco bailes de máscaras. El **Gran Teatro de La Habana** (☎ 861-3077; circuitos 2 CUC; ⏰ 9.00-18.00), con 2.000 butacas, es el más antiguo del Nuevo Mundo, además de un edificio muy bello. En la sala García Lorca se puede disfrutar del Ballet Nacional de Cuba y de la Ópera Nacional (véase p. 129).

Cruzando el paseo peatonal de San Rafael se encuentra el **Hotel Inglaterra,** uno de los mejores de La Habana. En 1879 se celebró un banquete en el que José Martí pronunció un discurso a favor de la independencia; mucho más tarde, periodistas estadounidenses que cubrían la Guerra de Cuba se alojaron aquí. El bar La Sevillana, dentro del hotel, es un lugar agradable para relajarse, al igual que su terraza. **San Rafael** es una calle comercial muy animada en la que todo se vende en pesos cubanos, desde helados y ropa de época hasta productos de fontanería.

El diminuto **parque Central,** enfrente del Hotel Inglaterra, fue ampliado tras la demolición de las murallas a finales del s. XIX; la estatua de mármol de José Martí (1905), rodeada por 28 palmeras, fue la primera del poeta que se levantó en Cuba. Hoy, este parque es el territorio de los fanáticos del béisbol, que parecen pasar aquí, en la famosa "esquina caliente", las 24 horas del día debatiendo animadamente estadísticas, predicciones para las eliminatorias y las probabilidades de que

Liván Hernández, que huyó a EE UU, pase las Navidades en casa.

MUSEO NACIONAL DE BELLAS ARTES

El recientemente renovado Museo Nacional de Bellas Artes alberga una colección tan extensa que requiere dos edificios.

La **Colección de Arte Universal** (☎ 863-9484; www.museonacional.cult.cu; Agramonte y San Rafael; entrada 5 CUC, menores de 14 años gratuita; ⏰ 10.00-18.00 ma-sa, 10.00-14.00 do) muestra lienzos de Europa y América Latina y objetos de la antigua Grecia y Roma. Es un bello edificio ecléctico (1886), pero la colección permanente en sí no es ninguna maravilla, aunque hay buenas muestras temporales.

También está la **Colección de Arte Cubano** (☎ 861-3858; Trocadero, entre Agramonte y av. Misiones; entrada 5 CUC; ⏰ 10.00-18.00 ma-vi, 10.00-14.00 sa), ésta sí de primera clase y merecedora de toda una tarde. Dividida en tres plantas (accesibles en silla de ruedas), alberga un jardín de esculturas, una cafetería y una buena tienda de *souvenirs* en la planta baja. El segundo piso contiene arte moderno y contemporáneo (se recomiendan las obras de Kcho, Raúl Martínez, Portocarrero y, por supuesto, Wilfredo Lam), y el tercero alberga de todo un poco, desde el s. XVI hasta 1951. Hay también una excelente biblioteca de arte con obras de referencia y una sala de conciertos en la que se organizan actos diversos, entre ellos actividades infantiles casi todos los fines de semana.

MUSEO DE LA REVOLUCIÓN

Los interesados en la Revolución no querrán perderse el **Pabellón Granma,** una enorme urna de cristal situada frente al edificio de la Colección de Arte Cubano que, desde 1976, protege el *Granma*, el buque de 18 m en el que Fidel Castro y 81 de sus correligionarios arribaron a Cuba desde Tuxpán (México) en 1956. Obviamente, es considerado uno de los lugares sagrados de la Revolución Cubana. El recinto, fuertemente custodiado, se encuentra rodeado por otros vehículos relacionados con el régimen; se accede desde el museo.

El **Museo de la Revolución** (☎ 862-4093; Refugio 1; entrada con/sin guía 4/6 CUC, más un suplemento por cámara fotográfica; ⏰ 10.00-17.00) se ubica en el antiguo Palacio Presidencial (1913-1920), cuyo interior fue decorado por la firma neoyorquina Tiffany's. En marzo de 1957, en este palacio se produjo un intento frustrado de asesinar a Fulgencio Batista (véase "Historia", p. 40).

Sus exposiciones proporcionan detalles documentales y fotográficos de la Revolución Cubana. Enfrente, se puede ver un tanque SAU-100, utilizado por Castro durante la invasión de la bahía de Cochinos en 1961, así como un fragmento de la antigua muralla de la ciudad.

PRADO (PASEO MARTÍ)

Aunque oficialmente se llame paseo Martí, los cubanos lo conocen como **Prado.** Las obras de este imponente bulevar empezaron extramuros de la ciudad en 1770, y se completaron a mediados de la década de 1830, durante el mandato del capitán general Miguel Tacón, que gobernó entre 1834 y 1838, y quien también construyó el parque Central. Las estatuas de los leones se añadieron en 1928. Al **Palacio de los Matrimonios** (Martí 302), de estilo neorrenacentista, llegan parejas en descapotables de los años cincuenta para casarse. Para conocer más lugares de interés en la zona, véase el circuito a pie en p. 108.

ESCUELA NACIONAL DE BALLET

La **Escuela Nacional de Ballet** (Martí esq. con Trocadero) de Alicia Alonso se encuentra en un edificio de grandiosidad adecuada a su fama. En ocasiones se puede vislumbrar cómo los cuerpos torneados de las bailarinas se apresuran al ensayo.

EDIFICIO BACARDÍ

Terminado en 1929, el magnífico edificio Bacardí es la cúspide de la arquitectura *art déco*. De algún modo inexplicable, el *kitsch* y la elegancia se fusionan en su colección de acabados y accesorios. Encorsetado por otros edificios, cuesta apreciar toda su estructura desde la calle, aunque el opulento campanario se divisa desde cualquier punto de La Habana. Hay un bar en el vestíbulo y por unos cuantos pesos convertibles se puede subir a la torre para disfrutar de las vistas panorámicas.

IGLESIA DEL SANTO ÁNGEL CUSTODIO

Este pequeño, pero importante **templo** (☎ 861-0469; Compostela 2; ⏰ 9.00-12.00 y 15.00-18.00 ma, ju y vi; 15.00-18.00 mi; misa 7.15 ma, mi y vi, 6.00 ju, sa y do) fue reconstruido en estilo neogótico en 1871. En él fueron bautizados Félix Varela y José Martí en 1788 y 1853, respectivamente; además, constituyó el escenario donde Cirilo Villaverde situó su novela *Cecilia Valdés*. No

hay que perderse la imagen del Cristo yacente, cubierto con una red de encaje. Durante la misa se puede escuchar el órgano, que data de 1869.

MUSEO NACIONAL DE LA MÚSICA

Ubicado en la mansión (1905) de un rico comerciante habanero (☎ 863-0052; Capdevila 1; entrada 2 CUC, más un suplemento por cámara fotográfica; ⏱ 10.00-17.45), alberga una extensa colección de instrumentos musicales cubanos e internacionales; la sala de los de cuerda es impresionante. En la tienda del museo se puede comprar música cubana y un par de noches a la semana se celebran conciertos (los horarios se pueden consultar en la entrada).

Después de atravesar la bulliciosa avenida Estudiantes, se llega al **parque de los Enamorados,** con escasa sombra, donde se conserva parte de la **cárcel** colonial (1838) en la que estuvo preso José Martí. Un poco más allá se sitúa el **monumento a los Estudiantes de Medicina,** un tramo de muralla recubierto de mármol, donde ocho universitarios escogidos al azar fueron fusilados por las autoridades coloniales en 1871, en represalia por la profanación de la tumba de un periodista. El edificio *art nouveau* que se halla detrás, donde ondea la bandera española, es el antiguo **palacio Velasco** (1912) que en la actualidad alberga la embajada de España.

Al otro lado de la calle se ubica el **castillo de San Salvador de la Punta,** proyectado por el ingeniero militar italiano Giovanni Bautista Antonelli y erigido entre 1589 y 1600. La fortaleza se encuentra cerrada por restauración desde hace años, pero el vigilante la enseña a cambio de una propina. Durante la época colonial, cada noche se extendía una cadena de 250 m hasta el castillo de El Morro para evitar la entrada de barcos al puerto. El **museo** del castillo (entrada 5 CUC; ⏱ 10.00-18.00 mi-do) se renovó en 2002 y contiene artefactos rescatados de flotas españolas naufragadas, una colección de maquetas de barcos e información sobre el comercio de esclavos.

La monumental **estatua** ecuestre de bronce representa al general dominicano Máximo Gómez, jefe militar durante las guerras de independencia.

Vedado

Este barrio residencial, que fue diseñado como zona turística y de ocio, mantiene la misma función en la actualidad. Vedado, palabra

que en Cuba se refiere a una reserva forestal, está repleto de espacios verdes, pues durante la época colonial se prohibió la tala de árboles en esta zona. La comunidad estadounidense de La Habana se estableció aquí después de 1898 y, en pocas décadas, se llenó de pisos, restaurantes, clubes nocturnos y otros negocios aún en funcionamiento, aunque ahora la mayor parte de los locales se ha trasladado a La Habana Vieja y Centro Habana.

El auge de Vedado, relacionado con la mafia de la costa atlántica de EE UU, se inició durante la época de Batista. El Hotel Capri constituía uno de los lugares predilectos de gente como Lucky Luciano y Meyer Lansky, al igual que el Hotel Riviera, del estilo de los de Las Vegas. El sexo, el alcohol y el juego atraían a los turistas norteamericanos, hasta que, en enero de 1959, Fidel Castro tomó la ciudad y estableció su cuartel general en la planta nº 22 del Habana Hilton, que cuenta con 25 pisos. Este hotel, conocido en la actualidad como Habana Libre, acoge una exposición permanente de fotografía en el segundo piso, donde se documenta la transición de un régimen corto.

Los entusiastas de los Beatles pueden visitar el **parque Lennon** (calle 15 esq. con calle 17, entre calles 6 y 8); allí se ha emplazado una escultura de bronce del cantante, sentado en un banco. Cada 8 de diciembre se realizan velatorios y conciertos en su memoria. Fidel Castro inauguró la estatua en diciembre de 2000, coincidiendo con el vigésimo aniversario de la muerte de Lennon. En términos de lógica supuso una más de las contradicciones de los líderes cubanos: la música de los Beatles estuvo prohibida en la isla hasta los años setenta por considerarse "decadente". Con su característico oportunismo, Castro introdujo a Lennon por su cuenta y riesgo en el santoral revolucionario cuando el de Liverpool se opuso a la Guerra de Vietnam. A la estatua de Lennon le han robado las gafas en varias ocasiones (una pieza muy jugosa para los vendedores de *souvenirs)*, por lo que ahora hay un guarda que la vigila regularmente.

HOTEL NACIONAL

De estilo neocolonial (☎ 873-3564; calle O esq. con calle 21), fue construido en 1930. En agosto de 1933 Gerardo Machado fue derrocado tras un alzamiento popular; un mes más tarde, el sargento Fulgencio Batista se hizo con el poder. Dos meses después, unos 300 oficiales

del ejército, destituidos como consecuencia del golpe de Batista, se atrincheraron en el recién inaugurado Hotel Nacional. Las tropas de Batista atacaron a los oficiales, muchos de los cuales fueron asesinados tras rendirse.

El vestíbulo alicatado del hotel, sus enormes sillas y su aire aristocrático recrean una atmósfera del pasado; es un buen lugar para tomar un café o un cóctel. En el jardín trasero, situado en la cima de un acantilado y al que se llega cruzando la recepción, hay bancos orientados al Malecón y varios cañones apuntando al mar, herencia de la época colonial. Resulta un buen lugar desde donde observar las manifestaciones que se celebran frente a la Sección de Intereses Estadounidenses organizadas por el Gobierno. El Hotel Nacional también es la sede del Festival Internacional del Nuevo Cine Latinoamericano (p. 454).

HOTEL HABANA LIBRE
Requisado en 1959 por los revolucionarios, que le cambiaron el nombre por el de **Habana Libre** (☎ 55 47 04; calle 23 esq. con calle 25), su fachada exhibe un mural de azulejos venecianos de 670 m², obra de Amelia Peláez, y el piso superior alberga *El carro de la revolución*, de Alfredo Sosa Bravo, construido con 25 piezas de cerámica. Acoge exposiciones temporales de pintura y cuenta con una buena tienda de licores y una farmacia. El centro comercial tiene una surtida tienda de licores y en el vestíbulo hay fotos en blanco y negro de Castro y sus correligionarios celebrando la victoria en 1959.

EDIFICIO FOCSA
Inconfundible en el horizonte de La Habana, el edificio Focsa (1954-1956) se construyó en el tiempo récord de 28 meses usando tecnología informática puntera. En 1999 se incluyó en la lista de las "siete maravillas" de la ingeniería cubana moderna. Con 39 plantas y 373 apartamentos, se convirtió en la segunda mayor estructura de cemento de su clase del mundo cuando se completó en junio de 1956. En su construcción no se empleó ninguna grúa. Los noventa fueron malos tiempos para el edificio, cuyas plantas superiores se convirtieron en nidos de buitres y, en 2000, una persona murió al romperse el cable de un ascensor. Ahora, este gigante que domina el perfil de la ciudad vuelve a brillar tras una

reciente remodelación. Alberga apartamentos reformados y uno de los restaurantes más nombrados de la ciudad, La Torre (p. 123), en la última planta.

UNIVERSIDAD DE LA HABANA
Como cualquier gran urbe, la ciudad de La Habana cuenta con su propia universidad, en este caso, la **Universidad de La Habana** (Neptuno esq. con San Lázaro). Antes de la colosal escalinata que conduce a su interior, se recomienda visitar el **monumento a Julio Antonio Mella** (Neptuno esq. con San Lázaro), líder estudiantil impulsor de la fundación del Partido Comunista de Cuba en 1925, asesinado en 1929 en Ciudad de México. También resultan interesantes los **retratos de Mella** en blanco y negro que cuelgan de la pared de un pequeño parque, situado al otro lado de San Lázaro.

La universidad, fundada por los dominicos en 1728, se convirtió en un centro laico en 1842. En la actualidad, en el complejo neoclásico, que data del segundo cuarto del s. xx, 1.700 profesores imparten humanidades, ciencias sociales y naturales, matemáticas y económicas a unos 30.000 estudiantes (2.000 extranjeros).

Tras subir la escalera y atravesar la majestuosa puerta, aparece la plaza central, llamada Ignacio Agramonte. Enfrente se sitúa la **biblioteca** y a la izquierda, el **edificio Felipe Poey,** con dos **museos** (entrada 1 CUC; ⏰ 9.00-12.00, 13.00-16.00 lu-vi): en la planta baja, el de **Historia Natural,** el más antiguo de Cuba, establecido en 1874 por la Real Academia de Ciencias Médicas, Físicas y Naturales, cuyas muestras de flora y fauna cubana datan en su mayor parte del s. xix; y, en la planta superior, el **Museo Antropológico Montané,** creado en 1903, con una rica colección de piezas indígenas precolombinas, como el ídolo del Tabaco, del s. x, descubierto en la provincia de Guantánamo, el de Bayamo, de piedra, y algunas momias. Si se deja este edificio a la izquierda, el siguiente, también a la izquierda, es el **anfiteatro Enrique José Varona,** donde se proyectan películas durante el Festival Internacional del Nuevo Cine Latinoamericano.

Para llegar al **Museo Napoleónico** (☎ 79 14 60; San Miguel 1159; sin/con guía 3/6 CUC; ⏰ 10.00-17.30 lu-sa), que contiene, 7.000 objetos relacionados con Bonaparte −entre ellos su máscara funeraria−, hay que bajar por el parque, siguiendo la franja norte del edificio Felipe Poey, y salir del complejo universitario por

una pequeña puerta. El **estadio Universitario Juan Abrahantes,** con capacidad para 10.000 espectadores y donde los estudiantes juegan al fútbol y al béisbol, se encuentra subiendo la colina desde este museo.

MUSEOS

En Vedado existen dos que, aunque se hallan un poco más alejados, merecen una visita: el **Museo de Artes Decorativas** (☎ 830-9848; calle 17, nº 502, entre las calles D y E; entrada 2 CUC; ☽ 11.00-19.00 ma-sa), con sus elegantes adornos de estilos rococó, oriental y *art déco*, y el **Museo de Danza** (☎ 831-2198; Línea 365; entrada 2 CUC; ☽ 11.00-18.30 ma-sa), que colecciona piezas de la rica historia de la danza cubana, como algunas pertenecientes a Alicia Alonso.

PARQUE ALMENDARES

En las orillas del río homónimo, bajo el puente de la calle 23, se encuentra este maravilloso oasis de verdor y aire puro en el corazón de la caótica ciudad. El parque ha sufrido una profunda restauración y, además de los bancos que se han colocado a lo largo del paseo fluvial y de las plantas que crecen por doquier, se puede disfrutar de otros servicios, como un **campo de minigolf,** el **anfiteatro Parque Almendares** (véase "Ocio", p. 128), una **zona de juegos** y varios buenos locales donde comer. El **bosque de La Habana** es estupendo para pasear, pero se recomienda ir acompañado, pues se trata de un lugar aislado y considerado poco seguro.

Plaza de la Revolución y alrededores

PLAZA DE LA REVOLUCIÓN

Antes de 1959, este espacio era conocido como plaza de la República y, aunque ahora se ha convertido en una suerte de símbolo de la Revolución Cubana debido a las concentraciones políticas de la década de 1960, casi todos sus edificios datan de la época de Batista. En ocasiones importantes, Castro y otros dirigentes han hablado ante 1,2 millones de cubanos desde el podio situado frente al **monumento a José Martí** (☎ 59 23 47; entrada 5 CUC; ☽ 9.30-17.00 lu-sa), con forma de estrella y 142 m de altura. Para presenciar alguno de estos eventos, el viajero debe acudir el 1 de mayo o el 26 de julio a las 7.00 (casi todos los hoteles organizan excursiones). La estatua de mármol de Martí, de 17 m, está firmada por Juan José Sicre. El monumento, restaurado en 1996, alberga en su base el museo dedicado al héroe cubano; por 2 CUC más, se puede tomar el ascensor hasta el mirador, a 129 m, la estructura más alta de Cuba.

Detrás se halla el despacho de Fidel Castro, en el alto y fuertemente vigilado **Comité Central del Partido Comunista de Cuba,** en su día Ministerio de Justicia (1958). El **Ministerio del Interior,** en el lado norte de la plaza, es fácilmente identificable por el enorme mural de Ernesto Guevara y por la consabida frase "Hasta la victoria siempre". Al oeste se ubica el **Teatro Nacional de Cuba** (véase p. 130).

En la zona occidental de la plaza de la Revolución se levanta la **Biblioteca Nacional José Martí** (entrada gratuita; ☽ 8.00-21.45 lu-sa), con una exposición de fotografía en el vestíbulo. En la planta baja se ha instalado la biblioteca infantil, con actividades y exposiciones para los más pequeños.

La **Quinta de los Molinos** (av. Salvador Allende esq. con Luaces), situada en los antiguos jardines botánicos de la universidad, fue la residencia del general Máximo Gómez, y en la actualidad constituye un museo; el parque, bastante sombrío, no es muy recomendable. Este lugar funciona como sede de la Asociación Hermanos Sáiz, las juventudes de la Unión de Escritores y Artistas de Cuba (Uneac). Los conciertos que se celebran en La Madriguera (mucho *rock* y *rap*) son muy interesantes (véase p. 127). El museo estaba cerrado por reformas cuando se redactó esta guía.

NECRÓPOLIS CRISTÓBAL COLÓN

Esta pequeña ciudad de granito y mármol, diseñada con calles y avenidas numeradas y dispuestas en forma de damero, es el cementerio más importante de Cuba (entrada 1 CUC; ☽ 7.00-17.00). La necrópolis acoge los nichos de casi un millón de personas desde 1868 hasta la actualidad (aunque a diario se exhuman cadáveres porque falta sitio). Muchas tumbas muestran impresionantes lápidas de mármol, lo que convierte el lugar en el parque escultórico más grande del país; conviene preguntar por la tumba dominó. En la entrada se puede comprar una guía con un plano detallado (5 CUC).

Entrando por la neorrománica **puerta norte** (1870) y, a la derecha se encuentra la sepultura del **general Máximo Gómez** (1905), líder independentista; no hay que perderse la cara de bronce del medallón. Pasada la primera rotonda y también a la derecha, se localizan el **monumento a los Bomberos** (1890), el **mausoleo**

VEDADO

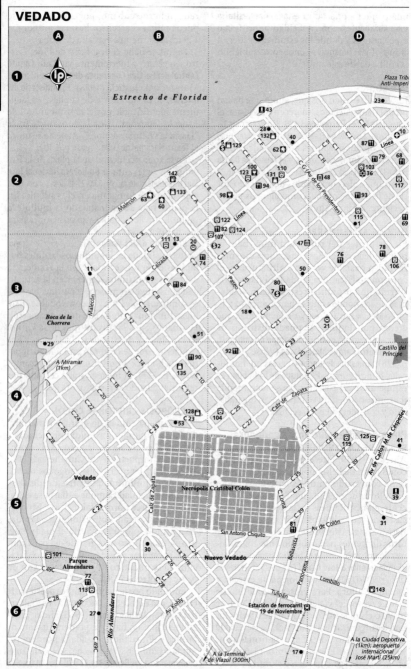

Estrecho de Florida

Boca de la Chorrera

A Miramar (1km)

Vedado

Parque Almendares

Nuevo Vedado

Necrópolis Cristóbal Colón

San Antonio Chiquito

Estación de ferrocarril 19 de Noviembre

Plaza Trib Anti-Imperi

Castillo del Príncipe

A la Ciudad Deportiva (1km); aeropuerto internacional José Martí (25km)

A la Terminal de Viazul (300m)

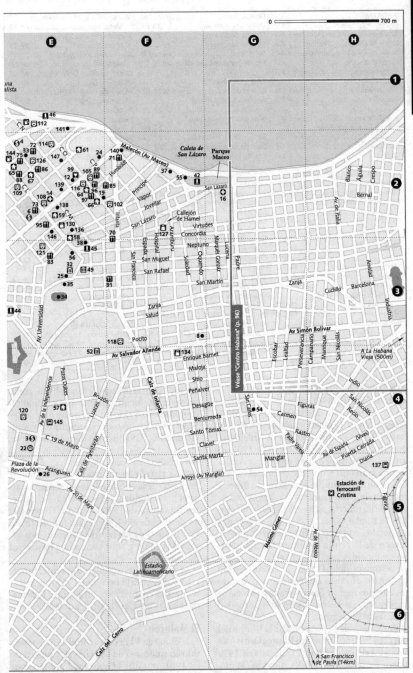

0 — 700 m

Véase "Centro Habana" (p. 96)

LA HABANA

de la familia **Falla Bonet** (de interés artístico) y la **capilla Central** (1886), en medio del camposanto. Al nordeste de este templo, se ubica el sepulcro de la **señora Amelia Goyri** (calle 1 esq. con calle F), más conocida como La Milagrosa, que murió de parto el 3 de mayo de 1901. La estatua de mármol de una mujer que sostiene una gran cruz y un bebé en brazos es fácil de encontrar: siempre está llena de flores y rodeada de gente. Durante muchos años después de su muerte, su marido, desolado, visitaba la tumba varias veces al día. Daba unos golpecitos con uno de los cuatro anillos de hierro de la cripta y se marchaba andando de espaldas para poder verla el máximo de tiempo posible. El lugar se ha convertido en centro de culto esotérico, pues cuando los cuerpos fueron desenterrados, el bebé se encontraba en los brazos de su madre, o al menos eso se asegura.

También vale la pena buscar la tumba del líder del Partido Ortodoxo **Eduardo Chibás** (calle 8, entre las calles E y F). Durante la década de 1940 y comienzos de la de 1950, Chibás inició una cruzada contra la corrupción política; como protesta, se suicidó durante una emisión radiofónica en 1951. En su entierro, el joven Fidel Castro saltó sobre su tumba y pronunció un acalorado discurso denunciando a las clases dirigentes. Fue la presentación política del cubano más conocido del s. XX.

Una **placa de bronce** (calle 14 esq. con 23), a una manzana de la entrada de la necrópolis, marca el lugar donde Castro proclamó el carácter socialista de la Revolución Cubana el 16 de abril de 1961. El alegato fue efectuado con motivo de las honras fúnebres por los muertos en un ataque contra una base aérea de La Habana.

Si el viajero busca algo diferente, puede salir por la puerta occidental y caminar tres manzanas en dirección sur hasta el **cementerio Chino** (av. 26 esq. con Zapata; 🕐 6.00-18.00).

El Malecón

Este dique de 8 km de longitud se ha convertido en sinónimo de La Habana. Construido en 1901, durante la época del gobierno de

EE UU, recorre la costa desde el castillo de la Punta, en La Habana Vieja, hasta La Chorrera, otra fortaleza situada en la desembocadura del río Almendares. Dos túneles de un solo sentido discurren bajo el río; el principal de ambos continúa por Miramar con el nombre de avenida 5 y se convierte finalmente en la autopista hacia Mariel. A principios de la primavera, cuando el tiempo es inestable, las olas rompen por encima de los muros del Malecón, mojando a los transeúntes y a los coches que pasan. Las joyas arquitectónicas, restauradas o en ruinas, que se contemplan al fondo son excepcionales. Recientemente se han instalado farolas antiguas, lo que transforma el lugar en un rincón atractivo por la noche cuando se llena de parejas y de trovadores. Los jineteros pueden ser muy insistentes; es necesario dejarles muy claro, de forma directa e inequívoca, que no se requieren sus servicios. El Malecón quedó muy dañado tras el huracán *Wilma* en octubre de 2005. Olas enormes se levantaron hasta 3 m por encima del faro de

El Morro, arrancaron partes del dique y más de 250 personas tuvieron que ser evacuadas por vehículos anfibios.

El **hospital nacional Hermanos Ameijeiras** (1980), de 24 plantas, el edificio más alto de Centro Habana (pero no de La Habana, que cuenta con el Focsa), domina la zona. Algunos consultorios están especializados en tratamientos a extranjeros (véase "Asistencia médica", p. 139). Enfrente, se sitúa el **monumento a Antonio Maceo** (1916), general mulato durante la Guerra de Independencia de 1895. El cercano **torreón de San Lázaro,** del s. XVIII, fue erigido como torre de vigilancia durante la época colonial.

Hacia el oeste, más allá del Hotel Nacional, se extiende un tramo del Malecón conocido como avenida Washington, por la antigua ubicación de la embajada estadounidense. En el centro del paseo se levanta el **monumento a las Víctimas del Maine** (1926), cuya cima estaba coronada por un águila norteamericana hasta la Revolución de 1959. En un lado del monumento, la inscripción alude

VISITAS A FÁBRICAS DE PUROS

En La Habana hay dos fábricas que actualmente permiten visitas. Sus programas son muy similares: los visitantes ven cómo las hojas se desatan y se clasifican en la planta baja y, a continuación, acceden a las plantas superiores para observar cómo se lía el tabaco, se prensa, se adorna con una banda y se empaqueta en cajas. Conviene recordar que en estas fábricas las personas trabajan muy duro (a veces hasta 12 horas al día o más) por unos 200 CUP, y que algunos visitantes pueden sentir que visitan un zoo humano. Aun así, si el viajero tiene un interés (aunque sea remoto) por el tabaco, la economía o las condiciones laborales en Cuba, disfrutará de las visitas de 45 minutos que, por 10 CUC, se organizan de lunes a viernes en las siguientes fábricas:
Real Fábrica de Tabacos Partagás (plano p. 96; ☎ 862-0086; Industria 520, entre Barcelona y Dragones; ☽ visitas cada 15 min, 9.30-11.00 y 12.30-15.00). La tienda de tabaco (9.00-17.00 lu-sa) y el salón de fumadores le añaden interés. Es una de las fábricas de tabaco más antiguas de La Habana (1845).
Real Fábrica de Tabacos H. Upmann (plano pp. 102-103; ☎ 862-0081; calle 23, entre calles 16 y 14; ☽ visitas 9.30-14.30 lu-vi). Se fundó en 1844 y se ubica en un impresionante edificio neoclásico. Aquí lían los Romeo y Julieta, los Montecristo y los Cohiba.

En el momento de escribir esta guía la fábrica **Romeo y Julieta** (plano pp. 102-103; Padre Varela 852) y la **Real Fábrica de Tabacos La Corona** (plano p. 96; calle Agramonte 106, entre Colón y Refugio) estaban cerradas al público, pero sus tiendas y salones de fumadores seguían abiertos.

a la teoría de que agentes de EE UU hicieran estallar deliberadamente su propia embarcación, como pretexto para declarar la guerra a España: "A las víctimas del *Maine* que fueron sacrificadas por la voracidad imperialista en su afán de apoderarse de la isla de Cuba". El edificio de siete plantas con vallas de alta seguridad, ubicado en el extremo oeste de esta plaza es la **Sección de Intereses Estadounidenses,** creada por la Administración Carter a finales de los setenta. Enfrente se encuentra la plaza Tribuna Antiimperialista, construida durante el caso del niño balsero Elián González.

El **monumento a Calixto García** (1959; Malecón esq. con calle G), general cubano a quien los militares norteamericanos de Santiago de Cuba impidieron asistir a la rendición española de 1898, está constituido por 24 placas de bronce alrededor de una estatua ecuestre. En ellas se explica la lucha que García llevó a cabo durante treinta años por la independencia de Cuba. En la calle G, detrás del monumento, se sitúa la **Casa de las Américas** (☎ 55 27 06; calle G, las calles 3 y 5; entrada 2 CUC; ☽ 10.00-16.40 ma-sa, 9.00-13.00 do), una importante institución cultural fundada en 1959 por Haydee Santamaría, superviviente del asalto al cuartel Moncada, que programa seminarios literarios y artísticos, conciertos y exposiciones. Cuenta con galería de arte y librería.

En la calle G (avenida Presidentes) se alinean bustos y estatuas. En medio se alza lo que queda (los zapatos) del monumento al

primer presidente de Cuba, Tomás Estrada Palma, considerado en la actualidad un títere de EE UU. Al otro lado de la calle se halla el neobarroco **Ministerio de Relaciones Exteriores.** En la esquina del Malecón con la calle D, se emplaza la gran **feria de la artesanía,** con objetos y libros de segunda mano.

Cuba tiene tres sinagogas que sirven a una comunidad judía de unos 1.500 miembros. El centro de reuniones principal y la biblioteca se encuentran en la **Gran Sinagoga Bet Shalom** (calle I, entre calles 13 y 15), cuyo amable personal estará encantado de relatar la fascinante historia de los judíos cubanos a los visitantes interesados.

CIRCUITO A PIE POR LA HABANA VIEJA

Es bastante difícil recorrer La Habana Vieja y Centro Habana el mismo día, a menos que se utilice algún medio de transporte. Se puede tomar un coche de caballos (10 CUC/hora) en Mercaderes, junto a Obispo; un *cocotaxi* en los alrededores de la plaza San Francisco de Asís (también hay coches de caballos) o un *bicitaxi* cerca de la Estación Central de Trenes.

Antes de dirigirse a la **catedral de San Cristóbal de La Habana (2;** p. 89), el mejor sitio desde donde observar el constante trasiego que es la plaza de la Catedral es sin duda el exuberante **Restaurante El Patio (1;** p. 119). A continuación se puede ir hacia el suroeste, pasan-

do por delante de la pitonisa residente y las damas llamativamente ataviadas con trajes de topos hasta llegar al **Taller Experimental de Gráfica (3**; p. 91). En la que debe ser la galería de arte más bonita de La Habana se mezclan Pink Floyd, Jackson Pollock, Wilfredo Lam y una pizca de Picasso, para que no se diga. Haciendo gala de su excelente habilidad para interpretar mapas, el viajero llegará al titánico **Museo de la Ciudad (4**; p. 92), en el lado oeste de la plaza de Armas, antes de que arribe la marea de visitantes. Si ya es tarde para eso, se recomienda hacer una pausa y disfrutar de la brisa en la plaza, paraíso de los bibliófilos, visitando la feria de libros al aire libre que se instala en ella los miércoles; cualquier otro día de la semana se puede visitar en su lugar una de las mejores librerías de La Habana en el **palacio del Segundo Cabo (5**; p. 92). Los animales disecados del Museo Nacional de Historia Natural no revisten demasiado interés, por lo que es más aconsejable dirigirse a la terraza del **Restaurante Mirador de la Bahía (6**; p. 119), situado en la quinta planta y con vistas excepcionales.

Un recorrido alternativo consiste en ir hacia el sur por la calle Mercaderes, una manzana al oeste, paralela a Oficios. En la esquina de Obispo se sitúa el **Hotel Ambos Mundos (7**; p. 113), donde Ernest Hemingway se alojó durante la década de 1930. Se puede visitar la habitación 511, en la que empezó a escribir *Por quién doblan las campanas* o disfrutar de las melodías románticas que interpreta el pianista en el vestíbulo. Un poco más al sur se puede examinar la fantástica **maqueta de La Habana Vieja (8**; p. 93). Antes de torcer a la izquierda por Obrapía en la siguiente esquina, es interesante pasarse por **Habana 1791 (9**; p. 133), donde se elaboran esencias florales a mano y se pueden ver los pétalos secándose en el laboratorio de la parte trasera. Constituyen un estupendo regalo.

Poco después de cruzar Lamparilla se encuentra el **Hostal Condes de Villanueva (10**; p. 113), un hotel Habaguanex fantásticamente restaurado con un tranquilo patio interior y una tienda propia de puros de primera (un regalo perfecto). No hay que pasar de largo por el curioso **Museo del Chocolate (11**; p. 110), irónicamente situado en la calle Amargura. Suele estar abarrotado, pero hay que tener paciencia para degustar un chocolate a la taza con bizcochos que no se puede describir con palabras. Si se baja hacia la izquierda por Amargura, se llega a la cálida brisa marina que corre por la plaza San Francisco de Asís. Al oeste de esta plaza, se sitúan varias galerías de arte (véase p. 133), algunas con pequeños jardines para tomarse un respiro; también se puede tomar un capuchino en el **Café del Oriente (12**; p. 120).

Los amantes de los trenes pueden desviarse media manzana al sur por Oficios y girar a la izquierda en Churruca para contemplar el **Coche Mambí (13**; entrada gratuita; ⏰ 9.00-14.99 ma-sa), un vagón construido en EE UU en 1900 y trasladado a Cuba en 1912. Utilizado como coche presidencial, constituye un auténtico palacio sobre ruedas, con un comedor muy formal, ventanas de madera con persianas y ventiladores activados con nieve carbónica.

También se puede torcer a la derecha en la esquina de Oficios y Brasil en dirección hacia la cautivadora **plaza Vieja.** En la esquina nordeste se encuentra la torre cuya cima alberga la **cámara oscura (14**; p. 93), desde donde se contemplan algunas de las mejores vistas de la ciudad. Se recomienda echar un vistazo rápido al **Café Taberna (15**; p. 126), un templo al ya fallecido Beny Moré y a otros reyes del

---

DATOS PRÁCTICOS

Origen Restaurante El Patio
Final Taberna de la Muralla
Distancia 1,3 km
Duración 3 h

LA HABANA

mambo, antes de curiosear entre la colección de barajas del **Museo de Naipes (16;** p. 94), en la esquina sudeste. Para concluir el paseo, se puede tomar un vaso de la mejor cerveza de La Habana, producida en la propia **Taberna de la Muralla (17;** p. 126), que además cuenta con una parrilla al aire libre.

Quienes no se conformen con el circuito turístico típico y quieran conocer una Habana más cotidiana, deben continuar una manzana hacia el oeste por Muralla y luego, hacia el sur por Cuba. Aquí los techos de las viviendas están a punto de derrumbarse, los cortes de luz son habituales, el agua escasea y las calles están sucias. Se trata de una zona conflictiva, por la que se debe ir con cuidado, al igual que al oeste del paseo Martí y al norte de San Rafael, en Centro Habana. El viajero debe procurar pasar desapercibido y evitar estos sitios después de anochecer; si no se siente seguro, se recomienda volver hacia la plaza de Armas. Para visitar algunas iglesias y seguir el paseo por Centro Habana, se debe caminar seis manzanas en dirección sur por Cuba y girar a la izquierda por Leonor Pérez otras cinco manzanas.

CIRCUITO A PIE POR CENTRO HABANA

Aunque este circuito rebosante de cultura no parezca largo sobre el papel, hará falta reservarle al menos cuatro horas. Hay en La Habana Vieja y en Centro Habana demasiadas distracciones cautivadoras, demasiadas callejuelas intrigantes por las que perderse, como para dedicarle menos tiempo. Lo mejor es empezar desde el centro, por el **Museo de la Revolución (1;** p. 98) y el **Museo Nacional de Bellas Artes (2;** p. 98). Hacia el sur, a un par de cuadras, se encuentra el **edificio Bacardí (3;** p. 98), uno de los más llamativos de La Habana, bloques de granito, piedra caliza de Capellanía y ladrillos multicolores, considerado uno de los mejores ejemplos de arquitectura *art déco* del mundo.

Para llegar a Trocadero, donde se emplaza el antiguo **Hotel Sevilla (4;** p. 113), hay que retroceder unos metros y tomar Ánimas, a la izquierda; después se sigue la primera a la derecha, por Agramonte, y finalmente, la siguiente a la izquierda. En este hotel, llamado anteriormente Sevilla-Biltmore (erigido en 1908), se hospedó Enrico Caruso en 1920; en la habitación 510 durmió un personaje de Graham Greene y se inventó el cóctel *Mary Pickford*, con ron, zumo de piña y granadi-

DATOS PRÁCTICOS
Origen Museo de la Revolución
Final Museo-Casa Natal de José Martí
Distancia 2,5 km
Duración 4 h

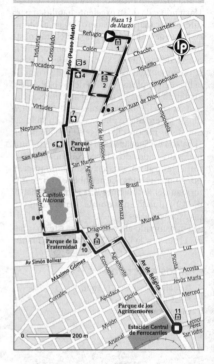

na. En la esquina con Prado (1908), existe una pared llena de interesantes fotos históricas y, un poco más allá, aparece el paseo donde los pillos patinan y los jóvenes de la **Escuela Nacional de Ballet (5;** p. 98) descansan y miman sus doloridos músculos.

Aquí los jineteros pueden ser muy pertinaces, por lo que se aconseja seguir en dirección sur hacia el parque Central para admirar una de las numerosas estatuas dedicadas a José Martí y enterarse de los últimos chismorreos sobre béisbol en la "esquina caliente". Las vistas del Gran Teatro y del Hotel Inglaterra son muy atractivas desde el lado sur del parque. Si el viajero tiene sed, puede tomar un mojito en el **Hotel Inglaterra (6;** p. 114) o dirigirse hacia la piscina-bar de la azotea del **Hotel NH Parque Central (7;** p. 116).

Este último es de cinco estrellas, así que los precios no son bajos.

Los viajeros que deseen apartarse del circuito turístico pueden dirigirse a Neptuno, junto al Hotel Telégrafo. A pocos metros se encuentra la parte más abandonada de Centro Habana. La calle Consulado es un potrero de béisbol durante el día, donde juegan los Liván Hernández del mañana. Cuidado con los agujeros, con la basura en descomposición y con las llaves que puedan caer desde las ventanas de los pisos.

Si se logra escapar sano y salvo de todo ello, el Capitolio Nacional no queda lejos. El presidente Gerardo Machado y Morales ordenó su construcción a imagen de su homólogo de Washington en 1929. Quienes estén interesados en los paseos guiados por la **Real Fábrica de Tabacos Partagás (8;** p. 106) deben seguir hacia el sur por Prado y girar a la izquierda por Dragones, en el extremo del Capitolio. Otra posibilidad consiste en continuar recto, pasada la **fuente de la India (9;** p. 95), que se alza en una rotonda (hay que tener mucho cuidado con el tráfico), hasta la **Asociación Cultural Yoruba de Cuba (10;** p. 95), con su fascinante y bien cuidado museo.

Dos manzanas a la izquierda por Máximo Gómez y tras girar a la derecha por la caótica avenida de Bélgica, se llega a la verdadera capital, donde las cafeterías y uno de los mercados más grandes de la ciudad permiten degustar comidas a buen precio; se paga en pesos. Si el viajero no desea caminar las cinco manzanas hasta el **Museo-Casa Natal de José Martí (11;** p. 95), en dirección sur, puede alquilar un *bicitaxi*.

CURSOS
Danza

Lo más fácil para tomar clases de baile es ir al **Museo del Ron** (plano p. 90; ☎ 861-8051; San Pedro 262), que la ofrece sin necesidad de reservar plaza de lunes a viernes a las 9.00 de la mañana por 10 CUC las dos primeras horas; los comentarios siempre son buenos. Otra opción es el **teatro América** (plano p. 96; ☎ 862-5416; av. Italia 253, entre Concordia y Neptuno, Centro Habana), junto a la Casa de la Música, que proporciona clases y pareja por 8 CUC la hora bajo la supervisión del director artístico Jorge Samá.

Las clases de son, salsa, rumba y mambo, entre otras, que ofrece el **Conjunto Folklórico Nacional** (plano pp. 102-103; ☎ 7-830-3060; calle 4, n⁰ 103 entre Calzada y calle 5, Vedado) están muy recomen-

dadas. Empiezan el primer lunes de enero y de julio; un curso de 15 días cuesta 400-500 CUC. Una prueba inicial distribuye a los alumnos en cuatro niveles.

Cultura

El **Centro Hispano Americano de Cultura** (plano p. 96; ☎ 860-6282; Malecón 17, entre Prado y Capdevila; ☺ 9.00-17.00 ma-sa, 9.00-13.00 do) tiene toda clase de actividades, como biblioteca, cine, *cibercafé* y sala de conciertos. Vale la pena hacerse con una copia de su excelente folleto mensual y preguntar por los cursos de literatura. Otro lugar de interés es **Paradiso** (plano pp. 102-103; ☎ 832-9538; fax 33 39 21; calle 19, n⁰ 560, Vedado), agencia cultural que puede proporcionar cursos de historia, arquitectura, música, teatro, danza, etc.

Yoga

Se ofrecen clases de yoga en el jardín del **Museo de Artes Decorativas** (plano pp. 102-103; ☎ 830-9848; calle 17, n⁰ 502, entre calles D y E). Se debe preguntar en el museo por la siguiente sesión. Tal vez sea posible incorporarse a las clases del **Teatro Nacional** (plano pp. 102-103; Paseo esq. con calle 39). El horario suele estar junto a la taquilla.

Música

Los cubanos son muy aficionados al flamenco y se pueden tomar clases de baile o quizá de guitarra si se pregunta en el **Centro Andaluz** (plano pp. 96-97; ☎ 863-6745; Martí 104, entre Genios y Refugio).

Arte

El **Taller Experimental de Gráfica** (plano p. 90; ☎ 7-862-0979; fax 7-824-0391; callejón del Chorro 6; plaza de la Catedral, La Habana) ofrece clases en el arte del grabado. Las individualizadas duran un mes y los estudiantes crean un grabado con 15 copias; hay cursos más largos. Cuestan unos 250 CUC.

LA HABANA PARA NIÑOS

A los cubanos les encantan los niños, lo que permitirá a las familias que viajen con críos vivir experiencias exclusivas. Se recomienda alojarse en casas particulares para disfrutar del intercambio cultural. La realidad cubana requiere paciencia y creatividad por parte de los padres, en especial a la hora de la comida. Las actividades son numerosas: visitar el gran acuario de Playa (véase "Acuario Nacional", p. 139) o el **acuario de agua dulce** (plano p. 90; ☎ 863-9493; Brasil 9, entre Mercaderes y Oficios; ☺ 9.00-17.30 ma-sa), en La Habana Vieja; acudir

al fantástico **parque infantil** del Malecón (en Tacón), repleto de atracciones; **montar a caballo** en el parque Lenin, y divertirse en los toboganes acuáticos y coches de choque del **complejo Recreo** de Marina Hemingway. En **Playas del Este** se puede navegar, practicar piragüismo o nadar. En **La Maestranza** (plano p. 90; Carlos Manuel de Céspedes, La Habana Vieja; entrada 1 CUC; sólo menores de 4 años) tienen castillos hinchables para saltar y retozar.

Asimismo, se programan muchos eventos culturales para niños, como el teatro infantil **La Colmenita** (véase p. 131); **Cinecito** (p. 131), con filmes protagonizados por pequeños; así como conciertos, películas y actividades infantiles cada sábado (15.00) y domingo (11.00) en el Museo Nacional de Bellas Artes (en el edificio de la Colección de Arte Cubano; véase p. 98).

Una partida de **minigolf** en el parque Almendares (véase p. 101) o junto a la playa en el **Holá Ola** (plano pp. 102-103; Malecón, entre Príncipe y Valor; 2 CUC; 11.00-atardecer) es entretenido para todos, y los puestos de helados son una delicia para los niños. Incluso el transporte público puede ser grato: se puede tomar un viejo Chevy, un *cocotaxi* o alquilar un *bicitaxi* para descubrir La Habana.

LA HABANA INSÓLITA

Desde 1990 el pintor Salvador González Escalona ha convertido el **callejón de Hamel,** entre Aramburu y Hospital, saliendo de San Lázaro, en un centro de arte al aire libre con estrambóticos murales, esculturas y objetos artísticos varios. Se puede visitar el **estudio** de Salvador (plano pp. 102-103; 878-1661; callejón de Hamel 1054; 10.00-18.00) para admirar (y tal vez adquirir) su obra. El estudio también organiza actividades culturales gratuitas en el mismo callejón, tales como la **rumba de los domingos** a las 11.00, **teatro infantil** (10.00 3er sa de cada mes) o **teatro callejero** (19.00, cuarto ju de cada mes). Se debe tener en cuenta que en el lugar abundan los jineteros.

La **ceremonia del cañonazo** tiene lugar cada noche en la fortaleza de La Cabaña, donde jóvenes actores ataviados con trajes militares del s. XVIII disparan cañonazos siguiendo una tradición habanera de hace 400 años (véase p. 155). Es una excursión muy popular con asistencia multitudinaria.

El **Taller Experimental de Gráfica** (plano p. 90; 862-0979; tgrafica@cubarte.cult.cu; callejón del Chorro 6; 10.00-16.00 lu-vi), cerca de la plaza de la Catedral vende grabados. Se puede ver cómo los producen allí mismo (15-800 CUC).

Para los adictos al chocolate, el **Museo del Chocolate,** en La Habana Vieja (plano p. 90; Amargura esq. con Mercaderes; 9.00-20.00) ofrece letales dosis de chocolate y trufas (todo producido en el propio museo). Situado en la esquina de la calle Amargura, este venerable establecimiento es, de hecho, una cafetería, con unas

---

ESTAFAS

Dejando a un lado el acoso de los **jineteros,** La Habana es una ciudad extraordinariamente segura, en particular comparada con otras capitales latinoamericanas. El viajero puede pasear cualquier noche por las callejuelas de Centro Habana o de La Habana Vieja y lo más probable es que su mayor preocupación sea una pelota de béisbol mal lanzada o una cuerda de ropa tendida en medio del paso.

Pero no hay que exagerar. Las estafas existen, en especial en las zonas más turísticas, donde timadores experimentados merodean por las puertas de los grandes hoteles al acecho de extranjeros confiados.

Una bastante popular es la que llevan a cabo en la calle jóvenes que ofrecen cambiar moneda extranjera por pesos convertibles cubanos con un tipo muy favorable. Es arriesgado aceptar estos tratos. La moneda que recibirá el viajero probablemente será **moneda nacional,** pesos cubanos, que a la vista son muy similares a los convertibles pero tienen un poder adquisitivo 25 veces menor en las tiendas.

Una segunda estafa consiste en la venta ilícita de puros baratos, que llevan a cabo entre susurros vendedores callejeros en Centro Habana y La Habana Vieja. Lo mejor es ignorarlos con educación. Regatear no merece la pena. Los puros que se venden en las calles casi siempre son de mala calidad; sería como cambiar un reserva por un vino de mesa. Es mucho mejor comprar los puros directamente en la fábrica o visitar una de las numerosas Casas del Habano que hay por toda la ciudad.

VOLUNTARIADO EN CUBA

Existen muchas posibilidades de trabajar como voluntario en Cuba, aunque lo ideal es contactar con alguna organización en el país de origen que lo organizace todo. Una vez en La Habana será bastante complicado, si no imposible, incorporarse a algún proyecyo. Los siguiemntes sitios web son un buen lugar donde empezar a buscar (para más información, véase p. 462.

Cuba Solidarity Web Site (www.igc.apc.org/cubasoli). Enlaces de páginas de solidaridad mundial con Cuba.

Cuba Solidaridad (www.cubasolidaridad.org). Página de los grupos solidarios de España con Cuba. Ofrecen la posibilidad de realizar turismo solidario con la agencia Amistur, en coordinación con el Instituto Cubano de Amistad con los Pueblos (ICAP).

Tiempo de Cuba (www.tiempodecuba.34sp.com). Coordinadora Andaluza de Solidaridad con Cuba.

Coordinadora Estatal de Solidaridad con Cuba (www.nodo50.org/cesc/home.htm). En España agrupa a más de un centenar de comités de solidaridad internacional, ONG, asociaciones, partidos políticos y sindicatos.

Solidaritat amb Cuba (www.uv.es/~pla/cuba.html). Página valenciana, con proyectos y direcciones solidarias con Cuba.

Amics de la Terra de Cuba (www.amigosdecuba.cjb.net). Organización no gubernamental de ayuda humanitaria a Cuba.

---

cuantas mesas de mármol en medio de una interesante colección de artilugios relacionados con el chocolate.

CIRCUITOS

Casi todas las agencias organizan los mismos circuitos, con algunas excepciones que se mencionan más adelante. El más común consiste en un recorrido de cuatro horas por la ciudad (15 CUC); otros se han especializado en Hemingway (a partir de 20 CUC), la ceremonia del cañonazo (sin/con cena 15/25 CUC), el jardín botánico (15 CUC), una excursión a Varadero (1 día, desde 35 CUC) y, por supuesto, al famoso cabaré Tropicana (a partir de 65 CUC). También se pueden realizar salidas a la granja de cocodrilos Boca de Guamá (48 CUC), Playas del Este (20 CUC, comida incl.), Viñales (44 CUC), Cayo Largo del Sur (137 CUC) o pasar una noche en Trinidad-Cienfuegos (129 CUC). Los niños suelen pagar sólo una pequeña parte del precio de los adultos; por el contrario, los que viajan solos deben pagar un suplemento de 15 CUC. Si no se reúne un mínimo de personas para realizar el viaje, éste queda cancelado.

Las siguientes agencias, muchas de las cuales cuentan con oficinas en Playa y Miramar, organizan circuitos:

Cubatur (plano pp. 102-103; ☎ 33 31 70/1; calle 23 esq. con calle M, bajo el Habana Libre, Vedado; ◷ 8.00-20.00)

La Havanatur (plano pp. 102-103; ☎ 33 46 51; www.havanatur.cu; Vedado, calle 1 esq. con Paseo, Galerías de Paseo)

Infotur Aeropuerto (plano p. 149; ☎ 66 61 01; terminal 3, aeropuerto internacional José Martí; ◷ 24 h); La Habana Vieja (plano pp. 102-103; ☎ 63 68 84; Obispo y San Ignacio;

◷ 10.00-13.00 y 14.00-19.00); Habana Vieja (plano p. 90; ☎ 33 33 33; Obispo, entre Bernaza y Villegas)

Paradiso (plano pp. 102-103; ☎ 832-9538; fax 33 39 21; calle 19, nº 560, Vedado). Organiza recorridos culturales desde varias ciudades. Se recomienda el de La Habana de Martí y los de conciertos especiales.

San Cristóbal (plano p. 90; ☎ 861-9171/2; Oficios 110, entre Lamparilla y Amargura, La Habana Vieja; ◷ 8:30-17.30 lu-vi, 8.30-14.00 sa, 9.00-12.00). Programa una ruta arqueológica por La Habana (8 CUC) y el paseo "Buena Vista Social Club" (15 CUC).

FIESTAS Y CELEBRACIONES

Los principales acontecimientos culturales de La Habana son FolkCuba, a mediados de enero los años impares; Festival Internacional del Libro, la última semana de enero; PerCuba (Festival Internacional de Percusión), a mediados de abril; Cubadisco y Festival Internacional de Guitarra, en mayo; Coloquio sobre Ernest Hemingway, en mayo los años impares; Festival Internacional de Boleros de Oro, en junio; Festival de Rap Cubana Hip Hop, todos los agostos; Festival de Teatro de La Habana, en septiembre los años impares; Festival de Música Contemporánea, en octubre; Festival Internacional de Ballet, en octubre los años pares; Marabana (maratón), todos los meses de noviembre; Festival de Raíces Africanas Wemilere, Guanabacao, a finales de noviembre; Bienal de La Habana, en noviembre los años impares; Festival Internacional de Jazz, en diciembre y en años pares; Festival Internacional del Nuevo Cine Latinoamericano, todos los meses de diciembre.

Para más información sobre celebraciones especiales se puede visitar la página www.afrocubaweb.com/festivals.htm.

DÓNDE DORMIR

En toda la ciudad se pueden alquilar habitaciones en casas particulares, por las que se paga entre 20 CUC y 35 CUC. Las de Vedado suelen ser de mejor calidad y más caras que las de Centro Habana, pero también están más alejadas. Se aconseja declinar las ofertas de los caseros para ejercer como guías, pues el precio diario de la habitación subirá 5 CUC por noche.

Algunos hoteles de La Habana son en sí monumentos históricos que merecen un vistazo aunque no se esté hospedado en ellos, como el Hotel Sevilla, el Nacional, el Habana Libre, el Saratoga, el Raquel, el Hostal Condes de Villanueva y el Hotel Florida.

La Habana Vieja
ECONÓMICO

Residencia Académica Convento de Santa Clara (☎ 866-9327; Cuba 610, entre Luz y Sol; h 25 CUC/persona). La única opción realmente económica de La Habana Vieja (exceptuando las abundantes habitaciones en casas particulares) es un antiguo convento parte del cual se ha habilitado para hospedar a viajeros. Escondido entre las calles de La Habana Vieja, ofrece paz y tranquilidad en pleno centro a precios muy razonables. Es más, es una atracción turística por méritos propios. Conviene reservar.

PRECIO MEDIO

Hostal Valencia (Habaguanex; ☎ 867-1037; Oficios 53; i/d temporada baja-alta 62/100 CUC-72/120 CUC, desayuno incl.). Situada en un lugar privilegiado, esta excelente mansión colonial con emparrado, enormes puertas y habitaciones, y su propio y conocido restaurante de paellas hace sentir al visitante como en casa. Situado en pleno centro histórico, es un hostal a la antigua y una de las opciones más baratas de Habaguanex, con buen servicio y mucho encanto. Excelente.

Hotel El Comendador (Habaguanex; ☎ 867-1037; Obrapía y Baratillo; 🖳). Situado junto al anterior y con precios similares.

PRECIO ALTO

Hotel los Frailes (☎ 862-9383; Brasil, entre Oficios y Mercaderes; i/d 72/120 CUC, desayuno incl.; 🖳). Ubicado en el corazón de La Habana Vieja, se distingue por sus 22 cómodas habitaciones con colores tierra y mobiliario macizo, acorde con la temática monástica. Los cuatro dormitorios con balcón son los mejores; el bar del vestíbulo es acogedor. El cuarteto de viento que toca siempre en el vestíbulo es un extra añadido. Son tan buenos que a menudo atraen a grupos de turistas de la calle.

CASAS PARTICULARES EN LA HABANA VIEJA

Casa de Pepe y Rafaela (☎ 862-9877; San Ignacio 454, entre Sol y Santa Clara; h 30 CUC). Una de las mejores de La Habana, cubierta de antigüedades y baldosas de estilo árabe, tres habitaciones con balcón y fantásticos baños nuevos en una ubicación excelente. Su hijo también ofrece alojamiento en una bonita casa colonial en San Ignacio 656 (25 CUC).

Eliberto Barrios Suárez (☎ 863-3782; eliberto62@webcorreosdecuba.cu; San Juan de Dios 112, apt 3ª, entre Aguacate y Compostela; apt 30 CUC). Bonito apartamento dúplex con dos habitaciones y cocina.

Jesús y María (☎ 861-1378; jesusmaria2003@yahoo.com; Aguacate 518, entre Sol y Muralla; h 25 CUC). Alquilan tres habitaciones. Se recomiendan las de arriba. Agradable patio interior.

Juan y Margarita (☎ 867-9592; Obispo 522, apt 8, entre Bernaza y Villegas; apt 60 CUC). Apartamento de dos habitaciones, supercéntrico. Los dueños son flexibles y muy amables. Juan sabe mucho sobre la zona.

Luis Fornaris y Mirtha García (☎ 860-0650; mfornaris@empresch.get.tur.cu; Compostela 119; h 25 CUC). Habitación básica para tres, muy recomendada por los lectores.

Migdalia Carraballe (☎ /fax 861-7352; Santa Clara 164, entre Cuba y San Ignacio; h 25-35 CUC). Se alquilan tres habitaciones, dos con balcones que dan al convento de Santa Clara.

Noemí Moreno (☎ 862-3809; Cuba 611, apt 2, entre Luz y Santa Clara; h 25 CUC). Habitación sencilla y limpia en un lugar fantástico detrás del convento; también hay alojamiento en el apartamento 1.

Pablo Rodríguez (☎ 861-2111; pablo@sercomar.telemar.cu; Compostela 532, entre Brasil y Muralla; h 30 CUC). Antigua casa colonial con frescos originales. Se alquilan dos habitaciones con baño, ventilador y nevera.

Ramón y Maritza (☎ 862-3303; Luz 115, entre San Ignacio e Inquisidor; h 25 CUC). Dos grandes habitaciones comunicadas entre sí en una casa colonial; caseros muy amables.

SELECCIÓN DEL AUTOR

Hostal Condes de Villanueva (Habanaguanex; plano p. 90; ☎ 862-9293; Mercaderes 202, Habana Vieja; i/d temporada baja-alta 67/98-93/150 CUC; 🔡). Si el viajero quiere concederse una noche de lujo en La Habana, debe acudir a esta joya colonial. La finca se restauró hace unos años bajo el estricto control del historiador de la ciudad, Eusebio Leal, y el resultado ha sido la transformación de una imponente mansión urbana en un íntimo hotel cuidadosamente decorado. Tiene nueve habitaciones que se distribuyen en torno a un atractivo patio interior (con un pavo real). Las *suites* de la planta de arriba tienen ventanas con vidrieras de colores que dan a las calles adoquinadas, lámparas de araña, esculturas artísticas, enormes baños y bañera con hidromasaje. Tras varias semanas recorriendo Cuba puede ser todo un premio.

Hotel Sevilla (Gran Caribe; plano p. 96; ☎ 860-8560; Trocadero 55, entre Martí y Agramonte; i/d 150/210 CUC, desayuno incl.; 🅿 🔡 💻 🍴). Al Capone alquiló una vez toda la sexta planta, Graham Greene lo usó como escenario de su novela *Nuestro hombre en La Habana* y la mafia lo utilizó como centro de operaciones para controlar el tráfico de drogas en Norteamérica. Tras ser remodelado en 2002 por el grupo francés Sofitel, el Sevilla vuelve a brillar como la joya colonial de antaño, con amplias habitaciones, cómodas camas y una piscina situada de forma algo surrealista en la planta baja (los bañistas están expuestos a un bloque de pisos a punto de desmoronarse, con ropa tendida y todo). Lo más sobresaliente del hotel (en más de un sentido) es, sin duda, el excelente restaurante de la novena planta, donde se puede disfrutar del desayuno con vistas a las calles de La Habana Vieja. Un violinista solitario acompaña a los que desayunan temprano con una versión maravillosamente melancólica de "As Time Goes By" la famosa canción de *Casablanca*.

Mesón de la Flota (Habanaguanex; plano p. 90; ☎ 863-3838; Mercaderes 257, entre Amargura y Brasil, Habana Vieja; i/d 45/65 CUC; 🔡). El hotel de época más pequeño y de precio más razonable de La Habana Vieja es una antigua taberna española con motivos marítimos y situado a dos pasos de la hermosa plaza Vieja. Sus cinco habitaciones, decoradas individualmente, disponen de todos los servicios y comodidades, y el ajetreado restaurante de abajo sirve deliciosas tapas (se recomiendan los garbanzos con chorizo) y platos principales. Por último, aunque algo fuera de lugar en estas latitudes, cuenta con un tablao flamenco que no está del todo mal.

Hostal San Miguel (Habaguanex; ☎ 862-7656; Cuba 52; i/d 90/150 CUC; 🅿 🔡 💻). Situado muy cerca del puerto y con unas vistas impresionantes del mar y de la fortaleza de La Cabaña, este elegante hostal fue propiedad de Antonio San Miguel y Segalá, director del periódico *La Lucha*, que desempeñó un papel importante en la Primera Guerra de Independencia. Se caracteriza por sus altos techos, suelos de mármol de Carrara y multitud de fotos envejecidas de la época prerrevolucionaria. Sus 10 habitaciones retienen un fascinante sabor antiguo que combina a la perfección con la decoración neoclásica de estilo *belle époque*. Un agradable refugio en el casco antiguo.

Hotel Florida (Habaguanex; ☎ 862-4127; Obispo 252; i/d 90/150 CUC, desayuno incl.; 🅿 🔡). Construido en 1836, este bello e imponente edificio de tres plantas y estilo colonial, con arcos y columnas alrededor del patio central, fue recientemente restaurado cuidando los detalles; las habitaciones, bellamente amuebladas, tienen techos altos y camas fantásticas. Dispone de una cafetería muy elegante con sillas lujosas y precios elevados; hay baile todas las noches (abierto desde las 20.00). Todo el que tenga interés por el patrimonio arquitectónico de Cuba debería echarle un vistazo.

Hotel Ambos Mundos (Habaguanex; ☎ 860-9529; Obispo 153; i/d temporada baja-alta 80/130-90/150 CUC; 🔡 💻). Refugio de Hemingway en La Habana, donde se dice que comenzó a escribir su clásico *Por quién doblan las campanas*, este establecimiento rosa pastel es toda una institución y parada obligatoria en la peregrinación por los bares en los que Hemingway se emborrachó. Las habitaciones son pequeñas y algunas no tienen ventanas, por lo que el precio se antoja demasiado alto, pero el bar del vestíbulo es un clásico (para encontrarlo sólo hay que seguir la melodía romántica del piano) y las copas en el restaurante de la azotea, un capricho.

Hotel Raquel (Habaguanex; ☎ 860-8280; calle Amargura esq. con San Ignacio; i/d 115/200 CUC; 🔡). Admirar sus extraordinarios techos de cristal tintado

e imponentes columnas de mármol italiano hace que se acabe con dolor de cuello. Una joya colonial magníficamente restaurada por Habaguanex que ofrece a los viajeros lo mejor de los dos mundos: gimnasio, sauna, restaurante y habitaciones elegantes, además de uno de los vestíbulos más llamativos e ilustres del mundo. Seduce a cualquiera nada más llegar.

Hotel Santa Isabel (Habaguanex; ☎ 860-8201; Baratillo 9; i/d 190/240 CUC, desayuno incl.; Ⓟ ✂ 🖥). El antiguo palacio de los condes de Santovenia, situado en el lado este de la plaza de Armas, está cargado de detalles arquitectónicos, iluminación acogedora, un personal muy atento, terrazas con vistas y bañeras en todas las habitaciones. Las espaciosas *suites* son especialmente agradables, con amplios balcones orientados a la plaza.

Centro Habana
ECONÓMICO

Casa del Científico (☎ 862-1607/8, Martí 212; i/d con baño compartido 25/31 CUC, con baño privado 45/55 CUC; 🖥). Buena opción a precio económico en pleno centro, por lo que se llena rápido. Distinguido edificio antiguo con elegante escalera, columnas de mármol y patios y terrazas que dan a Prado. Una introducción a La Habana agradable y con encanto. La gruesa capa de polvo le añade autenticidad. Sin embargo, ofrece abundantes servicios (Internet, restaurantes, bares, baile) y hace las veces de centro social para el barrio y el tránsito de viajeros. Las habitaciones son bastante sencillas pero correctas.

Hotel Lido (Islazul; ☎ 867-1102; Consulado 210, entre Ánimas y Trocadero; i/d temporada baja-alta 21/31-28/38 CUC). Toda una institución ente los viajeros, es probable que este hotel más bien soso tenga la mayor concentración de lectores de Lonely Planet de Cuba. El secreto está en una mezcla simple pero efectiva de ubicación, precio y un servicio amable y directo en recepción. Si las duchas frías, los colchones incómodos y los desayunos tan frugales que comer pronto se hará indispensable no son un inconveniente, el Lido puede ser una buena base en La Habana.

Hotel Lincoln (Islazul; ☎ 33 82 09; av. Italia, entre Virtudes y Ánimas; i/d temporada baja-alta 30/40-39/46 CUC; ✂). Este venerable gigante de nueve plantas en la concurrida calle Ánimas era el segundo edificio más alto de La Habana cuando se construyó, allá por 1926. Ahora, ofrece

135 habitaciones con aire acondicionado, baño y TV en un ambiente más próximo a 1950 que a la actualidad. El hotel alcanzó fama en 1958 cuando el M-26-7 (Movimiento 26 de Julio) de Castro secuestró al cinco veces campeón del mundo de Fórmula 1 Juan Manuel Fangio en su vestíbulo la víspera del Gran Premio de Cuba.

Hotel Caribbean (Islazul; ☎ 860-8233; Martí 164, entre Colón y Refugio; i/d temporada baja-alta 33/48-36/54 CUC; ✂). El último y sin duda el peor de los tres hoteles en el centro de Islazul. No hay que dejarse impresionar por el reluciente vestíbulo y el bar adjunto; las plantas superiores son un nido de polillas.

PRECIO MEDIO

Hotel Park View (Habaguanex; Colón 101; i/d 50/80 CUC). La reputación del Park View como el Hotel Sevilla de los pobres no está del todo justificada. Su ubicación (a un paso del Museo de la Revolución) basta para recomendar este encantador hotel verde menta. Si se añaden habitaciones limpias, mobiliario moderno y un pequeño pero bien dispuesto restaurante en la séptima planta, el resultado es una auténtica ganga. Otros extras incluyen televisión por cable, un pequeño bar en la planta baja y diminutos balcones (en las habitaciones que dan a la calle).

Hotel Deauville (Hotetur; ☎ 33 88 13; av. Italia 1 esq. con Malecón; i/d/tr 61/88/99 CUC; Ⓟ ✂ 🖥). Se encuentra en un elevado edificio algo *kitsch* frente al mar que los más observadores reconocerán de las típicas postales del Malecón al atardecer. Pero, si bien la ubicación puede ser de postal, los servicios de este antiguo hotel frecuentado por la mafia no son comparables a sus fantásticas vistas. Recientemente renovado, su ubicación, su oficina de alquiler de coches y su correcto restaurante lo hacen una opción popular para turistas de presupuesto medio. Eso sí, es genial para un paseo matutino por el Malecón.

PRECIO ALTO

Hotel Inglaterra (Gran Caribe; ☎ 860-8595; www.grancaribe.cu; Martí 416; i/d/tr 84/120/168 CUC; Ⓟ ✂ 🖥). Fue el hotel predilecto de José Martí en La Habana, algo que aún hoy sigue usando como tarjeta de presentación, cosa que dice mucho sobre su estado actual. El Inglaterra es, de hecho, mejor opción para tomar algo que para hospedarse: el exquisito vestíbulo de estilo árabe y el rústico interior colonial

le quitan fácilmente protagonismo a las habitaciones, sin gracia y a menudo sin vistas. El bar de la azotea es muy popular y la sala de la planta baja es un hervidero de gente donde la música nunca falta. Los alrededores están llenos de jineteros al acecho.

Hotel Plaza (Gran Caribe; ☎ 860-8592; www.grancaribe.cu; Agramonte 267; i/d 84/120 CUC; 🗷 🖳). No está mal. El vestíbulo es bonito, aunque las habitaciones no impresionan. Tiene una cafetería agradable y tres terminales con Internet. Popular entre turistas en vacaciones organizadas. El bar con piano es un atractivo más y el restaurante Los Portales (contiguo) sirve *pizza* por menos de 5 CUC (algo inusual en un hotel de cuatro estrellas).

Hotel Telégrafo (Habaguanex; ☎ 861-1010, 861-4741; Martí 408; i/d desde 90/150 CUC; 🅿 🗷 🖳). Este hotel, que se ofrecía como nueva incorporación a la cadena Habaguanex cuando abrió sus puertas en 2001, combina elementos arquitectónicos antiguos (el edificio original data de 1888) con otros de diseño futurista que incluyen sofás plateados, una enorme

---

CASAS PARTICULARES EN CENTRO HABANA

Alejandro Osés (☎ 863-7359; Malecón 163, 1º; h 25 CUC). Tres habitaciones con vistas al mar, muy popular.

Amada Pérez Güelmes y Antonio Clavero (☎ 862-3924; Lealtad 262, altos, entre Neptuno y Concordia; h 25 CUC). Cuatro habitaciones en una agradable casa colonial.

Carlos Luis Valerrama Moré (☎ 867-9842; Neptuno 404, 2º, entre San Nicolás y Manrique; h 25 CUC). Amplia, con salón-comedor y balcón.

Casa Marta (☎ 863-3078; bienvenidoalcorazon@yahoo.com; Manrique 362; h 30 CUC). Tres habitaciones en torno a un patio interior; oportunidad de conocer a otros viajeros.

Dulce Hostal, Dulce María González (☎ 863-2506; Amistad 220, entre Neptuno y San Miguel; h 20 CUC). Hermosa casa colonial con suelos de cerámica y techos altos, apacible. Dueña amable.

Elicio Fernández (☎ 861-7447; Águila 314, apt 405, entre Neptuno y Concordia; h 25 CUC). Habitaciones frescas con mucha luz natural. Baño compartido y ventilador. Portero y ascensor. Vistas.

Esther Cardoso (☎ 862-0401; esthercv2551@cubarte.cult.cu; Águila 367, entre Neptuno y San Miguel; h 25 CUC). Un palacio para artistas, como un oasis en el desierto: decorado con gusto, con baños impecables y una espectacular terraza en la azotea. Hay que reservar con antelación.

José Ricardo (☎ 861-6413; Neptuno 560, 1º, entre Lealtad y Escobar; 25 CUC). Dueños amables con mucha información sobre la zona. Preparan comidas.

Juan Carlos (☎ 863-6301, 861-8003; Crespo 107, entre Colón y Trocadero; h 15-20 CUC). Casa grande e impecable. La habitación más barata tiene ventilador y baño compartido. Luz natural en toda la casa. Económico.

Julio y Elsa Roque (☎ 861-8027; julioroq@yahoo.com; Consulado 162, apt 2, entre Colón y Trocadero; h 15-25 CUC). Se alquilan dos habitaciones con características diferentes. La más barata tiene baño compartido, ventilador y sólo agua fría. Tanto Julio, que es pediatra, como Elsa son muy amables y una mina de información.

La Casona Colonial, Jorge Díaz (☎ 870-0489; cubarooms2000@yahoo.com; Gervasio 209, entre Concordia y Virtudes; h 25 CUC). Varias habitaciones en torno a un patio agradable, una con tres camas y baño compartido; recomendable para estancias largas.

Martha Obregón (☎ 870-2095; marthaobregon@yahoo.com; Gervasio 308, altos, entre Neptuno y San Miguel; h 20-25 CUC). Un lugar muy bonito. Los pequeños balcones ofrecen vistas a las callejuelas. Popular, con frecuencia lleno.

Niurka O Rey (☎ 863-0278; Águila 206, entre Animas y Virtudes; h 20-25 CUC). Reluciente casa azul con interior no tan brillante. Alquila una habitación con baño; cerca hay aparcamiento.

Paraíso Vista al Mar, Tamara Valdés (☎ 861-8112; Malecón 51, planta 1, entre Cárcel y Genios; h 30 CUC). Si se quiere una habitación con vistas y no importa subir 14 pisos en un ascensor anticuado, ésta puede ser una buena opción: espaciosa y en pleno Malecón.

Rufino Añel Martín y Pilar Rodríguez Santos (☎ 862-4149; Neptuno 556, entre Lealtad y Escobar; h 25 CUC). Zona interesante y animada. Se puede cocinar y lavar la ropa. Dueños amables.

Sandra Elso Aguilera (☎ 861-2944, 70 75 16; Consulado 304, apt 3E, entre Neptuno y Virtudes; h 25 CUC). Caseros amables.

Triny Vital (☎ 867-9132; Águila 118, bajos, entre Colón y Trocadero; apt 50 CUC). Apartamento independiente de dos habitaciones con cocina y capacidad para 4-5 personas.

Victoria Rivero Núñez (☎ 863-7750; Consulado 304, apt 2D, entre Neptuno y Virtudes; h 30 CUC). Espacioso. Hay otras 18 habitaciones disponibles en este edificio.

escalera de caracol y un alucinante mosaico de azulejos en la cafetería de la planta baja. Las habitaciones son igual de estupendas.

Hotel Saratoga (Habaguanex; Martí 603; i/d 150/190 CUC; **P** ⊠ 🖵 🏊). En una ciudad con escasez de hoteles económicos es probable que otro de cinco estrellas sea lo menos necesario. Aun así, el restaurado Saratoga es grande y hermoso, con enormes bañeras, mobiliario moderno, azulejos de mosaico y vistas panorámicas del Capitolio. Construido como hotel en los años treinta, fue requisado por el Gobierno de Castro en 1959. Abrió de nuevo en noviembre de 2005, con todo el esplendor de antaño: piscina en la azotea y habitaciones opulentas.

Hotel NH Parque Central (NH Hotels; plano p. 96; ☎ 860-6627; www.nh-hotels.com; Neptuno, entre Agramonte y Martí; i/d 185/215 CUC; **P** ⊠ 🖵 🏊). El NH Parque Central es el gigante del lujo de La Habana, con todas las comodidades. No hay mejor sitio donde relajarse después de un día paseando por los irregulares adoquines de La Habana Vieja que el exquisito vestíbulo de la planta baja (el café es excelente). Agraciado con una piscina en la azotea, habitaciones fantásticas y un centro de negocios fresco y elegante abierto a todo el mundo, lo único que decepciona en este remanso de paz urbana es la actitud fría, casi distante, del personal.

Vedado
ECONÓMICO
Hotel Bruzón (Islazul; ☎ 877-5684; Bruzón 217, entre Pozos Dulces y av. Independencia; i/d 22/28 CUC; ⊠). Instalaciones viejas y gastadas en una ubicación fea y nada céntrica, aunque al menos está cerca de la estación de autobuses Astro y por lo que cobra tampoco se puede pedir mucho más.

Hotel Universitario (☎ 33 34 03; calle 17 esq. con calle L; i/d 25/34 CUC). Agradable y bien situado frente a la gasolinera Servi-Cupet. Es básico, pero no se encontrará otro hotel en el centro de Vedado por este precio.

PRECIO MEDIO
Hotel Colina (Gran Caribe; ☎ 33 40 71; calle L esq. con calle 27; i/d temporada baja-alta 40/50-44/54 CUC; ⊠). Habitaciones de aspecto gastado, personal hastiado y comodidades escasas. Tiene mala prensa, pero su situación céntrica frente a la universidad y sus precios algo inferiores a los de otros hoteles de su categoría lo convierten en una buena opción para viajeros de presu-

puesto reducido. Un punto a su favor es que no suele estar lleno.

Hotel St John's (Gran Caribe; ☎ 33 37 40; calle O, nº 216 entre calles 23 y 25; i/d temporada baja-alta 50/67-56/80 CUC, desayuno incl.; ⊠ 🏊). La piscina de la azotea es pequeña y el personal indiferente, pero las camas son buenas, las bañeras están limpias y las habitaciones orientadas al oeste tienen grandes vistas al Malecón. Se recomienda usar la caja de seguridad cuando se vaya a salir y visitar la discoteca Pico Blanco en la planta 14 (p. 128).

Hotel Vedado (Gran Caribe; ☎ 832-2806; calle O, nº 244, entre calles 23 y 25; i/d temporada baja-alta 50/67-56/80 CUC; ⊠ 🖵 🏊). Se puede decidir entre el St John's y el Vedado a cara o cruz. Se recomienda asomarse a los dos vestíbulos (casi puerta con puerta) y ver en cuál de ellos el personal parece menos malhumorado. El hotel en sí es bastante razonable, con piscina, un pequeño gimnasio y un espectáculo de cabaré cada noche, pero por ese precio vale más darse el capricho de una noche en La Habana Vieja.

Hotel Victoria (Gran Caribe; ☎ 33 35 10; fax 33 31 09; calle 19, nº 101; i/d temporada baja-alta 55/70-65/90 CUC; **P** ⊠ 🖵 🏊). Construido durante la década de 1920, tiene mucho estilo y resulta íntimo. Con 5 plantas y 31 dormitorios, se trata de una buena alternativa si se busca un servicio más personal que el del Nacional o el Habana Libre. Los cuartos, algo pequeños, ofrecen nevera, caja de seguridad y minibar.

PRECIO ALTO
Hotel Riviera (Gran Caribe; ☎ 33 40 51; www.grancaribe. cu; Paseo esq. con Malecón; i/d temporada baja-alta 74/105-91/130 CUC; ⊠ 🖵). Levantado en 1957 por el mafioso estadounidense Meyer Lansky cerca del mar, rezuma personalidad a buen precio. Entre sus 354 dormitorios algunos disponen de estupendas vistas y balcones, dos se han adecuado para huéspedes con discapacidades y la sala Copa acoge cada noche bandas de música. Cuenta con banco, tiendas y mostrador de información turística; desde la piscina grande se siente la brisa marina. Se halla bastante alejado, lo que supone tener que pasear o tomar un autobús o taxi.

Hotel Presidente (Gran Caribe; ☎ 55 18 01; www. grancaribe.cu; Calzada esq. con calle G; i/d 90/140 CUC; **P** ⊠ 🖵 🏊). Construido en 1928, es más grande y con un servicio menos refinado que el Victoria. Sus 160 habitaciones fueron totalmente restauradas en 2000, lo que le ha

otorgado un aspecto de establecimiento neoyorquino. Su difícil ubicación obliga al viajero a caminar o a usar el sistema de transporte público.

Hotel Meliá Cohiba (Sol Meliá; ☎ 33 36 36; fax 33 45 55; Paseo, entre calles 1 y 3; i/d temporada baja-alta 180-225 CUC; P X ☐ ☒). Con servicios modernos, personal profesional y seriedad absoluta, la cadena española posee dos de los mejores hoteles de La Habana. Orientado al Malecón, cuenta con 462 cómodas habitaciones, dos de ellas habilitadas para huéspedes con dis-

capacidades, algunas para clientes en visita de negocios y 59 con *jacuzzi*. También acoge una galería comercial y el Habana Café.

Hotel Nacional (Gran Caribe; ☎ 55 00 04; calle O esq. con 23; i/d/tr 120/170/238 CUC; P X ☐ ☒). La *crème de la crème* de los hoteles cubanos y abanderado de la cadena Gran Caribe, gestionada por el Gobierno; este edificio neoclásico es a partes iguales un monumento de la ciudad y un hotel de categoría internacional. Incluso si no se dispone del dinero para hospedarse en él, lo más seguro es que se acabe tomando

---

CASAS PARTICULARES EN VEDADO

Ángela Muñiz Rubio (☎ 879-6851; 879-6851; San Miguel 1116, entre Mazón y Basarrate; h 25 CUC). Ofrece tres dormitorios cerca del Museo Napoleónico; dos de ellos con baño.

Armando Gutiérrez (☎ /fax 832-1876; calle 21, n° 62, apt 7, entre calles M y N; h 25-30 CUC). Bonita habitación con balcón y nevera. Ascensor. Dueños amables.

Basilia Pérez Castro (☎ 832-3953; bpcdt@hotmail.com; calle 25, n° 361, apt 7, bajos, entre calles K y L; h 25 CUC). Dos habitaciones con entradas independientes, nevera, teléfono y TV; apacible, buena opción.

Beatriz y Julio (☎ 832-5778; calle 25, n° 367, entre calles K y L; h 25-30 CUC; X). Cerca de la universidad y los hoteles céntricos. Entrada independiente.

Casa de Jannett (☎ 831-7367; calle F, 610, entre calles 25 y 27; h 25 CUC). Vivienda colonial cercana a la universidad.

Casa Teresita (☎ 832-0777; calle 21, n° 4, apt 54, entre calles O y N; h 25 CUC). Habitación limpia, dueñas extremadamente atentas.

Conchita García (☎ 832-6187; conchitagarcia21@hotmail.com; calle 21, n° 4, apt 74, entre calles N y O; h 30-35 CUC). Bien conservada, con dos habitaciones, TV y una agradable terraza. En el mismo edificio hay muchas más opciones.

Doris Jorge (☎ 32 50 29; calle 21, n° 15, apt 9, entre calles N y O; h 25 CU). Ático con vistas. Las habitaciones son enormes y la dueña, amable. Hay que subir en el ascensor hasta la 6ª planta.

Eddy Gutiérrez Bouza (calle 21, n° 408, entre calles F y G; h 30 CUC; pa). Casa antigua. La habitación tiene nevera. Eddy es una excelente fuente de información sobre La Habana.

Guillermina y Roberto Abreu (☎ 833-6401; Paseo 126, apt 13ª, entre calle 5 y Calzada; h 25 CUC). La vista es impresionante y tiene ascensor.

Julio Padilla Martín (☎ 832-5709; juliop_martin@hotmail.com; calle K, n° 210, apt 7B, entre Línea y calle 15; h 30-35 CUC). Cuatro habitaciones; ideales para grupos.

Manuel Martínez (☎ 832-6713; calle 21, n° 4, apt 22, entre calles N y O; h 30-35 CUC). Hay unas 10-12 habitaciones en alquiler en este magnífico edificio *art déco* construido en 1945 frente al Hotel Nacional. Ésta da a los jardines del hotel; una gran vista.

Maribel y Luis Garcé (calle 19, n° 356, piso superior, entre calles G y H; h 25 CUC). Una agradable y joven pareja alquila habitaciones bastante pequeñas con un minúsculo balcón.

Marta Vitorte (☎ 885- 7792; martavitorte@hotmail.com; calle G, 301, apt 14, entre calles 13 y 15; h 35-40 CUC). Varias habitaciones de lujo con una estupenda panorámica, grandes camas y terraza.

Melba Piñeda Bermúdez (☎ 832-5929; lienafp@yahoo.com; calle 11, n° 802, entre calles 2 y 4; h 25-30 CUC). Dormitorio acogedor con bonito mobiliario y terraza privada, situado en una preciosa casa colonial. La calle es tranquila y los propietarios, serviciales.

Natalia Rodes (☎ 832-8909; calle 19, n° 376, 11B, entre calles G y H; h 25 CUC). Baño compartido, cama cómoda y buena panorámica.

Nelsy Alemán Machado (☎ 832-8467; calle 25, n° 361, apt 1, entre calles K y L; h 25 CUC). Independiente y tranquila, con nevera.

Pilar Palma (☎ 831-8918; calle O, n° 202, apt 9, entre calles 23 y 25; h 25 CUC). Agradable y con una situación privilegiada en La Rampa.

CASADA CON LA MAFIA

"Nosotros inventamos La Habana y nos la podemos llevar a otro sitio si [Batista] no es capaz de controlarla", fanfarroneaba el jefe de la mafia Meyer Lansky en la película de Sydney Pollack *Habana*.

Los comentarios insolentes e hiperbólicos de Lansky tienen cierto peso histórico. La relación amor-odio de Cuba con la mafia norteamericana se inició en la década de 1920, cuando la Ley Seca empujó hacia el sur a muchos estadounidenses en busca de placer y de vaciar un cóctel de ron tras otro en los bares y hoteles de la sensual Habana. Al Capone fue uno de los primeros adeptos, financiando el tráfico ilegal de melaza para fábricas ilícitas de ron, aunque el verdadero negocio, el juego con grandes apuestas, no despegó hasta pasada la Segunda Guerra Mundial.

Lansky y el famoso capo de la mafia Salvatore Lucky Luciano fueron los mayores instigadores de esa segunda fase. En diciembre de 1946 los dos corpulentos mafiosos coordinaron la mayor reunión de matones de la mafia estadounidense de todos los tiempos en el Hotel Nacional de La Habana, usando un concierto de Frank Sinatra como tapadera. En su trama para abrir la capital cubana a los narcóticos, la pornografía y las casas de juego a gran escala, al parecer, el dúo contó con la aquiescencia del futuro presidente Fulgencio Batista.

El plan dio su fruto en marzo de 1952, cuando un golpe dirigido por Batista derrocó el régimen de Carlos Prío Socarrás e introdujo leyes que daban rienda suelta al crimen organizado en la corrupta capital cubana. En los ocho años siguientes La Habana se convirtió en una meca del juego y el vicio equiparable a Las Vegas, una auténtica bacanal donde, en palabras de Graham Greene, "todo era posible".

Al haber subestimado extraordinariamente el apoyo popular a Fidel Castro, la entrada de la guerrilla comunista en La Habana en enero de 1959, con sus mojigatos ideales socialistas pegados a los fusiles, pilló a la mafia por sorpresa. Se dice que, tras saludarlos de forma tosca en la puerta del Hotel Capri, el famoso actor de Hollywood vinculado a la mafia George Raft les dio furiosamente con la puerta en las narices. Pero el poder había cambiado de manos. Con los casinos cerrados y los turistas que tanto gastaban de vuelta en Florida, Lansky y sus correligionarios fueron sumariamente expulsados de Cuba en junio de 1959. De la noche a la mañana la era del desenfreno, la decadencia y el juego a gran escala había terminado.

por lo menos un mojito helado en su exquisito bar junto al océano. Empapado de historia y con habitaciones que anuncian con entusiasmo los nombres de los huéspedes ilustres que las han visitado (hay placas en los pasillos), este emblemático gigante de La Habana goza de dos piscinas, un espléndido y cuidado césped, un par de restaurantes de lujo y su propio y excelente espectáculo nocturno de cabaré (el Parisién). Aunque a las habitaciones les falte el lujo de Varadero, la suntuosidad de las zonas comunes y los viejos fantasmas de Winston Churchill, Frank Sinatra, Lucky Luciano y Errol Flynn, que flotan en el ambiente como estatuas invisibles, se combinan para ofrecer una experiencia fascinante e inolvidable.

Hotel Habana Libre (Gran Caribe; ☎ 55 47 04; www. solmeliacuba.com; calle L, entre calles 23 y 25; d/ste 200/ 300 CUC; P X 🖳 🐾). El hotel más grande y más extravagante de La Habana abrió en marzo de 1958, en vísperas de la caída de Batista. Fue parte de la cadena Hilton y en enero de 1959 los castristas lo requisaron y lo convirtieron temporalmente en su cuartel general; Castro administraba el país desde una *suite* en la planta 24. Ahora lo gestiona con eficiencia la cadena española Tryp Hotels y las 574 habitaciones de este coloso modernista responden a los estándares internacionales de calidad, con pequeños balcones y accesorios modernos que de algún modo tienen sabor a antiguo. Los mostradores del vestíbulo resultan útiles para organizar excursiones fuera de la ciudad y los espectáculos musicales del fin de semana suelen presentar a artistas tan conocidos como Eliades Ochoa. Los que no se hospeden en el hotel pueden usar la piscina (entrada con consumición de comida o bebida a partir de 15 CUC; abierta de 8.00 a 18.30).

DÓNDE COMER
La Habana Vieja
'PALADARES'

La mayor parte de los mejores *paladares* de La Habana se encuentran en Miramar o en

Vedado. En La Habana Vieja, con sus múltiples restaurantes gestionados por el Estado, sólo hay unas cuantas metafóricas migajas, sin que eso haya impedido que numerosos camareros en su día libre anden de incógnito por todas partes susurrando "langosta" al oído de cada turista que ven. Destacan los siguientes:

La Julia (☎ 862-7438; O'Reilly 506ª, entre Bernaza y Villegas; comidas menos de 10 CUC; 🕑 12.00-24.00). Entre los mediocres de La Habana Vieja, éste es el mejor; sirve especialidades criollas en un ambiente agradable y familiar, y se puede comer por menos de 10 CUC. Es pequeño y popular; se recomienda reservar.

Paladar La Mulata del Sabor (☎ 867-5984; Sol 153, entre Cuba y San Ignacio; comidas 10 CUC; 🕑 12.00-24.00). Junto a la plaza Vieja, no está mal si se han visitado demasiados restaurantes históricos del catálogo Habaguanex y se busca algo de intimidad.

RESTAURANTES

Cafetería Torre La Vega (Obrapía 114a, entre Mercaderes y Oficios; 🕑 9.00-21.00). Este lugar agradable y de confianza es difícil de superar gracias a sus mesas exteriores y enormes raciones de espaguetis por poco más de 1 CUC. Se recomiendan las crujientes patatas fritas con cerveza fría. Junto a ella se sitúa un estupendo local de batidos y zumos.

La Lluvia de Oro (☎ 862-9870; Obispo 316; comidas menos de 3 CUC; 🕑 24 h). Sugerente restaurante y bar con ventiladores en el techo, ambientado con la actuación de un septeto que parece no abandonar nunca el escenario; se puede tomar una *pizza* y una cerveza, o un mojito y un bocadillo. Se trata de un lugar conocido entre los viajeros, lo que significa que es popular entre los jineteros.

Restaurante Mirador de la Bahía (Obispo 61; 🕑 12.00-24.00). Ubicado en el quinto piso del Museo Nacional de Historia Natural, cuenta con vistas estupendas, cuando está abierto (el guardia de seguridad llamará la atención a quien se acerque si no lo está). Se pueden tomar hamburguesas con queso y *pizza* por menos de 6 CUC mientras se contempla la bahía. Hay música en directo y baile durante las horas del almuerzo y la cena.

Al Medina (☎ 867-1041; Oficios 12, entre Obrapía y Obispo; 🕑 12.00-24.00). Ofrece la mejor cocina de Oriente Próximo de La Habana: cordero (9 CUC) o pollo (5 CUC) con una mezcla picante. Se aconseja el abundante plato vegetariano de *hummus, taboulé, dolma, pilaf* y *falafel* (10 CUC). Quienes dispongan de un presupuesto ajustado pueden optar por el especial de 2,50 CUC (kebab, arroz, ensalada y bebida) que sirven en la cafetería, a la izquierda. En el patio hay música en directo.

Restaurante La Paella (☎ 867-1037; Hostal Valencia, Oficios esq. con Obrapía; 🕑 12.00-23.00). Famoso por la paella y el pescado (10 CUC), la decoración es agradable y se encuentra junto al Hostal Valencia. La comida es regular y buena, siempre que no se queden sin verduras.

Hanoi (☎ 867-1029; Brasil y Bernaza; 🕑 12.00-23.00). A pesar del nombre, la comida no tiene nada de vietnamita, es criolla pura. Se trata de uno de los rincones favoritos de La Habana Vieja, donde se dan cita la clientela cubana y una dosis de mochileros con la nariz pegada a su Lonely Planet. Música en directo para acompañar la cena.

La Mina (☎ 862-0216; Obispo y Oficios; 🕑 24 h). Una institución con varios restaurantes, situados uno junto a otro en un patio. Hay que ceñirse al pollo o al cerdo (7-8 CUC); es mejor para tomar mojitos o café y ver pasar la gente.

Restaurante La Dominica (☎ 860-2918; O'Reilly 108; 🕑 12.00-24.00). Considerado por muchos el mejor italiano de La Habana, la carta presenta desde espaguetis y *pizza* (5-7 CUC) hasta gambas y langosta (10-18 CUC). El servicio es eficiente pero algo pobre; la comida tiene un sabor mediterráneo auténtico, aunque a los chefs a veces se les va la mano con el aceite de oliva. Músicos profesionales amenizan la velada con temas que en ocasiones se apartan de los clásicos obligatorios.

Restaurante El Castillo de Farnés (☎ 867-1030; av. Bélgica 361; marisco 7-20 CUC; 🕑 12.00-23.00). Un buen sitio para ir antes o después del teatro, con marisco entre 7 y 20 CUC, pero no merece un viaje especial.

La Torre de Marfil (☎ 867-1038; Mercaderes 111, entre Obispo y Obrapía; 🕑 12.00-22.00 lu-ma, 12.00-24.00 vi-do). A menudo se vende como uno de los mejores restaurantes chinos de La Habana. El ambiente y la decoración son, en efecto, muy auténticos. Los platos de *chop suey* y de *chow mein* (cuando llegan) son enormes y las verduras, sorprendentemente frescas y crujientes. Comparado con otros restaurantes de la ciudad parece más tranquilo y discreto.

Restaurante El Patio (☎ 867-1034/5; San Ignacio 54; comidas 15-20 CUC; 🕑 12.00-24.00). Seguramente sea uno de los más románticos de la ciudad cuando no están los jineteros. Se recomienda

acudir a este restaurante por la noche y sentarse en la terraza; el ambiente es casi de ensueño. **Café del Oriente** (☎ 860-6686; Oficios 112; entrantes 8-12 CUC, platos principales 20-27 CUC; ☺ 12.00-23.00). Establecimiento de altura en la plaza San Francisco de Asís. Salmón ahumado, caviar (sí, caviar), paté de hígado de oca, langosta a la Termidor, bistec a la pimienta, tabla de quesos y una botella de oporto. Además de camareros con esmoquin. Sólo hay un pequeño problema, el precio.

Centro Habana

'PALADARES'

Paladar Bellamar (Virtudes 169, cerca de Amistad; platos desde 6 CUC; ☺ 12.00-22.00). Constituye una buena opción; la amigable familia que lo regenta ofrece pollo, cerdo y pescado por 6 CUC. Las paredes están decoradas con pintadas emulando el estilo de la famosa Bodeguita del Medio.

Paladar Amistad de Lanzarote (☎ 863-6172; Amistad 211, entre Neptuno y San Miguel; comidas 6-8 CUC; ☺ 12.00-24.00). Casi todas las raciones son bastante grandes.

Paladar Doña Blanquita (Martí 58, entre Colón y Refugio; comidas 7-9 CUC; ☺ 12.00-22.00). El balcón que se asoma a Prado es un lugar romántico y animado para degustar cocina cubana clásica de confianza (mucho cerdo, arroz y frijoles). El servicio es agradable y el precio, correcto. La entrada se halla en una puerta estrecha sin señalizar; hay que subir al piso superior.

Paladar Las Delicias de Consulado (☎ 863-7722; Consulado 309, entre Neptuno y Virtudes; comidas desde 8 CUC; ☺ 12.00-24.00). Situado en un destartalado pasillo del Consulado, cuenta con una pequeña terraza en el piso superior para comer. Los platos están elaborados con cerdo y frijoles. También se alquilan habitaciones.

RESTAURANTES

Restaurante Oasis (Martí 256, Centro Cultural Cubano Árabe; ☺ 14.00-15.00). La carta, de inspiración árabe, es muy aceptable; hay espectáculo los sábados a las 21.00 y en la tienda de la entrada se vende pan. La discoteca es lugar de jineteras.

Los Dos Dragones (☎ 862-0909; Dragones 311; ☺ 12.00-22.30). Alejado de la locura de la calle Cuchillo, es el más fiable del barrio chino de La Habana; sirve enormes raciones de gambas en salsa roja y pollo con bambú y setas. Sus cócteles de ostras tienen fama.

SELECCIÓN DEL AUTOR

Si se busca una experiencia culinaria memorable en La Habana hay que encaminarse a los siguientes lugares.

La Cocina de Lilliam (plano pp. 140-141; ☎ 209-6514; calle 48, nº 1311 entre calles 13 y 15, Miramar; ☺ 12.00-24.00). Servicio atento, ambiente recogido y comida estupenda preparada en el momento: La Cocina de Lilliam tiene todos los ingredientes de un restaurante de primera. Dadas las circunstancias, no sorprende que Jimmy Carter pasara por aquí en su histórica visita de 2002 (por cierto, pidió ropa vieja). Se encuentra en una ilustre villa de Miramar rodeada por un jardín con fuentes suaves y frondosas plantas tropicales donde se pueden degustar platos cubanos tan exóticos como el *mousse* de pollo o la brocheta de atún en un entorno más europeo que caribeño. Ni un solo bocadillo de jamón y queso a la vista.

El Aljibe (plano pp. 140-141; ☎ 204-1583/4; av. 7, entre calles 24 y 26, Miramar; ☺ 12.00-24.00). Sobre el papel, no es más que un simple restaurante de Palmares, pero en realidad se trata de un fantástico festival culinario. El Aljibe lleva años haciendo las delicias de paladares diplomáticos cubanos y extranjeros. Todo gira en torno a los misterios gastronómicos de un solo plato: el pollo asado, que se sirve con todo el congrí, plátano frito, patatas fritas y ensalada que uno pueda comer. Se dice que la receta de la salsa de naranja amarga que lo acompaña es un secreto de Estado.

Paladar La Guarida (plano p. 96; ☎ 863-7315; Concordia 418, entre Gervasio y Escobar; ☺ 12.00-15.00 y 19.00-24.00). En la última planta de un bloque de pisos en condiciones especialmente lamentables incluso para La Habana, la gran reputación de La Guarida procede de haber sido escenario de películas (*Fresa y chocolate* se rodó en el edificio) y de haber recibido críticas excelentes de periódicos como *New York Times* o *The Guardian*. La comida es de lo mejor de la ciudad, con platos como el róbalo reducido en coco o el pollo con salsa de miel y limón. Hay que reservar con antelación.

Tres Chinitos (☎ 863-3388; Dragones 355 entre San Nicolás y Manrique; ☻ 12.00-24.00). Un restaurante chino que se especializa en buena comida italiana. Es famoso por sus *pizzas* (4 CUC), sus ensaladas y sus colas kilométricas.

Flor de Loto (Salud 313, entre Gervasio y Escobar; comidas 4-8 CUC; ☻ 12.00-24.00). Esta nueva incorporación del barrio chino está especializada en langosta asada (7 CUC), aunque también prepara pescado en salsa de almendras (4,50 CUC). Las raciones son abundantes, en especial la de arroz frito; la cocina se ve desde el comedor.

Restaurante Tien-Tan (☎ 861-5478; Cuchillo 17, entre Rayo y San Nicolás; ☻ 11.00-23.00). De todos los chinos de Cuchillo, es el mejor. La carta comprende 130 platos y la cuenta no suele superar los 10 CUC (aceptan pesos o convertibles). La sopa *wonton* es especialmente buena. Cabe esperar que se añada a la cuenta un 20% por el servicio.

Prado y Neptuno (Martí esq. con Neptuno; platos 6-9 CUC; ☻ 12.00-17.00 y 18.30-23.30). Conocido establecimiento de *pizzas* y pasta; uno de los mejores restaurantes italianos de Centro Habana.

Las cajitas con comida para llevar que se venden en algunos puestos callejeros de Cuchillo, en el barrio chino, a veces son mejores que los propios restaurantes.

También se recomiendan:

Feria Los Fornos (Neptuno, entre Martí y Consulado; ☻ 24 h). Hay que probar la carne asada (2-6 CUC) de este patio abierto si no se tiene prisa.

Restaurante Puerto de Sagua (☎ 867-1026; av. Bélgica 603; ☻ 12.00-24.00). Decorado con motivos náuticos, su agradable personal sirve pescado desde 5 CUC y langostinos por 8 CUC.

Vedado

'PALADARES'

La selección de *paladares* de Vedado es bastante irregular; mejor que la de Centro Habana y La Habana Vieja, pero no en la misma categoría que Miramar. He aquí algunos de los favoritos que nunca fallan.

Paladar El Helecho (☎ 831-3552; calle 6, nº 203, entre Línea y calle 11; platos 5 CUC aprox.; ☻ 12.00-22.30). Instalado en una vía frondosa en el oeste de Vedado, este pequeño y romántico lugar se distingue por su ambiente agradable, precios ajustados (5 CUC aprox.) y buenas raciones de calidad. Se recomienda la extraordinaria sopa de pollo casera.

El Gringo Viejo (☎ 831-1946; calle 21, nº 454, entre calles E y F; ☻ 12.00-23.00). Tanto lugareños

como turistas confían en este lugar por su rápido servicio, su completa carta de vinos y las grandes raciones de salmón ahumado con olivas y queso Gouda o carne de cangrejo en salsa roja (ambas, 8 CUC).

Paladar Nerei (calle 19 esq. con calle L; ☻ 12.00-24.00 lu-vi, 18.00-12.00 sa y do). ¿En qué otro sitio se puede comer cerdo asado con espetón al aire libre y en medio de la ciudad? En ningún otro, aseguran los propietarios. Nerei es un buen lugar donde comer situado en una antigua villa de estilo ecléctico con comedor interior y exterior. Lo regenta una familia.

Paladar Aries (☎ 831-9668; av. Universidad 456, bajos, entre calles J y K; ☻ 12.00-24.00). Comida cubana tradicional combinada con lo que generosamente llaman "platos internacionales". Una familia regenta este agradable establecimiento, céntricamente situado detrás de la universidad, por el que pasan trovadores ambulantes.

Paladar El Hurón Azul (☎ 879-1691; Humboldt 153; platos 7-12 CUC; ☻ 12.00-24.00 ma-do). Situado en el centro de Vedado, dispone de comedores sin ventanas, pero decorados con gusto. Se empieza con un agradable entrante de frutas, para continuar con estupendos platos principales, como el mero en salsa roja y verde, o La Guajira, especialidad de la casa. La cuenta oscila entre 7 y 12 CUC, más un 10% por el servicio. Hay que esperar para conseguir una mesa.

Decamerón (☎ 832-2444; Línea 753, entre Paseo y calle 2; platos 10-12 CUC; ☻ 12.00-24.00). Este restaurante italiano de ambiente íntimo no conoce la mediocridad, así que se puede elegir cualquier cosa del variado menú con total abandono. *Pizza* vegetariana, lasaña boloñesa, una extraordinaria sopa de calabaza y bistec a la pimienta. Posee una gran selección de vinos y los vegetarianos encontrarán buenas alternativas.

Le Chansonnier (☎ 832-1576; calle J, nº 257, entre calles 13 y 15; platos principales 10-12 CUC; ☻ 12.30-00.30). Situado en una mansión, ofrece especialidades francesas en un elegante comedor: conejo al vino tinto, pollo relleno de setas, enormes ensaladas y magníficos postres. Se trata de un establecimiento tolerante con los homosexuales.

También se recomiendan:

Paladar Escorpión (calle 17, nº 105, entre calles L y M; comidas 6-7 CUC; ☻ 12.00-2.00). Cerca del bar El Conejito.

Paladar Los Amigos (calle M, nº 253, en la parte trasera; ☻ 12.00-24.00). Buena ubicación, junto al edificio Focsa.

Paladar Monopoly (☎ 832-2471; calle K, nº 154 , entre Línea y calle 11; ✌ 12.00-1.00). No está indicado; en caso de duda, se aconseja preguntar a los vecinos.

RESTAURANTES

Café TV (☎ 33 44 99; calle N esq. con calle 19; ✌ 10.00-21.00). Este bar-restaurante situado en el edificio Focsa sirve un desayuno completo con huevos, tostadas y zumo por 1 CUC. El menú del almuerzo y la cena es variado y económico; por la noche hay música en directo. Su nombre se debe a que la Televisión Cubana se ubica cerca.

Pan.com (☎ 53 50 40; calle 17 esq. con calle 10; ✌ 10.00-2.00). Réplica cubana del Subway, este establecimiento prepara bocadillos grandes, como los de pavo con queso en pan de *baguette;* desayunos con beicon y huevos, y hamburguesas vegetarianas con abundante guarnición. Los batidos con leche y helado cremoso son fantásticos. Ningún producto sobrepasa los 5 CUC. Hay una sucursal aún mejor en Miramar.

El Lugar (☎ 204-5162; calle 49C esq. con calle 28A; ✌ 12.00-24.00). Emplazado en el parque Al-mendares, en la carretera frente al río y debajo del puente, ofrece por menos de 5 CUC un jugoso filete de cerdo, mucho congrí, ensalada, tostones, helado y café. Si se quiere ropa vieja o pescado, sale por 1 o 2 CUC más; un trío con talento toca por las noches. En el local contiguo elaboran buenas *pizzas.*

Trattoría Maraka's (☎ 33 37 40, ext. 143; calle 0, nº 260, entre las calles 23 y 25; ✌ 10.00-23.00). Sus *pizzas* en horno de leña se consideran las mejores de la ciudad por su aceite de oliva, queso parmesano y *mozzarella.* También preparan ensaladas griegas, *tortellini* con salsa roja y canelones rellenos de espinacas; ninguna especialidad de la carta, extensa y de calidad, sobrepasa los 8 CUC.

El Conejito (☎ 832-4671; calle M, nº 206; ✌ 12.00-24.00). Se encuentra en el extraño edificio de ladrillos, de tipo Tudor, situado en la esquina; como su nombre indica, su especialidad es el conejo, preparado de muchas formas. En la carta aparecen otros platos, también estupendos; el bar está muy animado.

Mesón de la Chorrera (☎ 33 45 04; Malecón esq. con calle 20; ✌ 10.00-2.00). Se sitúa en la torre

---

LA CARNE NO ES LO MÍO

Que a los cubanos les encante la carne no debe sorprender a nadie. No sólo es su cocina tradicionalmente carnívora, sino que tras los magros años del Período Especial (la permanente crisis económica tras perder la financiación soviética en 1991) la gente está ansiosa por consumir todas las proteínas que pueda, por si acaso. Por eso llama la atención que hayan tenido tanto éxito una nueva cadena de restaurantes vegetarianos y una serie de programas de cocina que promueven hábitos alimenticios no carnívoros en la televisión. Entre los extranjeros, incluso si no se es vegetariano, se agradece la variedad de platos que ofrecen los locales que se listan a continuación, que permiten apartarse de los omnipresentes cerdo o pollo con arroz y frijoles.

Biki Vegetarian Restaurant (plano pp. 102-103; Infanta esq. con San Lázaro; Centro Habana en el límite con Vedado; ✌ 12.00-22.00, cerrado lu). Con estilo de cafetería y cercano a la universidad, es un autoservicio de zumos y ensaladas (4-5 CUP), paella de verduras, arroz frito y pimientos rellenos (10-15 CUP), distintos tubérculos (6 CUP) y postres como pudin de arroz. Conviene estar atento a la cuenta, porque, aunque se trata de un establecimiento donde se paga en pesos, el personal suele cobrar desorbitadas cifras en convertibles a los extranjeros (también lo intentan en la sucursal de Calzada).

Restaurant Vegetariano Carmelo (plano pp. 102-103; Calzada, entre calles D y E; ✌ 12.00-24.00, cerrado lu). Su ubicación frente al teatro Amadeo Roldán es más agradable que la del anterior; cuenta con comedor en un patio y bar. Hay que andarse con ojo para que no cobren de más. Una forma de hacerlo es rechazar el servicio en la mesa y comer en la barra.

Restaurante El Bambú (plano p. 149; Jardín Botánico; ✌ 12.00-17.00, cerrado lu). Considerado el mejor vegetariano de La Habana, fue también el primero en abrir y en apoyar la campaña sobre los beneficios de una dieta sin carne (un ejemplo más de cómo el régimen transforma la carencia en virtud). El bufé libre se sirve en los jardines, al aire libre, por lo que resulta una estupenda experiencia en un entorno natural. Por 15 CUC se puede comer en abundancia sopas, ensaladas, tubérculos, tamales y caviar de berenjena. Las hierbas aromáticas realzan el sabor de los platos. También ofrecen zumos, postres y café.

del castillo de Santa Dorotea de Luna, en La Chorrera (1643).

Restaurante 1830 (☎ 55 30 90; Malecón 1252; ☺ 12.00-22.00). Se considera uno de los más elegantes de La Habana, aunque no todo el mundo opina lo mismo. Tras el cierre de la cocina a las 22.00, ofrece música en directo y se baila salsa en el jardín trasero; se aconseja no ir las noches en que sople viento.

La Torre (☎ 55 30 89; edificio Focsa, calle 17 esq. con calle M). Uno de los restaurantes más altos y renombrados de La Habana, en la cima del formidable edificio Focsa, desde donde domina Vedado. Siendo un coloso tanto de la arquitectura modernista como de la alta cocina franco-cubana, este espléndido restaurante combina fantásticas panorámicas de la ciudad con un moderno menú de inspiración francesa que sirve desde alcachofas hasta *foie gras* o *tart almandine*. Los precios son altos, unos 30 CUC por persona, pero dada la calidad merece la pena.

También se recomiendan:

Restaurante Bulerías (☎ 832-3823; calle L, nº 414, entre calles 23 y 25; ☺ 11.00-22.00). El comedor del sótano no es muy agradable; es mucho mejor comer fuera, en la terraza.

Restaurante Wakamba (☎ 878-4526; calle O, entre calles 23 y 25; ☺ 24 h). Después de cuarenta años, sigue funcionando y sirviendo comidas ligeras.

Palmares Centro (calles 23 esq. con calle P). Bonito, barato y céntrico, en La Rampa.

Clubes españoles

Algunos cuentan con restaurantes buenos y económicos. Casi todos cobran en pesos, pero aceptan convertibles al cambio del momento, por lo que constituyen una buena opción.

Asociación Canaria de Cuba (plano p. 96; ☎ 862-5284; av. Misiones 258, entre Neptuno y Ánimas; ☺ 12.00-20.30). Ubicado frente al edificio Bacardí, en el comedor de la segunda planta se pueden degustar camarones o langosta, pescado y pollo.

Centro Andaluz (plano p. 96; ☎ 863-6745; Martí 104, entre Genios y Refugio; ☺ 6.00-23.00 ma-sa). No hay que perderse la paella de la casa para dos por 10 CUC; el pescado y la carne de cerdo salen por menos de 5 CUC. Se pueden ver actuaciones de flamenco (21.00 ma, do).

Cafés

Café Santo Domingo (plano p. 90; Obispo 159, entre San Ignacio y Mercaderes; ☺ 9.00-21.00). Escondido en

la planta de arriba, sobre la estupenda panadería-pastelería, esta cafetería de ambiente relajado es buena y barata. Se recomiendan los batidos de helado, el enorme sándwich especial o unos pasteles con un buen café con leche.

Bar-Restaurant La Luz (plano p. 90; ☺ 24 h). Ubicado en la plaza San Francisco de Asís, se trata de un elegante café-restaurante para hombres de negocios y turistas, donde se sirven ensaladas y bocadillos.

Pastelería Francesa (plano p. 96; parque Central 411). Convenientemente situada entre los hoteles de cinco estrellas, vende pastas deliciosas, bocadillos y buen café. El enjambre de jineteras estropea un poco el ambiente y el servicio es lento, pero nadie le gana en lo céntrico.

El Mercurio (plano p. 90; ☎ 860-6188; Lonja del Comercio; ☺ 24 h). Ubicado en la plaza San Francisco de Asís, se trata de un elegante café-restaurante para hombres de negocios y turistas, donde se sirven ensaladas y bocadillos.

Café La Logia (plano p. 96; ☎ 861-5657; Capitolio; ☺ 9.00-19.00). Con una decoración tropical, esta alegre terraza proporciona vistas excelentes de los coches clásicos y del bullicioso Capitolio. El viajero puede probar un buen bocadillo vegetariano, un capuchino o un mojito en un rincón muy tranquilo.

Pain de Paris (Vedado plano pp. 102-103; calle 25, nº 164, entre calles Infanta y O; ☺ 8.00-12.00; Vedado plano pp. 102-103; Línea, entre Paseo y calle A; ☺ 24 h). Esta cadena sirve capuchinos de confianza, cruasanes (rellenos de jamón y queso), bollos y otros dulces. Si el viajero está invitado a cenar en una casa cubana, una caja de dulces de aquí resulta un buen obsequio.

Café de O'Reilly (plano p. 90; O'Reilly 203, entre Cuba y San Ignacio; ☺ 11.00-3.00). La planta de arriba es un clásico en La Habana tanto para tomar unos chupitos de ron por la noche como para recuperarse de la resaca por la mañana.

Café Wilfredo Lam (plano p. 90; San Ignacio 22; ☺ 10.00-17.00 lu-sa). Situado en el centro del mismo nombre, cerca de la catedral, se trata de un rincón artístico interesante para beber algo.

G-Café (plano pp. 102-103; calle 23, entre av. Presidentes y calle H). Lo más in en locales de estudiantes, con dibujos artísticos en las paredes y un mural modernista detrás de la barra. El fresco patio delantero tiene mucho verde y más de 400 libros y revistas que leer, prestar

y comprar. Ofrece, además de buenos mojitos, trova, *jazz* y lecturas de poesía.

Heladerías

En La Habana se elaboran estupendos helados, que se pueden pagar en pesos o convertibles. Se dispensan en *paleticas* (con palo), cubiertos de chocolate, o en bocaditos (grandes y deliciosos sándwiches artesanos). Para conocer el vocabulario referente a los helados, véase *Comida y bebida* (p. 80). Los conos (cucuruchos) se venden en la calle por 3 CUC. Se aconseja probar las siguientes heladerías:

Bim Bom (plano pp. 102-103; ☎ 879-2892; calle 23 esq. con Infanta, Vedado). Helados muy cremosos y con sabores variados: café, leche condensada y ron con pasas; se paga en convertibles.

Coppelia (plano pp. 102-103; ☎ 832-6184; calle 23 esq. con calle L, Vedado). La original; véase el recuadro en p. 90.

Heladería Obispo (plano p. 90; Obispo 58). Nueva heladería donde se paga en pesos, en el corazón de La Habana Vieja; suele tener sabores de frutas.

Comida para llevar

Existen varios buenos lugares, como una **pizzería donde se paga en pesos** (plano pp. 102-103) situada en San Rafael, junto a Infanta (siempre hay cola). Preparan las *pizzas* en el tejado, por eso se debe pedir a gritos y sirven el pedido en una cesta atada a una cuerda; el menú está escrito en una pizarra colgada. De lo más surrealista. También se pueden probar los **puestos callejeros donde se paga en pesos** de los alrededores de las calles H y 17 (plano pp. 102-103), así como los de la calle 21 y los de las calles 4 y 6, todos en Vedado (plano pp. 102-103; se hallan cerca del hospital, por eso hay tanta variedad y largas colas).

Las cajitas, que incluyen un menú completo, suelen costar 1 CUC. Algunas disponen de cucharas recortables en la tapa, pero la mayor parte carecen de ellas, por lo que el viajero debe hacerse con su propio cubierto o utilizar un trozo de la caja como pala. Se pueden comprar en agropecuarios, cafe-

---

LOS MEJORES AGROPECUARIOS DE LA HABANA

Los agropecuarios son mercados de libre empresa (legalizados en 1994) donde los agricultores venden sus excedentes de producción a consumidores particulares tras quedarse el Estado con la cuota establecida; no se deben confundir con los *organopónicos*, pequeños tenderetes donde se venden hortalizas cultivadas en huertos urbanos que gestionan grupos de vecinos (véase recuadro en p. 152).

En los mercados agrícolas, a menudo llamados "agros", se pueden encontrar frutas y verduras de temporada; asimismo, se pueden adquirir *cajitas* de comida, carne fresca, pan, flores, hierbas, miel, especias y velas. En todos ellos también existe una sección de "protección del consumidor", con una báscula para pesar lo que se ha comprado. Si el viajero cree que lo han timado, sólo tiene que acudir allí para denunciarlo, puesto que cualquier vendedor que sea sorprendido tres veces sisando será expulsado del mercado. A continuación se enumeran los más grandes de La Habana (casi todos cierran los lunes):

Agropecuario Sol (plano p. 90; Sol, entre Habana y Compostela, La Habana Vieja). Bien surtido.

Calle 17 esq. con calle K (plano pp. 102-103; Vedado). Mercado cubierto con precios económicos, pero con una variedad limitada.

Calle 19 esq. con calle A (plano pp. 102-103; Vedado). Es el mercado del *gourmet* de La Habana, en el que se puede encontrar desde coliflor hasta hierbas aromáticas y productos menos comunes; los precios reflejan la calidad.

Calle 21 esq. con calle J (plano pp. 102-103; Vedado). Buena selección de artículos. Se aconseja estar atento para no pagar más de la cuenta.

Agropecuario Egido (plano p. 96; av. Bélgica, entre Corrales y Apodaca, Centro Habana). Enorme y muy concurrido.

Organopónico Plaza (plano pp. 102-103; av. Colón esq. con Panorama, Plaza). Uno de los más grandes de La Habana, con mercado al por menor.

Plaza de Marianao (plano pp. 140-141; av. 51 esq. con calle 124, Marianao). Agradable; vende en pesos productos variados: agrícolas en la planta baja, flores y plantas en la superior. Para llegar hay que dirigirse hacia el este por la avenida 51.

Tulipán (plano pp. 102-103; av. Tulipán, junto a av. Independencia, Plaza). Es grande, cubierto y barato; los precios están regulados por el Gobierno.

UN HELADO EN COPPELIA

Hasta que el viajero no se quede boquiabierto viendo a una espléndida mujer disfrutando con sus nueve bolas de helado y un pastel, no podrá decir que conoce Coppelia. La larga espera para acceder a esta sagrada institución heladera de La Habana, con decoración futurista y *retro* a la vez, es toda una experiencia cultural. Paseándose por el perímetro de la tienda hay guardias de seguridad colocados estratégicamente para dirigir a los extranjeros hacia la sección de pesos convertibles, pero si se persiste un poco no hay motivo por el que el extranjero no se pueda poner en cualquiera de las largas y en apariencia desorganizadas colas. Existe un sistema muy estricto de turnos, que muchos extranjeros no respetan o no entienden, lo que molesta al resto de compradores. El funcionamiento se describe a continuación.

Coppelia cuenta con varios accesos, cada uno de los cuales dispone de su carta, cola y comedor. Los más fanáticos recorren todas las entradas para ver qué hay en cada menú, aunque lo que aparece y lo que se ofrece en el interior rara vez coincide. Se recomiendan los clásicos sabores de fresa y chocolate, coco, plátano y naranja, y piña, sin contar el de vainilla, realmente exquisito. El viajero debe preguntar quién es el último de la cola y esperar su turno. Cuando se reúnen unas 20 personas, se les hace pasar hasta su zona para sentarse, el camarero dice lo que se puede tomar, lo sirve y después cobra. Los días de lluvia no suele haber tanta actividad, así que es un buen momento para acercarse. El vocabulario sobre helados es bastante complejo; véase *Comida y bebida* (p. 80) para conocer lo básico. Una típica salida en La Habana consiste en ver una película en el cine Yara y tomarse un *jimagua* (mellizo) en Coppelia.

terías privadas y merenderos; en el barrio chino las venden muy buenas.

Compra de alimentos

HABANA VIEJA

Café Santo Domingo (plano p. 90; Obispo 159, entre San Ignacio y Mercaderes; ✆ 9.00-21.00). En la planta baja, bajo la cafetería, se venden pan y pastas, de los mejores de la ciudad.

El mercado de comestibles se llama **agropecuario Sol** (véase p. 124).

CENTRO HABANA

Harris Brothers (plano p. 90; O'Reilly 526; ✆ 9.00-21.00 lu-sa). La tienda mejor aprovisionada de la zona. Junto al parque Central, con una gran selección de licores, vino, quesos, pan, olivas y otros productos, ideales para un *picnic*.

Supermercado Isla de Cuba (plano p. 96; Máximo Gómez esq. con Factoría; ✆ 10.00-18.00 lu-sa, 9.00-13.00 do). Situado en el lado sur del parque de la Fraternidad vende yogures, cereales y pasta, entre otras cosas. La bolsa se revisa fuera, a la derecha de la entrada.

Almacenes Ultra (plano p. 96; av. Simón Bolívar 109; ✆ 9.00-18 lu-sa, 9.00-13.00 do). Un supermercado correcto en la esquina de Rayo, cerca de la avenida Italia.

La Época (plano p. 96; av. Italia esq. con Neptuno; ✆ 9.00-21.00 lu-sa, 9.00-12.00 do). Grandes almacenes con un supermercado en el sótano. Antes de entrar hay que dejar las bolsas en el exterior.

Para comprar productos frescos se recomienda acudir al **mercado agropecuario Egido** (plano p. 96; av Bélgica, entre Corales y Apodaca), de libre empresa.

VEDADO

Supermercado Meridiano (plano pp. 102-103; Galerías de Paseo, calle 1 esq. con Paseo; ✆ 10.00-17.00 lu-vi, 10.00-14.00 do). Frente al Hotel Meliá Cohiba, dispone de una buena selección de vinos y licores, yogures, queso y patatas fritas. El pan es caro.

DÓNDE BEBER

La Habana Vieja

La Bodeguita del Medio (☎ 33 88 57; Empedrado 207; ✆ 11.00-12.00). Famosa gracias a las hazañas de Ernest Hemingway con el ron (asociación que ha hecho subir los precios como la espuma), visitar el bar más célebre de La Habana se ha convertido en una obligación para aficionados a la literatura y aspirantes a Walt Whitman. Personalidades como Salvador Allende, Fidel Castro, Nicolás Guillén, Harry Belafonte o Nat King Cole firmaron sus paredes. En la actualidad la clientela no es tan brillante, pues se compone en su mayoría de grupos de turistas de Varadero y entusiastas de los famosos literatos, que disfrutan del ambiente bohemio y los mojitos a 4 CUC (buenos, pero sin el esplendor de la era Hemingway). La especialidad de la casa es la potente comida criolla.

Café París (Obispo 202; 24 h). Conocido por sus actuaciones y su agradable ambiente, el viajero se puede mezclar con la multitud en una de las mesas talladas de este concurrido lugar de La Habana Vieja. Durante la noche se bebe ron, los músicos improvisan y el público participa espontáneamente bailando y cantando. En una ventanilla, situada en un lado del edificio, se vende *pizza* (0,50 CUC) para llevar.

Bar La Marina (Oficios esq. con Brasil; 10.00-23.00). Su encantador patio es un acogedor lugar donde relajarse o picar algo tras visitar el monasterio de San Francisco de Asís (las palomitas son muy buenas cuando la máquina funciona). Por las tardes actúa un combo cubano.

Bar Dos Hermanos (861-3436; San Pedro 304; 24 h). En la esquina de Sol, cerca del muelle Luz, este maravilloso y viejo garito de madera fue uno de los preferidos de Federico García Lorca durante su estancia de tres meses en la isla en 1930. Se pueden degustar cócteles de ostras, hamburguesas y pollo, pero resulta una zona sórdida de noche.

Fundación Havana Club (Sol esq. con Malecón; 9.00-24.00). Una opción algo más elegante es el bar de esta fundación, donde hay ron a todas horas y música en directo.

Café Taberna (861-1637; Brasil esq. con Mercaderes). Se fundó en 1772 y sigue en plena forma tras una reciente puesta a punto. La imponente barra de este bar-restaurante es un lugar estupendo donde tomarse unos cuantos cócteles antes de cenar. La música, que se anima sobre las 20.00, suele rendir homenaje al rey del mambo, Benny Moré, que fue músico residente de la casa. Mejor no molestarse con la comida.

Taberna de la Muralla (866-4453; San Ignacio esq. con Muralla; 11.00-24.00). El mejor (y único) bar con cerveza de producción propia de La Habana se encuentra en un rincón tranquilo de la plaza Vieja. Fundado por una compañía austriaca hace un par de años, la fórmula de este establecimiento único es simple: sirve cerveza casera, suave y fría, en robustos bancos de madera dispuestos sobre los adoquines en el exterior o en un par de salones interiores con mucho carácter. Si se acude en grupo, servirán el néctar ambarino en un tubo alto de plástico con un grifo en la parte inferior. También consta de una parrilla al aire libre donde se preparan generosas raciones de chorizo, pescado y pinchos de carne.

Si se desea un local con vistas, el mejor es el Mirador de la Bahía, un bar-restaurante en el extremo sur de la plaza de Armas, sobre el Museo Nacional de Historia Natural, o uno de los quioscos Cristal abiertos las 24 horas a lo largo del Malecón (al final de O'Reilly, por ejemplo).

Si hay que matar algo de tiempo antes de tomar un tren, se puede probar **El Baturro** (av. Bélgica esq. con Merced; 11.00-23.00), bar español con una barra larga de madera y una clientela bebedora íntegramente masculina.

La Zaragozana (867-1040; av. Bélgica, entre Obispo y Obrapía; 12.00-24.00). Establecido en 1830, es el restaurante más viejo de La Habana, pero dista mucho de ser el mejor. La comida no merece la pena, pero sí acercarse a tomar algo. Música a partir de las 21.00.

Centro Habana

El Floridita (867-1300; Obispo 557; 11.00-24.00). Ernest Hemingway, un gran aficionado a los bares, dio fama a este local, igual que a La Bodeguita del Medio. El camarero Constante Ribalaigua usó hielo para preparar daiquiris en la década de 1920, asegurando un puesto en la historia para El Floridita. Diez años después creó el cóctel especial Papá Hemingway (hielo picado, ron, zumo de uva y limón). Su récord, el de Hemingway, eran 13 dobles de una sentada, o al menos eso dice la leyenda. Cualquier intento de igualarlo a los precios actuales (6 CUC por uno simple) le saldrá por un pico a quien lo intente, aparte de por una gran resaca, claro.

Otro local algo más tranquilo donde se puede degustar un daiquiri es el **Monserrate Bar** (860-9751; Obrapía 410), emplazado en dirección sur por la avenida Bélgica, a una manzana de Obrapía. Allí las bebidas cuestan un tercio de lo que piden en El Floridita, pero la comida no es muy recomendable. Enfrente, el restaurante El Castillo de Farnés ofrece comida ligera a buen precio y sin agobios.

Restaurante Prado 264 (Martí 264; entre Ánimas y Trocadero; 12.00-22.30). Cuenta con un local decorado con madera en la parte trasera. Se aconseja marcharse a otro sitio si al viajero le piden que pague en convertibles lo que normalmente se cobra en pesos.

Vedado

Opus Bar (Calzada esq. con calle D; 15.00-3.00). Encima del teatro Amadeo Roldán, con mesas individuales iluminadas con velas, montones

de sillas y música del grupo Sly & The Family Stone, es el mejor ejemplo de buen salón. Sus numerosas ventanas lo convierten en un lugar excelente para contemplar la puesta de sol. Los espectáculos del teatro, situado en la planta baja, se emiten por circuito cerrado de televisión; por eso, se trata de una buena alternativa si desea ver una función para la que se han agotado las entradas.

Bar-Club Imágenes (☎ 33 36 06; Calzada 602; consumición mínima 5 CUC; ☾ 21.00-17.00). Las actuaciones de boleros y trova atraen a un público un poco mayor; a veces se organizan conciertos sorpresa con grandes músicos. La programación se puede consultar fuera. Sirven comidas a buen precio.

Para disfrutar de un ambiente más intelectual, se puede acudir al sótano del **Centro de Prensa Internacional** (calle 23 esq. con calle O; ☾ 9.00-19.00), donde periodistas y escritores dialogan tomando café, *whisky* o vino.

OCIO

Un sábado al mes, en la plaza de la Catedral, se vive la espectacular **Noche Plaza,** con 100 cantantes, bailarines y artistas cubanos que actúan sobre un escenario frente al templo. El personal del restaurante El Patio puede informar sobre la fecha de las actuaciones.

Música popular y tradicional

Casa de la Cultura de La Habana Vieja (plano p. 90; ☎ 863-4860; Aguiar 509, entre Amargura y Brasil; entrada adultos/niños 5 pesos/gratuita; ☾ 21.00). Suele haber danza afrocubana o música popular cada noche. El programa, que varía todas las semanas, se cancela en caso de lluvia. Es posible que a los extranjeros les cobren 5 CUC por la entrada en lugar de pesos, aunque algunas actuaciones merecen la pena. El personal organiza clases de baile.

Casa de la Trova (plano p. 96; ☎ 879-3373; San Lázaro 661; entrada gratuita; ☾ 19.00-hasta tarde ma-sa). Sorprende que sea ésta una de las casas de trova más apagadas de Cuba, si es que está abierta. Es mejor seguir las notas de música en vivo que se escuchan por los rincones nocturnos de La Habana Vieja.

El Hurón Azul (plano pp. 102-103; ☎ 832-4551; calle 17 esq. con calle H, Vedado). Se trata del club social de la Unión Nacional de Escritores y Artistas de Cuba (Uneac), epicentro de la vida artística e intelectual oficial del país. Sus socios acuden con frecuencia, por lo que el viajero se puede topar con Abel Prieto, ministro de Cultura. Los miércoles actúa la afrocubana Peña del Ambia (5 CUC), los sábados se programa auténtico bolero cubano (1 CUC; abierto de 22.00 a 2.00) y los jueves alternan el *jazz* y la trova (1 CUC; abierto a partir de 17.00). Sin duda pone el listón muy alto.

El Gato Tuerto (plano pp. 102-103; ☎ 66 22 24; calle O, nº 14, entre calles 17 y 19, Vedado; consumición mínima 5 CUC; ☾ amanecer-anochecer). En su día cuartel general del ambiente alternativo y artístico de La Habana, este elegante bar que programa actuaciones en directo se llena con público de otra época; un lugar tranquilo.

Conjunto Folklórico Nacional de Cuba (plano pp. 102-103; calle 4, nº 103, entre Calzada y calle 5, Vedado; consumición mínima 5 CUC; ☾ 15.00 sa). Fundado en 1962, está especializado en música afrocubana. Se recomienda ver las actuaciones "Sábados de Rumba" en el Gran Palenque o en el teatro Mella, donde cada dos años, durante la segunda mitad de enero, se celebra el festival FolkCuba.

Otro lugar donde ver un espectáculo de rumba es el **callejón de Hamel** (véase p. 110), donde hay que tener cuidado con los jineteros.

'Jazz'

Jazz Club La Zorra y El Cuervo (plano pp. 102-103; ☎ 66 24 02; calle 23 esq. con calle O, Vedado; entrada 5-10 CUC; ☾ 22.00). Su estupenda banda realiza improvisaciones, lo que supone algo distinto respecto a la salsa; los jueves se dedican al blues. Durante el Festival Internacional de Jazz acoge espectáculos de calidad hasta altas horas de la noche.

Jazz Cafe (plano pp. 102-103; ☎ 55 33 02; calle 1 esq. con Paseo, planta superior de Galerías de Paseo; consumición mínima 10 CUC; ☾ desde 12.00). Orientado al Malecón, es un fantástico club con un menú correcto; se aconseja tomar un cóctel al atardecer. Por la noche, se programa *jazz* y, a veces, salsa, pero la pista de baile es demasiado pequeña.

'Rock', 'reggae' y 'rap'

Patio de María (plano pp. 102-103; calle 37, nº 262, entre Paseo y calle 2; entrada 5 CUP). Este antiguo club, cerca del Teatro Nacional de Cuba, está dirigido por la legendaria María Gattorno y suele estar lleno de habaneros veteranos. Conviene comprobar la cartelera, que se anuncia en la puerta, o informarse en el parque de los Rockeros (calle 23 esquina con calle G). El local ha recibido la atención de los medios de comunicación de todo el mundo debido al programa de prevención del sida y

del consumo de drogas llevado a cabo por la dueña. En el momento de escribir esta guía se estaba reformando, pero se calculaba que abriría de nuevo en breve.

La Madriguera (plano pp. 102-103; ☎ 879-8175; entre Salvador Allende y Luaces, Quinta los Molinos; entrada 5-10 CUP). Vinculado a la Asociación Hermanos Sáiz, las juventudes de la Uneac, se localiza en la frondosa Quinta de los Molinos, aunque la entrada se halla en la calzada Infanta. Se organizan conciertos de *rock*, *rap* y *reggae* de grupos locales.

Anfiteatro Parque Almendares (plano pp. 102-103; calle 23 esq. con río Almendares; entrada 2 CUP). Situado junto al río, programa eventos especiales con gente como Frank Delgado e Interactivo. Es un lugar íntimo donde se puede ver a los grupos tocando *reggae* (20.00 vi) y *rap* (20.00 sa). También se puede oír *rap* (16.00 sa) en el Café Cantante (p. 128), así como a la banda de *rock* Los Kents (16.00 do).

Discotecas

En Cuba se llama así a los locales donde los pinchadiscos hacen sonar música grabada y donde la pista de baile adquiere más importancia que los asientos; en cambio, en los clubes nocturnos suele haber actuaciones en directo mientras el público está sentado. Las mujeres deben prepararse para recibir piropos, tanto si acuden solas como si van acompañadas. Los bailes cubanos implican tocamientos y roces, lo que se debe asumir si se participa en el juego; se aconseja a las mujeres que establezcan sus propios límites lo antes posible.

CENTRO HABANA

El Palermo (☎ 861-9745; San Miguel esq. con Amistad; entrada 2 CUC; ☉ desde 23.00 ju-do). Es el tipo de lugar donde puede haber matones y donde el ambiente *rapero*, aunque divertido, puede ser conflictivo.

Discoteca Ribera Azul (☎ 833-8813; av. Italia esq. con Malecón; 5 CUC/pareja; ☉ cerrado ma). Más tranquila que El Palermo, en la planta baja del Hotel Deauville, entrando desde el vestíbulo.

VEDADO

Cabaret Las Vegas (☎ 870-7939; Infanta 104, entre calles 25 y 27; entrada 5 CUC; ☉ 22.00-4.00). Suele estar frecuentado por cubanos y, a la música grabada, le sigue un espectáculo en directo a las 24.00. El patio que da a la calle invita a tomar una cerveza.

El Chevere (parque Almendares, entre calles 49A y 28A; entrada 6-10 CUC; ☉ desde 22.00). Es una de las discotecas más famosas de La Habana, donde se mezclan lugareños y turistas al aire libre.

Pico Blanco (☎ 833-4187; calle O, entre calles 23 y 25; entrada 5 CUC; ☉ 21.00). En la planta 14 del Hotel St. John's. Algunas noches se programan boleros y karaoke, y otras, músicos cubanos famosos improvisan sus piezas. Hay que comprobar la cartelera en las afueras del hotel. El bar de la azotea ofrece estupendas vistas.

Café Cantante (☎ 879-0710; Paseo esq. con calle 39; entrada 10 CUC; ☉ 21.00-17.00 ma-sa). Situado debajo del Teatro Nacional de Cuba (entrada lateral), ofrece buena salsa en directo y baile. Se trata de un local bastante popular, a pesar de encontrarse en un sótano con techos bajos. El público suele estar muy mezclado, aunque se otorga un trato preferente a cierto tipo de turista y a las mujeres locales. No se permite la entrada a menores de 18 años ni a quienes vistan ropa informal (pantalón corto, camiseta, gorra) o lleven cámara de fotos.

Vedado cuenta con varias discotecas, donde se puede pagar en pesos y en convertibles, baratas y muy divertidas. En **Club La Red** (☎ 832-5415; calle 19 esq. con calle L; entrada 3-5 CUC) y en **Karachi Club** (☎ 832-3485; calle 17 esq. con calle K; entrada 3-5 CUC; ☉ 22.00-5.00) las noches de los viernes y sábados son las más animadas.

Al oeste se encuentran **Discoteca Amanecer** (☎ 832-9075; calle 15, nº 12, entre calles N y O; entrada 3-5 CUC; ☉ 22.00-4.00) y **Club Tropical** (☎ 832-7361; Línea esq. con calle F; ☉ 21.00-2.00).

Clubes nocturnos

Piano Bar Delirio Habanero (plano pp. 102-103; ☎ 873-5713; Paseo esq. con calle 39; entrada 5 CUC; ☉ desde 18.00 ma-sa). Esta lujosa sala, instalada en el piso superior del Teatro Nacional, acoge desde jóvenes trovadores hasta viejos salseros. Sus mullidos divanes rojos se apoyan en una pared de cristal orientada a plaza de la Revolución; por la noche, cuando el monumento a Martí está iluminado, es impresionante.

Habana Café (plano pp. 102-103; ☎ 33 36 36; Hotel Meliá Cohiba, Paseo, entre calles 1 y 3; consumación mínima en bar/mesa 5/10 CUC; ☉ desde 21.30). Brinda impresionantes actuaciones de salsa a cargo de Pupi y su Son Son o NG La Banda en un ambiente relajado (también es buena la programación del Salón Rosado Benny Moré, p. 146). Con mesas y sillas alrededor del escenario y una pista de baile, la decoración recuerda a un cabaré americano de los años cincuenta, lle-

no de coches antiguos, motocicletas y gasolineras; se puede comer.

La Casa de la Música Centro Habana (plano p. 96; ☎ 878-4727; av. Italia, entre Concordia y Neptuno; entrada 5-10 CUC). Algo más innovadora que la de Miramar (algunos dicen que demasiado), con grandes bandas de salsa y algún que otro artista de renombre.

Cabarés

Cabaret Nacional (plano p. 96; ☎ 863-2361; San Rafael 208; 10 CUC/pareja; ⊗ 21.00-2.00). Situado junto al Gran Teatro de La Habana, ofrece un espectáculo cautivador a las 23.30, seguido de un baile erótico. Los jueves y los domingos son los mejores días para ir; también se organiza una sesión de tarde (entrada 5 CUC; 15.00-20.00). Sólo se permite la entrada a parejas, que deben ir correctamente vestidas; no se admite pantalón corto ni camiseta.

Cabaret Turquino (plano pp. 102-103; calle 23 esq. con L; entrada 15 CUC; ⊗ 22.00). Algunas de las bandas más importantes de Cuba, como Los Van Van, actúan aquí. En ocasiones, acoge las fiestas de clausura de festivales de cine o de *jazz*, a las que acuden las superestrellas. Es un lugar espectacular con vistas insuperables, ubicado en la planta 25 del Hotel Habana Libre.

Cabaret Parisién (plano pp. 102-103; ☎ 33 35 64; calle 21 esq. con calle O; entrada 35 CUC; ⊗ 21.00). Aunque no es el Tropicana, este local, en el extremo oeste del vestíbulo del Hotel Nacional, ofrece plumas y diversión. Después de las 24.00 se convierte en discoteca.

Teatro

De lunes a sábado a las 20.30, se pueden ver actuaciones de *ballet*, ópera y teatro; los domingos, durante la temporada, suele haber una sesión a las 17.00.

LA HABANA VIEJA

En la **Casa de la Comedia** (Jústiz esq. con Baratillo) a veces se representan obras de teatro.

CENTRO HABANA

Gran Teatro de La Habana (Sala García Lorca; ☎ 861-3077; Martí esq. con San Rafael; 10 CUC/persona; ⊗ taquilla

---

A LA ÚLTIMA

En La Habana siempre hay algo que hacer: representaciones teatrales, presentaciones de libros, danza, lectura de poemas, *peñas*, entre otras actividades. El problema es saber cuándo y dónde; a continuación se dan algunos consejos para conocer toda la oferta.

▪ *Hurón Azul*. Selecta cartelera con los acontecimientos culturales más importantes de la semana, que se emite los jueves a las 22.25 en Cubavisión (canal 6).

▪ *Cartelera de La Habana*. Publicada cada dos semanas por el Ministerio de Cultura, se trata de la programación más amplia de todo lo que acontece en la ciudad. Es una de las mejores fuentes de información; se vende en quioscos (0,20 CUP) y aparece cada dos jueves.

▪ *Cartelera* (www.cartelera.com; calle 15, nº 602). Sale cada jueves, pero sólo recoge las actividades orientadas al turismo. Se encuentra en grandes hoteles.

▪ *Juventud Rebelde*. Este diario tiene una correcta cartelera cultural.

▪ Los carteles con información de conciertos suelen encontrarse cerca de La Rampa, desde la calle L hasta el parque de los Roqueros, en la calle Presidentes (también conocida como calle G).

▪ Radio. Las emisoras están constantemente promocionando eventos culturales, por ejemplo, Radio Taino (93.3 FM) o Radio Habana (94.9 FM).

▪ Internet. Se puede consultar www.cubarte.cult.cu y www.afrocubaweb.com para conocer la programación de conciertos, danza y exposiciones.

▪ El boca a boca. No hay nada mejor. Los medios están controlados por el Estado, por lo que no incluyen la oferta alternativa de la ciudad. Hablando con los habaneros se podrá tener acceso al circuito no oficial.

▪ Recorrer la ciudad. Los cubanos saben que es difícil estar informados, por eso los cines hacen publicidad de su programación semanal (llamada cartelera del ICAIC). En todas las salas y los teatros la cuelgan en la taquilla. Si todo lo demás falla, se puede dar una vuelta por la ciudad.

9.00-18.00 lu-sa, hasta 15.00 sa). Famoso, sobre todo, por el aclamado Ballet Nacional de Cuba y su fundadora, Alicia Alonso, aquí actúa en ocasiones la Ópera Nacional. También se conoce como sala de conciertos García Lorca, la más grande del país, aunque existen otras: la Alejo Carpentier y la Ernesto Lecuono, donde a veces se pasan películas no comerciales. Los espectáculos tienen lugar los viernes, sábados y domingos; la cartelera se puede consultar fuera del teatro.

Teatro Fausto (☎ 863-1173; paseo Martí 201). Los viernes y sábados a las 20.30 y los domingos a las 17.00 suele haber una actuación divertida y más económica. Los horarios se muestran en el exterior del edificio.

Teatro América (☎ 862-5695; av. Italia 253, entre Concordia y Neptuno). Se dio a conocer con los grandes espectáculos de Roberto Carcassé, de quien todavía se puede ver su espectáculo de *jazz*; pero este lugar también alberga conciertos de rumba, *rap* y tambores. Las entradas se venden el día de la actuación. También se ofrecen clases de baile (p. 109).

VEDADO

Teatro Nacional de Cuba (☎ 879-6011; Paseo esq. con calle 39; 10 CUC/persona; ☷ taquilla 9.00-17.00 y antes de las actuaciones). Moderno y situado en plaza de

---

LA INDUSTRIA DEL SEXO

"Lo único que Castro no puede racionar es el sexo", se afirma con sarcasmo en las calles cubanas. Y un simple vistazo a los bares y clubes nocturnos de La Habana, donde prostitutas cubanas increíblemente atractivas van del brazo de "amigos" entrados en años de Turín, de Düsseldorf o de Madrid, demuestra que el sexo sigue siendo un buen reclamo turístico.

En un país donde el racionamiento y los estantes vacíos del supermercado son una tediosa parte de la vida cotidiana no parece haber nunca escasez de mujeres jóvenes y bellas "disponibles" para relaciones carnales. Lo cierto es que, aunque teóricamente sea ilegal, la prostitución ligada al turismo es la más boyante industria de la Cuba actual. No deja de resultar irónica la comparación con la época de Batista, quien, según los castristas, había convertido Cuba en casa de lenocinio para solaz de Estados Unidos.

El contacto con hombres (y mujeres) extranjeros permite a las cubanas (y a los cubanos) acceder a moneda intercambiable y a la oportunidad de embolsarse, en una semana, el doble de lo que un médico gana en un mes. Existe incluso la posibilidad no tan remota de una boda y de una vida nueva y mejor en el extranjero.

Para las manadas de turistas en busca de un rollete vacacional que al aterrizar en la isla descubren que de golpe se han reencarnado en Brad Pitt (o en Angelina Jolie), el atractivo es igual de comprensible. Como consecuencia, la creciente reputación de Cuba como un destino de sol, playa, socialismo y sexo ha dado lugar a una industria incontenible.

No sorprende que las "reglas del juego" tengan una serie de características típicamente cubanas. Las prostitutas cubanas, o jineteras, como se las conoce en la calle, no suelen formar parte de ninguna red organizada de proxenetas. Además, Cuba no es una sociedad en la que el sexo se venda para financiar una adicción a las drogas ni para garantizar que haya comida en la mesa. Al contrario, muchos de esos encuentros ilícitos son relaciones iniciadas por chicas que buscan amistad, una oportunidad a ciegas o entrar gratis a alguna de las mejores discotecas de La Habana, lo cual no deja muy claro si es mejor o peor que lo anterior.

A pesar de la actitud en general laxa que se tiene en la isla hacia la promiscuidad sexual, la represión en la industria del sexo existe. Los complejos turísticos con todo incluido reciben una especial atención de la policía. En 1996 las autoridades detuvieron a una legión de prostitutas en una redada en Varadero y dictaron una orden de alojamiento sobre los *paladares* y casas particulares de la zona. Como resultado, el turismo sufrió un parón notable en la ciudad.

Por desgracia los problemas asociados a la industria del sexo también han servido para reforzar el bastante desagradable sistema de *apartheid* turístico. Casi todos los hoteles de clase turista de la isla prohíben el acceso a sus habitaciones a *cualquier* cubano bajo el pretexto de que pueda tratarse de una jinetera (o jinetero). Pero mientras que las estrictas leyes que rigen esas instituciones pueden haber contenido temporalmente el problema de la prostitución abierta, han contribuido muy poco a la mejora a largo plazo de las relaciones entre cubanos y turistas.

la Revolución, acoge conciertos, representaciones teatrales de grupos extranjeros, a la compañía infantil La Colmenita y al Ballet Nacional de Cuba. En su sala principal, Avellaneda, se celebran grandes acontecimientos; mientras que en la sala Covarrubias, más pequeña, en la parte trasera, se estrenan piezas más atrevidas como *Los monólogos de la vagina* de Eve Ensler. El **teatro El Puente**, en la novena planta, está dedicado a espectáculos experimentales. La taquilla se sitúa al fondo de un edificio independiente de una sola planta, junto al teatro principal.

Teatro Mella (☎ 833-8696; Línea 657, entre calles A y B). Acoge el Festival Internacional de Ballet y el Conjunto Folklórico Nacional lo considera su propia casa. Programa danza, música, teatro y un espectáculo infantil los domingos a las 11.00, con el que los niños disfrutarán.

Sala Teatro Hubert de Blanck (☎ 833-5962; Calzada 657, entre calles A y B). Debe su nombre al fundador del primer conservatorio de música de La Habana (1885) y constituye la sede de la compañía teatral más importante de Cuba, Teatro Estudio. Normalmente se pueden ver obras los sábados a las 20.30 y los domingos a las 19.00; los billetes se venden antes de la actuación.

Sala Teatro El Sótano (☎ 832-0833; calle K, nº 514, entre calles 25 y 27; ⌚ 17.00-20.30 vi-sa, 15.00-17.00 do). No muy lejos del Habana Libre, constituye el cuartel general de la compañía de vanguardia de Rita Montaner. Las actuaciones se pueden ver los viernes y los sábados a las 20.30, y los domingos a las 17.00. Asimismo, una hora antes de la representación, se puede adquirir una entrada para disfrutar de la función en el **Café Teatro Brecht** (calle 13 esq. con calle I).

Música clásica

Teatro Amadeo Roldán (plano pp. 102-103; ☎ 832-4522; Calzada esq. con calle D; 10 CUC/persona). Construido en 1922, este moderno edificio fue destrozado por un pirómano en 1977. Tras una cuidadosa restauración, en 1999 reabrió sus puertas y comenzó a funcionar como sede de la Orquesta Sinfónica Nacional, que toca los domingos a las 11.00 (en temporada) en la sala principal, con un aforo para 886 espectadores. Aunque se celebran importantes conciertos de Síntesis, Egberto Gismonti y Aldo Pérez-Gavilán, hay que intentar asistir a alguno dirigido por Leo Brouwer. Los solistas y grupos pequeños actúan en la sala Caturla, con capacidad para 276 personas.

Cada noche se programan eventos de música clásica y de cámara en la **iglesia de San Francisco de Asís** (plano p. 90; plaza San Francisco de Asís) y la **iglesia de San Francisco de Paula** (plano p. 90).

Cines

La Habana cuenta con unos 200. La mayor parte realiza varios pases al día y todas las salas cuelgan la cartelera del ICAIC. La entrada suele costar 2 CUP; se recomienda ponerse pronto a la cola. Durante el Festival Internacional del Nuevo Cine Latinoamericano se pasan cientos de películas en toda la ciudad. Cada día se publica la programación en el *Diario del Festival*, que se puede conseguir por la mañana en los grandes teatros y en el Hotel Nacional. A continuación se enumeran algunos cines:

Acapulco (plano pp. 102-103; ☎ 833-9573; av. 26 esq. con av. 35, Nuevo Vedado). También celebra conciertos y acontecimientos especiales.

Cine 23 y 12 (plano pp. 102-103; ☎ 833-6906; calle 23 esq. con calle 12).

Cine Actualidades (plano p. 96; ☎ 861-5193; av. Bélgica 262). Detrás del Hotel Plaza.

Cine Charles Chaplin (plano pp. 102-103; ☎ 831-1101; calle 23, nº 1157 entre las calles 10 y 12). Sede del teatro del ICAIC; programa preestrenos y proyecciones especiales; se recomienda visitar la galería de pósteres de grandes clásicos cubanos.

Cine La Rampa (plano pp. 102-103; ☎ 878-6146; calle 23, nº 111). Organiza festivales de cine francés y proyecta películas de De Niro, entre otros.

Cine Payret (plano p. 96; ☎ 863-3163; Martí 505). Construido en 1878 frente al Capitolio, es el más grande y lujoso de Centro Habana.

Cine Riviera (plano pp. 102-103; ☎ 830-9648; calle 23, nº 507). También celebra conciertos de pop, *rock* y, a veces, *rap*.

Cine Trianón (plano pp. 102-103; ☎ 830-9648; Línea 706). Películas y teatro.

Cine Yara (plano pp. 102-103; ☎ 832-9430; calle 23 esq. con calle L). El cine más famoso de La Habana, con una pantalla grande, dos salas de vídeo y las mejores palomitas.

Cinecito (plano p. 96; ☎ 863-8051; San Rafael 68). Películas para niños detrás del Hotel Inglaterra.

La Habana para gays y lesbianas

Aunque aún no haya muchos locales de ambiente específicos, la escena gay de La Habana está en expansión, es relativamente abierta y hay multitud de oportunidades para ligar en Vedado. Cuando la noche aún es joven, casi toda la actividad se concentra en el Malecón, donde hasta 200 personas se congregan expectantes en el rompeolas frente

al Hotel Nacional para disfrutar de la brisa y de lo que pueda pasar. En el exterior del cine Yara hay otro punto de encuentro menor, en la esquina de las calles 23 y L, y también en Coppelia y sus alrededores.

Se recomienda dirigirse a cualquiera de estos puntos un viernes o un sábado por la noche para enterarse de las fiestas privadas que pueda haber. Se trata de fiestas espontáneas que son mayoritariamente gays. El ambiente de La Habana es famoso por el talento de sus espectáculos *drag*, aunque raramente se ven travestidos pavoneándose en público. Un lugar popular para fiestas de más envergadura es el parque Lenin, algo alejado del centro pero con fama de proporcionar una noche de fiesta excelente. No faltarán voluntarios para compartir un taxi. Como en otras situaciones de emparejamiento entre extranjeros y cubanos, con frecuencia se esperará que los no cubanos paguen las copas, los taxis, etc. cuando acompañen a los nacionales a estos lugares.

Deporte

Estadio Latinoamericano (plano pp. 102-103; ☎ 870-6526; Zequiera 312). Situado en Cerro, al sur de Centro Habana, y con capacidad para 58.000 espectadores, se juegan partidos de béisbol de octubre a abril (hasta mayo si Industriales de La Habana, conocidos como Los Azules, se clasifican para la final). La entrada cuesta 3 CUP, pero cobran 1 CUC a los extranjeros. En este estadio también juega el equipo Metropolitanos. Los partidos se celebran los martes, miércoles y jueves a las 19.30, y los sábados y domingos a las 13.30. Por desgracia, no resulta fácil llegar en transporte público; los bancos de cemento son bastante incómodos.

Ciudad Deportiva (plano pp. 102-103; ☎ 54 50 00; av. Independencia esq. con vía Blanca; entrada 5 CUP). Constituye el primer centro de entrenamiento deportivo de Cuba; se celebran partidos de baloncesto, voleibol, boxeo y atletismo. El *camello* M-2, que sale desde la avenida Bolívar en Centro Habana, se detiene en la calle de enfrente.

Sala Polivalente Ramón Fonst (plano pp. 102-103; ☎ 881-4196; av. Independencia; 1 CUP). Situado frente a la estación principal de autobuses, alberga competiciones de béisbol y baloncesto.

En **Kid Chocolate** (plano p. 96; ☎ 861-1546; Martí), frente al Capitolio, se pueden ver combates de boxeo los viernes a las 19.00. En **gimnasio de boxeo Rafael Trejo** (plano p. 90; ☎ 862-0266; Cuba 815, entre Merced y Leonor Pérez, Habana Vieja) hay encuentros los viernes a las 19.00 (1 CUC), y cada día después de las 16.00 se puede asistir a los entrenamientos. Los viajeros interesados en este deporte pueden encontrar aquí un entrenador.

Gracias al Malecón, La Habana goza de una de las rutas municipales de *footing* más bonitas del mundo. Cuidado con los socavones en el suelo, los salpicones de las olas, los jineteros y los hilos de las cañas de pescar.

DE COMPRAS
Galerías de arte

Coleccionistas y aficionados al arte encontrarán en La Habana un ambiente vanguardista y muy rico. Conviene no olvidar que es necesario disponer de facturas oficiales o permisos de exportación para adquirir obras artísticas (véase el recuadro en p. 133). Para conocer las galerías de la ciudad, se aconseja revisar el boletín trimestral y gratuito *Arte en La Habana* (se suele conseguir en la agencia de viajes San Cristóbal, en la plaza San Francisco de Asís), que recoge todas las exposiciones y los eventos, o visitar www.galeriascubanas.com.

LA HABANA VIEJA

Casa de Carmen Montilla (☎ 33 87 68; Oficios 164; ⊙ 10.30-17.30 ma-sa, 9.00-13.00 sa). Exhibe un enorme mural cerámico de Sosa Bravo en un bonito patio trasero.

Estudio Galería Los Oficios (☎ 863-0497; Oficios 166; ⊙ 10.00-17.30 lu-sa). En el piso superior, custodia los enormes, frenéticos e intrigantes lienzos de Nelson Domínguez.

Taller de Serigrafía René Portocarrero (☎ 862-3276; Cuba 513, entre Brasil y Muralla; ⊙ 9.00-16.00 lu-vi). Expone y vende obras de jóvenes creadores cubanos, con precios que van de 30 a 150 CUC. Quizá se pueda ver a los artistas trabajando.

CENTRO HABANA

Galería Orígenes (☎ 863-6690; Martí 458; ⊙ 9.00-18.00). Situada en el interior del Gran Teatro de La Habana, frente al parque Central, expone y vende cuadros y esculturas.

Galería La Acacia (☎ 861-3533; San Martín 114, entre Industria y Consulado; ⊙ 10.00-15.30 lu-vi, 10.00-13.00 sa). Ubicada detrás del Gran Teatro de La Habana, cuenta con cuadros de importantes artistas, como Zaida del Río, y antigüedades. Gestiona los permisos de exportación.

VEDADO

Galería Ciudades del Mundo (☎ 832-3175; calle 25, nº 307; ☼ 8.30-17.00 lu-vi). Expone atractivas muestras sobre La Habana y otras ciudades del mundo

Galería Habana (☎ 832-7101; Línea 460, entre calles E y F; ☼ 10.00-17.00 lu-sa). En el centro de Vedado, exhibe en espacios amplios y magníficos arte contemporáneo cubano, como la obra de Aimée García.

Galería Haydee Santamaría (calle G), cerca de la Casa de las Américas, la estaban renovando cuando se redactó esta guía. Si aún está cerrada, se recomienda visitar la galería en el interior de la **Casa de las Américas** (calle 3 esq. con calle G; entrada 2 CUC; ☼ 10.00-16.30 ma-sa, 9.00-13.00 do), donde se presentan buenas exposiciones con trabajos de toda América.

Otras galerías que merecen una visita en Vedado son el **Centro de Arte 23 y 12** (calle 12 esq. con calle 23; ☼ 10.00-17.00 ma-sa), que expone arte cubano actual, y la galería de **UNEAC** (calle 17 esq. con calle H).

Tiendas y mercadillos

LA HABANA VIEJA

Palacio de la Artesanía (Cuba 64; ☼ 9.00-19.00). Aunque los autobuses de turistas suelen traer aquí a grandes grupos, vale la pena detenerse para comprar recuerdos, cigarros, artesanía, instrumentos musicales, CD, ropa o joyas. El edificio, antiguo palacio de Pedroso, fue erigido en 1780 por Mateo Pedroso, alcalde de La Habana. A mediados del s. xix funcionó como tribunal de justicia y más adelante fue jefatura de policía.

Habana 1791 (Mercaderes 156, entre Obrapía y Lamparilla). Tienda única especializada en perfumes tradicionales elaborados a partir de flores aromáticas y aceites de plantas. Regalos cuidadosamente presentados a partir de 5 CUC.

Feria de la Artesanía (Tacón, entre Tejadillo y Chacón; ☼ mi-sa). Al aire libre, se puede regatear el precio de cuadros, guayaberas, tallas de madera, artículos de piel, todo el *merchandising* relacionado con el Che, joyería y mucho más. Si se compran pinturas, hay que asegurarse de obtener una licencia de exportación (véase recuadro) o arriesgarse a que sean confiscadas en la aduana si se consideran tesoros nacionales. Las obras de arte pequeñas se pueden guardar entre el equipaje con facilidad.

Longina Música (☎ 862-8371; Obispo 360, entre Habana y Compostela; ☼ 10.00-19.00 lu-sa, 10.00-13.00 sa). Situada en una calle peatonal, dispone de una buena selección de discos compactos e instrumentos musicales: bongos, guitarras, maracas, *güiros* y *tumbadoras*. Si se compran precios, es probable que se encuentren más baratos en otros sitios.

Se aconseja acudir a la tienda de la **Fundación Havana Club** (San Pedro 262; ☼ 9.00-21.00).

CENTRO HABANA

El Bulevar (San Rafael, entre Martí y av. Italia). Se trata de una calle peatonal y un bazar, donde se vende en pesos cubanos, lleno de puestos de aperitivos y sorpresas.

Al salir a la avenida Italia, se accede a un tramo comercial que cuenta con grandes almacenes, como **Variedades Galiano** (San Rafael esq. con av. Italia; ☼ 10.00-18.00 lu-sa, 9.00-12.00 do).

EXPORTACIÓN DE OBJETOS ARTÍSTICOS

Cuando se compran objetos artísticos en una tienda estatal, siempre se debe pedir una factura oficial para enseñar en la aduana, sobre todo si el objeto no cabe en la maleta. Los agentes suelen requisar en el aeropuerto cualquier pieza que no vaya acompañada de la documentación pertinente para desalentar el comercio privado. Si se ha adquirido en una de las galerías gubernamentales debería bastar con el recibo, pero es preferible tener un certificado para exportar obras de arte (obligatorio en caso de que se compre directamente al artista).

Los certificados los emite el **Registro Nacional de Bienes Culturales** (plano pp. 102-103; calle 17, nº 1009, entre calles 10 y 12, Vedado; ☼ 9.00-12.00 lu-vi). Para obtenerlo hay que cumplir unos "sencillos" trámites: llevar los objetos para su inspección, rellenar un formulario, hacer cola unas dos horas, pagar la tarifa (10-30 CUC), que sirve para exportar de una a cinco obras, y volver 24 horas después a recogerlo. Se recomienda no dejar este trámite para el último momento. Algunos artistas se ofrecen a obtener ellos mismos el permiso, previo pago. No obstante, si el viajero quiere asegurarse de que las pinturas no le sean confiscadas en el aeropuerto, debe obtenerlo en persona.

Perteneciente a la antigua cadena de tiendas Woolworth, dispone de una gran barra con comidas y helados, además de una amplia selección de viejos discos y las típicas camisetas de malla y tirantes habaneras.

La Manzana de Gómez (Agramonte esq. con San Rafael). Este centro comercial cubierto, construido en 1910, está poco animado, pero lleno de tiendas elegantes. La sección llamada "la Exposición", en una esquina del piso superior, vende reproducciones de obras de pintores cubanos famosos. Frente al Hotel Plaza se encuentra la tienda de alquiler de bicicletas El Orbe.

Área de vendedores por cuenta propia (Máximo Gómez 259; 9.00-17.00 lu-sa). Mercadillo permanente donde se pueden conseguir abalorios de santería, libros antiguos y cinturones de piel, entre otras cosas.

VEDADO

ARTex (calle 23 esq. con calle L; 10.00-23.00 lu-sa, 10.00-14.00 do). Ubicada frente al Hotel Habana Libre, cuenta con una buena selección de CD, casetes, libros, artesanía y postales.

Feria de la Artesanía (Malecón, entre calles D y E; desde 10.30, cerrado mi). Es muy parecida a la de La Habana Vieja, aunque dispone de una zona de sandalias y zapatos hechos a mano y otra de numismática, con viejos sellos, monedas, billetes e, incluso, cuadros originales un poco *kitsch*. Resulta un lugar estupendo para curiosear.

Cine Yara (832-9430; calle 23 esq. con calle L). En esta tienda, instalada dentro de la sala, se venden carteles de viejas películas, postales antiguas, camisetas y las mejores películas cubanas en vídeo.

Galerías de Paseo (calle 1 esq. con Paseo; 9.00-18.00 lu-sa, 9.00-13.00 sa). Ubicadas frente al Hotel Meliá Cohiba, son las más lujosas al este del río Almendares. Acoge tiendas de Adidas, Chanel, un concesionario de coches y hasta una heladería Bim Bom.

Plaza Carlos III (av. Salvador Allende, entre Árbol Seco y Retiro; 10.00-18.00 lu-sa). Después de Plaza de las Américas, en Varadero, probablemente sea éste el centro comercial más espectacular de Cuba, y apenas hay extranjeros. Vale la pena acercarse un sábado y ver cómo la doble economía funciona a todo tren, sobre todo para algunos.

Photo Service (Vedado 33 50 31; Centro de Prensa Internacional, calle 23 esq. con calle O; 8.30-24.00; Vedado 55 39 74;, calle 1 esq. con Paseo, Galerías de Paseo; 9.00-18.00). Revelado de carretes en dos horas, fotocopias y fotos de carné (4 por 2 CUC).

CÓMO LLEGAR Y SALIR
Avión

Se pueden comprar billetes para vuelos nacionales o internacionales en la oficina central de **Cubana de Aviación** (plano pp. 102-103; 33 49 49; calle 23, nº 64; 8.30-16.00 lu-vi, 8.30-12.00 sa), al final del Malecón, en el edificio de las compañías aéreas. También cabe la posibilidad de reservarlos por el mismo precio en la cercana **agencia de viajes Sol y Son** (plano pp. 102-103; 33 02 93/4; fax 33 51 50; calle 23, nº 64, entre calle P e Infanta; 8.30-18.00 lu-vi, 8.30-12.00 sa).

Otras aerolíneas con servicios nacionales son:

Aerocaribbean (plano pp. 102-103; 33 36 21; fax 33 38 71; edificio de las compañías aéreas, calle 23, nº 64)

Aerotaxi (plano pp. 102-103; 53 53 48; fax 33 40 64; calle 27 esq. con calle M, Vedado). Compañías privadas.

Barco

Los autobuses que conectan con el hidroavión y el *ferry* con destino a Nueva Gerona, en la isla de la Juventud, salen a las 9.00 desde la **terminal de ómnibus** (plano pp. 102-103; 878-1841; av. Independencia esq. con 19 de Mayo), cerca de la plaza de la Revolución. Los billetes de autobús se venden en el quiosco señalado con NCC, situado entre las puertas 9 y 10, en medio del vestíbulo de salidas (2 CUC), aunque se recomienda comprar un billete combinado de autobús y barco por 13 CUC, en lugar de esperar hasta llegar a Surgidero de Batabanó. Es necesario presentar el pasaporte.

Autobús

La compañía Astro ofrece servicios por todo el país. Las salidas se efectúan desde la **terminal de ómnibus** (plano pp. 102-103; 870-9401; av. Independencia esq. con 19 de Mayo), cerca de la plaza de la Revolución. Los billetes se pueden adquirir en la ventanilla de **venta de boletines** (870-3397; 24 h), siguiendo por el vestíbulo, a la derecha de la entrada principal. En cada vehículo se reservan dos asientos para su venta en pesos convertibles; en Astro normalmente se pueden conseguir el mismo día. El personal acompaña al viajero hasta el autocar y le ayuda a embarcar sin sufrir los empujones de la cola. Para información sobre las salidas, véase el recuadro en p. 135. Los autobuses Astro no tienen página web ni horarios impresos y tanto éstos como los

HORARIO DE AUTOBUSES

Astro

Destino	Precio (ida) CUC	Distancia km	Duración	Salida
Cienfuegos	17	254	5 h	6.15, 12.00, 16.15, 19.30, 21.15
Pinar del Río	8	162	4 h	8.00, 12.30, 17.00, 20.20
Santa Clara	15	276	5 h	2.30, 19.40
Santiago de Cuba	42	861	15 h	12.15, 19.20
Trinidad	17	335	7½ h	5.45
Varadero	8	140	3 h	4.35

Viazul

Destino	Precio (ida) CUC	Distancia km	Duración	Salida
Cienfuegos	20	254	5 h	8.15, 13.00
Holguín	44	743	10½ h	20.30
Pinar del Río	11	162	4 h	9.00, 14.00
Playas del Este	4	20	½ h	8.40, 14.20
Santiago de Cuba	51	861	16 h	9.30, 15.00, 22.00
Trinidad	25	335	6 h	8.15, 13.00
Varadero	10	140	3 h	8.00, 12.00, 14.00, 18.00
Viñales	12	189	3¼ h	9.00

precios pueden cambiar. Al menos la empresa renovó toda su flota con autobuses chinos nuevos en diciembre de 2005, por lo que las condiciones han mejorado.

Viazul (☎ 881-1413, 881-5652; www.viazul.com; calle 26 esq. con Zoológico, Nuevo Vedado). Cubre casi todos los destinos en coches de lujo con aire acondicionado. Parten de una zona muy mal situada, 3 km al sudoeste de la plaza de la Revolución, o de la terminal de ómnibus. Los billetes se suministran justo antes de la salida en la oficina de venta de boletines. Los horarios se facilitan en su página web o en **Infotur** (plano p. 96; Obispo, entre Bernaza y Villegas), que también despacha billetes para los autocares que salen desde la estación de origen de Nuevo Vedado.

Si se llega a La Habana en un autobús de Viazul procedente de Varadero o Matanzas, el viajero se puede apear en Centro Habana, después del túnel; desde casi todos los demás puntos, se deberá bajar en la terminal de Nuevo Vedado y allí tomar el autobús 27 hasta Vedado o Centro Habana (conviene preguntar). También es posible detenerse en la terminal de ómnibus de la avenida Independencia, si el autobús para allí. El *camello*

M-2 posee una parada frente a la terminal, junto a otros autobuses que se dirigen al parque de la Fraternidad, en Centro Habana. Los autobuses locales no aceptan mochileros. Para conocer los horarios de salida, véase el recuadro.

El autobús que lleva a Santiago de Cuba (51 CUC, 16 h) también se detiene en Santa Clara (18 CUC, 3¾ h), Sancti Spíritus (23 CUC, 5¾ h), Ciego de Ávila (27 CUC, 7 h), Camagüey (33 CUC, 9 h), Las Tunas (39 CUC, 11½ h), Holguín (44 CUC, 12¾ h) y Bayamo (44 CUC, 14 h).

Cualquiera de los autobuses urbanos estacionados junto al Palacio de la Artesanía (Cuba 64), cerca de la catedral, puede trasladar al viajero a Varadero por la tarde por unos 10-20 CUC por persona; se debe consultar al conductor.

Los servicios hacia diferentes puntos de la provincia de La Habana parten de Apodaca 53, junto a Agramonte, cerca de la Estación Central de Trenes. Se dirigen a Güines, Jaruco, Madruga, Nueva Paz, San José, San Nicolás y Santa Cruz del Norte; suelen estar abarrotados y hay que llegar pronto para conseguir billetes en pesos cubanos.

Taxi

Los pequeños automóviles Lada de la compañía Cubataxi, que estacionan en la calle 19 de Mayo, junto a la terminal de ómnibus, cobran 44 CUC a Varadero, 54 CUC a Pinar del Río, 75 CUC a Santa Clara, 85 CUC a Cienfuegos y 100 CUC a Trinidad; pueden llevar hasta cuatro personas y son totalmente legales.

Tren

Casi todos salen de la **Estación Central de Trenes** (plano p. 96; ☎ 862-4971, 861-8540; av. Bélgica esq. con Arsenal), al sudoeste de La Habana Vieja. Los extranjeros deben comprar los billetes en pesos convertibles en la estación La Coubre (☎ 862-1006; av. del Puerto esq. con Desamparados; ◔ 9.00-15.00 lu-vi). Si está cerrada, se puede intentar en la oficina contigua, que los vende para trenes con salida inmediata. Los menores de 12 años viajan a mitad de precio. Los principales destinos son:

Destino	Precio CUC	Distancia km	Frecuencia
Bayamo	26	744	3 semanales
Camagüey	19/32	534	1 diario
Ciego de Ávila	16/22	435	3 diario
Cienfuegos	11	254	3 semanales
Holguín	27	743	1 diario
Las Tunas	23	652	2 diario
Manzanillo	28	775	3 semanales
Matanzas	4	105	8 diario
Morón	24	446	3 semanales
Pinar del Río	6,50	162	1 diario
Sancti Spíritus	13,50	354	1 diario
Santa Clara	14/17	276	4 diario
Santiago de Cuba	30/50/62	861	2-3 diarios

El cuadro anterior es meramente orientativo, pues con mucha frecuencia los servicios se retrasan o se cancelan directamente. Se recomienda comprobar bien la terminal de salida.

Para obtener información sobre el tren eléctrico entre Casablanca y Matanzas, véase p. 157. Los trenes suburbanos y los servicios por la provincia de La Habana se pueden consultar en "Cómo desplazarse", a continuación.

CÓMO DESPLAZARSE
A/desde el aeropuerto

El aeropuerto internacional José Martí se encuentra en Rancho Boyeros, 25 km al sudoeste de La Habana por la avenida Independencia. Existen varias terminales: en la 1, al sudeste de la pista, operan sólo vuelos nacionales de Cubana; a 3 km, por la misma avenida, se halla la temida terminal 2, que recibe vuelos chárter y de Corsair procedentes de Miami; el resto usan la 3, una moderna instalación en Wajay, 2,5 km al oeste de la terminal 2. Los vuelos chárter de Aerocaribbean, Aerogaviota y Aerotaxi, entre otras compañías, a Cayo Largo del Sur y otros destinos utilizan la terminal de Caribbean (también conocida como 5), situada en el extremo noroeste de la pista de aterrizaje, 2,5 km al oeste de la 3. La terminal 4 todavía no se ha construido. Se debe comprobar con cuidado la terminal a la que se debe ir.

Viazul (☎ 881-5652; www.viazul.com; calle 26 esq. con Zoológico, Nuevo Vedado) ofrece un servicio, bastante irregular, al aeropuerto a las 18.00 aprox. (3 CUC) desde su estación en Nuevo Vedado y desde el Hotel Plaza hasta la terminal 3. Se recomienda no presentarse nunca sin haber confirmado antes cuándo pasa.

A/desde la terminal de autobuses

El abarrotado *metrobús* M-2 procedente de Santiago de las Vegas se detiene en el exterior de la terminal de ómnibus y se dirige al parque de la Fraternidad, cerca del Capitolio. Quien desee realizar el trayecto contrario debe preguntar a alguien dónde bajar, ya que la ruta del M-2 hacia el sur tiene la parada al otro lado de la plaza de la Revolución, desde donde no se divisa la estación de autobuses.

'Bicitaxi'

Los *bicitaxis* de dos asientos llevan al viajero a cualquier sitio en los alrededores de Centro Habana por 1/2 CUC (viaje corto/largo), después de regatear. Es mucho más de lo que pagaría un cubano, pero incluso así es más barato que un taxi. Una ley reciente prohíbe a los *bicitaxis* llevar turistas, así que posiblemente querrán usar rutas alternativas para evitar los controles policiales. En cualquier caso, si los detienen, el problema lo tiene el *bicitaxi*, no el viajero.

Bicicleta y ciclomotor

Tras años de abandono, los viajeros por fin tienen la oportunidad de alquilar bicis decentes en una nueva tienda llamada **El Orbe** (plano p. 90; ☎ 860-2617; Monserrate esq. con Ignacio Agramonte; ◔ 9.30-16.40 lu-sa), en el centro comercial La Manzana de Gómez, en La Ha-

bana Vieja. Este excelente establecimiento alquila buenas bicis (muchas son Raleighs) importadas de Canadá, con 21 marchas y frenos Shimano. También tienen variedad de cascos y candados, además de un mecánico que arregla bicis gratis en el momento. Los precios son: 1 hora (2 CUC), 1 día (12 CUC), de 2 a 7 días (8 CUC/día), 7 días (60 CUC), 10 días (75 CUC).

Barco

Los *ferries* de pasajeros (plano p. 90; ☎ 867-3726) a Regla y Casablanca zarpan cada 10 o 15 minutos desde el muelle Luz, en la esquina de San Pedro con Santa Clara, al sudeste de La Habana Vieja. La tarifa es de unos 0,10 CUP. Desde que los *ferries* fueron secuestrados para alcanzar la costa de Florida en 1994 y 2003, se ha reforzado la seguridad, a pesar de que los desesperados raptores nunca lograron salir de aguas cubanas. Se deben esperar registros e inspección del equipaje.

Automóvil

En La Habana existen muchas agencias de alquiler de coches, con parque automovilístico y precios distintos. Aunque todas ellas poseen una oficina en la terminal 3 del aeropuerto internacional José Martí, en la ciudad se encuentran las siguientes:

Cubacar (☎ 33 22 77) cuenta con un mostrador en los hoteles Meliá Cohiba, Meliá Habana, NH Parque Central, Habana Libre, Comodoro y Bello Caribe.

Havanautos Vedado (plano pp. 102-103; ☎ 33 34 84; calle 23 esq. con calle M); Playa (plano pp. 140-141; ☎ 204-3203; av. 5 esq. con calle 112). Atiende en los hoteles Habana Libre, Nacional, Riviera, Sevilla, complejo Neptuno-Tritón y Vista al Mar.

Micar Vedado (plano pp. 102-103; ☎ 24 24 44; Galerías de Paseo, calle 1 esq. con Paseo; ☉ 24 h); Vedado (plano pp. 102-103; calle 23 esq. con Infanta). Dispone de uno o dos vehículos muy baratos (35 CUC/día); pero recibe quejas por la calidad de los coches (a menudo son automóviles desechados por otras agencias) y por su servicio de atención al cliente.

Rex Rent a Car (plano pp. 102-103; ☎ 33 77 88; Línea esq. con Malecón). Coches de lujo.

Transtur Vedado (plano pp. 102-103; ☎ 33 40 38; calle 21 esq. con calle N); Vedado (plano pp. 102-103; ☎ 55 32 52; calle 25, entre calles K y L). Atiende en los hoteles Ambos Mundos, Copacabana, Deauville, Inglaterra, Nacional, Neptuno-Tritón, Panamericano, Plaza, Riviera y Sevilla. Las oficinas en La Habana de Transtur y Havanautos no suelen tener los modelos más baratos disponibles en otras ciudades.

Vía Rent a Car (☎ 204-3606; av. 47 esq. con av. 36, Kohly).

Las gasolineras Servi-Cupet se localizan en Vedado, calle L esquina con calle 17; Malecón esquina con calle 15; Malecón esquina con Paseo, cerca de los hoteles Riviera y Meliá Cohibas, y avenida de la Independencia (carril en sentido norte), al sur de la plaza de la Revolución. Todas están abiertas 24 horas.

Los municipales vigilan los vehículos estacionados por toda la ciudad (en Trocadero, frente al Hotel Sevilla o frente al Inglaterra); cobran 1 CUC.

Colectivos

Los grandes y elegantes vehículos situados frente al Capitolio son colectivos (con capacidad para seis o más personas y que realizan rutas fijas). Normalmente no recogen turistas, pero muchos ofrecen realizar el trayecto Centro Habana-Vedado por 2 CUC, aunque el viaje cuesta 10 CUP.

Transporte local
AUTOBÚS

Los autobuses urbanos regulares se llaman guaguas, mientras que los *metrobuses*, mucho más grandes, se denominan *camellos*, por sus dos jorobas. En la ciudad, la tarifa de un *camello* es de 0,20 CUP y la del autobús regular, 0,40; las monedas se insertan en una caja cerca del conductor o se paga directamente al cobrador. Por desgracia, no existe ningún mapa con las rutas.

Aunque a simple vista no lo parezca, en la mayor parte de las paradas se guarda cola: no hay más que pedir la vez. Este sistema se sigue rigurosamente y los cubanos recriminan a quien intente saltárselo.

Desde 1995 la crisis del transporte público en La Habana se ha aliviado con los *metrobuses*, enormes vehículos, con capacidad para 300 pasajeros que son arrastrados por camiones; todos presentan el prefijo M antes de su número, además de estar codificados por colores:

M-1 Alamar-Vedado vía Parque de la Fraternidad (rosa)
M-2 Parque de la Fraternidad-Santiago de las Vegas (azul)
M-3 Alamar-Ciudad Deportiva (naranja)
M-4 Parque de la Fraternidad-San Agustín vía Marianao (verde)
M-5 Vedado-San Agustín (rojo)
M-6 Calvario-Vedado (21 y L; beis)
M-7 Parque de la Fraternidad-Alberro, por Cotorro (también rojo)

Como se puede apreciar, muchos *metrobuses* salen del parque de la Fraternidad, en el lado sur del Capitolio, en Centro Habana. En el origen de cada línea hay dos colas, una para "sentados" y otra para "parados" (de pie). La segunda avanza más rápido y es preferible si se viaja una distancia corta y no se lleva equipaje. A veces hay una tercera cola para embarazadas.

Al *camello* le llaman "la película del sábado por la noche" porque "contiene escenas de violencia, sexo y lenguaje para adultos" (la advertencia que precede a la película del fin de semana en la televisión cubana). Al principio puede intimidar. Se llena mucho, así que los apretones son habituales.

TREN

La **estación Cristina** (plano pp. 102-103; ☎ 878-4971; av. México esq. con Arroyo, Cuatro Caminos) fue la primera que se construyó en La Habana y vale la pena visitarla para viajar de forma barata. Se sitúa al sur de Centro Habana, 1 km al sudoeste de la Estación Central, y dispone de trenes locales que operan dentro de los límites de la ciudad. Salen dos al día hacia Batabanó (2½ h) y cuatro a Wajay (1 h). En julio y agosto hay un tren a Guanabo tres veces al día salvo los lunes (1½ h). También hay servicios diarios a Artemisa y Güines.

De la **estación de trenes 19 de Noviembre** (plano pp. 102-103; ☎ 881-4431; Tulipán, Nuevo Vedado) parten trenes hacia un par de lugares de la provincia, como los seis que se dirigen a San Antonio de los Baños (1 h). Cuenta con servicio de autovagón a ExpoCuba a las 9.30 (mi-do, 40 min).

Taxi

Resulta fácil encontrar taxis para turistas con taxímetro en los hoteles de lujo; los Nissan con aire acondicionado son más caros que los Lada sin él. Los automóviles oficiales más baratos son los de **Panataxi** (☎ 55 55 55), que cobran 1 CUC por la bajada de bandera y 0,50 CUC/km. Los taxis para turistas se pueden contratar en **Havanautos Taxi** (☎ 32 32 32), **Turistaxi** (☎ 33 66 66) y **Transgaviota** (☎ 33 97 80). **Taxi OK** (☎ 204-0000) se encuentra en Miramar. Los conductores son funcionarios que trabajan por un salario en pesos.

Los más baratos son los viejos Lada, de color amarillo y negro, de propiedad estatal, pero alquilados a operadores privados. Normalmente, se muestran reacios a utilizar el taxímetro, porque tienen establecidas unas tarifas bajas e irreales, pero se puede negociar. En teoría, no pueden recoger pasajeros a menos de 100 m de un hotel de turistas.

Los coches privados piratas con placas de licencia amarillas son más baratos, pero se debe convenir la tarifa antes de entrar y llevar el cambio exacto. Suele haber automóviles clásicos, que funcionan como taxis, estacionados frente al Hotel Inglaterra.

ALREDEDORES DE LA HABANA

Las afueras de La Habana se extienden a partir de tres lados del distrito central y están llenas de lugares curiosos y de fácil acceso que pueden suponer excursiones interesantes de uno o medio día (partiendo del centro). En Playa hay un acuario bastante bueno, centros de conferencias de primera y los mejores restaurantes de Cuba; Guanabacoa y Regla son famosas por su cultura religiosa afrocubana, y las fortalezas de La Cabaña y El Morro, en la bahía, son dos de los ejemplos de arquitectura militar más impresionantes de la isla.

PLAYA Y MARIANAO

El municipio de Playa, al oeste de Vedado, al otro lado del río Almendares, es una mezcla paradójica de prestigiosas calles residenciales y duros barrios proletarios.

El bello Miramar es un vecindario de frondosas y amplias avenidas con grandes laureles donde el tráfico va más lento y las esposas de los diplomáticos, ataviadas con visera y mallas de *lycra,* salen a correr suavemente por la avenida Quinta. Muchas de las embajadas extranjeras en La Habana tienen su sede aquí, en antiguas mansiones de la época prerrevolucionaria, y los que se encuentran en la isla por negocios o para participar en alguna conferencia acuden para disfrutar de unas instalaciones que cuentan entre las más lujosas de Cuba. Si al viajero le interesan principalmente el ocio y los lugares de interés de la ciudad, el trayecto diario hasta Vedado o La Habana Vieja es una molestia y un gasto. Sin embargo, algunos de los mejores clubes de salsa, discotecas y restaurantes se encuentran por aquí y las habitaciones de alquiler en casas particulares son realmente lujosas.

Cubanacán acoge muchas de las ferias y convenciones científicas o de negocios de La Habana y es también donde se encuentran varios institutos médicos especializados. A pesar de la austeridad del Período Especial, se ha destinado gran cantidad de recursos a los institutos de investigación biotecnológica y farmacéutica de esta zona. Los aficionados a la náutica, la pesca y el submarinismo deben dirigirse a Marina Hemingway, en el extremo occidental de Playa. Marianao es mundialmente famoso por el cabaré Tropicana, pero aquí se conoce como un barrio duro, hasta peligroso en algunas partes, con una nutrida comunidad santera.

Información

ACCESO A INTERNET

Centros de negocios en hoteles (Hotel Meliá Habana; av. 3, entre calles 76 y 80). Cobra 7 CUC por media hora de acceso a Internet.

MEDIOS DE COMUNICACIÓN

El mejor **quiosco de prensa** de La Habana se encuentra en el aparcamiento del **Supermercado 70** (av. 3 esq. con calle 70; 9.00-18.00 lu-sa). Normalmente se pueden adquirir aquí revistas extranjeras.

ASISTENCIA MÉDICA

Clínica central Cira García (☎ 204-2811; fax 24 16 33; calle 18A, nº 4101, Playa). Urgencias, atención dental y médica para extranjeros (consultas, 25-35 CUC).
Farmacia Internacional (☎ 204-9385; Hotel El Comodoro, av. 3 esq. con calle 84)
Farmacia (☎ 204-2880; calle 18A, nº 4104, Playa; 24 h). Instalada en la clínica anterior, es una de las mejores de la ciudad, junto a la botica de enfrente, en la esquina de la calle 20 con la avenida 41 (abierta de 9.00 a 20.45).

DINERO

Banco Financiero Internacional Miramar (☎ 203-9762; edificio Sierra Maestra, av. 1 esq. con calle 0); Playa (☎ 267-5500; av. 5 esq. con calle 92)
Cadeca Miramar (av. Quinta, entre calles 40 y 42; 9.00-17.00 lu-sa, 9.00-12.00 do); Playa (av. 3 esq. con calle 70)

CORREOS

DHL (☎ 204-1578; av. 1 esq. con calle 26, Miramar; 8.00-20.00)
Oficina de correos (calle 42, nº 112, entre avs. 1 y 3, Miramar; 8.00-11.30, 2-18.00 lu-vi, 8.00-11.30 sa)

INFORMACIÓN TURÍSTICA

Infotur (☎ 24 70 36; av. 5 esq. con calle 112, Playa; 8.30-17.00 lu-sa, 8.30-12.00 sa)

AGENCIAS DE VIAJES

Las siguientes agencias gestionan los circuitos mencionados en p. 88.
Cubanacán (☎ 204-6970; av. 3 esq. con calle 84, Miramar; 8.00-17.00 lu-vi, 8.00-12.00 sa). Atiende también en los hoteles Bello Caribe y Meliá Habana y en el complejo Neptuno-Tritón.
Gaviota (☎ 204-4411; fax 204-4111; av. 49 esq. con av. 36)
Havanatur (☎ 204-7541; edificio Sierra Maestra, av. 1 esq. con calle 0; 9.00-18.00 lu-sa)

Puntos de interés

MIRAMAR

El fascinante museo de la **Fundación la Naturaleza y el Hombre** (☎ 204-0438; av. 5B, nº 661, entre calles 66 y 70; entrada 3 CUC; 10.00-16.00 lu-vi) reúne objetos del viaje de 17.422 km de el intelectual cubano y amante de la naturaleza Antonio Núñez Jiménez realizó en canoa desde el nacimiento del Amazonas hasta el mar. Además de la embarcación en la que llevó a cabo la proeza, se exponen tocados, armas y adornos de los indígenas que encontraba a su paso, así como cientos de figuritas de cerámica con carácter erótico. La fundación custodia una de las colecciones de fotografía más grandes de Cuba, todas las publicaciones del prolífico Núñez Jiménez, el famoso retrato de Fidel pintado por Guayasamín, un grupo de estalactitas en el vestíbulo y una serie de arcas de vidrio, conocidas como la casa de cristal, donde se conservan interesantes piezas pertenecientes al fundador. Para concertar una visita, conviene llamar con antelación.

Los cubanos son muy aficionados a las reproducciones a escala; por eso la **maqueta de La Habana** (☎ 202-7303; calle 28, nº 113, entre avs. 1 y 3; estudiantes/con/sin guía 1/3/4 CUC; 9.30-17.00 ma-sa), de 22 por 8 m y a escala 1:1.000, constituye una de las más grandes y mejores del mundo; se pueden alquilar prismáticos (1 CUC) para identificar todos los edificios, parques y monumentos. Cerca de allí, los dos **parques** de la avenida 5, entre las calles 24 y 26, con sus inmensos ficus y caminos umbrosos conforman una isla de aire fresco.

El **Acuario Nacional** (☎ 202-5872; av. 3 esq. con calle 62; adultos/niños 5/3 CUC; 10.00-22.00 ma-sa) es toda una institución en La Habana. Se fundó en 1960 y recibe a una infinidad de visitantes

LA HABANA

PLAYA Y MARIANAO

Ⓐ

INFORMACIÓN

Banco Financiero Internacional............**2** E4
Banco Financiero Internacional...(véase 37)
Cadeca..**5** G2
Cadeca..(véase 69)
Clínica Central Cira García............**7** H2
Cubanacán..**8** F3
Cubanacán Naútica..........................**9** B4
DHL...**10** G2
Farmacia Internacional...............(véase 43)
Gaviota..**12** H3
Havanatur...................................(véase 37)
Hotel Business Centers...............(véase 45)
Infotur...**13** E4
Embajada de México......................**16** H2
Farmacia..**18** H2
Pharmacy.......................................(véase 7)
Oficina de correos..........................**19** F2
Embajada de Rusia...........................**20** F3

QUÉ VER Y HACER

Acuario Nacional............................**23** F3
Centro de Ingeniería Genética y
  Biotecnología...............................**24** E6
Centro Internacional de Restauración
  Neurológica (CIREN)...................**25** E5
Centro Nacional de Investigaciones
  Científicas (CENIC).......................**26** E5
Complejo Recreo.............................**27** A5
Fundación la Naturaleza y el Hombre **28** F3
Iglesia Jesús de Miramar...............**29** F3
Instituto Superior de Arte (ISA)........**30** E4
La Aguja Marlin Diving Center........**31** B4
Maqueta de La Habana...................**32** G2

Ⓑ

Museo de la Alfabetización...............**33** G5
Museo del Aire................................**34** D6
Pabexpo..**35** D5
Palacio de las Convenciones............**36** E5
Edificio Sierra Maestra.....................**37** H1

DÓNDE DORMIR 🏠

Aparthotel Montehabana..................**38** F3
Hostal Costa Sol...............................**39** F3
Hotel Bello Caribe............................**40** E6
Hotel Chateau Miramar....................**41** F3
Hotel El Bosque...............................**42** H2
Hotel El Comodoro...........................**43** E3
Hotel El Viejo y El Mar.....................**44** B4
Hotel Meliá Habana..........................**45** F3
Hotel Mirazul....................................**46** G2
Occidental Miramar..........................**47** F3
Panorama Hotel Havana....................**48** F3
Residencia Universitaria Ispjae.........**49** G2

DÓNDE COMER 🍴

Cafetería de 3 y 62...........................**50** F3
Don Cangrejo....................................**51** G2
Dos Gardenias..................................**52** G2
El Aljibe..**53** G2
El Buganvil.......................................**54** D5
El Elegante..**55** H3
El Rancho Palco.................................**56** E5
El Tocororo.......................................**57** G2
La Cecilia..**58** E4
La Esperanza.....................................**59** G2
La Fermínia.......................................**60** D5
La Flora...**61** G4
La Paila...**62** H5
Paladar Calle 10...............................**63** G2

Ⓒ

Paladar La Fontana............................**64** F3
Paladar Los Cactus de 33.................**65** H3
Paladar Mi Jardín.............................**66** F3
Pan.com..**67** G2
Pizza Nova..**68** B5
Supermercado 70..............................**69** F3
Supermercado Universo.....................**70** B4

OCIO 🎭

Casa de la Música.............................**71** H2
Circo Trompoloco..............................**72** E4
Estadio Pedro Marrero.......................**73** H3
Havana Club Disco.............................**74** E3
Río Club..**75** H1
Salón Rosado Benny Moré (El
  Tropical).......................................**76** H3
Teatro Karl Marx...............................**77** G1
Tropicana Nightclub..........................**78** G4

DE COMPRAS 🛍️

Casa del Habano...............................**79** G2
Egrem Tienda de Música....................**80** G2
La Maison...**81** H2
Photo Club..**82** E3

TRANSPORTE

Autobuses P1 y 100...........................**83** F3
Cubacar...**84** B4
Cubacar...**85** G2
Havanautos.......................................**86** E4
Havanautos...................................(véase 37)
Gasolinera Servi-Cupet......................**87** G4
Gasolinera Servi-Cupet......................**88** E4
Gasolinera Servi-Cupet......................**89** E4
Vía Rent A Car..................................**90** H2

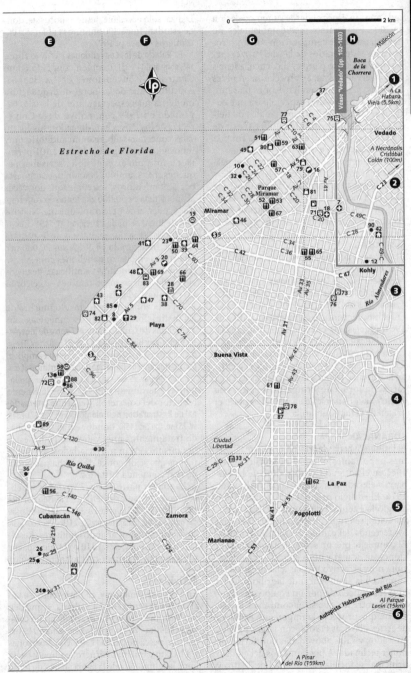

cada año, en especial desde su remodelación en 2002. En términos medioambientales, no tiene ni punto de comparación con los otros acuarios y delfinarios de la isla. Para empezar, está diseñado para ser didáctico, además de conservacionista. Se especializa en peces marinos, pero también hay leones marinos, delfines y muchísimo espacio para que correteen los niños. Los espectáculos de delfines tienen lugar casi cada hora a partir de las 11.00; el último es a las 21.00. La entrada incluye acceso al espectáculo.

El obelisco estalinista que domina el perfil de la avenida Quinta, entre las calles 62 y 63, es la **embajada de Rusia.** Más agradable a la vista es la monumental iglesia abovedada, de estilo neorromántico, de **Jesús de Miramar,** en la esquina de la avenida Quinta con la calle 82.

MARIANAO

El cuartel Colombia, una instalación militar de tierra y aire, se ha convertido en el complejo escolar **Ciudad Libertad,** que alberga el **Museo de la Alfabetización** (☎ 260-8054; entrada gratuita; ⊗ 8.00-12.00, 13.00-16.30 lu-vi, 8.00-12.00 sa). El recinto recuerda la campaña educativa de 1961, gracias a la cual cien mil brigadistas, con edades entre 12 y 18 años, recorrieron Cuba para enseñar a leer y a escribir a granjeros, trabajadores y ancianos. En el centro de la rotonda, frente a la entrada, se alza una torre con forma de jeringa, en memoria de Carlos Juan Finlay, que en 1881 descubrió el origen de la fiebre amarilla.

CUBANACÁN

El **Instituto Superior de Arte** (ISA; calle 120, nº 1110), el más importante de Cuba, fue construido en 1961 en el antiguo Country Club de La Habana y elevado a la categoría de instituto en 1976. El edificio original del Country Club acogió la Facultad de Música y, tras la Revolución, se erigieron otras instalaciones en los terrenos del campo de golf de 18 hoyos. El complejo, que presenta algunas construcciones sin acabar y otras en restauración, resulta muy atractivo gracias a las arcadas, las cúpulas y la abundancia de ladrillo rojo. La idea fue concebida por un equipo de arquitectos, entre los que se encontraba Ricardo Porro, que proyectó la imponente Facultad de Artes Plásticas (1961), con largos pasillos curvados y salas abovedadas con forma de mujer reclinada. A pocos metros del edificio principal se localiza la Facultad de Teatro y Danza, sólo accesible desde el noroeste, donde estudian unos 800 alumnos cubanos y extranjeros (véase p. 109).

El **Palacio de las Convenciones** (☎ 20 60 11; calle 146, entre avs. 11 y 13), también conocido como Centro de Convenciones de La Habana, constituye una de las obras de arquitectura moderna más espectaculares de la isla. Levantado en 1979 con motivo de la Conferencia de los Países No Alineados, sus cuatro salas conectadas albergan un auditorio muy innovador con capacidad para 2.101 personas; asimismo, dispone de 11 salas más pequeñas. La Asamblea Nacional, compuesta por 589 miembros, se reúne aquí dos veces al año, y más de 50.000 asistentes a conferencias acuden al complejo anualmente. No lejos de este lugar se halla **Pabexpo** (☎ 54 91 11; av. 17 esq. con calle 180), a dos manzanas de la avenida Quinta. Inaugurado en 1987, sus 20.000 m², repartidos en cuatro pabellones conexos, se llenan con 15 muestras científicas y de negocios cada año; en mayo también se celebran los premios Cubadisco.

En esta zona se han instalado muchas de las instituciones científicas y médicas más avanzadas de Cuba, como el **Centro de Ingeniería Genética y Biotecnología** (☎ 271-6022; av. 31 esq. con calle 190); el más importante en su campo; el **Centro Nacional de Investigaciones Científicas** (Cenic; ☎ 208-2546; av. 25 esq. con calle 158), donde se elaboró el Ateromixol o PPG, un medicamento reductor del colesterol, y el **Centro Internacional de Restauración Neurológica** (Ciren; ☎ 271-6844; av. 25 esq. con calle 158), donde se han desarrollado tratamientos muy valiosos. Todos estos organismos están muy vigilados, así que, a menos que se disponga de mucha paciencia, no se recomienda visitarlos.

La mayor parte de los 22 aviones y helicópteros que se exhiben en el **Museo del Aire** (☎ 271-0632; calle 212, entre avs. 29 y 31, La Coronela; sin/ con guía 2/3 CUC, cámara fotográfica 2 CUC; ⊗ 9.00-16.00 ma-sa) son antiguos aparatos militares. Resulta interesante el Cessna 310 o el traje espacial utilizado por el primer cosmonauta cubano.

Actividades

En Marina Hemingway, en Barlovento, 20 km al oeste del centro de La Habana, se pueden practicar muchos deportes acuáticos. En **Cubanacán Náutica** (☎ 204-6848; av. 5 esq. con calle 248) organizan pesca de altura (150 CUC/4 personas y 4 h) con capitán, marinero, equipo y barra libre; la temporada de la aguja abarca de junio

a octubre. También se puede realizar submarinismo por 35 CUC la inmersión y concertar excursiones por el litoral de La Habana.

La Aguja Marlin Diving Center (☎ 204-5088; av. 5 esq. con calle 248, Santa Fe), bien valorado por los lectores y ubicado entre Cubanacán Náutica y el centro comercial, ofrece inmersiones por 30 CUC, más otros 5 CUC por el material. Programan una salida por la mañana y otra por la tarde. También se pueden concertar excursiones de submarinismo a Varadero o la playa Girón. Las valoraciones de los lectores son positivas.

Dónde dormir
MIRAMAR
Hostal Costa Sol (☎ 202-8269; calle 60, nº 307, Miramar; i/d 25/36 CUC). Dirigido por el Ministerio de Educación Superior, se trata de un lugar alejado de todo y muy íntimo con 11 cuartos. El restaurante es barato y correcto.

Residencia Universitaria Ispjae (☎ 203-6633; av. 1 esq. con calle 22; i/d 27/44 CUC). Dispone de ocho habitaciones con baño, normalmente reservadas para extranjeros que estudian en UniversiTUR. Aun así, vale la pena intentarlo por su ubicación junto al mar, su bar y su restaurante.

Hotel Mirazul (☎ 204-0088/45; av. 5, nº 3603, entre calles 36 y 40; i/d 45/50 CUC; 🐾). Antigua y elegante mansión gestionada como hotel por el Ministerio de Educación Superior. Cada uno de sus ocho dormitorios, con aire acondicionado, baño y TV, es diferente, por lo que conviene echar una ojeada antes. Cuenta con restaurante-bar y constituye una opción excelente comparado con los grandes hoteles turísticos de la zona.

Hotel El Bosque (Gaviota; ☎ 204-9232; calle 28ª, entre calles 49A y 49B; i/d 45/60 CUC; 🐾 🖳). A menudo los viajeros pasan por alto este hotel, desconocido en comparación con los más populares de cuatro y cinco estrellas que se concentran en Miramar, lo que es una pena. El establecimiento, limpio y con un servicio amable y gentil, se encuentra en las orillas del río Almendares, el pulmón verde de La Habana, y es una buena (y poco frecuente) opción de precio medio en estas latitudes. Las habitaciones son pequeñas pero funcionales, hay acceso a Internet las 24 horas y en la parte trasera una agradable terraza da a las inclinadas y frondosas orillas del río.

Aparthotel Montehabana (Gaviota; ☎ 206-9595; calle 70, entre avs. 5 y 7; i/d/tr 50/70/100 CUC; 🅿 🐾 🖳). Este recién inaugurado gigante de Gaviota abrió en diciembre de 2005 y consta de 101 apartamentos de una habitación con salón y cocina totalmente equipada. Si al viajero no le apetece cocinar, el restaurante ofrece desayunos por 8 CUC y cenas tipo bufé por 15 CUC. Las instalaciones son tan nuevas que relucen y desde el exterior se podría confundir este establecimiento de tres estrellas con uno de cinco.

Hotel El Comodoro (Cubanacán; ☎ 204-5551; av. 3 esq. con calle 84; i/d temporada baja-alta 65/90-80/110 CUC; 🅿 🐾 🖳 🕮). Emplazado en la playa, unos 15 km al oeste de La Habana Vieja, se presenta como un laberinto de tiendas y restaurantes, antiguos y nuevos. Los 134 dormitorios del edificio principal, con cuatro plantas, se construyeron antes de la Revolución; por el mismo precio, existen otros 10 en una cabaña de dos plantas orientada al mar. Se recomiendan, sobre todo, los *bungalows* Alborada o Pleamar, bastante nuevos, aunque haya que pagar un 10% más. La pequeña playa del hotel se protege de las olas gracias a un gran espigón de hierro. Se trata de una buena opción para quienes busquen una auténtica atmósfera de complejo de vacaciones, aunque para acercarse a la ciudad haya que tomar un taxi.

Hotel Chateau Miramar (Cubanacán; ☎ 24 19 51/2/3; av. 1, entre calles 60 y 70; i/d 90/120 CUC; 🅿 🐾 🖳 🕮). Teniendo en cuenta las características de los

---

CASAS PARTICULARES EN PLAYA Y MIRAMAR

Mayda Bellón Trueba (☎ 203-4490; av. 33, nº 3404, entre calles 34 y 36, Playa; h 30 CUC). Frente al *paladar* Los Cactus de 33 se halla esta tranquila manzana en la que se concentran nueve casas en alquiler, lo que permite el alojamiento a grandes grupos.

Marta Rodríguez (☎ 203-8596; calle 42, nº 914; h 40 CUC; 🅿). Dispone de dos habitaciones interconectadas, con TV, vídeo, equipo de música y nevera.

Rina y Geraldo (☎ 202-4112; av. 3, nº 8610, entre calles 86 y 88, Miramar; h 25-30 CUC). Dos dormitorios limpios, uno de los cuales cuenta con terraza para tomar el sol; los propietarios son muy complacientes.

Suites Olimpia Jorge Pérez (☎ /fax 202-4126; calle 96, nº 535, entre avs. 5F y 7, Miramar; h 30-35 CUC). Con nevera y mucha intimidad.

establecimientos que lo rodean, este hotel con 5 plantas y 50 dormitorios, que se anuncia como establecimiento de lujo, ofrece un ambiente acogedor. Los hombres de negocios apreciarán el teléfono móvil gratuito, la conexión informática, el servicio directo de llamadas internacionales y el minibar.

Panorama Hotel Havana (Gaviota; ☎ 204-0100; av. 3 esq. con calle 70; i/d 95/120 CUC; P ⊠ ▣ ☎). Uno de los hoteles más nuevos de Miramar (abrió en la primavera de 2003) y toda una excentricidad arquitectónica, con hectáreas de cristal y un enorme y ostentoso vestíbulo que destaca como una suerte de catedral al mal gusto. Aun así, las 317 habitaciones son bastante espaciosas y cómodas, y el bar-restaurante del ático ofrece fantásticas vistas que llegan hasta Vedado. Las *suites* tienen terrazas y bañeras de hidromasaje y la estupenda piscina está justo al lado del mar. Los niños menores de 12 sólo pagan la mitad.

Occidental Miramar (Gaviota; ☎ 204-3584; fax 204-3583; av. 5 esq. con calle 74; i/d 100/130 CUC; P ⊠ ☎). Antes llamado Novotel, este gigante de 427 habitaciones se ha beneficiado de su reciente adquisición por Gaviota. La profesionalidad del personal, las excelentes prestaciones para los negocios y la alta y constante calidad del servicio son la norma. Un servicio de lanzadera regular acerca a los huéspedes al centro de La Habana en un momento.

Hotel Meliá Habana (Cubanacán; ☎ 204-8500; av. 3, entre calles 76 y 80; h 225 CUC; P ⊠ ▣ ☎). La elección de los profesionales. Carece del encanto de lo antiguo pero lo compensa con la máxima profesionalidad. Mientras algunos hoteles de alto *standing* de La Habana sufren del repertorio típico de molestias cubanas (personal indolente, mala comida, mala construcción), a éste, en las rocosas y frescas orillas de Playa, no se le escapa un detalle. No hay que hacer caso a la sosa y gris fachada: el interior es muy bonito, con el vestíbulo cubierto de parras y toda una serie de hermosas piscinas. El estupendo centro de negocios y la deliciosa comida ponen el colofón.

CUBANACÁN

Hotel Bello Caribe (Cubanacán; ☎ 33 05 67; av. 31 esq. con calle 158; i/d temporada baja-alta 45/64-55/78 CUC; P ⊠ ☎). Se emplaza 2 km al sur del anterior, próximo al Centro de Ingeniería Genética y Biotecnología. Sus 120 cuartos suelen estar ocupados por extranjeros que se están sometiendo a algún tratamiento en alguna

de las clínicas cercanas. Aunque no está bien situado, su equipamiento y sus servicios son fantásticos; sirve un buen bufé con barra de ensaladas.

MARINA HEMINGWAY

Hotel El Viejo y El Mar (Cubanacán; ☎ 204-6336; fax 204-6823). Ha decepcionado a más de un cliente sin pretensiones que acudió atraído por la conexión con Hemingway. Más aún ahora que está cerrado al público por la Misión Milagros (p. 445); se debe llamar con antelación para saber si vuelve a estar abierto.

Dónde comer

Playa es el paraíso de los *paladares* y aquí se encuentran algunos de los mejores restaurantes de Cuba. La comida, el ambiente y la creatividad culinaria nunca escasean por estos lares y es posible que el viajero no tarde en retirar todas esas bromas tan frecuentes sobre *pizzas* sin tomate y correosos bocadillos de jamón y queso. Hay que acercarse y disfrutarlo mientras se pueda.

PLAYA Y MARIANAO

La Flora (☎ 209-5889; av. 41 esq. con calle 68, Playa). Para llegar a esta panadería, única en La Habana, hay que tomar un colectivo en la calle 23, en Vedado. Todo se paga en convertibles: pan integral, magdalenas de chocolate y nueces, petisús, bollos de canela y pasas, y otras delicias dulces. Se supone que abren 24 horas, pero no hay que fiarse.

La Paila (☎ 267-1771; av. 51ª, nº 8827, entre calles 88B y 88C, Marianao; ⌚ 12.00-24.00). Si no estuviera tan alejado, sería lo mejor de La Habana y, además, es barato. Con sólo un puñado de mesas instaladas en un frondoso jardín iluminado suavemente con faroles, es el *paladar* más romántico de Cuba. Y la comida es infalible. Se recomienda probar el fantástico bistec uruguayo o sus famosas *pizzas*, ninguno llega a los 5 CUC. El menú está en pesos, pero aceptan convertibles.

El Elegante (☎ 203-8215; av. 33, nº 3410, entre calles 34 y 36, Playa). Constituye una opción más humilde y se encuentra abierto siempre que el cliente lo requiera.

Paladar Los Cactus de 33 (☎ 203-5139; av. 33, nº 3405, entre calles 34 y 36, Playa; ⌚ 12.00-24.00). Ha sido objeto de reportajes en revistas de todo el mundo y escenario de programas especiales de televisión. Su servicio impecable, el ele-

gante entorno y la comida bien preparada propician unos precios escandalosos para el contexto cubano: el cerdo con guarnición cuesta 20 CUC y la pechuga de pollo especial de la casa con champiñones, olivas y queso, algo más.

MIRAMAR

Pan.com (☎ 204-4232; av. 7 esq. con calle 26; ☽ 10.00-24.00). Bocadillos completos, hamburguesas fantásticas y batidos de helado divinos. Las mesas están en un patio exterior a la sombra y el servicio sorprende por su calidez y eficiencia. El paraíso de los amantes del bocadillo en La Habana.

Dos Gardenias (☎ 204-2353; av. 7 esq. con calle 28; ☽ 12.00-24.00). En este complejo se puede escoger entre restaurantes de parrillada, de pasta o chinos; asimismo, se trata de una zona de moda para bailar boleros.

Paladar Mi Jardín (☎ 203-4627; calle 66, nº 517; ☽ 12.00-24.00). Su inusual carta, compuesta por pollo con mole o tacos y quesadillas, permite que este local mexicano se mantenga. Se aconseja comer en el jardín, bajo las espalderas cubiertas de enredaderas, y pedir un "Veracruz", el pescado especial de la casa.

Paladar Calle 10 (☎ 205-3970; calle 10, nº 314, entre avs. 3 y 5; ☽ 12.00-15.00 y 18.00-23.00). Oculto en un jardín trasero, está especializado en barbacoa: la brocheta de cordero aderezada con orégano (8 CUC) es muy sabrosa, mientras que el exótico pargo relleno de marisco y flameado con ron tiene un sabor delicioso. La cocina se halla a la vista de los comensales; conviene reservar.

Paladar La Fontana (☎ 202-8337; calle 3ª, nº 305). La Habana descubre aquí la barbacoa o, mejor dicho, la parrillada con carbón al completo. En esta agradable villa-*paladar* sirven enormes raciones de carne y pescado, así que mejor no excederse con los entrantes, que incluyen cangrejo con berenjena, huevos de codorniz y garbanzos fritos. La Fontana se especializa en más o menos todo lo que no se encuentra en el resto de Cuba, de lasaña a enormes bistecs. Las excelentes críticas de la revista *Cigar Aficionado* y del *Chicago Tribune* dan fe de ello.

La Esperanza (☎ 202-4361; calle 16, nº 105, entre avs. 1 y 3; ☽ 6.30-23.00, cerrado ju). Merece la pena un viaje especial a esta encantadora casa en una calle lateral de Miramar. El amable personal sirve manjares exquisitos y bien presentados en comedores amueblados con antigüeda-des o en un patio frondoso. Se recomienda reservar, pero, si el viajero tuviera que esperar, puede disfrutar de los divanes y los libros ilustrados mientras degusta una copa de buen vino.

Don Cangrejo (☎ 204-4169; av. 1, nº 1606, entre calles 16 y 18; ☽ 12.00-24.00). Ubicado cerca del mar, este local especializado en marisco (pescado 8-12 CUC; langosta 20-25 CUC) goza de mucho éxito gracias a su ambiente, en el que los camareros portan atuendo de pirata. Prepara un menú con *pizza* y parrillada a buen precio y, además, posee una mesa de billar y un estanque.

El Tocororo (☎ 202-4530; calle 18, nº 302; comidas 12-35 CUC; ☽ 12.00-24.00). Considerado uno de los mejores de La Habana, sus precios son muy elevados: pescado frito, cola de langosta o langosta. El pan y el arroz se piden a la carta y, a todo ello, se debe añadir un 10%. Las mesas iluminadas con velas y el jardín resultan muy agradables, pero no hay que dejarse llevar por la publicidad.

Supermercado 70 (av. 3 esq. con calle 70; ☽ 9.00-18.00 lu-sa, 9.00-13.00 sa). Conocido aún como el "diplomercado", desde los días en que se debía enseñar un pasaporte extranjero para poder comprar, se trata de uno de los mejores establecimientos de La Habana, enorme y con amplia selección de productos.

Si el viajero se aloja en alguno de los hoteles caros y desea un lugar más económico para comer que los restaurantes de su hotel, puede acercarse a la **cafetería de la avenida 3 esquina con la calle 62** (☎ 204-0369; ☽ 8.00-23.00), en la parte oriental de la embajada de Rusia. También se puede probar en los puestos que se encuentran frente al supermercado.

CUBANACÁN

El Buganvil (☎ 271-4791; calle 190, nº 1501, entre calles 15 y 17, Siboney; ☽ 12.00-24.00). Este sólido *paladar*, con una encantadora zona exterior y una especie de pajar, cuenta con un servicio atento y una estupenda comida criolla. Su especialidad es el lomo ahumado (4 CUC).

La Cecilia (☎ 204-1562; av. 5, nº 11010, entre calles 110 y 112; ☽ 12.00-24.00). Todo un clásico en La Habana, este elegante establecimiento no tiene nada que envidiarle al Aljibe en cuanto a la calidad de su comida (se recomienda la ropa vieja), pero derrota a cualquier rival con la música de *big band* que retumba las noches de los fines de semana en el fantástico ambiente de su gran patio.

La Ferminia (☎ 33 67 86; av. 5, nº 18207). Tanto el interior de esta magnífica mansión como el jardín exterior son excepcionales para cenar, pero lo que realmente destaca es su comida. Una extraordinaria parrillada mixta, recién hecha, o un tierno solomillo cuestan por encima de 20 CUC, pero merecen la pena. Un buen lugar para una celebración especial.

El Rancho Palco (av. 19 esq. con calle 140; ⏲ 12.00-23.00). Localizado en un bosque junto al Palacio de las Convenciones, este lujoso establecimiento ofrece carne, marisco y cocina cubana bajo un techo de paja.

En Marina Hemingway, la magnífica **Pizza Nova** (avenida 5 y 248) elabora pasteles para tomar en el agua y el **supermercado Universo** se encuentra bien surtido.

Ocio

MIRAMAR

Teatro Karl Marx (☎ 203-0801, 209-1991; av. 1 esq. con calle 10). Acoge acontecimientos importantes, como las galas de clausura de los festivales de *jazz* y de cine (con Harry Belafonte y Roman Polanski) o los escasos conciertos del trovador Carlos Varela. Se debe intentar conseguir entradas, como mucho, para la fila 20 pues la acústica es de mala calidad en la parte trasera, sobre todo debajo del balcón.

Casa de la Música (☎ 202-6147; calle 20, nº 3308; entrada 5-20 CUC; ⏲ 22.00 ma-sa). Es una de las principales salas de La Habana, gestionada por la discográfica Egrem, donde la diversión está garantizada. Todos tipo de artistas actúan aquí: famosos pianistas de *jazz* como Chucho Valdés, NG la Banda, Los Van Van, Aldaberto Álvarez y Su Son.

Discoteca Habana Club (☎ 202-7712; av. 1 esq. con calle 86; entrada 10 CUC; ⏲ 22.00-3.00 lu-sa). Esta impresionante videodiscoteca, situada detrás del Hotel Comodoro, genera demasiados problemas: no existe carta de precios, las jineteras y sus "protectores" abundan y las copas, excesivamente cortas, se sirven en vasos de plástico

Río Club (☎ 209-3389; calle A, nº 314, entre avs. 3 y 3A; ⏲ 22.00). Presume de pinchar el sonido más duro de la ciudad. Su ubicación se refleja en el ambiente, puesto que se compone de una buena mezcla de lugareños y turistas; resulta caro para lo que ofrece.

MARIANAO

Club Tropicana (☎ 267-1871; calle 72, nº 4504; ⏲ espectáculo 22.00). Desde su apertura en 1939, este famoso club nocturno ha recibido a artistas como Benny Moré, Nat King Cole o Maurice Chevalier. Más de doscientos bailarines intervienen en el inolvidable espectáculo de cabaré "Un paraíso bajo las estrellas", de estilo años cincuenta. Abre a las 20.30, y la entrada, que incluye una consumición, cuesta unos 65 CUC por persona, según la mesa. La reserva se puede realizar en el mostrador de excursiones de cualquier hotel, e incluye el traslado de ida y vuelta. La taquilla funciona cada día de 10.00 a 16.00 y, aunque no es más barato adquirir el tique en persona, permite escoger el asiento, lo que resulta importante dado que se han recibido quejas sobre cambios de mesa. Cuando no está muy lleno, se pueden conseguir sitios en la barra (25 CUC), pero no se reservan con antelación: hay que aparecer por allí a las 20.30 y preguntar.

Para no tener que perseguir inútilmente al camarero durante el espectáculo, se aconseja pedir una botella de ron y los refrescos en la entrada. Si se llega en autobús tras haber realizado un circuito turístico, es importante recordar que se exige a los hombres que vistan pantalón largo y zapatos. El **Arcos de Cristal**, un club *after hour* ubicado en el mismo edificio del Tropicana, propone un espectáculo después de que acabe el club.

Salón Rosado Benny Moré (El Tropical; ☎ 206-1281; av. 41 esq. con av. 46, Playa; entrada 10 CUC; ⏲ 21.00-hasta tarde). Si el viajero desea disfrutar de algo diferente, puede probar el ambiente de este local ubicado al aire libre. Conocido como El Tropical, reúne a jóvenes cubanos atractivos que bailan al ritmo de Los Van Van, Pupi y Su Son o Habana Abierta. Las viajeras deben estar atentas a los provocadores intentos de seducción. Los mejores momentos se viven de viernes a domingo y, aunque algunos viajeros pagan en pesos, la mayoría de los extranjeros lo hacen en convertibles; no existe un criterio claro al respecto.

Circo Trompoloco (av. 5 esq. con av. 112; entrada 10 CUC). Los espectáculos del circo permanente de La Habana son a las 19.00 de jueves a domingo; hay una matiné los fines de semana.

Estadio Pedro Marrero (av. 41 esq. con calle 46). En este estadio de 15.000 asientos se pueden ver partidos de fútbol los fines de semana a las 15.00.

LA LISA

Macumba Habana (☎ 33 05 68/9; calle 222 esq. con av. 37; entrada 10-20 CUC; ⏲ 22.00). Este vecindario

residencial al sudoeste de Cubanacán acoge el enorme **Macumba Habana,** donde se puede escuchar salsa en directo. Su situación al aire libre es sugerente y sus largas actuaciones aseguran el baile hasta altas horas. También se puede cenar en La Giraldilla, en el mismo complejo. Es un lugar ideal para escuchar a combos de *jazz* y salsa. Los hoteles e Infotur (p. 139) organizan excursiones hasta aquí, pero es mejor acercarse por cuenta propia (un taxi debería costar 8-10 CUC).

De compras

La Casa del Habano (av. 5 esq. con calle 16; ☼ 10.00-18.00 lu-sa, 10.00-13.00 sa). A los fumadores y a los que busquen algún recuerdo les gustará **La Casa,** seguramente la mejor tienda de puros de La Habana. Cuenta con una cómoda sala de estar para fumadores.

La Maison (calle 16, nº 701, Miramar). La fascinación cubana por la moda se descubre en esta tienda que vende ropa, zapatos, bolsos, joyería, cosmética y recuerdos de diseño

Photo Club (☎ 204-1969; av. 3 esq. con calle 84, Playa). Revela fotos y vende pilas y carretes.

Para adquirir CD se puede ir a la **tienda de música Egrem** (calle 18, nº 103; ☼ 9.00-18.00 lu-sa), que dispone de una gran variedad, o visitar la **Casa de la Música** (av. 35 esq. con calle 20; ☼ 10.00-22.00).

Cómo llegar y salir

El autobús 264 traslada al viajero desde La Habana a Playa; parte de Desamparados, entre Picota y Compostela, cerca de las antiguas murallas, al sudeste de la Estación Central de Trenes. También se puede tomar el 132 o 232 desde Dragones e Industria, junto al Capitolio. Para desplazarse de Vedado a Playa se puede ir en el P1, que se toma enfrente de Coppelia, en la calle 23; o en el P4, que sale de Línea, antes de Paseo, hacia la calle A. Para llegar a Marianao hay que subir al autobús 34 en Dragones e Industria, o al *camello* M-4 en el parque Fraternidad (un trayecto largo y lento).

Los autobuses 9 y 420, que salen al lado del túnel, bajo el río Almendares, en Miramar, se dirigen a Marina Hemingway.

Cómo desplazarse

Hay dos **Havanautos** (Miramar ☎ 203-9104; edificio Sierra Maestra, 3er piso, av. 1 esq. con calle 0; Playa ☎ 204-3203; av. Qinta esq. con 112).

Cubacar (☎ 204-1707). Dispone de oficinas frente al Hotel El Viejo y El Mar en Marina Hemingway, en el Chateau Miramar, en el Bello Caribe y en el Meliá Habana. Transtur está representado en el Hotel Copacabana.

Vía Rent-a-Car (☎ 24 34 29) tiene una oficina frente al Hotel El Bosque en el distrito de Kohly, en Miramar.

ZONA DEL PARQUE LENIN

Junto a la calzada de Bejucal, en Arroyo Naranjo, 20 km al sur del centro de La Habana, constituye el complejo recreativo más grande de la ciudad, lleno de diversiones. Se trata de uno de los pocos proyectos arquitectónicos realizados en Cuba entre 1969 y 1972. Sus 670 Ha de zonas verdes, repletas de bonitos y viejos árboles, rodean un lago artificial, el Paso Sequito, al oeste del amplio embalse Ejército Rebelde, que se formó al construirse una presa en el río Almendares.

Aunque el parque en sí es lo bastante atractivo, la mezcla de instalaciones que alberga está un poco de capa caída tras el Periodo Especial. Los taxistas suelen contar historias nostálgicas de la época en que éste era un lugar idílico donde escaparse los fines de semana para multitud de familias habaneras, pero hoy presenta más bien un aire surrealista y de abandono. Por suerte, la ayuda está en camino: la nueva administración del parque está elaborando un gran proyecto de renovación para devolverle su esplendor de antaño. Es probable que la situación haya cambiado cuando esta guía llegue a manos de los lectores.

Puntos de interés

Sus principales atractivos, como la **galería de arte Amelia Peláez** (entrada 1 CUC), se hallan al sur del lago. Subiendo la colina, se aprecia un espectacular **monumento de mármol blanco dedicado a Lenin** (1984), del escultor soviético Lev Kerbel, y al oeste, siguiendo el embalse, se ubica un descuidado **anfiteatro** y un **acuario** con peces de agua dulce y cocodrilos (entrada 2 CUC; ☼ 10.00-17.00 ma-do, cerrado lu). El **monumento de bronce a la difunta Celia Sánchez** (1985), colega de Fidel Castro durante mucho tiempo, que contribuyó decisivamente a la fundación del parque Lenin, se esconde detrás del acuario. Cerca se ha instalado un **taller de cerámica.**

Casi todos los establecimientos abren de 9.00 a 17.00, de martes a domingo; la entrada al parque es gratuita. Se puede alquilar una

barca de remos en el embalse Paso Sequito, en un muelle emplazado detrás del **Rodeo Nacional**. Un **tren de vía estrecha** realiza un recorrido de 9 km entre las 10.00 y las 15.00, de miércoles a domingo; tiene cuatro paradas. La visita al parque Lenin se puede combinar con una excursión a **ExpoCuba** (☎ 66 42 92; entrada 1 CUC; ☿ 9.00-17.00 mi-sa), en Calabazar, carretera del Rocío, en Arroyo Naranjo, 3 km al sur del restaurante Las Ruinas. Esta enorme exposición permanente, inaugurada el año 1989, muestra en 25 pabellones los logros económicos y científicos de Cuba en materias como el azúcar, la agricultura, la apicultura, la biología, la construcción, la alimentación, la geología, los deportes y la defensa. Los cubanos que se acercan a ExpoCuba suelen acudir directamente al parque de atracciones del complejo y saltarse olímpicamente la propaganda del régimen.

Don Cuba (☎ 57 82 87). El recinto cuenta con un restaurante giratorio, en lo alto de una torre, así como de un aparcamiento en la puerta E, en el extremo sur (1 CUC). La Feria Internacional de La Habana, la exhibición comercial más grande de la isla, tiene lugar la primera semana de noviembre.

Enfrente de ExpoCuba, al otro lado de la carretera, se ubica el **Jardín Botánico Nacional** (☎ 54 93 65; entrada 1 CUC; ☿ 8.30-16.30 mi-sa). Al lado de la puerta se descubren los **pabellones de exposición** (1987), una serie de invernaderos con cactus y plantas tropicales y, 2 km más adelante, el sosegado **jardín japonés** (1992). Muy próximo se localiza también el afamado **restaurante El Bambú,** que sirve un bufé vegetariano por 14 CUC (véase recuadro en p. 122). El tren que recorre el parque e incluye la entrada a los jardines sale cuatro veces al día y cuesta 3 CUC. El aparcamiento vale 2 CUC.

El enorme **Parque Zoológico Nacional** (☎ 44 76 13; adultos/niños 3/2 CUC; ☿ 9.00-15.30 mi-sa), junto a la calzada de Bejucal, en la avenida Zoo-Lenin, en Boyeros, se ubica 2 km al oeste de la escuela de equitación del parque Lenin. La diferencia con respecto al zoo de La Habana, una charca estancada con cocodrilos y jaulas minúsculas (en la avenida 26, cerca de la terminal de Viazul, en Nuevo Vedado) salta a la vista. Éste es un zoológico-safari donde los rinocerontes, los hipopótamos y otros animales campan a sus anchas. La entrada comprende viajar en el trolebús que circula por los jardines todo el día. Las condiciones de los animales enjaulados (grandes felinos y primates, entre otros)

son semejantes a la de la mayor parte de los zoológicos latinoamericanos.

Actividades

En la esquina noroeste del parque, detrás del Motel La Herradura, se halla el **Club Hípico Iberoamericano** (☎ 44 10 58; ☿ 9.00-17.00). Los interesados en montar un corcel del club deben pagar 12 CUC/h; sin embargo, los caballos que se alquilan en el **parque de atracciones** o en la entrada del propio parque Lenin, donde el viajero será asediado por críos, sólo cuestan 3 CUC/h con guía. La escuela de equitación del club imparte clases por 12 CUC.

Entre Vedado y el aeropuerto se emplaza el **club de golf La Habana** (☎ 45 45 78; ctra. de Venta, km 8, reparto Capdevila, Boyeros; ☿ 8.00-20.00). Debido a la escasa señalización, resulta difícil de encontrar, por lo que se debe preguntar a los lugareños por el *golfito*. Fundado en 1948 por diplomáticos británicos, recibió el nombre de Athletic Club de Rover; en la actualidad sus principales clientes siguen siendo los embajadores. Aunque sólo cuenta con 9 hoyos, sus 18 puntos de salida permiten realizar otros tantos recorridos; por eso, 9 hoyos cuestan 20 CUC y 18 hoyos, 30 CUC; los palos, el coche y el *caddie* se pagan por separado. Además, el club dispone de cinco pistas de tenis y una de bolos (abierta de 12.00 a 23.00). Los no miembros pueden usar la piscina pagando una pequeña entrada.

Dónde dormir y comer

Motel La Herradura (☎ 44 30 26; parque Lenin). Vuelve a abrir tras una remodelación. A pesar de ser el alojamiento más próximo al aeropuerto internacional José Martí, es un motel oscuro que muchos taxistas ni siquiera conocen y no es el mejor lugar donde pasar la primera noche en Cuba. Dicho esto, el personal es bastante amable y el motel tiene restaurante. Si hay que tomar un avión a primera hora, es una opción, aunque se dependerá del taxi para llegar al aeropuerto. Habitaciones de estilo *campismo* a precios bajísimos.

Las Ruinas (☎ 57 82 86; Cortina de la Presa; ☿ 11.00-24.00 ma-sa). En el sudeste del parque Lenin, mezcla de forma sorprendente las deterioradas paredes de un antiguo ingenio de azúcar con la arquitectura moderna, realizada por vidrieras de colores de René Portocarrero. El mobiliario antiguo resalta una elegante atmósfera, donde se pueden degustar varias

ZONA DEL PARQUE LENIN

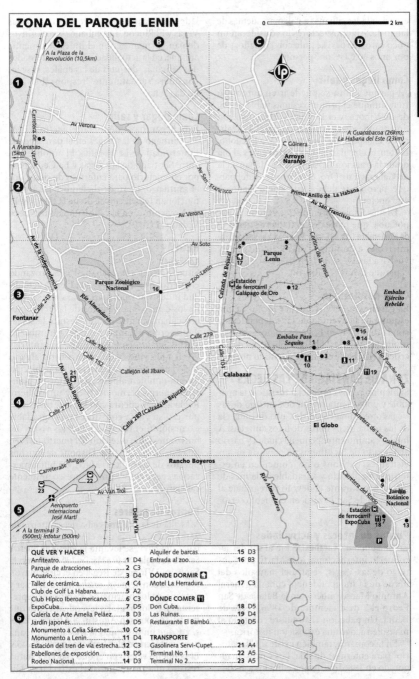

0 _____ 2 km

A la Plaza de la Revolución (10,5km)

Av Verona

C Güinera

Arroyo Naranjo

A Guanabacoa (26km); La Habana del Este (23km)

A Marianao (5km)

Carretera de Vento

Av San Francisco

Primer Anillo de La Habana

Av San Francisco

Av de la Independencia

Av Verona

Av Soto

Parque Lenin

Cortina de la Presa

Calzada de Bejucal

Parque Zoológico Nacional

Av Zoo-Lenin

16

Estación de ferrocarril Galápago de Oro

12

Embalse Ejército Rebelde

Río Almendares

Calle 243

Fontanar

Embalse Paso Sequito

15
14

Calle 279

Calle 101

8

Río Rancho Simón

Calle 136

Calle 152

4
10
3
11
19

Callejón del Jíbaro

Calabazar

Av Rancho Boyeros

21

Calle 277

Calle 289 (Calzada de Bejucal)

El Globo

Carretera de Las Guásimas

Carretera de Murgas

Rancho Boyeros

22

23

Av Van Trol

Río Almendares

20

Doble Vía

Aeropuerto internacional José Martí

Carretera del Rocío

9

Jardín Botánico Nacional

Estación de ferrocarril ExpoCuba

18 7

13

A la terminal 3 (500m); Infotur (500m)

QUÉ VER Y HACER	
Anfiteatro	1 D4
Parque de atracciones	2 C3
Acuario	3 D4
Taller de cerámica	4 C4
Club de Golf La Habana	5 A2
Club Hípico Iberoamericano	6 C3
ExpoCuba	7 D5
Galería de Arte Amelia Peláez	8 D3
Jardín japonés	9 D5
Monumento a Celia Sánchez	10 C4
Monumento a Lenin	11 D4
Estación del tren de vía estrecha	12 C3
Pabellones de exposición	13 D5
Rodeo Nacional	14 D3
Alquiler de barcas	15 D3
Entrada al zoo	16 B3

DÓNDE DORMIR	
Motel La Herradura	17 C3

DÓNDE COMER	
Don Cuba	18 D5
Las Ruinas	19 D4
Restaurante El Bambú	20 D5

TRANSPORTE	
Gasolinera Servi-Cupet	21 A4
Terminal No 1	22 A5
Terminal No 2	23 A5

especialidades cubanas e italianas, además de langosta. Algunos lectores lo consideran un poco caro; pero, si se pide con cuidado, sale por unos 30 CUC por persona.

Cómo llegar y salir
Al parque Lenin se puede ir en autobús o tren, aunque el primero es más fiable. El 88, desde Víbora, y el 118 desde Marianao son directos; desde el sur del parque, el 31 se dirige a Galápago de Oro, y el 473, a El Globo. En teoría circulan trenes cuatro veces al día desde la estación Cristina de La Habana a la de Galápago de Oro, en el noroeste del parque; pero no se debe confiar demasiado en esta opción.

Es más fiable el tren de tres vagones a ExpoCuba, que parte de la **estación de trenes 19 de Noviembre** (☎ 881-4431; Tulipán, Nuevo Vedado), de miércoles a domingo, a las 9.30 (1 CUP) y vuelve a las 17.30. El tren pasa por Boyeros, el parque Lenin y El Rincón.

Cómo desplazarse
La gasolinera Servi-Cupet se localiza en la esquina de la avenida de la Independencia con la calle 271, en Boyeros, al norte del aeropuerto. Abierta 24 horas, sólo se puede acceder a ella desde el carril en sentido norte.

ZONA DE SANTIAGO DE LAS VEGAS
Si bien no rebosa potencial turístico, la apacible y polvorienta región de Santiago de las Vegas ofrece una visión de Cuba distinta a la de los románticos libros de fotos antiguas. A medio camino entre pequeña ciudad y barrio aletargado de las afueras, la mayoría de sus visitantes, cubanos o no, coinciden en este entorno plácido y agradable cada mes de diciembre durante el devoto peregrinaje al santuario de San Lázaro, en el pueblo cercano de El Rincón.

Puntos de interés y actividades
En una cima del **Cacahual**, 8 km al sur del aeropuerto internacional José Martí, por Santiago de las Vegas, se alza el mausoleo del héroe de la independencia cubana general Antonio Maceo, muerto en la Batalla de San Pedro el 7 de diciembre de 1896, cerca de Bauta. Un pabellón al aire libre contiguo al mausoleo acoge una exposición histórica.

En la comarca, también existe un "sanatorio" para enfermos de sida, Los Cocos, inaugurado en 1986, que ocupa edificios a ambos lados de la carretera, entre Santiago de las Vegas y El Rincón. Los cubanos seropositivos debían permanecer en él indefinidamente, aunque, en la actualidad, sólo son internados dos semanas, después de las cuales, si se les considera sexualmente "responsables", se les da el alta.

Cómo llegar y salir
Para llegar, hay que tomar el *metrobús* M-2 a Santiago de las Vegas en el parque de la Fraternidad de La Habana. El autobús 476 entre Santiago de las Vegas y La Ceiba pasa por el sanatorio para enfermos de sida y por el santuario. El 16 de diciembre los trenes funcionan toda la noche desde la estación 19 de Noviembre, en la calle Tulipán de Nuevo Vedado (1 CUP).

REGLA
42.390 hab.
Situada frente a La Habana Vieja, cruzando el puerto, esta antigua ciudad, en la actualidad industrial y portuaria, pasa por ser uno de los centros neurálgicos de las religiones afrocubanas, entre las que destaca la sociedad secreta abakúa (sólo para hombres). Varios *babalawo* (sacerdotes de santería) viven aquí, y no es difícil encontrar alguno si el viajero necesita consejo. Esta población obrera también alberga una enorme planta de energía termoeléctrica y un astillero. Regla apenas cuenta con lugares turísticos, por eso su visita constituye una agradable excursión fuera de la ciudad; las vistas del horizonte desde este lado del puerto ofrecen una buena perspectiva. Dispone de muchos puestos de comida en Martí, un buen mercado vegetariano y un pintoresco ambiente callejero.

Puntos de interés
Más allá de la enorme ceiba del santuario de San Lázaro, con la que el viajero se topa al bajar del *ferry*, se levanta la **iglesia de Nuestra Señora de Regla** (☎ 97 62 88; ⏰ 7.30-18.00), con la Santísima Virgen de Regla en el altar mayor. Asociada con Yemayá, *orisha* negra del mar y patrona de los marineros, siempre se representa en color azul. La leyenda asegura que fue tallada por san Agustín el Africano en el s. V y que un discípulo la trasladó a España para protegerla de los bárbaros en el año 453. El pequeño velero en el que viajó la estatua resistió una tormenta en el estrecho de Gi-

braltar y así, la figura se convirtió en patrona de los navegantes. En la actualidad los balseros que intentan alcanzar la costa de EE UU se encomiendan a esta Virgen.

A principios del s. XVII se construyó una cabaña en Regla para custodiar una copia de la imagen. Destruida por un huracán, en 1664 se envió desde España una nueva y en 1714 fue declarada patrona de la bahía de La Habana; desde entonces la talla se saca en **procesión** el 7 de septiembre. Los martes, miércoles, viernes, sábados y domingos se oficinan **misas** a las 8.00 (también los domingos a las 17.00) en esta iglesia donde el viajero puede conocer de forma directa el sincretismo religioso cubano entre creencias católicas y tradiciones africanas. Junto al templo se ha instalado una sucursal del Museo Municipal de la ciudad.

Visitar a un *babalawo* no es imposible si el viajero dispone de algo de tiempo y ganas. Seguramente se le presentarán cuentas protectoras y/o recetas para algún tratamiento. Se espera que se deje un donativo en el altar de la sala (5 CUC). **Eberardo Marero** (Ñico López, nº 60, entre Coyola y Camilo Cienfuegos) es un conocido *babalawo* de Regla. Hay otros que viven en esta misma zona.

LA PROCESIÓN DE SAN LÁZARO

Debe haber pocas peregrinaciones más impactantes que la que tiene lugar cada 16 de diciembre hasta el santuario de San Lázaro, en Santiago de las Vegas, a las afueras de La Habana. Cada año hasta 50.000 cubanos se acercan en masa a este venerado templo consagrado a san Lázaro, santo cristiano famoso por sus servicios a los leprosos y los pobres. Algunos lo hacen avanzando sobre sus rodillas ensangrentadas; otros, arrastrándose por el asfalto o recorriendo kilómetros descalzos durante la noche para saldar deudas por los milagros concedidos.

La larga y tortuosa ruta está cubierta de ofrendas de flores, velas y monedas a la empobrecida imagen de san Lázaro, figura que en la santería cubana tiene su paralelo en el *orisha* Babalú Ayé, dios de la enfermedad. Para cuando las campanas de la iglesia dan la media noche, el ambiente se ha cargado de humo y de sentidas plegarias en yoruba.

La sede principal del **Museo Municipal de Regla** (☎ 97 69 89; Martí 158; entrada 2 CUC; ◷ 9.00-17.00 lu-sa, 9.00-13.00 sa) se encuentra a un par de manzanas, subiendo por la calle principal desde el *ferry*. Además de recoger la historia de Regla y sus religiones afrocubanas, ejemplares de grilletes y la imagen de Elegguá, exhibe una pequeña e interesante muestra sobre Remigio Herrero, primer *babalawo* de la localidad. En 1921, se abrió también en el edificio un **observatorio astronómico**. El precio de la entrada comprende la visita a los dos recintos y la exposición de Colina Lenin.

Si el viajero continúa recto por Martí en dirección sur, pasa el **parque Guaicanamar,** gira a la izquierda en Albuquerque y después a la derecha en 24 de Febrero por la carretera a Guanabacoa, verá a 1,5 km del *ferry* una elevada escalera metálica que conduce hasta la **colina Lenin**. En 1924 Antonio Bosch, alcalde socialista de Regla, erigió en honor al ruso uno de los primeros monumentos con que fue distinguido fuera de la URSS. Sobre la estatua, plantó un olivo y lo rodeó de siete ágiles figuras. A diferencia de otros homenajes de inspiración soviética levantados en Cuba, éste infunde esperanza; quizá por las espléndidas vistas del puerto. En un pabellón de la parte trasera del cerro se ha montado una modesta exposición sobre su historia, aunque a menudo se halla cerrada.

Cómo llegar y salir

El *ferry* regular de pasajeros zarpa cada 10 minutos (0,10 CUP) desde el muelle Luz, San Pedro y Santa Clara, en La Habana Vieja. Se pueden embarcar bicicletas, pero hay que subir a bordo por una cola separada que entra en primer lugar. El autobús 29 se dirige a Guanabacoa desde el parque Maceo, entre la terminal del *ferry* y el Museo Municipal de Regla, pero el barco es más divertido.

GUANABACOA

106.374 hab.

En la década de 1540 los españoles concentraron a los pocos supervivientes indígenas en Guanabacoa, 5 km al este del centro de La Habana. En 1607 se fundó la ciudad, que más tarde se transformaría en núcleo del comercio de esclavos. En 1762 los británicos la ocuparon, después de luchar contra su alcalde, José Antonio Gómez Bulones, más conocido como Pepe Antonio, quien se convirtió casi en un héroe al enfrentarse a las

invencibles tropas inglesas en una campaña de guerrillas.

Hoy, Guanabacoa es un lugar aletargado pero pintoresco, más parecido a una pequeña ciudad que a un arrabal en expansión. No hay hoteles y el acceso en transporte público no es fácil, pero merece la pena visitarlo cuando se vaya a Regla (de fácil acceso por *ferry*). Ambas localidades mantienen fuertes y activas tradiciones santeras.

Información

Banco de Crédito y Comercio (calle Martí esq. con E. V. Valenzuela)

Puntos de interés

En el parque Martí, en pleno centro, se encuentra la **iglesia de Guanabacoa** (Pepe Antonio esq. con Adolfo del Castillo Cárdenas), también conocida como iglesia de Nuestra Señora de la Asunción, diseñada por Lorenzo Camacho y construida entre 1721 y 1748. El dorado altar mayor y los nueve laterales son interesantes, así como el cuadro de la Asunción de la Virgen y el artesonado de influencia morisca. Las puertas principales suelen estar cerradas,

pero se puede acceder llamando a la **oficina parroquial** (⏱ 8.00-11.00 y 14.00-17.00 lu-vi).

El recientemente renovado **Museo Municipal de Guanabacoa** (☎ 97 91 17; Martí 108; entrada 2 CUC; ⏱ 10.00-18.00 lu y mi-sa, 9.00-13.00 sa), dos manzanas al oeste del parque Martí, constituye el principal punto de interés del pueblo. Fundado en 1964, muchas de sus exposiciones están relacionadas con la historia de Cuba durante los ss. XVIII y XIX. Las salas dedicadas a la cultura afrocubana gozan de mucha fama, pero suelen estar cerradas, por lo que se recomienda preguntar antes de pagar la entrada.

Vistoso por su arco morisco, el ecléctico **teatro Carral** (☎ 97 92 33; Pepe Antonio 362), junto al parque Martí, funciona como cine. Desde aquí, el viajero puede caminar una cuadra hacia el norte por Pepe Antonio hasta Rafael de Cárdenas, y después girar tres manzanas al este hasta el **convento de Santo Domingo** (1748). De este antiguo monasterio franciscano, cuya iglesia es la segunda más importante de la población, destacan sus ocho altares, el artesonado y el claustro, pero suele estar cerrado.

AGRICULTURA URBANA

En 1991, con el derrumbe de la Unión Soviética, Cuba dijo adiós –entre otras muchas cosas– a más de 1,3 millones de toneladas de fertilizantes químicos. Casi de la noche a la mañana el sector agrícola cubano, basado en pesticidas derivados del petróleo y en modernas técnicas de cultivo intensivo, entró en coma profundo.

En un intento desesperado de contrarrestar la escasez de alimentos a gran escala en todo el país, el Gobierno inició el Programa de Agricultura Urbana, un plan innovador de medidas de austeridad extremas que promovía nuevas técnicas de cultivo y prohibía el uso de pesticidas químicos en los alimentos.

En La Habana, donde el problema alimentario era particularmente grave, las autoridades trataron de reducir los costes de transporte, refrigeración y almacenaje acercando la producción agrícola a la ciudad. En un frenético plan de recuperación de terreno, vertederos, jardines ornamentales, laterales ferroviarios y balcones particulares fueron apresuradamente requisados por asociaciones vecinales y convertidos en *organopónicos* (huertos urbanos). En resumen, el plan se basaba en usar cualquier espacio disponible para plantar vegetales.

Así aparecieron huertos por todos lados, con tamaños de entre unos metros cuadrados a tres hectáreas, cuidados por individuos particulares, familias o asociaciones vecinales. Para controlarlo todo, el Estado implantó prácticas de reciclaje de nutrientes, gestión de aguas y tierra o la planificación del uso del terreno.

Según el balance oficial, el plan ha logrado proporcionar hasta un 30% de las necesidades alimenticias del país, dato asaz optimista que se complementa con la afirmación de que, además, ha servido para "fortalecer comunidades fragmentadas, renovar la solidaridad entre vecinos y llenar antiestéticos espacios urbanos con pinceladas de vegetación".

Hoy el programa tiene un rendimiento anual de 3,7 millones de toneladas procedentes de unas 45.000 Ha y ha creado 320.000 puestos de trabajo en todo el país, siempre según los datos oficiales.

LA HABANA

REGLA, GUANABACOA, CASABLANCA Y COJÍMAR

0 _____ 500 m

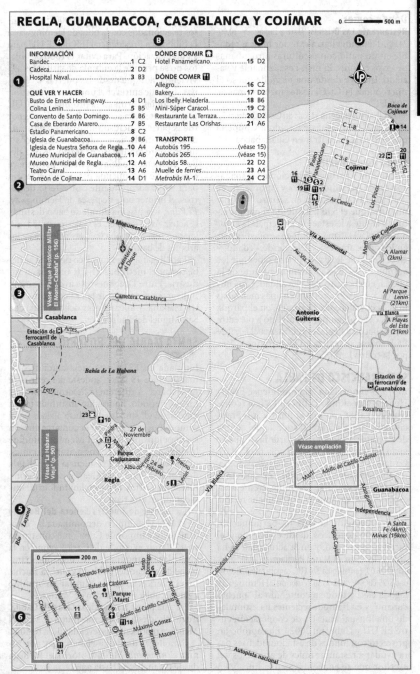

A   **B**   **C**   **D**

INFORMACIÓN
Bandec..1 C2
Cadeca..2 D2
Hospital Naval..................................3 B3

QUÉ VER Y HACER
Busto de Ernest Hemingway............4 D1
Colina Lenin......................................5 B5
Convento de Santo Domingo............6 B6
Casa de Eberardo Marero..................7 B5
Estadio Panamericano......................8 C2
Iglesia de Guanabacoa......................9 B6
Iglesia de Nuestra Señora de Regla...10 A4
Museo Municipal de Guanabacoa....11 A6
Museo Municipal de Regla................12 A4
Teatro Carral....................................13 A6
Torreón de Cojímar..........................14 D1

DÓNDE DORMIR
Hotel Panamericano........................15 D2

DÓNDE COMER
Allegro...16 C2
Bakery..17 D2
Los Ibelly Heladería.........................18 B6
Mini-Súper Caracol..........................19 C2
Restaurante La Terraza....................20 D2
Restaurante Las Orishas..................21 A6

TRANSPORTE
Autobús 195.............................(véase 15)
Autobús 265.............................(véase 15)
Autobús 58......................................22 D2
Muelle de ferries.............................23 A4
Metrobús M-1..................................24 C2

Dónde comer

Restaurante Las Orishas (Martí y Lamas; ☒ 10.00-24.00). Tiene una barra exterior muy agradable en un patio con esculturas afrocubanas de vivos colores. El menú es razonable y variado. Incluye desde una *pizza* de queso al microondas (1 CUC) hasta langosta (más de 20 CUC).

Los Ibelly Heladería (Adolfo del Castillo Cárdenas 5a; ☒ 10.00-22.00). Lo más parecido a Coppelia que se puede encontrar en Guanabacoa.

Cómo llegar y salir

El autobús 3 parte en dirección a Guanabacoa desde Máximo Gómez y Aponte, cerca del Hotel Isla de Cuba, en Centro Habana; mientras que el 5 lo hace desde el parque situado frente a la estación principal de autobuses de La Habana. También se puede viajar en los autocares 195 y 295, desde Vedado, y en el 29, desde Regla. Conviene saber que los autobuses 5 y 29 se detienen enfrente de la iglesia, en el centro de la localidad, y los números 3, 195 y 295 continúan unas manzanas más; si el viajero desea apearse en el parque Martí, debe preguntar. El trayecto a pie entre Guanabacoa y Regla, donde atraca el *ferry* de La Habana, se realiza en 45 minutos y pasa por la colina Lenin.

SAN FRANCISCO DE PAULA

En 1939 el novelista estadounidense Ernest Hemingway alquiló la finca El Vigía (construida en 1888) en una colina de San Francisco de Paula, 15 km al sudeste del centro de La Habana. Un año más tarde la compró y vivió allí hasta 1960, cuando volvió a EE UU. Cada mañana se levantaba al amanecer y pasaba seis horas escribiendo, con unos mocasines enormes y su máquina, frente a un espejo de cuerpo entero. Por la noche recibía a los amigos.

El interior de la villa ha permanecido igual, lleno de trofeos, desde el día en que el escritor se marchó, y en la actualidad se ha convertido en el **Museo Hemingway** (plano p. 86; ☎ 91 08 09; con/sin guía 3/4 CUC, cámara fotográfica/vídeo 5/25 CUC; ☒ 9.00-16.30, cerrado ma.). Hemingway legó la casa y todo su contenido al "pueblo cubano" y en tiempos recientes ha estimulado una inusual muestra de cooperación entre EE UU y Cuba. En 2002 Cuba aprobó un proyecto con fondos de estadounidenses para ayudar a restaurar miles de artefactos del escritor que se encuentran en la finca y en

mayo de 2006 se enviaron 11.000 documentos relacionados con la obra de Hemingway a la Biblioteca Presidencial JFK de EE UU para su digitalización. Para evitar el robo de objetos no se permite la entrada de visitantes a la vivienda, aunque desde las puertas y ventanas se puede entrever el universo del escritor; de cualquier forma, una propina de 5 CUC es suficiente para acceder a la casa: libros por todas partes (incluso junto al lavabo), una enorme vitrola, una colección de discos y un asombroso número de trastos. No se debe visitar cuando llueve, porque permanece cerrada. Se recomienda pasear por el jardín para ver el sorprendente cementerio de perros, el primer bote de pesca de Hemingway, *El Pilar*, y la piscina donde se bañó desnuda la actriz Ava Gardner. El viajero se puede relajar en una tumbona bajo las palmeras y los árboles de bambú.

Para llegar a San Francisco de Paula se debe tomar el metrobús M-7 (Cotorro) en Industria, entre Dragones y la avenida Simón Bolívar, en el parque de la Fraternidad, Centro Habana, y apearse tras ocho paradas en San Miguel del Padrón.

SANTA MARÍA DEL ROSARIO
☎ 6820

Fundada en 1732, esta vieja ciudad colonial se ubica 19 km al sudeste del centro de La Habana. A diferencia de otras urbes del mismo período, no ha sido absorbida por la modernidad, sino que perdura aislada en el campo. Los encantos de la comarca fueron reconocidos por Manuel Mendive, uno de los pintores cubanos vivos más importantes, que la escogió como residencia. La película de Tomás Gutiérrez Alea *La última cena*, metáfora crítica de la esclavitud, está ambientada en esta región.

La **iglesia de Nuestra Señora del Rosario** (☒ 5.30-19.30), también denominada la "catedral de los campos de Cuba", fue construida en 1720 por el conde de Casa Bayona en la vieja plaza homónima, cerca del ruinoso trapiche de azúcar del poblado Quiebra Hacha. En el interior, se puede admirar un bruñido altar de caoba y un cuadro de Veronés.

En una pared trasera de la **Casa de la Cultura**, frente a la iglesia, un enorme mural de Manuel Mendive representa las leyendas de la región.

Para llegar desde La Habana hay que tomar el *metrobús* M-7 a Cotorro; el 97 llega desde Guanabacoa hasta aquí.

PARQUE HISTÓRICO MILITAR EL MORRO-CABAÑA

Desde el otro lado de la bahía, las vistas de La Habana son magníficas, por eso vale la pena realizar una excursión a las dos viejas fortalezas del **Parque Histórico Militar El Morro-Cabaña**. Si el viajero se acerca a mediodía, cuando el sol aprieta, conviene beber algo en cualquiera de los bares o restaurantes de la orilla; aunque sobre todo se recomienda acudir durante la sensacional puesta de sol. Todas las agencias de viajes de La Habana organizan salidas, en especial para la conocida **ceremonia del cañonazo** (sin/con comida 15/25 CUC).

El **castillo de los Tres Santos Reyes Magos de El Morro** (El Morro; 4 CUC/persona, entrada al museo incl.) fue erigido entre 1589 y 1630 en una escarpada cima de piedra caliza para proteger la entrada del puerto. En 1762 los británicos asaltaron El Morro desde tierra y excavaron un túnel bajo las murallas; el valiente capitán español don Luis de Velasco murió en la batalla y los sajones le dieron sepultura con todos los honores militares. En 1845 se añadió un faro al castillo, el primero de Cuba. Desde 1986, alberga un **museo marítimo** (☎ 863-7941; guía 1 CUC; cámara fotográfica 2 CUC; ✹ 8.00-20.00). Para subir al faro se deben pagar 2 CUC más.

La **fortaleza de San Carlos de la Cabaña** (La Cabaña; ☎ 862-0617; entrada día/noche 4/6 CUC, guía 1 CUC; ✹ 8.00-23.00) se construyó entre 1763 y 1774 para defender la ciudad. Se trata de una de las más grandes de América, llena de fosos, ahora recubiertos de hierba, una vieja capilla, calles adoquinadas y tiendas. Durante el s. XIX los independentistas cubanos eran fusilados en el **foso de los Laureles**, fuera de la muralla sudoriental. Los dictadores Machado y Batista la utilizaron como prisión militar y poco después de la Revolución, el Che Guevara estableció su cuartel general en ella. Se recomienda al viajero contemplar el perfil de La Habana desde el **mirador** situado al otro lado del **Museo de Comandancia del Che**. Finalmente sirvió como academia militar.

Se puede visitar la colección de armamento del **Museo de Armas y Fortificaciones**. Cada noche a las 21.00, un escuadrón con uniformes del s. XIX dispara un **cañonazo** en el tramo de La Cabaña que se orienta al puerto, en recuerdo de la época colonial, cuando la detonación era la señal para que se cerraran las puertas de la ciudad. El espectáculo, que empieza a las 20.30, se incluye en el precio de la entrada, al igual que el concierto posterior a cargo de Moncada, una vieja banda de *rock*, conocida localmente. De día, a las 15.00, varios jóvenes, también ataviados de época, descargan otro cañón más pequeño.

Sorprende la poca afluencia de turistas en La Cabaña, mientras que El Morro suele estar abarrotado, ya que la mayor parte de los circuitos en autobús no tiene tiempo para visitar la primera. Para organizar una visita a El Morro, hay que tener presente que suele ser bastante caótico a mediodía, pues las excursiones desde Varadero se detienen aquí antes de seguir hacia La Habana. Cada mes de enero, acoge la Feria Internacional del Libro.

Dónde comer

Paladar Doña Carmela (☎ 863-6048; calle B, n° 10; ✹ 🅿 sólo noches). Este establecimiento privado ofrece pollo y cerdo de calidad en un agradable entorno al aire libre (cuando está abierto). Buena opción para cenar antes o después del cañonazo, pero conviene comprobar los horarios con antelación, ya que son algo erráticos.

Algunas zonas de las fortalezas se han transformado en buenos y sugerentes establecimientos para comer o picar algo. El **Restaurante Los Doce Apóstoles** (☎ 863-8295; ✹ 12.00-23.00), debajo de El Morro, llamado así por los 12 cañones que se sitúan en lo alto de su muralla, sirve especialidades criollas. De gestión estatal, su cocina presenta más calidad que la media y los precios son correctos. **El Polvorín** (☎ 860-9990; ✹ 10.00-4.00), detrás del anterior, ofrece bebidas y aperitivos ligeros en un patio con vistas a la bahía y sin ninguna sombra, por eso, resulta perfecto para ver las famosas puestas de sol de La Habana.

Debajo de La Cabaña, junto a la dársena de los Franceses, se puede apreciar otra hilera de enormes cañones del s. XVIII. Detrás de ellos, se descubre el lujoso **La Divina Pastora** (☎ 860-8341; ✹ 12.00-23.00), un restaurante cuya carta se compone de marisco y pescado.

Cómo llegar y salir

Los aficionados al ciclismo pueden acercarse a las fortalezas de La Habana en un *ciclobús*, un vehículo especialmente diseñado –sin asientos– para trasladar a los ciclistas y sus máquinas. Sale de la esquina de Dragones con Águila, en el parque El Curita, y lleva hasta las mismas puertas de las fortalezas. Está prohibido desplazarse en bicicleta por el

LA HABANA

PARQUE HISTÓRICO MILITAR EL MORRO-CABAÑA   0 ▬▬▬▬▬ 200 m

Estrecho de Florida

A **B** **C** **D**

A Playas del Este (13km)

INFORMACIÓN
Taquillas......................1 B1
Taquillas......................2 B1

QUÉ VER Y HACER
Batería de la Divina Pastora......3 B2
Batería de los Doce Apóstoles....4 A2
Batería de Velasco...................5 A1

Castillo de los Tres Santos Reyes Magos del Morro

Cañonazo......................6 C3
Entrada.........................7 A2
Entrada.........................8 B2
Estatua de Cristo.............9 D3
Foso de los Laureles.........10 C3
Faro...........................11 A2
Museo Marítimo.............12 A1
Mirador.......................13 C3
Museo de Comandancia del Che....14 C3
Museo de Armas y Fortificaciones........15 C3
Observatorio Nacional........16 D3

DÓNDE COMER
Bar El Polvorín...............17 A2
Paladar Doña Carmela.......18 C1
Restaurante La Divina Pastora........19 B2
Restaurante Los Doce Apóstoles...........20 A2

Zona militar

Dársena de los Franceses

Túnel

Fortaleza de San Carlos de la Cabaña

Bahía de La Habana

La Habana Vieja

A Casablanca (1km)

---

túnel que conduce a La Habana del Este. Si no se dispone de bici, del mismo punto salen autobuses convencionales; hay que bajarse en la primera parada después del túnel. Para llegar a cualquiera de los dos fortines sólo es necesario pasear 10 minutos. También se puede tomar el *metrobús* rosa M-1 y apearse también en la primera parada después del túnel. Un taxi para turistas con taxímetro cobra unos 3 CUC desde La Habana Vieja.

Una forma interesante de volver a La Habana es el *ferry* desde Casablanca. Desde la entrada de La Cabaña, se camina hasta el foso y después, hasta una puerta situada bajo la enorme estatua de Cristo.

El aparcamiento en ambos castillos cuesta 1 CUC.

CASABLANCA

Al otro lado del puerto de La Habana Vieja se ubica esta localidad, conocida por el **Cristo de mármol blanco** esculpido por J. Madera en 1958. Al desembarcar del *ferry*, se debe seguir recto, subir la escalera y continuar por la carretera de la izquierda hasta alcanzar la impresionante escultura; en total supone un

paseo de 10 minutos. Desde la estatua se contempla una espléndida vista de La Habana. En el bar instalado en su base, abierto 24 horas, se puede tomar un aperitivo y pasar un buen rato por la noche. Desde aquí se puede llegar a La Cabaña a través de una puerta roja que hay en la curva de la carretera que conduce hacia el Cristo. Detrás se encuentra el **Observatorio Nacional** (no admite visitas).

El **Hospital Naval** (☎ 62 68 25), junto a la vía Monumental de La Habana del Este, al nordeste de Casablanca, dispone de una cámara de descompresión accesible 24 horas.

Los *ferries* a Casablanca zarpan del muelle Luz, San Pedro y Santa Clara, en La Habana Vieja, cada 15 minutos (0,10 CUP). Se aceptan bicicletas.

La **estación de trenes de Casablanca** (☎ 862-4888), cerca del embarcadero del *ferry*, constituye la parada más occidental del único tren eléctrico de Cuba. En 1917 la compañía chocolatera Hershey, de Pennsylvania, construyó esta línea férrea hasta Matanzas y los trenes aún parten hacia allí cinco veces al día (4.46, 8.35, 12.48, 16.38 y 20.46). El servicio de las 8.35 es un expreso. En el trayecto se

pasa por Guanabo (0,80 CUC, 25 km), Hershey (1,45 CUC, 46 km), Jibacoa (1,65 CUC, 54 km) y Canasí (1,95 CUC, 65 km), antes de llegar a Matanzas (2,80 CUC, 90 km). Suele salir de Casablanca puntual, pero a veces llega con una hora de retraso. En teoría, las bicicletas no están permitidas, pero se puede probar. Es un viaje con buenas panorámicas, que dura de cuatro a cinco horas; los billetes se compran en la misma estación (salvo los fines de semana y los días de vacaciones, porque suele estar abarrotada).

ZONA DE COJÍMAR

Esta pequeña ciudad portuaria, 10 km al este de La Habana, se dio a conocer porque en ella fondeaba *El Pilar*, el barco pesquero de Ernest Hemingway, en los años cuarenta y cincuenta. Es una pintoresca villa marinera en la que el escritor se inspiró para crear el pueblo de su novela *El viejo y el mar*. Gregorio Fuentes, pescador de Cojímar y recientemente fallecido, sirvió de modelo a Hemingway para elaborar a su personaje. La población fue fundada en el s. XVII en la desembocadura del río homónimo; en 1762 fue tomada por tropas británicas y en 1994 miles de balseros partieron desde aquí hacia Florida, huyendo de las penurias del régimen castrista.

Si el viajero no es un apasionado de Hemingway o no le atraen los pueblos costeros comunes, no hay muchos motivos para que se desplace hasta aquí.

Información

Bandec (☼ 8.30-15.00 lu-vi, 8.30-11.00 sa). Bajando el paseo Panamericano desde el Aparthotel Las Brisas, cambia cheques de viaje y adelanta efectivo a cuenta de tarjetas de crédito. Para cambiar dinero hay que dirigirse a **Cadeca** (paseo Panamericano esq. con 5D), por la calle lateral, frente a Bandec, cruzando la avenida.

Puntos de interés

El enorme **estadio Panamericano,** con capacidad para 55.000 espectadores, se sitúa en la vía Monumental, entre La Habana y Cojímar. Edificado para los Juegos Panamericanos de 1991, presenta ya un aspecto asaz decadente. También se han construido cerca de allí pistas de tenis, piscinas olímpicas y otras instalaciones deportivas.

Dominando el puerto, se alza el **torreón de Cojímar,** una vieja atalaya colonial (1649)

ocupada en la actualidad por guardacostas cubanos. Próximo y enmarcado por un arco neoclásico, aparece el **busto de Ernest Hemingway,** erigido por los ciudadanos de Cojímar en 1962.

El viejo patrón de Hemingway, Gregorio Fuentes, vivió en la casa verde y blanca de la calle 98, en el número 209, justo en la esquina con la calle 3D, a cinco manzanas del restaurante La Terraza subiendo por la colina.

Al este de Cojímar, pasado el río, se ubica Alamar, una enorme urbanización estatal de apartamentos prefabricados, que se inició en 1971. En la arquitectura pública cubana la forma es menos importante que la función, en clara sintonía con el funcionalismo soviético.

Dónde dormir

Hotel Panamericano (av. Central; ☎ 95 10 00/10; i/d temporada baja-alta 45/59-54/71 CUC, desayuno incl.; P ⊠ ⊠). Situado a la entrada de Cojímar, a 2 km del busto de Hemingway, fue construido en 1991 (aunque parezca que lo construyeran en 1951) para alojar en sus cuatro plantas a los atletas de los XI Juegos Panamericanos. Tiene una ubicación poco práctica y es algo tosco. Desde principios de 2006 se hospedan aquí pacientes de la Misión Milagros. Conviene llamar antes para comprobar si está abierto al público como hotel.

Dónde comer

Restaurante La Terraza (☎ 93 92 32; calle 152, nº 161; ☼ 12.00-23.00). Especializado en marisco, sirve un estupendo calamar relleno (7 CUC) y paella (7-15 CUC). El comedor-terraza que se asoma a la bahía es muy agradable, aunque es más sugerente el antiguo bar de enfrente, donde un mojito cuesta 1,75 CUC. No hay que perderse los clásicos frigoríficos de madera y las fotos de Hemingway en blanco y negro.

Muy cerca del Hotel Panamericano hay una **panadería** (☼ 8.00-20.00). Cruzando el paseo Panamericano hay un colmado, el **Minisúper Caracol** (☼ 9.00-20.00) y un restaurante italiano, el **Allegro** (☼ 12.00-23.00), un sitio limpio y con precios razonables, que ofrece lasaña, *risotto,* espagueti y *pizza* por 4 CUC.

Cómo llegar y salir

El autobús 58 sale desde la esquina de la avenida de la Independencia con Bruzón, cerca de la estación principal de autobuses de La

Habana, rumbo a Cojímar. En Centro Habana se puede tomar este autobús en el número 59 del paseo Martí, cerca del Malecón. Para volver, se puede tomar en la calle 92 de Cojímar, aunque a veces va lleno y no para.

Otra opción es el *metrobús* M-1 (Alamar), con parada en la esquina de las calles G y 27, en Vedado, o en el 563 del paseo Martí, frente al Capitolio, en Centro Habana; hay que apearse en la tercera parada después del túnel. Se cruzará entonces la autopista hasta el Hotel Panamericano, desde donde hay unos 2 km cuesta abajo cruzando el pueblo hasta el busto de Hemingway. Los autobuses 195 y 265 desde La Habana también pasan por el Hotel Panamericano.

PLAYAS DEL ESTE

Esta zona, la Riviera habanera bordeada de pinos, empieza en Bacuranao, 18 km al este del centro de la ciudad, y prosigue hacia levante por Tarará, El Mégano, Santa María del Mar y Boca Ciega, hasta la ciudad de Guanabo, a 27 km de la capital. Aquí es donde La Habana entera viene a tumbarse en las playas de suave arena blanca y a bañarse en el mar color aguamarina. En estos 9 km de costa hay unos doce complejos turísticos, concentrados sobre todo en Santa María del Mar. Si se desea una experiencia más económica y auténtica en la zona, se puede alquilar una habitación en una casa privada en Guanabo o una casita en la playa en Boca Ciega. Esta última es una opción ideal para familias, así como las espaciosas casas de Villa Marina Tarará.

Por la zona hotelera de Santa María patrullan multitud de guardias de seguridad para mantener la prostitución a raya, que como consecuencia se ha desplazado al extremo oeste de El Mégano y Guanabo. Si el viajero va a Santa María con amigos cubanos es probable que la policía les pida identificación y si no está todo en orden, puede haber problemas. Los fuertes controles de seguridad hacen que esta zona sea segura y sin agobios, pero también eliminan casi todo el sabor local y hacen que Santa María parezca a veces un cementerio. Hay familias cubanas en la playa de Guanabo, veraneantes locales en Boca Ciega, visitantes extranjeros en Santa María y cierto turismo sexual en el extremo oeste de El Mégano. Se puede acceder a una parte muy bonita de Santa María desde la zona de aparcamiento de la calle 13.

Existen muchas ofertas de viajes "todo incluido" a Santa María, cuyos complejos hoteleros son una base para visitar La Habana al tiempo que se disfruta de una estancia relajada junto al mar. También se puede optar por lo contrario: viajar a La Habana y hacer una escapada a estas playas, bien comunicadas con la capital. La vía Blanca pasa justo por detrás de la franja costera y muchos autobuses enlazan La Habana y Guanabo. Obviamente, es mejor hospedarse en La Habana si lo que más interesa es visitar museos y lugares de interés histórico.

Unos 13.500 niños y 2.500 adultos afectados por el desastre nuclear de Chernobil han recibido atención médica en un sanatorio de Tarará desde febrero de 1989.

Información
Asistencia médica
Clínica Internacional Habana del Este (☎ 204-9385; av. de las Terrazas, al oeste de la calle 9, Santa María). Abre las 24 horas y los médicos pueden visitar en los hoteles. Cuenta con una farmacia bien surtida.
Farmacia (av. 5 esq. con calle 466)

DINERO
Banco Popular de Ahorro (☎ 96 22 69; av. 5, nº 47810, entre calles 478 y 480, Guanabo; ☽ 8.30-17.30 lu-vi). Cambian cheques de viaje.
Cadeca Guanabo (av. 5, nº 47614, entre calles 476 y 478; ☽ 8.00-18.00); Santa María (edificio Los Corales, av. de las Terrazas, entre calles 10 y 11)

CORREOS
Oficina de correos Guanabo (av. 5, entre calles 490 y 492; ☽ 8.00-18.00 lu-sa); Santa María (edificio Los Corales, av. de las Terrazas, entre calles 10 y 11; h 7.30-18.30)

TELÉFONO
Etecsa (edificio Los Corales, av. de las Terrazas, entre calles 10 y 11)

INFORMACIÓN TURÍSTICA
Infotur Guanabo (☎ 96 68 68; av. 5, entre calles 468 y 470); Santa María (☎ 96 11 11; edificio Los Corales, av. de las Terrazas, entre calles 10 y 11)

AGENCIAS DE VIAJES
Cubatur y Havanatur atienden en el Hotel Tropicoco, entre las avenidas del Sur y de las Terrazas, en Santa María. Se dedican básicamente a reservar excursiones en autobús, pero tal vez puedan echar una mano con la reserva de hoteles en otras ciudades.

Actividades

En **Cubanacán Náutica Tarará** (☎ 96 15 08/9; canales VHF 16 y 77; av. 8 esq. con calle 17, Tarará), 22 km al este de La Habana, se ofrece alquiler de embarcaciones y salidas de pesca de altura y buceo. Se recomienda preguntar en el hotel.

El **Club Náutica** tiene varios puntos de atención repartidos por las playas, además del **Club Megano**, en el extremo más occidental. El más céntrico está junto al Club Atlántico, en la playa Santa María del Mar. Aquí se pueden alquilar patines acuáticos de pedales (6 CUC/h; 4-6 personas), "bananas" hinchables (5 CUC/5 min; máx. 5 personas), kayaks de una o dos plazas (2/4 CUC/h), equipo de buceo (4 CUC) y catamaranes (12 CUC/h; máx. 4 personas más socorrista). Explorar la costa y sus canales llenos de manglares es todo un placer.

También facilitan otras actividades playeras, como tablas de surf, motos acuáticas o raquetas de bádminton. Sólo hay que preguntar. Muchas personas alquilan equipos semejantes por toda la costa hasta Guanabo, pero se recomienda inspeccionar el material con cuidado, ya que se han recibido quejas de equipos defectuosos. Vale la pena considerar si conviene dejar un depósito en lugar de pagarlo todo por adelantado, por si algo sale mal.

Dónde dormir

GUANABO

Hotel Gran Vía (Islazul; ☎ 96 22 71; av. 5 esq. con calle 462; i/d 19/22 CUC; Ⓟ Ⓧ Ⓡ). Una buena opción económica pero, como sólo cuenta con 10 habitaciones, cuesta bastante conseguir una. No son todas iguales, por lo que se recomienda ver unas cuantas antes de decidir, si tal cosa es posible, claro. El restaurante del hotel ofrece un menú baratísimo y hay un bar con terraza muy agradable.

Villa Playa Hermosa (Islazul; ☎ 96 27 74; av. 5D, entre calles 472 y 474; i/d temporada baja-alta 18/25-20/29 CUC; Ⓟ Ⓧ Ⓡ). Consta de 47 habitaciones en pequeños *bungalows* de una planta con baño y TV compartidos. Muy frecuentado por cubanos de vacaciones, así que se puede esperar música, baile y copas a todas horas. La playa está cerca.

PLAYA SANTA MARÍA DEL MAR

Algunos de los lugares que se listan a continuación ofrecen tarifas con todo incluido: comida, bebida, alojamiento, actividades acuáticas y (a veces) bicicletas.

Aparthotel Atlántico (Islazul; ☎ 97 14 94; av. de las Terrazas, entre calles 11 y 12; apt 1/2/3 h temporada baja-alta 36/42/60-42/60/80 CUC; Ⓟ Ⓧ Ⓡ). Justo enfrente del Club Atlántico. La mayoría de los clientes son familias. Este complejo de cuatro plantas consta de 60 apartamentos con cocina. En las unidades de dos habitaciones caben cuatro personas y en las de tres, seis, por lo que es ideal para grupos. Se recomienda preguntar si la unidad que se va a alquilar tiene nevera, ya que no todas tienen. Es una opción bastante económica a 100 m escasos de la playa.

Aparthotel Las Terrazas (Islazul; ☎ 97 13 44; av. del Sur, entre calles 9 y 10; apt 1/2/3 h temporada baja-alta 36/54/63-50/75/88 CUC; Ⓟ Ⓧ Ⓡ). De categoría algo superior al anterior, sus 154 apartamentos tienen cocina, nevera y TV. La piscina, en dos niveles, no está nada mal y la playa queda a unos 100 m. La discoteca, separada del hotel, es muy popular por las noches.

Hotel Tropicoco (Cubanacán; ☎ 97 13 71; av. del Sur esq. con av. de las Terrazas; i/d todo incluido temporada baja-alta 45/75-60/80 CUC; Ⓡ). Cubanacán tomó el relevo de la desaparecida Cadena Horizontes en la gestión de este hotel y aún le queda trabajo por hacer para adecentar este enorme monstruo de color azul. La comida es pésima, la piscina es cubierta y la discoteca ha cerrado. Sus mayores ventajas son el precio (barato) y la ubicación (la playa está a un tiro de piedra).

Hotel Blau Club Arenal (☎ 97 15 20; i/d todo incluido temporada baja-alta 70/100-95/150 CUC; Ⓟ Ⓧ Ⓡ). La opción con más estilo en Playas del Este es este moderno hotel en la laguna Itabo, entre Boca Ciega y Santa María del Mar. Tiene 166 habitaciones alrededor de una piscina translúcida. Las de la planta baja tienen patios, pero las *suites* son mucho mayores, aunque cuestan un 20% más. La playa está a sólo 150 m pasando por un puente peatonal de madera suspendido sobre la laguna (se puede explorar en barca de remo). Perfecto para quien busque un lugar tranquilo y apacible.

Club Atlántico (Gran Caribe; ☎ 97 10 85; fax 96 15 32; av. de las Terrazas esq. con calle 11; i/d todo incluido 105/150 CUC; Ⓟ Ⓧ Ⓡ). A pie de playa, es lo mejorcito de la zona. Sus 92 habitaciones están bien equipadas, con nevera, televisión vía satélite y pequeños balcones. Hay pistas de tenis, piscina y cabaré. Cerca, hay una delegación de Club Náutica.

PLAYA EL MÉGANO

Villa Los Pinos (Gran Caribe; ☎ 97 13 61; fax 97 15 24; av. de las Terrazas 21, entre calles 5 y 7; casa de 2 h, temporada

LA HABANA

PLAYAS DEL ESTE

INFORMACIÓN		QUÉ VER Y HACER		DÓNDE DORMIR	
Banco Popular de Ahorro............1 G2		Havanatur............................(véase 16)		Aparthotel Atlántico.....................11 C1	
Cadeca...................................2 B1		Infotur..6 G2		Aparthotel Las Terrazas...............12 B1	
Cadeca...................................3 G2		Infotur.....................................(véase 2)		Club Atlántico...............................13 C1	
Clínica Internacional Habana del		Oficina de correos........................7 B1		Hotel Blau Club Arenal................14 D2	
Este......................................4 B1		Oficina de correos........................8 H2		Hotel Gran Vía............................15 F2	
Cubatur.................................(véase 16)				Hotel Tropicoco...........................16 A1	
Etecsa..................................(véase 2)		QUÉ VER Y HACER		Villa Los Pinos............................17 A1	
Farmacia.................................5 G2		Club Mégano..................................9 A1		Villa Playa Hermosa...................18 G2	
		Club Náutica................................10 C1			

baja-alta 120-160 CUC). Una opción magnífica si se busca alojamiento privado con estilo. Las casas tienen cocina, TV y un toque personal (eran residencias vacacionales antes de la Revolución); la mayoría dispone también de piscina, ideal si se viaja con niños y el precio no es un problema. También se ofrecen casas de tres (170-210 CUC) y cuatro habitaciones (220-250 CUC).

PLAYA TARARÁ

Villa Marina Tarará (Cubanacán; ☎ 97-1616/17; casas 1/2 h temporada baja-alta 35/60-40/65 CUC; ☒). Se llega por el Campamento de Pioneros José Martí, junto a la vía Blanca, 22 km al este de La Habana. La entrada no está muy bien indicada, así que hay que estar alerta. Se debe mostrar el pasaporte y recibir un pase para poder entrar. Es una auténtica urbanización cerrada y las tranquilas y cuidadas calles son tan ordenadas que casi dan miedo. Tienen casas de hasta siete dormitorios y una pequeña pero bonita playa. Un buen lugar para familias o grupos. Las casas más baratas están lejos de la playa. Hay posibilidades de realizar actividades como buceo, pesca de altura y navega-

ción. También dispone de discoteca, piscina y gimnasio.

PLAYA BACURANAO

Villa Bacuranao (Islazul; ☎ 65 76 45; cabañas i/d temporada baja-alta 33/40-38/44 CUC). Es el centro costero más cercano a La Habana, 18 km al este por la vía Blanca, con una larga playa de arena entre el complejo en sí y la desembocadura del río Bacuranao. Al otro lado del río se encuentra el viejo torreón de Bacuranao (dentro de una academia militar; no se puede visitar). La playa no es tan bonita como las que quedan más a levante, pero el precio está muy bien.

Dónde comer
GUANABO

El Brocal (☎ 96 28 92; av. 5 esq. con calle 500; ☒ 12.00-23.00). Tacos (1,50-3 CUC), quesadillas y un gran combo de cóctel de gambas, pescado, arroz, ensalada y postre (7,50 CUC) en un pequeño rancho con mesas en el porche.

Restaurante Maeda (av. Quebec; ☒ 12.00-24.00). Cerca de la calle 476. La oferta de *paladares* de Guanabo va en aumento y éste, escondido en la colina, es buena prueba de ello.

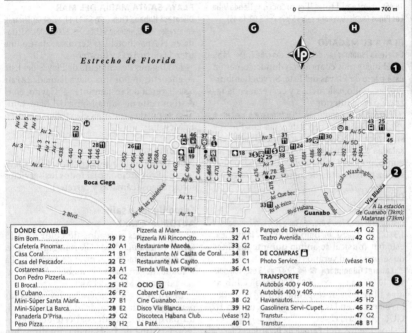

DÓNDE COMER 🍴				OCIO 🎭			
Bim Bom	19	F2	Pizzería al Mare	31	G2	Parque de Diversiones	41	G2
Cafetería Pinomar	20	A1	Pizzería Mi Rinconcito	32	A1	Teatro Avenida	42	G2
Casa Coral	21	B1	Restaurante Maeda	33	G2			
Casa del Pescador	22	E2	Restaurante Mi Casita de Coral	34	B1	DE COMPRAS 🛍		
Costarenas	23	A1	Restaurante Mi Cayito	35	C1	Photo Service	(véase 16)	
Don Pedro Pizzería	24	G2	Tienda Villa Los Pinos	36	A1			
El Brocal	25	H2				TRANSPORTE		
El Cubano	26	F2	OCIO 🎭			Autobús 400 y 405	43	H2
Mini-Súper Santa María	27	B1	Cabaret Guanimar	37	F2	Autobús 400 y 405	44	F2
Mini-Súper La Barca	28	E2	Cine Guanabo	38	G2	Havanautos	45	H2
Panadería D'Prisa	29	G2	Disco Vía Blanca	39	H2	Gasolinera Servi-Cupet	46	F2
Peso Pizza	30	H2	Discoteca Habana Club	(véase 12)		Transtur	47	G2
			La Paté	40	D1	Transtur	48	B1

Pizzería Al Mare (av. 5 esq. con calle 482; 🕐 24 h) ofrece *pizza* al corte a partir de 1,50 CUC por trozo, aunque la que se vende en pesos cubanos en **Peso Pizza** (av. 5 esq. con calle 488), una choza manchada de carbón unas manzanas al este, es igual de buena. Por un poco más el viajero podrá disfrutar de *pizza* elaborada en un auténtico horno de leña en **Don Pedro Pizzería** (calle 482, nº 503, entre avs. 5 y 5D; 🕐 11.00-23.00).

Para tomar un helado hay que dirigirse a **Bim Bom** (av. 5 esq. con calle 464; 🕐 11.00-1.00) y a la **Panadería D'Prisa** (av. 5, nº 47802; 🕐 24 h) para comprar pastas y tentempiés.

Si se está ahíto de *pizza*, una buena alternativa es **Casa Coral** (av. 5, entre calles 10 y 11), limpia, moderna, barata y cerca de la playa.

PLAYA BOCA CIEGA

El Cubano (av. 5, entre calles 456 y 458; 🕐 11.00-24.00). Flamante y con la bodega repleta (vinos de Francia y California), manteles a cuadros y una buena versión del pollo Cordon Bleu.

Casa del Pescador (av. 5 esq. con calle 442; 🕐 12.00-10.45). Una buena marisquería de precio medio para quienes gustan de cenar con estilo.

PLAYA SANTA MARÍA DEL MAR

Restaurante Mi Cayito (☎ 97 13 39; 🕐 10.00-18.00). Se encuentra en una diminuta isla en la laguna Itabo y sirve langosta, gambas y pescado a la parrilla al aire libre. Ambiente agradable y filetes de cerdo baratos. Hay un espectáculo en vivo los sábados y los domingos a las 15.00, al que se puede asistir por el precio de una copa.

Restaurante Mi Casita de Coral (av. del Sur esq. con calle 8; 🕐 10.00-23.00). Buena marisquería con precios razonables; de más categoría que la mayoría de las que hay en la zona.

Costarenas (av. de las Terrazas; 🕐 10.00-24.00). Otra buena opción, bien situada frente al Hotel Tropicoco. Se especializa en marisco y ofrece platos como paella o parrillada mixta con langosta, gambas y pescado. La terraza de arriba es un buen lugar donde tomar el aire y una cerveza. Los pescadores venden sus capturas del día muy cerca, a 1 CUC la libra; estupendo si se dispone de cocina.

Entre los múltiples colmados que hay por la zona destacan **Minisúper La Barca** (av. 5 esq. con calle 446; 🕐 9.15-18.45. lu-sa; 9.15-14.45 do); **Minisúper Santa María** (av. de las Terrazas esq. con calle 7; 🕐 9.00-

18.45), frente al Hotel Tropicoco; y **Tienda Villa Los Pinos** (av. del Sur, entre calles 5 y 7; ◷ 9.00-18.45).

PLAYA EL MÉGANO

Cafetería Pinomar (av. del Sur esq. con calle 7; ◷ 24 h). Es el lugar más económico donde comer en esta parte de Playas del Este. Sirven hamburguesas, pollo, salchichas y cerveza, en la terraza o en el interior.

Pizzería Mi Rinconcito (av. de las Terrazas esq. con calle 4; ◷ 12.00-21.45). Está cerca de Villa Los Pinos y sirve *pizzas* (2-3 CUC), canelones, lasaña, ensaladas y espaguetis (2-3,50 CUC). Según algunos, prepara la mejor *pizza* del país, con base fina y un montón de ingredientes frescos.

Ocio

GUANABO

Disco Vía Blanca (av. 5 esq. con calle 486; hombres/parejas 1/3 CUC; ◷ 21.00-2.30). Bajo el Hotel Vía Blanca, este bar musical se anima durante los fines de semana y en verano.

Cabaret Guanimar (☎ 96 29 47; av. 5 esq. con calle 468; 10 CUC/pareja; ◷ 21.00-3.00 ma-sa). Club al aire libre con un espectáculo a las 23.00; los asientos en las primeras filas cuestan 16 CUC por pareja.

Los juegos del **Parque de Diversiones** (av. 5, entre calles 468 y 470) harán reír a los niños, así como las **matinés** (◷ 15.00 sa y do) del **teatro Avenida** (☎ 96 29 44; av. 5, nº 47612, entre calles 476 y 478).

Si lo que apetece es ver una película, el **cine Guanabo** (☎ 96 24 40; calle 480; ◷ pases 17.30 excepto mi) se encuentra cerca de la avenida 5.

PLAYA SANTA MARÍA DEL MAR

Discoteca Habana Club (☎ 97 13 44; av. de las Terrazas, entre calles 9 y 10; entrada 5 CUC; ◷ 22.00-3.00). Situada en el Aparthotel Las Terrazas, atrae a una mezcla de turistas y lugareños.

Los lugares de ambiente de Playas del Este se encuentran por una playa llamada **La Paté** (calle 1), cerca del restaurante Mi Cayito, en el extremo este de Santa María del Mar. También se puede probar en el extremo oeste, en El Mégano.

De compras

Photo Service (Hotel Tropicoco, entre avs. del Sur y de las Terrazas). Proporciona casi todos los servicios fotográficos (cámaras y carretes).

Cómo llegar y salir

AUTOBÚS Y TAXI

Los autobuses privados de color azul (5 CUP) con salida desde Gloria y Agramonte, cerca de la Estación Central de Trenes de La Habana, llegan hasta Guanabo, pero no pasan por Santa María del Mar.

El autobús 400 a Guanabo sale más o menos cada hora desde Taya Piedra, un parque dos cuadras al este de la estación Cristina de La Habana. En dirección opuesta, tiene varias paradas en la avenida 5, pero es mejor tomarlo lo más al este que se pueda. El autobús 405 va de Guanabacoa a Guanabo.

Un taxi turístico de Playas del Este a La Habana cuesta unos 20 CUC.

CASAS PARTICULARES EN GUANABO

Casa Olivia, Amada V. Lois Correa (☎ 96 28 19; calle 468, nº 714, entre avs. 7 y 9; h 40 CUC; ⊠ 🖥). Agradable y con un enorme salón; se preparan desayunos.

Elena y Aimeé González (calle 472, nº 7B11, entre avs. 7B y 9; h 25-30 CUC; ⊠). Con un frondoso patio.

Isabel Román Alonso (☎ 96 49 26; calle 470, nº 7B07, entre calles 7B y 9; h 30 CUC; ⊠). Alojamiento privado con entrada independiente, pequeña cocina, salita y TV.

La Gallega y Teresa (☎ 96 68 60; calle 472, nº 7B07A, entre calles 7B y 9; apt 25-30 CUC; ⊠). Tres bonitos apartamentos independientes con cocina.

Nancy y Tomás (☎ 96 41 57; calle 444, nº 701, entre avs. 7 y 7A, h 35 CUC, casa completa, 50 CUC; P ⊠). Vivienda de dos habitaciones con un gran porche; se puede cocinar.

Neyda y Mayito (☎ 96 58 62; calle 7B, nº 47007 entre calles 470 y 472; h 25-30 CUC; ⊠). Dos habitaciones con baño compartido, salón y cocina.

Pablo M. Durán Jubiel y Rosario Redonda (☎ 96 52 81; calle 476, nº 905, entre avs. 9 y 9B; h 25-30 CUC; P ⊠). Pequeña casa con cocina y patio; asimismo, disponen de habitaciones en el 906 y 9B01.

Rolando del Rey (☎ 96 36 16; calle 470A, nº 9B09, entre calles 9B y 11; h 30 CUC; ⊠). A unos 500 m de la playa.

Teresa Carmona (☎ 96 30 69; calle 476, nº 703, entre avs. 7A y 7B; h 30 CUC; ⊠). En el piso superior.

Sonia Mújica Amargós (☎ 96 48 50; calle 476, nº 706, entre avs. 7A y 7B; h 25-30 CUC; P ⊠).

LA FOTO QUE DIO PIE A MILES DE CAMISETAS

Inmortalizada en una fotografía de 1960 tomada en un funeral por las víctimas de *La Coubre,* un carguero francés que estalló en el puerto de La Habana, la imagen del Che Guevara captada por Alberto Korda, con expresión desafiante y mirada pensativa, no necesita presentación. Se la ha definido como la foto más famosa del mundo, todo un icono del s. xx.

Sin embargo, por clásica que sea, el extraordinario retrato de Korda despertó muy poco interés en su época. Para la prensa internacional de entonces tuvieron más valor las fotos de Jean Paul Sartre y Simone de Beauvoir que el fotógrafo captó en el mismo carrete Kodak Plus-X que usó para la del Che. En realidad, no fue hasta la muerte de Guevara, más de siete años después, cuando se hizo célebre. El editor italiano Giangiacomo Feltrinelli se hizo con una copia de la imagen a través de un tercero (se dice que fue el propio Sartre quien se la proporcionó) y la transformó en póster para anunciar el lanzamiento en Italia de los *Diarios* bolivianos del Che.

En los años siguientes, todo el mundo, desde Andy Warhol hasta el grupo de *rock* Rage Against the Machine, usó la foto dándole una inusitada popularidad. La famosa, eso sí, es una versión retocada de la original, más centrada, en la que se destaca el busto y con el contraste muy alto, obra del artista irlandés John Fitzpatrick en 1968. Desde entonces, la imagen ha decorado las paredes de un sinfín de dormitorios estudiantiles en todo el mundo.

Korda, admirador del Che y socialista toda su vida, siempre se negó a embolsarse un céntimo por su trabajo fotográfico, pero llevó a juicio a la marca de vodka Smirnoff por uso ilícito de la imagen en un anuncio, y ganó. En un gesto que le honra, donó la indemnización de 50.000 US$ al sistema sanitario cubano.

TREN

Una de las mejores formas de llegar a Guanabo es en el tren eléctrico Hershey, que tiene cinco salidas diarias desde la estación de Casablanca (La Habana) y desde Matanzas. El tren para en la estación de Guanabo (poco más que una cabaña en medio del campo), a unos 2 km del extremo este de Guanabo. Hasta llegar a las playas hay un agradable paseo por una carretera tranquila.

Cómo desplazarse

Hay una gran zona de aparcamiento junto a la calle 7, entre las avenidas de las Terrazas y del Sur, cerca del Hotel Tropicoco (1 CUC/ día, de 8.00 a 19.00). Existen otras a lo largo de la playa Santa María del Mar.

Havanautos (☎ 96 38 45; calle 500, entre avs. 5C y D, Guanabo) tiene una oficina en el Hotel Tropicoco y junto al Servi-Cupet.

Transtur (Guanabo, calle 478 esq. con av. 9A; Santa María del Mar ⏱ 97 15 35; av. de las Terrazas) tiene su oficina principal ente el Aparthotel Atlántico y el Aparthotel Las Terrazas, en Santa María del Mar. También atiende en el Hotel Tropicoco y en los complejos Blau Arenal y en su otra oficina de Guanabo, junto al Hotel Gran Vía, frente al Servi-Cupet de la avenida 5.

Las dos gasolineras **Servi-Cupet** (⏱ 24 h; Guanabo ☎ 96 38 58; av. 5 esq. con calle 464; al oeste de la vía Blanca de Bacuranao) cuentan con un pequeño bar. La situada al oeste de Bacuranao está frente a la academia militar.

Provincia de La Habana

Campos cuadriculados, pueblitos con palmeras y una costa rocosa cubierta por vegetación; eso es todo lo que se ve de la provincia de La Habana mientras el Boeing 747 desciende hacia el aeropuerto internacional José Martí. Sin embargo, aunque no sea tan espectacular como los Viñales o tan perfecta para tomar una foto de postal como Trinidad, esta región llana y agrícola que rodea a la ciudad de La Habana tiene su propio encanto.

La mejor manera de conocer la zona es subir al anticuado tren Hershey, que sale de La Habana rumbo a Matanzas pasando por Santa Cruz del Norte, Jibacoa Pueblo, Arcos de Canasí y cualquier casa que haya por medio. Se puede parar en Camilo Cienfuegos y merodear por las ruinas de su antiguo ingenio de azúcar, o bajarse en Jibacoa Pueblo, donde, 5 km al norte, se encuentra uno de los enclaves turísticos más baratos del país.

En la parte oriental de la provincia se encuentra el Ranchón Gaviota, una pintoresca casa de campo, donde se alquilan motos, barcas y caballos para visitar el valle de Yumuri. En el lado oeste, se puede visitar la ciudad de San Antonio de los Baños, en la que antiguamente se cultivaba tabaco y ahora es conocida por ser el lugar de nacimiento del cantautor Silvio Rodríguez; aquí los aficionados a la trova, la canción poética tradicional, podrán solazarse mientras pasean por las tranquilas calles o hacen una parada para visitar el Museo del Humor. Para terminar la visita, se puede ir a Bejucal para presenciar la popular fiesta anual de las Charangas, en la que dos comparsas, La Espina de Oro y La Ceiba de Plata, compiten en una ordalía de danza, canto, música y risas. ¿Quién dijo que la provincia de La Habana era aburrida?

LO MÁS DESTACADO

- **Escapada verde**
  Disfrutar de un almuerzo en los jardines Hershey (p. 167)

- **Alojamiento rural**
  Redescubrir la vida campestre en el valle de Yumurí, en el bucólico Ranchón Gaviota (p. 167)

- **Viaje en tren**
  Huir del turismo de masas a bordo del histórico tren eléctrico Hershey (p. 166)

- **La casa del humor**
  Disfrutar de unas buenas risas en el Museo del Humor (p. 170), en San Antonio de los Baños

- **Escapada a la playa**
  Relajarse en Jibacoa (p. 166)

Jardines Hershey ★
Playa Jibacoa ★
Tren eléctrico ★ Hershey
Ranchón Gaviota
★ San Antonio de los Baños

☎ VARIOS | ■ POBLACIÓN: 711.590 | ■ SUPERFICIE: 5.731 KM²

PROVINCIA DE LA HABANA

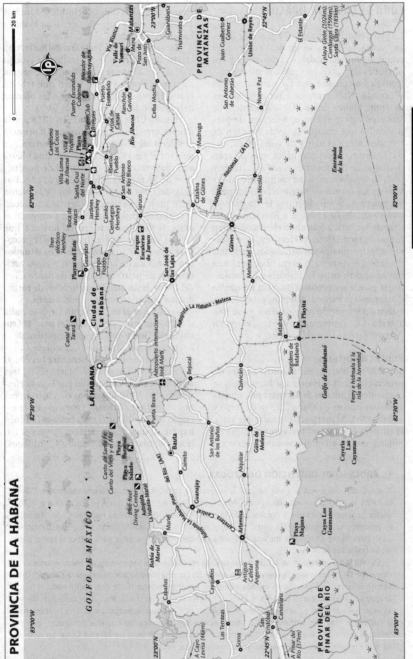

ZONA DE LA PLAYA JIBACOA

☎ 692

La playa Jibacoa, situada 60 km al este de La Habana y 50 km al oeste de Varadero, es con sus pequeñas calas, sus *campings* y sus opciones de buceo con tubo, el sitio predilecto de los cubanos de a pie para hacer una escapada. No cuenta con las extensiones de arena blanca de las Playas del Este o de Varadero, pero sí con una terraza de piedra caliza que cumple la doble función de mirador sobre el mar y de zona de escalada. Quienes viajen con niños encontrarán multitud de interesantes cosas que hacer y podrán entablar amistad fácilmente, al ser la zona un centro de turismo familiar para los cubanos. Se puede ir por la vía Blanca, que va desde La Habana a Matanzas bordeando la costa, admirando el paisaje o bien tomar el tren eléctrico Hershey, que atraviesa las pequeñas comunidades agrícolas del interior. Aunque la playa Jibacoa es una buena opción entre La Habana y Matanzas, llegar puede ser problemático sin un medio de transporte propio. Además, esta zona se está transformando muy deprisa: ya se han abierto dos complejos turísticos de lujo en Arroyo Bermejo, en el lado este.

Puntos de interés

Sobre la vía Blanca, en la frontera entre las provincias de La Habana y Matanzas, se encuentra el **mirador de Bacunayagua,** que da al mayor puente de Cuba (313 m de largo y 100 de alto). Al margen de la increíble vista, el edificio cuenta con restaurante, mesa de billar y un bar en el que se sirven cervezas frías y zumos recién exprimidos. Muchos autobuses de la ruta Varadero/La Habana hacen parada aquí.

Hacia el oeste está **Santa Cruz del Norte,** una relativamente pequeña y tranquila ciudad a pesar de albergar una famosa destilería de ron: la Ronera Santa Cruz, que fabrica el ron Havana Club y es una de las plantas más grande de su clase de toda Cuba.

Havana Club fue fundada en 1878 por la familia Arrechabala de Cárdenas. La primera destilería fue abierta en 1919, en Santa Cruz del Norte. En 1973 se construyó una planta aún mayor, con una capacidad de producción de 30 millones de botellas al año. Por desgracia, las visitas al interior de la planta están prohibidas para los turistas por miedo al espionaje industrial. Si se va un poco al oeste, se distinguirá la central térmica, que genera energía mediante el uso del petróleo extraído de los pozos costeros situados cerca de Boca de Jaruco. Estos y otros yacimientos de petróleo al oeste de Santa Cruz del Norte están siendo explotados de forma intensiva desde hace unos pocos años.

Unos 5 km al sur de Santa Cruz se halla el mayor ingenio de azúcar del país, la **Central Camilo Cienfuegos,** antaño propiedad de la norteamericana Hershey Chocolate Company. Aquí también se encuentra la central del ferrocarril Casablanca-Matanzas (el **tren eléctrico Hershey),** construido por la casa Hershey en 1917. Por la zona pasan cinco trenes diarios entre La Habana (parando en la estación de Casablanca) y Matanzas. También hay tres trenes desde Hershey (como se conoce popularmente a Camilo Cienfuegos)

EL PROCESO DE OBTENCIÓN DE AZÚCAR

A mediados del s. XVIII, la caña de azúcar reemplazó al tabaco como principal cultivo en Cuba. Durante la zafra o cosecha de la caña, los ingenios trabajan las 24 horas al día, 7 días a la semana, segando, cortando y machacando la caña. Como todo lo que se hace en Cuba, durante el proceso no se desperdicia nada: las hojas se dan a los animales como forraje, las fibras se usan para hacer cartón y la melaza, obtenida por centrifugación, sirve para elaborar ron o para alimentar a los animales.

Es una labor intensiva: se ha de llevar la caña recolectada al ingenio en un plazo máximo de dos días; de lo contrario, fermentará. De ahí el transporte masivo por la carretera Central. Una vez en la azucarera, la caña es molida entre dos enormes ruedas hasta que suelte todo el jugo, al que se le añade zumo de lima, y luego es calentado en un clarificador. Más tarde, se hierve el jugo bajo presión en un recipiente al vacío, donde el agua se evapora y el azúcar comienza a cristalizar. Una vez la melaza es retirada, el aire caliente seca los cristales de azúcar, que se refina si se desea obtener azúcar blanco, que es considerado todo un lujo en Cuba. Lo normal es que en los hogares se consuma únicamente azúcar moreno.

hasta Santa Cruz del Norte, y otros seis desde Hershey hasta Jaruco.

Actividades

Los **jardines Hershey** (☎ 20 26 85) están en un terreno antiguamente propiedad del famoso fabricante de chocolate americano Milton Hershey, quien controlaba el ingenio de azúcar cercano. Hoy día se encuentran un tanto abandonados, aunque mantienen sus atractivos senderos, llenos de abundante follaje verde y un hermoso río que le otorga gran parte de su encanto. Hay un par de restaurantes y una generalizada sensación de paz y tranquilidad. Un buen lugar para comer y pasear, situado 1 km al norte de la estación de trenes. Desde Playa Jibacoa también se puede ir por carretera; los jardines de encuentran 4 km al sur de Santa Cruz del Norte.

Puerto Escondido Cubamar (☎ 866-2524; ctra. Panamericana, km 80) es un pequeño centro de deportes acuáticos a 1,5 km de la vía Blanca y unos 7 al este de Arcos de Canasí. Se puede practicar submarinismo por 30 CUC la inmersión o dos horas de buceo con tubo por 10 CUC (mínimo cuatro personas), incluido todo el equipo necesario. También se puede practicar pesca deportiva.

Si se sigue cualquiera de las señales que hay en la carretera hacia la costa, se llegará a uno de los 10 campismos (la red nacional de *camping*; cuenta con 82 instalaciones aunque no todas admiten extranjeros) que salpican el paisaje. Todos cuentan con atracciones diversas, accesibles previo pago de 1 CUC. Se puede bucear con tubo en la playa situada frente al Campismo Los Cocos. Si se sigue por la costa hacia el oeste se alcanzarán playas desiertas donde relajarse bajo una palmera.

Para llegar al **Ranchón Gaviota** (☎ 61 47 02 entrada 8 CUC, comida incl.; ⏰ 9.00-18.00), es necesario disponer de transporte propio, pues está a 12 km de Puerto Escondido, hacia el interior. En el trayecto se recorre un paisaje lleno de palmeras y plantaciones de caña de azúcar en dirección al valle del Yumurí. El rancho, emplazado en la cima de un monte, ofrece actividades como montar a caballo, kayak, bicicleta y un festín compuesto de ajiaco (estofado de carne), cerdo asado, congrí (arroz con frijoles), ensalada, postre y café. Para llegar hay que tomar la carretera del interior durante 2 km hacia Arcos de Canasí, girar a la izquierda en la bifurcación y seguir durante otros 10 km hasta ver la indicación.

Dónde comer y dormir

Campismo Los Cocos (Cubamar; ☎ 29 52 31/32; i/d/t 19/30/41 CUC; P ✗ ☎). El más nuevo de los destinos rurales de Cubamar. Un hotel moderno, con una serie de *bungalows* diseminados alrededor de una piscina y cerca de la playa. Dispone de un completo equipamiento, incluyendo biblioteca, centro médico, restaurante a la carta, salón de juegos y un montón de caminos para desaparecer en los montes vecinos. También tiene una zona para *roulottes*. Se puede reservar con antelación en Cubamar (p. 444) o directamente en recepción. La única pega es la música que suena a todas horas al lado de la piscina.

Villa Loma de Jibacoa (Islazul; ☎ 8-5316; i/d 29/ 38 CUC; P ☎). Hotel situado en lo alto de una colina, con una pequeña playa a pie de monte, al lado de la boca del río Jibacoa, cerca de la vía Blanca. Está compuesto por 13 casas individuales de una a cuatro habitaciones, las cuales comparten el televisor, la nevera y el baño; el lugar perfecto para unas vacaciones en grupo o en familia. Cada casa es diferente, así que conviene echar una ojeada antes de decidirse por una, algo no siempre posible, pues el lugar, muy conocido, suele estar lleno.

Villa El Trópico (Gran Caribe; ☎ 8-4203; i/d 70/ 100 CUC; P ✗ ☎). Al este del Campismo Los Cocos se encuentra este alojamiento turístico recientemente reabierto; su clientela está formada mayoritariamente por turistas canadienses.

SuperClub Breezes (☎ 8-5122; i/d temporada baja 151/242 CUC, temporada alta 223/356 CUC). Situado al este de El Trópico, es este hotel "todo incluido", da a una cuidadosamente elegida franja litoral con una hermosa playa. Las habitaciones se encuentran en *bungalows* de dos plantas. En el lugar se respira un aire de tranquilidad que, en cierta medida, rompe con lo que Playas del Este ofrece. No se permite la entrada a niños menores de 16 años. El lugar tiene fama por su buena comida, actividades y ocio. Si se viene desde Matanzas, la salida es en el kilómetro 13, al oeste del puente de Bacunayagua.

Su único fallo es que no existe casi ninguna opción donde comer fuera del hotel. Aunque hay un par de sitios que sirven *pizzas* recalentadas, es mucho mejor intentar contactar con los pescadores locales y llegar a un acuerdo con ellos para que preparen una comida con lo que hayan capturado en el día.

Caracol Tienda (☉ 9.00-16.30 lu-vi, 9.00-18:30 sa-do). Situado en el lado interior de la carretera antes de la salida a Villa Loma de Jibacoa, ofrece una pequeña variedad de comestibles.

Ocio

Discoteca Jibacoa (☉ 21.00-4.00 ma-do). Una discoteca local situada entre el Campismo Los Cocos y Villa Loma de Jibacoa. Un gran lugar para ver a los lugareños moviendo las caderas.

Cómo llegar y salir

La mejor manera de llegar a Playa Jibacoa es usando el tren eléctrico Hershey desde la estación de trenes de Casablanca, en La Habana, dirección Jibacoa Pueblo. No hay ningún autobús que lleve hacia la playa y al ser el tráfico bastante esporádico, lo más probable es que el viajero acabe caminando los 5 km que hay hasta Villa Loma de Jibacoa. El tren eléctrico también para en Arcos de Canasí, aunque está a 6 km de El Abra y no es un grato paseo (se puede hacer autostop).

Otra opción es subir al abarrotado autobús 669 a la salida de la **estación La Coubre** (Desamparados), al sur de la estación central de La Habana, en dirección a Santa Cruz del Norte. Por desgracia este autobús sólo realiza el trayecto tres veces por semana, y aun así, se tendrá que tomar un taxi o hacer autostop durante 9 km hasta Villa Loma de Jibacoa (para más información sobre los peligros asociados al autostop ver p. 472). La mejor manera de llegar es tomar cualquier autobús que salga de La Habana en dirección a Matanzas por la vía Blanca, y acordar con el conductor que pare en la playa Jibacoa, al lado del puente de Villa Loma de Jibacoa.

JARUCO

☎ 64 / 20.400 hab.

Jaruco está enclavado en el interior, a medio camino entre La Habana y Matanzas. Es un lugar interesante para visitar si se dispone de medio de transporte propio. El **parque Escaleras de Jaruco**, 6 km al oeste de la población de Jaruco, alberga bosques, cuevas, formaciones rocosas y acantilados de piedra caliza, pero lo realmente recomendable es el destino en sí, en especial por el bello paisaje que se contempla mientras se transita las carreteras camino de Jaruco. Se trata de un bonito trayecto de 32 km que discurre en dirección sudeste desde Guanabo a través de Campo

---

EL FIN DE UNA DULCE ERA

Tras reconocer la falta de competitividad en su industria azucarera, Cuba cerró 156 ingenios en el año 2000, alejándose de la dependencia que este cultivo ejercía sobre su economía. Uno de los ingenios que cerró fue la Central Camilo Cienfuegos, en la provincia de La Habana, construido a principios del s. xx por el empresario americano Hershey.

A los trabajadores que perdieron su empleo se les ofreció la oportunidad de asistir a la universidad o a una escuela de formación profesional. Aunque muchos se acogieron a la propuesta, las ciudades que vivían del cultivo de azúcar, aún intentan sobrevivir a su nueva realidad.

Florido; se puede dar un rodeo volviendo por Santa Cruz del Norte, 18 km al nordeste de Jaruco por la Central Camilo Cienfuegos. También es una interesante excursión para realizar en bicicleta desde playas del Este o Jibacoa.

SURGIDERO DE BATABANÓ

☎ 62 / 22.587 hab.

La pequeña ciudad de Batabanó, 51 km al sur del centro de La Habana, tiene pocas cosas que ver excepto el **Museo Municipal** (calle 64, nº 7502; ☉ 9.00-17.00 ma-do, cerrado lu). La auténtica razón para llegar hasta aquí es tomar un barco rumbo a la isla de la Juventud, más conocida simplemente como "la isla". Fidel Castro y sus compañeros del asalto al cuartel Moncada desembarcaron aquí el 15 de mayo de 1955 después de que Fulgencio Batista los amnistiara tras cumplir una breve condena en la citada isla.

Los comentarios sobre Surgidero de Batabanó son bastante variados. Algunos viajeros encuentran atractiva su rústica arquitectura, mientras que a otros no les gusta el ambiente y se quejan del acoso de las jineteras. Si se ha de permanecer por algún tiempo, hay unos pequeños bares donde sirven pescado frito y una pequeña playa, conocida como **La Playita**, unos 2 km al este del muelle. En resumen, la ciudad no es más que una parada en el camino.

Dónde dormir y comer

Ciertamente Surgidero de Batabanó no es un lugar que merezca hacer noche, pero si no hay más remedio, se puede intentar en

el **Hotel Dos Hermanos** (☎ 8-8975; calle 68, nº 315). Tiene cuatro plantas y 29 habitaciones; está cerca del puerto y de la estación de trenes. Aunque no tiene agua corriente.

Otra opción, quizá mejor, son la cabañas prefabricadas de La Playita, todas tienen baño y sólo están 2 km al este desde la terminal del *ferry.* Dependiendo de la época del año el viajero recibirá una mejor o peor acogida. También se puede arreglar el alquiler de una habitación en una casa particular, así como la comida a base de pescado fresco.

Cómo llegar y salir

La estación de trenes se encuentra a menos de 1 km de la terminal del *ferry,* bajando por la calle del Hotel Dos Hermanos. Normalmente, hay dos trenes diarios que salen de la estación Cristina de La Habana y tardan 2 ½ horas .

El *kometa* (un *hidroala*) zarpa diariamente de Surgidero de Batabanó rumbo a la isla de la Juventud a las 13.00 (11 CUC, 2 h). También hay un *ferry* (7 CUC, 5 h) aunque sólo sale los miércoles, viernes y domingos a las 7.30. Se recomienda comprar el tique combinado autobús/barco en La Habana (p. 134). En Surgidero de Batabanó se puede llamar a la **agencia de pasajes** (☎ 8-5355) para reservar los billetes del *hidroala* o del *ferry.* Para más información sobre las conexiones de autobús desde La Habana, véase p. 135.

Una barcaza transporta vehículos diariamente a las 13.00 (20 CUC sólo ida). Únicamente admite un pasajero por vehículo.

Para más información se puede llamar a la **Empresa Naviera** (☎ 8-4455).

La estación de servicio de **Servi-Cupet** (calle 64, nº 7110, entre calles 71 y 73) está en el centro de Batabanó. Más hacia el este, hay otra estación en Güines.

SAN ANTONIO DE LOS BAÑOS
☎ 650 / 37.059 hab.

San Antonio de los Baños se encuentra 35 km al sudoeste del centro de la provincia y es famosa por su Escuela Internacional de Cine y Televisión, la cual recibe generosas donaciones de defensores del régimen cubano como Gabriel García Márquez. Eso le permite tener unas instalaciones de primera calidad, incluida una piscina olímpica para practicar el rodaje subacuático. El cantautor Silvio Rodríguez es natural de San Antonio, ciudad que fue fundada en 1775.

La ciudad, en realidad, no es que tenga mucho encanto, aunque el Hotel Las Yagrumas es un buen lugar para relajarse tras el ritmo más acelerado de La Habana. El paisaje está compuesto por una sucesión de plantaciones de cítricos y de tabaco, no en vano en la región se fabrican los mejores cigarros partidos de toda Cuba.

La oficina de correos está en la esquina de la calle 41 con la 64; hay una tienda de revelado al otro lado de la calle.

Puntos de interés y actividades

La ciudad posee algunas plazas interesantes, como la que alberga la vieja iglesia, en la

---

SILVIO RODRÍGUEZ

Uno de los más conocidos intérpretes de la llamada Nueva Trova Cubana, Silvio Rodríguez nació en 1946, en la pequeña ciudad agrícola de San Antonio de los Baños. Su abuelo fue compañero de José Martí y su padre, un ferviente socialista, por lo que no es de extrañar que Silvio se convirtiese en compositor de la banda sonora del régimen comunista cubano, gracias también a la influencia musical de su madre, cantante aficionada.

Sus canciones más conocidas son "Ojalá" (una canción de amor), "La maza" (sobre la caída del gobierno de Salvador Allende) y "El necio" (una canción escrita en 1992 en la que satiriza la ocupación de Guantánamo por parte de EE UU). Todas sus canciones siempre han sido cercanas a la línea ideológica impuesta por el régimen.

Durante años, Silvio fue considerado una suerte de icono idealista en América Latina y en España para todo *progre* que se preciara de serlo. "Soy todo un optimista", dijo una vez, "cuando la Revolución, creía que la canción realmente podía cambiar el mundo".

Hoy día, con 60 años cumplidos y siendo famoso en medio mundo, Silvio sigue viviendo en Cuba y gozando ampliamente de los favores del régimen. Hace poco, dio algunos conciertos en Argentina, Puerto Rico y Venezuela; en 2004, al que realizó en la plaza de la Revolución, en La Habana, asistió el mismísimo Castro en persona.

esquina de las calles 66 y 41. Muy cerca, se encuentra el **Museo Municipal** (☎ 2539; calle 66, nº 4113, entre calles 41 y 43; entrada 1 CUC; ☾ 10.00-18.00 ma-sa, 9.00-12.00 do).

Otro lugar interesante es el **Museo del Humor** (calle 60 esq. con av. 45; entrada 2 CUC; ☾ 10.0-18.00 ma-sa, 9.00-13.00 do) con su colección, única en Cuba, de caricaturas, dibujos y multitud de objetos que capturan lo mejor del humor cubano. En abril se celebra el **Festival Internacional del Humor** y los dibujos vencedores son expuestos durante semanas.

En la **Galería Provincial Eduardo Abela** (☎ 4224; calle 58, nº 3708, entre calles 37 y 39; entrada gratuita; ☾ 13.00-17.00 lu-vi) el viajero puede ver el trabajo de los artistas locales.

Si se desea, se puede cruzar el puente sobre el cercano río hasta el restaurante La Quintica, desde donde parten dos **senderos para excursionistas** que recorren la zona. También se puede disfrutar de una copa en el bar y luego disfrutar de una travesía en velero por los frondosos bancos fluviales.

Dónde dormir y comer

La principal zona comercial es la avenida 41, con numerosos sitios baratos donde comer.

El **Hotel Las Yagrumas** (Islazul; ☎ 38 44 60/61/62; i/d 30/40 CUC; [P] [X] [♨]) está unos 3 km al norte de San Antonio de los Baños y da al pintoresco pero contaminado río Ariguanabo. Tiene 120 habitaciones, todas con balcón o terraza. Si se desea disfrutar de tranquilidad es preferible decantarse por una con vistas al río. Las comidas son tipo bufé. Se pueden explorar los 6 km del río en canoa o en lancha motora, o bien alquilar una bicicleta para pasear por la ciudad. También tiene una gran piscina y un karaoke, que hace las delicias de las familias allí alojadas.

Ocio

Taberna del Tío Cabrera (calle 56, nº 3910, entre calles 39 y 41; ☾ 14.00-17.00 lu-vi, 14.00-1.00 sa-do). Un atractivo local donde tomar un cóctel, con un jardín en el patio trasero.

La Quintica (☾ ma-do). Este barato restaurante se encuentra al norte de la ciudad, siguiendo la orilla del río durante unos 2 km, muy cerca al estadio de béisbol local.

Cómo llegar y salir

En teoría, hay cuatro trenes diarios a la estación 19 de Noviembre de La Habana, conocidos popularmente como Tulipán (1 CUP).

Salen desde la esquina de las calles 53 y 54, en la zona sur de la ciudad. La otra opción es tomar un coche desde la **terminal intermunicipal** (El Lido, av. 41) en Marianao (30 CUP).

BEJUCAL

☎ 66 / 20.442 hab.

La visita a esta pequeña ciudad, situada casi al borde de la provincia, es recomendable por una sola razón: las **charangas de Bejucal**, que se celebran cada 24 de diciembre. A medio camino entre el Carnaval y las más conocidas parrandas de Remedios, este festival, que data del año 1800, congrega a 10.000 personas, que abarrotan las calles cantando, bailando y riendo hasta la madrugada. Hay un servicio de trenes lanzadera cada 24 de diciembre entre Bejucal y la estación Cristina de La Habana.

ARTEMISA

☎ 63 / 60.477 hab.

Esta bulliciosa ciudad azucarera, 60 km al sudoeste de La Habana, merece la pena aunque sólo sea para comer una *pizza*. Junto a la carretera Central entre Artemisa y Guanajay existe una sección restaurada de la trocha Mariel-Majana, un muro defensivo construido por los españoles durante la Guerra de Independencia.

Los amantes de la Revolución pueden visitar el **Mausoleo a las Mártires de Artemisa** (☎ 3-3276; av. 28 de Enero; entrada 1 CUC; ☾ 9.00-18.00 ma-do). De los 119 revolucionarios que acompañaron a Fidel Castro en 1953 al asalto del cuartel de Moncada, 28 eran de Artemisa o de los alrededores. Los 14 hombres enterrados bajo el mausoleo de bronce con forma de cubo, murieron en el mismo asalto o fusilados por las tropas de Batista poco después. Hay guías impresas que explican el suceso.

El **Antiguo Cafetal Angerona** es un museo situado 17 km al oeste de Artemisa, en el camino que va a Cayajabos y a la autopista Habana-Pinar del Río (A4). Angerona fue construido entre los años 1813 y 1820 por Cornelio Sauchay, propietario de 450 esclavos que cultivaban 750.000 cafetos. Detrás de las ruinas de la mansión, aún se levantan las chozas de los esclavos y la vieja torre de observación, desde donde el capataz controlaba su trabajo. La plantación es mencionada en novelas de Cirilo Villaverde y de Alejo Carpentier, y se le dedican varias páginas en la novela *Six Days in Havana* de James A. Michener.

SI SE DISPONE DE MÁS DÍAS

La mejor manera de ver el modo de vida cubano es subir al ferrocarril eléctrico Hershey desde La Habana a Matanzas. Hay cinco trenes diarios, que salen de la estación Casablanca, en el lado este de la bahía de La Habana, todos ellos eléctricos. No hay que fiarse mucho de los horarios, pues el servicio suele interrumpirse por desastres como el atropello de una vaca o por campañas de limpieza de los convoyes. El paisaje y el ambiente, eso sí, son típicamente cubanos. El viajero puede apearse en cualquiera de las estaciones rurales. Aunque las más interesantes quizá sean las siguientes:

Central Camilo Cienfuegos: Para caminar entre las ruinas del antiguo ingenio de azúcar Hershey o hacer un *picnic* en los jardines homónimos.

Guanabo: El centro turístico playero más popular de la provincia, con muchas casas particulares en alquiler. A un paseo de unos 2 km desde la estación de Guanabo.

Jibacoa: A tan sólo 5 km se encuentra la hermosa playa Jibacoa y el nuevo Campismo Los Cocos.

Una manzana al oeste de la estación de autobuses, hay una **pizzería** (calle 31 esq. con calle 54) donde, además de *pizzas*, sirven batidos de frutas.

A cuatro manzanas de la estación de autobús, se encuentra la **estación de trenes de Artemisa** (av. Héroes del Moncada). Sólo pasan dos trenes diarios, uno al mediodía hacia La Habana y otro a medianoche rumbo a Pinar del Río.

La estación de autobuses está en el centro de la ciudad, en la carretera Central.

MARIEL
☎ 63 / 31.922 hab.

Esta ciudad, 45 km al oeste de La Habana, es internacionalmente conocida por el éxodo masivo de disidentes del régimen acaecido en 1980; ese año, 125.000 cubanos emigraron hacia Florida. Fundada en 1762, es una ciudad industrial con un puerto y la mayor factoría de cemento del país. También hay una planta térmica, un aeropuerto militar y unos astilleros, además de una zona libre de impuestos de nueva creación, atractivos todos ellos que no la hacen especialmente prometedora para el viajero. Geográficamente, la ciudad se encuentra en el punto más estrecho de la bahía de Mariel, 31 km al norte de la playa Majana.

Después de Moa, en la provincia de Holguín, Mariel ostenta el dudoso honor de ser la ciudad más contaminada de Cuba. La cementera, antiguamente propiedad de la compañía norteamericana Lone Star, pertenece ahora al gigante mexicano Cemex, aunque, como no podía ser menos, el copropietario es el Estado cubano.

El **Museo Histórico** local (☎ 9-2954; calle 132, nº 6926) se encuentra enfrente de la iglesia, a la entrada de la ciudad. También hay una inmensa mansión con forma de castillo que acoge una academia naval y está encaramada en un monte que domina la ciudad.

Unos 20 km al este siguiendo la autopista se encuentra la **playa Salado**, un lugar muy popular en verano pero que está casi completamente desierto en otras épocas del año. Aunque es más rocosa que arenosa, el agua está bastante limpia. Unos pocos kilómetros más al este aparece **playa Baracoa,** con más servicios. Suele tener un ambiente muy festivo, aunque eso supone que en ocasiones esté abarrotada; también suele estar frecuentada por surfistas locales. Hay dos parrilladas en las inmediaciones y un restaurante de más calidad, El Yunque. Otra opción es pagar 5 CUP por una caja de chicharritas (finas rodajas de plátano verde fritas), las mejores de Cuba.

Isla de la Juventud (municipalidad especial)

Siguanea, Juan el Evangelista, isla de los Loros, isla de los Pinos… La isla de la Juventud ha tenido más nombres que Fidel Castro cambios en su política. Es una auténtica tierra de nadie comparada con los sitios turísticos más populares de Cuba. La isla, como la llaman simplemente los lugareños, es una increíble unión de tropical remanso de paz y de paraíso ecológico salvaje.

La atracción más conocida de la isla son sus formaciones de coral; es éste el motivo por el que está siempre frecuentada por submarinistas, que acuden aquí para explorar su colección de descensos, pecios, cuevas y vida marina. Pero también hay abundancia de sitios tranquilos en los que relajarse, solazarse y conocer a la gente del lugar.

Nueva Gerona, la capital, es el mejor lugar para empezar a explorar la isla. Se trata de una mezcolanza arquitectónica de lo viejo y lo nuevo. Otras curiosidades incluyen las pinturas rupestres indígenas de la cueva Punta del Este, un centro de reproducción de tortugas en la alejada costa sur y los jardines botánicos de la Jungla de Jones.

Durante muchos años la isla sirvió como prisión, y en ella cumplieron pena disidentes de tanto abolengo como José Martí o Fidel Castro. Esta suerte de Alcatraz cubano está formado por un grupo de grotescos edificios circulares conocidos como Presidio Modelo. Situado 114 km al este, el brillante Cayo Largo del Sur es el más exclusivo de los *resorts* turísticos de Cuba. En contraste con el ritmo monótono y el subyacente carácter cubano de la isla, la atmósfera aquí es lujosa, foránea y muy profesional, aunque las playas son prístinas y el racimo de hoteles de alto *standing* son tan buenos como los que se pueden encontrar en cualquier sitio del mundo.

LO MÁS DESTACADO

- **Para llegar**
  Cruzar el golfo de Batabanó en *hidroala* o en *ferry* (p. 179)

- **Huida de la prisión**
  Explorar el abandonado Presidio Modelo (p. 179), donde Fidel Castro y otros asaltantes del cuartel Moncada cumplieron condena

- **Arte precolombino**
  Admirar la "capilla Sixtina" del arte rupestre antillano en la cueva de Punta Este (p. 181)

- **Inmersión**
  Pecios, paredes, arrecifes de coral y cuevas; Punta Francés (p. 181) es el mayor lugar para bucear de Cuba

- **La playa**
  Solazarse en las blancas arenas de la playa Sirena (p. 182) o en Cayo Largo del Sur

☎ 46 ▪ POBLACIÓN: 80.625 ▪ SUPERFICIE: 2.398 KM²

Historia

Los primeros pobladores de la isla de la Juventud fueron los indios siboney, una cultura precerámica que se asentó en el lugar en torno al s. XI procedente de las pequeñas Antillas. Con una subsistencia basada en la caza, la pesca y la recolección, los siboney fueron colonizando las costas isleñas. Llamaron a su nuevo hogar Siguanea y dejaron tras sí yacimientos de utensilios de conchas y otros moluscos, y una serie de pinturas rupestres en la cueva Punta del Este (p. 181).

Cuando Colón llegó a estas costas en junio de 1494, el pueblo siboney hacía mucho que había desaparecido y el intrépido navegante rebautizó el lugar como isla de Juan Evangelista, reclamándola para la Corona de España. Llena de manglares y rodeada por un círculo de arrecifes, los recién llegados no prestaron mucha atención a su nueva posesión. Con el paso de los años y el incremento del comercio marítimo en el Caribe, la isla se convirtió en escondrijo de piratas. Las características que la había hecho indeseable para su colonización como puerto, la hacían sin embargo ideal para que gente como Francis Drake, John Hawkins, Thomas Baskerville o Henry Morgan hallaran en ella refugio. La llamaron isla de los Loros, y hay quien dice que inspiró a Robert Louis Stevenson su novela *La isla del tesoro*.

En diciembre de 1830 fue fundada Colonia Reina Amalia, ahora Nueva Gerona, y durante todo el s. XIX la isla sirvió como lugar de exilio forzado para rebeldes e independentistas, incluyendo a José Martí. Gerardo Machado o Fulgencio Batista mantuvieron esta costumbre ya en el s. XX, y por la isla desfilaron muchos prisioneros políticos (Fidel Castro incluido), que para entonces había cambiado de nombre por cuarta vez para denominarse isla de los Pinos.

Aparte de su herencia española, la isla tiene una marcada influencia inglesa. A finales del s. XIX, algunas familias de pescadores procedentes de la colonia británica de las islas Caimán establecieron un asentamiento llamado Jacksonville (el actual Cocodrilo) en la punta sudoeste de la isla. Aún hoy es posible toparse con gente que habla inglés de forma fluida. Además, justo después de la independencia cubana, en 1902, la Enmienda Platt incluyó un apartado que situaba la isla fuera de las fronteras de la parte "principal" del archipiélago. Unos 300 colonos estadounidenses se establecieron de inmediato y sólo en marzo de 1925 el gobierno de EE UU reconoció a la isla como parte integrante de Cuba.

Los norteamericanos se quedaron e hicieron grandes negocios gracias a las primeras plantaciones de cítricos de la isla, construyendo una eficiente infraestructura de bancos, hoteles y edificios públicos. Durante la Segunda Guerra Mundial, el Presidio Modelo fue usado por EE UU para recluir a prisioneros del Eje. Sin embargo, al llegar la década de 1950, la isla se había convertido en un sitio de recreo muy frecuentado por estadounidenses adinerados que volaban a diario desde Miami. La fiesta se acabó abruptamente en 1959 con la llegada al poder de Fidel Castro.

Antes de la Revolución la isla de los Pinos estaba muy poco poblada. Pero entre 1960 y 1970 decenas de miles de jóvenes se presentaron voluntarios para realizar aquí sus estudios de secundaria en escuelas rurales construidas a tal efecto; estos edificios abundan hoy en las llanuras de la parte norte de la isla. Estos estudiantes trabajaban los campos por turno, creando las vastas plantaciones de cítricos aún visibles hoy día. En 1978 su labor en el desarrollo de la isla fue reconocido oficialmente cuando una vez más (la quinta) se cambió su topónimo por el de la isla de la Juventud. Numerosos jóvenes de África han estudiado aquí; de hecho, todavía acuden algunos estudiantes extranjeros, aunque en reducido número.

ISLA DE LA JUVENTUD

Uno de los más agradables lugares que se puedan encontrar en Cuba, la isla de la Juventud es un lugar aparte de cualquier otro lugar del archipiélago. Su ritmo sosegado y sus opciones de apartarse de los caminos más trillados por el turismo le otorgan un gran atractivo. Aunque la oferta hotelera es algo limitada, o quizá precisamente por ello, las oportunidades para convivir con los habitantes del lugar son muchas y hay un buen número de casas particulares que alquilan habitaciones, en especial alrededor de la capital, Nueva Gerona. Los isleños son gente amable y generosa, dispuestos a abrir tanto sus corazones como sus casas al visitante. La parte sur de la isla, con varios ecosistemas protegidos y una rica vida salvaje, es una

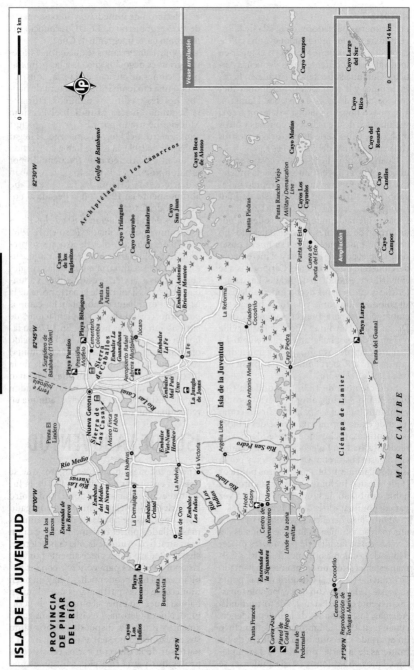

ISLA DE LA JUVENTUD

PROVINCIA
DE PINAR
DEL RÍO

Golfo de Batabanó

Archipiélago de los Canarreos

Véase ampliación

Ampliación

0   12 km

21°45'N

83°00'W   82°45'W   82°30'W

Cayos
Los
Indios

Punta de los
Barcos

Ensenada de
los Barcos

Punta de
Pedernales

Punta Francés

Cueva Azul
Pared de
Coral Negro

21°30'N Reproducción de
Tortugas Marinas

Centro de   Cocodrilo

Ensenada de
la Siguanea

Playa Buenavista

Punta
Buenavista

Río Medio

Río Las Nuevas

Embalse
del Medio-
Las Nuevas

Embalse
Cristal

La Demajagua

Las Nuevas

Mina de Oro

Río Los Indios

Embalse
Los Indios

Hotel
Colony

Centro de
submarinismo   Dársena

Linde de la zona
militar

Ferry e
hidrofoil

A Surgidero de
Batabanó (110km)

Punta El
Lindero

Nueva Gerona

Sierra de
Las Casas

Museo Finca
El Abra

Río Las Casas

Punta de
Alturra

Playa Bibijagua

Playa Paraíso

Cementerio
Colombia

Presidio
Modelo

Sierra de
Caballos

Aeropuerto Rafael
Cabrera Mustelier

Embalse La
Guandiana

Júcaro

Embalse
Mal País
Uno

La Jungla
de Jones

La Fe

Embalse
La Fe

Cayo Triángulo

Cayo Guayabo

Cayos
de los
Indesitos

Cayo Balandras

Cayo
San Juan

Cayos Boca
de Alonso

Cayo Matías

Cayo Campos

Embalse
Viet-Nam
Heroico

La Victoria

Argelia Libre

La Melvis

Río Jubó

Río San Pedro

Isla de la Juventud

Julio Antonio Mella

Embalse Antonio
Briones Montoto

La Reforma

Criadero
Cocodrilo

Cayo Piedra

Punta Piedras

Punta Rancho Viejo

Military Demarcation
Line

Cayos Los
Cayuelos

Cueva de
Punta del Este

Punta del Este

Playa Larga

Punta del Guanal

Ciénaga de Lanier

MAR CARIBE

Cayo Campos

Cayo
Cantiles

Cayo
Rico

Cayo del
Rosario

Cayo Largo
del Sur

0   14 km

Cocodrilo

gran extensión virgen sin explorar. Por su parte, al sudeste, cerca de la punta del Francés, existe una magnífica zona para practicar el submarinismo.

NUEVA GERONA
☎ 46 / 37.300 hab.

Flanqueada por la sierra de las Casas al oeste y la sierra de Caballos al este, Nueva Gerona es una pequeña y apacible ciudad ceñida por la ribera occidental del río las Casas, el único curso fluvial de la isla. Poco visitada y sin ninguno de los edificios históricos que salpican las ciudades cubanas, es pequeña, barata e increíblemente acogedora; un lugar en el que fácilmente el visitante será el único extranjero en kilómetros a la redonda.

Información
COMPAÑÍAS AÉREAS
Cubana (☎ 2-253; calle 39, nº 1415, entre calles 16 y 18)

INMIGRACIÓN
Inmigración (calle 34 esq. con calle 35; ☎ 8.00-12.00 y 13.00-17.00 lu y mi). No es el mejor lugar para conseguir una extensión de visado.

MEDIOS DE COMUNICACIÓN
Radio Caribe Emite programas de música variada en el 1270 AM del día.
Victoria Semanario local publicado los sábados.

ASISTENCIA MÉDICA
Farmacia Nueva Gerona (☎ 32 60 84; calle 39 esq. con calle 24; ☎ 8.00-13.00 lu-sa)
Hospital General Héroes de Baire (☎ 32 30 12; calle 39 A). Posee una cámara hiperbárica.
Policlínico Provincial de Emergencia (calle 41, entre calles 32 y 34)

DINERO
Banco de Crédito y Comercio (☎ 32 45 05; calle 39, nº 1802; ☎ 8.00-15.00 lu-vi). En la esquina de la calle 18.
Banco Popular de Ahorro (☎ 32 27 42; calle 39 esq. con calle 26; ☎ 8.00-12:00 y 13.30-17.00 lu- vi)
Cadeca (☎ 32 34 62; calle 39, nº 2022; ☎ 8.30-18.00 lu-sa, 8.30-13.00 do). En la esquina de la calle 20.

FOTOGRAFÍA
Photo Service (☎ 32 47 66; calle 39, nº 2010, entre calles 20 y 22). Venta y revelado de carretes.

CORREOS
Oficina de correos (☎ 32 26 00; calle 39, nº 1810, entre calles 18 y 20; ☎ 8.00-18.00 lu-sa)

TELÉFONO E INTERNET
Etecsa (calle 41, nº 2802, entre calles 28 y 30, ☎ 6.00-22.00)

AGENCIAS DE VIAJES
Ecotur (☎ 32 71 01; calle 39, entre calles 24 y 26). Éste es el lugar donde conseguir un permiso para visitar la zona militar.
Oficina de Campismo (☎ 32 45 17; calle 37, nº 2208, entre calles 22 y 24, ☎ 8.00-16.00 lu- vi, 8.00-12.00 sa)

Puntos de interés
En un radio de pocos kilómetros en torno a la ciudad hay varios puntos de interés: buenas playas, el Museo Finca El Abra y el Presidio Modelo. Se puede preguntar en las casas de alojamiento sobre la posibilidad de alquilar bicicletas.

CENTRO URBANO
El **Museo Municipal** ☎ 32 37 91; calle 30, entre calles 37 y 39; ☎ 9.00-13.00 y 14.00-18.00 lu-sa, 9.00-12.00 do) se encuentra en la antigua Casa de Gobierno, de 1853. Alberga una pequeña colección que incluye unos pocos utensilios de la época de los piratas, junto a los típicos huesos y aves disecadas.

La escuela de arte, en el lado oeste del Parque Central, es el antiguo **Centro Escolar**, construido en 1928. En el lado noroeste del parque se alza la **iglesia de Nuestra Señora de los Dolores** (☎ 32 18 35). Este templo de estilo mexicano neocolonial fue construido en 1926, después de que el original fuese destruido por un huracán. En 1957 el cura local, Guillermo Sardiñas, dejó Nueva Gerona para unirse a Fidel Castro en sierra Maestra; fue el único sacerdote cubano en hacerlo. Sardiñas fue más tarde promovido al rango de comandante.

En la calle 28, dos manzanas al este del Parque Central, se puede ver un enorme *ferry* pintado de blanco y negro y expuesto como un monumento junto al río. Es *El Pinero* (☎ 32 41 62), el barco original usado para transportar pasajeros entre la isla y Cuba desde 1920 hasta 1974. El 14 de mayo de 1955 Castro y los prisioneros liberados en la toma del cuartel Moncada regresaron a la isla en este buque.

La muestra local más importante es el **Museo de la Lucha Clandestina** (☎ 32 45 82; calle 24, entre calles 43 y 45; entrada 1 CUC, ☎ 9.00-17.00 ma-sa, ☎ 8.00-12.00 do). A mayor gloria de la Revolución, está lleno de montones de documentos

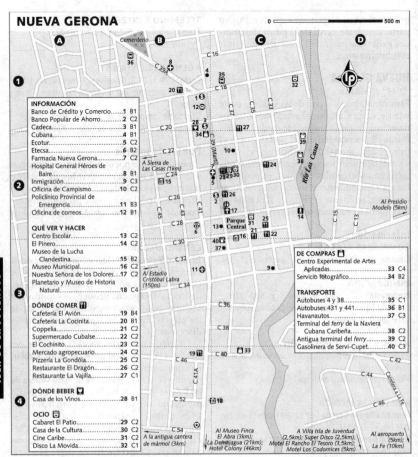

NUEVA GERONA

0 — 500 m

ISLA DE LA JUVENTUD

INFORMACIÓN
Banco de Crédito y Comercio......1	B1
Banco Popular de Ahorro...........2	C2
Cadeca................................3	B1
Cubana...............................4	B1
Ecotur................................5	C2
Etecsa................................6	B2
Farmacia Nueva Gerona............7	C2
Hospital General Héroes de	
Baire..................................8	B1
Inmigración...........................9	C3
Oficina de Campismo...............10	C2
Policlínico Provincial de	
Emergencia.........................11	B3
Oficina de correos..................12	B1

QUÉ VER Y HACER
Centro Escolar.......................13	C2
El Pinero..............................14	C2
Museo de la Lucha	
Clandestina........................15	B2
Museo Municipal....................16	C2
Nuestra Señora de los Dolores...17	C2
Planetario y Museo de Historia	
Natural.............................18	C4

DÓNDE COMER
Cafetería El Avión....................19	B4
Cafetería La Cocinita................20	B1
Coppelia..............................21	C2
Supermercado Cubalse.............22	C2
El Cochinito..........................23	C2
Mercado agropecuario.............24	C2
Pizzería La Góndola.................25	C2
Restaurante El Dragón..............26	C2
Restaurante La Vajilla..............27	C1

DÓNDE BEBER
Casa de los Vinos....................28	B1

OCIO
Cabaret El Patio......................29	C2
Casa de la Cultura...................30	C2
Cine Caribe...........................31	C2
Disco La Movida.....................32	C1

DE COMPRAS
Centro Experimental de Artes	
Aplicadas...........................33	C4
Servicio fotográfico.................34	B2

TRANSPORTE
Autobuses 4 y 38....................35	C1
Autobuses 431 y 441...............36	B1
Havanautos..........................37	C3
Terminal del *ferry* de la Naviera	
Cubana Caribeña..................38	C3
Antigua terminal del *ferry*........39	C2
Gasolinera de Servi-Cupet.........40	C3

y correspondencia, y de fotos de Fidel acompañado de sus correligionarios.

Más interesante para el visitante quizá resulte el **Planetario y Museo de Historia Natural** (☎ 32 31 43; calles 41 y 52; entrada 2 CUC; ⏱ 8.00-17.00 ma-sa; ⏱ 9.00-12.00 do), que ilustra la historia natural, geología y arqueología de la isla. Hay una réplica de las pinturas de la cueva Punta del Este, interesante si no es posible visitar las auténticas (véase p. 181). Para acceder al planetario (y usar el telescopio) hay que solicitarlo al guardia.

MUSEO FINCA EL ABRA

Este museo (ctra. Siguanea, km 2; ⏱ 9.00-17.00 ma-do) está 3 km al sudoeste de Nueva Gerona, junto a la carretera de La Demajagua (la continuación de la calle 41). Viniendo desde el Motel El Rancho El Tesoro, hay que avanzar en dirección sudoeste unos pocos cientos de metros por una pista hasta llegar a una carretera. Allí, se debe girar a la derecha y cruzar el puente sobre el río Las Casas. Pronto aparecerá una intersección, en la que habrá que girar de nuevo a la derecha y la señal de la carretera de acceso al museo aparecerá enseguida.

El joven José Martí fue enviado a la finca El Abra el 17 de octubre de 1870, y en ella permaneció durante nueve semanas, antes de ser deportado a España. Una leyenda apócrifa asegura que con los grilletes que llevó su madre forjó un anillo que Martí llevó hasta el día de su muerte. La vieja hacienda está enclavada en un bonito marco, justo

al pie de la sierra de las Casas; vale la pena visitar el museo aunque sólo sea por echar un vistazo al entorno. En las inmediaciones del museo hay un interesante reloj de sol de 1868. La casa adyacente aún está habitada por Omar Sarda, descendiente de Giuseppe Girondella, que acogió a Martí durante su estancia en el lugar.

Para volver a la ciudad se puede ir por la pista que hay justo enfrente del museo y que lleva, en dirección norte, a la antigua **cantera de mármol**, fácilmente visible en la distancia. La cantera no tiene un atractivo especial, pero desde lo alto de la colina donde se emplaza se disfrutará de unas vistas estupendas. De nuevo en la pista, se debe seguir en dirección norte entre el basurero y varias piaras de cerdos hasta alcanzar, a mano derecha, la calle 54; siguiéndola durante seis manzanas se estará de nuevo en el centro de la ciudad.

Actividades
ESCALADA
Es posible escalar la **sierra de las Casas**, a la que se accede desde el lado oeste de la calle 22. Tras recorrer unos cuantos cientos de metros a través de una pista forestal, se podrá ver un camino a la izquierda que lleva a las montañas. Al pie de éstas hay una cueva profunda, con una escalera de hormigón, que lleva a una poza; un lugar agradable para darse un chapuzón. El camino a partir de este punto es bastante obvio, aunque conviene fijarse para no perder el rumbo a la vuelta. Hay una piedra en la cima con la inscripción "Asiento del piloto"; desde ella se puede ver casi todo el norte de la isla.

Fiestas y celebraciones
Fiesta de la Toronja Tiene lugar todos los años en marzo.

Dónde dormir
Mucha gente espera a la llegada de los *ferries* para ofrecer habitaciones. Ésta es la mejor opción, pues, además de conseguir alojamiento, se soluciona la cuestión de la comida. En el recuadro adjunto se hallarán algunas recomendaciones. Si se prefiere algo más profesional, los hoteles estatales se encuentran al sur de la ciudad.

Motel Las Codornices (☎ 32 49 81; antigua carretera a La Fe, km 4,5; h desde 20 CUC; P ✶ ☂). Está bastante alejado de la ciudad, 2 km al norte del aeropuerto y 5 km al sudoeste de Nueva Gerona y es frecuentado mayoritariamente por cubanos. Las cabañas son mejores que las habitaciones.

Villa Isla de Juventud (Islazul; ☎ 32 32 90; autopista Nueva Gerona-La Fe, km 1; i/d 29-33 CUC desayuno incl.; P ✶ ☂). A 5 km del aeropuerto y a 2,5 km de Nueva Gerona, quizá sea la mejor opción. Su personal es muy agradable, dispone de 20 habitaciones en cuatro pisos de dos plantas y tiene una buena ubicación: entre las dos canteras de mármol de la isla y junto al puente colgante sobre el río Las Casas. No está nada mal, sobre todo al anochecer, aunque es imprescindible un buen repelente de insectos.

Motel El Rancho El Tesoro (Islazul; ☎ 32 30 35; 32 30 35; h 31-36 CUC). Este acogedor motel se encuentra en una zona arbolada cercana al río Las Casas, 3 km al sur de la ciudad, justo al salir de la autopista Nueva Gerona-La Fe. Dispone de 60 habitaciones distribuidas en cinco plantas.

Dónde comer
Muchas casas particulares poseen licencia para servir comidas y, en general, son preferibles a cualquiera de los restaurantes estatales, salvo, quizá, en el caso de El Doblón, el restaurante de Villa Isla de Juventud.

RESTAURANTES
El Cochinito (☎ 32 28 09; calle 39 esq. con calle 24; ☒ 12.00-23.00, cerrado mi). Una oferta de lo más clásica: filetes de cerdo, yuca, arroz y judías.

CASAS PARTICULARES EN LA ISLA DE LA JUVENTUD

Alcides Taureaux Nieves (☎ 32 43 10; calle 35, nº 1813, entre calles 18 y 20; h 20 CUC). Buen servicio y comidas; cerca del *ferry*.

Elda Cepero (☎ 32 27 74; calle 43, nº 2004, entre calles 20 y 22; h 20 CUC). Buena comida y un bonito patio; además, alquilan bicicletas.

Odalis Peña Fernández (☎ 32 23 45; calle 10, nº 3710; h 15-20 CUC; ☒). Tres manzanas al oeste de la oficina de Cubana, distinguible fácilmente por el cartel "Peña Village". Dispone de dos habitaciones.

Villa Choli (Ramberto Pena Silva) (☎ 32 31 47; calle C, nº 4001a, entre calles 6 y 8; h 20 CUC). Recomendado por un lector.

Villa Mas (Jorge Luis Mas Peña) (☎ 32 35 44; calle 41, nº 4108, apt 7, entre calles 8 y 10; h 15 CUC). Fuera del centro de la ciudad; detrás del hospital; anfitriones amables y con terraza en el tejado.

Restaurante El Dragón (☎ 32 44 79; calle 39 esq. con calle 26; comidas 3 CUC; ☒ 12.00-22.00, cerrado mi). Especializado en comida china, aunque con poca variedad y no se recomienda a los vegetarianos. Algunas veces hay música en vivo a partir de las 20.00.

Pizzería La Góndola (calle 30 esq. con calle 35; ☒ 12.00-22.00). Una agradable variación a los consabidos cerdo, pollo y congrí.

Restaurante La Vajilla (☎ 32 46 92; calle 37, entre calles 20 y 22, platos principales 4 CUC; ☒ 12.00-21.00, cerrado ju). En un edificio con forma de hangar, sirve barata comida criolla. Por la noche se transforma en discoteca.

Cafetería La Cocinita (☎ 32 46 40; calle 18 esq. con calle 41; ☒ 24 h). Un buen lugar para tomar un zumo, un sándwich o algún otro plato más consistente.

Cafetería El Avión (☎ 32 29 70; calle 41 esq. con calle 40; ☒ 10.00-19.00). Otro lugar interesante. El pequeño *snack*-bar de al lado abre las 24 horas.

Coppelia (☎ 32 22 25; calle 37, entre calles 30 y 32; h 12.00-22.00 ma-do). Helados para todos los gustos en la tradicional cadena cubana.

COMPRA DE ALIMENTOS

Mercado agropecuario (calle 24 esq. con calle 35). Alimentos frescos.

Cubalse Supermarket (calle 35, entre calles 30 y 32; ☒ 9.30-18.00 lu-sa). Venden comestibles y géneros diversos.

Dónde beber

Casa de los Vinos (calle 20 esq. con calle 41; ☒ 13.00-22.00 lu-mi, 13.00-24.00 vi-do, cerrado ju). Un bonito local con decoración náutica. Aparte de los sándwiches de jamón, se puede tomar vino con pomelo y melón.

Ocio

La **Casa de la Cultura** (☎ 32 35 91; calle 37 esq. con calle 24) organiza a menudo algún que otro evento nocturno. Se recomienda preguntar por el famoso grupo local de música *sucu-sucu* (una variación del son cubano) liderado por Mongo Rives; a veces tocan en la **Casa de la Cultura La Fe** (☎ 39 74 68; calle 7 esq. con calle 8).

DISCOTECAS

Disco La Movida (calle 18; ☒ desde 23.00). Un local al aire libre, escondido entre los árboles y cerca del río. Frecuentado por público local.

Cabaret El Patio (☎ 32 23 46; calle 24, entre las calles 37 y 39; 3 CUC/pareja; ☒ 22.00-2.00 ju-do). Al lado de la Casa de la Cultura, ofrece un espectáculo diario las 23.00. Se recomienda llegar temprano; según la normativa sólo está permitida la entrada en parejas.

Restaurante El Dragón (calle 39 esq. con calle 26; ☒ desde 22.00 ma y mi, 20.00 ju-do). Restaurante con una pista de baile en el patio.

Super Disco (entrada 1 CUC; ☒ desde 22.00 ju-do). Los habitantes del lugar abarrotan este local situado justo al lado de Villa Isla de la Juventud.

Restaurante La Vajilla (☎ 32 46 92; calle 37, entre calles 20 y 22; ☒ 12.00-21.00, cerrado ju). Aunque menos popular que los anteriores, este restaurante con pista de baile no carece de interés.

CINES

Cine Caribe (☎ 32 24 16; calle 37 esq. con calle 28). Situado en el parque Central; proyecta películas y vídeos.

DEPORTES

Estadio Cristóbal Labra (☎ 32 10 44; calle 32 esq. con calle 53). El estadio de béisbol de Nueva Gerona. Se encuentra a seis manzanas al oeste del Policlínico Provincial de Emergencia. De octubre a abril, el equipo local suele jugar a diario sobre las 13.35, excepto los lunes y los viernes, aunque no todas las semanas. Se recomienda preguntar para más detalles.

De compras

La calle 39, también conocida como calle Martí, es una agradable zona peatonal festoneada de pequeños parques.

Centro Experimental de Artes Aplicadas (calle 40, entre calles 39 y 37; ☒ 8.00-16.00 lu-vi, 8.00-12.00 sa). Cerca del planetario, fabrica y vende cerámica artística.

Cómo llegar y salir

AVIÓN

La manera más fácil y cómoda de llegar a la isla es volando. El aeropuerto Rafael Cabrera Mustelier (código GER) está 5 km al sudeste de Nueva Gerona. Cubana vuela hasta él desde La Habana tres veces al día (34,50 CUC sólo ida). No hay vuelos internacionales. También existe un servicio de vuelos chárter de Aerotaxi desde la capital, aunque hay que comprar todas las plazas del aparato, lo que supone 500 CUC. Para datos de contacto, véase p. 467.

No hay conexiones regulares vía aérea o marítima de la isla de la Juventud a Cayo Lar-

go del Sur. Se puede alquilar un biplano de 11 plazas en Aerotaxi para una excursión de un día por 470 CUC, incluido el tiempo de espera. Caso contrario, habrá que volver a La Habana para llegar a Cayo Largo del Sur.

BARCO

Pese a tratarse de una isla, llegar a ella en barco no es tan fácil como cabría esperar. Se puede intentar en los *kometa*, los antiguos *hidroalas* de fabricación soviética o en los aún más lentos *ferries* mexicanos que cubren la ruta entre Surgidero de Batanabó y Nueva Gerona. Los pasajes para ambos se venden en el **quiosco de NCC** (☎ 878-1841; ⏰ 7.00-12.00), en la estación principal de autobuses de La Habana. Se puede comprar un billete conjunto para el autobús y el *ferry* (13 CUC; sólo ida). Debido a la popularidad de este servicio se recomienda reservarlo (en persona) uno o dos días antes en el mismo quiosco. Curiosamente los billetes de vuelta no se pueden comprar en La Habana: sólo están a la venta en Nueva Gerona. Si no se dispone de mucho tiempo es mucho mejor decantarse por el avión.

No es aconsejable comprar los billetes del *ferry* en el muelle de Batanabó, pues puede que no queden plazas disponibles cuando llegue la hora de embarcar y tampoco es muy recomendable hacer noche en el lugar.

El viaje de vuelta es igualmente problemático. Lo mejor es conseguir el billete en la terminal del *ferry* de la **Naviera Cubana Caribeña (NCC)** en Nueva Gerona (☎ 32 49 77, 32 44 15; calle 31 esq. con calle 24), en la ribera del río Las Casas. El *kometa* zarpa a diario a las 9.00 rumbo a Surgidero de Batanabó (11 CUC); es preferible llegar con un par de horas de antelación para evitar colas.

Antes de reservar el billete hay que informarse si habrá algún autobús que conecte Surgidero de Batanabó con La Habana a la llegada del *ferry*, pues algunas de las salidas del *kometa* no tienen ninguna conexión. El pasaje de autobús suele costar unos 2 CUC y hay que comprarlo al mismo tiempo que el del *ferry*. Si no hay conexión, se puede intentar subir a alguno de los camiones de pasajeros que se dirigen a la estación de autobuses de La Habana (10 CUP).

Aunque, en teoría, los *kometas* salen hacia Nueva Gerona a las 9.00, atracan en Batanabó al mediodía y vuelven a la isla a las 13.00, en realidad no existen horarios fijos. Es mejor no fiarse, pues tanto los *ferries* como el *kometa* suelen demorarse o, directamente, cancelar la travesía.

En todos los trayectos es necesario enseñar el pasaporte. Para más información, véase "Surgidero de Batanabó" (p. 169) y "La Habana" (p. 134).

Cómo desplazarse

A/DESDE EL AEROPUERTO

Desde el aeropuerto, el autobús "Servicio Aéreo" lleva hasta la ciudad (1 CUP). En sentido inverso, el mismo autobús parte desde la puerta del **cine Caribe** (calle 28 esq. con 37). Un taxi sale por unos 5 CUC; 30 CUC hasta el Hotel Colony.

AUTOBÚS

El autobús nº 431 hacia La Fe (0,35 CUB, 26 km) y el nº 441 al Hotel Colony (2 CUB, 45 km) salen desde una parada situada frente al cementerio de la calle 39, al noroeste del hospital.

El autobús nº 38 parte desde la esquina de las calles 18 y 37 rumbo a Chacón (Presidio Modelo), playa Paraíso y playa Bibijagua de lunes a sábado a las 7.30. En teoría realiza otros cuatro viajes adicionales diarios. El nº 4 sale de la misma parada en dirección a Chacón.

AUTOMÓVIL

Havanautos (☎ 32 44 32; calle 32 esq. con calle 39; ⏰ 7.00-19.00) alquila coches y transporte a la zona militar.

La estación de servicio de Servi-Cupet se encuentra en la esquina de la calle 30 con la 39, en el centro de la ciudad.

COCHES DE CABALLOS

Los coches de caballos suelen aparcar cerca del supermercado Cubalse, en la calle 35. Se puede alquilar uno por 10 CUC/día para hacer excursiones al Presidio Modelo, el Museo Finca El Abra, la playa Bibijagua o cualquier otro lugar de los alrededores.

AL ESTE DE NUEVA GERONA

La atracción más impresionante y a la vez más deprimente de la zona es el **Presidio Modelo,** en Reparto Chacón, 5 km al este de Nueva Gerona. Construido entre 1926 y 1931 durante el régimen de Gerardo Machado, la prisión fue diseñada basándose en los planos de una famosa penitenciaría de Joliet,

Illinois, y podía albergar cerca de 5.000 prisioneros en cuatro bloques de cinco plantas cada uno, todos ellos pintados de color amarillo. Durante la Segunda Guerra Mundial todos aquellos extranjeros residentes en Cuba que fueran ciudadanos de países del Eje fueron internados en dos bloques rectangulares situados en el lado norte del complejo; entre ellos había 350 japoneses, 50 alemanes y 25 italianos.

No obstante, los prisioneros más famosos del presidio fueron Fidel Castro y otros participantes en el asalto al cuartel Moncada, quienes cumplieron condena desde octubre de 1953 hasta mayo de 1955. Fueron recluidos en el hospital del recinto, separados del resto de prisioneros, que se encuentra en el lado sur del complejo. Después de increpar a Batista durante una visita a la prisión en febrero de 1954, Castro fue confinado en solitario, o al menos eso afirma la propaganda del régimen. En 1967 se cerró la prisión y la sección ocupada por Castro fue convertida en un **museo** (☎ 32 51 12; entrada 2 CUC; ☽ 8.00-16.00 ma-sa, 8.00-12.00 do). Al margen de la entrada, si se pretende hacer fotos o usar cámara de vídeo hay que pagar 3,25 CUC adicionales. Se recomienda llevar el dinero exacto. La entrada a las otras secciones es gratuita.

El **cementerio Colombia,** donde reposan para siempre muchos norteamericanos que residieron en la isla durante las décadas de 1920 y 1930, está unos 7 km al este de Nueva Gerona, 2 km al este del Presidio Modelo. El autobús nº 38 pasa por esta zona.

Cabañas Playa Paraíso (☎ 32 52 46), en la playa 2 km al norte de Chacón (unos 6 km al nordeste de Nueva Gerona), no suele alquilar habitaciones a los extranjeros, pero el **bar-restaurante** (☽ 12.00-20.00) sí está abierto

a todo el mundo. No es que la playa Paraíso sea un edén; es más bien un tanto sucia, pero aun así es un lugar que visitar, con una alta colina detrás y una pequeña isla delante. El muelle fue usado originalmente para el transporte de los prisioneros del Presidio Modelo. Si se dispone de transporte propio, existe una playa mejor 4 km al este de Chacón, la playa Bibijagua. Hay pinares, un restaurante barato y un ambiente muy cubano. También se puede ir en el autobús nº 38 desde Nueva Gerona.

AL SUR DE NUEVA GERONA
Puntos de interés y actividades

La razón principal para desplazarse hasta esta zona es practicar submarinismo en Punta Francés (véase recuadro en p. 181), aunque también hay alguna que otra actividad adicional si se dispone de tiempo.

Situada 6 km al oeste de Santa Fe en dirección al Hotel Colony, la **Jungla de Jones** (☎ 39 62 46; entrada 3 CUC; ☽ 24 h) es un frondoso y verde jardín botánico con más de 80 variedades de árboles. Seccionado por una red de caminos y punteado por una cornucopia de cactus, bambú y mangos, este enorme y recientemente restaurado jardín perteneció a dos botánicos americanos, Helen y Harris Jones, quienes se establecieron en el lugar hacia 1902 para estudiar plantas y árboles de todo el mundo. El punto culminante de la Jungla es la llamada "catedral de bambú", un umbrío espacio acotado por enormes grupos de esta gramínea en el que apenas penetra la luz del sol.

El **Criadero Cocodrilo** (entrada 3 CUC; ☽ 7.00-5.00) ha desempeñado un importante papel en la conservación del cocodrilo en Cuba durante los últimos años. Es un lugar interesante,

---

FIDEL EN PRISIÓN

Tocado aunque no derrotado tras el fallido asalto al cuartel Moncada, Fidel fue enviado a la isla de los Pinos en octubre de 1953. Encarcelado en el Presidio Modelo, junto con otros 25 conspiradores, y fichado con el número RN3859, Fidel compartió celda con su hermano Raúl, a quien mantuvo en vela día y noche conversando sin parar.

Lo cual no es sorprendente, aprovechando su condición de prisioneros políticos, los hermanos Castro crearon una academia revolucionaria en la que se adoctrinó a los otros presos en económica comunista y guerra de guerrillas.

Mientras tanto, Fidel pasaba el tiempo transformando su épico discurso "La Historia me absolverá" en un manifiesto político. Reescrito otra vez de memoria, el documento fue sacado de la celda en cajas de cerillas. Sus seguidores no tardaron en hacer miles de copias y en hacerlo circular por todo el país.

BAJO EL MAR

Protegida de la corriente del golfo de México y bendecida por una gran diversidad de corales y vida marina, la isla de la Juventud ofrece algunas de las mejores oportunidades para hacer submarinismo de todo el Caribe. Existen 56 localizaciones para sumergirse, incluyendo cuevas y túneles, paredes verticales y montículos de coral. También es posible explorar pecios yendo un poco más al este, donde descansan los restos de más de setenta barcos en una zona conocida como el **Bajo de Zambo.**

El centro de operaciones es el **Centro Internacional de Submarinismo** (☎ 39 82 82/84), que se encuentra en el Marina Siguanea, unos pocos kilómetros al sur del Hotel Colony. Este establecimiento posee una cámara hiperbárica y cuenta con los servicios de un médico experto en inmersiones. Desde aquí se pueden organizar excursiones al **Parque Marítimo Nacional de Punta Francés.**

El transporte en barco a Punta Francés dura una hora, y deja al viajero cerca de los sitios de inmersión y de una playa con restaurante incluido. Los mejores sitios son la **cueva Azul** (nivel avanzado) y la **pared de Coral Negro** (nivel intermedio), con abundantes especies marinas como el tarpón, la barracuda, el mero, el pez ángel y la extraña tortuga marina.

El precio por inmersión parte desde los 30 CUC. Si no se desea practicar submarinismo se puede acceder a la playa por 8 CUC y comer en el bufé del restaurante por 12.

con cerca de quinientos de estos emidosaurios de todos los tamaños. Funciona como centro de reproducción, muy similar al que existe en Guamá, en Matanzas (p. 246), aunque el entorno es aquí un tanto más salvaje. Los animales permanecen aquí hasta que alcanzan 1 m de longitud, más o menos al cumplir 7 años, momento en que son devueltos a la naturaleza. Para llegar hay que girar a la izquierda 12 km al sur de La Fe, nada más pasar Julio Antonio Mella.

Dónde dormir y comer

Hotel Colony (Gran Caribe; ☎ 39 81 81; fax 39 84 28; i/d temporada baja 38/64 CUC, temporada alta 56/84 CUC, desayuno incl.). Situado 46 km al sudoeste de Nueva Gerona, en la ensenada de Siguanea, era un proyecto de la cadena Hilton, pero quedó confiscado por el gobierno revolucionario antes incluso de ser construido. Hoy día el edificio principal no se encuentra en buen estado, pero los nuevos *bungalows* son limpios, soleados y aireados. Ofrece un paquete que incluye pensión completa y práctica de submarinismo en la playa del hotel, poco profunda y hábitat de erizos de mar. También dispone de piscina, muelle y de un excelente bar donde tomar unos mojitos al atardecer. Asimismo, alberga una oficina de alquiler de automóviles de Havanautos.

Cómo llegar y salir

El transporte no es tarea fácil; baste decir que los autobuses locales hacen parecer eficientes a los del resto de Cuba. Se puede intentar llegar al hotel en el bus nº 441 desde Nueva Gerona. Si no, es preferible tomar un taxi (30 CUC aprox. desde el aeropuerto) o alquilar un coche (véase p. 179).

ZONA MILITAR SUR

Toda la parte meridional de Cayo Piedra es una zona militar restringida. Para acceder, se puede solicitar un pase diario (12 CUC) en la **oficina de Ecotur** (☎ 32 71 01), en Nueva Gerona. La compañía asignará al viajero un guía, pero el transporte en todoterreno queda a cuenta del propio viajero; se puede conseguir en la delegación de Havanautos de Nueva Gerona (p. 179). La entrada sin guía o sin pase oficial es imposible, y no es muy recomendable presentarse en el puesto de control de Cayo Piedra sin ambos. Al tratarse de una excursión relativamente cara, puede ser buena idea dividir costes con otros viajeros. El Hotel Colony y Villa Isla de la Juventud son sitios ideales para encontrar a otros turistas. Además, ambos sitios disponen de oficina de información turística.

Cueva Punta del Este

La cueva Punta del Este, un monumento nacional 59 km al sudeste de Nueva Gerona, ha sido llamada la "capilla Sixtina" (p. 172) del arte prehispánico antillano. Según parece, en torno al año 800 los indígenas de la región realizaron 235 dibujos pictográficos en las paredes y el techo de la cueva. La más

grande contiene 28 círculos concéntricos de colores rojo y negro, que, según algunas hipótesis, representarían un calendario solar. Descubiertas en 1910, están consideradas las más importantes pinturas rupestres del Caribe. Existen unas similares, aunque más pequeñas, en la cueva de Ambrosio, en Varadero (p. 228). Otra buena razón para visitar la cueva es la larga playa de arena blanca que hay junto a ella (se recomienda llevar repelente de insectos).

Cocodrilo

Agradable pueblito de apenas 750 habitantes que se encuentra 50 km al sudoeste de Cayo Piedra. A la vera de la carretera, llena de baches, comienza una densa fronda en la que se entrevé ganado, pájaros, lagartos y colmenas. La costa, aunque rocosa, es magnífica, punteada por calas naturales y playas de arena blanca de cristalinas aguas. Un kilómetro al oeste del pueblo se emplaza el **Centro de Reproducción de Tortugas Marinas** (entrada 1 CUC; ◷ 8.00-18.00), donde se pueden ver filas de tanques llenos a rebosar de tortugas de todos los tamaños. Aunque, obviamente, la visita no es tan fascinante como ver a las tortugas anidando en libertad, el centro hace un excelente trabajo a la hora de conservar una de las especies más amenazadas y raras de Cuba.

CAYO LARGO DEL SUR

☎ 45

Con cerca de 26 km de playas de blanca arena, arrecifes de coral y una sucesión de fabulosos centros de vacaciones, Cayo Largo del Sur es un auténtico paraíso tropical. Ofrece todas las maravillas naturales de Cuba sin la precariedad a la que ha quedado abocada la isla a causa de la dictadura castrista. Si lo que se busca es diversión bajo el sol, practicar submarinismo y dedicarse intensamente al *dolce far niente*, éste es el lugar ideal. Si sólo se quieren pasar un par de días, los paquetes turísticos desde La Habana tienen precios aceptables. Además, el clima es más cálido y estable durante el invierno que en el resto de Cuba.

Cayo Largo del Sur tiene una superficie de 38 km² y es la segunda isla más larga del archipiélago de los Canarreos, así como la más oriental. Está situada entre el golfo de Bata-

nabó y el mar Caribe, concretamente 177 km al sudeste de La Habana, 114 km al este de la isla de la Juventud, 80 al sur de la península de Zapata y a 300 km al norte de la isla de Gran Caimán. Aunque tiene unos 26 km de largo, nunca sobrepasa los 2 km de ancho. Gracias a su aislamiento acoge a un gran número de tortugas, iguanas y aves de distintas especies, entre las que destacan las grullas, los zunzuncitos (colibríes) y los flamencos.

Información

Las oficinas de **Cubatur** (☎ 34 80 18) y **Transtur**, el **banco** (☎ 34 82 25) y la clínica médica, se encuentran en el Hotel Isla del Sur (p. 184); el locutorio telefónico está al otro lado de la calle. Se aceptan euros en todas las instalaciones turísticas.

Nadar en la playa puede estar ocasionalmente prohibido a causa de las fuertes corrientes. Para indicarlo se colocan banderas rojas en la playa. También se ha de tener cuidado con el oleaje, que puede arrastrar peligrosamente a los arrecifes. Es recomendable llevar un buen repelente de insectos, pues los mosquitos pueden ser más que una molestia.

Puntos de interés y actividades

La mejor playa de Cayo Largo del Sur es la **playa Sirena**, orientada a poniente, por lo que sus 2 km de fina arena blanca quedan protegidos tanto de las olas como del viento. Suele estar frecuentada por grupos de turistas que llegan desde La Habana o Varadero en una excursión de un día. Se organizan actividades acuáticas y cursos de submarinismo. También hay una tienda especializada en submarinismo y un restaurante. Todos los hoteles de Cayo Largo del Sur ofrecen excursiones de un día a la playa por unos 25 CUC, aunque también se puede llegar caminando durante unas dos horas desde el Hotel Sol Pelícano a través de la nudista **playa Paraíso**.

Las otras dos atracciones de la isla son **Cayo del Rosario** y **Cayo Rico**, situadas entre Cayo Largo del Sur y la isla de la Juventud. Por 35 CUC por persona se pueden hacer excursiones en barco desde los hoteles. También es interesante **Cayo Iguana**, al noroeste de Cayo Largo del Sur. En él viven cientos de iguanas, aunque desgraciadamente, muchas perecieron en 2001 durante el huracán *Michelle*, la peor tormenta tropical de los últimos 50 años; no obstante, en los últimos años parece que la población se ha ido recuperando. Lo

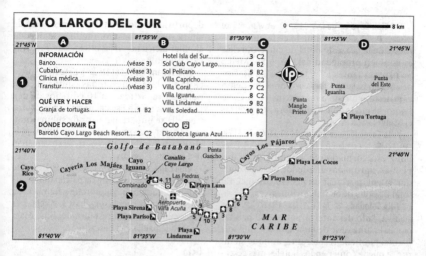

CAYO LARGO DEL SUR

INFORMACIÓN
Banco.....................................(véase 3)
Cubatur..................................(véase 3)
Clínica médica........................(véase 3)
Transtur...................................(véase 3)

QUÉ VER Y HACER
Granja de tortugas..........................1 B2

DÓNDE DORMIR
Barceló Cayo Largo Beach Resort....2 C2

Hotel Isla del Sur.......................3 C2
Sol Club Cayo Largo.................4 B2
Sol Pelícano..............................5 B2
Villa Capricho............................6 C2
Villa Coral.................................7 C2
Villa Iguana...............................8 C2
Villa Lindamar..........................9 B2
Villa Soledad...........................10 B2

OCIO
Discoteca Iguana Azul.............11 B2

mismo se puede decir del sector turístico, que a pesar de las evacuaciones masivas y el tremendo daño a las infraestructuras hoteleras se ha recuperado rápidamente.

También se pueden alquilar bicicletas y hacer una excursión a la **playa Los Cocos** (al este), donde se puede bucear, o bien seguir hacia el nordeste hasta la **playa Tortuga,** donde acuden a desovar estos quelonios marinos. En Combinado, en la zona noroeste de la isla, antes de llegar a la pista de aterrizaje, existe también una **granja de tortugas.**

El programa completo de actividades deportivas que se pueden realizar en la isla incluye submarinismo (con tubo y con bombona), *windsurf,* vela, kayak, tenis, equitación, ciclismo y voleibol. Las mejores ofertas son las de los hoteles Sol Pelícano e Isla del Sur. También se puede practicar pesca de altura con lanchas motoras. Las capturas más habituales son el merlín, la dorada, el pargo y el bonito. Todos los meses de septiembre se celebran dos torneos internacionales de pesca.

Dónde dormir y comer

Todos los hoteles de Cayo Largo del Sur dan a la playa del lado meridional de la isla, de unos 4 km. Cosa curiosa, la arena de esta playa apenas se calienta por el sol, lo que permite pasear descalzo a lo largo de la orilla, lo que en cierta medida viene a paliar la falta de sombra.

Este destino turístico es el único en toda Cuba que funciona al modo de los grandes *resorts* de todo incluido. Contratando el paquete completo en los hoteles Gran Caribe o Sol Meliá, el cliente recibe una pulsera acreditativa que le otorga el derecho a usar todas las instalaciones de la respectiva cadena hotelera. En el momento de editar esta guía, Sol Club Cayo Largo y Sol Pelícano pertenecían al grupo Sol Meliá, mientras que Villas Coral, Soledad, Lindamar, Hotel Isla del Sur, Iguana, Barceló y Capricho correspondían a Gran Caribe Club. La inmensa mayoría de los turistas que acuden a Cayo Largo optan por esta forma de alojamiento. El precio en Gran Caribe por una habitación individual/ doble con todo incluido es de 103/147 CUC; en Sol Meliá, 160 CUC/persona. Para lograr ofertas, lo mejor es contratar la estancia en Cubatur, en La Habana.

Barceló Cayo Largo Beach Resort (☎ 24 80 80; P ⊠ 🖳 🟊). El más nuevo de los hoteles de Cayo Largo. Con 306 habitaciones, se encuentra un tanto apartado de los demás alojamientos. Tiene una impresionante variedad de restaurantes y un montón de actividades deportivas. No es de extrañar que abunden las buenas referencias.

Sol Pelícano (☎ 34 82 60; www.solpelicano.solmelia cuba.com; P ⊠ 🖳 🟊). De estilo español y situado en la playa Lindamar, 5 km al sudeste del aeropuerto. Ofrece 203 habitaciones en una serie de edificios de tres plantas y cabañas dúplex de dos plantas. Construido en 1995, es el hotel más grande de la isla y entre sus instalaciones incluye una discoteca. Un pequeño puente conecta el complejo con la playa.

Sol Club Cayo Largo (☎ 34 82 60; www.solmeliacu ba.com; P X 🖵 🕿). Situado en la punta no-roeste de la isla, este hotel de cinco estrellas es también propiedad del grupo Sol Meliá. Su playa es fantástica y todas las habitaciones tienen balcón o terraza. Por el momento es el destino turístico más exclusivo de Cayo Largo, al menos hasta que abra sus puertas el Meliá Linda Arena.

Villa Coral (El Pueblito; ☎ 34 81 11; fax 34 81 60; P X 🕿). También conocido como El Pueblito, está formado por 10 edificios de dos plantas, agrupadas alrededor de la piscina, que intentan recrear un pueblo colonial. En total dispone de 60 habitaciones.

Villa Soledad (☎ 34 81 11; fax 34 81 60; P X). Justo al lado del anterior, ofrece 43 habitaciones en una serie de *bungalows* de una sola planta. No tiene restaurante, aunque siempre se puede comer en los hoteles más cercanos de la cadena Gran Caribe.

Villa Lindamar (☎ 34 81 11; fax 34 81 60; P X 🕿). El único hotel de cuatro estrellas de la cadena, formado por 63 *bungalows*. El restaurante italiano Piazzoletta sirve buenas *pizzas*, entre otras especialidades.

Hotel Isla del Sur (☎ 34 81 11; fax 34 81 60; P X 🕿). Éste fue el primer hotel construido en Cayo Largo, allá por 1981. Se encuentra entre las playas Lindamar y Blanca. Está formado por dos largos edificios de dos plantas que incluyen 59 habitaciones, todas ellas con nevera. Las comidas son tipo bufé y, por la noche, se programan atracciones en la piscina. Además, justo enfrente del hotel hay una pequeña zona de tiendas. Los huéspedes del Villa Coral y del Villa Iguana pueden venir aquí para realizar actividades

deportivas, como equitación, tenis, pesca de altura y submarinismo. También se pueden alquilar bicicletas en las oficinas de Transtur y de Cubatur.

Villa Iguana (☎ 34 81 11; 🕿). Este hotel ofrece 114 habitaciones, todas equipadas con nevera y repartidas en 10 edificios de dos plantas. La piscina se encuentra en el centro y en ella se imparten cursos de submarinismo. La playa se encuentra unos 200 m más abajo. Las comidas, tipo bufé, se sirven en el restaurante Gavilán.

Villa Capricho (☎ 34 81 11; P X 🕿). Al este de Villa Iguana, dispone de 62 cabañas individuales, cada una con porche y hamaca. Se puede practicar *windsurf,* kayak y vela. Las especialidades de su restaurante, Blue Marlin, son la paella y el pescado.

Ocio
Hay un servicio de minibuses desde los hoteles a la discoteca Iguana Azul, cerca del aeropuerto, a partir de las 23.00.

Cómo llegar y salir
Cubana vuela semanalmente desde Montreal y Milán; hay vuelos chárter desde Canadá también regularmente.

Desde Cuba, hay vuelos diarios de Cubana que parten de La Habana (80 CUC, sólo ida), pero si no se ha contratado un paquete turístico el desplazamiento en la isla puede ser problemático. Una opción es contratar un viaje organizado de un día desde La Habana o Varadero (137 CUC), incluidos los transbordos, el vuelo de vuelta y un almuerzo barbacoa. Todas las agencias de La Habana ofrecen este servicio (véase p. 88).

Provincia de Pinar del Río

Suelo de color marrón rojizo, plantaciones de tabaco bien cuidadas y Chevrolets y Buicks petardeando a lo largo de carreteras llenas de baches: las imágenes de la bucólica provincia de Pinar del Río son genuinamente cubanas. En el extremo occidental de la isla y a poca distancia de La Habana, la pintoresca Pinar, conocida como el "jardín de Cuba", ha estado atrayendo a visitantes durante décadas. La mayoría llegan hasta aquí para disfrutar de la plétora de asombrosas atracciones naturales que ha dado a la región fama internacional. Otros prefieren descansar, copa de ron en mano, en las soleadas playas de Cayo Jutías y Cayo Levisa.

Pinar del Río, con la montañosa Reserva Sierra del Rosario al este y la más aislada península de Guanahacabibes al oeste, es la única provincia cubana que posee dos Reservas de la Biosfera de la Unesco. Enclavado en un lugar intermedio se halla el majestuoso valle de Viñales, una anomalía geológica con un intrincado sistema de cuevas y escarpados mogotes de piedra caliza que atrae a todo tipo de gente, desde aficionados a la observación de aves hasta escaladores.

Al sudoeste de la capital de la provincia, la autopista da paso a los neblinosos campos de la región de San Luis, la mejor zona de cultivo de tabaco de todo el mundo, y a un paisaje salpicado de solitarios guajiros con sombrero de paja trabajando afanosamente bajo el abrasador sol tropical. Si el viajero sigue conduciendo unas horas más, llegará hasta María la Gorda, una de las mejores playas de Pinar y centro de operaciones de una entusiasta multitud de submarinistas que se deleitan con sus aguas abrigadas y sus deslumbrantes formaciones coralinas.

LO MÁS DESTACADO

■ **Amanecer en la tierra del tabaco**
Subir hasta el Hotel Los Jazmines y contemplar cómo se levanta la niebla de primera hora de la mañana en el valle de Viñales (p. 201)

■ **Odisea submarina**
Practicar inmersiones en las translúcidas aguas de la playa de María la Gorda (p. 196)

■ **Fantástico aislamiento**
Dedicarse al *dolce far niente* en el idílico Cayo Levisa (p. 207)

■ **Hedonismo en aguas calientes**
Darse un baño en las aguas mineromedicinales de San Diego de los Baños (p. 208)

■ **Aldea ecológica**
Disfrutar del ambiente artístico de la aldea modelo Las Terrazas (p. 211)

Cayo Levisa ★   ★ Las Terrazas
Valle de ★   ★ San Diego de
Viñales   los Baños
★
Playa María
la Gorda

| ☎ VARIOS | ■ POBLACIÓN: 739.473 | ■ SUPERFICIE: 10.924 KM² |

PROVINCIA DE PINAR DEL RÍO

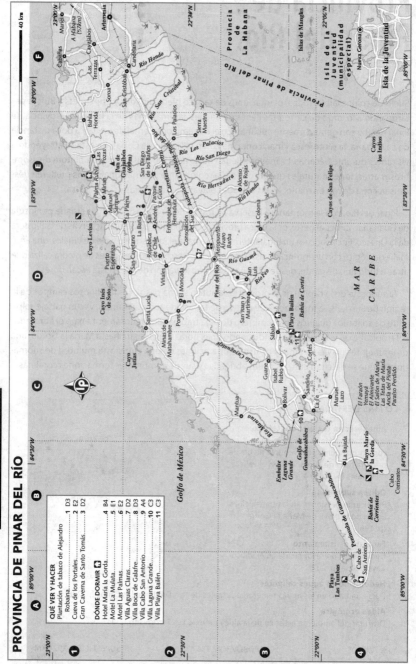

QUÉ VER Y HACER
Plantación de tabaco de Alejandro	
Robaina..................................	1 D3
Cueva de los Portales.................	2 E2
Gran Caverna de Santo Tomás.........	3 D2

DÓNDE DORMIR
Hotel María la Gorda..................	4 B4
Motel La Mulata........................	5 E1
Motel Las Palmas.......................	6 E2
Villa Aguas Claras.....................	7 D2
Villa Boca de Galafre..................	8 D3
Villa Cabo San Antonio................	9 A4
Villa Laguna Grande....................	10 C3
Villa Playa Bailén......................	11 C3

40 km

PROVINCIA PINAR DEL RÍO

HISTORIA

La historia precolombina de la Cuba occidental está ligada a los guanahatabeys, un grupo de indios nómadas que vivían en cuevas y que obtenían la mayor parte de su sustento del mar. Menos sofisticados que otros indígenas de la isla, los guanahatabeys eran un grupo pacífico, cuya cultura se desarrolló más o menos de forma independiente a la de taínos y siboneyes, que habitaban más al este. Ya extintos cuando arribaron los españoles a la isla en 1492, existe poca información sobre cómo estaba estructurada la arcaica sociedad guanahatabey, a pesar de que se han encontrado algunos yacimientos arqueológicos en la península de Guanahacabibes.

En los primeros decenios tras la llegada de Colón, la escarpada Pinar del Río fue dejada a su suerte y la zona sólo se desarrolló después de que empezaran a llegar colonos españoles desde las islas Canarias a finales del s. XVI. Originariamente llamada Nueva Filipina, la región fue rebautizada en 1778 como Pinar del Río, supuestamente debido a la gran cantidad de pinares que había a lo largo del río Guamá. Rápidamente empezaron a aparecer plantaciones de tabaco y ranchos ganaderos en sus fértiles tierras, que a su vez dieron origen a los grandes pastos abiertos que caracterizan la región. Los meticulosos agricultores que vivían de las delicadas y bien cuidadas cosechas fueron coloquialmente bautizados como "guajiros", palabra que procede del arahuaco, idioma amerindio antillano, y que literalmente significa "hombre". A mediados del s. XIX los europeos quedaron prendados del fragante tabaco de la zona y la región floreció. Se abrieron nuevas rutas marítimas y se amplió el recorrido del ferrocarril para facilitar el transporte de este producto perecedero.

En la actualidad, el tabaco, junto con el turismo, hacen que Pinar del Río siga siendo rentable y popular. Ésta es una zona muy tranquila en comparación con la transitada capital, situada unos 160 km al este, y los pinareños, a pesar de los innumerables chistes que hay sobre guajiros, se cuentan entre los habitantes más amables y obsequiosos de la isla.

ZONA DE PINAR DEL RÍO

PINAR DEL RÍO

☎ 82 / 148.295 hab.

Pinar del Río, 162 km al sudoeste de La Habana por la autopista, es una bulliciosa ciudad típicamente cubana, con bicicletas oxidadas y viejos coches estadounidenses destartalados, que se ha ganado una reputación bastante mala debido a sus agresivos jineteros, los buscavidas que viven del turismo. Aquí, el viajero se hartará de decir: "No me moleste, por favor".

Situada en el mismo centro de la principal zona de cultivo de tabaco de Cuba y caracterizada por una amplia serie de edificios neoclásicos de colores pastel sorprendentemente bien conservados, la ciudad carece de las instalaciones turísticas que posee la cercana Viñales y, a menudo, es pasada por alto por los viajeros independientes, que la

---

GUAJIRO NATURAL

En un país en el que los apodos menospreciativos forman parte de la cultura nacional, la etiqueta "guajiro" tiene una connotación marcadamente rural. Utilizada indiferentemente para referirse a agricultores, palurdos de las montañas, pueblerinos o paletos, este denostado estereotipo regional tiene su origen en la provincia de Pinar del Río, donde los agricultores de tabaco se caracterizan por una generosidad que raya en la ingenuidad.

Polo Montañez, un humilde y muy apreciado músico que alcanzó fama nacional e internacional como cantante a principios de la década de 2000, hizo mucho para desestigmatizar el tradicional estereotipo del guajiro. Vecino de una pequeña comunidad agrícola de la provincia de Pinar del Río, Montañez trabajaba de día como leñador y de noche como guitarrista y cantante autodidacta en un lujoso hotel turístico de la aldea modelo Las Terrazas. La fama le llegó tarde. De hecho, su primer éxito comercial, con el apropiado título de "Guajiro natural", no alcanzó la fama hasta 2001, cuando el cantante ya había cumplido los 46 años. Desgraciadamente, Polo no pudo disfrutar de su fama, ya que en noviembre de 2002, mientras volvía en coche de La Habana a su casa de Pinar, se vio envuelto en un fatal accidente de tráfico. Murió una semana después a causa de las graves lesiones sufridas. Había nacido una nueva leyenda guajira.

utilizan como trampolín para llegar hasta las más accesibles atracciones naturales de las aldeas situadas al norte.

Fundada en 1774 por un capitán del ejército español, Pinar del Río fue una de las últimas capitales provinciales de la isla en consolidarse. Olvidada por los sucesivos gobiernos centrales, que preferían la caña de azúcar al tabaco, la ciudad era un lugar atrasado, objeto de innumerables chistes que tenían como protagonistas a los ingenuos guajiros, popularmente retratados como pueblerinos simplones. En 1896 el general Antonio Maceo inició la Guerra de Independencia en Pinar del Río, en un ambicioso intento de dividir la isla en dos y la ciudad, finalmente, recibió la atención de todos.

Tras la Revolución de 1959 la economía de Pinar del Río mejoró de forma exponencial, una situación facilitada además por la construcción de la autopista nacional desde La Habana y por el desarrollo del turismo en la década de 1980.

Orientación

La arteria principal es la calle Martí, aunque también hay muchos servicios en Máximo Gómez y Antonio Maceo, que discurren paralelas a Martí hacia el sur. Una importante calle transversal es Isabel Rubio, que al norte de la ciudad se convierte en la carretera Central que va hacia La Habana y al sudoeste, en la carretera que va a San Juan y Martínez.

Para evitar desplazarse en sentido equivocado hay que tener en cuenta que la numeración de las calles empieza en Gerardo Medina para las vías que van en dirección este-oeste y en Martí para las que discurren en dirección norte-sur.

Información

LIBRERÍAS

Havanatur (☎ 77 84 94; Martí esq. con Colón; ✆ 8.00-12.00 y 13.30-18.00 lu-vi, 8.00-12.00 y 13.00-16.00 sa).
La mejor selección de mapas, libros y material de oficina.

ACCESO A INTERNET

Etecsa Telepunto (Gerardo Medina esq. con Juan Gómez; 6 CUC/hora; ✆ 24 h)

CONSIGNA

En la planta baja de la estación de autobuses; cobran 1 CUC.

MEDIOS DE COMUNICACIÓN

El periódico *Guerrillero* se publica los viernes. Radio Guamá puede sintonizarse en el 1080 AM o en el 90.2 FM.

ASISTENCIA MÉDICA

Farmacia Martí (Martí Este 50; ✆ 8.00-23.00)
Hospital Provincial León Cuervo Rubio (☎ 75 44 43; carretera Central). Dos kilómetros al norte de la ciudad.

DINERO

Banco Financiero Internacional (☎ 77 81 53; Gerardo Medina Norte 46). Frente a la Casa de la Música.
Bandec (☎ 75 26 07; Martí Este 32; ✆ 8.30-12.00 y 13.30-15.30 lu-vi). Hay otra sucursal en el número 53 de la calle Martí.
Cadeca (☎ 77 83 57; Martí 46; ✆ 8.30-17.30 lu-sa)

CORREOS

Oficina de correos (Martí Este 49; ✆ 8.00-20.00 lu-sa)

TELÉFONO

Etecsa (Gerardo Medina esq. con Juan Gómez; ✆ 24 h)

AGENCIAS DE VIAJES

Campismo Popular (☎ 75 26 77; Isabel Rubio Norte 20A; ✆ 8.00-12.00 y 13.00-17.00 lu-vi, 8.00-12.00 sa). Cerca de Adela Azcuy.
Cubatur (☎ 77 84 05; Ormani Arenado, entre Martí y Máximo Gómez; ✆ 8.00-12.00 y 13.00-17.00 lu-vi, 8.00-12.00 sa)
Havanatur (☎ 77 84 94; Martí esq. con Colón; ✆ 8.00-12.00 y 13.30-18.00 lu-vi, 8.00-12.00 y 13.00-16.00 sa).
Islazul (☎ 75 56 62; Martí Oeste 127A)

Peligros y advertencias

Para ser una ciudad relativamente poco turística, Pinar del Río tiene una buena cuota

---

NOMBRES DE LAS CALLES DE PINAR DEL RÍO

Los habitantes de Pinar suelen usar los nombres antiguos; este cuadro puede ser de ayuda:

Nombre antiguo	Nombre actual
Recreo	Isabel Rubio
Caubada	Comandante Pinares
Calzada de la Coloma	Rafael Ferro
Vélez Caviedes	Gerardo Medina
Rosario	Ormani Arenado
San Juan	Rafael Morales
Virtudes	Ceferino Fernández

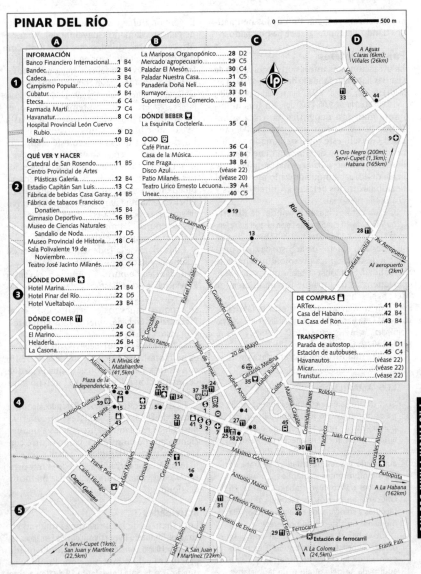

PINAR DEL RÍO

0 ————————— 500 m

INFORMACIÓN
Banco Financiero Internacional......1 B4
Bandec...................................2 B4
Cadeca....................................3 B4
Campismo Popular..................4 C4
Cubatur...................................5 B4
Etecsa.....................................6 C4
Farmacia Martí.........................7 C4
Havanatur................................8 C4
Hospital Provincial León Cuervo
   Rubio...................................9 D2
Islazul....................................10 B4

QUÉ VER Y HACER
Catedral de San Rosendo........11 B5
Centro Provincial de Artes
   Plásticas Galería..................12 B4
Estadio Capitán San Luis.........13 C2
Fábrica de bebidas Casa Garay..14 B5
Fábrica de tabacos Francisco
   Donatien............................15 B4
Gimnasio Deportivo................16 B5
Museo de Ciencias Naturales
   Sandalio de Noda................17 D5
Museo Provincial de Historia......18 C4
Sala Polivalente 19 de
   Noviembre...........................19 C2
Teatro José Jacinto Milanés.......20 C4

DÓNDE DORMIR
Hotel Marina...........................21 B4
Hotel Pinar del Río..................22 D5
Hotel Vueltabajo.....................23 B4

DÓNDE COMER
Coppelia.................................24 C4
El Marino................................25 C4
Heladería................................26 B4
La Casona..............................27 C4

La Mariposa Organopónico......28 D2
Mercado agropecuario............29 C5
Paladar El Mesón.....................30 C4
Paladar Nuestra Casa..............31 C5
Panadería Doña Neli................32 B4
Rumayor.................................33 D1
Supermercado El Comercio......34 B4

DÓNDE BEBER
La Esquinita Coctelería............35 C4

OCIO
Café Pinar..............................36 C4
Casa de la Música...................37 B4
Cine Praga.............................38 B4
Disco Azul............................(véase 22)
Patio Milanés.......................(véase 20)
Teatro Lírico Ernesto Lecuona....39 A4
Uneac..................................40 C5

DE COMPRAS
ARTex....................................41 B4
Casa del Habano.....................42 B4
La Casa del Ron......................43 B4

TRANSPORTE
Parada de autostop..................44 D1
Estación de autobuses..............45 C4
Havanautos..........................(véase 22)
Micar...................................(véase 22)
Transtur...............................(véase 22)

PROVINCIA PINAR DEL RÍO

---

de buscavidas que viven del turismo, los típicos jineteros (p. 390). Paseando por Martí se sufrirá el acoso de muchos jóvenes que harán todo lo posible para ser contratados como guía o para procurar al viajero cualquier cosa que necesite, desde una habitación o un *paladar* a otras cuestiones menos lícitas. También es posible que el viajero sea perseguido por jóvenes en bicicleta si llega a la ciudad en coche, o que éstos se le acerquen cuando esté parado en el primer semáforo que hay al dejar atrás la autopista. Si el semáforo está en verde, los chicos girarán de forma brusca y peligrosa frente al coche del viajero para intentar que se detenga. Lo mejor es mantener las ventanillas cerradas e ignorarles, sobre todo

si comienzan a señalar uno de los neumáticos dando a entender que se ha pinchado.

Puntos de interés

La atracción más interesante es el **Museo de Ciencias Naturales Sandalio de Noda** (☎ 77 94 83; Martí Este 202; entrada 1 CUC, cámara fotográfica 1 CUC; ☽ 9.00-18.00 lu-sa, 9.00-13.00 do). En una alucinante mansión neogótica-morisca construida por el doctor y viajero local Francisco Guasch, este museo, llamado por los residentes palacio de Guasch, tiene de todo: desde un *Tiranosaurio rex* hasta una cría de jirafa disecada, aunque quizá lo mejor sea el florido jardín, los detalles arquitectónicos y el amable personal.

Cerca está el **Museo Provincial de Historia** (☎ 75 43 00; Martí Este 58, entre Colón e Isabel Rubio; entrada 1 CUC; ☽ 8.30-18.30 lu-vi, 9.00-13.00 sa), donde se muestran objetos de la historia de la provincia desde la época precolombina hasta la actualidad. Se aconseja echar un vistazo a las pertenencias de Enrique Jorrín, el creador del chachachá.

Cuatro manzanas al sur está la **fábrica de bebidas Casa Garay** (Isabel Rubio Sur 189, entre Ceferino Fernández y Frank País; entrada 1 CUC; ☽ 9.00-15.30 lu-vi, 9.00-12.30 sa). Construida en 1892, esta fábrica utiliza una fórmula secreta para destilar

---

LOS 'AMARILLOS'

Si el viajero sale de cualquier ciudad cubana en automóvil, lo más habitual es pasar por delante de un gran grupo de pacientes autostopistas que permanecen de pie agrupados alrededor de una figura de aspecto autoritario vestida de amarillo. Se trata de los omnipresentes "amarillos", organizadores del tráfico cuyo trabajo consiste en colocarse en puntos de recogida preestablecidos y colocar a los autostopistas en fila mediante un sistema de numeración.

En Cuba, el autostop (o, tal como se dice localmente, "hacer botella") es parte esencial de la red de transportes, y como aquí nada se deja al albur de la iniciativa individual, es obligatorio hacerlo a través de los "amarillos" (para información sobre los riesgos de la práctica del autostop, véase p. 472). En teoría, todos los coches con matrículas azules (propiedad del Gobierno) están obligados a parar y a dejar subir a los pasajeros si tienen sitio.

---

la versión dulce y seca del famoso *brandy* de guayaba llamado Guayabita del Pinar. Se ofrecen visitas guiadas que culminan con una cata del citado licor en la sala de degustaciones. Anexa a la fábrica hay una tienda.

En la **fábrica de tabacos Francisco Donatien** (Maceo Oeste 157; entrada 5 CUC; ☽ 9.00-12.00 y 13.00-16.00 lu-vi) el viajero podrá contemplar a los operarios liando puros laboriosamente. Hasta 1961 este edificio era una prisión. En realidad, a no ser que el viajero esté realmente interesado en el tema, no vale mucho la pena pagar el precio de la entrada: las explicaciones de los guías son banales y los trabajadores piden dinero extra por dejarse fotografiar. La fábrica de Santa Clara es mucho mejor. No obstante, se aconseja echar un vistazo a su cava de puros. La marca más conocida que se produce aquí es Vegueros.

En la plaza de la Independencia, cerca de Alameda y nada más doblar la esquina desde la fábrica de puros, se emplaza el **Centro Provincial de Artes Plásticas Galería** (Antonio Guiteras; entrada gratuita; ☽ 8.00-21.00 lu-sa), en el que se exponen muestras de arte local. El **Taller Provincial del Grabado,** abierto a los visitantes, está justo al lado.

El **teatro José Jacinto Milanés** (Martí esq. con Colón) es un fantástico edificio de madera de 1845, con aforo para 500 personas; es una pena que la restauración iniciada en 1991 aún no haya acabado.

La discreta **catedral de San Rosendo** (Maceo Este 3) data de 1883; su fachada de color amarillo pastel luce resplandeciente gracias a una reciente capa de pintura. Tal como ocurre con la mayor parte de las iglesias cubanas, el edificio suele estar cerrado. Se puede entrar para echarle un vistazo durante la misa matutina del domingo.

Actividades

Los fanáticos de las pesas quizá quieran visitar el **Gimnasio Deportivo** (Ceferino Fernández 43, entre Isabel Rubio y Gerardo Medina), donde se puede practicar taichi o musculación. También se puede ir a la **Sala Polivalente 19 de Noviembre** (Rafael Morales) para practicar boxeo, voleibol y baloncesto.

De octubre a abril se celebran emocionantes partidos de béisbol en el **estadio Capitán San Luis** (☎ 75 38 95; 1 CUC), al norte de la ciudad. El equipo de Pinar del Río es uno de los mejores del país. Por las tardes se puede curiosear cómo entrenan los jugadores.

Fiestas y celebraciones

A principios de julio se celebra el **Carnaval,** con su colorida cabalgata de carrozas jalonadas de parejas bailando. Es una gran fiesta con mucho alcohol y desenfreno.

Dónde dormir

EN LA CIUDAD

Hotel Marina (☎ 75 25 58; Martí Oeste, entre Rafael Morales y Ormani Arenado; h 16 CUC). Alojamiento de precio económico que probablemente aceptará al viajero si paga en pesos convertibles. Las instalaciones son básicas y la recepción, un poco mugrienta.

Hotel Pinar del Río (Islazul; ☎ 50 70 74; González Alcorta esq. con autopista nacional; i/d temporada baja 24/34 CUC, temporada alta 29/38 CUC; P ⏹ ⏺). Situado en el extremo oriental de la ciudad, donde se supone que se alojan los turistas, sus 136 habitaciones tienen detalles sobresalientes, como nevera y radio, pero la mala iluminación y la mareante decoración le restan atractivo. Su discoteca es muy popular entre los locales que pueden permitírselo.

Hotel Vueltabajo (Islazul; ☎ 75 53 63; Martí esq. con Rafael Morales; i/d temporada baja 42/55 CUC, temporada alta 48/65 CUC; ⏹). Este fabuloso hotel, un recién llegado a la oferta de alojamientos de precio medio de la ciudad, está ubicado en un edificio colonial encantadoramente restaurado, con techos altos, toldos de rayas y todo tipo de florituras decorativas. Sus grandes habitaciones están poco amuebladas, pero son limpias y espaciosas, y todas dan a la calle. En la planta baja hay un bar-restaurante; el precio incluye un correcto desayuno.

Para ser una capital, Pinar del Río ofrece una magra oferta de habitaciones en casas particulares. Para conocer algunas recomendaciones, véase recuadro.

EN LAS AFUERAS

Villa Aguas Claras (Cubamar; ☎ 77 84 27; i/d temporada baja 19/30 CUC, temporada alta 21/34, desayuno incl. CUC; P ⏺). Este *camping*, el más lujoso de los más de 85 que hay en toda Cuba, está 8 km al norte de la ciudad, en la carretera a Viñales, y sus instalaciones son más propias de un hotel de precio medio. En cada uno de sus 50 *bungalows*, todos con duchas de agua caliente, pueden dormir dos personas; además, 10 de ellos cuentan con aire acondicionado. Las habitaciones están bien, el paisaje es exuberante y el personal, agradable, lo que hace que, en general, sea una mejor opción que el Hotel Pinar del Río. También ofrece excursiones de un día y paseos a caballo. Eso sí, es imprescindible no olvidar el repelente de insectos. Desde Pinar del Río el autobús nº 7 va seis veces al día hasta Aguas Claras.

Dónde comer

'PALADARES'

Paladar El Mesón (Martí Este 205; ⏰ 12.00-22.00 lu-sa). Este antiguo *paladar* situado frente al Museo de Ciencias Naturales sirve pollo, cerdo y pescado en medio de un agradable ambiente colonial. Los platos principales tienen un precio a partir de 4,50 CUC,

---

CASAS PARTICULARES EN PINAR DEL RÍO

Anna María García y Salvador Reyes (☎ 77 31 46; Alameda 24, bajos, entre Volcán y Avellaneda; h 20 CUC; ⏹). Limpia, útil y perfecta para ciclistas.

Casa Colonial, José Antonio Mesa (☎ 3173; Gerardo Medina Norte 67, entre Adela Azcuy e Isidro de Armas; h 15 CUC). Ideal para grupos; con patio.

Habitación de alquiler Fernández (☎ 3158; Colón Norte 73 entre Juan Gualberto Gómez y Adela Azcuy; h 15 CUC). Baño compartido y comidas; está señalizada.

Gladys Cruz Hernández (☎ 77 96 98; av. Comandante Pinares Sur 15 entre Martí y Máximo Gómez; h 15 CUC). Cerca de la estación de trenes, con capacidad para tres personas, un gran patio, nevera, TV y baño impoluto.

Martí 51, Laura González Valdés (☎ 2264; Martí Este 51, altos, entre Colón e Isabel Rubio; h 20 CUC; ⏹). Céntrica, con balcón a la calle, fantástica biblioteca privada, ambiente colonial y comidas.

Mayda Martínez (☎ 2110; Isabel Rubio Sur 125; h 20 CUC; ⏹). Apartamento con cocina; comidas.

Señor Aquino (Comandante Pinares Sur 56-A; h 20 CUC). Apartamento independiente totalmente equipado, con cocina. Tranquilo, muy buena relación calidad-precio; los propietarios son muy amables. En la esquina de Máximo Gómez.

Rey y Ely (Antonio Rubio 70, entre Rafael Morales y Ormari Arenado; h 20 CUC; P ⏹). Comidas opcionales.

Villa Manolo (☎ 75 41 95; Gerardo Medina 243, entre Frank País y calle 1, repartimiento Raúl Sánchez; h 20 CUC; ⏹)

PROVINCIA PINAR DEL RÍO

acompañamientos aparte; el servicio es eficiente y amable.

Paladar Nuestra Casa (☎ 77 51 43; Colón Sur 161, entre Ceferino Fernández y Primero de Enero). Buen establecimiento, aunque un poco alejado del centro. Sirve pescado preparado de todo tipo de formas, incluido filete Canciller (pescado relleno de jamón y queso).

RESTAURANTES

Coppelia (Gerardo Medina Norte 33; ⊗ 12.00-24.00 ma-do). Se requiere paciencia para hacer cola, pero las bolas de helado a dos pesos (cuando hay) están riquísimas.

Heladería (Martí esq. con Rafael Morales; ⊗ 9.00-21.00). Aún mejor es este limpio y agradable establecimiento en el que se puede tomar un copioso "tres gracias" (tres bolas de helado) por un precio irrisorio.

El Marino (Martí Este 52; ⊗ 6.30-21.00 lu-ma y ju-vi, 20.00-24.00 sa). En la esquina de Isabel Rubio. Está especializado en pescado y marisco, y prepara un correcto filete de pescado por 4,50 CUC.

La Casona (☎ 77 82 63; Martí esq. con Colón; ⊗ 11.00-23.00). Bajando por la calle Martí se llega a este restaurante de estilo colonial en el que sirven bistecs, pollo y pasta. El ambiente es prácticamente inexistente en estos restaurantes estatales, pero la comida no está mal.

Rumayor (☎ 76 30 51; ⊗ 12.00-24.00). Éste es el mejor restaurante gestionado por el Gobierno en Pinar del Río. Está situado 1 km al norte del centro de la ciudad, junto a la carretera a Viñales. Merecidamente famoso por su suculento pollo ahumado, los precios son un poco más caros (10-15 CUC), pero realmente vale la pena. También hay un cabaré (véase p. 193).

COMPRA DE ALIMENTOS

Mercado agropecuario (Rafael Ferro; ⊗ 8.00-18.00 lu-sa, 8.00-13.00 do). El colorido mercado al aire libre de Pinar del Río está prácticamente situado encima de las vías ferroviarias, cerca de la estación de trenes.

La Mariposa Organopónico (carretera Central esq. con av. Aeropuerto). Mercado de frutas y verduras de cultivo ecológico convenientemente situado; es un buen lugar para echar un vistazo de cerca al programa de agricultura urbana de Cuba.

Otros establecimientos para comprar alimentos son:

Panadería Doña Neli (Gerardo Medina Sur esq. con Máximo Gómez; ⊗ 7.00-19.00)

Supermercado El Comercio (Martí Oeste esq. con Arenado; ⊗ 9.00-17.00 lu-sa, 9.00-12.00 do). Uno de los mejores supermercados de la ciudad.

Dónde beber

La Esquinita Coctelería (Isabel Rubio Norte esq. con Juan Gómez; ⊗ 12.00-24.00). Una bonita coctelería en la que el follaje tropical crea discretos y acogedores rincones en el patio trasero. Sólo admiten pesos.

LOS MEJORES MECÁNICOS DEL MUNDO

¿Excelente fabricación estadounidense o hábil ingenio cubano? El secreto que hace que cerca de 60.000 coches de época sigan arrastrándose como dinosaurios por las calles de las ciudades cubanas es tema de cierto debate.

Aunque sea difícil creerlo, en una época no muy lejana La Habana poseía más coches que cualquier otro lugar del hemisferio occidental. Durante casi medio siglo el mercado caribeño se vio inundado de Chevrolets, Buicks, Oldsmobiles y Cadillacs fabricados por los vecinos del norte. Pero la Revolución lo cambió todo. Para toda una generación de vendedores de coches, la entrada en la capital de Castro y su séquito en enero de 1959 supuso el principio del fin. Durante los siguientes 45 años Cuba pasó de ser el mayor escaparate automovilístico a convertirse en el parque jurásico de la industria del motor, una tendencia sólo rota por un constante flujo de Ladas de construcción soviética importados durante las décadas de 1970 y 1980.

Forzados a adaptarse para poder sobrevivir, los ingeniosos automovilistas cubanos se han reinventado a sí mismos como los mejores mecánicos del mundo. Si el viajero asoma la cabeza bajo el capó de un Plymouth del año 51, existe la posibilidad de que se encuentre con un generador ruso, una batería mexicana y los pistones de un camión soviético GAZ-51. Para los coleccionistas de coches clásicos el parque móvil cubano es como un vistazo fugaz al museo automovilístico más grande del mundo. Para los cubanos, que seguramente preferirían estar conduciendo un Toyota Yaris, es una cuestión de supervivencia, como casi todo hoy en día en la isla.

Ocio

Casa de la Música (Gerardo Medina Norte 21; entrada 1 CUC; ☉ conciertos 21.00 lu-do). Actuaciones en directo en un acogedor patio.

Café Pinar (☎ 77 81 99; Gerardo Medina Norte 34; entrada 1-4 CUC; ☉ 10.00-2.00). Frente a la Casa de la Música, éste es un local eternamente popular. Cada noche tocan grupos en directo en un patio bastante íntimo. También tienen algo de comida, como pasta, pollo y sándwiches. Ideal para conocer a otros viajeros.

Disco Azul (González Alcorta esq. con autopista nacional; entrada 2 CUC; ☉ desde 22.00 ma-do). Situada en el Hotel Pinar del Río, es la discoteca más popular de la ciudad. La entrada para los no residentes está fuera del hotel.

Teatro Lírico Ernesto Lecuona (Antonio Maceo Oeste 163). Cerca de la fábrica de puros.

Patio Milanés (Martí esq. con Colón). Junto al teatro José Jacinto Milanés, ofrece cada noche actividades culturales; se aconseja consultar el programa expuesto en el exterior.

Cine Praga (☎ 75 32 71; Gerardo Medina Norte 31). Junto a la heladería Coppelia, proyecta principalmente películas en versión original subtituladas. También se pueden consultar la cartelera de la **Uneac** (Antonio Maceo 178, entre Rafael Ferro y Comandante Pinares; ☉ pases 20.30 y 22.15).

Todas las noches de martes a domingo el Rumayor (p. 192) también funciona como cabaré, con un espectáculo algo *kitsch* que empieza a las 23.00 (entrada 5 CUC). No es el Tropicana, pero no está mal del todo.

De compras

ARTex (☎ 77 83 67; Martí Este 36; ☉ 9.00-17.00 lu-sa, 9.00-12.00 do). Vende recuerdos, CD y camisetas.

La Casa del Ron (Antonio Maceo Oeste 151; ☉ 9.00-16.30 lu-vi, 9.00-13.00 sa y do). Cerca de la fábrica de puros, vende los mismos productos que ARTex, además, obviamente, de ron.

En la calle de enfrente también hay una Casa del Habano.

Cómo llegar y salir

AUTOBÚS

Sean cuales sean las necesidades de transporte del viajero, es probable que pueda satisfacerlas en la **estación de autobuses** (Adela Azcuy, entre Colón y Comandante Pinares). Como los vehículos de **Viazul** (www.viazul.com) procedentes de La Habana sólo llegan hasta Viñales, los viajeros interesados en explorar otras partes de la provincia tendrán que confiar en los servicios de **Astro** (☎ 75 25 72), o sacar provecho de los

autobuses que actualmente van cada día hasta María la Gorda parando en Pinar del Río a las 7.30 (ida) y a las 18.30 (vuelta). También hay un servicio similar que va a La Habana vía Soroa parando en Pinar a las 8.30 y en Soroa a las 10.15. Para más detalles hay que ponerse en contacto con **Havanatur** (☎ 77 84 94; millo@cimex.cimex.cu), en Pinar del Río.

Para ir a Cayo Levisa se debe tomar el autobús de las 18.20 a Bahía Honda vía Viñales y apearse en Mirian, a 4 km de la estación de los guardacostas de Palma Rubia, desde donde salen barcos hacia el cayo; el viajero deberá pernoctar en la estación.

Viazul tiene dos servicios diarios a Viñales (6 CUC, 11.30 y 16.30) y a La Habana (11 CUC, 8.50 y 14.50). Los billetes, en pesos convertibles, se compran en la taquilla de la planta alta (abierta de 8.00 a 19.00).

Los colectivos que esperan en el exterior de la estación de autobuses son otra opción para ir a La Habana.

TREN

Antes de planificar cualquier viaje en tren hay que consultar las pizarras de la estación para ver si se ha cancelado, suspendido o cambiado el horario de algún servicio. Desde la **estación de trenes** (☎ 75 57 34; Ferrocarril esq. con Comandante Pinares Sur; ☉ taquilla 6.30-12.00 y 13.00-18.30) parte un tren diario rumbo a La Habana (7 CUC, 5½ h, 8.45). Se puede comprar el billete el mismo día de la salida, aunque hay que estar en la estación entre las 7.00 y las 8.00. Otros trenes locales se dirigen al sudoeste, hasta Guane pasando por Sábalo (2 CUC, 2 h, 7.18 y 18.30). Éste es el lugar más cercano a la península de Guanahacabibes al que se puede llegar en ferrocarril.

Cómo desplazarse

En el Hotel Pinar del Río hay oficinas de alquiler de automóviles de **Micar** (☎ 77 14 54), **Transtur** (☎ 77 81 78) y **Havanautos** (☎ 77 80 15). En Transtur también se pueden alquilar ciclomotores (24 CUC/día).

Servicentro Oro Negro se encuentra dos manzanas al norte del hospital provincial, en la carretera Central. Servi-Cupet, 1,5 km más al norte, también en la carretera Central en dirección a La Habana; también hay otra gasolinera en Rafael Morales Sur, en la entrada sur de la ciudad.

Los coches de caballos (1 CUP) estacionados en la calle Isabel Rubio, cerca de Adela

Azcuy, van hasta el hospital provincial y luego vuelven a salir a la carretera Central. Una carrera en *bicitaxi* sale por 5 CUP.

No es difícil "hacer botella" (autostop) desde las afueras de Pinar del Río hasta Viñales (10 CUP): sólo hay que esperar en el cruce de la carretera a Viñales con la prolongación norte de Rafael Morales, donde el viajero verá un "amarillo" (véase p. 190).

AL SUDOESTE DE PINAR DEL RÍO

Tras salir de Pinar del Río hacia el sudoeste, la carretera está escoltada por filas de enormes palmas reales. Al cabo de lo que simplemente parecen unos minutos, el viajero se verá sumergido en la pintoresca región agrícola que se extiende alrededor de la ciudad de San Juan y Martínez. Los grandes secaderos con techo de paja parecen flotar en medio de un mar de hojas de tabaco, mientras los agricultores, con sus característicos sombreros de paja, atienden sus delicadas cosechas. El *camping* El Salto, al norte de Guane, es un buen y económico alojamiento de montaña. Al oeste se emplaza el embalse de agua dulce de Laguna Grande, en el que abundan las percas americanas.

Puntos de interés

Con más de 80 años, Alejandro Robaina es la única persona viva de Cuba con una marca de puros que lleva su nombre. En su famosa vega (sembradío de tabaco) de la fértil región de Vuelta Abajo, al sudoeste de Pinar del Río, se viene cultivando tabaco de primera calidad desde 1845, pero fue en 1997 cuando se lanzó una nueva marca de puros, internacionalmente aclamada, llamada Vegas Robaina.

Emprendedor en más de un sentido, Robaina ha abierto extraoficialmente su finca tabacalera a los visitantes extranjeros. Con un poco de esfuerzo y ciertas habilidades de orientación, los visitantes pueden llegar hasta la finca y, por una pequeña tarifa (5 CUC), recibir una explicación minuciosa de todo el proceso de elaboración de los cigarros.

Para llegar a la **plantación de tabaco de Alejandro Robaina** (☎ 8-79 74 70) hay que tomar la carretera Central hacia el sudoeste de Pinar del Río durante 18 km, girar a la izquierda por otra calzada recta y luego, al cabo de unos 4 km, volver a girar a la izquierda por un camino más irregular que conduce hasta la plantación. Suele haber visitas a diario de 10.00 a 17.00, excepto los domingos, pero se

aconseja llamar antes para confirmarlo. La temporada de cultivo de tabaco se extiende de octubre a febrero, por lo que ésta es la mejor época para visitar la plantación.

Dónde dormir y comer

En la bahía de Cortés existen dos complejos en la no demasiado bonita playa local. No están mal, sobre todo para comer pescado fresco.

Villa Boca de Galafre (☎ 84 829-8592; 3/6 camas 15/20 CUC). Tiene 32 cabañas con baño, ventilador, TV y nevera. Para llegar desde la carretera principal hay que tomar una salida que queda a mano izquierda, unos 36 km al sudoeste de Pinar del Río; desde allí restan 3 km hasta la playa. El tren a Guane para en la carretera de acceso, a 2 km del complejo. Fuera de temporada alta puede estar cerrado.

Villa Playa Bailén (☎ 829-6145; *bungalow* 15 CUC). A unos 44 km de Pinar del Río, a 8 de la carretera principal y a 6 del apeadero de tren más cercano, de la línea Pinar del Río-Sábalo. En sus básicos *bungalows* en forma de "A", situados en la misma playa, pueden dormir cuatro personas.

Villa Laguna Grande (Islazul; ☎ 82 84 24 30; i/d temporada baja 19/24 CUC, temporada alta 23/29 CUC). Este agradable complejo de pesca está 29 km al sudoeste de Guane y a 18 km de la carretera a María la Gorda. Es uno de los complejos más aislados de la cadena Islazul. Tiene 12 cabañas con techos de paja justo por debajo de la presa que permitió la creación del embalse Laguna Grande, actualmente repleto de percas. No obstante sus instalaciones son poco fiables. Si el viajero desea pescar, se aconseja preguntar en la oficina que Islazul tiene en Pinar del Río antes de venir hasta aquí. Es un lugar tranquilo y con buena relación calidad-precio.

Hay buenas habitaciones privadas (15-20 CUC) en Sandino, 6 km al sudoeste del desvío a Laguna Grande y a 89 km de Pinar del Río. Se puede probar en el **Motel Alexis** (☎ 84 84 32 82; zona L, nº 33; h 15-20 CUC), o en la cercana casa de Estrella; ambos alojamientos están señalizados junto a la carretera principal.

Cómo llegar y salir

Dos trenes diarios circulan entre Pinar del Río y Guane, con paradas en San Luis, San Juan y Martínez, Sábalo e Isabel Rubio (2 h). Los camiones de pasajeros realizan periódicamente el recorrido entre Guane y Sandino, pero más al sudoeste de allí el transporte

EL PRECIADO TABACO CUBANO

Hay algo extrañamente incongruente en la transformación de la hoja de tabaco, desde los bucólicos y bien cuidados campos de la región cubana de Vuelta Abajo, hasta el humeante trozo de ceniza impregnado de nicotina que queda en el extremo de un cigarro. Y no tiene que ver con que los primeros colonizadores españoles no supieran nada sobre el cáncer de pulmón.

Cuando arribó por primera vez a lo que luego sería Cuba, en 1492, Cristóbal Colón fue testigo de una extraña costumbre. Los nativos chupaban unas pipas de caña, llamadas *tobago,* para inhalar el humo que producía la combustión de las hojas secas de una planta conocida como *cohiba* (tabaco). Pronto, los españoles se aficionaron a liar sus propias hojas de *cohiba*. El tabaco *(Nicotiana tabacum)* empezó a cultivarse comercialmente en Cuba a partir de 1580 y en 1700 ya era la mayor exportación del país.

Las plantas de tabaco requieren meticulosos cuidados y a veces son necesarias unas 150 visitas durante la época de cultivo. Las vegas (campos de tabaco) se aran con bueyes para evitar la compactación que se produciría si se usaran tractores. A veces se alterna el cultivo de trigo con el de tabaco para mantener la fertilidad del suelo.

Tras sembrarse en un vivero, pasan unos 45 días hasta que los plantones alcanzan los 15 o 20 cm y están listos para ser transplantados. El transplante se realiza entre octubre y diciembre, y en dos meses las plantas crecen hasta alcanzar una altura de 1,5 m, con hojas de 30 cm de largo y 25 de ancho. Cuando la planta llega a la altura deseada, se despunta el tallo central para estimular el crecimiento de las hojas. El más exquisito tabaco corojo, empleado para la cubierta de los puros, se cultiva bajo capas de estopilla para proteger las hojas de los rayos del sol. El tabaco criollo, utilizado para el relleno, se cultiva a pleno sol. Una planta totalmente madura tiene entre seis y nueve pares de hojas, y cada uno de ellos debe recogerse individualmente a mano en intervalos de alrededor de una semana, a medida que alcanza la madurez, entre enero y marzo.

Las hojas recolectadas se cosen juntas por pares y se ponen a secar durante unos 50 días colgadas de postes de madera en secaderos especiales, que están orientados de forma que reciban la máxima cantidad posible de luz natural. Las hojas primero se tornan amarillentas y luego, de color dorado rojizo. Más tarde, las hojas curadas se atan juntas y se amontonan en pilas de medio metro de altura para una primera fermentación que dura unos 30 días. Esto reduce su resina y hace que adquieran un color más uniforme. A continuación, se humedecen, se clasifican y se les quita la parte más gruesa del pedúnculo. Las hojas se vuelven a agrupar en pilas más altas y se dejan así dos meses para una segunda fermentación. Después de esto, se deshacen los montones y se ponen a secar en estantes, para luego volver a ser agrupadas en pacas especiales llamadas tercios, que se cubren con yagua, la corteza de la palma real. Tras un período de envejecimiento variable, las pacas son enviadas a las fábricas de puros de La Habana.

En la fábrica, el tabaco se sacude, se humedece y se vuelve a secar en una sala especial. Al día siguiente las hojas se aplastan y se les quita el nervio central, quedando divididas en dos. Tras ser clasificadas, van a una sala de mezcla donde un maestro mezclador combina varios tipos para formar la tripa (el tabaco de relleno) de la pertinente marca de puros. La mezcla de la tripa determina el sabor. Después, el producto es enviado a las galeras (mesas de enrollado) donde cada trabajador elabora unos 120 cigarros al día. Para elaborar un puro, el liador rodea una trozo de tripa con un capote (primer envoltorio) y lo pone en una prensa durante media hora. A continuación cubre el puro a mano, envolviéndolo en una capa (envoltorio final) de alta calidad. El resultado es algo que el dinero no puede comprar.

público es escaso, a excepción del servicio de autobús de Havanatur (p. 193). El viajero debe asegurarse de llenar el depósito en la gasolinera Servi-Cupet que hay en Isabel Rubio si pretende conducir hasta el cabo de San Antonio; no hay otra estación de servicio hasta allí.

PENÍNSULA DE GUANAHACABIBES

En el extremo occidental de Cuba, la península de Guanahacabibes es una región

baja, ecológicamente rica y escasamente poblada. Hallazgos arqueológicos sugieren que esta zona acogió a los primeros habitantes de la isla. Situada a dos horas de trayecto de Pinar del Río, los viajeros pueden encontrar alojamiento económico en la población de Sandino, donde hay un par de correctas casas particulares que alquilan habitaciones, o seguir más adelante hasta el famoso refugio de submarinistas de María la Gorda.

PARQUE NACIONAL PENÍNSULA DE GUANAHACABIBES

☎ 82

Plana y engañosamente estrecha, la alargada península de Guanahacabibes empieza en La Fe, 94 km al sudoeste de Pinar del Río. En 1987, 101.500 Ha de esta idílica zona costera deshabitada fueron declaradas Reserva de la Biosfera por la Unesco (una de las seis que hay en la isla). Existían múltiples razones para adoptar esta medida de protección. En primer lugar, porque el litoral sumergido de la reserva presenta una amplia variedad de paisajes, incluido extensos mangles, vegetación de matorrales bajos y una plataforma elevada en la que se alternan la arena blanca y las rocas coralinas. En segundo, porque sus características formaciones kársticas de piedra caliza albergan una flora y fauna excepcional, incluidas 172 especies de aves, 700 de plantas, 18 de mamíferos, 35 de reptiles, 19 de anfibios, 86 de mariposas y 16 de orquídeas. En las noches de verano, las tortugas marinas, entre las que se cuentan tortugas bobas y verdes, se acercan hasta la playa para desovar. Si el viajero está en esta zona entre mayo y octubre podrá participar en visitas nocturnas para observar cómo anidan las tortugas. Otra curiosidad son las grandes cantidades de cangrejos colorados que avanzan lentamente por la accidentada carretera de la península, sólo para ser aplastados sin contemplaciones por las ruedas de los coches que pasan. El hedor que desprenden los caparazones aplastados es inolvidable.

Hasta la fecha, el valor de Guanahacabibes como yacimiento arqueológico aún está en fase de descubrimiento. Basta con decir que se cree que en la zona hay al menos 100 importantes zonas arqueológicas relacionadas con los indígenas más antiguos y menos conocidos de Cuba, los guanahatabeys.

Orientación e información

Aunque los límites del parque alcanzan la pequeña población de La Fe, a la reserva se entra por La Bajada, donde el viajero encontrará la Estación Ecológica Guanahacabibes. Más allá de la estación, la carretera se divide en dos: el ramal izquierdo va hacia el sur, hasta María la Gorda (a 14 km por una carretera costera bastante deteriorada), y el derecho discurre hacia el oeste, hasta el extremo de la península.

Desde aquí hasta el extremo más occidental de la isla hay un viaje de ida y vuelta de 120 km. El cabo de San Antonio alberga el solitario faro Roncali, inaugurado por los españoles en 1849. Recientemente, Gaviota acaba de abrir allí un nuevo puerto deportivo y un alojamiento (véase p. 197). Unos 4 km al noroeste está Las Tumbas, una idílica playa en la que los visitantes del parque pueden bañarse.

No se cobra nada por visitar el Hotel María la Gorda y su playa adyacente de 5 km; ambos lugares llevan el nombre de una voluptuosa venezolana que fue abandonada aquí por los piratas y que tuvo que recurrir a la prostitución para poder sobrevivir, o al menos eso cuentan las tradiciones locales. Todos los submarinistas tienen una opinión unánimemente elogiosa sobre la calidad de los arrecifes de esta zona, que también es uno de los principales lugares de Cuba para navegar.

Actividades

Guanahacabibes es un paraíso para los ecoturistas, submarinistas y amantes de la observación ornitológica. Entre las especies de aves que se pueden ver hay loros, tocororos, pájaros carpinteros, búhos, espátulas y zunzuncitos (pequeños zunzunes). Sin embargo, a algunos excursionistas y amantes de la aventura les puede parecer que ciertas excursiones por el parque son demasiado restrictivas y, además, bastantes viajeros se han quejado de que la playa de María la Gorda no se corresponde del todo con las fotografías publicitarias.

SUBMARINISMO

El submarinismo es el principal atractivo de María la Gorda; de hecho, éste es el motivo por el que la mayoría de la gente se acerca hasta aquí. La buena visibilidad y los resguardados arrecifes que hay cerca de la costa son las razones para ello. Si a esto se le añade

la formación de coral negro más grande del archipiélago se obtienen los que probablemente sean los mejores arrecifes de Cuba.

La actividad se centra alrededor del **International Dive Center** (☎ 77 13 06), situado en Marina Gaviota, en el Hotel María la Gorda. Una inmersión diurna cuesta 35 CUC (40 CUC si es nocturna), más 7,50 CUC por el alquiler del equipo. El centro ofrece un completo curso de submarinismo certificado por la CMAS (Confederación Mundial de Actividades Subacuáticas) con una duración de cuatro días y un precio de 365 CUC; los que quieran practicar buceo también pueden subirse a los barcos de submarinismo por 12 CUC. El centro también ofrece cuatro horas de pesca de altura por 200 CUC (máximo cuatro personas) y pesca al currican por 30 CUC por persona (máximo cuatro personas).

Entre los 50 lugares de inmersión identificados, destaca el Valle de Coral Negro, un muro de coral negro de 100 m de largo, y el Salón de María, una cueva a 20 m de profundidad que alberga lirios de mar y corales de múltiples colores. La concentración de peces migratorios puede llegar a ser increíble. La entrada más alejada está a sólo 30 minutos en barco de la costa.

Otra opción es la recién inaugurada **Marina Gaviota Cabo San Antonio** (☎ 75 01 18), en la playa Las Tumbas, en el extremo de la península de Guanahacabibes. Este puerto deportivo facilita el acceso a 27 lugares de inmersión y tiene su propio alojamiento muy cerca de allí, en la nueva Villa Cabo San Antonio.

EXCURSIONES

La **Estación Ecológica Guanahacabibes** (☎ 82-75-03-66; www.ecovida.pinar.cu; 🕑 7.30-15.30), frente a la estación meteorológica de La Bajada, proporciona guías y organiza visitas especializadas y un circuito de cinco horas al cabo de San Antonio, en el extremo occidental del parque. El transporte, la gasolina, el agua, el protector solar, el repelente de insectos y la comida corren a cuenta del viajero, lo que resta bastante atractivo a la oferta. Durante los más de 120 km que dura el viaje de ida y vuelta se podrá contemplar la oscura y escarpada roca diente de perro a un lado de la carretera y el brillante océano azul en el otro. Se verá huir a las iguanas en busca de refugio y también es probable avistar pequeños venados, jutías (roedores comestibles) y gran cantidad de aves. Más allá del faro se halla la desierta

playa Las Tumbas, donde se hace una parada de 30 minutos para darse un chapuzón. Este viaje puede realizarse con cualquier coche de alquiler, aunque es preferible hacerlo en un todoterreno. La excursión de cinco horas cuesta 10 CUC por persona. También existe la posibilidad de realizar otras excursiones a poblaciones locales de la zona. La dirección del parque, que planea abrir un nuevo centro de visitantes a principios de 2007, tiene muchos nuevos proyectos en preparación.

SENDERISMO

De los dos senderos oficiales, el de la **Cueva las Perlas** (8 CUC, 3 h, 3 km) es el mejor. Inmediatamente después de entrar en el sendero, el viajero verá y oirá una gran cantidad de aves, incluido tocororos, zunzuncitos y pájaros carpinteros. Tras 1,5 km se llega a la cueva Las Perlas, un sistema de grutas con múltiples galerías, de las que 300 m son accesibles a los excursionistas. El sendero **Del Bosque al Mar** (6 CUC, 1½ h, 1,5 km) es interesante tan sólo durante unos cinco minutos, ya que la mayor parte de esta excursión transcurre por la soleada carretera que va al cabo de San Antonio. No obstante, los guías están muy cualificados. Había varios nuevos senderos que estaban a punto de ser abiertos cuando se recopiló la información para este libro, así que se aconseja preguntar en la Estación Ecológica Guanahacabibes sobre las excursiones La Majagua y Hoyo del Palmar u otras novedades. En caso de que el viajero esté interesado, no hay ningún motivo que le impida realizar una excursión por la costa desde La Bajada a María la Gorda.

Dónde dormir y comer

Hotel María la Gorda (Gaviota; ☎ 827-8131; fax 827-8077; i/d/tr temporada baja 33/46/66 CUC, temporada alta 38/56/80 CUC, desayuno incl.; 🅿 🐾). Es el hotel más remoto de la isla de Cuba y el aislamiento tiene sus ventajas. La adyacente playa, bordeada de palmeras, no está mal, aunque no es tan idílica como aparece en las fotografías; a sólo 200 m del hotel hay un lugar de inmersión. El hotel está en la bahía de Corrientes, 150 km al sudoeste de Pinar del Río (a 2½ horas en coche si se aprieta el acelerador). Desde la oficina del parque en La Bajada, donde la carretera llega al mar, queda 14 km a la izquierda por una accidentada carretera.

Las habitaciones están divididas entre tres edificios de hormigón rosa tipo motel,

así como en 20 cabañas más nuevas apartadas de la playa. La intimidad y el confort que proporcionan las cabañas son infinitamente superiores. No hay que esperar un servicio de cinco estrellas; lejos de ser un complejo de lujo, María la Gorda es un lugar en el que las hamacas cuelgan entre las palmeras, los atardeceres se dedican a degustar cervezas heladas y las conversaciones sobre submarinismo se extienden hasta altas horas de la madrugada.

El bufé, tanto de almuerzo como de cena, cuesta 15 CUC, y las opiniones sobre la comida son muy variadas. El agua embotellada es muy cara; lo mejor es traerla o depurar la del grifo.

Villa Cabo San Antonio (☎ 75 01 18; playa Las Tumbas). Esta villa de 16 habitaciones, en la prácticamente virgen península de Guanahacabibes, está a 3 km del faro Roncali y a 4 del nuevo puerto deportivo Marina Gaviota. Dispone de televisión por satélite y de alquiler de automóviles y bicicletas.

Restaurante La Bajada (⏱ 8.30-22.30). Situado junto a la estación meteorológica, ofrece pollo frito con patatas y filetes de cerdo, eso, claro, cuando está abierto.

EL NORTE DE LA PENÍNSULA

La larga carretera llena de baches que va por la costa norte de Pinar del Río desde Sandino hasta Cayo Jutías es una de las rutas más aisladas y solitarias de Cuba. El transporte público es prácticamente inexistente, así que si se quiere recorrer es esencial alquilar un coche o una bicicleta muy resistente, y aprovisionarse de gasolina, comida y agua en Isabel Rubio.

De las desperdigadas poblaciones que hay a lo largo de la ruta, sólo **Mantua,** escenario en 1896 de una importante batalla en la que participó Antonio Maceo, tiene un cierto interés histórico, aunque el paisaje es impresionante, con la aparición de pinares y oscuras colinas a medida que se avanza en dirección este hacia Santa Lucía y la salida a Viñales.

En cuanto al alojamiento, en Sandino hay una casa particular, el **Motel Edilia** (☎ 3843; zona M, 42; P 🏿), que también funciona como *paladar*; por lo demás, el viajero queda a su suerte hasta llegar a Puerto Esperanza. Un espléndido aislamiento.

Cómo llegar y salir

Hay un servicio diario de autobús entre Viñales y María la Gorda que sale a las 7.00 y llega a la península a las 9.30. El viaje de vuelta sale de María la Gorda a las 17.00 y llega a Viñales a las 19.00. El precio de un billete de ida/ida y vuelta es de 15/25 CUC. Se aconseja preguntar en **Transtur** (☎ 79 60 60), en Viñales, o en **Havanatur** (☎ 77 84 94), en Pinar del Río.

Havanautos (☎ 827-8131) cuenta con una oficina en el Hotel María la Gorda. Ofrece un servicio de taxi en *jeep* con conductor hasta el cabo de San Antonio por 50 CUC para hasta cuatro personas. También organiza viajes a/desde Pinar del Río por 50 CUC (sólo ida; precio conjunto del automóvil) o a/desde La Habana por 120 CUC.

VALLE DE VIÑALES

Adornado con enormes pinos y salpicado de acantilados de piedra caliza en forma de bulbos que se alzan como almiares por encima de las tranquilas y cuidadas plantaciones de tabaco, el Parque Nacional Viñales es uno de los enclaves naturales más maravillosos de Cuba. Espectacularmente encajado en la sierra de los Órganos, este valle de 11 por 5 km fue declarado Patrimonio Mundial por la Unesco en 1999 debido a sus espectaculares afloramientos rocosos, conocidos como mogotes, y a la arquitectura local de sus granjas y aldeas tradicionales.

Hace muchísimo tiempo toda esta región tenía varios cientos de metros más de altura. Entonces, hace unos 100 millones de años, durante el Período Cretácico, una red de ríos subterráneos erosionó el lecho rocoso de piedra caliza formando enormes cavernas. Finalmente, los techos se desplomaron dejando únicamente las paredes desgastadas que actualmente se pueden ver. Éste es el mejor ejemplo de valle kárstico que existe en Cuba, y en él se halla la Gran Caverna Santo Tomás, el sistema de grutas más grande de la isla.

Geología aparte, Viñales también ofrece la oportunidad de realizar excelentes caminatas, escaladas y excursiones a caballo. En lo referente al alojamiento, posee cuatro hoteles de primera categoría y algunas de las mejores casas particulares de Cuba. A pesar de atraer a enormes cantidades de viajeros, la zona está bien protegida y sus atracciones naturales

han conseguido escapar al frenético circo turístico que hay montado en otros muchos lugares de la isla. Además, el ambiente en los pueblos y sus alrededores ha conseguido mantenerse agradablemente tranquilo.

VIÑALES
☎ 8 / 14.279 hab.

Fundada en 1875 y caracterizada por sus tranquilas calles bordeadas de pinos, Viñales es una población de chirriantes mecedoras y porches pulidos desde los que sus habitantes saludarán al viajero como si fuera de la familia. Junto con Baracoa, éste es uno de los lugares más acogedores de Cuba, lo que por sí ya justifica una visita.

Información
INMIGRACIÓN

Inmigración (Salvador Cisneros esq. con Ceferino Fernández; ☽ 8.00-17.00 lu-vi)

ACCESO A INTERNET Y TELÉFONO

Cubanacán (Salvador Cisneros 63C; ☽ 9.00-19.00 lu-sa). El servicio a veces es un tanto errático.

Etecsa (Ceferino Fernández 3; Internet 6 CUC/hora). Frente a la oficina de correos.

DINERO

Banco de Crédito y Comercio (☎ 79 31 30; Salvador Cisneros 58; ☽ 8.00-12.00 y 13.30-15.00 lu-vi, 8.00-11.00 sa)

Cadeca (☎ 79 63 64; Salvador Cisneros esq. con Adela Azcuy; ☽ 8.30-17.30 lu-sa)

CORREOS

Oficina de correos (Ceferino Fernández 14; ☽ 9.00-18.00 lu-sa). Junto a la plaza principal.

AGENCIAS DE VIAJES

Cubanacán (☎ 79 63 93; Salvador Cisneros 63C; ☽ 9.00-19.00 lu-sa). Alquilan ciclomotores y organizan circuitos, aunque el viajero puede preparar su propia excursión por menos dinero.

Puntos de interés
Viñales tiene una agradable plaza principal en la que se encuentra la **Casa de la Cultura,** que, ubicada en una antigua mansión junto a la iglesia, ofrece un completo programa de actividades; en el portal de al lado hay una galería de arte. El **Museo Municipal** (☎ 79 33 95; Salvador Cisneros 115; ☽ 8.00-17.00) ocupa la antigua casa de la heroína de la independencia Adela Azcuy (1861-1914) y hace un recorri-

do por la historia local; también puede organizar excursiones de un día.

Si el viajero mira a su izquierda una vez pasada la gasolinera Servi-Cupet que hay en la carretera que sale de Viñales por el norte, verá una genial verja inundada de parras y con fruta fresca colgando de ella. Es la entrada al **jardín de Caridad** (se aceptan donativos; ☽ 8.00-17.00), un vergel de casi un siglo de antigüedad. Cascadas de orquídeas florecen junto a cabezas de muñecas de plástico y macizos de lirios naranjas dan paso a incipientes arboledas mientras los pavos corretean por el jardín. Es probable que una de las viejas hermanas que cuidan del lugar ofrezca al viajero un poco de conversación y un plato de fruta.

Actividades
Si apetece un chapuzón, en el Hotel La Ermita hay una piscina (entrada 3 CUC; 8.00-22.00) con preciosas vistas a una gran parte del valle; además, ofrecen **masajes** (20-35 CUC). El Hotel Los Jazmines también tiene piscina (entrada con consumición 5 CUC; 9.00-19.00) y las vistas son incluso mejores, pero el trasiego de turistas a veces puede romper la tranquilidad.

Los propietarios de las casas particulares que alquilan habitaciones en Viñales son capaces de improvisar todo tipo de actividades. Una pareja especialmente ingeniosa es la formada por **Yoan y Estelita Reyes** (☎ 79 32 63; Rafael Trejo 134), que no sólo ofrecen alojamiento en su encantadora casa, sino que también organizan caminatas, circuitos en bicicleta, masajes, clases de salsa y visitas a una cercana finca y plantación de tabaco. Estelita es una cualificada bióloga del parque nacional y los circuitos que ofrece son mucho más flexibles que las excursiones estándares que suele haber disponibles.

Circuitos
Cubanacán (☎ 79 63 93; Salvador Cisneros 63C; ☽ 9.00-19.00 lu-sa) organiza circuitos a Cayo Levisa (16 CUC), la Gran Caverna Santo Tomás (8 CUC) y el Palenque de los Cimarrones (10 CUC, transporte incluido). También ofrecen caminatas y excursiones a caballo (desde 5 CUC), así como salidas a María la Gorda y Pinar del Río.

Dónde dormir
En Viñales hay cerca de 250 casas particulares que alquilan habitaciones y la mayor

VIÑALES

0 _____ 2 km

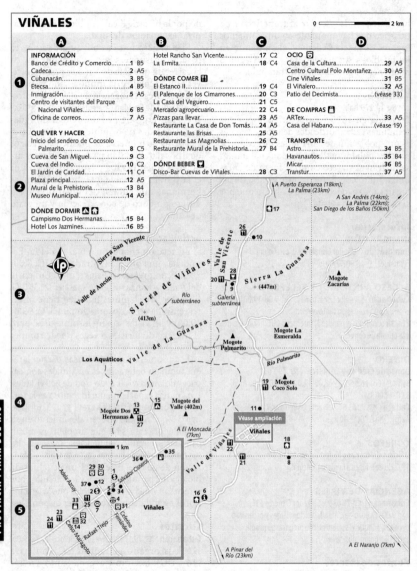

Ⓐ

INFORMACIÓN
Banco de Crédito y Comercio.........1 B5
Cadeca..2 A5
Cubanacán....................................3 B5
Etecsa..4 B5
Inmigración...................................5 A5
Centro de visitantes del Parque
  Nacional Viñales..........................6 B5
Oficina de correos.........................7 A5

QUÉ VER Y HACER
Inicio del sendero de Cocosolo
  Palmarito...................................8 C5
Cueva de San Miguel......................9 C3
Cueva del Indio............................10 C2
El Jardín de Caridad......................11 C4
Plaza principal.............................12 A5
Mural de la Prehistoria..................13 B4
Museo Municipal..........................14 A5

DÓNDE DORMIR 🏕 🏠
Campismo Dos Hermanas..............15 B4
Hotel Los Jazmines.......................16 B5

Ⓑ

Hotel Rancho San Vicente..............17 C2
La Ermita.....................................18 C4

DÓNDE COMER 🍴
El Estanco II.................................19 C4
El Palenque de los Cimarrones........20 C3
La Casa del Veguero......................21 C5
Mercado agropecuario...................22 C4
Pizzas para llevar..........................23 A5
Restaurante La Casa de Don Tomás...24 A5
Restaurante las Brisas....................25 A5
Restaurante Las Magnolias.............26 C2
Restaurante Mural de la Prehistoria...27 B4

DÓNDE BEBER 🍸
Disco-Bar Cuevas de Viñales...........28 C3

Ⓒ

OCIO 🎭
Casa de la Cultura.........................29 A5
Centro Cultural Polo Montañez.......30 A5
Cine Viñales.................................31 B5
El Viñalero...................................32 A5
Patio del Decimista.................(véase 33)

DE COMPRAS 🛍
ARTex...33 A5
Casa del Habano....................(véase 19)

TRANSPORTE
Astro..34 B5
Havanautos..................................35 B4
Micar..36 B5
Transtur......................................37 A5

A Puerto Esperanza (18km);
La Palma (23km)

A San Andrés (14km);
La Palma (22km);
San Diego de los Baños (50km)

Sierra San Vicente

Ancón

Valle de Ancón

Sierra de Viñales

Valle de San Vicente

Sierra La Guasasa

Mogote Zacarías

Río subterráneo
+ (413m)

Galería subterránea

+ (447m)

Valle de La Guasasa

Los Aquáticos

Valle de La Guasasa

Mogote Palmarito

Mogote La Esmeralda

Río Palmarito

Mogote Coco Solo

Mogote Dos Hermanas

Mogote del Valle (402m)

Véase ampliación

Viñales

A El Moncada (7km)

Valle de Viñales

0 _____ 1 km

Adela Azcuy

Salvador Cisneros

Ceferino Fernández

Calle Rafael Trejo

Calle Mariácabo

Viñales

A Pinar del Río (23km)

A El Naranjo (7km)

parte de ellas está bastante bien. Los dos hoteles, a poca distancia de la playa, son auténticas joyas, con una ubicación espectacular.

La Ermita (Cubanacán; ☎ 79 60 71; i/d temporada baja 47/60 CUC, temporada alta 54/69 CUC, desayuno incl.; Ⓟ 🍽 🏊) es uno de los mejores alojamientos de precio medio del país, con deslumbrantes vistas, un acogedor mobiliario y un personal amable. Está situado 2 km al este de Viñales. El desayuno en el patio es insuperable y también son muy recomendables los mojitos junto a la piscina. Este moderno hotel ofrece también pistas de tenis, una excelente tienda, salidas a caballo y excursiones. Es el único alojamiento gubernamental a poca distancia a pie de Viñales. Por último,

no hay que olvidarse de pedir una habitación con vistas al valle.

Hotel Los Jazmines (Cubanacán; ☎ 79 62 05; i/d temporada baja 53/65 CUC, temporada alta 62/77 CUC, desayuno incl.; ⓟ 🍽 🛥). Dispone de una de las mejores ubicaciones de Cuba y sus etéreas vistas del valle han dado lugar a miles de postales. Está situado 4 km al sur de Viñales, en la carretera a Pinar del Río. Aunque sufre mucho trasiego de gente, las concienzudas renovaciones y su cualificado personal consiguen que sus 48 habitaciones sigan ofreciendo muy buen aspecto. Los 16 dormitorios ubicados en un largo bloque frente al valle son los que ofrecen más intimidad y mejores vistas. Por su parte, las panorámicas del valle hacen que la zona de la piscina y el mirador estén todo el día abarrotados de turistas. Varios lectores recomiendan los circuitos a pie organizados por el hotel. También se puede montar a caballo (5 CUC/h).

Dónde comer y beber

Como en Viñales hay tantas casas particulares que ofrecen comida a sus huéspedes, la oferta de *paladares* es más bien magra. Mientras está de excursión, el viajero puede que reciba una invitación para comer con los campesinos. Si la acepta comerá opíparamente a base de cerdo asado, congrí, yuca con mojo y ensalada.

Restaurante La Casa de don Tomás (☎ 79 63 00; Salvador Cisneros 140; ⏰ 10.00-21.30). La casa más antigua de Viñales y su restaurante más respetable. El viajero sabrá que ha llegado al lugar correcto gracias a su techo de terracota y a las exuberantes parras floridas que se desparraman por su balcón. En la parte de atrás tiene un patio con mucho ambiente donde se podrá degustar la especialidad de la casa: las "Delicias de don Tomás", un plato con arroz, langosta, pescado, cerdo, pollo, salchicha y un huevo coronándolo

---

CASAS PARTICULARES EN VIÑALES

Con cerca de 300 casas que alquilan habitaciones en una población de 14.000 habitantes, no es extraño que a Viñales se le llame "el hotel más grande de Cuba". El recibimiento suele ser caluroso y la comida, por lo general, deliciosa.

Casa Emilia Díaz (Nenita) (Salvador Cisneros Interior 6-1; h 25 CUC; 🍽). Fantástica ubicación en el extremo del valle y con vistas de los mogotes. Con capacidad para cuatro personas, con un buen baño y comida. Junto a la carretera, detrás de la policlínica.

Casa La Prieta y Mario (☎ 9-3267; Adela Azcuy 21; h 15-20 CUC; 🍽). Habitación limpia y confortable, con patio para ver pasar a la gente.

Casa Lucy, Lucy y Bartolo (☎ 9-3214; Orlando Nodarse 9; h 15-20 CUC; 🍽). En una calle tranquila, detrás de la escuela; vistas de los mogotes desde el porche.

Eloy Hernández Rodríguez (Salvador Cisneros 198; h 20 CUC; 🍽). Casa particular en un patio trasero; comidas copiosas.

Hostal Doña Hilda (☎ 79 60 53; ctra. Pinar del Río, km 25, nº 4; h 20-25 CUC; 🍽). Una de las primeras casas de Viñales.

Nena Paula (☎ 93 60 18; Camilo Cienfuegos 56; h 15 CUC; 🍽). Agradable. Hay muchas otras opciones en esta misma manzana.

Óscar Jaime Rodríguez (☎ 9-3381; Adela Azcuy 43; h 20 CUC; 🍽). Popular entre los escaladores; encarecidamente recomendado por los lectores.

Teresa Martínez Hernández (☎ 9-3267; Camilo Cienfuegos 10; h 20 CUC; 🍽). Porche genial, pequeño jardín y buenas comidas.

Ubaldo Chirino Suárez (☎ 9-3226; Adela Azcuy 35; h 20 CUC; 🍽). Sirve comidas.

Villa Chicha (Camilo Cienfuegos 22; h 15 CUC). Habitación básica en la casa de una elegante señora; buena relación calidad-precio.

Villa Los Reyes, Estelita y Yoan Reyes (☎ 79 32 63; Rafael Trejo 134; h 20 CUC; ⓟ 🍽). Excelente casa con todo tipo de servicios. La pareja propietaria puede organizar de todo, desde clases de salsa a excursiones. Estelita es bióloga del Parque Nacional Viñales.

Villa Nelson (☎ 9-3268; Camilo Cienfuegos 4; h 15-20 CUC). Habitación privada e independiente en un patio trasero; también ofrece comidas para no huéspedes.

Villa Pitín y Juana (☎ 79 33 38; ctra. Pinar del Río, km 25, nº 2; h 25 CUC; ⓟ 🍽). Ambiente familiar y buena comida.

todo (10 CUC). Los platos de pollo y pescado son más baratos.

El Estanco II (10.00-23.00). Situado 1 km a las afueras de Viñales, es un sencillo local que sirve *pizza* y cerveza; no está mal para hacer una parada. Las *pizzas* cuestan un par de pesos convertibles; los platos de espaguetis, un poco más.

Otros sencillos locales son el **Restaurante Las Brisas** (79 33 53; Salvador Cisneros 96; 11.00-14.00 y 18.00-21.00), donde se puede saciar el apetito por menos de 4 CUC y un **local de** *pizzas* **para llevar** pagaderas en pesos (Salvador Cisneros 130).

El mercado agropecuario de Viñales está a unos 100 m de la población, en el extremo oeste de Salvador Cisneros, bajando por la carretera hacia Dos Hermanas. Venden ron (en pesos) y pan (en pesos convertibles).

Ocio
Centro Cultural Polo Montañez (Cisnero esq. con Joaquín Pérez, en la plaza principal; entrada 1 CUC). Este local nocturno, el más nuevo y de moda en Viñales, lleva el nombre del héroe guajiro local, convertido en icono internacional (véase p. 187). Un ambiente íntimo y un genial equipo de sonido hacen de éste uno de los mejores locales musicales de la provincia. Durante el día también sirven bebidas y tentempiés. El ambiente empieza a animarse alrededor de las 22.00. Algo relegados han quedado dos de los otrora favoritos locales de Viñales: el **Patio del Decimista** (Salvador Cisneros 102; entrada gratuita; música 21.00), donde cada noche hay música en directo y cervezas frías, y **El Viñalero** (Salvador Cisneros 105), situado al otro lado de la calle. El **cine Viñales** (Ceferino Fernández esq. con Rafael Trejo) está una manzana al sur de la plaza principal.

De compras
Se pueden comprar postales, camisetas y CD en **ARTex** (Salvador Cisneros 102), y puros en la **Casa del Habano** (ctra. de Puerto Esperanza, km 1; 9.00-17.00).

Cómo llegar y desplazarse
AUTOBÚS
La **taquilla de Astro** (Salvador Cisneros 63A; 8.00-12.00 y 13.00-15.00) está frente a la iglesia, en la plaza principal. Todos los días sale un autobús de esta empresa a La Habana a las 14.30 (8 CUC). Viazul ofrece también un servicio a la capital diario, en un vehículo más confortable, vía Pinar del Río. Sale a las 8.00 y a las 14.00 (12 CUC). También hay una salida diaria de Havanatur hasta María la Gorda (7.00) y otra a La Habana vía Soroa y Las Terrazas (8.00). Además, se han añadido nuevas rutas hasta Cayo Levisa y Trinidad. Para más detalles se puede contactar con Cubanacán o Transtur.

AUTOMÓVIL Y MOTOCICLETA
Para llegar a Viñales desde el sur hay que tomar la larga y serpenteante carretera desde Pinar del Río; las carreteras que llegan desde el norte no son tan sinuosas y proporcionan un bonito viaje. La panorámica carretera de montaña desde la península de Guanahacabibes a través de Guane y Pons es una de las rutas más espectaculares de Cuba, pero el tiempo de viaje es muy largo.

Las siguientes agencias tienen oficina en Viñales:

Cubanacán (79 63 93; Salvador Cisneros 63C; 9.00-19.00). Ciclomotores por 24 CUC/día.

Havanautos (79 63 90). En Servi-Cupet; alquila ciclomotores.

Micar (79 63 30; al final de Salvador Cisneros)

Transtur (79 60 60; Salvador Cisneros). Al lado de la iglesia; alquila ciclomotores.

En el extremo nordeste de Viñales hay una gasolinera Servi-Cupet. Los taxis aparcados junto a la plaza pueden llevar al viajero a Pinar del Río (10 CUC), a la Gran Caverna de Santo Tomás (16 CUC) o a Palma Rubia (25 CUC), de donde zarpan los barcos a Cayo Levisa. Todos los precios son aproximados.

VIÑALES BUS TOUR
Tomando como modelo el autobús descubierto de dos pisos de Varadero, el Viñales Bus Tour es un minibús que circula nueve veces al día entre los principales puntos de interés del valle y del que se puede subir y bajar a discreción. Con inicio y final en el parque principal de Viñales, el circuito dura 65 minutos, siendo la primera salida a las 9.00 y la última a las 19.10. Hay 18 paradas a lo largo de la ruta, todas ellas claramente marcadas con indicadores y horarios. Para más información se puede preguntar en **Transtur** (79 60 60; Salvador Cisneros).

PARQUE NACIONAL VIÑALES
 8

El extraordinario mosaico cultural del Parque Nacional Viñales abarca 15.000 Ha y alberga una población de 25.000 habitantes,

divididos en comunidades agrícolas que cultivan café, tabaco, caña de azúcar, naranjas, aguacates y bananas. El parque está gestionado por el recientemente creado **centro de visitantes del Parque Nacional Viñales** (ctra. a Pinar del Río, km 2), situado en la colina que hay antes de llegar al Hotel Los Jazmines. En su interior, coloridas exposiciones sirven para destacar los principales atractivos del lugar. También ofrece excursiones, información y guías.

Puntos de interés

Unos 4 km al oeste de Viñales está el **Mural de la Prehistoria** (entrada 1 CUC). Situado en un acantilado a los pies de la sierra de Viñales (que con 617 m de altura es la cota más alta de la sierra de los Órganos), esta obra de 120 m de longitud orientada al mogote Dos Hermanas fue diseñada en 1961 por Leovigildo González Morillo, un admirador del artista mexicano Diego Rivera, a partir de una idea de Celia Sánchez, Alicia Alonso y Antonio Núñez Jiménez. En el mural trabajaron quince personas durante cinco años. El caracol gigante, los dinosaurios, los monstruos marinos y los seres humanos del acantilado simbolizan la teoría de la evolución, y resultan psicodélicos o terriblemente terroríficos, dependiendo del punto de vista de cada uno. Aunque no hay que acercarse mucho para apreciar el mural, vale la pena pagar la entrada para poder saborear la deliciosa, aunque un poco cara, comida de 15 CUC que sirven en el restaurante que hay en el sitio (véase p. 205). También suele haber caballos disponibles para dar un pequeño paseo por el parque o una excursión más larga por el valle.

Un kilómetro más allá de la salida a Dos Hermanas, un camino de tierra conduce a la población de montaña de **Los Aquáticos,** fundada en 1943 por los seguidores de la visionaria Antoñica Izquierdo, que descubrió el poder curativo del agua cuando los campesinos de esta zona no tenían acceso a medicinas convencionales. Sus seguidores colonizaron las laderas de la montaña y varias familias aún viven allí. Desgraciadamente, el último patriarca que practicaba la "terapia acuática" murió en 2002, llevándose esta tradición consigo, pero el poblado aún puede visitarse. Los Aquáticos sólo es accesible a caballo o a pie. Lo mejor es informarse sobre el servicio de guías en la casa donde se esté hospedado; los caballos se pueden alquilar a los campesinos que viven cerca del inicio del sendero

(10 CUC por persona para un circuito de tres horas con guía). Desde la carretera principal hay que ir 1 km hacia el interior y cruzar un arroyo para llegar al sendero de la Ruta de las Aguas. Tras la visita, se puede dar un rodeo continuando por el sendero (tomando la bifurcación que hay hacia la izquierda en el mismo arroyo y volviéndolo a cruzar unos cientos de metros más hacia el este) otros 3 km hasta el *camping* Dos Hermanas y el mural. El trayecto completo desde la carretera principal hasta Los Aquáticos/Dos Hermanas constituye una maravillosa ruta panorámica de unos 6 km.

Al norte de la **cueva del Indio** (☎ 79 62 80; entrada 5 CUC; ☾ 9.00-17.30) está la parte más bonita del parque, pero la cueva en sí, 5,5 km al norte de la aldea de Viñales, no es más que una trampa para turistas. Antigua morada indígena redescubierta en 1920, actualmente está iluminada con electricidad y las barcas de motor surcan el lago subterráneo que la atraviesa. Los vendedores de recuerdos abarrotan la entrada, mientras no dejan de llegar autobuses turísticos con más y más grupos y mediocres músicos dan la tabarra.

La **cueva de San Miguel** es una gruta más pequeña situada en la entrada del valle de San Vicente (1 CUC). Tras recorrer unos 50 m por su interior, se alcanza el Palenque de los Cimarrones (véase p. 205).

Actividades

CICLISMO

A pesar de que el terreno a veces es un poco accidentado, Viñales es uno de los mejores lugares de Cuba para practicar ciclismo. Se aconseja preguntar sobre el alquiler de bicicletas en la oficina de Cubanacán (p. 205). Si allí no hay suerte, se puede intentar en la casa donde se esté alojado.

EXCURSIONISMO

Con el esperado centro de visitantes del Parque Nacional Viñales ya abierto oficialmente, la información y el acceso a los senderos de la zona es mejor que nunca. Actualmente hay tres excursiones oficiales por el valle, y todas se pueden contratar directamente a través del propio centro, del Museo Municipal o de cualquiera de las agencias de circuitos de la población.

El sendero de Cocosolo Palmarito se inicia en una bifurcación que hay antes de llegar al Hotel La Ermita y se extiende durante 11 km

pasando por los mogotes Coco Solo y Palmarito y el Mural de la Prehistoria. Esta ruta ofrece buenas vistas y multitud de oportunidades para descubrir la flora y la fauna local; además, incluye la visita a una finca tabaquera. Luego vuelve a la carretera principal, por donde se regresa a Viñales.

El sendero de Maravillas de Viñales traza un bucle de 4 km que empieza 1 km antes de llegar a El Moncada, a 13 km de la salida a Dos Hermanas. Aquí se pueden ver plantas endémicas, orquídeas y, según dicen, el hormiguero más grande de bibijaguas de Cuba. En el sendero hay un encargado que se ocupa de cobrar el precio de la entrada (1 CUC).

La ruta de San Vicente/Ancón lleva al viajero hasta el más remoto valle Ancón, donde se pueden contemplar comunidades cafeteras en un collado rodeado de mogotes.

Éstas son las excursiones oficiales, pero hay muchos más senderos oficiosos; si el viajero pregunta en la casa donde se aloja seguro que le darán más sugerencias. Algunas de las más interesantes son, por ejemplo, la de Los Aquáticos, con sus increíbles vistas; la de la cueva de la Vaca, que ofrece varias opciones para darse un baño; y la de El Palmerito, un lugar famoso por la animación de sus peleas de gallos.

ESCALADA

A la espera de que sea "oficialmente" aprobada por los principales operadores turísticos, la escalada en Cuba aún está en fase de desarrollo. Como resultado, en la mayor parte de las incipientes agencias de circuitos de Viñales negarán cualquier conocimiento de esta actividad, pero el viajero puede estar seguro de que en esos elevados mogotes de piedra caliza gris hay muchas rutas de escalada.

Los primeros escaladores llegaron a finales de la década de 1990, atraídos por las descripciones que se hacían del valle de Viñales como un nuevo Yosemite en miniatura (comparación que apareció originalmente en la primera edición de la guía *Cuba* de Lonely Planet, por cierto). Uniéndose a algunos aventureros locales, los escaladores se lanzaron a las montañas y, al cabo de un par de años, empezaron a abrir rutas de escalada por todos los mogotes. En Viñales hay al menos ciento cincuenta señalizadas, con nombres como Rompe los Dedos y Cuba Libre.

De todas las actividades al aire libre practicables en Cuba, la escalada es, de lejos, la que cuenta con menos infraestructura. Los interesados pueden consultar la página www.cubaclimbing.com para conocer todos los pormenores. Es imprescindible llevar todo el equipo desde el país de origen, pues el equipamiento local es ínfimo. El oficioso centro de operaciones para la práctica de la escalada en Viñales es la casa particular de Óscar Jaime Rodríguez, en Adela Azcuy (véase p. 201).

NATACIÓN

Uno de los mejores lugares naturales para nadar es el río Resvaloso, cerca de la cueva de la Vaca. También existe la posibilidad de ir

PELEAS DE GALLOS

Ilegales pero toleradas, las peleas de gallos cubanas son una mezcla de virulenta tradición y frenético espectáculo itinerante de apuestas. De hecho, a veces resulta difícil decir quién ofrece el espectáculo más agresivo, si los gallos o los exaltados espectadores que se congregan para ver luchar a sus aves preferidas.

Practicadas desde el s. XVIII, las peleas de gallos fueron introducidas en Cuba por los españoles y son la única forma de apuestas organizadas que ha sobrevivido a la moralista limpia desplegada por la Revolución castrista. Una buena pelea puede atraer a más de 500 personas y puede dar lugar a apuestas de hasta 50.000 pesos cubanos (2.000 US$). Celebradas en los campos de las provincias rurales como Pinar del Río (la capital oficiosa de las peleas de gallos en Cuba), el ambiente de feria que las rodea empieza a media mañana y se prolonga hasta últimas horas de la tarde, o hasta que termina la última riña. El ron, las apuestas y las bravuconadas forman parte del espectáculo.

De los gallos cubanos, al igual que de los boxeadores olímpicos nacionales, se dice que son astutos, combativos y muy pugnaces, y sus peleas se convierten en largos, interminables y sangrientos espectáculos que pueden durar horas. Un aviso: las riñas de gallos no son aptas para personas sensibles.

hasta la cueva de Palmerito, en cuyo interior también se pueden hacer unos largos. Lo mejor es preguntar a los lugareños cómo llegar: todo el mundo conoce estos lugares.

Circuitos

Cubanacán (Salvador Cisneros 63C; ☼ 8.30-17.30 lu-sa), convenientemente situada en el centro de la localidad de Viñales, organiza excursiones a muchos destinos, desde Cayo Levisa hasta la Gran Caverna de Santo Tomás.

Dónde dormir

Campismo Dos Hermanas (Cubamar; ☎ 79 32 23; h 15 CUC; ⊛). Situado entre mogotes, justo enfrente del Mural de la Prehistoria, es uno de los *campings* internacionales más populares de Cubamar. Sus 54 habitáculos de hormigón de dos y cuatro camas son frecuentados por campistas, escaladores y ciclistas. Es un buen lugar para conocer a otros viajeros. Hay un restaurante, y se puede montar a caballo y hacer excursiones. También hay varias cuevas interesantes por los alrededores y se organizan circuitos por el valle. Entre sus instalaciones destaca un pequeño museo arqueológico. Ofrece una buena relación calidad-precio y es un bonito lugar para alojarse, pero se llena muy rápido, sobre todo los fines de semana.

Hotel Rancho San Vicente (Cubanacán; ☎ 79 62 01; i/d temporada baja 40/52 CUC, temporada alta 45/60 CUC, desayuno incl.; P X ⊛). Este hotel, magníficamente ubicado en medio de una arboleda, está 7 km al norte de Viñales y 1 km al norte de la cueva del Indio. Las reformadas cabañas de madera (nº 6 a 43) son la mejor opción, con sus encantadores muebles naturales, sus exquisitos baños y sus puertas correderas de cristal que dan a un porche. El viajero podrá contemplar las numerosas especies de aves que frecuentan la zona (entre 30 y 50) y darse un baño de azufre (a 25-28°C) o un masaje.

Restaurante Las Magnolias (☎ 79 60 62; d 25 CUC, desayuno incl.; P X). En esta pequeña casa, al otro lado de la carretera que va a la cueva del Indio, alquilan tres habitaciones. Sólo una tiene baño privado, pero las tres tienen derecho a cocina y televisión vía satélite.

Dónde comer y beber

La Casa del Veguero (☎ 97 60 80; ☼ 10.00-17.00). En las afueras de Viñales yendo hacia Pinar del Río, este *paladar* sirve un completo y sabroso almuerzo criollo por unos 10 CUC. Junto

al restaurante hay un secadero en el que de febrero a mayo se secan las hojas de tabaco. Los visitantes pueden visitarlo y comprar puros sueltos a precios rebajados.

Restaurante Mural de la Prehistoria (☎ 79 62 60; ☼ 11.30-19.00). De todos los lugares en los alrededores de Viñales en los que sirven asado, éste es el mejor. El cerdo se asa y se ahuma con carbón natural, lo que le da un sabor sublime. La comida cuesta 15 CUC.

El Palenque de los Cimarrones (☎ 79 62 90; ☼ 12.00-16.00). Este lugar, al que se entra a través de la cueva de San Miguel, es una extraña combinación de espectáculo folclórico, restaurante y museo sobre la esclavitud en las plantaciones de caña. El completo almuerzo de estilo cubano está bien, pero los jóvenes disfrazados de cimarrones (esclavos fugitivos) no ayudan precisamente a abrir el apetito.

Restaurante Las Magnolias (☎ 79 60 62; ☼ 10.00-18.00). Situado frente a la cueva del Indio, al otro lado de la carretera, es el lugar más acogedor que hay para comer cerca de la cueva. Sirve langosta y varios platos más económicos.

Ocio

El disco-bar Cuevas de Viñales, a la entrada de la cueva de San Miguel, a veces ofrece espectáculos de cabaré por la noche; para más detalles, lo mejor es preguntar por los alrededores. Durante el día es un bar muy agradable. Hay un pasaje iluminado de 150 m a través del mogote que conduce a El Palenque de los Cimarrones (véase anteriormente).

Cómo desplazarse

Las opciones son la bicicleta, el automóvil, el ciclomotor o el Viñales Bus Tour (p. 202).

AL OESTE DE VIÑALES

En El Moncada, 14 km al oeste de la salida de Dos Hermanas y a 1,5 km de la carretera a Minas de Matahambre, se halla la **Gran Caverna de Santo Tomás** (entrada 8 CUC; ☼ 8.30-17.00), el sistema de galerías subterráneas más extenso de Cuba, con más de 46 km repartidos en ocho niveles. Un tramo de pasillos del sexto nivel, 42 m por encima del valle, está abierto a los visitantes. No hay iluminación artificial, pero se proporcionan linternas durante las visitas guiadas de 90 minutos. Se pueden ver murciélagos, estalagmitas y estalactitas, pozas subterráneas, interesantes formaciones

rocosas y una réplica de un antiguo mural indígena. Para más información, se puede contactar con la **Escuela de Espeleología** (☎ 8-79 31 45). Cerca de la entrada a la cueva hay un enorme **monumento** de hormigón erigido en 1999 en honor de los Doce Malagones, 12 habitantes locales que en 1959 asesinaron a un grupo de contrarrevolucionarios en las colinas, dando pie a las actuales milicias cubanas. También hay un **museo** (entrada 1 CUC; ⏱ 10.00-22.00).

CAYO JUTÍAS

Cayo Jutías es una de las pocas playas apartadas al norte de Pinar del Río y uno de esos lugares considerados "el secreto mejor guardado" que rápidamente está dejando de serlo. Con todo, es una buena alternativa a Cayo Levisa, bastante más frecuentado.

A finales de la década de 1990 el cayo se unió a la isla por medio de un enorme *pedraplén* (un terraplén pavimentado sobre una cimentación de piedras) que ofrece unas vistas espectaculares del perfil de las montañas de la provincia. La carretera de acceso empieza unos 4 km al oeste de Santa Lucía. Al inicio del *pedraplén*, a 4,5 km de la carretera de la costa, hay que pagar una tasa de entrada de 5 CUC por persona. A 9 km de la carretera principal se halla el **faro de Cayo Jutías**, un fanal de metal construido en 1902 con dinero procedente de EE UU. El *pedraplén* termina en una pintoresca playa de arena blanca y aguas cristalinas, a 12,5 km de la carretera de la costa.

El **Restaurante Cayo Jutías** (⏱ 9.00-17.00) está especializado en pescado y marisco. En Cayo Jutías se pueden practicar actividades acuáticas como kayak y buceo (el equipo se puede alquilar en una pequeña cabaña que hay en la playa), pero el principal atractivo del lugar es su propia ubicación, tranquila y relativamente agreste, al menos hasta que llegan los autobuses turísticos alrededor de las 11.00. Los circuitos desde Pinar del Río o Viñales cuestan entre 25 y 53 CUC, dependiendo de si se incluye el guía y la comida. La ruta más rápida y bonita para llegar a Cayo Jutías es la que pasa por El Moncada y Minas de Matahambre atravesando onduladas colinas repletas de pinos.

Santa Lucía es una pequeña población conocida principalmente por su enorme central termoeléctrica y por su fábrica de ácido sulfúrico. Si es preciso hacer noche, hay un par de casas particulares que alquilan habitaciones; lo mejor es preguntar in situ. La única opción para pernoctar es montar la tienda de campaña.

NORTE DE PINAR DEL RÍO

Teniendo en cuenta su relativa proximidad a La Habana, el norte de la provincia de Pinar del Río es una zona remota y ampliamente inexplorada. Las instalaciones son escasas y las carreteras de la aislada costa del golfo de México están llenas de baches. No obstante, si uno se toma el tiempo suficiente para visitar la zona podrá disfrutar de memorables momentos y de la cálida hospitalidad de sus habitantes.

PUERTO ESPERANZA
☎ 8

Situada 6 km al norte de San Cayetano y 25 al norte de Viñales, esta pequeña y adormilada aldea pesquera es punto frecuente de escala de los yates que circunnavegan la isla. Según se dice, los enormes mangos que bordean la carretera de entrada fueron plantados por esclavos en la década de 1800. El largo malecón que se adentra en la bahía es un buen trampolín desde el que lanzarse al océano. Por lo demás, parece que aquí el tiempo se ha detenido desde 1951.

Puntos de interés y actividades
Los puntos de interés que ofrece Puerto Esperanza son sumamente difíciles de enumerar en un listado. Éste es uno de esos lugares en el que lo mejor es cerrar la guía y descubrir por uno mismo los encantos del lugar. El viajero puede dedicarse a descubrir algunos rituales de santería o dar un paseo por la plantación de tabaco vecina en busca de rústicos cigarros puros.

Dónde dormir y comer
En la aldea hay seis casas que alquilan habitaciones legalmente.

Villa Leonila Blanco (☎ 79 36 48; Hermanos Caballeros 41; h 15 CUC; ☒). Alquila dos grandes habitaciones con baño compartido, garaje y comidas incluidas. También tienen una casa independiente.

Otras posibilidades:

Villa Maribel (☎ 79 38 46; Maceo 56; h 15 CUC). Alquilan dos habitaciones interconectadas en las que pueden dormir hasta seis personas; también sirven comidas.
Villa Dora González Fuentes (☎ 79 38 72; Pelayo Cuervo 5). Recomendada encarecidamente por varios lectores.

Cómo llegar y salir

Hay una práctica gasolinera Servi-Cupet en San Cayetano. La carretera a Santa Lucía y Cayo Jutías se transforma en una pista de tierra, bastante mala, a las afueras de San Cayetano.

CAYO LEVISA

Más frecuentado que Cayo Jutías, Cayo Levisa posee un hotel de precio medio, un restaurante aceptable y un centro de submarinismo totalmente equipado; aun así, conserva un cierto aire idílico de isla tropical. Sin duda, el estar separado de la isla principal ayuda. A diferencia de Cayo Jutías, aquí no hay *pedraplén* y para llegar hay que embarcarse en una travesía de 35 minutos desde Palma Rubia. La mayoría de la gente está de acuerdo en que el viaje vale la pena: 3 km de arena blanca y aguas de color zafiro convierten Cayo Levisa en el mejor refugio playero al norte de Pinar del Río. El lugar, que forma parte del archipiélago de los Colorados, fue "descubierto" por Ernest Hemingway a principios de la década de 1940, después de que el escritor se instalara en Cayo Paraíso, una isla coralina más pequeña situada 10 km al este. Actualmente Levisa atrae diariamente hasta a 100 viajeros, sin contar los más de 50 huéspedes más o menos habituales que suele haber en el hotel. Aunque el viajero no llegará a sentirse como Robinson Crusoe, el lugar supone una refrescante alternativa a los grandes complejos turísticos de Cuba.

Puntos de interés y actividades

Se pueden hacer entre una y cuatro inmersiones por 36 CUC, incluido el equipo y el transporte hasta la zona de inmersión. Dos horas de buceo más el alquiler del equipo cuestan 12 CUC.

Dónde dormir y comer

Hotel Cayo Levisa (Cubanacán; ☎ 7-66 60 75; i/d temporada baja 59/74 CUC, temporada alta 65/83 CUC; 🏊). Dispone de 40 habitaciones nuevas en acogedoras cabañas con baño privado. El precio incluye el traslado hasta la isla y una bebida de bien-

venida, pero hay que tener en cuenta que a veces hay escasez de agua, que la comida suele ser insulsa y que, en ocasiones, el personal está de mal humor. Al margen de todo ello, es un lugar fantástico para descansar y relajarse durante unos cuantos días, siempre que las visitas diarias de grupos organizados y los mosquitos no abrumen demasiado.

Cómo llegar y salir

El punto de embarque para ir a Cayo Levisa se encuentra 21 km al nordeste de La Palma, 40 km al oeste de Bahía Honda. Hay que tomar la salida a Mirian y seguir durante 4 km por una gran plantación de bananos hasta llegar a la estación del guardacostas de Palma Rubia, desde donde zarpa el barco que va a la isla. Sale a las 10.00 y vuelve a las 17.00, y la travesía de ida y vuelta cuesta 25 CUC, comida incluida. Por unos cuantos pesos convertibles más el viajero puede organizar una excursión de buceo. Desde el muelle de Cayo Levisa hay que cruzar unos manglares a través de una pasarela de madera para llegar al hotel y a la fantástica playa del lado norte de la isla. Hay un autobús desde Viñales que pasa por Palma Rubia (véase p. 202).

BAHÍA HONDA Y ALREDEDORES

La pintoresca y serpenteante carretera que se dirige a La Habana por el norte de la provincia de Pinar del Río es una bonita y relajante alternativa a la autopista. El viajero podrá contemplar los arrozales que se extienden por los valles fluviales y una sucesión de pintorescas granjas con techos de paja. Son muchos los elogios que recibe esta ruta. Hay que asegurarse de tener preparada la cámara de fotos.

Bahía Honda es una pequeña y bulliciosa población con una bonita iglesia. Cerca de ella se alza el Pan de Guajaibón (699 m), el punto más alto en varios kilómetros a la redonda. A pesar de su relativa proximidad a La Habana, el lugar goza de una extraña sensación de aislamiento, sobre todo a medida que el estado de la carretera empeora tras la salida a Palma Rubia.

En la zona no hay ningún alojamiento y muy pocos lugares donde comer. Si se está desesperado, se puede probar en el **Motel La Mulata** (h desde 10 CUC), 27 km al oeste de Bahía Honda y a 1 km de la carretera principal, aunque en teoría es un local exclusivo para cubanos.

PROVINCIA PINAR DEL RÍO

SAN DIEGO DE LOS BAÑOS Y ALREDEDORES

☎ 8

San Diego de los Baños, 130 km al sudoeste de La Habana, es un acogedor pueblito encajado entre dos cadenas montañosas. Está considerado como el mejor balneario de Cuba, aunque Baños de Elegua, en Villa Clara, no le va a la zaga. También es uno de los más antiguos, pues su fama se remonta a principios del s. XVII, cuando un esclavo enfermo se topó con sus aguas medicinales y, tras tomar un baño, sanó de todos sus males. Al menos eso es lo que se cuenta. Gracias a su proximidad a La Habana, y a que la reputación de sus aguas curativas se propagó rápidamente, en poco tiempo nació un pequeño asentamiento y, en 1891, se creó el primer balneario bajo supervisión médica de la isla.

La aldea está ubicada a orillas del río San Diego, que separa la sierra de los Órganos, al oeste, de la más alta sierra del Rosario, al este. La sierra de Güira, en la parte de San Diego de los Baños más cercana a Pinar del Río, es una reserva natural con bosques de pinos, caobas y cedros, y un lugar fantástico para la observación de aves.

Puntos de interés y actividades

El **balneario San Diego** (☎ 3-7812; ☻ 8.00-16.00) es un moderno complejo en el que las aguas termales de 30 a 40°C se utilizan para tratar problemas musculares y dermatológicos. El lodo de la desembocadura del río homónimo se usa para los baños de barro (20 CUC). Las aguas sulfurosas de estas fuentes son bastante potentes, por lo que sólo se permiten baños de 20 minutos al día (4/6 CUC en piscina colectiva/privada). También se ofrecen masajes (25 CUC) y muchos otros saludables servicios, incluso tratamientos de acupuntura de 15 días de duración. Las instalaciones se cuentan entre las mejores de Cuba.

Si se está un poco ahíto de agua caliente, el Hotel Mirador dispone de una **piscina** (entrada 1 CUC; ☻ 9.00-18.00). A dos manzanas de allí se alza el elegante y antiguo **Hotel Saratoga** (1924), con sus columnas, su embaldosado de mosaico y sus ancianos balanceándose en las mecedoras del porche.

Tan sólo 5 km al oeste de San Diego de los Baños se halla el **parque La Güira** (antigua hacienda Cortina), un gran parque de esculturas construido durante las décadas de 1920 y 1930 por el rico abogado José Manuel Cortina. Se accede por una puerta almenada y entre sus atractivos se cuenta un pabellón chino. Si se pasa cerca vale la pena echarle un vistazo, más por su atmósfera ligeramente surrealista que por las esculturas en sí. Junto al parque hay un enorme restaurante estatal, pero sus cabañas están reservadas para personal militar de vacaciones.

Durante la crisis de los misiles de octubre de 1962, el Che Guevara trasladó su cuartel general a la **cueva de Los Portales**, 11 km al oeste del parque La Güira y 16 al norte de Entronque de Herradura, en la carretera Central. La cueva, situada en una bonita zona a 1 km de la carretera, fue declarada monumento nacional en la década de 1980. Un pequeño museo alberga unas cuantas pertenencias de Guevara, incluida su cama. Más arriba de la ladera se suceden otras tres cuevas llamadas El Espejo, El Salvador y Oscura. El conjunto es interesante, no sólo para los mitómanos del Che, sino también para todos los amantes de la naturaleza.

Dónde dormir

EN LA CIUDAD

Hotel Mirador (Islazul; ☎ 7-8338; i/d temporada baja 30/37 CUC; temporada alta 34/41 CUC; ℗ ✕ ☙). Los extranjeros suelen alojarse en este atractivo hotel de dos plantas junto a las fuentes termales. Construido en 1954 y reformado no ha mucho, tiene confortables habitaciones con nevera y una agradable piscina. El personal es servicial y agradable, y los baños están al otro lado de la carretera.

Hay dos o tres casas particulares que alquilan habitaciones bastante correctas. Una muy recomendada por los lectores es la de **Carlos Alberto González** (calle 21a, nº 3003, entre calles 30 y 32; h 20 CUC). Si no tiene habitaciones libres, pueden indicar la dirección de otras casas.

AL OESTE DE LA CIUDAD

Las cabañas Los Pinos debieron ser bonitas, pero hace tiempo que dejaron atrás todo su esplendor. Situadas en la sierra de Güira, 12 km al oeste de San Diego de los Baños cruzando el parque La Güira, son, con todo, un fantástico lugar de acampada, siempre que se disponga del equipo necesario. En el Hotel Mirador pueden ampliar la información. Los Pinos fue construido a principios de la década de 1960 por Celia Sánchez, secretaria de Castro y respetada gerifalte del régimen. Su cabaña personal está en medio del

complejo. Con una ubicación idílica, es una base excelente para la observación de aves. Si alguna vez se restaura, Los Pinos podría ser un perfecto complejo ecoturístico. Hasta que eso ocurra lo más probable es que el viajero tenga la zona para él solo.

Motel Las Palmas (parque La Güira; h 17 CUC). Tiene nueve habitaciones con aire acondicionado, nevera, baño y TV. Un establecimiento mayoritariamente frecuentado por cubanos.

Cueva de Los Portales (☎ 3-2749). Unos 5 km al oeste de Los Pinos, ofrece seis cabañas básicas (5 CUC/persona). El viajero también puede montar su propia tienda (3 CUC/persona) en el bosque que hay cerca de la cueva, pero los mosquitos son muy molestos.

Dónde comer
Restaurantes del Hotel Mirador (Islazul; ☎ 7-8338; comidas menos de 7 CUC). La parrilla al aire libre del hotel está bastante bien. En el interior, hay otro restaurante en el que sirven platos tradicionales cubanos.

Cómo desplazarse
Hay una gasolinera Servi-Cupet en la entrada a San Diego de los Baños viniendo desde La Habana. Entre San Diego de los Baños y el parque La Güira se puede ir en coche de caballos por un par de pesos. Si se planea ir en bicicleta por las montañas hasta las cabañas Los Pinos y la cueva del Che hay que tener cuidado con los peligrosos baches y la gravilla suelta que hay en los empinados tramos, sobre todo cuando se va cuesta abajo.

SOROA
☎ 82

Este complejo de montaña, 95 km al oeste de La Habana, es el más cercano a la capital y un popular destino de excursiones de un día. Se halla por encima de Candelaria, en la sierra del Rosario, la parte más oriental y elevada de la cordillera de Guaniguanico. Recibe el cursi sobrenombre de "Arco iris de Cuba", y la gran cantidad de lluvia que cae en la región (más de 1.300 mm anuales) favorece el crecimiento de orquídeas y de altos árboles. El topónimo proviene de Jean-Pierre Soroa, un francés que, en el s. XIX, tenía una plantación de café en estas colinas. Uno de sus descendientes, Ignacio Soroa, diseñó el parque como lugar de retiro personal en la década de 1920 y, a partir de la Revolución, se inició el desarrollo turístico de esta exuberante

región. Es una excelente zona para explorar en bicicleta.

Puntos de interés y actividades
Todos los puntos de interés están convenientemente situados cerca del Hotel y Villas Soroa, un gran complejo tipo motel que ofrece la posibilidad de montar a caballo. Al lado está el **Orquidiario Soroa** (☎ 77 25 58; entrada 3 CUC, cámara fotográfica 2 CUC; ☾ 9.00-16.00), construido entre 1943 y 1953 por el abogado español Tomás Felipe Camacho en memoria de su esposa y su hija. Alberga 700 especies de orquídeas (la principal época de floración es entre diciembre y marzo), 6.000 plantas ornamentales y varios invernaderos e instalaciones de investigación. Se ofrecen visitas guiadas, aunque algunos expertos en botánica han expresado su decepción por la cantidad y la calidad de lo que se ve. El *orquidiario* actualmente está vinculado a la Universidad de Pinar del Río.

Bajando por la carretera se llega a la entrada del parque, donde se encuentra el **Salto del Arco Iris** (entrada 3 CUC), una cascada de 22 m del arroyo Manantiales. Durante la época de lluvias, de mayo a octubre, es bastante impresionante; en otras épocas, no es más que un reguero. El viajero puede darse un chapuzón al pie de la cascada. La entrada es gratuita para los clientes del Hotel y Villas Soroa.

Al otro lado del arroyo, frente al aparcamiento, se hallan los **baños romanos** (5 CUC/hora; ☾ 9.00-16.00), unos baños de piedra con una piscina de agua sulfurosa fría. Se aconseja preguntar en Villas Soroa por los tratamientos de baños y masaje. Desde los baños hay media hora de ascensión hasta la colina hasta el **mirador**, un peñasco rocoso con impresionantes vistas de todo Soroa.

El **Castillo de las Nubes** es una romántica casona con una torre circular situada en lo alto de una colina por encima del *orquidiario*. Tiene buenas vistas del valle y de la llanura costera que se extiende más allá. El restaurante carece de animación, pero siempre se puede tomar algo en el bar (abierto de 10.00 a 17.00).

Dónde dormir y comer
Varias casas señalizadas en la carretera de Candelaria a Soroa, 3 km por debajo del Hotel y Villas Soroa, alquilan habitaciones.

Maité Delgado (☎ 522-70069; ctra. a Soroa, km 7; h 20 CUC; P ⚡). Está a poca distancia andando de todos los puntos de interés de Soroa y la fami-

PROVINCIA PINAR DEL RÍO

SOROA Y LAS TERRAZAS

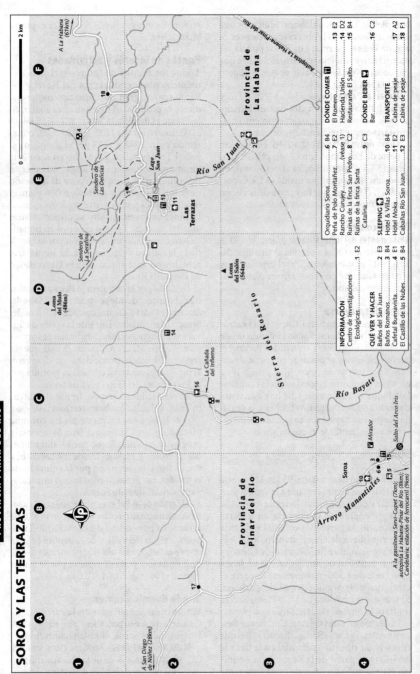

0 .... 2 km

A La Habana (61km)

Provincia de La Habana

Autopista La Habana–Pinar del Río

Río San Juan

Lago San Juan

Sendero de Las Delicias

Sendero de La Serafina

Loma del Mulo (486m)

Las Terrazas

La Cañada del Infierno

Sierra del Rosario

Loma del Salón (564m)

Río Bayate

Salto del Arco Iris

Mirador

Soroa

Arroyo Manantiales

Provincia de Pinar del Río

A San Diego de Núñez (28km)

A la gasolinera Servi-Cupet (7km); autopista La Habana–Pinar del Río (8km); Candelaria (9km); estación de ferrocarril (9km)

INFORMACIÓN
Centro de Investigaciones Ecológicas 1   E2

QUÉ VER Y HACER
Baños del San Juan 2   E3
Baños Romanos 3   B4
Cafetal Buenavista 4   E1
El Castillo de las Nubes 5   B4
Orquidario Soroa 6   B4
Peña de Polo Montañez 7   E2
Rancho Curujey .... (véase 1)
Ruinas de la finca San Pedro 8   C2
Ruinas de la finca Santa
  Catalina 9   C3

SLEEPING
Hotel & Villas Soroa 10   B4
Hotel Moka 11   E2
Cabañas Río San Juan 12   E3

DONDE COMER
El Romero 13   E2
Hacienda Unión 14   D2
Restaurante El Salto 15   B4

DÓNDE BEBER
Bar 16   C2

TRANSPORTE
Cabina de peaje 17   A2
Cabina de peaje 18   F1

lia propietaria es muy agradable. Si está llena, pueden indicar la dirección de otras casas.

Hotel y Villas Soroa (Cubanacán; ☎ 77 82 18; i/d temporada baja 38/48 CUC, temporada alta 45/55 CUC, desayuno incl.; P ⚓ ⚒). Ubicado en unos espaciosos terrenos en medio de un valle con imponentes árboles y verdes colinas, ofrece 80 habitaciones con nevera y buenas camas. Se aconseja pedir una habitación en la parte delantera, por encima de la piscina. Otra fantástica alternativa es alojarse en una de las villas privadas (temporada baja 43-72 CUC) de la boscosa ladera por encima del *orquidiario*. Tienen capacidad para hasta cinco personas, cocina, nevera y televisión vía satélite, y seis de ellas disponen de piscina, aunque es probable que esté vacía.

El único lugar para comer, aparte de los hoteles y casas particulares, es El Salto, un restaurante situado frente al *orquidiario*, junto a los baños romanos.

Cómo llegar y salir

Todos los días sale de Viñales un autobús a las 8.00 que pasa por Soroa a las 10.15. Luego, sigue hasta La Habana, adonde llega a las 11.00. De vuelta, sale de la capital a las 13.00, pasa por Soroa a las 16.00 y llega a Viñales a las 17.40. Para más información puede contactarse con **Transtur** (☎ 79 60 60; Salvador Cisneros) en Viñales o con **Havanatur** (☎ 77 84 94) en Pinar del Río.

La única opción alternativa para llegar a Soroa es el transporte privado, ya sea coche, bicicleta o ciclomotor. Los autobuses de Astro o Viazul pueden dejar al viajero en Candelaria, 10 km al sur de Soroa, pero desde allí habrá que hacer autostop (para información sobre los riesgos de la práctica del autostop, véase p. 472).

Servi-Cupet está en la salida a Candelaria de la autopista, a 8 km de Soroa.

LAS TERRAZAS

☎ 82 / 1.200 hab.

La pintoresca y verde población de Las Terrazas, en el extremo oriental de Pinar del Río, cerca de los límites de la provincia con La Habana, tiene su origen en un proyecto de reforestación de 1968. Las montañas de los alrededores habían sido arrasadas por una combinación de incendios y malas prácticas agrícolas. En 1971 se creó un embalse y se construyó un asentamiento modelo al que se llamó Las Terrazas, haciendo referencia a las terrazas de las laderas plantadas con pinos pa-

ra evitar la erosión. El experimento tuvo tanto éxito que en 1985 la zona se convirtió en la Reserva Sierra del Rosario, la primera Reserva de la Biosfera de Cuba aprobada por la Unesco.

En 1990, el entonces ministro de Turismo, Osmani Cienfuegos, hermano de Camilo Cienfuegos, aprobó la construcción de un elegante complejo ecoturístico como medio para proporcionar empleo a los 890 habitantes de la población. Entre 1992 y 1994 se construyó un hotel con trabajadores procedentes de Las Terrazas. A partir de entonces empezó a aparecer una vibrante comunidad artística, con estudios y talleres de carpintería y cerámica. Sin embargo, el residente más destacado del lugar ha sido el héroe de la música guajira Polo Montañez.

Las Terrazas se emplaza 20 km al nordeste del Hotel y Villas Soroa, 13 km al oeste de Cayabajos, en la autopista entre La Habana y Pinar del Río. En las dos entradas a la reserva hay cabinas de peaje (3 CUC/persona). El **Centro de Investigaciones Ecológicas** (☎ 77 29 21) de la reserva está junto al Rancho Curujey, un bar que da a un lago bordeado de aneas, unos cientos de metros al este del camino de

---

AÚN MÁS LEJOS: EXPLORAR LA RESERVA SIERRA DEL ROSARIO

Inaugurada en 1984 como la primera de las seis Reservas de la Bbiosfera de la Unesco en Cuba, la Reserva Sierra del Rosario combina estructuras geológicas y biológicas con restos de las primeras plantaciones de café en las Américas.

Famosa por las excelentes posibilidades que ofrece para la observación de aves, la dirección del parque ha intentado proteger el delicado ecosistema de la zona mediante programas de reforestación y el desarrollo de biofertilizantes.

Una reciente incorporación al pequeño grupo de excursiones bastante sosas de la reserva es el desafiante sendero de 13 km de las **Cascadas de San Claudio**, que conduce a los viajeros hasta una cascada de 20 m con acceso a pozas naturales. Lo mejor es preguntar en el centro de la reserva. Esta excursión es relativamente nueva, pero si el viajero puede reunir a un grupo de gente que acepte los servicios (y el coste) de un guía local, existe la posibilidad de que por la noche les dejen acampar.

acceso al Hotel Moka. Aquí se pueden organizar excursiones guiadas por los senderos de La Serafina y Las Delicias (20 CUC para 1-2 personas; 2-3 h). El Hotel Moka también organiza estas y otras excursiones. Desgraciadamente, los senderos están mal señalizados, por lo que es necesario ir con guía. Se dice que en la reserva se pueden ver hasta 83 especies de aves diferentes.

Puntos de interés y actividades

A 1,5 km subiendo por la colina desde la entrada más cercana a Cayajabos, a 6 km del Hotel Moka por carretera, se hallan los restos del **cafetal Buenavista**, una plantación de cafetos creada en 1802 por refugiados franceses procedentes de Haití. Durante el s. XIX había 54 fincas similares en los alrededores de Las Terrazas, aunque en la actualidad en la zona ya no se cultiva café con fines comerciales. La enorme *tajona* (rueda de molino) que hay en la parte trasera de la finca servía para extraer los granos de café de sus vainas. A continuación, éstos se secaban al sol en enormes plataformas. Junto a los secaderos aún pueden verse los restos de algunas de las barracas donde se alojaban los 126 esclavos que trabajaban en la finca. En el desván de la casa grande (actualmente un restaurante) se almacenaban los granos hasta que podían ser trasladados en mulas hasta el puerto del Mariel.

Por debajo del Hotel Moka hay un camino de 3 km que discurre paralelo al río San Juan hasta unas pequeñas cascadas y unas pozas conocidas como **baños de San Juan** (3 CUC adicionales). En este popular sitio hay unas terrazas rocosas por las que fluyen las limpias y vigorizantes aguas del río, que van cayendo en forma de cascada hasta una serie de piscinas naturales. Si está demasiado lleno, se puede seguir río abajo hasta encontrar otras pozas menos concurridas. En las inmediaciones hay un sencillo restaurante en el que sirven apetitosos platos de pollo frito, arroz y ensalada por unos pocos pesos convertibles.

La **hacienda Unión**, 3,5 km al oeste del camino de acceso al Hotel Moka, tiene un restaurante, un picadero (6 CUC/hora) y las ruinas de antiguas fincas cafeteras.

En la **cañada del Infierno**, a medio camino entre el camino de acceso al Hotel Moka y el acceso a la reserva más cercana a Soroa, hay una carretera que discurre paralela al río Bayate y que lleva a las **ruinas de las fincas cafeteras de San Pedro y Santa Catalina**, ambas del s. XIX.

A 1 km de la carretera principal hay un bar junto a una popular zona de baño.

La antigua casa de Polo Montañez, situada junto al lago, es ahora un pequeño museo llamado **Peña de Polo Montañez,** que alberga varios de sus discos de oro y objetos variados. Está en la misma aldea.

Dónde dormir y comer

Hotel Moka (☎ 77 86 00; hmoka@teleda.get.cma.net; i/d temporada baja 50/60 CUC, temporada alta 65/85 CUC; P ⊠ ⊠). Fundiéndose con los bosques de los alrededores y con un árbol que crece en medio de su espacioso vestíbulo, este hotel es uno de los más interesantes y mejor cuidados de Cuba. Sus 26 luminosas y espaciosas habitaciones tienen nevera y televisión vía satélite. Ofrece una amplia variedad de actividades, desde ciclismo de montaña y pesca, a equitación y excursiones guiadas. En el mostrador principal del hotel también se pueden alquilar cinco villas independientes situadas junto al lago; el alquiler de estas villas da derecho al uso de todas las instalaciones y servicios del hotel.

También se ofrece alojamiento en las cinco cabañas de **Río San Juan** (i/d 13/22 CUC), a 3 km del Hotel Moka. Las reservas pueden hacerse a través de dicho hotel.

El Romero (☒ 9.00-21.00) es el mejor lugar para comer. Se trata de un restaurante totalmente ecológico, único en Cuba, especializado en comida vegetariana. Utilizan energía solar, hierbas y verduras de cultivo ecológico; dispone hasta de su propia colmena.

Cómo llegar y salir

No hay autobuses públicos hasta la Reserva Sierra del Rosario. Sí existe un nuevo servicio, de precio razonable, que circula diariamente entre Viñales, Soroa, Las Terrazas y La Habana (12 CUC). Pasa por Las Terrazas sobre las 10.30 de camino a La Habana y sobre las 15.45 en el trayecto de vuelta a Viñales. Se puede reservar plaza a través de **Transtur** (☎ 79 60 60; Salvador Cisneros) en Viñales o de **Havanatur** (☎ 77 84 94) en Pinar del Río.

Cómo desplazarse

La gasolinera Esso, de estilo años cincuenta, 1,5 km al oeste del camino de acceso al Hotel Moka es una de las más peculiares de Cuba. Hay que llenar el depósito aquí antes de dirigirse al este, hacia La Habana, o al oeste, hacia Pinar del Río.

Provincia de Matanzas

Para muchos extranjeros que visitan Cuba, Matanzas es sinónimo de Varadero: 20 km de idílica playa de arena blanca que atrae a turistas del mundo entero. Para los que buscan diversión esta playa ofrece posibilidades absolutamente irresistibles, como practicar paracaidismo o golf, nadar junto a delfines, alquilar una moto acuática, hacer submarinismo o disfrutar de una copa al atardecer en una mansión de estilo *art déco*. De hecho, se pueden hacer casi todas esas cosas que los cubanos ni siquiera pueden soñar. Sin embargo, sugerir que Matanzas acaba en Varadero es como decir que Francia se limita a St. Tropez.

Esta provincia, enriquecida gracias al trabajo de los esclavos y cruzada por extensas plantaciones de nudosos naranjos, es la segunda más industrializada del país después de La Habana, con una riqueza basada en el petróleo, los ingenios de azúcar y la producción frutícola. Además de Varadero, alberga otras dos localidades históricas, Matanzas y Cárdenas, junto con las evocadoras playas de la bahía de Cochinos y la zona de alto valor ecológico de la península de Zapata, recientemente declarada Reserva de la Biosfera por la Unesco.

El puente Bacunayagua, el más alto de la isla, es un triunfo de la ingeniería, considerado por los expertos como una de las maravillas realizadas por la mano del hombre en este país, mientras que el frondoso valle de Yumurí combina la dura vida de los campesinos con numerosos paraísos rurales aún sin descubrir. Más al sur, donde las palmeras reales dan paso a los abetos, se hallan los balnearios de San Miguel de los Baños, situados en un recinto abandonado hace tiempo, con extraños edificios de ecléctica arquitectura enmarcados por floridas buganvillas.

LO MÁS DESTACADO

■ **Una ciudad arenosa**
Desvelar los secretos ocultos de la polvorienta Matanzas (p. 215), otrora la Atenas de Cuba

■ **Atardeceres románticos**
Tomarse una copa viendo el atardecer en la asombrosa mansión Xanadú (p. 234), en Varadero

■ **Ecosistemas**
Descubrir la increíble variedad de vida vegetal de la ciénaga de Zapata (p. 247)

■ **Las locuras de la guerra**
Revivir el fracaso de la bahía de Cochinos en el Museo de Playa Girón (p. 250)

■ **Ciudad fantasma**
Pasear por los restos de San Miguel de los Baños (p. 244)

Varadero

★ Matanzas

San Miguel
★ de los Baños

★ Ciénega de Zapata

★ Playa Girón

---

 45 | ■ POBLACIÓN: 665.419 | ■ SUPERFICIE: 11.978 KM²

PROVINCIA DE MATANZAS

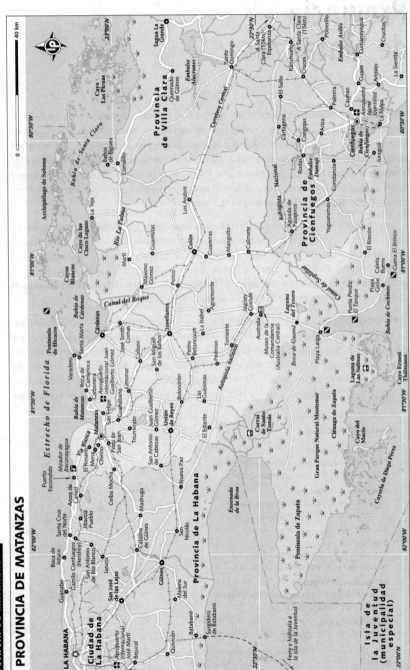

NORTE DE MATANZAS

Región de bonitos paisajes rurales, salpicados de colinas y exuberantes valles entre los que destaca el del Yumurí. Aquí se encuentra también el mayor centro turístico de la isla, Varadero, y uno de sus mayores puertos, Matanzas. En este tramo de costa se concentra el mayor índice de población de la provincia y además, es la zona industrial y comercial más importante de la nación.

MATANZAS
☎ 45 / 126.220 hab.

Es el gigante dormido de Cuba, una localidad tristemente ignorada que languidece poco a poco como un *Titanic* bajo una espesa capa de polvo posrevolucionario, un lugar de puentes asombrosos y deslucidas iglesias coloniales que esconden bajo la pintura el esplendor neoclásico del s. XIX.

La población se conoció como la "Atenas de Cuba" por su papel decisivo en el desarrollo de la poesía, el teatro y la música en la isla. Rivalizó con La Habana en todos los aspectos culturales pero hoy día no consigue interesar a los visitantes, cuya ausencia es evidente. Con sus rutinarias tiendas de racionamiento, un panorama de restaurantes desolador y un decrépito y descuidado parque central que pide a gritos una rehabilitación exhaustiva, el ambiente en sus calles deterioradas es tan aburrido como escaso. Para encontrar lujos hay que tomar un autobús de Viazul y dirigirse a Varadero. Pero si uno se mueve nerviosamente en su tumbona frente a la playa sólo con pensar en los tambores cubanos, en una cerveza y una partida de dominó o en la posibilidad de conocer a los amables residentes locales, Matanzas es el lugar ideal. Bienvenidos a la auténtica Cuba.

Historia

En 1508 Sebastián de Ocampo avistó una bahía que los indios llamaban Guanima, la actual bahía de Matanzas, cuyo nombre se cree que recuerda la masacre de un grupo de españoles durante una revuelta indígena. En 1628 el corsario holandés Piet Heyn capturó un navío español que llevaba en sus bodegas 12 millones de florines de oro, inaugurando así una época de contrabando y piratería. Sin embargo, sin temor a la nueva amenaza corsaria, 30 familias procedentes de las islas

Canarias llegaron a la bahía en 1693 y, en nombre del rey Carlos III de España, fundaron San Carlos y Severino de Matanzas. El primer fuerte se levantó en 1734 y la plaza de armas original aún se conserva bajo el nombre de plaza de la Vigía.

Desde 1817 y durante una década, Matanzas floreció económicamente gracias a la construcción de numerosos ingenios de azúcar. La exportación de café añadió mayor fuerza al crecimiento financiero de la ciudad y, en 1843, con la inauguración del primer ferrocarril a La Habana, se abrieron las puertas a la riqueza. La segunda mitad del s. XIX fue la edad de oro de Matanzas, ciudad que marcaba las pautas culturales cubanas con la apertura de un periódico, una biblioteca pública, una escuela secundaria, un teatro y una sociedad filarmónica. Debido a la gran cantidad de artistas, escritores e intelectuales que vivían en la zona, Matanzas llegó a conocerse como la "Atenas de Cuba" y su ambiente cultural era superior incluso al de La Habana.

La ciudad fue cuna de varios poetas insignes, como Cintio Vitier o Carilda Oliver Labra, y en ella sonó por primera vez, en 1879, el danzón, tradicional baile de salón cubano. Su larga historia de esclavismo favoreció la aparición de numerosos cabildos, asociaciones de santería, la más antigua de las cuales data de 1808.

Orientación

Matanzas está en la vía Blanca, 42 km al oeste de Varadero y 98 al este de La Habana. La carretera Central, que va de Pinar del Río a Santiago de Cuba, atraviesa la ciudad.

El compacto casco antiguo se encuentra entre los ríos Yumurí y San Juan, con el

NOMBRES DE LAS CALLES DE MATANZAS

Nombre antiguo	Nombre actual
Contreras	Calle 79
Daoíz	Calle 75
Maceo	Calle 77
Medio/Independencia	Calle 85
Milanés	Calle 83
San Luis	Calle 298
Santa Teresa	Calle 290
Zaragoza	Calle 292

PROVINCIA DE MATANZAS

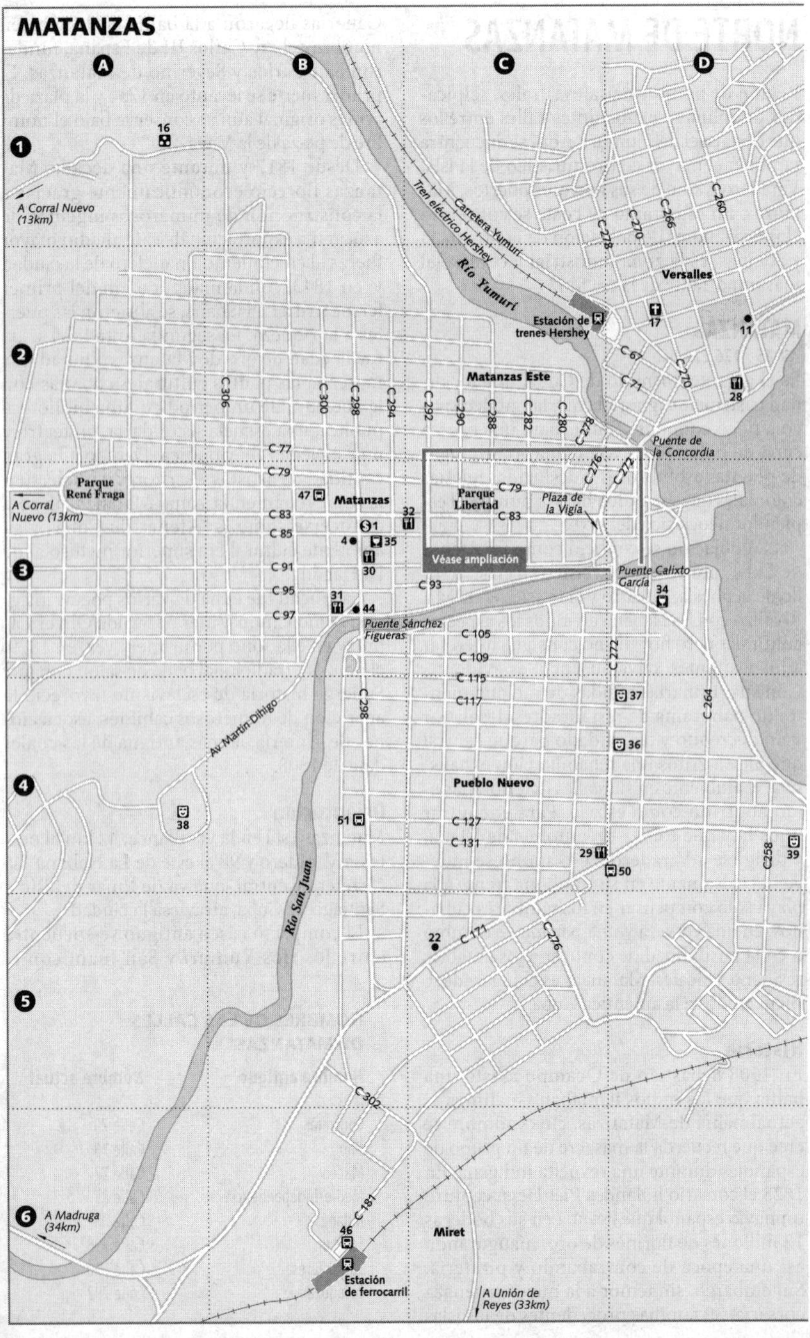

MATANZAS

A Corral Nuevo (13km)

16

Río Yumurí

Tren eléctrico Hershey

Carretera Yumurí

Versalles

Estación de trenes Hershey

17

11

C 260

C 266

C 270

C 278

C 67

C 71

C 270

28

Matanzas Este

C 306

C 300

C 298

C 294

C 292

C 290

C 288

C 282

C 280

C 275

C 276

C 272

Puente de la Concordia

Parque René Fraga

A Corral Nuevo (13km)

C 77

C 79

C 83

C 85

C 91

C 95

C 97

47

Matanzas

4

1

35

30

32

C 79

Parque Libertad

C 83

Plaza de la Vigía

Véase ampliación

C 93

Puente Calixto García

34

31

44

Puente Sánchez Figueras

C 105

C 109

C 115

C117

C 272

C 264

37

36

Av Martín Dihigo

C 238

Pueblo Nuevo

38

Río San Juan

51

C 127

C 131

29

50

C 258

39

22

C 171

C 276

C 302

C 181

Miret

46

A Madruga (34km)

Estación de ferrocarril

A Unión de Reyes (33km)

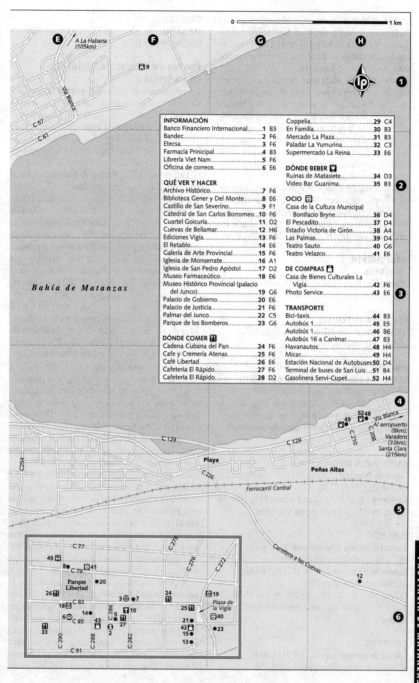

0   1 km

INFORMACIÓN
Banco Financiero Internacional........1 B3
Bandec..2 F6
Etecsa...3 F6
Farmacia Principal............................4 B3
Librería Viet Nam.............................5 F6
Oficina de correos...........................6 E6

QUÉ VER Y HACER
Archivo Histórico...............................7 F6
Biblioteca Gener y Del Monte..........8 E6
Castillo de San Severino...................9 F1
Catedral de San Carlos Borromeo...10 F6
Cuartel Goicuría...............................11 D2
Cuevas de Bellamar.........................12 H6
Ediciones Vigía.................................13 F6
El Retablo...14 E6
Galería de Arte Provincial................15 F6
Iglesia de Monserrate......................16 A1
Iglesia de San Pedro Apóstol...........17 D2
Museo Farmacéutico........................18 E6
Museo Histórico Provincial (palacio
    del Junco)...................................19 G6
Palacio de Gobierno........................20 E6
Palacio de Justicia............................21 F6
Palmar del Junco.............................22 C5
Parque de los Bomberos..................23 G6

DÓNDE COMER 🍴
Cadena Cubana del Pan...................24 B3
Café y Cremería Atenas...................25 F6
Café Libertad...................................26 E6
Cafetería El Rápido..........................27 F6
Cafetería El Rápido..........................28 D2

Coppelia...29 C4
En Familia...30 B3
Mercado La Plaza.............................31 B3
Paladar La Yumuria..........................32 C3
Supermercado La Reina...................33 E6

DÓNDE BEBER 🍷
Ruinas de Matasiete.........................34 D3
Video Bar Guanima..........................35 B3

OCIO 🎭
Casa de la Cultura Municipal
    Bonifacio Bryne...........................36 D4
El Pescadito......................................37 D4
Estadio Victoria de Girón.................38 A4
Las Palmas..39 D4
Teatro Sauto.....................................40 G6
Teatro Velazco..................................41 E6

DE COMPRAS 🛍️
Casa de Bienes Culturales La
    Vigía..42 F6
Photo Service...................................43 E6

TRANSPORTE
Bici-taxis..44 B3
Autobús 1...45 E5
Autobús 1...46 B6
Autobús 16 a Canímar......................47 B3
Havanautos.......................................48 H4
Micar...49 H4
Estación Nacional de Autobuses......50 D4
Terminal de buses de San Luis.........51 B4
Gasolinera Servi-Cupet.....................52 H4

histórico barrio de Versalles al norte. Casi toda la zona industrial está al este de Versalles, donde termina el ferrocarril Hershey; todos los demás sistemas de transporte se encuentran al sur del río San Juan.

Las calles de Matanzas tienen una numeración asaz caprichosa. En el centro histórico las que discurren de norte a sur muestran números pares y comienzan en la calle 268, cercana a la bahía; en cambio, las que van de este a oeste son impares y comienzan en la 75, en el puente de Yumurí o puente de la Concordia, aumentando hasta la calle 97 por la orilla del río San Juan.

Los residentes locales ignoran esta numeración y continúan utilizando los antiguos nombres coloniales; no obstante, en esta guía se cita el sistema numérico, pues es el que figura en las esquinas (véase p. 215).

Información
LIBRERÍAS
Librería Viet Nam (plano pp. 216-217; calle 85, n° 28612; ⊗ 9.00-17.00 lu-vi, 10.00-14.00 sa). Cerca de la calle 288.

ACCESO A INTERNET
Etecsa (plano pp. 216-217; calle 83 esq. con calle 282; 6 CUC/h; ⊗ 9.00-21.00)

BIBLIOTECAS
Biblioteca Gener y Del Monte (plano pp. 216-217; ☎ 24 41 34; calle 79 esq. con calle 290; ⊗ 8.30-22.00 lu-vi, 8.30-15.30 sa, 8.30-12.30 do). Una de las más antiguas de Cuba (1835), situada en el parque Libertad, en un bonito edificio que antes fuera el Casino Español. Parada obligada para bibliófilos.

ASISTENCIA MÉDICA
Farmacia Principal (plano pp. 216-217; calle 298 esq. con calle 85; ⊗ 8.00-22.00)
Servimed (☎ 25 31 70; Hospital Faustino Pérez, carretera Central, km 101). Clínica al sudoeste de la ciudad.

DINERO
Banco Financiero Internacional (plano pp. 216-217; ☎ 25 34 00; calle 85 esq. con calle 298)
Bandec (plano pp. 216-217; ☎ 24 27 81; calle 85, n° 28604 entre calles 286 y 288)
Cadeca (plano pp. 216-217; calle 286; ⊗ 8.00-18.00 lu-sa, 8.00-12.00 do). Dos casetas temporales detrás de la catedral.

CORREOS
Oficina de correos (plano pp. 216-217; calle 85, n° 28813; ⊗ 24 h). En la esquina de la calle 290.

TELÉFONO
Etecsa (plano pp. 216-217; calle 83 esq. con calle 282; 6 CUC/h; ⊗ 9.00-21.00)

Puntos de interés y actividades
EN LA CIUDAD
La estructura de acero del **puente Calixto García** (1899), el primero de los 21 que hay en la ciudad, salva el río San Juan y conduce directamente a la **plaza de la Vigía** (plano pp. 216-217) desde el sur. El primer asentamiento de Matanzas se estableció aquí hace tres siglos y, desde 1897, los bomberos tiene su sede central en el neoclásico **Parque de Bomberos** (plano pp. 216-217), que está enfrente.

Al otro lado de la plaza se encuentra **Ediciones Vigía** (plano pp. 216-217; ☎ 24 48 45; ⊗ 8.00-16.00 lu-vi), una de las atracciones más curiosas de Matanzas. Fundada en 1985, esta institución única produce papel hecho a mano y primeras ediciones de libros de temas variados que se mecanografían, se ilustran y se encuadernan en tiradas limitadas de 200 ejemplares. Se admiten visitas al taller y se venden ejemplares numerados y sellados por entre 5 y 15 CUC, auténticos caprichos de coleccionista. Al lado se encuentra la estupenda **Galería de Arte Provincial** (plano pp. 216-217; calle 272, entre calles 85 y 91; entrada 1 CUC; ⊗ 10.00-14.00 lu, 10.00-18.00 ma-sa).

El **teatro Sauto** (plano pp. 216-217; ☎ 24 27 21), frente a la galería, en diagonal por la plaza de la Vigía, es uno de los edificios neoclásicos más bellos del país (1863), famoso además por su excelente acústica. El vestíbulo está decorado con figuras de mármol de diosas griegas y el techo de la sala central muestra pinturas de las musas. El auditorio cuenta con tres anfiteatros con un aforo de 775 personas y el suelo puede elevarse para convertir la sala en un salón de baile. El telón original es una verdadera obra de arte que muestra una pintura del puente de la Concordia sobre el río Yumurí. Enrico Caruso actuó aquí, como también lo hizo en 1945 la bailarina soviética Anna Pavlova. La mejor oportunidad para asistir a una representación es a las 8.30 un viernes, sábado o domingo.

A poca distancia al oeste se encuentra el **parque Libertad** (plano pp. 216-217), desde donde se disfrutan varias vistas espléndidas de la localidad, como la de la estatua de bronce de José Martí (1909), en el centro. Después de verla, el visitante puede dirigirse al sur para tomar una cerveza en el Café Libertad, frente al antaño elegante Hotel Louvre (1894), antes

de visitar el **Museo Farmacéutico** (plano pp. 216-217; ☎ 25 31 79; calle 83, nº 4951; entrada 2 CUC; ☯ 10.00-17.00 lu-do). Este lugar fue antaño una farmacia, la Botica La Francesa, fundada en 1882 por la familia Triolett, hasta que en 1964 se convirtió en un museo donde se acumulan curiosas botellas, instrumentos, jarras de porcelana y viejas recetas médicas. El lado oriental del parque está dominado por el suntuoso **Palacio de Gobierno** (plano pp. 216-217), que data de 1853 y alberga en la actualidad el "poder popular". En el lado norte se encuentra el vetusto Hotel Velazco y el antiguo **Casino Español** (calle 79 esq. con calle 290), donde se interpretó por primera vez el danzón (baile cubano de salón) *Rompiendo la rutina* de Anceto Díaz. Ahora es la **biblioteca Gener y del Monte** (plano pp. 216-217).

Los niños y los aficionados al teatro no deben perderse **El Retablo** (plano pp. 216-217; ☎ 61 70 38; calle 288, nº 8313; entrada 1 CUC; ☯ 10.00-18.00 lu-sa), una sala de exposiciones repleta de disfraces fantásticos, marionetas y creaciones de los magistrales artesanos cubanos de títeres. Hay representaciones el segundo sábado de cada mes. Muy cerca está el **Archivo Histórico** de la ciudad (plano pp. 216-217; ☎ 24 42 12; calle 83, nº 28013 entre calles 280 y 282), en la antigua residencia del poeta José Jacinto Milanés (1814-1863). Una estatua de este literato local se levanta en la plaza de la Iglesia, delante de la cercana **catedral de San Carlos Borromeo** (plano pp. 216-217; calle 282, entre calles 83 y 85; se admiten donativos; ☯ 8.00-12.00, 15.00-17.00 lu-vi, 9.00-12.00 do), edificio neoclásico edificado en 1693 y reconstruido en 1878.

Entre otros edificios interesantes cabe destacar el imponente **Palacio de Justicia** (plano pp. 216-217), situado frente al teatro Sauto, original de 1826 aunque reformado profusamente entre 1908 y 1911, o el **Museo Histórico Provincial** (plano pp. 216-217; calle 83 esq. con calle 272; entrada 2 CUC; ☯ 10.00-12.00 y 13.00-17.00 ma-do), situado en el edificio del palacio del Junco (1840), en la plaza de la Vigía, que acoge exposiciones relativas a la historia de Matanzas. Los sábados a las 16.00 se celebran conciertos gratuitos.

El **barrio de Versalles** (plano pp. 216-217), al norte del río Yumurí, fue poblado en el s. XIX por refugiados franceses provenientes de Haití que huían de la revolución de Toussaint Louverture. En la década de 1980 la zona se convirtió en cuna de un nuevo género musical llamado rumba. Si se toma la calle 272 hacia el norte desde la plaza de la Vigía, se cruza el elegante **puente de la Concordia** (plano pp. 216-217). También merece una visita la clásica **iglesia de San Pedro Apóstol** (plano pp. 216-217; calle 57 esq. con calle 270). Cuatro manzanas al este, en la esquina de las calles 63 y 260 se levanta el **cuartel Goicuría** (plano pp. 216-217), donde el ejército de Batista fue asaltado el 29 de abril de 1956 por un grupo de rebeldes encabezados por Reinaldo T. García. En la actualidad es un colegio.

En una zona industrial sobre el puerto, poco más de 1 km al nordeste del cuartel Goicuría, se alza el **castillo de San Severino** (plano pp. 216-217; av. del Muelle; entrada 2 CUC; ☯ 9.00-17.00), construido por los españoles en el s. XVIII. Para llegar allí desde Versalles se puede caminar en dirección nordeste hasta el final de la calle 57 y cruzar la carretera. El acceso se realiza a través del Centro Politécnico Ernest Thälmann, en la calle 230. Hay que continuar recto, pasar el colegio, seguir por una pista de tierra en muy mal estado y, al doblar la esquina, se ve el castillo a la derecha. Los esclavos eran recluidos en sus mazmorras tras desembarcarlos en un punto cercano y aquí quedaban a la espera del día de la subasta en que eran vendidos. Más tarde, también sufrieron prisión aquí los patriotas cubanos. Una placa recuerda a las 61 personas ejecutadas en este castillo entre 1895 y 1897. San Severino continuó siendo una cárcel hasta la década de 1970. Del edificio original se conservan muy bien tres cañones, uno de 1775, y la plaza central; existe un proyecto para convertirlo en centro turístico. Desde él se disfruta de una vista excelente de toda la bahía.

Puede verse otro magnífico panorama de Matanzas y el pintoresco valle del Yumurí si se va hacia el norte por la calle 306 hasta las ruinas de la **iglesia de Monserrate** (plano pp. 216-217), de 1875, que se eleva, elegante, por encima de la ciudad.

Los aficionados al béisbol quizá quieran peregrinar hasta el **palmar del Junco** (plano pp. 216-217), en la zona sur, el primer campo de béisbol de Cuba (1904) y objeto de gran orgullo local.

ALREDEDORES DE MATANZAS

Las **cuevas de Bellamar** (plano pp. 216-217; ☎ 25 35 38; entrada 5 CUC, cámara fotográfica 5 CUC; ☯ 9.00-18.00), 5 km al sudeste de Matanzas, tienen 300.000 años de antigüedad y se anuncian como la atracción turística más antigua del país. Sus 2.500 m fueron descubiertos en 1861 por un trabajador chino, empleado de don Manuel Santos Parga. Por el interior discurre un

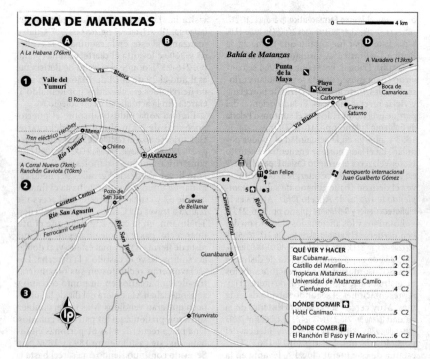

ZONA DE MATANZAS

0 —— 4 km

Bahía de Matanzas

A La Habana (76km)

Vía Blanca

1 Valle del Yumurí

El Rosario

Punta de la Maya

Playa Coral

A Varadero (13km)

Boca de Camarioca

Carbonera

Cueva Saturno

Tren eléctrico Hershey

Mena

Chirino

Río Yumurí

MATANZAS

Vía Blanca

A Corral Nuevo (7km); Ranchón Gaviota (10km)

San Felipe

Aeropuerto internacional Juan Gualberto Gómez

2

Pozo de San Juan

Carretera Central

Río San Agustín

Ferrocarril Central

Río San Juan

Cuevas de Bellamar

Carretera Central

Río Canímar

Guanábana

3

Triunvirato

QUÉ VER Y HACER
Bar Cubamar	1 C2
Castillo del Morrillo	2 C2
Tropicana Matanzas	3 C2
Universidad de Matanzas Camilo Cienfuegos	4 C2

DÓNDE DORMIR
Hotel Canimao	5 C2

DÓNDE COMER
El Ranchón El Paso y El Marino	6 C2

arroyo; en el exterior hay dos restaurantes, una piscina y un parque infantil. Las visitas guiadas por las profundidades de la gruta duran una hora y salen cada hora siete veces al día desde las 9.30. Para llegar hay que tomar los autobuses nº 16, 17 o 20 hacia el este en dirección a Canímar y pedir al conductor que

---

EL ORIGEN DEL VALLE DEL YUMURÍ

Una antigua leyenda local cuenta la historia de una muchacha india llamada Coalina que fue escondida por su padre cuando se profetizó que caería una gran desgracia sobre toda la comunidad cuando la joven se enamorara. Pasado el tiempo, un joven jefe de Camagüey llamado Nerey oyó hablar de la belleza de Coalina y decidió buscarla. Evidentemente, se enamoraron a primera vista y en ese momento un gran terremoto separó las montañas de Matanzas y las aguas del río Yumurí se precipitaron hacia el mar destruyendo el pueblo y llevándose a los amantes. Las últimas palabras de Coalina fueron "Yu murí" (yo muero).

---

pare cerca de la calle 226. Desde allí hay un paseo de 30 minutos que asciende el monte hasta las cuevas. El pequeño túnel del ferrocarril hace impracticable la carretera para casi cualquier vehículo, a no ser que se trate de un automóvil pequeño. El resto de los vehículos deben seguir una confusa ruta alternativa que va por la calle 276 y gira hacia el sur en la 171, cerca de la antigua estación de trenes.

El río Canímar, 8 km al este de Matanzas, desemboca en la bahía y cuenta con uno de los cauces más profundos de la isla. Antes de llegar al puente sobre la carretera, sale una vía por el lado occidental del río que discurre paralela a la costa y llega, tras 1 km, hasta una pequeña cala donde se emplaza el **castillo del Morrillo** (1720). Este antiguo baluarte es ahora un **museo** (plano p. 220; entrada 1 CUC; 9.00-16.00 ma-do) dedicado al líder estudiantil Antonio Guiteras Holmes (1906-1935), fundador del grupo revolucionario Joven Cuba en 1934. Tras formar un breve gobierno posterior a Machado, Guiteras fue depuesto por el ejército comandado por Fulgencio Batista. El 8 de mayo de 1935, él y otros 18 hombres huyeron a Matanzas para tomar

un barco que les conduciría a su exilio en México, pero antes de que pudieran embarcar, Guiteras y el revolucionario venezolano Carlos Aponte Hernández (1901-1935), que había servido a las órdenes de Sandino en Nicaragua, fueron descubiertos y ejecutados por las tropas de Batista. El busto de bronce de ambos marca en la actualidad el lugar donde murieron, bajo un árbol de caoba y a pocos pasos de la verja trasera del puente. La playa que hay detrás del castillo es un buen lugar para bañarse.

Desde el **bar Cubamar** (plano p. 220; ☎ 26 15 16), situado bajo el puente, en la orilla opuesta a la costa, salen excursiones en barco que recorren 12 km de espesa selva a lo largo del **río Canímar**. Los operadores de circuitos de Varadero ofrecen esta excursión con comida incluida y posibilidad de dar un paseo a caballo, pescar y bucear, pero también se puede conseguir la misma oferta por unos 25 CUC presentándose en el embarcadero antes de las 12.00. En el bar se alquilan barcas de remos por 2 CUC la hora en cualquier momento.

La vieja carretera costera que va a Varadero es estupenda para recorrerla en ciclomotor, puesto que proporciona mejores vistas y a un ritmo más tranquilo que la autopista. Por el camino se suceden varios lugares para bañarse y el mejor enclave de la región para bucear, el arrecife que hay 2 km mar adentro desde la **playa Coral** (plano p. 220). La carretera de acceso al aeropuerto está más allá de esta playa, en la pequeña localidad de Carbonera, donde se puede comer pescado fresco si se pregunta a los vecinos. Siguiendo la carretera, 1 km al sur, se encuentra la **cueva Saturno** (plano p. 220; ☎ 25 32 72; entrada 5 CUC, incl. material de buceo; ☼ 8.00-18.00). Se anuncia como un lugar para bucear y las compañías turísticas de Varadero la incluyen en muchas de sus excursiones, pero en realidad es una aburrida cueva con un acceso bastante limitado a menos que se tenga experiencia en inmersiones de este tipo y se disponga del equipo adecuado. Cerca hay un bar que sirve buen café.

Fiestas y celebraciones

Matanzas es conocida por la rumba y el barrio de la Marina, al otro lado del puente de la Concordia, es la cuna de alguno de los rumberos más famosos, como el grupo Los Muñequitos de Matanzas. Durante los 10 días posteriores al 10 de octubre se puede bailar al ritmo que marcan los talentosos músicos que participan en el **Festival del Bailador Rumbero,** en el teatro Sauto.

Dónde dormir
EN LA CIUDAD

En la actualidad no está abierto ninguno de los tres hoteles, antaño resplandecientes, del centro de la localidad. El desgastado Hotel El Louvre, un edificio sin cartel indicador en el extremo sur del parque Libertad, es el candidato más probable a ser rehabilitado, aunque nadie del sector lo ha confirmado.

Por suerte las casas particulares de Matanzas son de calidad superior a la media.

EN LAS AFUERAS

Hotel Canímao (Islazul; plano p. 220; ☎ 26 10 14; i/d temporada baja 23/34 CUC, temporada alta 28/38 CUC; Ⓟ ⊠ 🐾). A orillas del río Canímar, 8 km al este de Matanzas en dirección a Varadero, dispone de 120 cómodas habitaciones con pequeñas terrazas, que ocupan principalmente cubanos. Organiza excursiones por el río Canímar (15 CUC, incluida la comida) y las cuevas de Bellamar (8 CUC). El autobús nº 16, que se toma en la esquina de las calles 300 y 83, en Matanzas, lleva hasta el puente

---

CASAS PARTICULARES EN MATANZAS

Matanzas no cuenta con ningún hotel céntrico, pero sí con unas cuantas casas particulares de ambiente muy cordial.

Anita y Luis Alberto Valdés (☎ 24 22 97; calle 79, nº 28205, 2º piso, entre calles 282 y 288; h 25 CUC; 🐾). Dos habitaciones con baños separados, excelentes anfitriones y comidas abundantes y deliciosas.

Hostal Alma, Alberto Hernández (☎ 24 78 10; calle 83, nº 29008, entre calles 290 y 292; h 20-25 CUC; 🐾). Un par de habitaciones en una casa de estilo colonial con baños privados, con terraza, solárium y un patio central. También preparan comidas. Alberto es un anfitrión magnífico y un experto en la historia de Matanzas.

Hostal Azul, Yoel Báez y Aylín Hernández (☎ 24 78 10; calle 83, nº 29012, entre calles 290 y 292; h 20-25 CUC; 🐾). Enorme habitación colonial en una vivienda muy tranquila, con anfitriones atentos. Comparte teléfono con el Hostal Alma.

Roberto Chaves Llerena y Margarita Romero (☎ 24 25 77; calle 79, nº 27608, entre calles 276 y 278; h 20 CUC). Gran casa colonial que ofrece comidas y trastero para guardar bicicletas.

que hay cerca del hotel. Se puede entrar libremente tanto en su piscina como en el adyacente club Tropicana (p. 223).

Dónde comer

EN LA CIUDAD

Aunque en Matanzas no hay auténticos *paladares*, las casas particulares suelen preparar deliciosas comidas.

Café Atenas (plano pp. 216-217; ☎ 25 34 93; calle 83, nº 8301; ✆ 10.00-23.00). Si se está aburrido de comer siempre lo mismo, se puede probar este establecimiento limpio y acogedor, situado frente al teatro Sauto, en la plaza de la Vigía. Sirve diligentemente *pizza*, espaguetis, sándwiches, cerveza, café y una estupenda *bruschetta* de pollo y gambas.

Café Libertad (plano pp. 216-217; calle 290 esq. con calle 83). Es probablemente la mejor opción, y quizá la única, en el parque Libertad; la ubicación es excelente, pero las hamburguesas al peso podrían tener algo más de guarnición.

Cafetería El Rápido (plano pp. 216-217; calle 85 esq. con calle 282). Local grande pero que no hace honor a su nombre, situado cerca de la catedral. Es mejor la **sucursal** (plano pp. 216-217; calles 262 esq. con calle 75; ✆ 24 h) que hay pasado el cuartel Goicuría, en Versalles, que cuenta con una agradable terraza. En la calle 272, en el barrio de Versalles, al otro lado del puente desde Matanzas, hay innumerables puestos de comida al peso para llevar a precios muy asequibles.

Otras posibilidades:

Cremería Atenas (plano pp. 216-217; ✆ 9.00-21.00). Contiguo al Café Atenas, ideal para los amantes del helado.

Paladar La Yumurina (plano pp. 216-217; calle 83, nº 29202; ✆ 8.00-21.00). Sirve sándwiches de huevo, la especialidad de la casa, en una sala luminosa en la esquina de la calle 292.

En Familia (plano pp. 216-217; calle 298 esq. con calle 91; ✆ 10.00-23.30). Local nuevo que sirve pollo, bebidas y sándwiches.

Coppelia (plano pp. 216-217; calle 272 esq. con calle 127; ✆ 10.00-22.00). El mejor helado del país cerca de la estación de autobuses.

Cadena Cubana del Pan (plano pp. 216-217; calle 83, entre calles 278 y 280; ✆ 24 h). Barras de pan de 10 pesos amasadas y cocidas delante del cliente. A veces también hacen deliciosos panes redondos.

Supermercado La Reina (plano pp. 216-217; calle 85, nº 29006, entre calles 290 y 292; ✆ 8.30-16.30 lu-sa, 8.30-12.30 do). Productos de alimentación.

Mercado La Plaza (plano pp. 216-217; calle 97 esq. con calle 298). Multicolor mercado de verdura situado cerca del puente Sánchez Figueras (1916). Hay muchos puestos de comida frita al peso.

EN LAS AFUERAS

Hay dos establecimientos agradables a las afueras de Matanzas en dirección a Varadero.

El Ranchón El Paso (plano p. 220; ✆ 10.00-23.00). Local sencillo y aireado por encima del río Canímar, 8 km al este de Matanzas. Buenos platos de cerdo y pollo por menos de 4 CUC. Hay un bar bien surtido.

El Marino (plano p. 220; ☎ 26 14 83; ✆ 12.00-21.00). Contiguo al establecimiento anterior, pero más elegante y recomendado por los lectores. Está especializado en platos de marisco, incluidas langosta o gambas, a precios asequibles. Los vegetarianos pueden optar por platos de huevos o sopas.

Cuevas de Bellmar también ofrece comidas dignas.

Dónde beber

Ruinas de Matasiete (plano pp. 216-217; ☎ 25 33 87; Vía Blanca esq. con calle 101; ✆ 24 h). El mejor lugar de Matanzas para beber pagando en convertibles. Está situado en las ruinas de un almacén del s. XIX, al lado de la bahía y cerca de la entrada a la ciudad desde Varadero. Las bebidas y las carnes a la plancha se sirven en una terraza al aire libre, pero la mayor atracción es la música en directo de los viernes, sábados y domingos a las 21.00. Se cobra una entrada mínima de 3 CUC.

Video Bar Guanima (plano pp. 216-217; calle 85, nº 29404, entre calles 294 y 298; ✆ 10.00-18.00 y 20.00-2.00). Sólo se permite la entrada a parejas, pero en la puerta siempre esperan personas solas dispuestas a emparejarse.

Ocio

Teatro Sauto (plano pp. 216-217; ☎ 24 27 21). Es un referente nacional y uno de los principales teatros de Cuba. Situado en la plaza de la Vigía, lleva desde 1863 albergando espectáculos y en la actualidad se puede ver en él al Ballet Nacional de Cuba o al Conjunto Folklórico Nacional. Los pases son a las 20.30; también hay matinés los domingos a las 15.00 (véase p. 218).

Teatro Velazco (plano pp. 216-217; calle 79 esq. con calle 288). Sala del parque Libertad donde se proyectan películas.

La plaza de la Vigía es el lugar ideal para escuchar grupos de rumba en directo los fines de semana, igual que en Matanzas Este los domingos por la tarde (14.00). Para informarse es conveniente preguntar a los vecinos.

Casa de la Cultura Municipal Bonifacio Bryne (plano pp. 216-217; ☎ 29 27 09; calle 272, nº 11916 entre calles 119 y 121). Está en Pueblo Nuevo y programa actividades culturales casi todas las noches a las 21.00.

Las Palmas (plano pp. 216-217; ☎ 25 32 52; calle 254 esq. con calle 127; entrada 1 CUC; ☿ 12.00-00.00 lu-mi, 12.00-2.00 vi-do). Un buen espectáculo a la luz de las estrellas, por mucho menos de lo que cuesta el Tropicana, en una antigua sala de arte.

El Pescadito (plano pp. 216-217; calle 272, entre calles 115 y 117). Similar al anterior pero más céntrico y local.

Tropicana Matanzas (plano p. 220; ☎ 26 53 80; entrada 35 CUC; ☿ 22.00-2.00 ma-sa). Aprovechando el éxito de los locales de La Habana y Santiago de Cuba, el Tropicana ha abierto una sucursal 8 km al este de Matanzas, al lado del Hotel Canimao. Allí, el viajero puede mezclarse con otros turistas y disfrutar con un espectáculo de luces, plumas y sensualidad al aire libre.

Estadio Victoria de Girón (plano pp. 216-217). Entre octubre y abril se celebran partidos de béisbol en este estadio situado 1 km al sudoeste del mercado. Como el horario varía, es conveniente averiguar cuándo juega el equipo local, los Citricultores. No hay que esperarse el mejor béisbol del país: el equipo es *semiamateur*.

De compras

Ir de compras en Matanzas es como buscar una cascada en el desierto.

Casa de Bienes Culturales La Vigía (plano pp. 216-217; calle 272, nº 8501). Los adictos incurables a las compras pueden pasearse por este establecimiento buscando originales libros hechos a mano por Ediciones Vigía, que se halla en el otro extremo de la manzana (véase p. 218).

Photo Service (plano pp. 216-217; calle 288, nº 8311 entre calles 83 y 85). La tienda para todas las necesidades en fotografía.

Cómo llegar y salir

AVIÓN

Matanzas está conectado con el resto del mundo gracias al aeropuerto internacional Juan Gualberto Gómez, 20 km al este de la ciudad. Véase p. 238 para más información.

AUTOBÚS

Los trayectos de larga distancia utilizan la **Estación Nacional de Autobuses** (plano pp. 216-217; ☎ 9-2923), ubicada en una antigua estación de trenes que se encuentra en la esquina de las calles 131 y 272, en Pueblo Nuevo, al sur del río San Juan. Matanzas está bien conectada con el resto del país. La empresa **Viazul** (www.viazul.com) ofrece líneas a La Habana (7 CUC, 8.55, 12.35 y 18.55) y Varadero (6 CUC, 10.15, 14.10 y 20.15). Los servicios de Astro salen de esta estación con destino a Santiago de Cuba (31 CUC, días alternos), Cienfuegos (7 CUC, 1 diario), Santa Clara (8 CUC, 1 diario), Cárdenas (2 CUC, 1 diario) y La Habana (5 CUC, 2 diarios).

En todos los autobuses se reservan dos asientos para turistas que pagan en convertibles y los billetes se venden el mismo día, una hora antes de la salida.

Los autobuses que hacen trayectos dentro de la provincia de Matanzas utilizan la **terminal de autobuses de San Luis** (plano pp. 216-217; ☎ 29 27 01; calles 298 esq. con calle 127) para los servicios siguientes:

Destino	Precio	Hora de salida
Canasí	1 CUC	5.00, 17.00
Cárdenas	2 CUC	13.40 lu, mi y vi
Colón	3 CUC	7.30, 15.10, 15.55
Jagüey Grande	3 CUC	13.30 ma y ju
Jovellanos	2 CUC	13.45
Varadero	2 CUC	9.00, 10.00, 12.00, 14.00

Los precios son aproximados y es posible pagar en pesos.

AUTOESTOP

Para ir a La Habana se puede probar a parar algún vehículo frente al cuartel Goicuría, entre las calles 63 y 260, en Versalles. Para Varadero, hay que tomar el autobús nº 16 o 17 desde la calle 300, entre la 81 y la 83, bajarse en Canímar y hacer autostop desde allí. (Para informarse sobre los riesgos del autostop, véase p. 472.)

TREN

La **estación de trenes** (plano pp. 216-217; ☎ 29 16 45; calle 181) se encuentra en Miret, en el extremo sur de la ciudad. Los extranjeros tienen que pagar el billete en convertibles al jefe de turno. Todos los trayectos entre La Habana y Santiago de Cuba paran en Matanzas. En teoría hay ocho trenes diarios a La Habana a partir de las 3.25 (3 CUC, 1½ h) y uno a Cienfuegos que sale a las 20.05 en días alternos (6 CUC, 3 h). En dirección este existe

PROVINCIA DE MATANZAS

un tren a las 22.10 hacia Bayamo (23 CUC, 24 h) y otro a las 20.45 a Holguín (26 CUC, 13 h, 683 km). Los trenes diarios a Santiago de Cuba (27 CUC, 13 h) salen a las 7.58 y las 16.46 y realizan las siguientes paradas:

Destino	Precio	Duración (horas)
Camagüey	19 CUC	7
Ciego de Ávila	15 CUC	5
Las Tunas	24 CUC	9
Santa Clara	8 CUC	3 ½

En la práctica todos estos servicios suelen tener retraso o cancelarse.

La **estación de trenes Hershey** (plano pp. 216-217; ☎ 24 48 05; calle 55 esq. con calle 67) se encuentra en Versalles, a un paseo de 10 minutos desde el parque Libertad. Desde allí salen cinco trenes diarios a la estación de Casablanca, en La Habana (2,80 CUC, 4 h) vía San Antonio (0,40 CUC), Canasí (0,85 CUC), Jibacoa (1,10 CUC), Hershey (1,40 CUC) y Guanabo (2 CUC). Salen de Matanzas a las 4.34, 8.26, 12.30, 17.12 y 21.08 (el de las 12.30 es un rápido que tarda sólo 3 h). Los billetes se venden una hora antes de la salida programada y no suele haber problemas para encontrar asiento, excepto los fines de semana y días festivos. Es posible que no se admitan bicicletas pero siempre se puede preguntar. Aunque el tren sale puntual, suele llegar a La Habana con, al menos, una hora de retraso. Antes iba directo a la estación de La Coubre, mucho más cómoda que la de Casablanca; se puede intentar averiguar si existe aún esta posibilidad. Éste es el único tren eléctrico del país y no funciona si hay tormenta. El trayecto ofrece bonitas vistas pero no hay que tener prisa por llegar.

Cómo desplazarse

Los servicios de autobuses dentro del área metropolitana son escasos. Para llegar a la estación de autobuses desde el centro se puede tomar el nº 1, que sale de la calle 79, entre las calles 290 y 292. Si todo lo demás falla, siempre queda la posibilidad de parar un *bicitaxi* en las inmediaciones del puente Sánchez Figueras. La gasolinera Oro Negro se encuentra en la esquina de las calles 93 y 210, 4 km a las afueras de la ciudad por la carretera de Varadero. Allí hay también una oficina de alquiler de vehículos de Micar y, una manzana más allá, otras de Servi-Cupet

y **Havanautos** (plano pp. 216-217; ☎ 25 32 94; calle 129 esq. con calle 208), al lado de un bar de refrescos y comidas ligeras. Si se va a Varadero, hay que pagar 2 CUC de peaje entre Boca de Camarioca y Santa Marta; entre Matanzas y el aeropuerto no se cobra nada.

VARADERO

☎ 45 / 18.000 hab.

Varadero es un centro turístico en expansión que tiene escasa relación con el resto del país.

La ubicación de esta población es una maravilla, capaz de rivalizar con cualquier otro paradisíaco lugar del Caribe: una extensión de 20 km de arena blanca que bordea la costa de la península de Hicacos. Probablemente esto es lo que pensaría Iréné Dupont, el millonario estadounidense del emporio químico, cuando se construyó aquí una lujosa mansión de estilo *art déco* en 1930, un lugar que bautizó como Xanadú por sus tempestuosas vistas del mar. Pronto se le unieron Al Capone, el presidente Batista y todos los cubanos que podían permitírselo.

Con más de 50 hoteles, 16.000 habitaciones y 50 vuelos semanales procedentes sólo de Canadá, este centro turístico sigue creciendo cada año, pero está convirtiéndose en víctima de su propio éxito. Sin embargo el turismo trae dinero y, ni el exceso urbanístico ni las hordas de turistas embelesados por la exótica combinación de sol, playa y revolución, muestran signo alguno de disminuir.

En la actualidad Varadero es una descuidada mezcla de lo más sublime y lo más ridículo. Ofrece muchas posibilidades, pero su extensa trama urbana, sus edificios anodinos y un panorama de bares bastante mediocre colocan a esta población turística por detrás de Florida o Cancún en términos de lujo.

Contrariamente a la creencia general, los cubanos no tienen prohibida la entrada en Varadero. De hecho, al contrario de lo que ocurre en otros centros turísticos más alejados como Cayo Coco, hay más integración entre turistas y locales de lo que cabría esperar. Al menos un tercio de la península está ocupado por la localidad cubana del mismo nombre, que aunque carece del ambiente de La Habana o Santiago, conserva las características fundamentales de la vida diaria en Cuba.

Orientación

Varadero comienza en el extremo occidental de la península de Hicacos, en el lugar donde un canal llamado la laguna de Paso Malo une la bahía de Cárdenas con el océano Atlántico. Al cruzar el puente basculante que atraviesa este canal, la vía Blanca se convierte en la autopista Sur y se adentra 20 km en la península hasta Marina Gaviota, en el extremo oriental de Varadero. Desde el mismo puente, la avenida Kawama se dirige hacia el oeste bordeando el canal hasta varios complejos hoteleros. En general la costa del Atlántico, con sus 20 km de arena blanca y brillante, fama y orgullo de Varadero, está dedicada al turismo, mientras que la costa que da a la bahía de Cárdenas está habitada por cubanos. Allí se encuentra también otra pequeña comunidad, Santa Marta, en el extremo occidental de la península. Los hoteles más grandes y caros están al este, en Punta Hicacos; la zona más tranquila de la playa es la del centro de Varadero, entre las calles 46 y 65.

A partir de la calle 13 todos los establecimientos, desde los hoteles hasta las tiendas de alimentación, se van haciendo progresivamente más caros a medida que se avanza hacia el este.

Información

LIBRERÍAS

Librería Hanoi (plano pp. 228-229; ☎ 61 26 94; av. 1 esq. con calle 44; ☽ 9.00-21.00). Amplia selección de libros de temas diversos, desde poesía hasta política.

URGENCIAS

Asistur (plano pp. 228-229; ☎ 66 72 77; av. 1 esq. con calle 42; ☽ 9.00-16.30 lu-vi)

ACCESO A INTERNET

Muchos hoteles ofrecen acceso a Internet por 5-7 CUC/hora.

DHL Cibercafé (plano pp. 228-229; av. 1, entre calles 39 y 40)

BIBLIOTECAS

Biblioteca José Smith Comas (plano pp. 228-229; ☎ 61 23 58; calle 33, nº 104, entre avs. 1 y 3; ☽ 9.00-20.00 lu-vi, 9.00-17.00 sa). Con la tarjeta de cliente del hotel se pueden sacar libros de forma gratuita; se aceptan donaciones de libros.

ASISTENCIA MÉDICA

Muchos de los grandes hoteles cuentan con enfermerías que proporcionan asistencia básica gratuita.

Clínica Internacional Servimed (plano pp. 228-229; ☎ 66 77 10; av. 1 esq. con calle 60; ☽ 24 h). Consultas médicas o dentales (5-25 CUC) y visitas a domicilio (50-60 CUC). Además, dispone de una buena farmacia abierta las 24 horas que acepta pesos convertibles.

Policlínico Dr. Mario Muñoz Monroy (plano pp. 228-229; ☎ 61 34 64; calle 27; ☽ 24 h). Cerca de la avenida 1. Aunque está destinado a clientes cubanos, no rechazan a ningún enfermo.

Servimed Farmacia Internacional (plano pp. 226-227; plaza América, av. Las Américas esq. con calle 61; ☽ 9.00-19.00). Farmacia bien surtida con productos en pesos convertibles.

DINERO

En Varadero, los visitantes europeos pueden pagar en euros en hoteles y restaurantes. Si se cambia dinero en el hotel será un 1% más caro que en un banco.

Banco de Ahorro Popular (plano pp. 228-229; calle 36, entre av. 1 y autopista Sur; ☽ 8.30-16.00 lu-vi). Probablemente el más lento.

Banco de Crédito y Comercio (plano pp. 228-229; av. 1 esq. con calle 36; ☽ 9.00-13.30 y 15.00-17.00 lu-vi). Canjea cheques de viaje, pero suele haber cola.

Banco Financiero Internacional Av. 1 (plano pp. 228-229; ☎ 66 70 02; av. 1 esq. con calle 32; ☽ 9.00-15.00 lu-vi, 9.00-17.00 sa y do); plaza América (plano pp. 226-227; ☎ 66 82 72; plaza América, av. Las Américas esq. con calle 61; ☽ 9.00-12.00 y 13.00-18.00 lu-vi, 9.00-18.00 sa y do). Cambian cheques de viaje y se puede sacar dinero con tarjetas Visa y MasterCard.

Cadeca (plano pp. 228-229; av. de la Playa esq. con calle 41; ☽ 8.30-18.00 lu-sa, 8.30-12.00 do)

CORREOS

Casi todos los grandes hoteles tienen sucursales de correos en el mostrador de recepción.

DHL (plano pp. 228-229; ☎ 61 44 52; av. 1 esq. con calle 42; ☽ 8.00-12.00 y 13.00-17.00 lu-vi, 8.00-12.00 sa). En la planta alta, con acceso por la parte de atrás.

Oficina de correos (plano pp. 228-229; av. 1 esq. con calle 36; ☽ 8.00-18.00 lu-sa)

TELÉFONO

Cubacel Av 1 (plano pp. 228-229; ☎ 66 72 22; av. 1 esq. con calle 42; ☽ 8.00-17.00 lu-vi); aeropuerto Juan Gualberto Gómez (☎ 880-9280; aeropuerto Juan Gualberto Gómez; ☽ 8.00-19.00). En la sucursal de la avenida 1 se accede por la parte de atrás.

Etecsa Av 1 (plano pp. 228-229; av. 1 esq. con calle 30); plaza América (plaza América, av. Las Américas esq. con calle 61; 24 h). Vende tarjetas telefónicas y realiza llamadas internacionales.

AGENCIAS DE VIAJES

Prácticamente todos los hoteles cuentan con un mostrador turístico donde poder reservar

PROVINCIA DE MATANZAS

circuitos de aventura, excursiones para hacer paracaidismo, submarinismo o cualquier otra actividad; no obstante, casi siempre es más barato reservarlo directamente en la agencia o el organizador.

Cubatur (plano pp. 228-229; ☎ 61 44 05; fax 66 70 48; av. 1 esq. con calle 33; ☉ 8.30-18.00). Reserva habitaciones de hotel en todo el país, organiza excursiones en Varadero y traslados en autobús hasta hoteles en La Habana.

EcoTur (plano pp. 228-229; ☎ 66 86 12; av. 3, entre calles 33 y 34, hab. 114 y 116)

Gaviota (plano pp. 228-229; ☎ 61 18 44; fax 66 73 25; calle 56 esq. con Playa)

Havanatur Tour y Travel Av. de la Playa (plano pp. 228-229; ☎ 66 70 26; av. de la Playa, entre calles 36 y 37; ☉ 8.00-18.00); av. Las Américas (plano pp. 226-227; ☎ 66 77 08; av. Las Américas; ☉ 8.00-20.00), cerca del Hotel Tuxpán; av. Las Américas (plano pp. 228-229; ☎ 66 72 03; av. Las Américas; ☉ 8.00-20.00). Reserva habitaciones de hotel y traslados a/desde el aeropuerto de La Habana, además de circuitos turísticos.

Peligros y advertencias

En lo relacionado con la criminalidad, en Varadero los riesgos son mínimos. Aparte del peligro de emborracharse con mojitos gratuitos y tropezar con la alfombrilla de la bañera, no hay mucho de que preocuparse. Es conveniente tener cuidado al conectar aparatos eléctricos en los hoteles, puesto que a veces en las habitaciones hay un enchufe de 110 V al lado de otro de 220 V, que no siempre están marcados como debieran.

En la playa, la bandera roja significa que no está permitido bañarse debido a algún peligro, como una fuerte resaca. Existe una medusa azul conocida como fragata portuguesa, que produce una reacción fuerte al entrar en contacto con sus largos tentáculos. En caso de picadura, hay que lavar la zona afectada con agua salada y acudir al médico de inmediato, sobre todo si el dolor es fuerte o resulta difícil respirar. Estas medusas suelen ser más numerosas en verano y es fácil encontrarlas muertas en la arena, por lo que hay que pisar con cuidado. En la playa también son habituales los robos de zapatos, gafas y toallas desprotegidas.

Durante veinticuatro horas al día pueden verse grandes llamaradas que salen de dos altas chimeneas situadas al sudoeste de Varadero. Queman el exceso de gas natural que sale de los pozos petrolíferos de las proxi-

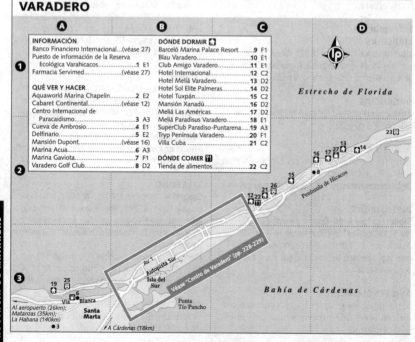

VARADERO

INFORMACIÓN
Banco Financiero Internacional...(véase 27)
Puesto de información de la Reserva
    Ecológica Varahicacos.....................1 E1
Farmacia Servimed....................(véase 27)

QUÉ VER Y HACER
Aquaworld Marina Chapelín...........2 E2
Cabaret Continental.................(véase 12)
Centro Internacional de
    Paracaidismo.................................3 A3
Cueva de Ambrosio.........................4 E1
Delfinario..5 E2
Mansión Dupont....................(véase 16)
Marina Acua....................................6 A3
Marina Gaviota................................7 F1
Varadero Golf Club..........................8 D2

DÓNDE DORMIR 🏠
Barceló Marina Palace Resort........9 F1
Blau Varadero................................10 E1
Club Amigo Varadero.....................11 E1
Hotel Internacional........................12 C2
Hotel Meliá Varadero.....................13 D2
Hotel Sol Elite Palmeras...............14 D2
Hotel Tuxpán.................................15 C2
Mansión Xanadú............................16 D2
Meliá Las Américas........................17 D2
Meliá Paradisus Varadero.............18 E1
SuperClub Paradiso-Puntarena.....19 A3
Tryp Península Varadero................20 F1
Villa Cuba.....................................21 C2

DÓNDE COMER 🍴
Tienda de alimentos......................22 C2

Estrecho de Florida

Península de Hicacos

Bahía de Cárdenas

AV 1
Autopista Sur
Isla del Sur

Véase "Centro de Varadero" (pp. 228-229)

Vía Blanca
Santa Marta

Al aeropuerto (26km);
Matanzas (35km);
La Habana (140km)

Punta
Tío Pancho

A Cárdenas (18km)

midades. Cuando se llega desde Cárdenas u otro punto del oeste, se nota el olor nauseabundo del gas sulfuroso que sale de los pozos, y que a veces llega hasta los hoteles de la zona occidental de Varadero. Las personas que padecen asma deben evitar alojarse en cualquier punto al oeste del Hotel Bellamar. Se han recibido noticias de que el Sherritt International estaba preparando un proyecto para limpiar el gas y convertirlo en electricidad, pero el olor persistiría. Es muy probable que Varadero se asiente sobre el yacimiento petrolífero más rico de todos y quizá en el futuro los pozos se eleven entre los jardines de los hoteles.

Puntos de interés

Quien busque disfrutar del arte y la historia ha elegido un mal lugar. La fama de Varadero como fuente de experiencias culturales no es precisamente legendaria, pero con todo, existen unos cuantos lugares de interés a los que acudir cuando el viajero comience a cansarse de la playa.

El parque Central y el contiguo parque de las 8.000 Taquillas albergan el mayor **mercado de artesanía** (plano pp. 228-229; entre calles 44 y 46) de la ciudad que, extendiéndose entre los árboles de *uva caleta*, termina por embellecer ese tramo de playa pública. Al este se encuentra la **iglesia de Santa Elvira** (plano pp. 228-229; av. 1 esq. con calle 47), de estilo colonial, y frente a ella, el monumento a los caídos por la Revolución.

Aproximadamente 1 km al este, en el agradable **Museo Municipal de Varadero** (plano pp. 228-229; calle 57; entrada 1 CUC; 10.00-19.00) se exponen muebles de época y otros objetos relativos a la historia de Varadero en una gran mansión de dos plantas que data de 1921. No hay que perderse la cría de tiburón con dos cabezas y la estupenda vista de la playa desde la terraza superior.

El **parque Josone** (plano pp. 228-229; av. 1 esq. con calle 58; entrada gratuita; 9.00-00.00) es la zona verde más importante de Varadero, un recinto amplio y frondoso que alberga un bonito lago con ocas y puentes pintorescos, muchos árboles y un ambiente tranquilo. Las chicas que celebran su fiesta de 15 años suelen hacerse aquí las fotos. El parque data de 1940, fecha en la que el propietario de la destilería de ron Arrechabala, en la cercana localidad de Cárdenas, levantó aquí una romántica mansión llamada el Retiro Josone. Ahora es un restaurante, al igual que la casa de invitados, que acoge el Restaurante La Campana. Por 2 CUC la hora se puede alquilar una barca de remos y por 5 CUC más se disfrutará del dudoso placer de montar en el camello del parque. En el extremo sur hay una **piscina** (entrada 2 CUC) y una extraña avestruz que merodea por los alrededores. Todas las noches se escucha buena música.

Todo lo que queda al este de la puerta de piedra que da a la avenida Las Américas, cerca del Hotel Las Morlas, perteneció a la familia Dupont. Aquí construyeron una mansión de tres plantas frente a la costa, de nombre Xanadú, y un campo de golf de nueve hoyos. En la actualidad la **mansión Xanadú** (plano pp. 226-227) es un B&B contiguo a un campo de golf de 18 hoyos, con un restaurante en la planta baja y un bar en la planta superior que resulta perfecto para tomarse una copa al atardecer. Muy cerca, la **plaza América** (plano pp. 226-227; entre los hoteles Meliá Las Américas y Varadero) es el mejor centro comercial de la ciudad y de todo el país.

Más allá de Marina Chapelín, 5 km al nordeste de la mansión Dupont por la autopista Sur, se encuentra el **Delfinario** (plano pp. 226-227;

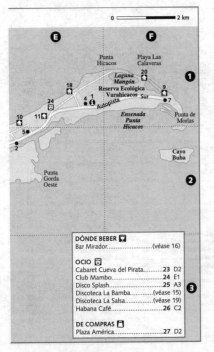

0 ————— 2 km

E   **F**

Punta Hicacos   Playa Las Calaveras

Laguna Mangón   20
Reserva Ecológica
Varahicacos   9
    Sur   7
Autopista

Ensenada Punta Hicacos   Punta de Morlas

18
24
4
10   11

5
2

Punta Gorda Oeste

Cayo Buba

1

2

3

DÓNDE BEBER
Bar Mirador........................(véase 16)

OCIO
Cabaret Cueva del Pirata..........23 D2
Club Mambo............................24 E1
Disco Splash..........................25 A3
Discoteca La Bamba.............(véase 15)
Discoteca La Salsa...............(véase 19)
Habana Café...........................26 C2

DE COMPRAS
Plaza América.........................27 D2

PROVINCIA DE MATANZAS

☎ 66 80 31; entrada 10 CUC, cámara de fotografía/video-cámara 5/10 CUC; ⏰ 9.00-17.00). A diario se programan espectáculos de delfines a las 11.00, 14.30 y 16.30. Nadar con ellos cuesta 65 CUC y se permite agarrarles de la aleta y dar vueltas con ellos. Lo que no está claro es si es una experiencia única o una crueldad.

Al este de la autopista Sur y 500 m más allá del Club Amigo Varadero se halla la **cueva de Ambrosio** (plano pp. 226-227; entrada 3 CUC; ⏰ 9.00-16.30), de 300 m de longitud, donde en 1961 se descubrieron 47 pinturas precolombinas. Estos círculos concéntricos rojos y negros son similares a los hallados en la isla de la Juventud, y se especula que quizá representen una especie de calendario solar. Mucho después, la cueva fue usada también como refugio por esclavos cimarrones.

Unos pocos cientos de metros más allá de la cueva está la entrada de la **Reserva Ecológica Varahicacos** (plano pp. 226-227; ⏰ 9.00-16.30), que ejerce de reserva natural, aunque sea tan "natural" como el madrileño parque del Retiro. Durante años las máquinas han estado quitándole terreno. Existen tres senderos cortos (3 CUC, 45 minutos cada uno), cuyo

mayor interés son dos cuevas y un cactus gigante apodado "El Patriarca". La **playa Las Calaveras** (plano pp. 226-227), 800 m de costa que se anuncia como "virgen" en los folletos turísticos, está salpicada de puestos de masajes y bebidas.

Cayo Piedras del Norte, 5 km al norte de la playa Las Calaveras (una hora en barco), es un parque marino en el que deliberadamente se han hundido diversas embarcaciones militares, a una profundidad de entre 15 y 30 m, para tener algo que ofrecer a los submarinistas. El barco *Coral Negro* se hundió en 1997, seguido de la fragata *383* en 1998. Para disfrute de los submarinistas y de los pasajeros del barco de suelo de cristal, se han hundido también un remolcador, una lancha cohetera y un avión AN-24.

Existen al menos media docena de hoteles en Varadero que merecen una visita por méritos propios, si es que lo permiten los omnipresentes guardias de seguridad. Entre los mejores figura el Hotel Internacional, con un aire *retro* inspirado en los años cincuenta, la mansión *art déco* Xanadú, o el moderno y espectacular dúo de los Meliá.

CENTRO DE VARADERO

QUÉ VER Y HACER

Acua Diving Center	20	A1
Mercado de artesanías	21	F1
Barracuda Diving Center	(véase 42)	
Bolera	(véase 76)	
El Golfito	22	E1
Iglesia de Santa Elvira	23	F1
Judo Club	24	F1
Marina Chapelín	25	B1
Museo Municipal de Varadero	26	G1

DÓNDE DORMIR

Apartamentos Mar del Sur	27	D1
Aparthotel Varazul	28	B1
Club Herradura	29	E1
Club Tropical	30	C1
Hotel Acuazul	31	B1
Hotel Cuatro Palmas	32	H1
Hotel Dos Mares	33	G1
Hotel Kawama	34	A1
Hotel Pullman	35	F1
Hotel Sunbeach	36	B1
Villa La Mar	37	D1
Villa Los Delfines	38	E1
Villa Tortuga	39	A1

INFORMACIÓN

Asistur	(véase 9)	
Banco de Ahorro Popular	1	E1
Banco de Crédito y Comercio	2	E1
Banco Financiero Internacional	3	D1
Biblioteca José Smith Comas	4	D1
Cadeca	5	E1
Clínica Internacional Servimed	7	H1
Cubacel	(véase 9)	
Cubatur	8	D1
DHL	9	E1
DHL Cibercafé	10	E1
Ecotur	11	D1
Etecsa	12	D1
Gaviota	13	G1
Havanatur Tour y Travel	14	H1
Havanatur Tour y Travel	15	E1
Inmigración	16	E1
Librería Hanoi	17	F1
Policlínico Dr. Mario Muñoz Monroy	18	D1
Oficina de correos	19	E1

Villas Sotavento	40	B1

DÓNDE COMER

Albacora	41	H1
Barracuda Grill	42	H1
Calle 62	(véase 58)	
Caracol Pelicano	43	C1
Casa de la Miel La Colmena	44	C1
Castel Nuovo	45	B1
FM-17	46	B1
Tienda de comestibles	47	B1
Tienda de comestibles	48	B1
Tienda de comestibles	(véase 29)	
Heladería Coppelia	49	F1
La Góndola Pizzería	50	C1
Lai-Lai	51	C1
Mi Casita	52	B1
Panadería Doña Neli	53	F1
Restaurante El Criollo	54	B1
Restaurante El Ranchón	55	B1
Restaurante Esquina Cuba	56	E1
Restaurante Guamairé	57	D1
Restaurante La Fondue	58	H1
Restaurante La Vega	(véase 73)	
Restaurante La Vicaria	59	E1

Actividades
SUBMARINISMO Y BUCEO

Existen más de 30 puntos de inmersión que merecen la pena alrededor de Varadero, muchos en aguas poco profundas convenientes para buceadores sin oxígeno y principiantes, y otros en zonas de pecios o cuevas que desafían a los más expertos. No obstante, uno de sus mayores inconvenientes es que sólo hay uno a poca distancia de la costa (a 20 km, en la playa Coral), mientras que el resto se encuentra al menos a una hora de travesía en barco (sólo ida).

El centro de submarinismo más importante de la zona es el agradable **Centro de Buceo Barracuda** (plano pp. 228-229; ☎ 61 34 81; www.aquaworldvaradero.com; av. 1 esq. con calle 58; ✆ 8.00-18.00), que ofrece inmersiones por 40 CUC (35 CUC sin equipo) cuevas o inmersiones nocturnas por 50 CUC y paquetes de cuatro/cinco/seis inmersiones por 105/130/150 CUC. Los buceadores sin oxígeno pueden unirse a los submarinistas por 25 CUC. Una excursión a bahía de Cochinos cuesta 50/70 CUC con una/dos botellas, equipo incluido. Además, se organizan cursos de iniciación en los complejos hoteleros por 70 CUC, cursos de certificación de ACUC (American Canadian Underwater Certification) por 365 CUC y otros cursos avanzados. En las instalaciones se dispone de una nueva cámara de descompresión, un médico y un restaurante de marisco.

Otra posibilidad es el **Centro de Submarinismo Acua** (plano pp. 228-229; ☎ 66 80 64; av. Kawama, entre calles 2 y 3), en la zona occidental de Varadero. Los precios son parecidos a los de Barracuda, pero ni las instalaciones ni el volumen son iguales. Cuando sopla viento del norte y no es posible bucear en el Atlántico, es posible trasladarse al Caribe en un minibús (90 min); el precio total es de 45/65 CUC por una/dos inmersiones. También se ofrecen cursos para obtener certificados.

En el **puerto deportivo Gaviota** (plano pp. 226-227; ☎ 66 77 55), en el extremo oriental de la autopista Sur, se organizan inmersiones de submarinismo y buceo a precios similares. Una excursión de tres horas para bucear sin botella cuesta 35 CUC por persona (mínimo seis personas). **Scuba Cuba** en el **Aquaworld Marina Chapelín** (plano pp. 226-227; ☎ 66 75 50;

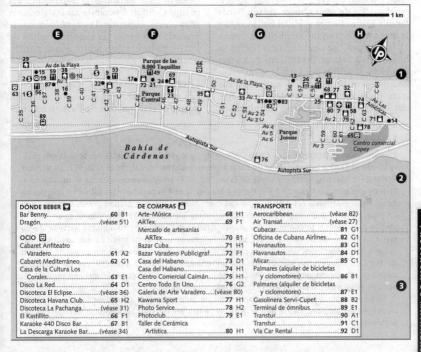

DÓNDE BEBER			DE COMPRAS			TRANSPORTE		
Bar Benny	60	B1	Arte-Música	68	H1	Aerocaribbean	(véase 82)	
Dragón	(véase 51)		ARTex	69	F1	Air Transat	(véase 27)	
			Mercado de artesanías			Cubacar	81	G1
OCIO			ARTex	70	B1	Oficina de Cubana Airlines	82	G1
Cabaret Anfiteatro			Bazar Cuba	71	B1	Havanautos	83	G1
Varadero	61	A2	Bazar Varadero Publicigraf	72	F1	Havanautos	84	D1
Cabaret Mediterráneo	62	G1	Casa del Habano	73	D1	Micar	85	C1
Casa de la Cultura Los			Casa del Habano	74	H1	Palmares (alquiler de bicicletas		
Corales	63	E1	Centro Comercial Caimán	75	H1	y ciclomotores)	86	B1
Disco La Red	64	D1	Centro Todo En Uno	76	G2	Palmares (alquiler de bicicletas		
Discoteca El Eclipse	(véase 36)		Galería de Arte Varadero	(véase 80)		y ciclomotores)	87	E1
Discoteca Havana Club	65	H2	Kawama Sport	77	H2	Gasolinera Servi-Cupet	88	B2
Discoteca La Pachanga	(véase 31)		Photo Service	78	H2	Terminal de ómnibus	89	E1
El Kastillito	66	F1	Photoclub	79	E1	Transtur	90	A1
Karaoke 440 Disco Bar	67	B1	Taller de Cerámica			Transtur	91	C1
La Descarga Karaoke Bar	(véase 34)		Artística	80	H1	Vía Car Rental	92	D1

www.aquaworldvaradero.com; autopista Sur, km 12) también ofrece excursiones de este tipo.

PESCA DE ALTURA

Los tres puertos deportivos principales existentes en Varadero proporcionan diferentes actividades e instalaciones náuticas, entre ellas el **Aquaworld Marina Chapelín** (plano pp. 226-227; ☎ 66 75 50; www.aquaworldmarina.com), que ofrece una salida de cinco horas por 290 CUC para cuatro personas, incluidos traslados desde/al hotel y barra libre, y 30 CUC adicionales por acompañante que no pesque. Los puertos deportivos de **Gaviota** (plano pp. 226-227; ☎ 66 77 55), en el extremo oriental de la autopista Sur, y **Acua** (plano pp. 226-227; ☎ 66 80 62), al oeste de la ciudad, ofrecen paquetes similares. Es posible reservar salidas en esta última empresa a través del **Centro de Submarinismo Acua** (plano pp. 228-229; ☎ 66 80 64; av. Kawama, entre calles 2 y 3).

GOLF

Los aficionados al golf pueden practicar su *swing* en el tranquilo y agradable **Club de Golf de Varadero** (plano pp. 226-227; ☎ 66 77 88; www.varaderogolfclub.com; mansión Xanadú Dupont de Nemours; campo 9/18 hoyos 48/70 CUC; ☽ 7.00-19.00). El original campo de nueve hoyos creado por la familia Dupont entre el Hotel Bella Costa y la mansión Dupont fue ampliado en 1998 a 18 hoyos (par 72), añadiéndole otros nueve hoyos más a lo largo del lado sur de los tres complejos hoteleros de Meliá. Las reservas se hacen a través de la tienda Pro, contigua a la mansión Dupont, en la actualidad un acogedor B&B con tiempo gratuito e ilimitado en el *tee*. Un recorrido de nueve hoyos a partir de las 16.30 cuesta 25 CUC; una clase de 9/18 hoyos, 100/200 CUC; también es posible alquilar palos y *caddies*.

Resulta muy divertido jugar en el pequeño campo de **El Golfito** (plano pp. 228-229; av. 1 esq. con calle 42; 3 CUC/persona; ☽ 24 h).

OTRAS ACTIVIDADES

Los niños disfrutarán en la bolera que hay dentro del **Centro Todo En Uno** (plano pp. 228-229; calle 54 esq. con autopista Sur; 2,50 CUC/partida; ☽ 24 h), que cuenta con una zona de juegos adyacente, enorme y moderna, con muchos locales de comida rápida. El centro es un destino perfecto para familias fuera de los complejos hoteleros.

Por toda la playa se alquilan **tablas de windsurf** (10 CUC/hora), pequeños catamaranes, *parasails*, *bananas*, kayaks, etc. Los mejores complejos suelen incluir estas actividades en sus paquetes.

Para quemar grasas en el gimnasio hay que acudir a **Judo** (plano pp. 228-229; av. 1 esq. con calle 46; ☽ 9.00-12.00, 14.00-17.30 lu-vi, 9.00-11.00 sa), un diminuto centro deportivo de sorprendente nombre situado en el lado oriental del parque Central. A pesar de sus instalaciones chapuceras, el personal es verdaderamente profesional y ofrece las mejores sesiones de boxeo, yudo, karate o *jujitsu* que se puedan imaginar.

Circuitos

Los mostradores turísticos de los complejos hoteleros reservan principalmente actividá-

---

SALTAR AL VACÍO

Para los amantes de las alturas, lo más interesante de Varadero es probablemente saltar en paracaídas en el **Centro Internacional de Paracaidismo** (plano pp. 226-227; ☎ 66 72 56, 66 72 60; skygators @cubairsports.itgo.com), situado al oeste de la ciudad, en el antiguo aeropuerto. La terminal está al final de una pista de tierra de 1 km, frente a Marina Acua. Los paracaidistas suben en una réplica de un biplano Antonov AN-2 de la Segunda Guerra Mundial y saltan desde 3.000 m de altitud con un paracaídas de dos arneses junto con el instructor. Después de 35 segundos de caída libre se abre el paracaídas y se continúa bajando lentamente durante otros 10 minutos hasta la blanca arena de Varadero. Este centro ofrece también vuelos en ultraligero, menos espectaculares pero igualmente interesantes, desde varios puntos de la playa. Los precios del salto en paracaídas son de 150 CUC por persona, 45 CUC más por un reportaje fotográfico y 50 CUC por un vídeo. Los vuelos en ultraligero van de 30 a 300 CUC, según la duración. Los paracaidistas con experiencia pueden saltar solos si presentan los certificados oportunos.

Normalmente se exige reservar con un día de antelación y el salto depende de las condiciones meteorológicas. Desde que se abrió el centro en 1993 no ha habido noticia de ningún accidente.

des náuticas o deportivas como las descritas en los apartados anteriores y circuitos de visitas desde Varadero. Si se reserva en ellos en lugar de ir al operador turístico directamente se paga un suplemento adicional de 5 CUC por persona.

Entre los muchos circuitos que se ofrecen fuera de la península destaca una excursión de medio día a las cuevas de Bellamar (véase p. 219), cerca de Matanzas; un recorrido en autobús por la bahía de Cochinos o por otros lugares más alejados, como Santa Clara, Trinidad, Viñales y, por supuesto, La Habana.

Gaviota (plano pp. 228-229; ☎ 61 18 44; calle 56 esq. con Playa) ofrece excursiones en helicóptero con aparatos rusos M1-8 a localidades tan distantes como Trinidad (149 CUC) o Pinar del Río (139 CUC); también organiza safaris en todoterreno por el precioso valle del Yumurí (adultos/niños 68/51 CUC), incluida una visita a una familia campesina y una comida abundante y deliciosa en el Ranchón Gaviota, a orillas de un pantano donde se pueden dar paseos a caballo y en barca de remos.

CIRCUITOS EN BARCO

El *Varasub*, con capacidad para 48 pasajeros, ofrece travesías de 90 minutos seis veces al día para observar el fondo marino (adultos/niños 35/20 CUC); incluyen barra libre de refrescos o bebidas de ron y traslados. Los pasajeros se sientan en un banco situado en la parte baja del barco, con aire acondicionado, y observan el exterior a través de grandes ventanas de cristal. Las reservas se realizan en cualquier oficina de Havanatur (p. 226). El barco sale del Súper Club Puntarenas, en el oeste de Varadero.

Uno de los circuitos más populares de Varadero es el **Seafari Cayo Blanco** (75 CUC), en el que se incluye un pase al espectáculo del Delfinario, barra libre, comida en Cayo Blanco, dos paradas para bucear, música en directo y traslados. Además, se regala un paseo al atardecer que puede realizarse al día siguiente. Varios lectores han asegurado que estas excursiones fueron lo mejor de su viaje. Hay paseos en catamarán más baratos y menos anunciados, aunque también divertidos y con las mismas posibilidades de bucear; por ejemplo, una excursión por 40 CUC, sin música ni baile, con comida a base de pollo en lugar de pescado. También puede hacerse una excursión guiada de dos horas llamada **Boat Adventure** (☎ 66 84 40; 39 CUC/h; ⏰ 9.00-16.00) en moto acuática de

dos plazas, que incluye contactos opcionales con cocodrilos. Las reservas para cualquiera de estas excursiones se hacen directamente en **Aquaworld Marina Chapelín** (plano pp. 226-227; ☎ 66 75 50; www.aquaworldvaradero.com; autopista Sur, km 12) o en los mostradores turísticos de los hoteles, siempre con un recargo.

Marina Gaviota tiene siete circuitos de siete horas en catamarán (85 CUC), que incluye la posibilidad de nadar con delfines dentro de un recinto cerrado en un cayo coralino llamado Rancho Cangrejo, y luego disfrutar de una comida a base de langosta en Cayo Blanco.

Los circuitos en barco aparecen y desaparecen, como ocurre en un negocio turístico dinámico y próspero. Se puede obtener información actualizada en casi cualquier hotel o acudir directamente a Marina Gaviota o a Aquaworld Marina Chapelín.

Fiestas y celebraciones

Los Carnavales que se celebraban hace años en Varadero a finales de enero y principios de febrero son ahora irregulares. Hay torneos de golf en el Varadero Golf Club en junio y octubre, y una regata anual en mayo. Además, la ciudad alberga una convención turística anual durante la primera semana de mayo, momento en que es difícil encontrar alojamiento, puesto que algunos hoteles se reservan exclusivamente para los participantes en tal reunión.

Dónde dormir

Varadero es muy extenso. Los viajeros con presupuesto ajustado que pretendan buscar alojamiento a pie se enfrentan a una auténtica prueba de maratón. Es conveniente reservar con antelación y concentrarse en el extremo sudoeste de la península, donde se concentran los hoteles más baratos y la vida se asemeja más a la de los pueblos cubanos. Hay muchos restaurantes para elegir y la playa municipal nunca está a más de dos manzanas de distancia.

Como en el resto de los centros turísticos cubanos es ilegal alquilar habitaciones privadas y la ley se hace cumplir con rigor. Hay que ignorar a cualquiera que intente convencer al viajero de lo contrario.

ECONÓMICO

Villa La Mar (Islazul; plano pp. 228-229; ☎ 61 39 10; av. 3 esq. con calle 29; i/d temporada baja 239/40 CUC, temporada

alta 36/48 CUC; [icon]). El mejor alojamiento económico de la localidad es este establecimiento sencillo y sin pretensiones donde se cenan platos de pollo frito, se conoce a auténticos turistas cubanos y se duerme con el ritmo poco romántico de la versión cubana de Britney Spears que suena en la discoteca del hotel. Sin piscina y cercano a la estación de autobuses de Viazul, es el recurso más barato si se excluye dormir en la playa.

PRECIO MEDIO

Aparthotel Varazul (Islazul; plano pp. 228-229; av. 1, entre calles 14 y 15; i/d temporada baja 33/45 CUC, temporada alta 40/55 CUC). Apartamentos de una habitación con cocina integrada y una pequeña terraza, para viajeros independientes. Es posible cocinar, pero hay que confirmar que la cocina está equipada adecuadamente. Se puede utilizar la piscina del Hotel Acuazul, adyacente, y la playa está sólo a un par de manzanas. Un establecimiento muy popular para estancias largas.

Hotel Acuazul (Islazul; plano pp. 228-229; [tel] 66 71 32; av. 1, entre calles 13 y 14; i/d temporada baja 35/48 CUC, temporada alta 45/60 CUC, desayuno incl.; [icons]). Si la vista soporta la fachada azul y rosa de este edificio, resulta una posibilidad a considerar. Ofrece 78 habitaciones sencillas en la avenida 1 y un bufé de desayuno bastante magro comparado con las delicias culinarias de los hoteles del norte, pero el servicio es agradable y cuenta con una piscina en el patio trasero.

Hotel Pullman (Islazul; plano pp. 228-229; [tel] 66 71 61; av. 1, entre calles 49 y 50; i/d temporada baja 37/47 CUC, temporada alta 50/60 CUC). Edificio que imita a un castillo español y acoge una pensión íntima, favorita desde hace tiempo de los mochileros por sus precios ajustados y su excelente ubicación. Se ha reformado hace poco y ha incluido mobiliario de madera, decoración algo estrafalaria y mecedoras en el porche delantero, que favorecen un ambiente relajado y poco turístico. La playa municipal está a sólo 150 m.

Hotel Dos Mares (Islazul; plano pp. 228-229; [tel] 61 27 02; av. 1 esq. con calle 53; i/d temporada baja 37/47 CUC, temporada alta 50/60 CUC, desayuno incl.). Este alojamiento, ubicado en un bonito edificio de tres plantas, es una buena alternativa si el anterior está lleno. Las habitaciones son un poco oscuras pero está a 70 m de un tramo idílico de playa.

Apartamentos Mar del Sur (Islazul; plano pp. 228-229; [tel] 66 74 81; av. 3 esq. con calle 30; apt 1/2 h temporada baja 48/76 CUC, temporada alta 60/86 CUC, desayuno incl.; hotel i/d temporada baja 38/50 CUC, temporada alta 42/62 CUC; [icons]). Un complejo disperso en el que se atisba cierta independencia. Cuenta con apartamentos de una y dos habitaciones con cocina y salón. Está algo distante de la playa, pero merece la pena por su relación calidad-precio.

Villas Sotavento (Islazul; plano pp. 228-229; [tel] 66 71 32; calle 13, entre av. 1 y camino del Mar; i/d temporada baja 39/58 CUC, temporada alta 47/67 CUC). Para quien prefiera una pequeña casa a un hotel, estas instalaciones cuentan con 25 casas de dos pisos con tres o cuatro habitaciones dobles cada una. Las 105 sencillas habitaciones varían considerablemente, puesto que antes fueron viviendas privadas de vacaciones. La entrada principal, la sala de estar, la nevera y el patio se comparten con otros clientes.

Club Herradura (Islazul; plano pp. 228-229; [tel] 61 37 03; av. de la Playa, entre calles 35 y 36; i/d temporada baja 42/58 CUC, temporada alta 50/67 CUC, desayuno incl.; [icon]). Situado en un edificio de cuatro plantas con forma de media luna y tan cerca de la playa que se moja con marea alta. Las habitaciones son espaciosas, agradablemente decoradas con muebles de mimbre y, las que disponen de terrazas frontales, con excelentes vistas. Se ofrecen paquetes con todo incluido.

Villa Los Delfines (Islazul; plano pp. 228-229; [tel] 66 77 20; av. de la Playa esq. con calle 38; i/d temporada baja 65/100 CUC, temporada alta 80/120 CUC, desayuno y cena incl.; [icons]). Casi un complejo hotelero con todo incluido en esta copia de los grandes hoteles del nordeste, similar en todo pero más cordial y acogedor. Las 100 habitaciones cuentan con comodidades adicionales como televisión vía satélite, minibar o caja fuerte. El complejo tiene incluso una pequeña playa privada.

PRECIO ALTO

Los precios de estos hoteles incluyen todos los servicios y ofrecen descuentos para paquetes de vacaciones.

Club Tropical (Cubanacán; plano pp. 228-229; [tel] 61 39 15; av. 1, entre calles 22 y 23; i/d 69/112 CUC; [icons]). Junto a un tramo muy agradable de playa, este alojamiento está orientado a la oferta de todo tipo de actividades y atrae principalmente a jóvenes turistas que compran paquetes completos y algunas parejas cubanas. Está muy céntrico, pero sus cuarenta años han estropeado las habitaciones, que ya no merecen el precio que se pide por ellas.

Hotel Sunbeach (Hotetur; plano pp. 228-229; [tel] 66 74 90; calle 17, entre avs. 1 y 2; i/d temporada baja 60/96 CUC, temporada alta 73/116 CUC; [icons]). Conocido

anteriormente con el nombre de Bellamar, está situado a una manzana de la playa. Sus 282 habitaciones recientemente renovadas son prácticas pero sus gastados sofás color aguamarina y su fea arquitectura de los años sesenta hacen que sufra delirios de grandeza. los precios resultan demasiado altos, a menos que se consiga un paquete con un buen descuento.

Villa Tortuga (Gran Caribe; plano pp. 228-229; ☎ 61 47 47; calle 7, entre camino del Mar y av. Kawama; i/d temporada baja 74/108 CUC, temporada alta 84/128 CUC; P ⊠ ⊡ ⊠). Un buen alojamiento situado en la zona occidental de Varadero, entre la playa y el canal, ubicación que asegura buenas vistas incluso a las habitaciones más baratas. Cuenta con una piscina grande, innumerables actividades, terrazas y televisión vía satélite en todas las habitaciones. La comida no está mal.

Hotel Cuatro Palmas (Gran Caribe; plano pp. 228-229; ☎ 66 70 40; www.accorhotels.com; av. 1, entre calles 60 y 62; h 100/130 CUC; P ⊠ ⊡ ⊠). Alojamiento de trato cordial en primera línea de playa, propiedad de la cadena francesa Accor. Las habitaciones se encuentran en un enorme complejo de estilo español con una piscina central. De la 1241 a la 1246 formaron parte de la residencia personal de Fulgencio Batista. Apiñadas al otro lado de la calle hay una serie de viviendas compartidas de dos plantas con otras 122 habitaciones, con nevera y baño privado pero con duchas compartidas. Es el primero de los hoteles elegantes del oeste, pero aún está cerca del centro urbano.

Hotel Tuxpán (Cubanacán; plano pp. 226-227; ☎ 66 75 60; av. Las Américas; i/d temporada baja 80/130 CUC, temporada alta 102/150 CUC; P ⊠ ⊡ ⊠). Suele ofrecer estupendos paquetes, incluso desde La Habana, para sus 233 habitaciones en primera línea de playa. No hay que dejarse engañar por el pesado edificio y el feo vestíbulo: las habitaciones cuentan con terrazas o balcones, se dice que la comida es buena y dispone de una agradable piscina y un *jacuzzi*.

Blau Varadero (plano pp. 226-227; ☎ 66 75 45; i/d temporada baja 75/105 CUC, temporada alta 125/155 CUC; P ⊠ ⊡ ⊠). Es el más nuevo y el más alto de la península, aunque su arquitectura no es especialmente agradable, sobre todo en comparación con los espectaculares Meliá. El mobiliario minimalista y la limpieza le dan cierto aire anodino a pesar de los esfuerzos del personal por agradar.

Hotel Internacional (Gran Caribe; plano pp. 226-227; ☎ 66 70 38; av. Las Américas; i/d temporada baja 86/123 CUC, temporada alta 110/157 CUC; P ⊠ ⊡ ⊠). Inaugurado en diciembre de 1950 como hermano del Fontainebleau de Miami, es el más famoso y maravillosamente *retro* de la ciudad. Sus cuatro pisos derrochan encanto de la década de los cincuenta, mientras que las habitaciones tienen un aire moderno. Las instalaciones son amplias e incluyen un cabaré, pistas de tenis y masajes. Al contrario que muchos de los complejos de Varadero, está en primera línea de playa y, además, cuenta con otros atractivos como el gran mural de René Portocarrero del vestíbulo o el amabilísimo trato del personal. Si se tiene que elegir entre los complejos de Varadero con ofertas de todo incluido, éste es una buena opción.

Club Amigo Varadero (Cubanacán; plano pp. 226-227; ☎ 66 82 43; fax 66 82 02; i/d temporada baja 65/110 CUC, temporada alta 100/160 CUC; P ⊠ ⊡ ⊠). Antes fue el Gran Hotel, pero ahora sus chillones colores rosas, amarillos y azules parecen más propios de Disneylandia, Las Vegas o algo peor.

Hotel Meliá Varadero (Cubanacán; plano pp. 226-227; ☎ 66 70 13; www.solmeliacuba.com; autopista del Sur, km 7; h desde 165 CUC). Asombroso complejo que se lleva el premio al vestíbulo más impresionante, a pesar de los muchos que hay en Varadero, por su atrio de siete pisos del que cuelgan enredaderas como una cortina natural desde la cúpula abierta del techo hasta el mostrador de recepción. Las habitaciones dan al campo del golf o a la playa, y son muy populares entre parejas en luna de miel. El Meliá Varadero se asienta sobre un saliente rocoso, por lo que hay que andar un poco para llegar a la playa, pero merece la pena. Los menores de 12 años tienen un 50% de descuento en la estancia.

SuperClub Paradiso-Puntarena (Cubanacán; plano pp. 226-227; ☎ 66 71 20/21/22/23/24; av. Kawama Final; i/d temporada baja 94/135 CUC, temporada alta 112/172 CUC; P ⊠ ⊡ ⊠). Un auténtico mamut, con 532 habitaciones repartidas en dos torres de ocho pisos. El interior del impresionante atrio de dos pisos de altura parece más una estación de trenes que un hotel y la piscina, con forma irregular, es una de las más grandes del país. Aparte de esto, el hotel no es especialmente bonito y los guardias de seguridad pueden llegar a ponerse muy pesados si no se lleva puesta la pulsera de plástico obligatoria.

Villa Cuba (Gran Caribe; plano pp. 226-227; ☎ 66 82 80; av. 1 esq. con calle C; i/d temporada baja 97/139 CUC, temporada alta 132/189 CUC; P ⊠ ⊡ ⊠). Ofrece una arquitectura interesante, distintas posibilidades de

PROVINCIA DE MATANZAS

alojamiento y muchas actividades. Se recomienda a familias y grupos que desean casas de una o dos habitaciones (individual/doble temporada baja 199/249 CUC), todas con zonas de estar comunitarias, nevera, TV y patio. Existen cuatro habitaciones adaptadas para clientes con discapacidades.

Hotel Kawama (Gran Caribe; plano pp. 228-229; ☎ 61 44 16/17/18/19; calle 0; i/d temporada baja 104/149 CUC, temporada alta 132/189 CUC; ☐ ☒ ☐ ☒). Una antigua hacienda de la década de 1930 que representa un trozo de la historia de Varadero. Fue el primero de los más de 50 hoteles que ahora se levantan en esta península, desierta hace 70 años y, en lo relativo a carácter y particularidad arquitectónica, todavía es uno de las mejores. Incluso para los parámetros actuales, el complejo es enorme, con unas 235 habitaciones multicolores que armonizan artísticamente con la estrecha lengua de arena que compone el final occidental de la población.

Mansión Xanadú (plano pp. 226-227; ☎ 66 84 82; fax 66 84 81; av. Las Américas; i/d temporada baja 120/150 CUC, temporada alta 160/210 CUC; ☐ ☒ ☐). Considerado por muchos como el hotel más curioso e íntimo de Varadero, cuenta con seis habitaciones de lujo ubicadas en la antigua mansión Dupont. Fue museo hasta muy recientemente y las habitaciones conservan el mobiliario y la decoración original que la familia Dupont colocó en la década de 1930. El precio de la habitación incluye uso ilimitado del *tee*. Aunque se levanta sobre un pequeño acantilado, el acceso a la playa está cercano.

Hotel Sol Elite Palmeras (Cubanacán; plano pp. 226-227; ☎ 66 70 09; autopista del Sur, km 8; i/d estándar desde 180/240 CUC; ☐ ☒ ☐ ☒). Inaugurado en 1990, fue la primera colaboración entre una empresa extranjera y el Estado cubano. El edificio principal, en forma de herradura, se encuentra frente al mejor tramo de playa y los *bungalows* de 1/2 habitaciones (200/270 CUC) están rodeados de una zona exuberante y profusamente arbolada. Merece la pena dar un paseo por su enorme vestíbulo, que alberga bares, restaurantes, pajareras, vegetación y muchas zonas para sentarse. Además, el hotel dispone de una farmacia abierta 24 horas (local nº 314).

Meliá Las Américas (Cubanacán; plano pp. 226-227; ☎ 66 76 00; www.solmeliacuba.com; autopista del Sur, km 7; i/d desde 200/295 CUC; ☐ ☒ ☐ ☒). Representa la zona lujosa de la península, en la que todo lo anterior se queda corto comparado con estos gigantes. Ubicado en el extremo oriental del campo de golf, este complejo de lujo está en un trozo de playa con elegante decoración y ostentosas instalaciones. Las habitaciones son grandes, la piscina está sobre la playa, y las comidas son suculentas. Los aficionados al golf disfrutarán de este hotel.

Meliá Paradisus Varadero (Gaviota; plano pp. 226-227; ☎ 66 87 00; Punta Rincón Francés; i/d temporada baja 265/395 CUC, temporada alta 295/450 CUC; ☐ ☒ ☐ ☒). En el extremo oriental de la península, en Punta Hicacos, zona de hoteles de lujo, éste se lleva el premio al más caro de Varadero. Tiene columnatas y umbríos patios que enmarcan sutilmente la paradisíaca playa.

Los dos últimos hoteles de la península se extienden como suburbios de una gran ciudad y están destinados principalmente a visitantes de la reserva de la Gaviota: el **Tryp Península Varadero** (Gaviota; plano pp. 226-227; ☎ 66 88 00; Reserva Ecológica de Varahicacos; h desde 120 CUC; ☐ ☒ ☐ ☒) y el **Barceló Marina Palace Resort** (Gaviota; plano pp. 226-227; ☎ 61 44 99; h desde 100 CUC; ☐ ☒ ☐ ☒).

Dónde comer

Como los restaurantes privados están prohibidos, las posibilidades se limitan a los estatales, dignos pero poco atractivos. Se puede comer bien por menos de 10 CUC y la variedad (cocina china un día, *fondue* el siguiente) es poco representativa de lo que se encuentra en otras regiones del país, a excepción de La Habana. Como el 90% de los hoteles del extremo oriental de la península lo incluyen todo para sus clientes, la mayor parte de los establecimientos de comidas independientes se encuentran al oeste de la calle 64.

Los buscavidas que pululan por la avenida 1 ofrecen comida a base de langosta en una casa privada por unos 10 CUC el plato. Esta práctica es ilegal, aunque la responsabilidad no recae sobre el extranjero.

Muchos de los locales céntricos más sencillos ofrecen comidas ligeras, cervezas frías y música en directo. Casi todos tienen la carta con precios expuesta en la puerta. Las tarifas son bastante similares, así que la lista siguiente se ordena de oeste a este.

RESTAURANTES

Castel Nuovo (plano pp. 228-229; ☎ 66 78 45; av. 1 esq. con calle 11; ⊙ 12.00-23.00). Una de los mejores para comer *pizza* y pasta, aunque también sirve platos de pollo, carne, pescado y otros adecuados para vegetarianos.

ESCAPAR DEL PAQUETE 'TODO INCLUIDO'

Aunque el bufé parezca apetitoso y resulte práctico contratar al instructor de buceo en el mismo hotel, Varadero no proporciona muchas oportunidades para conocer a los cubanos en su propio ambiente. Si se quiere observar más de cerca la realidad del país hay que hacer la maleta, quitarse la pulsera de plástico del hotel y salir en busca de las siguientes opciones:

■ Alquilar una bicicleta para ir a la **playa Coral**, la mejor de Varadero para bucear, situada 20 km hacia el oeste por la llana vía Blanca. Las gafas, el tubo y las aletas pueden alquilarse en la misma playa.

■ Alquilar un ciclomotor para ir a **Cárdenas** y hacerse una idea de la cautivadora vida cubana más allá de lo que cuentan los folletos.

■ Alquilar un todoterreno para ir al Ranchón Gaviota, en el **valle de Yumurí** y ser testigo de la bucólica cultura campesina a poca distancia de los amenazantes complejos hoteleros de Varadero.

En el animado tramo del camino del Mar que va de la calle 9 a la 14 hay varios lugares para comer.

Mi Casita (plano pp. 228-229; camino del Mar, entre calles 11 y 12). Bonito local, con grandes ventanales que dan a la playa, donde sirven langosta con mantequilla de ajo y *fillet mignon* (13 CUC).

Restaurante El Ranchón (plano pp. 228-229; av. 1, entre calles 16 y 17; comidas menos de 5 CUC; ⏰ 10.00-22.00). Una sala muy agradable con techo de caña situada en la playa, frente al Hotel Sunbeach. La carta es sencilla aunque bien elaborada, con platos como gambas al ajillo, chuletas de cerdo y filetes de pescado.

FM-17 (plano pp. 228-229; ☎ 61 48 31; av. 1 esq. con calle 17; ⏰ 8.00-14.00). Con más ambiente local de lo que la mayoría de los turistas de Varadero verá nunca, sirve platos sencillos, como sándwiches y hamburguesas por 1-2 CUC, amenizados por un espectáculo gratuito de cabaré todas las noches a las 21.00.

Restaurante El Criollo (plano pp. 228-229; ☎ 61 47 94; av. 1 esq. con calle 18; ⏰ 12.00-00.00). Uno de los establecimientos estatales más divertidos; ofrece cocina típica cubana.

Lai-Lai (plano pp. 228-229; ☎ 66 77 93; av. 1 esq. con calle 18; comidas 6-8 CUC; ⏰ 12.00-23.00). Ubicado en una mansión de dos plantas en la playa, ofrece menús de varios platos que incluyen *wontons*, sopa, gambas, arroz y postre.

Casa de la Miel La Colmena (plano pp. 228-229; av. 1 esq. con calle 26). Agradable local que sirve al menos una docena de helados diferentes, además de filetes de pescado (6 CUC) y aceitosas gambas al ajillo.

La Góndola Pizzería (plano pp. 228-229; comidas 2-4 CUC). Junto a la Casa de la Miel La Colmena, con deliciosas *pizzas*, lasaña o *tortellini* con salsa boloñesa. Se recomienda el romántico comedor trasero.

Restaurante Guamairé (plano pp. 228-229; ☎ 61 18 93; av. 1 entre calles 26 y 27; ⏰ 12.00-23.45). Perfecto para probar algo distinto, como el kebab de piña y cocodrilo (14 CUC) criado en la granja de Boca de Guamá.

Restaurante La Vega (plano pp. 228-229; ☎ 61 47 19; av. de la Playa, entre calles 31 y 32; ⏰ 12.00-23.00). Probablemente el mejor restaurante de Varadero es este establecimiento de cocina cubana con buen ambiente, decorado con madera oscura y sillas de piel. El porche y su interesante arquitectura completan la oferta. Merece la pena la paella de verduras o pescado (7 CUC) y el flan al ron (3 CUC). Conectado con la Casa del Habano, cuenta con un salón con vistas de la playa para fumar puros después de la cena.

Restaurante Esquina Cuba (plano pp. 228-229; ☎ 61 40 19; av. 1 esq. con calle 36; ⏰ 12.00-23.45). Se ha hecho famoso por su cliente más ilustre, Compay Segundo, aunque sus platos especiales de cerdo, pollo y ropa vieja ya merecen su popularidad. Las paredes están repletas de objetos relacionados con la historia cubana, incluidas fotos en blanco y negro de la época en que la mafia se divertía en Varadero. En general se come bastante bien.

Restaurante La Vicaria (plano pp. 228-229; ☎ 61 47 21; av. 1 esq. con calle 38; ⏰ 10.30-22.00). Menús de pescado, cerdo o pollo acompañados con cerveza, lo habitual en todas las sucursales de este restaurante. Su precio y servicio lo han convertido en un lugar muy popular. También tiene una terraza agradable.

Existen varios restaurantes de gama alta en el **parque Josone** (plano pp. 228-229; entre calles 56 y 59), entre ellos **El Retiro** (☎ 66 73 16; ⏰ 12.00-22.00), que sirve cocina internacional y buenos platos de langosta; **Dante** (☎ 66 77 38), un establecimiento italiano, y el **Restaurante**

La Campana (☎ 66 72 24), de cocina cubana. Al borde del parque se halla **La Casa de Antigüedades** (av. 1 esq. con calle 59), una mansión abarrotada de objetos antiguos donde se sirven platos de carne, pescado y marisco bajo lámparas de araña.

Barracuda Grill (plano pp. 228-229; calle 58; comidas 7 CUC; ☾ 11.00-19.00). Ubicado en un pabellón de techo de caña frente a la playa, en el recinto del centro de submarinismo Barracuda, es un establecimiento muy popular que sirve sabrosos platos de pescado y marisco.

Albacora (plano pp. 228-229; ☎ 61 36 50; av. 1 esq. con calle 59; ☾ 10.00-23.00). Pescado, gambas y langosta al borde de la playa y una oferta de barra libre de 12.00 a 16.00.

Frente al Hotel Cuatro Palmas, entre la avenida 1 y la calle 62, hay algunos locales más, como el **Restaurante La Fondue** (plano pp. 228-229; ☎ 66 77 47; ☾ 12.00-23.00), que prepara sorprendentemente bien platos de cocina francosuiza por entre 10 y 20 CUC.

Calle 62 (plano pp. 228-229; av. 1 esq. con calle 62). Bar al aire libre, de ambiente divertido y contiguo al anterior. Sirve sabrosas tortillas, perritos calientes y hamburguesas. Hay música en directo todas las noches de 21.00 a 24.00.

HELADERÍAS

Heladería Coppelia (plano pp. 228-229; av. 1, entre calles 44 y 46; ☾ 15.00-23.00). Situada en el parque de las 8.000 Taquillas, sirve helados por 1 CUC.

COMPRA DE ALIMENTOS

Hay varias **tiendas de alimentos** (plano pp. 228-229; calle 13, nº 9, entre av. 1 y camino del Mar; ☾ 9.00-18.45) al lado del **Aparthotel Varazul** (plano pp. 228-229; calle 15; ☾ 9.00-19.00); en **Caracol Pelicano** (plano pp. 228-229; calle 27 esq. con av. 3; ☾ 9.00-19.45); en el **Club Herradura** (plano pp. 228-229x; av. de la Playa esq. con calle 36; ☾ 9.00-19.00) y en **Cabañas del Sol** (plano pp. 226-227; av. Las Américas; ☾ 9.00-19.45). Conviene asegurarse siempre de los precios, pues suelen cobrar de más. Las tiendas de los grandes complejos hoteleros suelen subir mucho los precios en productos como agua mineral, etc.

El único lugar donde se encuentra siempre pan del día, además de pasteles, es la **panadería Doña Neli** (plano pp. 228-229; av. 1 esq. con calle 43; ☾ 24 h).

Dónde beber

Bar Benny (plano pp. 228-229; camino del Mar, entre calles 12 y 13; ☾ 12.00-00.00). Local en el que todo es un homenaje a Benny Moré el Bárbaro del Ritmo, con un animado ambiente, fotos en blanco y negro del legendario músico y, por supuesto, su música sonando en los altavoces. Muy recomendable para tomarse una copa después de un día de playa.

Bar Dragón (plano pp. 228-229; av. 1 esq. con calle 18; ☾ 18.00-2.00). Conectado al Lai-Lai y perfecto para un par de copas.

Bar Mirador (plano pp. 226-227; av. Las Américas; entrada 2 CUC). El local más romántico de Varadero, en la planta superior de la mansión Dupont. Ofrece *happy hour* diaria de 17.00 a 19.00 para disfrutar del atardecer y de este edificio histórico. Merece la pena el dinero gastado en el taxi.

Ocio

Aunque sobre el papel el panorama lúdico de Varadero parece atractivo, en realidad el concepto de "ir de bares" no existe como posibilidad de ocio, a menos que se esté dispuesto a dar largos paseos entre un local y otro. Además, cada vez es mayor el número de locales que están cerrando sus puertas.

TROVA Y MÚSICA TRADICIONAL

Casa de la Cultura Los Corales (plano pp. 228-229; ☎ 61 25 62; av. 1 esq. con calle 34). Los intérpretes de música tradicional de la zona actúan todos los jueves a las 22.00 (entrada 5 CUC) en el café cantante. También se programan matinés en las que los cantantes interpretan edulcorada canciones al estilo Neil Sedaka. Es posible recibir clases de música cubana o baile por unos 2 CUC la hora.

CLUBES DE BAILE

El Kastillito (plano pp. 228-229; ☎ 61 38 88; av. de la Playa esq. con calle 49; entrada 1 CUC; ☾ 20.00-3.00, matiné 14.00 do). Club de playa sin rival en cuanto a bailes sensuales. El bar sirve bebidas y comidas durante todo el día.

Discoteca Havana Club (plano pp. 228-229; ☎ 61 18 07; av. 3 esq. con calle 62; entrada 5 CUC). Situado en el centro comercial Copey, es otra de las discotecas para turistas que admite la entrada de cubanos. La clientela suele ser ruidosa.

Discoteca La Salsa (plano pp. 226-227; ☾ 23.00-3.00). Con entrada junto al mostrador de recepción del Súper Club Paradiso-Puntarena, en el extremo occidental de Varadero, atrae principalmente a extranjeros.

Discoteca La Bamba (plano pp. 226-227; clientes/no clientes gratuita/10 CUC; ☾ 22.00-4.00). La vídeo-discoteca más moderna de Varadero, situada en el Hotel Tuxpán, en la zona oriental de la

ciudad. Programa sobre todo música latina y se dice que por motivos de seguridad las puertas de emergencia suelen estar cerradas.

Club Mambo (plano pp. 226-227; ☎ 66 86 65; av. Las Américas; barra libre, entrada 10 CUC; ☻ 10.00-2.00 lu-vi, 10.00-3.00 sa y do). Desde que se cerró el Palacio de la Rumba, el Club Mambo, al lado del Club Amigo Varadero, en la parte este, es el más elegante del lugar. La calidad de la música atrae a todo tipo de gente, pero con el precio de la entrada no hay que esperar mucha concurrencia cubana. Si no se quiere bailar, hay una mesa de billar.

Otras posibilidades:

Disco La Red (plano pp. 228-229; ☎ 61 31 30; av. 3, entre calles 29 y 30; entrada 1 CUC; ☻ a partir de 23.00). Buen ambiente local.

Discoteca La Pachanga (plano pp. 228-229; ☎ 61 45 71; av. 1 esq. calle 13; ☻ 23.00-3.00). Uno de los clubes más animados de Varadero, en el Hotel Acuazul.

Karaoke 440 Disco Bar (plano pp. 228-229; camino del Mar, entre calles 14 y 15; entrada 2 CUC; ☻ 22.30-3.00). La clientela es una mezcla de turistas borrachos buscando plan y parejas que quieren bailar.

Discoteca El Eclipse (plano pp. 228-229; av. 1 esq. calle 17). En la planta 14 del Hotel Sunbeach.

La Descarga Karaoke Bar (plano pp. 228-229; entrada 3 CUC; ☻ 22.00-5.00). Para jugar con el micrófono al lado del Hotel Kawama.

Disco Splash (plano pp. 226-227; ☎ 66 70 90). En el Superclub Puntarena.

CABARÉ

Cabaret Anfiteatro Varadero (plano pp. 228-229; ☎ 61 99 38; vía Blanca esq. con carretera Sur). Situado al oeste del puente de entrada a Varadero, cuenta con un escenario al aire libre donde se programa un espectáculo similar al del Tropicana. Se utiliza en ocasiones especiales y no abre todas las semanas.

Hotel Kawama (plano pp. 228-229; calle 0; entrada 5 CUC, 2 bebidas incl.; ☻ 23.00 todas las noches excepto do). Espectáculo de cabaré en un escenario situado debajo del restaurante del hotel.

Cabaret Mediterráneo (Islazul; plano pp. 228-229; ☎ 61 24 60; av. 1 esq. con calle 54; entrada 10 CUC; ☻ club 20.30, espectáculo 22.00). Un espectáculo de dos horas con profesionales en una sala al aire libre. Hay pases todas las noches a las 22.00. Si la noche es buena, merece la pena.

Cabaret Continental (plano pp. 226-227; av. Las Américas; entrada 35 CUC, bebidas incl.; ☻ espectáculo 22.00). De martes a domingo se programa en el Hotel Internacional un espectáculo de dos horas y media con 40 cantantes y bailarines.

Es conocido en todo el país y se considera el segundo mejor después del Tropicana. Se puede reservar mesa para cenar antes de la actuación (20.00) y después de medianoche se convierte en discoteca. Es conveniente informarse en el mostrador turístico del hotel, pues suelen ser exigentes en la admisión.

Habana Café (plano pp. 226-227; av. Las Américas; entrada 10 CUC; ☻ 21.00-2.00). Ofrece un buen espectáculo seguido de discoteca. La clientela es de mayor edad que la de la Cueva del Pirata.

Cabaret Cueva del Pirata (plano pp. 226-227; ☎ 66 77 51; autopista Sur; barra libre 10 CUC; ☻ 22.00-3.00 excepto do). Está 1 km al este del Hotel Sol Elite Palmeras y presenta bailarinas escasamente vestidas en un espectáculo al estilo cubano pero con cierta estética pirata (parches en los ojos, movimientos de espada, etc.). El local está ubicado dentro de una cueva natural que se transforma en discoteca en cuanto acaba la función. En casi todos los mostradores turísticos de los hoteles pueden organizar traslados. Es un local muy popular, sobre todo para gente joven.

De compras

El tramo de la avenida 1 entre la Laguna y el parque Josone está bordeado de mercadillos que venden similares recuerdos y objetos de artesanía, algunos difíciles de encontrar incluso en los mercados de La Habana, como los elaborados en cuero. Para encontrar de todo en un solo lugar se puede acudir al gran mercado ubicado en el parque Central, mientras que el pequeño mercadillo de la avenida 1, entre las calles 51 y 52, es perfecto para curiosear.

Arte-Música (plano pp. 228-229; av. 1 esq. con calle 59). Buena tienda para comprar CD, libros y piezas de arte, además de viejos ejemplares de guías Lonely Planet.

Casa del Habano (av. de la Playa, entre calles 31 y 32 plano pp. 228-229; ☻ 9.00-18.00; av. 1 esq. con calle 63 plano pp. 228-229; ☎ 66 78 43; ☻ 9.00-19.00). Para comprar puros de calidad inmejorable con un servicio atento.

Galería de Arte Varadero (plano pp. 228-229; av. 1, entre calles 59 y 60; ☻ 9.00-19.00). Joyería antigua con piezas de plata y cristal de alta calidad, pinturas y otras reliquias de la perdida burguesía de Varadero. Como la mayor parte de las piezas tiene importancia patrimonial, deben estar convenientemente identificadas y con permiso de exportación.

Taller de Cerámica Artística (plano pp. 228-229; ☻ 9.00-19.00). Contiguo a la anterior, ofrece bo-

nitas piezas de cerámica realizadas en el propio taller. Casi todas cuestan entre 200 y 250 CUC.

Las tiendas Caracol que hay en los principales hoteles venden recuerdos, postales, camisetas, ropa, bebidas alcohólicas y algunos alimentos a precios normalmente más ventajosos que en otros sitios.

Bazar Varadero Publicigraf (plano pp. 228-229; av. 1 esq. con calle 44; ☉ 9.00-19.00). Tienda situada en el parque Central donde se venden bonitos objetos de cerámica, reproducciones de pinturas famosas, postales artísticas, muñecas, tapices, camisetas y libros. Al lado hay una *boutique*.

Kawama Sport (plano pp. 228-229; av. 1 esq. con calle 60; ☉ 9.00-20.00). Vende ropa playera, equipos de buceo y, a veces, bicicletas.

Bazar Cuba (plano pp. 228-229; av. Las Américas esq. con calle 64). La mejor selección de recuerdos y artesanía de Varadero. Ofrece también ropa de playa, joyas y libros.

Centro Comercial Caimán (plano pp. 228-229; av. 1 esq. con calle 62; ☉ 9.00-20.00). Uno de los centros comerciales más importantes de Varadero, frente al Hotel Cuatro Palmas.

Centro Todo en Uno (plano pp. 228-229; autopista Sur esq. con calle 54). Centro comercial de tamaño medio con muchas atracciones.

Los carretes de fotos y las películas de vídeo salen mucho más baratos en cualquiera de las siguientes tiendas que en los hoteles:

Photo Club (plano pp. 228-229; av. 1, entre calles 42 y 43)

Photo Service (plano pp. 228-229; ☎ 66 72 91; calle 63, entre avs. 2 y 3; ☉ 9.00-22.00)

Mercado de artesanías ARTex (plano pp. 228-229; av. 1 esq. con calle 12; ☉ 9.00-21.00). Bien situado junto a una **tienda ARTex** (plano pp. 228-229; av. 1, entre calles 46 y 47), cuenta con una selección excelente de CD, casetes, camisetas e, incluso, algunos instrumentos musicales.

Para encontrar más variedad hay que dirigirse a **Plaza América** (plano pp. 226-227), el centro comercial más grande de Varadero y de Cuba. Allí pueden encontrarse elegantes *boutiques*, tiendas de música y de cigarros puros, bares, restaurantes, una oficina de correos, un **minimercado** (☉ 10.00-20.30), oficinas de alquiler de vehículos y cualquier otra cosa, además del Centro de Convenciones de Varadero.

Cómo llegar y salir

AVIÓN

El aeropuerto internacional Juan Gualberto Gómez (código VRA) está a 20 km en dirección a Matanzas, y a 6 km desde la carretera principal. Entre las compañías aéreas que operan aquí se encuentran Cubana, LTU International Airways, Martinair, Air Transat y Skyservice, entre otras. Hay que facturar como mínimo 90 minutos antes de la hora prevista de salida.

Al aeropuerto no llegan vuelos nacionales.

AUTOBÚS

Desde la **terminal de ómnibus** (plano pp. 228-229; ☎ 61 26 26; calle 36 esq. con autopista Sur) salen todos los días autobuses de larga distancia de Astro rumbo a La Habana (8 CUC, 3 h), Santa Clara (12 CUC, 3½ h) y Cienfuegos (14 CUC, 4 h). Los vehículos con aire acondicionado de **Viazul** (☎ 61 48 86; ☉ 7.00-12.00 y 13.00-19.00) salen en dirección a La Habana a las 8.00, 11.40 y 18.00 todos los días (10 CUC). En cualquiera de las dos empresas hay que avisar al conductor para bajarse en la primera parada después del túnel de La Habana; desde este punto las líneas de Astro van a la terminal del ómnibus cercana a la plaza de la Revolución (muy práctico si se está alojado en Vedado), mientras que el de Viazul va hasta los barrios más alejados de Nuevo Vedado por la avenida 26. Viazul tiene también un autobús diario a Trinidad a las 7.30 (20 CUC, 6 h), que para en Entronque de Jagüey (6 CUC, 1½ h), Santa Clara (11 CUC, 3½ h) y Cienfuegos (16 CUC, 4½ h).

Desde la estación también salen 10 autobuses diarios a Matanzas (2 CUC, 35 km). Si se dispone de tiempo, es posible llegar hasta La Habana en el autobús de Matanzas y luego seguir en el ferrocarril Hershey desde allí.

Llegar a Cárdenas en autobuses locales es bastante fácil si se está dispuesto a esperar. El autobús 236 sale cada hora desde una parada cercana a un pequeño túnel donde un cartel indica: "Ómnibus de Cárdenas", en el exterior de la estación principal de autobuses. También tiene otra parada en la esquina de la avenida 1 con la calle 13 (1 CUC). Esta línea recorre toda la península.

La forma más fácil de llegar a La Habana es en los autobuses turísticos regulares, de los que se puede encontrar información en todos los grandes hoteles y en la oficina de Havanatur. Un billete entre Varadero y La Habana sale por 25/30 CUC ida/ida y vuelta. Estos autobuses recogen a los pasajeros a la puerta de sus respectivos hoteles.

AUTOMÓVIL

Para alquilar automóviles se puede acudir a **Havanautos** (calle 55 plano pp. 228-229; ☎ 61 44 65; av.

1 esq. con calle 31 plano pp. 228-229; ☎ 61 44 09), en la oficina del **Hotel Cuatro Palmas** (plano pp. 228-229; ☎ 66 70 40, ext. 51) y en **Villa Tortuga** (plano pp. 228-229; ☎ 61 39 99).

Transtur (calle 10, nº 703 plano pp. 228-229; ☎ 61 31 49; av. 1 esq. con calle 21 plano pp. 228-229; ☎ 66 73 32) también tiene un mostrador de alquiler de automóviles en los hoteles Súper Club Paradiso-Puntarena, Club Tropical, Internacional y Cuatro Palmas, o en sus alrededores.

Cubacar (plano pp. 228-229; ☎ 61 18 19; av. 1 esq. con 54) también cuenta con mostradores en los hoteles Tuxpán y Sol Elite Palmerasa. **Vía Car Rental** (plano pp. 228-229; av. 3 esq. con calle 30) dispone de una oficina frente a los apartamentos Mar del Sur.

Muchas de estas empresas tienen sucursales en el centro comercial Plaza América, aunque se han recibido quejas de agentes que exigían comisiones.

Havanautos (☎ 25 36 30), **Transtur** (☎ 25 36 21), **Vía** (☎ 61 47 83) y **Cubacar** (☎ 61 44 10) disponen de oficinas de alquiler de vehículos en el aparcamiento del aeropuerto. Los precios aproximados son de 65 CUC diarios, como mínimo, para un automóvil pequeño o 50 CUC diarios para un período de dos semanas.

Los precios más baratos son los de **Micar** (Villa Cuba plano pp. 226-227; ☎ 66 85 52; av. 1 esq. con calle C; av. 1 esq. con calle 20 plano pp. 228-229; ☎ 61 18 08), que dispone de pequeños Fiat desde 35 CUC diarios más el seguro, con 100 km incluidos. Es conveniente llamar con antelación pues los vehículos se alquilan rápido. En **Rex** (Meliá Las Américas plano pp. 226-227; ☎ 66 77 39; autopista del Sur km 7; aeropuerto Juan Gualberto Gómez ☎ 66 75 39) se alquilan automóviles de lujo, Audis y otros con cambio automático, raros en Cuba, desde 100 CUC diarios.

Hay una **gasolinera de Servi-Cupet** (plano pp. 228-229; autopista Sur esq. con calle 17; ☺ 24 h) en la vía Blanca, a la entrada del puerto deportivo Acua, cerca del Hotel Sunbeach, y otra en el **Centro Todo En Uno** (plano pp. 228-229; calle 54 esq. con autopista Sur).

Al salir de la ciudad en dirección a La Habana hay un peaje de 2 CUC.

TREN

Las estaciones de trenes más cercanas están en Cárdenas, 18 km al sudeste, y en Matanzas, 42 km al oeste. Véanse los respectivos capítulos para obtener más información.

Cómo desplazarse

A/DESDE EL AEROPUERTO

Tanto Varadero como Matanzas distan unos 20 km de la carretera de circunvalación del aeropuerto internacional Juan Gualberto Gómez, desde donde aún hay que recorrer otros 6 km hasta la terminal. Un taxi turístico desde el aeropuerto hasta Matanzas cuesta unos 20 CUC, 25 CUC a Varadero. Si se convence al taxista para que utilice el taxímetro es probable que la carrera resulte más barata. El punto más cercano al aeropuerto adonde llega el transporte público de Matanzas son las inmediaciones del puente del río Canímar, a 13 km. Los conductores de los autobuses turísticos se ofrecen encantados a llevar a cualquier viajero por unos 10 CUC por persona. No se permite a los taxis privados llevar a pasajeros con origen o destino al aeropuerto. También se puede intentar tomar algún autobús de Viazul en dirección a La Habana puesto que todos paran en el aeropuerto.

AUTOBÚS

El **Varadero Beach Tour** (billete diario 5 CUC; ☺ 9.30-21.00) es un circuito turístico a bordo de un autobús de dos pisos que efectúa 45 paradas en un recorrido que une todos los complejos hoteleros y centros comerciales de la península. Tiene una frecuencia de 30 minutos y las paradas están bien señalizadas, con información sobre el trayecto y la distancia. Los billetes pueden adquirirse en el propio autobús. También existe un servicio que conecta los tres grandes hoteles de la cadena Meliá.

Hay dos líneas locales más baratas (0,20 CUC) pero mucho más lentas: las nº 47 y 48 van desde la calle 64 a Santa Marta, al sur de Varadero por la autopista Sur; la nº 220 une Santa Marta con el extremo oriental de la península. El nº 236, que hace la ruta entre Varadero y Cárdenas (1 CUC), recorre toda la península y resulta muy práctico. Casi ningún autobús municipal tiene numeración y muchos de ellos son servicios especiales para trabajadores de los hoteles. Lo mejor es preguntar a la gente que espera en las paradas.

COCHES DE CABALLOS

Un paseo de 45 minutos en una calesa de propiedad estatal cuesta 5 CUC por persona, 10 CUC si se hace un recorrido completo de dos horas, con las respectivas paradas para ver todos los lugares de interés.

CICLOMOTOR Y BICICLETA

Los ciclomotores y las bicicletas son formas estupendas de recorrer la península y descubrir un poco la realidad que hay tras los

hoteles. Se pueden alquilar en muchos sitios (9/24 CUC hora/día) con gasolina incluida, aunque a veces se cobra un recargo de 6 CUC por 24 horas. Los **puestos de alquiler de Palmares** (plano pp. 228-229; av. 1 esq. con calle 13 y av. 1 esq. con calle 38) se encuentran en el centro de la ciudad y alquilan bicicletas y ciclomotores para viajeros que no están alojados en hoteles con todo incluido. Las bicicletas suelen alquilarse por 2/15 CUC por hora/día. No deben esperarse máquinas sofisticadas; de hecho se tendrá suerte si se logra una bicicleta con marchas.

Los ciclomotores que alquilan los hoteles suelen ser más caros; en cambio, el uso ilimitado de bicicletas normalmente está incluido en el precio. Aunque no siempre disponen de cascos, porque no son obligatorios, se pueden pedir, al igual que los candados.

TAXI

Los taxis turísticos con taxímetro cobran 1 CUC por bajada de bandera y 1 CUC por kilómetro recorrido, tanto de día como por la noche. Los *coquitos* o *huevitos*, como los llaman los cubanos, cobran menos y no tienen tarifa de bajada de bandera. Una carrera entre Cárdenas y La Habana puede costar en torno a 20 y 85 CUC sólo ida. Es posible pedir un taxi por teléfono llamando a **Transtur** (☎ 61 34 15), **OK Taxi** (☎ 66 73 41), **Cuba Taxi** (☎ 61 05 55) o **Transgaviota** (☎ 61 97 62). La última dispone de vehículos grandes, en el caso de que se lleve una bicicleta o equipaje voluminoso. Se supone que los turistas no deben utilizar los viejos taxis Lada.

Existen taxis no oficiales de color amarillo y con matrículas particulares que se enfrentan a una multa de 1.500 pesos si se les sorprende llevando turistas, por lo que es muy poco probable que ofrezcan sus servicios en el propio Varadero.

CÁRDENAS

☎ 45 / 98.644 hab.

Cárdenas es una localidad costera, 20 km al este de Varadero, conocida como la "ciudad bandera" o la "ciudad de las bicicletas", en fuerte contraste con el tráfico de autobuses turísticos que recorre las calles de la cercana meca del turismo cubano. Fue aquí donde el aventurero venezolano Narciso López, acompañado de un ejército de mercenarios estadounidenses, izó la bandera cubana por primera vez en 1850, en un vano intento de lograr la independencia de la isla. Ente otros vecinos famosos de esta población están el héroe revolucionario Antonio Echeverría, que murió durante un frustrado atentado al presidente Batista en 1957, y el célebre niño Elián González, cuyo rescate de las turbulentas aguas del mar de Florida se convirtió en todo un símbolo de los desdichados balseros que huían del régimen castrista.

La población se fundó en 1828 sobre una extensión de tierras pantanosas y floreció como ciudad portuaria en el corazón de la región azucarera más rica del país. En sus calles se alineaban elegantes edificios engalanados con grandes vidrieras. Tras la Revolución la riqueza decayó irrevocablemente y hoy día los visitantes que hacen una corta excursión desde Varadero se ven sorprendidos por desconchadas fachadas y un permanente olor a estiércol de caballo. Quien quiera tener una imagen real de la situación del país no va a tener mejor oportunidad. En cambio, si se buscan mojitos con sabor a menta y partidos de voleibol en la playa, mejor obviar la visita.

Orientación

Las vías en dirección nordeste a sudoeste son las avenidas, mientras que las que discurren de noroeste a sudeste son las calles. La avenida Céspedes es la más importante; a partir de ella las situadas al noroeste reciben el nombre de "Oeste" y las que quedan al sudeste, el de "Este". La calle principal de noroeste a sudeste es la 13 (llamada "calzada"); todas las demás están numeradas consecutivamente comenzando desde la bahía.

Como es habitual, los residentes siguen usando los nombres antiguos, lo que da pie a confusión.

Información

LIBRERÍAS

Librería La Concha de Venus (av. Céspedes esq. con calle 12; ☽ 9.00-17.00 lu-vi, 8.00-12.00 sa). Buena selección de libros.

ACCESO A INTERNET

Etecsa (av. Céspedes esq. con calle 12; ☽ 7.00-23.00)

ASISTENCIA MÉDICA

Centro Médico Sub Acuática (☎ 52 21 14; canal 16 VHF; calle 13; 80 CUC/ h; ☽ 8.00-16.00 lu-sa, médico de guardia 24 h). Situado en el hospital Julio M. Aristegui, 2 km al noroeste en dirección a Varadero. Cuenta con una cámara de decompresión soviética de 1981.

Farmacia (☎ 52 15 67; calle 12 nº 60; ☽ 24 h)

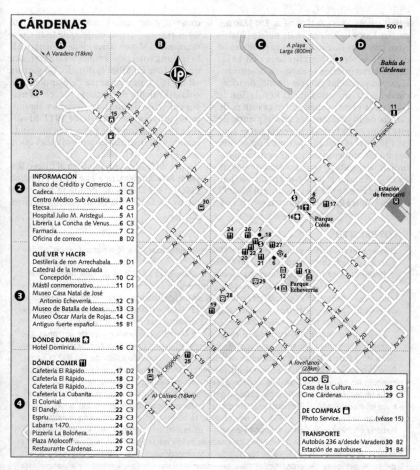

CÁRDENAS

0 — 500 m

A **B** **C** **D**

A Varadero (18km)

A playa Larga (800m)

Bahía de Cárdenas

INFORMACIÓN
Banco de Crédito y Comercio....1 C2
Cadeca....................................2 C3
Centro Médico Sub Acuática...3 A1
Etecsa....................................4 C3
Hospital Julio M. Aristegui......5 A1
Librería La Concha de Venus....6 C3
Farmacia.................................7 C2
Oficina de correos...................8 D2

QUÉ VER Y HACER
Destilería de ron Arrechabala.....9 D1
Catedral de la Inmaculada
    Concepción.........................10 C2
Mástil conmemorativo............11 D1
Museo Casa Natal de José
    Antonio Echeverría..............12 C3
Museo de Batalla de Ideas......13 C3
Museo Óscar María de Rojas....14 C3
Antiguo fuerte español...........15 B1

DÓNDE DORMIR 🛏
Hotel Dominica......................16 C2

DÓNDE COMER 🍴
Cafetería El Rápido.................17 D2
Cafetería El Rápido.................18 C2
Cafetería El Rápido.................19 C2
Cafetería La Cubanita.............20 C3
El Colonial............................21 C3
El Dandy...............................22 C3
Espriu..................................23 C3
Labarra 1470.........................24 C2
Pizzería La Boloñesa..............25 B4
Plaza Molocoff.......................26 C3
Restaurante Cárdenas............27 C3

Estación de ferrocarril

Parque Colón

Parque Echeverría

A Jovellanos (28km)

Al Coliseo (18km)

OCIO 🎭
Casa de la Cultura...................28 C3
Cine Cárdenas........................29 C3

DE COMPRAS 🛍
Photo Service........................(véase 15)

TRANSPORTE
Autobús 236 a/desde Varadero **30** B2
Estación de autobuses.............**31** B4

DINERO
Banco Crédito y Comercio (calle 9 esq. con av. 3)
Cadeca (☎ 52 41 02; av. 1 Oeste esq. con calle 12)

CORREOS
Oficina de correos (av. Céspedes esq. con calle 8;
🕐 8.00-18.00 lu-sa)

TELÉFONO
Etecsa (av. Céspedes esq. con calle 12; 🕐 7.00-23.00)

Puntos de interés
Cárdenas tiene varios lugares importantes relacionados con conocidos personajes históricos. En el extremo nordeste de la avenida Céspedes se puede ver un monumento con un enorme **mástil** que conmemora la primera vez que se izó la bandera cubana; fue el 19 de mayo de 1850. Es el típico monumento de exaltación patria, aunque al menos ofrece buenas vistas de la bahía y Varadero. Cerca del puerto, al noroeste, está la **destilería de ron de Arechavala,** donde se produce el ron Varadero. La empresa Havana Club se fundó aquí en 1878; ahora las visitas son esporádicas pero, al parecer, está previsto que se realicen de forma regular todos los días de 9.00 a 14.00 (3 CUC); se recomienda preguntar.

En dirección sudoeste se halla el bonito parque Echeverría, con tres museos de relativo interés en los que se puede pasar un rato entretenido. El primero es el **Museo y Casa Natal de José Antonio Echeverría** (av. 4 Este, nº 560;

entrada gratuita; ☾ 10.00-17.00 ma-sa, 9.00-12.00 do), con una amplia colección de objetos históricos entre los que se halla el garrote usado en la ejecución de Narciso López en 1851. En la planta inferior se exponen objetos relacionados con las guerras de independencia del s. XIX, mientras que la Revolución se trata en la planta superior. Una escalera de caracol de 36 peldaños une ambas plantas de este edificio de 1703. Echeverría nació aquí en 1932; en el cercano parque homónimo hay un monumento dedicado a este líder estudiantil, ejecutado por la policía de Batista en 1957. Aunque el museo es gratuito no hay que olvidarse de dar una propina al guía. El cercano **Museo Óscar María de Rojas** (av. 4 Este esq.

con calle 12; entrada 5 CUC; ☾ 10.00-18.00 lu-sa, 9.00-12.00 do) es el segundo más antiguo de toda Cuba después del Museo Barcardí de Santiago. Alberga una colección amplia y asaz ecléctica que incluye un árbol fosilizado, un garrote vil de 1830, una máscara de Napoleón, la cola del caballo de Antonio Maceo, la mayor colección de caracoles del país y algunos mosquitos conservados desde 1912. El edificio colonial donde se halla, recientemente renovado, y sus amables guías oficiales quizá sean lo mejor de la visita.

Al doblar la esquina se llega al nuevo **Museo de Batalla de Ideas** (av. 6, entre calles 11 y 12; entrada 2 CUC; ☾ 9.00-17.00 ma-do), donde se realiza un repaso de la historia de las relaciones entre

---

LOS BALSEROS

El viaje de los balseros es uno de los episodios más vergonzantes y repetidos, además de dramáticos, de la reciente historia del régimen cubano.

Desde 1959 se han sucedido varios éxodos de cubanos a EE UU. La primera oleada estaba compuesta por exilados políticos disidentes y por empresarios que tenían poco que ganar y mucho que perder con el ejército de comunistas de luengas barbas entrando en sus mansiones de Vedado. La mayoría de estas personas llegaron a Miami y formaron una agrupación política, la Cuban American National Foundation, mientras soñaban con regresar a su tierra.

La segunda oleada salió en 1980 en el éxodo de Mariel, cuando un grupo de personas que entraron en la embajada peruana pidiendo asilo desencadenaron una reacción masiva que terminó forzando a Castro, en un raro ataque de desesperación, a permitir la salida de 120.000 cubanos. Pero como nunca pierde una oportunidad, el líder cubano aprovechó la circunstancia para abrir también las cárceles y librarse de enfermos mentales, delincuentes y disidentes.

La tercera oleada consistía sobre todo en personas empobrecidas hastiadas por la crisis económica que acompañó al Período Especial y por el endurecimiento del régimen. Las cosas empeoraron entre los años 1991 y 1994 y el descontento se materializó en una pequeña revuelta en La Habana en 1994, que Castro solucionó abriendo de nuevo las puertas a otro éxodo masivo.

A finales del verano de 1994 miles de cubanos huían hacia Florida en rudimentarias barcas caseras. A primeros de septiembre los guardacostas estadounidenses habían recogido ya a más de 30.00 personas a merced de las olas. La Administración Clinton, incapaz de absorber esta afluencia de desesperados cubanos, y dispuesta a evitar otro incidente como el de Mariel, decidió dar cobijo temporal a los huidos en la base naval de Guantánamo, hasta alcanzar un acuerdo de inmigración entre ambos países.

La Cuban Adjustment Act de 1966 permitía solicitar la nacionalidad estadounidense a todo cubano que llegara a EE UU. Sin embargo, en 1995 se revisó, determinando que los que fueran encontrados en el mar, aunque estuvieran ya en aguas jurisdiccionales estadounidenses, serían devueltos a su país.

La verdadera tragedia de los balseros es la desesperación y el enorme coste humano que caracteriza su aventura. En 1994 se produjo un incidente horrible cuando un guardacostas cubano arrolló en alta mar a un remolcador que huía, causando 38 muertos. Pero la historia más ilustrativa de la crisis de los balseros fue la de Elián González, un niño de 5 años que fue rescatado cuando flotaba en el mar frente a Fort Lauderdale agarrado a una rueda.

En abril de 2003 la violencia afloró una vez más cuando tres hombres secuestraron un *ferry* en La Habana a punta de pistola en un intento de llegar a EE UU. Tras un juicio rápido y a puerta cerrada, nueve días después los tres fueron ejecutados. Otro capítulo estremecedor de lo peligroso que puede llegar a ser el intento de escapar del paraíso castrista.

Cuba y EE UU con la ayuda de gráficos. El incidente de Elián González está explicado al detalle, desde el punto de vista del régimen, claro está. Desde el mirador de la tercera planta hay buenas vistas de la ciudad. Los jineteros se ofrecen a enseñar al visitante la casa de Elián por una pequeña propina, pero es mejor dejar que el pobre niño tenga un poco de privacidad.

El parque Colón es una pequeña plaza que alberga la **catedral de la Inmaculada Concepción** (1846; av. Céspedes, entre calles 8 y 9), edificio construido en 1846 que debe su fama a unas excelentes vidrieras y una estatua de Cristóbal Colón que, al parecer, es la más antigua de América. La estatua, de 1862, tiene un aspecto pensativo, con el globo terráqueo descansando a sus pies. Seguramente, éste es el rincón más fotogénico de la ciudad.

Plaza Molocoff (av. 3 Oeste esq. con calle 12) es un caprichoso edificio de 1859 construido en hierro forjado y con dos pisos coronados por una brillante cúpula de plata de 16 m de altura, una imagen que parece salida de la mente surrealista de P. T. Barnum. En la actualidad acoge el **mercado de verduras** (8.00-17.00 lu-sa, 8.00-16.00 do).

Dónde dormir

Mientras que en Varadero existen más de 50 establecimientos hoteleros, en la humilde Cárdenas el único alojamiento que existe es el **Hotel Dominica** (52 15 51; av. Céspedes esq. con calle 9), situado en el parque Colón. Esta antigua gloria, ahora en declive, tuvo 25 habitaciones con baño; sin embargo, hoy día permanece cerrado por reforma, probablemente por mucho tiempo a juzgar por la ausencia de cualquier atisbo de movimiento en su interior. Afortunadamente, la ciudad cuenta con unas cuantas casas particulares siempre dispuestas a alojar al viajero.

CASAS PARTICULARES EN CÁRDENAS

Lázara Galindo Gómez (av. 6, entre calles 9 y 10; h 25 CUC). Limpio, céntrico y con ciertas comodidades.

Ricardo Domínguez (528 944 31; av. 31 esq. con av. 12; h 35 CUC; P). Amplio y lujoso, con un patio grande, aparcamiento y TV.

Rolando Valdés Lara (072 703 155; av. 30 esq. con calle 12; h 30 CUC;). Por 3 CUC más se incluye el desayuno.

Dónde comer

Posiblemente la mitad de los chefs de Varadero procedan de Cárdenas, pero eso no significa que los restaurantes de su ciudad natal tengan que ser necesariamente algo especial. En realidad son escasos, lúgubres y difíciles de encontrar; para hacerse una idea, basta decir que existen tres sucursales de El Rápido. Quien sea alérgico a los sándwiches rancios de jamón y queso pasará hambre.

Espriu (calle 12 esq. con avs. 4 y 6; platos 1-3 CUC; 24 h). Este excepcional establecimiento situado en el parque Echevarría destaca entre los demás por su buen café expreso y sus cócteles de gambas, filetes de pescado, hamburguesas y sándwiches.

Cafetería El Rápido (24 h). Al final, todos los turistas acaban en alguna de sus tres sucursales: en la esquina de la calle 12 con la avenida 13, en la esquina de la calle 8 con la avenida Céspedes y en Céspedes entre las calles 16 y 17.

Cafetería La Cubanita (av. 3 Oeste esq. con calle 13; 24 h). Cercana al edificio Plaza Molocoff y con una agradable terraza exterior donde sirven bebidas. Admiten pesos convertibles.

Otras posibilidades son:

El Colonial (av. Céspedes esq. con calle 12; 8.00-15.00). Sencilla cafetería donde se pueden comer hamburguesas y platos de cerdo acompañados con cerveza en un patio muy bonito.

La barra 1470 (calle 13, entre avs. 6 y 7). Local nuevo, con manteles y bonita decoración, donde elaboran platos cubanos.

Entre las casas de comidas baratas que cobran en pesos están el **Restaurante Cárdenas** (av. Céspedes esq. con calle 12; 11.00-00.00), que ofrece el consabido cerdo empanado con congrí y ensalada de tomate, y **Pizzería La Boloñesa** (av. Céspedes, nº 901; 10.00-22.00), para comprar *pizza* al peso.

Hay muchos supermercados y tiendas que admiten pesos convertibles en la avenida 3 Oeste, cerca del Plaza Molocoff, como **El Dandy** (Plaza Molocoff, av. 3; 9.00-17.00 lu-sa, 9.00-12.00 do), donde venden bebidas y alimentos. También se pueden comprar tentempiés, pagando en pesos, en los puestos del mercado y sus alrededores, donde se vende un poco de todo, desde pelucas a budas de plástico.

Ocio

Casa de la Cultura (52 12 92; av. Céspedes, nº 706, entre calles 15 y 16). Edificio colonial, bonito pero muy desgastado, con vidrieras, marquesinas

EN MEDIO DE TODO

Escondido en el centro de la provincia de Matanzas, entre suaves colinas y vívidas manchas de buganvillas, se encuentra el antaño lujoso complejo de **San Miguel de los Baños,** muy popular a principios del s. xx por sus relajantes aguas medicinales y balneario magníficamente equipado. La gente solía llegar por miles para visitar el elegante **Gran Hotel,** un edificio tan ostentoso que se consideraba una réplica del Gran Casino de Montecarlo.

A su construcción siguió una breve fiebre edificadora cuyo legado puede verse todavía en las imitaciones de lujosas villas neoclásicas que bordean la calle principal de la población, la avenida de Abril. Pero esta tranquilidad no duró mucho, puesto que pocos años antes de la Revolución, un ingenio azucarero cercano contaminó las aguas locales y las casas de baños cayeron en desuso, lo que acabó con la importancia de la población.

En la actualidad San Miguel de los Baños es una curiosa combinación de pueblo fantasma y museo de arquitectura a tamaño natural. Los visitantes todavía pueden pasear por el surrealista Gran Hotel, con lejanos planes de reapertura, o ascender hasta la cercana **loma de Jacán,** un monte con 448 escalones y un desgastado vía crucis.

A San Miguel de los Baños se llega desviándose de la carretera Central en Coliseo, 25 km al sudoeste de Cárdenas.

---

de hierro y un patio interior con mecedoras. Unos carteles escritos a mano dan información sobre actuaciones de grupos de *rap*, representaciones teatrales y eventos literarios.

Cine Cárdenas (av. Céspedes esq. con calle 14). Pases todos los días.

De compras

Photo Service (calle 13 esq. con av. 31). Ubicado dentro de un viejo fuerte español, soluciona todas las necesidades fotográficas del viajero.

Cómo llegar y salir

AUTOBÚS

Hay muy pocas líneas desde Cárdenas, así que es mucho más recomendable salir desde Varadero. La empresa Astro tiene servicios diarios desde la **estación de autobuses** (av. Céspedes esq. con calle 22) en dirección a La Habana y Santa Clara, pero suelen estar ya llenos cuando llegan a Cárdenas. Hay camiones hacia Jovellanos/Perico que salen a las 10.30 y las 15.00 (3 pesos, 52 km), desde donde restan 12 km hasta Colón y se puede seguir camino hacia el este. La ventanilla de venta de billetes está en la parte de atrás de la estación.

El autobús nº 236 a/desde Varadero es muy fiable; sale cada hora desde la esquina de la avenida 13 Oeste con la calle 13 (0,50 CUC; a veces se cobra 1 CUC a los turistas).

AUTOESTOP

Para llegar desde Varadero a Cárdenas en autostop se puede tomar una calesa hasta el hospital, donde casi cualquier autobús que pase llevará al viajero por 1 CUC hasta Santa Marta, o bien esperar en algún punto pasada la calle 13, donde es fácil que otros turistas se ofrezcan a llevar a alguien. Véase p. 472 para obtener información sobre los riesgos que conlleva hacer autostop.

TREN

En la **estación de trenes de San Martín** (av. 8 Este), cerca de la bahía, se puede tomar –con mucha suerte– algún tren que vaya a Unión de Reyes vía Jovellanos (1 diario), Guareiras vía Colón (1 diario) y Los Arabos (2 diarios). En la práctica casi todas las salidas se cancelan.

Cómo desplazarse

El recorrido principal de las calesas de caballos (1 peso) por Cárdenas va desde la estación de autobuses en dirección nordeste por la avenida Céspedes y luego al noroeste por la calle 13 hasta el hospital, pasando por la parada del autobús nº 236 con destino a Varadero.

La gasolinera **Servi-Cupet** (calle 13 esq. con av. 31 Oeste) está frente al viejo fuerte español, en el lado noroeste de la población, en la carretera a Varadero.

PENÍNSULA DE ZAPATA

☎ 459 / 8.267 hab.

La mayor parte de los 4.520 km² que ocupa la península de Zapata, en el sur de la provincia de Matanzas, está incluida en el Gran Parque

Natural Montemar, conocido anteriormente con el nombre de Parque Nacional Ciénaga de Zapata y declarado en 2001 Reserva de la Biosfera por la Unesco. Aunque es una de las provincias más grandes del país, también es una de las menos habitadas.

Al este de esta pantanosa región se encuentra la alargada bahía de Cochinos, donde los panfletos propagandísticos proclaman la victoria cubana sobre el "imperialismo yanqui" allá por 1961. Hay dos playas que merecen la pena: playa Larga, en la boca de la bahía, y playa Girón, más al sur. Ambas están bordeadas por complejos hoteleros algo apolillados, pero muy populares entre los submarinistas. Además de su fama por el chapucero desembarco estadounidense, la bahía ofrece algunas de las mejores inmersiones en cuevas de todo el Caribe.

Al nordeste de la península se encuentra la población azucarera de Australia, cercana al hortera complejo turístico de Boca de Guamá, que pretende recrear un poblado taíno.

Los servicios de transporte de la zona son muy irregulares y difíciles de concretar, en cambio hay innumerables posibilidades de alojarse fuera de los complejos hoteleros. Existen excelentes casas particulares en Jagüey Grande, Australia y las playas Larga y Girón.

Información

La Finquita (☎ 2277; ☽ 9.00-12.00 y 13.00-17.00 lu-sa), bar y oficina de información gestionada por Cubanacán y situada antes de llegar al desvío a playa Larga desde la autopista. Organiza excursiones por la península de Zapata (véase p. 246) y reserva habitaciones en Villa Guamá.

Las oficinas de Etecsa, correos y las tiendas que cobran en pesos convertibles están al otro lado de la autopista, en el bullicioso Jagüey Grande. Los repelentes de insectos son absolutamente imprescindibles, pero las marcas cubanas son como un aderezo para los voraces mosquitos de la zona.

AUSTRALIA CENTRAL Y ALREDEDORES

A 1,5 km de la autopista nacional, en dirección sur hacia Boca de Guamá, se encuentra el gran ingenio de azúcar de Australia Central, construido en 1904. Durante el intento de invasión de la bahía de Cochinos en 1961, Fidel Castro situó su cuartel general en la antigua oficina de este trapiche, que en la actualidad alberga el **Museo de la Comandancia** (☎ 2504; entrada 1 CUC; ☽ 8.00-17.00 ma-do). Se trata de un museo municipal que contiene unos cuantos animales disecados y una colección de objetos históricos que abarca desde la época prehispánica. Sorprendentemente casi no hay nada relacionado con el famoso incidente de bahía de Cochinos. Eso sí, en el exterior pueden verse los restos de un avión estadounidense derribado por las tropas de Castro. Los monumentos de cemento que flanquean la carretera de la bahía son recuerdos a los caídos cubanos en el conflicto de 1961.

A unos 400 m de la salida de Australia Central se puede ver a la derecha la **finca Fiesta Campesina** (entrada 1 CUC; ☽ 9.00-18.00), una mezcla de parque de vida salvaje y feria rural con ejemplares típicos de la flora y la fauna del país. Lo más interesante de este extraño lugar es su café que, acompañado de un trozo de caña de azúcar, es uno de los mejores de Cuba; también hay que reparar en la ruleta del conejillo de Indias de la entrada, entretenida aunque algo infantil. Es el único lugar de Cuba donde se permiten las apuestas, aparte de las peleas de gallos.

Dónde dormir y comer

Motel Batey Don Pedro (☎ 2825; h 25 CUC). Alojamiento situado al sur del desvío del kilómetro 142 de la autopista nacional hacia la península de Zapata, en Jagüey Grande. Las ocho habitaciones de techo vegetal son cómodas y baratas, y disponen de ventiladores y ruinosas televisiones. En el cuarto de baño hay que tener cuidado con las ranas. El motel imita una vivienda campesina y su restaurante, íntimo y de servicio cordial, sirve platos muy sencillos. Es mejor Fiesta Campesino, en el local contiguo, donde se prepara un energético *guarapo* (zumo de caña de azúcar) y un café realmente exquisito.

Pío Cuá (☎ 3343; ctra. de playa Larga, km 8; comidas 6-20 CUC; ☽ 9.00-21.00). El más elegante de los alrededores. Frecuentado por turistas, ofrece platos a base de gambas, langosta o pollo bajo una gran estructura que consigue combinar con éxito la caña y el cristal.

En los alrededores existen unas cuantas casas particulares legales, como la de **Orlando Caballero Hernández** (☎ 91 32 75; calle 20, nº 5; h 20 CUC; ℗ ✂), en el ingenio de azúcar de Australia Central, que ofrece habitaciones pequeñas y limpias, o la práctica **Casa de Zuleida** (☎ 91 36 74; calle 15A, nº 7211 entre calles 72 y 74;

h 15-20 CUC; Ⓟ 🅧), en Jagüey Grande, detrás del hospital. Hay más casas en la playa Larga (32 km) y la playa Girón (48 km).

BOCA DE GUAMÁ

El mayor punto de interés para los que visitan la zona se encuentra entre la autopista nacional, en Jagüey Grande, y la famosa bahía de Cochinos. Es un centro turístico pomposo que cuenta con un restaurante, un bar muy caro, una tienda de recuerdos, un taller de cerámica, una granja de cocodrilos y barcas para llevar turistas por la laguna del Tesoro hasta un complejo que pretende ser la reconstrucción de un poblado taíno. Los autobuses abarrotan el aparcamiento y una estridente música rap les da la bienvenida mientras cruzan el túnel del tiempo hasta los misterios ocultos de la Cuba precolombina. Se necesita una viva imaginación para sacar provecho de esta visita.

Puntos de interés

No debe confundirse el verdadero **criadero de cocodrilos** (visitas guiadas 5 CUC; 🕓 8.00-17.00) con la granja de pega que hay dentro del complejo turístico de Boca de Guamá. A la derecha viniendo desde la autopista está el verdadero criadero de cocodrilos, propiedad del Ministerio de Industrias Pesqueras, donde se crían dos subespecies distintas: el *Rhombifer* nativo o cocodrilo cubano y el *Acutus* o caimán, que vive en toda la América tropical. A veces los guardias de seguridad intentan desviar al viajero hacia el zoo de Guamá, frente al criadero, pero si se insiste se puede conseguir una visita guiada para ver todas las fases del proceso de cría, desde los huevos hasta los grandes y fieros adultos. Antes del establecimiento de este programa en 1962, primer acto de protección medioambiental del Gobierno revolucionario, estas dos especies estaban al borde de la extinción.

De hecho, el programa ha tenido tanto éxito que en Boca de Guamá, justo al otro lado de la carretera, se venden crías disecadas y se preparan platos con carne de emidosaurio como ingrediente principal, prácticas ambas completamente legales.

En el **parque/zoo** (adultos/niños 5/3 CUC; 🕓 9.00-18.00), junto a otros animales enjaulados, hay dos cocodrilos que intentan combatir una humedad del 85% quedándose permanentemente bajo el agua.

Si se compra algún artículo de piel de cocodrilo, hay que asegurarse de pedir el certificado de que proviene de animales criados en granja, pues habrá que presentarlo a las autoridades aduaneras al dejar el país. También pueden hacerse otras compras menos comprometidas, como por ejemplo las bonitas pulseras fabricadas en el cercano **taller de cerámica** (🕓 9.00-18.00 lu-sa), donde hay hasta cinco hornos funcionando a la vez.

Además del criadero, la principal atracción de la zona es la **laguna del Tesoro,** 8 km al este de Boca de Guamá por el canal de la Laguna y accesible únicamente en barco (véase el apartado "Cómo desplazarse", p. 247). En la orilla oriental de este lago de 92 km² se ha construido un complejo turístico llamado Villa Guamá, que pretende imitar un poblado taíno diseminado por 12 pequeños islotes. Cerca, hay un parque escultórico con 32 figuras de indígenas taínos de tamaño natural en distintas posturas. El nombre de la laguna procede de una leyenda que asegura que los indígenas arrojaron al agua sus tesoros ante la llegada de los españoles. Por su parte, el topónimo "Guamá" está tomado del nombre de un jefe rebelde que, al parecer, se destacó especialmente en su resistencia a los españoles. Por alguna extraña razón, el lugar parece ejercer una enorme fascinación sobre un gran número de parejas cubanas de recién casados, que abarrotan la atracción. También se puede pescar, sobre todo percas americanas.

Dónde comer y dormir

Villa Guamá (Cubanacán; ☎ 5515; i/d temporada baja 34/42 CUC, temporada alta 38/47 CUC). Se construyó en 1963 en la orilla oriental de la laguna del Tesoro, a unos 5 km de Boca de Guamá (accesible en barco; los automóviles puede aparcarse en el criadero de cocodrilos por 1 CUC) y cuenta con 50 cabañas de techo vegetal con baño y TV levantadas sobre pilares en el agua. Se asientan sobre seis pequeñas islas conectadas por pasarelas de madera con otras islas donde se encuentran el bar, la cafetería, un restaurante de precio algo desorbitado y una piscina con agua clorada de la laguna. Se alquilan barcas de remos. El ruido de la discoteca puede resultar muy molesto, además de estar cómicamente fuera de lugar: que se sepa no existe constancia arqueológica de la existencia de discotecas en los poblados taínos. Además, la batahola de

los ubicuos excursionistas que vienen y van en lanchas motoras durante todo el día hace que la tranquilidad sea más bien escasa. No obstante, la presencia de pájaros al atardecer es espectacular. Los que decidan quedarse necesitarán repelente de insectos. El traslado en *ferry* no está incluido en el precio de la habitación (véase el apartado "Cómo desplazarse", a continuación).

En el embarcadero está **La Rionda** (☼ 9.30-17.00), un agradable bar, y los restaurantes Colibrí y La Boca (menú 12 CUC).

Cómo llegar y salir

En teoría, el autobús público de Jagüey Grande a playa Girón pasa una vez por la mañana. Los viernes, sábados y domingos por la tarde pasa otro en dirección a La Habana (178 km). Si no se dispone de transporte propio se puede hacer autostop hasta la playa Girón o la autopista y desde allí tomar un autobús de Viazul, Astro o bien uno turístico en el restaurante que hay cerca de la finca Campesino (casi todos paran allí en su ruta). Todos los días llegan autobuses de excursiones desde Varadero a Boca de Guamá, así que los viajeros independientes pueden utilizar sus servicios negociando con el conductor (10 CUC por persona son suficientes).

Cómo desplazarse

Hay un *ferry* de pasajeros (adultos/niños 10/5 CUC, 20 min) que va de Boca de Guamá a Villa Guamá cruzando la laguna del Tesoro cuatro veces al día. También hay lanchas motoras que salen con más frecuencia y llevan a los visitantes al poblado en sólo 10 minutos a cualquier hora del día por 10 CUC por persona (ida y vuelta con 40 minutos de espera en Villa Guamá) y un mínimo de dos viajeros. Se puede pasar más tiempo en la isla si se va en lancha y se regresa en *ferry*.

GRAN PARQUE NATURAL MONTEMAR

La ciénaga de Zapata es la mayor extensión pantanosa del país y uno de sus ecosistemas más variados. Tiene dos partes –separadas por un afloramiento rocoso natural– en las que crecen 14 ecosistemas vegetales distintos, entre los que se incluyen manglar, bosque húmedo y seco, cactus, sabana, selva y bosque semicaduco. También existen amplias llanuras saladas. Estos pantanos albergan más de 190 especies de aves, 31 de reptiles, 12 de mamíferos e innumerables an-

fibios, peces e insectos, incluido el insaciable mosquito. Hay más de 900 especies de plantas, 115 de ellas endémicas. Además, es un hábitat fundamental para el amenazado manatí, el cocodrilo cubano (*Crocodylus rhombifer*) y el manjuarí (*Atractosteus tristoechus*), el pez más antiguo de Cuba.

Es el lugar perfecto para ver pájaros mosca (el ave más pequeña del mundo), cormoranes, grullas, patos, flamencos, halcones, garzas, íbices, búhos, loros, gorriones, tocororos (el pájaro nacional cubano) o ratonas. Muchas aves migratorias de América del Norte pasan aquí el invierno, por lo que la mejor época para la observación ornitológica es entre noviembre y abril. También es el mejor sitio para practicar la pesca con mosca, con palometas, sábalos y róbalos prácticamente saltando del agua.

Pese a su riqueza ecológica, ésta ha sido siempre una tierra yerma para la agricultura y hasta no hace mucho no existían comunicaciones y la pobreza era generalizada. Tradicionalmente los carboneros producían este combustible con la madera de los bosques semicaducos de la región y también recolectaban la turba de los pantanos para usarla como fuente de energía. En la actualidad la principal industria es el turismo.

COCODRILOS

El cocodrilo cubano o *Crocodylus rhombifer* tiene el hábitat más reducido de todas las especies de cocodrilos, ya que vive únicamente en la península de Zapata y en los pantanos de Lanier, en la isla de la Juventud, donde fue introducido por el hombre. Perseguido durante siglos, este reptil está ahora en peligro de extinción, con un número estimado de 6.000 individuos en libertad en una superficie total de 300 km².

Los cocodrilos cubanos son poderosos nadadores y relativamente ágiles en tierra. Su dieta se compone principalmente de peces, pero también cazan pequeños mamíferos. Se identifican fácilmente por sus manchas negras y amarillas y llegan a alcanzar una media de 3,2 m y 80 años de vida.

El mejor sitio para verlos en cautividad es el criadero de cocodrilos de la provincia de Matanzas (p. 246) o en la isla de la Juventud (p. 180).

Información

La **oficina del parque** (☎ 7249; ☯ 8.00-16.30 lu-vi, 8.00-12.00 sa) está en la entrada norte de playa Larga, en la carretera de Boca de Guamá. El personal está muy bien informado y es servicial. También puede obtenerse información en la oficina de Cubanacán, en la autopista, cerca de Australia Central.

Puntos de interés y actividades

Existen cuatro recorridos principales en el parque, pero son flexibles, sobre todo en lo que se refiere a la observación de aves. No siempre se proporciona transporte, así que lo mejor es asegurarse antes. Se pueden alquilar vehículos, incluidos todoterrenos con conductor, en **Transtur** (☎ 4114) o **Havanautos** (☎ 98 41 23), en playa Girón. Uno de los itinerarios más populares es el que lleva a la **laguna de las Salinas,** donde entre noviembre y abril se pueden ver grandes bandadas de aves acuáticas; se han llegado a congregar grupos de 10.000 flamencos rosas, además de ejemplares de otras 190 especies. La primera mitad de la ruta a las Salinas atraviesa un bosque, mientras que el resto discurre por zonas pantanosas y lagunas. Es obligatorio ir acompañado de un guía. La visita recorre 22 km y dura más de cuatro horas, aunque a veces es posible negociar un poco más de tiempo; el precio mínimo es de 10 CUC por persona.

Para los aficionados más ávidos, la ruta de **observación de aves** (19 CUC/persona) ofrece un itinerario muy flexible y la posibilidad de recorrer en compañía de un ornitólogo distintos lugares, como la Reserva de Bermejas, donde se pueden observar 18 especies de pájaros, entre ellas ferminines, cabreritos y gallinuelas de Santo Tomás, estas dos últimas endémicas de la península de Zapata.

Pasando de la tierra al agua, el recorrido por el **río Hatiguanico** (19 CUC/persona) lleva al visitante por una ruta de 12 km y tres horas de duración que remonta el curso fluvial y atraviesa un denso bosque al noroeste de la península. En algunas zonas hay que agacharse para sortear las ramas mientras que en otras el río se abre en un amplio estuario. En esta zona hay aves en abundancia y, con algo de suerte, se verán también tortugas y cocodrilos.

Otra ruta interesante es la de **Santo Tomás** (10 CUC/persona), una excursión que comienza 30 km al oeste de playa Larga, en Santo To-

más, el único pueblo del parque, y en la que se recorre un afluente del río Hatiguanico a pie o en barca, según la época. Es también una buena opción para los aficionados a las aves.

Los pescadores pueden disfrutar de capturas con mosca en Las Salinas o bien en Hatiguanico. Más información en la oficina del parque.

PLAYA LARGA

Siguiendo hacia el sur desde Boca de Guamá se llega a la playa Larga, en la bahía de Cochinos, tras 23 km (32 desde la salida de la autopista nacional). El 17 de abril de 1961, unos cientos de exilados cubanos, respaldados por EE UU, intentaron invadir Cuba desembarcando en esta bahía para acabar con el régimen instaurado por Castro. Hoy día existe un museo que da la versión oficial de estos acontecimientos en la playa Girón, 35 km al sur. Aunque los mejores alojamientos se hallan en esta última playa, la oficina del Parque Natural Montemar está ubicada en la playa Larga, donde pueden encontrarse también un buen centro de submarinismo.

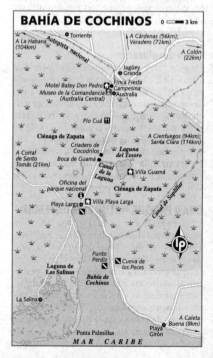

PROVINCIA DE MATANZAS

Actividades
SUBMARINISMO Y BUCEO
Si se prefieren los peces a las aves hay que ir al **Club Octopus** (☎ 7225), un centro internacional de submarinismo situado 200 m al oeste de Villa Playa Larga, que ofrece sus completas instalaciones por 25 CUC la inmersión o 35 CUC por una sesión de orientación y una inmersión introductoria (a 8 m). Existen 12 lugares especialmente interesantes para bucear cerca de la costa, entre las playas Larga y Girón, señalizados con el símbolo internacional de submarinismo pintado en el asfalto. Tanto este centro como el de Punta Perdiz organizan inmersiones por toda la zona. También es posible realizar otras actividades acuáticas, como buceo sin botellas de oxígeno (con/sin instructor 5/10 CUC), pasear en *wetbike* (1 CUC/min), *aqua-bike* (3 CUC/h), kayak (3 CUC/h) o catamarán (tres personas 15 CUC/h). Hay un bar y un restaurante frente a la playa.

En la **cueva de los Peces** (entrada 1 CUC; ◐ 9.00-18.00) pueden verse más tesoros subacuáticos, como un cenote, falla tectónica inundada de unos 70 m de profundidad, situado en el lado de la carretera que da al interior, a medio camino entre las playas Larga y Girón. Allí se verán peces tropicales de brillantes colores y existe la posibilidad de internarse en las zonas más oscuras y tenebrosas del cenote con equipo de buceo (3 CUC). Los centros locales organizan estas inmersiones. En la playa cercana también se pueden realizar interesantes inmersiones. Para completar la oferta, hay un práctico restaurante con precios excelentes.

Más allá de la cueva se encuentra **Punto Perdiz**, otro lugar estupendo para hacer buceo con tubo (3 CUC/h) y submarinismo (25 CUC por inmersión). Sus aguas poco profundas son de un precioso color azul turquesa y la inmersión resulta de lo más interesante. Se cobra 1 CUC por utilizar las sombrillas, las sillas y las duchas; también hay un restaurante.

Dónde dormir y comer
Villa Playa Larga (Cubanacán; ☎ 7225, 7294; i/d temporada baja 27/40 CUC, temporada alta 35/44 CUC, desayuno incl.; P ⚌ ⚌). Situado en una playa pequeña y blanca en forma de media luna justo al lado de la carretera, al este del pueblo, dispone de habitaciones enormes con baño, sala de estar, nevera y TV, y además ocho *bungalows* familiares con dos habitaciones. El restau-

rante es muy espartano, lo que supone un gran contraste con el entorno. Hay una oficina de Transtur de alquiler de vehículos. Si se puede elegir, Villa Playa Girón está en un enclave mucho más bonito (véase p. 251).

Playa Larga cuenta también con casas particulares muy agradables, como **Casa Fefa** (☎ 98 7133), propiedad de Josefa Pita Cobas y Osnedy González Pita, a un minuto de la playa Caletón. Osnedy proporciona contactos con guías de senderismo y observación de aves.

El **Restaurante Palmares** (comidas 2-7 CUC), al otro lado de la carretera desde Villa Playa Larga, prepara sabrosos sándwiches de jamón y queso, platos de pescado y aceptables recetas vegetarianas.

Cómo llegar y salir
Hipotéticamente, existe un servicio de autobús entre la playa Girón y Jagüey Grande todas las mañanas, pero no hay que sorprenderse si no aparece. Por lo visto hay otro autobús que sale hacia La Habana (191 km) los viernes, sábados y domingos por la tarde.

PLAYA GIRÓN
El nombre de esta playa, situada en la costa oriental de la bahía de Cochinos, 48 km al sur de Boca de Guamá, recuerda a un pirata francés, Gilbert Girón, que fue decapitado aquí a principios del s. XVII tras su última –y fracasada– incursión. Sin embargo, ahora es más conocida por otra incursión, también desafortunada: el intento de desembarco, en abril de 1961, de un grupo de exiliados cubanos que, con apoyo estadounidense, intentaban tomar el poder en el país y derrocar el régimen castrista. El conato de invasión quedó en desastre y, obviamente, el lugar está ahora plagado de monumentos conmovedores y carteles de propaganda política. Además de eso, la playa, de aguas cristalinas y una abrupta caída en el lecho submarino, es muy popular entre los buceadores.

Aparte de un grupo de bonitas viviendas privadas, el único alojamiento de la zona es un establecimiento de ambiente relajado y agradable, a pesar del feo muro que se ha levantado para proteger la zona de baño. La playa Los Cocos, larga, arbolada y buena para bucear, está a cinco minutos andando por la costa. En cualquier caso, conviene aclarar que esto no es Varadero y no hay grandes extensiones de fina y dorada arena. Además, las distancias son grandes y el transporte público

LA BAHÍA DE COCHINOS

Los sucesos que los cubanos llaman playa Girón se conocen en el resto del mundo como el fracaso de bahía de Cochinos, una tragicomedia torpemente planeada que convirtió a la Administración Kennedy en el hazmerreír del mundo y elevó a Fidel Castro al puesto de héroe nacional.

Concebido en 1959 por el Gobierno de Eisenhower e impulsado por Richard Bissell, director de la CIA, el plan que iniciaba el programa de acción encubierta contra el régimen de Castro fue aprobado oficialmente el 17 de marzo de 1960. Sólo se puso una condición: que no se utilizaran tropas estadounidenses en combate.

Cuando se presentó el plan al presidente Kennedy el mismo año de 1960, el proyecto había pasado a ser una invasión a gran escala, financiada con un presupuesto de 13 millones de dólares y apoyada por una fuerza de 1.400 exiliados cubanos entrenados en suelo estadounidense.

El intento de invasión comenzó el 15 de abril de 1961 y fue un completo desastre de principio a fin. Se pretendió atacar a las fuerzas aéreas cubanas en tierra, pero los aviones de las fuerzas rebeldes, pintados con los colores del ejército de Cuba y pilotados por exilados cubanos, fallaron casi todos sus objetivos. Castro, que conocía sus planes con antelación, había escondido su fuerza aérea la semana anterior y cuando los invasores desembarcaron en la playa Girón dos días después, los cazas cubanos hundieron dos de sus barcos de apoyo y dejaron a 1.400 hombres atrapados en la playa.

Para empeorar las cosas, se esperaba una rebelión popular dentro del país que nunca se produjo. Mientras tanto, un vacilante Kennedy negaba a los rebeldes apoyo aéreo estadounidense para rescatar a los soldados abandonados.

Los invasores estaban condenados, aislados en la playa sin suministros ni apoyo militar. En escaramuzas murieron 114 y otros 1.189 fueron hechos prisioneros. Un año después, los prisioneros fueron devueltos a EE UU a cambio de alimentos y medicinas por valor de 53 millones de dólares. Para los estadounidenses y el exilio cubano, la humillación era evidente.

El fracaso de la invasión de la bahía de Cochinos se debió a muchos factores. En primer lugar, la CIA sobrestimó el compromiso personal de Kennedy y la fuerza de la fragmentada oposición interna al régimen castrista. En segundo lugar, el propio Kennedy, firme en su idea de realizar un desembarco no violento, eligió una zona muy expuesta y cercana a los pantanos de Zapata. En tercer lugar, nadie tuvo en cuenta el alcance de la infiltración del servicio de inteligencia cubano en la operación.

Ideado como un plan de liberación, las consecuencias para Cuba fueron, sin embargo, nefastas: "¡Socialismo o muerte!", gritaba desafiante Fidel Castro en el funeral de los siete "mártires" del 16 de abril de 1961. La revolución viraba irrevocablemente hacia la Unión Soviética.

escaso, así que si no se dispone de vehículo propio la movilidad se verá muy reducida.

Información

En el acceso principal del hotel hay una farmacia, una oficina de correos nacional y otra internacional y una tienda de Caracol que vende productos de alimentación. Para casi todos los servicios o productos necesarios hay que acudir a esta zona. La pequeña población de Playa Girón se extiende en semicírculo bordeando la costa.

Puntos de interés

El **Museo de Playa Girón** (entrada 2 CUC, cámaras 1 CUC; ✔ 9.00-17.00), frente a Villa Playa Girón, muestra la versión oficial del intento de invasión de 1961. Sus expositores de cristal albergan objetos recogidos en la bahía de Cochinos y numerosas fotos con sus correspondientes leyendas. El mural de las víctimas y sus objetos personales es laudatorio y sentimental, mientras que las explicaciones gráficas sobre el desarrollo de la batalla son una loa al genio táctico de las fuerzas cubanas. Por 1 CUC más puede verse un vídeo de 15 minutos sobre esta "gran derrota del imperialismo yanqui" en América. En el exterior del museo está aparcado un British Hawker Sea Fury utilizado por las fuerzas aéreas cubanas y en la parte de atrás hay varios barcos que también participaron en la batalla.

Actividades

El **centro internacional de submarinismo** (☎ 4118) de Villa Playa Girón se ha trasladado tem-

poralmente a Punta Perdiz, aunque es mejor acudir a la playa Larga. La zona de buceo está siguiendo por la costa.

Caleta Buena (☽ 10.00-18.00), 8 km al sudoeste de la playa Girón, es una preciosa cala protegida con corales y peces pequeños, ideal para bucear. La entrada cuesta 12 CUC e incluye un bufé libre de comida y bebida. Sillas y sombrillas se reparten por la costa rocosa, que tiene suficiente espacio como para encontrar un rincón con intimidad. La empresa de submarinismo de Villa Playa Girón tiene aquí una caseta y cobra las mismas tarifas (equipo de buceo sin botella 3 CUC).

Dónde dormir y comer

Los viajeros con bajo presupuesto podrán disfrutar de una buena oferta de habitaciones en casas privadas. Muchas sirven también comidas, pero es conveniente informarse antes.

Villa Playa Girón (Cubanacán; ☎ 4110; i/d temporada baja 45/60 CUC, temporada alta 55/70 CUC, todo incluido; P ⌗ ⌕). Humilde complejo hotelero con dignos servicios pero con una arquitectura de los años setenta y un ambiente de campamento de verano, a años luz del lujo de Varadero. Se recomienda evitar las habitaciones de los largos bloques cercanos a la piscina y elegir uno de los *bungalows* de cemento. Algunos son muy grandes y perfectos para grupos, con dos habitaciones y cocina. Los amplios jardines están frente a la playa.

Se han tenido noticias de que este hotel albergaría la Misión Milagros (p. 445) a partir de 2006, por lo que es conveniente comprobar con antelación que está abierto.

Cómo llegar y salir

El autobús a/desde Matanzas vía Jagüey Grande tiene programada la salida del pueblo de Playa Girón a las 17.00 dos o tres veces a la semana; el de Cienfuegos sale de lunes a viernes a las 5.00. Si para algún autobús turístico en el hotel también se puede pedir al conductor permiso para subir y negociar con él el precio del trayecto. De hecho, ésta será la opción más fiable.

CASAS PARTICULARES EN PLAYA GIRÓN

Hostal Luis (☎ 4121; h 25 CUC, desayuno incl.; ⌗). La primera casa en la carretera de Cienfuegos. Ofrece dos habitaciones impecables y ambiente familiar; se distingue bien por los leones de la verja.

Jorge Luis Osorio (☎ 98 43 74; h 20-30 CUC; ⌗). Dos habitaciones modernas con un patio trasero en la carretera principal hacia el hotel. La casa contigua también ofrece alojamiento.

KS Abella (☎ 4260; h 20 CUC; ⌗). Delante de unos apartamentos, en la carretera de Cienfuegos; ambiente cordial y comidas deliciosas.

Silvia Acosta (☎ 4237; h 20 CUC; P ⌗). También en la carretera de Cienfuegos, con una impresionante entrada de conchas y habitaciones agradables con acceso privado.

Villa Merci, Mercedes Blanco Pérez (☎ 4304; h 20 CUC; P ⌗). Una pareja muy agradable que ofrece habitaciones limpias en la carretera de Caleta Buena.

Hay un camión que puede llevar a un solo pasajero (4 CUC, 1½ h, 94 km) sale del pueblo de Playa Girón a las 5.00 y regresa de la estación de autobuses de Cienfuegos a las 12.30. El mismo trayecto en taxi cuesta aproximadamente 40 CUC. De playa Girón a playa Larga, la tarifa ronda los 20 CUC.

Cómo desplazarse

Transtur, Cubacar y **Havanautos** (☎ 98 41 23) tienen oficinas de alquiler de vehículos en Villa Playa Girón.

Las gasolineras de Servi-Cupet están en la carretera Central (en Jovellanos y Colón, en Jagüey Grande) y en la autopista nacional (en Aguada de Pasajeros, provincia de Cienfuegos).

Al este de Caleta Buena (sudeste de la playa Girón), la carretera de la costa en dirección a Cienfuegos empeora mucho y sólo resulta accesible para tractores, por lo que es necesario retroceder y tomar la carretera del interior que pasa por Rodas.

PROVINCIA DE MATANZAS

Provincia de Cienfuegos

Constituida en 1975 en el territorio de Las Villas, la provincia de Cienfuegos es un pequeño y compacto pedazo de Cuba con más importancia de la que aparenta. Los viajeros que la visiten por primera vez comprobarán que su gran cantidad de atractivos son tan fascinantes como difíciles de localizar. La provincia goza de una escarpada aunque dócil sierra, una escultural costa y una historia fascinante. La zona comparte muchas de las ventajas de la vecina provincia de Sancti Spíritus, pero con la mitad de afluencia turística.

La capital provincial es una ciudad elegante y bien conservada, que combina la majestuosa arquitectura neoclásica con un ambiente a ratos más francés que cubano. Aunque no todo es *savoir faire* y mobiliario Luis XV: bajo una pátina afrancesada subyace indómita el alma afrocubana de Cienfuegos. Si alguien lo duda, la prueba está en la música. Aquí, en Santa Isabel de las Lajas, nació en 1919 Benny Moré, uno de los grandes monstruos de la música cubana. Y si se quieren más pruebas, a pocos kilómetros de allí, en la olvidada Palmira, los cabildos de la santería mantienen vivo el ritmo de la percusión yoruba en sus rituales.

Rancho Luna es el nombre de la playa de la provincia, un pedazo de arena sin más pretensiones. Está llena de canadienses en viaje de estudios. A 10 km por la costa se encuentra Guajimico, la zona más lujosa del país para acampar. Para completar la oferta, un centro de submarinismo ofrece inmersiones para bucear entre pecios y formaciones de coral.

LO MÁS DESTACADO

- **El deleite de un arquitecto**
  Ver la elegancia neoclásica de Cienfuegos protegida por la Unesco (p. 254)

- **Benny en Lajas**
  Seguir la pista del legendario Benny Moré hasta Santa Isabel de las Lajas (p. 257)

- **Crucero por Jagua**
  Dar un romántico paseo en barco durante el atardecer por la bahía de Cienfuegos (p. 257)

- **Relajarse**
  Ir de excursión hasta El Nicho (p. 264) y relajarse en una reconfortante cascada

- **Cuba submarina**
  Deslizarse entre los jardines de coral y barcos hundidos cerca de Rancho Luna (p. 262)

Santa Isabel de las Lajas

Cienfuegos

Bahía de Cienfuegos

Rancho Luna   El Nicho

☎ 43   ■ POBLACIÓN: 398.569   ■ SUPERFICIE: 4.180 KM²

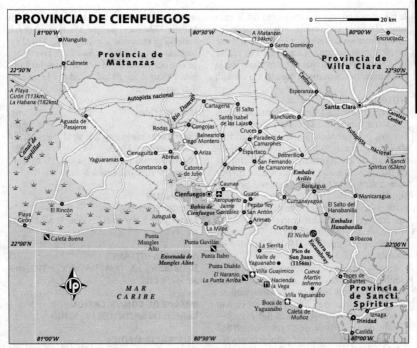

Historia

Los primeros pobladores del área de Cienfuegos fueron los indios taínos que formaban el llamado cacicazgo de Jagua, palabra que en idioma taíno significa belleza. En 1494 Colón arribó a la que luego sería bahía de Cienfuegos, la tercera más grande de la isla con una superficie de 88 km². Catorce años después, Sebastián de Ocampo falleció en este mismo punto cuando completaba la primera circunnavegación completa de la isla. Con la aparición de la piratería en las Antillas durante los ss. XVI y XVII, los españoles construyeron un fuerte en la costa, el imponente castillo de Jagua (p. 264), uno de los edificios militares más importantes de la costa meridional de Cuba.

En julio de 2005 la provincia de Cienfuegos fue azotada sin piedad por el huracán *Dennis,* que provocó graves daños a los edificios, la agricultura y la infraestructura básica.

CIENFUEGOS

☎ 0432 / 139.137 hab.

Lo suficientemente grande para ofrecer arte, entretenimiento y diversión, pero lo suficientemente pequeña para no perder el encanto, Cienfuegos es una ciudad manejable, llena de edificios con bellas columnatas que ha sido declarada Patrimonio Mundial por la Unesco. La serena bahía de Cienfuegos asemeja una venera abierta al mar Caribe y es la responsable de que se haya apodado a la provincia "la perla del sur". Punta Gorda, el delgado cuchillo de tierra que se hunde en las aguas sureñas, alberga algunas de las casas particulares más bonitas de Cuba. Desde La Habana se puede llegar fácilmente por la autopista en autobús o en automóvil. Cienfuegos mantiene ese sabor afrancesado que junto con los edificios desgastados y la vida callejera agradable y tranquila ofrece al visitante una perspectiva más íntima de la cultura cubana.

La arquitectura decimonónica y el entorno pausado de la costa crean ese ambiente tan agradable, aunque la agitación de la industria de la periferia no ayuda mucho al relajo. Y la verdad es que la bahía de Cienfuegos es un astillero gigante: aquí se encuentra la flota pesquera del camarón, una fábrica de fertilizante nitrogenado, una cementera, una refinería de petróleo, una planta termoeléctrica y

la fantasmal cúpula de una planta nuclear, la única del país y cuya construcción se abandonó a principios de los años noventa cuando se cerró el grifo del dinero soviético. Por suerte para el viajero, y aunque parezca increíble, la contaminación aún no ha llegado a la ciudad.

Historia

Un emigrante de Luisiana llamado Louis D'Clouet fundó en 1819 la ciudad de Cienfuegos, por entonces llamada Fernandina de Jagua. La nueva urbe formaba parte de un plan de asentamiento para 40 familias de Burdeos, Francia. Pero sus inicios no pudieron ser menos halagüeños pues, a poco de fundarse, en 1825, la ciudad fue destruida por una terrible tormenta tropical. Los colonos franceses no se abatieron y reconstruyeron sus casas. Rebautizaron a la ciudad como "Cienfuegos", apellido del gobernador de aquella época.

Con la llegada del ferrocarril en 1850 y el cambio de alianzas en la industria azucarera de Trinidad tras la Guerra de Independencia, las fortunas de Cienfuegos crecieron exponencialmente. A finales del s. XIX, se gozaba de un período de cierta prosperidad económica, por lo que los comerciantes locales invirtieron su dinero en la construcción de edificios impresionantes que, si bien algo eclécticos, evocaban el neoclasicismo de sus antepasados franceses.

El punto de inflexión en la historia de Cienfuegos llegó en septiembre de 1957 cuando los oficiales de la base naval local se alzaron contra el dictador Batista. El alzamiento se reprimió con dureza, aunque se ha ganado un lugar de honor en la propaganda del posterior régimen.

Hoy, Cienfuegos conserva un aspecto más lustroso que otras ciudades cubanas. Tras la inyección de dinero de la Unesco, parece que el futuro de su arquitectura decimonónica ha logrado zafarse de las penurias de la Cuba castrista.

Orientación

A pesar de la geografía irregular, la ciudad está planificada con un sistema de cuadrícula, con avenidas que siguen una numeración de este a oeste y calles que lo hacen de norte a sur. El centro de Cienfuegos, llamado Pueblo Nuevo, está entre las avenidas 46 y 62, con la calle 37, conocida como El Prado. La avenida 54 también se conoce como el Bulevar. Es una zona comercial y peatonal que va desde la calle 37 hasta el parque Martí. A su vez, la calle 37 se extiende a lo largo de 3 km al sur hasta la orilla de Punta Gorda, trayecto que se conoce como el Malecón. Rancho Luna está 18 km al sur de la ciudad por la avenida 5 de septiembre.

Información

LIBRERÍAS
Librería Bohemia (plano p. 255; ☎ 52 51 63; av. 56, nº 3318, entre calles 33 y 35)
Librería Dionisio San Román (plano p. 255; ☎ 52 55 92; av. 54, nº 3526). En la esquina de la calle 37.

URGENCIAS
Ambulancia (☎ 185)
Asistur (plano p. 255; ☎ 51 32 65; calle 37, nº 5405, entre avs. 54 y 56)

ACCESO A INTERNET
Etecsa (plano p. 255; ☎ 51 92 66; calle 31, nº 5402 , entre avs. 54 y 56; 6 CUC/h)

MEDIOS DE COMUNICACIÓN
Radio Ciudad del Mar (1350 AM y 98.9 FM)

ASISTENCIA MÉDICA
Clínica Internacional (plano p. 255; ☎ 55 16 23; calle 37, nº 202, Punta Gorda). Atiende a extranjeros, cubre emergencias dentales y tiene una farmacia abierta 24 h.
Farmacia Principal Municipal (plano p. 255; ☎ 51 57 37; av. 54, nº 3524, entre calles 35 y 37)

DINERO
Banco de Crédito y Comercio (plano p. 255; ☎ 51 57 47; av. 56 esq. con calle 31)
Banco Financiero Internacional (plano p. 255; ☎ 55 16 57; av. 54 esq. con calle 29)
Cadeca (plano p. 255; ☎ 55 22 21; av. 56, nº 3314, entre calles 33 y 35)

CORREOS
Oficina de correos Av. 56 esq. con calle 35 (plano p. 255; ☎ 51 82 84); av. 54, nº 3514 (plano p. 255; entre calles 35 y 37)

TELÉFONO
Etecsa (plano p. 255; ☎ 51 92 66; calle 31, nº 5403, entre avs. 54 y 56)

AGENCIAS DE VIAJES
Cubanacán (plano p. 255; ☎ 55 16 80; av. 54, entre calles 29 y 31)
Cubatur (plano p. 255; ☎ 55 12 42; calle 37, nº 5399, entre avs. 54 y 56)

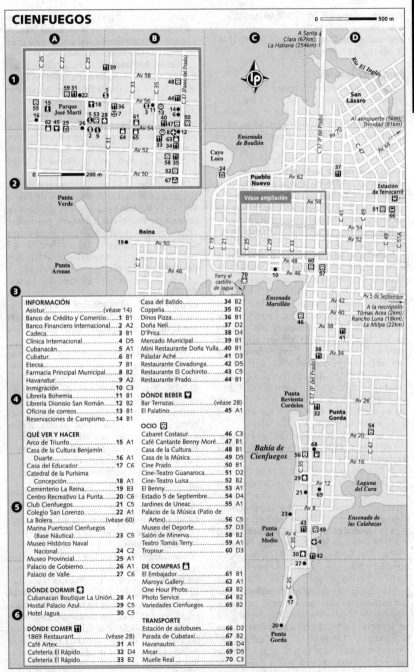

CIENFUEGOS

0 ————— 500 m

A Santa
Clara (67km);
La Habana (254km)

Río El Inglés

San
Lázaro

Al aeropuerto (5km);
Trinidad (81km)

Ensenada
de Boullón

Cayo
Loco

Pueblo
Nuevo

Punta
Verde

Reina

Véase ampliación

Estación
de ferrocarril

Punta
Arenas

Ferry al
castillo
de Jagua

Ensenada
Marsillán

Av 5 de Septiembre

A la necrópolis
Tómas Acea (2km);
Rancho Luna (18km);
La Milpa (22km)

Punta
Revienta
Cordeles

Punta
Gorda

Bahía de
Cienfuegos

Laguna
del Cura

Ensenada de
las Calabazas

Punta
del
Medio

Punta
Gorda

0 ———— 200 m

INFORMACIÓN	
Asistur..............................(véase 14)	
Banco de Crédito y Comercio......**1** B1	
Banco Financiero Internacional....**2** A2	
Cadeca....................................**3** B1	
Clínica Internacional..................**4** D5	
Cubanacán..............................**5** A1	
Cubatur..................................**6** B1	
Etecsa....................................**7** B1	
Farmacia Principal Municipal.......**8** B2	
Havanatur................................**9** A2	
Inmigración............................**10** C3	
Librería Bohemia......................**11** B1	
Librería Dionisio San Román.......**12** B2	
Oficina de correos....................**13** B1	
Reservaciones de Campismo.......**14** B1	
QUÉ VER Y HACER	
Arco de Triunfo........................**15** A1	
Casa de la Cultura Benjamín	
Duarte..................................**16** A1	
Casa del Educador....................**17** C6	
Catedral de la Purísima	
Concepción...........................**18** A1	
Cementerio La Reina..................**19** B3	
Centro Recreativo La Punta.........**20** C6	
Club Cienfuegos.......................**21** C5	
Colegio San Lorenzo..................**22** A1	
La Bolera..............................(véase 60)	
Marina Puertosol Cienfuegos	
(Base Náutica).....................**23** C5	
Museo Histórico Naval	
Nacional..............................**24** C2	
Museo Provincial......................**25** A1	
Palacio de Gobierno..................**26** A1	
Palacio de Valle.......................**27** C6	
DÓNDE DORMIR	
Cubanacan Boutique La Unión..**28** A1	
Hostal Palacio Azul....................**29** C5	
Hotel Jagua............................**30** C5	
DÓNDE COMER	
1869 Restaurant..................(véase 28)	
Café Artex..............................**31** A1	
Cafetería El Rápido...................**32** D4	
Cafetería El Rápido...................**33** B2	

Casa del Batido........................**34** B2	
Coppelia................................**35** B2	
Dinos Pizza............................**36** B1	
Doña Neli..............................**37** D2	
D'Prisa..................................**38** D4	
Mercado Municipal....................**39** B1	
Mini Restaurante Doña Yulla....**40** B1	
Paladar Aché...........................**41** D3	
Restaurante Covadonga.............**42** D5	
Restaurante El Cochinito...........**43** C5	
Restaurante Prado....................**44** B1	
DÓNDE BEBER	
Bar Terrazas........................(véase 28)	
El Palatino.............................**45** A1	
OCIO	
Cabaret Costasur.....................**46** C3	
Café Cantante Benny Moré.....**47** B2	
Casa de la Cultura....................**48** B1	
Casa de la Música....................**49** D5	
Cine Prado..............................**50** B1	
Cine-Teatro Guanaroca............**51** D2	
Cine-Teatro Luisa.....................**52** B2	
El Benny................................**53** A1	
Estadio 5 de Septiembre............**54** A1	
Jardines de Uneac....................**55** A1	
Palacio de la Música (Patio de	
Artex)..................................**56** C5	
Museo del Deporte....................**57** D3	
Salón de Minerva.....................**58** B2	
Teatro Tomás Terry...................**59** A1	
Tropisur................................**60** D3	
DE COMPRAS	
El Embajador...........................**61** B1	
Maroya Gallery........................**62** A1	
One Hour Photo.......................**63** B2	
Photo Service..........................**64** B2	
Variedades Cienfuegos..............**65** B2	
TRANSPORTE	
Estación de autobuses...............**66** D2	
Parada de Cubataxi...................**67** B2	
Havanautos............................**68** D4	
Micar....................................**69** D5	
Muelle Real............................**70** C3	

Havanatur (plano p. 255; ☎ 51 11 50; fax 55 13 70; av. 54, nº 2906, entre calles 29 y 31)
Reservaciones de Campismo (plano p. 255; ☎ 51 94 23; calle 37, nº 5407, entre avs. 54 y 56)

Puntos de interés

Las atracciones más interesantes se acumulan cerca del parque José Martí y 3 km al sur, en Punta Gorda. Cienfuegos se puede ver perfectamente en un día, pero siempre es agradable gozar de su vida nocturna (véase p. 260).

Un buen punto de partida para dar un paseo es el **parque José Martí** (plano p. 255) atravesando el **Arco de Triunfo**, único en toda Cuba. Es un homenaje a la independencia cubana. Este impresionante monumento adentra al viajero en el corazón del parque y le deja a los pies de un José Martí inmortalizado en mármol.

Teatro Tomás Terry (plano p. 255; ☎ 51 33 61; av. 56, nº 270, entre calles 27 y 29; circuitos 1 CUC; ☾ 9.00-18.00). Al norte del parque Martí se encuentra uno de los edificios más famosos de Cienfuegos. Los hijos del industrial venezolano Tomás Ferry construyeron en honor a su padre este auditorio de 950 butacas entre 1887 y 1889 y adornaron el vestíbulo con una estatua en mármol de Carrara del cabeza de familia. En 1895 el teatro se inauguró con la ópera *Aída*, de Verdi. Entre los artistas famosos que han pisado sus tablas se encuentran Enrico Caruso, Anna Pavlova y Sarah Bernhardt. Las butacas están talladas en maderas nobles y en el techo luce un fresco de Camilo Salaya.

Al oeste del parque Martí se halla el palacio de Ferrer (1918), ahora **Casa de la Cultura Benjamín Duarte** (plano p. 255; ☎ 51 65 84; calle 25, nº 5401; entrada gratuita; ☾ 8.30-24.00). Se puede subir hasta el mirador para admirar las vistas (1 CUC). Si apetece escuchar música en directo se puede consultar la programación en la puerta. Al otro lado del parque está la **catedral de la Purísima Concepción** (plano p. 255; ☎ 52 52 97; av. 56, nº 2902; se aceptan donaciones; ☾ 7.00-12.00). Se erigió en 1869 con dos torres gemelas y coloridas vidrieras de aire francés. La parte sur del parque Martí está dominada por la cúpula roja del **Palacio de Gobierno**, sede del consistorio que aquí recibe el pomposo nombre de "Poder Popular Provincial"; no se aceptan visitas. El **Museo Provincial** (plano p. 255; ☎ 51 97 22; av. 54 esq. con calle 27; entrada 2 CUC; ☾ 10.00-18.00 ma-sa, 10.00-12.00 do), recientemente restaurado, presenta una buena exposición

de refinados muebles del s. XIX, muestra característica del gusto de la sociedad francocubana decimonónica, así como una gran variedad de elementos decorativos.

El **paseo del Prado** (calle 37) es la calle más larga de la isla. Empieza al norte, en el río El inglés, y llega hasta Punta Gorda en su extremo meridional. Es un buen lugar para ver cómo disfrutan los cienfuegueños de su tiempo libre. El bulevar es un auténtico baturrillo de edificios neoclásicos y columnas color pastel. En el cruce con la avenida 34 el viajero puede presentar sus respetos a la estatua del héroe local, el gran Benny Moré.

Si se continúa 3 km más al sur por Prado, se entra en el barrio aristocrático de Punta Gorda. El **Malecón** local no tiene ninguna de las características del habanero, pero ofrece una vista exquisita de lo que se considera una de las bahías naturales más bonitas del mundo. En la arquitectura dominan las casas de madera brillante con porches moteados y celosías con intrincados entramados. La **casa del Educador** (plano p. 255; calle 35, nº 26) es un buen ejemplo de ello. El **palacio Azul,** hoy Hostal Palacio Azul, y el modernizado **Club Cienfuegos** son la muestra del presuntuoso gusto de los años veinte.

Pero lo más *kitsch* aún está por llegar. Si se continúa hacia el sur de Punta Gorda se llega al fabuloso **palacio de Valle** (plano p. 255; ☎ 51 12 26; calle 37 esq. con av. 2; entrada 1 CUC; ☾ 9.30-23.00), de estilo morisco. Construido en 1917 por orden del asturiano Alcisclo Valle Blanco, el edificio es un atrevido revoltijo de ladrillos y torrecillas, almenas y arcos festoneados. Batista planeó transformarlo en casino y hoy parece que su destino es convertirse en un restaurante exclusivo con bar y terraza (p. 260) para turistas.

El **Centro Recreativo La Punta** (plano p. 255; ☾ 10.00-22.00) tiene un cenador en la zona sur. Es un buen lugar para ver la puesta de sol. Se puede pedir una cerveza o un mojito en la barra. Muchas veces hay música en directo.

Cienfuegos tiene un par de puntos de interés más alejados, dos cementerios que ostentan la categoría de Patrimonio Nacional. El más antiguo de los dos es el **cementerio La Reina** (plano p. 255; av. 50 esq. con calle 7; ☾ 8.00-18.00), creado en 1837 y donde descansan cientos de soldados españoles que fallecieron durante las guerras de independencia. La Reina es el único cementerio de la isla donde los cuerpos no están enterrados en tierra debido a

EXCURSIÓN DE UN DÍA

Bartolomé (Benny) Moré nació un 24 de agosto de 1919 en la ciudad de **Santa Isabel de las Lajas,** pocos kilómetros al oeste de Cruces, en Cienfuegos, sobre la carretera de Santa Clara. Es una excursión fácil y accesible de medio día desde Cienfuegos. La ciudad, muy agradable, es la sede del Festival Internacional de Música Benny Moré, que se celebra cada dos septiembres. Entre los atractivos de Santa Isabel se cuentan el **Museo Municipal,** con objetos personales de Moré, y el **casino de los Congos,** que alberga la primera batería que aporreó el músico y donde tienen lugar rituales de santería.

En el viaje de vuelta se puede hacer una parada en el pueblo de **Cruces,** en la carretera de Santa Clara. Aquí fue donde se gestaron las batallas más importantes de la Guerra de Independencia allá por 1895. Un buen ejemplo es la Batalla de Mal Tiempo, en la que los generales mambíes Antonio Maceo y Máximo Gómez derrotaron a las fuerzas españolas. Hay un obelisco en el parque colonial que conmemora el hecho. El parque se declaró monumento nacional en 1981.

Palmira, a 8 km de Cienfuegos, también merece una visita. Es una localidad famosa por sus hermandades de santería, que incluyen las sociedades de Cristo, San Roque y Santa Bárbara. En el céntrico Museo Municipal de Palmira (☎ 54 45 33; entrada 1 CUC; ⌚ 10.00-18.00 ma-sa) se puede encontrar más información.

la abundancia de acuíferos subterráneos. También acoge una estatua llamada *La Bella Durmiente,* tributo a una mujer de 24 años que, según la tradición, murió de amor allá por 1907. Es un lugar muy evocador, si no se siente aversión a los camposantos.

La **necrópolis Tomás Acea** (plano p. 258; ctra. de Rancho Luna, km 2; entrada 1 CUC; ⌚ 8.00-18.00) está clasificada como un cementerio-jardín. Se accede a través de un enorme pabellón neoclásico de 1926, flanqueado con 64 columnas dóricas que imitan las del Partenón griego. Alberga un monumento a los mártires que murieron durante el frustrado levantamiento naval de 1957 en Cienfuegos.

El **Museo Histórico Naval Nacional** (plano p. 255; ☎ 51 91 43; av. 60 esq. con calle 21; entrada 1 CUP; ⌚ 9.00-18.00 ma-vi, 9.00-12.00 do) se encuentra en el antiguo cuartel general del Distrito Naval del Sur (1950). Este importante museo cubre temas de arqueología, historia natural, historia naval, navegación y arte. No obstante, el tema recurrente de la muestra es la sublevación fallida.

Actividades

La **Marina Cienfuegos** (Base Náutica; plano p. 255; ☎ 55 12 41; fax 55 12 75; av. 8 esq. con calle 35; ⌚ 7.00-17.00) está unas manzanas al norte del Hotel Jagua y organiza travesías para pescar (150 CUC/persona; 4 horas). También hay cruceros de dos horas por la bahía al atardecer con una breve parada en el castillo de Jagua (10 CUC) y excursiones de todo un día (16 CUC). Para más información hay que preguntar en Cubatur o Cubanacán (p. 254).

Cerca del nuevo **Club Cienfuegos** (plano p. 255; ☎ 52 65 10; calle 35, entre avs. 10 y 12; ⌚ 9.00-1.00 do-vi, 9.00-2.00 sa) hay una playa pequeña en la que se pueden practicar deportes acuáticos como kayak o *windsurf.* También existe un parque de atracciones con coches de choque, *carts* y videojuegos.

Si apetece echar una partida de billar o bolos, hay que acudir a **La Bolera** (calle 37, entre avs. 46 y 48; 1-2 CUC/h; ⌚ 11.00-2.00), donde también venden helados y, de vez en cuando, hay música en directo. La estupenda **piscina** del Hotel la Unión, en la esquina de la avenida 54 con la calle 31 está a disposición de los no huéspedes por 5 CUC.

Cursos

La **Universidad de Cienfuegos** (☎ 55 61 24; ctra. Las Rodas, km 4, Cuatro Caminos) ofrece cursos de cultura cubana por 400 CUC. Los programas empiezan todos los lunes del mes. Para más información hay que contactar con **UniversiTUR** (universitur@rectorado.ucf.edu) de Cienfuegos.

Circuitos

Cubanacán organiza los mejores circuitos de la ciudad. Destacan sus excursiones a **El Nicho** (p. 264), por 30 CUC, y a **Santa Isabel de las Lajas** para rendir pleitesía al gran Benny Moré.

Fiestas y celebraciones

Las fiestas locales de Cienfuegos incluyen eventos culturales como el día de la fundación de la ciudad, el 22 de abril de 1819; el

ZONA DE CIENFUEGOS 0 — 3 km

A la autopista nacional (34km)

A Santa Clara (50km)

San Fernando de Camarones

Río Salado

Palmira

Río Caunao

Caunao

A Cumanayagua (9km)

Aeropuerto Jaime González

Bahía de Cienfuegos

Cienfuegos

Pepito Tey • Guaos

Véase "Cienfuegos" (p. 255)

San Antón

Río Arimao

Arimao

La Corona El Coral El Laberinto Camaronero 2 El Bajo

Punta Gavilán

Playa Rancho Luna

A Trinidad (38km)

MAR CARIBE

QUÉ VER Y HACER
Castillo de Jagua..........1 A2
Delfinario.....................2 A2
Jardín Botánico de Cienfuegos.............3 B2
Necrópolis Tomás Acea..4 A2

DÓNDE DORMIR
Hotel Club Amigo Faro Luna..........................5 A2
Hotel Pasacaballo.......6 A2
Hotel Punta La Cueva..7 A2
Hotel Rancho Luna.....8 A2

TRANSPORTE
Ferry al castillo de Jagua....................9 A2

Carnaval de agosto y el Festival Internacional de Música Benny Moré, que se celebra todos los años impares.

Dónde dormir

Cienfuegos tiene mucha oferta de habitaciones privadas, lo mejor para los presupuestos más ajustados (véase p. 259). Las de Punta Gorda están un poco retiradas, pero en general suelen estar más acondicionadas. En Cienfuegos hay cuatro hoteles, incluyendo el recientemente restaurado Palacio Azul.

EN LA CIUDAD

El **Cubanacán Boutique La Unión** (Cubanacán; plano p. 255; ☎ 55 10 20; av. 54 esq. con calle 31; i/d 80-90 CUC; 🍴 🏊) es toda una joya clásica en el corazón de la ciudad. Se reabrió hace pocos años, tras una gran restauración realizada por Cubanacán. Hábilmente apartado del bullicio del centro de Cienfuegos, el hotel es un laberinto de tranquilos patios interiores, pilares de mármol y una recóndita piscina. Sus 46 habitaciones, amuebladas a la antigua, disponen de balcones que dan a la calle o a un patio de estilo colonial lleno de mosaicos.

Por 5 CUC es posible relajarse en la piscina y recibir un masaje.

PUNTA GORDA

El **Hostal Palacio Azul** (plano p. 255; ☎ 7-204-4439; calle 37, nº 201, entre avs. 12 y 14; i/d/tr 35/38/51 CUC; 🅿 🍴) es un antiguo palacete edificado en 1921. En 2004 volvió a abrir sus puertas como hotel, con siete habitaciones y capacidad para 16 personas. Está situado cerca del Club Cienfuegos, en Punta Gorda. Las habitaciones más grandes tienen nombre de flores. Aunque no es tan lujoso como el Jagua, tiene más carácter. También cuenta con un restaurante, El Chelo, con una cúpula que ofrece impresionantes vistas.

Hotel Jagua (Gran Caribe; plano p. 255; ☎ 55 10 03; fax 55 12 45; calle 37, nº 1; i/d/tr temporada baja 60/85/119 CUC, temporada alta 74/105/147 CUC; 🍴 🏊). Está en Punta Gorda, a 3 km del centro, y fue edificado por un hermano de Fulgencio Batista en la década de los cincuenta. Es, junto con La Unión, uno de los mejores de la zona central de Cuba. Sus 145 habitaciones están muy bien de precio. Es una buena elección para familias: los niños menores de 12 años pagan la mitad. También hay canguros y clases de baile. De martes a viernes a las 21.30 y los sábados a las 22.00, se puede disfrutar de un espectáculo de cabaré por 5 CUC.

EN LAS AFUERAS

Hotel Punta La Cueva (Islazul; plano p. 258; ☎ 51 39 56; i/d temporada baja 17/22 CUC, alta 21/28 CUC; 🅿 🍴 🏊). Desde el Hotel Jagua, el Punta La Cueva está 3,5 km al este de la bahía por la carretera que empieza a levante de la necrópolis Tomás Acea. Ofrece 67 habitaciones un poco avejentadas, pero que aún mantienen cierto encanto. Dispone de una pequeña playa, pero el hecho de que esté tan alejado es una desventaja.

Dónde comer
EN LA CIUDAD

Dinos Pizza (plano p. 255; calle 31, nº 5418, entre avs. 54 y 56; 🕐 12.00-15.00 y 18.00-24.00). Hace honor a su fama: es de confianza y sirve buena comida, como *pizzas* (4 CUC), con ingredientes extras como champiñones, olivas negras o salchichas, y lasaña (7 CUC). Las ensaladas grandes y las sopas lo convierten en una buena opción para vegetarianos.

Paladar Aché (plano p. 255; av. 38, entre calles 41 y 43). Mientras se redactaba esta guía, el único

CASAS PARTICULARES EN CIENFUEGOS

En el centro

Carmen y Felipe (☎ 51 28 85; av. 60, nº 4703, entre calles 47 y 49; h 20 CUC; ✖). Cerca de la estación de trenes; acogedoras habitaciones con baño privado y balcón; también en el nº 4707.

Casa de Armando (☎ 51 52 99; av. 60, nº 3703, entre calles 37 y 39; h 20 CUC; ✖). Baño privado y buena situación; agradable.

Deliz Sierra (☎ 51 66 38; calle 37, nº 3806, entre avs. 38 y 40; h 20 CUC). Bien situada, en la columnata del Prado.

Casa de la amistad, Armando y Leonor (☎ 51 61 43; av. 56, nº 2927, entre calles 29 y 31; h 20 CUC). Casa colonial al lado del parque Martí; con balcón, comidas tradicionales en el patio y dueños simpáticos.

José Ramón y Clarita (☎ 51 86 39; av. 60, nº 4730, entre calles 47 y 49; h 20-25 CUC; ✖). Cerca de la parada de autobuses y de la estación de trenes.

Miriam y Gladys Fernández Portillo (☎ 51 58 16; av. 54, nº 4919, entre 49 y 51; h 20 CUC). Cerca de la estación de autobuses; también en el nº 4923. Son dos profesoras jubiladas que viven en un elegante edificio neoclásico.

Pepe e Isabel Martínez Cordero (☎ 51 82 76; av. 52, nº 4318, entre 43 y 45; h 20 CUC). Agradables habitaciones interconectadas; sirven comidas.

Ulises Jaureguí (☎ 51 98 91; calle 37, nº 4202, entre avs. 42 y 44; h 20 CUC; ✖). Habitaciones interconectadas ideales para grupos; dispone de comedor.

Punta Gorda

Ángel e Isabel (☎ 51 15 19; calle 35, nº 24, entre av. 0 y Litoral; h 20-25 CUC; ✖). Dos habitaciones amuebladas con gusto mirando al jardín y con vistas a la montaña. También sirve comidas.

Clara Martha (☎ 51 70 57; calle 39, nº 1204, entre avs. 12 y 14; h 20-25 CUC; ✖). Dos habitaciones con entrada independiente.

Dr. Ana María Font D'Escoubert (☎ 51 32 69; calle 35, nº 20, entre avs. 0 y Litoral; h 20-25 CUC; ✖). Ambiente cordial en una elegante casa de finales del período colonial. Jardín precioso con vistas a la bahía. Habitaciones básicas pero limpias.

Gloria Borges (☎ 51 70 14; calle 37, nº 1210; entre 12 y 14; h 25-30 CUC; ✖). Casa impecable con un jardín agradable y un porche trasero con mecedoras.

Jorge A Piñeiro Vásquez (☎ 51 38 08; calle 41, nº 1402, entre avs. 14 y16, h 25 CUC; P). Apartada y exclusiva; sirven comidas.

Jorge de la Peña Castellanos (☎ 51 90 15; calle 39, nº 1206, entre avs. 12 y 14; h 20 CUC; P)

Maylin y Tony (☎ 51 99 66; calle 35, nº 4B, entre avs. 0 y Litoral; h 25 CUC; 🍴). Dos agradables habitaciones con baño privado y balcón con vistas al mar; buenas comidas.

Miriam Aguilera Díaz (☎ 51 80 85; calle 37, nº 1006, entre avs. 10 y 12; h 20 CUC). Casa agradable en la calle principal de Punta Gorda.

Vista Al Mar (☎ 51 83 78; www.vistaalmarcuba.com; calle 37, nº 210, entre avs. 2 y 4; h 25 CUC; P ✖). Muy profesional: tiene hasta su propia playa con hamacas.

paladar en funcionamiento de Cienfuegos era el del hospital pediátrico. Prepara básicamente platos frescos criollos (6-8 CUC), dependiendo si se acude solo o con un jinetero.

1869 Restaurant (plano p. 255; av. 54 esq. con calle 31; platos principales 10 CUC; 🕐 desayuno, almuerzo y cena). El mejor lugar para salir a cenar en Cienfuegos es el restaurante del Hotel La Unión. A pesar de que la comida no encaja con el mobiliario, se agradece el cambio de arroz, alubias y cerdo por un menú más internacional.

Mini Restaurante Doña Yulla (plano p. 255; av. 54, nº 3507, entre calles 35 y 37; 🕐 11.00-15.00 y 6.30 -22.30). Entre los mejores de la ciudad. Tiene manteles, el servicio es agradable y dispone de un menú barato en pesos convertibles. Se recomienda el filete de cerdo.

Café Artex (plano p. 255; av. 56, nº 2703, entre calles 27 y 29). En el parque Martí, sirve café expreso y con leche. El patio tiene vistas al parque, donde se ve a los ancianos haciendo sus ejercicios matutinos.

Mercado municipal (plano p. 255; calle 31, nº 5805, entre avs. 58 y 60). A quien le apetezca cocinar

o salir de *picnic*, tendrá que dirigirse a este mercado, donde encontrará mayormente fruta y verdura (en pesos cubanos).

Otras recomendaciones:

Restaurante Prado (plano p. 255; calle 37 esq. con av. 56; platos principales 2-4 CUC). Un nuevo restaurante vegetariano.

El Rápido (plano p. 255; av. 54 esq. con calle 35). Lo habitual: *pizzas*, bocadillos y arroz con frijoles (1 CUC).

Coppelia (plano p. 255; calle 37 esq. con av. 52). Helado a 2 pesos la bola.

Si apetece un desayuno rápido y barato se puede acudir a la **Casa del Batido** (plano p. 255; calle 37, nº 5211, entre avs. 52 y 54; ◷ 6.00-23.00). Tienen batidos buenísimos de plátano y papaya (1 peso). También está **Doña Neli** (plano p. 255; calle 41 esq. con av. 62; ◷ 9.00-22.15), donde venden pasteles y pan en pesos convertibles.

PUNTA GORDA

Restaurante Covadonga (plano p. 255; ☎ 59 64 20; calle 37, entre avs. 2 y 0). Cuenta la leyenda que Castro y sus huestes comieron aquí en enero de 1959 durante su marcha triunfal hacia La Habana. Según dicen, la comida ha empeorado desde entonces. Sin embargo, merece una copa al atardecer por su excelente ubicación junto al mar.

Club Cienfuegos (plano p. 255; ☎ 52 65 10; calle 37, entre avs. 10 y 12; ◷ 12.00-15.00 y 18.00-21.00). El último recién llegado a la escena gastronómica de Cienfuegos, un restaurante a la vez exclusivo y asequible, de los favoritos y mejores de la ciudad. No se paga más de 10 CUC por un filete y 6 CUC por una buena paella. La maravillosa terraza con vistas al mar es inolvidable. También hay una cafetería y un bar estupendo en la planta baja.

Palacio de Valle (plano p. 255; ☎ 51 12 26; calle 37 esq. con av. 2; ◷ 10.00-22.00). En anteriores ediciones de esta guía no recibió críticas muy elogiosas, pero desde entonces ha mejorado bastante, aunque todavía tiene que mejorar su decoración. En el menú predomina el marisco, pero si al viajero no le convence la calidad, se puede comer en La Jagua, que está al lado, y reservar el bar de la terraza para tomar una copa al atardecer.

Para comer barato en Punta Gorda se recomienda:

Restaurante El Cochinito (plano p. 255; ☎ 51 86 11; calle 37 esq. con av. 4; ◷ 12.00-15.00 y 19-22.00, ma cerrado). El cerdo es barato y también tienen platos con pollo.

El Rápido (plano p. 255; calle 37 esq. con av. 26). Goza de una terraza agradable, con vistas a la bahía, donde se puede comer una *pizza* de microondas por 1 peso.

D'Prisa (plano p. 255; calle 37). Cerca de la avenida 34.

Dónde beber

Bar Terrazas (☎ 55 10 20; av. 54 esq. con calle 31). En la planta alta del Hotel La Unión, es una buena opción. Se puede degustar un mojito y disfrutar de las vistas de la ciudad. La música en directo empieza a las 22.00.

El Palatino (plano p. 255; av. 54, nº 2514) se halla en la parte sur del parque Martí. Es famoso por el circuito del autobús turístico. A veces se hacen sesiones de *jazz* improvisadas. En la tercera canción suelen pasar la gorra.

El bar del restaurante Palacio de Valle merece la pena por su terraza, con buenas vistas y agradable ambiente. Nadie debería marcharse de la ciudad sin tomar una copa al atardecer en el Club Cienfuegos.

Ocio

MÚSICA EN DIRECTO

Jardines de Uneac (plano p. 255; ☎ 51 61 17; calle 25, nº 5413, entre avs. 54 y 56; entrada 2 CUC). En el patio suelen actuar peñas afrocubanas. También suelen cantar trovadores (cantautores tradicionales) como Vicente Feliú. Los Novos, la banda más popular de Cienfuegos, toca aquí con regularidad.

Casa de la Música (plano p. 255; ☎ 55 23 20; calle 37, entre avs. 4 y 6; ◷ actuaciones 22.00 vi y sa, 17.00 do). El lugar de reunión en Punta Gorda de todo el mundo musical: desde Los Van Van, pasando por los grupos de los años setenta, hasta los *raperos*.

Salón de Minerva (plano p. 255; av. 52, nº 3512, entre calles 35 y 37; entrada 1 CUC; ◷ 22.00 ju-sa, 15.00 do). Boleros, salsa y trova se dan la mano en este popular lugar. No hay que olvidar los zapatos de baile.

Patio de Artex (plano p. 255; ☎ 55 12 55; calle 35 esq. con av. 16). Otro lugar recomendable: se puede escuchar son por las tardes y ver conciertos en vivo los domingos a las 14.00.

Café Cantante Benny Moré (plano p. 255; av. 54 esq. con calle 37). La música tradicional es la principal atracción de este café, un lugar no apto para tímidos.

DISCOTECAS

El Benny (plano p. 255; ☎ 55 11 05; av. 54, nº 2907, entre calles 29 y 31; entrada 8 CUC/pareja; ◷ 22.00-3.00 ma-do). La entrada incluye una botella de ron, dos

refrescos y salsa para parar un tren. Todo un espectáculo a la altura del Bárbaro del Ritmo, el gran Benny Moré.

También hay dos discotecas agradables al aire libre, **Tropisur** (plano p. 255; calle 37 esq. con av. 48; ☽ sólo sa), curiosamente pintada a franjas blancas y rosas, y sin letrero, y **Cabaret Costasur** (plano p. 255; av. 40, entre calles 33 y 35; ☽ vi y sa), cuya música se oye desde el Hotel Jagua.

TEATRO

Teatro Tomás Terry (plano p. 255; ☎ 51 33 61; av. 56, nº 270, entre calles 27 y 29). Este monumento arquitectónico al norte del parque Martí alberga representaciones de estreno. La taquilla está abierta de 11.00 a 15.00 todos los días y 90 minutos antes de cada actuación.

Se pueden consultar las carteleras de la **Casa de la Cultura Benjamín Duarte** (plano p. 255; calle 25, nº 5403) en el parque, que también proyecta películas de 14.00 a 18.30, y de la **Casa de la Cultura** (plano p. 255; calle 37, nº 5615), en la esquina de la avenida 58.

CINES

Cienfuegos tiene tres cines: el **cine-teatro Luisa** (plano p. 255; calle 37, nº 5001); el **cine Prado** (plano p. 255; calle 37, nº 5402) y el **cine-teatro Guanaroca** (plano p. 255; calle 49 esq. con av. 58), todos situados enfrente de la estación de autobuses.

DEPORTES

Desde octubre a abril se juega la liga de baloncesto en el **estadio 5 de Septiembre** (plano p. 255; ☎ 51 36 44; av. 20, entre calles 45 y 55). En el **Polivalente** (plano p. 255; calle 37 esq. con av. 48) se celebran combates de boxeo y otras competiciones deportivas. También hay un pequeño **Museo del Deporte** (entrada gratuita) en el que hay artículos de *hockey*, esgrima y béisbol, así como botas y camisetas del héroe local, Julio González Valladares, oro olímpico en Atlanta 96.

De compras

Se desee lo que se desee, se puede encontrar a lo largo de la avenida 54, entre la calle 37 y el parque Martí, una zona más conocida simplemente como el Bulevar. Toda esta parte de la ciudad está llena de tiendas.

Si se busca arte tradicional una buena opción es la Galería Maroya. Los interesados en numismática han de acudir a Variedades Cienfuegos y los amantes de los puros, a la Casa del Habano.

One Hour Photo (plano p. 255; ☎ 55 22 98; calle 37, nº 5217, entre avs. 52 y 54; ☽ 8.00-22.00). Tienen cámaras digitales, baterías de litio y carretes Agfa.

Photo Service (plano p. 255; av. 54, nº 3118, entre calles 31 y 33)

Cómo llegar y salir
AVIÓN

El aeropuerto Jaime González está 5 km al nordeste de Cienfuegos y sólo recibe vuelos internacionales desde Toronto y Montreal. No hay conexiones con La Habana.

AUTOBÚS

La **estación de autobuses** (☎ 51 57 20) se encuentra en la calle 49, entre las avenidas 56 y la 58. Los autobuses Viazul van a La Habana dos veces al día (20 CUC, 5 h; 9.25 y 16.55) y a Trinidad otras dos (6 CUC, 2 h; 12.25 y 16.55). Para llegar a cualquier otro destino desde Cienfuegos se ha de hacer transbordo en Trinidad, pero como las dos salidas hacia Trinidad son demasiado tarde para enlazar con otro transporte, existe un minibús a esta ciudad por 10 CUC. Los billetes se compran al jefe de turno, en la planta baja. Para los autobuses locales hacia Rancho Luna (1 CUC), Pasacaballo (1 CUC) y playa Girón (4 CUC), habrá que comprobar las salidas previstas, que se escriben en una pizarra en la planta baja. Fuera de la estación hay taxis colectivos que gustosamente llevarán al viajero hasta Santa Clara y Cumanayagua, de camino a El Nicho.

Astro (☎ 52 54 95) tiene salidas desde la estación de autobuses a Camagüey (13 CUC, 7 h; 2 diarios), Santa Clara (3 CUC, 2 h; 2 diarios), Santiago de Cuba (26 CUC, 2 h; 2 diarios) y Trinidad (3 CUC, 2 h; 2 diarios).

TREN

La **estación de trenes** (☎ 52 54 95; av. 58 esq. con calle 49; ☽ taquilla 8.00-15.30 lu-vi, 8.00-11.30 sa) se emplaza enfrente de la de autobuses. Los servicios se cancelan con frecuencia, así que no hay que contar mucho con ellos. Cuando funcionan, viajan a La Habana (9,50 CUC, 10 h; 1 diario), a Santa Clara (2,10 CUC, 2 h; 2 diarios) y Sancti Spíritus (5,20 CUC, 5 h; 2 diarios).

Cómo desplazarse
BARCO

Cuando hay gasolina, sale un *ferry* con capacidad para 120 pasajeros desde el **muelle**

Real (plano p. 255; av. 46 esq. con calle 25) hacia el castillo de Jagua (1 CUC, 40 min). Parte de Cienfuegos a las 8.00, 13.00 y 17.30 y desde el castillo a las 6.30, 10.00 y 15.00. También hay dos *ferrys* que se dirigen al mismo punto desde el Hotel Pasacaballo (p. 263).

AUTOMÓVIL Y MOTOCICLETA
El **Club Cienfuegos** (plano p. 255; ☎ 52 65 10; calle 37, entre avs. 10 y 12) alquila motocicletas. **Havanautos** (Punta Gorda plano p. 255; ☎ 56 24 91; calle 37 esq. con av. 16; Hotel Rancho Luna plano p. 258; ☎ 54 81 43; ctra. de Rancho Luna, km 16) y **Micar** (av. 12 esq. con calle 39) alquilan automóviles.

La estación de servicio Servi-Cupet está en la calle 37, en la esquina con la avenida 16, en Punta Gorda. Hay otra estación 5 km al noreste del Hotel Rancho Luna.

COCHE DE CABALLOS Y 'BICITAXI'
Ambos recorren la calle 37, cobrando 1 CUP por trayecto a los cubanos y 1 CUC a los extranjeros. No obstante, los hispanohablantes pueden arreglar el precio en pesos. En cualquier caso, es muy agradable pasear entre la ciudad y Punta Gorda.

TAXI
Cubataxi (plano p. 255; ☎ 51 91 45, 51 84 54; av. 50, nº 3508) dispone de taxis las 24 horas del día. Los Citröen y Lada son más baratos que los de turistas del Hotel Jagua. Es recomendable pactar el precio primero.

RANCHO LUNA
Rancho Luna es un pintoresco complejo hotelero de playa situado cerca de un pequeño grupo de casas y 18 km al sur de Cienfuegos. Tiene dos hoteles grandes, pero también es posible alojarse en habitaciones privadas, una de las pocas zonas hoteleras cubanas en las que está permitido hacerlo. La costa está protegida por un arrecife de coral, por lo que hay buenas posibilidades para el buceo. La oficina de correos local está en el Hotel Rancho Luna. En la pequeña localidad que hay frente al Hotel Club Amigo Faro Luna existen unas cuantas casas particulares y un bar en la playa.

Puntos de interés y actividades
Hay una pequeña y aislada playa en la parte interior al este de Punta Colorados, un lugar ideal para hacer un *picnic* o acampar. Para acceder a ella hay que entrar por el camino de tierra que hay antes del faro.

Como muchas zonas turísticas de Cuba, Rancho Luna tiene un **delfinario** (plano p. 258; ☎ 54 81 20; adultos/niños 3/5 CUC; ☾ 9.00-17.00 ma-do) donde se pueden ver las típicas atracciones o nadar junto a los delfines por el exorbitante precio de 50/33 CUC.

Los hoteles Rancho Luna y Club Amigo Faro Luna disponen de **centros de buceo,** que organizan salidas a 32 enclaves diferentes en una inmersión de 20 minutos, entre ellos cuevas, pecios, abundante vida marina y deslumbrantes jardines de coral. Desde noviem-

---

LA INFLUENCIA FRANCESA

A pesar de que los cocineros tienen todo un reto para conseguir productos frescos y se ven limitados a especular sobre la duración del próximo discurso de Castro, la influencia gala en la cocina cubana es más fuerte de lo que se imagina el viajero. Las refinadas formas francesas llegaron a la isla en 1791, junto a las 30.000 colonos blancos que huían de la rebelión de los esclavos encabezada por Toussaint Louverture en la colonia francesa de Saint Domingue, ahora Haití. "Prácticamente todos los colonos eran cultos. Eran franceses viejos y ricos que habían llegado desde Haití y Luisiana y que habían importado a Cuba las ideas de una Francia napoleónica que se expandía por todo el mundo", escribió el etnólogo Fernando Ortiz en el prólogo a *El café: historia de su cultivo y explotación en Cuba.*

En 1819 colonos procedentes de Burdeos fundaron Cienfuegos y Guantánamo, siguiendo los proyectos de Louis d'Clouet, emigrado de Luisiana. Después llegó una segunda oleada de refugiados de Haití. En la actualidad ambas ciudades guardan ciertos vestigios galos en la arquitectura y el diseño, especialmente Cienfuegos, que se conoce como la ciudad de las columnas por su gran despliegue de edificios neoclásicos. En la música cubana también se encuentran sutiles reminiscencias francesas. En la trova se adivinan retazos de romanzas, mientras que el changüí y la guaracha, dos estilos musicales de la provincia de Guantánamo, son descendientes de la contradanza.

A TRINIDAD

Conforme el viajero se aproxima a Trinidad por el este, verá cada vez con más asiduidad las imágenes de postal de la sierra del Escambray. En Villa Guajimico, la carretera sigue hacia el sudeste serpenteando entre la sierra y el mar durante 30 km. La **Hacienda La Vega,** 8 km al este de Villa Guajimico, es un pequeño restaurante situado junto a la hacienda y rodeado de frutales. Un tranquilo y umbrío lugar donde se pueden alquilar caballos y bajar a la cercana playa de Caleta de Castro.

A la **cueva Martín Infierno,** en el valle de Yaganabo, a 56 km de Cienfuegos, se llega a través de la localidad costera de Caleta de Muñoz. La gruta tiene estalagmitas de 67 m de altura, al parecer las más grandes del mundo. No está abierta al público en general, pero los interesados en visitarla pueden contactar con Ángel Graña en la **Sociedad Espeleológica de Cuba** (☎ 7-209-2885; angel@fanj.cult.cu), en La Habana. La zona también es buena para el avistamiento de aves.

Villa Guajimico (Cubamar; plano p. 253; ☎ 54 09 46, llamada gratuita desde EE UU 800-645-1179; www. cubamarviajes.cu; ctra. de Trinidad, km 42; i/d/tr temporada baja 24/38/53 CUC, temporada alta 28/46/65 CUC; P 🔀 🍴) es una de las zonas de acampada más lujosas de Cubamar. Sus 54 *bungalows* y su idílica ubicación podrían competir perfectamente con un hotel de tres estrellas. Ofrece servicios de submarinismo, alquiler de bicicletas y automóviles, así como travesías en catamarán y kayak. Está bien equipada para las caravanas.

Unos 25 km al oeste de Trinidad y 52 al este de Cienfuegos, se encuentra **Villa Yaguanabo** (Islazul; plano p. 253; ☎ 54 00 99; www.islazul.cu; ctra. de Trinidad km 55; i/d temporada baja 16/21 CUC, temporada alta 20/26 CUC). Ofrece 30 *bungalows*, paseos a caballo, travesías en barca por el río Yaguanabo y caminatas por el camino de la Villa de Yaguanabo. También tiene restaurante.

bre hasta febrero merodean por las aguas inofensivos tiburones ballena. También se puede hacer **buceo con tubo** con **Cubanacán Náutica** (☎ 54 80 40; dcfluna@acuc.cfg.cyt.cu; Hotel Club Amigo Faro Luna, ctra. de Rancho Luna, km 18; inmersiones 30 CUC, certificado en agua abierta 365 CUC) y **Whale Shark** (☎ 54 80 12; mpscolcfg@ip.etecsa.cu; Hotel Rancho Luna, ctra. de Rancho Luna, km 16; 1/2 inmersiones 30/40 CUC, inmersiones nocturnas 36 CUC).

Dónde dormir

Hotel Club Amigo Faro Luna (Cubanacán; plano p. 258; ☎ 54 80 34; ctra. de Rancho Luna, km 18; i/d temporada baja 44/55 CUC, temporada alta 52/66 CUC; P 🔀 🍴). Este íntimo complejo, situado en una colina con vistas al mar, es el mejor del lugar. No todas las habitaciones son iguales; las más nuevas, en los bloques 200 y 300, tienen bañera. La piscina, con una zona especial para niños, es agradable y el bufé de comidas, sorprendentemente bueno. La playa está a pocos minutos paseando. Suelen frecuentarlo grupos de canadienses en viaje de estudios.

Hotel Rancho Luna (Cubanacán; plano p. 258; ☎ 54 81 31; ctra. de Rancho Luna, km 16; i/d temporada baja 55/70 CUC, temporada alta 65/80 CUC; P 🔀 🍴). Complejo recientemente rehabilitado por Cubanacán para unirlo al antiguo Faro Luna. El resultado es uno de los alojamientos favoritos de los

viajes organizados con "todo incluido", playa privada y piscinas grandes; frecuentado sobre todo por canadienses. Alquilan caballos o *cuadriciclos* para salir a pasear.

Hotel Pasacaballo (Islazul; plano p. 258; ☎ 54 80 13; ctra. de Rancho Luna, km 22; P 🔀 🍴). Un monstruo de cinco plantas situado en un cabo frente al castillo de Jagua, de una arquitectura tan fea como hermoso es el lugar donde se emplaza. A principios de 2006 estaba cerrado por la Misión Milagros (p. 445). Para información más actualizada es mejor consultar con las agencias de viajes de Cienfuegos.

Casas particulares recomendadas en Rancho Luna:

Villa Sol, Diana Gavio Caso (☎ 0152-27-24-48; ctra. Faro Luna; h 20-30 CUC). Situado en el camino de acceso al Hotel Faro Luna. Casa preciosa con vistas al océano y un jardín con buganvillas.

Casa de Julio (☎ 51 57 44; ctra. de Faro Luna; h 25 CUC). La última casa azul a la izquierda del Hotel Faro Luna. Buena situación.

Dónde comer

Al margen de los hoteles, las opciones son bastante limitadas. Se puede probar en el bar de la playa o en algunas de las casas privadas que alquilan habitaciones. La estación de servicio Servi-Cupet, 5 km al norte de la ciudad, sirve *pizzas* las 24 horas del día.

Cómo llegar y salir

En teoría hay autobuses locales desde Cienfuegos siete veces al día. Como alternativa está el *ferry* de Jagua a Cienfuegos, que sale del puerto, justo desde debajo del Hotel Pasacaballo, varias veces al día. Un taxi hasta Cienfuegos puede costar de 8 a 10 CUP, un precio irrisorio. Otra opción incluso mejor es llegar desde Cienfuegos en motocicleta (p. 262).

CASTILLO DE JAGUA

El **castillo de Nuestra Señora de los Ángeles de Jagua** (plano p. 258) se alza al oeste de la desembocadura de la bahía de Cienfuegos. Lo diseñó José Tontete en 1738 y se terminó en 1745, mucho antes de que se fundara la propia ciudad de Cienfuegos. En aquella época era la tercera fortaleza más importante de la isla, después de las de La Habana y Santiago de Cuba. Se construyó para mantener a los piratas ingleses a raya. Hoy día es un pequeño museo que goza de buenas vistas.

Se puede acceder al castillo desde Cienfuegos, pero es más fácil tomar el *ferry* que sale desde el Hotel Pasacaballo. Hay salidas regulares durante todo el día (1 CUC; sólo ida). Otra opción es subir al *ferry* en Cienfuegos.

JARDÍN BOTÁNICO DE CIENFUEGOS

Las 94 Ha del **jardín botánico de Cienfuegos** (plano p. 258; entrada 5 CUC; ☻ 8.00-17.00), cerca de la hacienda de caña Pepito Tey, a 17 km de Cienfuegos, conforman uno de los más grandes jardines de la isla. Alberga 2.000 especies de plantas, entre las que se incluyen 23 variedades de bambú, 65 de higueras y 280 de palmeras. Lo fundó en 1901 el magnate del azúcar estadounidense Edwin F. Atkins, quien, en un principio, pretendía utilizarlo para estudiar diferentes variedades de caña de azúcar. Con el tiempo, empezó a plantar árboles tropicales exóticos de todo el mundo.

Sólo hay tres autobuses al día que pasan por Pepito Tey de camino a Cumanayagua desde Cienfuegos, así que sólo merece la pena visitar el jardín botánico si se dispone de medio de transporte propio. Si se viene de Cienfuegos, hay que girar a la derecha (sur) en la intersección a Pepito Tey.

EL NICHO

Cascadas con pozas aptas para el baño y vistas maravillosas a la montaña, eso es básicamente lo que ofrece **El Nicho** (plano p. 253; entrada 5 CUC; ☻ 8.30-18.30), situado a 1½ horas de Cienfuegos por la dura carretera de Crucecitas. Es, o era, el secreto mejor guardado de la zona. Se puede nadar, cabalgar hasta Habanilla (2 CUC/h) y acampar; incluso hay un restaurante, el Palmarés. Se emplaza a los pies de la sierra del Escambray, por lo que para llegar es preciso un todoterreno. También se puede contratar una excursión a través de Cubanacán en Cienfuegos por 30 CUC. Los viajeros con más paciencia y resistencia pueden tomar un colectivo hacia Cumanayagua (1 CUC) desde la estación de autobuses de Cienfuegos, para después hacer transbordo a un desvencijado camión (salidas a las 15.30 y 17.00) hasta El Nicho. La mejor época para visitar las cascadas es desde enero hasta abril, antes de que lleguen las lluvias y los excursionistas cubanos.

Provincia de Villa Clara

Villa Clara es una provincia de gran diversidad geográfica, llena de lagos plácidos y neblinosos campos hoyados por el ganado. Ofrece al visitante de todo: desde pesca en agua dulce hasta manantiales de agua revitalizadora. Está situada en el centro histórico de la isla, Cubanacán. Colinda por el sur con la sierra del Escambray, llena de vegetación. La zona está cuajada de plantaciones de café a pie de monte y es la segunda productora de tabaco de calidad tras Pinar del Río.

Camino de Santa Clara, es imposible no percatarse de la persistencia de los monumentos erigidos en memoria del Che Guevara, el guerrillero reconvertido en icono de camisetas, pósteres y, últimamente, tatuajes. Por fortuna, Santa Clara tiene otros encantos. Se trata de una ciudad serena, con poco turismo, donde los ancianos con sombrero Panamá fuman cohíbas baratos y la innovadora juventud intenta deshacerse del opresivo control del régimen.

Los amantes de la soledad preferirán la tranquila vida de la colonial Remedios, una de las ciudades más antiguas de Cuba y buena alternativa al bullicio de Santa Clara. Cada 24 de diciembre, la paz de Remedios se ve alterada por un frenesí de fuegos artificiales en las llamadas Parrandas. Es aconsejable llevar tapones para los oídos o bien unirse a la fiesta.

En dirección opuesta se divisa en la distancia la silueta de Cayerías del Norte, que brilla cual piedra preciosa en las inmensidades de un océano donde se traslucen las formaciones de coral. Por desgracia, hoy día, lo que antaño fuera una isla solitaria y retirada, está en pleno auge turístico y los hoteles se suceden uno tras otro.

LO MÁS DESTACADO

■ **Ciudad Che**
Seguir la pista de Ernesto Che Guevara en Santa Clara (p. 269)

■ **Rincón tranquilo**
Relajarse bajo un porche colonial en Remedios (p. 275)

■ **Rincón animado**
Participar en el jolgorio, el baile y el trasiego de ron de las Parrandas de Remedios (p. 275)

■ **El paraíso encontrado**
Sentir bajo los pies la arena de las playas desiertas de Cayo Santa María (p. 277)

■ **Retiro de montaña**
Alquilar un barco o ir a pescar al pintoresco embalse Hanabanilla (p. 274)

Cayo Santa María ★

Remedios ★

Santa Clara ★

Embalse Hanabanilla ★

☎ 42 ■ POBLACIÓN: 836.350 ■ SUPERFICIE: 8.662 KM²

PROVINCIA DE VILLA CLARA

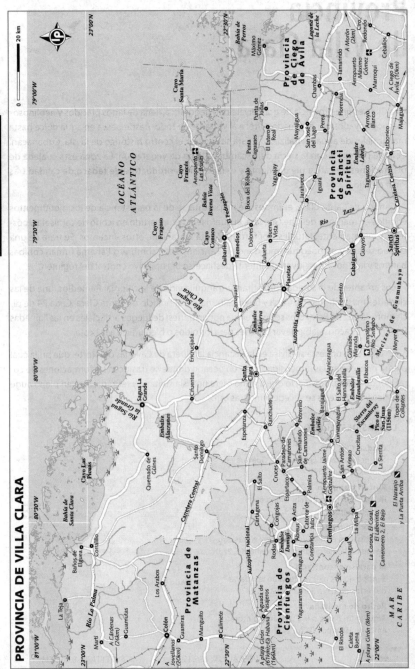

Historia

Situada en el centro de la isla, Villa Clara fue foco de atracción para colonizadores, piratas y revolucionarios que intentaban dividir el país en dos. Durante los primeros años de la colonia los piratas suponían un problema constante e incluso forzaron el cambio de ubicación de la ciudad de Remedios en dos ocasiones. Finalmente, en la década de 1600, la ciudad quedó abandonada y las familias huyeron tierra adentro a lo que hoy se conoce como Santa Clara. Más adelante la zona prosperó gracias a los emigrantes canarios, que aportaron sus conocimientos agrícolas (y su característico acento) a los campos de tabaco de la pintoresca región de Vuelta Arriba. En diciembre de 1958 Ernesto Guevara, con la ayuda de un grupo variopinto de barbudos desaliñados, lideró con autoridad la toma de Santa Clara y desvalijó un tren blindado que transportaba tropas gubernamentales y armamento hacia el oriente. Tal victoria supuso la sentencia de muerte para el régimen de Fulgencio Batista y el triunfo de la Revolución cubana.

SANTA CLARA

☎ 422 / 210.680 hab.

Enmarcada entre bajas colinas, es muy fácilmente accesible desde La Habana por la autopista. Santa Clara es una ciudad universitaria con un parque central muy animado. Muchos suelen venir siguiendo los pasos del Che en una suerte de "turismo revolucionario", pero quienes se queden, encontrarán una ciudad llena de colorido cultural.

Historia

En la época prehispánica, en los alrededores de lo que hoy es Santa Clara, existía un asentamiento indígena llamado Cubanacán, nombre que alentó aún más la ilusión de Cristóbal Colón de haber llegado a las costas de Cipango. Como pronto quedaría claro, Asia estaba muy lejos de allí. En 1689, 13 familias de Remedios, más que hartas de las continuas e indeseadas atenciones de los piratas ingleses, fundaron Santa Clara. La población creció muy rápido, sobre todo después de que en 1692 un incendio destruyera Remedios y muchos de sus habitantes se trasladaran a Santa Clara. En 1867 se convirtió en capital de la provincia de Las Villas. Ya en el s. XX se hizo famosa por su desarrollo industrial, por su factoría de Coca-Cola

NOMBRES DE LAS CALLES DE SANTA CLARA	
Nombre antiguo	**Nombre actual**
Caridad	General Roloff
Sindico	Morales
Nazareno	Serafín García
San Miguel	9 de Abril
Candelaria	Maestra Nicolasa

y por su papel fundamental en la red de comunicaciones de la isla, todo ello antes de la Revolución, claro. En la actualidad, aún conserva una fábrica textil, una cantera de mármol y la tabaquera Constantino Pérez Carrodegua. Santa Clara fue la primera gran ciudad tomada por el ejército castrista, en diciembre de 1958.

Orientación

Los monumentos relacionados con la Batalla de Santa Clara (1958) están en los lados este y oeste de la ciudad. La estación de trenes se halla siete bloques al norte del parque Vidal. Las dos estaciones de autobuses están peor ubicadas: ambas se encuentran en la carretera Central, al oeste de la ciudad. Como otras ciudades cubanas, Santa Clara tiene dos sistemas de nombres de calles; en caso de duda, véase recuadro.

Información

LIBRERÍAS

Librería Viet Nam (Independencia Este, entre Plácido y Luis Estévez). Vende libros en pesos y en pesos convertibles.

Proyecto Ateneo Pepe Medina (parque Vidal 18). Pequeña zona de lectura con aire acondicionado.

ACCESO A INTERNET

Etecsa Telepunto (Marta Abreu 55, entre Máximo Gómez y Villuendas; 6 CUC/h)

Palmares Café (Marta Abreu 10, entre Villuendas y Cuba; 5 CUC/h). Dos terminales.

BIBLIOTECAS

Biblioteca José Martí (Colón, en el parque Vidal). Forma parte del Palacio Provincial.

MEDIOS DE COMUNICACIÓN

La radio CMHW emite en la 840 AM y la 93.5 FM. El semanario *Vanguardia Santa Clara* se publica los sábados.

PROVINCIA DE VILLA CLARA

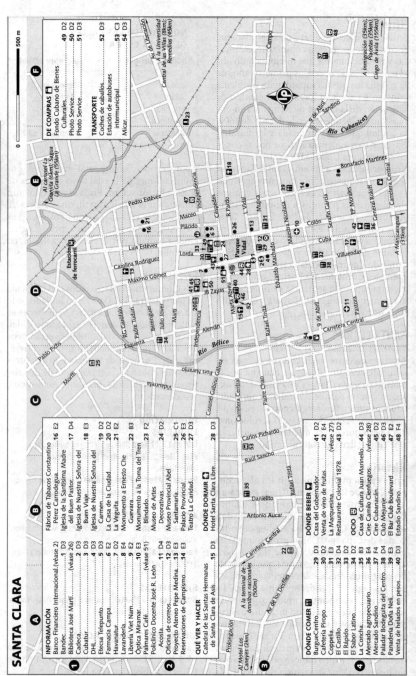

SANTA CLARA

0 — 500 m

INFORMACIÓN
Banco Financiero Internacional..(véase 2)
Bandec...................................1 D3
Biblioteca José Martí..........(véase 26)
Cadeca...................................2 D3
Cubatur..................................3 D3
DHL..4 D3
Etecsa Telepunto.....................5 D3
Farmacia Campa......................6 E2
Havanatur...............................7 D2
Lavandería..............................8 E4
Librería Viet Nam....................9 E2
Óptica Miramar......................10 E3
Policlínico Docente José R. León Acosta........11 D4
Oficina de correos.................12 D3
Proyecto Ateneo Pepe Medina...13 E3
Reservaciones de Campismo...14 E3

QUÉ VER Y HACER
Catedral de las Santas Hermanas de Santa Clara de Asís....15 D3

Fábrica de Tabacos Constantino Pérez Carrodegua..........16 E2
Iglesia de la Santísima Madre del Buen Pastor...........17 D4
Iglesia de Nuestra Señora del Buen Viaje.................18 E3
Iglesia de Nuestra Señora del Carmen....................19 D2
La Casa de la Ciudad..............20 D2
La Veguita.............................21 E2
Monumento a Ernesto Che Guevara..........22 B3
Monumento a la Toma del Tren Blindado.........23 F2
Museo de Artes Decorativas....24 D2
Museo Provincial Abel Santamaría...25 C1
Palacio Provincial..................26 E3
Teatro La Caridad..................27 D3

DÓNDE DORMIR
Hotel Santa Clara Libre...........28 D3

DÓNDE COMER
BurgueCentro........................29 D3
Cafetería Piropo.....................30 D2
Coppelia................................31 E3
El Castillo..............................32 D4
El Rápido...............................33 D2
El Sabor Latino.......................34 D2
La Concha..............................35 B3
Mercado agropecuario............36 E4
Mercado Sandino....................37 F4
Paladar Bodeguita del Centro...38 D4
Panadería Doña Neli...............39 E3
Venta de helados en pesos......40 D3

DÓNDE BEBER
Casa del Gobernador..............41 D2
Venta de vino de frutas...........42 E4
La Marquesina...............(véase 27)
Restaurante Colonial 1878.......43 D2

OCIO
Casa de Cultura Juan Marinello...44 D3
Cine Camilo Cienfuegos...(véase 28)
Cine Cubanacán......................45 D2
Club Mejunje.........................46 D3
El Bar Club Boulevard.............47 E2
Estadio Sandino......................48 F4

DE COMPRAS
Fondo Cubano de Bienes Culturales...49 D2
Photo Service.........................50 D2
Photo Service.........................51 D3

TRANSPORTE
Coches de caballos.................52 D3
Estación de autobuses intermunicipal...53 C3
Micar.....................................54 D3

ASISTENCIA MÉDICA

Farmacia Campa (Independencia Este esq. con Luis Estévez; ☎ 8.00-20.30)

Óptica Miramar (☎ 20 80 69; Colón 106, entre 9 de Abril y Maestra Nicolasa). Lentes de contacto y accesorios.

Policlínico Docente José R. León Acosta (☎ 20 22 44; Serafín García Oeste 167, entre Alemán y carretera Central)

DINERO

Banco Financiero Internacional (☎ 20 74 50; Cuba 6 esq. con Rafael Tristá)

Bandec (☎ 21 81 15; Rafael Tristá esq. con Cuba; ☯ 8.00-14.00 lu-vi, 8.00-11.00 sa)

Cadeca (☎ 20 56 90; Rafael Tristá esq. con Cuba; ☯ 8.30-18.00 lu-sa, 8.30-12.30 do). En el parque Vidal.

CORREOS

DHL (☎ 20 89 76; Cuba, entre Rafael Tristá y Eduardo Machado; ☯ 8.00-18.00 lu-sa, 8.00-12.00 do)

Oficina de correos (Colón 10; ☯ 8.00-18.00 lu-sa, 8.00-12.00 do)

TELÉFONO

Etecsa (Marta Abreu 55, entre Máximo Gómez y Villuendas; ☯ 8.00-22.00)

AGENCIAS DE VIAJES

Cubatur (☎ 20 89 80; Marta Abreu 10; ☯ 9.00-18.00). Cerca de Máximo Gómez.

Havanatur (☎ 20 40 01; Máximo Gómez 9B; ☯ 8.30-12.00 y 13.00-17.30 lu-vi, 8.30-12.30 sa). Cerca de Independencia.

Reservaciones de Campismo (☎ 20 49 05; Maceo Sur 315, entre avs. 9 de Abril y Serafín García)

Peligros y advertencias

A pesar de ser segura, Santa Clara alberga un nutrido contingente de buscavidas que merodean, montados en bicicleta, por la entrada de la ciudad y se lanzan como posesos sobre los coches de alquiler. Son muy agresivos. También hay gente de esta jaez rondando por las afueras del Hotel Santa Clara Libre. En ambos casos ofrecen todo tipo de servicios e historias que van de lo irrisorio a lo truculento.

Puntos de interés

MONUMENTO ERNESTO CHE GUEVARA

Este **monumento, mausoleo y museo** (av. de los Desfiles; entrada gratuita; ☯ 8.00-21.00 ma-sa, 8.00-18.00 do) está a 2 km del parque Vidal, por Rafael Tristá, y se alza en una gran plaza custodiada por una estatua de bronce del ínclito argentino. La estatua se erigió en 1987 en conmemoración del 20º aniversario de la muerte de Guevara en Bolivia. El gran mausoleo que hay detrás (entrada por la parte trasera) contiene 38 nichos de piedra en memoria de los otros guerrilleros que murieron junto al Che en su frustrado intento de extender el comunismo por el continente americano. En 1997 se recuperaron los restos de 17 ellos, incluidos los del propio Guevara, de una fosa común en Bolivia y se trasladaron hasta aquí. Fidel Castro en persona encendió la llama eterna el 17 de octubre de 1997. Todo muy patriótico. En el museo se repasa la vida y la muerte de Ernesto Guevara.

Para llegar hay que subir a un *terminal* o a un coche de caballos (1 peso) en Marta Abreu. También se puede optar por un taxi o un *bicitaxi* (1 CUC). Tanto el mausoleo como el museo cierran los lunes.

MONUMENTO A LA TOMA DEL TREN BLINDADO

El **Museo del Tren** (entrada 1 CUC; ☯ 8.00-18.00 ma-vi), al este de Independencia, cruzando el río, marca el lugar en el que 18 hombres bajo las órdenes de Che Guevara, armados con rifles y granadas, capturaron 22 vagones del tren blindado en el que viajaban 350 soldados del ejército nacional. Es sorprendente que esta batalla, que ocurrió el 29 de diciembre de 1958, sólo durase 90 minutos. La excavadora que los guerrilleros utilizaron para cortar las vías está en un pedestal muy cerca de allí.

MUSEO PROVINCIAL ABEL SANTAMARÍA

Este pequeño **museo** (☎ 20 50 41; entrada 1 CUC; ☯ 9.00-17.00 lu-vi, 9.00-13.00 sa) es sólo recomendable para los más recalcitrantes entusiastas del castrismo. Se trata de un antiguo barracón militar donde las tropas de Batista se rindieron el 1 de enero de 1959. No es fácil de encontrar. Está situado en la cima de una colina al norte del centro, en el extremo norte de Ezquerra, al otro lado del río Bélico, en Reparto Osvaldo Herrera.

FÁBRICA DE TABACOS CONSTANTINO PÉREZ CARRODEGUA

La **tabaquera** (☎ 20 22 11; Maceo 181, entre Julio Jover y Berenguer; entrada 3 CUC; ☯ 7.00-12.00, 13.00-16.00) de Santa Clara es una de las mejores de Cuba y fabrica habanos Montecristo, Partagás y Romeo y Julieta. Es menos visitada que las

COMANDANTE CHE GUEVARA

Existen pocas personas del s. xx que hayan calado tan hondo en el imaginario colectivo como Ernesto Guevara de la Serna, más conocido por sus amigos y enemigos como el Che. Pasó de ser un símbolo de la guerrilla comunista, héroe famoso de sierra Maestra, a icono de la sociedad de consumo, con su rostro estampado en camisetas, mecheros, pósteres y casi cualquier cosa en la que se pueda estampar una imagen. El régimen cubano, experto en la consagración de modelos heroicos, ha diseminado la imagen de este médico argentino por toda la isla.

El Che nació en Rosario, Argentina, en junio de 1928 en el seno de una familia burguesa de ascendencia hispana e irlandesa. Guevara fue un niño delicado y enfermizo, que padeció un ataque de asma a los 2 años. Quizá el deseo de superar la enfermedad fue lo que forjó su fuerza de voluntad, un empecinamiento que le haría destacar entre los demás. Cuando era joven, Guevara se ganó el apodo de Fuser por su competitividad jugando al *rugby*. Se licenció en medicina en la Universidad de Buenos Aires en 1953. Rechazó una carrera convencional para iniciar un viaje en motocicleta por todo el continente acompañado por su amigo y colega Alberto Granada. Sus viajes, bien documentados en una serie de diarios publicados a título póstumo, le hicieron ver la pobreza y las injusticias tan comunes en la América Latina de la década de los cincuenta.

Cuando Guevara llegó a Guatemala en 1954, la víspera de que se produjera el golpe de Estado contra el gobierno izquierdista de Jacobo Arbenz, ya estaba entusiasmado con la obra de Marx y se había forjado un profundo odio hacia EE UU, país al que achacaba todos los problemas de Latinoamérica. En 1955 lo deportaron a México por sus actividades subversivas. Allí, se unió a un grupo de cubanos entre los que estaba Moncada y el veterano Raúl Castro. Raúl, impresionado por el argentino y su sólida determinación, presentó al futuro Che a su hermano. Aquella reunión entre ambos en una casa de Ciudad de México, en junio de 1955, duró 10 horas. Se ve que lo de la incontinencia verbal de Castro viene de antiguo. Pocas veces dos personas se han complementado tan bien, el impulsivo Castro y el más tranquilo Guevara, ambos, niños bien de acomodadas familias, obcecados cual iluminados con la causa de la revolución comunista. "En la revolución se triunfa o se muere, si es verdadera", escribió Guevara años más tarde, dejando bien clara su determinación.

En diciembre de 1956, Guevara llegó a Cuba a bordo del buque *Granma* y se unió a la guerrilla como parte del grupo médico. Tuvo suerte: fue uno de los 12 rebeldes que sobrevivió a la catástrofe desembarcando en Las Coloradas. La convicción de sus ideas políticas le hizo ganarse la confianza de sus correligionarios cubanos. Gracias a ello, Castro le recompensó con el rango de comandante en julio de 1957 y, en diciembre de 1958, Guevara llevó a sus hombres a la victoria en la Batalla de Santa Clara, enfrentamiento convertido después en una de las grandes conmemoraciones del régimen castrista.

Castro le otorgó la ciudadanía cubana en enero de 1959 y, ya en el poder, asumió un papel importante en el nuevo régimen como presidente del Banco Nacional y ministro de Industria. Su ética de trabajador insaciable y su monolítica fe marxista lo convirtieron en la personificación de ese "nuevo hombre" que aspiraba a crear la Revolución Cubana.

Pero la luna de miel no duraría mucho. En 1965 Guevara desapareció de la escena política cubana y, a finales del año siguiente, apareció en Bolivia como cabecilla de una banda de guerrilleros. Tras realizar una emboscada a un destacamento del ejército nacional boliviano en marzo de 1967, pidió que se crearan "uno, dos, tres muchos Vietnams en América". Pero no pudo llegar a tanto. El 8 de octubre de 1967 el ejército boliviano capturó a Guevara y, tras consultarlo con los líderes de La Paz, lo fusilaron al día siguiente. En 1997 se devolvieron sus restos a Cuba y fue enterrado en Santa Clara.

---

tabaqueras de La Habana, por lo que la experiencia es mucho más interesante y tranquila. En la acera de enfrente está **La Veguita** (☎ 20 89 52; ◷ 8.30-17.30), una fábrica a precios reducidos que cuenta con un equipo de expertos tabaqueros muy amables. Aquí también se puede comprar ron barato y el bar que hay fuera sirve buen café.

PARQUE VIDAL Y ALREDEDORES

El 23 de marzo de 1896 el coronel Leoncio Vidal y Caro fue asesinado en este mismo

lugar. Durante la época colonial, se rodeó el **parque Vidal** con aceras y se instaló una valla que separaba a los blancos de los negros. Hoy día es uno de los parques más vibrantes de Cuba, con ancianos parloteando sentados en los bancos bajo la sombra y niños jugueteando. Desde 1902 la orquesta municipal toca en el parque todos los jueves y domingos a las 20.00.

El más impresionante edificio de la ciudad es el **teatro La Caridad** (Máximo Gómez). Edificado en 1885, tiene una fachada frontal imponente y los frescos del interior son de Camilo Zalaya. El cantante de ópera Enrico Caruso actuó aquí en una ocasión. El **Museo de Artes Decorativas** (☎ 20 53 68; parque Vidal 27; entrada 2 CUC; ☺ 9.00-18.00 mi y ju, 13.00-22.00 vi y sa, 18.00-22.00 do) está al este del teatro La Caridad. Es un edificio del s. XVIII atestado de mobiliario de época y adornos lujosos donados por la poetisa Dulce María Loynaz. El patio interior es precioso. En la zona este del parque Vidal se halla el **Palacio Provincial** (1902-1912), de estilo neoclásico. Hoy en día alberga la biblioteca José Martí, con una colección de libros poco comunes.

IGLESIAS

Las iglesias de Santa Clara están diseminadas por la ciudad. Al sur del centro está la **iglesia de la Santísima Madre del Buen Pastor** (E. P. Morales 4, entre Cuba y Villuendas), de estilo colonial. De camino a la estación de trenes, hacia el norte, se encuentra la **iglesia de Nuestra Señora del Carmen** (Carolina Rodríguez). Se construyó en 1748 y en 1846 se añadió la torre. Enfrente hay un gran monumento que conmemora la fundación de la ciudad en 1689 por 13 familias procedentes de Remedios. La **iglesia de Nuestra Señora del Buen Viaje** (Pedro Estévez esq. con Pardo) es una ecléctica mezcla de neogótico, neorrománico y neoclásico.

Actividades

El corazón de la vida cultural de la Santa Clara está en la **Casa de la Ciudad** (Independencia esq. con J. B. Zayas; entrada 1 CUC; ☺ 8.00-17.00), al noroeste de parque Vidal. Si el viajero está ya un poco cansado de la omnipresente propaganda política en forma de monumentos revolucionarios y museos conmemorativos de batallas, lo mejor es que intente entablar conversación con los jóvenes artistas locales; seguramente le darán una visión más real de lo que sucede en la isla. Este edificio histó-

rico puede ser un buen sitio para ello, pues acoge exposiciones de arte. Entre sus obras hay un boceto original de Wilfredo Lam llamado *Noches del danzón*. También alberga el Museo del Cine.

Cursos

Santa Clara presume de tener la segunda universidad más prestigiosa de Cuba, la **Universidad Central Marta Abreu de las Villas** (☎ 28 14 10; ctra. de Camajuaní, km 5,5). Para más información se puede visitar su página web (www.uclv. edu.cu). La **Casa de la Ciudad** (Independencia esq. con J. B. Zayas) es un buen centro de aprendizaje. Si se investiga un poco es posible recibir clases de baile y percusión.

Dónde dormir

EN LA CIUDAD

Hotel Santa Clara Libre (Islazul; ☎ 20 75 48; fax 68 63 67; parque Vidal 6; i/d temporada baja 22/29 CUC, temporada alta 27/36 CUC; 🖳). Es imposible no ver el edificio verde menta de este hotel de 168 habitaciones al lado del parque. Aquí se hospedan los cubanos recién casados y los viajes organizados más económicos. Es una elección céntrica y correcta. También tiene un restaurante en el 10º piso y un bar en el 11º, obviamente con buenas vistas. Ambos están abiertos a no residentes. La fachada del hotel aún tiene impactos de disparos de una de las últimas batallas de la Revolución.

EN LAS AFUERAS

Carrusel la Granjita (Cubanacán; ☎ 21 81 90; www.cuba nacan.cu; ctra. de Maleza, km 21,5; i/d temporada baja 38/50 CUC, temporada alta 42/55 CUC; 🅿 🖳 🖳 🖳). Motel con 75 habitaciones situado 6 km al nordeste de la ciudad, en medio de un naranjal. Si no importa la distancia, el sitio es tranquilo y barato, aunque se recomienda pedir una habitación alejada de la ruidosa piscina. Los restaurantes de la zona son de precio moderado, tanto si se pide a la carta, bufé o parrilla. Todas las noches hay un espectáculo, y también dispone de discoteca, masajista y equitación.

Motel Los Caneyes (Cubanacán; ☎ 20 45 12; av. de los Eucaliptos esq. con Circunvalación de Santa Clara; i/d temporada baja 38/50 CUC, temporada alta 42/55 CUC; 🅿 🖳 🖳). Hotel reciente, ofrece 91 *bungalows* que, se supone, siguen un diseño precolombino. Suele organizar excursiones de caza y pesca. También tiene una delegación Havanautos.

CASAS PARTICULARES EN SANTA CLARA

Existen unas cuantas casas en la calle Bonifacio Martínez, entre Serafín García y la carretera Central y también cerca de Maceo.

Elida Ramírez Herrera y Sergio Proenza González (☎ 21 59 14; Independencia 266, entre Pedro Estévez y M. Gutiérrez; h 15-20 CUC). Una casa agradable que ofrece una habitación con tres camas. También tiene un pequeño patio.

Ernesto y Mireya (☎ 27 35 01; Cuba 227 Altos, entre Pastora y E. P. Morales; h 15-20 CUC; ✖). Habitación espaciosa, balcón comunitario con vistas a la iglesia.

Héctor Martínez (☎ 21 74 63; R. Pardo 8, entre Maceo y Parque Vidal; h 15-20 CUC; ✖). Habitación enorme con zona de comedor, cocina y nevera. Todo nuevo.

Hostal Ana (☎ 20 64 45; Serafín García 74, entre Colón y Maceo; h 20 CUC; P ✖). Dos habitaciones separadas con entrada individual y terraza común.

Hostal Florida Center (☎ 20 81 61; Maestra Nicolasa Este 56, entre Colón y Maceo; h 20 CUC; ✖). Casa colonial preciosa con ventiladas habitaciones con nevera y TV. También prepara generosas comidas servidas en un exuberante patio.

Jorge García Rodríguez (☎ 20 23 23; Cuba 209, apt 1, entre Serafín García y E. P. Morales; h 15-20 CUC; ✖). Lugar agradable con dos habitaciones. Sirven comidas.

Luisa Costa Pérez (☎ 29 41 67; Maceo Sur 326, entre av. 9 de Abril y Serafín García; h 15-20 CUC; ✖). Lo regenta una pareja muy agradable. Grandes raciones.

Martha Artiles Alemán (☎ 20 50 08; Marta Abreu 56, entre Villuendas y Zayas; h 15-20 CUC; ✖). Habitaciones grandes y prácticas.

Omelio Moreno Lorenzo (☎ 21 69 41; Eduardo Machado Este 4, entre Cuba y Colón; h 20 CUC; ✖)

Orlando García Rodríguez (☎ 20 67 61; R. Pardo, entre Maceo y Parque Vidal; h 15-20 CUC desayuno incl.; ✖). Baño compartido.

Rolando Sacercio Díaz (☎ 20 67 25; Maceo 355A, entre Serafín García y E. P. Morales; h 15-20 CUC). Habitación sencilla, aunque impecable, con tres camas.

Vivian y José Rivero (☎ 20 37 81; Maceo 64, entre Martí e Independencia; h 20 CUC; ✖). Dos habitaciones en una preciosa casa de 1908. Terraza tranquila con jardín interior.

Yadin y José (☎ 20 67 54; Bonifacio Martínez 60, entre E. P. Morales y General Roloff; h 20 CUC; ✖). También en el nº 18.

Dónde comer

La Concha (☎ 21 81 24; ctra. Central esq. con Danielito). Es el restaurante más famoso de la ciudad y está justo al lado del monumento al Che. Se trata de un lugar sencillo, conocido por sus sabrosas *pizzas* (4 CUC). A veces hay música clásica en directo a la hora del almuerzo.

El **Paladar Bodeguita del Centro** (☎ 20 43 56; Villuendas Sur 264, entre 9 de Abril y Serafín García; platos 10 CUC; ☾ 13.00-17.00 y 19.00-23.00 lu-sa, 19.00-23.00 do) ofrece colmadas raciones. Entre sus ofertas está el pargo rojo. El ambiente, con iluminación tenue y pintadas en las paredes, emula la Bodeguita de La Habana, aunque en cuanto uno se sienta a una mesa tiene la sensación de estar en el salón de una casa, lo que, por otra parte, es estrictamente cierto.

El Castillo (9 de Abril 9, entre Cuba y Villuendas; ☾ 12.00-23.00). Cocina platos con cerdo, pollo o hígado con congrí (arroz con frijoles) y ensalada (35 pesos o 1,35 CUC). La novedad es que se come en una barra rodeado de columnas de mármol, vidrieras de colores y azulejos de mosaico.

El Sabor Latino (☎ 20 65 39; Esquerra 157, entre Julio Jover y Berenguer; ☾ 12.00-24.00). El *paladar* más atractivo de Santa Clara está un poco apartado. En el menú hay platos muy completos de cerdo o pollo con arroz, ensalada, tostones de plátano y pan por 10 CUC, 12 CUC si es de pescado. Se puede comer hasta tarde.

Palmares Café (Marta Abreu 10, entre Villuendas y Cuba; ☾ 9.00-23.00; 💻). Prepara las mejores hamburguesas de la ciudad, así como un excelente picoteo y un buen café. También tiene aire acondicionado y dos ordenadores (5 CUC/h). Hará sentir al viajero como si hubiera vuelto a La Habana.

BurgueCentro (parque Vidal 31; ☾ 24 h). Barato; bien situado para tomar una copa en el bar del patio de arriba.

Se puede tomar un helado en el horrendo edificio del **Coppelia** (Colón esq. con Mújica; ☾ 10.30-

24.00 ma-do) o en la **Cafetería Piropo** (Lorda esq. con independencia; ☾ 10.00-22.00).

Hay muchos bares y cafeterías en los que se paga con pesos en la esquina de Independencia Oeste con Zayas, alrededor del cine Cubanacán.

COMPRA DE ALIMENTOS

El **mercado Sandino** (9 de Abril) es el más grande de Santa Clara. Está al oeste del estadio Sandino.

Mercado agropecuario (Cuba 269, entre E. P. Morales y General Roloff). Pequeño, pero con buen género. Está en el centro de la ciudad.

Panadería Doña Neli (Maceo Sur esq. con 9 de Abril; ☾ 7.00-18.00). Vende tarta de frutas y pan; el bar abre de 9.00 a 22.00. Suele estar lleno de humo; también vende bocadillos por unos pocos pesos convertibles.

Dónde beber

La Marquesina (☾ 9.00-1.00). Este bar en la esquina del teatro La Caridad es el mejor de la ciudad. Además, tiene el aliciente añadido de una cantante de boleros.

Los más valientes pueden comprar vino casero de frutas en el viticultor (Morales 10, entre Cuba y Colón; 5/8 pesos 500/751 ml). Es necesario llevar la botella.

Otros lugares recomendables son:

Casa del Gobernador (Independencia esq. con J. B. Zayas; ☾ 12.00-23.00). Se puede disfrutar de música en directo y también sirven comida (filete de cerdo 5 CUC).

Restaurante Colonial 1878 (Máximo Gómez, entre Marta Abreu e Independencia; ☾ 12.00-14.00 y 19.00-22.30)

Ocio

Club Mejunje (Marta Abreu 107; ☾ 16.00-1.00 ma-do). Es el corazón de la escena cultural de Santa Clara. Este bar y su espacio para representaciones se encuentran en las ruinas de un viejo edificio y descubrirán al viajero la vida nocturna más vibrante de la ciudad. Normalmente hay conciertos de trova, bolero y son, teatro infantil y sesiones de discoteca. Ocasionalmente hay espectáculos de travestis.

El Bar Club Boulevard (☎ 21 62 36; Independencia 2, entre Maceo y Pedro Estévez; entrada 2 CUC; ☾ 21.30-2.00 ma-do). Bandas en directo desde las 23.00.

Casa de la Cultura Juan Marinello (☎ 20 71 81; parque Vidal 5). Conciertos y exposiciones en una casa colonial.

El **cine Camilo Cienfuegos** (Parque Vidal), pasando Santa Clara Libre y el **cine Cubanacán** (Independencia Oeste 60) proyectan películas en inglés.

DEPORTES

El estadio Sandino, al este del centro, en la avenida 9 de Abril, acoge los partidos de la temporada de béisbol (de octubre a abril). El equipo de Villa Clara, llamado La Villa, tiene un papel protagonista en la historia del béisbol cubano, aunque no se distinguen por su buena suerte: tienen muchos seguidores y es muy divertido verlos, pero la victoria parece que les evite.

De compras

En Independencia, entre Maceo y Zayas, se encuentra el centro comercial Boulevard. Está lleno de tiendas (algunas de segunda mano) en las que se paga en pesos convertibles.

Fondo Cubano de Bienes Culturales (Luis Estévez Norte 9, entre parque Vidal e Independencia). Vende manualidades cubanas.

Para cualquier necesidad fotográfica se puede acudir a **Photo Service** (Independencia oeste 55, entre Villuendas y Zayas; o Marta Abreu 10, entre Villuendas y Cuba).

Cómo llegar y salir

El aeropuerto Abel Santamaría de Santa Clara tiene vuelos desde Montreal y Toronto, pero no tiene enlaces con La Habana.

AUTOBÚS

La **terminal de ómnibus nacionales** (☎ 20 34 70) está 2,5 km a las afueras por la carretera Central en dirección a Matanzas, 500 m al norte del monumento al Che. También hay autobuses **Astro** (☎ 29 21 14) a Cienfuegos, La Habana y Trinidad dos o tres veces al día y uno a Santiago en días alternos.

Los billetes para los autobuses Viazul, con aire acondicionado, se venden en una taquilla especial para extranjeros en la entrada de la estación. Si está cerrada habrá que ir a la ventanilla de "lista de espera", en la parte trasera de la estación. Salidas diarias:

Destino	Precio (sólo ida)	Horario
Habana	18 CUC	3.40, 8.15, 22.00
Trinidad	8 CUC	10.50
Varadero	11 CUC	17.25
Santiago de Cuba	33 CUC	1.45, 13.10, 18.45

Los vehículos rumbo a Santiago de Cuba también paran en Bayamo (26 CUC, 9 h 10 min),

Camagüey (15 CUC, 4 h 25 min), Ciego de Ávila (9 CUC, 2 h 35 min), Holguín (26 CUC, 7 h 50 min), Las Tunas (22 CUC, 6 h 35 min) y Sancti Spíritus (6 CUC, 1¼ h).

La **estación de autobuses intermunicipal** (carretera Central), al oeste del centro por Marta Abreu, tiene salidas diarias hacia Remedios (1,45 CUC, 45 km).

TREN

Para alcanzar la **estación de trenes** (☎ 20 28 95) hay que seguir todo recto por Luis Estévez desde el parque Vidal; se encuentra en la parte norte de la ciudad. La **taquilla** (Luis Estévez Norte 323) está cruzando el parque desde la propia estación. En teoría, todos los días sale un tren a Cienfuegos (3 CUC, 2½ h), Bayazo (22 CUC, 9½ h), Camagüey (13 CUC, 5 h 35 min) y Holguín (8 CUC, 10 h); dos a Santiago (33 CUC, 12¼ h); y cuatro a Matanzas (8 CUC, 3½ h) y La Habana (14 CUC, 5 h). También hay un tren en días alternos a Sancti Spíritus (4 CUC, 3 h) y Morón (5 CUC, 3 h 40 min).

Cómo desplazarse

El recién llegado enseguida descubrirá usando su olfato que el coche de caballos es el medio de transporte más utilizado (1 peso). Hay *bicitaxis* al noroeste del parque (1 CUC).

AUTOMÓVIL Y BICICLETA

El parque Vidal está cerrado al tráfico rodado, incluido el de ciclistas.

Agencias de alquiler de bicicletas:

Cubatur (☎ 20 89 80; Marta Abreu 10; ☼ 9.00-18.00). También alquilan motocicletas.

Havanautos (☎ 20 58 95; Motel Los Caneyes)

Micar (☎ 20 45 70; carretera Central esq. con av. 9 de Abril)

Transtur (☎ 20 81 77; Hotel Santa Clara Libre, parque Vidal 6)

La estación de servicio **Servi-Cupet** (carretera Central esq. con General Roloff) está al sur de la ciudad. En el norte se encuentra **Servicentro Oro Negro** (carretera Central esq. con av. 9 de Abril).

TAXI

Se puede alquilar un coche con conductor enfrente de la estación de autobuses para ir a Remedios (8 CUC; sólo ida) o Caibarién (10 CUC). Hasta La Habana cuesta unos 50 CUC si se negocia mucho. También hay conductores en el parque Vidal o se puede llamar a **Cubataxi** (☎ 20 68 56).

EMBALSE HANABANILLA

La sierra del Escambray es la montaña más alta de la zona central de Cuba y en ella se pueden hacer buenas excursiones. A pie de monte está el embalse Hanabanilla, una reserva de 36 km² que incluye la estación hidroeléctrica más grande de la isla. Hay un hotel a la orilla noroeste y buena pesca. Hanabanilla es una buena escala entre Cienfuegos, 58 km al oeste; Santa Clara, 80 km al norte; y Trinidad, 58 km al sur. Se pueden organizar caminatas y paseos en barco (véase recuadro).

Dónde dormir y comer

Campismo Río Seibabo (Cubamar; ☎ 24 98 32; 5 CUC/persona). Está al sur de Güinía de Miranda, cerca del río Seibabo, ya en la provincia de Sancti Spíritus. Tiene 35 cabañas. Los no cubanos son bien recibidos.

Hotel Hanabanilla (Islazul; ☎ 49 11 25; i/d temporada baja 18/24 CUC, temporada alta 23/30 CUC; ⓟ ⌧ ⌧). Este hotel de cuatro plantas posee 125 habitaciones con nevera, balcón y vistas al lago. El bar-mirador de la última planta tiene buenas vistas. Es un lugar muy tranquilo excepto los fines de semana, cuando se llena de cubanos de parranda. Se alquilan lanchas motoras y caballos, y se puede escoger entre media docena de excursiones (véase recuadro).

LA SOLEDAD DE LA SIERRA

Para acceder a la sierra del Escambray desde la provincia de Villa Clara se debe circunvalar el embalse Hanabanilla, una gran presa cuyo nombre significa "copa dorada". Entre los paseos y las caminatas que se pueden dar por la zona hay varias rutas poco conocidas. No suelen estar en ningún itinerario turístico común. Para más información es mejor preguntar en el Hotel Hanabanilla.

▪ **Reto de la loma Atalaya** Caminata de 17 km con vistas de Santa Clara y Cienfuegos que acaba a 600 m de la cueva del Brollo.

▪ **La Colicambiada** Excursión de 6 km con visita a una casa tradicional campesina y baño en un río cercano; incluye traslado en barco.

▪ **Por la ribera** Paseo de 3 km por el bosque y las plantaciones de café.

▪ **La montaña por dentro** Marcha hasta El Nicho, en la provincia de Cienfuegos.

Cómo llegar y salir

En teoría hay autobuses desde Manicaragua, pero el único acceso práctico es en automóvil, moto o bicicleta.

REMEDIOS

☎ 42 / 48.908 hab.

Sin duda, una de las ciudades más bonitas de Cuba. El tranquilo aire colonial de Remedios se esfuma cada 24 de diciembre cuando sus habitantes se enfrentan con carros, fuegos artificiales y concursos de baile en las legendarias Parrandas (véase recuadro). Para muchos viajeros es la mejor base para explorar el resto de la provincia, pues queda muy a mano tanto de Santa Clara como de Cayo Santa María.

El enérgico Vasco Porcallo de Figueroa se hizo famoso por fundar San Juan de los Remedios en 1524. Al parecer, el esforzado español llegó a engendrar más de 200 hijos. Los lugareños no tardarán en informar al recién llegado de que está en la octava ciudad más antigua de Cuba, fundada tras los siete primeros asentamientos de Diego Velásquez, aunque muchos observadores neutrales no opinan lo mismo. La ciudad sirvió como capital hasta la fundación de Santa Clara en 1689. Tras un gran incendio en 1692 cayó en declive.

Puntos de interés

La **parroquia de San Juan Bautista de Remedios** (camilo Cienfuegos 20; ☉ 9.00-11.00 lu-sa) en el parque Martí, es una de las más elegantes iglesias de Cuba. Aunque se fundó en 1545, el edificio es de finales del s. XVIII y el campanario se erigió entre 1848 y 1858. El famoso altar dorado y los techos de caoba proceden de una restauración posterior (1944-1946), financiada por el millonario Eutimio Falla Bonet. Se dice que la embarazada Inmaculada Concepción del primer altar en el lado izquierdo de la entrada es única en toda Cuba. Si está cerrada la puerta principal se puede intentar por la trasera o esperar a la misa de las 19.30.

También en el parque Martí, está la **iglesia de Nuestra Señora del Buen Viaje** (Alejandro del Río 66), del s. XVIII. Entre ambos templos se encuentra el **Museo de Música Alejandro García Caturla** (parque Martí 5; ☉ 9.00-12.00 y 13.00-18.00 lu-ju, 19.00-23.00 vi, 14.00-24.00 sa), que está dedicado a un compositor cubano que vivió en la ciudad desde 1920 hasta su asesinato en 1940. A veces hacen conciertos.

Visitar el **Museo de las Parrandas Remedianas** (Máximo Gómez 71; entrada 1 CUC; ☉ 9.00-18.00), a dos cuadras del parque Martí es lo mejor que se puede hacer en la ciudad al margen de asistir a las propias Parrandas el 24 de diciembre. La galería de fotografías del piso de abajo muestra la fiesta del año anterior, mientras que la del piso de arriba ilustra sobre la historia de esta tradición con modelos a escala de carrozas y representaciones gráficas del método de elaboración de los fuegos artificiales. Hay otra habitación llena de plumas, cabezas y borlas usadas en las celebraciones de años anteriores.

El personal y las interesantes exposiciones de la **Galería del Arte Carlos Enríquez** (parque

PROVINCIA DE VILLA CLARA

LAS PARRANDAS

Creadas a principios de la década de 1800 en el pueblo colonial de Remedios, las Parrandas son una mezcla entre carnaval y concurso de baile, con desmesurados fuegos artificiales y su imprescindible toque de imaginería religiosa. Todos los años, el 24 de diciembre, la ciudad se divide en dos bandas, cada una forjada por rancias lealtades históricas. Los grupos construyen carrozas enormes en las que pintan eclécticas representaciones iconográficas de personajes destacados, desde Simón Bolívar hasta estrellas del pop de la década de los sesenta. Cuando las carrozas están en la plaza empieza a correr el ron y se inicia un gran baile, siempre intentando superar al grupo contrario.

El clímax del festival llega a las doce de la noche con los ensordecedores fuegos artificiales que rápidamente se convierten también en una competición. El premio es para quien haga más ruido, no para el más espectacular. Tras el debido anuncio del resultado los ganadores bailan por las calles seguidos por los perdedores, a quienes, por cierto, no se les ve nada desilusionados. Por la mañana, nadie se acuerda del resultado: bastante tienen con aguantar una monumental resaca. Existen Parrandas similares en ciudades como Caibarién y Placitas, en la provincia de Villa Clara y Chambers y Punta Alleger, en Ciego de Ávila.

Martí 2; entrada gratuita; ☺ 9.00-12.00 y 13.00-17.00) hacen que merezca la pena una visita. Lleva el nombre de un talentoso pintor de Zulueta, que llamó a su estudio Hurón Azul debido al espacio cultural Uneac (p. 127) y a un *paladar* muy bueno (p. 121) de La Habana.

Unos 14 km al sur de Remedios, en una carretera secundaria camino de Placetas, está **Zulueta,** la cuna del fútbol cubano. En esta plaza está el único monumento de Cuba a tal deporte. Con suerte se puede ver un partido por la tarde en el estadio de la ciudad. La ruta entre Santa Clara y Cayo Santa María es una buena alternativa para los motoristas.

Dónde dormir

Hotel Mascotte (Cubanacán; ☎ 39 51 44; parque Martí; h 46 CUC). Este edificio colonial data de 1869 y es el único hotel de la ciudad. Los dirige la cadena Cubanacán. El servicio es agradable y el alojamiento, espacioso, limpio y bien restaurado. Las mejores habitaciones son de la primera a la quinta (sólo hay 10), pues tienen balcones con vistas a la plaza.

Dónde comer

Las Arcadas (parque Martí) es el restaurante del Hotel Mascotte. Sirve el menú normal de carne y marisco y es el único sitio para comer que merezca la pena, excepto las casas particulares.

La Fe (Máximo Gómez 126). Aquí se paga en pesos y sirven escasos tentempiés. Está enfren-

---

CASAS PARTICULARES EN REMEDIOS

Remedios es una localidad tranquila, con unas 20 casas que dan apoyo al único hotel del pueblo.

Cecilio Acosta Herrera y Ania González Lozano (☎ 39 56 24; José A. Peña 75C, entre Maceo y La Pastora; h 20-25 CUC; ☺). Dos habitaciones en una buhardilla casi sin luz natural y con baño compartido.

La China y Richard (☎ 39 66 49; Maceo 68, entre Fe del Valle y Cupertino García; h 25 CUC; P ☺). Pareja joven y agradable. La habitación tiene terraza. Sirven comidas. Richard es un experto en historia local.

Villa Colonial, Frank y Arelys (☎ 39 62 74; Maceo 43 esq. con av. General Carrillo; h 20-25 CUC; ☺). Casa elegante, con techos altos. Las habitaciones tienen entrada separada, vestíbulo y salón. Caseros amables, nuevos en el negocio.

---

te de la parroquia. Es imprescindible ver su barra de piedra.

Driver's Bar (José A. Peña 61; ☺ 8.00-22.00). Sirven comidas y tiene un salón interesante; se paga en pesos.

Ocio

El Louvre (Máximo Gómez 122). Este café está en la zona sur de la plaza y acepta pesos convertibles. Está muy bien ubicado. Los lugareños dirán que es el bar más antiguo del país, fundado en 1866. Si se busca una habitación, restaurante o taxi éste es un buen lugar para recibir ofertas.

Bar Juvenil (Adel Río 47; ☺ 9.00-13.00 sa y do). Discoteca en un patio para quienes gusten de bailar. Está cerca de Máximo Gómez, entrando por el parque. Hay palmeras, columnas y azulejos moriscos. Durante el día se juega al *ping-pong* y al dominó. No vende alcohol.

Al lado del Louvre está **Las Leyendas**, un centro cultural con música que abrió en 2003. El edificio situado al este del parque es el antiguo **teatro Rubén M. Villena** (Cienfuegos 30), con actuaciones de danza, teatro y guiñol. La programación está junto a la taquilla y los billetes se pagan en pesos. Hay más actividades culturales en la **Casa de Cultura Agustín J. Crespo** (José A. Peña 67), enfrente de la parroquia, en **Uneac** (Maceo 25), y en las calles, las plazas y los parques, lógico siendo la ciudad que inventó las Parrandas.

Cómo llegar y salir

La estación de autobuses está en la zona sur de la ciudad, al principio de la excelente carretera de 45 km hasta Santa Clara. En teoría, hay un autobús diario a Santa Clara (1 h), dos veces al día a Caibarién (20 min) y dos salidas los lunes, miércoles y viernes a Zulueta (30 min). Todos cuestan en torno a los 2 CUC.

Un taxi desde la estación de autobuses hasta Caibarién cuesta unos 3 CUC (sólo ida), 5 CUC a Santa Clara, si se negocia mucho. Una *bicitaxi* desde la estación de autobuses al parque Martí sale por un par de pesos.

CAIBARIÉN

☎ 42 / 40.798 hab.

Caibarién está situado en la costa, 9 km al este de Remedios. Es el puerto atlántico más importante de Villa Clara y tiene una gran flota. Es un pueblo pequeño y colorido, un poco destartalado debido al turismo en ma-

sa de Cayo Santa María. En sí mismo no merece la pena, pero es una buena base si no se desea alojarse en los establecimientos "todo incluido" de los cayos. Las legendarias Parrandas de diciembre son las segundas mejores de Cuba, después de las de Remedios. **Havanatur** (☎ 35 11 71; av. 9, entre calles 8 y 10) soluciona el alojamiento en Santa María. Cedeca y el Banco Popular de Ahorro tienen sucursales cerca.

Dónde dormir y comer

Si el viajero se da una vuelta por la plaza, pronto encontrará habitación.

Virginia's Pensión (☎ 36 33 03; www.virginiaspension.com; Ciudad Pesquera 73; h 20-25 CUC; P 🅿). Entre los sitios legales, éste es el más popular. Es una pensión muy profesional.

Hay un par de lugares aceptables para comer, la **Cafetería La Cubanita** (calle 14 esq. con av. 21) y la **Villa Blanca** (av. 9 esq. con calle 18), que sirve una especialidad local conocida como sopa de perro. Sabe mejor de lo que el nombre sugiere. También hay un **mercado agropecuario** (calle 6) cerca de la estación de trenes.

Ocio

Pista de Baile (calle 4; entrada 2 pesos). Una discoteca cerca de la estación de trenes que atiende al originalísimo nombre de Pista de Baile. La juventud acude por centenas los fines de semana.

Cómo llegar y salir

Hay cuatro autobuses al día que van a Remedios (1 CUC, 20 min); de 4.30 a 14.00 hay salidas hasta Santa Clara (2 CUC, 90 min)

y también hay tres servicios hacia Yaguajay (1,50 CUC, 45 min); este último sale por la mañana desde la vieja estación de Caibarién y vuelve por la tarde. La estación de servicio Servi-Cupet está a la entrada de Remedios, detrás de la estatua de Florencio Gelabert Pérez (1983).

CAYERÍAS DEL NORTE

Son conocidos como "la rosa blanca de los jardines del Rey". Cayo Santa María está al oeste del archipiélago de Sabana-Camagüey, 25 km al oeste de Cayo Guillermo. A sotavento están Cayo Ensenachos, Cayo Las Brujas y el pequeño arrecife de coral conocido como las Cayerías del Norte. Entre 1989 y 1996, se construyó un paso elevado llamado **El Pedraplén** en la bahía de Buena Vista, desde el puerto pesquero de Caibarién. En el diseño se incluyeron 45 puentes que permiten el intercambio del agua de las mareas, lo que suponía una mejora respecto del paso elevado de Cayo Coco, que produjo una gran contaminación medioambiental. Esto último es, sin duda, muy loable si no fuera porque todo el conjunto forma parte de un plan para construir 10.000 plazas hoteleras en 28 macrocomplejos. El impacto de esta invasión en los cristalinos cayos, en sus 248 especies de flora y en sus colonias de flamencos, gaviotas y anhingas puede ser demoledor.

Puntos de interés y actividades

Las actividades acuáticas se contratan en **Marina Gaviota** (☎ 35 02 13), al lado de Villa Las Brujas. Las más destacadas incluyen una hora de paseo en catamarán y buceo con tubo

---

CAFÉ CUBANO

Gracias a la vegetación y a la alta humedad durante todo el año, la sierra del Escambray tiene las condiciones ideales para la plantación del café. Aquí se producen algunas de las mejores variedades cubanas. Al contrario que el tabaco, el cafeto no es autóctono de la isla. En realidad, sólo tras la llegada de los franceses que huían de la revolución de los esclavos en Haití, en 1791, se establecieron los cafetales como economía paralela al azúcar.

Tras el Período Especial de 1991, la producción de café la coordina personalmente Raúl Castro a través del programa Turquino. El café cubano se cultiva en cooperativas pequeñas y ha incorporado métodos de producción ecológica. El grano se recolecta a mano, a veces por voluntarios y estudiantes. Después, se deja a secar al sol en patios de cemento. En la actualidad el 2% de la tierra cultivable de la isla se dedica a la producción cafetalera. Durante la temporada de recolección la industria cuenta con 265.000 personas.

A los cubanos les gusta el café fuerte y dulce, con mucha cafeína y azúcar, y es la bebida nacional. Lo primero que un campesino hospitalario ofrecerá a un viajero sediento y cansado será un café.

PROVINCIA DE VILLA CLARA

CAYO SANTA MARÍA AREA

0 ———— 10 km

OCÉANO ATLÁNTICO

QUÉ VER Y HACER
Marina Gaviota......................**1** C2
Playa Ensenachos..................**2** C2
San Pascual.........................**3** C2

DÓNDE DORMIR
Hotel Meliá Cayo Santa María.**4** D1
Hotel Occidental Royal Hideaway
Ensenachos.......................**5** C2
Sol Cayo Santa María..............**6** D1
Villa Las Brujas.....................**7** C2

Provincia
de Villa Clara

Provincia de
Sancti Spíritus

(15 CUC), medio día de crucero en catamarán (36 CUC), un crucero al atardecer (49 CUC), pesca en aguas profundas (200 CUC, 4 personas) y dos horas de excursión en bicicleta acuática (60 CUC). El viajero también se puede recluir en la tranquilidad de Las Salinas por un módico precio (véase *Dónde comer*, p. 279).

Una de las zonas más curiosas es la ocupada por el *San Pascual,* un buque cisterna de San Diego, botado en 1920, que encalló en 1933 en la orilla de Cayo Francés. El barco se utilizó para almacenar melaza y tiempo después como un surrealista hotel-restaurante hasta 2004. La excursión hasta él suele estar incluida en las excursiones de buceo con tubo.

Dónde dormir

Villa Las Brujas (Gaviota; ☎ 20 41 99; i/d temporada baja 56/70 CUC, temporada alta 61/80 CUC; P X). Villa cercana al arrecife de coral de Punta Periquillo, en Cayo Las Brujas, a 3 km del aeropuerto. Ofrece 24 cabañas en una de las zonas más bonitas de Cuba; además, su precio es el más económico de los cayos. Las cabañas se integran a la perfección con los manglares

y tienen vistas a la límpida y tranquila playa de Las Salinas, justo detrás del complejo.

Sol Cayo Santa María (☎ 35 15 00; h temporada baja desde 105 CUC, temporada alta 152 CUC; P X 🖳 🍴). Fue el primer complejo hotelero que se edificó en los cayos. Está a 8 km por la carretera principal, pasando Las Brujas. Es un hotel de cuatro estrellas, con 300 habitaciones y todos los entretenimientos que se esperan de un Sol Meliá. Se recomienda contratar un paquete por Internet o reservar con Havanatur en Caibarién para evitar sus exorbitantes precios.

Meliá Cayo Santa María (☎ 35 05 00; h temporada baja desde 127 CUC, temporada alta 161 CUC; P X 🖳 🍴). Se inauguró en diciembre de 2003 con cinco deslumbrantes estrellas. Tiene todos los lujos y entretenimientos de la cadena Sol: un *spa*, seis restaurantes, un balneario y una playa de arena blanca.

Hotel Occidental Royal Hideaway Ensenachos (i/d desde 255/300 CUC; P X 🖳 🍴). La zona de Ensenachos se hizo famosa por sus playas vírgenes de arena blanca paradisíaca, pero de vírgenes les queda ya muy poco. El hotel de cinco estrellas Royal Hideaway se inauguró

SI SE DISPONE DE UN PAR DE DÍAS MÁS

Baños de Elguea, 136 km al noroeste de Santa Clara, cerca de la frontera con Matanzas, es un famoso balneario. Según la tradición popular, en 1860, un esclavo contrajo una enfermedad dermatológica grave y su jefe, el propietario de la plantación de caña, don Francisco Elguea, lo desterró para que no infectara a los demás. Un tiempo más tarde, el hombre volvió completamente curado. Contó que había aliviado el dolor con unos baños en los manantiales de agua mineral. Allí se construyó un balneario y en 1917 se abrió el primer hotel. Hoy, los médicos utilizan estas aguas sulfurosas y el fango para cuidar las irritaciones de la piel, la artritis y el reuma. El agua llega hasta los 50ºC y es rica en bromuro, cloro, radón, sodio y azufre.

Situado al norte de Corralillo, el **Hotel y Spa Elguea** (☎ 68 62 90; i/d temporada baja 30/40 CUC, temporada alta 36/48 CUC desayuno incl.; P ✷ ⊠) tiene 139 habitaciones y múltiples tratamientos, como terapia de barro, hidroterapia y masajes, todos disponibles en las piscinas termales. Los más habituales dicen que sus efectos rejuvenecedores están entre los mejores de América Latina.

en diciembre de 2005. Tiene críticas muy favorables. Presume de tener un restaurante japonés y 506 lujosas habitaciones. La playa aún está ahí, por supuesto, pero ahora está reservada en exclusiva para los huéspedes.

Dónde comer

Si no se está alojado en ningún hotel lo más práctico para comer es dirigirse al restaurante Farallón, situado, cual nido de pájaro, en un picacho con vistas a la playa Las Salinas. Se accede a él por el hotel Gaviota Villa Las Brujas. Un almuerzo con derecho a playa, lavabos y aparcamiento cuesta unos 7 CUC. El café es bueno y las vistas, insuperables.

Cómo llegar y salir

Si no se hace noche se pueden volver a Caibarién (56 km), Remedios (65 km) o Santa Clara (110 km) tras mojarse los pies en las aguas turquesas de Cayo Santa María. Para acceder al paso a nivel (15 km) hay que ir por Caibarién (peaje 2 CUC en cada sentido). No hay transporte público hasta los cayos.

Provincia de Sancti Spíritus

La importancia histórica de esta provincia se muestra tanto en la localidad de Trinidad, bien asentada desde su fundación y en la actualidad Patrimonio Mundial de la Unesco, como en su cercana capital, Sancti Spíritus, cuyos secretos están aún por descubrir. Sin embargo, no todo son museos serios y antigüedades polvorientas. En las laderas de la abrupta sierra de Escambray, las rutas que atraviesan los bosques de helechos tientan a los más aventureros, que pueden disfrutar de multiples actividades.

El desarrollo de Sancti Spíritus se halla unido históricamente a la industria azucarera, y su paisaje se caracteriza por los molinos en ruinas y los campos de cultivo del adormecido valle de los Ingenios. La provincia ofrece suficiente diversidad para satisfacer los gustos de casi todos los viajeros; por ello, resulta una de las más visitadas.

También cuenta con rincones tranquilos, como la localidad marinera de La Boca, el espléndido embalse Zaza o las calles y plazas de la escasamente valorada capital provincial. Los más juerguistas pueden disfrutar en las blancas arenas de la playa Ancón, flanqueada de hoteles, o beber ron mientras escuchan música en Trinidad, principal centro de las casas de la trova.

En el norte se encuentra San José del Lago, un paraje turístico con manantiales naturales, donde las piscinas termales compiten con los tratamientos relajantes; mientras tanto, en la cercana localidad de Yaguajay, el interesante Museo Municipal honra el recuerdo del héroe revolucionario Camilo Cienfuegos. En la costa pantanosa de la tranquila bahía de Buenavista, se sitúa la maravillosa Reserva de la Biosfera del mismo nombre, la menos conocida y menos desarrollada de todas las áreas naturales protegidas con que cuenta el país.

PROVINCIA DE S. SPÍRITUS

LO MÁS DESTACADO

- **La auténtica Trinidad**
  Descubrir poco a poco los secretos de la joya colonial de Cuba (p. 287)

- **Una alternativa a Trinidad**
  Pasear con tranquilidad por la serena Sancti Spíritus (p. 282)

- **La luz del norte**
  Explorar la Reserva de la Biosfera Buenavista (p. 303)

- **En primera línea de playa**
  Alquilar una casa en La Boca y pasear por la playa Ancón (p. 299)

- **Cascada de ensueño**
  Recorrer el sendero que conduce hasta el salto del Caburní (p. 300)

★ Reserva de la Biosfera Buenavista

Salto del Caburní ★

★ Sancti Spíritus

★ Trinidad

★ La Boca

☎ 41   POBLACIÓN: 463.258   SUPERFICIE: 6.744 KM²

PROVINCIA DE SANCTI SPÍRITUS

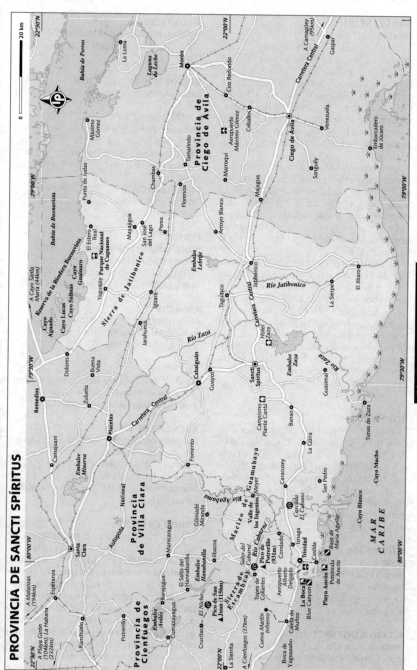

0 — 20 km

A Matanzas (194km)
A Playa Girón (104km); La Habana (232km)

Bahía de Perros

La Loma

Laguna de Leche

Morón

A Camagüey (95km)

Carretera Central

Gaspar

Embarcadero de Júcaro

Máximo Gómez

Ciro Redondo

Venezuela

Provincia de Ciego de Ávila

Aeropuerto Máximo Gómez

Tamarindo

Marroquí

Ceballos

Ciego de Ávila

Sanguily

Chambas

Florencia

Majagua

Punta de Judas

Arroyo Blanco

A Cayo Santa María (44km)
Reserva de la Biosfera Buenavista

Bahía de Buenavista

Cayo Aguado
Cayo Salinas
Cayo Lucas

Cayo Guáimaro

El Estero Real

Mayajigua

San José del Lago

Perea

Embalse Lebrije

Yaguajay Parque Nacional de Caguanes

Río Jatibonico

El Júbaro

Remedios

Dolores

Buena Vista

Jarahueca

Iguará

Taguasco

Jatibonico

La Sierpe

Sierra de Jatibonico

Camajuaní

Zulueta

Placetas

Carretera Central

Cabaiguán

Guayos

Río Zaza

Hotel Zaza

Embalse Zaza

Sancti Spíritus

Río Zaza

PROVINCIA DE SANCTI SPÍRITUS

Santa Clara

Esperanza

Ranchuelo

Potrerillo

Embalse Minerva

Fomento

Campismo Planta Cantú

Banao

Guasimal

Tunas de Zaza

Cayo Macho

Nacional

Autopista

Provincia de Villa Clara

Manicaragua

La Güira

San Pedro

Cayo Blanco

Güinía de Miranda

Güinía de Miranda

Caracusey

Provincia de Cienfuegos

Barajagua

El Salto del Hanabanilla

Embalse Hanabanilla

Albacoa

Jíbacoa

Macizo de Guamuhaya

Río Agabama

Valle de los Ingenios

Meyer

Cascada El Cubano

A Cienfuegos (37km)

Cumanayagua

El Nicho

Pico de San Juan (1156m)

Sierra de Escambray

Topes de Collantes

Salto del Caburní

Río Caburní

Pico de Potrerillo (931m)

Condado

Iznaga

Manaca Iznaga

Trinidad

Casilda

Bajo de María Aguilar

Cructas

La Sierrita

Boca de Yaguanabo

Caleta de Muñoz

Cueva Martín Infierno

Aeropuerto Alberto Delgado

La Boca

Blue Canyon

Playa Ancón

Península de Ancón

MAR CARIBE

22°30'N 22°00'N 22°30'N 22°00'N

80°00'W 79°30'W 79°00'W

79°30'W 79°00'W 80°00'W

SANCTI SPÍRITUS

☎ 41 / 105.815 hab.

La primera vez que se visita esta sencilla ciudad suele dar la impresión de ser una réplica más grande de Trinidad, aunque no tan bulliciosa. Mientras los viejos Buick recorren las calles empedradas con dificultad, los escolares juegan al béisbol animadamente en el descuidado parque Serafín Sánchez y un triste bolero interrumpe brevemente la tranquilidad de la avenida Jesús Menéndez.

Fundada en 1514, fue una de las siete primeras villas erigidas por Diego Velásquez; en 1522 se ubicó de forma definitiva en su lugar actual, a orillas del río Yayabo. No obstante, el nuevo emplazamiento no detuvo a los intrépidos corsarios, que continuaron asaltando la población hasta bien entrada la década de 1660.

Aunque carece de la importancia histórica de Trinidad o del vibrante panorama cultural de Santa Clara, Sancti Spíritus se ha convertido en lugar de paso obligado para los viajeros que se dirigen a otros puntos; así pues, quedarse un día o dos no es perder el tiempo en absoluto. Además del encanto de su centro histórico, la ciudad es famosa por la camisa masculina llamada guayabera y por la guayaba, fruta que se cultiva a orillas del río Yayabo, del que ambos productos toman su nombre.

Orientación

La estación de trenes y la de autobuses se sitúan en lados opuestos de la ciudad. De las dos, la primera es la más práctica, a cinco minutos andando del viejo puente Yayabo y a otros cinco del parque Serafín Sánchez, en el centro. En cambio, la de autobuses se encuentra 2 km al este del centro por la carretera Central, llamada Bartolomé Masó en su tramo urbano.

Información

LIBRERÍAS

Librería Julio Antonio Mella (☎ 2-7416; Independencia Sur 29; ☺ 8.00-17.00 lu-sa). Cerca de la oficina de correos. También hay una buena librería de segunda mano en el nº 25.

ACCESO A INTERNET

Etecsa (M. Solano; 6 CUC/ h; ☺ 8.00-22.00). Quiosco situado frente al cine Serafín Sánchez, con teléfonos y un ordenador.

BIBLIOTECAS

Biblioteca provincial Rubén Martínez Villena (☎ 2-7717; Máximo Gómez Norte 1). En el parque Serafín Sánchez.

MEDIOS DE COMUNICACIÓN

Radio Sancti Spíritus. CMHT en el 1200 AM y el 97.3 FM.

ASISTENCIA MÉDICA

Farmacia Especial (☎ 2-4660; Independencia Norte 123; ☺ 24 h). En el parque Maceo.

Hospital provincial Camilo Cienfuegos (☎ 2-4017; Bartolomé Masó s/n). Unos 500 m al norte de la plaza de la Revolución.

Policlínico Los Olivos (☎ 2-6362; circunvalación Olivos 1). Cerca de la estación de autobuses. Atiende urgencias de extranjeros.

DINERO

Banco Financiero Internacional (☎ 2-7578; Independencia Sur 2). En el parque Serafín Sánchez.

Cadeca (☎ 2-8536; Independencia Sur 31; ☺ 8.00-18.00 lu-sa, 8.00-12.00 do). Para desesperarse en las colas.

CORREOS

Oficina de correos (☺ 9.00-18.00 lu-sa). Tiene dos sucursales: una en Independencia Sur 8; otra, en el edificio de Etecsa, en Bartolomé Masó 167.

TELÉFONO

Etecsa (☺ 8.00-22.00). Tiene dos sucursales: en M. Solano, frente al cine Serafín Sánchez, y enfrente del hospital provincial Camilo Cienfuegos, en Bartolomé Masó 167.

AGENCIAS DE VIAJES

Campismo Popular (☎ 2-5401; Independencia Norte 201). Al lado del parque Maceo.

Cubatur (☎ 2-8518; Máximo Gómez Norte 7; ☺ 9.00-17.00 lu-sa). En el parque Serafín Sánchez.

Havantur (Padre Quintero 60). Oficinas en el restaurante Quinta Santa Elena (p. 285).

Puntos de interés

El lugar más famoso es el **puente Yayabo,** de ladrillo y con cuatro arcos, fue levantado por los españoles en 1815 y ahora ha sido declarado monumento nacional. La estructura parece más inglesa que cubana, sobre todo en las postales, donde suele aparecer. El **teatro Principal,** al lado de este viaducto, data de 1876, mientras que las viejas calles adoquinadas que bajan desde la colina fueron restauradas a finales de los años ochenta del siglo pasado. Al margen del bullicio turístico, por todas partes se aprecian signos de que

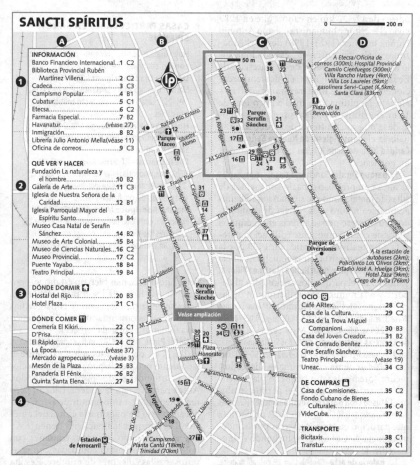

SANCTI SPÍRITUS

0 —————— 200 m

INFORMACIÓN
Banco Financiero Internacional...**1** C2
Biblioteca Provincial Rubén
  Martínez Villena..................**2** C2
Cadeca..................................**3** C3
Campismo Popular................**4** B1
Cubatur.................................**5** C1
Etecsa...................................**6** C2
Farmacia Especial.................**7** B2
Havanatur.......................(véase 27)
Inmigración..........................**8** B2
Librería Julio Antonio Mella(véase 11)
Oficina de correos................**9** C3

QUÉ VER Y HACER
Fundación La naturaleza y
  el hombre...........................**10** B2
Galería de Arte......................**11** C3
Iglesia de Nuestra Señora de la
  Caridad..............................**12** B1
Iglesia Parroquial Mayor del
  Espíritu Santo....................**13** B4
Museo Casa Natal de Serafín
  Sánchez.............................**14** B2
Museo de Arte Colonial.........**15** B4
Museo de Ciencias Naturales.**16** C2
Museo Provincial...................**17** C2
Puente Yayabo......................**18** B4
Teatro Principal....................**19** B4

DÓNDE DORMIR
Hostal del Rijo......................**20** B3
Hotel Plaza...........................**21** C1

DÓNDE COMER
Cremería El Kikiri..................**22** C2
D'Prisa.................................**23** C1
El Rápido..............................**24** C2
La Época..........................(véase 37)
Mercado agropecuario........(véase 3)
Mesón de la Plaza.................**25** B3
Panadería El Fénix................**26** B2
Quinta Santa Elena...............**27** B4

OCIO
Café ARtex...........................**28** C2
Casa de la Cultura.................**29** B3
Casa de la Trova Miguel
  Companioni........................**30** B3
Casa del Joven Creador.........**31** B2
Cine Conrado Benítez............**32** C1
Cine Serafín Sánchez............**33** C2
Teatro Principal................(véase 19)
Uneac..................................**34** C3

DE COMPRAS
Casa de Comisiones...............**35** C2
Fondo Cubano de Bienes
  Culturales..........................**36** C4
VideCuba..............................**37** B2

TRANSPORTE
Bicitaxis...............................**38** C1
Transtur...............................**39** C1

PROVINCIA DE S. SPÍRITUS

la vida en esta ciudad provinciana se desarrolla tranquila; así, se puede ver a ancianas vendiendo pollos o a vecinas charlando en la puerta de sus casas, pintadas de rojo coral o amarillo limón.

Si el viajero se desvía hasta la **calle Llano**, podrá admirar el típico suelo empedrado, los balcones de hierro forjado y las vigas de madera, más propios de Trinidad.

Girando a la izquierda en Pancho Jiménez, se llega al **Museo de Arte Colonial** (☎ 2-5455; Plácido 74; entrada 2 CUC; ☽ 9.00-17.00 ma-sa, 8.00-12.00 do), que expone muebles y objetos decorativos del s. XIX en una imponente construcción del s. XVII, perteneciente a la rica familia Valle-Iznaga. En la misma dirección se encuentra la llamativa **iglesia parroquial mayor**

del Espíritu Santo (Agramonte Oeste 58; ☽ 9.00-11.00 y 14.00-17.00 ma-sa), un edificio pintado de amarillo en la plaza Honorato. Construida en madera en 1522 y reconstruida en piedra en 1680, se dice que es el templo más antiguo de Cuba, cuyos cimientos originales todavía se mantienen, aunque el reloj parece haber sucumbido. El interior cuenta con un techo espléndidamente decorado, pero la iglesia suele estar cerrada; de todas formas, se puede intentar acudir durante la misa (a las 17.00 a diario y a las 21.00 los domingos).

El museo más interesante de la ciudad es la **Fundación La Naturaleza y el Hombre** (☎ 2-8342; Cruz Pérez 1; entrada 1 CUC; ☽ 10.00-17.00 lu-vi, 10.00-12.00 sa), en el parque Maceo. Acoge una pequeña colección, donde se da a conocer la fascinante

odisea de 17.422 km en canoa, que en 1987 vivió el escritor y humanista cubano Antonio Núñez Jiménez (1923-1998) desde el Amazonas al Caribe. Otros 432 expedicionarios lo acompañaron a través de 10 países, desde Ecuador hasta Bahamas, en dos embarcaciones gemelas de madera: *Simón Bolívar* y *Hatuey*. La última, que medía poco más de 13 m, constituye la pieza central y más valiosa de la muestra. Enfrente de la fundación se halla la elegante **iglesia de Nuestra Señora de la Caridad** (Céspedes Norte 207), en cuyo altar anidan los gorriones.

El **parque Serafín Sánchez,** cuatro manzanas al sur, es un precioso espacio con cientos de sillas de metal, donde se sientan los ancianos a fumarse un puro y las parejas de enamorados. Lo primero que se aprecia en su esquina sudoeste es una imponente edificación parecida a un teatro; construida en 1929 por la Sociedad Progresista, en la actualidad alberga la **biblioteca provincial Rubén Martínez Villena.** También en el parque, los aficionados al deporte y a la numismática disfrutarán de las colecciones del **Museo Provincial** (Máximo Gómez Norte 3; entrada 1 CUC; 🕑 9.00-18.00 lu-ju, 9.00-18.00 y 20.00-22.00 sa, 8.00-12.00 do). Muy cerca, el **Museo de Ciencias Naturales** (🕿 2-6365; Máximo Gómez Sur 2; entrada 1 CUC; 🕑 8.30-17.00 ma-vi, 8.00-22.00 sa, 8.30-12.00 do) cuenta con animales disecados, piedras preciosas y un pequeño planetario. Unas manzanas al norte del parque se ubica el **Museo Casa Natal de Serafín Sánchez** (Céspedes Norte 112; entrada 0,50 CUC; 🕑 8.00-17.00), un patriota que participó en las dos guerras por la independencia de Cuba y cayó luchando en noviembre de 1896.

La **galería de arte** (Céspedes Sur 26; entrada gratuita; 🕑 8.00-12.00 y 14.00-17.00 ma-sa, 8.00-12.00 do), contigua al agropecuario (mercado de verduras), exhibe 86 obras del pintor local Óscar Fernández Morera (1890-1946).

Dónde dormir
EN LA CIUDAD

En el centro se han instalado dos hoteles en edificios coloniales restaurados que merecen una visita.

Hostal del Rijo (Cubanacán; 🕿 2-8588; Honorato 12; h 46 CUC; 🎛 🍴). Situado en la plaza Honorato, en una preciosa mansión restaurada de 1818, cuenta con 16 lujosas habitaciones, absolutamente únicas. La 5, 6, 7 y 9 tienen balcones con vistas a la plaza; también hay una adaptada para discapacitados. La piscina

del tejado parece más bien un estanque, pero las vistas de la ciudad son inigualables. El hotel se llena rápido; si no se consigue habitación, se recomienda subir al bar del ático para tomar una copa al atardecer.

Hotel Plaza (🕿 2-7102; Independencia Norte 1; h 46 CUC; 🎛). Con una ubicación excelente al lado de un parque, dispone de 28 habitaciones, distribuidas en dos pisos, y un mirador. Antes pertenecía a la cadena Islazul, pero recientemente ha sido adquirido por Cubanacán, que lo ha puesto a la altura del anterior. Las enormes habitaciones tienen TV y aire acondicionado. Las zonas comunes, con bonitos azulejos, están equipadas con unas vistosas sillas colgantes de mimbre. Resulta una buena alternativa.

Para más información sobre las casas particulares recomendadas, véase recuadro en esta misma página.

AL NORTE DE LA CIUDAD

Para quienes no quieran hospedarse en el centro, existen dos alojamientos muy agradables en la carretera Central, en dirección norte.

Villa Los Laureles (Islazul; 🕿 2-7345; carretera Central km 383; i/d temporada baja 26/34 CUC, temporada alta 30/38 CUC; P 🎛 🍴). Este animado y atractivo motel, situado 5 km al norte de la ciudad y muy popular entre los cubanos, dispone de 70 habitaciones repartidas en dos zonas: un edificio y cabañas independientes. Las habitaciones son grandes, luminosas y cuentan

con nevera, televisión vía satélite y agua caliente, además de patio o terraza. Cada noche a las 21.00 se ofrece el espectáculo de cabaré Tropi.

Villa Rancho Hatuey (☎ 2-8315/16/17; carretera Central km 384; i/d temporada baja 37/50 CUC, temporada alta 37/55 CUC; P ⊠ 🖳 🔊). A este moderno complejo de Islazul se accede desde el carril sur de la carretera Central, 4 km al norte de la ciudad. Cuenta con 76 habitaciones repartidas en torno a un bonito jardín y es muy popular entre funcionarios gubernamentales y líderes del partido, fácilmente identificables por sus vaqueros y camisas de cuadros. Suele haber autobuses de turistas, que encuentran aquí todos los servicios habituales de un hotel de precio medio.

AL ESTE DE LA CIUDAD

Hotel Zaza (Islazul; ☎ 2-8512; i/d con desayuno 27/36 CUC; P ⊠ 🔊). Casi todos los circuitos turísticos programan una estancia en este alojamiento a la orilla del embalse homónimo. Con 128 habitaciones algo descuidadas, las del piso cuarto tienen buenas vistas del lago. La piscina (3 CUC para los que no son clientes) resulta refrescante los días de calor, y la música ambiental está a tal volumen que se oye debajo del agua. A principios de septiembre se celebra aquí la Copa Internacional de Pesca de Perca, y en la oficina de la planta superior se organizan salidas para pescar o pasear a cualquier hora. El personal es amable y servicial. Para llegar hay que recorrer 5 km por la carretera Central hacia el este en dirección a Ciego de Ávila, luego girar hacia el sur y seguir otros 5 km hasta el embalse.

AL SUDOESTE DE LA CIUDAD

Campismo Planta Cantú (Cubamar; ☎ 2-9698; cabina 30 CUC; P 🔊). Ubicado cerca de Banao, pertenece a Cubamar y acepta extranjeros. Se halla un poco apartado, por lo que se necesita vehículo propio para llegar. Las cabañas que están al pie de la ladera son muy agradables y se recomiendan especialmente para grupos de cuatro personas, puesto que se paga por cabaña, y no por persona. Es posible alquilar caballos (3 CUC/h), pero el verdadero atractivo del lugar es la cascada de aguas cristalinas del río Cayajaná, a la que se accede por el camino de la izquierda en la bifurcación anterior a la entrada, siguiendo durante 1 km hasta el final; de allí sale un sendero hasta la catarata y las pozas. En los alrededores también hay un buen lugar para acampar. Para llegar al campismo, se deben recorrer 16 km al sudoeste de Sancti Spíritus por la carretera de Trinidad, girar hacia el interior en la indicación y continuar otros 6 km más.

Dónde comer

El viajero gastará muchas energías en buscar un lugar aceptable para comer. Dejando aparte los hoteles de Cubanacán, sólo hay dos restaurantes que se salvan, además del omnipresente y práctico **El Rápido** (parque Serafín Sánchez; ☼ 9.00-23.00).

Quinta Santa Elena (☎ 2-8167; Padre Quintero 60; platos 4-8 CUC; ☼ 10.00-00.00). Con un patio a orillas del río y vistas al puente, programa música en directo a mediodía. Sus precios razonables y sus generosas raciones de gambas en salsa roja o de ropa vieja lo convierten en el mejor de la ciudad. También preparan varios platos de ensaladas para vegetarianos.

Mesón de la Plaza (☎ 2-8546; Máximo Gómez Sur 34; ☼ 12.00-14.30 y 18.00-22.00). Ubicado frente a la plaza Honorato, en una mansión del s. XIX que perteneció a un rico español y con bonitas vistas de la iglesia, está gestionado por Palmares. Goza de un ambiente acogedor y está limpio; los lugareños suelen recomendarlo.

Restaurant Hostal del Rijo (Cubanacán; ☎ 2-8588; Honorato 12). Tanto los platos cubanos tradicionales como los espaguetis con salsa boloñesa se sirven en una terraza exterior o en un patio muy agradable.

Las Arcadas (☎ 2-7102; Independencia Norte 1). Perteneciente al hotel Plaza, está especializado en comida criolla como el anterior; además, en el bar se prepara un café estupendo.

D'Prisa (☼ 10.00-22.00). Local gestionado por Islazul en el lado occidental del parque Serafín Sánchez donde se puede comer algo ligero, acompañado por una cerveza fría (entre 1 y 2 CUC).

También hay puestos callejeros que ofrecen *pizza* al peso en la avenida de los Mártires, al lado del parque de Diversiones. Quien se quede un rato por el parque Serafín Sánchez acabará por encontrarse con el vendedor de cremosos helados de máquina, pero también se puede acudir a la **cremería El Kikiri** (Independencia Norte con Laborni), un par de manzanas al norte.

Se pueden comprar alimentos en los siguientes establecimientos:

Mercado agropecuario (Independencia Sur esq. con Honorato). A dos manzanas del parque Serafín Sánchez, en la esquina de Valdés Muñoz.

Panadería El Fénix (Máximo Gómez Norte esq. con Frank País; ☎ 6.00-18.00). Vende pan recién hecho todos los días.

La Época (Independencia Norte 50C). Buenos productos frescos.

Ocio

Casa de la Cultura (☎ 2-3772; M. Solano 11). Situada frente a la biblioteca en diagonal, en el parque Serafín Sánchez, programa distintos espectáculos musicales.

Uneac (Unión Nacional de Escritores y Artistas de Cuba; ☎ 2-6375; Independencia Sur 10). Pases de cine y otros eventos culturales en un edificio cercano a la oficina de correos.

Casa del Joven Creador (Céspedes Norte 118). Cerca del Museo Casa Natal de Serafín Sánchez, organiza conciertos de *rock* y *rap*.

Casa de la Trova Miguel Companioni (☎ 2-6802; Máximo Gómez Sur 26). Junto a la plaza Honorato, permite disfrutar de la música tradicional.

Cafe ARTex (M. Solano; entrada 1 CUC; ☎ 10.00-2.00 ma-do). Se puede bailar, escuchar música en directo y cantar karaoke todas las noches y los domingos por la tarde a las 14.00 (entrada 3 CUC). El jueves se toca *reggaeton* e *hip-hop* cubano, y en el café se representan comedias. Los mejores grupos locales son el Septeto Espirituano y Son del Yayabo.

Estadio José A. Huelga (circunvalación). Ubicado 1 km al norte de la estación de autobuses, acoge la temporada de béisbol, que transcurre de octubre a abril.

Teatro Principal (☎ 2-5755; av. Jesús Menéndez 102). Matinés para niños los fines de semana a las 10.00.

El **cine Conrado Benítez** (☎ 2-5327; Máximo Gómez Norte 13) y el **cine Serafín Sánchez** (☎ 2-3839; M. Solano 7), en el parque Serafín Sánchez, son las dos salas más importantes de la ciudad.

De compras

Todo lo que se necesite, desde pilas a sartenes, se vende en los puestos del mercado peatonal de Independencia Sur, que ha sido rehabilitado recientemente.

Casa de Comisiones (Independencia Sur 6; ☎ 9.00-16.00). Una mezcla de casa de empeño y mercadillo con gran cantidad de cámaras Brownie, imitaciones de tiaras y joyas antiguas, relojes, bolsos y muebles.

Fondo Cubano de Bienes Culturales (☎ 2-7106; Independencia Sur 55). Artesanía y pintura cubanas.

VideCuba (Independencia Norte 50; ☎ 9.00-21.00). Para adquirir carretes de fotos o cambiar las pilas.

Cómo llegar y salir

AUTOBÚS

La **estación de autobuses** (☎ 2-4142; carretera Central) está 2 km al este del centro. Los vehículos de Astro realizan servicios a Camagüey (7 CUC) y Ciego de Ávila (3 CUC) en días alternos, y a La Habana (16 CUC) y Santiago (20 CUC) a diario.

Los autobuses de lujo de **Viazul** (☎ 2-4142; www.viazul.com) viajan a:

Destino	Precio (sólo ida)	Salida
La Habana	23 CUC	2.20, 6.55, 20.40
Santiago de Cuba	28 CUC	3.10, 15.15, 20.50
Trinidad	6 CUC	5.35

El autobús de Santiago de Cuba se detiene también en Ciego de Ávila (6 CUC, 76 km), Camagüey (10 CUC, 184 km), Las Tunas (17 CUC, 312 km), Holguín (21 CUC, 393 km) y Bayamo (21 CUC, 464 km); el de La Habana, en Santa Clara (6 CUC, 83 km).

TREN

La **estación de trenes** (☎ 2-4790; av. Jesús Menéndez final; ☎ venta de billetes 7.00-14.00 lu-sa), al sudoeste del puente Yayabo, se halla a 10 minutos del centro, así que resulta conveniente pasarse por allí para confirmar horarios. No es fácil viajar en este medio desde Sancti Spíritus, puesto que sólo hay salidas a La Habana (14 CUC, 8 h, 376 km, 21.00, en días alternos), con parada en Santa Clara (4 CUC, 2 h, 83 km), y a Cienfuegos (5,50 CUC, 5 h, 164 km, 4.00, lunes).

Los trayectos que van hacia el este parten desde Guayos, 15 km al norte de Sancti Spíritus, y cubren también las localidades de Holguín (14 CUC, 8½ h, 9.30), Bayamo (13 CUC, 8¼ h, 394 km) y Santiago de Cuba (21 CUC, 10¼ h, 8.45). Para llegar a Sancti Spíritus o Trinidad en el rápido de La Habana-Santiago de Cuba hay que bajarse en Guayos.

En la ventanilla de la estación de trenes de Sancti Spíritus se venden billetes para los trenes que salen de Guayos, pero hay que

DOMINGUEROS

En una provincia famosa por sus montañas exuberantes y su arquitectura colonial, ir de pesca a un lago puede parecer algo raro. Pero, como probablemente sabrán los suscriptores de las revistas de pesca, Sancti Spíritus alberga el mayor pantano de Cuba.

Casi el 50% del enorme **embalse Zaza** se utiliza para la pesca deportiva de sus abundantes percas, que llegan a alcanzar hasta 8 kg. En el agradable **Hotel Zaza** (p. 285) se organizan excursiones para pescar por 30 CUC cuatro horas o 70 CUC todo el día en el **río Alabama,** en la carretera de Trinidad a Sancti Spíritus.

Si no es la pesca lo que se busca, también se puede disfrutar del ambiente único del lago en un crucero de una hora para dos personas por 20 CUC.

encontrar una forma de llegar hasta allí (8-10 CUC en taxi, regateando mucho).

CAMIONES Y TAXIS

Desde la estación de autobuses se puede tomar un camión a Trinidad, Jatibonico y otros destinos. Los colectivos aparcados a la entrada de la estación llevan viajeros a Trinidad por unos 16 CUC con el vehículo completo, pero es ilegal para los extranjeros.

Cómo desplazarse

Las calesas de la carretera Central, aparcadas frente a la estación de autobuses, se desplazan hasta el parque Serafín Sánchez cuando están llenas (1 CUP). Los *bicitaxis* se reúnen en la esquina de Laborni con Céspedes Norte. Hay una caseta de Transtur en la esquina nordeste del parque Serafín Sánchez que alquila automóviles por un mínimo de 60 CUC diarios. La gasolinera de **Servi-Cupet** (carretera Central) se ubica 1,5 km al norte de la villa Los Laureles, en la carretera Central en dirección a Santa Clara. Estacionar en el parque Serafín Sánchez es relativamente seguro; además, si se pregunta en los hoteles Rijo y Plaza, se puede encontrar a alguien que cuide del vehículo durante toda la noche por 1 CUC.

TRINIDAD

☎ 419 / 52.896 hab.

Pintoresca, accesible y fácil de conocer, esta localidad cumple con las expectativas que generan los folletos turísticos. Declarada Patrimonio Mundial en 1988, junto con el valle de los Ingenios, constituye el museo al aire libre más antiguo y encantador del país; además, se trata de uno de los pocos sitios turísticos donde extranjeros y cubanos se mezclan de forma libre y relajada. En sus más de trescientas casas particulares y sus tres céntricos hoteles, la relación intercultural está asegurada: nada que ver con Varadero.

Al entrar en la ciudad por las calles empedradas, pronto se distingue lo que hace de Trinidad un lugar tan especial: bellas casas restauradas y frescos patios coloniales de azulejos, que combinan a la perfección con un entorno natural extraordinario. La villa se inserta de forma espléndida entre la sierra de Escambray y el Caribe, con lo que se crea un escenario inigualable.

Existen más museos por habitante que en cualquier otro lugar de Cuba, en un marco insuperable donde las montañas se elevan junto a las playas rodeadas de palmeras. Además, Trinidad conserva un grado de autenticidad e intimidad del que carecen muchas otras localidades coloniales; ya que no tiene nada de parque temático. Fiel a sus raíces socialistas, combina edificios bellamente restaurados por la Unesco con tiendas de racionamiento y agropecuarios (mercados de verduras). Las ancianas descansan tranquilas en sus mecedoras bajo los porches coloniales, mientras los canarios cantan en sus jaulas marcando el paso del tiempo, como vienen haciendo desde hace siglos.

Con la etiqueta de la Unesco y un flujo constante de turistas de La Habana y Varadero, los "ganchos" inundan las calles y más de un viajero se agobia con tanta atención. Si uno se siente acosado, lo mejor es quedarse en una de las agradables casas particulares que hay en La Boca o Casilda, a 4 y 6 km respectivamente, o en algún alojamiento que quede fuera del bullicio del centro histórico.

Historia

En 1514 el conquistador Diego Velázquez de Cuéllar fundó la villa de la Santísima Trinidad en la costa sur de Cuba; se trataba del tercer asentamiento de la isla tras Baracoa y Bayamo. La leyenda dice que fray Bartolomé de las Casas, el Apóstol de los indios, celebró la primera misa del lugar bajo un árbol de las calabazas en la actual plazuela Real del Jigüe. En 1518 un antiguo secretario de Velázquez,

Hernán Cortés, fue allí a reclutar mercenarios para su expedición a México y el asentamiento quedó prácticamente vacío. Durante los sesenta años siguientes la precaria economía subsistió gracias a un grupo de indios taínos que vivían de las labores agrícolas, ganaderas y comerciales.

En el s. XVII Trinidad había quedado reducida a un pueblo sin importancia y, alejada de las autoridades coloniales de La Habana, debido a las difíciles comunicaciones, se convirtió en un paraíso para piratas y contrabandistas que controlaban un lucrativo negocio de esclavos ilegales con la colonia británica de Jamaica.

El panorama comenzó a cambiar a principios del s. XIX cuando la población fue declarada capital del Departamento Central y llegaron cientos de refugiados franceses que huían de la rebelión de esclavos en Haití. Éstos levantaron más de cincuenta molinos azucareros en el cercano valle de los Ingenios. El azúcar pronto reemplazó al cuero y la carne salada como principales industrias de la región, y, a mediados de siglo, en los alrededores de Trinidad se producía un tercio del azúcar cubano, lo que generó suficiente riqueza para financiar los suntuosos edificios que caracterizan esta ciudad.

Este florecimiento terminó de forma brusca durante las dos guerras de independencia, cuando las plantaciones fueron devastadas por el fuego y las batallas. En los años siguientes la industria luchó por sobrevivir, pero nunca consiguió recuperarse. A finales del s. XIX el centro de la industria azucarera se había trasladado a las provincias de Cienfuegos y Matanzas, con lo que Trinidad, separada por la sierra de Escambray del resto de Cuba, se sumió en un coma profundo y amenazador.

Orientación

La ciudad se ordena en torno a dos centros principales: los museos e iglesias del casco histórico que rodean la Plaza Mayor, y los servicios utilizados por los vecinos, situados en los alrededores del parque Céspedes. La estación de autobuses se halla al este de la Plaza Mayor.

Información

LIBRERÍAS

Librería Ángel Guerra (☎ 3748; José Martí 273, entre Colón y Zerquera; ◷ 8.00-15.00 lu-sa)

NOMBRES DE LAS CALLES DE TRINIDAD

Los lugareños siguen utilizando los nombres antiguos, que figuran a continuación:

Nombre antiguo	Nombre actual
Gutiérrez	Antonio Maceo
Jesús María	José Martí
Alameda	Jesús Menéndez
Carmen	Frank País
Santo Domingo	Camilo Cienfuegos
Rosario	Zerquera
Desengaño	Simón Bolívar
Boca	Piro Guinart
Gloria	Gustavo Izquierdo
San Procopio	General Lino Pérez
Guaurabo	Pablo Pichs Girón

ACCESO A INTERNET

Café Internet Las Begonias (Antonio Maceo 473; ◷ 9.00-21.00; 6 CUC/h). En la esquina de Simón Bolívar. Abarrotado.

Etecsa Telepunto (General Lino Pérez esq. con Francisco Pettersen; 6 CUC/h; ◷ 7.00-23.00). Recientemente reformado y con terminales nuevas.

Hotel La Ronda. Cuenta con un ordenador en el vestíbulo que funciona con una tarjeta de Etecsa.

BIBLIOTECAS

Biblioteca Gustavo Izquierdo (José Martí 265, entre Colón y Zerquera; ◷ 8.00-21.00 lu-vi, 8.00-18.00 sa, 8.00-13.00 do)

MEDIOS DE COMUNICACIÓN

Radio Trinidad. Emite en el 1200 AM.

ASISTENCIA MÉDICA

Hospital general (☎ 3201; Antonio Maceo 6). Al sudeste del centro.

Servimed Clínica Internacional Cubanacán (☎ 6240; General Lino Pérez 103; ◷ 24 h). En la esquina de Anastasio Cárdenas; dispone de una farmacia donde se paga en convertibles.

DINERO

Banco de Crédito y Comercio (☎ 2405; José Martí 264)

Cadeca (☎ 6263; José Martí 164). Entre el parque Céspedes y Camilo Cienfuegos.

CORREOS

Oficina de correos (Antonio Maceo 418). Entre Colón y Zerquera.

TRINIDAD

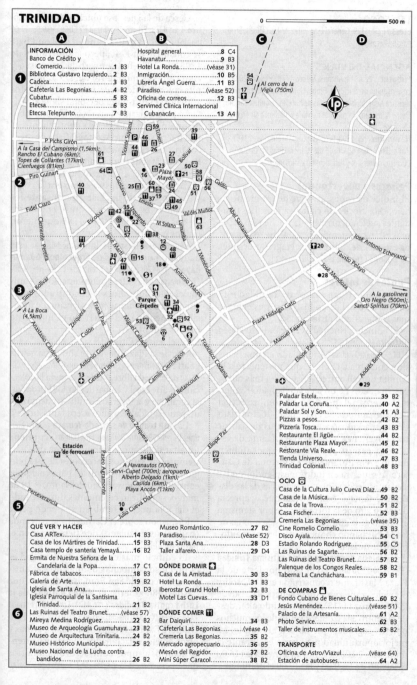

0 _____ 500 m

PROVINCIA DE S. SPÍRITUS

TELÉFONO

Etecsa (☎ 4129; General Lino Pérez 274; 6 CUC/h). En el parque Céspedes.

AGENCIAS DE VIAJES

Cubatur (☎ 6314; Antonio Maceo 447; ⏰ 9.00-20.00). En la esquina de Zerquera. Proporciona buena información turística general, hace reservas de hoteles, alquila vehículos y pide taxis, cambia cheques de viaje y adelanta dinero en efectivo.
Havanatur (☎ 6390; fax 6183; General Lino Pérez 366)
Paradiso (☎ 6486; fax 6308; General Lino Pérez 306). Circuitos culturales y turísticos en varios idiomas.

Peligros y advertencias

El índice de robos, aunque de momento es bajo, está creciendo cada vez más. Los incidentes suelen ocurrir por la noche y las víctimas están casi siempre bebidas. Se recomienda estar alerta, sobre todo al regresar después de pasar la noche de copas.

Puntos de interés

La tranquila Plaza Mayor de Trinidad está en el centro del casco histórico y es el lugar más fotografiado de la ciudad.

El edificio principal es el grandioso **Museo Histórico Municipal** (☎ 4460; Simón Bolívar 423; entrada 2 CUC; ⏰ 9.00-17.00 sa-ju), instalado en una mansión contigua a la plaza, que perteneció a la familia Borrell entre 1827 y 1830; más tarde, pasó a manos de un alemán llamado Kanter, o Cantero, del que toma el nombre actual de casa Cantero. Se cree que el doctor Justo Cantero adquirió vastos campos de azúcar tras envenenar a un viejo traficante de esclavos y casarse con su viuda, que también murió prematuramente. La fortuna de Cantero se muestra en todo su esplendor en las elegantes decoraciones neoclásicas de las distintas estancias. Sólo la vista que se aprecia desde lo alto de la torre merece por sí misma el precio de la entrada. Se aconseja ir antes de las 11.00 cuando comienzan a llegar los autobuses de turistas.

La **iglesia parroquial de la Santísima Trinidad** (⏰ 11.00-12.30 lu-sa), en el lado nordeste de la Plaza Mayor, fue reconstruida en 1892 sobre otra iglesia anterior. Allí se venera al Cristo de la Vera Cruz (1713), en el segundo altar desde el centro a la izquierda, uno de los muchos objetos sagrados que hay en el templo. La mejor oportunidad para verlo es durante la misa, a las 20.00 de lunes a viernes, a las 16.00 el sábado y a las 9.00 y las 17.00 el domingo.

Cerca de la iglesia se ubica el **Museo Romántico** (☎ 4363; Echerri 52; entrada 2 CUC; ⏰ 9.00-17.00 ma-do), en el palacio Brunet. La planta baja se construyó en 1740, pero la superior es de 1808. En 1974 fue convertida en museo y ahora alberga mobiliario del s. XIX, una bonita colección de porcelanas y otros objetos antiguos. El insistente personal sigue al visitante para guiarle en su recorrido a cambio de una propina. La tienda contigua ofrece una buena selección de fotografías y libros.

Otra muestra pública de riqueza es el **Museo de Arquitectura Trinitaria** (entrada 1 CUC; ⏰ 9.00-17.00 sa-ju), en el extremo sudeste de la Plaza Mayor, que ilustra cómo era la construcción civil de la clase alta durante los ss. XVIII y XIX. La exposición se encuentra en dos edificios de 1738 y 1785 que fueron unidos en 1819.

El lado noroeste de la Plaza Mayor está ocupado por el **Museo de Arqueología Guamuhaya** (☎ 3420; Bolívar 457; entrada 1 CUC; ⏰ 9.00-17.00 ma-sa), una extraña combinación de animales disecados, huesos encontrados en la zona y una incongruente colección de utensilios de cocina del s. XIX. No es una visita imprescindible.

En el palacio Ortiz, del s. XIX, en el lado sudoeste de la Plaza Mayor, se sitúa una **galería de arte** (Rubén Martínez Villena esq. con Bolívar; ⏰ 9.00-17.00) de entrada libre. Merece la pena la colección de arte local y en particular los bordados, la cerámica y la joyería. El edificio cuenta con un patio agradable y unos aseos fantásticos.

La **casa templo de santería Yemayá** (Rubén Martínez Villena 59, entre Bolívar y Piro Guinart) contiene un altar dedicado a Yemayá, diosa del mar; siempre hay santeros, sacerdotes de esta religión afrocubana, disponibles para cualquier consulta. En el aniversario del santo, el 19 de marzo, se realizan ceremonias durante todo el día y la noche. También se puede pedir información sobre el Carnaval y la parranda (baile afrovenezolano) que tiene lugar en el patio de al lado.

El edificio más conocido de Trinidad es el precioso campanario amarillo del antiguo convento de San Francisco de Asís, que desde 1986 alberga el **Museo Nacional de la Lucha contra Bandidos** (☎ 4121; Echerri 59; entrada 1 CUC; ⏰ 9.00-18.00 ma-do), en la esquina con Piro Guinart. Exhibe fotografías, mapas, armas y otros objetos relacionados con la lucha frente a varios grupos contrarrevolucionarios que operaron en la sierra de Escambray entre

1960 y 1965. También se expone el fuselaje de un avión espía U-2 de EE UU abatido sobre Cuba. Desde lo alto de la torre se disfruta de vistas magníficas.

La **Casa de los Mártires de Trinidad** (Zerquera 254, entre Antonio Maceo y José Martí; visita guiada/libre 1 CUC/gratuito; ☻ 9.00-17.00) está dedicada a los 72 lugareños que murieron en la lucha contra Batista, la campaña frente a los contrarrevolucionarios y la guerra de Angola.

Existe una pequeña **fábrica de tabacos** (Antonio Maceo 403), al pasar el hotel Ronda en la esquina de Colón. Aunque no organizan visitas guiadas, quizá permitan al viajero echar un vistazo a las diestras manos que retuercen el tabaco.

Si el viajero quiere dar un paseo agradable, en la zona este de la población existen otros lugares interesantes que se pueden visitar; al igual que si sale de la ciudad hacia el norte. Entre ellos destacan los restos de la **iglesia de Santa Ana**, antigua prisión española (1844), al otro lado de la plaza, que es ahora el centro de información turística **Plaza Santa Ana** (Camilo Cienfuegos; entrada libre; ☻ 11.00-22.00). El complejo acoge una galería de arte, un mercado de artesanía, una tienda de cerámica, un bar y un restaurante.

Cinco manzanas al sur se encuentra el **taller alfarero** (Andrés Berro; entrada gratuita; ☻ 8.00-12.00 y 14.00-17.00 lu-vi), una gran fábrica donde se hacen objetos de cerámica con arcilla local y el tradicional torno.

Actividades

Para contemplar una panorámica de la ciudad, se recomienda subir por Simón Bolívar, la calle situada entre la iglesia parroquial y el Museo Romántico, hasta las ruinas de la **ermita de Nuestra Señora de la Candelaria de la Popa,** del s. XVIII, que formó parte de un hospital militar español. El santuario está situado en un monte al norte del casco histórico y es el lugar perfecto para admirar un atardecer espectacular (con repelente de insectos). Desde allí sale una senda que asciende durante 30 minutos hasta el repetidor de radio, ubicado en el punto más alto del **cerro de la Vigía,** de 180 m, desde donde se divisan amplias vistas de Trinidad, la playa Ancón y toda la costa.

La **finca de recreo María Dolores** (☎ 6481, 6394/5; carretera de Cienfuegos km 1,5) es una granja y centro recreativo a orillas del río Guaurabo. Alquila habitaciones, celebra fiestas campesinas, una especie de ferias rurales (véase

"Casa del Campesino", p. 292), organiza travesías en barco al atardecer hasta la playa La Boca (5 CUC por persona) y paseos a caballo al **ranchón El Cubano** (10 CUC por persona, 2 h). Se trata de un lugar muy agradable, a 5 km de Trinidad, desde donde salen distintos senderos hasta una cascada y donde se puede comer en un curioso restaurante especializado en pez gato.

Se puede alquilar una bicicleta para ir a la **playa Ancón** a bañarse en la piscina o bucear en el mar. El camino es llano y está bien pavimentado. También se puede llegar tomando un interesante desvío por La Boca. Véase p. 296 para obtener información sobre alquiler de bicicletas.

Cursos

En **Las Ruinas del Teatro Brunet** (Antonio Maceo 461, entre Simón Bolívar y Zerquera) se pueden recibir clases de tambor (9.00-11.00, sábados) y baile (13.00-16.00, sábados). La popular profesora **Mireya Medina Rodríguez** (☎ 3944; Antonio Maceo 472, entre Simón Bolívar y Zerquera) enseña baile en el salón de su casa, desde chachachá a rumba. Paradiso ofrece en **Casa Artex** (☎ 6486; paradisotr@sctd.artex.cu; General Lino Pérez 306) clases de salsa por 5 CUC/h.

La agencia de viajes **Paradiso** (☎ 6486; fax 6308; General Lino Pérez 306) organiza distintos cursos dentro de su programa cultural, como arquitectura cubana (20 CUC), cultura afrocubana (30 CUC), artes plásticas (30 CUC) y música popular (30 CUC). Los cursos duran cuatro horas y los imparten especialistas. Se requieren entre seis y diez personas como mínimo, pero siempre se puede negociar. En el mismo lugar hay clases de guitarra por 5 CUC/h y cursos de español/cultura cubana por 8 CUC/h.

Circuitos

Las excursiones a Topes de Collantes (p. 300) con **Cubatur** (☎ 6314; Antonio Maceo 447; ☻ 9.00-20.00) cuestan entre 23 y 43 CUC por persona dependiendo de la ruta. Los paseos a caballo hasta el ranchón El Cubano incluyen la entrada al parque, un rato para bañarse, comida y guía por unos 18 CUC; los caballos pertenecen a la finca de recreo María Dolores (véase "Casa del Campesino" p. 292) y se pueden alquilar allí mismo por un precio menor.

La agencia de viajes **Paradiso** (☎ 6486; fax 6308; General Lino Pérez 306) ofrece un estupendo

circuito de un día al valle de los Ingenios por 9 CUC por persona y una excursión para ver monumentos en Trinidad por 10 CUC por persona.

Si el viajero se aloja en una casa particular, los anfitriones conocerán a alguien que alquile caballos y lo puedan guiar por el valle de los Ingenios o hasta el ranchón El Cubano. Ambos recorridos cruzan bonitos paisajes; además, en el primero se puede ver una cascada. El guía no debe cobrar más de 7/15 CUC por persona por 3/6 horas, aunque, si es particular, habrá que pagar 6,50 CUC adicionales de la entrada al ranchón El Cubano. Las sillas de montar suelen ser malas, así que, a menos que uno sea un jinete experto, tres horas son suficientes. La excursión a Topes de Collantes en un vehículo privado no debe costar más de 25 CUC.

Quien esté interesado en las excursiones con buceo, submarinismo o pesca, véase "Playa Ancón" (p. 297) o cualquiera de las agencias de viajes (p. 290) de Trinidad.

Fiestas y celebraciones

Los tres días de las **Fiestas Sanjuaneras** son una especie de carnaval que se celebra el último fin de semana de junio; conviene ponerse a resguardo de los jinetes ebrios de ron que galopan por las calles. La **Semana de la Cultura Trinitaria** tiene lugar a principios de enero y coincide con el aniversario de la ciudad.

Dónde dormir

Trinidad cuenta con más de trescientas casas particulares (véase p. 293) y la competencia es fiera: quien llegue en autobús o camine por las calles con equipaje será acosado por "ganchos", que trabajan a comisión, o por los propietarios de casas desesperados. Con tantos alojamientos bonitos y tantas acogedoras familias para elegir, no hay razón para soportar un lugar incómodo. Las casas de los alrededores de la estación de autobuses son muy prácticas para recién llegados, pero no se recomiendan para estancias largas porque la zona no es agradable.

También hay unos cuantos hoteles para elegir en el centro y las afueras.

EN LA CIUDAD

Casa de la Amistad (amistur@ceniai.inf.cu; Zerquera, entre Martí y Frank País; h 25 CUC). Gestionada por el Instituto Cubano de la Amistad, es un hostal muy popular entre los que simpatizan políti-

camente con el país. Tiene seis habitaciones limpias y bien equipadas, con duchas nuevas y TV, un pequeño comedor y un patio trasero. Es una opción de primera clase en el centro.

Hotel La Ronda (Cubanacán; ☎ 2248; Martí 238; h 46 CUC; 🖳). Una nueva adquisición de Cubanacán (antes era de Islazul), que no cumple del todo con los estándares de los hoteles de otras ciudades, aunque sí en lo que se refiere al precio. Con una excelente ubicación en el parque Céspedes, sus 19 habitaciones están descuidadas y el restaurante es anodino. Ofrece buena conexión a Internet desde el vestíbulo durante todo el día.

Motel Las Cuevas (Cubanacán; ☎ 4013; i/d con desayuno temporada baja 50/65 CUC, temporada alta 59/75 CUC; 🅿 🗶 🖳). Todos los autobuses de turistas llegan a este lugar con magníficas vistas de la ciudad y el mar, situado más arriba de la iglesia de Santa Ana, 1 km al nordeste. Las mejores habitaciones se encuentran en los nuevos edificios de dos pisos orientados al valle. Bajando por una escalera se accede a la cueva La Maravillosa, en cuyo acceso crece un enorme árbol (entrada 1 CUC). Cuando quedan habitaciones libres, quienes no se alojen aquí pueden utilizar la pequeña piscina por un módico precio.

Iberostar Grand Hotel (Gran Caribe; José Martí esq. con Lino Pérez; i/d desde 95/120 CUC; 🗶). Inaugurado en febrero de 2006 como el quinto hotel cubano de Iberostar, sus cinco estrellas aportan cierto lujo al soso panorama hotelero de Trinidad. Cuenta con 36 elegantes y suntuosas habitaciones de carácter colonial, ubicadas en un inmueble restaurado del s. XIX que da al parque Céspedes; se trata de un sitio ideal para explorar la ciudad.

EN LAS AFUERAS

Casa del Campesino (☎ 6481, 6394/5; i/d 45/70 CUC; 🅿 🗶 🖳). Las habitaciones de la finca de recreo María Dolores (p. 291), 1,5 km al oeste por la carretera de Cienfuegos y Topes de Collantes, resultan muy prácticas para los que están de paso o quieren salir temprano de excursión. Las mejores son las que se orientan al río Guaurabo, que además disponen de una terraza muy agradable. Cuando llegan grupos de turistas, a las 21.30 se organizan fiestas campesinas, con bailes tradicionales cubanos (gratuita/5 CUC para clientes/no clientes, una bebida incluida). También se organizan excursiones en barco y a caba-

CASAS PARTICULARES EN TRINIDAD

Araceli Reboso Miranda (☎ 3538, 3389; Lino Pérez 207, entre Frank País y Miguel Calzada; h 20 CUC). Dos habitaciones impecables en un porche exuberante, una terraza en el tejado y comidas peligrosamente suculentas.

Balbina Cadahía (☎ 2585; Antonio Maceo 355; h 20 CUC). Dos habitaciones con un patio.

Carlos Gil Lemes (☎ 3142; Martí 263, entre Zerquera y Colón; h 25 CUC). Casona colonial digna de un museo, con un bonito patio y baño compartido. Muy cordial.

Carmelina de la Paz (☎ 3620; Piro Guinart 239, entre Independencia y Vicente Suyuma; h 15-20 CUC). Casa colonial de enormes habitaciones, techos altos y terraza en el tejado. Al lado de la estación de autobuses.

Casa Arandia – Aurelio Arandia (☎ 3240; Antonio Maceo 438, entre Colón y Zerquera; h 20-25 CUC). Magnífica habitación abuhardillada con dos camas dobles en una casa colonial con terraza, vistas y nevera.

Casa de Inés (☎ 3241; eleusiscu@yahoo.com; José Martí 160, entre C. Cienfuegos y General Lino Pérez; h 20 CUC; Ⓟ). Habitación grande y propietarios amables.

Elisa Margot Silva Ortiz (☎ 4332; Piro Guinart 246, cerca de Gustavo Izquierdo; h 20 CUC). Lujosa habitación con balcón, techos y suelos antiguos de madera, y dos hermanas muy amables como anfitrionas.

Escobar – Julio y Rosa (☎ 6688; www.trinidadphoto.com; José Martí 401; h 25 CUC; Ⓟ 🐕). Impresionante casa colonial con antigüedades, patio y terraza en el tejado. El dueño es un afamado fotógrafo que imparte talleres y cursos.

Hospedaje Yolanda – Yolanda María Álvarez (☎ 3051; yolimar56@yahoo.com; Piro Guinart 227; h 15-20 CUC). Bueno para grupos.

Hostal Casa Margely (☎ 2550; Piro Guinart 360A; h 20 CUC). Delante del Museo Nacional de la Lucha contra Bandidos. Muy popular y bien situado.

Hostal Cocodrilo – José Boggiano (☎ 2108; C. Cienfuegos 28, entre Pedro Zerquera y Anastasio Cárdenas; h 20 CUC). En un cruce muy concurrido.

Hostal El Albertico – Albertico Duarte Reyes (☎ 3721; Ernesto V. Muñoz 75ª, entre Zerquera y Lumumba; h 20-25 CUC). Habitaciones espaciosas y tranquilas con vistas. Se come bien.

Hostal Sandra y Víctor (☎ 2216; sandraorbea@yahoo.com; Antonio Maceo 613, entre Piro Guinart y Pablo Pichs Girón; h 20-25 CUC). Dos habitaciones con dos camas dobles cada una, y una terraza exterior agradable.

Mariene Ruiz Tapanes (☎ 4255; Simón Bolívar 515; h 20 CUC). Habitaciones grandes y limpias en la Plaza Mayor.

Mireya Medina Rodríguez (☎ 3944; miretrini@yahoo.es; Maceo 472, entre Simón Bolívar y Francisco J. Zerquera; r CUC$20-25). Una habitación céntrica; además la propietaria ofrece lecciones de baile.

Nelson Fernández (☎ 3849, 4300; Piro Guinart 228; h 20 CUC). Cerca de la estación de autobuses. Las habitaciones de la planta superior dan a una terraza y son buenas para grupos; el propietario es muy amable.

Odalis Valdivia González (☎ 3309; callejón Smith 3, entre Maceo y Menéndez; h 20 CUC). Habitaciones independientes en un patio trasero. Limpio y relajante.

Ramona Hernández de la Pedraja (☎ 3637; C. Cienfuegos 68, entre Frank País y Pedro Zerquera; h 15-20 CUC). Habitación tranquila en una casa colonial con un pequeño patio. Cordial.

Rogelio Inchausti Bastida (☎ 4107; Simón Bolívar 312; h 15-20 CUC). Cómoda, popular y buena para grupos.

Ruth Martín Rodríguez (☎ 4396; Frank País 38, entre Eliope Paz y Manuel Fajardo; h 15-20 CUC; Ⓟ). Amable, ofrece una o habitaciones en una casa separada.

llo (10 CUC/2 h). El monumento a Alberto Delgado, maestro asesinado por los contrarrevolucionarios, se ubica 1 km al oeste.

Dónde comer

Como la mayor parte de las casas particulares preparan comida para sus clientes, lo más probable es que todos coman allí. Las cenas cuestan entre 6 y 10 CUC dependiendo de los platos. Para los vegetarianos, resulta más práctico que rebuscar en la carta de un restaurante o un *paladar*.

'PALADARES'

Trinidad cuenta con tres *paladares* legales y, a juzgar por el número de ganchos que se encuentran por la Plaza Mayor, debe de tener diez veces más en cuanto a locales ilegales se refiere.

Paladar Sol y Son (Simón Bolívar 283, entre Frank País y José Martí; platos principales 8-10 CUC; ⏰ 12.00-14.00 y 19.30-23.00). Muy popular y con buena cocina, lo que asegura una estupenda reputación y mesas llenas cada noche. La sala de espera es elegante y el comedor se encuentra en un

patio donde suena música tradicional cubana. Se aconseja no pedir pescado.

Paladar Estela (☎ 4329; Simón Bolívar 557; ⏱ 14.00-23.30). Situado en la Plaza Mayor, dispone de un comedor interior y un bonito jardín trasero. Una cena abundante servida por amables camareros cuesta unos 8 CUC. El cordero desmigado es su especialidad.

Paladar La Coruña (José Martí 428; ⏱ 11.00-23.00). Aunque el personal se esfuerza por agradar, es sencillo y queda en un lejano tercer puesto tras los dos anteriores. Sirve platos de pollo, cerdo y, ocasionalmente, pescado.

RESTAURANTES

Ubicados en distintas mansiones coloniales, los establecimientos estatales de Trinidad asombran a la vista, pero no impresionan al paladar. La cocina no suele ser muy elaborada y el servicio es poco atento.

Restaurante Plaza Mayor (☎ 6470; Rubén Martínez Villena esq. con Zerquera; platos desde 3 CUC; ⏱ 11.00-23.00). Tranquilo y con comida variada: desde espaguetis a langosta (20 CUC). A menudo pasan tríos cantando por las mesas durante la cena.

Trinidad Colonial (☎ 6473; Antonio Maceo 402; ⏱ 11.30-22.00). Generosas raciones de platos cubanos en la elegante casa Bidegaray del s. XIX. Aunque la comida es razonable y el plato más caro es el cerdo ahumado (6 CUC), el servicio no es muy bueno. La tienda contigua ofrece una buena selección de libros.

Restorante Vía Reale (Rubén Martínez Villena 74, entre Piro Guinart y Pablo Pichs Girón; comida 4 CUC; ⏱ 12.00-16.00). Platos italianos para romper la rutina del pollo y el cerdo. La *pizza* y los espaguetis son aceptables; buenas posibilidades para vegetarianos.

Restaurante El Jigüe (☎ 6476; Rubén Martínez Villena esq. con Piro Guinart; ⏱ 11.00-22.00). La especialidad es el pollo "al Jigüe": al estar asado, ofrece sabores distintos al aceitoso frito habitual.

Mesón del Regidor (☎ 6456; Simón Bolívar 424; ⏱ 10.00-22.00). Abarrotado de autobuses de turistas durante el almuerzo, pero tranquilo el resto del día, está especializado en carnes a la parrilla. El café adyacente es perfecto para sentarse y escribir postales; además, prepara el mejor sándwich tostado de queso de la ciudad. El trovador trinitario Israel Moreno suele interpretar alguna canción durante el día.

COMIDA RÁPIDA

Bar Daiquiri (General Lino Pérez 313; ⏱ 24 h). Cerca del parque Céspedes y muy animado, ofrece bebidas baratas y comida rápida en convertibles. La terraza de la calle es un popular punto de encuentro para lugareños y mochileros de vuelta de algún club nocturno de salsa.

Cafetería Las Begonias (☎ 6473; Antonio Maceo esq. con Simón Bolívar; ⏱ 9.00-22.00; 🖵). Centro de operaciones de mochileros, constituye el mejor sitio para conocer a otros viajeros. Sirve sándwiches, hamburguesas, café exprés y helado en mesas de cristal limpias con vistas a la calle. Hay un bar detrás de un muro divisorio, aseos más o menos limpios en el patio trasero y cuatro o cinco terminales de Internet con conexión barata, aunque siempre están ocupadas.

Al otro lado de la calle se encuentra la **cremería Las Begonias** (Antonio Maceo), incluso más popular que la anterior. También hace las veces de oficina de Cubatur; frente a ella, un hombre vende *pizza al peso* (Bolívar) en un puesto.

Otro buen sitio es la **pizzería Tosca** (José Martí 226), en el parque Céspedes. También se puede tomar *pizza* en la esquina de Piro Guinart y Antonio Maceo, cerca de la estación de autobuses, y en los alrededores del cruce de Cienfuegos-Paseo Agramonte-Cárdenas, en la carretera que sale de la ciudad hacia el sur.

COMPRA DE ALIMENTOS

Mercado agropecuario (Pedro Zerquera esq. con Manuel Fajardo; ⏱ 8.00-18.00 lu-sa, 8.00-12.00 do). Es un poco deprimente, pero cuenta con frutas y verduras.

Tienda Universo (José Martí). La mejor surtida y más cara de Trinidad, en la galería comercial Universo, cerca de Zerquera. Vende yogur, queso e incluso frutos secos y pasas.

Mini Súper Caracol (Gustavo Izquierdo esq. con Zerquera; ⏱ 9.00-21.00). Dispone de una digna selección de productos y agua embotellada barata.

Ocio

Además de todo lo mencionado en el recuadro de la p. 295, los locales siguientes pueden ofrecer otras posibilidades de diversión:

Casa de la Cultura Julio Cueva Díaz (☎ 4308; Zerquera 406). Actividades culturales nocturnas variadas.

Cine Romelio Cornelio (⏱ 20.00 ma-do). En el lado sudoeste del parque Céspedes, ofrece pases todas las noches.

TROVA Y BARES EN TRINIDAD

Trinidad es uno de los mejores sitios de Cuba para tomar contacto con la música, pasear por sus recónditas calles sorprendentemente desiertas y descubrir distintos ritmos melodiosos tras las puertas al anochecer. A continuación se ofrecen algunos consejos para divertirse de noche en los locales más populares de la ciudad, donde hay que llevar convertibles para dar propinas a los músicos.

Se puede empezar en el patio de Artex en la **casa Fischer** (General Lino Pérez 312, entre José Martí y Francisco Codania; entrada 1 CUC), que arranca a las 22.00 con una orquesta de salsa (martes miércoles, jueves, sábados y domingos) o un espectáculo folclórico (viernes). Quien llegue pronto puede matar el tiempo en la galería de arte (gratuita) o dirigirse a **Las Ruinas del Teatro Brunet** (Antonio Maceo 461, entre Simón Bolívar y Zerquera; entrada 1 CUC), que tiene un potente espectáculo afrocubano en un patio muy agradable todas las noches a las 21.30.

Luego, en la **cremería Las Begonias** (Antonio Maceo 473), se puede quedar con los amigos y tomar un café o un sándwich para recuperar fuerzas antes de seguir la diversión. Si se continúa por Bolívar hacia la Plaza Mayor, se puede ir a la animada **taberna La Cancháchara** (R. Martínez Villena esq. con Ciro Redondo) para probar el cóctel del mismo nombre (2 CUC), hecho con ron, miel, limón y agua. Los músicos que frecuentan este local suelen ser bastante buenos; no es sólo que el público se anime a bailar espontáneamente.

Es imposible perderse de camino a la **Casa de la Música** (☎ 3414; entrada gratuita), contigua a la iglesia parroquial, al lado de la Plaza Mayor, ya que siempre está abarrotada de gente a las 22.00, cuando empieza el espectáculo de salsa. En el patio trasero de la casa, al que se puede acceder también por Juan Manuel Márquez (entrada 2 CUC) se ofrecen conciertos de salsa por la noche y trova (cantautores poéticos tradicionales). Al lado se encuentra el **Palenque de los Congos Reales** (Echerri esq. con J. Menéndez; entrada gratuita), un patio abierto con un ambiente animado y un programa completo de salsa y son (forma más sencilla de la música popular cubana), y fuertes ritmos afrocubanos. Más abajo en la misma calle se encuentra la famosa **Casa de la Trova** (Echerri 29; entrada 1 CUC; ☯ 21.00-2.00), que puede ser magnífica o patética según el porcentaje de turistas y cubanos que haya. Entre la música local que merece la pena escuchar destaca el disco *Semilla del son*, la canción "Santa palabra" y, por supuesto, todo el repertorio del espléndido trovador Israel Moreno. Para terminar, una manzana al norte están **Las Ruinas de Sagarte** (Jesús Menéndez; entrada gratuita; ☯ 24 h), un club íntimo al aire libre, cerca de Galdós, con una buena banda y una pista de baile llena de gente, pero sin aglomeraciones.

Los más trasnochadores habrán oído hablar de la **discoteca Ayala** (☎ 6615; entrada 3 CUC; ☯ 22.30-3.00), una cueva en la ladera de un monte cerca de la ermita de Nuestra Señora de la Candelaria de la Popa (p. 291) que se ha transformado en local de baile con luces brillantes y salsa *disco*. La entrada incluye consumición. Conviene ir con cuidado al intentar bajar la cuesta a las tres de la madrugada.

Estadio Rolando Rodríguez (Eliope Paz; ☯ oct-abr). Para ver partidos de béisbol, en el extremo sudeste de Frank País.

De compras

Mercado de artesanía (Jesús Menéndez). Instalado frente a la Casa de la Trova, es un excelente mercadillo al aire libre. Resulta perfecto para comprar recuerdos, sobre todo de tejidos y bordados. Se aconseja evitar los artículos de coral negro y de concha de tortuga, puesto que son especies en peligro de extinción y muchos países prohíben su comercio.

Fondo Cubano de Bienes Culturales (Simón Bolívar 418; ☯ 9.00-17.00 lu-vi, 9.00-15.00 sa y do). Cuenta con una amplia variedad de artesanía cubana, muy cerca de la Plaza Mayor.

En varios puntos de las calles Francisco Toro, Valdés y Muñoz se puede ver a artistas cubanos trabajando, e incluso comprar obras suyas.

Otras posibilidades para comprar:

Palacio de la Artesanía (Piro Guinart 221). Vende artículos hechos a mano frente a la estación de autobuses.

Photo Service (José Martí 192, entre Camilo Cienfuegos y General Lino Pérez). Para todo lo relacionado con la fotografía.

Taller de instrumentos musicales (Menéndez esq. con Muñoz). Fabricación propia.

Cómo llegar y salir

AVIÓN

El aeropuerto Alberto Delgado, 1 km al sur de Trinidad por la carretera de Casilda, sólo opera con vuelos chárter de Aerotaxi (véase "Avión", p. 467).

AUTOBÚS

La **estación de autobuses** (☎ 2404; Piro Guinart 224) ofrece los servicios siguientes:

Destino	Precio (sólo ida)	Frecuencia
Cienfuegos	3 CUC	diario
La Boca	1 CUC	5*
Playa Ancón	1 CUC	4*
Sancti Spíritus	1 CUC	2 diarios

* salidas sólo sa-do

Los billetes se venden en una pequeña ventanilla que indica "Taquilla Campo" cercana a la entrada. En la pizarra se anuncia el horario.

La **oficina de Astro/Viazul** (☎ 4448; ⏲ 8.00-11.30 y 13.00-17.00) está dentro de la estación y despacha billetes de Astro a Cienfuegos (3 CUC, 2 h, 81 km, diario), Santa Clara (6 CUC, 3 h, 88 km, diario) y La Habana (21 CUC, 5½ h, 335 km, diario). En todas estas líneas se guardan dos asientos para turistas que pagan en convertibles, pero, en el caso de la línea de Santa Clara, suelen llenarse fácilmente, así que se aconseja reservar.

Además, hay autobuses de Viazul con aire acondicionado a los destinos siguientes:

Destino	Precio (sólo ida)	Salida
Cienfuegos	6 CUC	7.45, 15.15
La Habana	25 CUC	7.45, 15.15
Santa Clara	8 CUC	14.25
Santiago de Cuba	33 CUC	8.00
Varadero	20 CUC	14.25

Las líneas de Varadero y La Habana paran también en Sancti Spíritus (6 CUC, 1 h 25 min, 70 km) o Jagüey Grande (15 CUC, 3 h 20 min, 182 km). La de Santiago de Cuba pasa por Ciego de Ávila (9 CUC, 2 h 40 min, 146 km), Camagüey (15 CUC, 5 h 20 min, 254 km), Las Tunas (22 CUC, 7½ h, 382 km) y Bayamo (26 CUC, 10 h, 463 km), y Holguín (26 CUC, 8 h, 463 km).

AUTOMÓVIL

Pueden contratarse vehículos privados para ir a La Habana (20 CUC por persona) o Sancti Spíritus (5 CUC por persona).

TREN

Hay un servicio diario a las 9.30 que se detiene en Iznaga y Condado, y llega a Meyer a las 10.10. De regreso, sale de Meyer a las 13.00, lo que da al viajero unas cuantas horas para explorar el valle de los Ingenios. El billete de ida y vuelta cuesta 3 CUC. La **terminal** (☎ 4223) de Trinidad está situada en un edificio rosa al otro lado de las vías del tren, en el lado occidental de la estación. Para obtener más información sobre los trayectos en tren, véase p. 300.

Cómo desplazarse

BICICLETA

Se pueden alquilar bicicletas en **Las Ruinas del Teatro Brunet** (Antonio Maceo 461, entre Simón Bolívar y Zerquera; 3 CUC diarios) o preguntar en la casa particular.

AUTOMÓVIL Y TAXI

Las empresas de alquiler de vehículos de la playa Ancón ofrecen ciclomotores por 27 CUC diarios, al igual que Transtur en **Cubatur** (☎ 6314; Antonio Maceo 447; ⏲ 9.00-20.00) y **Las Ruinas del Teatro Brunet** (Antonio Maceo 461, entre Simón Bolívar y Zerquera).

Havanautos (☎ 6301), en el Servi-Cupet cercano al aeropuerto, cuenta con una sucursal en **Club Amigo Costa Sur** (☎ 6112), en la playa Ancón.

Transtur (☎ 6257; Maceo esq. con Zerquera), en la oficina de Cubatur, también se halla en el hotel Ancón.

Servi-Cupet (⏲ 24 h), 500 m al sur de la ciudad en dirección a Casilda, dispone de un bar El Rápido al lado. La gasolinera Oro Negro se ubica a la entrada de Trinidad, según se llega desde Sancti Spíritus, 1 km al este de la plaza Santa Ana.

Hay un **aparcamiento vigilado** (Pablo Pichs Girón esq. con Vicente Suyuma) cerca de La Cancháchara (1/2 CUC por 12/24 h). También se puede estacionar cerca de la plaza Santa Ana.

La carrera en *cocotaxi*, una especie de taxi con forma de huevo, cuesta 5 CUC hasta la playa Ancón, mientras que en automóvil oscila entre 6 y 8 CUC en ambos sentidos.

COCHES DE CABALLOS

Cuestan 2 CUC y van desde el paseo Agramonte, en el extremo sur, hasta Casilda.

PLAYA ANCÓN Y ALREDEDORES

Este precioso tramo de arena blanca, acariciada por las azules aguas del Caribe, 12 km al sur de Trinidad, está considerado la mejor playa de la costa sur del país.

Al contrario de lo que sucede en los cayos de la costa norte, en los alrededores se puede disfrutar de numerosas atracciones, por tanto, resulta un estupendo campamento base para explorar los tesoros arquitectónicos de Trinidad o la frondosa sierra de Escambray. Este área no está tan llena de turistas como Varadero o Guardalavaca; sin embargo, es perfecta si se buscan las comodidades de los complejos turísticos y no se quiere renunciar a realizar algunas escapadas. También cabe la posibilidad de hacer una excursión en bicicleta desde Trinidad hasta este punto.

Los amantes de la playa que necesiten estar cerca del agua, pero no deseen hospedarse en un complejo, deben considerar alguna de las casas particulares de Casilda o La Boca. Conviene saber que los folletos turísticos no mencionan las feroces pulgas de playa que proliferan al amanecer y el atardecer.

Actividades

Desde el hotel Ancón hasta Trinidad, hay que recorrer 18 km por la carretera de Casilda o 16 km por la carretera costera de La Boca, que brinda un itinerario mucho más bonito. La piscina del hotel admite también a los que no se alojan allí.

El antiguo puerto de pescadores de **Casilda**, 6 km al sur de Trinidad, es una localidad agradable con una sola calle asfaltada que quedó arrasada tras la temporada de huracanes de 2005. Casi el 80% de las casas sufrió graves daños. El 17 de agosto se celebra la **Fiesta de Santa Elena**, que inunda el pueblo de concursos, carreras de caballos y mucho ron. La carretera de Ancón a Casilda cruza una llanura mareal, donde se pueden avistar abundantes aves sobre todo por la mañana temprano.

PESCA

Marina Trinidad (☎ 6205), unos cientos de metros al norte del hotel Ancón, ofrece 4 horas de pesca de altura con traslados, equipo y guía por 30 CUC por persona (mínimo 6 personas). También es posible pescar con mosca en los alrededores del rico manglar de la península de Ancón (200 CUC, 4 h, máximo 2 personas).

BUCEO Y SUBMARINISMO

Cayo Blanco, un islote de coral, 25 km al sudeste de la playa Ancón, alberga 22 puntos de submarinismo señalizados, donde se puede ver coral negro y una rica vida marina. Las inmersiones con el **centro internacional de buceo Cayo Blanco** (☎ 6205), situado en Marina Trinidad, cuestan 30 CUC, y un curso en aguas abiertas, 299 CUC. En este puerto deportivo también se organizan excursiones de siete horas para bucear sin botella en Cayo Blanco por 30 CUC por persona, 40 CUC si se incluye la comida. Hay excursiones similares a **Cayo Macho.**

Los más románticos disfrutarán con el **crucero en catamarán al atardecer** (crucero 15 CUC), que los lectores han recomendado vivamente, para un mínimo de ocho pasajeros. Se obtiene información en el puerto o en la oficina de Cubatur en Trinidad.

NAVEGAR

La **Windward Islands Cruising Company** (☎ EE UU 1-650 838 9585; www.caribbean-adventure.com; ☎ España (3491) 308 05 92, www.es.solysonviajes.com) organiza

---

DE CAMINO A LA NADA

Para el motorista experto, la autopista principal del país no es una carretera cualquiera, ya que ha sido el lugar predilecto de los antiguos Buick y donde uno puede encontrarse con animales que pastan, vendedores de cebollas, personas haciendo autoestop, buitres y uno o dos trenes de vapor. Trazada originariamente para unir Pinar del Río al oeste con Guantánamo al este, en la actualidad se acaba bruscamente en Jatibonico, en la provincia de Sancti Spíritus, tras 650 km de infierno mal asfaltado.

Se financió con dinero soviético durante la década de 1980 y se proyectó como una ambiciosa autopista nacional para la isla; sin embargo, apenas llegó a construirse la mitad debido a la caída del comunismo en Europa del Este en 1991 y la desaparición de su todopoderoso protector.

Tan rápida fue la salida de la URSS de Cuba que aún hoy las rayas de la carretera se encuentran sin pintar, las salidas acaban en campos de caña de azúcar y una extraña variedad de puentes a medio terminar se desmoronan sobre los ocho carriles de esta autopista desierta y surrealista.

excursiones con o sin tripulación en barcos monocasco o catamaranes desde Marina Trinidad a los Jardines de la Reina (p. 315). Se puede navegar con o sin guía, así como con servicios parciales o todo incluido. Los interesados deben ponerse en contacto con la empresa por teléfono o correo electrónico en info@windward-islands.net.

Dónde dormir

Los tres hoteles de Ancón quedaron muy dañados por el huracán *Dennis* en julio de 2005 y se cerraron temporalmente, ya que no se restableció la electricidad hasta dieciséis días después. El Brisas y el Ancón han vuelto a abrir mientras que el Costa Sur tenía programada su apertura para junio de 2006.

Club Amigo Costa Sur (Cubanacán; ☎ 6174; i/d con desayuno temporada baja 35/40 CUC, temporada alta 40/50 CUC; P ✕ ☺ ☎). El complejo más antiguo y modesto de esta playa se sitúa en la entrada de la península, a 9 km de Casilda. Por 10 CUC más, se puede pedir una habitación con vistas, aunque no mejor decorada. También dispone de 20 habitaciones en *bungalows* dúplex con más calidad que las anteriores. Desde aquí es posible hacer submarinismo y dar paseos a caballo. El hotel está en un tramo de costa rocosa, pero a la derecha se encuentra una playa de arena blanca. Es bastante difícil nadar, porque el agua es poco profunda en el arrecife. Es muy popular entre los turistas canadienses.

Hotel Ancón (Gran Caribe; ☎ 6123, 6127; i/d temporada baja 68/96 CUC, temporada alta 85/127 CUC; P ✕ ☐ ☎). Es el último de la península, tiene un ambiente muy animado y se ubica en el mejor tramo de la playa. Se trata de un alto edificio de siete pisos, que deja mucho que desear estéticamente, sobre todo comparado con las bellezas coloniales de Trinidad; sin embargo, el precio y la comida de bufé merecen la pena. Aquí se puede pescar, aprender submarinismo o mambo; los que no sean clientes pueden disfrutar de las instalaciones, algo poco habitual en este tipo de complejos.

Brisas Trinidad del Mar (Cubanacán; ☎ 6500/01/02/03; i/d temporada baja 75/130 CUC, temporada alta 103/160 CUC; P ✕ ☐ ☎). Se trata del más nuevo y elegante de la playa Ancón, cuenta con 241 habitaciones con todo incluido y todos los servicios que cabe esperar: masajes, sauna, gimnasio, piscina de niños, pistas de tenis y, por supuesto, una magnífica playa.

ÁREA DE TRINIDAD 0 ⸻ 5 km

INFORMACIÓN	
Centro internacional de buceo	
Cayo Blanco	(véase 3)
Finca de recreo María Dolores	(véase 8)

QUÉ VER Y HACER	
Casa Guachinango	1 B2
Manaca Iznaga	2 A2
Marina Trinidad	3 A3
Mirador de la Loma del Puerto	4 A2
Monumento a Alberto Delgado	5 A2
Rancho El Cubano	6 A2
Sitio Guáimaro	7 B2

DÓNDE DORMIR ⬤	
Brisas Trinidad del Mar	(véase 10)
Casa del Campesino	8 A2
Club Amigo Costa Sur	9 A2
Hotel Ancón	10 A3

DÓNDE COMER ⬤	
Grill Caribe	11 A2

DÓNDE BEBER ⬤	
Bar Las Caletas	12 A2

Dispone de habitaciones accesibles para sillas de ruedas.

Dónde comer y beber

Grill Caribe (☎ 6241; ☼ 24 h). Como alternativa a los restaurantes de los hoteles, este establecimiento, situado en una tranquila playa, 2 km al norte del Club Amigo Costa Sur, es-

tá especializado en marisco, como gambas o langosta (12 CUC), pero defraudará a los vegetarianos estrictos. Es ideal para contemplar el atardecer.

El bar Las Caletas, en el cruce con la carretera de Casilda, es el lugar donde todo el mundo va a tomar una copa.

Cómo llegar y salir

En el momento de redactar esta guía no funcionaba el "Trinibus" que trasladaba viajeros de Trinidad a la playa. La forma más barata para llegar a Ancón es tomar un *cocotaxi* o alquilar una bicicleta (véase p. 296).

VALLE DE LOS INGENIOS

En este frondoso valle, también llamado de San Luis, que comienza 8 km al este de Trinidad en dirección a Sancti Spíritus, se ven los restos de docenas de ingenios de azúcar con sus almacenes, máquinas, barracones de esclavos, etc. Muchos fueron destruidos en las dos guerras de independencia, con lo que el centro de la industria se trasladó a Matanzas. Todavía se cultiva caña en los alrededores, y los campos, junto con las palmeras reales y las colinas onduladas, forman un paisaje de belleza atemporal. Desde Trinidad hay un circuito a caballo (p. 291) que recorre casi todos los lugares que merecen una visita.

Puntos de interés y actividades

El **mirador de La Loma del Puerto** (entrada 1 CUC), 6 km al este de Trinidad en la carretera de Sancti Spíritus, ofrece una vista de todo el valle a 192 m de altura; hay un bar.

La principal atracción es **Manaca Iznaga** (entrada 1 CUC), 16 km al este de Trinidad. Fundada en 1750, esta finca fue adquirida en 1795 por el malvado Pedro Iznaga, que se convirtió en uno de los hombres más ricos de Cuba gracias al tráfico de esclavos. Al lado de la hacienda se levanta una torre de 44 m que se utilizaba para vigilar a los esclavos; la campana que se conserva a la entrada de la casa servía para convocarlos. En la actualidad se permite subir a la torre para disfrutar de la panorámica y luego se puede comer (de 12.00 a 14.30) en el bar-restaurante de la antigua casona.

En la carretera que discurre por el interior del valle, a 5 km de Manaca Iznaga, se halla la **casa Guachinango,** una antigua heredad levantada por don Mariano Borrell a finales del s. XVIII, que ahora alberga un restaurante. El río Ay pasa por allí y el paisaje es asombroso. Para llegar, se debe tomar la carretera asfaltada que sale a la derecha después del segundo puente al dejar Manaca Iznaga. El tren Meyer se detiene al lado de la casa todas las mañanas; desde allí se puede regresar a Iznaga en menos de una hora siguiendo las vías. En los alrededores es posible encontrar algún sitio para acampar.

Guáimaro, la antigua propiedad de don Mariano Borrell, está 7 km al este y 2 km al sur desde el desvío de Manaca Iznaga. Los siete arcos de piedra de la fachada se orientan a frescas habitaciones donde ahora se ha instalado un restaurante.

Cómo llegar y salir

El valle es fácil de recorrer aunque no se disponga de vehículo propio. Ahora existe un

---

CASAS PARTICULARES

La Boca, una popular zona de vacaciones, está llena de casas particulares. Situada en una playa pequeña y sombría, este pueblo es incluso más bonito que Casilda, pero es más complicado llegar; además, en julio y agosto suele estar abarrotado. Los propietarios de las casas de ambos pueblos alquilan bicicletas.

Tras el huracán *Dennis*, el 80% de las viviendas de Casilda tuvieron que ser reparadas o reconstruidas.

Cristina Hostal, Gustavo Rodríguez Guerra (☎ 5126; Real 69, Casilda; h 20 CUC; P ☒). Situado al otro lado de las vías, todavía alquila habitaciones.

Elsa Hernández Monteagudo (☎ 3236; av. del Mar 5, La Boca; h 20-25 CUC). Buenas comidas y trato amable.

Ruddy Marrero Seijo (☎ 4586; av. del Sol 75B, La Boca; h 20-25 CUC; P). Terraza exuberante.

Villa Río Mar, Néstor Manresa (☎ 3108; San José 65, La Boca; h 20-25 CUC; P). Dos habitaciones en una casa grande cerca del río; trato cordial.

Villa Sonia, Sonia Santos Barrera (☎ 2923; av. del Mar 11, La Boca; h 25-30 CUC; P ☒). Una excusa perfecta para quedarse en La Boca: se trata de una casa preciosa, rodeada por un porche, con comedor de madera pulida, cocina privada, hamacas, mecedoras y un cenador de techo vegetal. Se ubica frente a un tramo rocoso de costa.

tren local diario desde Trinidad (véase p. 296) que resulta más fiable que el tren turístico, que avanza demasiado lentamente. No obstante, cuando funciona bien, este convoy reconstruido es una experiencia magnífica para visitar el valle durante dos horas y media (10 CUC, 9.30), atravesando elegantes puentes y campos frondosos. De los vagones tira la máquina de vapor nº 52204, construida por la Baldwin Locomotive Company de Filadelfia en agosto de 1919. Los pasajeros pagan la comida por separado en Manaca Iznaga y visitan la casa Guachinango. **Cubatur** (☎ 6314; Antonio Maceo 447; ⏱ 9.00-20.00), en Trinidad, proporciona información sobre los horarios. Los mostradores turísticos de los hoteles de Ancón venden la excursión por 17 CUC e incluyen los traslados en autobús a Trinidad.

Las agencias de Trinidad (p. 291) y la playa Ancón (p. 297) organizan también excursiones a caballo, pero en Trinidad es posible contratar un guía y alquilar caballos de forma privada por 15 CUC unas seis horas.

TOPES DE COLLANTES

☎ 42 / alt. 771 m

La abrupta sierra de Escambray, que se extiende a lo largo de 90 km, culmina en el pico de San Juan (1.156 m), conocido como La Cuca en la vecina provincia de Cienfuegos. La mayor población de la zona es Topes de Collantes, un balneario 20 km al noroeste de Trinidad. De camino a la localidad, es probable que el vehículo desfallezca al coronar los 600 m que suben al **mirador**, donde hay un bar con vistas espectaculares que sirve buenos mojitos. Un poco más allá se alza el pico de Potrerillo (931 m), el más alto de la provincia de Sancti Spíritus. En este clima fresco y húmedo, se desarrollan bosques de coníferas, enredaderas, líquenes, musgo y helechos gigantes; además, las laderas están cubiertas de cultivos de café de la variedad arábiga.

El dictador Fulgencio Batista fundó Topes de Collantes en 1937 y mandó construir la carretera desde Trinidad. Ese mismo año comenzó la construcción del espantoso edificio que hoy alberga el Kurhotel. En 1944, cuando Batista perdió las elecciones presidenciales, todavía estaba sin terminar; pero, al recuperar el poder en 1952, ordenó que se continuara el trabajo y en 1954 lo inauguró como sanatorio para tuberculosos. Este cen-

tro se cerró con la Revolución y durante los primeros años de la década de 1960 albergó a los milicianos que combatían a los contrarrevolucionarios en la sierra de Escambray. En 1989 la cadena Gaviota volvió a abrirlo como hotel y balneario.

Topes de Collantes cuenta con tres hoteles para extranjeros, buenos caminos para practicar senderismo en la zona y un *camping*. En la **carpeta central de información** (☎ 54 02 31; ⏱ 8.00-17.00), cerca del reloj de sol situado a la entrada del pueblo, venden mapas y ofrecen guías e información sobre los senderos.

Actividades
EXCURSIONISMO

La ruta más popular y accesible desde los hoteles es la que se dirige al **salto del Caburní** (entrada 6,50 CUC), una cascada de 62 m que cae sobre las rocas y forma frescas pozas aptas para el baño. Al final de su recorrido, el agua se precipita violentamente en una sima donde los jóvenes locales se retan para saltar; durante la temporada seca, de marzo a mayo, la visita puede defraudar por la falta de agua. La entrada se cobra en la verja de acceso a la villa

Caburní, bajando desde el Kurhotel, cerca de la carpeta central. Recorrer estos 2,5 km a pie lleva al menos una hora de bajada y una hora y media de subida. Algunas pendientes son bastante pronunciadas y pueden resbalar si ha llovido.

Para visitar el **parque La Represa,** en el río Vega Grande, bajando desde el hotel Los Helechos, se necesita un guía (7 CUC por persona) desde la carpeta central. Este parque alberga 300 especies de helechos y árboles, como la mayor caoba del país. En un caserón construido por la esposa de Fulgencio Batista se ha instalado un restaurante.

El camino a **La Batata** (entrada gratuita), una gran cueva surcada por un río subterráneo, comienza en la señal de aparcamiento que aparece subiendo la ladera desde el parque La Represa. Al llegar a otro sendero, hay que rodear el lado derecho del muro de cemento y bajar. Después de este punto, se debe seguir siempre recto o tomar la vía de la derecha, pero conviene evitar los desvíos a la izquierda. El recorrido supone una hora de ida

CAMILO CIENFUEGOS

No es el Che ni Raúl ni, definitivamente, tampoco es Fidel. La primera vez que se visita Cuba es normal no conocer la identidad de este otro héroe barbudo de la guerrilla, cuya imagen está impresa en miles de carteles.

Un sombrero de vaquero ligeramente echado hacia atrás, una barba que ha crecido descuidada y unos labios que perfilan una amplia sonrisa cubana caracterizan la romántica figura de Camilo Cienfuegos cuando en enero de 1959 entró triunfante a caballo en La Habana. Ernesto Che Guevara lo llamó "la imagen del pueblo", Raúl Castro lo aclamó como "la vanguardia" y Fidel prefirió elevarlo al rango de deidad del socialismo junto con el mundialmente conocido Guevara, que, gracias a un golpe de fortuna, pudo probar su valía como revolucionario durante seis años más.

Nacido en una humilde familia habanera en 1932, Camilo fue obligado a dejar sus estudios de arte al final de su adolescencia por motivos económicos y comenzó a trabajar en una sastrería para llevar dinero a casa. En 1953 llegó a EE UU con un amigo y fue de Nueva York a Chicago, y luego a San Francisco, trabajando como camarero y lavaplatos. En 1955 fue deportado por irregularidades en su visado y regresó a Cuba, donde tuvo que ser hospitalizado tras recibir un balazo en una pierna durante una manifestación contra Batista en La Habana. La chispa revolucionaria se había encendido.

Entusiasmado por las noticias sobre el ataque de Moncada (véase p. 40) y consciente de que se estaba organizando "algo grande" en Ciudad de México, Camilo regresó a EE UU para trasladarse a México; así se convirtió en uno de los últimos voluntarios en ser aceptado para la expedición del *Granma*.

Tras sobrevivir al desembarco de Las Coloradas y a la Batalla de Alegría de Pío, Camilo se encontraba entre los 12 revolucionarios que consiguieron llegar a la sierra Maestra. "Aquí nadie se rinde", se dice que gritaba mientras los soldados de Batista ametrallaban a los rebeldes aterrados.

En abril de 1958 su valor fue reconocido cuando Castro lo nombró comandante y unos meses más tarde fue puesto al mando de una columna de guerrilleros en una ardua marcha de seis semanas hasta la provincia de Las Villas. El grupo se convirtió en el núcleo de la Revolución en el norte de la provincia, mientras que Guevara lideraba la lucha más al sur; al final la participación de Cienfuegos fue decisiva para acabar con la feroz resistencia de los hombres de Batista en Yaguajay, en la provincia de Sancti Spíritus.

Con el éxito de la Revolución, Cienfuegos se convirtió en jefe militar de La Habana y después en jefe del Ejército Revolucionario. En octubre de 1959, Castro lo envió a Camagüey para arrestar al disidente Huber Matos. Una semana más tarde, cuando regresaba a La Habana, su avión Cessna se precipitó al mar. Sus restos no se encontraron nunca y todavía hoy circulan teorías de conspiración que vinculan a Castro con la tragedia.

Querido por su sentido del humor y su permanente sonrisa, Camilo era un bromista y uno de los amigos más cercanos del Che. A pesar de los rumores que aseguran lo contrario, el historiador cubano Carlos Franqui mantiene que Cienfuegos siempre simpatizó con el socialismo y nunca albergó recelos anticomunistas. En el momento de su muerte, se consideraba la segunda figura más popular del país después de Fidel.

y otra de vuelta; en la cueva hay pozas para bañarse.

La senda del **salto de Vegas Grandes** comienza en los apartamentos Reparto El Chorrito, en el extremo sur de Topes de Collantes, cerca de la entrada al complejo desde Trinidad. En los 2 km que tiene cada trayecto se tarda poco menos de una hora. Desde allí se puede continuar hasta el salto del Caburní, pero es recomendable ir con un guía.

Otra excursión interesante lleva a la **Hacienda Codina.** Para llegar se toma un camino de 3,5 km que comienza en lo alto de un monte, a 2,5 km bajando en dirección a Cienfuegos y Manicaragua, 1 km antes del punto donde estas carreteras se separan. Existe un atajo al que se accede bajo el hotel Los Helechos, pero se necesita guía; sin embargo, puede seguirse como alternativa para la vuelta y realizar un recorrido circular. Los principales atractivos de esta ruta son los jardines de orquídeas y bambú, las sendas naturales, la cueva del Altar, los baños de fango y un mirador.

La ruta más difícil pero infinitamente más gratificante desde Topes de Collantes es la de **Guanayara**, a 15 km de la carpeta central, por veredas duras y en mal estado. Por cuestiones puramente logísticas, se recomienda llevar a cabo esta excursión con un guía de la carpeta o como parte de un circuito organizado por Cubatur desde Trinidad (43 CUC con comida). El itinerario comienza en frías y húmedas plantaciones de café y desciende abruptamente hasta la cascada de **El Rocío**, donde uno puede darse una ducha refrescante. Siguiendo el curso del río Melodioso se pasa por otra tentadora cascada antes de llegar a los fantásticos jardines de La Gallega, una hacienda rural tradicional donde preparan comida ligera y a veces permiten acampar a la intemperie.

BARRANQUISMO

Se trata de una de las nuevas actividades de aventura que se ofrecen en la isla y se realizan en cuatro ríos: Calburni, Vegas Grandes, Cabagan y Gruta Nengoa. Los más atrevidos, que deben llevar su propio equipo, descienden de forma espectacular corriente abajo, ataviados con trajes de neopreno y ayudados de cuerdas y arneses. El punto más interesante es un tramo de 200 m de cascadas sobre el salto Vegas Grandes. Una empresa con mucha experiencia que ofrece esta actividad es la canadiense **Canyoning Quebec** (www.canyoning-quebec.com), que organiza viajes de ocho días a la sierra de Escambray. Otra posibilidad es preguntar en la oficina de información de la carpeta central por Álex, uno de los pocos guías de barranquismo en Cuba.

Dónde dormir y comer

Camping (3 CUC por persona). Quienes puedan autoabastecerse disfrutarán de este recinto, situado en un pinar al que se llega por un desvío que sale cerca de la oficina de la carpeta central. Las enormes jaulas, de lo que antes fue un excéntrico proyecto de Batista para un aviario, son ahora excelentes parrillas para cocinar; sin embargo, no dispone de aseos. Existe un ambiente joven y cordial, ya que resulta muy popular entre universitarios. La tarifa se paga en la carpeta central.

Hotel Los Helechos (Gaviota; ☎ 54 03 30/1/2; fax 54 01 17; i/d temporada baja 29/34 CUC, temporada alta 39/44 CUC; P ⊠ ⓣ). Considerado desde hace mucho el menos lujoso del emergente grupo Gaviota, este sencillo pero agradable edificio de tres plantas está experimentando una rehabilitación muy esperada. Las habitaciones están decoradas con caña y bambú, y cuenta con sauna y baños turcos. El restaurante hornea el mejor pan casero del país y al lado tiene una discoteca.

Villa Caburní (Gaviota; ☎ 54 01 80; ⊠). Se trata de una verdadera joya rural, que ofrece 12 chalés de estilo suizo, con una o dos plantas, en un pequeño parque contiguo al Kurhotel. La villa se utilizaba como alternativa cuando Los Helechos estaba lleno, y, en el momento de redactar esta guía, los precios eran similares.

Kurhotel Escambray (Gaviota; ☎ 54 03 04; fax 54 02 28; i/d/tr temporada baja 40/55/75 CUC, temporada alta 45/65/90 CUC). Con ocho plantas y una arquitectura espantosa, fue concebido por Batista en la década de los años treinta. Teniendo en cuenta el diseño estalinista del exterior, quizá el dictador intuyera que los rusos se encontraban cerca. A pesar de su fealdad, la gente aprecia las instalaciones y los servicios que proporciona.

La única opción que existe para comer fuera de los hoteles es el restaurante Mi Retiro, a 3 km por la carretera de Trinidad, que sirve platos aceptables de comida criolla.

Cómo llegar y salir

Si ya resulta difícil llegar aquí sin vehículo propio y si las empinadas cuestas podrían desafiar incluso a los conductores de San

---

SI SE DISPONE DE UNOS DÍAS MÁS

En 2000 el norte de Sancti Spíritus, un lugar poco conocido de suaves colinas y manglares costeros, fue incorporado por la Unesco a la **Reserva de la Biosfera Buenavista,** junto con áreas de las provincias de Villa Clara y Ciego de Ávila. Esta reserva cuenta con 35 yacimientos arqueológicos, pinturas rupestres indígenas, playas apartadas y una amplia biodiversidad de flora y fauna.

Villa San José del Lago (Islazul; ☎ 2-6390; av. Antonio Guiteras, Mayajigua; i/d temporada baja 22/28 CUC, temporada alta 25/32 CUC; Ⓟ 🗋 🖭), 50 km al oeste de Morón, constituye un magnífico campamento base para explorar la zona. Junto a un gran lago donde viven varios flamencos, el complejo es famoso por sus aguas termales, de 31ºC de media, sus tratamientos de acupuntura y sus terapias con barro. Dispone de tres piscinas, una de las cuales es termal, 67 habitaciones de clase turista y un restaurante aceptable. Antes de la Revolución era muy popular entre los estadounidenses.

Se facilita información sobre excursiones a la **sierra de Jatibonico**, el **río Jatibonico** y el **Parque Nacional de Caguanes** en la bahía de Buenavista.

Francisco, más complicado es encontrar el inicio de las distintas rutas.

La gente suspira afligida cuando se le pregunta por el servicio de autobús entre Trinidad y Topes de Collantes. En teoría existe transporte público, pero en la práctica raras veces se materializa. Los que hacen autostop pueden esperar horas en el desvío de Los Helechos para conseguir que alguien los lleve de regreso a Trinidad (para informarse sobre los riesgos que conlleva hacer autostop, véase p. 472).

La carretera de Trinidad a Topes de Collantes está asfaltada, pero tiene una pendiente muy pronunciada. Cuando se moja se vuelve resbaladiza, por lo que se debe ir con mucha precaución. Desde Topes de Collantes a Manicaragua existe una carretera espectacular de 44 km que atraviesa las montañas por Jibacoa, aunque a veces está cerrada; así que se aconseja preguntar en Trinidad antes de salir. También se puede llegar a Cienfuegos por San Blas a través de una carretera asfaltada sólo en parte.

NORTE DE SANCTI SPÍRITUS

Para la mayoría de los viajeros, esta zona de la provincia es sólo un corredor de paso entre Remedios, en la provincia de Villa Clara, y Morón, en la de Ciego de Ávila. Sin embargo, merece la pena visitar el **Museo Nacional Camilo Cienfuegos** (entrada 1 CUC; 🕒 8.00-16.00 ma-sa, 9.00-13.00 do), en Yaguajay, 36 km al sudeste de Caibarién. En 1989 se colocó una estatua de bronce de 5 m de Camilo Cienfuegos, que recuerda a la de Che Guevara en Santa Clara, sobre un monumento imponente, situado frente al hospital docente General, entre Yaguajay y el molino de azúcar local. El museo, que se halla bajo el monumento, contiene recuerdos de la batalla que tuvo lugar la víspera del triunfo de la Revolución. En aquel momento, el hospital era un cuartel del ejército, que Camilo y sus hombres tomaron un día antes de que Batista huyera. Delante del hospital se ha colocado una réplica del *Dragón I*, un pequeño tractor reconvertido en tanque para la batalla.

PROVINCIA DE S. SPÍRITUS

Provincia de Ciego de Ávila

Fundada a partir de los antiguos territorios de Las Villas y Camagüey, Ciego de Ávila es una provincia moderna, pero con profundas y arraigadas tradiciones; de hecho, en ningún otro lugar de Cuba se sienten tanto las diversas raíces culturales. Desde la liturgia vudú haitiana, que se practica en Venezuela, a la danza caringa azul y roja, que pervive en la Majagua rural, o el *cricket* inglés, que los inmigrantes hindúes juegan en Baraguá, la vida rural es tan cautivadora como colorista.

La actividad económica de la zona está dominada por el cultivo de la caña de azúcar, la ganadería y la producción de cítricos. La piña de Ciego de Ávila es conocida en toda la isla por su dulzura y calidad. En la provincia se halla el lago natural más grande de Cuba, la luminosa laguna de la Leche, repleta de peces que atraen a montones de extranjeros amantes de la pesca. Más al este, en la isla Turiguano, los deportes acuáticos dan paso a los espectáculos de tierra, como los típicos rodeos donde los vaqueros muestran sus habilidades.

Las mayores atracciones de la provincia, con fama mundial, son Cayo Coco y Cayo Guillermo, situados a 35 km de la costa norte y antiguamente deshabitados. Los turistas llegan a estos islotes cubiertos de mangles en vuelos chárter desde Canadá y Europa; una vez en el aeropuerto, son trasladados en autobús a alguno de los 12 complejos hoteleros donde se organizan todo tipo de actividades como parte del paquete. Para algunos visitantes, el lugar no tiene ningún sabor típicamente cubano; en cambio otros aceptan el lujo con entusiasmo.

PROVINCIA DE C. DE ÁVILA

LO MÁS DESTACADO

- **Amplitud de miras**
  Descubrir las tradiciones y festivales de
  Majagua (p. 307)

- **Sumergirse en Cuba**
  Realizar una inmersión en el lejano
  archipiélago de Jardines de la Reina
  (p. 315)

- **Dormir barato**
  Pagar poco por alojarse en el Sitio la Güira
  (p. 314) en Cayo Coco y codearse con todo
  el mundo

- **La Ciudad de los Porches**
  Descubrir las desconocidas maravillas de
  Ciego de Ávila (p. 305)

★ Cayo Coco

Majagua ★

★ Ciego de Ávila

★ Archipiélago de los
Jardines de la Reina

| ☎ 33 | POBLACIÓN: 413.447 | SUPERFICIE: 6.910 KM² |

Historia

En 1513 la provincia de Ciego de Ávila fue explorada por el español Pánfilo de Narváez, que recorrió la enorme extensión de bosques y llanuras de la costa norte, dominada entonces por el jefe indio local Ornofay. La zona, integrada en la colonia española de Cuba a principios del s. XVI, debe su nombre al comerciante Jácome de Ávila, a quien se le otorgó una encomienda (privilegio según el cual se podía usar a los nativos como fuerza de trabajo) en San Antonio de la Palma en 1538; así como al pequeño ciego, un área despejada de vegetación dentro de la explotación, que se convirtió primero en lugar de descanso para quienes viajaban hacia el este o el oeste, para transformarse enseguida en un asentamiento.

Durante los ss. XVI y XVII, los cayos del norte sirvieron de refugio a los piratas tras sus lucrativas incursiones en La Habana y Puerto Príncipe. Dos siglos más tarde llegó un aventurero de otro tipo, el escritor americano Ernest Hemingway, que se dedicó a perseguir submarinos alemanes en las aguas de Cayo Guillermo.

En el transcurso de las guerras de independencia a mediados del s. XIX, la zona se hizo famosa por la línea defensiva de 67 km que se extendía desde Morón a Júcaro. Denominada por los historiadores La Trocha, esta trinchera se hallaba protegida por poderosas instalaciones militares y una fuerza de más de 20.000 hombres. Fue construida por las autoridades coloniales españolas hacia 1870 para detener los ataques de los mambises (rebeldes del s. XIX), que intentaban pasar al oeste de la isla.

CIEGO DE ÁVILA

☎ 33 / 104.850 hab.

Esta ciudad provinciana es Cuba sin ningún tipo de envoltorio. Siempre ha sido un lugar de descanso para los viajeros que se dirigían hacia el este por la carretera Central; por eso, por aquí se encuentran pocos turistas y pocas casas coloniales. Llamada Ciudad de los Porches, debido a las columnas que se alzan a la entrada de sus tiendas, fue fundada en 1840 y rápidamente se convirtió en un importante centro manufacturero de caña de azúcar. Muchos edificios neoclásicos de la ciudad, como el Teatro Principal, fueron financiados en su mayoría por Ángela Hernández, viuda de Jiménez, una dama acaudalada que deseaba transformar su ciudad natal en referente cultural, y son de un estilo distinto a los que se pueden ver en La Habana.

Orientación

Las calles de Ciego de Ávila quedan divididas en norte y sur por Independencia, mientras que Marcial Gómez marca la frontera entre el este y el oeste. Se trata de un dato importante, ya que los puntos cardinales suelen formar parte de la dirección. La carretera Central se convierte en Chicho Valdés al cruzar la población.

Información

LIBRERÍAS

Librería (Independencia Oeste 153). En la esquina de Simón Reyes.

ACCESO A INTERNET

Etecsa Telepunto (Agüero 62; 6 CUC/h; ☺ 8.00-12.00 y 13.00-17.00 lu-vi, 8.00-12.00 sa). Cuenta con tres terminales.

MEDIOS DE COMUNICACIÓN

Radio Surco emite en el 1440 AM y el 98.1 FM.

ASISTENCIA MÉDICA

Hospital General (☎ 22 24 29; Máximo Gómez 257). Cerca de la estación de autobuses.

DINERO

Banco de Crédito y Comercio (☎ 22 31 09; Independencia Oeste 152). En la esquina de Simón Reyes.
Banco Financiero Internacional (☎ 26 63 10; Joaquín Agüero Oeste esq. con Honorato del Castillo)
Bandec (☎ 22 23 32; Independencia Oeste esq. con Maceo)
Cadeca (☎ 26 66 15; Independencia Oeste 118, entre Maceo y Simón Reyes; ☺ 8.30-18.00 lu-sa, 8.30-12.30 do)

CORREOS

DHL (☎ 26 20 96; Chicho Valdés esq. con Marcial Gómez)
Oficina de correos (Chicho Valdés esq. con Marcial Gómez)

TELÉFONO

Etecsa Telepunto (Agüero 62; ☺ 8.00-12.00 y 13.00-17.00 lu-vi, 8.00-12.00 sa)

INFORMACIÓN TURÍSTICA

Havanatur (Libertad, entre Maceo y Castillo; ☺ 9.00-17.00 lu-vi)

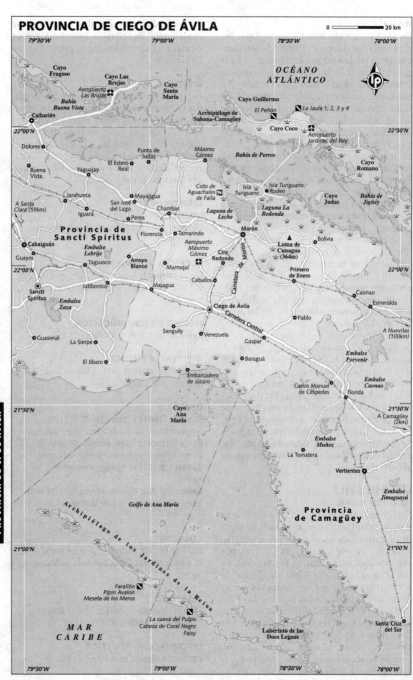

PROVINCIA DE CIEGO DE ÁVILA

0 — 20 km

79°30'W · 79°00'W · 78°30'W · 78°00'W

OCÉANO ATLÁNTICO

Cayo Fragoso
Cayo Las Brujas
Aeropuerto Las Brujas
Cayo Santa María
Bahía Buena Vista
Caibarién
Cayo Guillermo
El Peñón
La Jaula 1, 2, 3 y 4
Archipiélago de Sabana-Camagüey
Cayo Coco
Aeropuerto Jardines del Rey

22°00'N · 22°30'N

Dolores
Punta de Judas
Máximo Gómez
Bahía de Perros
Cayo Romano

Buena Vista
El Estero Real
Yaguajay
Cayo Judas
Bahía de Jigüey

Jarahueca
San José del Lago
Mayajigua
Coto de Aguachales de Falla
Isla Turiguano
Isla Turiguano Rodeo
Cayo Judas

A Santa Clara (59km)
Iguará
Perea
Chambas
Laguna de Leche
Laguna La Redonda
Morón

Provincia de Sancti Spíritus
Florencia
Tamarindo
Aeropuerto Máximo Gómez
Ciro Redondo
Loma de Cunagua (364m)
Bolivia

Cabaiguán
Embalse Lebrije
Arroyo Blanco
Marroquí
Ceballos
Carretera de Morón
Primero de Enero

22°00'N · 22°00'N

Guayos
Taguasco
Jatibonico
Majagua
Caonao
Esmeralda

Sancti Spíritus
Embalse Zaza
Ciego de Ávila
Carretera Central
Pablo
A Nuevitas (100km)

Guasimal
Sanguily
Venezuela
Gaspar
Embalse Porvenir

La Sierpe
Baraguá
Embalse Caonao
Florida

El Jíbaro
Embarcadero de Júcaro
Carlos Manuel de Céspedes
21°30'N · 21°30'N
A Camagüey (2km)

Cayo Ana María
Embalse Muñoz
La Tomatera
Vertientes

Embalse Jimaguayú

Golfo de Ana María
Provincia de Camagüey

21°00'N · 21°00'N

Archipiélago de los Jardines de la Reina

Farallón
Pipín Avalon
Meseta de los Meros
La cueva del Pulpo
Cabeza de Coral Negro
Faisy
Laberinto de las Doce Leguas
Santa Cruz del Sur

MAR CARIBE

79°30'W · 79°00'W · 78°30'W · 78°00'W

EXCURSIÓN DE UN DÍA

La provincia de Ciego de Ávila ofrece una gran variedad de excursiones de un día para los viajeros más independientes; se puede pedir información en la oficina de Infotur (véase abajo).

Situada 18 km al este de Morón en la carretera de Bolivia, la **loma de Cunagua** (⏱ 9.00-16.00) es una colina de 364 m que emerge de las tierras llanas del norte como si fuera un hormiguero. Sus pendientes están cubiertas de árboles, por lo que constituyen un buen refugio para los amantes de los pájaros. Hay varias pistas por toda la colina para montar a caballo o simplemente caminar. Se puede llegar en taxi o en coche, y dispone de un restaurante en la cima; además, los guías son biólogos cualificados. Otra opción es recorrer las montañas que rodean **Florencia** y **Chambas,** en la zona noroeste de la provincia. Se puede visitar la plantación de tabaco, el rodeo o ir en lancha a la isla que está en medio del lago Liberación de Florencia. El transporte por la zona no es muy bueno, pero el viajero se puede alojar en el **Campismo Boquerón** (☎ 6-9318) en las colinas de la sierra de Jatibonico, donde es posible montar a caballo y bañarse en el río cercano. Se recomienda preguntar en la oficina de Infotur para obtener más detalles.

Infotur (☎ 20 91 09; Doce Plantas, Honorato del Castillo esq. con Libertad; ⏱ 9.00-12.00 y 13.00-18.00 lu-do). Se trata del principal centro de información turística de la isla; ofrecen consejos sobre qué ver.
Oficina de Jardines del Rey (Máximo Gómez Oeste 82; ⏱ 9.00-17.00 lu-vi). Proporciona información general y cuenta con un mapa que explica el pasado, presente y futuro de los cayos; en la esquina de Maceo.

Puntos de interés y actividades

Acogedora y abarcable, Ciego de Ávila posee un ritmo tranquilo. En la oficina de Infotur recomiendan visitar el **parque Martí** y su inevitable estatua dedicada al héroe cubano (1925); al lado se ubica el Ayuntamiento de 1911, actual sede del Gobierno provincial, y también el **Museo de Artes Decorativas** (☎ 20 16 61; Independencia y Marcial Gómez; 1 CUC; ⏱ 8.00-17.00 lu y ma, 8.00-22.00 mi-sa, 8.00-12.00 y 18.00-22.00 do), cuya colección, que se puede ver en cuarenta y cinco minutos, contiene diversos objetos, como una vitrola que todavía funciona (Benny Moré ameniza la visita), relojes de bolsillo antiguos y camas decoradas con incrustaciones de perlas. Por una propina de solo 1 CUC se puede conseguir una estupenda guía (tanto en inglés como en español). Otro edificio digno de mención es el **Teatro Principal** (☎ 22 20 86; Joaquín Agüero Oeste esq. con Honorato del Castillo), construido en 1927.

Los aficionados al arte pueden acudir al **Centro Raúl Martínez-Galería de Arte Provincial** (Independencia Oeste 65, entre Honorato del Castillo y Maceo; ⏱ 8.00-12.00 y 13.00-17.00 lu y mi, 13.00-21.00 ju y vi, 14.00-22.00 sa, 8.00-12.00 do), donde se exponen las obras del rey del *pop art* cubano, junto con creaciones de artistas locales. También

se puede optar por el **parque zoológico** (Independencia Este; entrada gratuita; ma-do).

El **Museo Provincial** (☎ 22 87 07; José Antonio Echevarría 25; entrada 1 CUC; ⏱ 8.00-12.00 y 13.00-17.00 lu-sa), situado al otro lado de las vías del tren, en un antiguo instituto de Segunda Enseñanza, exhibe recuerdos de la lucha estudiantil contra Fulgencio Batista. Una placa señala el lugar donde el 14 de junio de 1952 se celebró el **consejo constitucional** (Independencia esq. con Agramonte) por parte de los estudiantes y trabajadores que protestaban contra el golpe de Batista.

La fábrica de tabacos **El Sucro** (Libertad esq. con Maceo), dentro de la ciudad, sólo organiza visitas para grupos; de todas formas, se puede preguntar en la oficina de Havanatur para intentar apuntarse a una.

De octubre a abril se celebran partidos de béisbol en el **Estadio José R. Cepero** (☎ 22 82 83; Máximo Gómez) al noroeste del centro.

Fiestas y celebraciones

En el pequeño pueblo de Majagua, 25 km al oeste, cada noviembre los lugareños se dividen en dos bandos, rojo y azul, para reinterpretar una vieja competición de danza caringa con la tradicional música guajira. Este espectáculo tan llamativo es conocido como **Fiesta de los Bandos Rojo y Azul.**

Dónde dormir

Hotel Santiago-Habana (Islazul; ☎ 22 72 62; Chicho Valdés esq. con Honorato del Castillo; i/d temporada baja 22/30 CUC, temporada alta 27/36 CUC). Con 76 habitaciones, se trata de una opción en el centro de la ciudad; la discoteca Centro Nocturno La Cima se ubica en el piso superior.

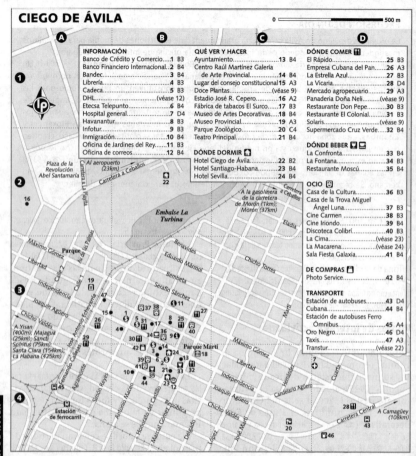

CIEGO DE ÁVILA

0 — 500 m

INFORMACIÓN	
Banco de Crédito y Comercio....1	B3
Banco Financiero Internacional.2	B4
Bandec.................................3	B4
Librería...............................4	B3
Cadeca...............................5	B3
DHL.............................(véase 12)	
Etecsa Telepunto..................6	B4
Hospital general....................7	D4
Havanantur..........................8	B3
Infotur...............................9	B3
Inmigración........................10	B4
Oficina de Jardines del Rey.....11	B4
Oficina de correos................12	B4

QUÉ VER Y HACER	
Ayuntamiento.......................13	B4
Centro Raúl Martínez Galería de Arte Provincial..................14	B4
Lugar del consejo constitucional 15	A3
Doce Plantas...................(véase 9)	
Estadio José R. Cepero............16	A2
Fábrica de tabacos El Surco......17	B3
Museo de Artes Decorativas......18	B3
Museo Provincial....................19	A3
Parque Zoológico..................20	C4
Teatro Principal....................21	B4

DÓNDE DORMIR	
Hotel Ciego de Ávila..............22	B2
Hotel Santiago-Habana...........23	B4
Hotel Sevilla.......................24	B4

DÓNDE COMER	
El Rápido............................25	B3
Empresa Cubana del Pan.......26	A3
La Estrella Azul....................27	B3
La Vicaria...........................28	D4
Mercado agropecuario...........29	A3
Panadería Doña Neli.........(véase 9)	
Restaurante Don Pepe...........30	B3
Restaurante El Colonial..........31	B3
Solaris............................(véase 9)	
Supermercado Cruz Verde......32	B4

DÓNDE BEBER	
La Confronta.......................33	B4
La Fontana.........................34	B3
Restaurante Moscú...............35	B4

OCIO	
Casa de la Cultura................36	B4
Casa de la Trova Miguel Ángel Luna......................37	B3
Cine Carmen 38	B3
Cine Iriondo.......................39	B4
Discoteca Colibrí..................40	B3
La Cima........................(véase 23)	
La Macarena..................(véase 24)	
Sala Fiesta Galaxia...............41	B4

DE COMPRAS	
Photo Service......................42	B4

TRANSPORTE	
Estación de autobuses...........43	D4
Cubana.............................44	B4
Estación de autobuses Ferro Ómnibus.........................45	A4
Oro Negro.........................46	D4
Taxis...............................47	A3
Transtur......................(véase 22)	

Plaza de la Revolución Abel Santamaría

Al aeropuerto (23km)

Carretera a La Playa

Carretera a Ceballos

Embalse La Turbina

A la gasolinera de la carretera de Morón (1km); Morón (37km)

Eladia

Benavides

Eduardo Mármol

Chicho Torres

Máximo Gómez

Parque

Av. de las Palmas

Libertad

Calle 1

Calle 2

Independencia

Joaquín Agüero

Chicho Valdés

A Yisan (400m); Majagua (25km); Sancti Spíritus (75km); Santa Clara (154km); La Habana (425km)

José Antonio Echeverría

Fernando Callejas

Agramonte

Simón Reyes

Antonio Maceo

Honorato del Castillo

Marcial Gómez

República

Delgado

López

José Martí

Bembeta

Serafín Sánchez

Parque Martí

Máximo Gómez

Libertad

Independencia

Joaquín Agüero

Chicho Valdés

Martí

Humboldt

Candelario Agüero

Cuarta

Carretera Central

A Camagüey (108km)

Estación de ferrocarril

Hotel Ciego de Ávila (Islazul; ☎ 22 57 72; carretera de Ceballos: i/d temporada baja 26/34 CUC, temporada alta 29/38 CUC; P ⊠ ⊠). Moderno y con cuatro plantas, suele acoger a viajeros que realizan circuitos turísticos en autobús. Aunque la mayoría de la gente sólo va por la discoteca Batanga, también se alquilan coches y sirven un desayuno bufé, gratuito para los huéspedes, por 2,50 CUC, que no está nada mal; el café es bueno. Las habitaciones son algo rústicas, pero el servicio es agradable y se encuentra a un paseo de 2 km desde el pueblo.

Hotel Sevilla (☎ 22 56 03; Independencia Oeste 57, entre Maceo y Honorato de Castillo; i/d 39/42 CUC). Este elegante establecimiento de 1929, restaurado en 1999, se halla saliendo del parque Martí. Algunas habitaciones cuentan con balcones, pero ninguna dispone de agua caliente. El bar, emplazado en el tercer piso, goza de buenas vistas; el restaurante, en la planta baja, está decorado de forma clásica y no resulta caro.

Dónde comer
RESTAURANTES

La Estrella Azul (Máximo Gómez esq. con Honorato del Castillo). Un nuevo local con platos a 1,50 CUC; posiblemente se trata del lugar con la comida de calidad más barata.

La Vicaria (☎ 26 64 77; carretera Central; ⊗ 8.00-24.00). Pertenece a una cadena, famosa por su comida y servicio eficiente. Situado cerca de Máximo Gómez, frente a la estación de autobuses, ofrece un menú a base de filete

de cerdo, patatas fritas, ensalada, refresco y helado por 4 CUC.

Yisan (carretera Central, entre calle 8 y 13; mi-lu). Este restaurante chino prepara *chow mien* y arroz frito con un misterioso toque cubano; de todos modos, el viajero no debe esperar que le sirvan *din sum*. El precio es correcto y el servicio, rápido.

Restaurante Don Pepe (☎ 22 37 13; Independencia Oeste 103, entre Maceo y Simón Reyes; ☼ 8.00-23.45 mi-lu). Hace mucho tiempo, un camarero llamado Eladio invento el cóctel Don Pepe: dos partes de zumo de naranja, una y media de ron blanco, y media de crema de menta, todo removido. Hoy día aún lo sirven, junto con los platos de pollo y cerdo de toda la vida. Además, cada noche se ofrece música en directo.

Restaurante El Colonial (☎ 22 35 95; Independencia Oeste 110; ☼ 6.00-23.30). Situado en una gran casa en el centro de la ciudad, tiene un bonito patio y ofrece los habituales platos de cerdo y pollo.

El Rápido (☎ 26 61 16; Libertad y Castillo; ☼ 24 horas). En caso de necesidad, conviene buscar esta cadena que vende buenos yogures y está abierta a cualquier hora.

Solaris (☎ 22 21 56; H. Castillo, entre Independencia y Libertad). Recomendado de forma entusiasta por los lugareños, se halla en el centro de la ciudad, en el edificio Doce Plantas, con buenas vistas y comida internacional. Se aconseja pedir el cóctel especial de la casa.

COMPRA DE ALIMENTOS

El **mercado agropecuario** (Chicho Valdés Oeste, entre Agramonte y calle 1), situado bajo el puente, vende frutas y verduras.

En el **supermercado Cruz Verde** (Independencia esq. con Máximo Gómez; ☼ 9.00-18.00 lu-sa, 9.00-12.00 do) tienen comestibles.

Para comprar pan en convertibles, hay que acudir a la **panadería Doña Neli** (Parque Martí), en la esquina noroeste del edificio Doce Plantas; en la **empresa cubana del pan** (☎ 522 58 40; Independencia esq. con Agramonte) se paga en pesos.

Dónde beber

Restaurante Moscú (☎ 22 53 86; Chicho Valdés 78; ☼ 18.00-22.00 ma-ju). Para llegar al bar del mismo nombre hay que girar a la izquierda, pasar junto a la maqueta del Kremlin y bajar por un pasillo iluminado con fluorescentes; a continuación, se cruza la puerta del fondo y se entra en el Moscú *lounge*.

CASAS PARTICULARES EN CIEGO DE ÁVILA

Aunque no tienen mucha demanda, esta ciudad cuenta con algunas de las mejores casas particulares.

Belkis de Caridad Jiménez (☎ 22 46 09; carretera Central 76, entre Maceo y H. Castillo; 15 CUC; ✂). Situada a la derecha de la arteria principal de Ciego de Ávila.

Gladys Luis Marrero (sin teléfono; Independencia 205, entre Onelio Hernández y Cuarta; 20 CUC; ✂). Bonito lugar con patio, TV y ventajas adicionales; cerca de un hospital.

Leonarda Gutiérrez (☎ 20 27 22; Honorato del Castillo 64, entre Chicho Valdés y Joaquín Agüero; 15-20 CUC; ✂). Amable, conoce otros lugares para alojarse si no queda sitio en su casa.

María del Carmen (☎ 20 12 02; Honorato del Castillo esq. con Independecia; 20 CUC; ✂). Alquila habitaciones en un céntrico apartamento.

Miriam Marzabal Gómez (☎ 20 32 95; Marcial Gómez 58, entre Joaquín Agüero y Chicho Valdés; 20 CUC; ✂). Cómodas y espaciosas habitaciones con patio y TV.

La Confronta (Máximo Gómez esq. con Agüero). Si el viajero quiere variar un poco de los típicos mojito o daiquiri, en este lugar sirven hasta 25 cócteles diferentes; abre todo el día.

La Fontana (☎ 20 21 79; Independencia esq. con Antonio Maceo; ☼ 6.00-14.30 y 16.00-24.00). Cuando se estaba escribiendo esta guía, esta famosa cafetería de Ciego se encontraba cerrada por reformas, aunque está previsto que abra pronto. Para más información, se puede preguntar en la casa particular.

Ocio

Sala Fiesta Galaxia (Chicho Valdés esq. con Maceo; ☼ 22.00-2.00 ma-do). El ambiente de la ciudad se caldea en esta discoteca con baile todas las noches y peñas de *rap* los domingos (actuaciones, 14.00).

Casa de la Trova Miguel Ángel Luna (Libertad 120). Lo que más se escucha en este lugar, en la esquina de Simón Reyes, es la música de cantautores cubanos.

Casa de la Cultura (☎ 22 39 74; Independencia 76, entre Maceo y Honorato de Castillo). Siempre programa algún evento interesante, aunque se recomienda consultar la cartelera de la entrada.

Para disfrutar de una película, se puede ir al **cine Carmen** (☎ 22 33 87; Maceo 51), en la esquina

de Libertad, con proyecciones de películas y vídeos a diario, o al **cine Irlondo** (☎ 22 33 04; Joaquín Agüero Oeste esq. con Maceo).

Si el viajero tiene ganas de bailar, se recomiendan la **discoteca Centro Nocturno La Cima** (☎ 22 72 62; Hotel Santiago-Habana, Chicho Valdés esq. con Honorato del Castillo) y **La Macarena** (☎ 22 56 03; hotel Sevilla, Independencia Oeste 57, entre Maceo y Honorato del Castillo); pero si se prefiere cantar en un karaoke, puede acudir a la **discoteca Colibrí** (Máximo Gómez esq. con H. Castillo; entrada a 1 CUC; ☾ 22.00-3.00).

De compras

Photo Service (Maceo 9, entre Joaquín Agüero e Independencia) cuenta con todos los elementos necesarios para la cámara de fotos.

Cómo llegar y salir

AVIÓN

El aeropuerto Máximo Gómez de Ciego de Ávila (código AVI) se sitúa 10 km al noroeste de Ceballos, 23 km al norte de Ciego de Ávila y otros 23 km al sur de Morón. **Cubana** (☎ 3-2525/4; Chicho Valdés, entre Honorato del Castillo y Antonio Maceo) vuela diariamente a La Habana (78 CUC ida, 1½ h).

También llegan vuelos internacionales a diario desde Canadá, Argentina, Francia, Reino Unido e Italia.

AUTOBÚS

La **estación de autobuses** (☎ 22 24 07; carretera Central) está situada 1,5 km al este del centro; de allí salen autobuses a Camagüey (4 CUC), La Habana (19 CUC), Manzanillo (14 CUC) y Niquero (17 CUC).

Los billetes se compran en la misma estación y se pagan en convertibles, aunque los vehículos de Astro de largo recorrido suelen estar llenos cuando llegan a Ciego de Ávila. Los colectivos se encuentran saliendo de la estación, y a veces viajan a Sancti Spíritus o Camagüey (20 CUC) y a La Habana (80 CUC).

Viazul ofrece servicio diario a los siguientes destinos:

Destino	Precio CUC	Duración (horas)	Salida (sólo ida)
La Habana	27	7	18.35, 1.00, 5.35
Santiago	24	9	16.30, 22.10, 4.30, 10.45
Trinidad	6	3	4.15

El que se dirige a Santiago de Cuba se detiene en Camagüey (6 CUC, 1 h 35 min), Las Tunas (13 CUC, 4 h 25 min), Holguín (17 CUC, 5 h 40 min) y Bayamo (17 CUC, 7 h); y el de La Habana, en Sancti Spíritus (6 CUC, 2 h) y Santa Clara (9 CUC, 3 h 20 min). Para sacar billetes de Viazul, hay que preguntar al jefe de turno, cuya oficina se ubica al lado de la ventanilla.

TREN

La **estación de trenes** (☎ 22 33 13) de Ciego de Ávila, en medio de la línea La Habana-Santiago, se halla seis manzanas al sudoeste del centro. Cada noche hay trenes hacia Bayamo (11 CUC, 7 h), Camagüey (3 CUC, 2 h 10 min), Guantánamo (17 CUC, 9½ h), La Habana (16 CUC, 7½ h), Holguín (11 CUC, 7 h), Manzanillo (12 CUC, 8½ h) y Santiago de Cuba (15 CUC, 9¼ h). Otros trenes salen en días alternos, así que se recomienda mirar el horario más actualizado antes de salir. También parten tres trenes diarios a Morón (1 CUC, 1 h).

CAMIÓN

Suelen viajar a Morón, Camagüey y Jatibonico, y salen de la estación de autobuses Ferro Ómnibus, contigua a la de ferrocarril.

Cómo desplazarse

AUTOMÓVIL Y MOTOCICLETA

La **gasolinera de la carretera de Morón** (carretera de Morón) se localiza antes de llegar a la circunvalación, al nordeste del centro; mientras que la **Oro Negro** (carretera Central) se encuentra cerca de la estación de autobuses.

Es posible estacionar de forma segura frente al Hotel Santiago-Habana por la noche.

Las siguientes compañías ofrecen alquiler de vehículos:

Havanautos. Hotel Ciego de Ávila (☎ 26 63 45; carretera de Ceballos); aeropuerto (☎ 26 63 15)

Transtur (☎ 26 62 29; Hotel Ciego de Ávila). Alquila ciclomotores por 24 CUC diarios, sin incluir gasolina.

TAXI

Tomar uno al aeropuerto cuesta 12 CUC; se aconseja regatear si el taxista pide más. Existe una **parada** (Fernando Callegas, entre Independencia y Libertad) junto a las vías del tren.

MORÓN

☎ 335 / 59.194 hab.

A esta ciudad bien organizada, 40 km al norte de Ciego de Ávila, se llega por una carretera

llana que atraviesa campos de caña de azúcar. Fue fundada en 1643, doscientos años antes que la capital de provincia, y se conoce como Ciudad del Gallo, por un poema sobre uno que siguió cantando después de ser desplumado. A los lugareños les encanta enseñar el gallo de bronce erigido sobre un pedestal a la entrada del Hotel Morón: se trata de la mascota de la ciudad. Pequeña y fácil de visitar, constituye un buen campamento base para hacer excursiones de un día a Cayo Coco y es el lugar favorito de los pescadores y cazadores que se dirigen a la laguna de la Leche.

Puntos de interés

El centro de Morón se recorre en una mañana. Aparte de las aceras, abarrotadas de gente, y las columnatas, el sitio de mayor interés es el **Museo de Arqueología e Historia** (Martí; entrada 1 CUC; ☉ 9.00-12.00 y 18.00-22.00) que tiene dos plantas; la superior está dedicada a la historia de la ciudad. Cuenta con un mirador en la azotea con una estupenda panorámica sobre el municipio.

Dónde dormir

Por suerte, existen suficientes casas particulares (véase abajo), porque los alojamientos estatales no son nada atractivos.

Carrusel Morón (Cubanacán, ☎ 3901; av. de Tarafa; i/d temporada baja 28/36 CUC, temporada alta 33/42 CUC; P ✕ ✕). Por el momento, este establecimiento de cuatro plantas, situado en la entrada sur de la ciudad, es el único lugar que acoge grupos; se trata de un lugar práctico para quien se dirija a Cayo Coco, pero nada más. Normalmente está ocupado por turistas que llegan en viajes

organizados y algún pescador perdido. Quienes no sean clientes pueden entrar a la piscina con un pase; conviene no esperar maravillas en lo que al restaurante se refiere.

Dónde comer

Las Fuentes (☎ 5758, Martí 169, entre Agramonte y Libertad; ☉ 11.00-23.00). El mejor sitio para disfrutar de una comida aceptable en Morón, donde se puede degustar desde una ensalada a langosta. Los platos de pescado cuestan de 5 CUC para arriba.

Las Delicias (☉ 12.00-24.00). Si se cruza la calle desde Las Fuentes, se encuentra este local limpio y agradable, donde sirven una contundente sopa de pollo o un sándwich de huevo (2 CUP); se puede pagar en pesos.

Paraíso Palmares (Martí 382). Su especialidad es el pollo acompañado por el omnipresente congrí (arroz con alubias).

Cafetería Mi café (Martí 294, entre Calleja y Sánchez; ☉ 9.00-22.00 lu-sa) es el lugar adonde deben ir los amantes del café. Aquellos que disfruten con el helado pueden acercarse a **Coppelia** (Calleja y Martí).

Para adquirir pan y pasteles, se recomienda la **dulcería Doña Neli** (Serafín Sánchez 86, entre Narciso López y Martí); y para comprar comestibles, **La Mina de Oro** (Martí).

Ocio

La **Casa de la Trova Pablo Bernal** (Libertad 74, entre Martí y Narciso López) es un local frecuentado por cantantes y músicos del lugar.

La **discoteca Batanga** (☎ 3901; Carrusel Morón, av. de Tarafa; ☉ 9.30-2.00) se considera el sitio favorito de los jóvenes que buscan diversión.

Cómo llegar y salir

Desde la **estación de trenes** (☎ 3683; Martí esq. con J. F. Poey) salen cinco autobuses diarios para Ciego de Ávila. Se puede viajar en colectivos, que suelen situarse frente a la estación, aunque muchos no llevan extranjeros. Los trenes que parten hacia Santiago de Cuba (22 CUC, días alternos) pasan por Ciego de Ávila (1 CUC, dos diarios) y Camagüey (4 CUC, dos diarios). La línea entre Santa Clara y Nuevitas cruza Morón por Chambas. Un automotor cubre el servicio de La Habana (24 CUC, 6½ h) en días alternos.

Cómo desplazarse

Las carreteras que van desde Morón a Caibarién (112 km), al noroeste, y a Nuevitas

---

CASAS PARTICULARES EN MORÓN

Felicia Jiménez Rodríguez (☎ 5-3863; Martí 197A, entre Callejas y Libertad; 25 CUC; ✕). Ubicada en la calle principal, tiene agua caliente y sirve comidas.

Gina Margarita Sierra (☎ 5-3798; Callejas 89, entre Martí y Castillo; 20 CUC; ✕). Se trata de una habitación grande con entrada independiente que lleva a un patio cubierto. Jardín pequeño y comidas.

Hospedaje Liberluz – Carlos Manuel Báez (☎ 3440; Libertad 148, entre Luz Caballero y Padre Cabo; 20 CUC)

Tamara Companioni Medina (☎ 5-3630; Martí 247, entre Serafín Sánchez y Sergio Antuña; 20 CUC; P ✕). Céntrico, sirven comidas.

(168 km), al sudeste, se encuentran en buen estado.

Havanautos (☎ 5-2115; av. de Tarafa s/n) se ubica entre el Carrusel Morón y el Hotel Perla del Norte. **Transtur** (☎ 2222; Carrusel Morón, av. de Tarafa) alquila ciclomotores. **Micar** (☎ 5-5245; centro comercial Los Balcones, av. de Tarafa y Línea) dispone de coches bonitos.

La **gasolinera Servi-Cupet** (⊗ 24 h) se halla cerca del Carrusel Morón.

AL NORTE DE MORÓN

La **laguna de la Leche,** el lago natural más grande de Cuba, mide 67 km^2 y está a pocos kilómetros al norte de Morón; recibe este nombre por los depósitos de cal del fondo que reflejan la luz solar. Se accede desde el sur por la carretera de Morón (3 km) y resulta muy popular entre los pescadores que acuden en busca de carpas, sábalos, percas y tilapias. En la orilla se ha instalado un restaurante especializado en pescado, **La Atarraya** (☎ 5-5351), y el **Cabaré Cueva** (☎ 5-2239). Se pueden alquilar barcas. Cada año la laguna, que ha sido sede del **campeonato de F-1 de lanchas motoras,** se convierte en el centro del **Carnaval Acuático de Morón.**

Un sitio estupendo para pescar trucha y perca americana es la **marina fluvial La Redonda,** emplazada en la laguna del mismo nombre, 18 km al norte de Morón, saliendo de la carretera que va a Cayo Coco. Los mangles que rodean este lago de 4 km^2 constituyen un hábitat perfecto para ejemplares de agua dulce; de hecho, la densidad de truchas por kilómetro cuadrado es superior a la de cualquier otro lugar de Cuba. Los aficionados a la pesca deben pagar entre 40 y 70 CUC por cuatro y ocho horas respectivamente; una excursión

en lancha sale por 16 CUC. También hay un bonito bar-restaurante, donde se puede tomar una copa mientras se disfruta del lago. Se recomienda probar la especialidad de la casa: filete de un pescado llamado calentico, que es delicioso con *ketchup* o tabasco.

El coto de **Aguachales de Falla** contiene siete lagos naturales, donde habitan bandadas de palomas, patos y cisnes; en este lugar, se puede realizar un itinerario a lo Hemingway, ya que el escritor amaba la caza.

El **pueblo holandés** es una pequeña comunidad con 49 casas de tejados rojos y estilo neerlandés, situada 4 km al norte de La Redonda, en una colina al lado de la autopista. Fue construida por Celia Sánchez en 1960 para albergar a los ganaderos de la zona y, aunque resulta un elemento interesante dentro del paisaje, no merece la pena detenerse.

Uno de los mejores rodeos y ferias de ganado que se puede ver en Cuba se organiza en la **isla Turiguano,** por la carretera que sale de Morón, a 1 o 2 km de la entrada a Cayo Coco. Cada fin de semana, sobre las 14.00, se puede disfrutar de un espectáculo de noventa minutos con vaqueros, caballos, toros y lazos. También se puede ir cualquier otro día para ver los animales; cuenta con un pequeño bar en la entrada.

CAYO COCO

☎ 33

La cuarta isla más grande de Cuba y el mayor destino turístico después de Varadero se sitúa en el archipiélago de Sabana-Camagüey o Jardines del Rey, como lo llaman las agencias de viajes. El área que se encuentra al norte de la bahía de Perros estaba deshabitada hasta que en 1992 se levantó el primer hotel (Co-

EL HOMBRE MÁS VIEJO DEL MUNDO

En febrero de 2005 tuvo lugar la reunión inaugural del Club 120, una organización que promueve un modo de vida saludable para los ciudadanos cubanos mayores. En esa reunión el Gobierno de Castro, siempre dispuesto a hacer propaganda de su sistema de seguridad social, declaró que había descubierto a la persona más vieja del mundo.

Se trataba de Benito Martínez, un locuaz y vivaracho antiguo operario de carreteras, que provenía de una pequeña comunidad agrícola, situada cerca de Ciego de Ávila, en el centro de Cuba.

Según se cuenta, Martinez nació en Cavaellon, Haltí, en 1880 y emigró a Cuba en un barco de vapor en 1925 donde trabajó por un tiempo en el rancho de Ángel Castro, padre de Fidel.

Aunque no existen documentos oficiales que demuestren el año de su nacimiento, los expertos cubanos creen que tiene al menos 119 años, por lo que supera en tres a la actual poseedora del récord, una ecuatoriana de 116 años.

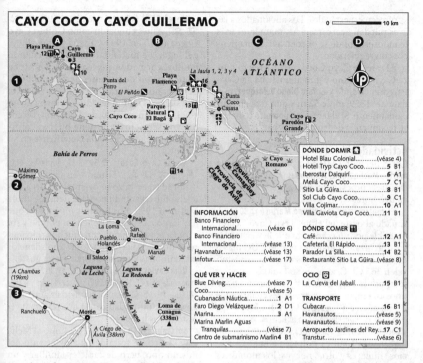

CAYO COCO Y CAYO GUILLERMO

0 —————— 10 km

DÓNDE DORMIR
Hotel Blau Colonial	(véase 4)	
Hotel Tryp Cayo Coco	5	B1
Iberostar Daiquirí	6	A1
Meliá Cayo Coco	7	C1
Sitio La Güira	8	B1
Sol Club Cayo Coco	9	C1
Villa Cojímar	10	A1
Villa Gaviota Cayo Coco	11	B1

INFORMACIÓN
Banco Financiero Internacional	(véase 6)
Banco Financiero Internacional	(véase 13)
Havanatur	(véase 13)
Infotur	(véase 17)

QUÉ VER Y HACER
Blue Diving	(véase 7)	
Coco	(véase 5)	
Cubanacán Náutica	1	D1
Faro Diego Velázquez	2	D1
Marina	3	A1
Marina Marlin Aguas Tranquilas	(véase 7)	
Centro de submarinismo Marlin	4	B1

DÓNDE COMER
Café	12	A1
Cafetería El Rápido	13	B1
Parador La Silla	14	B2
Restaurante Sitio La Güira	(véase 8)	

OCIO
La Cueva del Jabalí	15	B1

TRANSPORTE
Cubacar	16	B1
Havanautos	(véase 5)	
Havanautos	(véase 9)	
Aeropuerto Jardines del Rey	17	C1
Transtur	(véase 6)	

jímar) en el contiguo Cayo Guillermo; desde entonces las obras no han parado.

Pese a la mundialmente famosa belleza de sus playas, antes de 1990 Cayo Coco no era más que un manglar infestado de mosquitos. El corsario francés Jacques de Sores fue uno de sus primeros visitantes, tras varias incursiones en La Habana y Puerto Príncipe; más tarde, en 1752 apareció el primer terrateniente de la zona, el español Santiago Abuero Castañeda. Entre 1927 y 1955, una pequeña comunidad de 600 personas sobrevivía produciendo carbón como combustible, pero con la llegada de la electricidad, después de la Revolución, la actividad fue abandonada.

Desde 1988 Cayo Coco se conecta con la isla principal a través de una carretera elevada de 27 km que cruza la bahía de Perros. También existen otras vías de este tipo entre Cayo Coco y Cayo Guillermo, al oeste, y Cayo Romano, al este. El impacto ambiental que han generado ha sido grave, ya que la frágil vida marina de las zonas costeras ha quedado bloqueada y las aguas del mar al este de Cayo Coco han perdido sus nutrientes. Además, a esto hay que añadir que los cuba-

nos no pueden acceder a Cayo Coco como turistas. Esta segregación resulta uno de los temas más polémicos en Cuba, y Cayo Coco constituye uno de sus peores ejemplos.

Información

En todos los complejos turísticos de Cayo Coco y Cayo Guillermo se aceptan euros.

Banco Financiero Internacional. Situado en la gasolinera Servi-Cupet.

Clínica Internacional Cayo Coco (☎ 30 12 15). Proporciona tratamiento médico, al lado de Villa Gaviota Cayo Coco.

Havanatur (☎ 30-1329). Ubicada en la Servi-Cupet, cuenta con una pequeña tienda, donde se puede encontrar repelente contra mosquitos, y una cafetería El Rápido.

Infotur (☎ 30 91 09) dispone de una socorrida sucursal en el aeropuerto Jardines del Rey.

Puntos de interés

El **Parque Natural El Bagá** (☎ 30 10 63; entrada a 12 CUC) es un proyecto de sorprendente éxito que ha convertido el antiguo aeropuerto de Cayo Coco en un parque natural de 769 Ha. La visita guiada de cuarenta y cinco minutos incluye el mirador, la excursión al canal, la playa y el poblado nativo reconstruido, donde

se ofrecen espectáculos. Los aficionados a las aves pueden acercarse a los manglares más frondosos, donde se pueden avistar flamencos con regularidad.

Al este de Cayo Coco, una carretera cruza Cayo Romano y gira al norte hacia Cayo Paredón Grande y el **faro Diego Velázquez,** que data del 1859, mide 52 m y aún está en funcionamiento. Si el farero no permite visitarlo, se recomienda disfrutar de las playas.

Actividades

Cerca del Hotel Meliá Cayo Coco se sitúa la **marina Marlin Aguas Tranquilas** (☎ 30 13 24) donde ofrecen pesca de altura a 250 CUC por cuatro horas.

El **centro de submarinismo Marlin** (☎ 30 12 21), situado al oeste del Hotel Tryp Cayo Coco y accesible por una carretera que lleva a la playa, organiza inmersiones por 30 CUC más 5 por el equipo. Los cursos de submarinismo valen 365 CUC, aunque son más baratos en temporada baja. El área de inmersión tiene unos 10 km, los seis instructores cualificados acompañan a 30 personas por día. **Blue Diving** (☎ 30 81 79; enzoblue@ip.etecsa.cu; Hotel Meliá Cayo Coco) y **Coco** (☎ 30 13 23; Hotel Tryp Cayo Coco) trabajan con Cubanacán Náutica y ofrecen algunos servicios similares y otros nuevos; los monitores hablan varias lenguas.

Dónde dormir
ECONÓMICO

Sitio La Güira (☎ 30 12 08; cabaña con baño privado/compartido 20/25 CUC). Ubicado en una pequeña granja a 8 km de la Servi-Cupet, es el único establecimiento económico de Cayo Coco. Dispone de dos habitaciones con baño compartido y dos *bohíos* (cabañas con techo de paja) con baño privado. También cuenta con un restaurante y un bar, y se puede montar a caballo. Es un lugar tranquilo hasta las 11.30, cuando llegan todos los turistas, y un buen sitio si se viaja con niños, debido a la amplitud del terreno y los animales que hay. Para acercarse a la playa, se debe caminar un poco o ir a caballo.

PRECIO ALTO

Los complejos turísticos de lujo de Cayo Coco están vigilados de forma muy eficiente; así que, si el viajero no lleva la pulsera que permite el acceso a todos los servicios, conviene no intentar colarse en los lavabos. Las tarifas también son de lujo.

Hotel Blau Colonial (desde 130 CUC; P 🔲 💻 🔲). Antes conocido como Guitart Cayo Coco, abrió en 1993 y fue el primer hotel del lugar. Se hizo famoso en 1994 cuando hombres armados, pertenecientes a Alpha 66, un grupo de extrema derecha del exilio cubano, dispararon contra el edificio; por suerte no hubo heridos. Reformado en 2003, tras un cambio de dirección, ofrece nuevos servicios y obtiene buenas calificaciones de una clientela canadiense en su mayoría.

Meliá Cayo Coco (☎ 30 11 80; desde 132 CUC; P 🔲 🔲 🔲 🔲). Situado en la playa Las Coloradas, en la zona oriental del área hotelera, fue levantado por la cadena española Meliá en 1999. Los bonitos *bungalows* que hay junto a la laguna tienen un porche y sol a todas horas. Cuenta con muchos rincones románticos, y las habitaciones son silenciosas, cómodas y están decoradas con gusto.

Villa Gaviota Cayo Coco (Gaviota; ☎ 30 21 80; i/d/tr temporada baja 75/100/120 CUC, temporada alta 75/150/170 CUC P 🔲 🔲 🔲). El servicio es amable, y posee una intimidad con la que no cuenta el resto de los hoteles.

Sol Club Cayo Coco (☎ 30 12 80). Junto al Meliá Cayo Coco, se trata de un alojamiento del mismo tipo, pero de carácter familiar y un poco más barato.

Hotel Tryp Cayo Coco (Cubanacán; ☎ 30 13 11; desde 170 CUC; P 🔲 🔲 🔲 🔲). Es el más antiguo y sencillo de la zona y forma parte de un inmenso centro turístico con 502 habitaciones. Una enorme piscina recorre todo el complejo; además, se permite bucear con tubo en la playa de enfrente. Dispone de discoteca, una sucursal del Banco Financiero y otra de la Clínica Internacional, aunque sólo pueden acceder los clientes del hotel.

Dónde comer

Existen pocos sitios para comer aparte de los hoteles.

Cafetería El Rápido (gasolinera Servi-Cupet; 🕙 24 h). Instalada a la entrada de Cayo Coco, sirve comida rápida, bebidas baratas y está abierta a todas horas.

Restaurante Sitio La Güira (🕙 8.00-23.00). Ofrece un menú variado con grandes sándwiches a 1,50 CUC o platos de gambas a 12 CUC; dispone de bar.

Además, en la bahía de Perros se encuentra el parador La Silla, que tiene un bar con el techo de paja.

JARDINES DE LA REINA

Este conjunto de islas de coral y manglares se ubica 80 km al sur de Ciego de Ávila y 120 km al norte de las islas Caimán. Con una extensión de 3.800 km² de territorio virgen, ya que permanece casi en el mismo estado que en los tiempos de Colón, la pesca comercial está prohibida y la población local ha desaparecido. Los visitantes han de alojarse en una construcción flotante de dos plantas y siete habitaciones llamada **Hotel Flotante Tortuga** (☎ 339-8104) o aventurarse en uno de los dos yates: *Halcón,* con seis camarotes, y *Explorador,* con cuatro, que salen desde el embarcadero de Júcaro.

La flora se compone de palmeras, pinos, uvas de playa y mangles, mientras que la fauna, aparte de las iguanas y las ratas arbóreas, está formada por gran variedad de aves, como gavilanes, pelícanos, espátulas rosadas y garzas. Bajo la superficie del mar, la mayor atracción son los tiburones (ballena y martillo), que, junto con el coral y la pureza de las aguas, atrae a submarinistas de todo el mundo.

Llegar hasta aquí no es sencillo ni barato. La única empresa que ofrece excursiones es la italiana **Avalon** (www.avalons.net). Un paquete para hacer submarinismo durante una semana, que incluye el equipo, seis noches de alojamiento, un guía, licencia del parque, 12 inmersiones y transporte desde el embarcadero de Júcaro, cuesta cerca de 1.500 CUC. Otra opción es zarpar desde Trinidad con la Windward Islands Cruising Company (para más información véase p. 297).

Dónde beber y ocio

La Cueva del Jabalí (☎ 30 12 03; entrada a 5 CUC; ☾ ma-sa), 5 km al oeste del complejo Tryp, dentro de una cueva natural, es el único local de ocio, salvo los que hay en los hoteles. Programa espectáculos de cabaré y durante todo el día se puede entrar al bar sin pagar entrada.

Cómo llegar y desplazarse

Inaugurado en el 2001, el **aeropuerto internacional Jardines del Rey de Cayo Coco** (☎ 30 91 65) tiene una pista de 3.000 m y recibe cerca de 1,2 millones de pasajeros al año. Cada semana llegan vuelos desde México, España, Reino Unido y Alemania, entre otros. **Aerogaviota** (☎ 7-203-0686) ofrece dos vuelos diarios a/desde La Habana (105 CUC).

Cayo Coco es el Los Ángeles cubano; el transporte público no existe y es prácticamente imposible caminar, dado que no hay aceras. Para llegar, los viajeros que vayan por su cuenta tendrán que desplazarse en coche desde Morón con otros turistas o con algún trabajador cubano. Conviene saber que se pagan 2 CUC de tasa por acceder al recinto; los cubanos, que no están autorizados a entrar, son obligados a darse la vuelta.

Se puede alquilar un coche o una motocicleta en los siguientes sitios de Cayo Coco: **Cubacar** (☎ 30 12 75). En la segunda rotonda, entre el complejo Meliá y el Tryp.

Havanautos. Sol Club Cayo Coco (☎ 30 12 28); Hotel Tryp Cayo Coco (☎ 30 13 11)

CAYO GUILLERMO

Este arrecife de coral de 13 km² se sitúa al oeste de Cayo Coco, y ambos se encuentran conectados mediante una carretera elevada. Los manglares de la costa sur de Cayo Guillermo son el hábitat ideal para flamencos y pelícanos; además, existe una gran diversidad de peces tropicales y de crustáceos en la franja atlántica.

Cayo Guillermo constituye el mayor destino turístico de Cuba en lo que a la pesca deportiva se refiere. Las instalaciones son inigualables; asimismo, cuenta con varios lagos de agua dulce a una distancia razonable.

En el Iberostar Daiquiri (p. 316), se ha instalado una oficina del Banco Financiero Internacional y otra de Transtur, una agencia de alquiler de vehículos.

Actividades

En el **puerto deportivo** (☎ 30 17 38; fax 30 16 37), en Sol Club Cayo Guillermo, organizan salidas en barco desde el muelle del hotel para pescar carite, lucio, barracuda, pargo rojo y pez espada. Una excursión de medio día cuesta 250 CUC y de un día completo, 450 CUC. También hay un centro de submarinismo profesional que ofrece inmersiones a 35 CUC. Se recomienda ir directamente al muelle y realizar la reserva en persona; las actividades suelen cancelarse con mal tiempo. **Cubanacán Náutica** (Meliá Cayo Guillermo ☎ 30 16 27; Sol Club Cayo Guillermo ☎ 30 17 60) cuenta con dos

centros de submarinismo que programan inmersiones a 35 CUC.

Este lugar, el favorito de Hemingway para pescar, aparece en su obra *Islas en el golfo*. La **playa Pilar**, llamada así en recuerdo de la barca del escritor estadounidense, es la mejor de esta zona. Se trata de un precioso arenal casi virgen, ubicado en la punta oeste del cayo, donde se puede practicar buceo con tubo y navegar.

Dónde dormir y comer

Iberostar Daiquiri (Gran Caribe; ☎ 30 16 50; desde 95 CUC; P ⛶ ⬛ ⬛). Con 312 habitaciones, repartidas en varios edificios de tres plantas pintados como si fueran casinos de Las Vegas, tiene unos grandes jardines; se recomienda pedir información sobre los paquetes infantiles.

Villa Cojimar (Gran Caribe; ☎ 30 17 12; i/d temporada baja 81/115 CUC, temporada alta 102/145 CUC; P ⛶ ⬛ ⬛ ⬛). El alojamiento más antiguo del archipiélago Sabana-Camagüey, que abrió en 1992, se compone de diversos *bungalows* situados en una tranquila playa. La publicidad de las agencias habla de su estilo cubano, aunque los únicos isleños que se pueden ver aquí son los que forman parte del servicio.

En la **playa Pilar** hay una buena cafetería donde se puede tomar un exprés por 0,50 CUC.

Cómo llegar y desplazarse

Se accede de la misma manera que a Cayo Coco (ver p. 315). Si el viajero no ha contratado un circuito, es necesario alquilar un coche. **Transtur** (☎ 30 11 75) dispone de una oficina en el Iberostar Daiquiri.

Provincia de Camagüey

Esta provincia, la más grande de la isla, se caracteriza por su abundancia de ganado; de hecho, hay más reses que personas. Aparte de la producción cárnica y de una población itinerante de vaqueros, la región posee una producción industrial significativa. La mayor parte de las fábricas se sitúan en Nuevitas, una ciudad portuaria con una planta de energía termoeléctrica, una cementera y un centro de exportación de azúcar.

Más al sur, se encuentra la capital de la provincia: Camagüey, una ciudad católica conservadora, conocida sobre todo por sus enormes vasijas de barro (los llamados tinajones) y sus iglesias de estilo colonial. En sus estrechas callejuelas, el viajero puede elegir entre deambular por bares y mercados, o hacer cola para entrar en el Teatro Nacional, sede del Ballet de Camagüey, una de las mejores compañías profesionales de danza de la isla.

Al este de la capital, las tierras altas con aspecto de sabana se transforman suavemente en las colinas de la sierra de Najasa; allí se encuentra la hacienda La Belén, una reserva que protege algunas especies de animales exóticos y constituye un hábitat fantástico para aves raras. Al norte, una carretera conduce a la playa Santa Lucía, un complejo turístico de primera calidad; situado en la playa más larga de toda Cuba y orientado a un arrecife de coral, resulta ideal para los amantes del submarinismo, donde incluso pueden alimentar tiburones con la mano. También es posible disfrutar de la naturaleza en Cayo Sabinal, un lugar en el que lo más parecido a la civilización que se encuentra es una cabaña de cinco habitaciones.

LO MÁS DESTACADO

- **Cartografía colonial**
  Perderse por las intrincadas callejuelas de Camagüey (p. 318)

- **Safari en Cuba**
  Observar a los animales salvajes en la reserva de la hacienda La Belén (p. 327)

- **Una playa sin fin**
  Disfrutar de 20 km de arena blanca en la playa Santa Lucía (p. 330)

- **Escapada a la naturaleza**
  Dejar atrás el estrés en Cayo Sabinal (p. 330)

- **Negocio privado**
  Disfrutar de un batido de frutas en el fascinante mercado agropecuario El Río (p. 325) en Camagüey

Playa Santa Lucía ★
Cayo Sabinal ★
★ Camagüey
Reserva de la Hacienda La Belén ★

☎ 32 ∎ POBLACIÓN: 791.815 ∎ SUPERFICIE: 15.900 KM²

CAMAGÜEY
☎ 32 / 309.977 hab.

Con sus pintorescas iglesias y sus casas neoclásicas, esta localidad es la tercera mayor de la isla. Se trata de una ciudad muy llana, cuyas calles fueron construidas como un laberinto para confundir a los piratas, que la atacaron reiteradamente durante el s. XVI. Aunque se ubica 50 km al interior, fue asaltada por el bucanero inglés Henry Morgan, que saqueó la catedral en 1668 y se llevó un pingüe botín en oro y joyas.

A algunos viajeros les gusta Camagüey por sus rincones y escondrijos; otros, en cambio, la evitan por los ladrones de bicicletas y los jineteros. Situada 128 km al oeste de Las Tunas y 108 km al este de Ciego de Ávila, a sus habitantes se les conoce como los "agramonteros", ya que Ignacio Agramonte, héroe de la Guerra de Independencia era natural de Camagüey. Debido a su fuerte tradición católica, la gente es algo diferente al resto de los cubanos y más conservadora, como quedó demostrado durante la visita de Juan Pablo II en 1998.

Historia
En febrero de 1514, cerca de la costa, en lo que hoy es Nuevitas, fue fundada Santa María del Puerto Príncipe, una de las siete villas sagradas según Diego Velázquez. A causa de las revueltas taínas, la ciudad fue desplazada en dos ocasiones a principios del s. XVI, hasta que en 1528 fue emplazada en su localización actual.

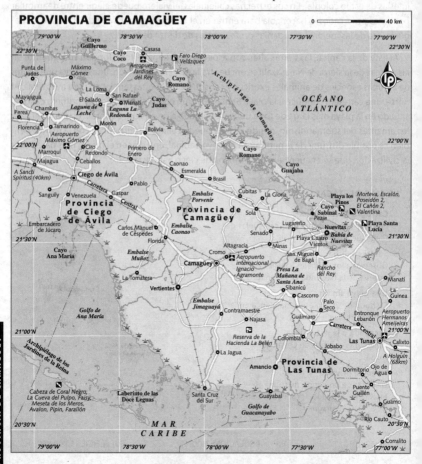

PROVINCIA DE CAMAGÜEY

A pesar de los ataques piratas, Camagüey tuvo un desarrollo rápido durante ese siglo, con una economía basada en la producción de azúcar y la ganadería. Dada la falta de agua que padecía la zona, sus habitantes diseñaron los llamados tinajones, vasijas de barro de gran tamaño para recoger el agua de lluvia. En la actualidad, se la denomina Ciudad de los Tinajones, aunque éstos sólo sirvan como ornamento.

La provincia ha dado al país unos cuantos "hijos ilustres", como el héroe de la independencia Ignacio Agramonte, el poeta y patriota Nicolás Guillén y el famoso doctor Carlos J. Finlay, descubridor del origen de la fiebre amarilla. En 1959 los prósperos ciudadanos de Camagüey se cansaron de los revolucionarios de Castro, y Huber Mateos, comandante militar de la zona y aliado de Fidel en otro tiempo, acusó al líder máximo de estar enterrando la Revolución; inmediatamente después fue arrestado y encarcelado.

Orientación

El trazado irregular de sus calles despista a los visitantes tanto como desorientó a los piratas en otra época. Por suerte, los amables camagüeyanos están acostumbrados a indicar el camino a los turistas. También se han colocado una serie de mapas y señalizaciones que marcan la mejor ruta que se debe seguir.

La estación de trenes se encuentra al norte de la ciudad, donde se sitúan algunos hoteles baratos. El eje norte-sur de la población lo marcan las avenidas República y Agramonte, que se cruzan en la histórica iglesia de La Soledad. Muchos hoteles, iglesias y museos se encuentran al sudoeste de ese templo, en el centro. El río Hatibonico atraviesa el área meridional del núcleo urbano, y, 3 km al sudeste de él, se halla la estación principal de autobuses, en la carretera Central.

Información

LIBRERÍAS
Librería Antonio Suárez (Maceo, entre General Gómez y Plaza Maceo). Con una gran selección de libros en español.
Librería Ateneo (República 418, entre El Solitario y San Martín)

EMERGENCIAS
Asistur (☎ 28 63 17, 28 65 17; Agramonte 449, entre Independencia y República). Una agencia con asistencia 24 horas, que ayuda a resolver problemas relacionados con pérdidas del pasaporte y equipaje o con asuntos de financiación.

ACCESO A INTERNET
Etecsa Telepunto (República, entre San Martín y J. Ramón Silva; 6 CUC/h)

BIBLIOTECAS
Biblioteca Provincial Julio A. Mella (parque Ignacio Agramonte; ◷ lu-sa)

MEDIOS DE COMUNICACIÓN
El periódico local *Adelante* sale cada sábado. Radio Cadena Agramonte emite en los diales 910 AM y 93.5 FM; al sur de la ciudad se sintoniza en el 1340 AM y, al norte, en el 1380 AM.

ASISTENCIA MÉDICA
Farmacia Álvarez Fuentes (Avellaneda 249; ◷ 24 h). En la esquina de Óscar Primelles.
Farmacia Internacional (Agramonte 449, entre Independencia y República)
Policlínico Integral Rodolfo Ramírez Esquival (☎ 28 14 81; Ignacio Sánchez esq. con Joaquín de Agüero). Al norte del paso a nivel desde el Hotel Plaza; atienden a extranjeros en caso de emergencia.

DINERO
Banco de Crédito y Comercio (av. Agramonte esq. con Cisneros)
Banco Financiero Internacional (☎ 29 48 46; Independencia, entre Hermanos Agüero y Martí)
Cadeca (República 353, entre Óscar Primelles y El Solitario; ◷ 8.30-18.00 lu-sa, 8.30-13.00 do)

NOMBRES DE LAS CALLES DE CAMAGÜEY

Los habitantes de Camagüey todavía usan los nombres antiguos, aunque en los mapas y señales (incluidos los de este libro) se usen los nuevos. He aquí una pequeña ayuda:

Nombre antiguo	Nombre actual
San Esteban	Óscar Primelles
Estrada Palma	Agramonte
Santa Rita	El Solitario
Francisquito	Quiñones
San José	José Ramón Silva
San Fernando	Bartolomé Masó
Pobre	Padre Olalla
Rosario	Enrique Villuendas

CAMAGÜEY

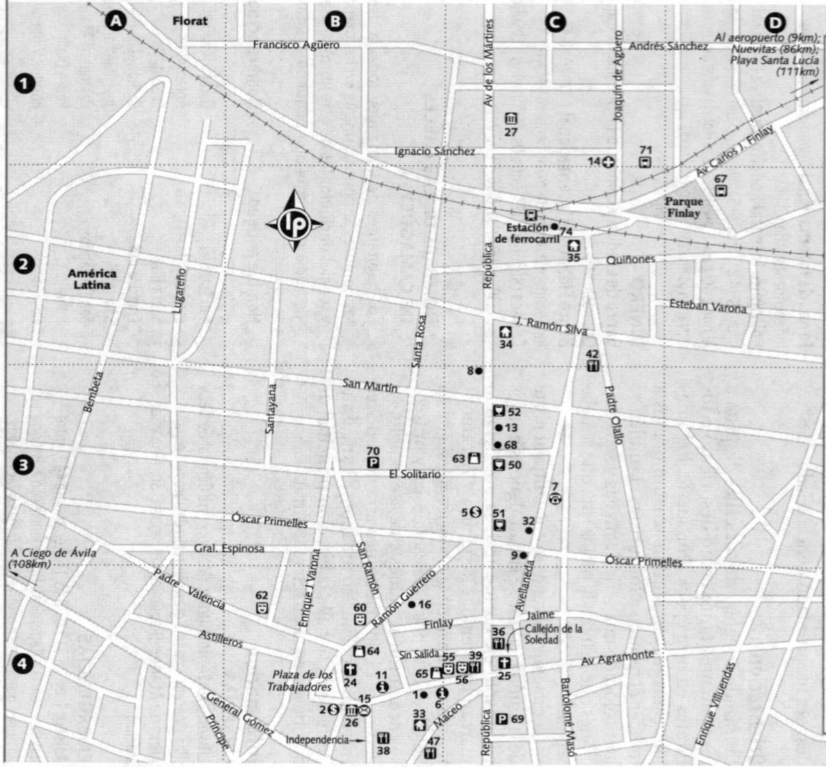

INFORMACIÓN
Asistur.....1 B4
Banco de Crédito y Comercio.....2 B4
Banco Financiero Internacional.....3 B5
Biblioteca Provincial Julio A. Mella.....4 B5
Cadeca.....5 C3
Cubanacán.....(véase 33)
Cubanacán.....(véase 39)
Cubatur.....6 B4
Etecsa.....7 C3
Etecsa Telepunto.....8 C3
Farmacia Álvarez Fuentes.....9 C3
Farmacia Internacional.....(véase 1)
Inmigración.....10 C8
Islazul.....11 B4
Librería Antonio Suárez.....12 B5
Librería Ateneo.....13 C3
Policlínico Integral Rodolfo Ramírez Esquival.....14 C1
Oficina de correos.....15 B4

QUÉ VER Y HACER
Alba Ferraz.....16 B4
Casa de Arte Jover.....17 B5
Casa Finlay.....18 B6
Casa Natal de Nicolás Guillén.....19 B5
Casino Campestre.....20 D6
Catedral de Nuestra Señora de la Candelaria.....21 B5
Estudio-Galería Jover.....22 B6
Hospital de San Juan de Dios.....23 B6
Iglesia de Nuestra Señora de la Merced.....24 B4
Iglesia de Nuestra Señora de la Soledad.....25 C4
Mercado agropecuario El Río.....(véase 44)
Museo Casa Natal de Ignacio Agramonte.....26 B4
Museo Provincial Ignacio Agramonte.....27 C1
Nuestro Corazón Sagrado de Jesús.....28 C5
Parque Ignacio Agramonte.....29 B5
Parque Martí.....30 C5
Plaza San Juan de Dios.....31 B6
UniversiTUR.....32 C3

DÓNDE DORMIR
Gran Hotel.....33 B4
Hotel Colón.....34 C2
Hotel Plaza.....35 C2

DÓNDE COMER
Bodegón Don Cayetano.....36 C4
Cafetería Las Ruinas.....37 B5
Coppelia.....38 B4
El Colonial Galería.....39 C4
El Encanto.....40 B5
El Vitral.....(véase 35)
Gran Hotel.....(véase 33)
La Campana de Toledo.....41 B6
La Mandarina Roja.....42 C2
La Volanta.....43 B5
Mercado agropecuario El Río.....44 B7
Paladar El Califa.....45 B6
Paladar El Cardenal.....46 A5
Panadería Doña Neli.....47 B4
Parador de los Tres Reyes.....48 B6

DÓNDE BEBER
Bar El Cambio.....49 B5
La Bigornia.....50 C3
La Terraza.....51 C3
Piano Bar.....(véase 33)
Taberna Bucanero.....52 C3

OCIO
Casa de la Trova Patricio Ballagas.....53 B5
Centro de Promoción Cultural Ibero Americano.....54 B5
Cine Casablanca.....55 C4
Cine Encanto.....56 C4
Estadio Cándido González.....57 D5
Galería Uneac.....58 B6
Sala de Fiesta Disco Café.....59 B5
Sala Teatro José Luis Tasende.....60 B4
Salón Polivalente.....61 E6
Teatro Principal.....62 B4

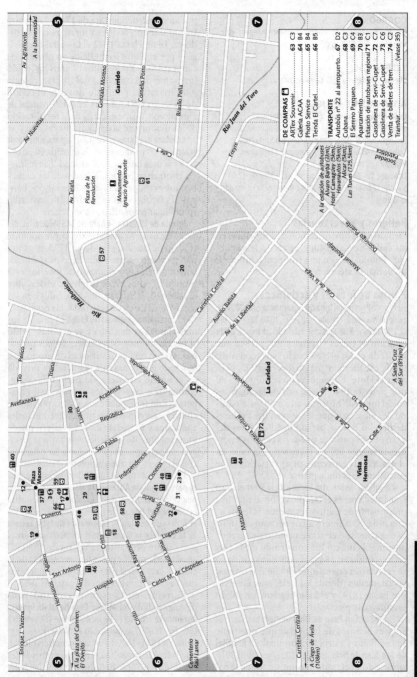

CORREOS
Oficina Postal (av. Agramonte 461, entre Independencia y Cisneros, ☺ 8.00-18.00)

TELÉFONOS
Etecsa (Avellaneda 308). Cerca de Óscar Primelles.

AGENCIAS DE VIAJES
Cubanacán Gran Hotel (☎ 29 49 05; Maceo 67, entre Agramonte y General Gómez); El Colonial Galería (av. Agramonte). Organizan excursiones a Santa Lucía.
Cubatur (☎ 25 47 85; av. Agramonte 421, entre República e Independencia)
Islazul (☎ 29 25 50; av. Agramonte; ☺ 8.00-12.00 y 13.00-17.00 lu-vi, 8.30-11.30 sa). Detrás de la iglesia de la Merced.

Peligros y advertencias
Debido a los hurtos de bolsos y mochilas en las calles de Camagüey, se recomienda llevar el monedero en una riñonera y procurar no llamar la atención.

Puntos de interés y actividades
El **Museo Provincial Ignacio Agramonte** (☎ 28 24 25; av. de los Mártires 2; entrada 2 CUC; ☺ 10.00-18.00 ma-ju y sa, 2.30-22.00 vi, 9.00-13.00 do), situado al norte de la estación de trenes y construido en 1848, fue utilizado en su origen como barracón militar de caballería, y más tarde, en 1902, pasó a ser el Hotel Camagüey; no se convirtió en museo hasta 1948. Tiene una de las mayores colecciones de historia, arte e historia natural de Cuba, en la que sobresalen tres pinturas de Fidelio Ponce, artista local de fines del s. XIX. En el patio se pueden ver unos enormes tinajones típicos y, cruzando la calle, en el edificio de enfrente, unas cariátides que sostienen la segunda planta.

La **iglesia de Nuestra Señora de la Merced** (plaza de los Trabajadores) es el templo colonial más impresionante de Camagüey. Según la leyenda, una milagrosa figura apareció aquí en 1601, lo que convirtió el sitio en centro de peregrinación. El edificio fue construido en 1748 y reconstruido en 1848. El convento contiguo se caracteriza por su interior con dos niveles, las **catacumbas** (donde los fieles eran enterrados hasta 1814) y el **Santo Sepulcro**, un sólido sarcófago de plata.

La **plaza San Juan de Dios** (Hurtado esq. con Paco Recio) es la única de la ciudad que mantiene sus edificios y estructura original. El **hospital de San Juan de Dios** (entrada 1 CUC; ☺ 8.00-16.30 lu-sa) ha sido declarado monumento nacional por su claustro, que data de 1728, y un patio triangular con toques moriscos construido en 1840. Hasta 1902 el hospital fue dirigido por el padre José Olalla, en proceso de canonización. En los últimos años ha tenido funciones diversas: hospital militar, colegio para maestros y refugio durante el ciclón de 1932. En 1991 pasó al Centro Provincial de Patrimonio, que se encarga de la restauración de los monumentos de Camagüey.

La **plaza del Carmen** (Hermanos Agüero, entre Honda y Carmen), 600 m al oeste de la avenida República, es la más bonita de la ciudad. Las palmeras contrastan con las fachadas de las casas y con los grandes tinajones; además, los bancos, las farolas y las esculturas la convierten en un lugar romántico al anochecer.

Iglesia de Nuestra Señora de la Soledad (av. República esq. con av. Agramonte). Este impresionante edificio de ladrillo, erigido en 1775, presenta una pintoresca torre y una hermosa fachada; lamentablemente el acceso al interior está prohibido. Al norte de la iglesia, se descubre el **callejón de la Soledad,** lleno de cafés con terraza y música en directo todas las noches.

El **mercado agropecuario El Río** es uno de los más afamados de Cuba y se extiende junto al río Hatibonico. Sus característicos pregones ofrecen una gran variedad de productos, teniendo en cuenta que la iniciativa privada en la isla no está del todo permitida. Se recomienda acercarse a los puestos de los herberos (donde se pueden comprar pócimas y elixires); así como a los que ofrecen grandes aguacates y ristras de ajos. El viajero puede tomar alguno de los deliciosos batidos servidos con hielo picado; se aconseja ser prudente con el dinero, ya que abundan los carteristas.

En el corazón de la ciudad se encuentra el **parque Ignacio Agramonte** (Martí esq. con Independencia), con bancos de mármol y una estatua ecuestre del héroe de Camagüey de 1950. En el lado sur se alza la **catedral de Nuestra Señora de la Candelaria** (Cisneros 168), construida en el s. XIX sobre otra antigua iglesia de 1530. Al igual que la mayor parte de los templos de la ciudad, la catedral fue restaurada con fondos que llegaron tras la visita del papa en 1998.

Enfrente, en la esquina con Independencia, se halla el **Museo Casa Natal de Ignacio Agramonte** (☎ 29 71 16; Av. Agramonte 459, entrada 2 CUC; ☺ 10.00-17.45 ma-ju, 8.00-12.00 do). Este personaje (1841-1873) fue un ranchero local, que lideró la revuelta contra las autoridades españolas en 1868. En julio de 1869, las fuer-

POETA DEL PUEBLO

El escritor mulato Nicolás Guillén, que nació en Camagüey en 1902, se conoce sobre todo por haber defendido los derechos de los afrocubanos. Inspirado por los tambores de la música de antiguos esclavos y sacudido por el asesinato de su padre cuando él aún era joven, su poesía sirvió para expresar los miedos y las esperanzas de los desprotegidos trabajadores negros y se convirtió en su elemento distintivo particular. Dos de sus poemas más famosos son el evocativo "Tengo" y el patriótico "Che comandante, amigo".

Guillén regresó del exilio voluntario que se impuso durante la dictadura de Batista para formular una nueva política cultural y crear la Unión de Escritores y Artistas de Cuba (Uneac), de la que fue presidente en 1961. Su modesta **casa natal** (Hermanos Agüero 58; entrada gratuita; 8.30-16.30) ofrece una escueta visión del hombre y su obra; en la actualidad, cumple una función educativa, ya que es el **Instituto Superior de Arte,** donde los estudiantes locales aprenden música.

zas rebeldes bajo su mando bombardearon Camagüey. En 1873, con 32 años, murió en combate contra los españoles. Apodado "el Mayor", Silvio Rodríguez le ha dedicado una canción en su disco *Días y flores*.

Casa Finlay (29 67 45; Cristo, entre Cisneros y Lugareño; 10.00-18.00 ma, ju y sa). Este museo repasa la vida del doctor Carlos J. Finlay, nacido en Camagüey, que descubrió el modo en que los mosquitos transmiten la fiebre amarilla. El recinto cuenta con un bonito patio interior y una cafetería.

Unas manzanas al oeste del parque Ignacio Agramonte aparece el **parque Martí** (República esq. con Luaces). Enfrente se puede admirar la **iglesia de Nuestro Corazón Sagrado de Jesús,** con sus vidrieras de colores, hierro forjado y una fachada triple en forma de espiral.

Cruzando el puente sobre el río Hatibonico, está el **Casino Campestre,** otro parque con bancos a la sombra, un estadio de béisbol y una zona donde se celebran conciertos y actividades. Se recomienda tomar un *bicitaxi* para dar un paseo por los alrededores.

Cursos

Doña **Alba Ferraz** (28 30 30; Ramón Guerrero 106, entre General Espinosa y Óscar Primelles) es profesora de música en la Escuela de Arte (famosa por su *ballet* y música), aparte de ser una entusiasta de la danza. Imparte clases (5 CUC/hora) de salsa y danza clásica, además de guitarra, tres (guitarra de siete cuerdas) y percusión. Todos los niveles.

UniversiTUR (29 25 61; omarihe@yahoo.com; Avellaneda 281, entre Óscar Primelles y El Solitario; 9.00-17.00 lu-sa) organiza clases de español para extranjeros en la Universidad de Camagüey; alojamiento incluido. Los precios y temarios son similares a los de La Habana.

Fiestas y celebraciones

Las **Jornadas de la Cultura Camagüeyana,** que conmemoran la fundación de la ciudad, tienen lugar durante las dos primeras semanas de febrero; el **Carnaval** se celebra del 24 al 29 de junio. Durante los diez días que siguen al 10 de octubre, también se programan eventos culturales con conciertos.

Dónde dormir

Camagüey posee una gran variedad de sitios para alojarse, todos ellos por un precio razonable. Se recomienda buscar lugares con terraza, donde se puedan admirar las vistas de la ciudad.

EN LA CIUDAD

Hotel Plaza (Islazul; 28 24 13; Van Horne 1; i/d/tr con desayuno temporada baja 25/32/36 CUC, temporada alta 27/38/42 CUC;). Construido a principios del s. XX y de estilo colonial, no tiene dos habitaciones iguales. Todas cuentan con sala de estar, TV y nevera. El vestíbulo es agradable para relajarse y el servicio es atento; se aconseja tomar algo en el bar, si el viajero debe esperar algún tren, ya que la estación está enfrente.

Hotel Colón (Islazul; 28 33 46; República 472, entre San José y San Martín; i/d con desayuno temporada baja 32/38 CUC, temporada alta 36/44 CUC,). Reformado recientemente y con dos plantas, la entrada al vestíbulo está adornada con una vidriera que representa a Cristóbal Colón. Dispone de mecedoras en la planta superior y un patio colonial detrás.

Gran Hotel (Islazul; 29 20 93; Maceo 67, entre Agramonte y General Gómez; i/d con desayuno temporada baja 38/52 CUC; temporada alta 50/58 CUC;). Erigido en 1939 y situado en el centro de la ciudad, resulta un lugar ideal para

disfrutar. Tiene 72 habitaciones, a las que se accede por el antiguo ascensor o por la escalera de mármol. Desde el restaurante de la quinta planta, se aprecia una estupenda panorámica de la ciudad; además, cuenta con piano-bar, al que se llega desde el vestíbulo, y una piscina de estilo renacentista en la parte trasera.

EN LAS AFUERAS
Hotel Camagüey (Islazul; ☎ 28 72 67; carretera Central Este km 4,5; i/d desayuno tipo bufé 36/47 CUC; P ⊠ ⊠). Unos 5 km al sudeste del centro, tiene 4 plantas y 142 habitaciones, y fue construido en 1970. Hace relativamente poco, este hotel fue clausurado para albergar la sede del programa conocido como Misión Milagro (p. 445); así que se recomienda llamar con antelación para conocer el estado actual.

Dónde comer
RESTAURANTES
Camagüey tiene una excelente selección de restaurantes; además, todos los días surgen nuevos locales, algo inusual en Cuba. Los bares también son abundantes.

La Volanta (☎ 29 19 74; Independencia esq. con Luaces; platos 15 CUP; comidas 18.00, 20.00 y 22.00). Situado en la esquina sudeste del parque Agramonte, en un edificio que data de 1732, en este buen establecimiento se puede pagar con pesos. Los lugareños reservan mesa con antelación para cenar con tranquilidad a base de platos enormes de comida cubana típica.

La Mandarina Roja (☎ 29 02 67; Padre Olalla 731, entre San Martín y José Ramón Silva; platos 15-22 CUP; ⊘ 12.00-15.00 y 19.00-22.00 ju-ma). Sirven comida china, como *chop suey*, sopa o arroz frito en grandes cantidades, y se puede pagar con pesos. La comida es tan buena como la de cualquier otro restaurante chino de la isla.

Bodegón Don Cayetano (☎ 2619 61; República 79). Ubicado detrás de la iglesia de Nuestra Señora de la Soledad, se trata de uno de los mejores locales para comer. Su especialidad es la comida española, con una barra de tapas y mesas dentro y fuera. Buen servicio y excelente café. Se recomienda el bistec especial del chef, bañado en vino tinto y salsa de champiñones (5,50 CUC).

La Campana de Toledo (plaza San Juan de Dios 18; comidas 7 CUC; ⊘ 10.00-22.00). Es un clásico de Camagüey, con sus restos coloniales, un patio con sombra y un cuarteto para amenizar la velada. El parador de los Tres Reyes es del mismo estilo.

Paladar El Cardenal (Martí 309; platos 7-8 CUC; ⊘ 11.00-23.00). Este viejo local es muy popular

---

CASAS PARTICULARES EN CAMAGÜEY

Alba Ferraz (☎ 28 30 30; misleydis2000@yahoo.com; Ramón Guerrero 106, entre General Espinosa y Óscar Primelles; 20-25 CUC; ⊠). Las dos habitaciones para alquilar comparten un baño y se hallan encima de un precioso patio colonial. Se recomienda preguntar por las clases de música y danza. Cuenta con azotea.

Álex y Yanitze (☎ 29 78 97; Ramón Guerrero 104, entre General Espinosa y Óscar Primelles; 20-25 CUC). Dispone de TV, una cama muy cómoda y un enorme baño.

Carmen González Fonseca (☎ 29 69 30; Ignacio Agramonte 229, entre Pobre y Alegría; 20-25 CUC; P ⊠). Una bonita habitación en la planta de arriba, con terraza y nevera; además, tiene garaje.

Casa Blanca – Blanca Navarro Castro (☎ 29 35 42; San Ramón, apto. 201 Altos, entre Heredia y Solitario; 20 CUC; ⊠). Pueden dormir hasta tres personas.

Casa de Caridad – Caridad García Valera (☎ 29 15 54; sracaridad@cubasi.cu; Óscar Primelles 310, entre Bartolomé Masó y Padre Olalla; 20 CUC; ⊠). Una casa agradable y segura, con un enorme patio con jardín, buenas comidas y cerca de una escuela de primaria, por lo que se oye mucho ruido por la mañana.

Casa Lancara (☎ 28 31 87; Avellaneda 160, entre Ignacio Agramonte y Jaime; 20-25 CUC). Cerca de la iglesia de la Soledad.

Casa Manolo – Manuel Rodríguez Jaén (☎ 29 44 03; El Solitario 18, entre República y Santa Rosa; 20 CUC; ⊠). Habitaciones con baño privado o compartido, lavandería y azotea.

El Hostal de Elsa – Elsa Espinosa (☎ 29 81 04; Bartolomé Masó, entre Triana y Tío Perico; 20 CUC; ⊠). Baño compartido, comidas y tranquilidad.

La Rusa (☎ 28 38 98; liuda98@yahoo.es; Avellaneda 306, entre San Esteban y San Martín; 204, ⊠). Regentado por una señora rusa, dispone de dos habitaciones en una gran casa. El *borscht* que ofrece es aceptable.

Los Vitrales – Enma Barreto y Requejo (☎ 29 58 66; Avellaneda 3, entre General Gómez y Martí, 20 CUC; P ⊠). Una casa colonial restaurada, con habitaciones diferentes. Se sirven comidas.

porque sirve gran cantidad de comida tradicional criolla, acompañada de arroz y judías, a veces con cerdo. Se recomienda el lomo de cerdo, la ensalada, los tostones (plátanos fritos) y el congrí (arroz con judías).

Paladar El Califa (Raúl Lamar 49a, entre Cisneros y Lugareño; comidas 8 CUC; ☽ 12.00-24.00). Remodelado hace poco, se trata de un local íntimo, famoso por sus grandes raciones de uruguayo (una clase de filete de cerdo) y el Cordon Bleu. Se considera uno de los restaurantes con más solera de Camagüey.

El Ovejito (☎ 29 25 24; Hermanos Agüero, entre Honda y Carmen; ☽ 12.00-21.40 mi-lu). Situado en la plaza del Carmen y con decoración colonial, está especializado en cordero: costillas, fricandó y bistec.

Gran Hotel (Maceo 67, entre Agramonte y General Gómez; cena bufé 12 CUC). Cuenta con unas vistas impresionantes y un variado bufé; se aconseja llegar pronto.

El Colonial Galería (av. Agramonte esq. con República). Con un patio donde se organiza un espectáculo de cabaré por la noche, resulta un lugar agradable.

CAFETERIAS

El animado **bar del Gran Hotel** (Maceo 67, entre Agramonte y General Gómez; ☽ 9.00-23.00), con decoración años cincuenta, es accesible desde la calle y ofrece café, sándwichs, pollo y helado; las hamburguesas también son de calidad.

El Vitral (hotel Plaza, Van Horne 1; ☽ 24 h). Situado en el Hotel Plaza, es la mejor opción a horas intempestivas.

Cafetería Las Ruinas (plaza Maceo). Un lugar de ambiente colonial donde se puede beber y comer algo.

Por supuesto, hay un **Coppelia** en la ciudad (Independencia, entre Agramonte y General Gómez), la heladería con más presencia en Cuba.

COMPRA DE ALIMENTOS

Mercado agropecuario El Río (Matadero; ☽ 7.00-18.00). Se pueden comer bocadillos a 1 CUP y beber batidos recién hechos, servidos en botes de mermelada. Emplazado sobre el río Hatibonico, se vende una excelente variedad de frutas y verduras.

También hay una gran cantidad de comestibles en **El Encanto** (Maceo), cerca de General Gómez. Para comprar pan con pesos, hay que ir a la **panadería Doña Neli** (Maceo; ☽ 7.00-19.00), enfrente del Gran Hotel.

Dónde beber

Camagüey cuenta con algunas de las mejores tabernas de la isla.

Bar El Cambio (Independencia y Martí; ☽ desde 7.00). Este famoso lugar, con mesas un tanto rústicas y paredes cubiertas de *graffiti*, se halla en el parque Agramonte. Se parece a la conocida La Bodeguita del Medio de La Habana; se aconseja probar los cócteles.

La Terraza (av. República 352; ☽ 8.00-24.00). Sólo recomendado para los que disfruten con la cerveza y el ron. Es posible pagar con pesos.

Taberna Bucanero (República, entre El Solitario y San Martín; ☽ 14.00-23.00). Parece el típico *pub* inglés, con sus figuras de piratas y cerveza Bucanero.

La Bigornia (República, entre El Solitario y Óscar Primelles). Este nuevo local atrae a jóvenes cubanos bien vestidos. Las paredes están pintadas de color púrpura y el bar-restaurante se ha instalado bajo la tienda de deportes.

Gran Hotel piano bar (Maceo 67, entre Agramonte y General Gómez; ☽ 13.00-2.00). Dispone de una barra de madera, un tocadiscos y un gran piano. Se toca música en directo cada noche a partir de las 21.00.

Ocio

Cada sábado la **Noche Camagüeyana** recorre la avenida República, desde La Soledad hasta la estación de trenes. Aunque todo está abarrotado de gente oyendo música, hay infinidad de tenderetes donde se pueden comprar bebidas o comida. Suele haber un concierto de *rock* o de *reggaeton* (*hip-hop* cubano) en la esquina cerca de La Soledad. En el tablón de anuncios de la galería ACAA se pueden consultar los actos culturales de la semana.

MÚSICA POPULAR

Casa de la Trova Patricio Ballaga (☎ 29 13 57; Cisneros 171, entre Martí y Cristo; ☽ ma-do). Uno de los mejores sitios de Cuba para escuchar trova (canción poética tradicional).

Galería Uneac (Cisneros 159; ☽ 17.00 y 21.00 sa). Al sur de la catedral, ofrece música popular y danza afrocubana.

Centro de Promoción Cultural Iberoamericano (Cisneros, entre General Gómez y Hermanos Agüero). Ubicado en el antiguo club español, conviene visitarlo sobre todo las noches que se programa tango.

DISCOTECAS

Sala de fiestas Disco Café (Independencia 208; ☽ 22.00-3.00). Se recomienda si el viajero se ha perdido el pasacalle habitual de los sábados.

VISITA A UN ESTUDIO EN CAMAGÜEY

Tras el enrejado de muchas fachadas de las casas coloniales, los artistas de Camagüey trabajan para plasmar su inspiración e inventar nuevas formas. Una pareja que acoge visitas está formada por Joel Jover e Ileana Sánchez, pintores reconocidos que exponen regularmente y tienen excelentes contactos en el mundo artístico cubano. En su espléndido hogar, la **Casa de Arte Jover** (☎ 29 23 05; Martí 154, entre Independencia y Cisneros), en la plaza Agramonte, se muestra gran parte de su trabajo. Joel también dirige el **Estudio-Galería Jover** (Ramón Pinto 109; ☽ 9.00-12.00 y 15.00-17.00 lu-sa), en la plaza San Juan de Dios.

TEATRO

Teatro Nacional (☎ 29 30 48; Padre Valencia 64; entrada 5-10 CUC; ☽ 20.30 vi, sa y 17.00 do). Sede del Ballet de Camagüey, es el segundo en importancia del país y fue fundado en 1971 por Fernando Alonso, ex marido de la famosa bailarina Alicia Alonso. Vale la pena visitarlo, aunque sólo sea para admirar el edificio, construido en 1850, con impresionantes vidrieras y candelabros.

En la **sala teatro José Luis Tasenda** (☎ 29 21 64; Ramón Guerrero 51; ☽ 20.30 sa y do) se puede ver teatro de calidad.

CINES

Si se desea ver películas en pantalla grande, hay que acudir al **cine Casablanca** (Ignacio Agramonte 428); para ver vídeos, al **cine Encanto** (Ignacio Agramonte, junto al Casablanca).

DEPORTES

Estadio Cándido González (av. Tarafa). Cerca del Casino Campestre, aquí se disputan partidos de béisbol desde octubre hasta abril.

En el **salón polivalente** (plaza de la Revolución), próximo al estadio Cándido González y detrás del monumento a Ignacio Agramonte, se pueden ver competiciones de atletismo.

DE COMPRAS

La calle Maceo es la mejor para ir de compras en la ciudad, con un gran número de tiendas de recuerdos, librerías y tiendas de ropa.

Galería ACAA (Ramón Guerrero esq. con Padre Valencia; ☽ 9.00-16.00 lu-vi). Artesanía cubana original, fotografía y cerámica artística. Se puede concertar una visita al estudio de los artistas locales (véase recuadro).

Otras tiendas:

ARTex Souvenir (República 381). En la calle principal.

Photo Service (av. Agramonte 430, entre República y San Ramón). Venden carretes, baterías y cámaras instantáneas.

Tienda El Cartel (Cisneros 208). Al norte del parque Agramonte, se recomienda para comprar discos compactos.

Cómo llegar y salir

AVIÓN

El Aeropuerto Internacional Ignacio Agramonte (código CBG) se halla 9 km al nordeste de la ciudad, en la carretera de Nuevitas a la playa Santa Lucía.

Cubana (☎ 26 10 00; República 400) tiene vuelos diarios desde La Habana (93 CUC ida, 1 h 35 min).

AUTOBÚS Y CAMIÓN

La **estación de autobuses** regional (av. Carlos J. Finlay) está cerca de la estación de trenes; desde allí salen camiones a Nuevitas (20 CUP, 87 km, dos diarios) y a Santa Cruz del Sur (20 CUP, 82 km, tres diarios). Los camiones a la playa Santa Lucía (10 CUP, 109 km, tres diarios) también parten de aquí. El viajero debe ponerse a la cola en la puerta nº 2 y esperar su turno preguntando quién es el último, a continuación se le da un papel con su número.

Los autocares Astro de largo recorrido salen de la **estación de autobuses Álvaro Barba** (☎ 27 24 80; carretera Central), 3 km al sudeste del centro. Además de las rutas de Viazul, estos autobuses también viajan a Baracoa (28 CUC, 11 h, días alternos), Manzanillo (11 CUC, 7 h, días alternos), Matanzas (22 CUC, 8 h, días alternos) y Cienfuegos (16 CUC, 4½ h, días alternos).

Viazul (☽ 27 01 94; www.viazul.com) ofrece servicios diarios a los siguientes destinos:

Destino	Precio CUC (sólo ida)	Salida
Ciego de Ávila	6	3.35, 23.10, 16.50, 2.25
La Habana	33	3.35, 23.10, 16.50
Sancti Spíritus	10	3.35, 23.10, 16.50, 2.25
Santiago de Cuba	18	18.20, 12.10, 6.30, 2.25
Trinidad	15	2.25

INFORMACIÓN DE TRENES DE CAMAGÜEY

Destino	Precio (ida) Regular/rápido	Distancia (km)	Duración (horas)	Salida
Bayazo	7 CUC	210	5	18.10, días alternos
Guantánamo	13 CUC	371	7	12.06
La Habana	22 CUC	534	7-10	12.25, 3.55, 4.34, 9.55, 11.47
Holguín	8 CUC	209	4	5.11, días alternos
Las Tunas	4-10 CUC	128	2½	13.50
Manzanillo	9 CUC	217	6	5.40, días alternos
Matanzas	16-22 CUC	474	8	4.30, días alternos
Santa Clara	9 CUC	263	5½	12.39
Santiago de Cuba	11-16 CUC	327	5-7	1.22, 14.58, 1.24, 15.27

El autobús que va a Santiago de Cuba también para en Las Tunas (7 CUC, 2 h), Holguín (11 CUC, 3 h 10 min) y Bayazo (11 CUC, 4½ h); el que se dirige a La Habana, en Santa Clara (15 CUC, 4 h 35 min). Para comprar billetes de Viazul, hay que preguntar al jefe de turno.

Los camiones de pasajeros a Las Tunas y Ciego de Ávila salen de esta estación. Se recomienda llegar antes de las 9.00 para conseguir un asiento.

Se puede tomar un taxi en la calle Perú, saliendo de la estación, pero no llevan viajeros ni a la playa Santa Lucía ni a Cayo Coco, ya que allí hay controles policiales. Por supuesto, el taxi sale más caro que el autobús si el viaje es largo.

TREN

La **estación de trenes** (☎ 28 31 14; Avellaneda y Finlay) está mejor situada que la de autobuses. Los extranjeros pueden comprar billetes en convertibles en la oficina que se encuentra a la entrada del Hotel Plaza. Los trenes parten desde otra terminal cercana; así que se recomienda llegar con tiempo. Para más información sobre los trayectos en tren, véase recuadro.

Cómo desplazarse
A/DESDE EL AEROPUERTO

El autobús nº 22 Albaisa (0,40 CUC) viaja hasta el aeropuerto internacional Ignacio Agramonte cada treinta minutos de lunes a viernes, y cada hora los fines de semana; se puede tomar en la parada de enfrente del parque Finlay, en el lado opuesto a la estación de autobuses regional. Un taxi al aeropuerto suele salir por 5 CUC.

'BICITAXIS'

Se pueden encontrar en una esquina junto a La Soledad o en la plaza Maceo. No se les permite llevar turistas, pero lo hacen; cuestan unos 5 CUP.

AUTOMÓVIL

El precio mínimo ronda los 60 CUC por día en función del coche y del tiempo de alquiler.

Havanautos. Hotel Camagüey (☎ 27 22 39; carretera Central Este km 4,5); aeropuerto Ignacio Agramonte (☎ 28 70 67)

Micar (☎ 8-7267/8; carretera Centro Este km 4,5, entre la parada de autobús y el Hotel Camagüey)

Transtur (☎ 27 10 15; Hotel Plaza; Van Horne 1). Se alquilan ciclomotores.

RESERVA DE LA HACIENDA LA BELÉN

Ubicada 30 km al este de Camagüey, en las tierras altas de la sierra de Najasa, la **Hacienda La Belén** (☎ 3-4249) es una reserva natural dirigida por la agencia de viajes Ecotur. Aparte de mostrar una gran variedad de animales exóticos, como cebras, ciervos, toros y caballos, el parque sirve de refugio para aves y es uno de los mejores sitios en Cuba para ver especies raras, como el periquito cubano, el pitirre real y el vencejo antillano.

Tiene piscina y restaurante; además, ofrece alojamiento en una finca rústica (4 camas con baño 15 CUC). Se pueden hacer excursiones por la reserva en todoterreno, a caballo o a pie. Para llegar es necesario disponer de vehículo propio o alquilar un taxi en Camagüey.

Parqueo El Sereno (República 212; ⏱ 24 h), al sur de Agramonte, ofrece aparcamiento vigilado 24 horas por 2 CUC. Hay otro vigilado (El Solitario, en el nº 22) al oeste de República y constituye una buena opción para los viajeros que alquilen habitaciones por la zona.

También existen dos **gasolineras de Servi-Cupet** (carretera Central; ⏱ 24 h) cerca de la avenida de la Libertad. Se recomienda evitar conducir por las estrechas callejuelas de Camagüey, ya que suelen ser de sentido único.

COCHES DE CABALLOS
Los coches de caballos siguen una ruta fija entre la estación de autobuses y la del ferrocarril, aunque es posible cambiar de coche en el Casino Campestre, cerca del río.

FLORIDA
☎ 32 / 53.441 hab.
Esta ajetreada ciudad azucarera, 46 km al noroeste de Camagüey en dirección a Ciego de Ávila, es un buen lugar para pernoctar si el viajero está por la región y no le apetece perderse por las calles de Camagüey.

Dispone de un hospital, una sucursal telefónica de Etecsa y un rodeo.

Dónde dormir y comer
Hotel Florida (Islazul; ☎ 5-3011; carretera Central; i/d temporada baja 20/26 CUC; temporada alta 24/32 CUC; 🍴). Ubicado 2 km al oeste del centro de la ciudad, tiene 2 plantas y 74 habitaciones. Aunque la carretera de acceso no es muy buena, el personal es agradable y el precio por habitación no es mucho más caro que el de una casa particular.

No debe confundirse con el **Motel Florida** (☎ 5-4623), que cuenta con 15 cabañas a 15 CUP y se sitúa 4 km al este siguiendo la autopista de la entrada este de Florida.

Cerca del Hotel Florida está la cafetería Caney, donde la comida es un poco mejor.

Cómo llegar y salir
La **gasolinera de Servi-Cupet** (carretera Central) está emplazada en el centro de la ciudad. También hay camiones de pasajeros que realizan la ruta Florida-Camagüey.

GUÁIMARO
35.813 hab.
Esta ciudad entró en la historia cubana debido a que en ella se aprobó la primera Constitución de la isla y se pidió la emancipación de los esclavos en abril de 1869. La Asamblea eligió a Carlos Manuel de Céspedes como presidente. Los hechos son recordados mediante el gran **monumento** erigido en 1940 en el parque Constitución, en el centro de la ciudad; éste cuenta con varias placas de bronce alrededor de la base, con las efigies de José Martí, Máximo Gómez, Carlos Manuel de Céspedes, Ignacio Agramonte, Calixto García y Antonio Maceo, padres de la independencia cubana. Se recomienda visitar el pequeño **museo** (calle Constitución 83, entre Libertad y Máximo Gómez; entrada 1 CUC) dedicado al arte y la historia locales. La población también es famosa por su tradición escultórica.

Hay una gasolinera de Servi-Cupet en la entrada de la ciudad, si se llega desde Camagüey, con un bar El Rápido. Asimismo, se pueden encontrar siete casas (legales) para

---

DOS RUEDAS, MEJOR QUE CUATRO

Cuando a principios de la década de 1990 los subsidios soviéticos cesaron de forma brusca, el Gobierno cubano decidió contrarrestar cualquier desastre para el transporte mediante la compra de 1,2 millones de bicicletas a China.

Con exceso de peso y sin los frenos y las marchas básicos, estos aparatos eran unos auténticos cacharros. Pero los cubanos tienen un don para la mecánica, lo que es comprensible teniendo en cuenta que se han pasado cuarenta años encajando motores Lada en los Chevrolet. Las bicicletas fueron rediseñadas y se hicieron más ligeras hasta el punto de que muy pronto incluso los miembros del Gobierno las usaban.

"Con las bicicletas mejoraremos la calidad de vida de nuestra sociedad", dijo Castro, aunque él prefirió seguir usando su Mercedes.

Lo cierto es que la revolución ciclista ayudó a eliminar la cultura de la pereza y la desidia. Casi de la noche a la mañana, un sistema de transporte, basado en autobuses muy contaminantes de la Europa del Este y Ladas rusos bastante feos, se transformó en otro con predominio de los pedales. Para los ecologistas, resultó admirable.

EL ÚLTIMO PARAÍSO DE CUBA

Cayo Romano está plagado de pantanos con mangles y constituye el hábitat de cerca de treinta mil flamencos, por eso está considerado como la última zona salvaje de Cuba.

Salvo algún ornitólogo perdido, el turismo ignora esta zona, que está conectada mediante dos carreteras elevadas a Cayo Coco, al norte, y a la provincia de Camagüey, al sur. Ernest Hemingway fue el primero en nombrar sus playas en su novela póstuma *Islas en el golfo*, publicada a principios de los años setenta. En 1947 un joven Fidel Castro se escondió en el cercano Cayo Confites durante 52 días para preparar una conjura con la que derrocar el régimen dictatorial de Trujillo en la República Dominicana.

Aparte de eso, no ha habido nada más que alterase el lugar desde que Colón llegó en 1494.

Señalado por el futuro desarrollo turístico junto con Cayo Coco y Cayo Guillermo, Cayo Romano podría albergar más de cinco mil plazas hoteleras, según los proyectos del Gobierno cubano. Aunque, por el momento, si se dispone de vehículo propio, buenas dosis de repelente antimosquitos y un auténtico sentido de la aventura, el sitio pertenece al viajero.

alquilar; la mejor es la **casa de Magalis** (☎ 8-2891; calle Olimpo 5, entre Benito Morell y carretera Central; 20-25 CUC), con un apartamento en la segunda planta que posiblemente tiene el baño más grande de toda Cuba.

MINAS
21.708 hab.
Emplazada 60 km al nordeste de Camagüey, en dirección a Nuevitas, su único atractivo es el taller de instrumentos musicales abierto en 1976. La **fábrica de violines** (camilo Cienfuegos; entrada 2 CUC; ☉ lu-sa) está situada en la entrada este de la ciudad.

NUEVITAS
40.607 hab.
Tras recorrer 27 km hacia el norte, saliendo de la carretera que une Camagüey con la playa Santa Lucía, se llega a Nuevitas, 87 km al nordeste de Camagüey. Se trata de una ciudad industrial, exportadora de azúcar, con puerto, buenos accesos a las playas y gente amable. En 1978 el director de cine cubano Manuel Octavio Gómez rodó su clásico *Una mujer, un hombre, una ciudad.*

Puntos de interés
El **Museo Histórico Nacional** (Máximo Gómez 66; entrada 1 CUC; ☉ ma-do), en el centro urbano, cerca del parque del Cañón, es lo más llamativo de la localidad. Exhibe una colección sobre la fauna local, aunque lo mejor son las vistas que se aprecian del casco antiguo.

Debajo del Hotel Caonaba, se halla un pequeño parque infantil. Se recomienda ir a la **playa Cuatro Vientos**, desde donde se pueden contemplar las tres islitas de la bahía de Nuevitas, conocidas como Los tres ballenatos. Si se sigue la costa unos 2 km, se llega a **Santa Rita**, un lugar tranquilo junto a la bahía.

En dirección a la **playa Santa Lucía**, a unos 4 km del cruce de carreteras (donde se puede tomar la autopista principal hacia Camagüey) y a 1,5 km de la autopista principal, aparece el **King Ranch** (ctra. de Santa Lucía km 35), que cuenta con restaurante, rodeo y caballos para alquilar; suele estar lleno de grupos de turistas con ganas de vivir una experiencia campestre.

Dónde dormir y comer
El agradable **Hotel Caonaba** (Islazul; ☎ 4-4803; Martí y Albisa; i/d temporada baja 20/26 CUC; temporada alta 24/32 CUC), de tres plantas, se encuentra en una elevación, mirando al mar, a la entrada de la ciudad desde Camagüey; todas las habitaciones tienen vistas y nevera. En verano, es posible comer en el restaurante, a 200 m del parque de atracciones. Se trata del lugar de baño favorito de los lugareños, entre otras cosas porque posee una terraza con bar (abierta desde mediodía hasta la madrugada).

Cómo llegar y salir
Nuevitas es la última estación de la línea férrea que parte de Camagüey, con parada en Minas, y de la que sale desde Santa Clara y pasa por Chambas y Morón. La estación se encuentra cerca del puerto, en la zona norte de la ciudad. Suele haber un tren diario a Camagüey (5.15) y otro a Santa Clara (6.35) en días alternos, aunque se cancelan a menudo. Los camiones, que viajan a Camagüey sobre las 4.30 y las 9.00, y a Santa Lucía

sobre las 4.00 y las 13.00, son más fiables que los autobuses.

Hay una gasolinera de Servi-Cupet a la entrada de la ciudad, a una manzana del Hotel Caonaba. La compañía de taxis Transtur también se ha instalado cerca del hotel.

CAYO SABINAL

Este cayo coralino de una increíble belleza, con sus ratas espinosas, jabalíes y abundantes mariposas, se encuentra 22 km al norte de Nuevitas y posee marismas pobladas de flamencos e iguanas. Se trata de una extensión bastante llana y está cubierta de terreno pantanoso y de lagunas.

Debido a los constantes ataques piratas de los ss. XVII y XVIII, los españoles construyeron el **fuerte de San Hilario** en 1831 para restaurar el orden y mantener a los corsarios a raya. Años más tarde, el fortín pasó a ser una prisión y en 1875 se convirtió en el escenario de la única rebelión carlista de Cuba. El **faro Colón** (punta Maternillo), levantado en 1848, es uno de los más antiguos que todavía funciona en el archipiélago. Como consecuencia de las diversas batallas navales que se han librado en la zona a lo largo de los siglos, se han conservado varios pecios en aguas poco profundas, como los galeones españoles *Nuestra Señora de Alta Gracia* y el *Pizarro*, que constituyen un gran deleite para los buceadores.

Dónde dormir y comer

El mejor sitio que hay en los 30 km con que cuenta Cayo Sabinal es la playa Los Pinos. Allí se han abierto cinco **cabañas** (i/d 25 CUC) y el pequeño restaurante Los Pinos, que sirve pescado muy fresco. La zona permite llevar a cabo todo tipo de actividades: salir de excursión, pasear, estirarse, escribir, pensar o meditar, cualquier cosa es buena en este lugar.

Cómo llegar y salir

La carretera a Cayo Sabinal empieza 6 km al sur de Nuevitas, saliendo de la vía que lleva a Camagüey. Es obligatorio enseñar el pasaporte al guarda del puente y pagar 5 CUC. El camino de unos 2 km que conecta el cayo con tierra firme fue el primero que se construyó en Cuba y es el más destructivo para el medio ambiente. Las agencias turísticas de la playa Santa Lucía ofrecen viajes de un día a Cayo Sabinal por unos 69 CUC con comida y desplazamientos; se recomienda preguntar en los hoteles.

PLAYA SANTA LUCÍA

Se trata de la playa de arena blanca más larga de Cuba (unos 20 km) y de un aislado complejo turístico, 112 km al nordeste de Camagüey. La mayoría de los turistas van para practicar submarinismo en un fantástico arrecife de coral muy accesible, que se encuentra a pocos kilómetros mar adentro. La playa es un aliciente más, una joya tropical aún virgen en algunos rincones, similar a la de Varadero en cuanto a tamaño y calidad.

Los alrededores de Santa Lucía son bastante llanos, sin nada que llame la atención, salvo los flamencos, los arbustos y las vacas. Aparte de un pequeño pueblo, donde residen los trabajadores temporales de los hoteles, no existe ningún otro asentamiento. Los amantes de la natación, el buceo con tubo y el submarinismo encontrarán numerosas actividades que practicar. Los paquetes turísticos suelen salir más baratos que los que tienen como destino Cayo Coco y los alojamientos gozan de un ambiente más relajado. Además Camagüey está cerca y es una ciudad más interesante que Morón, la población más próxima a Cayo Coco.

Información

Bandec es un área residencial, que se ubica entre la Servi-Cupet de la entrada sudeste a la playa Santa Lucía y la zona hotelera. Cerca se halla la **clínica internacional de Santa Lucía** (☎ 36 53 00; Residencia 4), que pertenece a Cubanacán y está equipada para emergencias y otros problemas médicos. La oficina de Etecsa se ubica a 1,5 km de la clínica, cerca de la entrada a la zona hotelera, y ofrece acceso a Internet por 6 CUC/hora y servicio telefónico internacional. Si lo que se busca son agencias de viajes, Cubanacán, que posee cuatro de los cinco hoteles que hay, cuenta con una gran presencia en la zona; se recomienda acudir a la oficina del Gran Club Santa Lucía.

Puntos de interés

Antes de llegar al hotel Club Amigo Mayanabo, se halla el **centro cultural Mar Verde**, con un agradable patio con bar y un **cabaré** (entrada 1 CUC) con música en directo todas las noches. También existe una tienda ARTex que vende discos compactos y la librería Tengo que cuenta con libros de arte y fotografía.

En la punta noroeste de la playa Santa Lucía, a 7 km de los hoteles, aparece la pla-

PLAYA SANTA LUCÍA

0 ▭▭▭▭▭ 2 km

OCÉANO ATLÁNTICO

Escalón, Poseidón

Playa Los Cocos

La Boca

Laguna El Real

Cayo Sabinal

Canal de la Boca

Salinas

A Nuevitas (72km); Camagüey (111km)

Laguna Daniel

INFORMACIÓN	
Bandec	1 D3
Clínica Internacional de Santa Lucía	2 D3
Etecsa	3 D2

QUÉ VER Y HACER	
Centro cultural Mar Verde	4 C2
Centro de submarinismo Marlin	5 C2
Centro de buceo Shark's Friends	6 C2

DÓNDE DORMIR	
Brisas Santa Lucía	7 D2
Club Amigo Caracol	8 C2
Club Amigo Mayanabo	9 C2
Gran Club Santa Lucía	10 D2
Hotel Escuela Santa Lucía	11 C2

DÓNDE COMER	
Doña Yulla	12 D3
El Bucanero	13 A1
El Rápido	14 C2

OCIO	
Cabaret Los Cocos	15 D2

TRANSPORTE	
Havanautos	16 C2
Gasolinera de Servi-Cupet	17 D2
Gasolinera de Servi-Cupet	18 D3
Transtur	19 D2

ya Los Cocos, otro hermoso arenal blanco con aguas cristalinas, frente a la bahía de Nuevitas. A veces, es posible ver bandadas de flamencos en la laguna del Real, que está detrás. Se puede alquilar una calesa desde los hoteles de Santa Lucía a la **playa Los Cocos** por 6 CUC cada trayecto, para una o dos personas. También existe un servicio de autobús desde los hoteles que sale cada día a las 10.00. Hay varios restaurantes de pescado (véase, p. 332). Aunque es un precioso lugar para nadar, se recomienda prudencia debido a las corrientes. El **faro** de Cayo Sabinal se ve perfectamente desde aquí; además, todos los alojamientos ofrecen excursiones en lancha hasta Nuevitas.

Si se gira a la altura de la señal que indica el Shark's Friends, se llega a la franja más bonita de la playa.

Actividades

Existen 35 localizaciones diferentes para practicar submarinismo en las cálidas aguas de Santa Lucía, en las que se pueden visitar los seis escollos de Poseidón, la cueva Honda y algunos restos de naufragios; además de ver varios tipos de rayas y disfrutar de la rica vida marina en la bahía de Nuevitas (véase a la izquierda para más información). Una actividad interesante es alimentar tiburones toro con la mano entre 3 y 4 m de profundidad (desde junio hasta enero).

Centro de buceo Shark's Friends (Cubanacán Náutica; ☎ 36 51 82; marlin@sunnet.sti.cyt.cu). Con instructores de submarinismo muy profesionales que hablan inglés, italiano y francés, se sitúa en la playa entre el Brisas Santa Lucía y el Gran Club Santa Lucía, y ofrece inmersiones normales por 30 CUC, nocturnas (40 CUC) y con tiburones (40 CUC), donde se aprecia cómo los monitores alimentan a los tiburones toro de 3 m de largo. Disponen de barcos que salen cada dos horas desde las 9.00 hasta las 15.00, aunque la última inmersión se programa en función de la demanda. Los cursos de submarinismo en mar abierto cuestan 360 CUC, mientras que los que se imparten para los centros hoteleros salen por 60 CUC. También organizan excursiones para bucear con tubo.

Centro de submarinismo Marlin (Cubanacán Náutica; ☎ 33 64 04). Situado junto al hotel escuela

Santa Lucía, es un lugar estupendo, donde se realizan excursiones de medio día en catamarán para bucear con tubo (25 CUC); también se puede navegar en catamarán a Cayo Sabinal (69 CUC, con cena en la playa) o apuntarse a un crucero al atardecer (25 CUC, con cóctel a las 17.30). Por último, planean salidas para pescar por 204 CUC (máximo cuatro personas), que incluyen equipo, guía y bebidas.

Dónde dormir

La zona hotelera empieza 6 km al oeste de la entrada de Santa Lucía. Está prohibido alquilar una habitación en una casa privada. De los cinco establecimientos existentes, sólo uno resulta asequible; así que se recomienda reservar con antelación o resignarse a pagar más en los otros.

Hotel escuela Santa Lucía (☎ 33 63 10; 35; ⚙). Este bonito motel con 30 habitaciones en una sola planta es la opción más barata. Está situado al lado de una playa pública en la zona noroeste y se trata de una escuela de hostelería tal como indica su nombre. Cada habitación cuenta con TV y un pequeño patio; las que se hallan entre los bloques 200 y 300 son las más próximas a la playa. Dado que es cómodo y está bien de precio, se aconseja reservar, pues suele llenarse.

Club Amigo Mayanabo (Cubanacán; i/d temporada baja 47/74 CUC, temporada alta 65/100 CUC; P ⚙ 🖥 🛁). Conectado con el Hotel Caracol, se ha reabierto hace pocos años tras una reforma.

Club Amigo Caracol (Cubanacán; i/d temporada baja 47/74 CUC, temporada alta 65/100 CUC, P ⚙ 🖥 🛁). Con sólo tres estrellas, se considera el hermano menor del Mayanabo. Dispone de 150 *bungalows* dirigidos por Cubanacán, destinados al turismo familiar. En 2003 volvió a abrir sus puertas después de una necesaria mejora.

Brisas Santa Lucía (Cubanacán; ☎ 36 51 20; fax 36 51 42; i/d temporada baja 60/100 CUC, temporada alta 75/120 CUC; P ⚙ 🖥 🛁). Con 11 Ha de terreno y cuatro estrellas, dispone de 412 habitaciones repartidas en varios edificios de tres plantas. De la 200 a la 800 se sitúan cerca de la playa, mientras que las del bloque 100 se orientan

a la discoteca Laberinto. Programa actividades infantiles y el centro de buceo Shark's Friends (p. 331) se halla al lado.

Gran Club Santa Lucía (Cubanacán; ☎ 33 61 09; fax 36 51 47; i/d temporada baja 65/100 CUC, temporada alta 75/120 CUC; P ⚙ 🖥 🛁). Las 249 habitaciones, distribuidas en edificios de dos plantas, de este alojamiento de tres estrellas tienen nevera y una pequeña terraza. Los precios indicados corresponden a las habitaciones más baratas, situadas lejos de la playa. La discoteca La Jungla, que se encuentra dentro, ofrece un espectáculo cómico y musical cada noche.

Dónde comer

Si se quiere salir de la rutina del bufé, se puede ir a El Rápido, frente al hotel escuela Santa Lucía, para tomar algo de manera informal en la terraza. En Doña Yulla, a la entrada de Santa Lucía, sirven comidas sencillas y caseras, y se puede pagar con pesos. **El Bucanero** (playa Los Cocos), al final de la playa en Santa Lucía, ofrece pescado y marisco.

Dónde beber y ocio

Si se sale fuera del recinto turístico, el único lugar que existe es el cabaré Los Cocos, donde suelen ir los empleados de los hoteles en su noche libre.

Cómo llegar y desplazarse

Hay dos autobuses diarios (mañana y tarde) a/desde Nuevitas (1½ h, 70 km) y otro diario a Camagüey (2½ h, 112 km). En Santa Lucía se puede pedir información sobre los autobuses y los camiones de pasajeros en El Rápido, enfrente del hotel escuela Santa Lucía.

La **Servi-Cupet** (playa Santa Lucía) se ubica en el sudeste, cerca del acceso a la carretera de Camagüey. Hay otra gasolinera con un bar Servi-Soda al este del Brisas Santa Lucía.

Se pueden alquilar coches o motocicletas (24 CUC diarios; incluye un bidón de gasolina) en las siguientes agencias:
Havanautos (☎ 33 64 01; Tararaco)
Transtur (☎ 36 52 60). Entre el Gran Club Santa Lucía y el Brisas Santa Lucía.

Provincia de Las Tunas

El Oriente empieza sin previo aviso en Las Tunas; se trata de una llanura de paso, sin nada destacable, entre Santiago, al este, y Camagüey y La Habana, al oeste. Basta un mínimo despiste para perdérsela.

Pero si se dispone de uno o dos días libres, no debería descartarse hacer escala en este lugar. Pese al abandono sufrido durante años, Las Tunas conserva sus atractivos y su alegría. Si se busca un aliciente cultural, aquí se celebra la Jornada Cucalambeana, un festival de música, famoso a escala nacional, en honor al poeta cubano Juan Nápoles Fajardo, que escribía décimas (versos octosílabos); por su parte, los entusiastas de la arena y el mar encontrarán la impecable playa La Herradura al norte, uno de los pocos arenales de la costa atlántica donde los viajeros pueden alquilar una habitación barata directamente a un cubano.

La capital de la provincia es más una población pequeña que una gran ciudad, y se conoce como la Ciudad de las Esculturas. Al oeste se sitúan las vastas haciendas de cría de ganado del interior del país; al norte, los ingenios salpicados de hollín se extienden por un paisaje repleto de la omnipresente caña de azúcar.

La provincia también cuenta con dos reservas de fauna y más de treinta y cinco playas vírgenes. Mientras, en las tranquilas poblaciones y aldeas del interior rural, los lugareños, impasibles ante el turismo, gozan de buena fama por ser anfitriones cálidos y hospitalarios. Si se busca paz y tranquilidad, tal vez se encuentren aquí.

LO MÁS DESTACADO

- **Sosiego en Las Tunas**
  Planificar una escala en la tranquila capital de provincia (p. 335), que se llama a sí misma la Ciudad de las Esculturas

- **Rodeo rústico**
  Contemplar a los vaqueros manejando el lazo en la feria de ganado (p. 338), el célebre rodeo itinerante de Las Tunas

- **A gusto del viajero**
  Disfrutar de la paz y tranquilidad de las playas sin complejos turísticos, en la remota playa La Herradura (p. 341)

- **Escala para repostar**
  Detenerse sin prisas en el agradable Puerto Padre (p. 340), donde los lugareños siempre tienen tiempo para charlar

■ ☎ 31　|　■ POBLACIÓN: 532.550　|　■ SUPERFICIE: 6.589 km²

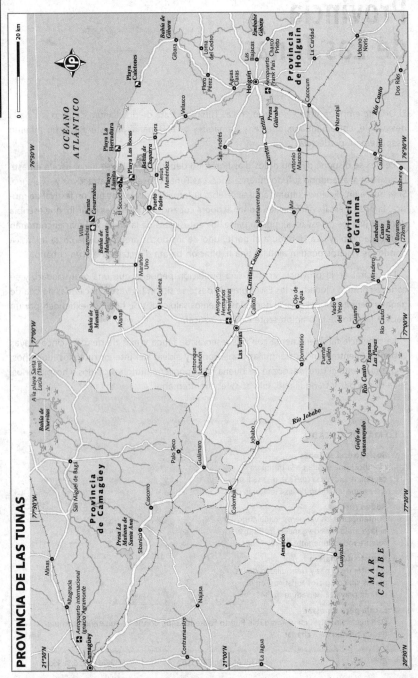

PROVINCIA DE LAS TUNAS

LAS TUNAS

☎ 31 / 139.637 hab.

Denominada la Ciudad de las Esculturas o el Balcón del Oriente, esta población carece de edificios con una arquitectura destacable. Es un lugar modesto de casas bajas, que se parece más a una zona residencial tranquila que a un ajetreado centro de negocios. Los viajeros procedentes de Santiago o Camagüey percibirán un ritmo de vida más lento, aunque los lugareños son bastante animados y los timadores, no demasiado feroces, lo cual se agradece.

Historia

Aunque la colonia de Las Tunas se fundó en 1759, no se le concedió el título de ciudad hasta 1853. En 1876, el general cubano Vicente García la tomó durante la Primera Guerra de Independencia, pero los repetidos éxitos españoles en la zona pronto hicieron que los colonizadores la rebautizaran como La Victoria de Las Tunas. En la Segunda Guerra de Independencia, los españoles la incendiaron por completo, pero los mambises contraatacaron con valentía y en 1897 el general Calixto García obligó a la guarnición española a rendirse.

Las Tunas se convirtió en capital en 1975 durante la reorganización geográfica cubana posterior a la Revolución.

Orientación

La estación de trenes está en el lado nordeste de la ciudad y la de autobuses, al este del centro. Casi todos los lugares de interés se hallan en el centro. Para no cruzar por Las Tunas, se aconseja tomar la circunvalación que rodea el sur de la villa.

Información

LIBRERÍAS Y BIBLIOTECAS

Biblioteca Provincial José Martí (Vicente García 4; ⊗ lu-sa)

Librería Fulgencio Oroz (Colón 151)

ACCESO A INTERNET

Etecsa (Ángel Guardia; ⊗ 7.00-23.00). Cerca del parque Vicente García.

ASISTENCIA MÉDICA

Hospital Che Guevara (☎ 4-5012; av. C. J. Finlay esq. con av. 2 de Diciembre). A 1 km de la salida de la autopista hacia Holguín.

DINERO

Banco de Crédito y Comercio (Vicente García 69; ⊗ 8.00-14.00 lu-vi, 8.00-10.20 sa)

Banco Financiero Internacional (☎ 4-6202; Vicente García esq. con 24 de Febrero)

Cadeca (Colón 141; ⊗ 8.30-18.00 lu-sa, 8.30-13.00 do)

CORREOS

Oficina de correos (☎ 4-2738; Vicente García 6; ⊗ 8.00-20.00)

TELÉFONO

Etecsa (Ángel Guardia; ⊗ 7.00-23.00). Cerca del parque Vicente García.

EL CUCALAMBÉ

Las Tunas es famosa por el poeta Juan Cristóbal Nápoles Fajardo (1829-1862), apodado El Cucalambé, seudónimo tomado del nombre de una danza de origen africano. Fajardo fue el principal escritor de décimas del s. XIX, versos octosílabos con rima que conforman las letras del son cubano; es decir, la expresión básica cubana de la música popular. Vivió en una granja en El Cornito, 7 km al noroeste de la ciudad.

Desde el punto de vista histórico, sus poemas fueron revolucionarios. En 1855 el poeta de Bayazo, José Fornaris, había causado conmoción con sus *Cantos del siboney*, que relacionaban al guajiro cubano con los indios siboney y taínos prehispánicos más que con los conquistadores españoles. Se presentaba a los indios como grandes amantes de la tierra, la familia y la libertad, rasgos estereotípicos del campesino cubano.

Impresionado por el atrevimiento de Fornaris, al año siguiente El Cucalambé publicó un libro de poemas en que negros, indios y criollos aparecían solos sin referencia alguna a los españoles. Al presentar a personajes cubanos en situaciones cómicas, las décimas de Nápoles Fajardo representaron la expresión de un nacionalismo latente que pronto instigaría la Primera Guerra de Independencia. Sus poemas se recitaban con entusiasmo en las ferias rurales, en las peleas de gallos y en las reuniones familiares en el campo, y todavía miles de cubanos acuden en procesión a Las Tunas cada mes de junio para celebrar la Jornada Cucalambeana (véase p. 337).

LAS TUNAS

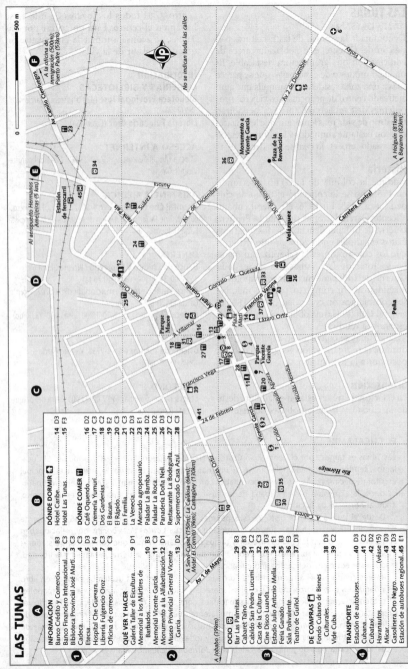

INFORMACIÓN Ⓐ
Banco Crédito y Comercio.........	**1** B3
Banco Financiero Internacional....	**2** C3
Biblioteca Provincial José Martí..	**3** C3
Cadeca..........................	**4** C3
Etecsa...........................	**5** D3
Hospital Che Guevara.............	**6** F4
Librería Fulgencio Oroz...........	**7** C3
Oficina de correos...............	**8** C3

QUÉ VER Y HACER
Galería Taller de Escultura.......	**9** D1
Memorial a los Mártires de	
Barbados.......................	**10** B3
Memorial Vicente García..........	**11** C3
Monumento a la Alfabetización....	**12** D1
Museo Provincial General Vicente	
García..........................	**13** D2

DÓNDE DORMIR 🛏
Hotel Caribe.....................	**14** D3
Hotel Las Tunas..................	**15** F3

DÓNDE COMER 🍴
Café Oquendo....................	**16** D2
Cremería Yumurí.................	**17** C3
Dos Gardenias...................	**18** C2
El Bacán........................	**19** E2
El Rápido.......................	**20** C3
En Familia......................	**21** C3
La Venecia......................	**22** D3
Mercado agropecuario............	**23** E1
Paladar La Bamba................	**24** D2
Paladar La Roca.................	**25** D2
Panadería Doña Neli..............	**26** D3
Restaurante La Bodeguita........	**27** C3
Supermercado Casa Azul..........	**28** C3

OCIO 🎭
Bar Las Palmitas................	**29** B3
Cabaret Taíno...................	**30** B3
Cabildo San Pedro Lucumí........	**31** C2
Casa de la Cultura...............	**32** C3
Cine Disco Luanda...............	**33** D3
Estadio Julio Antonio Mella......	**34** E1
Feria Ganado....................	**35** B3
Sala Polivalente.................	**36** E3
Teatro de Guiñol................	**37** D3

DE COMPRAS 🛍
Fondo Cubano de Bienes	
Culturales.....................	**38** D3
Vide Cuba......................	**39** C2

TRANSPORTE
Estación de autobuses...........	**40** D3
Cubana.........................	**41** C2
Cubataxi.......................	**42** D2
Havanautos.....................	(véase 15)
Micar..........................	**43** D3
Gasolinera Oro Negro............	**44** D3
Estación de autobuses regional...	**45** E1

Puntos de interés

El lugar más importante es el **memorial a los Mártires de Barbados** (Lucas Ortiz 344; entrada gratuita; ☽ 10.00-18.00 lu-sa), ubicado junto al río Hormigo; se trata de un sobrecogedor recuerdo del ataque terrorista a la Cubana de Aviación en 1976. El vuelo CU-455 acababa de despegar de Barbados cuando la explosión de una bomba bajo un asiento hizo que el avión, con 73 pasajeros, se precipitara al mar. El terrorista dejó el paquete debajo de su plaza y desembarcó en Barbados. Las fotografías de las víctimas del ataque, entre los que se encontraban los 24 miembros de la selección cubana de esgrima, se exponen en las paredes del museo como conmovedora condena del terrorismo indiscriminado.

La historia local queda documentada en el **Museo Provincial General Vicente García** (☎ 4-8201; Francisco Varona esq. con Ángel Guardia; entrada 1 CUC; ☽ 11.00-19.00 ma-ju, 14.00-22.00 vi y sa, 15.00-19.00 do), instalado en el Ayuntamiento, un edificio de los años veinte con un reloj en la fachada. Es el típico sitio plagado de los clásicos recuerdos del heroico período revolucionario.

Cerca se ubica el **monumento a Vicente García** (Vicente García 7; entrada 1 CUC; ☽ 15.00-19.00 lu, 11.00-19.00 ma-sa), que conmemora la entrada de Las Tunas en la Primera Guerra de Independencia en octubre de 1868 a las órdenes de Vicente García. En septiembre de 1876, tomó la ciudad.

Para matar el tiempo, se puede ver el estrafalario y descomunal lápiz del **monumento a la Alfabetización** (Lucas Ortiz esq. con av. 2 de Diciembre), erigido con motivo de la ley aprobada el 16 de noviembre de 1961 en la provincia para erradicar el analfabetismo.

Aunque no se puede comparar con Florencia, Las Tunas cuenta con una pequeña **Galería Taller de Escultura** (av. 2 de Diciembre esq. con Ortiz) donde se exponen obras nacionales.

Fiestas y celebraciones

A finales de junio, los amantes de la música popular cubana se reúnen en el Motel El Cornito con motivo de la **Jornada Cucalambeana** (véase p. 335). Es la mayor fiesta nacional de la cultura rural, con espectáculos de música, danza, teatro, gastronomía y artesanía.

Dónde dormir

A menos que se sienta predilección por los ruidosos y desaliñados hoteles Islazul, que tienen agua fría, la mejor opción es alojarse

---

CASAS PARTICULARES EN LAS TUNAS

Carlos A. Patiño Álvarez (☎ 4-2288; Lucas Ortiz 120; h 20-25 CUC; ✿). Con frigorífico.

Doña Nelly – Nelly Tamayo Vega (☎ 4-2526; Lucas Ortiz 111; h 20-25 CUC; ✿). Casa colonial con porche delantero y mecedoras.

Marianela Santiago Rodríguez (☎ 4-3259; Lucas Ortiz 101 Altos; h 20-25 CUC; ✿). Gestionado por una mujer soltera; la terraza da a la calle.

Villa Blanca – Zoila Pavón Gutiérrez (☎ 4-2586; Frank País 85, entre Gonzalo de Quezada e I. Durañona; h 20-25 CUC; ℗ ✿). Dos habitaciones con baño propio; resulta práctica si se debe tomar el tren.

Villa Rosalba – Enobar Guerra Cruz (☎ 4-9042; av. 2 de Diciembre 3, entre F. País y J. Agüero; h 25 CUC; ✿). Una habitación; comidas disponibles.

Yolanda Rodríguez Torres (☎ 4-3641; Lucas Ortiz 101; h 25 CUC). Alojamientos independientes con cocina, comedor y zona de recreo.

---

en una habitación particular. Varias casas alquilan habitaciones limpias y de precio asequible, situadas en Lucas Ortiz, entre la estación de trenes y el centro (véase recuadro).

Hotel Caribe (UniversiTUR; ☎ 4-4262; Lorenzo Ortiz 64; h 15-25 CUC; ✿). Como otros hoteles de la cadena UniversiTUR, está orientado a estudiantes extranjeros, aunque si el viajero está en apuros quizá le alquilen una habitación. Su estado es un reflejo de su precio.

Motel El Cornito (☎ 4-5015; carretera Central km 8; h 20 CUC). Este establecimiento, dirigido a la población cubana y situado fuera de la ciudad, se halla cerca de la vieja granja de El Cucalambé. Tal vez se tenga suerte con los sencillos *bungalows*. Se recomienda llamar antes.

Hotel Las Tunas (Islazul; ☎ 4-5014; fax 4-5169; av. 2 de Diciembre; i/d temporada baja 18/24 CUC, temporada alta 23/30 CUC; ℗ ✿ ✿). Con 128 habitaciones, constituye el principal alojamiento turístico de la ciudad, ubicado al sudeste del centro. Durante la redacción de esta guía, las cañerías estaban atascadas, había goteras, el servicio era poco amable, los guardas del aparcamiento, agresivos, y los restaurantes estaban cerrados.

Dónde comer

'PALADARES'

Las Tunas cuenta con una selección sorprendentemente buena de *paladares* (res-

taurantes particulares) donde se sirven raciones grandes.

El Bacan (F. Suárez 12; platos 25-50 CUP). Grandes raciones de comida; se paga en pesos.

Paladar La Roca (Lucas Ortiz 108; comidas 7-8 CUC; ⊙ 12.00-24.00). Este agradable establecimiento familiar es el lugar ideal para los amantes del cordero; se sirven gigantescas raciones acompañadas con una deliciosa salsa y arroz.

Paladar La Bamba (av. 2 de Diciembre esq. con Frank País; comidas 8 CUC; ⊙ 18.00-23.00). Muy famoso entre turistas y jineteros; suele estar lleno.

RESTAURANTES

La Venecia (Francisco Verona esq. con Vicente García; ⊙ 7.00-23.00). Este exitoso local del centro, donde se paga en pesos, se encuentra en un edificio colonial y cuenta con una amplia carta, aparte de una terraza con vistas al parque donde se puede cenar. Es un buen lugar para desayunar huevos (2 CUP).

Restaurante La Bodeguita (Francisco Varona 295; ⊙ 9.00-23.00). Tiene manteles y una reducida carta de vinos, y para ser estatal, no está mal. Se recomienda la pechuga de pollo con salsa de setas por unos 5 CUC.

Cremería Yumuri (Francisco Vega esq. con Vicente García; ⊙ 10.00-16.00 y 17.00-23.00). Es la Coppelia de Las Tunas; las "tres gracias" (helado de tres bolas) son de sabores variados, como el coco o el café con leche; se paga en pesos.

En Familia (Vicente García, entre Ramón Ortuño y Julián Santana; ⊙ 11.00-23.00). Letrero prometedor, ambiente poco agradable y carta escasa; el viajero será afortunado si logra despertar al *pizzero* de su letargo.

Otros locales son:

Dos Gardenias (Francisco Varona 326; ⊙ 9.00- 24.00). Elegante cafetería donde se sirve pollo, bocadillos y *pizza* por un precio entre 1 y 3 CUC.

Café Oquendo (Francisco Varona, entre Vicente García y Lucas Ortiz; ⊙ 24 h). Un café exprés cuesta 20 centavos y un *rocío del gallo* (carajillo de ron), 2 CUP.

La Caldosa (☎ 4-2743). Mítico lugar, cerca de El Cornito, que sirve ricas *caldosas* (estofados) por un par de convertibles.

El Rápido (Colón esq. con 24 de Febrero). En caso de apuro, los clásicos bocadillos de jamón y queso de microondas no fallan.

COMPRA DE ALIMENTOS

Supermercado Casa Azul (Vicente García esq. con Francisco Vega; ⊙ 9.00-18.00 lu-sa, 9.00-12.00 do). Recomendado para abastecerse de comestibles (o cambiar billetes grandes).

Otras alternativas:

Panadería Doña Neli (Francisco Varona; barra 0,40 CUC). Venta de pan.

Mercado agropecuario (av. Camilo Cienfuegos). Pequeño mercado próximo a la estación de trenes.

Ocio

En el parque Lenin, donde la calle Vicente García se convierte en la avenida 1 de Mayo, se despliega una de las principales atracciones de Las Tunas. Cada fin de semana se celebra la **feria de ganado** (⊙ 9.00-18.00 sa y do) con un mercado, música, puestos de comida,

---

TEÓFILO STEVENSON, EL PESO PESADO CUBANO

Quizá Muhammad Ali fue El Grande, pero ¿cómo le habría ido al supuesto Labio de Louiseville si hubiera peleado contra la leyenda del boxeo cubana Teófilo Stevenson?

Nacido en 1952 en Puerto Padre, provincia de Las Tunas, de madre cubana y padre de San Vicente, Stevenson fue un prodigio del boxeo, que, en 1972, con 20 años, ganó la medalla de oro de los pesos pesados en las Olimpiadas de Munich. En 1976 repitió la hazaña en Montreal y en 1980 en Moscú se convirtió en el segundo boxeador (tras el húngaro Laszlo Papp) en ganar tres oros olímpicos en ese deporte. De hecho, podría decirse que Stevenson habría llegado aún más lejos cuatro años después en Los Ángeles si los cubanos, siguiendo el ejemplo de sus padrinos soviéticos, no hubieran boicoteado los Juegos.

Aclamado durante tiempo por el régimen castrista como héroe nacional, Stevenson dejó perplejos a los patrocinadores estadounidenses de boxeo en los años setenta al declinar una oferta de cinco millones de dólares para convertirse en profesional y saltar al cuadrilátero con Muhammad Ali, aún en activo. "¿Para qué quiero cinco millones de dólares si tengo el cariño de cinco millones de cubanos?", parece ser que dijo bromeando.

Actualmente Teófilo, vicepresidente de la Federación Cubana de Boxeo, vive modestamente en una tranquila zona residencial de La Habana. Ali, que sigue siendo un buen amigo, lo ha visitado dos veces en la capital, la más reciente en 1998.

actividades para niños y, con suerte, un gran rodeo; al entrar se ve el enorme recinto fijo. La feria, que se monta de junio a diciembre, resulta uno de los mejores espectáculos de vaqueros de Cuba, según los lugareños.

Cabildo San Pedro Lucumí (Francisco Varona, entre Ángel Guardia y Lucas Ortiz; entrada gratuita; ☺ desde 21.00 do). Agradable asociación afrocaribeña con actividades culturales; los domingos hay bailes y música de percusión.

Cine Disco Luanda (Francisco Varona 256; ☺ 22.00-2.00 do-vi, 22.00-3.00 sa). La discoteca más famosa de Las Tunas también dispone de cine.

Cabaré Taíno (☎ 4-3823; Vicente García esq. con A. Cabrera; entrada 10 CUC/pareja; ☺ 21.00-2.00 ma-do). En este enorme local con techo de paja, situado en el acceso oeste a la ciudad, se organizan los típicos espectáculos de salsa con trajes de fantasía. El precio incluye una botella de ron con cola.

La temporada de béisbol se extiende de octubre a abril. El equipo de Las Tunas juega en el estadio Julio Antonio Mella, cerca de la estación de trenes. Los demás deportes se practican en la sala polivalente, un recinto cubierto próximo al Hotel Las Tunas.

También valen la pena:

Bar Las Palmitas (Vicente García; ☺ 24 h). Para relajarse en la terraza al aire libre.

Casa de la Cultura (☎ 4-3500; Vicente García 8). La mejor oferta tradicional, con conciertos, lectura de poesía, bailes, etc. Se pueden ver los carteles garabateados.

Teatro de Guiñol (Francisco Varona 267; ☺ 10.00 sa, 10.00 y 15.00 do). Famoso teatro de marionetas para niños.

De compras

Fondo Cubano de Bienes Culturales (Ángel Guardia con Francisco Varona; ☺ 9.00-12.00 y 13.30-17.00 lu-vi, 8.30-12.00 sa). En esta tienda se venden bellos objetos de artesanía, cerámica y bordados.

Vide Cuba (Ortiz esq. con Francisco Vega; ☺ 8.30-21.00 lu-sa). Dispone de material fotográfico.

Cómo llegar y salir

AVIÓN

El **aeropuerto Hermanos Ameijeiras** (☎ 4-2484; 3 km al norte de la estación de trenes, cuenta con una bonita terminal. No hay vuelos internacionales, pero **Cubana** (☎ 4-2702; Lucas Ortiz esq. con 24 Febrero) ofrece uno directo a/desde La Habana los martes (94 CUC ida, 2 h).

AUTOBÚS Y CAMIÓN

La **estación principal de autobuses** (☎ 4-3060; Francisco Varona) se sitúa 1 km al sudeste de la plaza

más importante; en ella se puede solicitar información sobre los autobuses de Astro. A continuación, se ofrecen los horarios de esta compañía:

Destino	Precio CUC (sólo ida)	Salida
Camagüey	4,50	6.15
La Habana	27	19.30
Holguín	3	13.00
Santa Clara	15	20.40, días alternos
Santiago de Cuba	7,50	5.15

Los autocares de **Víazul** (www.viazul.com) cuenta con los siguientes servicios; los billetes se compran al jefe de turno:

Destino	Precio CUC (sólo ida)	Salida
Ciego de Ávila	13	0.15, 1.25, 14.40, 21.05
La Habana	42	1.25, 14.40, 21.05
Sancti Spíritus	18	0.15, 1.25, 14.40, 21.05
Santiago de Cuba	11	2.00, 7.00, 15.35, 21.00
Trinidad	23	0.15

Todos los servicios a Santiago de Cuba se detienen en Holguín (6 CUC, 1 h 10 min) y Bayamo (6 CUC, 2½ h). Para ir a Guantánamo o Baracoa, debe hacerse transbordo en Santiago de Cuba (salidas a las 7.30).

Los camiones de pasajeros que se dirigen a Camagüey, Holguín, Bayamo y Puerto Padre efectúan parada en la calle principal cerca de la estación de trenes; la última salida tiene lugar antes de las 14.00. Los billetes se compran en la ventanilla. Para llegar a la playa La Herradura resulta más fácil desde Holguín, pero se puede tomar un camión hasta Puerto Padre y luego hacer autostop o cambiar allí de camión (para más información sobre los peligros del autostop, véase p. 472). En caso de no poder tomar el camión de Camagüey, se recomienda subir a uno hacia Guáimaro desde la estación de autobuses regionales que hay al final de la de trenes.

TREN

La **estación de trenes** (☎ 4-8140) se halla cerca del estadio Julio A. Mella, en el lado nordes-

te de la ciudad. El jefe de turno vende los billetes. Conviene comprobar los siguientes datos sobre horarios y precios antes de partir:

Destino	Precio CUC	Duración (sólo ida)	Salida (horas)
Camagüey	5	3	0.30
La Habana	27	10	0.30
Holguín	4	2	7.20, días alternos
Matanzas	24	10	0.30
Santiago de Cuba	9	3,5	1.50, días alternos

Cómo desplazarse

Un taxi del aeropuerto al hotel Las Tunas debería costar 3 CUC. **Cubataxi** (☎ 4-2036; Villamar 34) alquila taxis y dispone de un aparcamiento nocturno vigilado que cuesta entre 1 y 2 CUC. Las calesas recorren Frank País, cerca del estadio de béisbol, hacia el centro; un viaje cuesta 10 CUP.

Havanautos (☎ 5-5242; av. 2 de Diciembre) se ha instalado en el Hotel Las Tunas. Hay una **gasolinera Oro Negro** (Francisco Varona esq. con Lora) una manzana al oeste de la estación de autobuses, donde también se encuentra una sucursal de **Micar** (☎ 4-6263; Francisco Varona). **Servi-Cupet** (carretera Central; ☼ 24 h) se sitúa en la salida de Las Tunas hacia Camagüey.

PUNTA COVARRUBIAS

Los baches de la carretera parecen no acabar nunca antes de alcanzar Punta Covarrubias, 49 km al noroeste de Puerto Padre. Sin embargo, al cabo de noventa minutos se llega y es excepcional: 4 km de arena maravillosa, el Atlántico de color azul verdoso y **Villa Covarrubias** (Gran Caribe; ☎ 4-6230; fax 36 53 05; i/d desde 70/110 CUC; ⓟ ✕ ⓡ), el único complejo con todo incluido de la provincia. El hotel cuenta con 122 cómodas habitaciones, distribuidas en varias cabañas, y una habitación habilitada para discapacitados. El mayor atractivo consiste en bucear por el cercano arrecife de coral. En Marina Covarrubias se ofrecen paquetes de dos inmersiones al día por 45 CUC; hay 12 áreas para practicar submarinismo. Casi todos los viajeros llegan en paquetes organizados con todo incluido desde el aeropuerto Frank País de Holguín, 115 km al sudeste; el traslado se realiza en autobús.

Quienes viajen por su cuenta pueden acceder a la playa por el **mirador**, una torre con una fabulosa panorámica, 200 m antes del hotel y del campo de golf. Se puede cocinar al aire libre en los viejos fosos para barbacoas de fiestas pasadas.

PLAYAS LA HERRADURA, LA LLANITA Y LAS BOCAS

En esta franja de playas septentrionales de la costa atlántica, 30 km al norte de Puerto Padre y a 55 km de Holguín, acaba el recorrido por esta provincia y se halla una estupenda alternativa a las comodidades de Covarrubias. No hay mucho que hacer, aparte de leer, relajarse, meditar y perderse entre el animado ambiente de la vida tradicional cubana.

Desde Puerto Padre, hay 30 km por la costa oriental de la bahía de Chaparra hasta

---

LAS LAGUNAS DEL MAPA

Puerto Padre o la Ciudad de los Molinos, según los lugareños, es una población grande que languidece en un rincón medio olvidado de la provincia menos espectacular de Cuba y que apenas es considerada destino turístico. Pero para los viajeros más apasionados ése es su atractivo. Con un bulevar parecido a Las Ramblas, un malecón en miniatura y una desmejorada estatua de don Quijote que se alza melancólica bajo un pequeño molino de viento, se trata del típico lugar donde uno se detendría para pedir indicaciones a mediodía y acabaría, cinco horas después, saboreando una langosta en un restaurante junto a la bahía.

Los incondicionales de Cuba pueden profundizar algo más en el **Museo Municipal, Casa de la Cultura,** o en el **fuerte de la Loma,** del s. xix; todos en la calle Libertad. También pueden recorrer las calles en busca de amigos, conversación o alojamiento en una casa particular. A los entusiastas del boxeo quizá les interese informarse sobre el héroe local Teófilo Stevenson (véase p. 338), en cuya casa familiar, 6 km a las afueras de Puerto Padre en el barrio de Las Delicias, se aceptan visitas.

Para llegar a Puerto Padre es necesario alquilar un vehículo o tomar un camión en Las Tunas.

la **playa La Herradura.** La arena es dorada y el agua está limpia. Un par de casas, señalizadas con un triángulo verde, alquilan habitaciones legalmente. **Villa Papachongo** (Holguín ☎ 24-42-41-74; casa 137; h 15 CUC; 🌊), en plena playa y con un fabuloso porche para contemplar el atardecer, constituye una buena elección. Otras posibilidades son Villa Rocío y Villa Pedro Hidalgo. Se puede preguntar en la zona, ya que no es muy grande y todo el mundo se conoce. Si al viajero no le gusta lo que se ofrece, puede dirigirse a la playa Las Bocas, donde encontrará varias casas más de alquiler. Hay una tiendecita de tentempiés y un chiringuito a la entrada del pueblo.

Siguiendo al oeste, 11 km más por esta carretera, se llega a la **playa Llanita,** cuya arena es más fina y blanca que en la anterior, pero se encuentra en un recodo expuesto y a veces los golpes de viento son fuertes. Si se llega sin alojamiento, se puede acudir a una de las 112 sencillas cabañas del **Campismo Playa Corella** (☎ 5-5447; 5 CUC/persona), 5 km antes de la playa Llanita.

Al cabo de 1 km aparece la **playa Las Bocas,** al final de la carretera. Encajada entre la costa y la bahía de Chaparra, puede tomarse un *ferry* (1 CUP) a El Socucho y seguir hasta Puerto Padre o alquilar una habitación en una casa particular.

Cómo llegar y salir

Desde Las Tunas hay camiones a Puerto Padre, donde se debe hacer transbordo para llegar al cruce de Lora antes de continuar al norte hacia las playas. Desde Holguín es más sencillo; pero, aun así, sólo hay camiones frecuentes hasta el cruce de Velasco, donde se tiene que cambiar de vehículo para llegar al norte.

Lo mejor es llevar automóvil particular. Saliendo de Las Tunas, se deben recorrer 52 km en dirección norte hasta Puerto Padre; después se puede repostar en la Servi-Cupet; a continuación, se puede ir al este hasta el cruce de Lora y seguir al norte hasta la playa Herradura. Las indicaciones desde Holguín se hallan en la p. 353.

Provincia de Holguín

PROVINCIA DE HOLGUÍN

La tranquila Holguín es una provincia de contrastes y paradojas. Las montañas de la sierra Cristal, que sobresalen al sur revestidas de pinares, conforman uno de los paisajes más atractivos y serenos de Cuba, mientras que en el extremo este, en la contaminada Moa, la empresa niquelífera Che Guevara cubre el campo con una fina capa de polvo rojizo.

Las contradicciones no acaban aquí. Históricamente famosa por sus feroces mambís, insurrectos contra España en las guerras de independencia del s. xix, Holguín ha generado desde entonces un buen número de héroes y villanos. En 1926 nació el líder máximo, Fidel Castro, en la finca Las Manacas, cerca del pequeño pueblo de Birán (el que fuera su hogar es hoy un museo), y su predecesor, Fulgencio Batista, muchísimo menos hábil en el manejo del poder, procedía de la bonita localidad provinciana de Banes, al nordeste.

Junto a la costa se hallan los grandes complejos hoteleros de Guardalavaca y playa Pesquero, que albergan grandes y caros *resorts* de cinco estrellas donde turistas en viaje organizado saborean mojito tras mojito y bailarines cubanos ligeros de ropa ofrecen programas de sensuales pasatiempos nocturnos.

Si se sufre una sobredosis de *voley-playa,* hay que encaminarse a la olvidada capital de la provincia, Holguín, un fabuloso lugar donde probar todas esas cosas típicamente cubanas que nunca se hacen en los viajes organizados: asistir a un partido de béisbol, comer una *pizza* en el parque Calixto García o relajarse en los clubes musicales de la calle Maceo mientras el aroma de los baratos puros *cheroot* se filtra por las persianas entreabiertas y se condensa flotando sobre las mesas de dominó.

LO MÁS DESTACADO

■ **La ciudad de los parques**
Conocer la cultura local en la sencilla Holguín (p. 343)

■ **Playas orientales**
Disfrutar de la relajada vida playera en la tranquila Guardalavaca (p. 356)

■ **Aires alpinos**
Hacer excursiones por los pinares y las cascadas de Villa Pinares del Mayarí (p. 364)

■ **La casa del comandante**
Echar un vistazo a la casa donde Castro pasó su infancia, la finca Las Manacas (p. 363)

■ **Lugares remotos**
Desviarse hasta el paradisíaco Cayo Saetía (p. 364)

■ ☎ 24 | ■ POBLACIÓN: 1.040.000 | ■ SUPERFICIE: 9.300 KM²

Historia

La mayoría de los historiadores y especialistas coincide en que la primera vez que Colón pisó tierra en lo que hoy es Cuba, el 28 de octubre de 1492, fue en Cayo Bariay, cerca de la playa Blanca, al oeste de la playa Don Lino. Los españoles fueron recibidos en la costa por los indios seboruco, cuya huella aún se conserva en numerosos yacimientos arqueológicos alrededor de Banes. Cuando 20 años después Diego Velázquez de Cuéllar escogió como nueva capital colonial a Baracoa en detrimento de Gibara, cedió las tierras situadas al norte de Bayamo al capitán García Holguín, de donde procede el topónimo de la provincia y de su capital. La región se convirtió en una importante zona de producción azucarera y, a finales del s. XIX, la compañía norteamericana United Fruit Company había comprado gran parte del terreno. Holguín, que antiguamente había formado parte del territorio del Oriente, pasó a ser provincia por derecho propio en 1975.

HOLGUÍN

☎ 24 / 264.927 hab.

Conocida por el sobrenombre de "La Ciudad de los Parques" (aunque más que parques son plazas), Holguín es la cuarta ciudad cubana en tamaño, aunque conserva una atmósfera relajada y agradable que proporciona a los visitantes una inmediata sensación de bienestar. Acogedora, con encanto y relativamente fácil para orientarse, la zona centro, dispuesta en cuadrícula, es un lugar ideal para sumergirse en la vida cotidiana cubana sin el atropello de los jineteros. De hecho, la sensualidad de la vida local marca su particular y plácido ritmo. Se puede consultar la programación de eventos deportivos, dejarse caer por el dinámico centro cultural de la Uneac (Unión de Escritores y Artistas de Cuba) o simplemente pasar el rato en el animado parque Céspedes empapándose de las vistas y los sonidos de la ciudad.

Historia

En 1515 Diego Velázquez, el primer gobernador de Cuba, cedió las tierras situadas al norte de Bayamo al capitán García Holguín, oficial del ejército y adelantado colono de la isla. Tras establecer un rancho de ganado en el frondoso y fértil interior, Holguín y sus descendientes administraron una floreciente hacienda agrícola que en 1720 ya contaba con más de 450 habitantes y una pequeña iglesia de madera. En 1752 le fue concedido a San Isidoro de Holguín (el nombre de la hacienda, tomado a su vez del de la iglesia) el título de ciudad y para 1790 su población había alcanzado ya los 12.000 residentes.

Durante las dos guerras de independencia, Holguín fue escenario de muchas batallas, en las que los fieros mambís pusieron cerco a los fortificados cuarteles hispanos de La Periquera (hoy Museo de Historia Provincial, p. 347). Conquistada y perdida por Julio Grave de Peralta (cuyo nombre ostenta hoy una de sus plazas), la ciudad fue tomada por segunda vez el 19 de diciembre de 1872 por el general Calixto García, héroe local de Holguín.

Cuando en 1975 el Oriente se dividió en cinco provincias independientes, la ciudad de Holguín se convirtió en capital de una de ellas.

Orientación

El parque Calixto García es la plaza central más importante de la ciudad; al norte se encuentra el parque Céspedes y al sur, el parque Peralta. Manduley (también conocida como Libertad) y Maceo son las vías principales que discurren de norte a sur, entre la estación de trenes y las colinas que delimitan los confines septentrionales de la urbe. La estación principal de autobuses está al oeste y los hoteles turísticos más importantes, al este.

Información

LIBRERÍAS

ARTex (plano p. 348; Manduley 193A). Venta de libros, CD, pósters y camisetas del Che; en el parque Calixto García.
Librería Villena Botev (plano p. 348; ☎ 42 76 81; Frexes 151). En la esquina con Máximo Gómez.

ACCESO A INTERNET

Etecsa Telepunto (plano p. 348; Martí esq. con Maceo; 6 CUC/h; ☉ 9.00-19.00). Cuenta con tres ordenadores; en el parque Calixto García.
Hotel Pernik (plano p. 346; av. Jorge Dimitrov esq. con av. XX Aniversario; 6 CUC/h). Dos terminales.

BIBLIOTECAS

Biblioteca Álex Urquiola (plano p. 348; ☎ 42 13 66; Maceo 178; ☉ 8.30-21.00 lu-vi, 8.30-16.30 sa). En el parque Calixto García.

MEDIOS DE COMUNICACIÓN

El periódico local *Ahora* se publica los sábados. Radio Ángulo CMKO se sintoniza en las frecuencias 1110 AM y 97.9 FM.

PROVINCIA DE HOLGUÍN

ASISTENCIA MÉDICA

Tanto el Hotel Pernik (p. 349) como el Motel El Bosque (p. 350) disponen de pequeñas clínicas.

Farmacia Turno Especial (plano p. 348; Maceo 170; 8.00-22.00 lu-sa). En el parque Calixto García.

Hospital Lenin (plano p. 346; ☎ 42 53 02; av. VI Lenin). Se atiende a extranjeros en casos de urgencia.

DINERO

Banco de Crédito y Comercio (plano p. 348; ☎ 42 25 12; Arias). En el parque Céspedes.

Banco Financiero Internacional (plano p. 348; ☎ 46 85 02; Manduley 167, entre Frexes y Aguilera)

Cadeca (plano p. 348; ☎ 46 81 09; Manduley 205, entre Martí y Luz Caballero; 8.30-18.00 lu-sa, 8.00-13.00 do)

CORREOS

Oficina de correos Manduley 183 (plano p. 348; ☎ 46 82 54; 10.00-12.00 y 13.00-18.00 lu-vi); parque Céspedes (plano p. 348; Maceo 114; 8.00-18.00 lu-sa). También hay una oficina de DHL en la oficina de correos del parque Calixto García.

TELÉFONO

Etecsa Telepunto (plano p. 348; Martí esq. con Maceo; 9.00-19.00). En el parque Calixto García.

AGENCIAS DE VIAJES

Havanatur Frexes (plano p. 348; ☎ 46 80 91; Frexes 172, entre Morales Lemus y Narciso López); Hotel Pernik (plano p. 348; av. Jorge Dimitrov esq. con av. XX Aniversario)

Reservaciones de Campismo (plano p. 348; ☎ 42 28 81; Mártires 87; 8.00-18.00 lu-vi, 8.00-12.00 sa)

UniversiTUR (plano p. 346; ☎ 46 28 23; univer siturhlg@esihl.colombus.cu; Manduley, entre calles 10 y 12)

Puntos de interés

Un modo fabuloso de descubrir Holguín es pasar una tarde explorando los parques, plazas y lugares de interés que los rodean. Todo paseo debe incluir el ascenso a la loma de la Cruz (p. 347).

PARQUE CÉSPEDES

Fundado a finales del s. XVIII, es el más nuevo de la ciudad y su sombreada plaza acoge partidos de *stick-ball* todos los días. En el lado este se alza la **iglesia de San José** (plano p. 348; Manduley 116), con su campanario (1842)

y su cúpula característicos (visibles desde la loma de la Cruz). Los lugareños lo llaman parque San José.

Frente a la iglesia, en un edificio colonial, se halla la **Galería Holguín** (plano p. 348; ☎ 42 23 92; Manduley 137; entrada gratuita; ☺ 8.00-18.00 ma-mi, 8.00-22.00 ju-do). Sus salas de altos techos son el lugar idóneo para contemplar buenas obras de arte local. El pequeño **Museo Eduardo García Feria y José García Castañeda** (plano p. 348; Agramonte esq. con Maceo; entrada gratuita), situado en el ángulo noroeste de la plaza, documenta la vida y la obra de dos arqueólogos y naturalistas nacionales. Eduardo fue el encargado de crear el primer museo de la ciudad, que antaño contaba con la mayor colección de caracoles de Cuba.

PROVINCIA DE HOLGUÍN

HOLGUÍN

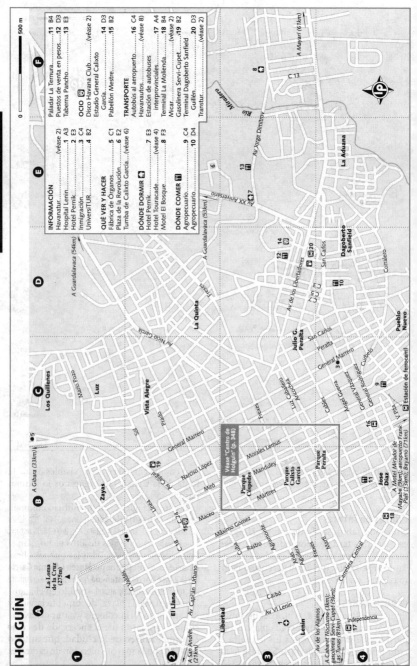

INFORMACIÓN		
Havanatur	(véase 2)	
Hospital Lenin	1	A3
Hotel Pernik	2	E3
Inmigración	3	C4
UniversiTUR	4	B2

QUÉ VER Y HACER		
Fábrica de Órganos	5	C1
Plaza de la Revolución	6	E2
Tumba de Calixto García	(véase 6)	

DÓNDE DORMIR		
Hotel Pernik	7	E3
Hotel Touracade	(véase 4)	
Motel El Bosque	8	F3

DÓNDE COMER		
Agropecuario	9	C4
Agropecuario	10	D4

Paladar La Ternura	11	B4
Puestos de venta en pesos	12	D3
Taberna Pancho	13	E3

OCIO		
Disco Havana Club	(véase 2)	
Estadio General Calixto García	14	D3
Pabellón Mestre	15	B2

TRANSPORTE		
Autobús al aeropuerto	16	C4
Havanautos	(véase 8)	
Estación de autobuses interprovinciales	17	A4
Terminal La Molienda	18	B4
Micar	(véase 2)	
Gasolinera Servi-Cupet	19	B2
Terminal Dagoberto Sanfield Guillén	20	D3
Transtur	(véase 2)	

0 _____ 500 m

PROVINCIA DE HOLGUÍN

PARQUE CALIXTO GARCÍA

La antigua plaza de Armas se creó en 1719 y en sus orígenes era un lugar de encuentro, así como el mercado de la ciudad. Hoy, su principal atracción es una estatua de 1912 del general Calixto García, quien conquistara la ciudad para la causa de la emancipación en diciembre de 1872.

Para profundizar sobre este prócer de la patria puede visitarse la **casa natal de Calixto García** (plano p. 348; ☎ 42 56 10; Miró 147; entrada 1 CUC; ☽ 9.00-21.00 ma-sa), situada un par de manzanas al este del parque. En ella nació García en 1839.

En el lado norte se encuentra el **Museo de Historia Provincial** (plano p. 348; ☎ 46 33 95; Frexes 198; entrada 1 CUC; ☽ 8.00-17.00). El edificio, hoy monumento nacional, se construyó entre 1860 y 1868 y se utilizó como cuartel del ejército español durante las guerras de independencia. Se apodó La Periquera por el uniforme rojo, amarillo y verde que vestían los soldados españoles que hacían guardia fuera. El principal objeto expuesto es una vieja hoja de hacha tallada con forma de hombre, conocida como el hacha de Holguín, supuestamente elaborada por los indios de la zona a principios del s. xv y que se descubrió en 1860. En el interior hay un bonito patio.

En el ángulo sudoeste se halla el **Centro Provincial de Artes Plásticas Moncada** (plano p. 348; ☎ 42 20 84; Maceo 180; entrada gratuita; ☽ 9.00-16.00 lu-sa). Esta luminosa galería es la mejor de Holguín y comparte espacio con la **biblioteca Álex Urquiola** (plano p. 348; ☎ 46 25 62; Maceo 180), que da cabida al mayor fondo bibliográfico de la ciudad.

El **Museo de Historia Natural** (plano p. 348; ☎ 42 39 35; Maceo 129, entre parques Calixto García y Peralta; entrada/cámara fotográfica 1/1 CUC; ☽ 9.00-22.00 ma-sa, 9.00-21.00 do) cuenta con la mayor colección de animales disecados de Cuba, incluidos la rana y el colibrí más pequeños del mundo.

PARQUE PERALTA

Esta plaza, que los lugareños llaman parque de las Flores, debe su nombre al general Julio Grave de Peralta (1834-1872), que lideró el alzamiento de Holguín contra el gobierno colonial en octubre de 1868. Su estatua de mármol (1916) se alza frente a la blanca y beis **catedral de San Isidoro** (plano p. 348; Manduley), original de 1720 pero que ha sufrido profundas restauraciones. No hay que perderse la estatua de tamaño natural del papa Juan Pablo II que hay fuera.

PLAZA DE LA MARQUETA

Situada al oeste del parque Peralta, esta plaza parcialmente restaurada y aún en obras mientras se elaboraba esta guía, fue trazada en 1848 y antiguamente acogía el mercado de Holguín. Hoy se pretende transformar en el núcleo cultural de la ciudad, un proceso que las librerías y las galerías de arte aledañas ya han puesto en marcha. Repárese en los postes telefónicos convertidos en tótems que delimitan las esquinas de la plaza y en las numerosas estatuas de bronce de famosos holguineros que decoran las aceras.

El centro de la plaza está sufriendo una larga y profunda restauración, ya que se va a transformar en una sala de conciertos. Las galerías y comercios de los alrededores son de alta calidad, en especial la Galería Estampa o el Centro Cultural Mona Lisa.

ALREDEDORES DEL CENTRO

En el extremo norte de Maceo hay una escalinata construida en 1950 con 460 escalones que conducen a la **loma de la Cruz** (plano p. 346), una colina de 275 m de altura con vistas panorámicas. En 1790 se alzó una cruz en este punto con la esperanza de aliviar la sequía y cada 3 de mayo acuden cientos de peregrinos durante las romerías de mayo (p. 349). Desde el centro se tarda 20 minutos a pie, aunque también se puede acceder en coche por el lado oeste (siguiendo G. Valdés); un viaje en *bicitaxi* hasta los pies de la loma cuesta 10 CUP. El paseo es más llevadero a primera hora de la mañana, cuando la luz es clara y el calor no aprieta demasiado.

Holguín pasa por ser una de las ciudades más patrióticas de Cuba; quizá por eso, la **plaza de la Revolución** (plano p. 346), al este del centro, es un gigantesco monumento dedicado a los próceres de la patria, desde José Martí a Fidel Castro. Cada primero de mayo se congregan aquí muchísimas personas. Aquí también se encuentra la **tumba de Calixto García** (plano p. 346), así como un monumento menor en memoria de su madre.

La **Fábrica de Órganos** (plano p. 346; ctra. de Gibara 301; ☽ 8.00-16.00 lu-vi) es la única factoría mecánica de estos instrumentos en el país. La pequeña empresa produce unos seis órganos al año, además de guitarras y otros instrumentos. Un buen órgano cuesta entre 10.000 y 25.000 US$. En Holguín existen ocho agrupaciones profesionales de organistas (incluida la Familia Cuayo, con sede en la fábrica);

CENTRO DE HOLGUÍN

0 ————— 200 m

INFORMACIÓN
ARTex..**1** C5
Banco de Crédito y Comercio........**2** B3
Banco Financiero
  Internacional............................**3** C4
Biblioteca Álex Urquiola...............**4** B5
Cadeca.......................................**5** C5
DHL.....................................(véase 10)
Etecsa Telepunto.........................**6** C5
Farmacia Turno Especial...............**7** B5
Havanatur...................................**8** D4
Librería Villena Botev...................**9** A5
Oficina de correos.......................**10** C4
Oficina de correos.......................**11** A3
Reservaciones de Campismo.........**12** B4

QUÉ VER Y HACER
Biblioteca Álex Urquiola...........(véase 4)
Casa Natal de Calixto García........**13** C4
Catedral de San Isidoro...............**14** D6

Centro Provincial de Artes Plásticas
  Moncada...............................(véase 4)
Edificio Pico de Cristal............(véase 20)
Galería Holguín...........................**15** B3
Iglesia de San José......................**16** B3
Museo de Historia Natural...........**17** C6
Museo de Historia Provincial........**18** B4
Museo Eduardo García Feria y José
  García Castañeda.....................**19** A3

DÓNDE COMER
Cafetería Cristal..........................**20** C5
Cafetería Tocororo.......................**21** C5
Cremería Guamá..........................**22** C6
Dimar..**23** C6
El Rombo....................................**24** A5
Época...**25** C4
La Luz de Yara............................**26** B4
Panadería La Crema......................**27** C4
Pizzería Roma.............................**28** A3

Restaurant 1720.........................**29** C4
Snack Bar La Begonia...................**30** B5
Sodería El Framboyan..................**31** B4

DÓNDE BEBER
Bar La Malagueña........................**32** B5
Bar Terraza............................(véase 29)
Taberna El Cazador.................(véase 28)

OCIO
Biblioteca Álex Urquiola............(véase 4)
Casa de la Cultura.......................**33** B5
Casa de la Trova..........................**34** B5
Casa Iberoamericana....................**35** B3
Cine Martí..................................**36** B4
Combinado Deportivo Henry García
  Suárez....................................**37** C6
Disco Cristal..........................(véase 20)
Teatro Comandante Eddy Suñol....**38** C5
Uneac..**39** C5

DE COMPRAS
Casa del Tabaco..........................**40** B6
Centro Cultural Mona Lisa............**41** B6
Egrem..**42** B6
Fondo de Bienes Culturales..........**43** C4
Galería Estampa..........................**44** B6
Photo Service.............................**45** A5

TRANSPORTE
Oficina de Cubana...................(véase 20)
Oficina de Cubataxi.....................**46** C4
Micar.....................................(véase 20)

algunas tocan en el parque Céspedes los jueves a las 16.00 y los domingos a las 10.00.

Fiestas y celebraciones

Las **romerías de mayo,** durante la primera semana del mismo mes, son una celebración artística con exposiciones, música, poesía y festejos, entre cuyos principales atractivos se cuentan el concurso nacional de *rap* y la peregrinación a la loma de la Cruz. El **Carnaval,** la tercera semana de agosto, es todo un acontecimiento; se programan conciertos al aire libre y por todas partes hay baile, alcohol y cerdo asado.

Dónde dormir

EN LA CIUDAD

Holguín cuenta con varios hoteles sólo para cubanos; las opciones para turistas se limitan a dos o tres establecimientos.

Hotel Touracade (UniversiTUR; plano p. 346; ☎ 46 28 23; fax 48 18 43; Manduley 26, entre calles 10 y 12; h 10-15 CUC; ⊠). Este pequeño establecimiento de la cadena UniversiTUR, próximo a la loma de la Cruz, está orientado a los extranjeros que estudian español, aunque si el viajero está en apuros quizá le alquilen una habitación.

Hotel Pernik (Islazul; plano p. 346; ☎ 48 10 11; fax 48 16 67; av. Jorge Dimitrov esq. con av. XX Aniversario; i/d temporada baja 35/48 CUC, temporada alta 45/60 CUC, desayuno incl.; P ⊠ ▢ ⊠). Es el hotel turístico más cómodo y famoso de la ciudad, un establecimiento de extraño diseño situado 3 km al este de Holguín, que a veces se ve abrumado por su propia popularidad. Las habitaciones son grandes, con balcón, y la piscina, enorme. Sin embargo, al margen de su antiestética arquitectura de inspiración soviética, adolece de los típicos males causados por la comida sosa y la música a todo volumen a altas horas de la noche. Seguramente 60 CUC por habitación doble es demasiado dinero para lo que ofrece. Dispone de acceso a Internet de uso público (6 CUC/h; 12.00-24.00) y de discoteca (entrada 2-4 CUC, según temporada).

EN LAS AFUERAS

Motel Mirador de Mayabe (Islazul; plano p. 346; ☎ 42 34 85; Alturas de Mayabe; i/d temporada baja 35/48 CUC, temporada alta 45/60 CUC; P ⊠ ⊠). Este motel, en lo alto de la loma de Mayabe, 10 km al sudeste de Holguín, dispone de 24 habitaciones arropadas por unos exuberantes jardines. Las vistas, que abarcan extensas plantaciones de mangos, son particularmente buenas desde la piscina. Su famoso reclamo es el burro Pancho que bebe cerveza y merodea cerca del bar. Se sirve comida típica cubana en la Finca Mayabe, encima del motel, donde también hay un palenque de peleas de gallos. La cercana Casa Campesina es una réplica de una granja tradicional y cuenta con un sinfín de plantas y animales autóctonos; a los niños les encanta. De Holguín parte un autobús tres veces al día hasta los pies de la loma, situada a 1,5 km del motel.

CASAS PARTICULARES EN HOLGUÍN

Augusto Gutiérrez Rodríguez (☎ 42 72 75; Morales Lemus 148, 3ª planta, entre Luz Caballero y Martí; h 20-25 CUC; ⊠). Con entrada independiente por una estrecha escalera de caracol.

Germán González Rojas (☎ 42 40 75; Ángel Guerra 178, entre Camilo Cienfuegos y carretera Central; h 20 CUC). Establecimiento alegre con varias habitaciones; además tiene un apartamento independiente con dos habitaciones, baño y patio.

Haydée Torres Marrero (☎ 42 47 21; Narciso López 151, entre Frexes y Martí; h 15 CUC; P ⊠). Piso superior amplio con nevera, terraza y cuarto de estar.

Isabel Sera Galves (☎ 42 25 29; Narciso López 142, entre Aguilera y Frexes; h 20 CUC; ⊠). Hogar agradable con un fabuloso patio trasero; en temporada baja cuesta 5 CUC menos.

La Palma, Enrique R. Interián Salermo (☎ 42 46 83; Maceo 52ª, entre 16 y 18, El Llano; h 25 CUC; ⊠). Casa neocolonial de 1945 cerca de la loma de la Cruz. El hijo del propietario es pintor y escultor. Los anfitriones son fantásticos.

Marieta González (Mendieta 37, entre Agramonte y Garayalde; h 25 CUC). De la misma familia que La Palma.

Roberto Polanco Vega (☎ 46 13 77; calle 7, nº 29, apt 4; h 20 CUC). En el reparto Julio G. Peralta, cerca de la terminal Dagoberto Sanfield Guillén, con acceso a cocina; se sirven buenas comidas.

Villa Liba Hostal, Jorge A. Mezerene (☎ 42 38 23; villaliba@yahoo.es; Maceo 46; h 25 CUC; P ⊠). Cerca de la escalera de la loma de la Cruz. Habitaciones amuebladas con gusto con capacidad para tres o cuatro personas, y un bonito patio; muy profesional.

Motel El Bosque (Islazul; plano p. 346; ☎ /fax 48 11 40; av. Jorge Dimitrov; i/d temporada baja 35/48 CUC, temporada alta 45/60 CUC, desayuno incl.; P ✲ ✲). Situado a 1 km del Hotel Pernik, cuenta con 69 *bungalows* dobles ubicados en unos extensos y verdes jardines, lo que le confiere un aspecto de sosiego que no se corresponde del todo con la realidad. Tiene un agradable bar junto a la piscina (los no huéspedes pueden entrar por 5 CUC, tarifa que incluyen 3 CUC en bebidas).

Dónde comer
RESTAURANTES
Taberna Pancho (plano p. 346; ☎ 48 18 68; av. Jorge Dimitrov; ◷ 12.00-22.00). Se trata de un animado local cubano, con algunos platos originales, situado entre el Hotel Pernik y el Motel El Bosque. En la carta nada supera los 3 CUC, ni siquiera las hamburguesas ni la cerveza Mayabe de barril. Se recomienda el especial de salchichas.

Dimar (plano p. 348; Mártires esq. con Luz Caballero; platos 2-5 CUC; ◷ 11.00-22.00). Nueva cadena de restaurantes de marisco especializada en cócteles de gambas y pescado a la parrilla baratos; situado entre las plazas Peralta y Marqueta.

Restaurante 1720 (plano p. 348; ☎ 46 81 50; calle Frexes, entre Manduley y Miró; ◷ 12.30-22.30). El restaurante más elegante de la ciudad se halla en una mansión colonial, minuciosamente restaurada, donde se puede saborear una paella (6 CUC) o gambas flambeadas (13 CUC); es un lugar excelente donde pasar la tarde si llueve. Cuenta con una cara perfumería, un opulento vestíbulo y un agradable patio interior donde, a veces, se organizan conciertos. En las placas de las paredes se explican detalles interesantes de la historia de Holguín.

Paladar La Ternura (plano p. 346; José A. Cardet 293). Muchos de los *paladares* de Holguín se han visto obligados a cerrar en los últimos años. Éste es un destacado superviviente, donde se sirven grandes raciones de pollo, cerdo y ternera en un elegante comedor.

CAFETERÍAS
Cerca de la estación de autobuses interprovinciales de la carretera Central, los concurridos puestos callejeros donde se paga en pesos son una buena opción para comer algo rápido.

Cremería Guamá (plano p. 348; Luz Caballero esq. con Manduley; ◷ 10.00-22.45). Es la Coppelia de Holguín, donde se puede disfrutar de un helado al aire libre mientras se contempla la pea-

tonal calle Manduley, la vía con más movimiento de la ciudad; se paga en pesos.

Cafetería Cristal (plano p. 348; ☎ 42 58 55; edificio Pico de Cristal, planta baja, Manduley esq. con Martí; ◷ 24 h). En este popular local, con un renqueante aire acondicionado, se sirven platos de pollo asequibles y de confianza. En la planta superior hay un restaurante más elegante (12.00-22.00).

Cafetería Tocororo (plano p. 348; Manduley 189; ◷ 24 h). Lugareños y algún que otro turista extraviado suelen abarrotar este local céntrico, situado en el parque Calixto García, donde se sirven aceptables espaguetis, *pizzas*, pollo y bocadillos.

El Rombo (plano p. 348; Frexes, entre Mártires y Máximo Gómez; ◷ 9.00-23.00). Pese a su extraño olor, en este establecimiento de Cafeterías Cubanitas se preparan enormes y sabrosos bocadillos de jamón y queso y otras viandas típicas de cafetería.

Snack Bar La Begonia (plano p. 348; ☎ 46 85 86; Maceo 176; ◷ 9.00-22.00). Es un tranquilo lugar donde conocer a otros viajeros y tomar un helado (1 CUC), un bocadillo (2-3 CUC) o una bebida bajo las pérgolas de flores del parque Calixto García. También es un lugar popular para celebrar banquetes de boda y tomar fotos de las celebraciones de 15 años (la fiesta que conmemora la entrada en la pubertad de las chicas cubanas).

También se recomiendan:

Sodería El Framboyan (plano p. 348; Maceo; ◷ 10.00-23.00). Montones de helados (cucuruchos 1 CUC, copas hasta 2,50 CUC). Cerca de Frexes.

Pizzería Roma (plano p. 348; Maceo esq. con Agramonte). *Pizza* para llevar (6 CUP).

COMPRA DE ALIMENTOS
La Luz de Yara (plano p. 348; Frexes esq. con Maceo; ◷ 8.30-19.00 lu-sa, 8.30-12.00 do). Concurridos almacenes-supermercado con una panadería; en el parque Calixto García.

La Época (plano p. 348; Frexes 194). Para comprar todo lo que se pueda imaginar; en el parque Calixto García.

Panadería La Crema (plano p. 348; Manduley 140; ◷ 7.00-22.00). Su buen surtido de panes y tartas provoca largas colas.

Hay dos **agropecuarios** (mercados de verduras; plano p. 346): uno cerca de la calle 19, en la prolongación de Morales Lemus, cerca de la estación de trenes, y otro en la calle 3, en Dagoberto Sanfield. Junto al estadio de béisbol abundan los puestos de comida (en pesos).

Dónde beber

Taberna El Cazador (plano p. 348; Maceo esq. con Agramonte). Bar con terraza y vistas al parque; se paga en pesos.

Bar La Malagueña (plano p. 348; Martí 129). Local popular, cerca del parque Calixto García, que atrae a una clientela mixta de lugareños y viajeros.

Bar Terraza (plano p. 348; ☎ 46 81 50; calle Frexes, entre Manduley y Miró; ☼ 21.00-2.00). Fantástico establecimiento situado sobre el Restaurante 1720, ideal para tomarse un mojito con vistas al parque Calixto García.

Ocio

Teatro Comandante Eddy Suñol (plano p. 348; ☎ 46 31 61; Martí 111). El principal teatro de Holguín es una joya arquitectónica de 1939 ubicada en el parque Calixto García. Acoge actuaciones tanto de la compañía de teatro de Rodrigo Prats como del Ballet Nacional de Cuba y es famoso en todo el país y fuera de él por sus zarzuelas y espectáculos de danza y música española. Aquí también pueden informar sobre la programación del famoso teatro para niños Alas Buenas.

Uneac (plano p. 348; Manduley, entre Luz Caballero y Martí). Uno de los centros neurálgicos de la vida cultural de Holguín. Si sólo se visita un centro Uneac en Cuba (hay 14, uno por provincia), conviene asegurarse de que sea éste. Situado en una casa bellamente restaurada en la peatonal calle Manduley, cuenta con una amplia oferta, desde sesiones vespertinas de literatura (con autores famosos) y musicales veladas nocturnas, hasta teatro (incluido Lorca) y crítica cultural. Abre sus puertas a todo el mundo.

También se recomiendan:

Biblioteca Álex Urquiola (plano p. 348; ☎ 46 25 62; Maceo 180). En la esquina con Martí. A menudo se programan espectáculos musicales y teatrales, incluidas actuaciones de la Orquesta Sinfónica de Holguín.

Casa de la Trova (plano p. 348; Maceo 174; ☼ ma-do). Canciones y música tradicionales en el parque Calixto García.

Casa de la Cultura (plano p. 348; Maceo 172; ☼ ma-do). Exposiciones y música clásica.

Casa Iberoamericana (plano p. 348; ☎ 42 25 33; Arias 161). En el parque Céspedes; a menudo acoge *peñas* (actuaciones musicales).

Pabellón Mestre (plano p. 346; Maceo esq. con Capitán Urbano; ☼ 21.00-tarde). Danza y actividades culturales al aire libre.

DISCOTECAS Y SALAS DE BAILE

Disco Cristal (plano p. 348; ☎ 42 58 55; edificio Pico de Cristal, Manduley 199, 3ª planta; entrada 2 CUC; ☼ 21.00-2.00 ma-ju). Situada en la esquina con Martí, es la discoteca favorita del centro de la ciudad, donde acuden los lugareños más pudientes. Desde la pista de baile hay buenas vistas. Aparte del precio de la entrada, es obligatorio pagar otros 3 CUC en consumiciones (comida o bebida).

Disco Havana Club (plano p. 346; ☎ 48 10 11; Hotel Pernik, av. Jorge Dimitrov esq. con av. XX Aniversario; huéspedes/no huéspedes 2/4 CUC; ☼ 22.00-2.00 ma-do). Es la principal discoteca de Holguín. Si el viajero se aloja en el Hotel Pernik escuchará la música, incluso desde su habitación, hasta la 1.00.

Cabaret Nocturno (☎ 42 51 85; entrada 10 CUC; ☼ 22.00-2.00). Salón de baile al estilo del Tropicana, pasada la Servi-Cupet, a 3 km por la carretera a Las Tunas. En caso de lluvia se cancela el espectáculo.

CINES

Cine Martí (plano p. 348; Frexes 204; 1-2 CUP). Para ver películas en pantalla grande hay que acudir a este cine en el parque Calixto García.

DEPORTES

Holguín es uno de los mejores lugares de la isla para ver dos de los deportes nacionales de Cuba: el béisbol y el boxeo.

Estadio General Calixto García (plano p. 346; entrada 1 CUP). Acoge los partidos de la temporada de béisbol (de octubre a abril). Se encuentra en la avenida Libertadores, cerca del Hotel Pernik. El equipo local, los Perros, ganó el campeonato nacional en 2002 por primera vez en su historia, por eso actualmente los lugareños están bastante entusiasmados. El estadio también alberga un museo del deporte.

Combinado Deportivo Henry García Suárez (plano p. 348; Maceo; entrada 1 CUP; ☼ 20.00 mi, 14.00 sa). En este discreto gimnasio, en el lado oeste del parque Peralta, se pueden ver combates de boxeo. Aquí se han entrenado tres medallistas olímpicos, incluido uno de yudo. También se puede solicitar información sobre las sesiones de entrenamiento.

De compras

La ciudad cuenta con algunas tiendas correctas. Si se tiene prisa, hay que ir directamente a la plaza de la Marqueta (plano p. 348), donde hay tiendas como Egrem (de música), Casa del Tabaco (habanos) o Galería Estampa (arte).

Fondo de Bienes Culturales (plano p. 348; ☎ 42 37 82; Frexes 196). Esta tienda del parque Calixto García cuenta con una de las mejores selecciones de artesanía cubana.

Photo Service (plano p. 348; Frexes, entre Máximo Gómez y Mártires). Dispone de todo tipo de material fotográfico.

Cómo llegar y salir

AVIÓN

El **aeropuerto Frank País** de Holguín (☎ 46 25 12; código HOG) está 13 km al sur de la ciudad y goza de una buena organización; semanalmente recibe 16 vuelos internacionales desde destinos como Ámsterdam, Dusseldorf, Londres, Montreal y Toronto. Casi todos los pasajeros se dirigen directamente en autobús a Guardalavaca y ven poco de Holguín.

Los vuelos nacionales se efectúan con **Cubana** (☎ 46 25 12, 46 25 34; Manduley esq. con Martí), que vuela a diario a La Habana (103 CUC sólo ida, 2 h) y Aerocaribbean (billetes disponibles en la oficina de Cubana).

AUTOBÚS

Al oeste del centro, cerca del hospital Lenin, está la **estación de autobuses interprovinciales** (plano p. 346; ☎ 46 10 36; carretera Central esq. con Independencia), donde se toman los autobuses Astro hacia La Habana (28 CUC, 1 diario), Guantánamo (11 CUC, 1 en días alternos) y Santiago (7,50 CUC, 1 en días alternos).

Los de **Viazul** (www.viazul.com), con aire acondicionado, salen a diario; algunos de sus destinos son:

Destino	Precio (ida)	Hora de salida
La Habana	44 CUC	13.25, 18.45
Santiago de Cuba	11 CUC	3.25, 16.50, 22.15
Trinidad	26 CUC	23.00

El autobús de La Habana tiene paradas en Las Tunas (6 CUC), Camagüey (11 CUC), Ciego de Ávila (17 CUC), Sancti Spíritus (21 CUC) y Santa Clara (26 CUC). El de Santiago de Cuba lo hace en Bayamo (6 CUC). Para ir a Guantánamo o Baracoa se debe hacer transbordo en el propio Santiago.

TREN

La **estación de trenes** (plano p. 346; ☎ 42 23 11; calle V Pita) está en la zona sur de la ciudad. Los extranjeros deben comprar los billetes en convertibles en la **taquilla Ladis** (☷ 7.30-15.00). El despacho de billetes está indicado con el letrero "U/B Ferrocuba Provincial Holguín", en la esquina de Manduley, frente a la estación.

En teoría hay un tren diario por la mañana a Las Tunas (4 CUC, 2 h), otro también diario pero por la tarde a Santiago de Cuba (5 CUC, 3½ h) y uno más todos los días a las 18.15 a La Habana (31 CUC, 15 h). Este último para en Camagüey (9 CUC), Ciego de Ávila (13 CUC), Guayos (17 CUC), Santa Clara (20 CUC) y Matanzas (20 CUC). Quizá se deba cambiar de tren en el empalme principal Santiago-La Habana de Cacocum, 17 km al sur de Holguín.

Pese a lo anterior, el único servicio que funciona con cierta regularidad es el de La Habana. El de Santiago de Cuba es bastante intermitente; es imprescindible informarse antes de planificar el viaje.

CAMIÓN

Los camiones hacia destinos del sur y el oeste parten desde la **terminal La Molienda** (plano p. 346; ☎ 46 20 11; carretera Central 46), entre las estaciones de autobús y trenes. Salen cada vez que se llenan hacia Las Tunas y Bayamo (4 CUP c/u); la última salida es en torno a las 14.00. También puede tomarse un colectivo por unos 20 CUP. Como no hay camiones directos a Santiago de Cuba o Camagüey, el viaje debe hacerse por etapas.

Desde la **terminal Dagoberto Sanfield Guillén** (plano p. 346; av. Libertadores), frente al estadio General Calixto García, salen al menos dos camiones diarios a Gibara (2 CUP; en ventanilla, 6 CUP), Banes (4 CUP; en ventanilla, 5 CUP) y Moa (9 CUP; en ventanilla, 5 CUP). Para ir a Guardalavaca hay que tomar un camión a Rafael Freyre (también conocido como Santa Lucía; 2 CUP, en ventanilla, 3 CUP) y allí buscar otro medio de transporte.

Si nunca antes se ha viajado en camión, Holguín es un buen lugar para iniciarse.

Cómo desplazarse

A/DESDE EL AEROPUERTO

El autobús público al aeropuerto sale a diario sobre las 14.00 desde la **parada del autobús al aeropuerto** (plano p. 346; General Rodríguez 84) del parque Martí, cerca de la estación de trenes. Un taxi turístico cuesta entre 8 y 10 CUC. También se puede pasar la última noche en Bayamo y luego desplazarse hasta el aero-

puerto de Holguín en taxi (18-20 CUC) o camión (3 CUP).

'BICITAXI'
Hay *bicitaxis* por todas partes. Cuestan 5 CUP por un recorrido corto y 10 CUP por uno largo.

AUTOMÓVIL
Hay alquiler de vehículos en los siguientes puntos:

Havanautos Motel El Bosque (plano p. 346; ☎ 48 81 57; av. Jorge Dimitrov); aeropuerto Frank País (☎ 46 84 12)

Micar Cafetería Cristal (plano p. 348; ☎ 46 85 59; Manduley esq. con Martí); Hotel Pernik (plano p. 346; ☎ 48 16 52; av. Jorge Dimitrov esq. con av. XX Aniversario)

Transtur Hotel Pernik (plano p. 346; ☎ 48 10 11; av. Jorge Dimitrov esq. con av. XX Aniversario); aeropuerto Frank País (☎ 46 84 14). También se alquilan ciclomotores.

Hay una **gasolinera Servi-Cupet** (carretera Central; ☺ 24 h) yendo a Las Tunas, a 3 km; existe otra fuera de la ciudad, en la carretera a Gibara. La **gasolinera Oro Negro** (carretera Central) se encuentra en el extremo sur de Holguín. La carretera a Gibara está al norte, por la avenida Cajígal; para llegar a la playa Herradura también se debe tomar esta carretera y, al cabo de 5 km, girar a la izquierda en la bifurcación.

TAXI
Cubataxi (plano p. 348; ☎ 42 32 90; Miró 133) ofrece servicios a Guardalavaca por 20 CUC. A Gibara puede negociarse un precio cerrado de ida y vuelta (en torno a los 25-30 CUC).

GIBARA
☎ 24 / 28.826 hab.

Gibara, la salida al mar de la región de Holguín, fue antaño una importante población exportadora de azúcar unida por tren a la capital provincial. Con la construcción de la carretera Central en los años veinte, Gibara perdió su poder comercial y tras suspenderse el último servicio ferroviario en 1958, la población cayó en un letargo del que aún no se ha despertado.

Aquí arribó por primera vez Cristóbal Colón en 1492, en una zona a la que llamó Río de Mares, por los ríos Cacoyugüín y Yabazón, que desembocan en la bahía de Gibara. El nombre actual procede de *jiba*, nombre indígena de un arbusto que aún crece en las orillas fluviales.

En 1817 fue refundada y prosperó durante el s. XIX a remolque de la expansión de la industria azucarera y el comercio que ésta conllevaba. Para protegerse de los ataques piratas, a principios del 1800 se construyeron cuarteles y se rodeó la urbe con una muralla de 2 km, de modo que se convirtió en la segunda ciudad amurallada de la isla tras La Habana. Sus antiguas fachadas, de un blanco reluciente, le valieron el apodo de "Villa Blanca".

Situada a 33 km de Holguín por una pintoresca carretera serpenteante que atraviesa agradables pueblecitos, Gibara es un lugar recogido y pequeño, cuyo irrepetible ambiente oceánico le confiere un marcado carácter que la diferencia del resto de Cuba. Casi como una Baracoa en miniatura, esta bella localidad a orillas de la bahía se caracteriza por sus bonitas plazas, los desmoronados restos de edificios coloniales y una panorámica digna de postal desde la Silla de Gibara.

Cada mes de abril la ciudad acoge el **Festival Internacional de Cine Pobre,** que atrae a cineastas de todo el mundo.

Información
Casi todos los servicios se hallan en la calle Independencia.

Banco Popular de Ahorro (Independencia esq. con Cuba). Se cambian cheques de viaje.

Bandec (Independencia esq. con J. Peralta). También cambian cheques de viaje.

Oficina de correos (Independencia, 15). Cuenta con algunos teléfonos públicos.

Puntos de interés
En la parte alta de la calle Cabada se alza **el Cuarterón,** un antiguo fuerte colonial de ladrillo en ruinas. Aún conserva unos gráciles arcos y desde él las vistas de la ciudad y la bahía son fabulosas. Siguiendo por la misma calle unos 200 m hasta el restaurante El Mirador, se llega a otro punto panorámico aún mejor. Por el camino se verán los restos de las viejas fortalezas coloniales y del **fuerte Fernando VII,** situado en el cabo, pasado el parque de las Madres, una manzana después del parque Calixto García.

La principal atracción del **parque Calixto García** (cercado por extraños robles africanos con grandes vainas en forma de pene) es la **iglesia de San Fulgencio** (1850). La estatua de la Libertad de enfrente conmemora la Segunda Guerra de Independencia. En el

lado oeste de la plaza, en un bonito palacio colonial (más interesante que los animales disecados que alberga), se halla el **Museo de Historia Natural** (Luz Caballero 23; entrada 1 CUC; 8.00-12.00 y 13.00-17.00 lu-mi, 8.00-12.00, 13.00-17.00 y 20.00-22.00 ju-do). A través de los barrotes de las ventanas se ve a mujeres liando puros *cheroot* en la fábrica de cigarros del otro lado de la plaza.

Dos museos comparten el espacio de la mansión colonial (1872) situada en el número 19 de la calle Independencia: en la planta inferior, el **Museo de Historia Municipal** (entrada 1 CUC; 8.00-12.00 y 13.00-17.00 lu-mi, 8.00-12.00, 13.00-17.00 y 20.00-22.00 ju-do) y en la superior, el **Museo de Artes Decorativas** (3-4407; entrada 2 CUC; 8.00-12.00 y 13.00-17.00 lu-mi, 8.00-12.00, 13.00-17.00 y 20.00-22.00 ju-do). Este último, más interesante, cuenta con casi 800 piezas procedentes de la época de esplendor de Gibara. Al otro lado de la calle está la **Galería Cosme Proenza** (Independencia 32), abarrotada de obras de uno de los principales pintores cubanos (el que le da nombre).

Actividades

A poca distancia de Gibara hay dos playas decentes. A la **playa Los Bajos** se suele acceder en *ferry* local (2 CUP) o en esquife (ida y vuelta 3 CUC) desde el muelle pesquero de La Enramada, la carretera del litoral que sale de la ciudad. Los barcos cruzan la bahía de Gibara hasta la playa Blanca y desde allí, 3 km al este, se halla la playa Los Bajos.

Es necesario disponer de un medio de transporte propio para llegar a la encantadora **playa Caletones,** 17 km al oeste de Gibara. La arena blanca y el mar azul la convierten en un lugar predilecto de los veraneantes de Holguín. La población está destartalada y carece de servicios, exceptuando el chiringuito con techo de paja custodiado por una palmera que hace las veces de bar en verano; no obstante, los lugareños se ofrecen gustosos para preparar comidas.

Dónde dormir

Actualmente no hay hoteles, pero existen algunas casas particulares magníficas (véase recuadro).

Dónde comer

Dada la insuficiente oferta hostelera de Gibara, el viajero no se alejará demasiado de la casa particular donde se aloje para comer algo. A continuación se reseñan algunos lugares, aunque sólo se recomiendan como último recurso.

Restaurante El Faro (La Concha). Es un local sencillo situado en el parque de las Madres, con vistas a la bahía, sirve pollo y pescado.

Bar El Coral (La Concha; 24 h). Muy similar al anterior.

Anclado entre el Museo de Historia Natural y el Casino Español, el viajero encontrará el Patio Colonial, un autoservicio al aire libre con actuaciones musicales. Cerca, en **El Caribe** (parque Calixto García), se sirven *pizzas* y se aceptan convertibles.

No muy lejos del Cuartelón, por encima de la ciudad, está el restaurante El Mirador; ofrece unas panorámicas impresionantes y

---

CASAS PARTICULARES EN GIBARA

Entre las 23 casas de Gibara, hay algunas verdaderas joyas.

Hostal La Bombilla, Enrique Reyes Sánchez (3-4535; Céspedes 7, entre J. Peralta y Luz Caballero; h 20-25 CUC;). Habitaciones recién redecoradas en un hogar agradable y familiar. A una manzana del mar.

Hostal Vitral, Nancy Pérez (3-4469; Independencia 36, entre J. Peralta y Calixto García; h 20 CUC;). Fabulosa casa colonial restaurada, con azotea y hamacas; se sirven comidas. Hay cuatro encantadoras habitaciones para elegir.

La Casa de los Amigos (3-4115; lacasadelosamigos@yahoo.fr; Céspedes 15, entre J. Peralta y Luz Caballero; h 20-25 CUC;). Una de las más extraordinarias de Cuba, con frescos, tallas de madera y un enorme patio lleno de colorido. Las habitaciones son las típicas de un hotel con encanto, con lavabos antiguos y comida de fusión franco-cubana.

Leoncia Milagros (3-4493; J. Agüero; h 20 CUC). Detrás de la terminal de autobuses, gestionada por una servicial familia, con habitaciones bonitas y copiosas comidas servidas en la terraza.

Odalys y Luis (3-4542; Céspedes 13, entre Luz Caballero y J. Peralta; h con ventilador/a.a. 20 CUC). Habitaciones grandes en una casa colonial con patio; situada a una manzana y media del parque Calixto García; buenas comidas.

Villa Boquerón, Isidro Rodríguez López (3-4559; av. Rabi 53, entre J. Peralta y Luz Caballero; h 20-25 CUC;). Agradable casa familiar, a 5 m del mar; sirven buenas comidas.

es perfecto para saciar la sed tras el ascenso a la colina.

Dónde beber y ocio

Cine Jiba (parque Calixto García). Establecimiento recién restaurado donde ver películas en pantalla grande en la autodenominada "capital cubana del cine".

Casa de Cultura (parque Colón). En el agradable patio interior se organizan desde veladas de salsa hasta recitaciones de poemas de Nicolás Guillén.

Los espectáculos de teatro y danza tienen lugar en el histórico Casino Español (1889).

Cómo llegar y salir

Para salir de Gibara en transporte público hay mucha demanda, así que conviene no retrasarse para tomar el camión de las 5.10 (1 CUP). La estación de autobuses está a 1 km por la carretera a Holguín. Hay dos autobuses diarios en cada sentido y un taxi (a Holguín) cuesta unos 20 CUC.

Si se va en vehículo propio hacia Guardalavaca, hay que tener en cuenta que el principio de la carretera, a partir del cruce de Floro Pérez, es un auténtico infierno; mejora bastante al salir de Rafael Freyre. A la entrada de la localidad hay una gasolinera Oro Negro.

RAFAEL FREYRE Y ALREDEDORES

La franja entre Rafael Freyre (Santa Lucía en algunos mapas) y Guardalavaca está en rápido desarrollo. Los complejos turísticos de categoría ya han empezado a colonizar la **playa Pesquero**, una pequeña cala de 1 km a la que se accede por una carretera secundaria antes del cruce de Cuatro Palmas. De arena dorada y aguas poco profundas, el Gobierno cubano está encantado con los beneficios que genera. En los catálogos de viajes y hoteles esta zona se denomina Costa Verde, e incluye también la playa Esmeralda y Guardalavaca (muchísimo más pobre).

Sólo 3 km al oeste de Don Lino está **playa Blanca,** en cuyas cercanías atracó Colón en 1492. La fabulosa conjunción de las dos culturas se recoge en el **Parque Nacional Monumento Bariay** (Parque Natural Cristóbal Colón; entrada 8 CUC) a través de una variada mezcla de piezas interesantes y recuerdos; entre ellos destaca el impresionante monumento de estilo helénico creado por Caridad Ramos, una artista de Holguín, con motivo del quinto centenario del Descubrimiento en 1992. Otros luga-

res de interés son el centro de información, los restos de un **fuerte colonial** del s. XIX, tres **cabañas taínas** reconstruidas, un **museo arqueológico** y el aceptable restaurante Columbo. Es un agradable destino para pasar la tarde.

Junto a la carretera que conduce a los complejos de la playa Pesquero se encuentra **Rocazul** (☎ 3-0833; excursión 1 día 30 CUC, comida incl.), un prometedor establecimiento de ecoturismo donde se ofrecen rutas guiadas de *trekking,* a caballo, en bicicleta de montaña y en barca (también para pescar). Abundan las colinas, los senderos y los accesos al mar y, además, hay una granja de avestruces, aunque el parque no es barato por su proximidad a los caros complejos turísticos de Holguín.

Dónde dormir y comer
PLAYA PESQUERO

Playa Costa Verde (Gaviota; plano p. 357; ☎ 3-0520; i/d temporada baja 119/190 CUC, temporada alta 169/270 CUC; P ⊠ 🖳 🐾). Popular entre buceadores y con un 85% de clientes canadienses, la dirección de este establecimiento ha pasado hace poco de Super Clubs a Gaviota, un cambio probablemente a mejor. Ofrece buenas salidas de buceo y submarinismo.

Hotel Playa Pesquero (Gaviota; plano p. 357; ☎ 3-0530; i/d desde 129/224 CUC; P ⊠ 🖳 🐾). El mayor hotel del país, con 933 fabulosas habitaciones abiertas en 2004, es del tamaño de un pequeño pueblo con sus correspondientes instalaciones. Es tan grande que los huéspedes usan cochecitos de golf para desplazarse por el interior, diseñado con bastante vista. Cuenta con unos 10 restaurantes (uno vegetariano), una piscina gigantesca, un pequeño centro comercial y actividades organizadas para huéspedes de todas las edades, desde bebés hasta gente mayor; la playa, como es de esperar, es fantástica.

Los otros dos complejos hoteleros de la zona son Grand Playa Turquesa y Blau Costa Verde, ambos establecimientos de cuatro estrellas para alojarse en régimen de "todo incluido" con precios y prestaciones semejantes.

ALREDEDORES DE RAFAEL FREYRE

Campismo Silla de Gibara (Cubamar; plano p. 357; ☎ 42 15 86; 7,50 CUC/persona; 🐾). Este *camping* se asienta en una ladera entre Floro Pérez y Rafael Freyre, 35 km al sudeste de Gibara por una carretera llena de baches; está a 1,5 km de la carretera principal. Dispone de 42 habitaciones para dos, cuatro o seis

personas que no destacan precisamente por su comodidad, aunque sí por las vistas. Se puede hacer una excursión hasta una cueva situada 1,5 km más arriba de la montaña o bien alquilar un caballo. Las reservas se efectúan a través de **Cubamar** (☎ 7-831-3151; www.cubamarviajes.cu; calle 3 esq. con Malecón, Vedado), en La Habana, o de **Reservaciones de Campismo** (plano p. 348; ☎ 42 28 81; Mártires 87; ◴ 8.00-18.00 lu-vi, 8.00-12.00 sa), en Holguín.

Villa Don Lino (Islazul; plano p. 357; ☎ 2-0443; i/d temporada baja 37/47 CUC, temporada alta 50/60 CUC; ⊜). Establecimiento situado 8,5 km al norte de Rafael Freyre por una carretera secundaria. En sus 36 cabañas de una planta suelen alojarse parejas, pues la cercana cala de arena blanca la convierte en un romántico refugio. Es una buena opción para quienes pretendan recalar en Guardalavaca pero no alojarse allí. Los lectores la aconsejan vivamente.

GUARDALAVACA

Guardalavaca es una larga hilera de megacomplejos turísticos 54 km al nordeste de Holguín, en una zona de playas idílicas. Al fondo despunta el paisaje de accidentados campos verdes y colinas como almiares, un sugerente guiño para los turistas en busca de relax bajo el sol.

Antes de la construcción de dichos complejos, Colón describió esta franja costera como el lugar más bello que jamás había visto. Hoy, pocos visitantes lo llevarían la contraria. La perenne popularidad de Guardalavaca, un destino que el viajero adorará o detestará, se basa en una arrolladora mezcla de envidiables playas tropicales, frondosas colinas verdes y arrecifes de coral protegidos por aguas color turquesa que, para muchos viajeros entendidos, eclipsan por completo a otros núcleos turísticos de la isla.

A principios del s. xx toda la región era un importante centro de cría de ganado que acogía una pequeña comunidad rural (el nombre Guardalavaca debe entenderse de forma completamente literal). El *boom* turístico no empezó hasta finales de los años setenta, cuando Fidel Castro, natural de Holguín, inauguró el primer complejo (el gigantesco Atlántico) al darse un baño rápido en la piscina del hotel. Desde entonces, la economía local no ha hecho sino crecer alimentada con los dólares foráneos.

La zona turística se divide en tres partes independientes: playa Pesquero (véase p. 355), playa Esmeralda y Guardalavaca en sí, situada 7 km al este, que fue la primera franja hotelera y cuya antigüedad empieza a hacerse evidente. A diferencia de Varadero y Cayo Coco, Guardalavaca es más modesta y discreta. Por suerte, los cubanos pueden acceder a las playas, lo cual añade al lugar un toque de color local.

Información

URGENCIAS

Asistur (plano p. 358; ☎ 3-0148; centro comercial Guardalavaca; ◴ 8.30-17.00 lu-vi, 8.30-12.00 sa)

ASISTENCIA MÉDICA

Clínica Internacional (plano p. 358; ☎ 3-0291). En Villa Cabañas hay una farmacia abierta 24 horas.

DINERO

Se aceptan euros en todos los complejos de Guardalavaca, playa Esmeralda y Pesquero. **Banco de Crédito y Comercio** (plano p. 358; ☎ 3-0223; ◴ 8.00-12.00 y 13.30-15.00 lu-vi). Detrás del Hotel Guardalavaca, cerca de la playa. **Banco Financiero Internacional** (plano p. 358; ☎ 3-0272; centro comercial Guardalavaca). Al oeste del Club Amigo Atlántico Guardalavaca.

AGENCIAS DE VIAJES

Cubatur (plano p. 358; ☎ 3-0171; fax 3-0170; ◴ 8.00-16.00). Detrás del centro comercial Los Flamboyanes. **Ecotur** (plano p. 358; ☎ 3-0155; Villa Cabañas 8). Organiza excursiones de aventura por tierra y mar. **Havanatur** (plano p. 358; ☎ 3-0260; centro comercial Los Flamboyanes) **Sol y Son** (plano p. 358; ☎ 3-0417; Club Amigo Atlántico Guardalavaca; ◴ 8.00-12.00 lu, ma, ju y vi). Oficina de reservas de los vuelos de Cubana fuera de Holguín.

Puntos de interés y actividades

Se pueden contratar **excursiones a caballo** en el rancho Naranjo, cerca del helipuerto del Sol Río Luna Mares Resort y en el centro de equitación que hay frente al Hotel Guardalavaca. En todos los hoteles se alquilan **ciclomotores** por un máximo de 30 CUC al día. Casi todos los paquetes de pensión completa incluyen el uso de bicicletas y la zona está llena de carreteras solitarias, ideales para practicar ciclismo de forma relajada.

Paracaidismo Guardalavaca (☎ 3-0780, 3-0695; cubasol@guard.gvc.cyt.cu) ofrece prácticas de *skydiving* en tándem por 150 CUC por persona, incluido el traslado a/desde el hotel (la grabación en vídeo del salto cuesta 45 CUC

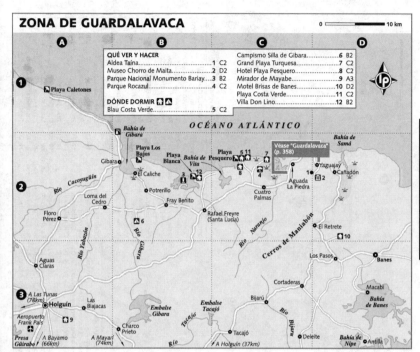

ZONA DE GUADALAVACA

0 ————— 10 km

QUÉ VER Y HACER
Aldea Taína...............................1 C2
Museo Chorro de Maita................2 D2
Parque Nacional Monumento Bariay....3 B2
Parque Rocazul............................4 C2

DÓNDE DORMIR
Blau Costa Verde.........................5 C2

Campismo Silla de Gibara................6 B2
Grand Playa Turquesa....................7 C2
Hotel Playa Pesquero.....................8 C2
Mirador de Mayabe.......................9 A3
Motel Brisas de Banes...................10 D2
Playa Costa Verde.......................11 C2
Villa Don Lino...........................12 B2

Véase "Guardalavaca" (p. 358)

PROVINCIA DE HOLGUÍN

más). Por 45 CUC también se puede remontar el vuelo en un ultraligero remolcado por una *zodiac*. Estos servicios se pueden contratar en todos los hoteles.

BAHÍA DE NARANJO

El **Parque Natural Bahía de Naranjo** (plano p. 358), 4 km al sudoeste de playa Esmeralda y a unos 8 km de la zona principal de Guardalavaca, es un complejo de islas diseñado para entretener a los huéspedes de los centros turísticos. El **acuario** (plano p. 358; ☎ 3-0132; ☼ 9.00-21.00), en una isleta de la bahía, incluye en el precio de la entrada un recorrido en lancha rápida por las islas del complejo y la asistencia a un espectáculo de delfines y leones marinos (12.00 a diario). Por unos 40 CUC se pueden contratar varios paquetes, dependiendo de lo que se quiera hacer (excursiones en velero, safaris marinos, etc.), así que es recomendable informarse antes de embarcar. Por 50 CUC más aproximadamente, el viajero podrá darse un chapuzón con los delfines durante unos 20 minutos. En las recepciones de todos los hoteles de Guardalavaca (y playa Esmeralda) se venden

excursiones al acuario. Los barcos zarpan de Marina Bahía de Naranjo.

En la carretera secundaria que lleva a los complejos de playa Esmeralda se halla la que debe ser **zona de práctica de golf** más pequeña y penosa del mundo (plano p. 358; 60/100 bolas 4/6 CUC; ☼ 8.00-19.00). Al final de la carretera se llega al **sendero eco-arqueológico Las Guanas** (plano p. 358; entrada 6 CUC; ☼ 8.00-16.30). Catorce especies de plantas endémicas pueblan este camino señalizado de 1 km de longitud (después el sendero sigue varios kilómetros más, por trochas cortafuegos llenas de maleza, hasta un pintoresco risco con un faro); como propuesta alternativa es bastante buena, aunque pagar 6 dólares por recorrer 1 km parece excesivo.

MUSEO CHORRO DE MAITA

Este **museo** (plano p. 357; ☎ 3-0421; entrada 2 CUC; ☼ 9.00-17.00 ma-sa, 9.00-13.00 do) protege un yacimiento arqueológico que incluye los restos prehispánicos de una aldea y un cementerio, además de 62 esqueletos humanos bien conservados y los huesos de un perro. La colonia data de principios del s. XVI y es uno de los casi 100 yacimientos arqueológicos

GUARDALAVACA

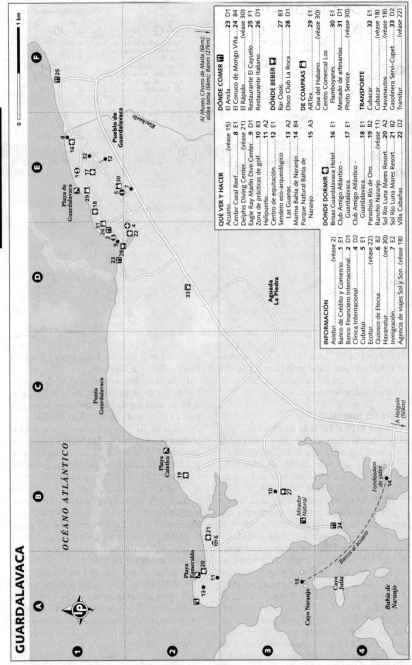

OCÉANO ATLÁNTICO

Bahía de Naranjo

Al Museo Chorro de Maíta (6km);
aldea Taína (6km); Banes (27km)

INFORMACIÓN

Asistur		(véase 2)
Banco de Crédito y Comercio	**1**	E1
Banco Financiero Internacional	**2**	D1
Clínica Internacional	**4**	D2
Cubatur	**5**	E1
Ecotur		(véase 22)
Havanatur	**6**	B2
Quiosco de Etecsa		(see 30)
Inmigración	**7**	E2
Agencia de viajes Sol y Son		(véase 18)

QUÉ VER Y HACER

Acuario		(véase 15)
Center Coral Reef	**8**	E1
Delphis Diving Center		(véase 21)
Eagle Ray Marlin Dive Center	**9**	D1
Zona de prácticas de golf	**10**	B3
Helipuerto	**11**	A2
Centro de equitación	**12**	E1
Sendero eco-arqueológico Las Guanas	**13**	A2
Marina Bahía de Naranjo	**14**	B4
Parque Natural Bahía de Naranjo	**15**	A3

DÓNDE DORMIR

Brisas Guardalavaca Hotel	**16**	E1
Club Amigo Atlántico - Guardalavaca	**17**	E1
Club Amigo Atlántico - Guardalavaca	**18**	E1
Paradisus Río de Oro	**19**	B2
Rancho Naranjo		(véase 11)
Sol Río Luna Mares Resort	**20**	A2
Sol Río Luna Mares Resort	**21**	B2
Villa Cabañas	**22**	D2

DÓNDE COMER

El Ancla	**23**	D1
El Conuco de Mongo Viña	**24**	B4
El Rápido		(véase 30)
Restaurante El Cayuelo	**25**	F1
Restaurante Italiano	**26**	D1

DÓNDE BEBER

Bar Oasis	**27**	B3
Disco Club La Roca	**28**	D1

DE COMPRAS

ARTex	**29**	E1
Casa del Habano		(véase 30)
Centro Comercial Los Flamboyanes	**30**	E1
Mercado de artesanías	**31**	D1
Photo Service		(véase 30)

TRANSPORTE

Cubacar	**32**	E1
Cubacar		(véase 18)
Havanautos		(véase 18)
Sol Río Luna Mares Resort	**33**	D2
Gasolinera Servi-Cupet	**33**	D2
Transtur		(véase 22)

0 ——— 1 km

A Holguín (50km)

de la zona. Frente al museo se alza la reconstrucción de una **aldea taína** (entrada 3 CUC), con reproducciones de casas y personajes indígenas de tamaño natural. Hay espectáculos de danzas rituales y un restaurante.

SUBMARINISMO

El arrecife está a 200 m de la costa y cuenta con 32 zonas de inmersión, casi todas accesibles en barco. Hay cuevas, pecios, paredes, grandes corales y esponjas gigantes, aparte de montones de peces de vivos colores. En los siguientes establecimientos se imparten cursos para obtener el título de submarinismo en mar abierto por 350 CUC y otros turísticos por 50 CUC; también ofrecen inmersiones por 35 CUC (con descuento si es más de una).

Center Coral Reef (plano p. 358; ☎ 3-0774). Junto al Brisas Guardalavaca Hotel. Ofrece sesiones de buceo con tubo de 90 minutos en barcos de fondo transparente, pesca de altura (270 CUC hasta 6 pasajeros) y un combinado en *jeep* y *zodiac* para los más aventureros que incluye la comida y un paseo a caballo.

Delphis Diving Center (plano p. 358; Sol Río Luna Marés). Organiza inmersiones y cursos de titulación para los huéspedes de los dos complejos del Grupo Sol Meliá en playa Esmeralda.

Eagle Ray Marlin Dive Center (Cubanacán Náutica; plano p. 358; Cubanacán Náutica; ☎ 3-0316). En la playa que hay detrás del Disco-Club La Roca. Programa y precios similares a los del Center Coral Reef.

Dónde dormir

El alquiler de habitaciones privadas está prohibido, así que es imposible pernoctar en una casa particular. Banes, 33 km al sudeste, es la población más cercana con este tipo de alojamiento.

GUARDALAVACA

Villa Cabañas (plano p. 358; ☎ 3-0144; h 57 CUC; 🔀). Es el lugar menos caro de Guardalavaca, así que sus 20 cabañas suelen estar reservadas; se recomienda llamar antes. Las cabañas, bien de precio, tienen capacidad para tres personas y disponen de cocina. Las habitaciones tienen TV, agua caliente y alguna que otra rana. Se encuentra detrás de la Clínica Internacional; la playa y el resto de las instalaciones de Guardalavaca están a un paso por la carretera. También hay una oficina de Ecotur y una lavandería.

Club Amigo Atlántico Guardalavaca (Cubanacán; plano p. 358; ☎ 3-0121, i/d desde 79/128 CUC;

GUARAPO

El guarapo es el zumo de la caña de azúcar prensado directamente del carrizo y servido con hielo; se elabora en antiguas prensas y se vende por un par de pesos en los puestos que invaden los arcenes de toda Cuba.

Para los cubanos esta bebida es una fuente de energía refrescante: apaga la sed y levanta el ánimo de los laboriosos trabajadores agrícolas que vuelven de los cañaverales. También se rumorea que posee propiedades mágicas que potencian la fertilidad, para solaz de los consumidores más supersticiosos.

Si el viajero está sediento y sin fuerzas tras un día de conducción por las desconcertantes carreteras cubanas, debe tener siempre unos pocos pesos a mano para detenerse allí donde lea un cartel que indique: "Guarapero". El dulce jugo también es un excelente tónico para ciclistas hipoglucémicos y excursionistas extenuados.

🅿 🔀 🖥 🏊). Este descomunal complejo es fruto de la fusión de los antiguos hoteles Guardalavaca y Atlántico (el más antiguo de ambos, acabado en 1976). La arquitectura de esta pequeña "aldea" (en total, 600 habitaciones) presenta una monótona disposición en bloques y, en algunas partes, se empieza a notar la antigüedad (la pintura está descolorida). Sin embargo, el complejo cuenta con una amplia oferta de alojamientos: villas, *bungalows* y habitaciones estándares, y es una opción que siempre ha gozado de mucha popularidad entre las familias por su completo programa de actividades infantiles. Casi todos los huéspedes son canadienses e ingleses.

Brisas Guardalavaca Hotel (Cubanacán; plano p. 358; ☎ 3-0218; fax 3-0162; i/d todo incluido/temporada baja desde 95/140 CUC, temporada alta 115/180 CUC; 🅿 🔀 🖥 🏊). Este colosal complejo formado por Villa las Brisas y Hotel las Brisas, situado en el extremo oriental de la playa, es el edén de los viajes organizados. Pese a que la playa es más bien pequeña, no cabe duda de que es el hotel de mayor categoría de Guardalavaca, con grandes y limpias habitaciones, buen servicio y una ubicación tranquila. Entre sus instalaciones se encuentra la discoteca La Dolce Vita, así como canchas de tenis con iluminación nocturna

y un completo programa de deportes acuáticos, incluido el submarinismo.

PLAYA ESMERALDA

Apenas 6 km más al oeste, los complejos se encarecen y están más aislados. Playa Esmeralda, con sus aguas jade tornasoladas, sus calas escarpadas y su posición recogida, ofrece ese ambiente íntimo paradisíaco que le falta a Guardalavaca. Las reservas pueden efectuarse a través de **Havanatur** (plano p. 358; ☎ 3-0260; centro comercial Los Flamboyanes) o la **agencia de viajes San Cristóbal** (☎ 7-861-9171/2; www.sancristobaltravel.com; Oficios 110, entre Lamparilla y Amargura, La Habana Vieja), en La Habana.

Sol Río Luna Mares Resort (Gaviota; plano p. 358; ☎ 3-0030; i/d 210/300 CUC; P ⌘ ▯ ☲). Este hotel es la fusión (algo que se lleva mucho en Cuba) del antiguo Sol Club Río de Luna y el Meliá Río de Mares. El segundo está más cerca de la playa y, en general, tiene una mejor distribución. Aun sin estar alojado, se puede acceder a los restaurantes, bares, tiendas y centros de ocio.

Paradisus Río de Oro (Gaviota; plano p. 358; ☎ 3-0090; fax 3-0095; i/d 335/520 CUC; P ⌘ ▯ ☲). Las cinco estrellas relucen en este complejo de 292 habitaciones –que parece más pequeño de lo que es gracias a su inteligente distribución–, así como el servicio de confianza y el paisaje que lo oculta. El huésped podrá mecerse en una hamaca contemplando el mar o darse un masaje en una cabaña junto al acantilado. Incluso cuenta con un restaurante japonés flotante en un estanque *koi*. Las villas del jardín, con piscina propia, cuestan 900 CUC.

Dónde comer

Restaurante Italiano (plano p. 358; ☒ 10.00-23.00). Junto al centro comercial Guardalavaca, ofrece *pizzas* grandes y un servicio rápido y amable. Una buena comida para dos no supera los 10 CUC.

Restaurante El Cayuelo (plano p. 358; ☎ 3-0736; ☒ 10.00-23.00). El marisco es la especialidad de la casa: se sirven langostas enteras por menos de 20 CUC. Está en la playa, 800 m al este del Brisas Guardalavaca Hotel.

Otros lugares recomendados son:

El Ancla (plano p. 358; ☎ 3-0381; ☒ 11.00-23.00). Marisco y bella ubicación costera, al oeste del Disco-Club La Roca.

El Conuco de Mongo Viña (plano p. 358; comida de 3 platos 8 CUC; ☒ 9.00-4.00). En la bahía de Naranjo, a 2 km del Sol Meliá.

El Rápido (plano p. 358; centro comercial Los Flamboyanes; ☒ 24 h). También tiene mesa de billar y videojuegos.

Dónde beber y ocio

Disco-Club La Roca (plano p. 358; ☎ 3-0167; entrada 1 CUC; ☒ 13.00-17.00 y 21.30-3.00). Esta discoteca, al oeste del centro comercial Guardalavaca, cuenta con una agradable zona al aire libre que da a la playa. También abre de día, cuando ofrece videojuegos, karaoke y otras diversiones gratuitas.

Bar Oasis (plano p. 358; ☒ 7.00-23.00). A este pequeño bar con techo de paja, cerca de la zona de prácticas de golf, acuden enjambres de turistas a tomarse una Cristal helada.

De compras

Hay un pequeño mercado de artesanía cerca del Club Amigo Atlántico Guardalavaca. ARTex, detrás del Hotel Guardalavaca, cuenta con una buena selección de CD.

Otras propuestas son:

Casa del Habano (centro comercial Los Flamboyanes). Tantos cigarros como se puedan imaginar.

Photo Service (plano p. 358; centro comercial Los Flamboyanes). En el principal centro comercial; hace un poco de todo, desde revelar carretes hasta fotografías de pasaporte.

Cómo llegar y salir

A veces, el Club Amigo Atlántico Guardalavaca organiza los traslados a Holguín por 10 CUC; conviene informarse. Un taxi de Guardalavaca a Holguín (sólo ida) cuesta la friolera de 40 CUC. **TaxiOK** (☎ 3-0243) o **Transgaviota** (☎ 3-0966) ofrecen servicio de radio-taxi.

Cómo desplazarse

Los conductores de los autobuses para el personal de los hoteles tienen órdenes estrictas de no llevar turistas e intentar desplazarse en transporte público por Guardalavaca es un esfuerzo en vano. Los taxis particulares están prohibidos pero tal vez, junto con otros turistas, se pueda hacer autostop en grupo (para más información sobre los peligros del autostop, véase p. 472). Hay coches de caballo entre playa Esmeralda y Guardalavaca y en todos los complejos hoteleros se alquilan ciclomotores y bicicletas.

Hay una **gasolinera Servi-Cupet** (☒ 24 h) entre Guardalavaca y playa Esmeralda.

Todas las agencias de alquiler cuentan con oficinas en Guardalavaca y alquilan ciclomotores por 30 CUC al día:

Cubacar Centro comercial Flamboyanes (plano p. 358;
☎ 3-0243); Club Amigo Atlántico Guardalavaca (plano p. 358;
☎ 3-0180)
Havanautos (plano p. 358; ☎ 3-0223; garaje Cupet
Cimex)
Transtur (plano p. 358; ☎ 3-0134; Villas Cabañas 6)

BANES
☎ 24 / 44.983 hab.

Ciudad azucarera, al norte de la bahía de
Banes, llena de contradicciones y paradojas.
Aquí nació el presidente cubano Fulgencio
Batista en 1901. Exactamente 47 años después, en la iglesia local de Nuestra Señora de
la Caridad, hecha de listones de madera, otro
temperamental líder en ciernes, Fidel Castro,
subió al altar con una ruborizada Mirta Díaz
Balart. Batista, generoso, les regaló 500 US$
para su luna de miel.

Fundada en 1887, la efervescente ciudad
de Banes perteneció y fue gestionada por la
United Fruit Company estadounidense hasta
los años cincuenta y aún se observan muchas
de las viejas casas de la empresa frutera. Actualmente, lo más probable es ver a ancianos
fumando puros mientras juegan al dominó y
a madres cargadas con larguísimas barras de
pan andando cansinamente por calles y plazas soleadas. El típico ambiente cubano del
que carecen los grandes complejos turísticos.
Los 33 km de carretera que separan Guardalavaca de Banes serpentean entre bohíos y
palmeras reales por los cerros de Maniabón
en un trayecto francamente bonito.

Información
En caso de necesitar una ampliación del visado existe una **oficina de inmigración** (av. Cárdenas 314A). Banes es una de esas poblaciones
sin carteles que indiquen los nombres de las
calles y con lugareños que desconocen tales
nombres, así que hay que ir preparado para
perderse.

Puntos de interés y actividades
Si el viajero procede de los complejos hoteleros, el principal atractivo de la ciudad es el
ambiente de sus calles.

El 12 de octubre de 1948, Fidel Castro Ruz
y Mirta Día Balart se casaron en la **iglesia de
Nuestra Señora de la Caridad,** situada en el parque Martí, en el centro de Banes. (Tras su
divorcio en 1954 Mirta se casó otra vez y se
trasladó a España, pero a través de su único
hijo, Fidelito, Fidel ha tenido varios nietos.)

Pese a la anécdota anterior, Banes es más
famoso por el **Museo Indocubano Bani** (☎ 8-2487;
General Marrero 305; entrada sin/con guía 1/2 CUC; ☺ 9.00-
17.00 ma-sa, 8.00-12.00 y 19.00-21.00 do). Su pequeña
pero rica colección de piezas prehispánicas
es una de las mejores de la isla. Conviene no
perderse el pequeño ídolo dorado de la fertilidad desenterrado cerca de Banes (uno de
los únicos 20 objetos precolombinos de oro
hallados en Cuba).

Los fans del ferrocarril no deben perderse
la **locomotora de vapor n° 964** (El Panchito; calle Tráfico), construida en la H. K. Porter Locomotive
Works de Pittsburgh, Pennsylvania, en 1888,
y hoy expuesta 400 m al este de la estación de
autobuses. **Playa de Morales**, 13 km al este de
Banes por la prolongación pavimentada de la
calle Tráfico, es una aldea pesquera donde se
puede pasar la noche cenando con los lugareños y observando cómo los hombres remien-
dan las redes. Unos pocos kilómetros más al
norte está **Playa Puerto Rico**, aún más tranquila.

Dónde dormir
EN LAS AFUERAS
Campismo Puerto Rico Libre (Cubamar; ☎ 9-6918;
5 CUC/persona). Está al norte de Playa de Morales, a 13 km de Banes. Las sencillas cabañas
perfilan la costa rocosa, hay un restaurante y
los lugareños de las cercanas aldeas pesqueras cocinan gustosamente platos de marisco
para los viajeros. Aproximadamente a 1 km
del *camping* hay unas cuevas. No hay que olvidar el repelente de insectos.

CASAS PARTICULARES EN BANES

En la ciudad misma no hay hoteles pero sí
algunas habitaciones privadas particulares
buenas.

Casa Evelin Feria (☎ 8-3150; Bruno Meriño
3401ª, entre Delfín Pupo y J. M. H., reparto Cárdenas;
h 20-25 CUC; ✷). Agradable habitación superior.
Por 3 CUC más incluye el desayuno.

Julio Dante (☎ 8-3243/8-3643; Robles 85ª,
entre calles 7 y 8; h 20 CUC; ✷). Habitaciones y
ropa de cama impecables; buenas comidas.

Sergio Aguilera (☎ 8-2412; Iglesias 4089,
reparto Nicaragua; h 20 CUC; ✷). Ambiente
familiar; comidas.

Alfredo Serrano Proenza (☎ 8-2464;
pastjoelmorales@yahoo.com; Delfín Pupo 1105,
entre Bruno Meriño y J. M. Gómez, reparto Cárdenas;
h 20-25 CUC; Ⓟ ✷)

FIDEL AL DESNUDO

Impetuoso, explosivo y egoísta; la indómita figura de Fidel Castro ha dejado su huella en el s. XX como pocos personajes, cubanos y no cubanos. Pero ¿cómo es la persona de carne y hueso que se esconde tras la fachada pública?

Fruto ilegítimo de una relación entre el terrateniente español Ángel Castro y su cocinera y criada Lina Ruz (posteriormente casados), nació cerca de la localidad de Birán, en la provincia de Holguín, el 13 de agosto de 1926; creció sin que le fuera escatimada atención alguna en el seno de una familia grande y relativamente rica de productores de azúcar. El joven Castro, que se educó en una escuela jesuita y a los 7 años fue enviado a estudiar a Santiago, era un alumno brillante, entre cuyos prodigiosos dones se contaban una memoria fotográfica y una extraordinaria aptitud para los deportes. De hecho, narra la leyenda que a los 21 años a Fidel, entonces un habilidoso *pitcher* zurdo, le ofrecieron un contrato para jugar profesionalmente al béisbol con los Washington Senators.

Cuando contaba sólo 13 años, Castro organizó su primera "insurrección", una huelga entre los trabajadores de caña de azúcar de su padre, o al menos eso cuentan sus hagiografías.

Un año después, un Castro aún adolescente escribió una carta al presidente estadounidense F. D. Roosevelt felicitándole por su reelección y solicitando al líder americano un billete de 10 US$ "porque nunca he visto uno y me gustaría hacerlo". La petición fue rechazada elegantemente.

Fidel, sin inmutarse, siguió adelante arrasando con todo lo que se cruzaba en su camino. En 1945, en la entrega de los títulos de bachillerato, su profesor y mentor, el padre Francisco Barbeito, predijo sabiamente que su alumno favorito "llenaría con brillantes páginas el libro de su vida". Y aunque lo de la brillantez pueda ser más que discutible, el hecho es que no andaba muy desencaminado.

Dotado de un extraordinario carisma personal, una voluntad de hierro y una populista e innata capacidad para hablar sin parar, Fidel puso rumbo a la Universidad de La Habana, donde su personalidad inflexible le hizo destacar de inmediato.

Mientras estudiaba Derecho, Castro pasó los tres años siguientes inmerso en actividades políticas dentro de un foro académico en el que reinaba la violencia de bandas y las corruptelas.

Motel Brisas de Banes (plano p. 357; cabaña 30 CUC). Está en una colina con vistas a un embalse, 10 km al noroeste de Banes por la carretera a Guardalavaca, y cuenta con ocho cabañas para dos personas. La bonita panorámica brinda un entorno tranquilo y agradable para tomar una cerveza.

Dónde comer y beber

Restaurante El Latino (General Marero 710; ⊙ 11.00-23.00). Este establecimiento, gestionado por la empresa Palmares, es uno de los mejores de Banes. En él se sirven típicos platos criollos, pero con algo más de encanto y elegancia. El servicio es bueno y los músicos que acompañan las comidas son discretos y tienen un talento extraordinario.

La Vicaria (⊙ 24 h). Situado frente al anterior, es otro restaurante de confianza, donde se prepara pasta, hamburguesas y Cordon Bleu (pollo relleno de jamón y queso), aparte de huevos y café para desayunar (los platos cuestan menos de 4 CUC).

Coctelera (General Marrero 327A). En la ciudad hay varios bares que cobran en pesos donde se respira buen ambiente y se sirven licores baratos; éste es uno de ellos, al igual que el más popular Doña Yulla, justo al lado.

Otra propuesta es Las 400 Rosas, bajando la calle, al lado del Museo Indocubano Bani, un local al aire libre donde se venden refrescos, cerveza y tentempiés en convertibles.

Ocio

Café Cantante (General Marrero 320). Este animado patio musical es lo máximo en Banes. De día, se oyen los ensayos de la banda municipal, mientras que de noche suena música *disco* o tocan septetos de son, la más característica música popular cubana. Los domingos por la tarde hay trova tradicional (canción de autor) de 14.00 a 19.00 y, por la noche, músicos de *jazz* ofrecen sesiones de improvisación.

Casa de Cultura (☎ 8-7111; General Marrero 320). Ubicada en el antiguo Casino Español (1926), junto al Café Cantante, propone funciones de trova los domingos a las 15.00 y peñas de *rap* (conciertos de música *rap*) los sábados a las 21.00.

"Mi impulsividad, mi deseo por destacar, alimentó e inspiró el carácter de mi lucha", recordaría años después.

Bendecido con más vidas que un gato, Castro ha sobrevivido a un golpe de Estado fallido, a 15 meses de cárcel, al exilio, a dos años de guerra en las montañas y a 617 atentados contra su persona. Su sentido del optimismo ante la derrota es poco menos que asombroso. Con su ejército reducido a un harapiento grupo de 12 hombres tras el desembarco del *Granma*, sorprendió a sus compatriotas con un acalorado discurso de victoria. "Ganaremos esta guerra", pregonó lleno de confianza, "¡La lucha no ha hecho más que empezar!". Ese arrebatado fanatismo no le ha abandonado hasta ahora.

Como figura internacional que ha sobrevivido a 10 presidentes estadounidenses, la imagen del s. xxi de Fidel Castro no es menos enigmática que el líder revolucionario de antaño. Empecinado en mantener la férrea represión del régimen comunista a costa incluso de su propio pueblo, no duda, sin embargo, en aprovechar cualquier oportunidad que se le presente para aferrarse al poder. De hecho, Castro parece sacado de las páginas de una de esas "novelas de dictador" tan latinoamericanas: *Señor presidente*, de Asturias; *Yo el Supremo*, de Roa Bastos, *La fiesta del Chivo*, de Vargas Llosa, o *El otoño del patriarca*, de su gran amigo García Márquez.

El Castro privado es bastante difícil de definir. Entre sus compatriotas se sabe con certeza que algunos de sus pasatiempos son el submarinismo y el béisbol; otros afirman que en los ratos libres le gusta comer helados y batidos de chocolate. Nunca baila pero, según se dice, es un magnífico cocinero, aunque su plato favorito, espaguetis a la boloñesa, no es precisamente el colmo de la sofisticación culinaria.

Apartado de muchos miembros de su familia más cercana, incluida su hija Alina, que reniega de él desde el exilio en Miami, sus amigos tienden a ser tan evasivos y reservados como él mismo. "Algo es cierto", escribió el citado García Márquez, "esté donde esté, como sea y con quien sea, Fidel Castro saldrá victorioso. No creo que nadie en este mundo pueda ser un peor perdedor".

Cómo llegar y salir

En teoría, como siempre, todos los días un autobús matutino parte hacia Holguín (72 km) desde la estación de autobuses, en la esquina de Tráfico con Los Ángeles. Por la tarde hay otro que enlaza con el tren a La Habana. El servicio de camiones de Banes a Holguín es más frecuente.

BIRÁN

Fidel Castro Ruz nació el 13 de agosto de 1926 en la **finca Las Manacas** (también conocida como Casa de Fidel), muy cerca de la población de Birán, al sur de Cueto. La finca, que compró el padre de Fidel, Ángel, en 1915, es enorme y cuenta con su propia aldea de trabajadores (un conjunto de pequeñas cabañas con techo de paja donde se alojaban los jornaleros, principalmente haitianos), un palenque para peleas de gallos, una oficina de correos, una tienda y telégrafo. La casa grande, en realidad un complejo de edificios de madera amarilla entre un grupo de cedros, era la residencia de la familia Castro.

La finca abrió como museo en 2002 bajo el nombre de **Sitio Histórico de Birán** (entrada/cámara fotográfica/cámara de vídeo 10/20/40 CUC; 🕐 9.00-12.00 y 13.30-16.00 ma-sa, 9.00-12.00 do). Para llegar debe tomarse el desvío en dirección sur situado 7 km al oeste de Cueto y conducir durante otros 7 km hasta el ingenio de la Central Loynaz Hecheverría de Marcané. Desde aquí, 8 km de carretera en dirección este llevan a Birán, desde donde restan otros 3 km rumbo nordeste hasta llegar a la finca.

El museo en sí es una interesante excursión; alberga más de 100 fotografías, prendas de vestir varias, la cama de infancia de Fidel y el coche Ford de 1918 de su padre. Con sus 27 instalaciones, el lugar constituye en realidad un pequeño pueblo y muestra los orígenes sociales de Castro. Las tumbas de sus padres, Ángel Castro y Lina Ruz, están a la derecha de la puerta de entrada.

MAYARÍ

☎ 24 / 80.200 hab.

"De Alto Cedro, voy para Marcané, llego a Cueto, voy para Mayarí". La famosa estrofa

con la que se inicia el son "Chan Chan", de Compay Segundo, es poco menos que engañosa: Mayarí no es un lugar al que la gente vaya, sino donde la gente acaba. Antes de 1959 era una suerte de propiedad privada de la United Fruit Company; hoy, muy poco puede ofrecer a un potencial visitante. Los viajeros suelen acercarse para visitar la cercana finca Las Manacas, Cayo Saetía o las cascadas y bosques del **Parque Natural La Mensura**, un cafetal 30 km al sur. En la ciudad hay una gasolinera Servi-Cupet. Además de eso, la zona destaca por sus espesos pinares y sus impresionantes cascadas. Se pueden hacer excursiones y entre sus atractivos están el lago La Presa, el jardín botánico La Planca, los paseos a caballo, el senderismo y la posibilidad de observar algunas de las cien o más plantas endémicas que sólo crecen en esta zona. Para más información, pregúntese en Villa Pinares del Mayarí (véase a continuación).

Dónde dormir y comer

Villa Pinares del Mayarí (Gaviota; ☎ 5-3308; fax 3-0926; i/d 30/35 CUC, cabañas 35/40 CUC; 🏊). Es uno de los dos establecimientos de la cadena Gaviota en Holguín, y está situado a 600 m de altitud, entre la altiplanicie de Nipe y la sierra del Cristal, 30 km al sur de Mayarí por una accidentada carretera sin asfaltar. Esta aislada perla rural, a medio camino entre un complejo de chalés suizo y un refugio de montaña, se halla en uno de los mayores pinares de Cuba, y sus cabañas de dos y tres habitaciones, con ducha de agua caliente y cómodas camas, son un agradable retiro. También cuenta con un gran restaurante, bar, cancha de tenis y alquiler de caballos.

La villa se ubica dentro del Parque Natural La Mensura y ofrece excursiones a la cascada de El Guayabo (la mayor de Cuba), la loma de La Mensura (995 m) y las fantasmagóricas cuevas de Farallones de Seboruco. Desde aquí se pueden organizar excursiones a Cayo Saetía (véase a continuación).

Cómo llegar y salir

El único modo de llegar a Villa Pinares del Mayarí si no se forma parte de un viaje organizado es en coche o taxi. La carretera de acceso es accidentada y está en mal estado, aunque es transitable en un automóvil de alquiler si se conduce con cuidado. Si se viaja desde Santiago, la mejor ruta es por la pequeña localidad de Mella.

AL ESTE DE MAYARÍ

Al oriente de Mayarí la carretera se va llenando de baches y los pueblos de los alrededores, aunque nunca pierden su polvoriento encanto rural, cada vez están más alejados entre sí. El clímax de este recorrido rústico es el encantador Cayo Saetía, un islote llano y boscoso situado en la bahía de Nipe y unido a tierra firme por un puentecito. En los años setenta y ochenta fue una zona de caza predilecta de los *apparatchiks* comunistas, que se divertían descargando plomo contra la fauna local. Por suerte, esa práctica calló en desuso. De hecho, Cayo Saetía es hoy un parque natural con 19 especies de animales exóticos, como camellos, cebras, antílopes, avestruces y venados. Dividido en prados herbosos y embellecido con cuevas ocultas y playas, es lo más cerca que Cuba puede estar de una reserva africana. Vale la pena visitarlo.

Dónde dormir y comer

Campismo Río Cabonico (☎ 59 41 18; h desde 5 CUC/ persona). Está en Pueblo Nuevo, 9 km al este de Levisa y 73 km al oeste de Moa, unos 900 m al sur de la carretera principal. Las 23 cabañas, de cuatro o seis camas, tienen baño y un ventilador en el porche. Se encuentra junto al río Cabonico (se puede nadar). Reservaciones de Campismo, en Holguín (p. 344), tramita las reservas.

Villa Cayo Saetía (Gaviota; ☎ 9-6900; vsaetia@ip. etecsa.cu; i/d temporada baja 30/35 CUC, temporada alta 35/40 CUC; 🏊). Este encantador complejo, rústico a la par que cómodo, está en una isla de 42 km² a la entrada de la bahía de Nipe; es pequeño, está alejado y es más elegante de lo que apunta el precio. Sus 12 habitaciones se dividen en cabañas rústicas y estándares, con una pequeña diferencia de tarifa; en su restaurante, La Güira, adornado de piezas disecadas cobradas en antiguas cacerías, se sirven carnes exóticas como la de antílope. Aquí uno se siente a años luz de cualquier parte.

Cómo llegar y desplazarse

Desde la villa, hay tres medios para explorar Cayo Saetía, aparte de a pie, obviamente. Un safari de una hora en *jeep* cuesta 9 CUC, mientras que las excursiones a caballo o en barco valen 6 y 5 CUC respectivamente. Para llegar puede optarse por un pasaje en el helicóptero de Gaviota (124 CUC, sa y lu),

LA MINERÍA CERCA DE MOA

Durante décadas, la explotación minera de níquel y cobalto ha sido un pilar de las exportaciones cubanas, un sector con una larga y accidentada historia. A principios de los años cincuenta, las minas estadounidenses de Moa suministraban casi todo el níquel necesario para luchar en la Guerra de Corea, y en la década de los setenta y los ochenta la asistencia técnica soviética ayudó a que Cuba se posicionara como tercer productor mundial de este metal. Tras el derrumbe de la URSS a comienzos de la década de 1990 desapareció el flujo de dinero soviético que subvencionaba la economía cubana, con lo que el gobierno cubano se vio obligado a crear empresas conjuntas con inversión extranjera (procedente en su mayoría de Sherritt International, con sede en Toronto) para mantener Moa a flote.

Por desgracia, la inversión extranjera no ha conllevado una disminución del daño medioambiental en este sector industrial; la vieja maquinaria con fugas impregna de azufre el agua y el aire y provoca una especie de desagradable lluvia ácida, según algunos habitantes de Moa. Los críticos se quejan de que en la mina de níquel Pedro Soto Alba supuestamente se expulsan 12.000 m^3 de residuos líquidos al día. Los vertidos al mar de toneladas de este compuesto tóxico, que contiene niveles de cromo, magnesio y ácido sulfúrico altamente peligrosos, causan un daño irreparable en la vida marina.

que despega dos veces por semana desde Guardalavaca, o por un combinado de autobús/barco desde la localidad de Antilles. Si se llega en coche, el puesto de control está a 15 km de la carretera principal. Desde ahí quedan otros 8 km por una carretera accidentada y sin asfaltar hasta el complejo. Los coches de alquiler, si se conduce con cuidado, logran llegar.

MOA

☎ 24 / 57.484 hab.

Importante desde el punto de vista económico y horrenda desde el ecológico, Moa es una fea y enorme explotación minera a los pies de las frondosas pendientes de Cuchillas de Moa. A menos que el viajero sea un ingeniero de minas canadiense o un ecologista despechado no existe razón alguna para visitarla.

Dónde dormir

Hotel Miraflores (Islazul; ☎ 6-6125; av. Amistad, repartimento Miraflores; i/d temporada baja 29/40 CUC, temporada alta 36/48 CUC; P). Si se tiene que hacer noche en Moa, éste es un hotel moderno, de cuatro plantas, situado en una ladera de la zona oeste de la ciudad, 5 km al oeste del

aeropuerto. La oficina local de Havanautos está aquí y también hay una parada de taxis para turistas.

Cómo llegar y desplazarse

El aeropuerto Orestes Acosta cuenta con una ubicación práctica junto a la autopista a Baracoa, sólo 3 km al este del centro de Moa. **Cubana** (☎ 6-7916) opera vuelos a/desde La Habana todos los lunes (124 CUC, sólo ida; 3 h).

La estación de autobuses está cerca del centro, 3 km al este del Hotel Miraflores. Hay un servicio diario a Holguín y otro a Santiago de Cuba, pero no hacia Baracoa. Es posible que se impida al viajero montarse en uno de los frecuentes camiones de pasajeros que salen de la estación de autobuses hacia Holguín y Baracoa, ya que los extranjeros lo tienen oficialmente prohibido. Esto significa que entre Moa y Baracoa no existe transporte público legal alguno, exceptuando el autostop y los taxis para turistas. Estos últimos cobran 25 CUC hasta Baracoa.

Havanautos (☎ 6-6683) dispone de una oficina en el Hotel Miraflores. La gasolinera Servi-Cupet está a la entrada de Moa viniendo desde Mayarí, cerca del Hotel Miraflores.

Provincia de Granma

Granma es el secreto mejor guardado de Cuba, una provincia de montañas almenadas y aldeas tranquilas donde la mayor molestia que uno puede sufrir es el mordisqueo simpático de la cabra del pueblo. Se jacta de contar con el río más largo del país (el Cauto), la segunda población más antigua (Bayamo) y la tercera montaña más alta (el Pico Bayamesa, 1.730 m). Pero, además, es la cuna del himno nacional cubano y posee algunas de las terrazas marinas elevadas más límpidas del Caribe.

Además, la región fue escenario de importantes acontecimientos históricos. Aquí se dieron los primeros pasos de la abolición de la esclavitud cuando, en 1868, Carlos Manuel de Céspedes liberó a sus esclavos. Nueve décadas después, en diciembre de 1956, Fidel Castro desembarcó en sus costas con 82 de sus seguidores a bordo del yate *Granma*, de ahí el nombre de la provincia. Hoy, el interior montañoso de la región está salpicado de monumentos y recuerdos que mantienen vivo el pasado. Entre ellos, el ascenso a lo alto de La Plata, en la sierra Maestra, el inexpugnable cuartel general de Castro en las montañas, hoy convertido en museo.

Granma es también uno de los centros del arte oficialista cubano, patria chica de, por ejemplo, Pablo Milanés y Carlos Puebla, dos de las más populares voces de la llamada nueva trova, aquellos lánguidos cantautores que pusieron banda sonora al régimen castrista.

PROVINCIA DE GRANMA

LO MÁS DESTACADO

▦ **Montañas junto al mar**
Disfrutar del ambiente de uno de los complejos turísticos más bellos de Cuba en Marea del Portillo (p. 383)

▦ **Tras la pista de la guerrilla**
Ascender a La Plata, en el Gran Parque Nacional Sierra Maestra (p. 375)

▦ **Extensas vistas**
Admirar el panorama desde la histórica hacienda La Demajagua, de los valles al océano (p. 375)

▦ **Patrimonio de la Unesco**
Yacimientos arqueológicos y terrazas marinas en el Parque Nacional Desembarco del Granma (p. 382)

▦ **Fiesta callejera**
Cerdo asado, organillos y partidas de ajedrez en la Fiesta de la Cubanía (p. 371) en Bayamo

☎ 23	▦ POBLACIÓN: 835.218	▦ SUPERFICIE: 8.372 KM²

PROVINCIA DE GRANMA

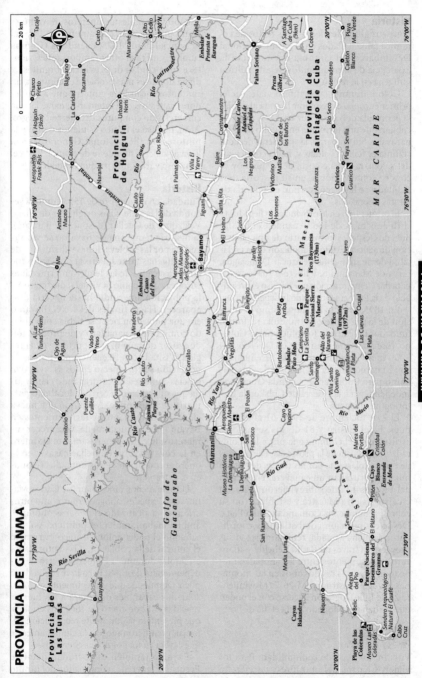

Historia

Los petroglifos de piedra y los restos de cerámica taína hallados en el Parque Nacional Desembarco del Granma documentan la existencia de asentamientos de esta cultura indígena en la región.

Colón, durante su segundo viaje, fue el primer europeo en explorar la zona al doblar la península del cabo Cruz en 1494, antes de cobijarse de una tormenta en el golfo de Guanacayabo. Sin embargo, las primeras décadas coloniales fueron baldías y, hacia comienzos del s. XVII, la salvaje costa de lo que hoy se conoce como Granma, en su mayoría deshabitada, se había convertido en guarida de piratas y corsarios.

El primer hito en la provincia no llegó hasta el 10 de octubre de 1868, cuando Carlos Manuel de Céspedes, propietario de una plantación de azúcar, exigió la abolición de la esclavitud desde su ingenio de azúcar Demajagua, cerca de Manzanillo, y liberó a sus esclavos para dar, por ejemplo, acción que supuso el preámbulo de la Primera Guerra de Independencia.

En 1895, un acto luctuoso llamó la atención de la isla sobre esta tranquila región: el fundador del Partido Revolucionario Cubano, José Martí, fue asesinado en Dos Ríos sólo un mes y medio después de desembarcar con Máximo Gómez en la costa de Guantánamo para impulsar la Segunda Guerra de Independencia, la Guerra de Cuba en la historiografía hispana.

El 2 de diciembre de 1956, 61 años después, Fidel Castro y 81 de sus seguidores arribaron en el *Granma* a la playa Las Coloradas, en la costa de la provincia. Derrotados de forma aplastante por las tropas de Batista mientras cruzaban un cañaveral en Alegría del Pío, los 12 que sobrevivieron lograron escapar a sierra Maestra y establecieron su cuartel general en la Comandancia La Plata. Desde esa posición combatieron y coordinaron la lucha armada, retransmitieron sus progresos a través de Radio Rebelde y afianzaron sus cimientos entre los simpatizantes de todo el país. Tras dos años en las montañas, en 1959 Castro y el M-26-7 (Movimiento 26 de Julio) lograron hacerse con el poder, que no han abandonado hasta el día de hoy.

BAYAMO

☎ 23 / 143.844 hab.

Por fin, un poco de tranquilidad. Para los viajeros hartos del omnipresente ejército cubano y de molestos jineteros, Bayamo es como una bocanada de aire fresco. Capital provincial desde 1975, cuando la Granma rural se uniera al otrora importante Oriente, es una ciudad de provincias orgullosa y digna donde es más probable encontrar a un cantautor tocando la guitarra que a vendedores callejeros que intentan ganarse la vida comerciando con puros del mercado negro. Aquí, incluso el tráfico es menos denso y la pintoresca calle peatonal General García lleva al viajero, sin que se dé cuenta, hasta el frondoso y tranquilo parque Céspedes.

Historia

Fundada en noviembre de 1513 como la segunda de las siete villas originales de Diego Velázquez de Cuéllar (después de Baracoa), la historia temprana de Bayamo se vio sacudida por las sublevaciones y disturbios de los indígenas taínos. Pero la oposición fue efímera a causa de las letales enfermedades europeas que, como la viruela, diezmaron a la población amerindia hasta hacerla desaparecer. Hacia finales del s. XVI, Bayamo era una población rica y se había consolidado como centro ganadero y de producción de azúcar de caña más importante de la región. Visitada con frecuencia por piratas, la población se enriqueció en los ss. XVII-XVIII gracias a una red de contrabando clandestina que operaba en la cercana localidad portuaria de Manzanillo. Así surgió una nueva clase de comerciantes y terratenientes en Bayamo que, entusiasmada, veía crecer sus ingresos, invirtió generosamente el dinero en la construcción de bellas casas y en la onerosa educación de sus mimados retoños en el extranjero.

Uno de dichos niños bien fue Carlos Manuel de Céspedes, abogado que, como otros criollos, ya alcanzado el poder económico, ambicionaba también el político. Así, desafiando el poder colonial, atacó y arrebató el control de la población a las autoridades españolas durante la Primera Guerra de Independencia de 1868. Pero la revuelta duró poco. Después de que un regimiento de 3.000 soldados españoles derrotara a las fuerzas rebeldes el 12 de enero de 1869, los criollos, que presentían la inminente reocupación colonial, prendieron fuego a la ciudad antes de que cayera en manos de sus enemigos.

Bayamo también es la ciudad natal de Perucho Figueredo, compositor del himno

nacional cubano, que empieza, de modo bastante apropiado, con las estrofas: "Al combate corred, bayameses...".

Orientación

Bayamo se concentra en torno al parque Céspedes, también llamado plaza de la Revolución. La estación de trenes está al este del parque y la de autobuses, al sudeste; entre ambas median unos 2 km. General García (también llamada el Bulevar), una concurrida vía peatonal, une el parque Céspedes con Bartolomé Masó. Muchos de los servicios para turistas (incluida la estación de autobuses, la gasolinera Servi-Cupet y el hotel principal) están en la carretera Central, al sudeste de la ciudad.

Información

LIBRERÍAS
Librería Ateneo (General García 9). En el lado este del parque Céspedes.

ACCESO A INTERNET
Etecsa (General García, entre Saco y Figueredo; 6 CUC/h; ☒ 9.00-22.00). Acceso rápido y fácil.
Idict (General García; 6 CUC/h; ☒ 8.00-20.00 lu-vi, 8.00-12.00 sa). Cuenta con dos terminales.

BIBLIOTECAS
Biblioteca Pública 1868 (Céspedes 52; ☒ 9.00-18.00 lu-sa)

ASISTENCIA MÉDICA
Clínica Internacional (General García, entre Figueredo y Lora; ☒ 8.00-12.00 y 13.00-17.00 lu-vi, 8.00-12.00 sa y do)
Farmacia Principal Municipal (General García 53; ☒ 24 h)
Hospital Carlos Manuel de Céspedes (☎ 42 50 12; carretera Central, km 1)

DINERO
Banco de Crédito y Comercio (General García esq. con Saco; ☒ 8.00-15.00 lu-vi, 8.00-10.00 sa)
Banco Financiero Internacional (☎ 42 73 60; carretera Central, km 1). En un gran edificio blanco cerca de la estación de autobuses.
Cadeca (Saco 101; ☒ 8.30-12.00 y 12.30-17.30 lu-sa, 8.00-12.00 do)

CORREOS
Oficina de correos (Maceo esq. con parque Céspedes; ☒ 8.00-20.00 lu-sa)

TELÉFONO
Etecsa (General García, entre Saco y Figueredo; ☒ 9.00-22.00)

AGENCIAS DE VIAJES
Buró de Reservaciones Islazul (☎ 42 32 73; General García 207; ☒ 8.30-17.00 lu-vi, 8.00-12.00 sa)
Campismo Popular (☎ 42 42 00; General García 112)
Cubanacán (☎ 42 79 70; Hotel Royalton, Maceo 53). Organiza excursiones a sierra Maestra (dos/tres días 45/65 CUC por persona), a la cascada de El Salto, cerca de Marea del Portillo, y a El Yarey, cerca de Jiguaní.

HERBERT MATTHEWS

El 17 de febrero de 1957, Herbert Matthews, un curtido redactor de artículos de opinión del *New York Times*, se metió una libreta en la chaqueta y, guiado por la agente del M-26-7 Celia Sánchez, subió por las escarpadas montañas de la sierra Maestra. Su objetivo era entrevistar a un joven revolucionario llamado Fidel Castro, un hombre que era dado por muerto tras un chapucero desembarco en la costa cubana dos meses antes.

Matthews, que había cubierto la Guerra Civil española, fue inmediatamente admitido por el carismático Castro, cuya personalidad describió como "abrumadora". El periodista escribió entusiasmado: "Es todo un hombre, el enemigo más peligroso al que el general Batista ha tenido que hacer frente".

La realidad, evidentemente, tiene algo menos de dramatismo. Castro, aún a la defensiva tras el desastroso desembarco del *Granma* dos meses antes, apenas contaba con 18 hombres cuando llegó el periodista. De hecho, su pequeño grupo de camaradas de confianza era tan reducido que Fidel había ordenado a su hermano pequeño Raúl que hiciera desfilar a los desaliñados supervivientes ante Matthews varias veces, en un intento por embaucarlo para que pensara que aún gozaba de una relativa fuerza militar.

Aunque parezca mentira, el truco funcionó. El exitoso artículo de Matthews, publicado en el *New York Times* el 24 de febrero de 1957, convirtió a Castro en un personaje de la mitología romántica y contribuyó a que la política estadounidense adoptara un nuevo enfoque anti Batista, un factor que en última instancia desempeñó un importante papel en la caída del dictador.

BAYAMO

0 _____ 500 m

INFORMACIÓN
Banco de Crédito y Comercio...............1 D3
Banco Financiero Internacional.............2 C6
Biblioteca Pública 1868.........................3 C3
Buró de Reservaciones Islazul...............4 D4
Cadeca...5 D3
Campismo Popular.................................6 D3
Clínica Internacional..............................7 D3
Cubanacán..................................(véase 23)
Etecsa...8 D3
Farmacia Principal Municipal.................9 D3
Hospital Carlos Manuel de Céspedes...10 C6
Idict...11 D3
Inmigración...12 D6
Librería Ateneo...................................13 C3
Oficina de correos..............................14 C3

QUÉ VER Y HACER
Academia de Ajedrez..........................15 D3
Ayuntamiento......................................16 C3
Casa de Estrada Palma........................17 D4
Casa Natal de Carlos Manuel de
 Céspedes...18 C2
Iglesia Parroquial Mayor de San
 Salvador..19 C3
Museo Ñico López 20 B6
Museo Provincial.........................(véase 18)
Estatua de Francisco Vicente Aguilera(véase 21)
Torre de San Juan Evangelista.............21 C6

DÓNDE DORMIR
Hotel Escuela Telégrafo.......................22 D3
Hotel Royalton.....................................23 C3
Hotel Sierra Maestra............................24 D6
Villa Bayamo.......................................25 A6

DÓNDE COMER
La Bodega...26 C3
La Creación...27 D3
La Sevillana...28 D4
La Victoria...29 C2
Mercado Agropecuario........................30 B4
Paladar El Polinesio.............................31 B4
Paladar Sagitario.................................32 B4
Plaza Restaurant........................(véase 23)
Restaurante Vegetariano......................33 D4
Tropi Crema...34 C3

DÓNDE BEBER
Hotel Royalton............................(véase 23)
La Taberna...35 C3

OCIO
Cabaret Bayam....................................36 D6
Casa de la Cultura...............................37 D3
Casa de la Trova La Bayamesa.............38 B4
Cine Céspedes.....................................39 C3

Estadio Mártires de Barbados.....40 D5
Sala-teatro José Joaquín
 Palma...41 D4
Uneac...(véase 17)

DE COMPRAS
Fondo de Bienes Culturales........42 C3
VideCuba..43 D4

TRANSPORTE
Bici-taxis...44 B4
Cubana..45 B4
Cubataxi..46 B6
Havanautos...47 C6
Estación de autobuses
 intermunicipales..............................48 B4
Camiones de pasajeros.............(véase 49)
Estación de autobuses
 provinciales......................................49 C6
Gasolinera Servi-Cupet.......................50 C6
Transtur......................................(véase 24)

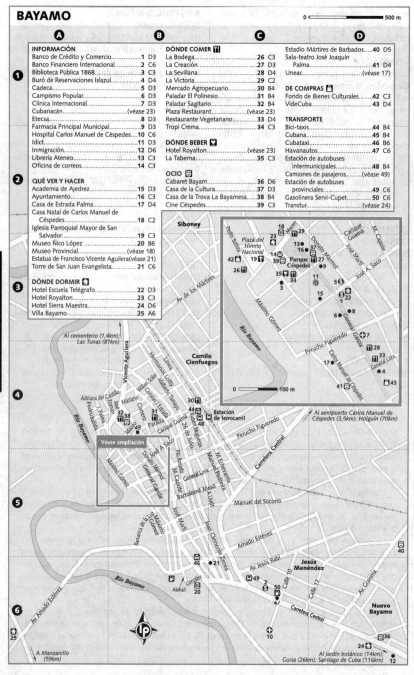

Siboney

Plaza del Himno Nacional

Av de los Mártires

Río Bayamo

Al cementerio (1,4km);
Las Tunas (81km)

Camilo
Cienfuegos

Vicente Aguilera

Línea
Lora
Hermano Saíz
William Soler
Coronel Estrada
Joaquín Tamayo

Adriana del Castillo
Mariana Grajales
J Palma
Pedro Batista

Estación
de ferrocarril

Véase ampliación

Río Bayamo

Donato Mármol
Carretera Central
José A Saco
Máximo Gómez

José Martí
Pío Rosado
Cacique Guamá
Calle 10
Guillermo Moncada

Perucho Figueredo

Al aeropuerto Carlos Manuel de
Céspedes (3,5km); Holguín (70km)

Perucho Figueredo

Carretera Central

M Echevarría
Manuel Pedraza
Bartolomé Masó
General Lora
Juan Clemente Zenea

Manuel del Socorro

Barranca de la LUZ
Máximo Gómez

Amado Estévez

Av Jesús Rabí

Jesús
Menéndez

Río Bayamo

Abihail
González

Av Granma

Nuevo
Bayamo

Av Amado Estévez

A Manzanillo
(59km)

Carretera Central

Calle 10
Calle 72

Al jardín botánico (14km);
Guisa (26km); Santiago de Cuba (116km)

Puntos de interés

El **parque Céspedes,** una de las plazas más frondosas y tranquilas de Cuba, es una atractiva amalgama de monumentos imponentes y de grandes árboles que proyectan su sombra sobre el lugar. Cuenta con una estatua de bronce de Carlos Manuel de Céspedes, héroe de la Primera Guerra de Independencia, y un busto de mármol de Perucho Figueredo, con la letra del himno nacional grabada en la peana. Los bancos de mármol y los simpáticos bayameses lo convierten en un agradable lugar donde pasar el rato. En 1868 Céspedes proclamó la independencia cubana frente al **Ayuntamiento,** situado en el lado este de la plaza.

Puede visitarse la **Casa Natal de Carlos Manuel de Céspedes** (Maceo 57; entrada 1 CUC; ☺ 9.00-17.00 ma-vi, 9.00-14.00 y 8.00-22.00 sa, 10.00-13.00 do), donde nació el denominado "padre de la patria" el 18 de abril de 1819 y pasó los primeros 12 años de su vida. Aparte de los objetos de Céspedes, se expone una colección de muebles de época. Destaca desde el punto de vista arquitectónico por ser la única casa colonial de dos pisos que queda en Bayamo, una de las pocas construcciones que sobrevivió al incendio de 1869. Justo al lado se halla el **Museo Provincial** (Maceo 55; entrada 1 CUC), que alberga una colección histórica.

La **iglesia parroquial mayor de San Salvador** (1740), situada a una manzana de la plaza del Himno Nacional, es el lugar donde se entonó por primera vez tal cántico, allá por 1868. En la placa de la fachada constan los miembros de la orquesta y los instrumentos que tocaron en su debut, una prueba más de cómo se construyen los "lugares de la memoria", que diría Pierre Nora, así como, claro está, del profundo sentimiento patriótico local. El mural pintado en la portada de la iglesia en 1919 representa a Céspedes bendiciendo la bandera el 20 de octubre de 1868. La única sección de la construcción que sobrevivió al gran incendio de 1869, cuando los criollos en retirada prendieron fuego a la ciudad, es la fascinante **capilla de la Dolorosa** (se aceptan donativos; ☺ 9.00-12.00 y 15.00-17.00 lu-vi, 9.00-12.00 sa). El altar mayor y la estatua de la Virgen de los Dolores datan de 1740.

Un lugar de interés menos famoso es la **casa de Estrada Palma** (Céspedes 158). Aquí nació, en 1835, el primer presidente cubano tras la independencia; hoy es sede de la Uneac (Unión Nacional de Escritores y Artistas de Cuba). A veces se puede asistir a conciertos de trova en el claustro.

La **torre de San Juan Evangelista** (José Martí esq. con Amado Estévez) está al sudeste. En este concurrido cruce se alzaba una iglesia cuyos orígenes se remontaban a los primeros tiempos de Bayamo, hasta que fue pasto de las llamas en 1869. Posteriormente la citada torre, único vestigio del templo, sirvió como entrada al antiguo cementerio de la localidad, que cerró en 1919. El camposanto fue definitivamente desmantelado en 1940, pero la torre sobrevivió. En la diagonal opuesta a ésta hay un parque con un **monumento** al poeta local José Joaquín Palma (1844-1911) y, junto a la misma torre, se alza una **estatua de bronce de Francisco Vicente Aguilera** (1821-1877), otro de los líderes de la lucha independentista en Bayamo.

El **Museo Ñico López** (Abihail González; entrada CUC 1; ☺ 8.00-12.00 y 14.00-17.30 ma-sa, 9.00-12.00 do), cercano pero difícil de encontrar, está ubicado en el antiguo club de oficiales del cuartel militar de Carlos Manuel de Céspedes. El 26 de julio de 1953 esta guarnición fue atacada por 25 revolucionarios para secundar el asalto al cuartel Moncada, en Santiago de Cuba, para evitar que acudieran en su auxilio. Aunque la operación no tuvo éxito alguno, Ñico López, que dirigió el ataque de Bayamo, logró huir a Guatemala y fue en gran medida responsable de presentar a Ernesto Che Guevara a Castro en julio de 1955. López murió en los enfrentamientos con el ejército después del desembarco del *Granma* en 1956.

Actividades

Con algo de suerte, el viajero podrá perfeccionar su apertura y su habilidad para dar jaque mate en Bayamo, donde cada sábado por la noche un ejército de aficionados al ajedrez asalta las calles en la peculiar Fiesta de la Cubanía. Para ello hay que dirigirse a la **Academia de Ajedrez** (José A. Saco 63, entre General García y Céspedes). De las paredes de esta ajada institución cuelgan, qué sorpresa, engalanadas fotos de Ernesto Guevara, Fidel Castro y Carlos Manuel de Céspedes.

Fiestas y celebraciones

El evento nocturno más atractivo de Bayamo es la semanal **Fiesta de la Cubanía,** todos los sábados a las 20.00. Esta animada celebración tiene lugar en la calle Saco y en ella concurre música de órgano, asados de cerdo, mucho

ostión (la bebida local elaborada a base de ostras) y filas de ordenadas mesas con tableros de ajedrez. Sobra decir que es obligatorio bailar.

Dónde dormir

Hotel Escuela Telégrafo (☎ 42 55 10; Saco 108; i/d 15/20 CUC; 🏠). Este hotel de la escuela de hostelería hace todo lo posible por resultar un buen alojamiento. El personal es agradable y servicial, y dispone de un restaurante y un animado vestíbulo. Sin embargo, tiene un gran inconveniente: la falta de agua caliente.

Hotel Royalton (Islazul; ☎ 42 22 24; Maceo 53; i/d temporada baja 21/27 CUC, temporada alta 26/33 CUC; 🏠). En armonía con los edificios coloniales del parque Céspedes, constituye la mejor opción económica. Las habitaciones son pequeñas pero están en buen estado; las cuatro de la parte delantera dan a una de las plazas más frondosas de la isla. Se puede tomar un cóctel en la atractiva terraza a pie de calle mientras se observa a la gente y, además, hay otra terraza en la azotea y un vestíbulo amplio y fresco.

Villa Bayamo (Islazul; ☎ 42 31 02; i/d temporada baja 21/27 CUC, temporada alta 26/33 CUC; 🅿 🏠 🏊). Este motel, una ganga situada 3 km al sudoeste del centro, en la carretera a Manzanillo, es una buena opción si el viajero quiere descansar junto a la piscina sin que su bolsillo se resienta. Los lugareños lo conocen como casa Central u Hotel XXX Aniversario.

Hotel Sierra Maestra (Cubanacán; ☎ 42 79 74; carretera Central; 🅿 🏠 🏊). Tiene una ubicación poco práctica, 3 km al sudeste de la ciudad en dirección a Santiago de Cuba y, durante la redacción de esta guía, estaba cerrado porque alojaba el proyecto Misión Milagro (véase p. 445). No obstante, esto podría haber cambiado; llámese para obtener información actualizada.

En Bayamo también están comenzando a alquilarse habitaciones en casas particulares; véase recuadro.

Dónde comer

Tropi Crema (🕙 10.00-22.00). Heladería situada en la esquina sudoeste del parque Céspedes (se paga en pesos).

Restaurante Vegetariano (General García 173; 🕙 7.00-9.00, 12.00-14.30 y 18.00-21.00). Si el personal llega puntual, es una buena opción para desayunar, aunque de vegetariano tiene más bien poco (pago en pesos).

La Sevillana (General García, entre General Lora y Figueredo; 🕙 12.00-14.00 y 18.00-22.30). Es el establecimiento más nuevo de la ciudad, de aspecto algo más estiloso de lo habitual y con una política que prohíbe la entrada en pantalón corto, probablemente para alejar a los turistas. También se paga en pesos.

La Victoria (☎ 42 25 31; General García esq. con Maceo; comidas 5 CUC). Pese al cartel, en este anodino local estatal de la esquina nordeste del parque Céspedes no se sirven gambas, aunque sí platos de cerdo, pollo y ternera.

Paladar Sagitario (Mármol 107, entre Maceo y Vicente Aguilera; comidas 5-7 CUC; 🕙 12.00-23.45). Establecimiento muy popular por sus copiosas comidas servidas en un patio al aire libre. A destacar el pollo Cordon Bleu.

Paladar El Polinesio (☎ 42 24 49; Parada 125, entre Pío Rosado y Cisnero). Constituye una mejor y más

---

CASAS PARTICULARES EN BAYAMO

Como el Hotel Sierra Maestra está cerrado temporalmente para alojar la Misión Milagro, la treintena de casas de Bayamo están muy solicitadas. A continuación se citan algunas de las más céntricas.

Casa Buena Vista, Valia López Sánchez (☎ 42 36 59; Vicente Aguilera 106, entre Martí y M. Corona; h 20 CUC; 🏠). Dos habitaciones limpias y comidas disponibles; además, clases de baile y alquiler de bicicletas.

Dolores Masán Sosa (Lolita; ☎ 42 29 74; Pío Rosado 171, entre Parada y William Soler; h CUC 25; 🅿 🏠). Dos habitaciones con aire acondicionado y una con ventilador; tienen entradas independientes. En el número 64 también se alquilan habitaciones.

Frank Licea Milan (☎ 42 58 16; Pío Rosado 73, entre Parada y William Soler; h 20 CUC). Una habitación sencilla, limpia y con baño, regentada por una simpática pareja mayor.

Juan Valdés (☎ 42 33 24; Pío Rosado 64, entre Ramírez y N. López; 🅿 🏠). Habitación aceptable cerca del parque central; precios negociables. En la misma calle hay otras casas.

Lydia J. Alvarado Santana (☎ 42 31 75; Donato Mármol, entre Perucho Figueredo y General Lora; h 20 CUC; 🅿 🏠). Ubicación céntrica; si está ocupada puede indicar otras casas.

asequible propuesta que el anterior y también con una menor ratio de jineteros por cliente.

Plaza restaurante (Maceo 53; ☽ 7.30-22.00). El restaurante del Hotel Royalton, con un agradable patio, es el establecimiento "elegante" de Bayamo; sirve platos tradicionales cubanos.

La Bodega (plaza del Himno Nacional 34). Local de perpetua popularidad, frente a la iglesia parroquial, cuenta con una terraza trasera con vistas al río.

COMPRA DE ALIMENTOS

Mercado agropecuario (Línea). Frente a la estación de trenes. También hay muchos puestos de comida por los alrededores donde se paga en pesos.

La Creación (☽ 9.00-17.00 lu-sa, 9.00-12.00 do). Tienda que vende comestibles básicos; en la esquina sudeste del parque Céspedes.

Dónde beber

Hotel Royalton (Maceo 53). Se puede tomar algo en su terraza de la azotea o a pie de calle.

La Taberna (Céspedes 65). Si se busca algo menos sofisticado, se puede acudir a este oscuro local de falsas vidrieras de colores situado en un segundo piso; está escondido tras el Tropi Crema.

Ocio

Cine Céspedes (☎ 42 42 67; entrada 1 CUP). Situado en el lado oeste del parque Céspedes, cerca de la oficina de correos. El programa incluye un poco de todo, desde dramas y animadas cintas cubanas hasta las últimas novedades de Brasil o éxitos de taquilla de Hollywood.

Uneac (Céspedes 158; entrada gratuita; ☽ 16.00). Un buen lugar para pasar la tarde del sábado a ritmo de bolero en su floreado patio antes de ir a la Fiesta de la Cubanía (p. 371) en José A. Saco.

Sala-teatro José Joaquín Palma (Céspedes 164). Ubicado en una elegante y vieja iglesia, se programan funciones teatrales los viernes, sábados y domingos por la noche, mientras que los sábados y domingos por la mañana se representa un teatro guiñol para los más pequeños.

Cabaret Bayam (☎ 42 51 11; carretera Central, km 2; ☽ 21.00 vi-do). Situado frente al Hotel Sierra Maestra, acoge espectáculos y se puede bailar.

Estadio Mártires de Barbados (av. Granma). Aquí se disputan los partidos de béisbol de octu-

bre a abril; está unos 2 km al noroeste del Hotel Sierra Maestra.

La Casa de la Trova La Bayamesa (Maceo esq. con Martí; entrada 1 CUC; ☽ 21.00) es una de las mejores de Cuba; a veces también hay conciertos en la **Casa de la Cultura** (☎ 42 59 17; General García 15), en el lado este del parque Céspedes.

De compras

Fondo de Bienes Culturales (plaza del Himno Nacional 20). Tienda, un tanto mediocre, donde se vende artesanía.

VideCuba (General García 225; ☽ 8.00-22.00). Establecimiento con todo tipo de material fotográfico.

Cómo llegar y salir

AVIÓN

El **aeropuerto Carlos Manuel de Céspedes** (código BYM; ☎ 42 75 06) está unos 4 km al nordeste de la ciudad, en la carretera a Holguín. **Cubana** (Martí 58; ☎ 42 39 16) vuela a Bayamo desde La Habana dos veces por semana (103 CUC, sólo ida; 2 h). No hay vuelos internacionales a/desde Bayamo.

AUTOBÚS Y CAMIÓN

Desde la **estación de autobuses provinciales** (carretera Central esq. con av. Jesús Rabí) parten autobuses Astro a Santiago de Cuba dos veces al día (5 CUC), pero sólo uno a Holguín (5 CUC) y La Habana (30 CUC), con salida a las 20.00.

Viazul (www.viazul.com) cuenta con tres salidas diarias a Santiago de Cuba (7 CUC, 2 h, 4.45, 9.45 y 23.35) y uno diario a Trinidad (26 CUC, 9½ h, 21.40). El autobús a La Habana (44 CUC, 14½ h, 0.10, 11.10 y 17.25) efectúa parada en Holguín (6 CUC, 2¼ h), Las Tunas (6 CUC, 2½ h), Camagüey (11 CUC, 5½ h), Ciego de Ávila (17 CUC, 7¼ h), Sancti Spíritus (21 CUC, 9½ h) y Santa Clara (26 CUC, 10¾ h).

Los camiones de pasajeros salen desde una terminal contigua rumbo a Santiago de Cuba (7 CUB), Holguín (3 CUB), Manzanillo (3 CUB) y Pilón (3 CUB). Se puede tomar un camión hacia Bartolomé Masó, lo más cerca que se llega en transporte público al inicio del sendero de sierra Maestra. Se debe preguntar qué fila es la del camión que interesa y hacer cola. El camión sale cuando está lleno y se paga al subir.

Desde la **estación de autobuses interurbanos** (Saco esq. con Línea), frente a la de ferrocarril, operan casi todos los autobuses locales, de

apenas utilidad para los viajeros. No obstante, los camiones a Las Tunas (4 CUB) y Guisa (1 CUB) salen desde aquí. También se puede intentar conseguir una plaza en un taxi colectivo para viajar hasta lugares de difícil acceso, como Manzanillo, Pilón o Niquero.

TREN

Desde la **estación de trenes** (☎ 42 49 55; Saco esq. con Línea), 1 km al este del centro, se cubren los siguientes destinos:

Destino	Precio (sólo ida)	Salida	Frecuencia
Camagüey	7 CUC	5.20	diario
La Habana	26 CUC	19.40	días alternos
Manzanillo	2 CUC	6.17, 10.51, 16.12	diario
Santiago	4 CUC	16.04	días alternos

Cómo desplazarse

Cubataxi (☎ 42 43 13) dispone de un servicio de taxis al aeropuerto de Bayamo por 3 CUC, o al aeropuerto Frank País de Holguín por 25 CUC. Un taxi a Villa Santo Domingo (inicio del sendero del Alto del Naranjo en las excursiones por sierra Maestra) o a la Comandancia La Plata cuesta unos 50 CUC ida y vuelta. Hay una parada de taxis en el sur de la ciudad, cerca del Museo Nico López.

La oficina de **Havanautos** (☎ 42 73 75) está junto a la gasolinera Servi-Cupet y **Transtur** (☎ 42 41 87; carretera Central), en el Hotel Sierra Maestra.

La gasolinera **Servi-Cupet** (carretera Central) se encuentra entre el Hotel Sierra Maestra y la terminal de autobuses, llegando desde Santiago de Cuba.

La principal ruta de coches de caballos (1 CUB) discurre entre la estación de trenes y el hospital, pasando por la estación de autobuses. Los **bicitaxis** (5-10 CUB por carrera) resultan útiles para desplazarse dentro de la ciudad. Hay una parada cerca de la estación de trenes.

ALREDEDORES DE BAYAMO

Si se quiere disfrutar de la paz, la tranquilidad, las mariposas y las flores, conviene ir al **jardín botánico** (carretera de Guisa, km 10; entrada sin/con guía 1/2 CUC), unos 16 km a las afueras de Bayamo por la carretera a Guisa. Como es un destino poco frecuentado, puede que el viajero tenga para él solo las 104 Ha de este sereno

jardín. Hay 74 tipos de palmeras, montones de cactus, orquídeas y secciones con plantas medicinales y en peligro de extinción. La visita guiada permite acceder a los invernaderos, que se distinguen por su ostentosa decoración.

Para llegar, hay que recorrer la carretera a Santiago de Cuba durante 6 km y girar a la izquierda en el cruce señalizado hacia Guisa. Tras 10 km, aparecerá el jardín a mano derecha. Los camiones salen de la estación de autobuses interurbanos situada frente a la estación de trenes (1 CUB).

DOS RÍOS Y ALREDEDORES

En Dos Ríos, 52 km al nordeste de Bayamo, casi en Holguín, un obelisco blanco que da al río Cauto señala el lugar donde José Martí murió asesinado por un disparo el 19 de mayo de 1895. Está 22 km al nordeste de Jiguaní por la carretera a San Germán; tras cruzar el Cauto, se debe tomar la carretera a la derecha (sin señalizar).

Dónde dormir y comer

Villa El Yarey (Cubanacán; ☎ 42 72 56; i/d temporada baja 36/58 CUC, temporada alta 43/72 CUC). Este relajado y atractivo hotel, situado 23 km al sudoeste de Dos Ríos, volviendo hacia Jiguaní, cuenta con 16 habitaciones ubicadas en una cresta con excelentes vistas de sierra Maestra. Es un alojamiento ideal si se busca un ambiente apacible y tranquilo en un frondoso entorno natural.

Cómo llegar y salir

Para llegar a Villa El Yarey desde Jiguaní deben recorrerse 4 km al este de la ciudad por la carretera Central y luego 6 km al norte por una carretera secundaria. Desde Dos Ríos, hay que dirigirse al sudoeste por la carretera a Jiguaní y torcer a la izquierda 2 km después de pasar Las Palmas. Es una escala ideal en caso de quedarse atrapado entre Bayamo y Santiago de Cuba, o si se opta por recorrer la ruta alternativa Bayamo-Holguín. No obstante, hay que tener en cuenta que por aquí escasea el transporte público.

YARA

☎ 23 / 29.237 hab.

Una animada localidad en medio de la nada, 46 km al oeste de Bayamo y 23 km al este de Manzanillo. Está rodeada por grandes plantaciones de plataneros y vastos campos

de caña de azúcar, mientras los arrozales flanquean la carretera a Manzanillo. Carlos Manuel de Céspedes, tras liberar a los esclavos de su hacienda La Demajagua, cerca de Manzanillo, llegó aquí con sus seguidores el 11 de octubre de 1868 y libró la primera batalla contra las tropas coloniales, tal como recuerda el monumento de la plaza principal. La población es famosa por el llamado Grito de Yara, con el que Céspedes proclamó la independencia cubana.

Cerca de la plaza está el **Museo Municipal** (Grito de Yara 107; entrada 1 CUC; ⏱ 8.00-12.00 y 14.00-18.00 lu-sa, 9.00-12.00 do), donde se expone una colección que ilustra la historia local.

La localidad cuenta con una gasolinera Servi-Cupet, por si se necesita repostar.

GRAN PARQUE NACIONAL SIERRA MAESTRA

El Gran Parque Nacional Sierra Maestra, un bello paisaje montañoso de elevadas cumbres, nebulosos bosques y gentiles campesinos, es sinónimo de la guerra de guerrillas iniciada contra el régimen de Batista por Castro y sus seguidores a finales de la década de 1950. Situada 40 km al sur de Yara, tras coronar una pronunciadísima carretera asfaltada de 24 km que sale desde Bartolomé Masó, esta escarpada región cobija la cumbre más alta del país, el Pico Turquino (en la frontera con la provincia de Santiago de Cuba), además de la Comandancia La Plata (véase p. 377), el antiguo cuartel central castrista en el período bélico.

Información

Quienes pretendan visitar el parque nacional deberán informarse de la situación antes de partir, pues tantas las frecuentes tormentas tropicales como la perenne burocracia gubernamental causan cierres temporales. La mejor fuente de información es **Cubamar** (☎ 7-831-3151), en La Habana, aunque también se puede confiar en la **Villa Santo Domingo** (☎ 23-56-53-02), donde pueden contactar con el cercano Centro de Información de Flora y Fauna (véase p. 377). El mostrador de Cubanacán del Hotel Royalton de Bayamo es otro lugar fiable para solicitar información.

Historia

La historia de la Revolución cubana está asociada para siempre a estas montañas, desde donde se propagó la insurrección entre diciembre de 1956 y diciembre de 1958. Durante el primer año de conflicto, Castro y su creciente ejército nunca permanecían en un mismo sitio más que unos pocos días. Sólo a partir de mediados de 1958 los revolucionarios establecieron una base fija en una cumbre a la sombra del Pico Turquino, el más alto de Cuba. Desde este cuartel general, conocido como La Plata, Castro redactó muchas de las primeras leyes revolucionarias mientras orquestaba los ataques militares que finalmente provocaron la caída del Gobierno de Batista.

Puntos de interés y actividades

Las rutas por el parque comienzan al final de una vía de hormigón muy pronunciada que conduce al **Alto del Naranjo**, 5 km después de pasar el establecimiento turístico de Villa Santo Domingo (una dura caminata de dos horas, aunque se alquilan *jeeps* por 35 CUC, ida y vuelta). Desde este mirador, a 950 m de altura, hay una buena panorámica de las llanuras de la provincia de Granma; aparte de eso, no es más que el punto de partida rumbo a La Plata (3 km) y Pico Turquino (13 km).

Santo Domingo es una diminuta villa al abrigo del profundo y verde valle del impetuoso río Yara. En conjunto proporciona una maravillosa muestra de la plácida y bucólica vida del campesino cubano que apenas ha cambiado desde finales de los años cincuenta. Si el viajero decide quedarse, constatará el imperante socialismo en la escuela local y en el consultorio médico; asimismo, puede informarse sobre el pequeño museo municipal en la Villa Santo Domingo. Los lugareños, que ofrecen paseos a caballo y tratamientos de pedicura, cuentan de primera mano viejas historias de los años de la Revolución.

La montaña cierra a las 16.00 y los guardabosques no permiten el paso después de las 13.00, así que conviene ir a primera hora de la mañana para sacar el máximo partido a la visita. Las mochilas y las cámaras deben dejarse en el refugio de los guardas, 2 km antes de la Comandancia La Plata, ya que está prohibido sacar fotografías.

El bosque nuboso es bastante bonito. En un mismo día se puede organizar una provechosa excursión visitando la Comandancia y ascendiendo a La Platica, a 1,5 km del Alto del Naranjo (quizá haya que pagar algo más para ello).

PROVINCIA DE GRANMA

'TREKKING' EN EL GRAN PARQUE NACIONAL SIERRA MAESTRA

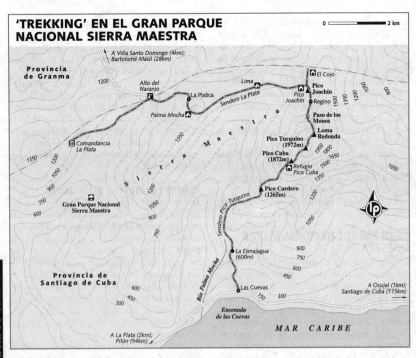

'TREKKING'

Sin duda alguna la expedición de montaña más popular de Cuba (al margen del ascenso-descenso de la cima del Pico Turquino; véase p. 422) es la dura caminata de dos/tres días desde el Alto del Naranjo, cruzando sierra Maestra, hasta Las Cuevas, o viceversa. El terreno pasa de la alta montaña a la selva tropical, con vistas fabulosas, y acaba en las bellas costas del Caribe.

Es obligatorio llevar guía, que se contrata a través del Centro de Información de Flora y Fauna de Villa Santo Domingo (p. 377) o de **Campismo Popular** (☎ 42 42 00; General García 112), en Bayamo (p. 369). La excursión cuesta entre 30 y 48 CUC, según el número de días. Las provisiones pueden comprarse en Bayamo y hay que llevar todo lo necesario, incluida comida, ropa de abrigo, velas y un petate o saco para dormir. Incluso en agosto hace frío en los refugios, así que hay que ir preparado. A lo largo del sendero hay suficiente agua potable disponible.

El camino a través de las montañas desde el Alto del Naranjo atraviesa las aldeas de La Platica (agua), Palma Mocha (zona de acampada), Lima (zona de acampada), Pico Joachín (refugio y agua), El Cojo (refugio), Regino, Paso de los Monos, Loma Redonda, Pico Turquino (1.972 m), Pico Cuba (1.872 m; con refugio y agua a 1.650 m), Pico Cardero (1.265 m) y La Esmajagua (600 m), antes de descender hacia Las Cuevas en la costa caribeña. Durante los dos primeros días se cubre el tramo de 13 km hasta el Pico Turquino (haciendo noche en los refugios del Pico Joachín), donde se hace el relevo de guía (hay que contratarlo previamente) y se desciende hasta Las Cuevas. Hay que tener en cuenta que es obligatorio dar propina a los guías. El personal del parque puede planificar previamente la segunda manga del recorrido, desde el Pico Cuba hasta Las Cuevas.

Estas excursiones están bien coordinadas y los guías son eficientes (quizá en exceso, no hay que dejarles que metan prisa). La forma más sensata de empezar el viaje es hacer noche en Campismo La Sierrita (p. 377) o en Villa Santo Domingo (p. 377) y emprender la marcha por la mañana. El transporte a través de la costa desde Las Cuevas es, cuando

menos, escaso, con un camión que pasa en días alternos. Por ello quizá sea más sencillo empezar en Las Cuevas y ascender hacia el Alto del Naranjo.

La descripción del tramo Las Cuevas-Pico Turquino en dirección contraria se hace en p. 422.

Dónde dormir y comer

Antes de poner rumbo a las montañas, los excursionistas normalmente pernoctan en **Campismo La Sierrita** (☎ 5-3326; cabañas desde 16 CUC), 8 km al sur de Bartolomé Masó. Se emplaza a 1 km de la carretera principal, por una vía en muy mal estado. Las 27 cabañas tienen literas, baños y electricidad, y capacidad para hasta cuatro personas. Hay un restaurante y un río donde darse un baño. Si se ha alquilado un buen coche, el personal a veces facilita guías que llevan hasta la Comandancia La Plata. Si no, debe preguntarse en el mostrador si ya existen rutas organizadas. Suele llenarse los fines de semana, así que es imprescindible reservar antes desde la oficina de **Campismo Popular** (☎ 42 42 00; General García 112) en Bayamo.

En Bartolomé Masó, 16 km al sur de Yara por la carretera a Santo Domingo, se halla el **Motel Balcón de la Sierra** (Islazul; ☎ 59 51 80; i/d temporada baja 18/24 CUC, temporada alta 22/28 CUC; P ⊠ ⊠). Acurrucado bajo las montañas, es uno de los establecimientos de Islazul mejor situados. Se recomienda alojarse en una

de las cabañas con terraza y vistas a las montañas. Aviso: de noche refresca bastante.

El alojamiento principal para los visitantes que acuden al Gran Parque Nacional Sierra Maestra es **Villa Santo Domingo** (Islazul; ☎ 56 53 02; i/d temporada baja 29/34 CUC, temporada alta 32/37 CUC, desayuno incl.), 24 km al sur de Bartolomé Masó. Cuenta con 20 cabañas próximas al río Yara, a 200 m de altitud, y el entorno es idílico, entre montañas onduladas y refugios campesinos de madera. En términos geográficos es el mejor punto de partida para emprender las excursiones a La Plata y el Turquino. Los pulmones se pondrán a prueba si se opta por la desafiante caminata matutina al Alto del Naranjo (5 km, 750 m de ascenso) por una carretera totalmente empinada. Además, se puede montar a caballo, nadar en el río y escuchar música tradicional en el restaurante del hotel. Con suerte, incluso se puede ver al viejo y marchito Quinteto Rebelde (véase p. 378).

Cómo llegar y desplazarse

De Bartolomé Masó al Alto del Naranjo no hay transporte público. Un taxi desde Bayamo hasta Villa Santo Domingo cuesta entre 20 y 25 CUC por trayecto. Se recomienda no pagar al conductor hasta llegar al destino, de lo contrario puede que finalice el recorrido 7 km antes del hotel aduciendo la inclinación de la carretera (los taxis privados, de encontrarlos, suelen hacerlo). De vuelta, el personal

PROVINCIA DE GRANMA

COMANDANCIA LA PLATA: EL CUARTEL GENERAL DE CASTRO

La Comandancia La Plata, el cuartel general de Castro durante la guerra, se posa inexpugnable en una ladera entre el denso bosque tropical nuboso y se ha transformado en todo un monumento.

Desde 1994 está abierta al público a temporadas y el acceso al recinto, que está dentro de los límites del Gran Parque Nacional Sierra Maestra, está fuertemente controlado por el Centro de Información de Flora y Fauna de la aldea de Santo Domingo. Quienes pretendan seguir los rastros de la guerrilla, primero deben contratar un guía en la sede del parque (11 CUC), recorrer en un destartalado camión ruso (o a pie) 5 km por una escarpada carretera asfaltada hasta el mirador del Alto del Naranjo (7 CUC) y luego, seguir caminando los 3 km finales por una pista embarrada.

Si se tiene interés en la Revolución Cubana quizá el sacrificio valga la pena. Rodeada por un magnífico paraje natural, La Plata es una muestra de la organización e intendencia castristas durante su asedio al régimen de Batista. Se pueden visitar el cuartel de la guardia (que Ernesto Che Guevara usaba como enfermería), un pequeño museo, la oficina de prensa (donde se redactaba la propaganda para Radio Rebelde), una cocina, la comandancia en sí y el cuartel de Castro, una construcción de madera de dos habitaciones con mobiliario escaso: cama, escotilla de fuga, estanterías y nevera original con un agujero de bala en el interior. Se rumorea que, aparte de Fidel, sólo la influyente Celia Sánchez tenía permiso para entrar.

EL QUINTETO REBELDE

Oculto en la pequeña villa de Santo Domingo a los pies de las montañas de sierra Maestra, el Quinteto Rebelde, un grupo musical que antaño animaba las ondas de la clandestina Radio Rebelde castrista, brinda una de las historias anecdóticas más pintorescas de la Revolución.

Los miembros del grupo, hoy ya sexagenarios, crecieron en los años cincuenta y eran hijos de un campesino llamado Medina, un productor de café de la diminuta localidad de montaña de La Platica que, en 1957, alquiló a Fidel las tierras para su cuartel general secreto.

El ejército rebelde reclutó a los hijos de Medina por sus dotes musicales más que por su puntería; les proporcionaron unas malas guitarras de andar por casa y unos viejos tambores y les dieron una instrucción poco convencional: difundir sus rápidos y encendidos cánticos revolucionarios a través de pequeños altavoces en un intento por desmoralizar al enemigo y animar a los correligionarios.

El repertorio, que aún hoy se toca de vez en cuando para los turistas curiosos en Santo Domingo (p. 377) o en el Motel Balcón de la Sierra (p. 377), incluía "clásicos" como *Soy fidelista*, *Respeta al Che Guevara* y *Que se vaya el mono*.

En sus buenos tiempos de los años cincuenta, la banda fue una peculiar mascota revolucionaria y una especie de espina musical para el acosado ejército de Batista. Se dice que cuando los desventurados soldados enemigos eran capturados, a menudo estaban desconcertados sobre su verdadero paradero: ¿estaban en casa, en prisión o en una fiesta?

---

del hotel debería poder localizar algún tipo de transporte hacia Bartolomé Masó, Bayamo o Manzanillo.

Para ascender en coche hasta el Alto del Naranjo es necesario llevar un todoterreno con buenos frenos; es una de las carreteras más empinadas de Cuba (si no del mundo). Con frecuencia circulan camiones rusos, normalmente llevando a grupos de turismo, y quizá dispongan de plazas libres.

MANZANILLO

☎ 23 / 110.952 hab.

Desaliñada, ruinosa y algo peligrosa en sus confines, la vida en la ciudad de Manzanillo, a orillas del golfo, parece haberse consumido tras décadas de austeridad económica. Apenas aparece en los circuitos de viajes, ya que sólo cuenta con un hotel mediocre y un puñado de casas particulares heterogéneas desperdigadas por un deteriorado parque central, aunque la vida es bastante genuina y la extraña arquitectura morisca tal vez se merezca una o dos horas de silenciosa contemplación.

Fundada en 1784, originariamente como un pequeño puerto pesquero, los primeros tiempos de Manzanillo estuvieron dominados por contrabandistas y piratas que traficaban con bienes de estraperlo. Esta forma de vida perduró hasta bien llegados los años cincuenta, cuando la cercanía de sierra Maestra la convirtió en una importante vía de entrada de armas de contrabando y mili-

tantes que abastecían a Castro y a su grupo, escondidos en el cuartel general secreto de la cima de la montaña.

A principios del s. xx, Manzanillo se convertiría en un insólito punto de entrada de organillos, que las familias Fornaris y Borbolla importaban de Francia (véase p. 379). El legado musical de la ciudad se consolidó a finales de los años sesenta y principios de los setenta cuando encabezó el surgimiento de la nueva trova que, con el apoyo del régimen, pronto se popularizó en el país y en el extranjero.

Información

Banco de Crédito y Comercio (Merchán esq. con Saco; 🕒 8.30-15.30 lu-vi, 8.00-12.00 sa)

Cadeca (Martí 184; 🕒 8.30-18.00 lu-sa, 8.00-13.00 do). A dos manzanas de la plaza principal.

Etecsa (Martí esq. con General Benítez). Siete manzanas al oeste de la oficina de correos.

Oficina de correos (Martí esq. con Codina). A una manzana del parque Céspedes.

Transtur (☎ 5-3800; Maceo 70; 🕒 8.00-12.00 y 13.00-17.00 lu-vi y vi, 13.00-17.00 ju). No hay oficina de turismo, aunque Transtur, que comparte despacho con Cubana cerca del parque Céspedes, proporciona ayuda con los desplazamientos, taxis y alquiler de coches.

Puntos de interés

EN LA CIUDAD

Manzanillo es extenso y sin sombra, por eso no es la mejor ciudad para pasear, pese a que

las casas de madera, las torres abandonadas y las cúpulas desconchadas ofrecen un panorama peculiar. Se puede visitar el antiguo **edificio del City Bank de Nueva York** (Merchán esq. con Doctor Codina), de 1913, o las viejas casas de madera diseminadas por Perucho Figueredo, entre Merchán y J. M. Gómez.

La plaza central, el **parque Céspedes,** sorprende por su bella glorieta de mosaicos, la cúpula de bordes ondulados y las columnas con motivos arabescos. Se restauró por completo en 1999 y a la luz sesgada del atardecer destaca bastante. Alrededor del parque se alzan edificios de un estilo que recuerda al mudéjar, sobre todo la magnífica galería comercial del lado oeste.

En la parte oriental se alza el **Museo Histórico Municipal** (Martí 226; entrada gratuita; 🕒 8.00-12.00 y 14.00-18.00 ma-vi, 8.00-12.00 y 18.00-22.00 sa y do) y, justo al lado, una galería de arte. La **iglesia de la Purísima Concepción,** al cruzar la plaza, destaca por su dorado altar mayor.

No podía faltar el consabido monumento oficialista, en este caso, el **monumento a Celia Sánchez,** erigido en 1990 en Caridad, entre Martí y Luz Caballero, en memoria de una ayudante de Castro cuyo rostro aparece en el mural central. Anexo hay un pequeño **centro de visitantes** (🕒 8.00-12.00 y 14.00-18.00 lu-vi, 8.00-12.00 sa); eso sí, desde aquí las vistas son excelentes.

EN LAS AFUERAS
El **Museo Histórico La Demajagua** (entrada 1 CUC; 🕒 8.00-18.00 lu-vi, 8.00-12.00 do), 10 km al sur de Manzanillo, es la antigua hacienda azucarera de Carlos Manuel de Céspedes. Aquí, el 10 de octubre de 1868, Céspedes liberó a sus esclavos e inició el proceso que condujo al país a la independencia de España 30 años después. Detrás del museo quedan los restos del ingenio de Céspedes. Desde la finca las vistas son excelentes y las grandes y verdes extensiones son toda una delicia.

Desde ese punto, una ancha pasarela conduce a un monumento con una cita del omnipresente Castro: "Nosotros entonces habríamos sido como ellos, ellos hoy habrían sido como nosotros". Bajo dos grandes árboles cercanos el viajero encontrará los restos de una máquina de vapor que antaño alimentaba el ingenio, y no muy lejos, la campana *Demajagua,* que servía para llamar a los esclavos al trabajo. Para llegar a La Demajagua hay que recorrer 10 km en dirección sur (hacia Media Luna) desde

la gasolinera Servi-Cupet de Manzanillo y luego, otros 2,5 km ya fuera de la carretera principal, rumbo al mar.

Dónde dormir
Hotel Guacanayabo (Islazul; ☎ 5-4012; circunvalación Camilo Cienfuegos; i/d temporada baja 17/22 CUC, temporada alta 18/24 CUC; 🍴 🏊). Esta desatinada lacra arquitectónica forma parte de la cadena de hoteles económicos Islazul. Ubicado a trasmano en las afueras de la ciudad, fue cedido a la Misión Milagros (véase p. 445) en enero de 2006; habría que llamar antes para saber si vuelve a estar operativo. Al margen de él, la única opción de alojamiento en Manzanillo son unas cuantas casas particulares en el centro (véase p. 380).

Dónde comer y beber
La oferta de restauración es sumamente magra. Si se dispone de cocina se pueden comprar alimentos los fines de semana en varios puestos repartidos por el parque Céspedes. Aunque el cerdo asado es la especialidad local, encontrar un lugar donde lo sirvan (o cualquier otra cosa) puede ser toda una odisea. Se puede empezar la búsqueda en los alrededores del parque Céspedes; en los siguientes sitios tal vez se tenga suerte.

Restaurante 1800 (Merchán 245, entre Maceo y Saco; 🕒 12.00-22.00 ma-do). Recomendado por casi todos los lugareños, sirven filetes y marisco

---

EL ORGANILLO

Manzanillo es famosa por sus órganos de manivela, que importaron por primera vez de Francia las familias Fornaris y Borbolla en 1876. Alrededor de 1900, la ciudad contaba con unos 200 y durante los años siguientes, Carlos y Francisco Borbolla construyeron una docena más en una fábrica que montaron a tal efecto en la ciudad.

Hoy la tradición perdura en las bandas rumberas cubanas; los órganos constituyen una parte central de las actuaciones callejeras que tienen lugar los fines de semana en el parque Céspedes de Manzanillo y durante la semanal Fiesta de la Cubanía en la vecina Bayamo. Acompañados por percusión, estos instrumentos accionados a mano producen una mezcla muy poco ortodoxa de música de feria e impetuoso ritmo rumbero.

CASAS PARTICULARES EN MANZANILLO

Ada y Fernando (☎ 5-2522; jerm_7519@ yahoo.es; Pedro Figueredo 105, entre Martí y Mártires de Vietnam; ✛). A un bloque del parque central.

Adrián & Tonia (☎ 5-3028; Mártires de Vietnam 49; h 20-25 CUC; ✛). Con buenas reseñas de otros viajeros.

Villa Luisa (☎ 5-2738; Rabena 172, entre Maceo y Masó; h 20-25 CUC; P ✛). Limpia, céntrica y de precio negociable.

aceptables. Los precios de la carta están en convertibles.

Restaurante Las Américas (Maceo; ✪ 12.00-14.30 y 19.00-22.00). Ofrece los consabidos platos de cerdo y pollo.

Pizzería Nápoles (Merchán). *Pizzas* y espaguetis por menos de tres pesos. Hay que pagar en caja antes de tomar asiento; si se quiere algo líquido habrá que llevar la bebida.

Café 1906 (Maceo esq. con Merchán; ✪ 24 h). Es el local más sugerente de Manzanillo, situado en una esquina; sirven carajillos de ron por 0,20 CUP.

Néctar Cremería (Martí; ✪ 12.00-22.00 lu-sa, 9.00-22.00 do). Esta heladería, donde se paga en pesos, está cerca de Maceo. Hay que pedir turno en la fila, que suele llegar al otro lado de la calle.

Cafetería Piropo Kikiri (Martí, entre Maceo y Saco; ✪ 10.00-22.00). Tiene de todo, desde helados de galleta hasta copas; se paga en convertibles.

Ocio

Teatro Manzanillo (Villuendas, entre Maceo y Saco; entrada 8 CUB; ✪ funciones 20.00). Algunas compañías en gira, como el Ballet de Camagüey y Danza Contemporánea de Cuba, actúan en este recinto rehabilitado con mucho esmero. Construido en 1856 y restaurado en 1926 y 2002, esta joya de 430 butacas está abarrotada de pinturas al óleo y detalles originales. El personal muestra encantado la sala y explica el proceso de restauración.

Casa de la Trova (☎ 5-5423; Merchán 213; entrada 1 CUB). La casa espiritual de la nueva trova ya no es el templo musical que pretendía ser. Los martes es la noche del bolero y los jueves a las 21.00 se programan conciertos de trova.

Cabaret Salón Rojo (☎ 5-5117; ✪ 20.00-24.00 ma-sa, 20.00-13.00 do). Local situado en el lado norte del parque Céspedes, cuenta con una

terraza en la planta superior con vistas donde se bebe y se baila (pago en pesos).

Cabaret Costa Azul (☎ 5-3158; av. 1 de Mayo esq. con av. Narciso López; ✪ 20.00-2.00 ju-do). Lo mejor del panorama nocturno de Manzanillo es este local a modo de barco que da a un gran escenario donde se representan espectáculos a las 22.00.

Cine Popular (av. 1 de Mayo; ✪ ma-do). El mejor cine de la ciudad.

Cómo llegar y salir

AVIÓN

El **aeropuerto Sierra Maestra** (☎ 5-3019; código MZO) está en la carretera a Cayo Espino, 8 km al sur de la gasolinera Servi-Cupet de Manzanillo. **Cubana** (☎ 5-4984) tiene un vuelo semanal directo desde La Habana todos los sábados (103 CUC, 2 h).

Un taxi entre el aeropuerto y el centro de la ciudad ronda los 6 CUC.

AUTOBÚS Y CAMIÓN

Desde la estación de autobuses, 2 km al este de la ciudad por la carretera a Bayamo, salen a diario autobuses **Astro** (☎ 5-2727) a Bayamo, Camagüey, La Habana, Pilón y Yara.

Los autobuses y los camiones de pasajeros circulan con bastante frecuencia rumbo a Yara y Bayamo. Hacia Pilón hay dos o tres vehículos matutinos. También hay uno diario a Holguín y La Habana, pero para ir a Santiago de Cuba se debe hacer transbordo en Bayamo.

Los camiones de pasajeros a Media Luna y Pilón salen de la estación de autobuses y efectúan una parada para recoger viajeros en el cruce próximo a Servi-Cupet y el hospital (la parada de autostop).

TREN

Todos los servicios que parten de la estación de trenes, en el lado norte de la ciudad, pasan por Yara y Bayamo. A continuación se detallan los destinos.

Destino	Precio (ida)	Hora de salida
Bayamo	1,75 CUC	10.40, 14.15, 19.40
La Habana	28 CUC	17.20
Jiguaní	2,35 CUC	10.40, 14.15
Santiago de Cuba	5,50 CUC	14.15

Cómo desplazarse

La oficina de **Havanautos** (☎ 5-7204) está al lado de la gasolinera Servi-Cupet, fren-

NAVIDADES EN UN CAÑAVERAL

El 2 de diciembre de 1956, en una zona remota de Cuba occidental llamada Las Coloradas, un grupo de 82 personas lideradas por Fidel Castro se acerca a la costa a bordo de un yate de recreo, abarrotado y decrépito, llamado *Granma*. Los rebeldes, que se abren paso por una ciénaga y han tenido que abandonar casi todo su armamento en los mangles cercanos, se arrastran durante tres días antes de encontrar cobijo en un cañaveral donde descansan agotados e intentan pensar en el siguiente paso.

Les espera una desagradable sorpresa. Unas horas después, comienzan a dispararles, un hombre muere y, de repente, reina el caos. En los momentos posteriores de confusión, son presa del pánico y se separan. Uno de ellos, un médico argentino de 28 años, aún ajeno a la crueldad del combate armado, huye despavorido campo a través sin que apenas le cubran. Al echar la vista al suelo, ve su equipo médico y una caja de munición abandonados por un camarada en su huida. No puede cargar con ambas cosas y tiene pocos segundos para tomar la elección más provechosa.

Un momento de la historia, un momento de infamia, un momento en que, según muchos, un joven e idealista viajero llamado Ernesto Guevara de la Serna se transformó en el despiadado Che.

El peligro no había acabado. Al recoger la caja de munición, el Che recibió en el cuello el impacto de una bala perdida del enemigo. Pensando que se moría, se sentó en el suelo y, recordando una historia de Jack London que había leído sobre un hombre que acabó muriendo congelado en Alaska, se preparó para enfrentarse a la muerte con dignidad. Juan Almeida fue quien lo despertó de su estupor. Le gritó para que se levantara y, junto a otros tres supervivientes, lo sacó del cañaveral en llamas y lo adentró en la selva. El Che tuvo suerte. La herida de la nuca sólo era superficial y el reducto de asediados rebeldes, pese al tiempo deambulando medio muertos de hambre por el campo cubano, al final encontró comida y cobijo gracias a un campesino llamado Guillermo García. A través de él, los soldados supieron que Fidel estaba vivo y a salvo, y que aún tramaba la inminente desaparición del Gobierno de Batista. El 21 de diciembre se reunieron en un lugar llamado Cinco Palmas. La Revolución Cubana acababa de empezar.

te al hospital, 3 km al sur del centro por la carretera a Media Luna. Hay una fabulosa carretera nueva hacia Holguín que pasa por Corralito, la salida más rápida desde Manzanillo hacia destinos del norte y el este.

Los coches de caballos (1 CUP) hacia la estación de autobuses salen de Doctor Codina, entre Plácido y Luz Caballero. Los que recorren el Malecón hasta los astilleros parten del inicio de Saco.

MEDIA LUNA
☎ 23 / 15.493 hab.

Esta localidad azucarera, unos 50 km al sudoeste de Manzanillo, es conocida en la propaganda del régimen porque aquí nació Celia Sánchez (1920-1980), quien abastecía de suministros clave a los castristas mientras estaban en las montañas y, tras la Revolución, se convirtió en estrecha colaboradora de Castro. Como no podía ser de otra forma cuenta con su **Museo Celia Sánchez** (Paúl Podio 111; entrada 1 CUC; ⊙ 9.00-12.00 y 14.00-17.00 ma-sa, 9.00-13.00 do) en un majestuoso y viejo edificio de listones de madera situado en

la calle principal, cerca del ingenio de Media Luna.

La **glorieta** de Media Luna aún conserva su encanto, aunque no es tan peculiar como la de Manzanillo. Una de las pocas cosas que se pueden hacer en la localidad es comprar un helado (3 CUP) o un batido de frutas en uno de los puestos del parque y dar una vuelta.

NIQUERO
☎ 23 / 20.273 hab.

Población azucarera y pequeño puerto pesquero situada en la remota región sudoeste de Granma y dominada por el ingenio Roberto Ramírez Delgado, construido en 1905 y nacionalizado en 1960 (se huele antes de verlo). Como muchas poblaciones de la provincia se caracteriza por las particulares casas de listones y propone una animada "noche de Cubanilla" en que las calles se cierran al tráfico y se cena en mesas colocadas en las aceras. Mientras, bandas de música, con organillero incluido, entretienen a los lugareños.

No hay mucho que hacer en Niquero, pero se puede explorar el parque, donde hay un

cine, y visitar el pequeño **museo** municipal. Cómo no, existe un monumento conmemorativo al desembarco del *Granma*, aunque a estas alturas el viajero quizá esté ya francamente ahíto de tanto mártir revolucionario.

Niquero es una buena base si se desea visitar el Parque Nacional Desembarco del Granma. Hay una gasolinera Servi-Cupet en el centro de la localidad y otra en las afueras, hacia Cabo Cruz.

Dónde dormir y comer

Hotel Niquero (Islazul; ☎ 59 24 98; i/d temporada baja 16/20 CUC, temporada alta 22/28 CUC; P 🏖). Este hotel discreto y aislado, situado en pleno centro, está frente a la fábrica azucarera; sus oscuras habitaciones están algo deterioradas y pocas tienen balcón a la calle; la calidad del servicio es cambiante. Cuenta con un asequible restaurante donde preparan filetes con salsa aceptables. El hotel sufrió graves daños durante la temporada de huracanes de 2005, así que tal vez aún se estén realizando reparaciones (como en el suministro del agua).

PARQUE NACIONAL DESEMBARCO DEL GRANMA

Apenas 10 km al sudoeste de Media Luna, la carretera se divide: Pilón queda 30 km al sudeste y Niquero 10 km al sudoeste. Belic está 16 km al sudoeste de Niquero y desde él sólo restan otros 6 km hasta las puertas de acceso a la reserva (entrada 3 CUC por persona).

El Parque Nacional Desembarco del Granma protege 27.545 Ha de bosques, acantilados y arrecifes de la costa meridional cubana, entre Cabo Cruz y Pilón. En 1999 fue declarado Patrimonio Mundial por la Unesco. Su particular topografía kárstica y sus terrazas marinas elevadas, características de esta zona, forman uno de los acantilados costeros más hermosos de América. De las 512 especies de plantas identificadas hasta ahora, cerca de un 60% son endémicas y una docena de ellas sólo crece aquí. La diversidad de la fauna no se queda a la zaga, ya que hay 25 especies de moluscos, 7 de anfibios, 44 tipos de reptiles, 110 de aves y 13 de mamíferos.

En El Guafe un grupo de arqueólogos ha descubierto los segundos restos en importancia de una comunidad prehispánica en Cuba. Se trata de un asentamiento agrícola y ceramista donde se han hallado piezas de unos mil años de antigüedad; entre ellas, altares, piedras talladas y vasijas de loza, así como seis ídolos que custodiaban a una diosa del agua en lo que debió de ser una cueva ceremonial. Según los arqueólogos, esto no es más que la punta del iceberg.

Puntos de interés y actividades

Como su nombre indica y aunque la machacona propaganda hace que huelgue decirlo, en esta zona atracó el *Granma* con Fidel Castro y sus seguidores en 1956 (véase p. 381). Un gran monumento y el **Museo Las Coloradas** (entrada 1 CUC; ⏰ 8.00-18.00 ma-sa, 8.00-12.00 do), tras franquear la entrada del parque, marcan el punto exacto del desembarco. En el museo se muestran las rutas que siguieron Castro, Guevara y los otros guerrilleros desde este enclave hasta sierra Maestra y una reproducción a tamaño real del barco.

Apenas 8 km al sudoeste del parque en dirección a Cabo Cruz se halla el **Sendero Arqueológico Natural El Guafe.** Un río subterráneo ha creado 20 grandes cuevas, una de las cuales alberga el famoso ídolo del agua, tallado en las estalagmitas en época prehispánica. Durante el paseo de dos horas se podrán ver mariposas, 170 especies distintas de aves (incluido el diminuto colibrí), un cactus de 500 años y orquídeas. El guarda del parque se presta a acompañar al visitante y a mostrarle los detalles más interesantes.

Unos 3 km después del sendero de El Guafe se halla **Cabo Cruz,** un típico puerto pesquero con esquifes flotando cerca de la costa y musculosos hombres destripando las capturas en una playa dorada. No hay mucho que ver excepto el faro de Vargas, de 33 m de altura, erigido en 1871. Hasta que se instaló la conducción de carburante en 1928, el fanal funcionaba con una mecha de aceite de oliva. En 1952 se le dotó de energía eléctrica. Dentro del edificio contiguo está la **sala de exposiciones** "Historia del Faro" (⏰ 8.00-12.00 y 13.00-17.00 lu-sa); el celador, que suele estar en la tienda, tiene la llave.

Al este del faro hay una buena zona de baño y caminando un poco se puede llegar a una franja de arrecife donde practicar buceo; hay que tener cuidado con las fuertes corrientes de oeste a este. Si al viajero le gusta pescar, Cabo Cruz es el lugar idóneo.

Dónde dormir y comer

Campismo Las Coloradas (Cubamar; ctra. de Niquero, km 17; i/d temporada baja 9/12 CUC, temporada alta 11/16 CUC; 🏖). Ocupa 500 m de tenebrosa playa,

ADENTRARSE EN EL CAMPO

Si se recorren las estribaciones de sierra Maestra por la carretera de Pilón a Media Luna se llega a la ruinosa aldea de Sevilla. En la parada de autobús, hay que girar a la izquierda y seguir unos kilómetros más en dirección sudoeste hasta dar con la pequeña localidad de El Plátano. Preguntando a los vecinos no será demasiado complicado encontrar la antigua **casa de Guillermo García,** convertida hoy en aburrido museo.

Guillermo García era un campesino analfabeto que ayudó a los supervivientes del *Granma* a reagruparse en diciembre de 1956 antes de conducirles hasta un lugar seguro en sierra Maestra. Como recompensa, tras la Revolución, Fidel le nombró uno de los cinco comandantes de Cuba. Hoy todavía vive y reside en La Habana, desde donde ahora participa en preservar la biodiversidad de su provincia natal.

El pequeño museo contiene viejas fotos de los rebeldes y un mapa en que aparece señalado el viaje por las montañas.

5 km al sudoeste de Belic, justo al salir del parque. Las 28 cabañas dúplex se llenan rápido los fines de semana y en verano, cuando los lugareños acuden en masa a las playas para divertirse. Cuenta con servicio Campertour. Hasta aquí llegan tres autobuses diarios desde Niquero y, con más frecuencia, camiones desde Belic. Los huracanes de 2005 causaron importantes daños en el *camping* y durante la redacción de esta guía aún estaba cerrado por obras. Cubamar tenía previsto reabrirlo lo antes posible.

Cómo llegar y salir

Es posible llegar hasta el parque sin transporte propio pero, eso sí, echándole mucha paciencia. En verano, a veces, es posible hacer autostop en Las Coloradas (para más información sobre los peligros relacionados con la práctica del autostop, véase p. 472). Las gasolineras más cercanas están en Niquero.

PILÓN

☎ 23 / 11.904 hab.

Aquí la vida no es fácil, ni siquiera alcanza los enjutos estándares cubanos. Hace mucho tiempo este aislado enclave costero fue una próspera localidad azucarera, pero en 2002 el ingenio cerró y la gente se encontró ante un futuro incierto. Luego, en julio de 2005, la desdicha se cebó de nuevo en forma de un violento huracán que se llevó por delante enormes tramos de la carretera de la costa.

En el pueblo no hay mucho que hacer aparte de visitar la diminuta **Casa Museo Celia Sánchez Manduley** (entrada 1 CUC; ☾ 9.00-17.00 lu-sa, 9.00-13.00 do) o admirar el entorno montañoso y el horizonte marino. Desde Pilón, la carretera asfaltada sigue 17 km al este hasta

Marea del Portillo y, tras 180 km, alcanza Santiago de Cuba.

Dónde dormir y comer

Villa Turística Punta Piedra (Cubanacán; ☎ 59 70 62; i/d/tr 28/30/35 CUC). Este encantador complejo de tres estrellas, situado en la carretera principal, 11 km al este de Pilón y 5 km al oeste de Marea del Portillo, dispone de 13 habitaciones dispuestas en dos bloques de una planta; es una agradable alternativa a los complejos hoteleros más grandes que hay varios kilómetros al este. Cuenta con restaurante y discoteca de horario variable ubicada en una retirada playa arenosa; el personal, una vez recuperado de la sorpresa de ver a alguien, se muestra encantado con la clientela.

Cómo llegar y desplazarse

Hay un autobús entre Pilón y Santiago de Cuba vía Manzanillo en días alternos. También los hay que circulan por la costa sur entre Pilón y Chivirico, igualmente en días alternos pero no con horarios fijos. El transporte público en esta región deja mucho que desear; lo mejor será preguntar a los lugareños.

En la gasolinera Servi-Cupet, junto a la carretera en la entrada a Pilón, se venden tentempiés y bebidas. Se recomienda llenar por completo el depósito ya que la siguiente gasolinera está en Santiago de Cuba, a casi 200 km.

MAREA DEL PORTILLO

Menospreciado e infravalorado, Marea del Portillo es uno de los centros turísticos más bellos de Cuba. Incluye dos pequeños complejos hoteleros encajados en una estrecha

franja de tierra entre el reluciente Caribe y las onduladas montañas de sierra Maestra. En invierno, es uno de los lugares más cálidos del país.

Ambos complejos, agradables aunque modestos, están provistos de todo tipo de comodidades y actividades al aire libre y, además, los precios son relativamente económicos. El único verdadero inconveniente es la playa, de un color gris claro que tal vez defraude a quienes prefieren la brillante arena blanca de Cayo Coco.

La población más cercana digna de mención es Pilón, 17 km al oeste.

Actividades

Ambos hoteles organizan excursiones de un día y paseos a caballo hasta **El Salto** por un precio de 35 CUC por persona con comida y cuatro bebidas incluidas (mínimo seis personas), y viajes al Parque Nacional Desembarco del Granma por una tarifa similar. Hay otras rutas a caballo por 7 CUC la hora.

El **Marlin Dive Center** (☎ 59 70 34, fax 59 70 35), junto al Hotel Club Amigo Marea del Portillo, ofrece inmersiones a partir de 35 CUC. También se puede practicar pesca de altura por 45 CUC la hora, en grupos de cuatro pescadores.

Dónde dormir y comer

Club Amigo Marea del Portillo (Cubanacán; ☎ 59 70 08; i/d 50/80 CUC, todo incl.; Ⓟ ⊠ ☐ ⓡ). Habida cuenta de cómo son los paquetes con todo incluido, la oferta de este complejo apenas conocido es una de las más modestas y sencillas de Cuba. Situado en una playa de arena oscura a la sombra de las montañas de sierra Maestra, sus 74 habitaciones son cómodas aunque sencillas; la piscina junto a la playa, aunque agradable, sorprende por sus reducidas dimensiones. La afluencia de clientes depende mucho de la temporada, así que durante los meses de menos actividad (de abril a octubre) se recomienda llamar antes porque a veces está cerrado.

Hotel Farallón del Caribe (Cubanacán; ☎ 59 40 03; fax 59 70 80; i/d 55/90 CUC todo incl.; Ⓟ ⊠ ☐ ⓡ). Este complejo goza de una ubicación fabulosa: posado sobre una loma que da a sierra Maestra, las vistas de las montañas desde el bar de la playa son fantásticas y, aparte del cercano Club Amigo, alrededor no hay ninguna otra zona habitada. En el mostrador de Cubanacán se contratan emocionantes excursiones al Parque Nacional Desembarco del Granma, aunque, si dispone de vehículo propio, el viajero podrá explorar la zona por su cuenta yendo por la carretera de la costa, un constante mirador rumbo este hacia Santiago. Es un alojamiento popular entre canadienses en viaje organizado.

Cómo llegar y salir

El único servicio fijo de esta ruta es un camión que parte de Santiago de Cuba hacia Pilón los días alternos. Cuando llega a este punto de la costa va tan abarrotado que resulta peligroso.

Cómo desplazarse

En los hoteles se alquilan motocicletas por unos 8 CUC la hora (3 CUC cada hora extra). Existe una carretera accidentada y en mal estado que atraviesa las montañas desde Marea del Portillo hasta Bartolomé Masó, pero para circular por ella son necesarios un todoterreno, que no llueva y demasiada experiencia al volante. Hay bastantes tramos rocosos empinados y muchos vados.

Provincia de Santiago de Cuba

La provincia de Santiago de Cuba es una mezcla de Nueva Orleans y Río de Janeiro, con una pequeña dosis de la Unión Soviética. Aquí, en la cuna de la Revolución Cubana, las tiendas de racionamiento dejan paso a fiestas rumberas y las vallas con eslóganes de propaganda política ocupan un segundo plano por detrás del Carnaval.

Está ubicada en uno de los tramos costeros más espectaculares del archipiélago y su región interior mezcla tranquilos rincones rurales con sitios declarados Patrimonio Mundial por la Unesco, cementerios revolucionarios con el santuario de la Virgen del Cobre. Quienes no sufran de vértigo deberían intentar escalar la cima más alta de Cuba, el pico Turquino. Otros, pueden disfrutar de una ascensión más corta hasta la cima de la rocosa Gran Piedra, con buenas vistas del Parque Nacional Baconao, una de las seis biosferas protegidas de la isla.

Y en medio de toda esta naturaleza está Santiago, la segunda ciudad más grande de Cuba, una metrópoli polvorienta, calurosa y algo atorrante, en la que la música surge a borbotones desde cualquier portal y los artistas reflexionan sobre sus esculturas. Antaño ilustre capital de Cuba, cedió el testigo a La Habana, ciudad estratégicamente mejor situada, en la década de 1550, dejando a los habitantes locales cargados para siempre de delirios de grandeza. Algunos la llaman "Ciudad de los Héroes"; otros, "Ciudad de los Revolucionarios" y, a veces, "Ciudad destronada de la Cultura Cubana". La importancia de Santiago como centro de la música y la cultura cubanas jamás se ha puesto en duda.

PROVINCIA DE SANTIAGO

LO MÁS DESTACADO

- **A vueltas con la Revolución**
  Visitar las antiguas casas de Antonio Maceo (p. 397) y Frank País (p. 397) y redondear la jornada con una excursión al cuartel Moncada (p. 397)

- **Espectacular viaje en coche**
  Tomar la carretera de la costa en dirección oeste hacia Chivirico (p. 421) para disfrutar de las ondulantes montañas y el rompiente oleaje

- **Paseo por las nubes**
  Subir hasta lo alto de la mastodóntica Gran Piedra (p. 415)

- **Peregrinación**
  Rendir homenaje a la Virgen de la Caridad del Cobre en su sagrado santuario (p. 419)

- **Circuito ecológico**
  Darse un baño bajo la cascada de la Villa El Saltón (p. 421), un alojamiento respetuoso con el medio ambiente

Villa El Saltón ★
Santiago de Cuba ★
El Cobre ★ ★
Chivirico ★
★ Gran Piedra

| ☎ 22 | POBLACIÓN: 1.040.000 | SUPERFICIE: 6.170 KM² |

PROVINCIA DE SANTIAGO DE CUBA

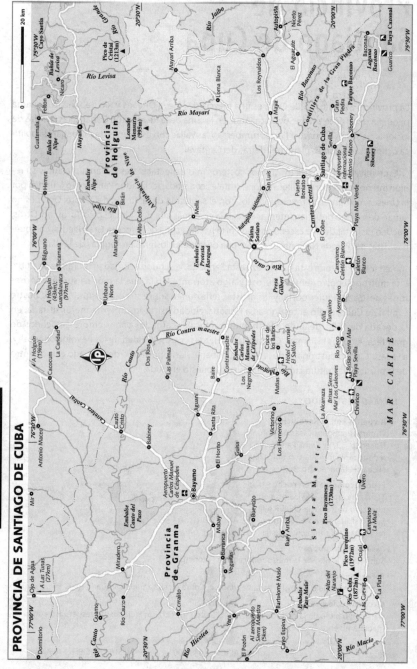

Historia

Hogar de una amplia gama de héroes y caracterizada por un legado cultural que incluye desde la música y el idioma a la escultura y el arte, la historia de Santiago es inseparable de la propia historia de Cuba.

Fundada en 1514 por Diego Velázquez de Cuéllar, cuyos restos supuestamente yacen bajo la catedral, la ciudad de Santiago de Cuba se trasladó en 1522 a su ubicación actual, en una bahía en forma de afilada herradura al abrigo de sierra Maestra. Su primer alcalde fue Hernán Cortés, el ambicioso secretario de Velázquez que partió de la profunda pero tranquila bahía de Santiago en 1518 en dirección a México (véase p. 388).

Establecida en 1515 como nueva capital de la colonia tomando el testigo de Baracoa, Santiago gozó de un breve período de prosperidad como centro de la industria minera del cobre y como lugar de desembarco de los esclavos que llegaban desde África occidental a través de La Española, hoy República Dominicana. Pero la gloria no iba a durar mucho. En 1556 la Capitanía General se trasladó a La Habana y en 1607, la capital fue trasladada permanentemente al oeste. Sometida a incursiones piratas y en algún momento prácticamente reducida a una pequeña aldea de varios cientos de habitantes, la asediada Santiago apenas consiguió sobreponerse a tal revés.

Las cosas cambiaron en 1655, cuando empezaron a llegar colonos españoles de la cercana colonia de Jamaica, tendencia que se vio incrementada en la década de 1790 cuando los hacendados franceses de Haití se instalaron en el distrito santiaguero del Tívoli huyendo de la revolución de los esclavos liderada por Toussaint Louverture. Siempre un paso por delante de la capital en el ámbito cultural, Santiago fundó el Seminario de San Basilio Magno como institución educativa en 1722, seis años antes que la Universidad de La Habana y, en 1804, le arrebató el predominio eclesiástico a la capital asegurándose la sede del Arzobispado.

Su individualidad y su aislamiento respecto de La Habana pronto hicieron que el patrimonio cultural de Santiago fuera claramente distinto, lo que ayudó a avivar su insaciable pasión por las revueltas y las rebeliones. Gran parte de los combates de las dos guerras de la independencia tuvieron lugar en Oriente, y uno de los militares más ilustres de esa época, el general mulato Antonio Maceo, nació en Santiago de Cuba en 1845.

En 1898, cuando Cuba parecía que iba a lograr el triunfo en su lucha por la independencia, EE UU intervino en la Segunda Guerra de Independencia desembarcando a una flotilla de su ejército en la cercana playa Daiquiri, lo que provocó que las batallas decisivas, tanto terrestres como marítimas de la guerra, tuvieran lugar en Santiago y sus alrededores. La terrestre tuvo lugar el 1 de julio, cuando una triunfal carga de caballería dirigida por Teddy Roosevelt en la periférica colina de San Juan selló la victoria. La marítima fue una desigual batalla en el puerto de Santiago entre la heroica armada española, al mando del almirante Cervera, y la estadounidense, que acabó con la casi total destrucción de la flota española.

Un *boom* urbanístico caracterizó los primeros años del nuevo Estado cubano independiente, pero después de tres intervenciones militares sucesivas de EE UU, la última de las cuales se produjo en 1917 y mantuvo a las tropas estadounidenses instaladas en Oriente hasta 1923, las cosas empezaron a agriarse. A pesar de su continua influencia como centro cultural y musical, Santiago empezó a ganarse una reputación ligeramente menos respetable como foco de conflictos, y fue aquí donde, el 26 de julio de 1953, Fidel Castro y sus seguidores intentaron el asalto al cuartel Moncada. Éste fue el inicio de una serie de acontecimientos que cambiaron el curso de la historia de Cuba. Durante el juicio en Santiago, Castro hizo su famoso discurso terminado con la frase: "La historia me absolverá". Del asalto al cuartel no cabe duda de que así lo hizo; del resto de su vida, está por ver.

El 30 de noviembre de 1956 los habitantes de Santiago de Cuba se rebelaron contra las tropas de Batista en un vano intento de desviar la atención para que los guerrilleros de Castro pudieran desembarcar en las orillas occidentales de Oriente. Aunque inicialmente no tuvo éxito, un movimiento clandestino liderado por Frank y Josué País rápidamente estableció una línea secreta de abastecimiento que proporcionaba armamento a las tropas escondidas en sierra Maestra. A pesar de la muerte de los hermanos País durante 1957 y 1958, el enfrentamiento bélico se mantuvo y fue en Santiago de Cuba donde la tarde del 1 de enero de 1959 Fidel Castro hizo su primera aparición pública para declarar el

éxito de la Revolución. Estos acontecimientos hicieron que Santiago se ganara el título de "Ciudad Héroe de la República de Cuba".

Santiago siguió creciendo rápidamente en los años que siguieron a la Revolución gracias a la construcción en los distritos periféricos de nuevos alojamientos para los trabajadores. Este crecimiento continuó a principios de la década de 1990, cuando un nuevo *boom* urbanístico permitió dotar a la ciudad de un nuevo teatro, una estación de trenes y un hotel Meliá de cinco estrellas. En 1994 Santiago ganó el prestigioso premio de turismo Manzana de Oro otorgado por la Federación Internacional de Periodistas y Escritores de Turismo.

Arte

Santiago de Cuba posee una rica historia cultural que se inició con la construcción de la catedral de Nuestra Señora de la Asunción en la década de 1520 y con la formación del coro de la iglesia. Doscientos cincuenta años más tarde, los hacendados franceses de las plantaciones de caña de Haití trajeron consigo la ópera y, a partir de 1800, se representaron regularmente espectáculos en varios teatros por toda la ciudad. La primera sociedad filarmónica de Santiago se creó en 1832 y, en 1851, se inauguró el teatro de la Reina con una selecta de óperas francesas. En 1871 *La hija de Jefté*, de Laureano Fuentes Matons, se convirtió en la primera zarzuela escrita por un compositor cubano que se representaba en la isla.

Aparte de esta cultura musical, más académica, la región desarrolló su propias melodías populares, también influenciadas por la llegada a principios del s. XIX de los hacendados franceses de Haití. En Santiago nació el son cubano, lejano predecesor de la salsa, y aquí siguen vivos casi todos los géneros de música popular cubana, desde la percusión afrocubana hasta la rumba.

Dos de los principales poetas románticos cubanos del s. XIX, José María Heredia (1803-1839) y su primo José María de Heredia y Giralt (1842-1905), nacieron en Santiago, aunque ambos pasaron la mayor parte de su vida en el extranjero.

SANTIAGO DE CUBA

443.926 hab.

Santiago de Cuba es la segunda ciudad más grande de la isla y la rutilante capital cultural de Cuba por derecho propio. Cualquiera con el más mínimo interés por la literatura, música, arquitectura, política o etnología cubana debería pasar al menos un día o dos visitando la miríada de lugares de interés que atesora.

Animada por una cosmopolita mezcla de cultura afrocaribeña y situada más cerca de Haití y de la República Dominicana que de La Habana, Santiago ha recibido más influencias del este que del oeste, un factor crucial a la hora de modelar su distintiva identidad. En ningún otro lugar de Cuba se puede encontrar una combinación tan pintoresca de gentes ni una concepción tan orgullosa de la propia historia. Diego Velázquez hizo de

HERNÁN CORTÉS

Más famoso por su conquista de México que por su corta estancia en Cuba, Hernán Cortés llegó a Baracoa en 1511 como secretario de Diego Velázquez de Cuéllar, el primer gobernador de la isla.

Instalado en Santiago, Cortés se hizo con el cargo de alcalde, función que desempeñaba en las dependencias del actual ayuntamiento. Sin embargo, su gran ambición pronto pudo con él y se lanzó a una frenética carrera de excavaciones en busca de oro. De sus años cubanos se cuentan también numerosas aventuras galantes que, al parecer, le granjearon no pocos enemigos entre muchos de los celosos maridos de la isla.

Pero la vida sedentaria de funcionario colonial, pese al goce galante y a las empresas mineras no contentaba al ambicioso extremeño. Alentado por las noticias que hablaban de un prodigioso reino lleno de riquezas al occidente de la isla, presionó incansablemente al dubitativo Velázquez para conseguir barcos y dinero. Inicialmente reacio a ayudarle, el indeciso gobernador acabó cediendo, aunque sólo le otorgó permiso para explorar e incluso en el último momento cambió de opinión e intentó abortar la misión. Pero ya era demasiado tarde. En 1518 Cortés zarpó sin la aprobación oficial y atracó brevemente en Trinidad, donde acabó de reunir a un ávido ejército de 500 hombres. Tras cargar los suministros en 11 barcos, la flotilla salió del puerto de La Habana en febrero de 1519 con destino a México. El resto, como suele decirse, ya es historia.

Santiago su segunda capital, Fidel Castro la usó para iniciar la Revolución, don Facundo Bacardí estableció aquí su primera fábrica de ron y casi todos los géneros de música cubana, desde la salsa hasta el son, tuvieron su origen en algún lugar de estas polvorientas y sensuales calles. Y luego está toda esa larga lista de héroes locales, como el militar Antonio Maceo, el poeta José María Heredia, el revolucionario Frank País o el emprendedor Emilio Bacardí, cuyas historias individuales pueden conocerse más a fondo a través de la amplia gama de museos locales.

En cuanto a ubicación, Santiago podría competir con cualquiera de los más importantes centros urbanos del mundo. Espectacularmente encajada entre la indómita sierra Maestra y el azul Caribe, el casco histórico de la ciudad conserva un aspecto algo decadente que recuerda vagamente a Barbados, a Salvador de Bahía o a Nueva Orleans.

Mientras las temperaturas se elevan hasta los treinta y tantos grados en la calle, los jineteros trapichean en las sombras abordando al turista con una agresividad sin igual en toda Cuba. Y luego está la contaminación, especialmente acusada en el distrito central, donde ruidosas motocicletas recorren estrechas calles que fueron diseñadas para el tráfico de caballos y peatones. Los viajeros deberían ir con cuidado, ya que, aunque Santiago nunca ha sido un lugar especialmente inseguro, en esta ciudad todo ocurre de forma un poco más alocada, frenética y desesperada.

Sorprendentemente compacta para ser la segunda ciudad más grande de Cuba, Santiago fue equipada para el nuevo milenio con una serie de construcciones monumentales llevadas a cabo a principios de la década de 1990, incluido el Legoland Meliá Santiago de Cuba, el teatro José María Heredia, el espectacular monumento a Antonio Maceo, la moderna estación de trenes que hay en el lado noroeste y la llamativa nueva terminal del aeropuerto internacional Antonio Maceo.

Orientación

Los principales puntos de interés están situados en un estrecho corredor que discurre hacia el este desde el parque Céspedes hasta las plazas Dolores y Marte a lo largo de José A. Saco, la calle comercial más importante de la ciudad que los sábados por la noche se convierte en paseo peatonal y mercado callejero.

Los antiguos barrios residenciales al norte y

NOMBRES DE LAS CALLES DE SANTIAGO DE CUBA

Bienvenidos a otra ciudad en la que las calles tienen dos nombres.

Nombre antiguo	Nombre nuevo
Enramada	José A. Saco
Calvario	Porfirio Valiente
Reloj	Mayía Rodríguez
Santa Rita	Diego Palacios
Rey Pelayo	Joaquín Castillo Duany
Paraíso	Plácido
Carnicería	Pío Rosado
San Mateo	Sao del Indio
San Félix	Hartmann
San Francisco	Sagarra
San Gerónimo	Sánchez Hechavarría
Santo Tomás	Félix Peña
Trinidad	General Portuondo
José Miguel Gómez	Habana

---

al sur de esta franja también albergan algunos destacados puntos de interés. En conjunto, estas zonas conforman el casco histórico de la ciudad. Los principales monumentos de temática revolucionaria están a lo largo de la avenida Libertadores.

Los grandes hoteles turísticos se hallan en Vista Alegre, 3,5 km al este de la estación de trenes, 2 km al sudeste de la estación nacional de autobuses y 1,5 km al sudeste de la estación intermunicipal de autobuses. El aeropuerto internacional Antonio Maceo queda 7 km al sur.

Santiago de Cuba es una ciudad extensa y si el viajero no dispone de coche, el transporte público puede ahorrarle unas cuantas carreras de taxi.

Información

LIBRERÍAS

En José A. Saco, entre Hartmann y Porfirio Valiente, cerca de la plaza Dolores, hay ocho librerías bien surtidas.

Librería Internacional (plano p. 394). En el lado sur del parque Céspedes; también vende postales y sellos.

Librería La Escalera (plano p. 394; Heredia 265; ☺ 10.00-23.00). Libros usados y raros, objetos coleccionables de trova, antiguos discos de 78 r.p.m., pósters de películas... Un poco de todo.

Librería Manolito del Toro (plano p. 394; Saco 411; ☺ 8.00-16.30 lu-vi, 8.00-16.00 sa). Literatura política.

Librería Viet Nam (plano p. 394; Aguilera 567; 🕒 9.00-17.00 lu-vi). Una de las mejores; también abre un sábado cada quince días.

CENTROS CULTURALES

Alliance Française (plano pp. 392-393; ☎ 64 15 03; calle 6, nº 253, Vista Alegre; 🕒 9.00-19.00 lu-vi, 9.00-12.00 sa). Centro cultural francés con exposiciones de fotografía y una biblioteca. Cada semana se proyectan películas gratuitas.

URGENCIAS

Asistur (plano p. 394; ☎ /fax 68 61 28; www.asistur.cu; General Lacret, entre Aguilera y Heredia). Debajo del Hotel Casa Granda. Están especializados en ofrecer asistencia a extranjeros, principalmente en el campo económico y de seguros.

Policía (plano p. 394; ☎ 106; Corona esq. con Sánchez Hechavarría)

ACCESO A INTERNET

Etecsa (plano p. 394; Heredia esq. con Félix Peña; 6 CUC/hora; 🕒 9.00-23.00)

BIBLIOTECAS

Biblioteca Elvira Cape (plano p. 394; ☎ 62 46 69; Heredia 262). La biblioteca pública más grande de la ciudad y una de las más prestigiosas del país.

MEDIOS DE COMUNICACIÓN

Radio Mambí CMKW En el 1240 AM y el 93.7 FM.

Radio Revolución CMKC Emite en el 840 AM y el 101.4 FM.

Sierra Maestra Semanario local que se publica los sábados.

Radio Siboney CMDV En el 1180 AM y el 95.1 FM.

ASISTENCIA MÉDICA

Clínica Internacional Cubanacán Servimed (plano pp. 392-393; ☎ 64 25 89; av. Raúl Pujol esq. con calle 10, Vista Alegre; 🕒 24 h). Personal competente. También dispone de dentista.

Farmacia Cubanacán (plano pp.392-393; ☎ 64 25 89; av. Raúl Pujol esq. con calle 10; 🕒 24 h). La mejor farmacia de la ciudad. Se paga en convertibles.

Hospital Provincial Saturnino Lora (plano pp. 392-393; ☎ 64 56 51; av. Libertadores). Con cámara hiperbárica.

CONSEJOS SOBRE LOS JINETEROS

Lo más probable es que nueve de cada diez cubanos que se acerquen al viajero en las calles de Santiago (o en casi cualquier otra ciudad cubana) sean jineteros dispuestos a ganar algo de dinero con los siempre lucrativos visitantes extranjeros. Obviamente, no todos los santiagueros son buscavidas sin muchos escrúpulos e, incluso los que sí lo son, merecen un poco de comprensión tras sufrir décadas de penurias y represión.

Con todo, pueden resultar sumamente molestos y, para evitarlos, lo mejor es tratarles con una buena mezcla de firmeza, educación y paciencia. El viajero debe recordar que la mayoría de esta gente, en el fondo, sólo intenta ganarse la vida.

A continuación se ofrecen algunos consejos útiles sobre cómo solventar las situaciones más complicadas:

- Si el viajero necesita una dirección, lo mejor es preguntar a los trabajadores de las tiendas, a una madre o incluso a un niño. No hay que esperar a que los jineteros se ofrezcan a ayudar.
- Entre las frases más útiles que se pueden utilizar un firme "No gracias, no necesito nada".
- A los más agresivos e insistentes quizá haya que decirles algo más directo.
- La frase más común para iniciar una conversación es "¿De dónde eres?". Se aconseja utilizar una respuesta que corte de golpe la conversación, como "de Marianao" (uno de los barrios más conflictivos de La Habana).
- La otra pregunta más habitual para iniciar una charla suele ser "¿Cómo te llamas?". En el caso de las mujeres, una respuesta como "Felizmente casada" suele tener efecto, pero el viajero puede usar su imaginación.
- Si el viajero realmente se siente incómodo, puede sopesar la posibilidad de instalarse en un barrio más residencial (p. ej. Vista Alegre en Santiago de Cuba o Miramar en La Habana).
- Si realmente ya no puede soportarlo, puede plantearse visitar Matanzas, Remedios, Sancti Spíritus, Holguín o Guantánamo, todas ellas poblaciones sin jineteros.
- Por supuesto, el modo más sencillo y eficaz de dejar de ser molestado por los jineteros es contratar los servicios de uno de ellos. Después de todo, a veces, pueden resultar muy útiles.

Hospital Quirúrgico Gineco-obstétrico (plano pp. 392-393; ☎ 64 66 49; junto a av. General Cebreco, reparto Vista Alegre). Cámara hiperbárica disponible de lunes a viernes de 8.00 a 15.00.

Farmacia (plano pp. 392-393; ☯ 8.00-18.00; Meliá Santiago de Cuba, av. de las Américas esq. con calle M). En el vestíbulo del Hotel Meliá Santiago de Cuba. Se paga en convertibles.

DINERO

Banco de Crédito y Comercio (plano p. 394; ☎ 62 80 06; Félix Peña 614)

Banco Financiero Internacional (plano p. 394; ☎ 62 20 73; Félix Peña 565; ☯ 8.00-16.00 lu-vi)

Bandec Saco (plano p. 394; Saco esq. con Mariano Corona); Gran Lacret (plano p. 394; ☎ 62 75 81; General Lacret esq. con Aguilera; ☯ 8.00-17.00 lu-vi)

Cadeca Aguilera (plano p. 394; ☎ 68 61 76; Aguilera 508; ☯ 8.30-18.00 lu-sa, 8.30-12.00 do); Meliá Santiago de Cuba (plano pp. 392-393; av. de las Américas esq. con calle M); Hotel Las Américas (plano pp. 392-393; av. de las Américas esq. con av. General Cebreco)

CORREOS

DHL (plano p. 394; ☎ 68 63 23; Aguilera 310)

Oficina de correos Aguilera (plano p. 394; Aguilera 519); calle 9 (plano pp. 392-393; calle 9, ampliación de Terrazas). Cerca de la avenida General Cebreco; también hay teléfonos.

TELÉFONO

Etecsa (plano p. 394; Heredia esq. con Félix Peña; ☯ 24 h)

AGENCIAS DE VIAJES

Cubatur Garzón (plano pp. 392-393; ☎ 65 25 60; fax 68 61 06; av. Garzón 364, entre calles 3 y 4; ☯ 8.00-20.00); Heredia (plano p. 394; Heredia 701)

Gaviota (plano pp. 392-393; ☎ 68 71 35; Villa Gaviota, Manduley 502, Vista Alegre). Pueden organizar visitas a la base naval de Guantánamo.

Havanatur (plano pp. 392-393; ☎ 68 72 80; calle 8, nº 54, entre calles 1 y 3, Vista Alegre; ☯ 8.00-12.00 y 13.00-17.00 lu-vi, 8.00-12.00 sa). Buena agencia para contratar el transporte.

Islazul Agencia de Ventas (plano p. 394; ☎ 62 31 24; Aguilera 308, entre General Lacret y Hartmann; ☯ 9.00-12.00 y 14.00-16.00 lu-vi)

Oficina Reservaciones de Campismo (plano p. 394; ☎ 62 90 00; Cornelio Robert 163; ☯ 8.30-12.00 y 13.00-16.30 lu-vi, 8.00-13.00 sa)

Sol y Son (plano pp. 392-393; ☎ 68 72 30; Hotel Las Américas, av. Las Américas esq. con av. General Cebreco). Reservas para hoteles económicos.

Peligros y advertencias

El casco histórico de Santiago de Cuba está plagado de jineteros. Las mujeres que viajen solas los sufrirán particularmente y de forma constante. Para algunos consejos sobre cómo dejar de sentirse un billete andante, véase p. 390.

Las secuelas medioambientales provocadas por el tráfico en Santiago sólo son superadas por las de La Habana. Empeorando la situación están los motoristas, que avanzan zigzagueando y que se convierten en un auténtico peligro en las muchas rotondas de la ciudad. Las estrechas y a veces inexistentes aceras, y las abarrotadas calles pueden ser un martirio para los peatones.

Puntos de interés
CASCO HISTÓRICO
Parque Céspedes y alrededores

La mayor parte de las visitas empiezan en el **parque Céspedes** (plano p. 394), donde un busto de bronce conmemora a Carlos Manuel de Céspedes, el hombre que promovió el Grito de Yara declarando la independencia cubana en 1868. De día es una plaza popular y deslumbrante, y por la noche se transforma en un lugar genial, con la música del cercano Hotel Casa Granda resonando en todo su ámbito. Algunos de los edificios más impresionantes de la ciudad están alrededor de esta plaza. La **Casa de la Cultura Miguel Matamoros** (plano p. 394; General Lacret 651), en su lado este, es el antiguo San Carlos Club, un centro social para adinerados residentes hasta la Revolución. El neoclásico **ayuntamiento** (plano p. 394; General Lacret esq. con Aguilera), en su lado norte, fue erigido en la década de 1950 siguiendo un diseño de 1783, y está ubicado en el lugar que en otra época ocuparan las dependencias de Hernán Cortés. Fidel Castro se asomó al balcón del edificio actual en la noche del 2 de enero de 1959 para proclamar el triunfo de la Revolución.

En la esquina noroeste del parque está la **casa de Diego Velázquez** (plano p. 394; Félix Peña 602). Construida en 1522, es la más antigua de Cuba que aún sigue en pie. Su fachada de estilo andaluz fue restaurada a finales de la década de 1960 y desde 1970 aloja el **Museo de Ambiente Histórico Cubano** (plano p. 394; ☎ 65 26 52; sin guía/con guía 2/5 CUC; ☯ 9.00-13.00 y 14.00-16.45 lu-ju, 14.00-16.45 vi, 9.00-21.00 sa y do). La planta baja era originariamente una oficina comercial y una fundición de oro, mientras que en la superior estaban las dependencias privadas de Velázquez. En la actualidad las salas presentan mobiliario y decoración de entre los ss. XVI

SANTIAGO DE CUBA

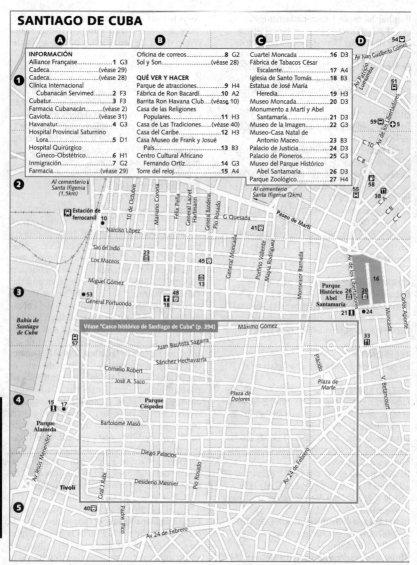

INFORMACIÓN
Alliance Française..................**1** G3
Cadeca................................(véase 29)
Cadeca................................(véase 28)
Clínica Internacional
 Cubanacán Servimed..........**2** F3
Cubatur...............................**3** F3
Farmacia Cubanacán..........(véase 2)
Gaviota................................(véase 31)
Havanatur.............................**4** G3
Hospital Provincial Saturnino
 Lora.....................................**5** D1
Hospital Quirúrgico
 Gineco-Obstétrico.............**6** H1
Inmigración.........................**7** G2
Farmacia.............................(véase 29)

Oficina de correos....................**8** G2
Sol y Son..............................(véase 28)

QUÉ VER Y HACER
Parque de atracciones............**9** H4
Fábrica de Ron Bacardí..........**10** A2
Barrita Ron Havana Club......(véase 10)
Casa de las Religiones
 Populares..........................**11** H3
Casa de Las Tradiciones......(véase 40)
Casa del Caribe.....................**12** H3
Casa Museo de Frank y Josué
 País.....................................**13** B3
Centro Cultural Africano
 Fernando Ortiz...................**14** G3
Torre del reloj........................**15** A4

Cuartel Moncada **16** D3
Fábrica de Tabacos César
 Escalante............................**17** A4
Iglesia de Santo Tomás..........**18** B3
Estatua de José María
 Heredia..............................**19** H3
Museo Moncada....................**20** D3
Monumento a Martí y Abel
 Santamaría.........................**21** D3
Museo de la Imagen...............**22** G3
Museo-Casa Natal de
 Antonio Maceo..................**23** B3
Palacio de Justicia..................**24** D3
Palacio de Pioneros................**25** G3
Museo del Parque Histórico
 Abel Santamaría..................**26** D3
Parque Zoológico...................**27** H4

y XIX. La visita al museo incluye la neoclásica casa adyacente, que data del s. XIX.

El viajero no debe perderse la imponente **catedral de Nuestra Señora de la Asunción** (plano p. 394; ☙ misa 18.30 lu y mi-vi, 17.00 sa, 9.00 y 18.30 do) con sus cinco naves, situada en el lado sur del parque. Esta catedral es tan sólo la última de una serie de iglesias erigidas en este

lugar y que fueron arrasadas por piratas, terremotos y arquitectos. La primera catedral de Cuba fue construida en este mismo sitio en la década de 1520, con la fachada originalmente encarada hacia la bahía. El templo actual, con su artesonado, su cúpula y sus gráciles arcángeles, fue completado en 1922, mientras que la sillería del coro data de 1910.

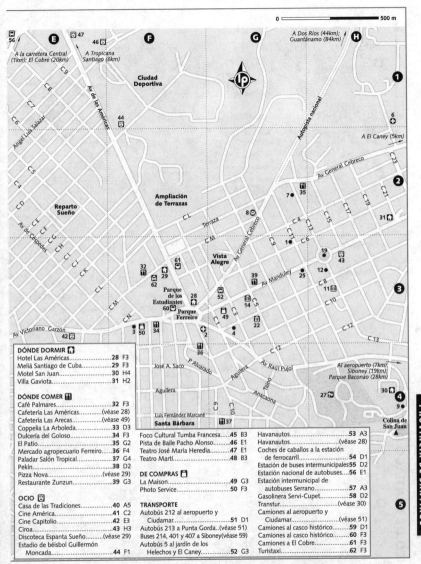

0   500 m

A Dos Ríos (44km);
Guantánamo (84km)

A la carretera Central
(1km); El Cobre (20km)

A Tropicana
Santiago (6km)

Ciudad
Deportiva

A El Caney (5km)

Ampliación
de Terrazas

Reparto
Sueño

Vista
Alegre

Parque
de los
Estudiantes

Parque
Ferreiro

Av Victoriano Garzón

José A. Saco

Aguilera

Luis Fernández Marcané
Santa Bárbara

Al aeropuerto (7km);
Siboney (19km);
Parque Baconao (28km)

Colina de
San Juan

PROVINCIA DE SANTIAGO

DÓNDE DORMIR	
Hotel Las Américas	**28** F3
Meliá Santiago de Cuba	**29** F3
Motel San Juan	**30** H4
Villa Gaviota	**31** H2

DÓNDE COMER	
Café Palmares	**32** F3
Cafetería Las Américas	(véase 28)
Cafetería Las Arecas	(véase 49)
Coppelia La Arboleda	**33** D3
Dulcería del Goloso	**34** F3
El Patio	**35** G2
Mercado agropecuario Ferreiro	**36** F4
Paladar Salón Tropical	**37** G4
Pekín	**38** D2
Pizza Nova	(véase 29)
Restaurante Zunzun	**39** G3

OCIO	
Casa de las Tradiciones	**40** A5
Cine América	**41** C2
Cine Capitolio	**42** E3
Ciroa	**43** H3
Discoteca Espanta Sueño	(véase 29)
Estadio de béisbol Guillermón Moncada	**44** F1

Foco Cultural Tumba Francesa	**45** B3
Pista de Baile Pacho Alonso	**46** E1
Teatro José María Heredia	**47** E1
Teatro Martí	**48** B3

DE COMPRAS	
La Maison	**49** G3
Photo Service	**50** F3

TRANSPORTE	
Autobús 212 al aeropuerto y Ciudamar	**51** D1
Autobús 213 a Punta Gorda	(véase 51)
Buses 214, 401 y 407 a Siboney	(véase 59)
Autobús 5 al jardín de los Helechos y El Caney	**52** G3

Havanautos	**53** A3
Havanautos	(véase 28)
Coches de caballos a la estación de ferrocarril	**54** D1
Estación de buses intermunicipales	**55** D2
Estación nacional de autobuses	**56** E1
Estación intermunicipal de autobuses Serrano	**57** A3
Gasolinera Servi-Cupet	**58** D2
Transtur	(véase 30)
Camiones al aeropuerto y Ciudamar	(véase 51)
Camiones al casco histórico	**59** D1
Camiones al casco histórico	**60** F3
Camiones a El Cobre	**61** F3
Turistaxi	**62** F3

Se cree que Diego Velázquez está enterrado bajo la catedral. Desgraciadamente, el edificio suele estar cerrado fuera de las horas de misa. El **Museo Archidiocesano** (plano p. 394; ☎ 62 21 43; ⏰ 9.00-17.00 lu-vi, 9.00-14.00 sa, 9.00-12.00 do), situado en el lado sur de la catedral y al que se accede a través de una entrada independiente, alberga una colección de muebles,

objetos litúrgicos y cuadros, incluido un Ecce Homo que es considerado la pintura más antigua de la isla. Detrás de la catedral, dos manzanas cuesta abajo del parque, está el **Balcón de Velázquez** (plano p. 394; Bartolomé Masó esq. con Mariano Corona), lugar donde se erigía una antigua fortificación española con encantadoras vistas del puerto.

CASCO HISTÓRICO DE SANTIAGO DE CUBA

PROVINCIA DE SANTIAGO

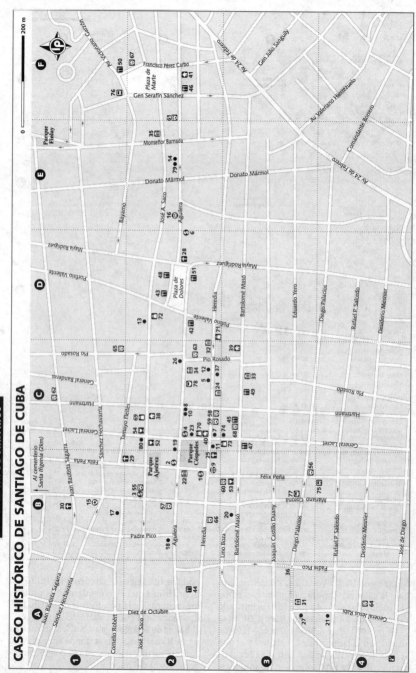

Otros interesantes puntos cerca de allí son la **iglesia de Nuestra Señora del Carmen** (plano p. 394; Félix Peña 505), una iglesia del s. XVIII en la que descansan los restos del compositor de villancicos Esteban Salas (1725-1803), y la **iglesia de San Francisco** (plano p. 394; Juan Bautista Sagarra 121), templo de tres naves del s. XVIII.

En la calle Heredia, al este del Hotel Casa Granda, hay una franja de edificios culturalmente significativos entre los que destacan la **Casa del Estudiante** (plano p. 394; ☎ 62 78 04; Heredia 204) y la **Casa de la Trova** (plano p. 394; ☎ 65 26 89; Heredia 208), en otra época morada del compositor Rafael Salcedo (1844-1917). En la siguiente manzana se emplaza la **casa natal de José María de Heredia** (plano p. 394; Heredia 260; sin guía/con guía 1/2 CUC; ☉ 9.00-18.00 ma-sa, 9.00-21.00 do), que alberga un pequeño museo que ilustra la vida de este poeta romántico, nacido en este preciso lugar el 31 de diciembre de 1803. Heredia es famoso por su poesía

lírica, en la que destacan obras como *Oda al Niágara* (fragmentos de la cual están grabados en el muro exterior) y otros poemas románticos en los que ensalza la belleza natural de países como Canadá. Como defensor de la independencia, Heredia tuvo que exiliarse en EE UU y en México, donde murió en 1839.

Cerca de allí, en la misma calle Heredia, está la **Unión Nacional de Escritores y Artistas de Cuba** (Uneac; plano p. 394; Heredia 266). El colorido **Museo del Carnaval** (plano p. 394; ☎ 62 69 55; Heredia 303; entrada 1 CUC; ☉ 9.00-17.00 ma-do) ilustra la historia de esta fiesta en Santiago, lugar donde se celebró por primera vez en Cuba. Se aconseja no perderse el grupo de danza folclórica que actúa en el patio (entrada 1 CUC; 16.00 ma-sa y 11.00 do) siempre que haya suficiente público. Una manzana al sur y un poco al oeste está el ameno e informativo **Museo del Ron** (plano p. 394; Bartolomé Masó 358; entrada 2 CUC;

🕐 9.00-17.00 lu-sa); la entrada incluye una degustación de ron añejo.

Pío Rosado, el estrecho callejón que hay junto al Museo del Carnaval, conduce hasta la fabulosa fachada neoclásica del **Museo Municipal Emilio Bacardí Moreau** (plano p. 394; ☎ 62 84 02; entrada 2 CUC; 🕐 10.00-18.00). Éste es uno de los museos en funcionamiento más antiguos de Cuba, fundado en 1899 por el famoso destilador de ron Emilio Bacardí y Moreau (1844-1922). En la planta baja hay exposiciones relacionadas con las guerras por la independencia del s. XIX, incluida una interesante colección de armas, y en la de arriba, pinturas europeas y cubanas. Entre estas últimas destaca una docena de cuadros de los hermanos Tejada, incluido *La confronta de billetes*, de José Joaquín Tejada Revilla (1867-1943), obra clásica del costumbrismo español. Frente al Museo Bacardí se encuentra el **Gobierno Provincial** (Poder Popular; plano p. 394; Pío Rosado esq. con Aguilera), que data de la década de 1920.

El circuito histórico por la ciudad se puede completar con la **Antigua Cárcel Provincial** (plano p. 394; Aguilera 131), que data de 1906. Situada dos manzanas al oeste del parque Céspedes, Castro y otros rebeldes fueron encarcelados aquí inmediatamente después del asalto de 1953 al cuartel Moncada. Media manzana al oeste está el **mercado municipal** (plano p. 394) y al sur se encuentra la pintoresca **escalinata del Padre Pico** (plano p. 394), que conduce hasta el barrio del Tivolí.

En lo alto de la escalinata del Padre Pico, a mano derecha, se halla la comisaría que la guerrilla castrista atacó el 30 de noviembre de 1956 para distraer la atención ante la llegada del *Granma*. La comisaría, de estilo colonial, actualmente alberga el **Museo de la Lucha Clandestina** (plano p. 394; ☎ 62 46 89; entrada 1 CUC; General Jesús Rabí 1; 🕐 9.00-17.00 ma-do), que ilustra la lucha contra Batista. Las vistas desde el balcón son excelentes. Al otro lado de la calle está la **casa** (plano p. 394; General J. Rabí 6) en la que vivió Fidel Castro entre 1931 y 1933 mientras estudiaba en Santiago de Cuba. En la siguiente esquina hay una serie de **murales carnavalescos** (plano p. 394; Rabí esq. con Rafael Salcedo) que dan a un pequeño parque.

Plaza Dolores
Al este del parque Céspedes está la agradable y sombreada **plaza Dolores** (plano p. 394; Aguilera esq. con Porfirio Valiente), una antigua plaza de mercado actualmente dominada por la **iglesia**

de Nuestra Señora de los Dolores (plano p. 394). Esta iglesia del s. XVIII sufrió un incendio en la década de 1970 y fue reconstruida como sala de conciertos (véase p. 409). Muchos restaurantes y cafés flanquean esta plaza, que también es el lugar de encuentro gay más popular de Santiago.

Plaza Marte
Tres manzanas al este de la plaza de Dolores se encuentra esta plaza de armas del s. XIX, en la que tenían lugar las ejecuciones durante los últimos años de la colonia. Actualmente es el lugar en el que los amantes del béisbol discuten acaloradamente sobre este deporte en medio de monumentos a varios héroes de la independencia cubana. Una manzana al oeste está el **Museo Tomás Romay** (plano p. 394; ☎ 65 35 39; José A. Saco esq. con Monseñor Barnada; entrada 1 CUC; 🕐 8.30-17.30 ma-vi, 9.00-14.00 sa), que acoge una colección de objetos de historia natural y arqueología, así como algunas obras de arte moderno.

SANTIAGO DE CUBA
Tivolí
Cuesta abajo desde la escalinata del Padre Pico (véase izquierda), en el límite del casco histórico, está la **Casa de las Tradiciones** (plano pp. 392-393; General J. Rabí 154), que cuenta con una galería de arte de entrada gratuita y un bar. Aquí se pueden escuchar por la noche algunas de las mejores trovas de Santiago. Yendo una manzana hacia el oeste por José de Diego se llega a un magnífico **mirador** (plano p. 394) con vistas a la bahía de Santiago.

Si se gira por la siguiente esquina que hay al norte del mirador, la calle Desiderio Mesnier baja hasta el **parque Alameda** (plano pp. 392-393), un popular paseo junto a la bahía que fue inaugurado en 1840 y rediseñado en 1893. En el extremo norte del parque Alameda se alza la antigua **torre del reloj** (plano pp. 392-393) y la aduana; frente a ella se halla la **Fábrica de Tabacos César Escalante** (plano pp. 392-393; ☎ 62 23 66; av. Jesús Menéndez 703; entrada 5 CUC; 🕐 9.00-11.00 y 13.00-15.00), abierta a los visitantes. En su tienda venden buenos puros.

Norte del casco histórico
Al norte del casco histórico la ciudad se vuelve una zona residencial. Incluso la concurrida Félix Peña se va aquietando a medida que se llega al campanario del s. XVIII de la **iglesia de Santo Tomás** (plano pp. 392-393; Félix

Peña 308), cinco manzanas al norte del parque Céspedes.

Dos manzanas al noroeste de la iglesia está el importante **Museo Casa Natal de Antonio Maceo** (plano pp. 392-393; ☎ 62 37 50; Los Maceos 207; entrada 1 CUC; ◷ 9.00-17.00 lu-sa). El famoso militar que participó en las dos guerras de la independencia nació en esta casa el 14 de junio de 1845. En su "Protesta de Baraguá" de 1878, Maceo rechazó cualquier compromiso con las autoridades coloniales y tras seguir combatiendo tuvo que exiliarse. Durante la guerra de 1895 se integró en el ejército independentista como segundo al mando tras Máximo Gómez y murió en combate al occidente de la isla en 1896. En este sencillo museo se exponen algunos objetos de su propiedad, incluida la andrajosa bandera que portaba en las batallas.

Otra casa convertida en museo es la **Casa-museo de Frank y Josué País** (plano pp. 392-393; General Banderas 226; entrada 1 CUC; ◷ 9.00-17.00 lu-sa), unas cinco manzanas al sudeste. Piezas importantes en el triunfo de la Revolución, los jóvenes hermanos País organizaron la sección clandestina del M-26-7 en Santiago de Cuba hasta que el 30 de julio de 1957 la policía detuvo y ejecutó a Frank.

En la original **fábrica de ron Bacardí** (plano pp. 392-393; av. Jesús Menéndez), frente a la estación de trenes, cerca de Narciso López, el viajero puede obtener una visión diferente de la historia de Cuba. La fábrica fue fundada en 1838 por la familia Bacardí, pero tras la Revolución la empresa tuvo que trasladarse a Puerto Rico llevándose la patente del licor. El producto fabricado en Santiago de Cuba fue rebautizado como ron Caney. Aquí también se producen otras marcas de ron de calidad, como Matusalem, Santiago y Varadero. La fábrica consta de tres secciones: la sala de producción, la bodega de envejecimiento (con 42.000 barriles de ron) y la sección de embotellado. En total, la destilería produce 9 millones de litros al año, el 70% de los cuales se destinan a la exportación. **Barrita Ron Havana Club** (plano pp. 392-393; av. Jesús Menéndez; ◷ 9.00-18.00) es un turístico bar anexo a la fábrica que vende botellas y ofrece catas de ron. No hay circuitos por la fábrica.

Cuartel Moncada

El **Parque Histórico Abel Santamaría** (plano pp. 392-393; General Portuondo esq. con av. Libertadores) se halla en el emplazamiento del antiguo hospital Saturnino Lora. El 26 de julio de 1953 un grupo de guerrilleros, liderado por Abel Santamaría, segundo al mando, ocuparon este hospital durante el asalto al adyacente cuartel Moncada. La mayor parte de los que participaron en esta acción fueron más tarde detenidos y ajusticiados. El 16 de octubre de 1953 Fidel Castro fue juzgado en la Escuela de Enfermeras por haber dirigido el asalto al cuartel; durante el juicio Fidel pronunció sus famosas palabras: "La historia me absolverá". El **Museo del Parque Histórico Abel Santamaría** (plano pp. 392-393; entrada 1 CUC; ◷ 9.00-16.30 lu-vi) fue inaugurado en 1976 con una exposición fotográfica sobre las condiciones socioeconómicas en Cuba durante la década de 1950.

El **cuartel Moncada** (plano pp. 392-393), que se extiende desde General Portuondo hasta el paseo Martí y de la avenida Libertadores a la avenida Moncada, toma su nombre de Guillermón Moncada, un antiguo dirigente del movimiento de emancipación que participó en la guerra de 1874 y estuvo encarcelado en este lugar. Los primeros barracones del complejo se construyeron durante los últimos años de la época colonial, en 1859, y hasta 1938 no se completaría la edificación de los edificios actuales. La mañana del 26 de julio de 1953 más de 100 guerrilleros encabezados por Fidel Castro atacaron a las tropas de Batista acantonadas en el cuartel, que en aquellos momentos albergaba la segunda guarnición militar más importante de Cuba. Los guerrilleros esperaban que el asalto sirviera como desencadenante de un levantamiento popular en toda Cuba, algo que no sucedió. El **monumento** (plano pp. 392-393; General Portuondo) que representa a Martí y a Abel Santamaría señala el lugar desde donde se efectuaron los primeros disparos.

En 1960, tras el triunfo de la Revolución, el cuartel fue reconvertido en una escuela llamada Ciudad Escolar 26 de Julio, y en 1967 se abrió un **museo** (plano pp. 392-393; ☎ 62 01 57; entrada 2 CUC, guía/cámara fotográfica/cámara de vídeo 1/1/5 CUC; ◷ 9.00-17.00 lu-sa, 9.00-13.00 do) cerca de la antigua puerta nº 3, donde se concentró el grueso del ataque. Tras el frustrado asalto, las paredes fueron reparadas de los impactos de bala sufridos, pero, después de la Revolución, el Gobierno castrista volvió a hacer los agujeros. El museo, que retrata la historia de Cuba desde el descubrimiento hasta el presente haciendo especial hincapié en la Revolución, es uno de los mejores de Cuba.

El **Palacio de Justicia** (plano pp. 392-393; av. Libertadores esq. con General Protuondo) también tuvo un papel importante en el asalto al cuartel, pues los guerrilleros dirigidos por Raúl Castro proporcionaron fuego de cobertura desde la azotea del palacio. La mayoría de los participantes en el asalto fueron juzgados en él en septiembre de 1953.

Vista Alegre

Amplias avenidas flanqueadas por árboles encorvados marcan la entrada al antiguo barrio de clase alta de Vista Alegre, en el lado este de la ciudad. Desde cerca del Hotel Las Américas, la avenida Manduley discurre hacia el este a través de Vista Alegre pasando por delante de varias imponentes mansiones neocoloniales, algunas de las cuales fueron convertidas en escuelas, clínicas, centros culturales, oficinas gubernamentales y restaurantes después de que fueran arrebatadas a sus antiguos propietarios y éstos fueran forzados a exiliarse a EE UU. Las calles laterales de esta zona están salpicadas de bonitas casas particulares (p. 404). El **Centro Cultural Africano Fernando Ortiz** (plano pp. 392-393; av. Manduley 106; entrada gratuita; 9.00-17.00 lu-vi) contiene objetos, artesanía y excelentes obras de arte coleccionadas por el etnólogo cubano, uno de los máximos especialistas en cultura afrocubana del país. También abre un sábado cada quince días. A una manzana está el **Museo de la Imagen** (plano pp. 392-393; 64 22 34; calle 8, nº 106; entrada 1 CUC; 9.00-17.00 lu-sa), donde se ilustra la historia de la fotografía cubana con gran cantidad de instantáneas históricas y contemporáneas.

Cerca de allí hay una edificación de ecléctico estilo llamado **palacio de Pioneros** (plano pp. 392-393; esquina av. Manduley esq. con calle 11). En una de las esquinas de su jardín descansa un antiguo caza MiG en el que juegan los jóvenes. La rotonda de la esquina de la avenida Manduley con la calle 13 alberga una impresionante **estatua de mármol** (plano pp. 392-393) del poeta José María de Heredia.

Al doblar la siguiente esquina se verá la **Casa del Caribe** (plano pp. 392-393; 64 22 85; fax 64 23 87; calle 13, nº 154; entrada gratuita; 9.00-17.00 lu-vi), fundada en 1982 para estudiar la cultura caribeña. Esta institución organiza el Festival del Caribe (Fiesta del Fuego) durante el mes de julio (véase p. 403) y algunas noches acoge conciertos.

Una manzana al sur se alza la **Casa de las Religiones Populares** (plano pp. 392-393; calle 13, nº 206; entrada sin/con guía 1/2 CUC; 9.00-18.00 lu-sa), con una amplia colección de objetos de santería.

El **parque zoológico** (plano pp. 392-393; av. Raúl Pujol; entrada 1 CUC; 10.00-17.00 ma-do) está 1 km al este del Hotel Santiago de Cuba.

Junto a la entrada del zoo hay una extensión de terreno vallada y rodeada de cañones. En este lugar se rindió la guarnición española de Santiago de Cuba dos semanas después de la Batalla de la Colina de San Juan en 1898. El viajero puede seguir adelante por los terrenos del adyacente Motel San Juan hasta llegar a la propia **colina de San Juan** (plano pp. 392-393), donde el diezmado ejército español mantuvo una férrea resistencia ante las tropas estadounidenses y cubanas el 1 de julio de 1898. Aún se pueden ver algunos cañones y trincheras originales de la época, así como numerosos monumentos (entrada gratuita), incluida una figura de bronce de un *rough rider* (apodo de los jinetes comandados por Teddy Roosevelt) en medio del parque. Desde esta colina hay unas fantásticas vistas de la Gran Piedra. Bajando las escaleras que hay al pie de la noria de la colina de San Juan se llega a un gran **parque de atracciones** (plano pp. 392-393). Construido en 1985 por inversores japoneses, la mayor parte de las atracciones no está en funcionamiento, pero los bancos a la sombra resultan un buen sitio para hacer un descanso.

Cementerio Santa Ifigenia

Una visita al **cementerio Santa Ifigenia** (plano p. 400; av. Crombet; entrada 1 CUC, cámara fotográfica 1 CUC; 8.00-18.00) es como un paseo por la historia cubana. El camposanto se creó en 1868 para acoger a las víctimas de la guerra de la independencia y de un brote simultáneo de fiebre amarilla. Entre sus 8.000 tumbas se encuentran las de muchas de los próceres de la historia de Cuba, incluido el héroe nacional José Martí (1853-1895). Erigido en 1951, el mausoleo hexagonal de Martí está flanqueado por seis mujeres que representan a cada una de las antiguas seis provincias de Cuba. Cada media hora hay un cambio de guardia.

Cerca, se levanta el mausoleo de los guerrilleros que murieron durante el asalto de 1953 al cuartel Moncada y la tumba de Tomás Estrada Palma (1835-1908), primer presidente de Cuba. A la derecha de la entrada principal está la tumba de Emilio Bacardí y Moreau (1844-1922), hijo de Facundo Bacardí, fundador de la famosa destilería de ron.

Los sepulcros de María Grajales, viuda del héroe de la independencia Antonio Maceo, y de Mariana Grajales, madre de Maceo, están a la derecha de la avenida principal. Once de los 31 generales que participaron en las batallas por la independencia están enterrados en este cementerio. Al otro lado de la avenida hay un monumento (1906) a los soldados españoles que murieron en las batallas de la colina de San Juan y de Caney. El padre de la independencia cubana, Carlos Manuel de Céspedes (1819-1874), está un poco más lejos, a mano izquierda.

Las tumbas de los revolucionarios Frank y Josué País se localizan en medio del camposanto, detrás del mausoleo de Martí. Sus tumbas, al igual que las de todos los que murieron luchando contra Batista, están adornadas con dos banderas: la negra, blanca y roja del M-26-7 y la de Cuba. Uno de los últimos inquilinos del cementerio es el internacionalmente famoso músico local Compay Segundo, cuyos restos fueron enterrados aquí en 2003.

Los coches de caballos recorren la avenida Jesús Menéndez, desde el parque Alameda hasta el parque Barca de Oro, pasando por el cementerio Santa Ifigenia (1 CUP).

ALREDEDORES DE SANTIAGO DE CUBA
Castillo de San Pedro del Morro

Declarado Patrimonio Mundial por la Unesco en 1997, el **castillo de San Pedro del Morro** (plano p. 400; ☎ 69 15 69; entrada 4 CUC, cámara fotográfica 1 CUC; 🕙 9.00-17.00 lu-vi, 8.00-16.00 sa y do) se alza espectacularmente sobre un promontorio de 60 m en el lado este de la entrada al puerto, 10 km al sudoeste de la ciudad por la carretera del Morro. El castillo fue diseñado en 1587 por el ingeniero militar italiano Giovanni Bautista Antonelli para proteger a la ciudad de los piratas, pero su construcción finalmente se inició en 1633 y no se completó hasta 1693. Con sus enormes baterías, bastiones, polvorines y muros, el Morro es considerado el complejo militar colonial del s. XVII mejor conservado del Caribe. Dentro del castillo hay un **Museo de la Piratería,** además de una sala dedicada a la desigual batalla naval entre estadounidenses y españoles que tuvo lugar en la bahía de Santiago en 1898. Desde aquí hay fabulosas vistas de la franja occidental de la costa, con la sierra Maestra de fondo.

Desde el Morro también hay buenas vistas de las aldeas de La Socapa y Cayo Granma,

situadas al otro lado de la bahía y accesibles en *ferry* desde Punta Gorda o Ciudamar. En **La Socapa** se puede hacer una excursión hasta lo alto de la colina, donde se encuentran los restos de cinco cañones de una antigua batería colonial diseñada para crear un fuego cruzado con las piezas artilleras del castillo. Si se desea disfrutar de la playa, hacia el oeste toda la costa suele estar bastante desierta. **Cayo Granma** es una pequeña e idílica isla con casas de techo rojo situada en un recodo de la bahía de Santiago. En su punto más alto, en la cima de una pequeña loma, se alza la **iglesia de San Rafael.** La isla es bastante pequeña: en un paseo de apenas 15 minutos da tiempo a rodear todo su perímetro.

Para llegar al Morro desde el centro de la ciudad hay que tomar el autobús nº 212 hasta Ciudamar y luego dirigirse hacia el sur por la costa siguiendo el camino que sube hasta el castillo. Una opción más pintoresca es la de atajar a través de la arenosa playa de la **caleta La Estrella** y seguir un ancho sendero que se verá en la ladera opuesta. Se trata de una empinada caminata de 20 minutos en la que hay que cruzar un inestable puente y escalar un muro una vez se ha dejado atrás la playa. Los autobuses (0,20 CUP) y los camiones (2 CUP) a Ciudamar salen regularmente desde la avenida Libertadores (plano pp. 392-393), frente al Hospital Maternidad. El autobús también para en Félix Peña (plano p. 394), cinco manzanas al sur del parque Céspedes, pero allí es casi imposible subir por la cantidad de gente que hace cola. El transporte público se reduce considerablemente después de las 17.00. Un viaje de ida y vuelta en taxi desde el parque Céspedes hasta el Morro, con una espera de 30 minutos incluida, puede costar alrededor de 12 CUC.

En teoría los *ferries* realizan una ruta fija desde Punta Gorda a Cayo Granma (3 CUC, cada hora) pasando por Ciudamar y La Socapa, pero a veces se elimina la parada en Ciudamar, en cuyo caso se puede cruzar la bahía desde Punta Gorda. El autobús nº 213 también se dirige a Punta Gorda desde Santiago de Cuba; comparte parada con el nº 212 en la avenida Libertadores (plano pp. 392-393).

Jardín de los Helechos

A pocos minutos del centro de Santiago se halla el exuberante y tranquilo **jardín de los Helechos** (plano p. 400; ☎ 64 83 35; ctra. de El Caney 129; entrada 1 CUC; 🕙 9.00-17.00 lu-vi), un paraíso con

350 tipos de helechos y 90 especies de orquídeas. La entrada incluye una detallada visita, guiada por uno de los miembros del Centro Oriental de Biodiversidad y Ecosistemas, responsable de este proyecto. La mejor época para visitarlo es de noviembre a enero, pero incluso en mayo hay decenas de orquídeas en flor. En el centro del jardín hay una espesa arboleda y una recoleta zona de descanso con bancos. También se venden exclusivas tarjetas e ilustraciones hechas a mano.

El jardín está a unos 2 km de Santiago de Cuba, en la carretera a El Caney. El autobús nº 5 (0,20 CUB) sale desde la plaza Marte (plano p. 394), en el centro de Santiago, o desde la calle 3, en Vista Alegre (plano pp. 392-393); también se puede ir en taxi.

Puerto Boniato

Para lograr una vista panorámica de toda la cuenca de Santiago de Cuba y de la penitenciaría provincial, se puede ir hasta puerto Boniato, situado en la cresta que separa la cuenca de Santiago del valle central de la provincia. Para llegar hay que seguir el paso subterráneo que hay junto a la gasolinera Oro Negro de la carretera Central, en el extremo norte de Santiago, y luego, subir en espiral durante unos 8 km. Después del puerto, la carretera continúa hasta la autopista nacional y Dos Caminos.

Circuito a pie

Un buen paseo por el casco histórico de Santiago es una cita obligada para todo viajero

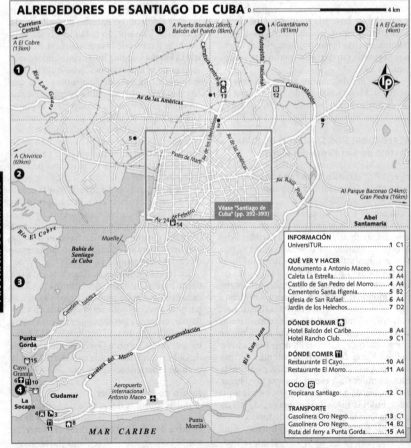

ALREDEDORES DE SANTIAGO DE CUBA   0 — 4 km

INFORMACIÓN
UniversiTUR...............................1 C1

QUÉ VER Y HACER
Monumento a Antonio Maceo..........2 C2
Caleta La Estrella.............................3 A4
Castillo de San Pedro del Morro......4 A4
Cementerio Santa Ifigenia.................5 B2
Iglesia de San Rafael.......................6 A4
Jardín de los Helechos....................7 D2

DÓNDE DORMIR
Hotel Balcón del Caribe...................8 A4
Hotel Rancho Club...........................9 C1

DÓNDE COMER
Restaurante El Cayo.......................10 A4
Restaurante El Morro......................11 A4

OCIO
Tropicana Santiago........................12 C1

TRANSPORTE
Gasolinera Oro Negro.....................13 C1
Gasolinera Oro Negro.....................14 B2
Ruta del ferry a Punta Gorda..........15 A4

DATOS PRÁCTICOS

Inicio Balcón de Velázquez
Final Museo Municipal Emilio Bacardí Moreau
Distancia 800 m
Duración 2 h

que visite la ciudad por primera vez y que desee descubrir las apasionadas sensaciones que transmite.

Se aconseja empezar tal como lo hizo el gobernador: contemplando las montañas y la bahía desde el **Balcón de Velázquez (1;** p. 393), emplazamiento de la antigua fortaleza. Luego, se puede ir hacia el este, evitando el desagradable rugido del enjambre de motocicletas que circulan por las calles de los alrededores, hasta llegar al **parque Céspedes (3;** p. 391), el palpitante corazón de Santiago, con sus jineteros y sus ancianos con sombreros panamá. La **casa de Diego Velázquez (2;** p. 391), con sus celosías mudéjares y sus intrincadas arcadas de madera, es considerada la más antigua de Cuba, y contrasta de forma impresionante con la grandiosa fachada color mostaza de la **catedral de Nuestra Señora de la Asunción (4;** p. 392). Este edificio ha sido saqueado, quemado, azotado por terremotos y reconstruido, remodelado y restaurado, para luego volver a ser saqueado. Su entrada está flanqueada por sendas estatuas de Cristóbal Colón y fray Bartolomé de las Casas, en homenaje a la herencia hispana de la isla. Si al viajero le interesa el arte religioso, el **Museo Archidiocesano (5;** p. 393) se encuentra detrás de la catedral.

Tras este primer trecho del camino, quizá apetezca un alto; si es así, nada como acercarse a la terraza del bar del **Hotel Casa Granda (6;** p. 405), en la esquina sudeste del parque, para tomarse unos mojitos o fumarse un Montecristo. Graham Greene acudió a este lugar en la década de 1950 para entrevistar en secreto a Fidel Castro. La entrevista nunca se produjo.

Al salir del bar hay que seguir el rastro de la música, pasando por delante de la desconchada **Casa del Estudiante (7;** p. 395), hasta llegar a la famosa **Casa de la Trova (8;** p. 395), donde a partir de las 22.00 el ambiente comienza a calentarse.

Si se sube por Heredia se cruzará a la vera de puestos callejeros, vendedores ambulantes de puros y ruidosas motocicletas... La casa amarillenta que queda a la derecha con un poema grabado en la pared es la **casa natal de José María de Heredia (9;** p. 395), uno de los más grandes poetas de Cuba. Unos portales más abajo se encuentra la sede local de la **Uneac (10;** p. 395), la oficialista Unión Nacional de Escritores y Artistas y, al otro lado de la calle, la **librería La Escalera (11;** p. 389), donde se podrán comprar las obras no censuradas por el régimen (que nadie espere hallar un libro de Reinaldo Arenas, por ejemplo). Pasada la esquina de Pío Rosado se debe continuar hacia el sur en dirección al **Museo del Ron (12;** p. 395) para acabar callejeando en los barrios del Tivolí, Santa Bárbara o Sueño. Otra opción es seguir por Heredia hasta llegar a **ARTex (13;** p. 407), la sucursal local de esta cadena de tiendas. A continuación, se puede cruzar la calle y echar un vistazo al **Museo del Carnaval (14;** p. 395).

En la esquina de Porfirio Valiente se deberá girar a la derecha y comprobar todo lo que se puede hacer con 0,20 CUP en el austero **café La Isabelica (15;** p. 406). Teniendo en cuenta la estruendosa proliferación de motocicletas en la ciudad, resulta sorprendente lo tranquila que puede ser la **plaza Dolores (16;** p. 396), el sitio idóneo para relajarse mientras se degusta un helado. Mientras se descansa en los umbríos bancos se puede sopesar si aún quedan fuerzas para visitar el **Museo Municipal Emilio Bacardí Moreau (17;** p. 396), el museo en

funcionamiento más antiguo de Santiago y de Cuba.

Cursos

En Santiago hay oportunidades para profundizar en todo tipo de materias, desde arte y música a literatura y arquitectura. A continuación se citan algunos lugares útiles.

MÚSICA Y BAILE

En el **Ateneo** (plano p. 394; Félix Peña 755), una organización cultural creada a finales del s. XIX por el abogado Antonio Bravo Correoso, se pueden tomar clases de baile y otras muchas actividades especializadas. Lo mejor es llamar y preguntar. Otra opción es la **Casa del Estudiante** (plano p. 394; ☎ 62 78 04; Heredia 204), donde imparten cursos de canto, baile o percusión bajo los auspicios de Carlos Bourbon, del Ballet Folklórico Cutumba. En total hay alrededor de once profesores; las clases cuestan a partir de 8 CUC/hora.

La **Casa del Caribe** (plano pp. 392-393; ☎ 64 22 85; fax 64 23 87; calle 13, nº 154) organiza clases de conga, son y salsa (5/10 CUC por 1/2 horas).

Juan Eduardo Castillo, miembro del claustro, puede organizar clases particulares de percusión. Otras opciones abordan la cultura y religiones afrocubanas.

Interesantes resultan igualmente los estudios propuestos por la organización **Cuban Rhythm** (www.cubanrhythm.com). Lo mejor es echar un vistazo a su página web.

Circuitos

Cubatur (Garzón; plano pp. 392-393; ☎ 65 25 60; fax 68 61 06; av. Garzón 364, entre calles 3 y 4; ⏱ 8.00-20.00; Heredia; plano p. 394; Heredia 701) ofrece excursiones a la Gran Piedra, El Cobre, Baracoa y al local nocturno Tropicana Santiago (p. 408).

Se puede organizar fácilmente un circuito con cualquiera de los taxis aparcados en el parque Céspedes, frente a la catedral. Una excursión de cuatro horas al castillo del Morro, la colina de San Juan y el cementerio Santa Ifigenia puede costar alrededor de 20 CUC (más o menos el doble si se hace en los nuevos taxis turísticos). Un circuito similar para ver la plaza de la Revolución, El Cobre y el monumento al Cimarrón saldrá por unos 15 CUC.

PROVINCIA DE SANTIAGO

ESCRITORES CUBANOS EN EL EXILIO

En Cuba suele decirse que "todos los buenos escritores son escritores exiliados", y es verdad que muchas de las figuras literarias más eruditas del país han ejercido su oficio desde fuera de la isla. A continuación se ofrece una lista con algunos de los literatos cubanos más destacados.

José Heredia
Temprano defensor de las relaciones cubano-canadienses, su obra más famosa es el poema lírico *Oda al Niágara*, cuyo texto está grabado para la posteridad en el muro exterior de su casa natal (p. 395), en la bulliciosa calle Heredia de Santiago.

José Martí
Aunque pasó menos de la mitad de su vida en la tierra "donde crecen las palmas", sus restos celosamente custodiados y ubicados en un impresionante mausoleo del cementerio Santa Ifigenia de Santiago (p. 398) son testigos de que su leyenda aún perdura.

Alejo Carpentier
Nacido en 1904 de padre francés y madre rusa, es sin duda uno de los más grandes escritores de la historia cubana. Autor de novelas como *El siglo de las luces* o *Los pasos perdidos*, vivió en Venezuela entre 1945 y 1959. Retornó a Cuba tras la Revolución, período en el que trabajó como director de la Imprenta Nacional. Finalmente, se trasladó a París, donde murió en 1980.

Guillermo Cabrera Infante
Nacido en Gibara, Cabrera Infante apoyó en un primer momento la Revolución hasta que, como muchos otros, descubrió la cara oscura del castrismo. En 1965 se marchó a Londres, ciudad en la que escribió su loado clásico experimental *Tres tristes tigres*.

Fiestas y celebraciones

El verano, con la continua sucesión de eventos, es una época apasionante en Santiago de Cuba. La temporada empieza con la **Fiesta de San Juan** (24 de junio), que se festeja con procesiones y bailes de conga organizados por los "focos" (asociaciones) culturales de la ciudad. De mediados a finales de junio tiene lugar el fastuoso espectáculo **Boleros de Oro**. A principios de julio le toca el turno al **Festival del Caribe (Fiesta del Fuego),** con exposiciones, música y baile procedentes de todo el Caribe. El **Carnaval** de Santiago, que se celebra la última semana de julio, es el más animado de Cuba, con gradas al aire libre montadas a lo largo de la avenida Garzón. Para el invierno quedan el **Festival Internacional de Coros**, a finales de noviembre, y el **Festival Internacional de Trova,** a mediados de marzo.

Dónde dormir
ECONÓMICO
En el centro

Gran Hotel Escuela (plano p. 394; ☎ 65 30 20; Saco 310; i/d 26/32 CUC; 🏠). Hotel antiguo de cuatro plantas con un vestíbulo impresionante, una excelente ubicación y grandes habitaciones con nevera y TV; las de las plantas superiores tienen balcones que dan a la calle. Aunque sus acabados son un poco más toscos que los del San Basilio o el Libertad, este hotel, recientemente remodelado como escuela para que los estudiantes de turismo realicen sus prácticas, sigue siendo una buena opción.

Hotel Libertad (Islazul; plano p. 394; ☎ 62 83 60; Aguilera 658; i/d temporada baja 26/32 CUC, temporada alta 32/38 CUC; 🏠 💻). Este resplandeciente hotel en la plaza Marte es uno de los mejores de la cadena Islazul; sus 18 habitaciones han sido recientemente renovadas. Si a eso se añade una ubicación céntrica y práctica, y unas habitaciones limpias, aunque en algunos casos sin ventanas, se obtiene una correcta opción de alojamiento de precio económico. Desde la terraza de la azotea hay vistas de las montañas, y en el vestíbulo, acceso a Internet. El restaurante de la planta baja es una aceptable alternativa a la, en general, deslucida oferta de restaurantes de Santiago.

En las afueras

Hotel Rancho Club (Islazul; plano p. 400; ☎ 63 32 80/63 39 40; Altos de Quintero; i/d temporada baja 26/34 CUC, temporada alta 32/38 CUC, desayuno incl.; 🏠 💻). Si el viajero dispone de coche y no le importa estar un poco alejado del centro, este hotel, situado 4 km al norte de Santiago, junto a la carretera Central, es una buena alternativa. Sus 30 habitaciones están bien cuidadas; el restaurante, con vistas de la ciudad, no está mal y el personal es amable y servicial. También ofrece espectáculos de cabaré de viernes a domingo (clientes/no clientes 1/2 CUC; de 10.00 a 2.00); durante el *show* hay una oferta especial de dos raciones de pollo frito, una botella de ron y cuatro bebidas de cola por 10 CUC.

Hotel Balcón del Caribe (Islazul; plano p. 400; ☎ 69 10 11; ctra. del Morro, km 7,5; i/d 34/42 CUC, cabañas i/d 36/48 CUC, desayuno incl.; 🏠 💻). Este complejo cerca del castillo del Morro, 10 km al sur de la ciudad, estaba participando en la llamada Misión Milagros (véase p. 445), por lo que se encontraba temporalmente cerrado. Para saber si ha vuelto a abrir, habrá que ponerse en contacto con la oficina de Cubatur de la esquina de Heredia con General Lacret.

PRECIO MEDIO

Hostal San Basilio (Cubanacán; plano p. 394; ☎ 65 17 02; hostalsb@stgo.scu.cyt.cu; Masó 403, entre Pío Rosado y Porfirio Valiente; h 46 CUC; 🏠). El alojamiento más nuevo de Santiago, un hotel tipo *boutique* que toma el antiguo nombre de la calle en la que está (la calle fue rebautizada con el nombre de Masó después de la Revolución). Un ambiente más tranquilo y unos equipamientos más nuevos hacen que esté un peldaño por encima del Libertad, aunque también es más caro.

Villa Gaviota (Gaviota; plano pp. 392-393; ☎ 64 13 68; av. Manduley 502, entre calles 19 y 21, Vista Alegre; i/d temporada baja 38/58 CUC, temporada alta 39/60 CUC; 🅿 🏠 💻). Con una bonita ubicación en el tranquilo y respetable distrito de Vista Alegre, este hotel ha resurgido con un aspecto más elegante y moderno tras un año de exhaustivas reformas. Sus instalaciones incluyen piscina, restaurante, tres bares, sala de billares y lavandería.

Hotel Las Américas (Islazul; plano pp. 392-393; ☎ 64 20 11; av. de las Américas esq. con General Cebreco; i/d temporada baja 44/58 CUC, temporada alta 53/69 CUC, desayuno incl.; 🅿 🏠 💻). Este buen hotel de precio medio con una práctica ubicación (cerca de Vista Alegre y de los puntos de interés del centro) y muchos servicios (restaurante, cafetería abierta las 24 horas, piscina, espectáculos nocturnos, alquiler de automóviles,

etc.) es, de lejos, el más popular de la ciudad. Ojo: en el restaurante suelen cobrar de más a los extranjeros.

Motel San Juan (Islazul; plano pp. 392-393; ☎ 68 72 00; colina de San Juan; i/d temporada baja 44/58 CUC, temporada alta 53/69 CUC, desayuno incl.; P X 🏊). Situado en la histórica colina de San Juan, con una amplia extensión de césped y una piscina infantil, es un alojamiento excelente para familias. Las habitaciones tienen terraza y muchos extras, incluido un aparato de radio. Se encuentra 1 km al este del Hotel Las Américas siguiendo la avenida Raúl Pujol.

PRECIO ALTO

Hotel Casa Granda (Gran Caribe; plano p. 394; ☎ 65 30 21/22; fax 68 60 35; Heredia 201; i/d temporada baja 67/96 CUC, temporada alta 78/112 CUC, desayuno incl.; X). Este elegante hotel de 1914, descrito con maestría por Graham Greene en su novela *Nuestro hombre en La Habana*, tiene 58 habitaciones y una clásica marquesina de rayas rojas y blancas en la entrada. Greene solía alojarse aquí a finales de la década de 1950, relajándose en la terraza del bar mientras su pluma capturaba la esencia de la ciudad. Medio siglo después, aparte de los casposos pósters del Che Guevara y de un servicio ciertamente errático, pocas cosas han cambiado. Vale la pena pagar los 2 CUC por la consumición mínima en el Roof Garden Bar (11.00-1.00) de la quinta planta, y la terraza de la azotea es una parada obligada para los turistas que quieran tomar una foto panorámica de la ciudad. La mayor parte de las noches hay música y el bufé de 16 CUC permite disfrutar de una comida aceptable. Eso sí, hay que mantenerse alejado del restaurante de la planta baja: uno de los mayores desastres culinarios de Santiago.

Meliá Santiago de Cuba (Cubanacán; plano pp. 392-393; ☎ 68 70 70; av. de las Américas esq. con calle M; h 115 CUC; P X 🏊 🖥 🍴). Este hotel Meliá en las afueras del casco histórico, una mole roja, blanca y azul concebida por el respetable arquitecto cubano José A. Choy, es la opción más lujosa de Santiago, con bañeras, vistas de la ciudad, tres piscinas y tiendas. Las vistas desde el bar Pico Real, en la decimoquinta planta, son geniales y, además, cuenta con cuatro buenos restaurantes.

Dónde comer

Para ser una ciudad de tan exquisitas tradiciones culturales, la oferta de restaurantes en Santiago parece estar anclada en la prehistoria. No hay escondidos refugios culinarios como los de La Habana, sino un desmesurado páramo de horribles restaurantes estatales.

CASAS PARTICULARES EN SANTIAGO DE CUBA

Arelis González (☎ 65 29 88; Aguilera 615; h 15-20 CUC). Gran casa céntrica con una habitación independiente con TV y nevera; puede ofrecer comidas.

Casa Schmidt, Tania y Sorangel (☎ 62 31 82; Corona 656; h 20 CUC). Habitación con un baño muy básico en una antigua casa colonial.

Cecelia Lago (☎ 65 43 90; calle San Fernando 624; h 20-25 CUC). Cerca del centro, pero tranquila.

Edgardo Gutiérrez Cobas (☎ 64 25 36; Terraza 106, ampliación de Terraza; h 20 CUC)

Eduardo Halley (☎ 62 48 78; Heredia 251; h 15-20 CUC). En medio de toda la acción, ambiente de albergue y tres habitaciones con un baño compartido.

Frank Martínez (☎ 62 45 14; calle J, nº 264, reparto Sueño; h 20 CUC)

Glenda Díaz Picazo (☎ 62 08 69; Bayamo 121, entre Barnada y Plácido; h 15-20 CUC). En la esquina de la plaza Marte.

Gloria Bové Alonso (☎ 62 38 37; calle J, nº 212, reparto Sueño; h 20 CUC)

Jorge Soulary (☎ 64 39 94; jsoulary@hotmail.com; calle 13, nº 309, reparto Vista Alegre; h 20 CUC). Casa con habitaciones grandes y lujosas, sobre todo una de ellas que cuenta con bañera.

Juan Martí Vázquez (☎ 662-0101; Padre Pico 614, entre Princesa y San Fernando; h 20 CUC; X). Patio y terraza en la azotea.

Lourdes de la Caridad Gómez Beaton (☎ 65 44 68; Félix Peña 454; h 15-20 CUC). Agradable.

Luis Eduardo Halley Pérez (☎ 62 48 78; Heredia 231; h 15-20 CUC). Antigua casa colonial; céntrica.

Luisa Gómez Villamil (☎ 64 34 58; calle 6, nº 353, reparto Vista Alegre; h 15-20 CUC). Dos habitaciones grandes y ventiladas con baño compartido; agradable.

Magalis Palencia Domínguez (☎ 64 10 87; calle 4, nº 204, reparto Vista Alegre; h 15-20 CUC). Independiente.

'PALADARES'

Con la cantidad de turismo que recibe se podría barruntar que Santiago cuenta con una buena oferta de *paladares*, pero los elevados impuestos y la asfixiante legislación ahogan cualquier conato de iniciativa privada. Los citados a continuación es seguro que estarán abiertos cuando el viajero visite la ciudad; la calidad de la oferta es otro cantar.

Paladar Las Gallegas (plano p. 394; Bartolomé Masó 305; comidas 8 CUC; 13.00-23.00). Situado al doblar la esquina desde la catedral, ofrece comidas a base de cerdo, pollo y, a veces, cordero.

Paladar Salón Tropical (plano pp. 392-393; 64 11 61; Fernández Marcané 310, reparto Santa Bárbara; 17.00-24.00 lu-sa, 12.00-24.00 do). Unas cuantas manzanas al sur del Hotel Las Américas, este *paladar* situado en una azotea sirve enormes porciones de cerdo ahumado acompañado de congrí (arroz con frijoles), ensalada y plátano. La yuca con mojo está especialmente buena. Hay que llegar pronto ya que, a partir de las 20.00, el local se llena de jineteras con sus extranjeros acompañantes cincuentones.

RESTAURANTES

Santiago 1900 (plano p. 394; 62 35 07; Bartolomé Masó 354; 12.00-24.00). Ubicado en la antigua residencia de los Bacardí, ofrece los platos habituales de pollo, pescado o cerdo en un lujoso comedor donde un trío musical toca el piano, el contrabajo y los bongos. Ningún plato cuesta más de 35 CUP, el servicio es aceptable y los mojitos, excelentes (6 CUP). También tiene dos buenos bares (p. 407).

Hotel Casa Granda (plano p. 394; Casa Granda, Heredia 201; 9.00-24.00). Uno de los mejores lugares de Santiago para ver pasar la vida. La comida no está mal, aunque el servicio, extremadamente lento, puede llegar a enervar. Lo mejor son las hamburguesas, los perritos calientes y los sándwiches.

Pizza Nova (plano pp. 392-393; Meliá Santiago de Cuba, av. de las Américas esq. con calle M; 11.00-23.00). Deliciosa *pizza* (a partir de 5 CUC) y formidables lasañas (8 CUC), raviolis y pan de ajo (1 CUC). Por alguna razón, fácilmente entendible, este venerable establecimiento ahora siempre está abarrotado de jineteras de buen ver acompañadas de cincuentones extranjeros.

Café Palmares (plano pp. 392-393; calle M; platos menos de 3 CUC; 24 h). Su genial ubicación en un patio a la sombra de esbeltos árboles, al otro lado del Meliá Santiago de Cuba, se complementa con una amplia carta en la que mediran los huevos, las *pizzas*, los sándwiches y el pollo. Los zumos naturales y los cargados cafés exprés lo convierten en un buen lugar para desayunar.

El Patio (plano pp. 392-393; ☎ 64 32 42; av. General Cebreco; 🕑 9.00-23.00). Se trata de un restaurante con poco ambiente en una planta baja, pero la comida está bien y es barata. Un filete de cerdo con congrí y una pequeña ensalada salen por 3 CUC; también tiene un bar muy bien surtido. Hay que llegar pronto porque a veces se quedan sin existencias.

Cafetería Las Américas (plano pp. 392-393; ☎ 64 59 23; 🕑 24 h). En esta terraza, en la rotonda aledaña al Hotel Las Américas, sirven platos básicos, como pollo, espaguetis y cerdo, por menos de 2 CUC. Dentro hay un restaurante con aceptables especialidades de cocina criolla (normalmente a base de arroz, frijoles y cerdo) por unos 5 CUC.

Taberna de Dolores (plano p. 394; ☎ 62 3913; Aguilera 468). Económico y alegre local en la plaza Dolores. Sus bebidas son mejores que su comida criolla, pero si se consigue una mesa en el patio es un sitio para pasar el rato.

Cafetería Las Enramadas (plano p. 394; 🕑 24 h). Típico local de pollo, patatas fritas y helados situado en la esquina noroeste de la plaza Dolores. Tiene una terraza sombreada, cervezas a buen precio y está abierto durante todo el día; o sea, el territorio perfecto para los jineteros. Con todo, es un buen lugar para aliviar la resaca con más alcohol o con una contundente comida.

Pekín (plano pp. 392-393; ☎ 62 91 19; av. Céspedes esq. con calle A; 🕑 12.00-15.00 y 18.00-21.30). El *chop suey* (verduras y carne con arroz) al estilo cubano o el pollo frito cuestan menos de 1 CUC en este local situado cuatro manzanas al norte del cuartel Moncada. En la esquina hay un local de *pizzas* pagaderas en pesos.

Cafetería Las Arecas (plano pp. 392-393; av. Manduley 52; platos por 3 CUC aprox.; 🕑 10.00-1.00). Ubicada en el patio ajardinado de una mansión reconvertida en centro comercial, esta cafetería ofrece una carta de platos económicos que incluye espaguetis, *pizzas* y pollo. Los filetes de pescado cuestan a partir de 5,50 CUC. El restaurante más elegante con comedor que hay en la parte de atrás del edificio está abierto hasta las 22.00.

Restaurante Zunzun (Tocororo; plano pp. 392-393; ☎ 64 15 28; av. Manduley 159; 🕑 12.00-22.00 lu-sa, 12.00-15.00 do). Antiguo palacio de estilo burgués reconvertido en restaurante, es uno de los mejores de Santiago en cuanto a comida y ambiente. Entre sus platos "exóticos" figuran el pollo al *curry*, la paella o una estrambótica especialidad a base de queso; también tienen coñac. El servicio es atento y profesional.

Restaurante El Morro (plano p. 400; ☎ 69 15 76; castillo del Morro; 🕑 12.00-21.00). El restaurante elegido por Paul McCartney en su visita a Santiago, tal como atestigua el reluciente plato que usó y que ahora está colgado de la pared protegido por un cristal. No en vano los Beatles pasaron de "decadentes músicos burgueses" a revolucionarios gracias al oportunismo del régimen. El menú completo de comida criolla, que cuesta unos 12 CUC, incluye sopa, un plato principal, un pequeño postre y una bebida. Su espectacular ubicación en la ladera de un acantilado es un punto más a su favor. Se aconseja estar atento al mar, ya que a veces se ven ballenas saltando.

Restaurante El Cayo (almuerzos 6-20 CUC). En el lado este del cayo Granma se encuentra este establecimiento estatal en el que sirven almuerzos a base de pescado y marisco.

La plaza Dolores es un lugar con una ubicación excelente, pero por desgracia la comida no está a la altura. El mejor restaurante de entre el mediocre puñado de establecimientos de la zona es el Don Antonio, situado junto a la Cafetería Las Enramadas, en el que sirven de todo, desde parrilladas variadas a langosta. En el portal de al lado está La Perla del Dragón, un ecléctico restaurante chino que ofrece *chop suey* y *chow mein* con un toque cubano un tanto desconcertante. Un poco más allá se encuentra Teresina, establecimiento en el que sirven *pizzas* y espaguetis a precios económicos. En estos establecimientos parece que nunca hay clientes.

CAFÉS

Café La Isabelica (plano p. 394; Aguilera esq. con Porfirio Valiente; 🕑 9.00-21.00). Café cargado en un local con un ambiente lleno de humo tipo cantina. Se puede pagar en pesos, pero los extranjeros suelen hacerlo en convertibles.

Pizzas y cajitas (plano p. 394; B. Masó 260). Este local ofrece café y sándwiches de queso por la mañana, *pizzas* al mediodía y *cajitas* por la noche (1-20 CUP).

HELADERÍAS

Coppelia La Arboleda (plano pp. 392-393; ☎ 62 04 35; av. Libertadores esq. con Victoriano Garzón; 🕑 10.00-23.40 ma-do). Helados tan buenos como los del Coppelia de La Habana y, como siempre, pagaderos en pesos. Suele cerrar antes si se acaban las existencias. Hay que pedir la vez

en la fila que suele hacerse en el lado de la heladería que da a la avenida Libertadores. A veces también venden batidos.

Dulcería del Goloso (plano pp. 392-393; av. Victoriano Garzón esq. con calle 6). Otra buena heladería sin las colas de Coppelia.

COMPRA DE ALIMENTOS

Supermercado Plaza Marte (plano p. 394; av. Garzón; 9.00-18.00 lu-sa, 9.00-12.00 do). Uno de los supermercados mejor surtidos de la ciudad, con una gran selección de helados y agua embotellada barata. Está en la esquina nordeste de la plaza Marte.

Panadería Doña Neli (plano p. 394; Aguilera esq. con Plácido; 7.30-20.00). Panadería de confianza en plaza Marte. Se puede pagar en convertibles.

Mercado municipal (plano p. 394; Aguilera esq. con Padre Pico). El mercado principal, con un pobre surtido de productos, está dos manzanas al oeste del parque Céspedes.

Mercado agropecuario Ferreiro (plano pp. 392-393; Núñez de Balboa). Al otro lado de la rotonda aledaña al Hotel Las Américas y subiendo por la calle lateral que hay junto a la gasolinera. El surtido de productos es muy escaso.

Dónde beber

Claqueta Bar (plano p. 394; Félix Peña 654). Una animada clientela local caracteriza a este bar con terraza al aire libre junto al parque Céspedes. A veces hay música en directo y baile por la noche.

Santiago 1900 (plano p. 394; 62 35 07; Bartolomé Masó 354; 12.00-24.00). En la antigua casa de la familia Bacardí el viajero puede elegir entre dos locales con un ambiente igual de animado. En la parte de atrás hay un patio cubierto de parras repleto de lugareños, mientras que en la planta de arriba hay un bar con terraza más tranquilo en el que sirven comida. A los turistas se les exige el pago en convertibles.

Bar La Fontana (plano p. 394; General Lacret; 12.00-2.00). Local junto a la calle José A. Saco con taburetes bajos alrededor de mesas individuales alineadas junto a la pared. Sólo hay cerveza y ron, pagaderos en pesos.

Marylin (plano p. 394; 65 45 75; General Lacret esq. con Saco; 24 h). Uno de los establecimientos preferidos de los santiagueros. Más que un bar es sólo una barra en la que sirven alcohol, mayormente chupitos de ron.

Kon Tiki Club (plano p. 394; General Lacret esq. con Saco). Si el viajero desea entrar en contacto con los bajos fondos de la ciudad, sólo tiene que ir a este sombrío local que hay detrás del Marylin.

Ocio

Para saber qué se cuece en Santiago se aconseja consultar la publicación quincenal *Cartelera Cultural*. En el mostrador de recepción del Hotel Casa Granda (p. 405) suele haber ejemplares. Si no, se puede ir directamente a la **oficina de** *Cartelera Cultural* (plano p. 394; Félix Peña esq. con Diego Palacios). Cada sábado por la noche la calle José A. Saco se transforma en la llamada Noche Santiaguera, un lugar lleno de animación con puestos de comida, música y multitud de gente, ideal para divertirse al aire libre durante toda la noche. Hay que tener cuidado con los carteristas.

MÚSICA POPULAR Y TRADICIONAL

El sonido de los tambores y de la trova se propaga por toda la calle Heredia, donde hay un grupo de locales de música en directo. Es un buen lugar para comenzar, pero se aconseja no descartar otros lugares más alejados en los que suele haber artistas de calidad.

Casa de la Trova (plano p. 394; 65 26 89; Heredia 208; entrada desde 2 CUC; 11.00-15.00 y 20.30-23.00 ma-do). Este local, el más famoso de todos los dedicados a la música tradicional en la ciudad, está en funcionamiento desde 1968. Hay quien se queja de que unas recientes reformas arruinaron en parte el ambiente que se respiraba, pero eso no fue impedimento para que hace unos años Paul McCartney se acercara hasta aquí. La calidad de las actuaciones varía entre buena, muy buena y excelente. La planta de abajo alberga recitales a la hora de comer, mientras que la de arriba se llena a partir de las 22.00.

Casa del Estudiante (plano p. 394; 62 78 04; Heredia 204; entrada 1 CUC; 21.00 mi, vi y sa, 13.00 do). Se puede agarrar una silla y tomar asiento o quedarse en la calle y escuchar a la simpática orquesta de la casa. También ofrece cursos (p. 402).

Patio ARTex (plano p. 394; 65 48 14; Heredia 304; entrada gratuita; 11.00-23.00). Las obras de arte llenan las paredes de esta tienda y club que acoge actuaciones musicales en directo, tanto de día como de noche, en su pintoresco patio interior. Una buena opción si la Casa de la Trova está llena o si hay un ambiente demasiado cargado.

Patio Los Dos Abuelos (plano p. 394; 62 33 02; Francisco Pérez Carbo 5; entrada 2 CUC; 22.00-1.00 lu-sa).

Un club bastante íntimo en el lado este de la plaza Marte. Hay música tradicional cubana y una variada mezcla de clientes locales y extranjeros. Actúan auténticos profesionales.

Casa de la Cultura Miguel Matamoros (plano p. 394; ☎ 62 57 10; General Lacret, entre Aguilera y Heredia; entrada 1 CUC). Esta casa cultural con una ubicación histórica en el parque Céspedes acoge muchos eventos musicales, incluido el Sábado de la Rumba (sábados a las 11.00). Para saber la programación de la semana lo mejor es consultar la cartelera que hay colgada en la puerta.

Casa de las Tradiciones (plano pp. 392-393; Rabí 154; entrada 1 CUC; ☺ desde 20.30). Uno de los locales más frecuentados de Santiago aún conserva una suerte de ambiente de salón, cargado de humo, en el que resuenan los zapatos al bailar. Oculto en el distrito de Tivolí, acoge actuaciones de algunos de los conjuntos, cantantes y solistas más apasionantes de Cuba. Los viernes por la noche están reservados al son clásico, así que todos los amantes de Ñico Saquito y el Trío Matamoros deberían acercarse hasta aquí ese día.

Casa de la Música (plano p. 394; Corona 564; entrada 5 CUC; ☺ 22.00-2.00). Similar a las de La Habana, ésta ofrece una mezcla de salsa en directo y música *disco* grabada. Uno de los mejores locales de Santiago.

BAILE TRADICIONAL

Ballet Folklórico Cutumba (plano p. 394; teatro Oriente, Saco 115; entrada 3 CUC). Este grupo de baile folclórico afrocubano internacionalmente conocido fue creado en 1960 y actualmente actúa en el teatro Oriente. Si el viajero está un fin de semana en Santiago de Cuba no debe perderse su espectáculo de café-teatro, todos los sábados a las 21.30, o su espectáculo matutino de baile los domingos a las 10.30. Escenifica bailes como la tumba francesa, la *columbia*, el *gagá*, el guaguancó, el *yagüetó*, la *tajona* y la conga oriental. Uno de los mejores espectáculos de su clase en la isla.

Foco Cultural El Tivolí (plano p. 394; Desiderio Mesnier 208; ☺ 20.00 lu-vi). El grupo Sarabanda Mayombe representa semanalmente bailes carnavalescos en esta asociación cultural del distrito Tivolí. Los sábados a las 17.00 escenifican una suerte de "folclórico-religioso" de *orishas* (deidad religiosa de la santería), bembé (ritual afrocubano con toque de tambores) y *palo monte* (religión afrocubana bantú) en la cercana Casa de las Tradiciones (véase arriba).

Si el viajero desea lecciones prácticas puede preguntar en los estudios del **Conjunto Folklórico de Oriente** (plano p. 394; Hartmann 407) y en el **Foco Cultural Tumba Francesa** (plano pp. 392-393; Los Maceos 501), en General Banderas. La mayor parte de las tardes también suele haber bailes tradicionales en otros focos (asociaciones) culturales de la ciudad.

CLUBES DE BAILE

Club El Iris (plano p. 394; ☎ 65 35 00; Aguilera 617; entrada 3 CUC; ☺ 22.00-2.00). Junto a plaza Marte, con un característico cartel de los años cincuenta, ésta es la discoteca más caliente de Santiago. La entrada incluye una consumición, pero por la noche sólo hay parejas. Los solteros pueden acercarse a la sesión que hay cada día de 10.00 a 16.00 (5 CUP).

Discoteca Espanta Sueño (plano pp. 392-393; av. de las Américas esq. con calle M; ☺ 22.30-3.00 vi-do). La discoteca *house* del Meliá Santiago de Cuba; se entra a través del vestíbulo del hotel para mantener alejadas a las jineteras.

Otras recomendaciones:

Ciroa (plano pp. 392-393; av. Manduley esq. con calle 13). Local nocturno con un grupo que toca de jueves a domingo, y baile a partir de las 22.00.

Pista de Baile Pacho Alonso (plano pp. 392-393; entrada 5 CUC; ☺ 20.30 sa, 17.00 do). Se puede echar un vistazo a la orquesta de charanga que toca al aire libre en este local situado detrás del teatro José María Heredia.

LOCALES NOCTURNOS

Tropicana Santiago (plano p. 400; ☎ 68 70 90; entrada desde 30 CUC; ☺ 22.00 mi-do). Diseñado al estilo del Tropicana original de La Habana, sus espectáculos de variedades tipo Las Vegas cuentan con gran cantidad de chicas de largas piernas y corta indumentaria. Tras el espectáculo, los clientes pueden bailar en la discoteca que hay en el mismo complejo. Cubatur y la mayor parte de los hoteles ofrece circuitos organizados al Tropicana Santiago por 35 CUC, incluida una consumición y el transporte. El mejor día para ir es el sábado por la noche. Para llegar hay que tomar la autopista nacional hacia el nordeste del Hotel Las Américas durante 3 km.

TEATROS

Teatro José María Heredia (plano pp. 392-393; ☎ 64 31 34; av. de las Américas esq. con av. Desfiles; ☺ taquilla 9.00-12.00 y 13.00-16.30). El enorme y moderno teatro y centro de convenciones de Santiago se encuentra junto a la plaza de la Revo-

INSTRUMENTOS MUSICALES CUBANOS

Durante la época de la esclavitud, en EE UU los esclavos tenían prohibido tocar su música, pero en Cuba la percusión siguió sonando. El resultado es que cuando la música popular cubana empezó a diversificarse y a expandirse a principios del s. xx, los músicos locales tenían a su disposición una amplia gama de instrumentos musicales.

Los ritmos intensos de la música cubana los suele aportar la tumbadora, un tambor de caja alta cuya piel está sujeta al cuerpo mediante un aro de metal. Entre los instrumentos de percusión más utilizados están los bongoes (un par de pequeños tambores redondos unidos por una pieza de madera) y los tambores *batá* (cónicos de dos parches y diferentes tamaños), que se utilizan en danzas y rituales religiosos afrocubanos. Los bailes populares a menudo se acompañan con la música de un tambor de un solo parche y de origen congoleño llamado *joca*.

Las maracas están hechas con el fruto seco del calabacero y en su interior llevan granos o chinas. Los *chequerés* son similares a las maracas pero van recubiertos de cuentas y se utilizan igual en un ritual religioso que en un *rap*. El güiro, por su parte, es un instrumento hecho con una especie de calabaza alargada que se hace sonar raspándolo con un palo, aunque también hay güiros de metal.

Otros instrumentos de percusión son la *catá* o *guagua*, un tubo de madera que se toca con dos vaquetas, y las claves, dos palos de madera que se golpean el uno contra el otro para marcar el ritmo. El cajón es una sencilla caja de madera que también se utiliza para marcar el ritmo.

En lo que se refiere a instrumentos de cuerda, el tres es una pequeña guitarra folclórica con tres cuerdas dobles de acero, mientras que el cuatro es similar pero con cuatro cuerdas dobles. En los grupos folclóricos cubanos también suele haber una marimba de procedencia africana llamada *marímbula*, que consiste en una caja de madera con cinco teclas de metal que también actúa como bajo.

El único instrumento de viento de la música folclórica cubana es la botija, que consiste en una vasija de barro con un cuello estrecho y corto que alberga un orificio en un lado para soplar. Los músicos varían la afinación de los tonos moviendo la mano por el cuello de la vasija. Durante el Carnaval se utiliza un pequeño cuerno de cinco notas, llamado *corneta china*, que produce un sonido agudo como el de una gaita. Entre los instrumentos modernos más utilizados en Cuba están el bajo, el clarinete, el saxofón, el trombón y la trompeta.

Cuba es el único país no europeo, junto a México, en el que existe la tradición de los organillos. Durante el s. xix los hacendados esclavistas expulsados tras la independencia de Haití llevaron el órgano mecánico francés a Oriente, donde los sones, los boleros y los danzones hispanocubanos pronto sustituyeron a los valses y las mazurcas en el repertorio. Los cubanos hicieron que el organillo europeo fuera más dinámico añadiéndole un segundo manubrio que el músico utilizaba para variar la velocidad con la que la partitura pasaba a través de la máquina. En la actualidad hay orquestas formadas por cinco o seis percusionistas y un organillero que tocan música de baile popular bajo la dirección del propio organillero, que puede improvisar introduciendo paradas o pausas.

lución, en el lado nordeste de la ciudad. La sala principal, con capacidad para 2.459 personas, suele acoger conciertos de *rock* y de folk, mientras que el Café Cantante Niágara, con capacidad para 120 personas, acoge espectáculos variados. Se aconseja preguntar por las actuaciones de la compañía Teatro Danza del Caribe.

Sala-teatro El Mambí (plano p. 394; Bartolomé Masó 303). En este local cercano a la catedral se representan obras dramáticas por las tardes y espectáculos de marionetas o payasos para los niños durante los fines de semana.

Teatro Martí (plano pp. 392-393; ☎ 2-0507; Félix Peña 313). Cerca de General Portuondo, frente a la iglesia de Santo Tomás, también presenta un espectáculo infantil cada sábado y domingo a las 17.00.

MÚSICA CLÁSICA

Sala Dolores (plano p. 394; ☎ 65 38 57; Aguilera esq. con Mayía Rodríguez; ⌚ 20.30). Ubicada en una antigua iglesia en la plaza Dolores, aquí se puede escuchar a la Orquesta Sinfónica del Oriente, además de al coro infantil (a las 17.00). También hay conciertos de trova y actuaciones de

artistas prometedores como William Vivanco y Ariel Díaz. La cartelera está colgada en el lado del local que da a la calle Aguilera.

Orfeón Santiago (plano p. 394; Heredia 68). Este coro clásico a veces deja que los visitantes presencien sus ensayos de 9.00 a 11.30 de lunes a viernes.

Coro Madrigalista (plano p. 394; Pío Rosado 555). Al otro lado del Museo Bacardí ensaya este coro, parecido al Orfeón Santiago.

CINES
Cine Rialto (plano p. 394; ☎ 62 30 35; Félix Peña 654). Junto a la catedral, es el favorito de los santiagueros. Proyecta películas y vídeos en pantalla grande.

Cine Capitolio (plano pp. 392-393; ☎ 62 71 64; av. Victoriano Garzón 256). Suele poner vídeos.

Cine América (plano pp. 392-393; ☎ 65 11 84; Porfirio Valiente 64; ☼ 12.00-22.00 vi-mi). Programa películas y, una vez a la semana, conciertos de *rap*.

DEPORTES
Estadio de béisbol Guillermón Moncada (plano pp. 392-393; ☎ 64 26 40; av. de las Américas). Está en el lado nordeste de la ciudad, a poca distancia a pie de los principales hoteles. Durante la temporada de béisbol, de octubre a abril, hay partidos los martes, miércoles, jueves y sábados a las 19.30, y los domingos a las 13.30 (1 CUP).

Gimnasio Cultura Física (plano p. 394; Pío Rosado 455, entre Saco y Hechavarría; ☼ 6.00-18.45 lu-vi, 8.00-16.00 sa, 8.00-12.00 do). Para una sesión de ejercicio es una de las pocas opciones, pese a sus despanzurrados sacos de boxeo, sus viejas pesas oxidadas y sus duchas de agua fría.

De compras
Discoteca Egrem (plano p. 394; Saco 309; ☼ 9.00-18.00 lu-sa, 9.00-14.00 do). Si lo que se busca es música, no hace falta ir a otro lugar. En este establecimiento de venta al por menor de los estudios Egrem tienen una selección especialmente buena de músicos locales.

ARTex (General Lacret; plano p. 394; General Lacret, entre Aguilera y Heredia; Heredia; plano p. 394; Heredia 304; ☼ 11.00-23.00; patio ARTex; plano p. 394; Heredia 208; ☼ 11.00-19.00 ma-do). De alfombrillas para ratón a vestidos de ir por casa, la tienda de ARTex, cerca del parque Céspedes, tiene todo tipo de recuerdos imaginables sobre Cuba. Las otras tiendas de ARTex están más especializadas en música, con una aceptable selección de CD y casetes de música cubana.

La Maison (plano pp. 392-393; av. Manduley 52; ☼ 10.00-18.00 lu-sa). Si el viajero se dirige a un complejo vacacional y le falta la ropa adecuada para su estancia allí, sólo tiene que acudir a esta tienda.

GALERÍAS DE ARTE
Varias galerías del centro venden cuadros y grabados originales. En comparación con los estándares internacionales, los precios son razonables, pero siempre hay que pedir un recibo oficial para mostrar en la aduana cubana (véase p. 133). Las dos galerías siguientes son buenos lugares por los que empezar. No hay que olvidar preguntar cómo obtener el permiso para la exportación.

Galería de Oriente (plano p. 394; General Lacret 656). Probablemente la mejor de Santiago. Las obras suelen ser de buena calidad.

Galería Santiago (plano p. 394; Heredia). Situada por debajo de la catedral, en el lado sur del parque Céspedes, ésta es otra galería con obras de calidad. Hay varias más a lo largo de la calle Heredia.

FOTOGRAFÍA
Photo Service (Saco; plano p. 394; Saco 422; General Lacret; plano p. 394; General Lacret 728; av. Garzón; plano pp. 392-393; av. Garzón esq. con calle 4). Tiene unas cuantas tiendas de fotografía, incluida una cerca de la plaza Dolores.

Cómo llegar y salir
AVIÓN
El **aeropuerto internacional Antonio Maceo** (☎ 69 10 14; código SCU) está 7 km al sur de Santiago de Cuba, junto a la carretera del Morro. Al aeropuerto llegan vuelos internacionales desde París-Orly, Madrid, Milán y Roma con Cubana. **AeroCaribbean** (☎ 68 72 55; General Lacret, entre Bartolomé Masó y Heredia) tiene un vuelo semanal a Puerto Príncipe, en Haití, y dos vuelos a Santo Domingo, República Dominicana.

Cubana (plano p. 394; ☎ 68 62 58; calle Saco esq. con General Lacret) fleta dos o tres vuelos diarios desde La Habana a Santiago de Cuba (114 CUC, sólo ida, 1½ h). El domingo también hay uno a Baracoa (32 CUC).

AUTOBÚS
La **estación nacional de autobuses** (plano pp. 392-393; av. Libertadores esq. con calle 9), frente al monumento a Heredia, está 3 km al nordeste del parque Céspedes. Los autobuses de **Astro** (☎ 62 60 91) van a los mismos destinos que los de

SALIDAS DE AUTOBUSES DE VIAZUL

Destino	Precio CUC (sólo ida)	Distancia km	Duración (h)	Hora de salida
Baracoa	15	234	5	7.30
Guantánamo	6	84	2	7.30
La Habana	51	861	16	7.05, 11.30, 15.15, 20.00
Trinidad	33	581	11½	19.30

Viazul, pero resultan entre 3 y 9 CUC más baratos. También hay salidas en días alternos a Pilón (10,50 CUC, 7½ h) y a Niquero (10 CUC, 7 h).

Los billetes para los autobuses de Astro que van a Baracoa y a Guantánamo sólo se venden el mismo día de la salida en la taquilla que hay en la parte de atrás de la estación. Hay mucha competencia para conseguir un asiento en estos autobuses, así que casi es mejor viajar con Viazul o tomar un camión. Los billetes para todos los otros destinos de Astro se venden en la ventanilla de Viazul que hay junto a la estación y se pagan en convertibles.

Los autobuses de **Viazul** (☎ 62 84 84) salen desde la misma estación; para información sobre las salidas, véase arriba.

El autobús a La Habana para en Bayamo (7 CUC, 2 h), Holguín (11 CUC, 4¼ h), Las Tunas (11 CUC, 5½ h), Camagüey (18 CUC, 7½ h), Ciego de Ávila (24 CUC, 9½ h), Sancti Spíritus (28 CUC, 11½ h) y Santa Clara (33 CUC, 13 h). El servicio a Trinidad efectúa paradas en Bayamo, Las Tunas, Camagüey, Ciego de Ávila y Sancti Spíritus.

TREN

Desde la nueva **estación de trenes** de estilo francés (plano pp. 392-393; ☎ 62 28 36; av. Jesús Menéndez), cerca de la fábrica de ron, al noroeste del centro, salen trenes hacia los siguientes destinos:

Destino	Precio CUC (sólo ida)	Duración (h)
Bayamo	4	3
Camagüey	11	5½
Ciego de Ávila	14,50	8
Guayos	17,50	9½
La Habana	30	14½
Holguín	5	3½
Manzanillo	5,50	5
Matanzas	27	13
Santa Clara	20	10

Los datos de la ruta Santiago de Cuba-La Habana que aparece en el cuadro anterior sólo son aplicables al tren nº 12, el más lento, que sale de Santiago a las 20.25. Otros trenes que hacen esta ruta son el nº 2 (también conocido como "locura verde"), que sale diariamente a las 17.05, y un coche llamado "locura azul" (62 CUC) que, en teoría, sale de Santiago los lunes y jueves a las 23.10.

Los horarios de los trenes cubanos no son fiables, así que lo mejor siempre es verificar con antelación cuándo sale el tren y comprar cuanto antes los billetes. La forma más sencilla y eficaz de hacerlo es a través del **Centro Único de Reservaciones** (plano p. 394; ☎ 65 21 43, 65 10 97; Aguilera 565; ☽ 8.30-15.30 lu-vi), cerca de la plaza Marte. Allí se pueden comprar los billetes y en la ventanilla hay colgado un cartel con los horarios actualizados. En la ventanilla 3 de la estación de trenes también se pueden comprar los billetes en pesos convertibles.

CAMIÓN

Los camiones de pasajeros salen de la **estación intermunicipal de autobuses Serrano** (plano pp. 392-393; ☎ 62 43 25; av. Jesús Menéndez esq. con Sánchez Hechavarría) con destino a Guantánamo (5 CUP, 2 h) y Bayamo (7 CUP, 2 h). Hay salidas durante todo el día, pero a primera hora de la mañana siempre hay más oferta. Los camiones a Caletón Blanco (3 CUP, 45 min) y Chivirico (5 CUP, 1½ h) también salen desde aquí; en este caso hay que tomar un billete de embarque en la ventanilla y pagar al subir al camión.

Desde la **estación intermunicipal de autobuses** (terminal 4; plano pp. 392-393; ☎ 62 43 29; av. Libertadores esq. con calle 4), 2 km al nordeste del parque Céspedes, salen dos autobuses diarios a El Cobre. Los camiones a El Cobre salen durante todo el día desde el andén nº 1 de esta estación. También hay dos autobuses diarios a Bacanao (6.00 y 18.30).

Cómo desplazarse

A/DESDE EL AEROPUERTO

Un taxi a/desde el aeropuerto cuesta alrededor de 5 CUC. También se puede ir en el autobús nº 212, que sale desde la avenida Libertadores, frente al Hospital de Maternidad. Los camiones al aeropuerto salen también desde aquí. El autobús nº 213 también va al aeropuerto desde la misma parada, pero primero pasa por Punta Gorda. En sentido inverso es mejor tomar el autobús nº 213, pues va directamente a la ciudad, mientras que el nº 212 pasa primero por Ciudamar. Ambos autobuses (0,20 CUP) dan la vuelta más allá del aparcamiento del aeropuerto, a la izquierda de las entradas, pero no frente a la terminal.

A/DESDE LA ESTACIÓN DE TRENES

Para llegar a la ciudad desde la estación de trenes se puede tomar un coche de caballos (1 CUP) que vaya en dirección sur hasta la torre del reloj, en el extremo norte del parque Alameda, desde donde la calle Aguilera (a la izquierda) sube directamente hasta el parque Céspedes. Los coches de caballos entre la estación nacional de autobuses (se anuncian al grito de "a Alameda") y la estación de trenes (1 CUP) van por las avenidas Juan Gualberto Gómez y Jesús Menéndez.

AUTOBÚS Y CAMIÓN

Entre los autobuses urbanos de utilidad están el nº 212, para ir al aeropuerto y a Ciudamar; el nº 213, a Punta Gorda (ambos inician sus recorridos en la avenida de Libertadores, frente al Hospital de Maternidad y se dirigen al sur por Félix Peña) y el nº 214 o 407, a Siboney (con parada cerca del número 425 de la avenida Libertadores). El autobús nº 401 va desde esta misma parada hasta Siboney y Bacanao. El nº 5, con destino a Caney, para en la esquina noroeste de la plaza Marte y en las calles General Cebreco y 3, en Vista Alegre. El billete (0,20 CUP) se paga al conductor. Hay un autobús más o menos cada hora. Los camiones (1 CUP) que hacen las mismas rutas salen con mayor frecuencia.

Los camiones circulan por rutas fijas. Para ir del centro al cuartel Moncada y al hospital provincial (cerca de la estación nacional de autobuses), el viajero puede subir a un camión a lo largo de Mariano Corona, una manzana al oeste del parque Céspedes, o en Aguilera. Los camiones a Vista Alegre también circulan por Aguilera; hay una parada enfrente del edificio de Etecsa. Para ir del Hotel Las Américas hasta el casco histórico, hay que tomar un camión en la rotonda del parque de los Estudiantes. Los camiones a El Cobre y a otros destinos situados al norte salen desde la avenida de las Américas, cerca de la calle M. En los autobuses y camiones hay que tener cuidado con los carteristas y llevar las bolsas y mochilas bien agarradas; en los camiones y autobuses locales no se dejan subir equipajes grandes.

AUTOMÓVIL Y MOTOCICLETA

Las agencias de Santiago de Cuba padecen una escasez crónica de coches de alquiler (sobre todo en Transtur) y es habitual que no haya ninguno disponible, a pesar de que los jineteros se ofrecerán para "conseguir" y "resolver" cualquier cosa. Las sucursales del aeropuerto suelen tener más automóviles que las de la ciudad. Si el viajero quiere conseguir uno a toda costa, en el Hotel Guantánamo (p. 429), a dos horas de distancia, siempre suele haber alguno. Con tantos sitios geniales como hay cerca de Santiago de Cuba, también es una pena que la demanda de ciclomotores supere con creces la oferta. Se aconseja probar en las siguientes agencias:

Cubacar (plano p. 394; Heredia 701). En la esquina de General Lacret.

Havanautos Hotel Las Américas (plano p. 392-393; av. de las Américas esq. con General Cebreco; ☎ 68 71 60; ☻ 8.00-22.00); Jesús Menéndez (plano pp. 392-393; ☎ 62 26 66; av. Jesús Menéndez esq. con General Portuondo); aeropuerto (☎ 68 61 61; aeropuerto Antonio Maceo). La sucursal del Hotel Las Américas alquila ciclomotores por 24 CUC/día.

Transtur Parque Céspedes (plano p. 394; ☎ 68 61 07; ☻ 9.00-20.30); Motel San Juan (plano p. 392-393; ☎ 68 72 06). La sucursal del parque Céspedes está debajo del Hotel Casa Granda.

Hay un aparcamiento vigilado frente a la sucursal de Transtur, debajo del Hotel Casa Granda. Los vigilantes, que llevan una pequeña placa, cobran 1 CUC por día y otro tanto por noche.

La gasolinera **Servi-Cupet** (plano pp. 392-393; av. Libertadores esq. con av. Céspedes) está abierta las 24 horas. También hay una gasolinera **Oro Negro** (av. 24 de Febrero esq. con ctra. del Morro) en la Carretera del Morro y otra más en la carre-

tera Central, en la entrada norte a Santiago de Cuba.

TAXI

En Santiago los taxis suelen encontrar a los clientes antes de que éstos los encuentren a ellos. Hay una parada de Turistaxi frente al Hotel Meliá Santiago de Cuba. También suele haber taxis en el parque Céspedes, frente a la catedral. Siempre hay que exigir al taxista que ponga el taxímetro o fijar un precio antes de iniciar la carrera. Ir hasta el aeropuerto suele costar entre 3 y 5 CUC, dependiendo del estado del vehículo.

Los *bicitaxis* cobran unos 5 CUP por persona y trayecto, pero como es ilegal llevar a turistas suelen dejar a los viajeros un par de manzanas antes de llegar al parque Céspedes.

Para información sobre circuitos en taxi, véase p. 402.

SIBONEY

Siboney es el equivalente santiaguero a Playas del Este, en La Habana: una exuberante localidad costera situada 19 km al este de Santiago que tiene más de aldea rústica que de complejo de lujo. Protegida por empinados acantilados y salpicada de enormes palmeras y desgastadas casas hechas con tablones de madera, Siboney es un lugar tranquilo y acogedor, con un ambiente playero en el que se mezclan familias cubanas en busca de diversión y jóvenes santiagueras de buen ver con sus acompañantes extranjeros de más edad.

Cualitativamente hablando, la pequeña playa de arena gris en forma de media luna de Siboney no está a la altura de Varadero, y su oferta de hoteles tampoco es muy estimulante, ya que sólo hay un alojamiento: una villa de precio muy económico. Pero lo que le falta a Siboney en cuanto a instalaciones queda compensado por sus precios, su ubicación (a las puertas del Parque Bacanao) y su ambiente auténticamente cubano. Lo que sí hay es una gran cantidad de casas particulares legales (más de 30) y un correcto restaurante ubicado en una colina que da a la playa. Para quienes necesitan tomarse un descanso del ajetreo callejero de la asfixiante Santiago, éste es el lugar ideal.

PIRATAS DEL CARIBE

Los piratas corrieron a sus anchas por el Caribe durante los ss. XVI y XVII y en ningún otro lugar se dejó notar más su presencia que en Cuba.

La isla empezó a resultar atractiva para los corsarios en la década de 1530, cuando los barcos españoles, cargados con plata de Perú y Nueva España, empezaron a converger en el puerto de La Habana para formar grandes flotillas y luego partir hacia el este con destino a Sevilla.

Para los bucaneros el botín era demasiado tentador como para ignorarlo. En 1554, unos corsarios franceses saquearon Santiago durante 30 días ante una población aterrorizada. Al año siguiente, Jacques de Sores saqueó La Habana, secuestró a sus habitantes más ricos y pidió un rescate de 80.000 monedas de oro. Cuando vio que sus exigencias no eran satisfechas arrasó totalmente la ciudad.

Para proteger los puertos cubanos contra otros actos de terror, las autoridades coloniales construyeron una impresionante red de fuertes alrededor de la isla, incluidas las fortalezas de Real Fuerza (La Habana, 1558), San Salvador de la Punta (La Habana, 1589), Tres Reyes del Morro (La Habana, 1589), La Jagua (Cienfuegos, 1738) y El Morro (Santiago, 1638). Estas construcciones lograron mantener a raya los repetidos ataques piratas, aunque no siempre.

Las frecuentes guerras contra británicos, franceses y holandeses durante el s. XVII hicieron que muchos piratas actuaran amparados bajo el pabellón de dichos países, en especial de Inglaterra, contra los dominios españoles en ultramar. A menudo subvencionados por dichas naciones, los despiadados pero bien organizados grupos de piratas llegaron a arrasar ciudades enteras y a dejar gravemente tocadas varias economías locales.

Así, por ejemplo, en 1664 el galés Henry Morgan redujo a escombros el castillo de El Morro, y en 1668, con el pretexto de descubrir un complot para atacar Jamaica, Morgan saqueó la catedral de Puerto Príncipe (la actual Camagüey), una próspera ciudad burguesa situada a más de 50 km tierra adentro. El gobierno británico le concedió el título de caballero por sus "hazañas".

La era de la piratería finalmente llegó a su fin a principios del s. XVIII, con el auge de los ejércitos nacionales en Europa y la llegada de conflictos internacionales de mayor alcance.

Puntos de interés

Si aún no se está ahíto de lugares relacionados con la Revolución, se puede ver la llamada **Granjita Siboney** (entrada 1 CUC; 9.00-17.00), 2 km hacia el interior desde la playa y otros 2 al sur de la salida a la Gran Piedra, en la carretera a Santiago de Cuba. Desde este lugar partió el grupo de guerrilleros que atacó el cuartel Moncada en 1953. El lugar no reviste especial interés; cuenta con la consabida colección de polvorientos documentos, fotografías, armas y efectos personales relacionados con el ataque. No obstante, el Gobierno castrista no debe pensar lo mismo, pues en 1973 erigió nada menos que 26 monumentos a lo largo de la carretera entre la Granjita Siboney y Santiago de Cuba para conmemorar el asalto al cuartel.

El **Museo de la Guerra Hispano-cubano-norteamericana,** la Guerra de Cuba en la historiografía hispana, está justo al lado de la Granjita Siboney. Exponen objetos varios relacionados con la intervención militar estadounidense y la pérdida de España de sus últimas posesiones en ultramar. También hay maquetas que reproducen las batallas terrestres y navales.

Encarado a la pedregosa costa hay un **monumento estadounidense** que data de 1907 y que conmemora el desembarco del 24 de junio de 1898.

Dónde dormir y comer

Villa Siboney (3-9321; *bungalow* 23 CUC). Lo mejor es dirigirse directamente a las casas particulares, pero si por algún motivo están todas llenas siempre quedan estas siete rústicas cabañas junto a la playa con capacidad para hasta cuatro personas en cada una de ellas. Hay que preguntar en el mostrador de recepción del edificio de apartamentos que hay junto al centro comercial.

Restaurante La Rueda (3-9325). El grupo Palmares gestiona este establecimiento situado en lo alto del camino que hay desde la playa y ubicado en la antigua casa del músico Compay Segundo. Nacido en 1907 en una pequeña casa que ocupaba este mismo emplazamiento, Segundo, cuyo nombre real era Francisco Repilado, alcanzó el estrellato por segunda vez cuando frisaba los 90 años, gracias primero a la divulgación del son que realizó en España Santiago Auserón y, después, a su participación en ese sorprendente éxito de ventas internacional que fue el álbum *Buena Vista Social Club*. La versión de su tema "Chan Chan" incluido en este disco alcanzó increíbles cotas de popularidad. Por cierto, la comida y las vistas del local no están mal y el servicio es bastante amable.

Junto a la playa hay varios puestos en los que se vende comida económica en pesos. En la misma playa también hay un bar al aire libre (pago en convertibles).

Cómo llegar y salir

El autobús nº 214 sale hacia Siboney desde las inmediaciones del número 425 de la avenida Libertadores, frente a la empresa Universal, con una segunda parada en el 110 de la avenida Céspedes, cerca del restaurante Pekín, en Santiago de Cuba. Suele haber una salida cada hora, mientras que el autobús nº 407, que sigue hasta Juraguá, sale tres veces al día. Los camiones de pasajeros también hacen la ruta entre Santiago y Siboney. Si el

---

CASAS PARTICULARES EN SIBONEY

Aparte de un puñado de básicos *bungalows* de playa, en la pequeña Siboney hay más de 30 casas particulares, por lo que el viajero no debería tener ningún problema para encontrar habitación.

Ángel Figueredo Zolórzano (3-9181; av. Serrano 63; dgarrido1961@yahoo.es; h 15-20 CUC). Al final de la calle, junto al mar, con patio y una habitación muy bien equipada.

Evaristo "Chicho" Caballero Cabrera (3-9248; av. Serrano 1; h 15-20 CUC). Casa colonial de tablones de madera a la entrada de la población; sencilla, agradable y con un porche genial.

Javier Francisco Hernández Rotger (3-9121; Obelisco 1; h 15-20 CUC). Cerca de la playa.

Marlene Pérez (3-9219; h 15-20 CUC). Apartamento con balcón junto al mar, una manzana al sur de la oficina de correos; tiene nevera y aparcamiento.

Oscar Fábregas Coca (64 18 00; av. Serrano 12; h 20-25 CUC; P). Casa azul de tablones de madera con terraza delantera que da al mar.

Ovidio González Salgado (3-9340; av. Serrano; h 20-25 CUC). Encima de la farmacia. Comidas, toda la casa 35 CUC; encarecidamente recomendada por un lector.

viajero va en coche, se aconseja reducir la velocidad antes de llegar al control policial que hay 2 km al sur de la aldea de Sevilla, en la carretera a playa Siboney.

Un taxi hasta playa Siboney puede costar alrededor de 20 o 25 CUC, dependiendo de si es estatal o privado.

LA GRAN PIEDRA

La cordillera de la Gran Piedra, un ramal de la sierra Maestra, es una barrera de 30 km de largo que separa la costa caribeña del valle central y culmina en una gigantesca roca con una altura de 1.234 m sobre el nivel del mar. Esta cordillera no sólo tiene un microclima más fresco, sino que también posee una interesante historia gracias a las cerca de 60 plantaciones de café creadas por los franceses a finales del s. XVIII. Tras huir en 1791 de la rebelión de los esclavos negros liderados por Toussaint Louverture que condujo a la independencia de Haití, parte de la oligarquía colonial francesa de Saint Domingue se trasladó a Cuba donde, convertidos de nuevo en hacendados esclavistas, se dedicaron a la producción de café. De hecho, para principios del s. XIX, la colonia española se había convertido en el principal productor de este producto en todo el mundo. Vestigio de aquellos tiempos es el cafetal La Isabelica, que ha sido declarado Patrimonio Mundial por la Unesco.

Puntos de interés y actividades

Cerca del inicio de la carretera de acceso a la Gran Piedra, 16 km al sudeste de Santiago de Cuba, está el **Prado de las Esculturas** (entrada 1 CUC; ☻ 8.00-16.00). Repartidas a lo largo de un camino circular de 1 km se extienden 20 monumentales esculturas de metal, madera, hormigón, ladrillo y piedra realizadas por artistas de 10 países.

El trayecto por la empinada carretera de 12 km que sube hasta la cordillera es muy bonito: a medida que se asciende, las arboledas van espesándose y el valle va quedando abajo en toda su extensión. Entre mayo y agosto el viajero puede atiborrarse de mangos hasta que no pueda más. Un kilómetro antes de llegar a Villa La Gran Piedra, tras bajar 800 m por una embarrada carretera, está el **jardín botánico** (entrada 3 CUC; ☻ 8.00-16.30 ma-do), que cuenta con orquídeas y otras flores, como la llamativa "ave del paraíso", de color amarillo, naranja y violeta.

En principio, no hay por qué tener problemas para subir los 459 escalones de piedra que conducen hasta la cima de la **Gran Piedra** (entrada 2 CUC), a 1.234 m de altitud. La enorme roca que corona el farallón mide 51 m de largo por 25 m de alto y se calcula que pesa alrededor de 63.000 toneladas. En los días despejados hay excelentes vistas del Caribe y en las noches más oscuras se pueden ver las luces de Jamaica.

El **Cafetal La Isabelica** (entrada 2 CUC; ☻ 8.00-16.00) forma parte del parque que alberga las primeras plantaciones de café del sudeste de Cuba y que fue declarado en el año 2000 Patrimonio Mundial por la Unesco. Tan sólo 2 km más allá de la Gran Piedra, yendo por una accidentada carretera, hay un museo en el que se describe la tecnología decimonónica para procesar el café. La impresionante mansión de piedra de dos pisos, con sus tres grandes plataformas de secado de café, fue levantada a principios del s. XIX por los hacendados esclavistas franceses huidos de la colonia de Saint Domingue cuando ésta alcanzó la independencia y se transformó en Haití. El lugar incluye un taller, mobiliario y algunos objetos que ilustran la vida de los esclavos negros de la plantación. El viajero podrá pasear libremente por los terrenos del otrora cafetal, actualmente cubiertos de pinos.

Dónde dormir y comer

Villa La Gran Piedra (Islazul; ☎ 65 12 05; i/d temporada baja 30/38 CUC, temporada alta 34/42 CUC). Esta villa, cerca de la cima, tiene 22 casitas de montaña de una y dos habitaciones. En enero de 2006 este pintoresco lugar con instalaciones básicas estaba siendo utilizado para acoger a pacientes de la Misión Milagros (p. 445). Para información actualizada se puede preguntar en las agencias de viajes de Santiago.

Cómo llegar y salir

Una empinada y serpenteante carretera asfaltada asciende durante 12 km por el espinazo de la montaña. No obstante, el transporte público es más que limitado: sólo un autobús transita esta ruta una vez por semana. Un viaje de ida y vuelta en taxi desde Santiago de Cuba puede costar más de 40 CUC.

PARQUE BACONAO

El Parque Baconao, con una superficie de 800 km² repartidos entre Santiago de Cuba y el río Baconao, presenta una variada

GRAN PIEDRA Y PARQUE BACONAO

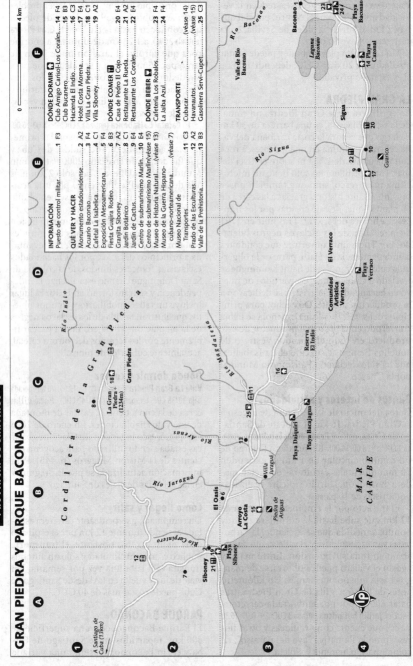

0   4 km

INFORMACIÓN
Puesto de control militar.................1 F3

QUÉ VER Y HACER
Monumento estadounidense.........2 A2
Acuario Baconao............................3 F4
Cafetal La Isabelica........................4 C1
Exposición Mesoamericana...........5 F4
Fiesta Guajira Rodeo......................6 B3
Granjita Siboney............................7 A2
Jardín Botánico..............................8 C1
Jardín de Cactus............................9 E4
Centro de submarinismo Marlin...10 E4
Centro de submarinismo Marlin(véase 15)
Museo de Historia Natural...(véase 13)
Museo de la Guerra Hispano-
    cubano-norteamericana........(véase 7)
Museo Nacional de
    Transportes..............................11 C3
Prado de las Esculturas................12 A2
Valle de la Prehistoria..................13 B3

DÓNDE DORMIR
Club Amigo Carisol-Los Corales...14 F4
Club Bucanero..............................15 B3
Hacienda El Indio..........................16 C3
Hotel Costa Morena......................17 E4
Villa La Gran Piedra.......................18 C1
Villa Siboney.................................19 A2

DÓNDE COMER
Casa de Pedro El Cojo...................20 E4
Restaurante La Rueda....................21 A2
Restaurante Los Corales................22 E4

DÓNDE BEBER
Cafetería Los Robalos....................23 F4
La Jaiba Azul.................................24 F4

TRANSPORTE
Cubacar..................................(véase 14)
Havanautos.............................(véase 15)
Gasolinera Servi-Cupet.................25 C3

mezcla de atractivos. Declarado Reserva de la Biosfera por la Unesco, también alberga un museo de coches al aire libre, un acuario bastante descuidado y una extraña colección de 240 esculturas de dinosaurios a tamaño real. Algunos viajeros quedan seducidos por esta rara sucesión de disímiles atracciones desperdigadas a lo largo de 40 km de la costa caribeña al este de Santiago, mientras que otros se vuelven inmediatamente a la ciudad.

Sin embargo, el parque no consiguió el reconocimiento de la Unesco por sus dudosos méritos museísticos. Según los biólogos, Baconao alberga más de 1.800 especies endémicas de flora y numerosas clases de murciélagos y arañas en peligro de extinción. Además, la zona, encajada en una sima poco profunda con la imponente sierra Maestra a un lado y el plácido Caribe al otro, presenta una gran bioversidad, desde enormes palmas reales a espinosos cactus en las laderas de los acantilados, y no anda escasa de excepcionales puntos de interés.

Las playas son más pequeñas que las de la costa norte y su arena no es tan blanca, pero hay buena pesca y 73 sitios de inmersión, incluido el pecio del *Guarico*, un pequeño barco hundido al sur de la playa Sigua.

Baconao también es famoso por sus cangrejos. Desde mediados de marzo a principios de mayo, decenas de miles de grandes cangrejos terrestres se congregan a lo largo de la costa, más allá de la playa Verraco, siendo aplastados por los coches que pasan y emanando un repulsivo hedor a medida que se pudren bajo el sol (véase p. 418).

Mientras se elaboraba esta obra, al menos dos de los aislados hoteles del parque habían sido destinados a acoger a pacientes del proyecto Misión Milagros (p. 445). Se aconseja comprobar su situación actual antes de emprender el largo viaje.

Puntos de interés

Una decena de pintores tienen estudios en los que exponen sus obras en la pequeña comunidad artística de **El Oasis,** en la salida al Club Bucanero, 3 km al este de la carretera a Siboney.

Una de las atracciones más peculiares es el **Valle de la Prehistoria** (☎ 63 90 39; entrada 1 CUC; 8.00-18.00), una especie de parque jurásico cubano situado 3 km más allá, en la carretera principal a Baconao. Acoge reproducciones de enormes brontosaurios que mordisquean las hojas de los árboles, lanudos mamuts que pastan en los verdes prados y cavernícolas que matan a tigres dientes de sable. Entretenido para niños de todas las edades, en total incluye 200 reproducciones de hormigón a tamaño real repartidas en más de 11 Ha; incluso los aseos están en pequeñas cuevas. Los dinosaurios fueron realizados por los reclusos de una cercana prisión. También hay un **Museo de Historia Natural** (☎ 3-9329; entrada 1 CUC; 8.00-16.00 ma-do) un tanto aburrido.

Otro lugar de interés es el **Museo Nacional de Transportes** (☎ 63 91 97; entrada 1 CUC, cámara fotográfica/cámara de vídeo 1/2 CUC; 8.00-17.00), junto a la gasolinera Servi-Cupet, 2 km al este del Valle de la Prehistoria. Muestra decenas de coches clásicos, incluido el Cadillac de 1958 del cantante Benny Moré, el coche en el que Raúl Castro se perdió de camino al cuartel Moncada (ésa es la versión oficial) y una colección de 2.500 automóviles en miniatura. El principal desembarco de tropas estadounidenses durante la Segunda Guerra de Independencia, la Guerra de Cuba, se produjo el 24 de junio de 1898 en la **playa Daiquirí,** a 2 km por un camino que hay junto al museo. Esa zona es ahora un campamento de veraneo para personal militar y está prohibida la entrada.

Unos 10 km al sudeste del Museo Nacional de Transportes se encuentra la **Comunidad Artística Verraco** (entrada gratuita; 9.00-18.00), una aldea de pintores, ceramistas y escultores con estudios abiertos al público.

Tras pasar un par de curvas en la carretera se llega a la costa, donde empiezan a aparecer los hoteles. El **jardín de cactus** (entrada 5 CUC; 8.00-15.00), 800 m al este del Hotel Costa Morena, posee 200 tipos de cactáceas bellamente dispuestas a lo largo de una rocosa ladera, con una gran cueva en su parte posterior. Si el viajero está atento podrá ver pequeños colibríes libando néctar de los cactus en flor.

El **acuario Baconao** (☎ 63 51 45; entrada 7 CUC; 9.00-17.00), entre los hoteles Costa Morena y Carisol, programa espectáculos de delfines un par de veces al día. Son bastante cutres, pero se puede nadar junto a los cetáceos por 46 CUC.

Otro lugar de relativo interés es la **Exposición Mesoamericana** (entrada 1 CUC), al este del Club Amigo Carisol-Los Corales, una serie de reproducciones de arte amerindio mesoamericano.

PROVINCIA DE SANTIAGO

LOS CANGREJOS DE BACONAO

Desde mediados de marzo a principios de mayo, la carretera de la costa entre la playa Verraco y Baconao se llena de cangrejos colorados que bajan desde las colinas adyacentes para poner sus huevos en el mar. Muchos mueren aplastados bajo los neumáticos de los coches que pasan, mientras que otros son capturados por los habitantes locales que consumen sus huevos como afrodisíaco. Las hembras se distinguen de los machos porque tienen el peto más ancho y las pinzas de igual tamaño (los machos tienen una más grande que la otra). De mayo a julio el cangrejo azul sale de sus agujeros en zonas húmedas y se dirige hacia el océano como parte de un ciclo reproductivo que deja al animal muy expuesto a sus depredadores. Además, durante todo el año los cubanos se dedican a pescar el cangrejo moro en el mar utilizando unas gafas y un gancho. Su carne es de una gran exquisitez.

En la **laguna Baconao** (entrada 1 CUC; ⏱ 8.00-17.00), un par de kilómetros al oeste de Los Corales, hay decenas de cocodrilos en recintos vallados por debajo de un restaurante, además de otros animales enjaulados, como lagartos y jutías. También hay caballos y barcas para alquilar.

Desde la playa Baconao, 5 km al nordeste de Los Corales, la carretera asfaltada continúa 3,5 km hasta llegar al precioso **valle del río Baconao;** a partir de ahí la vía pasa a ser de tierra. En 1994 reventó una presa que había río arriba inundando la aldea de Baconao. Ahora, hay un punto de control del ejército que obliga a dar media vuelta si se intenta seguir por la carretera de la costa hasta Guantánamo. Así pues, para seguir hacia el este hay que deshacer todo el camino hasta Santiago de Cuba y tomar la carretera del interior.

Actividades

La **Fiesta Guajira Rodeo** (entrada 5 CUC; ⏱ 9.00 y 14.00 mi y do), en El Oasis, frente al Club Bucanero, ofrece rodeos con vaqueros cuatro veces a la semana. También se puede montar a caballo por 5 CUC la hora. El restaurante de la finca sirve típica comida cubana cada día de 12.00 a 14.00.

El **centro de submarinismo Marlin** (Cubanacán Náutica; ☎ 68 63 14), en Sigua, a 10 minutos a pie del Hotel Costa Morena, recoge cada día a las 8.30 a los interesados en sus hoteles. Las inmersiones, con el alquiler del equipo incluido, cuestan 30 CUC. El curso certificado de submarinismo en aguas abiertas sale por 365 CUC. Cerca de la orilla hay varios barcos hundidos y una abundante colonia de meros negros. Mientras se redactaba esta guía las actividades de submarinismo se habían trasladado temporalmente al Club Amigo Carisol-Los Corales. En el Club Bucanero hay otro **centro de submarinismo Marlin** (☎ 68 60 70) que ofrece servicios similares. El agua de esta franja de costa es de las más calientes de Cuba (25-28°C); entre febrero y junio es la época de mejor visibilidad.

La mejor playa pública es la de **Cazonal,** una playa sombreada con gran cantidad de arena y una gran piscina natural (gran parte de esta costa está bloqueada por bosques de algas marinas). Para llegar hay que girar en el Club Amigo Carisol-Los Corales y luego avanzar un poco hacia la izquierda hasta alcanzar el camino de acceso.

Dónde dormir
PRECIO MEDIO

Hacienda El Indio (Islazul; ☎ 68 62 13; i/d temporada baja 30/40 CUC, desayuno incl.). La antigua reserva de caza de El Indio, entre el complejo La Punta y la playa Verraco, fue reconvertida en el "parque ecoturístico" de la Reserva de El Indio después de que cayera la valla que delimitaba la zona debido a fuertes lluvias y la mayor parte de los venados, antílopes y otros animales escaparan a las colinas cercanas. Actualmente es una zona muy popular entre los amantes de la naturaleza, con posibilidades de practicar buceo, montar a caballo y hacer excursiones por los alrededores. Es un buen lugar para relajarse.

Hotel Costa Morena (Islazul; ☎ 35-6126; 🅿 ⊠ ≋). En Sigua, 44 km al sudeste de Santiago de Cuba y 17 km al este de la gasolinera Servi-Cupet (complejo La Punta), tiene un diseño atractivo, una gran terraza en los mismos acantilados y una playa a unos 200 m ideal para practicar buceo. Mientras se elaboraba esta guía sólo estaba abierto a los pacientes de la Misión Milagros. Para información más actualizada hay que preguntar en la oficina de Cubatur en Santiago.

PRECIO ALTO

Club Bucanero (Gran Caribe; ☎ 68 63 63; fax 68 60 70; Ⓟ Ⓧ Ⓔ). Resguardado por unos bajos acantilados de piedra caliza y con una pequeña franja de playa, este complejo de Arroyo La Costa, 25 km al sudeste de Santiago, también estaba siendo utilizado para alojar a la Misión Milagros. Para información más actualizada consúltese en la oficina de Cubatur en Santiago.

Club Amigo Carisol-Los Corales (Cubanacán; ☎ 35 61 21; i/d temporada baja 52/90 CUC, temporada alta 57/100 CUC; Ⓟ Ⓧ Ⓔ). Complejo con todo incluido a un paseo de cinco minutos de la mejor playa de la zona, la playa Cazonal, cerca del extremo este de la carretera de la costa que atraviesa el Parque Baconao. Cuenta con una pista de tenis y una discoteca. Los que no se alojen aquí pueden adquirir un pase de un día que incluye la comida y el uso de todas las instalaciones (15 CUC). Con los pacientes de la Misión Milagros ocupando gran parte de los alojamientos de Bacanao, éste era uno de los pocos establecimientos dentro del parque abiertos al público.

Dónde comer

Casa de Pedro El Cojo (☎ 35 62 10). Este restaurante, situado en la costa más allá de Sigua, está abierto durante todo el año y, aparte del Fiesta Guajira Rodeo (p. 418), es el más fiable de la zona. Una sencilla comida a base de pescado en este establecimiento tipo rancho con techo de paja cuesta 5 CUC.

El restaurante Los Corales sirve comidas pagaderas en convertibles en una terraza al aire libre con excelentes vistas del mar y las montañas. Hay que desviarse hacia el interior de la isla una vez que se llega al centro de submarinismo Marlin de Sigua.

Dónde beber

La Jaiba Azul (☎ 35 00 01). Situado en la playa Baconao, 1 km al este de la salida a la laguna, es un establecimiento frecuentado por lugareños.

Cafetería Los Róbalos (☎ 35 00 02). Al otro lado del puente desde La Jaiba Azul, tiene una amplia variedad de bebidas (aceptan pesos o convertibles). Aparte de estos establecimientos, en los hoteles hay varios locales de ocio nocturno.

Cómo llegar y salir

Hay un servicio de autobús que sólo realiza dos veces al día el recorrido de 40 km a lo largo de la carretera de la costa entre Siboney y la playa Baconao. El autobús nº 407 va desde Santiago de Cuba hasta el complejo La Punta tres veces al día; desde allí es bastante difícil conseguir transporte hacia el este. El autobús nº 401 a Baconao sale desde la **estación intermunicipal de autobuses** (plano pp. 392-393; av. Libertadores esq. con calle 4) de Santiago de Cuba a las 6.00 y a las 18.30. Alrededor de dos horas más tarde sale desde Baconao para realizar el viaje de vuelta. Hay que llegar a la estación de Santiago de Cuba alrededor de las 16.30 para asegurarse una plaza en el autobús de las 18.30; a partir de esa hora suele formarse mucha cola.

Hay que tener presente que los no residentes tienen prohibido circular por la carretera de la costa entre Baconao y Guantánamo.

Cómo desplazarse

Havanautos (☎ 68 63 63; Club Bucanero) dispone de coches y ciclomotores. Cubacar tiene una sucursal en Club Amigo Carisol-Los Corales (véase anteriormente).

La gasolinera de **Servi-Cupet** (complejo La Punta; ☾ 24 h) está 28 km al sudeste de Santiago de Cuba.

EL COBRE

La **basílica de Nuestra Señora de la Caridad del Cobre**, en lo alto de una colina 20 km al noroeste de Santiago de Cuba yendo por la antigua carretera a Bayamo, es el lugar de peregrinación más sagrado de Cuba. Esta advocación mariana es la patrona del país y la que más devoción despierta entre los fieles cubanos. En la santería yoruba la Virgen de la Caridad del Cobre se asocia con la *orisha* Ochún.

El topónimo del lugar procede de una mina que ya se explotaba en época prehispánica y se mantuvo en funcionamiento hasta el año 2000. Muchos de los jóvenes de la localidad que antes trabajaban en la mina ahora intentan ganarse unos cuantos pesos ofreciendo a los turistas resplandecientes piedras de calcopirita. Los laterales del camino hasta la basílica están repletos de vendedores de elaboradas coronas de flores (20 CUP) para ofrendar a la Virgen, así como de figuras en miniatura de la Cachita, como se conoce popularmente a la Patrona de Cuba.

Puntos de interés

Imponente a medida que va apareciendo por encima de la aldea de El Cobre, la

---

HONRANDO A LA VIRGEN

Según la leyenda local, Nuestra Señora de la Caridad del Cobre, conocida por los cubanos como la Cachita, fue descubierta en la bahía de Nipe en 1608, cuando tres pescadores (los tres Juanes), atrapados en una terrible tormenta, divisaron una estatua de madera de 30 cm flotando en el agua. La figura representaba la imagen de la Madre de Dios y llevaba la inscripción: "Soy la Virgen de la Caridad". En su mano izquierda portaba al Niño Jesús y, en su mano derecha, una cruz dorada.

Una vez salvados de la furia de las olas, los agradecidos pescadores llevaron la estatua a la pequeña aldea minera de El Cobre, cerca de Santiago, donde se dice que a lo largo de los siguientes años la Virgen llevó a cabo multitud de milagros. En su honor se construyó una ermita en la aldea y, en 1916, el papa Benedicto XV declaró a la Virgen del Cobre la santa patrona de Cuba.

La construcción de la basílica actual, la única de su tipo que hay en Cuba, se completó en 1927. En 1998 la Virgen fue transportada desde su venerado emplazamiento hasta la ciudad de Santiago, donde fue ceremoniosamente coronada y bendecida por el papa Juan Pablo II.

---

basílica (⏱ 6.30-18.00) resplandece con brillo trémulo sobre un fondo de verdes colinas. Excepto durante las misas (diariamente a las 8.00, excepto miércoles; los domingo también hay misa a las 10.00 y a las 16.30), la Virgen está ubicada en una pequeña capilla por encima del centro de visitantes, a un lado de la basílica. Para verla hay que subir por cualquiera de las escaleras que hay a ambos lados de la puerta de entrada. Su tamaño es sorprendentemente pequeño: apenas unos 40 cm desde la corona hasta el dobladillo de su túnica dorada. Durante las misas la imagen se coloca frente a los fieles en lo alto del altar de la basílica.

La "sala de los milagros", en el centro de visitantes, alberga miles de exvotos agradeciendo los favores recibidos. Mechones de pelo, un televisor, una tesina, una maraña de estetoscopios, una escultura con una balsa de madera y una cámara de aire, y montones de pequeñas reproducciones en metal de partes del cuerpo abarrotan la sala. Hasta 1986 también estuvo expuesto el premio Nobel que Ernest Hemingway consiguió en 1954, pero ese año un visitante robó la medalla. La policía la recuperó dos días después, pero desde entonces se guarda en un sótano, fuera de la vista y del alcance de los amigos de lo ajeno. Si se lleva algún recipiente cualquier monja se prestará gustosa a llenarlo con agua bendita.

Siguiendo los carteles que hay por la población de El Cobre el viajero llegará al **monumento al Cimarrón**. Una rápida subida de 10 minutos por unas escaleras de piedra conduce hasta esta escultura antropomórfica que conmemora la revuelta del s. XVII de los esclavos que trabajaban en la mina de cobre. Las vistas son sensacionales.

Dónde dormir y comer

Hospedaría El Cobre (☎ 3-6246). Este gran edificio de dos plantas detrás de la basílica tiene 15 sencillas habitaciones de una, dos y tres camas, todas con baño propio (8 CUP/persona); además, tiene dos dormitorios colectivos con 40 camas (5 CUP/persona). Las comidas se sirven puntualmente a las 7.00, las 11.00 y las 18.00, y hay un agradable y espacioso salón con confortables sillas. Las monjas de la hospedería son muy dulces. No se puede beber ni se admiten parejas que no estén casadas. Lo habitual es hacer un donativo en divisas equivalente a lo que el viajero ha pagado en pesos por el alojamiento. Los viajeros extranjeros deben reservar con al menos 15 días de antelación.

En El Cobre hay varios puestos en los que se pueden comprar batidos, *pizza* y sándwiches de cerdo ahumado en pesos.

Cómo llegar y salir

El autobús nº 202 va dos veces al día hasta El Cobre desde la **estación intermunicipal de autobuses** (av. Libertadores esq. con calle 4) de Santiago. Los camiones realizan la misma ruta con más frecuencia.

Un viaje de ida y vuelta en Cubataxi desde Santiago cuesta alrededor de 20 CUC. Los taxis privados suelen costar unos pocos convertibles menos.

Si dispone de vehículo y se dirige hacia Santiago desde el oeste, el viajero puede tomar la autopista nacional cerca de Palma Soriano, pero, a no ser que tenga mucha

prisa, lo mejor es continuar por la carretera Central, que pasa por El Cobre y serpentea a través de pintorescos paisajes de montaña.

EL SALTÓN

Si lo que se busca es un lugar para relajarse hay que dirigirse al **Hotel Carrusel El Saltón** (Cubanacán; ☎ 5-6495; ctra. Puerto Rico a Filé; i/d 48/60 CUC, desayuno incl.; P ✕ ⛱), un bonito retiro de montaña en el término municipal de Tercer Frente, a 75 km de Santiago de Cuba y a los pies de sierra Maestra. Con tan sólo 22 habitaciones repartidas por varios edificios de madera, cuenta con sauna, *jacuzzi*, servicios de masaje y una cascada de 30 m, el elemento distintivo de este hotel. También se puede montar a caballo o hacer una excursión hasta las cercanas plantaciones de cacao de Delicias del Saltón, o simplemente pasear por las aldeas de montaña de los alrededores, como Filé y Cruce de los Baños. La comida es aceptable y en el bar hay una mesa de billar.

Para llegar a El Saltón hay que continuar hacia el oeste desde El Cobre hasta Cruce de los Baños, 4 km al este de la aldea de Filé. El Saltón está 3 km al sur de Filé. Tras una ardua negociación en Santiago de Cuba, es posible conseguir un taxi hasta aquí por entre 40 y 50 CUC. Hay que asegurarse de que el coche sea resistente.

Existe una carretera que atraviesa sierra Maestra desde Cruce de los Baños hasta Río Seco, en la costa meridional. Al sur de Cruce de los Baños, los primeros 10 km discurren a través de aldeas y plantaciones de café y son bastante transitables, pero luego la carretera se convierte en una accidentada pista con tramos resbaladizos y empinados que sólo puede recorrerse en todoterreno y eso si no ha llovido.

AL OESTE DE SANTIAGO DE CUBA

La región costera que hay al oeste de Santiago de Cuba es realmente magnífica (véase p. 423), sobre todo cuando las montañas se encuentran con el mar formando un paisaje pleno de armonía. A lo largo de esta ruta se suceden innumerables y aisladas playas. Unos 19 km al oeste de Caletón Blanco hay un campamento de veraneo del ejército cubano llamado **Villa Turquino.** Río Seco y el inicio de la accidentada carretera a Cruce de los Baños están 3 km al oeste de este campamento.

Dónde dormir y comer

Campismo Caletón Blanco (Cubamar; ☎ 62 57 97; Caletón Blanco, km 30, Guamá; i/d temporada baja 15/22 CUC, temporada alta 17/26 CUC; P ✕). Situado 30 km al oeste de Santiago, muy cerca tanto de las montañas como de la playa, éste es uno de los *campings* internacionales más nuevos y lujosos de Cuba. Ofrece 22 *bungalows* en los que pueden dormir entre dos y cuatro personas, un restaurante, una cafetería y un servicio de alquiler de bicicletas. También dispone de espacio para autocaravanas. Se aconseja reservar a través de Cubamar (p. 88).

Brisas Sierra Mar (Cubanacán; ☎ 2-9110; i/d 80/114 CUC con todo incluido; P ✕ ⛱). Este gran hotel con forma de pirámide se encuentra en la playa Sevilla, 63 km al oeste de Santiago de Cuba y a dos horas en coche del aeropuerto. Construido en una ladera aterrazada, dispone de un ascensor que baja hasta una playa de arena marrón famosa por sus jejenes. Se aconseja meterse rápidamente en el agua y disfrutar haciendo buceo de la excepcional pared de coral que hay a unos 50 m de la costa; además, los delfines a veces frecuentan estas aguas. También se puede montar a caballo y en las instalaciones hay un centro de submarinismo Marlin. También ofrece un programa diario de actividades infantiles y los menores de 13 años pueden alojarse gratuitamente con sus padres. El hotel es muy popular entre los viajeros canadienses. Los que no se hospeden en él pueden adquirir un pase de un día que incluye almuerzo, bebidas y actividades deportivas hasta las 17.00 (35 CUC). No debería haber problema para encontrar un medio de transporte desde Santiago de Cuba.

CHIVIRICO
4.000 hab.

Chivirico, 75 km al sudoeste de Santiago de Cuba y 106 km al este de Marea del Portillo, es la única población de cierta importancia en la carretera de la costa sur. Es un buen lugar para disfrutar de todos los matices que ofrece la vida cotidiana en Cuba, pero por lo demás, no hay mucho que hacer. Las profundas y transparentes aguas de la fosa Caimán, a poca distancia de la orilla, bañan las muchas playas que hay a lo largo de este tramo de la costa sur.

También se puede hacer una desafiante excursión desde Calentura, 4 km al oeste de Chivirico, pasando por La Alcarraza (12 km) y cruzando la sierra Maestra, hasta Los

Horneros (20 km), desde donde suele haber algún camión hasta Guisa. Eso siempre que las puntillosas autoridades locales no lo impidan. Lo mejor es informarse primero en Santiago o en Chivirico. Se puede intentar preguntar en Cubatur, en Santiago, o en uno de los dos hoteles Brisas de Cubanacán.

Dónde dormir

Brisas Sierra Mar Los Galeones (Cubanacán; ☎ 2-6160; ctra. a Chivirico, km 72; i/d temporada baja 47/84 CUC, temporada alta 66/112 CUC con todo incluido; ℗ ⊠ ℞). Pequeño hotel que ofrece agradables sorpresas, como una genial y atrevida decoración, buena comida, fantásticas vistas y excelentes sitios de inmersión. Todas las habitaciones tienen balcón y también hay una sauna y una pequeña y discreta playa, a unos 100 m, a la que se accede a través de una empinada escalera de 296 escalones. No se admiten niños menores de 16 años. Un lugar genial para relajarse.

Cómo llegar y salir

Durante todo el día hay camiones que van hacia Chivirico desde la estación intermunicipal de autobuses Serrano, frente a la estación de trenes de Santiago de Cuba. También hay tres autobuses diarios.

En teoría hay autobuses que circulan en días alternos por la costa sur desde Chivirico hasta el Campismo La Mula, pero el viajero no debería contar con ellos. El autobús a río Macío sale diariamente a las 17.00 y el que va a Pilón, a las 11.00 los martes, jueves y sábados. La estación de autobuses y camiones de Chivirico está a 700 m del cine Guamá, junto a la carretera de la costa.

UVERO

La primera batalla importante que ganó la guerrilla castrista tuvo lugar aquí, 23 km al oeste de Chivirico. El 28 de mayo de 1957 asaltaron un cuartel gubernamental custodiado por 53 soldados. Junto a la carretera principal hay dos polvorientos camiones rojos que fueron capturados en el asalto. Una doble fila de palmas reales conduce hasta un gran monumento que conmemora estos acontecimientos. Uno más de los innumerables lugares que ha generado la megalomanía castrista.

ZONA DEL PICO TURQUINO

Tan sólo 5 km al oeste de Las Cuevas y 45 km al oeste de Uvero se encuentra el **Museo de la**

Plata (entrada 1 CUC; ☺ ma-sa), en La Plata, junto a un río que discurre por debajo de la carretera. El camino de acceso es muy accidentado, por lo que hay que recorrer a pie los últimos 800 m hasta llegar al museo. Eso, claro está, si se desea visitar otro museo revolucionario más. En este caso, la excusa es que aquí se produjo una exitosa escaramuza el 17 de enero de 1957. A suceso de tal magnitud se han dedicado tres salas con fotografías y objetos de la época. Al menos, en días despejados se puede ver el Pico Turquino, algo que quizá resulte más interesante que el estomagante culto castrista. Marea del Portillo está 46 km al este (véase p. 383). No hay que confundir esta población con la Comandancia La Plata, el cuartel general de Fidel Castro en sierra Maestra (p. 377).

El bien conservado pecio del crucero español *Cristóbal Colón* permanece en el lugar en el que se hundió en 1898, a unos 15 m de profundidad y a tan sólo 30 m de la costa, cerca de La Mula. En esta zona no hay ningún lugar para alquilar equipos de submarinismo, pero los restos del naufragio pueden verse simplemente con unas gafas y un tubo de buceo. Desde el complejo Sierra Mar parten excursiones hasta aquí para realizar inmersiones. Si el viajero tiene tiempo puede hacer una excursión río arriba por el río Turquino hasta la poza de los Morlones, donde hay unas cuantas piscinas naturales en las que darse un chapuzón; el camino de ida y vuelta se puede hacer en unas cuatro horas. En esta excursión hay que vadear el río al menos tres veces, a no ser que esté seco.

'Trekking'

La zona del Pico Turquino ubicada en el Gran Parque Nacional Sierra Maestra ocupa 17.450 Ha, incluido un espectacular sendero que cruza la sierra Maestra y un bosque en el que cada día la niebla humedece las orquídeas silvestres, los helechos gigantes, el musgo y los pinos que adornan los picos más altos de Cuba. Cuando se levanta la niebla las vistas son magníficas.

Hay varias opciones para recorrer el sendero, aunque hacerlo por cuenta propia no es una de ellas: todos los excursionistas deben ir acompañados de un guía. Si lo que se desea es practicar escalada, lo mejor es partir desde Las Cuevas, en la provincia de Santiago de Cuba. Si se desea ver el cuartel general de Castro y cruzar la sierra Maestra,

lo mejor es salir desde Alto del Naranjo, en la adyacente provincia de Granma (p. 375). Si se quieren combinar ambas opciones, o simplemente disfrutar de una buena y larga excursión, puede empezar donde terminan las dos rutas anteriores. La caminata es agotadora en ambos sentidos. El transporte para seguir viajando por la zona es mejor desde Alto del Naranjo, lo que puede influir en la planificación del recorrido. La excursión desde Las Cuevas puede organizarse allí mismo con poca antelación. Una buena alternativa es reservar a través de **Ecotur** (☎ 65 38 59), en Santiago de Cuba. Una mapa con las rutas de esta excursión puede verse en la p. 376.

El **sendero del Pico Turquino**, que asciende hasta la cima de la montaña más alta de Cuba (1.972 m), empieza en Las Cuevas, en la carretera de la costa sur, 7 km al oeste de Ocujal y 51 km al este de Marea del Portillo. Esta ruta también pasa por la segunda montaña más alta del país, el Pico Cuba (1.872 m). El ascenso dura al menos seis horas y la bajada, otras cuatro. Si ha llovido la duración del recorrido se alarga, ya que algunas partes del sendero se inundan y otras se llenan de un lodo muy resbaladizo. La mayoría de los escaladores suelen ponerse en marcha a las 4.00 (aunque con estar a las 6.30 en el sendero ya es suficiente) tras dormir en

el Campismo La Mula, situado 12 km al este; los excursionistas independientes también tienen la posibilidad de acampar en el centro de visitantes de Las Cuevas. La tasa de 15 CUC por persona (más 5 CUC adicionales si se lleva cámara) que se paga en el centro de visitantes o al inicio del sendero incluye los servicios obligatorios de un guía cubano. Si el viajero no quiere descender el mismo día, puede pernoctar en el refugio que hay en el Pico Cuba (dos días/una noche 30 CUC). Otra opción es hacer la excursión completa de tres días desde Las Cuevas hasta Alto del Naranjo organizándolo todo para encontrarse con un nuevo equipo de guías en el Pico Turquino (tres días/dos noches 48 CUC). En estos dos últimos casos hay que añadir un extra de 5 CUC si se quiere incluir una visita al antiguo cuartel general de Castro en La Plata (p. 377).

Esta excursión es agotadora, pues se salva un desnivel de casi 2 km en tan sólo 9,6 km de sendero, pero es factible. Incluso en agosto, cuando en la provincia de Santiago de Cuba se registran las temperaturas más altas del país, las arboladas laderas proporcionan una buena protección contra el sol abrasador. Hay que ir bien aprovisionado de agua. El sendero, bien señalizado, va desde Las Cuevas hasta La Esmajagua (600 m, 3 km; hay

---

SI SE DISPONE DE MÁS DÍAS

Encajada de forma precaria entre las escarpaduras y el mar, la carretera de la costa al oeste de Santiago, en dirección a Marea del Portillo, es como una montaña rusa a través de onduladas montañas, bahías ocultas y rompientes olas. Ésta es sin duda una de las rutas más impresionantes de Cuba. Sólo por las vistas ya vale la pena pagar el alquiler del automóvil.

Tras ser recientemente castigada por una serie de huracanes, la carretera quedó en bastante mal estado, aunque aún se podía circular con cualquier tipo de coche. Hay que ir con especial cuidado una vez pasada Las Cuevas, en el límite con la provincia de Granma, donde hay que bordear un puente dañado vadeando un río poco profundo.

A lo largo del trayecto existen numerosos puntos de interés. Se puede parar en la población costera de **Chivirico** (p. 421) para empaparse de su ambiente típicamente cubano o adquirir un pase de un día para el complejo de **Brisas Sierra Mar Los Galeones** (p. 422). Los buscadores de tesoros deberían echar un vistazo a los restos, cerca de la costa, de los naufragios de los cruceros españoles *Vizcaya*, en Asseredero, y *Cristóbal Colón*, en Ocujal; en ambos casos uno de sus mástiles sobresale por encima del agua. Por su parte, los interesados en la Revolución quizá querrán visitar **Uvero** (p. 422) y **La Plata** (p. 422), escenarios de dos de las primeras victorias del ejército castrista.

Antes de ponerse en marcha hay que asegurarse de llevar suficiente agua, comida y gasolina, ya que no hay gasolineras hasta llegar a Pilón, 200 km al oeste. Esta ruta también es estupenda (aunque ligeramente ardua) para hacer una excursión en bicicleta. Se puede pernoctar en Sierra Mar (p. 421), en el Campismo Caletón Blanco (p. 421), en el Campismo La Mula (p. 424) o en Marea del Portillo.

agua y la casa de una hospitalaria familia), el Pico Cardero (1.265 m, seguido de una serie de tramos casi verticales llamados "Saca la Lengua"), el Pico Cuba (1.650 m, 2 km; agua y refugio) y el Pico Real del Turquino (1.972 m, 1,7 km). En la cúspide del pico más alto de Cuba hay un busto de bronce de José Martí. Se puede pernoctar tanto en el Pico Cuba al ascender como en La Esmajagua al descender. En el refugio del Pico Cuba hay una cocina rudimentaria, con fogones de leña y camas de tablones sin colchones. Se puede continuar a través de las montañas hasta Alto del Naranjo y Santo Domingo (véase p. 375).

Otra opción para los excursionistas que no quieran subir tan alto es organizar una caminata de 6 km y cuatro horas de duración en un viaje de ida y vuelta desde Las Cuevas hasta La Esmajagua (13 CUC, más 5 CUC adicionales si se lleva cámara fotográfica).

Hay que ir bien provistos de comida y de ropa de abrigo, un saco de dormir y un impermeable, pues suele llover (la media anual es de unos 2.200 mm). A excepción del agua, el viajero debe cargar con todo lo que necesite.

Convendría preguntar sobre la oferta de comidas en el Pico Cuba, pues recientemente se podía cenar por 8 CUC. Al inicio del sendero, en Las Cuevas, se pueden comprar bebidas. Es obligatorio dar propina a los guías (3-5 CUC). Los más competitivos quizá quieran saber que el récord (no oficial) de ascenso a la cima, en poder de un guía, es de 2 horas y 45 minutos.

Dónde dormir y comer

Campismo La Mula (Cubamar; i/d temporada baja 9/12 CUC, temporada alta 11/16 CUC). En una limpia playa pedregosa en la desembocadura del río Mula, 12 km al este del inicio del sendero del Pico Turquino, este *camping* tiene 50 pequeñas cabañas muy populares tanto entre cubanos como entre excursionistas extranjeros que se dirigen al Pico Turquino. La Oficina de Reservaciones de Campismo (véase p. 391), en Santiago de Cuba, gestiona las reservas de este alojamiento.

Cómo llegar y salir

Un autobús conecta La Mula con Chivirico en días alternos. En esta zona es muy difícil conseguir éxito haciendo autostop.

Provincia de Guantánamo

Guantánamo es famoso por la base naval estadounidense y por la célebre canción de la *guajira* guantanamera, aunque quizá no todo el mundo relacione el gentilicio con el topónimo. Partida en dos por la frondosa sierra del Puril y salpicada de grupos aislados de pequeñas granjas autosuficientes, la provincia más oriental del país es la región más húmeda, cálida y montañosa de Cuba. También fue la primera en la que se asentaron los españoles.

En la etérea Baracoa el viajero encontrará uno de los lugares más mágicos de la isla, una suerte de Shangri-la cubano con cocoteros y montañas que, alfombradas por la jungla, albergan paisajes que hacen volar la imaginación, tan maravillosos que ni el mismísimo Tolkien podría haberlos inventado. Subiendo por la costa, en el Parque Nacional Alejandro de Humboldt, la naturaleza es la protagonista de un área protegida considerada por muchos expertos como una de las extensiones de selva virgen más ricas del continente americano.

Desde el punto de vista histórico, los restos prehispánicos de Guantánamo sobresalen del magro conjunto cubano. Aquí se encuentran los únicos vestigios de culturas amerindias que existen en Cuba: piezas de cerámica, ídolos antiguos, pinturas rupestres y cementerios, todo ello de la cultura taína.

Refugiada en el extremo más meridional de la isla y totalmente blindada, Gitmo (así se llama en el argot estadounidense a la base naval de Guantánamo) goza de un campo de golf, cinco cines, una prisión de alta seguridad y el único McDonald's de Cuba. Se pueden observar todas estas perversidades capitalistas tomando una cerveza helada en el mirador de Malones.

LO MÁS DESTACADO

▪ **Un residuo de la Guerra Fría**
Observar la base naval de EE UU en Guantánamo (p. 432).

▪ **Café, cocos y cacao**
Degustar los secretos culinarios de la costa baracoense (p. 438).

▪ **La montaña rusa**
Subir por La Farola (p. 433) y recorrer la carretera a Baracoa en bicicleta.

▪ **Paraíso verde**
Montar guardia para ver manatíes y explorar el Parque Nacional Alejandro de Humboldt (p. 442).

▪ **Sueño caribeño**
No hacer absolutamente nada en la extraordinaria playa Maguana (p. 442).

★ Playa Maguana
Parque Nacional ★
Alejandro de ★ Baracoa
Humboldt
★ La Farola

★
Base naval de
EE UU en Guantánamo

☎ 21	▪ POBLACIÓN: 516.311	▪ SUPERFICIE: 6.186 KM²

PROVINCIA DE GUANTÁNAMO

PROVINCIA DE GUANTÁNAMO

0   20 km

OCÉANO ATLÁNTICO

MAR CARIBE

Provincia de Holguín

Provincia de Santiago de Cuba

Felton
Nicaro
Levisa
A Holguín (84km)
Bahía Sagua de Tánamo
Río Cabónico
Sierra del Cristal
Pico de Cristal 1213m
Cayo Mambí
El Silio
Tres Palmas
Sagua de Tánamo
Cayo Moa Grande
Moa
Aeropuerto Orestes Acosta
Pico del Toldo 1175m
Yamaniguey
Campismo Bahía de Taco
Cuchillas de Moa
Parque Nacional Alejandro de Humboldt
Cuchillas de Toa
Playa Maguana
Villa Maguana
Bahía de Taco
Rancho Toa
Aeropuerto Gustavo Rizo
Baracoa
Campismo El Yunque
Finca Duaba
El Yunque 569m
Río Toa
Río Duaba
Sabana
Playa Bariguá
Boca de Yumurí
La Máquina
Maisí
Faro
Punta de Maisí
Río Yumurí
Jauco
Punta Caleta
Sierra del Puril
La Farola
Cajobabo
Los Calderos
Imías
Playa Imías
Playa Yacabo
San Antonio del Sur
Baitiquirí
Carretera Central
Puriales de Caujerí
Bernardo
Palenque
Felicidad
Honduras
Jamaica
Manuel Tames
Maqueicito
Puesto de control militar
Guantánamo
Aeropuerto Mariana Grajales
Mirador de Malones
Boquerón
Base naval de EE UU
Bahía de Guantánamo
Caimanera
Macizo de Sagua-Baracoa
Bayate
Villa La Lupe
Autopista
Niceto Pérez
El Salvador
Hatibonico
Playa Cazonal
Baconao
Laguna Baconao
Reserva El Indio
Guarico
A Santiago de Cuba (18km) Reynaldos
A Santiago de Cuba (20km)
Los Maya
La Maya
El Aguacate
Cordillera de la Gran Piedra
Loma Blanca
Mayarí Arriba

Historia

Hasta la llegada de los españoles a finales del s. XV los taínos poblaban las montañas y los bosques que rodean Guantánamo, dedicados a la pesca, la caza y a pequeñas explotaciones agrícolas. Colón llegó a la zona por primera vez en noviembre de 1492, más o menos un mes después de su primer desembarco en tierras americanas, cerca de Gibara, y plantó una pequeña cruz de madera en una hermosa bahía que ceremoniosamente bautizó como Porto Santo, como la idílica isla portuguesa de las Madeira. Los españoles volvieron en 1511 bajo el mando del hijo del almirante, Diego, en una flotilla de cuatro buques y 400 hombres entre los que se encontraba el primer gobernador de la isla, Diego Velázquez. Tras construir un fuerte de madera improvisado, levantaron el primer asentamiento colonial de la isla, la Villa de Nuestra Señora de la Asunción (Baracoa) y sufrieron indefensos cómo la ciudad era atacada reiteradamente por indígenas hostiles liderados por un cacique local llamado Hatuey.

Con el traslado de la capital a Santiago en 1515, la región de Guantánamo perdió importancia y se convirtió en una zona marginal para los colonizadores, una región montañosa y semisalvaje alejada de todo y casi impenetrable donde se desterraba a los prisioneros. En el s. XVIII los hacendados esclavistas franceses expulsados de Saint Domingue cuando la colonia se convirtió en Haití se asentaron en la zona. Reconstruyeron aquí su sistema de explotación de la tierra basado en la mano de obra esclava de origen africano pero, en lugar del monocultivo de caña de azúcar, diversificaron la producción con café y algodón. Tras la Segunda Guerra de Independencia (la Guerra de Cuba en la historiografía hispana), las tropas estadounidenses que habían participado en el conflicto del lado de los criollos se instalaron en la bahía de Guantánamo. Y, después de todo lo que ha llovido desde entonces, Revolución, crisis de los misiles y hecatombe comunista mediante, ahí siguen.

GUANTÁNAMO

☎ 21 / 210.408 hab.

A pesar de lo mucho que se invoca en la propaganda del régimen como prueba del imperialismo estadounidense, Guantánamo es una de las ciudades menos visitadas del país. Y, aunque ciertamente su aspecto no suscita gran interés, goza de una vida cultural muy rica y es famosa por sus deportistas (en conjunto han logrado 11 medallas de oro en los Juegos Olímpicos) y por su singular estilo musical de raíces afrocubanas conocido como changüí.

Descubierto por Colón en 1494, el asentamiento inicial de Santa Catalina del Saltadero del Guaso fue fundado en 1819 entre los ríos Jaibo, Bano y Guaso por los hacendados esclavistas franceses expulsados tras la independencia de Haití y la abolición de la esclavitud en ese país. En 1843 la ciudad cambió su nombre por el de Guantánamo y en 1903 la marina de EE UU se instaló en la bahía aneja.

Guantánamo no tiene muchas atracciones turísticas en el sentido tradicional del término y las opciones para los extranjeros en cuanto a alojamiento son más que limitadas. Si se dispone de poco tiempo, lo mejor es ir directamente a Baracoa; en caso contrario, y a pesar de la falta de infraestructuras, la provincia puede deparar agradables sorpresas.

Orientación

El aeropuerto Mariana Grajales (código GAO) se encuentra 16 km al sudeste de Guantánamo, a 4 km de la carretera a Baracoa. El parque Martí, la plaza central de Guantánamo, está varias manzanas al sur de la estación de trenes y 5 km al este de la terminal de ómnibus (estación de autobuses). Villa La Lupe, el hotel principal para turistas, está 5 km al noroeste de la ciudad.

Información

LIBRERÍAS

Librería Asdrúbal López (Calixto García 951; ☻ 9.00-12.00 y 14.00-17.00 lu-vi, 9.00-12.00 sa)

ACCESO A INTERNET

Etecsa (Aguilera esq. con Los Maceos; 6 CUC/h; ☻ 9.00-18.30). Cuenta con cuatro ordenadores.

BIBLIOTECAS

Biblioteca Policarpo Pineda Rustán (Los Maceo esq. con Emilio Giro; ☻ 8.00-21.00 lu-vi, 8.00-17.00 sa, 9.00-12.00 do). De interés arquitectónico.

MEDIOS DE COMUNICACIÓN

Venceremos y Lomería Dos periódicos locales que se publican los sábados.

Radio Trinchera Antimperialista CMKS Emite desde el 1070 AM.

ORIENTE Y OCCIDENTE

Al igual que todas las otras naciones del mundo, Cuba tiene también sus rivalidades regionales, que van de la simple broma al tópico cultural. Una línea invisible divide el país en dos bandos, oriente y occidente, por algún sitio al este de Camagüey.

Los de occidente siempre han disfrutado de un nivel de vida mejor. Desde su relativa prosperidad, no es extraño oír a los occidentales referirse medio en broma a sus hermanos orientales, más pobres, como "palestinos", dada la tradicional tendencia oriental a emigrar hacia el oeste en busca de trabajo.

El éxodo ha aumentado como una bola de nieve en los últimos años. No es ningún secreto entre los cubanos que casi el 85% de los policías de La Habana son "palestinos" y que el grueso de los hoteles estilo Las Vegas de Varadero se construyó con el sudor de la mano de obra itinerante del oriente.

Pero no todo el tráfico va en dirección única. Fácilmente identificables por la musicalidad de su acento y por su típico saludo "¿Qué bola, compay?", los habitantes de la región oriental de Cuba, a pesar de un potencial económico tradicionalmente inferior, se regocijan en su imagen de guardianes celosos del mundialmente reconocido legado musical cubano.

ASISTENCIA MÉDICA

Farmacia Principal Municipal (Calixto García esq. con Aguilera; ☾ 24 h). En el extremo nordeste del parque Martí.

Hospital Agostinho Neto (☎ 35 54 50; ctra. de El Salvador, km 1; ☾ 24 h). En el extremo occidental de la plaza Mariana Grajales, frente al Hotel Guantánamo. Atienden a extranjeros en caso de urgencia.

DINERO

Banco de Crédito y Comercio (Calixto García, entre Emilio Giro y Bartolomé Masó). Hay dos sucursales en esta misma manzana.

Bandec (Ahogados esq. con calle 4). Cuenta con otra gran sucursal más nueva cerca del Hotel Guantánamo.

Cadeca (Calixto García esq. con Prado; ☾ 8.30-18.00 lu-sa, 8.00-13.00 do). Venden pesos cubanos y cambian cheques de viaje.

CORREOS

Oficina de correos (Pedro A. Pérez; ☾ 8.00-13.00 y 14.00-18.00 lu-sa). En el extremo oeste del parque Martí. También hay una sucursal de DHL.

TELÉFONO

Etecsa (Aguilera esq. con Los Maceos; ☾ 9.00-18.30)

AGENCIAS DE VIAJES

Reservaciones de Campismo (Flor Crombet 410; ☾ 9.00-12.00 y 13.00-16.00 lu-vi)

Peligros y advertencias

Guantánamo es una localidad grande, aunque con un aire de ciudad de provincias tranquila del que los carteristas a menudo se aprovechan. El viajero debe permanecer alerta, en particular cuando vaya en transporte público y durante las Noches Guantanameras (p. 431).

Puntos de interés

El **Museo Municipal** (José Martí esq. con Prado; entrada gratuita; ☾ 14.00-18.00 lu, 8.00-12.00 y 15.00-19.00 ma-sa) cuenta con una errática colección que incluye pases de día a la base naval de antes de la Revolución y una Harley Davidson usada en ésta por los castristas. En la galería del fondo hay una exposición de vitolas de puros habanos.

La **parroquia de Santa Catalina de Riccis**, en el parque Martí, es de 1863. Frente a la iglesia hay una estatua del general Pedro A. Pérez, erigida en 1928. La estatua de Martí sentado es especialmente llamativa, así como la fuente y la glorieta de colores provenzales.

Leticio Salcines (1888-1973), arquitecto de la ciudad, construyó varias obras notables en la zona de Guantánamo, como la **plaza del Mercado Agro Industrial** (Los Maceos esq. con Prado), la **estación de trenes** y su residencia privada, el **palacio Salcines** (Pedro A. Pérez esq. con Prado; entrada 1 CUC; ☾ 8.00-12.00 y 14.00-18.00 lu-vi), construido en 1916, que representa el triunfo del eclecticismo y se considera el edificio más emblemático de Guantánamo. El palacio es ahora un pequeño museo donde se exhiben frescos llenos de color, porcelana japonesa y una vieja caja de música oxidada que emite una versión bastante desafinada de Mozart. Las visitas guiadas (1 CUC) hacen algo más interesante los aburridos objetos que se exhiben. En la torreta del palacio se en-

GUANTÁNAMO

No se incluyen todas las calles

INFORMACIÓN
Banco de Crédito y Comercio....**1**	D2
Banco de Crédito y Comercio....**2**	D2
Bandec....................................**3**	B2
Biblioteca Policarpo Pineda Rustán..................................**4**	D2
Cadeca....................................**5**	D1
Etecsa....................................**6**	D1
Farmacia Principal Municipal....**7**	D1
Hospital Agostinho Neto..........**8**	A1
Inmigración.............................**9**	B1
Librería Asdrubal López..........**10**	D1
Oficina de correos..................**11**	D1
Reservaciones de Campismo.....**12**	C1

QUÉ VER Y HACER
Biblioteca Policarpo Pineda Rustán............................(véase 4)	
Monumento a los Héroes......**13**	B1
Museo Municipal..................**14**	C1
Oficina de Monumentos y Sitios Históricos................**15**	D1
Pabellón Guantánamo...........**16**	D2
Palacio Salcines...................**17**	D1
Parroquia de Santa Catalina de Riccis.............................**18**	D1
Plaza del mercado Agro Industrial....................(véase 25)	

DÓNDE DORMIR
Hotel Guantánamo................**19**	B1

DÓNDE COMER
Agropecuario........................**20**	B1
Coppelia..............................**21**	D2

El Rápido.............................**22**	D1	Casa de la Trova..................**33**	C2
Panadería La Palmita...........**23**	D1	Cine America.......................**34**	D1
Pizzería Holguín..................**24**	D1	Cine Huambo.......................**35**	D1
Plaza del mercado Agro Industrial.........................**25**	D1	Club Nevada........................**36**	C2
Restaurante La Cubanita........**26**	C1	Tumba Francesa Pompadour.......................**37**	C2
Restaurante Vegetariano Guantánamo......................**27**	D1	**DE COMPRAS**	
		Fondo Bienes Culturales........**38**	D1
DÓNDE BEBER		Photo Service.......................**39**	D1
La Ruina.............................**28**	D1		
Taberna Noche Tropical.........**29**	B1	**TRANSPORTE**	
		Bici-taxis............................**40**	C2
OCIO		Cubana...............................**41**	D1
Casa de la Cultura................**30**	D1	Coches de caballos a Caribe....**42**	D2
Casa de la Música.................**31**	D1	Taquilla de la estación de	
Casa de la Trova..................**32**	D1	ferrocarril.........................**43**	C2

---

cuenta *La Fama*, escultura diseñada por el artista italiano Americo Chine y símbolo de Guantánamo, con su trompeta que anuncia lo bueno y lo malo. Salcines también diseñó la hermosa biblioteca provincial, la **biblioteca Policarpo Pineda Rustán** (Los Maceo esq. con Emilio Giro), que fue en su día el ayuntamiento de la ciudad (1934-1951).

En la **Oficina de Monumentos y Sitios Históricos** (Los Maceos, entre Emilio Giro y Flor Crombet) se encontrará más información sobre el interesante patrimonio arquitectónico de Guantánamo. Allí se puede pedir un mapa de las rutas a pie por la ciudad. En el **Pabellón Guantánamo** (Pedro A. Pérez 953), un pequeño centro de exposiciones con información sobre la ciudad, se hallarán más detalles sobre su geografía e historia.

El enorme **monumento a los Héroes,** de estilo soviético, glorifica a la Brigada Fronteriza que, según reza la placa "defiende la vanguardia del socialismo en este continente" y domina la enorme plaza Mariana Grajales, frente al Hotel Guantánamo. Éste es el lugar donde el régimen orquesta sus populistas manifestaciones del Primero de Mayo.

Dónde dormir

Hotel Guantánamo (Islazul; ☎ 38 10 15, 38 10 25; calle 13 Norte, entre Ahogados y 2 de Octubre; i/d temporada baja 20/24 CUC, temporada alta 23/30 CUC; 🅿 ❄ 🛜). Este moderno hotel de cuatro plantas, sito en la plaza Mariana Grajales, en el reparto Caribe, se encuentra en estos momentos al servicio de la Misión Milagros (p. 445). Queda la

PROVINCIA DE GUANTÁNAMO

CASAS PARTICULARES EN GUANTÁNAMO

Con el Hotel Guantánamo ocupado por la Misión Milagros y La Lupe a 5 km de la urbe, el alojamiento en la ciudad queda limitado a una docena de casas particulares, todas ellas bien mantenidas.

Cira Alberti Otero (☎ 32 65 46; José Martí 819, entre Prado y Aguilera; h 20-25 CUC; ✖). Se alquilan dos habitaciones, cada una con baño propio. Terraza en la azotea y acceso a cocina.

Elyse Castillo Osoria (☎ 32 37 87; Calixto García 766, entre Prado y Jesús del Sol; h 20-25 CUC; ✖). Habitaciones con nevera y permiso para alquilarlas tanto a cubanos como a extranjeros.

Lissett Foster Lara (☎ 32 59 70; Pedro A. Pérez 761, entre Prado y Jesús del Sol; h 20-25 CUC; ✖). Una de las casas más cómodas de Guantánamo (y de Cuba). Se agradece el agua caliente y el pequeño porche desde el que contemplar la calle.

Osmaida Blanco Castillo (☎ 32 51 93; Pedro A. Pérez 664, entre Paseo y Narciso López; h 20-25 CUC; ✖). Dos habitaciones con baño propio. Gran terraza en la azotea y bar. Preparan comidas.

Ramón Revé Durand (☎ 32 21 59; Pedro A. Pérez 670ª, entre Paseo y Narciso López; h 20-25 CUC; ✖). Una de las primeras casas en ofrecer alojamiento de la ciudad (desde 1997); TV y nevera; muy limpia.

---

opción de La Lupe, de precio similar, o las docenas de cómodas casas particulares de la ciudad (véase recuadro).

Villa La Lupe (Islazul; ☎ 38 26 34, 38 26 12; ctra. El Salvador, km 3,5; i/d temporada baja 20/24 CUC, temporada alta 23/30 CUC; P ✖ ☀). A 5 km de la ciudad por la carretera a El Salvador, es un complejo rural atractivo con una refrescante mezcla de clientes cubanos y extranjeros. El mejor alojamiento lo ofrecen las sólidas cabañas dispuestas alrededor de una piscina. El restaurante de al lado, que sirve los platos básicos habituales de cerdo y arroz, da a un bonito río en el que las jóvenes celebran sus fiestas de quince años.

Dónde comer

Restaurante La Cubanita (José Martí 864; comidas 50 CUP; ✖ 6.00-10.00, 12.00-14.00 y 17.00-medianoche). En este *paladar*, en el que se paga en pesos, las raciones de cerdo, ensalada, congrí (arroz con frijoles) y *mariquitas* (trozos de plátano verde fritos) son enormes.

Paladar Tokio (☎ 38 23 82; calle 3, entre calles 8 y 10). Alejado del centro (está en el distrito de Santa María), se especializa en *lomo* (cerdo ahumado).

Restaurante Vegetariano Guantánamo (Pedro A. Pérez; ✖ 12.00-14.30 y 17.00-22.30). Inusual restaurante próximo a la Casa de la Cultura. El menú está en "*moneda nacional*", o sea, en pesos cubanos.

Plaza del mercado Agro Industrial (Los Maceos esq. con Prado; ✖ 7.00-19.00 lu-sa, 7.00-14.00 do). El mercado municipal de verduras de Guantánamo es una creación con cúpula roja de Leticio Salcines. Bastante impactante, por dentro y por fuera.

Agropecuario (calle 13). El otro mercado de la ciudad es exterior y se encuentra frente a la plaza Mariana Grajales, justo al oeste del Hotel Guantánamo. Se venden plátanos, yuca y cebollas en cantidades inusitadas. No hay que perderse el gran cartel en su exterior donde se anuncia el valor nutritivo y medicinal de los alimentos.

Otros lugares en los que tomar un tentempié económico son:

Pizzería Holguín (Calixto García). En el extremo oeste del parque Martí, junto al cine Huambo. Venden *pizzas* en pesos, siempre que se tenga la paciencia de aguantar las colas.

Panadería La Palmita (Flor Crombet 305, entre Calixto García y Los Maceos; ✖ 7.30-17.00 lu-sa). Pan recién hecho.

El Rápido (Flor Crombet esq. con Los Maceos; ✖ 10.00-22.00). *Pizza*, pollo frito y helados.

Coppelia (Pedro A. Pérez esq. con Bernabé Varona). Varias manzanas al sur del parque.

Dónde beber

La Ruina (Calixto García esq. con Emilio Giro; ✖ 10.00-1.00). Este edificio colonial, que amenaza ruina, tiene techos de 9 m de alto y un ambiente muy distendido. Hay muchísimos bancos en los que dejarse caer tras la enésima cerveza y un popular karaoke para los que tengan ambiciones musicales.

Taberna Noche Tropical (☎ 38 16 01; calle 15 Norte esq. con Ahogados). Cerca del Hotel Guantánamo, es el sitio ideal para tomar la última a altas horas de la noche.

Ocio

Guantánamo es el lugar de nacimiento de Elio Revé (1930-1997), líder de la Orquesta

Revé, formación que popularizara el *son-changüí*. Hoy aún hay grupos que tocan esa combinación de música de baile urbana y percusión rural afrocubana.

La sólida tradición musical de la ciudad se sustenta en la calidad y la variedad de sus locales.

Casas de la Trova (entrada 1 CUC; 20.00-1.00). Guantánamo es el único lugar de Cuba, además de La Habana, con dos casas de la trova, una en el parque Martí, con actuaciones de grupos folk poco conocidos, y la otra en Máximo Gómez 1062, con ritmos algo más atrevidos.

Casa de la Música (Calixto García, entre Flor Crombet y Emilio Giro). Local mantenido con esmero que programa actuaciones interesantes, con peñas (conciertos) de *rap* los jueves y matinés de trova los domingos.

Tumba Francesa Pompadour (Serafín Sánchez 715). Este local, típico de la noche de Guantánamo, se encuentra cuatro calles al este de la estación de trenes y se especializa en un peculiar estilo de baile de Haití. El programa, que suele estar colgado en la puerta, incluye sesiones de "mi tumba baile", "encuentro tradicional" y "peña campesino".

Casa de la Cultura (32 63 91; entrada gratuita). En el antiguo Casino Español, en el lado oeste del parque Martí, ofrece conciertos de música clásica y actuaciones de danza afrocubana.

Club Nevada (Pedro A. Pérez esq. con Bartolomé Masó; entrada 1 CUC). La discoteca más de moda de la ciudad se emplaza en una azotea. Pincha los mismos temas básicos de salsa y música *disco* que el viajero conocerá de memoria a estas alturas.

Tanto el **Cine Huambo** (Calixto García esq. con Flor Crombet) como el **Cine América** (Calixto García), una manzana al norte, junto a la oficina de Cubana, están cerca del parque Martí.

Los sábados por la noche se celebran las Noches Guantanameras: la calle Pedro Pérez se cierra al tráfico, se montan tenderetes en la calle y los vecinos disfrutan de cerdo asado, música a tope y ron en abundancia.

De octubre a abril hay partidos de béisbol en el estadio Van Troi, en el reparto de San Justo, 1,5 km al sur de la gasolinera Servi-Cupet.

De compras

Fondo de Bienes Culturales (Calixto García 855, 1ª planta). Junto a la pizzería Holguín, en el lado este del parque Martí; vende artículos de artesanía.

Photo Service (Los Maceos, entre Aguilera y Flor Crombet). Carretes, revelados y pilas.

Cómo llegar y salir

AVIÓN

Cubana (3-4533; Calixto García 817) fleta cinco vuelos semanales desde La Habana (124 CUC, sólo ida, 2½ h). El aeropuerto no recibe vuelos internacionales.

AUTOBÚS Y CAMIÓN

Desde la terminal de ómnibus, 5 km al oeste del centro, en la antigua carretera a Santiago de Cuba (una continuación de la avenida Camilo Cienfuegos), salen diariamente autobuses Astro a Baracoa, Camagüey, La Habana, Holguín y Santiago de Cuba. En algunos servicios a Baracoa hay que cambiar de autobús en Imías.

Hay un autobús **Viazul** (www.viazul.com) diario a Baracoa (10 CUC, 9.30) y Santiago de Cuba (6 CUC, 17.25).

Los camiones a Santiago de Cuba (5 CUP) y a Baracoa también salen de la terminal de ómnibus, pero en teoría los extranjeros tienen prohibido usarlos. Otra opción es tomar un autobús urbano (0,20 CUP) de la línea Paraguay hasta El Punto y allí tomar un camión a Baracoa.

Los camiones a Moa (7 CUP) paran en la carretera a El Salvador, al norte de la ciudad, cerca de la entrada a la autopista nacional.

AUTOMÓVIL

La autopista nacional a Santiago de Cuba termina cerca del embalse La Yaya, 25 km al oeste de Guantánamo, donde se une a la carretera Central. En El Cristo, a 12 km de Santiago, se vuelve a tomar la autopista. Para ir de Santiago a Guantánamo hay que seguir la autopista nacional hacia el norte durante unos 12 km hasta llegar al final de la pendiente y allí tomar la primera desviación a la derecha. Si se va hacia el este, hay un control policial poco antes de que termine la autopista nacional, a pocos kilómetros de Guantánamo. Cualquier lugareño conocerá bien la ruta y los controles de velocidad, por lo que puede ser una buena idea recoger a un autostopista local.

TREN

De la **estación de trenes** (32 55 18; Pedro A. Pérez), varios bloques al norte del parque Martí, sale un tren a La Habana (32 CUC, 9.05) en días

alternos. Dicho tren para también en Camagüey (13 CUC), Ciego de Ávila (16 CUC), Guayos (20 CUC, la parada más cercana a Sancti Spíritus de esta línea), Santa Clara (22 CUC) y Matanzas (29 CUC). En el momento de redactar esta guía no había servicio a Santiago de Cuba. Los billetes se compran la misma mañana de la partida en la oficina de Pedro A. Pérez.

Cómo desplazarse

Desde la **oficina de Cubana** (Calixto García 817) sale un autobús (1 CUP) hacia el aeropuerto dos horas antes del despegue de los vuelos. Para llegar al centro desde el aeropuerto sólo hay que seguir a los pasajeros cubanos hasta el autobús.

Havanautos (☎ 35 54 05; Cupet Guantánamo) está junto a la gasolinera Servi-Cupet que hay saliendo de la ciudad hacia Baracoa. Si el viajero no consiguió un coche en Santiago, lo más seguro es que pueda hacerlo aquí.

Oro Negro (Los Maceos esq. con Jesús del Sol) es otra gasolinera en la que repostar antes de emprender los 150 km rumbo este hacia Baracoa.

Se puede encontrar un taxi fácilmente por el parque Martí o llamar a **CubaTaxi** (☎ 32 36 36). El autobús 48 (0,20 CUP) va del centro al Hotel Guantánamo más o menos cada 40 minutos. También hay muchos *bicitaxis*.

BASE NAVAL DE ESTADOS UNIDOS EN GUANTÁNAMO

"Desayuno a 300 m de 4.000 cubanos entrenados para matarme", espetaba Jack Nicholson en el papel del coronel Jessop en la película *Algunos hombres buenos*. Y aunque algo exagerado no es del todo falso. Con 3.000 miembros permanentes de las fuerzas armadas, dos pistas de aterrizaje, docenas de torres de vigilancia de alta seguridad y muelles con espacio para más de 40 buques de guerra, Gitmo –como generaciones de militares estadounidenses la llaman– hace mucho que perdió su función inicial de puerto carbonero y naval para garantizar la "independencia" de Cuba.

En 1903, tras el fin de la Guerra de Cuba de 1898 por la que España perdió sus últimas posesiones coloniales, el gobierno de EE UU pasó la minuta de su apoyo a los criollos cubanos asegurándose, en virtud de la Enmienda Platt, el control de 116 km² de territorio cubano. En 1934 una revisión del tratado original reafirmaba las condiciones

de la cesión y se comprometía a cumplirlas indefinidamente a menos que ambos gobiernos, al unísono, acordaran lo contrario. También fijaba un alquiler anual de 2.000 piezas de oro o 4.000 US$, suma que EE UU sigue desembolsando. Castro afirma que se niega a cobrar esta suma, pero quizá también vaya a engrosar las muchas cuentas que, según las malas lenguas, mantiene en múltiples paraísos fiscales. Hasta 1958, año en que la base de Guantánamo quedó aislada del resto de la isla, el complejo militar daba trabajo a cientos de cubanos.

Ampliada tras la Segunda Guerra Mundial, el papel de la base militar estadounidense más antigua en suelo extranjero ha oscilado entre el de tensa cabeza de puente durante la Guerra Fría y el de espectador del anacronismo político más virulento que, junto a Corea del Norte, queda en el mundo. Tras el triunfo de la Revolución en 1959 el régimen de Castro solicitó a EE UU que retornara la base a soberanía cubana. Obviamente, EE UU, en uno de los momentos más agresivos de la Guerra Fría y vaticinando la inminente alianza de Castro con Moscú, se negó rotundamente. A medida que se deterioraban las relaciones ente ambos países, Cuba cortó el suministro de agua y electricidad a la base, y a los militares estadounidenses de servicio se les negó el permiso de abandonarla.

Su historia reciente es de sobras conocida. En enero de 1992, 11.000 emigrantes haitianos fueron retenidos aquí y, en agosto de 1994, sirvió para acoger a 32.000 cubanos que la guardia costera de EE UU recogió de camino a Florida en su desesperada huida del régimen castrista. En un primer momento, a unas 8.000 de estas personas se les permitió la entrada en EE UU, mientras otras 2.000 regresaron "voluntariamente" a Cuba. En mayo de 1995 EE UU permitió la entrada a los 22.000 refugiados cubanos restantes. Desde entonces, los emigrantes ilegales cubanos que la guardia costera estadounidense recoge en el mar se devuelven a Cuba.

Desde los brutales atentados del 11 de septiembre de 2001, EE UU ha usado la bahía de Guantánamo como cárcel para más de 600 personas sospechosas de terrorismo, aunque sin presentar cargos oficialmente contra ellos y negándoles asesoramiento jurídico, lo que ha provocado muchas críticas internaciona-

les. Finalmente, el Gobierno de EE UU liberó a un importante grupo de prisioneros y el Tribunal Supremo estadounidense determinó en junio de 2006 que las detenciones indefinidas sin cargos practicadas en la base eran ilegales y debían cesar de inmediato.

ALREDEDORES DE LA BASE NAVAL DE EE UU EN GUANTÁNAMO

Desde el **mirador de Malones** (entrada 5 CUC, bebida incluida; ☽ 8.00-15.00), situado en una colina de 320 m al oeste del complejo, se puede ver la base a lo lejos. La organización turística cubana Gaviota gestiona el mirador, que abrió en 1992. La entrada está en un control militar cubano saliendo de la autopista principal, 27 km al sudeste de Guantánamo. A continuación hay que conducir otros 15 km en dirección sur hacia el puerto de Boquerón y desde allí subir al mirador. Justo antes de subir el último tramo hay un gran búnker con un modelo a gran escala de la base que los guías usan para señalar puntos de interés. Mediante un telescopio fabricado en Kentucky, los visitantes pueden ver cómo ondea la bandera de EE UU en el acceso nordeste de la base (Northeast Gate) y avistar vehículos estadounidenses en la carretera. Al contrario de lo que muchos cuentan, ni rastro de los arcos dorados de McDonald's.

Dónde dormir

Hotel Caimanera (Islazul; ☎ 9-9414; i/d temporada baja 20/24 CUC, temporada alta 23/30 CUC, desayuno incl.; Ⓟ ✗ ✿). Sobre una colina en Caimanera, cerca del perímetro de la base naval y 21 km al sur de Guantánamo. Sólo acepta grupos de siete o más personas en visitas organizadas con antelación y con un guía oficial cubano.

Cómo llegar y salir

No sirve de nada presentarse en el puesto de control cubano sin más: es imprescindible realizar primero una reserva en las **oficinas de Gaviota** (Baracoa, Hotel Castillo ☎ 4-5165; Santiago de Cuba ☎ 68 71 35; Villa Gaviota, Manduley 502, Vista Alegre) de Baracoa o Santiago de Cuba. Si no se dispone de transporte propio, el trayecto de ida y vuelta en taxi, más el tiempo de espera, saldrá por unos 40 CUC.

COSTA SUR

Una vez que Guantánamo queda en el retrovisor, se llega pronto a la larga y seca carretera de la costa que conduce al extremo oriental de la isla, Punta de Maisí. Ésta es la espectacular región semidesértica de Cuba, donde los cactus brotan de las rocosas laderas de las colinas y el espinoso aloe vera asoma entre los hierbajos. Hay varias playas pequeñas y rocosas entre la playa Yacabo y Cajobabo que proporcionan refrescantes paradas en la monotonía del paisaje, salpicado de rugosas montañas púrpuras y de verdes oasis en las riberas de los ríos.

En el extremo más apartado de la desierta playa de Cajobabo, justo antes de que la carretera principal gire hacia el interior, hay un **monumento** que conmemora el desembarco de José Martí en este lugar en 1895 para iniciar la Segunda Guerra de Independencia. Un gran cartel de vivos colores muestra una barca de remos que se balancea hacia la orilla con un Martí sentado apaciblemente en ella, vestido de manera bastante improbable con un elegante traje y sin un pelo fuera de sitio. Es un buen lugar para bucear, flanqueado por espectaculares precipicios. La famosa **La Farola** (la carretera del faro) empieza aquí. El proyecto, que se terminó en 1964, fue uno de los primeros realizados por el Gobierno castrista en materia de ingeniería. La carretera se adentra como una serpiente por la sierra del Puril, desde la árida costa de Cajobabo hasta el paraíso tropical de Baracoa, cubriendo 55 km y alcanzando una altura de 600 m. El régimen, en un exceso demagógico rayano en la ingenuidad la califica como "una de las siete maravillas construidas por el hombre en Cuba".

Dónde dormir y comer

Campismo Yacabo (☎ 8-0289; 4 CUC/persona). Junto a la carretera, 10 km al oeste de Imías, tiene 18 nuevas cabañas con vistas al mar cerca de la desembocadura del río. En cada una pueden dormir de cuatro a seis personas y son perfectas para grupos que busquen un alojamiento de playa económico. Conviene reservar con antelación.

En Imías, a medio camino entre Guantánamo y Baracoa, hay dos opciones en cuanto a alojamiento. Las Cabañas El Bosque, en la carretera que va de Imías a Los Calderos, tiene siete cabañas junto a un río. Algo mejor son las **Cabañas Playa Imías** (1-2 personas 10 CUC; ✗), junto a una larga y oscura playa de aguas profundas, 2 km al este del centro de Imías. Las 15 cabañas de cemento tienen bañera, nevera y TV. En ninguno de estos dos alojamientos

se garantiza la admisión de extranjeros, pero, como todo en Cuba, de la teoría a la práctica hay un enorme trecho.

PUNTA DE MAISÍ

☎ 21

Desde Cajobabo la carretera de la costa continúa 51 km en dirección nordeste hasta La Máquina. La carretera es buena hasta Jauco, pero después no tanto. En el trayecto de Baracoa a La Máquina (55 km), el firme es aceptable hasta alcanzar Sabana. De Sabana a La Máquina hay algunos baches. En cualquier caso, La Máquina es el punto de partida de la pista de 13 km llenos de baches que va hasta Punta de Maisí; mejor hacerla en un todoterreno.

Éste es el punto más oriental de Cuba. Hay un **faro** (1862) y una pequeña y bonita playa de arena blanca. En los días claros se puede ver Haití, situado a 70 km.

En el momento de redactar esta guía el área de Maisí se había convertido en zona militar y estaban restringidas las visitas.

BOCA DE YUMURÍ

Desde Sabana una carretera de cemento bastante empinada zigzaguea montaña abajo hasta Boca de Yumurí, en la desembocadura del río homónimo. Justo antes del puente que cruza el río se halla el llamado Túnel de los Alemanes, un espectacular arco natural de árboles y follaje. La encantadora playa de Boca de Yumurí se ha convertido en la excursión por excelencia desde Baracoa, así que con los turistas han llegado también una legión de vendedores ambulantes que ofrecen con insistencia platos de pescado frito y unos vistosos caracoles de colores llamados polímitas, que ahora escasean por su sobreexplotación. Se recomienda rechazar todas las ofertas.

Al oeste de Boca de Yumurí hay una buena carretera que cubre 28 km por la costa hacia Baracoa y pasa por numerosas playas de arena negra y puntos con vistas interesantes. Es una excursión excelente desde Baracoa (56 km ida y vuelta): cálida, pero suave y llana, y con vehículo propio se puede parar en cualquier playa que apetezca (como la de Bariguá, en el km 24,8). Se puede alquilar una motocicleta en Baracoa (en la casa particular donde se hospede el viajero seguro que podrán informarle de algún lugar donde hacerlo) o tomar un taxi.

BARACOA

☎ 21 / 42.285 hab.

Mística, hechicera y vibrante, Baracoa, una pequeña ciudad costera azotada por el viento y colgada de forma incomprensible en la punta oriental de Cuba, es sin duda alguna uno de los destinos más interesantes de la isla.

Para quien visita la ciudad por primera vez, gran parte de la gracia está en llegar a ella. Desde las cumbres de la sierra del Puril las curvas de La Farola (la carretera del faro) descienden serpenteando por un paisaje rugoso de precipicios de granito y tupidos bosques de pinos que impregnan el aire con su aroma hasta descender al paraíso tropical de la costa atlántica. Colón pisó este lugar por primera vez en 1492 y lo describió como la tierra más bonita que jamás había visto. Ernesto Che Guevara pasó por aquí cinco siglos después e inauguró el primer gran complejo industrial de la zona, una fábrica de chocolate que sigue en funcionamiento. Otros grandes admiradores son el novelista cubano Alejo Carpentier, que se inspiró en la emigrada rusa residente en Baracoa Magdalena Rovieskuya para escribir *La consagración de la primavera* y el colombiano Gabriel García Márquez, cuyo Macondo de *Cien años de soledad* algunos han pretendido vincular con la ciudad. De hecho, tan remoto era este etéreo municipio que hasta que se abrió La Farola en 1964 sólo se podía acceder a él por mar. Pero eso no ha afectado en modo alguno al rico patrimonio histórico de Baracoa, un legado que se inicia con el primer asentamiento colonial en Cuba (fundado en 1511) y su primera capital (entre 1511 y 1515).

Hoy, las principales atracciones de Baracoa incluyen escalar El Yunque, la misteriosa montaña de cima plana de la ciudad, o disfrutar de la máxima experiencia culinaria que es comer en el Paladar Colonial, un restaurante familiar de ambiente relajado que ofrece, posiblemente, algunos de los mejores platos de Cuba.

Orientación

El aeropuerto Gustavo Rizo (código BCA) está a 1 km de la carretera que va a Moa, junto al Hotel Puerto Santo, a 4 km del centro. Las dos estaciones de autobuses de Baracoa están en lados opuestos de la ciudad. Hay tres buenos hoteles en el casco antiguo o cerca de él y otro cerca del aeropuerto. Casi toda

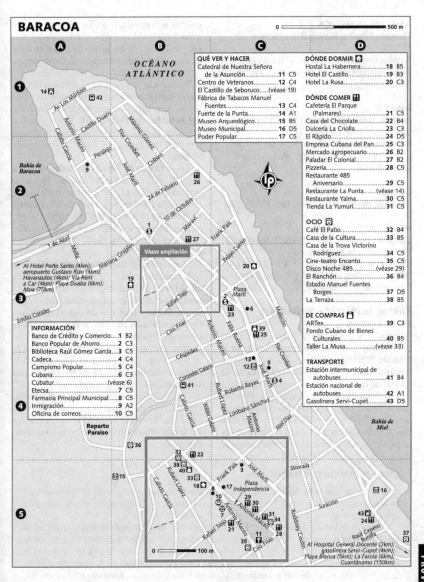

BARACOA

0 ————————— 500 m

OCÉANO
ATLÁNTICO

Bahía de
Baracoa

Al Hotel Porto Santo (4km);
aeropuerto Gustavo Rizo (4km);
Havanautos (4km); Vía Rent
a Car (4km); Playa Duaba (6km);
Moa (70km)

Reparto
Paraíso

Bahía de
Miel

Al Hospital General Docente (2km);
gasolinera Servi-Cupet (4km);
Playa Blanca (5km); La Farola (6km);
Guantánamo (150km)

QUÉ VER Y HACER

Catedral de Nuestra Señora de la Asunción	**11** C5
Centro de Veteranos	**12** C4
El Castillo de Seboruco	(véase 19)
Fábrica de Tabacos Manuel Fuentes	**13** C4
Fuerte de la Punta	**14** A1
Museo Arqueológico	**15** B5
Museo Municipal	**16** D5
Poder Popular	**17** C5

DÓNDE DORMIR

Hostal La Habernera	**18** B5
Hotel El Castillo	**19** B3
Hotel La Rusa	**20** C3

DÓNDE COMER

Cafetería El Parque (Palmares)	**21** C5
Casa del Chocolate	**22** B4
Dulcería La Criolla	**23** C3
El Rápido	**24** D5
Empresa Cubana del Pan	**25** C3
Mercado agropecuario	**26** B2
Paladar El Colonial	**27** B2
Pizzería	**28** C5
Restaurante 485 Aniversario	**29** C5
Restaurante La Punta	(véase 14)
Restaurante Yaima	**30** C5
Tienda La Yumurí	**31** C5

OCIO

Café El Patio	**32** B4
Casa de la Cultura	**33** B5
Casa de la Trova Victorino Rodríguez	**34** C5
Cine-teatro Encanto	**35** C5
Disco Noche 485	(véase 29)
El Ranchón	**36** B4
Estadio Manuel Fuentes Borges	**37** D5
La Terraza	**38** B5

DE COMPRAS

ARTex	**39** C3
Fondo Cubano de Bienes Culturales	**40** B5
Taller La Musa	(véase 33)

TRANSPORTE

Estación intermunicipal de autobuses	**41** B4
Estación nacional de autobuses	**42** A1
Gasolinera Servi-Cupet	**43** D5

INFORMACIÓN

Banco de Crédito y Comercio	**1** B2
Banco Popular de Ahorro	**2** C3
Biblioteca Raúl Gómez García	**3** C5
Cadeca	**4** C4
Campismo Popular	**5** C4
Cubana	**6** C3
Cubatur	(véase 6)
Etecsa	**7** C5
Farmacia Principal Municipal	**8** C5
Inmigración	**9** A2
Oficina de correos	**10** C5

Véase ampliación

Plaza
Martí

Plaza
Independencia

0 ———— 100 m

la ciudad se puede explorar a pie, pero una bici puede ser útil para visitar playas cercanas y rincones rurales.

Información
ACCESO A INTERNET Y TELÉFONO
Etecsa (Antonio Maceo esq. con Rafael Trejo; 6 CUC/h; 7.00-22.00). Internet y llamadas internacionales.

BIBLIOTECAS
Biblioteca Raúl Gómez García
(José Martí 130; 8.00-12.00 y 14.00-21.00 lu-vi, 8.00-16.00 sa)

MEDIOS DE COMUNICACIÓN
Radio CMDX La Voz del Toa Emite en el dial 650 de AM.

ASISTENCIA MÉDICA

Farmacia Principal Municipal (Antonio Maceo 132; ☾ 24 h)

Hospital General Docente (☎ 4-3014). A 2 km de la ciudad, en la carretera a Guantánamo. Atiende a extranjeros en caso de emergencia.

DINERO

Banco de Crédito y Comercio (☎ 4-2771; Antonio Maceo 99; ☾ 8.00-14.30 lu-vi)

Banco Popular de Ahorro (José Martí 166; ☾ 8.00-11.30 y 14.00-16.30 lu-vi). Se cambian cheques de viaje.

Cadeca (José Martí 241)

CORREOS

Oficina de correos (Antonio Maceo 136; ☾ 8.00-20.00)

AGENCIAS DE VIAJES

Campismo Popular (☎ 4-2776/4-5263; José Martí 225; ☾ 8.00-12.00 y 14.00-18.00 ma y mi)

Cubatur (☎ 4-5306; Martí 181; ☾ 8.00-12.00, 14.00-16.00 lu-vi). Organiza excursiones a El Yunque y al Parque Nacional Alejandro de Humboldt.

Puntos de interés y actividades

EN LA CIUDAD

Sumamente deteriorada pero aun así encantadora, la **catedral de Nuestra Señora de la Asunción** (Antonio Maceo 152), situada en el parque Central, data de 1833 y alberga la Cruz de La Parra, que según se dice fue erigida por Colón cerca de Baracoa. Aunque las pruebas con carbono 14 han desmentido tal extremo, una investigación llevada a cabo por académicos cubanos asegura que en efecto se remonta a comienzos de la época colonial. Se celebra una misa diaria a las 18.00 y también a las 9.00 los domingos. Para acceder a la catedral fuera de las horas de misa, se debe llamar a la última puerta de la calle Maceo. Aceptan donativos.

Frente a la catedral hay un busto del cacique indígena Hatuey, ajusticiado cerca de Baracoa en 1512 (véase recuadro). El edificio del **Poder Popular** (Antonio Maceo 137), el ayuntamiento, de estilo neoclásico, se encuentra también en el parque Central. No se puede visitar.

En la **Fábrica de Tabacos Manuel Fuente** (José Martí 214; ☾ 7.00-12.00 y 14.00-17.00 lu-vi, 7.00-12.00 sa) se puede ver en acción a varias docenas de *torcedores* (liadores de puros). En el **Centro de Veteranos** (José Martí 216; entrada gratuita) se exponen fotos de los caídos en la Revolución (sólo de los castristas, claro) y en la aventura de Angola.

El exterior del **Museo Municipal** (José Martí esq. con Malecón; entrada 1 CUC; ☾ 8.00-12.00 y 14.00-18.00), en el fuerte Matachín (1802), en la entrada sur de la ciudad, brinda bonitas vistas de la bahía. El museo ofrece un desvaído repaso de la historia de la zona; entre otras cosas expone la guitarra del trovador local Cayamba y objetos varios pertenecientes a la sensual Magdalena Menasse (más conocida por su apellido de soltera, Rovieskuya, y por su apodo, la Rusa).

Otra fortaleza colonial, el **fuerte de la Punta,** vigila la entrada al puerto en el otro extremo de la ciudad desde 1803. Hoy es un restaurante que ofrece cervezas heladas y fantásticas vistas.

UNA IMPROBABLE LEYENDA

Hatuay, un cacique taíno del s. xvi originario de La Española, llegó a Cuba hacia 1511 y se levantó en armas contra los españoles. El nacionalismo revolucionario le ha convertido en una suerte de romántico guerrillero, imagen exitosa a pesar de su anacronía.

Cuenta la leyenda que Hatuey usó tácticas de guerrillas, atacando por sorpresa y ocultándose en las montañas. Tras varios meses, fue traicionado, apresado y sentenciado a muerte por la Inquisición, que le torturó y le quemó en la hoguera. Antes de encender la pira, un sacerdote le ofreció una cruz y le preguntó si quería ir al cielo. "¿Hay gente como tú allí?", preguntó el indio. Cuando el cura respondió que sí, Hatuey dijo que por nada del mundo. Salvando el hecho de que resulta harto improbable que tal conversación sucediera (tanto por cuestiones lingüísticas como conceptuales), la Inquisición no tuvo nunca jurisdicción sobre los indios en la América hispana. No hay que albergar duda sobre la existencia del cacique y sobre su ejecución en la hoguera, pero de ahí a presentarlo como adalid de la independencia cubana media un abismo. Curiosamente, la base de la historia es española. Procede de la *Brevísima relación de la destrucción de las Indias,* de Bartolomé de las Casas quien, en su loable intento por detener las tropelías contra los indígenas, incurrió en flagrantes exageraciones. La política y la ingenuidad hicieron el resto.

La construcción de la tercera fortaleza de Baracoa, el **castillo de Seboruco**, se inició en 1739 y fue terminada en 1900, ya lograda la independencia. Ahora alberga el Hotel El Castillo (p. 438). La vista de la cumbre plana de El Yunque desde la piscina es excelente. Las escaleras en el extremo sudoeste de la calle Frank País llevan directamente al castillo.

La más novedosa atracción de Baracoa es el **Museo Arqueológico** (Moncada; entrada 2 CUC; ☉ 8.00-18.00), en las Cuevas del Paraíso, a unos 800 m del Hotel El Castillo. Los objetos de este pequeño pero bien surtido museo se exhiben en una serie de cuevas que los indios taínos usaron como cámaras funerarias. Sus cerca de 2.000 piezas (todas de esta cultura amerindia) incluyen esqueletos, cerámica, pinturas rupestres de 3.000 años de antigüedad y una réplica del *Ídolo del tabaco,* una escultura descubierta en Maisí en 1903 que figura entre las piezas taínas más importantes del Caribe. Los miembros del personal del museo pueden oficiar también de guías (véase p. 440).

AL SUDESTE DE LA CIUDAD

El sudeste de la ciudad oculta dos maravillas naturales que, combinadas, constituyen una excelente forma de ocupar un día. Pasando el fuerte Matachín, hay que dirigirse hacia el sudeste, pasar el estadio de béisbol y seguir a lo largo de la playa unos 20 minutos hasta llegar a un precario puente de madera sobre el río Miel. Entre abril y junio habrá que subir a una balsa para cruzar la barra, crecida por la época de lluvias, antes de llegar al **puente** (entrada 1 CUP; ☉ amanecer-anochecer). Cruzado el puente, hay que girar a la izquierda y seguir hasta el puesto de Gaviota, donde hay que pagar 2 CUC para continuar. Si se sigue avanzando hacia la izquierda 15 minutos más, se llega a la **playa Blanca,** un paraje idílico donde hacer un *picnic* o tomar unos cócteles al atardecer.

Si en el puesto de Gaviota se gira a la derecha y se sigue el camino por los cocotales y las casas de listones de madera durante 45 minutos, se llega a la **hacienda de Raudeli Delgado,** de color azul y amarillo. A cambio de un donativo (3-5 CUC por persona), guiará al viajero en un paseo de media hora por los campos de cocoteros y limoneros hasta un mirador desde el cual hay vistas de los frondosos campos con el mar azul al fondo. Tras un breve y empinado descenso por un cañón de vegetación exuberante se llega a la **cueva del Agua,** con un pozo de agua carbónica en el que se puede nadar. Se puede preguntar a Raudeli por el aceite de coco que produce su familia para curar la piel agrietada por el sol.

AL NOROESTE DE LA CIUDAD

En la carretera hacia Moa, 2 km más allá del aeropuerto, aparece una pista entre la vegetación que conduce a la **playa Duaba,** donde arribaron Antonio Maceo y Flor Crombet en 1895. Es una hermosa cinta de arena oscura bordeada de montañas, aunque el agua está mejor un poco más lejos de la desembocadura del río y los jejenes pueden llegar a ser realmente feroces al atardecer.

Circuitos

Todas las agencias de Baracoa ofrecen circuitos (p. 436) a El Yunque (18 CUC), la playa Maguana (18 CUC), el Parque Nacional de Humboldt (28 CUC), el río Toa (11 CUC) o Boca de Yumurí (15 CUC).

Fiestas y celebraciones

Durante la primera semana de abril Baracoa conmemora el desembarco de Antonio Maceo el 1 de abril de 1895 en Duaba con un animado **Carnaval** en el Malecón. Se recomienda acudir a la **Casa de la Cultura** (☎ 4-2349; Antonio Maceo 124, entre Frank País y Maraví) durante esta celebración, pues esa misma semana tiene lugar la Semana de la Cultura. Cada sábado por la noche se cierra al tráfico la calle Maceo para celebrar la **Noche Baracoense,** una fiesta donde la comida, la bebida y la música son las protagonistas.

Dónde dormir

Hotel La Rusa (Cubanacán; ☎ 4-3011; Máximo Gómez 161; h 46 CUC; ✦). Histórico y bello edificio de tres plantas en pleno malecón, algo básico pero acogedor, con 12 habitaciones sencillas con pequeños balcones (algunos dan al mar). El hotel fue construido por la más famosa habitante de Baracoa, la rusa Magdalena Rovieskuya, que inspiró a Alejo Carpentier la novela *La consagración de la primavera.* En él se han hospedado Errol Flynn, Ernesto Guevara y Fidel Castro. Sigue siendo un lugar popular.

Hostal La Habanera (Cubanacán; ☎ 4-5273/74; Antonio Maceo 68; h 46 CUC; ✦). Evocador y sugerente, la Habanera es un hotel color rosa pastel recientemente renovado donde los gritos de los vendedores ambulantes compiten con una

efusiva mezcla de músicas procedente de la Casa de la Cultura. Las cuatro habitaciones de la parte delantera comparten un balcón con suelo de baldosas y mecedoras; en el vestíbulo hay un bar, un restaurante y una colección interesante de libros de la zona.

Hotel El Castillo (Gaviota; ☎ 4-5165; Loma del Paraíso; i/d temporada baja 40/54 CUC, temporada alta 42/58 CUC; 🅿 🔳). Relajado y amable, tiene sólo 34 habitaciones (algunas oscuras y húmedas) y fantásticas vistas de la bahía y El Yunque desde la piscina (abierta a no residentes pagando una pequeña entrada). El hotel también organiza excursiones a El Yunque y al río Toa, entre otras. Está a unos 5-10 minutos a pie del centro por las escaleras de las calles Frank País o Calixto García. El edificio formaba parte de la red de defensas coloniales.

Hotel Porto Santo (Gaviota; ☎ 4-5106; ctra. del aeropuerto; i/d temporada baja 40/54 CUC, temporada alta 42/58 CUC; 🅿 🔳 🔳). Hotel moderno y luminoso con techos de vigas vistas a 200 m del aeropuerto y a 4 km del centro. Tiene 36 habitaciones y una buena ubicación, sobre todo por la noche, cuando el romper de las olas se oye desde las habitaciones. Una escalera conduce a una minúscula playa azotada por las tormentas.

Dónde comer

Tras la monotonía de la oferta culinaria cubana, comer en Baracoa supone una agradable

---

CASAS PARTICULARES EN BARACOA

La hospitalaria Baracoa cuenta con más de 150 casas particulares donde hospedarse, algunas de ellas son auténticas joyas. También merece la pena probar la comida, claramente distinta (y mejor) que la de otras partes de Cuba.

Andrés Abella (☎ 4-3298; Antonio Maceo 56, entre Peralejo y Coliseo; h 15-20 CUC). Habitación grande y dueño amable; también se alquilan habitaciones en el nº 53.

Casa Colonial, Gustavo y Yalina (☎ 4-2536; Flor Crombet 125, entre Frank País y Pelayo Cuervo; h 15-20 CUC; 🔳). Las habitaciones grandes tienen capacidad para tres personas.

Denny Rodríguez (☎ 4-2431; Rubert López 86, entre Limbano Sánchez y Lope Pena; h 25 CUC; 🔳). Grande, privada, con TV y nevera.

El Poeta, Pablo y Daimi (☎ 4-3017; Maceo 159, en Ciro Frías; h 20-25 CUC). Pablo es un poeta local que sale por la radio con frecuencia.

Elsa Figueroa Toirac (☎ 4-2460; José Martí 152; h 15-20 CUC; 🔳). Céntrica, dos habitaciones.

Eugenio Ona Abella (☎ 4-3310; Moncada 18B, entre José Martí y República; h 20 CUC). Privada, buenas comidas.

Idania de la Cruz Blanco (☎ 4-3885; Antonio Maceo 80, entre 24 de Febrero y Coliseo; h 15-20 CUC; 🔳). Casa colonial con terraza en la azotea.

Isabel Artola Rosell (☎ 4-5236; Rubert López 39, entre Céspedes y Ciro Frías; h 15-20 CUC; 🔳)

Isabel Castro Vilato (☎ 4-2267; Mariana Grajales 35; h 20 CUC; 🅿 🔳). Casa colonial con un magnífico jardín y porche; comidas.

Josefina Guilarte (☎ 4-3532; Flor Crombet 269; h 15-20 CUC). Se sirven comidas. La casa es tranquila, alejada del centro; también se alquilan habitaciones en el 265A.

Lidia Cobas (☎ 4-3464; 10 de Octubre 21C; h 15-20 CUC)

Lourdes Balga (☎ 4-3218; av. Malecón 72; h 15-20 CUC). Habitación cerca de Coroneles Galano en la que pueden dormir tres personas; amables.

Lucy Navarra Rodríguez (☎ 4-3548; Céspedes 29, entre Rubert López y Maceo; h 20 CUC; 🔳). Casa colonial limpia y acogedora. Hay dos habitaciones y dos terrazas en niveles diferentes.

Miriams Zoila Montoya (☎ 4-3529; José Martí 301; h 15-20 CUC)

Nelia y Yaquelin (☎ 4-3625, 4-3353; Mariana Grajales 11, entre Calixto García y Julio Mella; h 15-20 CUC; 🔳). Dos habitaciones.

Nelsy Borges Teran (☎ 4-3569; Antonio Maceo 171, entre Ciro Frías y Céspedes; h 20 CUC; 🔳). Varias habitaciones bien equipadas, fantástica terraza con vistas.

Nilson Abad Guilaré (☎ 4-3123; Flor Crombet 143, entre Ciro Frías y Pelayo Cuervo; h 25 CUC; 🔳). Pequeño pero fantástico apartamento, con accesorios recién estrenados. Cocina, terraza con vistas al mar y deliciosa cocina baracoense.

Williams Montoya Sánchez (☎ 4-2798; José Martí 287; h 15-20 CUC; 🅿 🔳). Se preparan comidas.

sorpresa. La cocina es creativa, sabrosa y, por encima de todo, diferente. Algunos platos típicos son el cucurucho (coco rallado mezclado con azúcar, miel y guayaba, envuelto en hoja de yagua), el pescado con salsa de coco, el *bacán* (plátano verde rallado y leche de coco) y el *teti* (un pescado diminuto del río Toa).

Paladar El Colonial (José Martí 123; platos principales 10 CUC; ⊗ comidas y cenas). El único *paladar* de Baracoa es también uno de los mejores de Cuba. Este modesto restaurante familiar funciona en una bonita casa de tablones de madera que parece más jamaicana que cubana. El menú cambia con frecuencia y depende del pescado del día. Se recomienda el emperador, el pulpo o las gambas, así como la salsa de coco típica de Baracoa.

Cafetería El Parque (Antonio Maceo 142; ⊗ 24 h). La terraza, las actuaciones ocasionales y la mesa de billar, así como el pollo frito, el helado y las bebidas frías hacen de este sitio el punto de encuentro de la ciudad. Gestionado por Palmares, está justo enfrente del parque central y es un buen lugar donde conocer a los lugareños.

Restaurante La Punta (Fuerte de la Punta; ⊗ 10.00-23.00). Restaurante cargado de historia situado en un viejo fuerte que da al Atlántico; estaba en obras cuando se elaboraba esta guía. La reforma parecía prometedora.

Casa del Chocolate (Antonio Maceo 123; ⊗ 7.20-23.00). Una casa del chocolate en la que casi nunca hay chocolate: cualquier parecido con el cacao del oscuro y denso líquido que aquí se sirve es pura coincidencia.

Pizzería (Antonio Maceo 155). Este establecimiento, increíblemente sucio, vende no obstante unas aceptables *pizzas* (3 CUP).

Otros dos lugares bastante presentables en el mismo parque son el simpático **Restaurante Yaima** (Antonio Maceo 143), que sirve comidas clásicas en un ambiente agradable (se paga en pesos), y el **Restaurante 485 Aniversario** (Antonio Maceo 139; platos principales 4 CUC; ⊗ 11.30-14.00 y 18.00-21.00), que prepara sabrosos platos de pollo frito y pescado. El Rápido, en la gasolinera Servi-Cupet de la entrada sudeste de la ciudad, sirve la insulsa comida habitual a precios reducidos.

COMPRA DE ALIMENTOS

Tienda La Yumurí (Antonio Maceo 149; ⊗ 8.30-12.00 y 13.30-17.00 lu-sa, 9.00-12.00 do). Ofrece un limitado surtido de comestibles, a pesar de lo cual, suele haber cola para acceder.

Mercado agropecuario (24 de Febrero esq. con Malecón). Sólo ofrece productos locales y de temporada.

Dulcería La Criolla (José Martí 178). Venden pan, pastas y –cuando no está racionado– el famoso chocolate de Baracoa.

Empresa Cubana del Pan (José Martí, entre Céspedes y Coroneles Galano). Pan (10 CUP) y pan de frutas.

Dónde beber y ocio

Casa de la Trova Victorino Rodríguez (Antonio Maceo 149a). La casa de la trova con más ambiente y también la más pequeña, curiosa y animada de Cuba. Su ambiente, no obstante, no es óbice para que la precariedad impere (los mojitos se sirven en botes vacíos de mermelada). El escenario está disponible para todo el que se atreva.

El Ranchón (entrada 1 CUC; ⊗ 21.00). Situado en la cima de unas largas escaleras en el extremo oeste de Coroneles Galano, combina una ubicación fantástica en lo alto de la montaña con grabaciones de salsa y música discotequera y legiones de jineteras. Tal vez por eso está tan increíblemente lleno. Cuidado al bajar con unas copas de más: la caída puede ser terrorífica (146 escalones).

Casa de la Cultura (☎ 4-2349; Antonio Maceo 124, entre Frank País y Maraví). Buen espectáculo de rumba con variantes como el guaguancó, el *yambú* y el *columbia* (subgéneros de la rumba). Hay que ir preparado para participar en el espectáculo.

La Terraza (Antonio Maceo, entre Maraví y Frank País; entrada 1 CUC; ⊗ 21.00-2.00 lu-ju, 21.00-4.00 vi-do). Discoteca en una azotea donde de vez en cuando actúan septetos de salsa.

Café El Patio (Antonio Maceo 120). Un patio agradable donde tomar algo; no hay que pagar entrada.

Cine-teatro Encanto (Antonio Maceo 148). El único cine de Baracoa; frente a la catedral.

De octubre a abril se puede asistir a partidos de béisbol en el estadio Manuel Fuentes Borges, al sudeste por la playa desde el Museo Municipal.

De compras

No es fácil hallar buenas piezas de artesanía en Baracoa.

Fondo Cubano de Bienes Culturales (Antonio Maceo 120; ⊗ 9.00-17.00 lu-vi, 9.00-12.00 sa y do). Vende estatuillas del cacique Hatuey y camisetas con diseños étnicos.

ADENTRARSE EN EL CAMPO

Para explorar la región más allá del itinerario estándar de las agencias de viajes, se recomienda preguntar en el Museo Arqueológico (p. 437) por sus interesantes excursiones al sur de Baracoa, en la zona de la playa Blanca, Yumurí y la cercana península de Majayara.

Creado en 2003 con el apoyo del distinguido arqueólogo cubano Roberto Ordúñez Fernández, el museo y su personal ofrecen varias interesantes rutas de temática arqueológica, entre las que destacan: **Pintura Rupestre** (para contemplar antiguas pinturas de taínas y visitar un lugar de sacrificios indígena; 18 CUC), **Tumba de Guamá** (visita a una tumba amerindia cerca de la aislada playa Cajaujo; 15 CUC) y **Camino de Piedra** (excursión por un antiguo camino taíno próximo a una colina con vistas a Baracoa; 8 CUC). Estas excursiones aún se estaban desarrollando cuando se redactó esta guía y podrían haber cambiado. En cualquier caso, no hay duda de que para los aficionados a la arqueología el potencial de Baracoa es enorme.

ARTex (Martí, entre Céspedes y Galano). Artículos típicos para turistas.

Taller La Musa (Antonio Maceo 124). Se recomienda visitar esta tienda en la Casa de la Cultura donde se encontrarán las imaginativas obras del innovador artista local Andreas Borges.

Cómo llegar y salir

La estación de tren más cercana es la de Guantánamo, 150 km al sudoeste.

AVIÓN

Cubana (☎ 4-5374; Martí 181; ◷ 8.00-12.00; 14.00-16.00 lu-vi) opera dos vuelos semanales de La Habana a Baracoa (135 CUC, sólo ida; ju y do). También hay un vuelo los domingos desde Santiago (32 CUC, 30 min).

Hay que tener en cuenta que los aviones y autobuses que salen de Baracoa suelen estar completamente llenos, por lo que es más que aconsejable tener reservado el trayecto de regreso.

AUTOBÚS

De la **estación nacional de autobuses** (☎ 4-3670; av. Mártires esq. con José Martí) salen autobuses **Astro** (☎ 4-3670) a Santiago de Cuba y La Habana en días alternos. Por alguna extraña razón el autobús a Guantánamo está reservado exclusivamente para los que vayan a tomar allí un tren. Los billetes en convertibles se venden de 8.00 a 16.00.

Los autobuses de **Viazul** (www.viazul.com) salen de Guantánamo (10 CUC, 3 h) y pasan por Santiago de Cuba (16 CUC, 5 h) todos los días a las 14.15. Los billetes se pueden reservar por adelantado a través de **Cubatur** (☎ 4-5306; Martí 181) pagando una comisión de 5 CUC.

De la **estación intermunicipal de autobuses** (Galano esq. con Calixto García) salen dos o tres camiones

cada día a Moa (90 min, 78 km, salidas a partir de las 6.00) y Guantánamo (4 h, 150 km, salidas a partir de las 2.00). Cuestan unos pocos pesos cubanos. Si no se encuentra ningún camión a Guantánamo, se puede tomar uno que vaya hasta San Antonio del Sur y allí subir a otro que cubra el resto del trayecto.

Cómo desplazarse

La mejor manera de desplazarse a/desde el aeropuerto es en taxi (2 CUC) o *bicitaxi* (1 CUC), esto último si se viaja ligero de equipaje.

Hay una oficina de **Havanautos** (☎ 4-5344) en el aeropuerto. **Vía Rent a Car** (☎ 4-5135), más económica, tiene su despacho dentro del Hotel Porto Santo. Hay una gasolinera **Servi-Cupet** (José Martí; ◷ 24 h) nada más entrar en la ciudad, a 4 km del centro, por la carretera de Guantánamo. Los conductores que salgan hacia La Habana deben tener en cuenta que la ruta por el norte, vía Moa y Holguín, es más rápida, pero la carretera es pésima una vez se pasa la playa Maguana.

Una carrera de *bicitaxi* en la ciudad no debería superar los 5 CUP, pero a menudo se intenta cobrar entre 10 y 15 CUP a los extranjeros.

En el café Palmares, en el parque principal, se alquilan bicicletas por 3 CUC al día. La mejor ruta en bici es el paseo de 20 km hasta la playa Maguana, una de las carreteras más bonitas de Cuba. Si no se quiere pedalear se puede alquilar una moto (24 CUC) en el mismo lugar o en el **Hotel El Castillo** (☎ 4-5165; Loma del Paraíso).

AL NOROESTE DE BARACOA
Puntos de interés y actividades

La **finca Duaba** (◷ 12.00-16.00 ma-do), a 6 km de Baracoa por la carretera de Moa y 1 km hacia

el interior desde allí, está diseñada para mostrar cómo es la vida rural en Cuba. Además, se puede disfrutar de un baño en el río Duaba y de un festín criollo (12 CUC/persona).

El **río Toa,** 10 km al noroeste de Baracoa, es el tercer curso fluvial más largo de la costa norte de Cuba y el más caudaloso del país. También es un importante hábitat para aves y plantas. En el valle de Toa se cultiva cacao y los omnipresentes cocoteros. El **Rancho Toa** es un restaurante estatal al que se accede por un desvío situado a la derecha justo antes de llegar al puente sobre el río. Se pueden organizar excursiones en barca o en kayak por 3-10 CUC y ver cómo los lugareños se encaraman acrobáticamente a los cocoteros. Si se reúne a suficientes personas (unas 8), se puede contratar un banquete tradicional cubano, con un cerdo asado.

Casi toda la región forma parte de la Reserva de la Biosfera de la Unesco Cuchillas del Toa, una superficie de 208.305 Ha que contiene el Parque Nacional Alejandro de Humboldt, declarado Patrimonio de la Humanidad. Aquí se encuentra el mayor bosque pluvial de Cuba, con árboles de diversas maderas preciosas. La región también posee un elevado número de especies endémicas.

Una de las excursiones más exigentes de la región es la ascensión a **El Yunque** (569 m). Aunque no es muy alto, las vistas son estupendas. **Cubatur** (☎ 4-5306; Martí 181, Baracoa) ofrece esta salida diariamente (18 CUC/persona; mínimo dos personas). El precio incluye entrada, guía, transporte y un bocadillo. Se pasa mucho calor, así que conviene llevar suficiente agua. Si se dispone de transporte propio, se puede contratar a un guía particular en el campismo por unos pocos pesos. Hay que tomar la carretera de Moa y, tras 6 km, girar a la izquierda por el desvío al campismo, que se encuentra a 4 km, junto al inicio del camino. No hay que olvidar el bañador para darse un chapuzón en el río Duaba.

Dónde dormir y comer

Campismo El Yunque (☎ 4-5262). Opción rústica situada en un lugar precioso al pie de El Yunque, 6 km al norte de Baracoa por la carretera de Moa y otros 4 km hacia el interior por una carretera no muy buena que cruza una plantación de cacao. Dispone de 14 cabañas de madera en las que pueden dormir de 4 a 6 personas. Normalmente sólo admiten a cubanos, pero se puede probar suerte en la oficina de Campismo Popular de Baracoa (p. 442).

Villa Maguana (Gaviota; sin teléfono; i/d temporada baja, 45/60 CUC, temporada alta 50/65 CUC, desayuno incl.). Unos 20 km al noroeste de Baracoa, es ideal para pasar un par de noches fantásticas en uno de los rincones más exóticos de Cuba.

¿SIRENA O MANATÍ?

El parsimonioso manatí caribeño desciende de un mamífero terrestre que regresó a la vida acuática. Puede alcanzar los 4,5 m de largo y pesar 600 kg. Graciosos pero feos, los manatíes tienen la cabeza pequeña, el cuello grueso y el hocico ancho y erizado. Sus ojos no están muy desarrollados y cuentan con unas glándulas que secretan una sustancia aceitosa que los protege del agua salada.

El cuerpo de un manatí adulto es grueso y pisciforme, terminado en una ancha y horizontal aleta caudal. Usa las dos aletas pectorales para nadar y para llevarse la comida a la boca. Las costillas del manatí no están sujetas a una caja torácica, por lo que sus pulmones se aplastan si se tumba sobre el abdomen en tierra firme. Para no asfixiarse, cuando queda varado en la tierra al bajar la marea, se tumba boca arriba y espera a que vuelva a subir el nivel del agua.

A diferencia de las ballenas y las focas, los manatíes nunca salen a mar abierto. Prefieren quedarse por zonas de vegetación espesa y alimentarse de algas en aguas saladas de la costa, de estuarios o de ríos, donde consumen hasta 50 kg de vegetación al día. Cuando pastan en aguas poco profundas con la cabeza y los hombros fuera del agua, los manatíes parecen figuras humanas. Tal vez fuera ése el origen de las leyendas sobre sirenas.

Aunque el manatí no tiene enemigos naturales, al margen del ser humano, se encuentra en peligro de extinción debido a la caza, a heridas causadas por los motores de los barcos y a la destrucción de su hábitat. En Cuba es una especie protegida desde 1973, aunque factores locales como los residuos de la industria azucarera y la explotación turística a gran escala han obstaculizado su conservación.

Otrora una coqueta casa de huéspedes, da a una pequeña playa de blancas arenas rodeada de palmeras. Tiene cuatro habitaciones y un porche con mecedoras que da a un césped que se extiende hasta la playa. En el momento de redactar esta guía estaba en obras para añadirle otras 10 habitaciones. Se puede reservar en el Hotel El Castillo de Baracoa (p. 438).

Palmares tiene un pequeño bar en la playa Maguana donde sirven bebidas frías, pollo frito y bocadillos. También hay un restaurante rústico con barbacoa que prepara almuerzos a base de marisco. Se puede alquilar una barca para bucear en un arrecife cercano. No hay ningún lugar propiamente dicho para alquilarlas, pero el barquero tiene el don de aparecer justo cuando se le necesita.

PARQUE NACIONAL ALEJANDRO DE HUMBOLDT

Declarado Patrimonio de la Humanidad por la Unesco en 2001, este hermoso parque nacional, que se caracteriza por sus montañas de grandes pendientes cubiertas de pinos y neblina matutina, posee un ecosistema sin igual que según la Unesco es "una de las regiones de las islas tropicales con mayor diversidad biológica del planeta". Situado sobre la bahía de Taco, 40 km al noroeste de Baracoa, el parque contiene algunos de los bosques mejor conservados de Cuba en sus 59.400 Ha de terreno y 2.641 Ha de lagunas y manglares. Gracias a sus cerca de 1.000 especies de plantas florales y 145 tipos de helechos es, con diferencia, el hábitat más diverso de todo el Caribe en cuanto a vegetación. Debido a la naturaleza tóxica de las rocas del suelo las plantas se han tenido que adaptar para sobrevivir. Como resultado, el endemismo de la zona es alto: casi el 70% de sus plantas son endémicas, igual que muchos vertebrados e invertebrados. Se encuentran también varias especies en peligro de extinción, entre ellas las cotorras cubanas (*Amazona leucocefala*) y el gavilán caguarero. El último avistamiento del carpintero real se produjo aquí a finales de los años ochenta; desde entonces se le ha oído, pero no visto. Célebre por sus procesos evolutivos propios, el parque está fuertemente protegido y supone un paradigma para los demás esfuerzos de protección medioambiental del Gobierno cubano.

Actividades

El parque consta de un **centro para visitantes** (☎ 38 14 31) regentado por biólogos y una extensa red de caminos que conducen a cascadas, un *mirador* y un enorme sistema kárstico de cuevas alrededor de Farallones de Moa. En la actualidad hay tres rutas abiertas al público, que cubren sólo una ínfima parte de las 59.400 Ha del parque; se planea abrir más en el futuro. Las rutas disponibles son: **Balcón de Iberia,** de 5 km, el circuito más difícil; **El Recrea,** 2 km de paseo por la bahía; y el **circuito Bahía de Taco,** que añade a la anterior una travesía en barca por los manglares y la bahía. En todas las rutas se va acompañado de un guía profesional. Los precios oscilan entre 5 y 10 CUC, según la ruta.

Dónde dormir

Hay alojamiento en el básico Campismo Bahía de Taco. Hay que reservar con antelación en la oficina de **Campismo Popular** (☎ 4-2776/4-5263; José Martí 225) de Baracoa o preguntar en el **Hostal La Habanera** (☎ 4-5273/74; Antonio Maceo 68).

Cómo llegar y salir

Se puede concertar una visita a través de una agencia en Baracoa o ir por cuenta propia. La carretera no es perfecta pero sí pasable para un coche de alquiler si se conduce con cuidado.

Datos prácticos

ALOJAMIENTO

Los alojamientos cubanos recorren todo el espectro de posibilidades, desde cabañas en la playa por 10 CUC hasta complejos hoteleros de cinco estrellas y todo incluido. Los precios penalizan al viajero en solitario, puesto que se verá obligado a pagar el 75% de la tarifa de una habitación doble.

En esta guía se considera precio económico menos de 40 CUC por una habitación para dos personas. En esta gama, las casas particulares son casi siempre mejor que cualquier hotel. Sólo las más lujosas de La Habana sobrepasan los 35 CUC, pero garantizan comodidades y servicio de alta calidad. En cambio, en las más baratas (15 CUC aprox.) quizá ha-

ya que compartir el baño y se tenga un ventilador en lugar de aire acondicionado. En los establecimientos más económicos, principalmente campismos (similares a *campings*), es difícil disponer de sábanas (en el caso de que se trate de cabañas) y agua caliente, aunque los baños suelen ser privados. Si se trata de un hotel destinado a cubanos, las comodidades serán aún más limitadas, aunque obviamente se conocerá mejor la realidad del país.

La gama media (entre 40 y 80 CUC) es una lotería en la que participan elegantes hoteles coloniales y edificios horribles. Se debe esperar aire acondicionado, baños privados con agua caliente, sábanas limpias, televisión vía satélite, restaurante y piscina, aunque es probable que ni el edificio sea muy evocador ni la comida muy selecta.

LO BÁSICO

■ El voltaje más habitual en los enchufes es de 110 V, 60 ciclos, pero también los hay de 220 V. Los enchufes de distinto voltaje que se colocan juntos suelen estar marcados; aun así es conveniente preguntar. Los enchufes tienen dos clavijas cuadradas.

■ Las lavanderías son escasas pero casi todas las casas particulares tienen lavadora a disposición de los clientes, o posibilidades para lavar a mano.

■ Los tres periódicos nacionales son *Granma*, *Juventud Rebelde* y *Trabajadores*. *Bohemia* y *Temas* son semanarios generalistas.

■ Hay más de 69 cadenas de radio y tres canales de televisión. Radio Habana (www.radiohc.cu) emite internacionalmente en onda corta; muchos hoteles cuentan con televisión vía satélite.

■ Al igual que la electricidad, el sistema más común de vídeo es el NTSC, pero se venden cintas de distintos formatos.

■ Cuba utiliza el sistema métrico decimal excepto en algunos mercados de frutas y verduras, donde se usa el sistema imperial inglés.

RESERVAR ALOJAMIENTO POR INTERNET

Para ver más reseñas y recomendaciones de alojamientos hechas por los autores de Lonely Planet, puede consultarse el sistema de reserva *online* en www.lonelyplanet. com, donde se encontrarán datos prácticos y fiables sobre los mejores establecimientos. Las reseñas son exhaustivas e independientes y ofrece la gran ventaja de poder reservar a través de la Red.

Los hoteles de gama alta más cómodos cuestan un mínimo de 80 CUC para dos personas. Suelen tener capital extranjero y se ajustan a estándares internacionales, aunque a veces con un servicio más relajado. Las habitaciones son básicamente iguales a las de los hoteles de categoría media pero con camas y sábanas de mejor calidad, minibar, servicio de llamadas internacionales y, quizá, terraza y buenas vistas. En La Habana se encuentran verdaderas joyas.

Los factores que influyen en el cambio de precios son la época del año, la ubicación y la cadena hotelera, que en esta guía siempre se menciona después del nombre para dar una idea de la calidad y el servicio que cabe esperar. La temporada baja va de mediados de septiembre a principios de diciembre y de febrero a mayo, exceptuando la Semana Santa. Navidades y Año Nuevo forman lo que se llama temporada "súper alta", lo que significa que los precios pueden incrementarse hasta un 25% por encima de los de la temporada alta. En las casas particulares a veces es posible regatear, aunque los extranjeros no suelen hacerlo nunca. Hay que tener en cuenta que los propietarios pagan unos impuestos fijos y los precios que cobran los reflejan. Hay muy pocas casas particulares en el país cuyos precios estén por debajo de 15 CUC o por encima de 35 CUC, a menos que se vaya a permanecer durante una larga temporada. Reservar alojamiento con antelación es muy difícil, pero no imposible.

Las siguientes cadenas y agencias por Internet ofrecen reservas y/o información:

Organización Casa Particular (www.casaparticular cuba.org). Recomendada por los lectores para reservar habitaciones en casas privadas.

Cubacasas (www.cubacasas.net). Excelente página para ver recomendaciones de casas e información general sobre el país.

Cubalinda.com (www.cubalinda.com). Elaborada en La Habana; información de primera mano.

Gran Caribe (www.grancaribe.cu)

Islazul (www.islazul.cu)

Sol Meliá (www.solmeliacuba.com). También ofrece descuentos.

Vacacionar (www.dtcuba.com). Página oficial del Directorio Turístico de Cuba.

Campismos

Aquí es donde se alojan los cubanos de vacaciones. Existen más de 80 diseminados por todo el país y son extremadamente populares, hasta el punto de que se estima que un millón de cubanos los utilizan anualmente. Más que *campings*, estas instalaciones son sencillas cabañas de cemento con literas, colchones de espuma y duchas frías. Son perfectos para conocer cubanos, pero no precisamente cómodas.

Los campismos se clasifican como nacionales e internacionales. Los primeros, teóricamente, sólo son para cubanos, mientras que los últimos admiten a todos y ofrecen mayores comodidades, como aire acondicionado y/o sábanas. De ellos en la actualidad hay unos doce en todo el país, desde el de Aguas Claras (Pinar del Río), con calidad de hotel, hasta el de Puerto Rico Libre (Holguín), con lo básico. En la práctica, el personal de estos establecimientos puede alquilar una cabaña o parcela "nacional" a un extranjero dependiendo de la disponibilidad, pero todo depende del establecimiento en cuestión. Muchos extranjeros han sido rechazados, lo que no resulta muy agradable cuando se viaja por lugares apartados intentando mezclarse un poco con la población. Para evitar esta situación, aquí se incluyen sólo los campismos internacionales.

Para obtener un listado completo de los campismos del país, tanto nacionales como internacionales, se puede recurrir a la excelente *Guía de Campismo* (2,50 CUC) que proporcionan las oficinas de Reservaciones de Campismo.

En lo que se refiere a los internacionales, se puede reservar en la estupenda **Cubamar** (☎ 7-66-25-23/4; fax 7-33-31-11; www.cubamarviajes. cu; calle 3 esq. con Malecón, Vedado) en La Habana. Si se quiere correr el riesgo de intentarlo en un campismo nacional, se puede contactar con la oficina provincial de Campismo Popular. Los datos de estas oficinas se encuentran en cada capítulo. El alojamiento en una cabaña

cuesta entre 10 y 20 CUC por cama, pero en las elegantes cabañas de Villas Aguas Claras (provincia de Pinar del Río; p. 191) y Guajimico (provincia de Cienfuegos; p. 263) los precios son más altos.

Cubamar alquila también caravanas, llamadas *campertours*, con capacidad para cuatro adultos y dos niños. Los precios rondan los 165 CUC diarios incluido el seguro (más 400 CUC de depósito reembolsable). Se pueden aparcar en el mismo lugar que un automóvil cualquiera. Hay 21 campismos/hoteles que tienen instalaciones de *campertour*, con acceso a electricidad y agua. Es una alternativa estupenda para familias.

Aparte de algunos ciclistas, hay muy pocos turistas que acampen. Sin embargo, la abundancia de playas y la cordialidad y generosidad de los cubanos hace que sea una experiencia muy fácil y gratificante. No obstante, acampar en la playa significa enfrentarse a mosquitos y jejenes exageradamente agresivos. El repelente que venden en Cuba parece atraer más que ahuyentar a los insectos, así que se recomienda llevar un producto más fuerte, con DEET por ejemplo. No existen los accesorios de *camping*, así que hay que traerlos o improvisar.

Casas particulares

Las habitaciones privadas son la mejor opción para viajeros independientes y una forma excelente de conocer la vida cotidiana de los cubanos. Además, la estancia en estos establecimientos familiares proporciona una idea mucho más abierta y libre del país, puesto que la gente se muestra más natural, lo que favorece una mayor comprensión de la realidad. Los propietarios de las casas suelen ser guías turísticos excelentes.

Las casas que alquilan habitaciones se distinguen fácilmente por el triángulo verde de la puerta que indica "Arrendador inscrito". Hay miles por toda Cuba y en localidades como Viñales, Trinidad y Camagüey se acumulan 300 o más. Bien sea en áticos o en edificios históricos, todas las habitaciones cuestan entre 15 y 35 CUC, aunque algunos propietarios tratan a sus huéspedes como talonarios de cheques, la mayoría son anfitriones amables y acogedores.

La legislación que rige estas casas es compleja. Es ilegal alquilar habitaciones privadas en centros turísticos. Los propietarios pagan mensualmente entre 100 y 250 CUC por habitación dependiendo de la ubicación, más una cantidad adicional por ofrecer aparcamiento privado, poner un cartel que anuncie la casa o servir comidas. Los impuestos deben pagarse independientemente de si las habitaciones se alquilan o no, y los propietarios deben llevar un registro de todos los clientes nuevos e informar de cada nuevo ingreso en un plazo de 24 horas. Por estas razones,

---

MISIÓN MILAGROS

Misión Milagros es el nombre no oficial de un programa médico pionero creado entre Cuba y Venezuela en 2004 que ofrece tratamiento ocular gratuito para venezolanos en hospitales cubanos. A finales de 2005 más de 150.000 personas habían recibido tratamiento para cataratas, glaucoma y diabetes; a consecuencia de ello, el programa se ha ampliado a 10 países latinoamericanos y caribeños como Guyana y Bolivia.

Para participar en la Misión Milagros los pacientes extranjeros deben ser diagnosticados y elegidos primero en sus países de origen antes de ser trasladados gratuitamente a La Habana para seguir su tratamiento. Una vez allí, mediante tecnología láser se corrigen fácilmente los problemas oculares y se restaura la visión oscurecida o limitada en cuestión de horas. Tras un tiempo de convalecencia, los pacientes reciben alojamiento gratuito en alguno de los hoteles cubanos y excursiones también gratuitas en una flota especial de autobuses de Astro fabricados en China.

En el momento de redactar esta guía, un gran número de hoteles turísticos estaban cerrados temporalmente debido a su participación en programas de la Misión Milagros, entre ellos el Neptuno-Triton, el Copacabana, El Megano, el Panamericano, el Acuario, y el Viejo y El Mar (todos en La Habana); el Hotel Pasacaballo (Cienfuegos); el Hotel Camagüey (Camagüey); el Hotel Sierra Maestra (Bayamo); los hoteles Costa Morena, Gran Piedra y Club Bucanero (provincia de Santiago); el Hotel Guantánamo (Guantánamo); y el Hotel Guancayabo (Manzanillo). Se aconseja llamar con antelación para asegurarse.

es muy difícil regatear en el precio de la habitación y se pide siempre el pasaporte. Las multas por infringir esta normativa son altas; recientemente se han aprobado nuevas normas, como por ejemplo la restricción de las casas a dos personas, excluidos menores, por habitación y sólo dos habitaciones por casa. Sin un certificado de matrimonio, los extranjeros cuya pareja sea cubana tendrán muy difícil encontrar alojamiento. Casi todas las casas son muy estrictas en cuanto a prohibir la entrada a jineteras (prostitutas cuyos clientes son exclusivamente extranjeros) en las habitaciones y considerarán como tal a cualquier acompañante del país a menos que se pruebe lo contrario.

Debido a la inmensa cantidad de casas particulares existentes en la isla, es imposible incluir siquiera un pequeño porcentaje en esta guía. Las que se han elegido son una combinación de recomendaciones de los lectores e investigación local por parte del autor, y se enumeran por orden alfabético. Fuera de ellas, pueden encontrarse muchas otras posibilidades excelentes si se tiene tiempo y ganas de buscar.

Hoteles

Todos los hoteles y complejos turísticos tienen al menos un 51% de participación del Estado cubano y están administrados por una de las cinco organizaciones principales existentes. Islazul es la más barata y la única que presta servicio tanto a extranjeros como a cubanos, a precios diferentes. Aunque sus establecimientos tienen instalaciones muy variables y un cierto toque soviético en la arquitectura, siempre están limpios y son baratos, cordiales y, sobre todo, muy cubanos. Suelen estar situados en pequeñas ciudades provincianas; su máximo inconveniente son las discotecas que tienen, que mantienen despiertos a los clientes hasta altas horas de la madrugada. Cubanacán da un paso más y ofrece una mezcla de establecimientos de precio económico y medio, tanto en ciudades como en centros turísticos. La empresa ha desarrollado recientemente una nueva oferta de hoteles tipo *boutique* en centros históricos importantes como Sancti Spíritus, Baracoa, Remedios y Santiago. Gaviota controla los complejos más lujosos, como el elegante Playa Pesquero, que con sus 900 habitaciones de lujo, es el más grande del país. La cadena cuenta también con unas cuantas villas más baratas en localidades como Santiago y la isla de la Juventud. Gran Caribe tiene hoteles de gama media y alta, incluidos muchos de los que ofrecen paquetes con todo incluido en La Habana y Varadero. Por último, Habaguanex se centra únicamente en La Habana y gestiona casi todos los hoteles en edificios históricos restaurados de la Habana Vieja. Como cada empresa tiene su propio sector, cuando en esta guía se menciona la cadena que gestiona cada hotel se pretende dar una idea de lo que cabe esperar en cada uno. A excepción de las propiedades de Islazul, los hoteles turísticos están destinados sólo a clientes que pagan en convertibles. Los cubanos que no estén casados legalmente con extranjeros, y deben presentar certificados que lo prueben, no pueden alojarse en estos hoteles. La razón de esta ley es, según el Gobierno, el control de la prostitución, que actualmente ha convertido a Cuba en uno de los principales destinos de turismo sexual del mundo; a pesar de todo, esta práctica no tiene visos de disminuir.

En el extremo más alto suelen descubrirse cadenas hoteleras extranjeras como Sol Meliá o Superclubs, que gestionan hoteles en colaboración con Cubanacán, Gaviota o Gran Caribe principalmente en los centros turísticos de playa. Los estándares y servicios de este tipo de hoteles son de primera calidad.

ACTIVIDADES

Cuba es la mayor de las Grandes Antillas, la isla más extensa del Caribe, con 5.746 km de costa, lo que la convierte en un destino perfecto para practicar actividades acuáticas, principalmente submarinismo, buceo y pesca de altura. En tierra, siglos de erosión han creado más de veinte mil cuevas y un valle de 6 km alfombrado de curiosos montes redondeados llamados mogotes, enclaves perfectos para hacer espeleología y escalada. Los innumerables rincones sin explorar proporcionan a ciclistas, jinetes, mochileros y otros viajeros independientes cientos de kilómetros de carreteras abiertas para la aventura.

Cualquier material que el viajero pueda donar a aquellos con quienes se encuentre por el camino (frontales, respiradores para bucear, aletas, etc.) será muy apreciado.

Espeleología

Cuba está horadada por más de veinte mil cuevas y su exploración es factible tanto pa-

ra turistas como para profesionales. La Gran Caverna de Santo Tomás (p. 205), cerca de Viñales, es el sistema más grande del país, con 460 km de galerías; la cueva de los Peces (p. 249), cerca de la playa Girón, es un cenote inundado que ofrece interesantes inmersiones; y las cuevas de Ambrosio (p. 228) y Bellamar (p. 219), ambas en Matanzas, reciben excursiones de turistas a diario.

Los espeleólogos tienen una selección prácticamente ilimitada de cuevas para elegir. Si se organiza con antelación, se puede explorar la Gran Caverna de Santo Tomás o visitar la cueva Martín Infierno (p. 263), que alberga la estalagmita más larga del mundo. La de San Catalina, cerca de Varadero, tiene formaciones de hongos únicas. También es posible hacer espeleología subacuática, pero sólo para los que tienen mucha experiencia. Los interesados pueden ponerse en contacto con Ángel Graña, secretario de la **Sociedad Espeleológica de Cuba** (☎ 7-209-2885; angel@fanj. cult.cu), en La Habana. La **Escuela Nacional de Espeleología** (☎ 8-77-10-14), en Moncada, en la entrada de la Gran Caverna de Santo Tomás, es otra buena fuente de información profesional.

Ciclismo

Ir en bicicleta es la mejor forma de recorrer la isla en profundidad. Las carreteras, el paisaje y la posibilidad de salirse del camino marcado y conocer a los cubanos de cerca hacen que esta práctica sea un placer independientemente de la ruta que se tome. Los menos atrevidos pueden alquilar una bici durante un rato en algunos hoteles, complejos y cafés por unos 3 CUC/día.

Submarinismo

En Cuba hay puntos de inmersión espectaculares para todos los niveles. Existen más de 30 centros de submarinismo por toda la isla gestionados por instituciones como **Marinas Gaviota** (www.gaviota-grupo.com), **Cubanacán Náutica** (www.cubanacan.cu) o **Cubamar** (www.cubamarviajes.cu). Aunque el material varía según la empresa que se elija, normalmente se puede confiar en su seguridad, profesionalidad y buen servicio. Sin embargo, las cosas comienzan a torcerse en lo referente a la sensibilidad medioambiental: cada cual debe ser responsable de su comportamiento en la inmersión (véase recuadro).

Los precios son similares en toda la isla; van de 30 a 45 CUC por inmersión, con un

---

SUBMARINISMO RESPONSABLE

Al practicar el submarinismo se deben tomar en cuenta los consejos siguientes para ayudar a conservar el ecosistema y la belleza de los arrecifes:

- Nunca deben utilizarse anclas ni arrastrar barcas sobre el arrecife.

- Se debe evitar tocar organismos marinos vivos, ponerse de pie o colocar equipos de submarinismo sobre ellos. Los pólipos pueden dañarse incluso con el roce más suave. Si es necesario agarrarse a algo, hay que buscar trozos de rocas expuestos o corales muertos.

- Es importante ser consciente de qué tocan las aletas. Incluso sin contacto, el remolino que provoca batir los pies cerca del arrecife puede dañar estos delicados organismos. Hay que tener especial cuidado de no levantar nubes de arena, porque puede asfixiarlos.

- Se debe mantener el control de la flotabilidad; los submarinistas que descienden demasiado rápido y chocan contra el arrecife provocan importantes daños.

- Hay que tener especial atención en las cuevas submarinas y pasar dentro el menor tiempo posible, puesto que las burbujas de oxígeno pueden quedar atrapadas en el techo de la cueva y secar a los organismos que allí vivan. Se recomienda entrar en el interior de una cueva pequeña por turnos.

- Hay que resistir la tentación de llevarse trozos de coral o comprarlo, recoger conchas o saquear yacimientos arqueológicos submarinos, principalmente barcos hundidos.

- Se debe recoger toda la basura que se genere y la que se encuentre, sobre todo objetos de plástico, que amenazan gravemente a la vida marina.

- No se debe dar de comer a los peces.

- Hay que tratar de molestar lo imprescindible y nunca montarse sobre el lomo de una tortuga.

descuento por más de cuatro o cinco bajadas. Los cursos con certificación cuestan entre 310 y 365 CUC; los introductorias para turistas, entre 50 y 60 CUC. Debido al bloqueo que sufre el régimen castrista no se suelen ofrecer cursos de certificación PADI; en su lugar se recibe un certificado de la ACUC (American Canadian Underwater Certification) o un certificado de la CMAS (Confederación Mundial de Actividades Subacuáticas). En cualquier caso, en los centros y escuelas cubanas se admiten las titulaciones reconocidas por la Asociación de Formadores de Buceadores Recreativos (RSTC): ACUC, ANIS, BARRAKUDA, CMAS, FIAS, NAUI, PADI, PDIC, SSI, etc.

Las zonas de inmersión más populares son María la Gorda (Pinar del Río; p. 196), playa Girón (en bahía de Cochinos; p. 250), playa Rancho Luna y Guajimico (ambas en Cienfuegos; p. 262 y p. 263 respectivamente), Cayo Coco (Ciego de Ávila; p. 314), playa Santa Lucía (Camagüey; p. 330) y Guardalavaca (Holguín; p. 359). Varadero (p. 229) cuenta con más de treinta puntos de inmersión pero sólo uno accesible desde la costa. Los puntos de la playa Girón y Cienfuegos son buenos y adecuados para iniciarse. Los expertos disfrutarán más de las magníficas condiciones subacuáticas de la isla de la Juventud (p. 181), considerada la mejor de Cuba –e incluso de todo el Caribe–, y de la zona de los Jardines de la Reina (p. 315).

Pesca

Los mejores lugares de la isla para la pesca del pez vela, el pez espada, el atún, la caballa, la barracuda y el tiburón están en la costa norte, donde la rápida corriente del Golfo favorece la práctica de este deporte. Hay instalaciones para pesca deportiva en La Habana (p. 143), Playas del Este (p. 158), Varadero (p. 230), Cayo Guillermo (p. 315), bahía de Naranjo (p. 357) e isla de la Juventud (p. 183). La pesca costera de especies como el macabí o el sábalo puede practicarse en los Jardines de la Reina (p. 315), en el sur.

En la vasta ciénaga de Zapata, (p. 249) en Matanzas, es soberbia la pesca con mosca y los aficionados pueden organizar viajes de varios días de captura y suelta. También se puede pescar "trucha" (perca) en la laguna Grande (p. 194), la laguna de Tesoro (p. 246) y la de la Leche (p. 312). El embalse Zaza y el río Agabama (p. 287) son auténticos paraísos para los pescadores.

Senderismo y 'trekking'

Aunque el potencial de la isla para estos deportes es enorme, en la práctica, las posibilidades se ven muy restringidas por el mal estado de los senderos, la escasez de señalización, la falta de mapas y las draconianas normas impuestas por el régimen sobre los lugares a los que se puede ir con guía o sin él.

Las mejores rutas, como la de tres días a la cima del Pico Turquino (p. 422); la cueva las Perlas, en la península de Guanahacabibes (p. 197); el monte de cima plana de El Yunque (p. 441), el Parque Nacional Alejandro de Humboldt (p. 442); y los distintos recorridos en los alrededores de Las Terrazas (p. 211), en Pinar del Río, son teóricamente sólo para senderistas acompañados de un guía.

Si se quiere caminar de forma independiente, se necesita paciencia, resolución y sentido de la orientación. Es muy práctico preguntar a los lugareños o en la casa particular donde se esté alojado. Se puede probar primero con el salto del Caburní y otros caminos de Topes de Collantes (p. 300), o en los alrededores de Viñales (p. 203).

Escalada

El valle de Viñales (p. 198) ha sido descrito como el mejor enclave para la escalada en roca del hemisferio occidental. Hay más de 150 vías abiertas para todos los niveles de dificultad, con varios 5.14, y la comunidad internacional de escaladores está creando un escenario propio en uno de los enclaves más bonitos de la isla. Los viajeros independientes apreciarán la libertad que se disfruta aquí.

Aunque es posible escalar durante todo el año, puede llegar a hacer mucho calor y los cubanos limitan la temporada a los meses de octubre a abril, siendo diciembre y enero los mejores. Para obtener más información hay que visitar la página web de **Cuba Climbing** (www.cubaclimbing.com) o contactar con **Aníbal Fernández** (anibalpiaz@yahoo.com), presidente del club nacional de escalada.

Buceo

Para disfrutar del acuario tropical de las aguas cubanas no hay que ir a mucha profundidad: los buceadores a pulmón descubrirán tesoros en la costa sur, desde playa Larga (p. 248) a Caleta Buena (Matanzas; p. 251) y los alrededores de Cienfuegos (p. 262), playa Jibacoa (provincia de La Habana; p. 166) y el arrecife coralino de Guardalavaca (Holguín;

p. 359). En Varadero, se ofrecen excursiones diarias para bucear en Cayo Blanco (p. 229), donde se asegura la abundancia de peces tropicales y buena visibilidad. Si no se quiere ir en grupo, se puede probar en la playa Coral (p. 229), a 20 km.

Con una barca se accede a magníficos puntos de buceo, sobre todo en las aguas de la isla de la Juventud (p. 181) y Cayo Largo (p. 182), pero también en Varadero (pecios y arrecifes; p. 229), Cienfuegos (p. 262) y Guajimico (p. 263). Si se planea bucear bastante es conveniente llevar equipo propio, puesto que el material alquilado está muy usado y comprarlo en Cuba es casi tirar el dinero.

HORARIO COMERCIAL

En Cuba no suelen existir los horarios establecidos, aunque puede decirse que las oficinas abren habitualmente de 9.00 a 17.00 de lunes a viernes. Los establecimientos no acostumbran a cerrar a mediodía, a excepción de los museos provinciales, que en cambio abren hasta altas horas de la noche. Los museos y los mercados de verduras suelen descansar los lunes.

Las oficinas de correos abren de 8.00 a 18.00 de lunes a sábado, pero la central acostumbra a ampliar el horario. Los bancos abren de 9.00 a 15.00 de lunes a viernes y cierran a las 12.00 el último día laborable de mes. Las oficinas de cambio de moneda de Cadeca abren normalmente de 9.00 a 18.00 de lunes a sábado y de 9.00 a 12.000 el domingo.

Las farmacias abren generalmente de 8.00 a 20.00 pero las que indican "turno permanente" o "pilotos" permanecen abiertas 24 horas.

En los comercios todo se para durante el cambio de turno y no es posible ni pedir una cerveza o comprar cigarrillos hasta que no se ha terminado el inventario, que puede durar desde 10 minutos a una hora. Los domingos, las tiendas suelen cerrar a las 12.00. En general siempre es mejor hacer cuanto antes todo lo necesario (gestiones bancarias, alquiler de vehículos, gestiones de inmigración, confirmaciones de vuelos).

Los horarios de los comercios que se citan en esta guía no se especifican a menos que sean distintos de los habituales.

VIAJAR CON NIÑOS

Los niños cubanos son muy participativos. Se les ve en conciertos, restaurantes, iglesias, fiestas y, por desgracia, también en manifestaciones políticas e incluso dando discursos: el adoctrinamiento del régimen comienza a muy corta edad. Resulta realmente escalofriante ver a un niño de 6 años gritando en falsete: "Socialismo o muerte".

En Cuba se viaja mucho con niños; las familias cubanas así lo hacen y son la mejor fuente de información actualizada. Para consejos más generales, véase la guía de Lonely Planet *Travel with Children*.

Lo básico

Hay muchas cosas sencillas que no se encuentran fácilmente en Cuba, como leche infantil, toallitas, pañales desechables, muchos medicamentos, ropa, protector solar, etc. Sin embargo, los cubanos han aprendido a vivir en la escasez y estarán encantados de preparar a un niño un puré de calabacín y judías o improvisar un pañal con telas. En los restaurantes no hay tronas pero rápidamente apilan una silla encima de otra para alcanzar la altura adecuada. Los hoteles más lujosos disponen de cunas y en las casas particulares también suelen tener. Los canguros abundan; el conserje del hotel o el dueño de la casa particular pueden poner al viajero en contacto con uno. En cambio no se encuentran sillas para el automóvil y en algunos casos ni siquiera cinturones de seguridad. La clave de los viajes a Cuba está en pedir lo que se necesita; seguro que se encuentra la ayuda de alguien amable.

Puntos de interés y actividades

Como cualquier otra gran ciudad, La Habana es estupenda para los niños (véase p. 109). Cuenta con representaciones infantiles de teatro y baile, dos acuarios, dos zoos, un par de parques estupendos y enormes zonas infantiles. Los complejos hoteleros ofrecen muchas actividades para niños, desde excursiones especiales hasta piscinas reservadas para ellos. Guardalavaca tiene la ventaja de estar cerca de muchos lugares interesantes, como el acuario de bahía de Naranjo (p. 357). El parque Baconao en Santiago de Cuba (p. 415) tiene de todo, desde automóviles antiguos a dinosaurios, un paraíso de fantasía para niños de todas las edades.

Otras actividades que harán disfrutar a los más pequeños son los paseos a caballo, los partidos de béisbol, las visitas a fábricas de puros, el buceo, el minigolf, la exploración de cuevas o las cascadas de El Nicho (p. 264) y Topes de Collantes (p. 300).

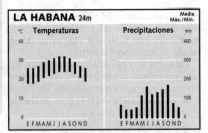

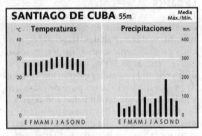

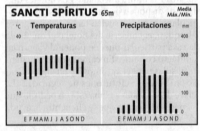

CLIMA

En Cuba hace calor y la humedad va desde 81% en verano al 79% en invierno. Afortunadamente se ve reducido por los alisios que soplan del nordeste y la temperatura más alta registrada en la isla no supera los 40°C. Hay que tener cuidado con los frentes fríos que se forman en invierno, que hacen bajar las temperaturas vespertinas en la región occidental. También es conveniente tener en cuenta la temporada de huracanes, de junio a noviembre; véase el apartado "Cuándo ir", p. 21.

CURSOS

La rica tradición cultural cubana y la abundancia de buenos profesionales hacen de este país un lugar estupendo para estudiar. Los estudiantes que se matriculan oficialmente tienen visados de mayor duración y un carné identificativo que les permite pagar en pesos en museos, transporte (incluidos colectivos) y representaciones teatrales. El aislamiento del régimen castrista hace casi imposible matricularse en algún curso antes de llegar, pero no hay problemas en organizarlo todo una vez allí. En Cuba siempre es mejor hacer las cosas cara a cara.

Se ofrecen clases particulares de todo, desde tambores *batá* a cine. Hay instituciones especializadas que los organizan por un precio que fluctúa entre 5 y 10 CUC la hora.

Aunque los ciudadanos estadounidenses pueden estudiar en Cuba, sus posibilidades se vieron muy reducidas cuando el Gobierno de Washington anuló las licencias de viaje educativas en 2003.

Cultura y baile

Por todo el país pueden encontrarse clases de baile, aunque lo mejor es probar en La Habana o Santiago, en sitios como la **Casa del Caribe** (plano pp. 392-393; ☎ 226-64-22-85; fax 226-64-23-87; calle 13, nº 154, Vista Alegre, 90100 Santiago de Cuba), el **Conjunto Folklórico Nacional** (plano pp. 102-103; ☎ 7-830-3060; calle 4, nº 103, entre Calzada y calle 5, Vedado, La Habana) y el **Centro Andaluz** (plano p. 96; ☎ 7-863-6745; fax 7-66-69-01; Prado 104, Centro Habana). Para obtener más información, véase en cada uno de los capítulos.

Arte y cine

Se pueden organizar cursos para extranjeros durante todo el año en la Oficina de Relaciones Internacionales del **Instituto Superior de Arte** (plano pp. 102-103; ☎ 7-208-8075; isa@cubarte.cult.cu; calle 120, nº 1110, Cubanacán, Playa, La Habana 11600). Suele haber de percusión y baile casi en cualquier momento, pero en lo referente a otras materias, como artes plásticas, música, teatro o estética, es necesario esperar a que haya profesores disponibles.

Habitualmente los cursos son de cuatro horas semanales y cuestan entre 10 y 15 CUC la hora. Los interesados tienen que matricularse la última semana de agosto para el cuatrimestre de otoño y las últimas tres semanas de enero para el de primavera. Las vacaciones son de primeros de julio a la tercera semana de agosto. El instituto acepta también estudiantes de posgrado en sus cursos normales. Un año completo de estudios, de septiembre a junio, como parte de un programa normal de cinco años cuesta 2.500 CUC. Se puede optar a una plaza en residencias de estudiantes.

La **Escuela Internacional de Cine, Televisión y Vídeo** (☎ 650-3152; fax 650-33-53-41/51-96; apartado aéreo

4041, San Antonio de los Baños, provincia de La Habana) forma profesionales en imagen de todo el mundo, sobre todo de países no europeos. Bajo el patronazgo del novelista Gabriel García Márquez, está gestionada por la fundación que organiza también el festival anual de cine de La Habana. El campus está en la finca San Tranquilino, en la carretera de Vereda Nueva, 5 km al noroeste de San Antonio de los Baños. Los candidatos tienen que presentar su solicitud por escrito y por adelantado (no se da información personal en la entrada).

Programas de estudios en Cuba

La agencia de viajes **Universitur** (www.universidad 2002.cu; ☎ 555577 y 555794; calle 30, nº 768-1, Nuevo Vedado, La Habana; agencia@universitur.get.tur.cu) es un operador exclusivo para el acceso a cursos y a carreras universitarias en Cuba. Está dedicada a viajes especializados en intercambio académico, científico y profesional.

Las universidades cubanas ofrecen la posibilidad de realizar además de carreras completas, otras modalidades dentro del pregrado para estudiantes extranjeros. Cada centro de educación superior tiene establecidos sus costos y características según la duración y la especialidad. La Residencia Universitaria procura a muchos estudiantes alojamiento y alimento por unos 30.00 CUC al mes. Además, existen instalaciones hoteleras universitarias que ofrecen un paquete con tarifa anual de unos 2.400.00 CUC. Para tramitar las solicitudes de matrículas o recabar información hay que dirigirse a diferentes estancias, según el curso y el nivel educativo, al Ministerio de Educación Superior, a la Oficina de Pregrado Internacional, a las universidades o a Universitur. Algunas direcciones útiles son:

Oficina de Pregrado Internacional (☎ 308 031; fax 333 127; calle 23, nº 565, Vedado, 10400, La Habana; dpi@reduniv.edu.cu)

Universidad de La Habana (www.uh.cu; ☎ 832-2757/ 2350; calle L esq. con San Lázaro, Colina Universitaria, Vedado, La Habana, maritzayip@yahoo.com). Estudios de humanidades o ciencias sociales.

Departamento de Posgrados (☎ 832 4245; calle L esq. con San Lázaro, Colina Universitaria, Vedado, La Habana, dpg@uh.cu). Estudios de posgrado (doctorados o maestrías).

Instituto Superior Politécnico José Antonio Echeverría (www.ispjae.cu; ☎ 260-2980; Central Manuel Martínez Prieto, Marianao, La Habana; profinv@tesla.ispjae.edu.cu). Para estudiar ingeniería o arquitectura.

Instituto Superior de Ciencias Médicas Victoria de Girón (☎ 202 0974; calle 146, entre calles 25 y 31, Marianao, La Habana; ebasco@infomed.sld.cu). Para estudiar medicina o enfermería.

ADUANA

Siguiendo la tradición soviética, la legislación del régimen castrista sobre aduanas es muy complicada. Para informarse de forma exhaustiva puede consultarse la página www.aduana.islagrande.cu. Los viajeros pueden introducir en el país artículos personales, como equipo fotográfico, prismáticos, un instrumento musical, un radiocasete, un aparato de radio, un ordenador personal, una tienda de campaña, una caña de pescar, una bicicleta, una canoa o material deportivo de otro tipo hasta un límite de 250 US$, así como 10 kg de medicinas en su caja original. Los mayores de 18 años pueden importar 2 l de licor y un cartón de cigarrillos.

Todo lo que no corresponda a las categorías mencionadas anteriormente está sometido a un impuesto de aduanas de un máximo de 1.000 CUC.

Entre los artículos que no se permite importar, algunos son obvios (narcóticos y explosivos), otros no tanto (pornografía) y algunos desconcertantes (electrodomésticos en general, sistemas de posicionamiento global GPS, cintas de vídeo grabadas). Además, es delito introducir "cualquier objeto que atente contra la seguridad y el orden interno del país", lo que incluye una larga lista de libros.

Los alimentos enlatados, procesados o secos, y los animales de compañía no suponen ningún problema.

Exportar objetos artísticos o del patrimonio cultural está restringido e implica tasas y documentos, es decir, toparse con la tremebunda burocracia. Véase el apartado "Exportación de objetos artísticos" (p. 133) para obtener más información. Está permitido exportar 50 cigarros puros libres de impuestos.

PELIGROS Y ADVERTENCIAS

En general Cuba es un país bastante seguro y los robos con violencia son extremadamente raros. En cambio, los hurtos son bastante comunes. El robo de bolsos y carteras también es habitual en autobuses llenos o mercados abarrotados. En todo caso, con un poco de previsión resultará fácil evitar este tipo de problemas.

CONSEJOS DE SEGURIDAD

La mayor parte de los organismos turísticos clasifican Cuba como un país de bajo riesgo, a pesar de que el índice de delitos parece estar en alza. A continuación se mencionan algunos consejos básicos para viajar por el país.

- Estar atento a los tirones de bolso y hurtos, especialmente en zonas muy turísticas.
- Retirar todos los objetos de valor del equipaje que se vaya a facturar e intentar envolver éste con plástico, servicio que se presta en el aeropuerto de La Habana.
- Tener mucho cuidado al conducir por las carreteras cubanas.
- Contratar antes de salir un seguro de viaje completo que incluya asistencia médica.
- Consultar los partes meteorológicos nacionales e internacionales, sobre todo durante la época de huracanes.
- Evitar las drogas ilegales.
- Consultar al banco del país de procedencia qué tarjetas de crédito se admiten en Cuba y llevar dinero suficiente en efectivo o cheques de viaje.
- Mantenerse alejado de zonas militares y restringidas.

Hay que tener en cuenta que mendigar está considerado un delito, lo cual incluye a los jineteros. El aumento del turismo, no obstante, ha hecho que estas prácticas aumenten. Las autoridades pretenden desalentar que los turistas realicen cualquier tipo de regalo, donativo o dádiva de carácter individual, e indican que si se quiere ayudar, las donaciones se realicen a hospitales, escuelas y bibliotecas; en este último caso siempre que los libros que se regalen no estén prohibidos. Los jineteros (buscavidas que ofrecen sus servicios al turista) y las jineteras (prostitutas) pueden llegar a ser una verdadera molestia. Para más información, véase el recuadro de la p. 390.

Los visitantes de origen no europeo atraen mayor atención de la policía que los que son claramente extranjeros. Los procedentes de países latinos, del sudeste asiático o los de raza negra muy probablemente tendrán que enseñar el pasaporte en hoteles y lugares donde no se permite la entrada a cubanos, con el pretexto de que lo parecen. De la misma forma, las parejas de razas diferentes, especialmente las formadas por negros y blancos, pueden tener que enfrentarse a preguntas, presentación de certificados y molestias que otros no sufren.

EMBAJADAS Y CONSULADOS
Embajadas y consulados de Cuba

Argentina (☎ 4782-9049, 4782-9149, fax 4786-7713; Virrey del Pino 1810, Belgrano, 1426 Buenos Aires; argoficemb@ecuargentina.minrex.gov.cu)

Bolivia (☎ 272-1157, 214 5780; fax 272-3419; Gobles 20, Irpavi Bajo, zona Sur, La Paz; embacuba@acelerate.com; consulbol@acelerate.com)

Brasil (☎ 248 4710, 248 4215; fax 248 6778; SHIS QI-05, conjunto 18, casa 1, Sul, Cep 71-615-180, Brasilia D. F; embacubabsb@uol.com.br; consulcubabsb@uol.com. br) Consulado General en Sao Paulo (☎ 3873 4537, 3873 2800; fax 3864 5052; Rua Cardoso de Almeida 2115, Barrio Sumaré, CEP. 01 252-001, Sao Paulo; oficonsular@uol.com. br; agreconsulcu@uol.com.br)

Chile (☎ 274 5021, 274 5443; fax 274 5708; av. Los Leones 1346, Providencia, Santiago de Chile)

Colombia (☎ 621 7054, 236 3570; fax 611 4382; carrera 9ª, 92-54, Santafé de Bogotá; embacuba@cable.net.co; consulcuba@cable.net.co)

Costa Rica Consulado (☎) 291 1604, 231 6812; fax 232 2985; Antigua AID, Rohrmoser, Pavas, San José; conscostarica@amnet.co.cr; conscuba@racsa.co.cr; consulcubacr@amnet.co.cr)

Ecuador (☎ 456 936, 260 981; fax 430 594; av. El Mercurio 365, entre La Razón y el Vengador, Quito; embajada@embacuba.ec; consulado@embacuba.ec)

España (http://emba.cubaminrex.cu/espana/www. ecubamad.com; ☎ 91 359 2500; fax 91 359 6145; paseo de La Habana 194, 28036 Madrid; secreembajada@ecubamad. com) consulados generales: Madrid (☎ 91 401 0579; fax 91 402 1948; conde de Peñalver 38, 6º, 28006 Madrid; ccubamad@telefonica.net); Barcelona (☎ 902 99 506; paseo de Gracia, 34, 2º/1ª, 08007 Barcelona; infoconsular bcn@consuladocuba.org); Sevilla (☎ 95 441 7706; Blas Infante 6, 8º, 41011 Sevilla; sevillaconsulado@telefonica. net); Canarias (☎ 928 24 4642; León y Castillo 247, Ciudad Jardín, 35005 Las Palmas de Gran Canaria; consuman@terra. es); Santiago de Compostela (☎ 981 576 168; Dr. Texeiro 5,

4º, 15701 Santiago de Compostela; consulgalicia@mun
do-r.com)
EE UU (☎ 797 8518 al 20; fax 797 8521; 2630 16th .St.
NW, Washington D. C. 20009-4202; cubasecc@pop.erols.
com, cubaseccion@prodigy.net)
Guatemala (☎ 332 4066, 332 5521, 361 2860; fax
332- 5525; av. de las Américas 20-72, zona 13, Ciudad de
Guatemala; embagua@intelnet.net.gt)
Honduras (☎ 239 5993, 239 5996; fax 235 7625;
calle Luis Bogran 1201, colonia Tepellac, Tegucigalpa;
embacuba@multivisionhn.net; admoncuba@multivisionhn.
net; conscuba@multivisionhn.net)
México (☎ 52-5-280-8039; fax 52-5-280-0839; Presidente
Masarik 554, colonia Polanco 11560, México D. F.)
Perú (☎ 264 2053; fax 264 4525; Coronel Portillo 110, San
Isidro, Lima; embacuba@ecuperu.minrex.gov.cu)
Uruguay (☎ 623 2803 /623 2804; fax 623 2805; Cristóbal
Echevarriarza 3471, Montevideo; cancillería@netgate.com.uy;
consulcuba@netgate.com.uy; cubaladi@netgate.com.uy)
Venezuela (☎ 991 2911, 991 6661; fax 993 5695;
Roraima esq. con Río de Janeiro y Choroní, Chuao, Caracas;
embacubavlza@cantv.net)

Embajadas en Cuba

La mayor parte de las embajadas abren de
8.00 a 12.00 de lunes a viernes.
Argentina (☎ 204 2573; fax; 204 2140; calle 36, nº 511,
Miramar)
Bolivia (☎ 242 426 y 242 739; fax 53 7 242 127; calle 26,
nº 113, entre avs. 1 y 3; Miramar; bembolcu@ip.etecsa.cu)
Brasil (☎ 204 2139; fax 204 2328; Lonja del Comercio,
calle Lamparilla 2, 4º, piso K, Habana Vieja)
Chile (☎ 204 12 22; fax 204 1694; calle 33, nº 1423,
Miramar)
Colombia (☎ 204 1246; fax 204 1249;calle 14, 515,
Miramar)
Ecuador (☎ 242 034 y 242 820; fax 242 868; av. Quinta A,
nº 4407, entre calles 44 y 46, Miramar; embecuad@ceniai.
inf.cu)
España (plano p. 96; ☎ 866 80 25/26/31 y 866 02 50/51;
fax 866 80 06; Cárcel 51, Habana Vieja, apdo. postal 845;
embespcu@embespcu.tdc.cu y emb.lahabana@mae.es);
consulado general (☎ 868 68 68; fax: 866 80 15; Zulueta 2;
apdo. postal 702; cog.lahabana@mae.es)

**CONSEJOS DEL ESTADO SOBRE
VIAJES**

A continuación se enumeran varias páginas
web estatales con consejos e información so-
bre los destinos turísticos más habituales.
Argentina www.mrecic.gov.ar
México www.sre.gob.mx
España www.mae.es; www.msc.es

EE UU Sección de Intereses (plano pp. 102-103; ☎ 833-
3551/2/ 3/4/5/6/7/8/9; fax 833-1084; Calzada, entre calles L
y M, Vedado; IRCHavana@state.gov)
Paraguay (☎ 204 0884; calle 34, nº 503, Miramar)
Perú (☎ 204 2477; fax 204 2636; calle 30, nº 107,
Miramar)
México (☎ 204 7722 al 25; fax 204-2717; calle 12,
nº 518, reparto Miramar; embamex@mexico.tdc.cu)
Uruguay (☎ 204 2311 fax 204 2246; calle 14, nº 506,
Miramar)
Venezuela (☎ 204 2662; fax 204 2612 ; calle 36-A,
nº 704, Miramar)

FIESTAS Y CELEBRACIONES

Para obtener más información sobre este
tipo de acontecimientos se puede consultar
la página web www.afrocubaweb.com/festi
vals.htm, que incluye una completa descripción de todas las festividades aquí listadas.

Enero
Día de Año Nuevo y de la Liberación Grandes
celebraciones callejeras por todo el país y docenas de
conciertos en las calles de La Habana el día 1 de enero.
Cumpleaños de José Martí Conmemoración de carácter
cultural el 28 de enero.
Feria Internacional del Libro La última semana de
enero y la primera de febrero; incluye conciertos y lecturas
públicas. En febrero sale de La Habana y recorre todo el país.
FolkCuba Un importante festival del Conjunto Folklórico
Nacional de Cuba celebrado cada dos años en la segunda
quincena de enero.

Marzo
Fiesta de la Toronja Tiene lugar en la isla de la Juventud
todos los años.

Abril
PerCuba El Festival Internacional de Percusiones
se celebra anualmente en La Habana la tercera semana
de abril.
Eliminatorias de béisbol Durante dos semanas se
celebran partidos en distintos estadios.

Mayo
Día de los Trabajadores El día 1 de mayo se celebran
multitudinarias manifestaciones en todo el país.
Romerías de mayo *Rap*, *rock*, poesía y danza en Holguín.
Uno de los acontecimientos más populares del país; se
celebra la primera semana de mayo.
Festival Internacional de Guitarra Los maestros
de este instrumento acuden a La Habana para celebrar
conciertos durante la segunda semana de mayo.
Feria Internacional Cubadisco Los Grammy cubanos
se celebran la segunda semana de mayo.

Junio

Festival Internacional Boleros de Oro La tercera semana de junio se reúnen estrellas internacionales del bolero en La Habana, Santiago de Cuba y otras localidades.

Julio

Festival del Caribe / Fiesta del Fuego Ruidoso festival dedicado al baile y la música caribeña que tiene lugar durante la primera semana de julio en Santiago de Cuba.
Día de la Rebelión Nacional Oficialista conmemoración del asalto al cuartel de Moncada en 1953; cada año se celebra en una provincia distinta.
Carnaval, Santiago de Cuba El mejor del país; durante la primera semana de julio.

Agosto

Festival de Rap Cubano Habana Hip Hop A mediados de mes.

Septiembre

Festival Internacional de Música Benny Moré En el pueblo de Santa Isabel de las Lajas, pueblo natal del Bárbaro del Ritmo.

Octubre

Festival Internacional de Ballet Se programan representaciones durante mañana, tarde y noche; a mediados de mes en años alternos.

Noviembre

Bienal de La Habana Festival de arte contemporáneo cubano; en años alternos.

Diciembre

Festival Internacional del Nuevo Cine Latinoamericano Durante la primera semana de diciembre, programa cientos de proyecciones.
Festival Internacional de Jazz Se celebra la primera semana de diciembre en años alternos.
Las Parrandas El 24 de diciembre en Remedios, con fuegos artificiales y carrozas extravagantes; una de las fiestas cubanas más escandalosas.

COMIDA

En Cuba sólo una comida extremadamente cara cuesta más de 25 CUC. En esta guía los restaurantes se enumeran siguiendo el orden siguiente: económicos (menos de 5 CUC), precio medio (entre 5 y 10 CUC) y precio alto (más de 10 CUC). Para más información consúltese el capítulo *Comida y bebida* (p. 75).

COMUNIDAD HOMOSEXUAL

No se puede decir exactamente que Cuba sea un destino para homosexuales. El régimen tiene una amplia lista de represaliados por su condición homosexual de la que Reinaldo Arenas es sólo el más popular ejemplo. Para más información sobre la represión castrista contra los gays cubanos se recomiendan el excelente libro de Arenas *Antes del desfile* y sus memorias *Antes que anochezca*, así como el documental de Néstor Almendros (cubano, homosexual y exiliado), *Conducta impropia*. Más suave es la visión presentada por la comercial película *Fresa y chocolate*.

Con todo, socialmente parece que las cosas están cambiando, aunque sigue siendo un tema tabú del que no se habla abiertamente.

De igual forma, el machismo es bastante recalcitrante. El cubano no puede ni siquiera concebir la idea de que un hombre no sea capaz de satisfacer sexualmente a una mujer, razón por la cual el lesbianismo se presenta como un misterio insondable. En última instancia, el "problema" de cualquier lesbiana es que no ha encontrado al hombre adecuado. Un buen lugar para ampliar información sobre el colectivo lésbico local es el **cine Yara** (plano pp. 102-103; ☎ 832-9430; calle 23 esq. con calle 6 L, Vedado, La Habana).

Los cubanos tienen mucho contacto físico entre ellos y es fácil ver a hombres abrazándose, mujeres de la mano y caricias amistosas. Este tipo de conducta no plantea problemas en público a no ser que se vuelva abiertamente sensual.

VACACIONES

El calendario cubano está lleno de festividades pero sólo unas cuantas afectarán los planes de los viajeros, entre ellas el 25 de diciembre (que el régimen eliminó del calendario y no volvió a ser fiesta oficial hasta la visita del papa en 1998), el 1 de enero, el 1 de mayo y el 26 de julio. En estas fechas cierran todos los establecimientos y el transporte, excepto el aéreo, es muy variable. Durante el 1 de mayo en concreto, todos los autobuses se ponen al servicio de las manifestaciones organizadas desde el poder y es imposible conseguir transporte metropolitano alguno.

Los meses de julio y agosto las playas están abarrotadas y es difícil encontrar plazas en hoteles y campismos sin reserva previa.

SEGURO DE VIAJE

Los seguros sólo son rentables si ocurre algo grave, pero precisamente por eso son aconsejables. En Cuba el tratamiento ambulatorio

para extranjeros en las clínicas internacionales tiene un precio razonable, pero las urgencias y la hospitalización prolongada pueden encarecerse mucho. Sólo debe utilizarse el sistema médico gratuito para cubanos cuando no hay más remedio.

Si se tienen problemas de salud, se puede contratar un seguro de viaje al llegar al país con **Asistur** (☎ 7-33-85-27, 7-867-1315; www.asistur.cu; Martí 212, La Habana). Ofrece dos tipos de cobertura: para ciudadanos no estadounidenses la póliza cuesta 2,50 CUC diarios y cubre hasta 400 CUC por pérdida de equipaje, 700 CUC de cobertura médica y 5.000 CUC para la repatriación de los restos mortales o fianza para salir de la cárcel. Para los ciudadanos estadounidenses la misma cobertura cuesta 8 CUC diarios y proporciona hasta 25.000 CUC en gastos médicos y 7.000 CUC por gastos de repatriación de restos mortales o evacuación.

Se recomienda encarecidamente contratar un seguro de automóvil; para más información véase p. 470.

ACCESO A INTERNET

El servicio de telecomunicaciones está monopolizado por el Estado a través de la empresa Etecsa, que proporciona acceso a Internet en todo el país desde los nuevos *telepuntos*. En todas las ciudades importantes de cada provincia pueden encontrarse estos locales con aire acondicionado, desde donde conectarse de forma fiable a la Red, aunque con un módem telefónico de 56 K a veces se necesita mucha paciencia. Se paga mediante tarjetas de una hora (6 CUC) que incluyen un número de usuario y una contraseña temporal. Estas tarjetas son válidas en cualquier *telepunto* así que no es necesario utilizar la hora completa en una misma sesión. Otras ventajas de estos establecimientos es que tienen un horario muy amplio y no suele haber mucha gente.

Como todo monopolio estatal, Etecsa provoca la eliminación de la iniciativa privada, así que prácticamente no existen *cibercafés* y muchos hoteles pequeños han tenido que retirar sus terminales. En general los hoteles de cuatro y cinco estrellas sí tienen sus propios *cibercafés*, aunque las tarifas son casi siempre más altas (a veces hasta de 12 CUC la hora).

Otra de las consecuencias del monopolio estatal es la censura y el control ideológico: el acceso a Internet está restringido a los ciudadanos cubanos, así que es muy probable que se pida el pasaporte al entrar en un *telepunto*.

CUESTIONES LEGALES

La policía cubana está por todos lados y normalmente es muy amable. Es más probable que un policía le pida a alguien una cita que un soborno. El régimen es muy represivo y la corrupción se considera un delito muy grave, así que nadie quiere verse mezclado en ella. Tampoco es nada bueno ser sorprendido sin identificación, así que conviene llevar siempre algo, aunque sea el carné de conducir, una fotocopia del pasaporte o, incluso, el carné de estudiante.

Las drogas están prohibidas, aunque obviamente eso no es óbice para que existan. Es muy probable que al viajero le ofrezcan marihuana o cocaína en las calles de La Habana. Las penas por compra, venta o posesión de drogas son graves y se aplican con dureza.

EN CUBA ES IMPRESCINDIBLE TENER...

- 18 años para votar
- 14 años para tener relaciones sexuales con un hombre si se es mujer
- 18 años para conducir
- 16 años para comprar tabaco o bebidas alcohólicas

MAPAS

La señalización es muy mala, por tanto es imprescindible un buen mapa tanto para conductores como para ciclistas. Hay una completa *Guía de carreteras* (6 CUC) publicada en Italia que tiene los mejores mapas el país, un excelente índice, un plano detallado de La Habana y mucha información útil. El *Automapa nacional* es también práctico, aunque más general; se vende en hoteles y oficinas de alquiler de vehículos.

El Instituto Cubano de Geodesia y Cartografía (ediciones GEO) publica varios mapas, como el *Mapa turístico La Habana* (1:25.000), del año 2000, y el *Mapa turístico Cuba,* que se pueden conseguir en la página www.cubamapa.com.

El mejor mapa publicado fuera de Cuba es el de Freytag & Berndt 1:1.250.000. Cubre

toda la isla y tiene planos de las localidades de La Habana, Playas del Este, Varadero, Cienfuegos, Camagüey y Santiago de Cuba.

DINERO

Es uno de los aspectos más complicados del viaje a Cuba, puesto que se tarda un poco en entender la doble economía. En el país circulan dos monedas: los pesos convertibles (CUC) y los pesos cubanos, llamados moneda nacional y abreviados MN, aunque en esta guía se usa la abreviatura internacional CUP. La mayor parte de los artículos y todos los servicios para turistas se pagan en convertibles, por ejemplo, alojamiento, alquiler de vehículos, billetes de autobús, entradas a museos o acceso a Internet. En el momento de redactar esta guía el cambio estaba en 24 pesos por 1 convertible. Aunque hay muchas cosas que no se pueden comprar con moneda nacional, a veces resulta útil. Es harto improbable que el viajero necesite más del equivalente a 10 CUC en pesos semanales (240 CUP al cambio anterior).

Para confundir un poco más las cosas, en los complejos hoteleros de Varadero, Guardalavaca, Cayo Largo del Sur, Cayo Coco y Cayo Guillermo aceptan euros, pero sólo en su interior. Para obtener más información sobre los precios, véase p. 22.

Las mejores monedas para llevar a Cuba son los euros, los dólares canadienses o las libras esterlinas, todas ellas sujetas a un 10% de comisión. La peor es el dólar estadounidense cuyo cambio, a pesar de los precios que puedan aparecer en las ventanillas de los bancos, está gravado con una comisión del 20%. En el momento de redactar esta guía los cheques de viaje emitidos por bancos estadounidenses podían cambiarse en las sucursales del Banco Financiero Internacional, pero las tarjetas de crédito emitidas en EE UU no se admitían en ningún sitio.

En todos los establecimientos que venden en pesos admiten convertibles: se cambiarán a un tipo de 1/25 y se devolverá la vuelta en pesos. En Cuba no hay mercado negro, sólo timadores que intentan engañar al viajero (véase p. 110).

Cajeros automáticos y tarjetas de crédito

Cuando los bancos están abiertos y funcionan las máquinas y las líneas telefónicas, pueden utilizarse tarjetas de crédito, siempre y cuando no estén emitidas por un banco de EE UU. El inconveniente es que cada transacción lleva un abusivo recargo del 11,25% de comisión, lo que desanima sobremanera su uso.

Los cajeros automáticos cubanos sólo aceptan tarjetas de crédito (no de débito) y equivalen a obtener dinero en efectivo por adelantado en la ventanilla de un banco. Además de la comisión, los cajeros tienen una sorprendente tendencia a tragarse la tarjeta, así que es preferible evitarlos a no ser que se trate de una urgencia. Para más información lo mejor es consultar con la propia entidad bancaria antes de salir de viaje.

Efectivo

Cuba funciona con una economía basada en el dinero en efectivo; las tarjetas de crédito no tienen, ni de lejos, la importancia que se les da en los países occidentales. Aunque llevar dinero en efectivo es más arriesgado que la mezcla habitual de tarjetas y cheques de viaje, en este caso es mucho más práctico.

Lo mejor es cambiar en billetes de 20/10/5/3/1 CUC, puesto que en muchos establecimientos pequeños, taxis o restaurantes, no hay cambio de billetes grandes de 50 o 100 CUC. En caso de desesperación, siempre se pueden cambiar estos billetes en los hoteles.

Nombres

Una de las partes más complicadas de la doble economía es la terminología. Los pesos cubanos se denominan "moneda nacional" (abreviado MN; en esta guía CUP), pesos cubanos o sencillamente pesos, mientras que los pesos "convertibles" (abreviados CUC) se denominan convertibles o también sencillamente pesos. A veces puede suceder que el viajero esté negociando en pesos cubanos mientras su contraparte da por hecho que se trata de convertibles. El que los billetes sean muy parecidos no facilita las cosas; tampoco que el símbolo de ambos sea el mismo: $. Es fácil imaginar el potencial de engaños que se puede alcanzar con estas combinaciones.

El peso cubano tiene billetes de 1, 5, 10, 20, 50 y 100; y monedas de 1 (raras), 5 y 20 centavos, así como de 1 y 3 pesos. La moneda de cinco centavos se llama "medio" y la de 20, "peseta". Los centavos a veces se denominan "kilos".

El peso convertible tiene billetes de 1, 3, 5, 10, 20, 50 y 100; y monedas de 5, 10, 25 y 50 centavos y 1 peso.

Propinas

Si no se está habituado a dar propinas, en Cuba se tendrá que aprender rápido. Desde los septetos de son hasta los aparcacoches, las señoras que están a la entrada de los aseos, los camareros de los restaurantes o los guías turísticos, todos esperan una buena propina. Los músicos que asedian a los turistas mientras cenan, charlan o descansan esperan varios convertibles, pero sólo hay que darles lo que uno crea que su música merece. Las señoras encargadas de los aseos esperan entre 0,05 y 0,10 CUC y los *parqueadores* (aparcacoches) unos 0,25 CUC. La cantidad justa para un guía en una excursión de un día es de 2 CUC por persona y los taxistas esperarán un 10% del precio que marca el taxímetro, excepto si se ha negociado la tarifa sin bajada de bandera.

Las propinas resuelven rápidamente muchos problemas. Si se quiere salir del hotel más tarde de la hora exigida o visitar algún sitio fuera del horario, por ejemplo; una pequeña propina (entre 1 y 5 CUC) modifica normas, abre puertas y hace que la gente mire a otro lado. Para información sobre propinas en restaurantes y otros consejos, véase el capítulo *Comida y bebida* (p. 79).

Cheques de viaje

En Cuba son muy poco prácticos, aunque funcionan mejor que las tarjetas de crédito. Hay que tener en cuenta que se paga comisión tanto al comprarlos como al cambiarlos (entre un 3 y un 6%) y que hay hoteles y bancos que no los aceptan, particularmente en provincias. Lo mejor es acudir al Banco Financiero Internacional para cambiar los cheques de Amex, pero siempre es más seguro usar los de Thomas Cook.

FOTOGRAFÍA

Los carretes son caros (7 CUC por un Kodak Gold de 24 exposiciones) y el revelado es terrible y costoso (0,35 CUC). Photo Service, la cadena más grande de tiendas de fotografía en Cuba, ofreces servicio de revelado y equipo, pero quien se tome en serio la fotografía debe traer su propio material. De igual forma, aunque se vean ofertas para sacar copias de fotos digitales, es mejor esperar a llegar a casa.

A la mayoría de los cubanos les encanta salir en las fotos y posarán alegremente si se les pide. También son muy apreciadas

así que uno puede ofrecerse a mandarles una copia.

CORREO

Las cartas y postales enviadas a Europa y EE UU tardan aproximadamente un mes en llegar. Los sellos se venden en pesos y convertibles, pero las cartas con estos últimos tienen más probabilidades de llegar a su destino. Las postales cuestan 0,65 CUC a todos los destinos. Las cartas cuestan 0,65 CUC al continente americano, 0,75 CUC a Europa, y 0,85 al resto del mundo. Las postales con franqueo prepagado incluyen destinos internacionales y se venden en casi todos los hoteles y oficinas de correos. Es el sistema más seguro para garantizar que llegan a su destino. Para envíos importantes lo más seguro es recurrir a DHL, con oficinas en las ciudades principales. Un paquete postal de 1 kg a Europa cuesta aproximadamente 50 CUC.

Existe un sistema eficaz de telegramas con el que se pueden mandar mensajes desde cualquier oficina de correos a cualquier dirección del país. Es una forma económica de comunicarse (1,15 CUC por 100 palabras). También es un buen sistema para contactar con gente que no tiene teléfono. Todas las oficinas de correos del país disponen de una ventanilla para mandar telegramas.

DE COMPRAS

Los puros, el ron, la música o las guayaberas son genuinos recuerdos de Cuba. Todo ello se vende en hoteles y tiendas de recuerdos para turistas, pero si se busca selección y buen precio hay que ir a las tiendas especializadas.

Egrem es la compañía estatal de grabaciones discográficas y tiene tiendas en La Habana (p. 147), Holguín (p. 351) y Santiago de Cuba (p. 410), con estupendas selecciones de CD. En ARTex, una tienda de recuerdos más general, también cuentan con CD.

En las ferias de artesanía de Varadero (p. 237) y La Habana (p. 132) se encuentran verdaderos tesoros elaborados con concha de tortuga y coral, algunos hermosísimos, aunque prohibidos por el CITES (Convenio sobre el Comercio Internacional de Especies Amenazadas de Fauna y Flora Silvestres).

En estas ferias también se puede comprar "arte", casi todo para turistas, pero a veces se encuentran obras originales. En principio no hay problemas para sacar estas piezas si no están sometidas a la ley cubana sobre

patrimonio. Para evitar disgustos en el aeropuerto, se debe pensar que cualquier obra de arte que no quepa en una maleta puede ser confiscada si no se tiene la documentación en regla. Si se ha comprado un cuadro o una escultura original en una tienda oficial, el único documento que se necesita es el recibo; en cambio si se ha adquirido en la calle o directamente del artista, es necesario un certificado de exportación (véase p. 133). Las antigüedades también están sometidas a restricciones.

Cuba cuenta con antigüedades fabulosas; en cada localidad hay una "casas de comisiones" donde mucha gente se ve obligada a poner sus pertenencias a la venta en pesos cubanos. También ofrecen ropa de época en buenas condiciones.

Puros

Los mejores puros son los que están torcidos a mano y empaquetados en cajas selladas de cedro. Existen 42 tipos y grosores distintos de habanos, clasificados en calibre fino, medio y grueso. Una marca concreta puede hacer distintos tamaños y dentro del mismo tamaño puede haber varios tipos de cigarros de marcas diferentes. Los tipos más habituales son el Mareva (129 mm), el Corona (142 mm) y el Julieta (178 mm). Elegir el puro correcto requiere ciertos conocimientos, gracias a los cuales los expertos son capaces de identificar aromas y estilos.

La marca bandera del país es el especiado Cohiba. Creado en 1966 para uso diplomático, todavía se regala en los círculos políticos más altos. Sólo desde 1982 se puso a la venta para el público. Su nombre procede del antiguo término taíno para tabaco y se fabrica en 11 tipos, del medio al fuerte. Las cinco variedades numeradas de Montecristo están entre las marcas cubanas más populares. Los Punch de sabor medio se destinaron desde 1840 a la exportación al Reino Unido. Otro de los clásicos es el fuerte Partagás, torcido en La Habana desde 1845. El Romeo y Julieta, más suave, se inventó en 1903. Otras marcas suaves son Quintero y Rafael González.

Las cinco regiones tabaqueras principales son Vuelta Abajo y Semi Vuelta (en los alrededores de San Cristóbal, ambas en Pinar del Río), Partido (en San Antonio de los Baños), Remedios (al oeste de Sancti Spíritus) y Oriente (al norte de Ciego de Ávila y al sur de Bayamo y Mayarí). Muchos de los puros cubanos de mayor calidad que se exportan proceden de plantaciones en Vuelta Abajo o Partido.

Los puros que se venden en el mercado negro por las calles son casi todos de la peor calidad, pero si se actúa como si se supiera algo del tema, quizá se consigan al menos puros falsos de cierto nivel. Hay que examinar cada uno por separado y asegurarse de que están prietos y no tienen bolsas de aire ni protuberancias. Debe estar blando al apretarlo entre los dedos y la cobertura debe ser suave como la seda. Todos los puros de la caja deben tener una forma similar, aunque el color puede variar ligeramente. El sabor debe ser amargo. La prueba definitiva es ponérselo en la boca e inspirar y soplar ligeramente para comprobar si la capa superior respira. Si no, es probable que sea una falsificación hecha de tabaco sobrante rechazado por las fábricas, que no tiene tiro y es imposible de fumar. En ocasiones hay puros originales robados que llegan al mercado negro por una cuarta parte de su precio en las tiendas.

A menos que se sea un experto, lo más aconsejable es pagar un poco más y saber lo que se compra. Además, un recibo oficial de una tienda elimina la posibilidad de tener problemas en la aduana cubana. Hay quien ofrece recibos falsos pero los agentes de aduanas los distinguen bien. Se permite a los viajeros exportar una cantidad de puros documentados equivalente a 2.000 CUC por persona. Los que superen esta cantidad o se hayan adquirido en el mercado negro y no puedan justificarse con un recibo son confiscados. Las autoridades cubanas son muy serias con este asunto. El límite libre de impuestos sin recibo es de dos cajas (50 puros) o 23 puros sueltos de cualquier precio y tamaño. Evidentemente se pueden comprar más puros en las tiendas libres de impuestos del aeropuerto una vez que se han pasado las aduanas cubanas, pero entonces hay que tener en cuenta las limitaciones de importación de cada país. Las autoridades aduaneras de México, en Cancún por ejemplo, llevan a cabo búsquedas rigurosas de puros. Si un ciudadano estadounidense viaja a Cuba sin permiso, la aduana de su país confiscará todo el tabaco que tenga al regresar, pero si cuenta con permiso, podrá importar el equivalente a 100 US$ en puros. En España también se requisan los puros "ilegales"; cuando se vuelve de Cuba es lo primero que buscan

en la aduana y si no se pagan los derechos son requisados. Sobre tabaco y aduanas es conveniente asesorarse antes de comprar determinadas cantidades; por ejemplo en la página web www.aduana.islagrande.cu/ro pae.htm#tabaco.

Casa del Habano (www.habanos.net) es la cadena estatal de venta de puros, con personal experto, una amplia selección de cigarros y, a veces, una sala para fumar.

Los fumadores con poco presupuesto pueden comprar puros Selectos en las bodegas por un peso la unidad.

TELÉFONO

El sistema de teléfonos del país está en proceso de transformación, así que hay que tener en cuenta los posibles cambios en los números. Normalmente un mensaje grabado avisa de cualquier modificación. Casi todos los *telepuntos* de Etecsa han sido renovados y cuentan con aire acondicionado y servicios de teléfono e Internet en la mayor parte de las capitales de provincia.

Teléfonos móviles

Las dos empresas de telefonía móvil de Cuba son **c.com** (☎ 7-264-2266) y **Cubacel** (www.cubacel.com). Aunque se pueda utilizar el móvil propio hay que precontratar sus servicios en alguna de las más de 15 oficinas que Cubacel tiene por todo el país, incluido el aeropuerto de La Habana. Su programa cuesta aproximadamente 3 CUC diarios y cada llamada local entre 0,52 y 0,70 CUC. Hay que tener en cuenta que se pagan tanto las llamadas entrantes como las salientes. Las tarifas internacionales son de 2,70 CUC por minuto a EE UU y 5,85 CUC por minuto a Europa.

Prefijos telefónicos

Para llamar a Cuba desde el extranjero es necesario marcar el prefijo de acceso internacional, el prefijo de Cuba (☎ 53), el provincial y el número local. En esta guía los prefijos provinciales aparecen bajo el título de cada localidad. Para llamar al extranjero desde Cuba hay que marcar el prefijo de llamada internacional (☎ 119), el prefijo del país que corresponda, el local y el número de teléfono. En el caso de EE UU hay que marcar ☎ 119 + 1, el prefijo local y el número. Para llamar desde Cuba a Madrid habría que marcar ☎ 119 (código internacional) + ☎ 34 (código de España) + ☎ 91 (área) + el número.

Para hacer una llamada a través de una operadora internacional hay que marcar el ☎ 09, excepto para EE UU, que se conecta a través del ☎ 66-12-12. No todos los teléfonos privados de Cuba tienen servicio de llamadas internacionales, en cuyo caso es necesario llamar a cobro revertido. Este servicio sólo está disponible en llamadas a Argentina, Brasil, Canadá, Chile, Colombia, Costa Rica, República Dominicana, Francia, Italia, México, Panamá, España, RU, EE UU y Venezuela. Las operadoras internacionales funcionan 24 horas al día. Desde los teléfonos públicos no se pueden hacer llamadas a cobro revertido.

Tarjetas telefónicas

En Etecsa se compran tarjetas telefónicas, se envían y reciben faxes, se accede a Internet y se hacen llamadas internacionales. Hay teléfonos públicos azules de Etecsa por todas partes. Las tarjetas se venden en convertibles por valor de 5, 10 y 20 CUC y en pesos por valor de 3,5 y 7 CUP. Las llamadas nacionales se pueden pagar con ambos pero las internacionales sólo se aceptan con tarjetas en convertibles. Si se van a hacer sobre todo llamadas nacionales y locales resulta mucho más económico comprar una tarjeta en pesos.

Las mejores tarjetas para llamar desde La Habana son las de Propia. Se venden por valor de 5 y 10 pesos cubanos y 10 y 25 convertibles. Con ellas se puede llamar desde cualquier teléfono, incluso los que sólo permiten llamadas de urgencia, mediante un código personal. Sus tarifas son las más baratas.

Tarifas telefónicas

Las llamadas locales cuestan 5 centavos por minuto y las interprovinciales entre 35 centavos y 1 peso por minuto. Hay que tener cuidado porque sólo las monedas de 1 peso que tienen una estrella funcionan en los teléfonos de pago. Como la mayor parte de los teléfonos públicos no devuelven cambio es de cortesía apretar la tecla R para que la próxima persona en utilizarla pueda aprovechar el saldo restante.

Las llamadas internacionales con tarjeta cuentan unos 2 CUC por minuto a EE UU y unos 5 CUC a Europa. Las llamadas por operadora cuestan un poco más.

HORA LOCAL

Antes de octubre de 2004, el huso horario cubano era de UTC/GMT menos 5 entre

DATOS PRÁCTICOS

octubre y abril y UTC/GMT menos 4 entre abril y octubre, igual que Nueva York o Washington. Pero a finales de dicho mes el Gobierno decidió no retrasar el reloj una hora y La Habana pasó a estar en UTC menos 4 todo el año, lo que significa que en verano tienen la misma hora que Nueva York pero en invierno hay una hora más. Como todo en este país, la situación puede cambiar y en 2006 el Gobierno anunció que retrasaría de nuevo los relojes en otoño.

ASEOS PÚBLICOS

Pueden encontrarse en las estaciones de autobuses, hoteles, restaurantes y gasolineras. Es muy poco probable que alguien se encuentre con un cubano que le niegue la entrada a su propio baño. En los aseos públicos muchas veces no hay agua ni papel higiénico y nunca se encontrará asiento. Con mucha frecuencia hay una persona fuera de los aseos que proporciona el papel y espera a cambio entre 0,05 y 0,10 CUC. Si los baños están sucios o la persona no tiene papel, no hay que sentirse obligado a dejar dinero.

El sistema de alcantarillado no está pensado para absorber el papel higiénico por lo que en todos los baños hay un pequeño cubo de basura para este propósito; debe utilizarse siempre, a no ser que se esté en un complejo hotelero de cinco estrellas, si uno no quiere arriesgarse a causar un vergonzoso atasco.

INFORMACIÓN TURÍSTICA

En el momento de redactar esta guía, **Infotur** (www.infotur.cu), el departamento de turismo oficial, mantenía oficinas en La Habana (Habana Vieja, Miramar, Playas del Este, Expocuba y el aeropuerto José Martí) y Ciego de Ávila (en el casco urbano y en el aeropuerto Jardines del Rey, en Cayo Coco). Normalmente, las agencias de viajes como Cubanacán o Cubatur proporcionan información general. El Ministerio de Turismo de Cuba (☎ 334 318; calle 19, nº 710) publica información a través de Internet en www.cubatravel.cu.

Cuba posee una red de oficinas de promoción turística en el extranjero que ofrecen documentación y contactos con las agencias que operan en la isla y los establecimientos hoteleros.

Oficina de Turismo en Argentina (☎ 326 78 10; fax 326 33 25, Paraguay 631, 2º piso A. Buenos Aires)

Oficina de Turismo para España y Portugal (www.descubracuba.com; ☎ 914 113 097; fax 915 645 804; paseo de La Habana 54, 28036 Madrid)
Oficina de Turismo en México (☎ 52 5 255 58 97; fax 52 5 255 58 66, Goethe 16, colonia Anzures, delegación Miguel Hidalgo, México D. F.).

VIAJEROS CON DISCAPACIDADES

Aunque las instalaciones sean pésimas y no estén pensadas para los discapacitados, la generosidad de la gente puede compensar las dificultades. Los ciegos tendrán ayuda para cruzar la calle y prioridad en las colas. Los que van en silla de ruedas descubrirán que las pocas rampas que hay son ridículamente empinadas, que las aceras de los barrios coloniales son demasiado estrechas y las calles, empedradas y que es habitual que los ascensores no funcionen. Los centros telefónicos de Etecsa suelen tener sistemas adaptados para sordos y algunos programas tienen subtítulos cerrados (CC).

VISADOS Y DOCUMENTACIÓN

Los viajeros que quieran pasar hasta dos meses en Cuba no necesitan visado, pero sí una tarjeta de turista válida para 30 días que se amplía fácilmente a otros 30 una vez dentro del país. Si se llega en avión el precio de la tarjeta suele estar incluido en la tarifa pagada a la agencia de viajes o la compañía aérea junto con el billete.

Los viajeros procedentes de EE UU pueden adquirir su tarjeta turística en el mostrador de la compañía aérea en el país de tránsito por 25 US$. Normalmente no está permitido subirse a un avión con destino a Cuba sin ella, pero si por casualidad no se tuviera, se puede conseguir en el aeropuerto internacional José Martí de La Habana, aunque puede haber problemas que es mejor evitar. Una vez en La Habana, las ampliaciones o los reemplazos cuestan 25 US$ más. No se puede salir del país sin presentar esta tarjeta, así que hay que tener cuidado de no perderla. Tampoco se permite entrar en Cuba si no se dispone de billete de salida. Los funcionarios del aeropuerto no ponen sello de entrada o salida en el pasaporte sino en la citada tarjeta.

La dirección en Cuba debe especificarse aunque sólo sea para evitar molestias innecesarias. Antes, los viajeros que daban la dirección de una casa particular o de un hotel barato se arriesgaban a verse obligados a hacer una reserva en un hotel estatal. Esta práctica

ha disminuido mucho y siempre que uno se aloje en un establecimiento legal no suele haber problemas. Quedarse en casa de un amigo requiere documentación especial. Las personas en viajes de negocios y los periodistas necesitan un visado que debe solicitarse en un consulado al menos con tres semanas de antelación o más si se solicita desde un país que no es el de origen.

Los viajeros con visado o cualquier persona que haya permanecido en el país más de 90 días deben solicitar un permiso de salida en la oficina de inmigración.

Ampliaciones

Para la mayoría de los viajeros es fácil obtener una ampliación del visado una vez en el país. Sólo hay que ir a una oficina de inmigración y presentar los documentos junto con 25 CUC en sellos, que se venden en cualquier sucursal de Bandec o del Banco Financiero Internacional. Sólo se obtienen 30 días más, aparte de los primeros 30 ya concedidos, pero se puede salir del país y volver a entrar 24 horas después para comenzar de nuevo. Hay agencias de viajes en La Habana que tienen ofertas especiales en viajes de este tipo (véase p. 88). Se recomienda solicitar las ampliaciones unos cuantos días laborables antes de la fecha de caducidad del visado y no viajar nunca por Cuba con un visado caducado. Casi en todas las capitales de provincial hay oficinas de inmigración (cierran los miércoles, sábados y domingos). Se aconseja evitar la oficina de La Habana porque siempre está abarrotada.

Baracoa (plano p. 435; Antonio Maceo 48; ☽ 8.00-12.00 y 14.00-16.00 lu-vi)

Bayamo (plano p. 370; carretera Central, km 2; ☽ 9.00-12.00 y 13.30-16.00 ma y ju-vi). En un complejo grande, 200 m al sur del Hotel Sierra Maestra.

Camagüey (plano pp. 320-321; calle 3, n° 156, entre n° 8 y 10, reparto Vista Hermosa; ☽ 8.00-11.30 y 13.00-15.00 lu-vi, excepto mi)

Ciego de Ávila (plano p. 308; Chicho Valdés esq. con Antonio Maceo; ☽ 8.00-12.00 y 13.00-17.00 lu y ma, 8.00-12.00 mi-vi)

Cienfuegos (plano p. 255; ☎ 52 10 17; av. 46, entre calles 29 y 31)

Guardalavaca (plano p. 358; ☎ 3-0226/7). En la comisaría de policía, a la entrada del centro. También hay otra oficina en Banes (p. 361).

Guantánamo (plano p. 429; calle 1 Oeste, entre calles 14 y 15 Norte; ☽ 8.30-12.00 y 14.00-16.00 lu-ju). Detrás del Hotel Guantánamo.

Habana (plano pp. 102-103; Factor esq. con Santa Ana, Nuevo Vedado). Sólo para ampliaciones. Suele sufrir largas colas, así que conviene llegar pronto. No tiene teléfono pero se pueden consultar dudas en el propio número de inmigración: ☎ 203-0307.

Holguín (plano p. 346; General Marrero esq. con General Vázquez; ☽ 8.00-12.00 y 14.00-16.00 lu-vi). Es mejor llegar pronto porque se llena mucho.

Las Tunas (av. Camilo Cienfuegos, reparto Buenavista). Al nordeste de la estación de autobuses.

Sancti Spíritus (plano p. 283; ☎ 2-4729; Independencia Norte 107; ☽ 8.30-12.00 y 13.30-15.30 lu-ju)

Santa Clara (av. Sandino esq. con Sexta; ☽ 8.00-12.00 y 13.00-15.00 lu-ju). Tres manzanas al este del estadio Sandino.

Santiago de Cuba (plano pp. 392-393; ☎ 69 36 07; calle 13, n° 6, entre av. General Cebreco y calle 4; ☽ 8.30-12.00 y 14.00-16.00 lu, ma, ju y vi). Los sellos para las ampliaciones de visado se venden en el Banco de Crédito y Comercio, en el número 614 de Félix Peña, junto al parque Céspedes.

Trinidad (plano p. 289; Julio Cueva Díaz; ☽ 8.00-17.00 ma-ju). En una bocacalle del paseo Agramonte.

Varadero (plano pp. 228-229; av. 1 esq. con calle 39; ☽ 8.00-15.30 lu-vi)

Permisos de entrada para cubanos y nacionalizados

Las personas nacidas en Cuba que han adquirido otra nacionalidad necesitan una autorización de entrada emitida por una embajada o un consulado cubano. Los ciudadanos cubanos residentes en el extranjero pueden solicitar una "vigencia de viaje", que les permite entrar en el país durante un período de dos años. Según la ley, las personas "hostiles a la revolución" o con antecedentes penales no pueden obtenerlo. Tal eufemismo significa que toda disidencia política o crítica pública a la dictadura supone que no se podrá retornar al país de origen.

El Estado cubano no reconoce la doble nacionalidad. Todos aquellos nacidos en Cuba son considerados ciudadanos cubanos a menos que renuncien formalmente a esta nacionalidad ante un organismo diplomático cubano y esta renuncia sea aceptada. Los cubanos residentes en EE UU pueden ponerse en contacto con la Office of Overseas Citizens Services del Departamento de Estado de EE UU en Washington D. C. 20520.

Permisos para ciudadanos de EE UU

En 1961 EE UU promulgó una ley que limitada la libertad de sus ciudadanos para visitar Cuba y prohibía a las compañías aéreas y

agencias de viajes estadounidenses reservar viajes a la isla a través de terceros países. Sin embargo, el Estado cubano nunca ha prohibido a los estadounidenses que visiten Cuba y continúa aceptando la entrada de ciudadanos de este país bajo las mismas normas que rigen a todos los demás visitantes.

Normalmente los estadounidenses viajan a Cuba a través de Canadá, México, las Bahamas, Jamaica o cualquier otro país. Está completamente prohibido que las agencias de viajes estadounidenses organicen este tipo de viajes, así que suelen contratarse con agencias extranjeras (véase p. 464) que gestionan las tarjetas de turista, o las reservas de vuelo y el alojamiento. En La Habana, EE UU cuenta con una "Sección de Intereses" a la que se debe recurrir sólo en caso de problemas muy graves.

EE UU emite dos tipos de permisos para visitar Cuba, los generales, normalmente para familiares, artistas y estudiantes, y los especiales, para periodistas en viaje de trabajo, funcionarios extranjeros con base en EE UU y por motivos humanitarios.

Para obtener más información sobre este asunto es necesario ponerse en contacto con la **Licensing Division** (☎ 202-622-2480; www.treas.gov/ofac; Departamento de Recursos Extranjeros (Office of Foreign Assets) Departamento del Tesoro de EE UU, 2º piso, edificio anexo, 1500 Pennsylvania Ave NW, Washington D. C. 20220). Los que hayan conseguido permiso oficial deben organizar el viaje a través de agencias estadounidenses especiales como Marazul o ABC Charters (véase p. 467).

Por ley se prohíbe importar productos cubanos a EE UU (excepto a los viajeros con permiso). En la aduana se confiscarán puros, ron, café o cualquier otro artículo hecho en Cuba.

VOLUNTARIADO

Una forma de conocer el país es a través de programas de voluntariado. Las brigadas internacionales de trabajo tienen una larga historia de actuaciones en Cuba y todos los años hay equipos de entre 50 y 200 personas de todo el mundo que acuden a trabajar a la isla. No obstante, hay que tener en cuenta que el trabajo se acompaña de un completo programa de adoctrinamiento político que incluye actividades "educativas", visitas a fábricas, hospitales, sindicatos y escuelas.

Los participantes pagan su billete de avión y sus gastos de comida, alojamiento y excursiones. Para obtener más información véase el capítulo *La Habana* (p. 111). Desde España diferentes organizaciones participan en los programas de voluntariado en Cuba: Coordinadora Estatal de Solidaridad con Cuba (☎ 646 80 95 34; www.nodo50.org/cesc), Solidaridad Internacional (☎ 902 15 23 23; www.solidaridad.org), Sodepaz (☎ 902 367 192; www.sodepaz.org), la Associació Catalana per la Pau (☎ 93 18 84 44; www.acpau.org), Fundació Pau i Solidaritat (☎ 93 481 29 12; www.conc.es/pauisoli) o la asociación Euskadi-Cuba (www.euskadicuba.org).

MUJERES VIAJERAS

En términos de seguridad personal Cuba es un paraíso para las mujeres viajeras. Se puede caminar de noche por casi todas las calles, el índice de delitos violentos es muy bajo y la parte buena del machismo supone que una mujer nunca se va a encontrar en apuros. Sin embargo, esto último también tiene su contraparte en forma de piropos, comentarios e, incluso, cierto grado de acoso.

La ropa sencilla sirve de ayuda para evitar atenciones indeseadas y tomar el sol en *topless* está absolutamente desaconsejado. Inventarse un marido ausente, exista o no, casi no surte efecto. Si se va a una discoteca hay que dejar muy claro a los posibles compañeros de baile cubanos lo que se quiere y lo que no. Bailar es para los cubanos una especie de juego sexual y puede entenderse como invitación para ir más allá.

Viajar sola a veces se ve como una invitación para todo tipo de acercamientos y la situación puede llegar a cansar. Sería de gran ayuda unirse a un compañero de viaje masculino o a otra mujer, al menos para compartir la carga. Las proposiciones de matrimonio llegan muy pronto y desde todas partes: es una forma fácil de salir del país.

Transporte

CÓMO LLEGAR Y SALIR

LLEGADA AL PAÍS

Sea la primera vez o no, la aproximación al aeropuerto internacional José Martí sobre campos de tabaco de color rojo óxido es de por sí una experiencia inolvidable. Afortunadamente los trámites de entrada son sencillos si se dispone de un pasaporte válido durante al menos seis meses, un billete de salida y una tarjeta turística debidamente cumplimentada, lo que incluye la casilla "Dirección en Cuba" (véase "Visados", p. 460).

LAS COSAS CAMBIAN...

La información que aparece en este capítulo es particularmente propensa a cambios. Es conveniente contactar directamente con la compañía aérea o la agencia de viajes para asegurarse de entender cómo funciona el sistema y ser consciente de las exigencias de seguridad de los viajes internacionales. Es mejor tomárselo con calma y comparar. Los consejos que se aportan aquí deben tomarse como indicaciones, pero nunca como sustitutos de una investigación personal y actualizada.

En www.lonelyplanet.com/travel_services es posible reservar billetes de avión y tren y circuitos turísticos a través de Internet.

AVIÓN

Aeropuertos y líneas aéreas

Cuba cuenta con 11 aeropuertos internacionales y los servicios de más de 60 compañías aéreas. Casi todos los visitantes llegan al aeropuerto internacional José Martí en **La Habana** (HAV; ☎ 7-33 56 66), al aeropuerto Juan Gualberto Gómez de **Varadero** (VRA; ☎ 045-24 70 15) o al Antonio Maceo de **Santiago de Cuba** (SCU; ☎ 022-69 10 14). Los que llegan con paquetes contratados a veces aterrizan en **Holguín** (HOG; ☎ 024-46 25 12), **Ciego de Ávila** (AVI; ☎ 033-26 66 26), **Cayo Largo del Sur** (CYO; ☎ 046-34 82 07) o el **aeropuerto Jardines del Rey** (CCC; ☎ 30 82 28).

La línea aérea local es **Cubana de Aviación** (www.cubana.cu), cuya moderna flota recorre las rutas principales con tarifas muchas veces baratas. No obstante, el *overbooking* y los retrasos son inconvenientes habituales. Además, la compañía es absolutamente estricta en su política de exceso de equipaje y cobra elevados recargos por cada kilo que sobrepase los 20 permitidos por persona. En cuanto a seguridad, su reputación la precede; tras el accidente de diciembre de 1999 con 39 muertos no ha vuelto a sufrir ningún percance. A pesar de todo, siempre se pueden consultar los últimos datos en www.airsafe.com.

COMPAÑÍAS QUE VUELAN A/DESDE CUBA
Aerocaribbean (7L; ☎ 7-832 7584; www.aero-carib bean.com; edificio de las compañías aéreas, calle 23, nº 64, La Habana)
Aeroflot-Líneas Aéreas Internacionales Rusas (AFL; ☎ 7-33 32 00; www.aeroflot.com; sede: Moscú; edificio de las compañías aéreas, calle 23, nº 64)
Aeropostal (LAV; ☎ 7-55 40 00; www.aeropostal.com; sede Caracas; Hotel Habana Libre, calle 23 esq. con calle L)
Air Canada (ACA; www.aircanada.com; sede Montreal; edificio de las compañías aéreas, calle 23, nº 64)
Air Europa (AEA; ☎ 7-204 6905/6/7/8; www.air-europa. com; sede Madrid; av. 5 esq. con calle 76, Miramar)
Air France (AFR; ☎ 7-66 26 42; www.airfrance.com; sede París; edificio de las compañías aéreas, calle 23, nº 64)
Air Jamaica (AJM; ☎ 7-66 24 47; www.airjamaica.com; sede Montego Bay; Hotel Meliá Cohiba, Paseo, entre calles 1 y 3)

TASAS DE SALIDA

En el aeropuerto todos tienen que pagar 25 CUC en concepto de tasas de salida, sólo en efectivo.

Air Transat (TSC; ☎ 1-877 872 6728; www.airtransat.com; sede Montreal)

Copa Airlines (CMP; ☎ 7-33 15 03; www.copaair.com; sede Ciudad de Panamá; edificio de las compañías aéreas, calle 23, nº 64)

Cubana (CU; ☎ 7-834-4446; www.cubana.cu; sede La Habana; edificio de las compañías aéreas, calle 23, nº 64)

Iberia (IBE; ☎ 33 50 41; www.iberia.com; sede Madrid; calle 23 esq. con calle P, Miramar)

Lacsa (LRC; ☎ 7-33 31 14; www.grupotaca.com; sede San José de Costa Rica; Hotel Habana Libre, calle 23 esq. con calle L). También representa a Taca.

LanChile (LAN; ☎ 7-831-6186; www.lanchile.com; sede Santiago de Chile)

Martinair (MPH; ☎ 7-33 43 64; www.martinair.com; sede Amsterdam; calle E esq. con calle 23, Vedado)

Mexicana de Aviación (MXA; ☎ 7-33 35 33; www.mexicana.com.mx; sede Ciudad de México; edificio de las compañías aéreas, calle 23, nº 64). También representa a la compañía regional Aerocaribe.

Skyservice (SSV; ☎ 1-416-679-8330; www.skyservice airlines.com; sede Toronto)

Virgin Atlantic (VIR; ☎ 7-204-0747; www.virginatlantic.com; sede Londres Gatwick)

Billetes

Como los estadounidenses no pueden comprar billetes a Cuba ni utilizar agencias de viajes con sede en EE UU para este fin, en México (p. 466) y otros países del Caribe (p. 467) hay innumerables agencias especializadas en ofertas de sólo avión. Es necesario tener una tarjeta de turista cubana y alguna de las agencias debe proporcionarla. Excepto en las épocas de mayor afluencia turística, normalmente se puede llegar a México, Jamaica o cualquier otro país de tránsito y comprar el billete de ida y vuelta a Cuba.

Desde otros países existe una amplia oferta, sencilla, barata y accesible. Muchas veces resulta más económico contratar un paquete completo de avión y hotel en alguno de los centros turísticos de playa que comprar sólo el billete de avión.

Algunas agencias *online*:

España (www.atrapalo.com; www.despegar.com; www.destinia.com; www.ebookers.es; www.edreams.es; www.es.lastminute.com; octopustravel.es; www.rumbo.es; www.terminala.es; www.viajarbajoprecio.com)

Latinoamérica (www.despegar.com; www.ddmexico.com; www.mundojoven.com; www.vinalestours.com; www.viajo.com; www.volando.com)

Otros países del Caribe

Cubana ofrece vuelos a La Habana desde Nassau, Fort de France, Kingston, Montego Bay, Pointe-a-Pitre y Santo Domingo. La

---

CIUDADANOS DE EE UU Y CUBA

Como parte de las leyes de embargo de EE UU a Cuba, el Estado federal ha impuesto la prohibición de viajar a Cuba a todos sus ciudadanos. Técnicamente es una ley del Departamento del Tesoro que prohíbe a los estadounidenses gastar dinero en Cuba.

La ley Helms-Burton, promulgada por el presidente Clinton el 12 de marzo de 1996, impone multas sin posibilidad de recurso judicial de hasta 50.000 US$ para los ciudadanos estadounidenses que visiten Cuba sin permiso federal expreso y contempla la confiscación de propiedades. Además, bajo la ley Trading with the Enemy Act, los infractores pueden enfrentarse a un máximo de 250.000 US$ de multas y hasta 10 años de cárcel. Aunque el tiempo que Clinton estuvo en la Casa Blanca las multas se vieron rebajadas, desde que Bush llegó al poder, el número de individuos multados se ha triplicado y la concesión de permisos es cada vez menor. Los autores y editores de esta guía no aceptan ninguna responsabilidad sobre las repercusiones sufridas por ciudadanos de EE UU que decidan ignorar estas restricciones. Se recomienda a los viajeros que se informen exhaustivamente sobre la situación actual de la legislación de Capitol Hill sobre la materia en www.cubacentral.com.

Los defensores del embargo alegan que viajar a Cuba es apoyar a una dictadura comunista. Lonely Planet cree que viajar favorece intercambios culturales positivos entre las personas y además, el lugar y la forma de viajar es una decisión propia. Muchos cubanos dependen del turismo para sobrevivir y los viajeros que utilicen la información de esta guía podrán invertir su dinero de forma que beneficie a los cubanos de a pie.

EL CAMBIO CLIMÁTICO Y LOS VIAJES

El cambio climático es una grave amenaza al ecosistema del que todos dependemos y los viajes en avión son el factor de riesgo que crece con más rapidez en la actualidad. Aunque Lonely Planet apoya los viajes como un beneficio global, también cree que todos tienen la responsabilidad de limitar el impacto personal sobre el calentamiento global.

Los aviones y el cambio climático

Prácticamente toda forma de viaje motorizado genera dióxido de carbono, que es la principal causa del cambio climático inducido por el ser humano. No obstante, los aviones son, con mucho, los más agresivos, no por las grandes distancias que recorren, sino porque liberan gases de efecto invernadero en la atmósfera. Las estadísticas son sobrecogedoras: dos personas que toman un vuelo de regreso entre Europa y EE UU contribuyen al cambio climático en la misma cantidad que el consumo medio anual de electricidad y gas de una familia media.

Programas de compensación por carbono

Climatecare.org y otras páginas web utilizan "calculadoras de carbono" que permiten a los viajeros calcular el nivel de gases de efecto invernadero del que son responsables y compensarlo con contribuciones de dinero a programas de viajes sostenibles que ayudan a reducir el calentamiento global, como los que ya están funcionando en India, Honduras, Kazajistán y Uganda.

Lonely Planet, en colaboración con Rough Guides y otras empresas del sector turístico, apoya este programa de compensación de climatecare.org aplicándolo a los viajes de sus autores y todos sus empleados.

Para obtener más información, se puede consultar la página www.lonelyplanet.com.

---

compañía regional cubana Aerocaribbean vuela de Puerto Príncipe (Haití) y Santo Domingo (República Dominicana) a Santiago de Cuba semanalmente, igual que de Santo Domingo y Gran Caimán a La Habana.

Air Jamaica (www.airjamaica.com) vuela a diario desde Montego Bay y Kingston a La Habana, con numerosas conexiones muy prácticas a ciudades de EE UU. También ofrece una política de equipajes muy relajada, que permite llevar bultos grandes o pesados sin problemas.

La agencia **CubaLinda.com** (www.cubalinda.com) tiene su sede en La Habana y vende billetes aéreos *online* entre México y países del Caribe.

Desde Bahamas, Cubana tiene vuelos diarios entre Nassau y La Habana; la tarjeta turística cubana y los 15 US$ de tasas de salida que cobra el aeropuerto de Nassau deben estar incluidas en el precio del billete, aunque es conveniente asegurarse. Debido a las leyes estadounidenses relativas al embargo, estas agencias pueden no aceptar pagos *online* ni garantías de tarjetas de crédito emitidas por bancos de EE UU o sus filiales. El embrollo financiero en el que pueden verse envueltos los ciudadanos de EE UU, con envíos de cheques certificados, pagos sólo en efectivo o

envíos de dinero a través de Western Union por ejemplo, quizá no merezcan la pena. También se aconseja asegurarse del sistema de pago si se viaja a través de Bahamas. Las reservas en Nassau pueden hacerse con las siguientes agencias:

Havanatur Bahamas (☎ 1-242 393 5281/2/3/4; fax 393 5280), con oficinas en Bahamas.

Majestic Holidays (☎ 1-242 342 322 2606; www. majesticholidays.com), con oficinas en Bahamas.

San Cristóbal Travel (☎ gratuito desde EE UU; www. sancristobaltravel.com). Oficina en La Habana.

Europa

Es una buena puerta de entrada hacia Cuba. Virgin Atlantic ofrece dos vuelos a la semana a La Habana (jueves y domingos) desde el aeropuerto de Gatwick en Londres, Air France tiene cinco vuelos semanales desde París-Charles De Gaulle.

Desde Ámsterdam, Martinair ofrece dos vuelos semanales a La Habana y uno a Varadero y Holguín. Esta compañía permite comprar un billete con llegada a un aeropuerto y salida desde el otro, muy práctico si se planea viajar por la isla sin retroceder. Air France e Iberia tienen también vuelos desde Ámsterdam con conexión en París o Madrid.

Cubana ofrece servicios a La Habana desde Las Palmas de Gran Canaria, Londres, Madrid, Milán, París-Orly y Roma; a Santiago de Cuba desde Madrid, Milán, París-Orly y Roma; de Londres a Holguín y de Milán a Cayo Largo. Casi todos funcionan una o dos veces a la semana excepto el de La Habana-París, que tiene tres salidas semanales. Cubana a veces dispone de ofertas reducidas de última hora. Hay oficinas de Cubana por toda Europa: **Madrid** (☎ 91 758 9750; fax 91 541 6642), **Roma** (☎ 06 700 0714; fax 06 700 0688), **París** (☎ 01 53 63 23 23; fax 01 63 53 23 29), **Londres** (☎ 020 75 37 79 09).

España

Además de las ofertas de Cubana de Aviación, son interesantes las de Iberia y Air Europa. Esta última dispone de un vuelo semanal, los lunes, desde Barcelona, Bilbao, Las Palmas, Londres, Madrid, Milán, París o Roma, con escala en Santiago de Cuba (y regreso desde La Habana), ideal para visitar toda la isla desde oriente a occidente. La compañía Iberia vuela regularmente a La Habana desde Madrid cuatro veces a la semana y tiene conexiones con casi todas las capitales europeas. En cuanto a precios, como ejemplo, un billete de ida y vuelta desde Madrid a La Habana cuesta, según sea temporada media o alta, a partir de 540 € con Iberia, desde 575 € con Air Europa y unos 700 € con Cubana de Aviación.

Para mejores ofertas se puede consultar en las siguientes agencias especializadas en este destino:

Viajes Guamá-Havanatur (en Madrid ☎ 91 7823787/88, paseo de La Habana 28; en Barcelona ☎ 93 3184545; en Bilbao ☎ 94 4245532; en Valencia ☎ 96 3510991, en Las Palmas ☎ 928 461091; en Santiago de Compostela ☎ 944 574918, en Sevilla ☎ 95 4536897)

Viajes Metropolitan (☎ 91 448 5413/91; Galileo 25, Madrid; www.viajesmetropolitan.com/). Precios muy competitivos; gestionan el visado de turista.

OnLine Tours (☎ 902 360 347; Francisco Silvela 49, Madrid; www.onlinetours.net). Billetes de avión, paquetes completos de viaje, gestión de visados, etc.

Sol y Son Madrid (☎ 91 3080592). Agencia de viajes de Cubana de Aviación.

Bolitur Travel (☎ 91 4012385 y 91 4024162; Conde de Peñalver 38, 6º). Tiene su sede central en la misma planta del consulado cubano en Madrid y una sucursal en Sevilla (☎ 954 368 967/68; Ronda de Capuchinos 4-1; bolitursevilla@arrakis.es).

Destino Caribe (☎ 91 5323076 y 91 5312790). Con paquetes muy interesantes.

CCJ Travel Plus (en Madrid ☎ 91542 60 09, Princesa 31, 2º-2B; en Barcelona ☎ 93 301 71 12, paseo de Gracia 11, esc. A-7º-2; en Valencia: ☎ 96 352 15 43, Universidad 4, 5º-3D)

Viajes Zeppelín (www.v-zeppelin.es). Ofertas muy competitivas de último momento.

Algunas agencias *online:*
Atrápalo (www.atrapalo.com)
Despegar (www.despegar.com)
Destinia (www.destinia.com)
Ebookers (www.ebookers.es)
eDreams (www.edreams.es)
Lastminute (www.es.lastminute.com)

México

Es una vía directa y práctica para entrar en Cuba, con muchos vuelos para elegir. Tanto Cubana como Aerocaribe, la compañía regional de Mexicana de Aviación, vuelan desde Cancún a La Habana todos los días. Cancún es un destino muy habitual para vuelos chárter baratos y Aerocaribe conecta con los vuelos de Mexicana procedentes de muchas ciudades de EE UU. Si hay plazas, se puede comprar el billete a La Habana para el mismo día en las oficinas de Cubana y Aerocaribe del aeropuerto de Cancún.

Mexicana cuenta también con servicios frecuentes a La Habana desde otras ciudades, como Ciudad de México, Mérida y Tijuana. Cubana vuela a diario a La Habana desde Ciudad de México.

Un billete de ida y vuelta desde Ciudad de México a La Habana cuesta alrededor de 450 US$ y desde Cancún, unos 275 US$. Mexicana tiene oficinas en **Ciudad de México** (☎ 5-448-0990; 1-800-502-2000; www.mexicana.com) y **Cancún** (☎ 98-87-4444).

Cubana tiene también oficinas en **Ciudad de México** (☎ 5-250 6355; fax 5-255 0835) y **Cancún** (☎ /fax 98-86 0192).

También se puede consultar en las agencias siguientes:
Acuario Tours (☎ Acapulco 74-85 6100, Ciudad de México 5-575-5922; www.acuariotours.com)
Divermex (☎ 99 88 84 23 25; www.divermex.com)
Sol y Son México (☎ 98 87 70 17; www. mx.solysonviajes.com)
Taino Tours (☎ 5-259 3907; www.tainotours.com.mx)

América Latina

Desde Caracas (Venezuela) Aeropostal vuela a La Habana cinco veces a la semana y Cubana, seis veces a la semana. Se pueden

comprar los billetes en Caracas a través de **Ideal Tours** (☎ 2-793 0037/1822; idealtours@cantv.net) o acudir directamente a las oficinas de **Cubana** (☎ 2-12 286 8639; cubana@intercon.net.ve).

Cubana tiene también vuelos a La Habana desde Bogotá, Buenos Aires y Sao Paulo, y un vuelo semanal desde Buenos Aires a Cayo Coco y Varadero. Cuenta con oficinas en **Buenos Aires** (☎ 1-326 5291; cubana@tournet.com.ar), **Quito** (☎ 2-54 49 30; cubana@hoy.net) y **Bogotá** (☎ 1-610 5800; solyson@colomsat.net.co).

Cubana ofrece servicios a La Habana desde San José de Costa Rica y Ciudad de Guatemala dos veces a la semana y desde Ciudad de Panamá tres veces a la semana. Lacsa (Líneas Aéreas de Costa Rica) tiene vuelos a La Habana desde San José, Ciudad de Guatemala y San Salvador varias veces a la semana. Copa Airlines ofrece también vuelos frecuentes entre ciudades centroamericanas y Cuba.

La compañía aérea regional cubana Aerocaribbean vuela desde Managua a La Habana una vez a la semana.

POR MAR

Debido a las leyes de embargo estadounidenses, que prohíben la entrada en puertos de EE UU durante seis meses a todos los barcos que hayan hecho escala en Cuba, pocos cruceros incluyen la isla en sus itinerarios. Además, muchas compañías han cancelado sus cruceros a Cuba tras el 11 de septiembre de 2001, algo que no deja de resultar extraño. Las compañías europeas están comenzando a aprovecharse de esta situación para copar el mercado. Un agente de viajes especializado puede informar al viajero sobre qué cruceros tocan puertos cubanos. En España, se puede intentar en **Cruceronline** (www.cruceronline.com).

Con un barco privado es fácil entrar al país, que cuenta con numerosos puertos deportivos. No hay ningún servicio de *ferry* a la isla.

CIRCUITOS

Una rápida búsqueda en Internet descubre incontables posibilidades basadas en distintas ofertas turísticas de playa, cultura, medio ambiente, aventura, rutas ciclistas, observación de aves, arquitectura, senderismo, etc.

En España, algunas agencias que organizan circuitos son:

Barceló Viajes (☎ 902 116 226; www.barceloviajes.com)
Halcón Viajes (☎ 902 300600; www.halconviajes.com)

Viajes Ecuador (☎ 902 100 211; www.viajesecuador.com)
Viajes El Corte Inglés (☎ 902 400 454; www.viajeselcorteingles.es)
Viajes Iberia (☎ 902 108 108; www.viajesiberia.com)
Viajes Marsans (☎ 902 306 090; www.marsans.com)

Estados Unidos

Los ciudadanos de EE UU que tengan permiso oficial para viajar a Cuba pueden ponerse en contacto con **Marazul Charters Inc** (☎ 305-263-6829, gratuito desde EE UU 800-223-5334; www.marazulcharters.com), que ofrece vuelos chárter directos desde Nueva York y Miami a La Habana. **ABC Charters** (☎ 305-871 1260, gratuito desde EE UU 866-422 2247; www.abc-charters.com), con vuelos desde Miami a La Habana, Santiago de Cuba y Holguín, es muy recomendable por su amable servicio.

Para información actualizada hay que ponerse en contacto con:

Center for Cuban Studies (☎ 212-242 0559; fax 212-242 1937; www.cubaupdate.org). Organiza viajes a través de universidades.

Global Exchange (☎ 415-255 7296, 800-497 1994; fax 415-255 7498; www.globalexchange.org)

CÓMO DESPLAZARSE

AVIÓN

Cubana de Aviación (www.cubana.cu) y su filial regional Aerocaribbean ofrecen vuelos a La Habana, Baracoa, Bayamo, Camagüey, Cayo Largo del Sur, Ciego de Ávila, Guantánamo, Holguín, isla de la Juventud, Manzanillo, Moa y Santiago de Cuba. Los de ida cuestan la mitad que los de ida y vuelta y las restricciones en el equipaje son estrictas, particularmente en los aviones pequeños de Aerocaribbean. Los billetes pueden comprarse en el mostrador turístico de muchos hoteles y en las agencias de viajes por el mismo precio que en las oficinas de las compañías aéreas, las cuales suelen ser caóticas. Sol y Son, la agencia de viajes de Cubana, es conocida por su buen servicio y su eficacia.

Los automóviles antiguos no son las únicas reliquias mecánicas que quedan en Cuba. El servicio de **Aerotaxi** (☎ 832-8127; calle 27 esq. con calle M, Vedado) utiliza aparatos de hélice Antonov 2s de hace medio siglo para sus vuelos nacionales en distintos destinos. Es necesario alquilar en avión completo (unos 500 CUC/día). También es posible encontrarse con aviones de reacción Yakolev YAK

42s en los trayectos de La Habana a Camagüey/Holguín/Santiago de Cuba, mucho más rápidos que los Antonov de hélices.

BICICLETA

Cuba es un paraíso para los ciclistas, con carriles propios, tiendas especializadas y conductores acostumbrados a compartir la carretera. Es difícil encontrar recambios así que conviene llevar las piezas más importantes desde casa. No obstante, los cubanos son maestros de la reparación improvisada y, aunque no haya piezas, son capaces de fabricar una que funciona. En todas las poblaciones hay *poncheros* que arreglan pinchazos e hinchan las ruedas.

Los cascos son muy raros, excepto en los hoteles de gama alta, por tanto hay que llevarlo también. Los candados, en cambio, son imprescindibles porque el robo de bicicletas es habitual. Los parqueos son los aparcamientos reservados para las bicicletas; cuestan 1 CUP y los hay en todos los puntos donde se congrega gente, como mercados, terminales de autobús, en el centro urbano, etc.

En todas las vías del país, incluso en las autopistas, hay un espacio de 1 m de anchura a la derecha reservado para el tránsito de bicicletas. Es ilegal ir por las aceras y en sentido contrario al tráfico en vías de sentido único, y las multas son de la misma cuantía que las impuestas a los automóviles. La iluminación de las calles es deplorable por lo que se recomienda no montar en bicicleta de noche, sobre todo sabiendo que un tercio de los accidentes de tráfico del país están relacionados con bicicletas. Si es imprescindible hacerlo, conviene llevar también luces.

Los trenes con coches de equipaje admiten bicicletas por unos 10 CUC por trayecto. Aunque estos vagones están protegidos es mejor no dejar las cestas y comprobar el estado de la bicicleta al bajar. Los autobuses de Viazul también admiten bicicletas.

Compra

Por los canales oficiales la oferta es limitada y los precios altos, pero preguntando se pueden intentar encontrar a alguien que venda su *chivo*, término coloquial para bicicleta, y luego revenderla o cambiarla al marcharse.

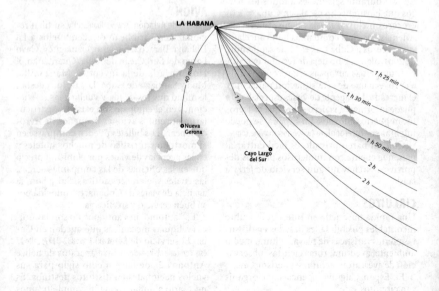

LA HABANA

40 min

1 h

Nueva Gerona

Cayo Largo del Sur

1 h 25 min

1 h 30 min

1 h 50 min

2 h

2 h

Si se regatea un poco se puede conseguir una por unos 30 CUC, aunque cuanto más cara sea, en mejor estado se encontrará. Sin embargo, a pesar de los gastos que conlleva, llevar la bicicleta propia es siempre lo mejor.

Alquiler

En el momento de redactar esta guía sólo había agencias oficiales de alquiler de bicicletas en El Orbe, en La Habana (para consultar precios véase p. 136), en los centros turísticos más importantes (2 CUC/h o 15CUC/día) y en Viñales (6-8 CUC/día). Los paquetes de todo incluido que ofrecen los complejos hoteleros suelen incluir alquiler de bicicletas.

Aunque no sea posible encontrar agencias oficiales de alquiler, en cualquier sitio se encontrará alguien dispuesto a llegar a un trato privado. Las tarifas habituales están entre 3 y 7 CUC diarios.

AUTOBÚS

Este medio de transporte es generalmente fiable y sencillo. **Viazul** (www.viazul.com) es la mejor empresa, con servicios puntuales, vehículos con aire acondicionado y destinos interesantes. Por otra parte, la empresa Astro, que acaba de recibir una flota de autobuses nuevos procedentes de China, llega a todos los rincones de la isla. Viazul ofrece servicio en convertibles para turistas y cubanos acomodados y asegura la llegada en hora al destino elegido. El precio es más alto pero programa salidas diarias y es una buena forma de conocer a otros viajeros.

Astro vende billetes en pesos cubanos a los nacionales y en convertibles a los turistas, así que al viaje se añade el interés de conocer lugareños, como ocurre con los camiones (véase p. 474). Si se va a tomar un autobús de Astro es conveniente llegar con tiempo suficiente, puesto que no suele haber un horario escrito y sólo se reservan dos asientos para turistas en cada autobús. Teóricamente hay distintos tipos de autobuses pero en la práctica, el que aparece es el que se toma. Los extranjeros con carné (p. 202) pueden pagar en pesos. Muchas líneas salen sólo en días alternos.

De este a oeste, las salidas son muy incómodas porque suelen programarse de madrugada.

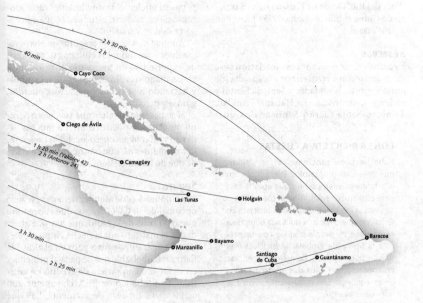

Existe también un nuevo autobús de Havanatur que hace diariamente las rutas Viñales-Soroa-La Habana, Viñales-María La Gorda, Viñales-Trinidad y Viñales-Cayo Levisa (véase p. 202).

Astro (☎ 7-870 3397 La Habana). Tiene servicio a todas las poblaciones grandes y pequeñas del país; es muy práctico para visitar lugares menos turísticos adonde no llegan las líneas de Viazul, como Manzanillo, todas las situadas al oeste de Bayamo y la costa norte al este de Varadero hasta Baracoa.

Viazul (☎ 7-881 1413, 7-881 5652, 7-881 1108; www. viazul.cu). Ofrece las rutas La Habana-Viñales, La Habana-Varadero, La Habana-Trinidad, La Habana-Holguín, Varadero-Trinidad, La Habana-Santiago de Cuba, Trinidad-Santiago de Cuba y Santiago de Cuba-Baracoa. Dependiendo del itinerario, también tiene parada en Pinar del Río, Santa Clara, Cienfuegos, Ciego de Ávila, Sancti Spíritus, Camagüey, Las Tunas, Holguín, Bayamo o Guantánamo. Se admiten reservas por Internet pero no son muy fiables.

Precios

Viazul siempre es más caro que Astro, pero la diferencia es poca y tiene menos relevancia cuanto más lejos sea el viaje. Como en Astro hay menos asientos y son más incómodos que en Viazul, se suele recurrir a ella sólo para llegar a destinos donde no va Viazul, como la costa norte, Manzanillo o el oeste de Pinar del Río. Desde La Habana hasta Santiago de Cuba, el billete cuesta 42/51 CUC con Astro/Viazul.

Reservas

Es conveniente reservar con antelación si se desea viajar con Viazul en temporada alta (de junio a agosto, Navidades y Semana Santa) y en líneas concurridas (La Habana-Trinidad, Trinidad-Santa Clara y Santiago de Cuba-

Baracoa). La línea de Viazul desde Baracoa va casi siempre llena, por lo que se aconseja reservar billete con antelación, al igual que las conexiones desde Santiago de Cuba a localidades del norte y el oeste.

Es práctico reservar con antelación los trayectos de Astro, ya que hay que contactar con la empresa para confirmar las líneas y existen sólo dos asientos disponibles para extranjeros en cada autobús.

AUTOMÓVIL
Permiso de conducir

Para alquilar un automóvil y conducirlo sólo se necesita el carné de conducir del país de procedencia.

Gasolina y recambios

La gasolina vendida en convertibles, al contrario que la vendida en pesos, se encuentra fácilmente en todas las estaciones de servicio del país, excepto en la costa occidental de La Habana. Las gasolineras suelen abrir 24 horas y a veces venden recambios sencillos. La gasolina se vende en litros y existen dos tipos diferentes: regular (0,75 CUC/l) y especial (0,95 CUC/l). Se recomienda utilizar gasolina especial para los automóviles de alquiler. Todas las gasolineras están atendidas por personal eficiente, normalmente trabajadores sociales, es decir, estudiantes que combinan estudios y trabajo.

Aunque no se puede asegurar que haya recambios para todo, los cubanos tienen años de experiencia en mantener funcionando viejas máquinas sin disponer de recambios y haciendo maravillas con cartón, cuerdas, gomas y perchas.

Si se necesita hinchar una rueda o reparar un pinchazo se puede recurrir a una gasolinera o visitar al *ponchero* local. No suelen tener medidores así que hay que tener cuidado de que no las inflen demasiado.

Seguro

Los automóviles de alquiler tienen un seguro opcional de 10 CUC diarios que cubre todo menos el robo de la radio, que hay que guardar en el maletero por la noche. Se puede elegir no pagar este seguro pero en ese caso la fianza reembolsable que se paga al principio, en efectivo o con tarjeta de crédito no emitida por un banco de EE UU, sube de 200 a 500 CUC. En caso de accidente, hay que guardar una copia de la denuncia que hace

---

CON LA BICICLETA A CUESTAS

Cuba no pone problemas a los viajeros que lleven su propia bicicleta, aunque en la aduana pueden pedirle que abra la caja para comprobar su interior. Si preguntan si se tiene la intención de dejar la bicicleta en Cuba hay que decir que no. Cada compañía aérea tiene su propia política con respecto a la forma de embalar la bicicleta y el precio de su traslado. Lo mejor es ponerse en contacto con ellos dos semanas antes de salir y llegar con mucha antelación a la hora de embarque.

la policía para poder reclamar al seguro, proceso que puede durar todo el día. Si la policía determina que el viajero es responsable del accidente puede despedirse del depósito.

Alquiler

Resulta muy sencillo alquilar un vehículo y toda la gestión desde que se entra en la oficina hasta que se sale sobre ruedas puede durar menos de una hora. Se necesita el pasaporte, el carné de conducir y una fianza reembolsable de 200 CUC en efectivo o con tarjeta de crédito no emitida por un banco estadounidense. Por un aumento razonable en el precio se puede alquilar el coche en una ciudad y devolverlo en otra, lo que resulta muy práctico. Si se dispone de un presupuesto bajo conviene preguntar por los vehículos diésel, que ahorran mucho en gasolina. Mientras la regular cuesta 0,95 CUC/l, el petróleo (diésel) cuesta 0,45 CUC. Muy pocos automóviles de alquiler cuentan con transmisión automática.

Si un automóvil se alquila por menos de tres días, tendrá un kilometraje limitado, en cambio si es por tres o más jornadas, el kilometraje será ilimitado. En Cuba se paga por el primer depósito de gasolina cuando se alquila el vehículo (0,95 CUC/l) y se puede devolver vacío. En la práctica es una política suicida que provoca que muchos turistas se queden sin gasolina a un kilómetro o dos del punto de devolución. Para empeorar las cosas, no se devuelve el dinero de la gasolina que quede en el depósito al entregar el vehículo. Es común el robo de espejos, antenas, luces traseras, etc., así que merece la pena pagar 1 o 2 CUC para que alguien vigile el vehículo por la noche. Si se pierde en contrato de alquiler o las llaves se paga una multa de 50 CUC; los conductores menores de 25 años pagan 5 CUC más y los conductores adicionales del mismo vehículo tienen un recargo de 15 CUC.

Es importante repasar el automóvil detenidamente con el agente antes de salir de camino, porque al viajero se le hará responsable de cualquier daño o falta. Hay que asegurarse de que hay rueda de repuesto del tamaño correcto, está el gato y la llave. Los asientos deben tener cinturones de seguridad y todas las puertas deben cerrar debidamente. Se aconseja ser especialmente concienzudo con el examen en la compañía Micar.

Se han recibido muchas protestas sobre la ineficacia o inexistencia del servicio al cliente, el engaño en las ruedas de repuesto, reservas olvidadas y otros problemas. Las reservas se aceptan sólo con 15 días de antelación y aun así no se garantizan. Aunque los agentes suelen ser flexibles, puede acabarse pagando más de lo que se pensaba o tener que esperar a que alguien devuelva un vehículo. Cuando más amable se sea, más rápido se resolverán los problemas; las propinas también ayudan. Como ocurre con todos los aspectos de un viaje por Cuba hay que tener preparado siempre un plan B.

Estado de la carretera

Quien piense que es fácil conducir en Cuba está muy equivocado. No es que se juegue en un campo distinto, sino que es un deporte completamente diferente. El primer problema es que no existe señalización casi en ningún sitio. Los principales cruces y desvíos a poblaciones importantes no suelen estar indicados, lo que no sólo distrae al conductor sino que le hace perder mucho tiempo. Esta falta de señalización incluye también a las autopistas. Normalmente no se indica con claridad si la calle es de sentido único o cuál es el límite de velocidad, lo cual causará problemas con la policía, que no entiende la incapacidad del viajero para saber las normas de circulación. En cuanto a las marcas de la carretera, simplemente no existen en ninguna vía de la isla.

En cuanto al estado del firme la autopista, la Vía Blanca y la carretera Central suelen estar bien pero no ocurre lo mismo con otras, de las que repentinamente se sueltan trozos de asfalto o en las que, sin previo aviso, cruzan vías de tren, particularmente en el Oriente. Estos pasos a nivel son especialmente problemáticos por su cantidad y porque nunca cuentan con barreras. Hay que tener mucho cuidado: por muy alta que sea la vegetación en las vías, uno debe siempre asumir que están en uso. Los trenes cubanos, como los automóviles, desafían a toda lógica en lo que respecta a la mecánica.

Aunque el tráfico de vehículos sea muy escaso, no ocurre lo mismo con el de las bicicletas, peatones, carros de bueyes, carretas de caballos o ganado. Muchos de los automóviles y camiones más viejos carecen de espejos retrovisores y los niños salen corriendo de cualquier rincón sin preocuparse del tráfico. Hay que estar atento, conducir con precaución y utilizar el claxon en curvas y giros cerrados.

TRANSPORTE

DISTANCIAS POR CARRETERA (KM)

	Bayamo	Camagüey	Ciego de Ávila	Cienfuegos	Guantánamo	La Habana	Holguín	Las Tunas	Matanzas	Pinar del Río	Sancti Spíritus	Santa Clara
Camagüey	210											
Ciego de Ávila	318	108										
Cienfuegos	540	330	222									
Guantánamo	161	371	479	701								
La Habana	744	534	426	254	905							
Holguín	71	209	317	539	182	743						
Las Tunas	82	128	236	458	243	662	81					
Matanzas	684	474	366	194	845	105	683	602				
Pinar del Río	906	696	588	416	1067	162	905	824	267			
Sancti Spíritus	394	184	76	151	555	354	393	312	294	516		
Santa Clara	473	263	155	67	634	276	472	391	217	438	590	
Santiago de Cuba	117	550	435	657	84	861	138	199	801	1023	511	590

Conducir de noche está desaconsejado debido a las cambiantes condiciones de la carretera, los conductores ebrios, las vacas que cruzan y la escasa iluminación. El conducir bebido es un problema grave. En La Habana es particularmente peligroso a altas horas de la noche, cuando parece que la calle se divide en un carril para mirones y otro para borrachos.

Los semáforos suelen estar estropeados o ser muy difíciles de ver y la preferencia de paso no se tiene en cuenta.

Normas de tráfico

Los cubanos conducen como quieren. En principio el tráfico puede parecer caótico pero tiene su ritmo. Se supone que los cinturones de seguridad son obligatorios y la velocidad máxima técnicamente es de 50 km/h en ciudad, 90 km/h en carretera y 100 km/h en la autopista. Sin embargo hay coches que ni siquiera pueden alcanzar esta velocidad y otros que la sobrepasan habitualmente.

Con tan poco tráfico en la carretera, es difícil no pisar demasiado el acelerador pero hay que pensar en baches inesperados o patrullas de la policía. Hay algunas trampas para detectar la velocidad, sobre todo en la autopista, y la multa mínima es de 30 CUC y una nota en el contrato, que luego servirá para que se deduzca de la fianza al devolver el vehículo. Cuando la policía ordena detenerse, hay que salir del vehículo y caminar hacia ellos con todos los documentos. Si un vehículo que viene en sentido contrario da un ráfaga de luces significa que hay un peligro delante, muchas veces la policía.

La crisis del transporte cubano significa que hay mucha gente esperando al borde de la carretera que alguien pare para llevarle. Darle a alguien una *botella*, es decir, llevarlo, tiene muchas ventajas además de la generosidad. Con un cubano uno nunca se pierde, aprende secretos que no están en los manuales turísticos y conoce gente estupenda. No obstante, existen riesgos asociados a esta práctica, que pueden evitarse si se lleva a gente mayor o familias. En las provincias, por ejemplo, la gente que espera para que alguien la lleve hace una cola organizada por los "amarillos" (véase p. 190) que dan prioridad a los más necesitados, como parejas ancianas o mujeres embarazadas.

'FERRY'

Los servicios más importantes son el de Surgidero de Batabanó a Nueva Gerona en la **isla de la Juventud** (☎ 62-8-5355) y el de La Habana a **Regla y Casablanca** (☎ 7-867-3726). Estos *ferries* suelen ser seguros, a pesar de que en 1997 dos *hidroalas* chocaron en ruta hacia la isla de la Juventud. Tanto en 1994 como en 2003, el *ferry* de Regla/Casablanca fue secuestrado por cubanos que intentaban llegar a Florida. En el incidente de 2003 había turistas, así que se pueden esperar importantes medidas de seguridad.

AUTOESTOP

La crisis del transporte, la necesidad y los bajos índices de criminalidad hacen que en este

país sea muy habitual esta costumbre. Los semáforos, los cruces con vías de tren y los cruces de carreteras son paradas habituales para los que esperan. En las provincias y las afueras de la capital, los "amarillos" (véase p. 190) organizan la espera y dan prioridad a mujeres, personas mayores, etc., y ponen orden. Los turistas pueden participar y unirse a la cola. El viaje cuesta entre 5 y 20 CUP según la distancia. Los viajeros que utilicen este sistema necesitan un buen mapa y paciencia para esperar en algunos casos hasta dos o tres horas. Esta práctica nunca está libre de peligro en ningún país del mundo. Los que decidan hacerlo deben tener en cuenta que están asumiendo un riesgo potencial, por lo que se aconseja por seguridad que viajen en parejas y hagan saber a alguien la ruta que pretenden seguir.

TRANSPORTE LOCAL
'Bicitaxi'
Es un triciclo grande con un asiento para dos personas detrás del conductor. Son muy comunes en La Habana, Camagüey, Holguín y otras localidades. En la capital insisten en una tarifa mínima de 1 CUC, aunque los cubanos pagan 5 o 10 CUP. Algunos piden cantidades desorbitadas. El precio debe quedar establecido con claridad antes de salir. Por ley no pueden llevar turistas, que deben tomar taxis normales, y se arriesgan mucho si lo hacen. Las normas se relajan más en las provincias, donde es fácil conseguir uno por entre 1 y 5 CUP.

Barco
Algunas ciudades como La Habana, Cienfuegos, Gibara y Santiago de Cuba tienen servicios locales de *ferry*, que se detallan en los capítulos respectivos.

Autobús
Las guaguas locales, normalmente abarrotadas y con mucha humedad, muy cubanas, son prácticas en las ciudades grandes. Tienen un itinerario fijo con paradas, donde espera una larga cola en apariencia desordenada. Hay que pedir la vez para unirse a ella.

El precio del billete es de 0,40-1 CUP; el *camello*, el *metrobús* de La Habana, cuesta 0,20 CUP. Siempre hay que avanzar todo lo posible hasta la parte trasera y salir del autobús por la puerta de atrás. Convienen llevar el bolso o mochila delante y tener cuidado con la cartera.

Colectivo y 'máquina'
Los primeros son taxis que tienen rutas de larga distancia fijadas y salen cuando están llenos. Suelen ser automóviles americanos anteriores a 1959 que emiten humos de sus motores diésel y pueden llevar tres personas como mínimo en el asiento delantero. Los estatales, que cobran en convertibles y suelen esperar en los alrededores de las estaciones de autobuses, son casi siempre más baratos que el autobús. Los que cobran en pesos, tanto los estatales como los privados o *máquinas*, tienen prohibido llevar a extranjeros, excepto los que tienen carné.

Calesas
Muchas capitales provinciales tienen coches de caballos que hacen itinerarios diferentes y cuestan 1 CUP.

Taxi
Se supone que a los turistas se les permite sólo tomar taxis que cobran en convertibles, incluidos los pequeños *cocotaxis* amarillos. Estos vehículos tienen taxímetro y cuestan 1 CUC por la bajada de bandera y 1 CUC por cada kilómetro recorrido. Los taxistas tienen por costumbre convenir con los turistas el precio de la carrera sin usar el taxímetro; el montante suele ser muy similar, la diferencia estriba en que si no se usa el taxímetro el dinero no se lo queda el Estado. En los *cocotaxis* caben hasta tres personas y cuestan 0,50 CUC por kilómetro, sin taxímetro.

CIRCUITOS
De las muchas agencias turísticas que hay en este país, las más útiles son las siguientes:
Cubamar Viajes (☎ 7-66 25 23/24; www.cubamar viajes.cu). Alquila cabañas en campismos y caravanas.
Cubanacán (☎ 7-208 9479; www.cubanacan.cu). Una agencia de viajes general que incluye filiales especializadas como Cubanacán Náutica, de submarinismo, navegación y pesca, y Turismo y Salud, relacionada con las intervenciones médicas, los tratamientos de balneario y la rehabilitación.
Cubatur (☎ 7-33 41 55; fax 7-33 40 37)
Ecotur (☎ 7-41 03 06/08; fax 7-53 99 09)
Gaviota (☎ 7-204-4411; www.gaviota-grupo.com)
Havanatur (☎ 7-204 0993; www.havanatur.cu). Colabora con Marazul Tours en EE UU.
Paradiso (☎ 7-832 9538/9; paradis@paradiso.artex. com.cu). Especializada en circuitos culturales y artísticos de varios días.
San Cristóbal Agencia Receptora (☎ 7-861 9171; fax 7-860-9585)

TRANSPORTE

TREN

Cuba fue el sexto país del mundo en tener ferrocarril, antes incluso que España, y por ello los cubanos están orgullosos de su amplia red de trenes, aunque estén anticuados. El servicio, gestionado por Ferrocarriles de Cuba, llega a todas las capitales de provincia y es una forma estupenda de tomar contacto con el país, siempre que se tenga tiempo y paciencia. Como dice un viajero, el 80% de los trenes llegan tarde y el otro 20% han sido cancelados. Es un medio de transporte seguro pero los horarios que proporciona esta guía son sólo teóricos. No suele haber muchos problemas para comprar un billete puesto que hay una cuota reservada para turistas que pagan en convertibles. Las rutas más prácticas son La Habana-Santiago de Cuba y La Habana-Santa Clara.

Los extranjeros están obligados a pagar el billete en efectivo pero los precios son razonables y los vagones, cómodos y muy pintorescos, a pesar de estar viejos y desgastados. En cambio los aseos son espantosos. Hay que vigilar el equipaje si se viaja de noche y llevar siempre un poco de comida. Hay vendedores ambulantes que recorren el tren ofreciendo café, pero el cliente debe tener la taza.

El tren Hershey, el único eléctrico del país, es obra de la compañía chocolatera Hershey en los primeros años del s. xx. Es una forma muy divertida de recorrer la ruta entre La Habana y Matanzas (véase p. 156).

Clases

Hay varios tipos de trenes: especiales, rápidos, con pocas paradas y aire acondicionado; regulares, más lentos y con salidas diarias; y *lecheros,* que paran hasta en todas las estaciones y apeaderos de la línea. Las líneas más importantes como La Habana-Santiago de Cuba tienen trenes especiales o regulares.

Precio

Los trenes regulares cuestan menos de 3 CUC por 100 km, pero los especiales están más cerca de los 5,50 CUC por 100 km. El tren Hershey cuesta igual que los regulares.

Reservas

En casi todas las estaciones se puede ir a la ventanilla y comprar el billete sin más, pero en La Habana hay una sala de espera y una ventanilla especial para pagar en convertibles. En las estaciones de La Coubre y Santiago de Cuba existe un práctico Centro Único de Reservaciones en el centro. Al comprar el billete es necesario mostrar el pasaporte y siempre es conveniente confirmar la salida con antelación puesto que los horarios son muy variables.

Servicios

Hay trenes nocturnos especiales entre La Habana y Santiago de Cuba en días alternos (861 km, 12½ h, 30 CUC). El tren nº 1 sale de La Habana todos los días a las 18.05, para en Santa Clara (21.55) y Camagüey (1.48) y llega a Santiago de Cuba a las 6.35. El tren nº 2 sale de Santiago de Cuba todos los días a las 17.05, para en Julio Antonio Mella (18.05), Camagüey (12.45), Guayacanes (00.01) y Santa Clara (1.55) y llega a La Habana a las 6.00.

Estos horarios son sólo aproximaciones de lo que puede ocurrir.

Existen otras líneas de interés para viajeros, como Pinar del Río-Sábalo, La Habana-Matanzas, La Habana-Cienfuegos, La Habana-Sancti Spíritus, La Habana-Holguín, La Habana-Manzanillo, Santa Clara-Morón-Nuevitas, Cienfuegos-Santa Clara-Sancti Spíritus, Camagüey-Nuevitas, Camagüey-Bayamo, Bayamo-Manzanillo, Manzanillo-Bayamo-Santiago de Cuba y Santiago de Cuba-Holguín. Hay muchos otros trenes locales que funcionan a diario y con cierta frecuencia. En el capítulo referente a cada localidad puede encontrarse información adicional.

CAMIÓN

Son una forma rápida y barata de viajar. Cada localidad tiene una parada de camiones para viajes provinciales y municipales, generalmente con un horario muy relajado. Hay que ponerse a la cola en la parada correspondiente al destino deseado pidiendo siempre la vez y pagar el billete al subir. Un camión de Santiago de Cuba a Guantánamo cuesta 5 CUP (0,20 CUC), mientras que el mismo viaje en autobuses de Astro/Viazul cuesta 3/6 CUC.

A veces el personal de la terminal indica a los extranjeros que no pueden utilizar este servicio, pero como siempre, no hay que tomar un no por respuesta la primera vez. Suele ayudar si uno alega que no tiene dinero, entabla una conversación con el conductor o pide ayuda a otros pasajeros.

Salud Dr. David Goldberg

Desde el punto de vista médico, las islas del Caribe suelen ser seguras siempre y cuando se sea prudente con los alimentos y las bebidas que se ingieren. Las enfermedades más comunes, como la disentería y la hepatitis, se contraen por el consumo de comida y agua contaminada. Las enfermedades que transmiten los mosquitos no son preocupantes en la mayor parte de la isla.

La clave para mantener la salud mientras se viaja es la prevención. Con eso y un poco de sentido común las molestias no pasarán de una simple diarrea.

ANTES DE PARTIR

Como muchas vacunas no tienen efecto hasta después de dos semanas de ser aplicadas, habrá que visitar al médico por lo menos con ocho semanas de adelanto. Cuba no exige la presentación del Certificado Internacional de Vacunación, también conocido como "libreta amarilla", en el que se consignan todas las vacunas recibidas, aunque no está de más llevarlo si se tiene.

Si se viaja con medicamentos, éstos deben estar en su caja original. Una buena idea es llevar una carta del facultativo en la que se describa las necesidades médicas del viajero y los fármacos que precisa, con los nombres genéricos incluidos. Si se llevan jeringuillas o agujas, también habrá que portar un documento que justifique su uso.

VACUNAS RECOMENDADAS

No hace falta vacunarse para ir a Cuba, pero se recomienda:

Vacuna	Recomendada para	Dosis	Efectos secundarios
Varicela	Viajeros que no hayan tenido varicela antes	2 dosis con 1 mes de separación	Fiebre; caso leve de varicela
Hepatitis A	Todos los viajeros	1 dosis antes del viaje; refuerzo 6-12 meses después	Dolor en la zona del pinchazo; cefalea y dolor corporal
Hepatitis B	Viajeros a largo plazo en contacto con la población local	3 dosis durante 6 meses	Dolor en la zona del pinchazo; fiebre leve
Rabia	Viajeros en contacto con animales y que no hayan tenido acceso a asistencia sanitaria	3 dosis durante 3-4 semanas	Dolor en la zona del pinchazo; cefalea y dolor corporal
Tétanos-difteria	Todos los viajeros que no se hayan vacunado en 10 años	1 dosis dura 10 años	Dolor en la zona del pinchazo
Fiebre tifoidea	Todos los viajeros	4 pastillas, 1 cada dos días	Dolor abdominal; náusea; erupción

SEGURO

Es aconsejable contratar un seguro que cubra los gastos médicos en el extranjero (véase p. 454) y, una vez hecho, tener claro si cubre los gastos médicos que se pudieran ocasionar de forma directa o si el viajero debe adelantarlos y después se le reembolsarán cuando retorne a su país de origen. Hay que tener en cuenta que en algunos países los médicos esperan que se les pague en efectivo.

Si, una vez en Cuba, se tienen problemas de salud puede ser útil llamar a **Asistur** (☎ 7-866-8527; www.asistur.cu), donde pueden ayudar con el seguro y la asistencia médica. La empresa tiene sucursales en La Habana, Varadero, Cienfuegos, Cayo Coco, Camagüey, Guardalavaca y Santiago de Cuba.

BOTIQUÍN

- acetaminófeno o aspirina
- celofán
- pomada antiséptica (Bactroban; para cortes y abrasiones)
- antibióticos
- antidiarreicos (como loperamida)
- antihistamínicos (para la alergia al polen o reacciones alérgicas)
- antiinflamatorios (como ibuprofeno)
- tiritas, gasas, vendas
- repelente cutáneo contra mosquitos
- pastillas de yodo (para purificar el agua)
- suero oral
- aerosol con permetrina para textiles, tiendas de campaña y sábanas
- navaja
- tijeras, imperdibles, pinzas de depilar
- pomada con esteroides o cortisona (para la urticaria y otros sarpullidos)
- crema solar
- jeringuillas y agujas estériles
- termómetro

INFORMACIÓN EN LA RED

En Internet existe mucha información sobre salud en los viajes. El sitio web de Lonely Planet (www.lonelyplanet.com) es un buen comienzo. La Organización Mundial de la Salud publica un interesante libro *on line* llamado *International Travel and Health* (Viajes y salud internacionales) que se revisa anualmente. Está disponible de forma gratuita en www.who.int/ith. Otro sitio de interés general es **MD Travel Health** (www.mdtravelhealth.com), con consejos para todos los países y actualizaciones diarias. También se puede consultar **Viajar Tranquilo** (www.viajartranquilo.com) y **Babyviajes** (www.babyviajes.com).

OTRAS LECTURAS

Si se viaja con niños, puede ser útil *Travel with Children* de Lonely Planet. *ABC of Healthy Travel* de Eric Walker también es una buena referencia.

DURANTE EL TRAYECTO

TROMBOSIS VENA PROFUNDA

Durante los trayectos en avión se pueden formar coágulos de sangre en las piernas (trombosis vena profunda) debido a la inmovilidad prolongada. Cuanto más largo es el vuelo, mayor es el riesgo. A pesar de que la mayor parte de los coágulos se reabsorben sin problemas, algunos pueden desprenderse y llegar hasta los pulmones, donde causan complicaciones importantes.

El síntoma más relevante es la inflamación de pies, tobillos o pantorrillas y, a veces pero no siempre, sólo en un lado del cuerpo. Cuando un coágulo viaja por el torrente sanguíneo hasta el pulmón provoca dolores abdominales y dificultad de respiración. Los viajeros con cualquiera de estos síntomas deben recibir atención médica inmediata.

Para evitar la aparición de esta trombosis, en los viajes largos se tiene que caminar por el pasillo y realizar compresiones musculares isométricas en las piernas (es decir, estirar y contraer los músculos), beber bastante agua y evitar el alcohol y el tabaco.

'JET LAG' Y MAREO

El *jet lag* se produce cuando se cruzan más de cinco zonas horarias. Causa insomnio, fatiga, malestar o náuseas. Para evitarlo se debe beber mucho líquido –sin alcohol– y comer ligero. Tras el aterrizaje hay que exponerse a la luz solar y reajustar la agenda de comidas y sueño lo antes posible.

Los antihistamínicos como el demenidrinato (Dramamine) y la meclizina (Antivert, Bonine) son la primera opción para tratar la sensación de mareo. El mayor efecto secundario es la somnolencia. Una alternativa natural es el jengibre, muy útil en algunas personas.

EN CUBA

ASISTENCIA MÉDICA Y COSTES

El Gobierno cubano, como forma de recaudación, ha establecido un sistema de asistencia para los extranjeros llamado **Servimed** (☎ 7-24-01-41), que es completamente independiente del sistema sanitario cubano. Hay más de 40 centros de salud Servimed en la isla. Ofrecen asistencia primaria así como gran variedad de servicios especializados. En el hotel o casa particular podrán indicar el más cercano. No es necesario pedir hora. Aunque los hospitales cubanos normales ofrecen asistencia a los extranjeros, no es conveniente utilizarlo a no ser que sea la única opción: los recursos sanitarios en Cuba son escasos y la población local tiene prioridad.

Prácticamente todos los médicos esperan que se les pague en efectivo, excepto si el turista viaja con seguro. Si aparece un problema sanitario grave, es probable que el paciente quiera que se le evacue a su país para recibir allí asistencia. Esto puede resultar sumamente oneroso, por lo que es preciso incluirlo en el seguro antes de partir (véase p. 454).

Hay farmacias especiales de Servimed para extranjeros, pero suelen contar con muy poco suministro, incluso de medicamentos. El viajero debe asegurarse de que lleva consigo todos los fármacos que podría necesitar, tanto los que requieren prescripción médica como una simple aspirina. Es muy útil llevar un pequeño botiquín.

ENFERMEDADES INFECCIOSAS
Dengue o fiebre quebrantahuesos

El dengue es una enfermedad vírica transmitida por un mosquito muy común en el Caribe. De noviembre de 2001 a marzo de 2002 hubo un brote de dengue en La Habana con más de 3.000 casos. Desde entonces, ha habido un programa gubernamental muy agresivo que ha intentado erradicar la enfermedad en la isla. Véase p. 479 para consejos sobre cómo evitar las picaduras de mosquito.

Hepatitis A

La hepatitis A es la segunda infección más común, tras la diarrea. Suele contraerse por todo el Caribe, en especial en las islas del norte. La hepatitis A es una enfermedad viral que afecta el hígado y se contrae por la ingestión de agua contaminada, comida o hielo, aunque también se puede contraer directamente de las personas infectadas. La enfermedad está presente en todo el mundo, pero la incidencia es mayor en los países en desarrollo. Los síntomas son fiebre, malestar, ictericia, náuseas, vómitos y dolor abdominal. Muchos de los casos se resuelven sin complicaciones, a pesar de que puede dañar levemente el riñón. No tiene tratamiento.

La vacuna contra la hepatitis A es totalmente segura y muy efectiva. Si se hace un recordatorio entre los 6 y los 12 meses posteriores a la primera vacuna, el efecto dura 10 años. Es muy recomendable ponérsela antes de ir a Cuba o a cualquier país en desarrollo. Los niños y las mujeres embarazadas pueden sustituirla por una inyección de gammaglobulina.

Hepatitis B

La hepatitis B, como la A, es una infección del hígado presente en todo el mundo, pero más común en los países en vías de desarrollo. Al contrario que la hepatitis A, la B se contrae por contacto sexual o por exposición a sangre infectada, normalmente transfusiones o agujas contaminadas. La vacuna se recomienda sólo para los viajes de larga duración (más de seis meses) y en caso de personas que vayan a residir en medios rurales y tener contacto físico con la población local. También se recomienda la vacunación si se sabe de antemano que se tendrán relaciones sexuales con los habitantes o se precisará atención médica u odontológica, en especial transfusiones o inyecciones.

La vacuna de la hepatitis B es segura y muy efectiva. Sin embargo, hacen falta tres dosis para lograr una inmunidad efectiva. Desde la década de 1980 en algunos países se vacuna a los recién nacidos, por lo que muchos adultos ya están inmunizados.

Malaria

En el Caribe sólo hay malaria en Haití y algunas partes de la República Dominicana. En Cuba no son necesarios los medicamentos contra la malaria.

SALUD

SALUD

Rabia

Es una enfermedad vírica del sistema nervioso central. Casi siempre es mortal. El virus de la rabia se transmite por la saliva de los animales, normalmente a través de una mordedura, aunque también es posible contraerla por un corte. Esta enfermedad se encuentra en todas las islas del Caribe, Cuba inclusive. Los casos cubanos suelen estar relacionados con las mordeduras de perro, murciélago y animales salvajes, en especial la mangosta.

La vacuna de la rabia es segura, pero se requieren tres dosis y es bastante cara. Quienes corran el riesgo de contraerla, como adiestradores de animales o espeleólogos, deberían vacunarse. También habría que hacerlo si se va a viajar a lugares donde no exista asistencia sanitaria. El tratamiento contra un posible caso de rabia consiste en una inyección de inmunoglobulina. Es efectiva, pero se debe administrar con rapidez.

Todas las mordeduras de animales y arañazos tienen que limpiarse a conciencia con agua y jabón. Se puede contactar con las autoridades sanitarias locales para determinar si es necesario más tratamiento o no (véase también "Mordeduras y picaduras de insectos" en "Riesgos medioambientales", p. 479).

Fiebre tifoidea

La fiebre tifoidea se contrae por la ingesta de comida y agua contaminada por una salmonela, la *Salmonella typha*. Prácticamente todos los casos cursan con fiebre alta. Otros síntomas son dolor de cabeza, malestar, dolor muscular, mareos, pérdida de apetito, náuseas y dolor abdominal. También puede haber diarrea o estreñimiento. Entre las complicaciones están la perforación intestinal, hemorragia intestinal, confusión, delirio y, muy raramente, coma.

La vacuna tifoidea se administra por vía oral, pero también está disponible en inyección. En este caso, no se recomienda ninguna vacuna para los niños menores de 2 años. El medicamento para estos casos es un antibiótico de quinolona como el ciprofloxacino (Cipro) o el levofloxacino (Levaquin) que muchos viajeros llevan consigo para tratar la diarrea.

Otras enfermedades infecciosas

BRUCELOSIS

La brucelosis es una infección que transmiten los animales tanto domésticos como salvajes por contacto directo o por consumo de productos pasteurizados procedentes de animales infectados. En Cuba, la mayor parte de los casos están relacionados con el cerdo. Los síntomas son fiebre, malestar, depresión, pérdida del apetito, dolor de cabeza, dolor muscular y de espalda. Las complicaciones incluyen artritis, hepatitis, meningitis y endocarditis (infección del endocardio).

FASCIOLIASIS

Es una enfermedad parasitaria que se contrae por el consumo de alimentos contaminados en zonas de cría de ovejas. Los primeros síntomas son fiebre, náuseas, vómitos e inflamación del hígado.

VIH/SIDA

En todos los países caribeños hay VIH/sida. Es imprescindible utilizar el preservativo para practicar sexo seguro.

LEPTOSPIROSIS

Se contrae con el consumo de agua contaminada por la orina de animales infectados. Los brotes surgen con las inundaciones, cuando las aguas residuales contaminan los acuíferos potables. Los primeros síntomas se parecen a los de una gripe y suelen remitir en pocos días con o sin tratamiento; sin embargo, en algunos casos se complican con ictericina y meningitis. No existe vacuna. Se puede minimizar el riesgo evitando las fuentes de agua que puedan estar contaminadas por orines de animal. Si se visita una zona con un brote, se pueden tomar 200 mg de doxiciclina una vez a la semana como medida preventiva. Si el viajero desarrolla una leptospirosis, el tratamiento es de 100 mg de doxiciclina dos veces al día.

DIARREA

Lo mejor es evitar el agua del grifo, a no ser que se haya hervido antes, filtrado o desinfectado con pastillas de yodo; comer fruta fresca o verduras sólo si están peladas o cocinadas; tener cuidado con los productos lácteos que contengan leche sin pasteurizar y ser muy selectivo con la comida de los puestos callejeros.

Si se tiene diarrea, se debe beber mucho líquido; mejor si es una solución de agua y sales minerales para facilitar la rehidratación. Alguna deposición suelta no requiere tratamiento, pero si se sufren más de cuatro

o cinco deposiciones al día, es mejor tomar algún antibiótico, normalmente quinolona, y un antidiarreico, como la loperamida. Si la diarrea es sanguinolenta y persiste tras 72 horas o si está acompañada de fiebre, temblores o dolor abdominal severo, es mejor consultar con un especialista.

RIESGOS MEDIOAMBIENTALES
Mordeduras de animales
No se debe tocar o alimentar a ningún animal a excepción de los domésticos de los que se tenga plenas garantías de que están libres de enfermedades infecciosas. La mayoría de las mordeduras de animal se producen al intentar tocarlo o alimentarlo. Cualquier mordedura o arañazo de mamífero, murciélagos inclusive, se tiene que limpiar con agua y jabón y desinfectar con un antiséptico como yodo o alcohol. Hay que ponerse en contacto con las autoridades sanitarias locales para un posible tratamiento antirrábico tanto si se ha vacunado contra la rabia como si no (véase p. 478). También es recomendable tomar un antibiótico, ya que las heridas se pueden infectar. Es apropiado utilizar quinolona, como el levofloxacino que muchos viajeros llevan en la maleta para evitar la diarrea.

Los corales y las medusas son un peligro en algunas zonas. Algunas picaduras, como las de la carabela portuguesa, producen reacciones muy dolorosas. Si se empieza a sentir náuseas o desmayos, se debe ir al médico de inmediato.

Golpe de calor
Lo mejor para protegerse del sol es evitarlo durante las horas de más calor, llevar gafas de sol, un sombrero y ponerse crema solar factor 15 o mayor, con protección de rayos UVA y UVB. La crema se tiene que poner en todas las partes visibles del cuerpo por lo menos 30 minutos antes y volver a aplicar después del baño o de actividades vigorosas. También se debe beber mucho líquido y evitar el ejercicio en las horas de más calor.

Mordeduras y picaduras de insecto
Las enfermedades transmitidas por mosquitos no son una gran preocupación en Cuba. Sin embargo, hace poco hubo un brote de dengue (p. 477). Es mejor intentar evitar las picaduras en la medida de lo posible: usar manga y pantalones largos, sombrero, zapa-tos, mejor que sandalias, y aplicar repelente de mosquitos, preferiblemente los DEET, en la piel y la ropa. No se debe aplicar repelente en ojos, boca, cortes, heridas o piel irritada. Los productos que contengan una concentración de DEET menor también son efectivos, pero por menos tiempo. En general, los adultos y los niños de más de 12 años deben utilizar los que tengan de un 25% a un 35%, que normalmente duran unas 6 horas. Los niños entre 2 y 12 años tienen que utilizar aquellos con no más de un 10%. Se tiene que aplicar en pequeñas cantidades, que tendrán un efecto de unas 3 horas. Se ha detectado toxicidad neurológica por DEET, en especial en los niños, pero es muy poco común y normalmente es debido al mal uso. Los productos con DEET no se deben utilizar en niños menores de 2 años.

Los repelentes de insectos que contienen productos botánicos, como el aceite de soja o el eucalipto, son efectivos, pero sólo duran alrededor de una hora y media. En cambio, los productos basados en la citronela no lo son. Si se desea mayor protección se puede aplicar permetrina a la ropa, el calzado, las tiendas y las sábanas. Los tratamientos con esta sustancia son seguros y efectivos por lo menos durante dos semanas, incluso si los objetos se lavan. La permetrina no se puede aplicar directamente a la piel.

Agua
El agua del grifo en Cuba no es muy fiable. Hervirla a fuego fuerte durante un minuto es la forma más efectiva de purificarla. Se puede desinfectar con pastillas de yodo. Siempre llevan instrucciones, que hay que seguir al pie de la letra. También se puede añadir un 2% de tintura de yodo por litro de agua, cinco gotas para el agua transparente y 10 para la turbia, y dejar reposar 30 minutos. Si el agua está fría, se necesita más tiempo. Se puede mejorar el sabor del agua yodada con vitamina C o ácido asórbico. Las mujeres embarazadas con precedentes de enfermedades tiroideas no pueden beber agua yodada. Véase p. 77 para más información.

Hay varios filtros de agua en el mercado. Los que tienen los poros más pequeños funcionan por ósmosis inversa. Son los más efectivos, pero también los más grandes y se atascan con facilidad. Los de poro grande son los microfiltros y no son efectivos contra los virus, aunque sí que retiran todos los

SALUD

organismos. Se deben seguir las instrucciones al pie de la letra.

VIAJAR CON NIÑOS

En general es seguro viajar con niños a Cuba. Sin embargo, como muchas de las vacunas citadas anteriormente no son aptas para ellos o durante el embarazo, los viajeros deben tener un cuidado especial en no beber agua del grifo ni consumir ningún alimento ni bebida sospechosos. Los niños tienen que estar al día de las vacunas rutinarias. Es recomendable consultar con el pediatra.

SALUD DE LA MUJER

Se pueden conseguir artículos sanitarios en Cuba, pero son más caros que en Europa o Norteamérica y no siempre están disponibles. Es más fácil encontrarlos en Varadero, pero no tanto en Bayazo. Es mejor llevar un buen botiquín por si acaso. En caso de embarazo véase anteriormente.

REMEDIOS TRADICIONALES

La siguiente tabla es un listado de tratamientos tradicionales para los malestares típicos de un viaje.

Problema	Tratamiento
Jet lag	Melatonina
Mareo	Jengibre
Picadura de mosquito	Eucaliptos y/o aceite de soja preventivo

SALUD

Glosario

ACAA – Asociación Cubana de Artistas Artesanos
aché – suerte extraordinaria
ACNUR – Alto Comisionado de las Naciones Unidas para los Refugiados
ACUC – American Canadian Underwater Certification, Certificado Americano y Canadiense de Inmersión
agro – mercado agrícola
altos – piso superior de un apartamento, en una dirección
amarillo – encargado de buscar pasajeros potenciales para vehículos vacíos, que lleva la chaqueta de ese color
arawak – tribus indígenas que habitaron las islas del Caribe y el norte de Sudamérica

babalawo – también llamado babalao; sacerdote de la santería
bagazo – residuo fibroso de la caña de azúcar
bajos – piso bajo de un apartamento, en una dirección
batey – En los ingenios y demás fincas de campo, lugar ocupado por las casas de vivienda, calderas, trapiche, barracones y almacenes
bicitaxi – bicicleta que funciona como taxi
bodega – almacén estatal donde se venden los productos racionados
bohío – cabaña de América, construida con madera y ramas, cañas o pajas y sin más respiradero que la puerta
boletín – billete para viajar en un medio de transporte
bombo – lotería anual en virtud de la cual se conceden los visados a EE UU; también se conoce como carta blanca
bongó – instrumento musical de percusión, usado en algunos países del Caribe, que consiste en un tubo de madera cubierto en su extremo superior por un cuero de chivo bien tenso y descubierto en la parte inferior
botella – viaje económico o gratuito
bucanero – cóctel tropical, refrescante y sabroso compuesto por ron añejo, batido de coco, ron blanco, *curaçao* rojo, lima y zumo de piña. Se prepara en coctelera y se sirve en vaso alto con hielo

caballito – motocicleta de policía
cabildo – agrupación de esclavos de una misma etnia que se reunían los días festivos para celebrar sus fiestas según costumbre de su tierra de origen
camello – *metrobús*, autobús mucho más grande denominado de ese modo por sus dos jorobas
camelón – también llamado jamaliche: persona que se pasa el día comiendo y masticando por las calles
campismo – *camping* nacional, en el que no siempre se admite a extranjeros
capa – cubierta de cigarro elaborada con hoja de calidad
capote – hoja de tabaco que envuelve la tripa
carpeta – recepción de un hotel, motel o campismo

CDR – Comités de Defensa de la Revolución; grupos de vecinos organizados, que se crearon en 1960 para apoyar la Revolución. En la actualidad, trabajan en campañas de salud, educación, asuntos sociales y medioambientales
ceiba – árbol americano bombacáceo, de 15 a 30 m de altura, de tronco grueso, ramas rojizas, flores rojas tintóreas y frutos de 10 a 30 cm de longitud, que contienen seis semillas envueltas en una especie de algodón
central – moderno molino de azúcar; véase ingenio
chequeré – instrumento musical construido con un güiro que lleva clavados abalorios o conchas, parecido a una maraca
chivo – bicicleta en argot
cimarrón – esclavo fugitivo
CIREN – Centro Internacional de Restauración Neurológica
CITES – Convention on International Trade in Endangered Species; Convenio sobre el Comercio Internacional de Especies Amenazadas
clave – baquetas que marcan el contratiempo y que a menudo son remplazadas por la voz que imita el tic-tic a la perfección
CMAS – Confederación Mundial de Actividades Subacuáticas
cocotaxi – taxi en miniatura, con forma de huevo, donde caben tres personas más el conductor
cohiba – en lengua taína, hojas secas de tabaco
colectivo – taxi que recoge a seis o más personas y que realiza rutas fijas; suele ser un modelo clásico americano
combo – grupo musical que interpreta música popular
COMECON – Consejo de Ayuda Mutua Económica, Council for Mutual Economic Assitance
compañero/a – forma respetuosa, con connotación revolucionaria, a la hora de dirigirse a un hombre o una mujer
congrí – mezcla de frijoles con arroz que en Oriente recibe el nombre de moros y cristianos; si los frijoles son rojos se denomina congrí oriental
coquito – *cocotaxi*
corojo – el tabaco más fino, que se protege de los rayos solares con una tela y se usa para envolver los puros
criollo – *españoles* nacidos en el Nuevo Mundo
Cubanacán – tras desembarcar en Cuba, Colón visitó un poblado taíno al que los indígenas llamaban Cubanacán, que significa "en medio de la isla"; la mayor empresa turística cubana se denomina del mismo modo
cucurucho – un brebaje de coco, dulce y adictivo

DR – Directorio Revolucionario

Elegguá – dios del destino en la santería
esquina caliente – peña deportiva donde los aficionados al béisbol debaten sobre el desarrollo de la liga
Etecsa – Empresa de Telecomunicaciones de Cuba S. A.

ferro – estación de trenes
FMC – Federación de Mujeres Cubanas; fundada en 1960, continúa activa en política local y nacional
fula – dólar

galeras – lugar donde los trabajadores elaboran cigarros
gambas enchiladas – cocinadas con salsa de tomate
guagua – autobuses urbanos regulares
guajiro – campesino
guaracha – canción y baile populares de tema picaresco o satírico
guarapera – puesto donde se vende el guarapo
guarapo – zumo de caña de azúcar recién prensado de tallos enteros y enfriado con hielo
guayabera – prenda de vestir de hombre que cubre la parte superior del cuerpo, con mangas cortas o largas, adornada con alforzas verticales, y, a veces, con bordados, y que lleva bolsillos en la pechera y en los faldones
güiro – instrumento musical popular que tiene como caja una calabaza de güiro (planta que da por fruto una calabaza de corteza dura y amarilla cuando se seca)

herbero – vendedor de hierbas y conocedor de la medicina natural
huevito – *cocotaxi*

ICAIC – Instituto Cubano del Arte e Industria Cinematográficos
ICAP – Instituto Cubano de Amistad con los Pueblos
ingenio – molino de caña de azúcar
ISA – Instituto Superior de Arte

jaba – bolsa de plástico
jamaliche – también llamado camelón: quien se pasa el día comiendo y masticando por las calles
jején – pulga de la arena
jinetero/a – hombre o mujer que ejerce la prostitución

libreta – cartilla de racionamiento

M-26-7 – Movimiento 26 de Julio; organización revolucionaria de Fidel Castro, llamada así por el asalto al cuartel Moncada ese día de 1953
machetero – persona que corta la caña de azúcar con un machete
mambí – rebelde contra España en las guerras de independencia del s. xix
máquina – viejo coche americano
mogote – montículos de piedra caliza puntiagudos o parecidos a pajares
mojo – salsa hecha de aceite, ajo y naranja ácida
MPLA – Movimiento Popular de Libertação de Angola, Movimiento Popular de Liberación de Angola

OEA – Organización de Estados Americanos
orisha – deidad de la santería

paladar – restaurante casero privado
palenque – lugar de difícil acceso en el que se refugiaban los esclavos fugitivos
paletica – polo
parqueo – lugar destinado a aparcar vehículos
pedraplén – calzada empedrada que conecta algunos cayos con la isla principal de Cuba
pelota – béisbol cubano
peninsular – se llama así a los nacidos en la metrópoli
ponchero – persona que arregla los pinchazos de las ruedas y las inflan
pru – bebida no alcohólica de Oriente elaborada con especias, yuca fermentada y otros ingredientes; es muy digestivo y se toma muy frío

¿qué bolá asere? – ¿qué pasa, hermano?
quince años – celebración del decimoquinto cumpleaños

rancheador – persona que buscaba a los esclavos fugitivos en la época colonial
reparto – barrio residencial

son – fusión entre la percusión africana con las formas líricas españolas, que tiene su origen en las montañas de Oriente

taíno – individuo perteneciente a los pueblos amerindios del grupo lingüístico arahuaco que estaban establecidos en La Española, Cuba y Puerto Rico cuando se produjo el descubrimiento de América
tajona – molino de café
tamal – empanada de masa de harina de maíz, envuelta en hojas de plátano o de la mazorca del maíz, cocida al vapor o en el horno. Las hay de diversas clases, según el manjar que se ponga en su interior
temba – hombre o mujer maduros
tobago – caña en forma de pipa con la que fumaban los indígenas americanos
tres – guitarra de seis cuerdas agrupadas de dos en dos
tripa – combinación de los diferentes tipos de hoja para conseguir el relleno deseado
trova – música tradicional cubana
tumbadora – *bongó*

UJC – Unión de Jóvenes Comunistas
UMAP – Unidades Militares de Ayuda a la Producción
UNEAC – Unión Nacional de Escritores y Artistas de Cuba

yagua – corteza de la palma real con la que se empaquetan las hojas de tabaco
yoruba – religión panteísta originaria de Nigeria
yuma – en argot, estadounidense o extranjero en general

zafra – temporada de recolección de la caña de azúcar

Entre bastidores

ESTE LIBRO

Ésta es la traducción al español de la cuarta edición en inglés de *Cuba*, redactada por Brendan Sainsbury. El capítulo *Salud* ha corrido a cargo del doctor David Goldberg. Otros autores de ediciones anteriores son David Stanley y Conner Gorry.

AGRADECIMIENTOS
BRENDAN SAINSBURY

Sería imposible agradecer a todos y cada uno de los taxistas, conserjes de hoteles, propietarios de casas particulares y autostopistas que me han indicado, su ayuda voluntaria o involuntaria durante la redacción de este libro. No obstante, quisiera dirigir un agradecimiento especial a: Yoan y Esthelita Reyes en Viñales, Alfonso Menéndez Pita y Osbel Roque Álvavez de Cubanacán en Cienfuegos; Alberto Hernández, Luis Alberto Valdés, Yoel Baéz y su fiable Lada de 1985 (con una manivela de ventanilla) en Matanzas; Louise di Tomasso, el cónsul de Canadá en Guardalavaca, Adela Acosta Vaillant de Sol y Son en Santiago de Cuba, Julio y Elsa Roque por su inestimable ayuda y hospitalidad en La Habana. Gracias especialmente a mi ex colega de trabajo Jorge Puñales, a mi connacional británico y adicto a Cuba Andy McKee, a los autores de las anteriores ediciones de la guía Conner Gorry y David Stanley y a mi editor Greg Benchwick por apostar por mí y contratarme –a mí, un novato– para un proyecto tan grande. Y por último, que no menos importante, muchísimas gracias a mi mujer Elizabeth y a mi hijo de 5 meses Kieran quienes, pese a todo, me han acompañado durante ocho semanas mientras recababa información para esta obra montado en un viejo Toyota Yaris caprichoso pero, por extraño que parezca, resistente.

VERSIÓN EN ESPAÑOL

GeoPlaneta, que posee los derechos de traducción y distribución de las guías Lonely Planet en los países de habla hispana, ha adaptado para sus lectores los contenidos de este libro.

Lonely Planet y GeoPlaneta quieren ofrecer al viajero independiente una selección de títulos en español; esta colaboración incluye, además, la distribución en España de los libros de Lonely Planet en inglés e italiano, así como un sitio web, www.lonelyplanet.es, donde el lector encontrará amplia información de viajes y las opiniones de los viajeros.

NUESTROS LECTORES
Muchas gracias a los viajeros que usaron la última edición y nos hicieron llegar sus útiles consejos e interesantes anécdotas:

A Josh Abbott, Kalle Aicheler, Anne-Grit Albrecht, Jorge Alvar Villegas, Kerri Amos, Schild Andreas, D Andrew, Dirk Andries,

---

SOBRE LAS GUÍAS LONELY PLANET

La historia da comienzo con un típico viaje de aventureros: el periplo, en 1972, de Tony y Maureen Wheeler a través de Europa y Asia hasta Australia. En aquellos años no se disponía de información útil sobre viajes por tierra, así que Tony y Maureen publicaron la primera guía Lonely Planet para satisfacer una demanda creciente.

Desde una mesa de cocina primero, y después desde un minúsculo despacho de Melbourne (Australia), Lonely Planet se ha convertido en la mayor editorial independiente de viajes del mundo, una empresa internacional con delegaciones en Melbourne, Oakland (EE UU), Londres (Gran Bretaña) y París (Francia).

Hoy, las guías Lonely Planet abarcan el mundo entero. La lista de libros no para de crecer y se dispone de información en soportes y medios muy variados. Algunas cosas no han cambiado: el objetivo principal sigue siendo ayudar al viajero amante de la aventura a llegar a su destino, explorar el planeta y comprenderlo mejor.

Lonely Planet cree que los viajeros pueden hacer una contribución positiva a los países que visitan si se respeta las comunidades que los acogen y se gasta el dinero con sensatez. Cada año la compañía dona el 5% de sus beneficios a instituciones benéficas de todo el mundo.

484

ENTRE BASTIDORES

Pamela Ashcroft, Richard Austin **B** Peggy Baier, Iain Bailey, Johan Bakker, Thierry Banos, Cathie Basciano, Felix Bassoon, Bert Bast, Roger Bateman, Kathrin Becker, Thorsten Becker, Michele y Roger Bellers, Laura Belli, Alan Bellinger, Mike Belshaw, Karina Berg, Eileen Berry, Marie Berteau, Gianmarco Bettiol, Frank Beyens, Brendan Bietry, Mario Binder, Phoebe Blackburn, Dries Boele, Arjan Bol, Stephanie Bolduc, L Boost, Kees Botschuijver, Maxwell y Tina Bould, Christine Bourgeois, Maria Bouwsma, David Boyall, Tony Brehm, Huen Brennan, Gerd Bresser, Denis Bright, Bob Brodey, Kristina Brown, Charles Bruce-Thompson, Mirja Brüning, Felicia Butler, Kate Bygbjerg **C** Lorenz Calcagno, Roberto Calcagno, Peter Calder, Suzanne Cameron, Jane Carey-Harris, Samantha Carnell, George Carr, Nancy Carson, Eamonn Casey, Karol Cioma, Gavin Clayton, Harry Coerts, Paolo Coluzzi, John Cooper, Anita Craig, Bob Crane, Tadhg Culbert **D** Sara Dagostini, Yehonatan Dashti, Arik De, Els de Baets, Jolanda de Boer, Nol de Boer, Françoise de Cupere, César de Diego Díez, Leenie de Gier, Petra de Nie, Filipe de Oliveira, Mike Debelak, Cedric Dejean, Annemieke Dekker, Glen Delman, Concetta di Bartolomeo, Dominik Doerr, Muredach Doherty, Elena Donina, Arnoud Dovermann, Sylvia Drimoussis, Ursula Dumermuth, Lorna Dunne, Petra Duss **E** Verena Eberl, Todd Edgar, Stefan Egger, Ivo Eichler, André Elling, Sarah Elliott, Joanna Elzinga, Maire Ericsson, Markus y Julia Ermisch, Sara Esrick, Ifan Evans **F** Nazarena Fazzari, Greg Fear, Anat y Gil Feldman, Lina Fernandez, Gyan Fernando, Monica Ferreira, Melissa Filshie, Hanne Finholt, Lise Firth, Sarah Fish, Dejan Flasker, Adrian Flood, Debbie Ford, Anna Fowler, Wendy Francis, Christine Frei, Cynda Fuentes, Jonathon Fursland **G** Marcelo Garza, Bill Gasteyer, Merav Gazit, Stefano Gazziano, Thomas Gentsch, Olivia Gerard, Ton Gerdsen, Liliana Gervais, Serena Giugni, Marina Giunta, Mette Glavind, Juergen Gleichmar, Marta Gomes de Carvalho, Jon Gourlay, Andreas Grafe, Alison Green, Derek Greene, Urs Gretler, Sian Griffiths, Caroline Grijsen, Werner y Gaby Grossmann, Kai Guehmann, Marie-France Guimond, Gudrun Gundermann, Matthias Gutzeit **H** Christian Haefely, Kate Hallam, Håkan Hallander, Mati y Doriel Halperin, Jacob Halpin, Peter Hamerton, Natalie Hanssen, William Harden, Jacky Harding, Ross Hardy, Orit Harel, Jean Harper, Kenneth Harris, Tony Harrison, Margot Harvey, Natasha Hazrati, Edwin Heeregrave, Hubert Heigermoser, Celine Heinbecker, Lotte Heinrich, Tracey Helman, Carsten Helsted, René Helwegen, Gemma Hensey, Marjan Hettinga, Shane Hiebert, Michael Hing, Jesper Hjorth, Jim Hollum, Mike Hopkins, Martijn Houtman, Vanja Hribernik, Mary Hudson, Stephen Huijgen, Trevor Humphreys **I** Lorella y Claudio Iannucii, Ilaria Ida, David Irvine **J** Flemming Jacobsen, Darlene James, Claire Jamieson, Jiri Janousek, Paul Janssen, Helen Jefferies, Lee Jeynes, Miguel Jimenez, Astrid Johansen, Francois Jourdan, Panos Juntis **K** Sinikka Kahl, Patricia Kandelaars, Arend Kant, Demet Karabulut, Zsolt Katona, Hilary Kayes, Pete Keane, Shawna Kelly, Fiona Kendrick, Julianne Kenny, Ingo Ker, Anton Kerst, Petra Kienel, Inigo Kilborn, Bryan Kingsfield, Johannes Kirchlechner, A Kleinikink, Marcel Klugmann, Annet Koerhuis, Luka Kolar, Alexandra Konstantinoff, Poul Kristensen, Margreet Krottje, Nathalie Kruger, Wil Krullebol, Heidi Kuhrt, Birgit Kulig, Carrie Kuntz **L** Henrik Ladegaard, Tessa Lam, Chris Lamothe, Louise Lander, Eva Langlands, Mika Länsisalmi, Inaki Larraneta, Virginia Lawson, Ben Lazarus, Lucio Lazzara, Vanesa Lee, Alexandre Leger, Cindy-Marie Leicester, Malena Lema, Niels Lemming, Diana Lenik, Julia Li, Jill Linderwell, Signe Lindgren, Giorgia Liviero, Mong-Yang Loh, Kate Love, Rick Loy, Jesse Lubitz, Jonas Ludvigsen **M** Jean-Louis Mackels, Roddy Mackenzie, David Mackey, Sarah MacLeod, Tony Macvean, Vivien Marasigan, Sanja Marentic, Marjeta Marolt, Beate Marquardt, Laura Marsh, Rod Marsh, Francisco José y Osaba Martínez, Francesca Maset, Martin Matthews, Karl-Otto Mayer, Federico Mazzarella, Ron McConnell, Paul McKenzie, Conor McKeown, Jeffery McLaren, Alan McLaughlan, Ken Mcleod, Frank McMahon, Carmel Mcnamee, Chris Merkel, Michaela Messner, Andi Mether, Bernd Meyer, Karl Moeglich, Ulrike Moehwald, Jens Mohr, Amalia Morales, David Morawetz, Lisa Morgan-Lang, Charlie Morris, Siobhan Mortell, Nikolaj Mortensen, Tollak Mortensen, Mark Moseley, Ramen Mukherji, Cristina Murphy **N** Stefan Nahrgang,

LA OPINIÓN DEL LECTOR

Las cosas cambian: los precios suben, los horarios varían, los sitios buenos empeoran y los malos se arruinan. Por lo tanto, si el lector encuentra los lugares mejor o peor, recién inaugurados o cerrados desde hace tiempo, le agradeceremos que escriba para ayudar a que la próxima edición sea más útil y exacta. Todas las cartas, postales y correos electrónicos se leen y se estudian, garantizando de esta manera que hasta la mínima información llegue a los redactores, editores y cartógrafos para su verificación. Se agradece cualquier información recibida por pequeña que sea. Quienes escriban verán su nombre reflejado en el capítulo de agradecimientos de la siguiente edición.

Puede ocurrir que determinados fragmentos de la correspondencia de los lectores aparezcan en nuevas ediciones de las guías Lonely Planet, en el sitio web de Lonely Planet, así como en la información personalizada. Se ruega a todo aquel que no desee ver publicadas sus cartas ni que figure su nombre, que lo haga constar.

Toda la correspondencia debe enviarse, indicando en el sobre Lonely Planet/Actualizaciones, a la siguiente dirección de geoPlaneta en España:

Av. Diagonal 662-664, 7ª planta. 08034 Barcelona

También se puede remitir un correo electrónico a la dirección siguiente: viajeros@lonelyplanet.es

Para información y sugerencias, se puede visitar www.lonelyplanet.es

Kris Naudts, Diana Neumüller, Joshua Ng, Lea Nielsen, Harald Nikolisin, Tracey y Stephano Nixon, Kate Noble, Spela Novsak **O** Mark O'Doherty, Hannelore Olbrisch, Klaus Olbrisch, Claes Oleson, Ibing Olfert, Amy Oliver, Jonas Olsson, Ilyas Omar, Georgina O'Riordan, Adrian O'shea, Kirsten Otto **P** Greg Pankhurst, Sotiria Papadopulu, Ariane Paras, Nikki Parker, Fidel Parra, Kamilla Pedersen, Anna Penna, Elena Perepelova, Mario y Ines Perez, Kate Phipps, David Pin, Ana Piris, Dixie Plaxton, Michelle Podmore, Lidija Pohar, Steven Pollet, Stefania Ponti, Emil Popovic, Fran Power, Sheila Pratt, Leonie Preston, Tomas Primeau, Guillermo Puig Martínez, Jen Pukonen, Tatiana Pulozzi **Q** Frank Quattrowte **R** Alice Ramsay, Sofie Raudonikis, Jane Reason, Garance Reus, Ileana Revasio, Andrea Rickers, Rudolf Ried, Gerhard y Ruth Rieder, Sampsa Riikonen, Dinir Salvador Rios da Rocha, John y Isabel Roberts, Julia y Abi Roberts, Bernardo Rocco, Yasmiell Rodriguez, Mees Roelofs, Catherine Rolfsen, Christopher Rolik, Louis Jorge Romero, Stefan Rönsch, Colette Rose, Pascal Rowemeier, Jean-Pierre Roy, Aoife Ryan, Denise Ryan, Olga Rychliwski, Wim Rymen, Hans Rysdyk **S** Benjamin Sabbat, Susanne Sailer, Larry Samuels, Tony Sanches, Jens Sandborg Nielsen, James Sauven, Sandy Savanuatu, Penny Savidis, Steve Scena, Fritz Schcwarz, Simone Schepers, Casi Schmid, Heiko Schmitz, Joerg Schneider, Simon y Inge Schoonen, Rene Schreiber, Thorsten Schueler, Luc Schultinge, Caroline Scott, David Scott, Adam Sèbire, Charles Seely, Saurabh Seth, Yuval Shafir, Julian Shirley, Rishika Shivdasani, Veronika Siebenkotten, Kathi Siegert, Gill Simon, Ludi Simpson, Alistair Skinner, Simon Skinner, Frank Smith, Pam Smith, Paul Smith, Rob Smith, Andrew Smith-West, Sue Song, Jennie Soriano, Robyn Spurway, Ewa Sródka, Borris Standt, Eliki Stathakopoulos, Matthias Steinbauer, Olaf Steinberger, Martin Stephens, Joel Stern, Petra Stevens, Rebecca Stewart, Ralph Stone, Colin y Julie Stoneley, Rachel Street, Jonathan Streit, Ina Strunck, Ed Sweeney, Varouj Symonette, Maria Szczepaniak **T** Erika Tabloni, Shani Tam, Pam Tames, John Tan, Nicole Tattam, Mike Taylor, Herwig Temmerman, Jorge Temporetti, Kris Terauds, Marco Terzi, Bill Thames, Rasmus Thorsen, Bruce Tinlin, Richard Todd-Brookes, Enrique Torres, Alessio y Belissa Tosi, Dag Tresselt, Julle Tuulianinen, Frank Tyler **U** Rosanne Udink, Ellis Uhrlep **V** Stefano Vailati, Gauchotte Valentine, Signald Valerius, Anke van Cleemput, Celine van den broeke, Jasper van den Hout, Anne van der Vliet, Jasper van der Werff, Esther van der Zijden, Rick van Doorn, Martijn van Heumen, Ria van Middelkoop, Arie van Oosterwijk, Wilma van Polen, Dimphy van Rossum, Pleun van Vliet, Bas van Zuylen, Wim Vandenbussche, María Varela, Dimitris Vasilakakis, Floor Verbeek, Sven Verhasselt, Anja Verlaan, Mirella Versluis, Gianmaria Vigo, Yvonne y Michael Vintiner, Tiny Visser, Jenny Vizec, Bruno Vochezer, Jens Vogt, Stefanie Voigt **W** Veronika Wacker, Becky Wade, Clive Walker, Monica Walker, Rob Walker, Monika Wanek, Colleen Ward, Fionna Ward, Jörg Weber, Tony Webster, Anna Werner, Tobias Westerneng, Daniel Whiston, Ellen Wierer, Erik Wilbers, Nigel y Deisy Williams, Stephen Williams, Terry Williams, Andrew Wilson, Fiona Wilson, Buddy Winston, Andreas Wolff, Ton Wolfs, Andrew Wood, Nicholas Wood, Joan Worsfold, Todd Worsfold, Caroline Worthington **Z** Lucie Zaleska, Koos y Pauline Zwaan

RECONOCIMIENTOS

Muchas gracias a © Mountain High Maps 1993 Digital Wisdom, Inc por permitir la reproducción del globo terráqueo de la cubierta posterior.

ENTRE BASTIDORES

Índice

La **negrita** indica los mapas

La **negrita** indica los mapas

La **negrita** indica los mapas

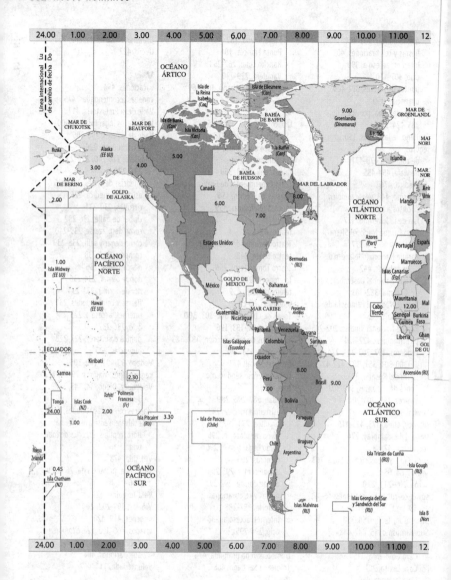

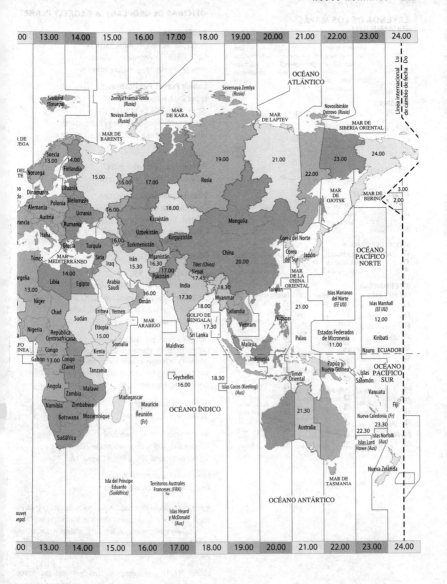

LEYENDA DE LOS MAPAS

RED DE CARRETERAS

Autopista		C. peatonal/escaleras
Carretera principal		Túnel
Carretera secundaria		Puente peatonal
Carretera local		Circuito a pie
Callejón		Desvío del circuito
Carretera sin asfaltar		Sendero
Sentido único		Camino

TRANSPORTE
Ferry — Tren

HIDROGRAFÍA

Río, arroyo	Arrecife
Agua estacional	Canal
Manglar	Agua

FRONTERAS
Estatal, provincial — Muralla antigua

ÁREAS DELIMITADAS

Aeropuerto	Cementerio cristiano
Zona de interés	Tierra
Playa, desierto	Parque
Edificio	

NÚCLEOS DE POBLACIÓN

CAPITAL (NACIONAL)	CAPITAL (ESTATAL)
Gran ciudad	Ciudad mediana
Ciudad pequeña	Pueblo, aldea

OTRA SIMBOLOGÍA

Qué ver y hacer
- Playa
- Castillo, fortaleza
- Templo cristiano
- Submarinismo, buceo
- Templo judío
- Monumento
- Museo, galería de arte
- Punto de interés
- Piscina
- Ruinas
- Buceo con tubo
- Zoo, reserva de aves

Dónde comer
- Lugar donde comer

Dónde beber
- Lugar donde beber
- Café

Ocio
- Ocio

De compras
- Comercio

Dónde dormir
- Alojamiento
- Camping

Transporte
- Aeropuerto, aeródromo
- Estación de autobuses
- Gasolinera
- Transporte
- Aparcamiento
- Parada de taxis

Información
- Banco, caj. aut.
- Embajada, consulado
- Hospital, médico
- Información
- Acceso a Internet
- Comisaría de policía
- Oficina de correos
- Teléfono
- Lavabos públicos

Otros
- Faro
- Puesto de observación
- Montaña, volcán
- Parque nacional
- Puerto de montaña, cañón
- Refugio, cabaña
- Altitud
- Cascadas

OFICINAS DE GEOPLANETA Y LONELY PLANET

geoPlaneta
Av. Diagonal 662-664, 7º. 08034 Barcelona
fax 93 496 70 11 • viajeros@lonelyplanet.es
www.geoplaneta.com • www.lonelyplanet.es

Lonely Planet Publications (oficina central)
Locked Bag 1, Footscray, Victoria 3011, Australia
☎ 61 3 8379 8000, fax 61 3 8379 8111
(Oficinas también en Reino Unido y Estados Unidos)
www.lonelyplanet.com • talk2us@lonelyplanet.com.au

Cuba
3ª edición en español – abril de 2007
Traducción de *Cuba*, 4ª edición – noviembre de 2006

Dirección editorial: Olga Vilanova
Coordinación editorial: Christian Rodríguez
Edición: Simón Bernal, Carmen S. Tallón
Traducción: Piedad Macho, María Mesejo, Noelia Palacios, Sergi Ramírez, Yajaira Rodríguez, Josep M. Valls
Realización: Elena Lázaro

Editorial Planeta, S.A.
Av. Diagonal 662-664, 7º 08034 Barcelona (España)
Con la autorización para la edición en español de Lonely Planet Publications Pty Ltd A.B.N. 36 005 607 983, Locked Bag 1, Footscray, Melbourne, VIC 3011, Australia

Fotografías de cubierta: Hombre fumando una pipa, Doug McKinlay (anterior); músicos cubanos tocando en la playa, Rhonda Gutenberg (posterior). Gran parte de las imágenes que aparecen en esta guía están disponibles con licencia de Lonely Planet Images (www.lonelyplanetimages.com).

ISBN: 978-84-08-06921-8
Depósito legal: B.12.269-2007

Textos y mapas © Lonely Planet 2006
© Fotografías 2006, según se relaciona en cada imagen
© Edición en español 2007, Editorial Planeta, S.A.

Impresión y encuadernación: Hurope, S.L.
Printed in Spain – Impreso en España